컴파일러 개론

ENGINEERING A COMPILER

Keith D. Cooper & Linda Torczon 저
김선욱 역

ELSEVIER

홍릉과학출판사

Engineering a Compiler

Translated Edition ISBN : 8912594256

Translated by Hong Reung Publishing Co.
Printed in Korea

TRANSTLATOR PREFACE

역자 서문

컴파일러의 중요성은 반도체 기술 발전에 따른 SoC(System-on-Chip) 설계 및 임베디드 시스템 중심의 제품 소형화 추세와 더불어 컴파일러 기술에 대한 요구가 날로 증가하고 있다. 예를 들어 우리가 사용하는 자연어를 기계에서 인식할 때, 임베디드 시스템에 필요한 프로그램을 작성할 때, 하드웨어 설계를 HDL을 사용하여 구현할 때 등 디지털 시스템 설계의 거의 보든 분야에 컴파일러 기술들이 사용되어 오고 있다.

그러나 컴파일러 기술은 매우 복잡하고 난해한 알고리즘 등의 배경 지식이 있어야 이해할 수 있는 분야이기 때문에 일반적으로 컴퓨터 기술자가 컴파일러와 관련된 기술을 완전히 이해하고 습득하기란 쉽지 않다. 그러나 컴파일러의 매력은 프로그래밍 언어를 기계에 효과적으로 대응시키는 유일한 기술이라는데 있다.

본 책의 원서인 "Engineering a Compiler"는 컴파일러의 개념 및 관련 기술들을 대체적으로 평이하게 다루어진 책이라 할 수 있다. 그러나 원서는 일반적인 개념과 구체적인 개념을 모두 포함하고 있으므로 독자에 따라 선택적으로 사용하면 좋을 것이다. 또한 원서에 있어 영어 자체적으로 많은 의미를 내포하고 있는 경우는 독자의 이해를 돕기 위하여 번역을 하지 않았다.

본 책이 컴파일러 인력 양성에 조금이나마 도움이 되기를 바라며, 끝으로 이 책이 번역되어 출판되기까지 많은 도움을 준 고려대학교 공과대학 전기전자전파공학부 컴파일러 연구실의 한영선, 이준구, 이호균, 김호권, 정동하, 조경진, 황석중 대학원생들과 책을 제작하는 과정에서 협조를 아끼지 않으신 홍릉과학출판사 임직원 여러분께 깊은 감사를 드린다.

2007년 9월 11일

고려대학교 컴파일러 연구실
교수 김선욱
seon@korea.ac.kr
http://compiler.korea.ac.kr

저자 서문

지난 20년에 걸쳐, 컴파일러 작성 방법은 급격하게 변해 왔다. 컴파일러의 앞단은 하나의 편리한 구성 요소가 되었다; 앞단은 믿을만한 판매자로부터 구매되거나 또는 누구나 허가 없이 쓸수 있는 많은 시스템 중 하나로부터 수정되어 사용될 수 있다. 동시에 프로세서는 성능에 더욱 민감해지게 되었다; 컴파일된 코드의 실제 성능은 특정 프로세서와 시스템에 얼마나 최적화될 수 있는지에 달려있다. 이러한 변화는 컴파일러를 제작하는 방법에 영향을 미친다; 또한 우리가 컴파일러 작성 방법에 대해 가르치는 방식에도 영향을 미친다.

컴파일러의 개발은 최적화와 코드 생성에 중점을 두고 이루어 진다. 어떤 컴파일러 그룹의 고용자는 스캐너나 파서에 대한 일을 하기 보다는 새로운 프로세서를 위한 코드 생성기를 이식하거나 최적화 패스를 수정하는 일을 하는 경우가 훨씬 더 많다. 이러한 환경에서의 시작을 준비하는 것은 큰 도전인 것이다. 성공적인 컴파일러 작성자는 최적화와 코드 생성에 있어서 현재 가장 실용화 되고 있는 기술에 친숙해야만 한다. 그리고 그들은 앞으로 나타날 새로운 기술에 대한 이해를 위해 배경 지식과 직관력 또한 갖추어야 한다. Engineering a Compiler(eac)를 쓰고 있는 우리들의 목표는 학생들에게 현대 컴파일러에 대한 중요한 쟁점을 접할 수 있는 기회를 제공하고, 이런 쟁점에 관련된 배경 지식을 전달하는 교재와 교과 과정을 만드는 것이다.

컴파일러 작성 연구의 동기

컴파일러의 작성은 컴퓨터 과학의 다른 여러 분야로부터 가져온 기술을 사용한다. 가장 간단하게는, 컴파일러는 단지 하나의 커다란 컴퓨터 프로그램이다. 컴파일러는 원시 언어를 목적 컴퓨터에서의 실행을 위한 코드로 번역한다. 이러한 번역의 한 부분으로써, 컴파일러는 입력 프로그램이 유효한지 아닌지를 결정하기 위해 어휘 분석을 수행해야 한다. 입력 프로그램을 목적 컴퓨터의 유한한 자원에 대해 나타내기 위해서, 컴파일러는 여러 개의 구분된 이름 공간을 잘 다루고, 다른 종류의 자원을 할당하고, 여러 개의 실행 시간 데이터 구조의 동작을 조정해야 한다. 출력 프로그램이 정확하게 동작하도록 하기 위해, 연산 단위에서 나타나는 하드웨어적인 지연을 처리하고, 수행의 흐름과 메모리 요구, 그리고 다른 기계 수준의 연산에 대한 의존의 원인을 예측해야 한다.

현대의 컴파일러를 살펴보면 탐욕적이고 경험적인 탐색, 입력 단어를 인식하는 결정형 유한 오토마타, 프로그램의 동작의 근거를 제공하는 부동 소수점 알고리즘을 발견 할 수 있다. 이 뿐만 아니라, 표현식의 값을 예측하기 위한 이론을 증명하고 수학적으로 단순화하는 부분과 기계 수준의 이해하기 어려운 연산을 나타내는 pattern-matcher, 배열을 분석하는 데 사용되는 Pressburger 이론과 디오판투스 방정식을 다루는 부분, 그리고 해시 테이블, 그래프 알고리즘, 빈약한 집합 구현과 같은 전형적인 알고리즘과 데이터 구조를 발견할 수 있다.

비중

eac를 쓰는 일차적인 목표는 컴파일러의 설계와 구현에 대한 수업에서 사용할 교재를 만드는 것이다. eac는 컴파일러 작성자가 접하게 되는 많은 문제들에 대해 다룬다. 그리고 그것을 해결하기 위해 컴파일러 작성자에 의해 사용되는 기술들을 소개한다. 또한 eac는 현대 컴파일러 제작에 사용하는 실질적인 기술들을 제공한다.

eac의 내용을 선택하는데 있어, 우리는 직업 시장에서 필요로 하는 내용을 다루기 위해 컴파일러 작성의 첫 번째 과목을 위한 교육 과정을 재조정했다. 이러한 재조정을 통해 최적화와 코드 생성 부분은 늘어나고, 반면에 앞단에 대한 부분을 줄어들었다. 뒷 부분에서, eac는 정적 단일 할당 형식, 리스트 스케줄링, 그래프 컬러링 레지스터 할당과 같은 가장 실용화된 기술에 초점을 맞춘다. 이러한 주제들은 학생들이 현대 산업과 컴파일러에 대한 연구에서 자주 쓰이는 알고리즘을 준비하는데 도움을 줄 것이다.

이 책은 수준높은 학생과 전문가를 위한 내용들도 다루고 있다. 대부분의 장들은 전형적인 학부생의 수준을 넘는 문제와 기술에 대해 다루는 부분을 포함하고 있다. 또한 9장과 10장은 데이터 흐름 분석과 스칼라 최적화에 대해 소개한다.

접근

컴파일러 작성은 공학 기술 설계에 대한 하나의 연습이 될 수 있다. 컴파일러 작성자는 다른 비용, 이점, 복잡성을 가지는 다양한 대안들 중에서 하나를 선택해야 한다. 선택의 결과는 만들어진 컴파일러에 영향을 미친다. 결과물의 질은 컴파일러의 작성의 각 단계에서 이루어지는 각각의 선택에 따라 달라질 것이다.

그러므로, 컴파일러 설계를 하는 과정에서 이루어지는 많은 결정들에 대해서 단 하나의 정답이 있는 것이 아니다. 심지어 잘 이해되고, 잘 풀리는 문제에 대해서도 설계와 구현에 있어서는 미묘한 차이가 생길 수 있다. 또한 이러한 차이는 컴파일러의 동작과 생성되는 코드의 질에 영향을 준다. 고려해야 할 많은 사항들이 선택에 영향을 줄 것이다. 예를 들어, 컴파일러에 대한 중간 표현식의 선택은 컴파일러의 나머지 부분에 큰 영향을 준다. 한 예로써, 중간 표현의 선택은 시간과 공간에 대한 요구에서부터 적용될수 있는 알고리즘의 쉬운 선택에 이르는 컴파일러의 다른 부분에 대해 큰 영향을 미칠 수 있다. 그러나 종종 그 결정은 소홀히 다뤄진다. 5장은 하나를 선택하는데 있어서 고려되어야 하는 중간 표현식과 몇 개의 쟁점에 대해 다루고 있다.

eac는 설계하는 과정을 경험하고 이러한 과정에서 생길수 있는 문제들과 가능한 해결법들을 조사해 볼 수 있도록 해준다. 또한 그 해결법을 더욱 돋보이게 만들어주는 제약이 존재하는 문제들을 해결하는 방법을 소개한다. 학생들은 컴파일러 설계에서 다른 단계에서의 결정이 끼치는 영향 뿐만 아니라 발생할 수 있는 문제들과 해결법 모두를 이해해야 한다. 그런 후에야, 컴파일러 작성자는 각 단계에서 좀더 나은 선택을 할 수 있다.

철학

이 책은 연구와 교육, 실제 응용의 측면에서 앞으로의 20년 동안 컴파일러가 어떻게 만들어 져야 하고, 어떻게 발전되어야 하는지에 대한 우리의 철학을 드러내고 있다. 예를 들어, 중간 표현식은 결과 코드에 영향을 미칠 세부 사항들을 나타내야 한다; 이러한 생각은 두 가지의 낮은 수준의 표현식을 만들어 냈다. 할당기가 값들이 레지스터에 저장될 수 없다는 것을 알 때까지 그 값들은 레지스터에 위치해 있어야 한다; 이러한 관습은 가상 레지스터를 사용하고 어쩔 수 없을 때에만 값들을 메모리에 저장하도록 하는 예들을 만들어 냈다. 이것은 또한 컴파일러의 뒷단에서 효율적인 알고리즘의 중요성이 커지도록 만들었다. 모든 컴파일러는 최적화를 포함해야 한다; 그것은 컴파일러의 나머지 부분을 간단하게 한다.

eac는 컴파일러 작성에 관한 교재들에서 받아들여지고 있는 일부 규칙을 벗어나기도 부분도 있다. 예를 들어, 우리는 이 책의 예에서 하나의 언어가 아닌, 여러 개의 다른 언어를 사용한다. C 언어를 이용하여 이름에 의한 매개 변수 전달에 대해 설명하는 것은 어렵다. 따라서 이 책에서는 그것을 Algl-60을 이용해 설명한다. 이와 마찬가지로 포트란에서 tail-recursion을 설명하는 것은 이해하기 어렵게 만들기 때문에 우리는 Scheme을 이용해 설명한다. 이와 같이 여러 가지 언어를 통한 접근이 실질적인 것이다. 독자들이 이 분야에서 일하는 동안에, 미래의 언어는 여러 번 변하게 될 것이다. (지난 30년 동안 Algol-68, apl, pl/I, smalltalk, c, modula-3, c++, Java, Ada가 미래의 언어로써 소개되었다). eac에서의 알고리즘은 높은 수준의 추상화의 개념 속에서 표현된다. 우리는 독자가 세부 사항들을 보충할 수 있고, 그러한 세부사항은 코드가 동작할 특정 환경으로 연결될 수 있다고 생각한다.

교재 구성

eac를 만드는 우리의 거듭되는 목표는 실제 컴파일러에 대한 공부를 할 학생들을 위한 교재를 만드는 것이다. 10여년 동안 우리는 교육 내용의 선택, 깊이, 순서 등에 대해 경험을 쌓으며, 이 책의 내용을 가르쳤왔다. 웹사이트에서 이용할 수 있는 자료들을 통해 어떻게 우리가 Rice 대학의 학부 수업에서 eac를 적용하고 가르쳤는지를 알 수 있다.

현대에 사용되고 있는 코드 생성 기술을 가르치고자 하는 생각이 책에서 다룰 내용의 순서 결정을 어렵게 만들었다. 현대 코드 생성기는 데이터 흐름 분석과 정적 단일 할당 형식과 같은 최적화 개념들에 크게 의존하고 있다. 따라서 컴파일러의 후위 알고리즘에 앞서 최적화에 관한 내용을 다루고자 하였다. 하지만 코드 생성의 대한 내용에 앞서 최적화를 다루는 것은 학생들이 코드 작성에 앞서 case문과 루프, 또는 배열 참조를 알지 못하는 것과 같은 의미가 된다.

이와 같이 내용의 순서가 완벽하지 않기 때문에, eac는 컴파일 시간에 수행되는 알고리즘의 순서대로 내용을 소개한다. 그러므로, 비록 코드의 형태에 대한 내용은 후위에 포함되지만, 최적화에 관한 내용은 앞단의 뒤에 그리고 후위의 앞에서 소개될 것이다. 각 장의 처음 부분에 이러한 순서를 다시 한번 상기 시켜주기 위해 그림들이 제공될 것이다. 실질적으로, 학부 과정의 수업은 책의 내용과는 다른 순서로 진행 될 것이다.

내용

소개(1장)에 이어 이 책은 4개의 부분으로 나뉜다.

첫 번째 부분에 대해 연속되는 장에서 스캐닝, 파싱,그리고 context-sensitive analysis을 다룬다. 2장은 인식기와 유한 오토마타, 정규 표현식, 그리고 정규 표현식으로부터의 스캐너 작성을 자동화 시키기 위한 알고리즘을 다룬다. 3장은 context-free grammar와 함께 파싱, top-down recursive-descent 파서, bottom-up table-driven lr 파서를 소개한다. 4장은 context-free grammar에 의해 표현되기 복잡한 문제들에 대한 예로써 자료형 시스템을 소개한다. 그리고 나서 각 context-sensitive 문제를 해결하기 위한 formal하고 ad hoc 기술들을 설명한다.

이러한 장들은 각 부분에 대해 진보하는 모습을 보여준다. 스캐닝에서 자동화는 손으로 직접 코딩하는 것을 대체해 왔다. 또한 파싱에서의 자동화는 프로그래머의 노력을 급격하게 감소시켰다. context-sensitive 분서에서의 자동화는 ad hoc과 직접 코딩하는 방법을 대체하지는 못했다. 하지만 ad hoc 기술은 형식적인 기법의 하나의 속성 문법의 사용을 통해 직관적인 몇몇 방법들을 흉내내었다.

기반 구조 두번 째 부분은 이 교재 전체에 퍼져있는 내용들을 통합한다. 전위에서 중간 코드를 생성하고 그 코드를 최적화 하고, 그것을 목적 기계에 대한 코드로 변화하는 과정에 필요한 배경 지식들을 제공한다.

5장은 트리, 그래프, 선형 코드와 심볼 테이블과 같이 컴파일러가 사용하는 다양한 중간 표현에 대해 소개하고 있다. 6장은 컴파일러가 만들어 내는 코드를 통해 수행해야 하는 실행 시간 추상화를 소개한다. 즉, 프로시저, 이름 공간, 연결 규치과 메모리 관리와 같은 내용을 포함한다. 7장은 코드 생성에 대한 서두를 제공한다. 여기서 코드 생성은 코드 생성 알고리즘 보다는 다양한 언어 구조에 대해 컴파일러가 생성해야 하는 코드의 종류에 초점을 맞추었다.

최적화 세 번째 부분은 컴파일러의 중간 부분인 최적화기를 만드는 과정에서 나타나는 문제들에 대해 다룬다. 8장은 여러 개의 다른 범위에서 하나의 문제에 대해 작업함으로써 생길 수 있는 문제들과 여러 가지 기술에 대한 개요를 제공한다. 9장은 순환하는 데이터 흐름 분석과 정적 단일 할당 형식의 구조에 대해 소개한다. 10장은 스칼라 최적화를 위한 효율성을 기반으로 하는 분류법과 이에 대한 선택적인 몇몇 예들을 소개한다.

이러한 분류는 좀더 수준 있고 호기심 많은 학생을 위한 내용을 다루는 반면에 분석과 최적화의 모든 내용을 한학기에 다루는 것이 어렵다는 것을 보여준다. 이 책을 가르칠 때, 우리는 8장을 다루고 나서 코드 생성으로 넘어 간다. 코드 생성을 가르치는 동안, 우리는 필요와 흥미 유발을 위해 9장과 10장의 특별한 절들을 참조한다. 우리는 또한 스칼라 최적화에 대한 두 번째 강의를 위해, 논문 선택에 의해 추가된 절들을 이용하기도 한다.

코드 생성 마지막 절은 코드 생성에 있어서의 세 개의 중요한 문제들을 다룬다. 11장은 명령어 선택에 대해 소개한다; 트리 유형의 매칭으로 시작해 peephole-style matcher에 대해 한층 더 깊이 다룬다. 12장은 명령어 스케줄링을 소개한다; 리스트 스케줄링과 그것의 변형 대해 중점적으로 다룬다. 13장은 레지스터 할당을 소개한다; 지역적 그리고 전역 할당에 대한 알고리즘을 제공한다. eac가 제공하는 알고리즘은 현대의 컴파일러에서 사용되고 있는 것들이다.

일부 학생에게는, 이러한 장들은 np-complete 문제가 3-SAT와 동일함을 증명하기보다는 그것에 대한 해결법에 접근해 보는 첫 번째 시도가 될지도 모른다. 이 부분의 장들은 가장 실용화되어 있는 접근법을 강조한다. 또한 연습 문제 통해서 쉬운 예들을 다뤄볼 수 있는 기회를 제공할 것이다.

일반적인 개념들. 컴파일러 작성은 복잡하고 광범위한 문제이다. 컴파일러에서의 순차적인 정보의 흐름 때문에, 하나의 문제에 대해 선택된 해결법은 다음 단계의 입력과 다음 단계들이 코드를 향상 시키기 위해 해야할 행동을 결정 짓는다. 앞단에서의 작은 변화가 최적화를 방해할 수도 있다; 최적화의 결과는 코드 생성기에 직접적인 영향을 준다(예를 들어, 레지스터의 요구를 변화시킨다.)

이러한 복잡한 관계는 컴파일러 작성 과정에 있어서도 나타난다. 문제 해결을 위한 기술은 각 과정에서 반복적으로 나온다. 부동 소수점 알고리즘은 스캐너와 파서 작성에 있어 중요한 역할을 한다. 부동 소수점 알고리즘은 최적화와 코드 생성을 분석하는 데 있어서 중요한 도구가 된다. 유한 오토마타는 스캐닝에서 사용된다. 오토마타는 lr 테이블 구조 뿐 아니라 명령어 선택을 위한 유형-매칭기에서 중요한 역할을 한다. 이러한 일반적인 기술들을 소개하고 강조함으로써, eac는 그런 기술에 대해 학생들이 좀더 친숙해지도록 한다. 그러므로 학생들이 8장에서 순환하는 데이터 흐름 알고리즘을 접할때, 그것은 단지 앞서 나온 부동 소수점 알고리즘의 또 다른 예이므로 이에 대해 친숙하게 느낄 수 있다. 비슷하게 8장에서 최적화 범위에 대한 논의는 12장과 13장에서 지역적 알고리즘에서 국지적이고 전역적인 알고리즘으로의 전이에 의해 효율적으로 설명될 수 있다.

강좌 구성

컴파일러 작성 수업은 학생과 교사 모두에게 구체적인 예들을 들어 여러 이슈들을 살펴볼 기회를 제공한다. 여기서 제시된 예들은 컴파일러 작성에 대한 배경 지식을 갖춘 학생들이라면 쉽게 이해할 수 있도록 만들어 졌다. 이 강좌는 어떤 교과 과정에선 실재 활용을 중점을 둔 여러 다른 강좌들에서 배운 개념을을 종합적으로 사용하는 상급자들의 과정이다. 이러한 수업을 듣는 학생들은 간단한 언어를 지원하는 컴파일러 전체를 작성해보거나 기존의 ia-64용 컴파일러인 gcc나 orc 등의 컴파일러에 새로운 언어적 특성을 추가해보기도 한다. 이 수업은 교재의 구성을 거의 같은 순으로 자료를 제공한다.

만약 교과 과정의 다른 강좌들에서 큰 프로젝트를 내준다면 교사는 컴파일러 작성 강좌를 더 좁게 알고리즘과 그들의 구현에 집중하도록 할 수 있다. 그러한 수업에서 실습은 레지스터 할당과 스케줄링 같은 진정으로 어려운 문제들의 추상화된 사례에 집중할 수 있다. 이 수업은 실습의 필요에 따라 교재를 건너뛰며 발표 순서를 조정할 수 있다. 예를 들어 어셈블리 언어 프로그래밍을 마친 학생은 straightline 코드를 위한 레지스터 할당기를 만들 수도 있다. 첫 번째 실습으로는 간단한 레지스터 할당기를 종종 사용해왔다.

어떤 시나리오에서든 강좌는 다른 수업들에서 자료들을 끌어와야 한다. 컴퓨터 구조와 어셈블리 언어 프로그래밍, 운영 체제와 컴퓨터 구조, 알고리즘 그리고 형식 언어 사이에는 분명한 연관 관계가 존재한다. 컴파일러 작성과 다른 과정들간의 연관이 불분명해 보일지도 모르겠지만 이는 그리 중요하지 않다. 7장에서 논의한 문자 복사는 네트워크 프로토콜, 파일 서버 그리고 웹 서버 등의 성능을 결정짓는데 핵심적인 역할을 한다. 2장에서 살펴볼 스캐닝 기술은 문자 편집에서부터 url-필터링 등 넓은 분야에서 쓰이고 있다. 13장의 bottom-up 국부 레지스터 할당기는 최적의 오프라인 대체 알고리즘과 매우 유사하다.

Supporting Materials

교재를 위한 Morgan Kaufmann의 웹사이트에는 eac에 제시된 자료들을 당신의 강좌에 적용하는데 도움을 줄 수 있는 다양한 소스들이 게시되어 있다.

1. 대학에서 진행된 모든 수업
2. 강좌의 정점 프로젝트에서의 실습 과제 예
3. 대학의 강좌에서 사용한 실습 과제 예

4. 연습 문제의 해답을 포함한 지도자 지침서
5. 약어, 문두어 드리고 eac에 정의된 용어들에 대한 어휘사전
6. 책의 line art의 한페이지
7. eac의 최적화 부분에서 이야기된 scalar 최적화 강좌를 위한 강의와 시간표 그리고 최근 논문들 모음

컴파일러 작성의 예술과 과학

컴파일러 작성에서 배울 수 있는 것은 놀라운 이론의 성공적인 실재 적용 사례들과 우리가 할 있는 것들에 대한 한계이다. 정규 언어를 인식기의 자동 생성에 적용하여 만든 스캐너는 성공적인 사례이다. 파서는 핸들 인식하는 기술을 사용하며 여기서 shift-reduce 파서를 유도해낼 수 있다. 데이타 흐름 분석 (그리고 이의 사촌들)은 격자 이론을 유용하고 현명한 방식으로 프로그램 문석에 적용한다. 코드 생성에 사용된 비슷한 알고리즘은 많은 진정으로 어려운 문제들에 대한 훌륭한 해결책을 제공한다.

반면에 컴파일러 작성은 훌륭한 해결책을 무용지물로 만들어버리는 복잡한 문제들을 노출시키기도 한다. 현대의 슈퍼스칼라 머신을 위한 컴파일러의 back end는 해결책을 상호 작용하는 둘 이상의 np-complete 문제로 근사화 되야한다. (명령어 스케줄링, 레지스터 할당 그리고 아마 명령어와 데이타 배치). 하지만 이 np-complete 문제들은 대수적 재연합 표현과 같은 문제에 비해 쉬워보인다 (그림 7.1 참조). 이 문제는 아주 많은 수의 해결책들을 인정한다. 문제를 더 악화시키는 것은 바람직한 해결책이 컴파일러가 적용하는 다른 변환에 의존한다는 것이다. 컴파일러는 이 문제들을 해결하려고 노력하면서도 (아니면 해결책을 근사화시키거나), 노력에 드는 시간과 공간이 합당해야 한다. 따라서 현대의 슈퍼스칼라 머신을 위한 훌륭한 컴파일러는 이론과 실제적 지식, 엔지니어링 그리고 경험을 기교있게 잘 섞어서 사용해야 한다.

이 책에서 우리는 컴파일러 작성의 과학과 예술 모두를 담으려고 노력했다. eac는 실존하는 tradeoff들과 선택이 미치는 영향이 미묘하거나 아니면 큰 영향을 줄수 있다는 것을 보여줄 자료들을 충분히 많이 포함하고 있다. eac에서는 시장과 언어 언어와 컴파일러 기술 또는 사용가능한 툴의 변화에 따라 덜 중요하게 취급되는 기술들을 생략하였다. 대신에 eac는 최적화와 코드 생성을 더 깊게 다루었다.

감사의 말

많은 사람들이 eac의 형식과 내용 그리고 해설에 대해 유용한 의견들을 제시해주었다. 여기엔 L. Almagor, Saman Amarasinghe, Thomas Ball, Preston Briggs, Corky Cartwright, Carolyn Cooper, Christine Cooper, Anshuman Das Gupta, Jason Eckhardt, Stephan Ellner, Mike Fagan, Matthias Felleisen, Alex Grosul, John Greiner, Dan Grossman, Timothy Harvey, James Larus, Ken Kennedy, Shriram Krishnamurthy, Ursula Kuterbach, Robert Morgan, Guilherme Ottoni, Vishal Patel, Norm Ramsey, Steve Reeves, Martin Rinard, L. Taylor Simpson, Reid Tatge, Dan Wallach, Todd Waterman, 그리고 Christian Westbrook가 포함되어있다.

Steve Carr이 연습문제 편집자로 연습문제를 만드는 팀을 구성하였다. 그의 팀원은 Chen Ding, Rodolfo Jardim de Azevedo, Zhiyuan Li, Guilherme Ottoni, 그리고 Sandra Rigo가 포함되어있다. Aaron Smith, Ben Hardekopf, and Paul A. Navratil은 연습문제 해답을 확인하였다. 원본은 많은 재검토와 수정을 거쳤다. Saman Amarasinghe, Guido Araujo, Preston Briggs, Steve Carr, James Larus, Gloria Melara, Kathryn McKinley, Robert Morgan, Thomas Murtagh, Gordon Novak, Santosh Pande, Allan Porterfield, Martin Rinard, Mark Roberts, Michael Smith, 그리고 Hongwei Xi all이 재검토를 해주었다. Wilson Hsieh, Jurek Jaromczyk, Tevfik Bultan, Chau-Wen Tseng, Mahmut Kandemir, 그리고 Zhiyuan Li all은 연습문제 팀과 재검토 팀의 몇몇들과 마찬가지로 그들의 교실에서 직접 책을 검증해주었다. 그들의 작업을 통해 책의 스타일과 내용을 바꾸고 정확도를 향상시켰다.

Michael Scott와 Steve Muchnick은 각각 원본 전체를 수차례 재검토해 주었다. 그들은 세부사항에 대한 관심과 인내심 그리고 그들의 제안이 책에 근본적 향상을 가져왔다.

Morgan Kaufmann이 이 책을 위해 모은 편집과 제작 팀은 매우 훌륭했다. Denise Penrose 그리고 Yonie Overton이 이끈 이 팀에는 John Hammet, Carol Leyba, Rebecca Evans, Steve Rath, Emilia Thiuri, 그리고 Lauren Wheelock 등이 포함되어 있다. 삽화는 Dartmouth 출판팀에 의해 작성되었다. 구도는 Integra에 속한 팀이 진행하였다. 저자로서 우리는 유연하고 능숙한 혹은 인내심을 갖춘 사람들을 원하지 않을 수 없었다. 그들의 프로정신이 근본적으로 제작을 쉽게 만들어 주었다.

마지막으로 많은 사람들이 지난 5년 동안 우리에게 정신적으로 그리고 감성적으로 많은 도움을 주었다. 가장 먼저 우리 가족들과 내 Rice 대학의 내 동료들이 매 순간 나에게 용기를 북돋아주었다. 게다가 Regina Brooks와 Janice Bordeaux는 이 노력을 시작하도록 장려해주었다.

Denise Penrose와 Yonie Overton은 작업을 끝내는 것을 가능하게 해주었다.

우리는 Kathyn O' Brien이 이와 같은 큰 규모의 프로젝트에서 발생하는 많은 행정적 업무를 맡아준 것과 이 모든 과정을 유머 감각을 갖고 끝까지 함께 해준 것에 대해 매우 깊이 감사한다. 마지막으로 Ken Kennedy와 Scott Warren은 프로그래밍과 언어적 이슈에 대한 사고방식과 컴파일에 대한 틀을 만들어 주었다.

CONTENTS

차 례

9 자료 흐름 분석 417

10 스칼라 최적화 475

부록 ILOC 647

부록 B 데이터 구조 661

Chapter 1

컴파일러 개론

| Overview of Compilation

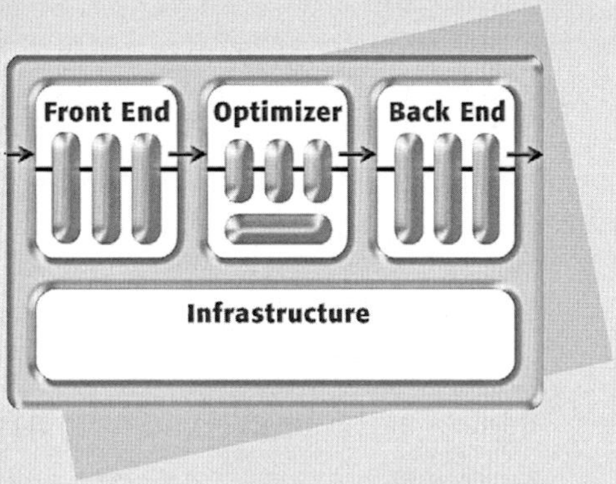

1.1 소개

우리의 생활에서 컴퓨터의 역할은 매년 증가하고 있다. 예를 들어, 오늘날 마이크로 프로세서는 자동차, 전자레인지, 식기세척기, 휴대전화기, GPS 네비게이션 시스템, 비디오 게임기, 개인용 컴퓨터 등에서 널리 사용되고 있다. 이들 컴퓨터에서 특정한 연산을 수행하거나 원하는 결과를 얻기 위한 연산 과정을 서술하기 위하여 사용자는 "프로그래밍 언어"로 작성된 프로그램을 작성하고 실행하여야 한다. 프로그래밍 언어는 진화되고 애매 모호성을 지닌 자연어와 달리 수학적인 특성과 잘 정의된 의미를 가진 정규언어이며, 표현성(expressiveness), 간결성(conciseness), 그리고 명료성(clarity)을 지원하도록 설계된다. 컴퓨터 언어로 작성된 프로그램을 실행하기 전에 실행하고자 하는 컴퓨터 시스템에 정의된 명령어로 변환하여야 하며, 이때 변환과정을 바로 컴파일러가 수행한다.

컴파일러는 실행할 프로그램을 입력으로 받아, 출력으로 동일한 목적을 가진 다른 형태의 프로그램을 생성한다. 물론 컴파일러는 이 과정에서 입력된 프로그램에서의 오류를 찾고 의미 있는 에러 메시지를 출력한다. 컴파일러는 다음과 같은 블랙박스(black box)의 기능을 수행한다.

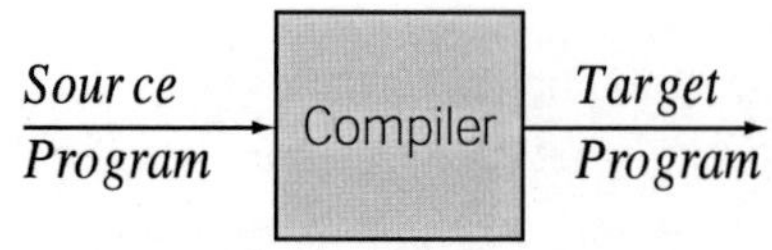

일반적으로 컴파일러는 FORTRAN, C, C++, Ada, Java, ML과 같은 컴퓨터 언어를 입력으로 받아들여, 컴퓨터에서 인식하여 실행할 수 있는 명령어(instruction)들로 출력한다.

어떤 컴파일러는 어셈블리 언어보다는 보다 잘 다듬어진 성숙된 프로그램을 출력한다. 이러한 컴파일어가 생성하는 프로그램은 컴퓨터에서 바로 실행되는 코드를 생성하는 것보다 더 많은 코드 변환을 요구한다. 예로 많은 연구용 컴파일러는 출력으로 C언어를 출력한다. 대부분의 컴퓨터에서는 C언어를 입력으로 받아 자체 컴파일러를 이용하여 실행할 수 있기 때문이다. 명령어를 출력으로 생성하는 컴파일러와는 달리 이러한 컴파일러를 소스-소스 변환기(source-to-source translator)라고 한다.

많은 종류의 시스템들이 실제적으로 컴파일러와 같은 기능을 수행한다. 예를 들어, 이미지를 서술하는 언어인 PostScript를 생성하는 워드 프로세서 또한 컴파일러인데, 이러한 컴파일러는 출력을 위한 입력을 서술하여 주면 컴파일러는 입력을 받아 PostScript 파일을 생성한다.

Postscript를 입력으로 받아 픽셀로 변환하는 것은 컴파일러가 아니라 *번역기(interpreter)*가 한다. 번역기는 실행할 수 있는 명세를 받아 실행의 결과를 출력으로 내보낸다.

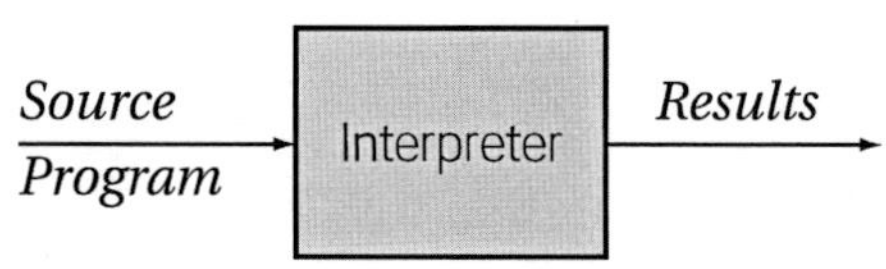

번역기 또한 프로그래밍 언어를 구현하는 데 사용될 수 있는데, 그 예로 Perl, Scheme, APL 등이 있으며, 번역기는 컴파일러보다 일반적으로 더 많이 보편화되어 있다.

번역기와 컴파일러는 여러 가지 공통점을 지닌다. 예로, 입력 프로그램의 오류를 점검하고, 프로그램의 구조를 파악하고 의미를 이해할 수 있는 구조를 가지며, 프로그램 실행 도중에 생성되는 값들이 어디에 저장이 되어야 하는지를 고려한다. 그러나 프로그램의 결과를 생성하기 위하여 코드를 번역하는 것과 결과를 생성하기 위한 코드를 생성하는 것에는 많은 차이가 있다. 본서는 컴파일러를 구현할 때 고려해야 할 여러 가지의 문제점에 대하여 서술하고자 한다. 그러나 번역기 구현자 또한 본서에서 많은 관련 부분을 찾을 수 있을 것이다.

1.2 컴파일러 구현을 공부하는 이유는 무엇인가?

컴파일러는 수백 만 혹은 수천 만의 코드로 이루어진 매우 크고, 복잡한 프로그램이다. 이러한 컴파일러를 구성하는 요소들은 매우 복잡하게 얽혀 있다. 컴파일러를 설계하고 구현하는 일은 소프트웨어 개발의 중요한 연습이 되기도 한다.

훌륭한 컴파일러는 전산학의 여러 가지 중요한 요소 기술로 이루어진다. 예를 들어, 레지스터 할당에서 사용되는 greedy 알고리즘, list scheduling에서 사용되는 heurstic search 알고리즘, 명령어 선택에서 사용되는 dynamic programming, 스캐닝과 파싱에서 사용되는 오토마타 이론 등이 있다. 이러한 기술들은 동적할당, 동기화, naming, locality, memory hierarchy management, 그리고 파이프라인 스케줄링과 같은 문제를 다룬다. 이렇게 하나의 목적을 가지고 여러 가지의 다양한 기술 적용이 가능한 시스템은 거의 찾아볼 수 없다.

컴파일러는 전산학에서 가장 중요한 역할, 즉 컴퓨터가 문제를 해결할 수 있도록 해주는 역할을 한다. 대부분의 소프트웨어는 컴파일되고, 생성된 코드의 정확도와 효율성은 커다란 시스템을 설계하는 데 가장 중요한 역할을 한다.

컴파일러의 개념은 여러 곳에서 널리 쓰여지고 있다. 정규언어 이론은 스캐너나 파서를 자동으로 생성하는 도구를 만들 수 있도록 하며, 이러한 도구들은 text searching, website filtering, word processing 그리고 명령어 해석기 등에 널리 쓰이고 있다. Type checking과 static analysis는 프로그램을 이해하고 향상시키기 위하여 lattice theory, number theory, 그리고 다양한 수학적 이론을 바탕을 둔다. 코드 생성기에서는 명령어를 생성하기 위하여 tree-pattern matching, 파싱, dynamic programming, 그리고 text matching과 같은 알고리즘을 사용한다.

그러나, 동시에 컴파일러의 구현에는 정말로 많은 어려운 점이 있다. High-level, universal, intermediate representation의 구현은 너무나 복잡하다. 또한 많은 부분이 자동화될 수 없다. 많은 경우에 있어 ad hoc 방법에 의지한다.

좋은 컴파일러를 구현하는 데는 고급 알고리즘, 공학적인 해결 방안, 그리고 체계적인 계획이 필요하다. 좋은 컴파일러는 여러 가지의 어려운 문제를 해결하기 위한 간결된 방법을 사용한다. 컴파일러 구현뿐 아니라 컴파일러가 생성한 코드에 있어서 효용성(efficiency)을 가장 중요하게 생각한다. 컴파일러가 코드를 최적화하기 위하여 여러 종류의 다양한 정보가 관리되어야 하며 이를 위하여 내부에 데이터와 knowledge representation을 위한 구조를 갖고 있다.

1.3 컴파일러의 기초 원칙

컴파일러는 서로 다른 여러 가지 목적을 갖고 구성된 커다란 소프트웨어 시스템이다. 컴파일러는 설계 시 여러 종류의 다양한 결정을 요구하며, 이러한 결정은 컴파일러의 성능에 중요한 영향을 미친다. 이와 같이 설계 시 여러 가지의 해결방법이 있겠으나, 가장 중요한 두 원리는 반드시 지켜져야 한다. 그 두 가지는 다음과 같다.

컴파일러는 컴파일 되는 프로그램의 의미를 반드시 보존하여야 한다.

Correctness는 프로그래밍에 있어 가장 중요한 이슈이며, 이것은 컴파일러 개발자와 사용자의 가장 중요한 약속이다. 만약 컴파일러가 이 약속을 지키지 않는다면 컴파일러는 전체 프로그램의 코드를 컴파일하지 않고 단순히 nop이나 return을 생성할 수 있을 것이다. 컴파일러가 지켜야 할 두 번째 원리는 너무나 당연하다.

컴파일러는 인식 가능한 방법을 통하여 입력 프로그램의 성능을 향상시켜야 한다.

초창기의 컴파일러는 바로 실행 파일을 생성함으로써 입력 프로그램의 성능을 향상시킨다. 그러나 다른 컴파일러는 다른 방법으로 성능을 향상시켰다. 예를 들어 tpic는 그래픽 언어인 pic으로 생성된 프로그램을 입력으로 받아 훨씬 널리 사용되는 LaTeX로 변환한다.

1.4 컴파일러 구조

컴파일러는 크고 복잡한 소프트웨어이다. 컴파일러는 1955년부터 개발되어 오고 있으며, 컴파일러 구현에 관하여 많은 경험을 하고 있다. 초기의 컴파일러는 단순히 한 프로그램을 다른 프로그램으로 변환시키는 것으로 인지하였다.

즉, 컴파일러는 입력되는 프로그램을 이해하고, 목표 시스템의 각 기능에 맞게 코드를 생성하여야 한다. 이러한 두 기능은 컴파일러를 두 중요한 부분으로 나누게 되는데 이를 *전처리부(front end)*와 *후처리부(back end)*라고 한다.

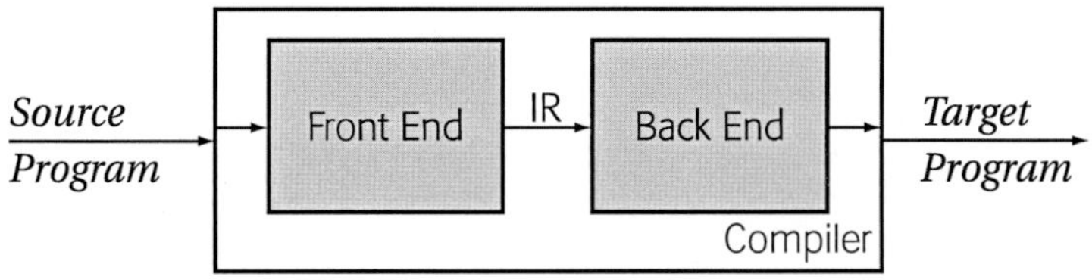

전처리부는 입력되는 프로그램을 이해하는 데 초점을 맞추고 있다. 후처리부는 이를 이용하여 목표 시스템에 맞는 프로그램을 생성한다. 이러한 구별은 컴파일러를 구현하는 데 여러 가지의 중요한 암시를 하고 있다.

전처리부는 입력 프로그램을 완전히 이해하고 후처리부에 의해서 나중에 사용하기 위하여 일정한 데이터 구조로 저장된다. 이 데이터 구조를 IR(Intermediate Representation)이라 한다. 사실, 각각의 서로 독립적인 컴파일러 처리과정에서는 서로 다른 구조의 IR을 구성할 수 있다.

컴파일러에서는 전처리부는 입력 프로그램이 잘 구성되었는지 확신하고, 이를 IR로 변환시킨다. 후처리부는 IR을 목표 시스템의 명령어들로 변환시킨다. 후처리부는 IR만을 가지고 처리하기 때문에 IR은 어떠한 구문적, 의미적인 오류가 없다고 가정한다.

컴파일러는 또한 IR을 여러 번 처리하여 더 좋은 성능의 코드를 생성할 수 있다. 처음 과정에서 컴파일러는 코드를 이해하고 관련 정보를 저장한다. 두 번째 과정에서는 고성능의 코드 생성을 위하여 이러한 정보를 이용한다. (이러한 과정은 새로운 것이 아니며, 초보적인 FORTRAN 컴파일러에서도 여러 가지의 처리과정을 거친다.) 이러한 과정은 첫 처리과정에서 여러 정보를 IR에 저장하고 후처리에서 이러한 정보를 이용한다.

마지막으로, 이러한 two-phase 컴파일러는 다양한 시스템을 지원하는 컴파일러 설계에 매우 유용하다. 하나의 전처리부에 여러 종류의 후처리부를 지원하여 다양한 시스템을 지원할 수 있다. 비슷하게 다양한 전처리부와 하나의 공통된 후처리부를 설계하여 다양한 언어를 지원하는 컴파일러를 구현할 수 있다. 이러한 두 가지 방법은 모두 하나의 IR이 다양한 조합을 지원한다는 가정을 하고 있다.

이러한 IR을 사용함으로써 다양한 여러 처리부를 구현할 수 있다. 일반적으로 전처리부와 후처리부 사이에 중간처리부를 구현할 수 있는데, 이를 최적화부(optimizer)라 한다. 이 최적화부는 IR을 입력으로 받아 동일한 IR을 출력으로 내보낸다. 이러한 IR을 전처리부와 후처리부의 인터페이스로 사용함으로써 전처리부 및 후처리부를 수정하지 않고 구현할 수 있다. 이러한 컴파일러를 three-phase라 한다.

이러한 최적화부는 프로그램의 성능을 향상시키기 위하여 IR에서 IR로 변환시키는 역할을 한다. (이러한 변환기 또한 1절에서 정의한 바에 의하면 컴파일러이다.) 최적화부는 여러 가지의 처리 과정으로 이루어질 수 있으며, IR을 분석하고 재생성할 수 있다.

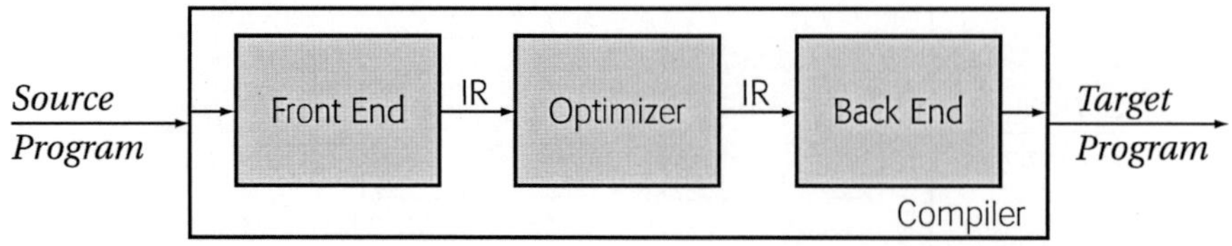

개념적으로 이러한 three-phase 컴파일러는 고전적인 최적화 컴파일러를 의미한다. 이러한 phase는 컴파일러를 내부적으로 나눌 때 사용한다. 전처리부는 올바른 입력 프로그램을 받아들여 IR을 생성하기 위하여 둘 또는 세부분으로 나뉜다. 가운데 phase는 여러 가지 최적화를 수행한다. 그리고 후반부는 IR을 이용하여 점점 목표 시스템에 가까운 여러 단계의 phase를 수행한다. 이러한 three-phase 컴파일러는 매우 보편적인 구성이며, 그림 1.1에 보여 주고 있다.

사실, 이렇게 전처리부, 중간처리부 그리고 후처리부로 이루어진 three-phase 컴파일러는 매우 유용한 구성이다. 이들 각각의 phase에서 수행하는 역할은 모두 다르다. 전처리부는 입력 프로그램을 이해하고 분석된 정보를 IR에 저장한다. 중간처리부는 IR의 성능을 향상시키는 데 초점을 둔다. 후처리부는 IR를 이용하여 제한된 자원을 갖는 목표 시스템에 수행할 수 있는 코드를 생성한다.

이들 세 부분에서 중간처리부의 구현은 어떠한 문제에 있어 최적화된 해법을 찾아야 하는데 이는 매우 복잡하고 서로 간에 매우 복잡하게 얽혀 있다. 더욱이 생성된 코드의 성능은 이러한 최적화 기법과 후처리부의 코드생성에 의존한다. 이와 같이, 비록 한 해법이 최적이라고 판단될지라도, 다른 기법들과 얽혀 성능 향상이 나타나지 않기도 한다. 결과적으로 좋은 컴파일러란 최적화를 제공하지 않는 것에 비하여 좋은 성능의 코드를 생성하는 컴파일러를 의미한다.

중간처리부는 하나 또는 여러 종류의 최적화 기법, 즉 IR을 입력으로 받아 여러 개의 작은 단

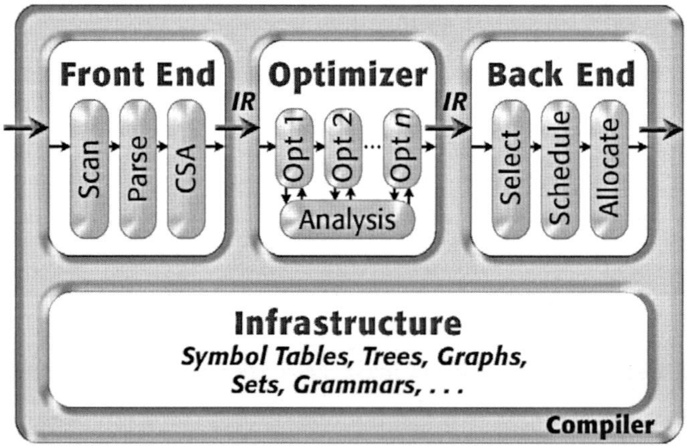

그림 1.1 전형적인 컴파일러의 구성

계를 지나 IR을 출력으로 내보내는 방법과 여러 가지의 최적화 기법을 하나로 묶는 방법이 있다. 여러 단계의 구현은 구현을 간단히 하고, 디버깅을 쉽게 한다. 또한 여러 가지의 다양한 경우를 지원하기 위한 여러 종류의 최적화 기법도 쉽게 구현할 수 있다.

1.5 번역의 high-level view

컴파일에서 일어나는 일들을 더욱 명확하게 이해하고 다음과 같은 표현을 위한 실행 코드를 생성하기 위하여 어떠한 일들이 수행되는지 고려하여 보자.

$$w \leftarrow w \times 2 \times x \times y \times z$$

여기서 w, x, y와 z는 변수, ←는 assigment, 그리고 ×는 곱셈을 위한 연산자를 나타낸다.

1.5.1 입력의 이해

$w \leftarrow w \times 2 \times x \times y \times z$를 컴파일하기 위한 첫 과정은 이러한 글자들이 프로그램 언어의 문법에 맞는지를 점검하는 것으로 컴파일러의 전처리부에서 처리된다. 이 일은 *구문상(syntax)* 뿐 아니라 *의미적(semantics)*인 요소도 포함한다. 만약 이 두 요소를 모두 만족하면 컴파일러는 번역 작업, 최적화 및 코드 생성과정을 계속하게 된다. 그러나 만약 입력 프로그램에 문제가 있으면, 컴파일러는 의미 있고 분명한 에러 메시지를 사용자에게 전달하여야 한다.

구문해석

입력 프로그램의 구문을 점검하기 위하여 컴파일러는 언어의 정의와 입력된 프로그램을 비교한다. 이러한 작업은 formal definition, 입력 프로그램이 언의 정의에 부합하는지를 점검하는 효율적인 방법, 그리고 부합하지 않았을 때 어떻게 대처해야 하는지에 대한 체계적인 방법이 요구된다.

수학적으로 입력언어는 문법(grammar)이라고 하는 일정한 법칙의 조합으로 정의된다. 컴파일러의 전처리부는 스캐너와 파서가 입력 프로그램이 유효한 입력 문자로 되어 있는지를 판단한다. 공학적인 문제는 이러한 작업을 어떻게 효율적으로 하는가에 있다.

프로그래밍 언어의 문법은 부분 음성어 또는 구문을 의미한다. 음성언어를 기반으로 한 문법은 하나의 법칙이 많은 문장을 묘사하도록 되어 있다. 예를 들어, 영어에서 많은 문자는 다음과

기호

컴파일러 교재에 있어 기호(notation)는 매우 중요하다. 그 이유는 컴파일러는 하나의 기호로 표현된 프로그램을 다른 기호로 표현된 동일한 프로그램으로 변환시키기 때문이다. 교재를 통하여 다양한 기호가 소개되는데, 때로는 교재의 내용을 이해하는 데 기호는 매우 중요한 역할을 한다.

알고리즘의 표현 우리는 알고리즘이 간결할 수 있도록 노력하여야 한다. 알고리즘은 일반적으로 독자가 자세한 구현을 할 수 있다는 가정 하에 비교적 높은 수준의 언어로 쓰이고, 알고리즘은 *slanted, sans-serif* 폰트로 표현된다. Indentation은 중요한 표현을 하는 데 사용되며, 대부분의 경우는 *if-then-else*에 쓰인다. *then* 또는 *else* 이후의 강조는 블럭을 표현한다. 다음과 같은 코드를 고려하자.

```
if Action [s,word] = "shift si" then
    push word
    push si
    word ← NextWord()
else if · · ·
```

*then*과 *else* 사이의 모든 문장은 *if-then-else*에서 *then* 절의 부분이다. *if-then-else*가 단지 한 문장을 표현할 때 문장과 같은 line에 keyword *then* 또는 *else*를 사용한다.

코드의 작성 예제에서 어떠한 주제를 설명하기 위하여 어떠한 언어로 실제 프로그램을 설명한다. 이때 프로그램은 typewriter 폰트를 사용한다.

산술 연산자 마지막으로 실제 프로그램을 제외하고 독자에게 분명한 의미를 전달하기 위하여 곱셈을 위한 *와 나눗셈을 위한 / 기호를 사용한다.

같은 형식을 갖는다.

$$Sentence \rightarrow Subject\ \texttt{verb}\ Object\ \texttt{endmark}$$

여기서 verb와 endmark는 음성언어의 일부이고, *Sentence*, *Subject*와 *Object*는 구문상의 변수이다. *Sentence*는 이러한 법칙에 의하여 형성된 일련의 문자를 표현한다. 심볼 "→" 는 "derives" 로 읽으며, 이것은 오른쪽의 문장이 왼쪽의 구문 변수로 함축됨을 의미한다.

이러한 법칙을 적용하기 위하여, 사용자는 단어들을 그들의 언어에 적용시켜야 한다. 예를 들어 verb는 영어의 모든 동사를 표현하고, endmark는 문장의 끝인 점, 물음표 또는 느낌표와 같은 마침표를 표현한다. 영어에 있어 사용자는 일반적으로 수천 단어를 알고 있으며, 사용하는 문장의 일부분을 알고 있다. 알고 있지 않은 단어에서는 사용자는 사전을 사용한다. 이와 같이, 예에서 사용된 구문은 여러 가지의 법칙 또는 문법, 그리고 이를 이용한 구문을 해석하는 시스템으로 묘사된다.

구문을 정의하는 데 있어 specification-based approach는 컴파일에 있어 매우 중요하다. 무한대의 법칙 또는 문장으로 컴파일러의 전처리부를 구현하는 것은 불가능하다. 그 대신 우리의 언어상의 문장을 제한된 수의 법칙에 의하여 표현하여야 한다. 2장, 3장에서 서술하겠으나 제한된 수의 문법이 언어의 표현을 제한하는 것은 아니다.

"Compilers are engineered objects." 라는 문장이 영어의 문법에 맞는 언어로 이해하기 위하여, 우리는 사전을 색인으로 하여 각각의 단어가 존재하는지를 점검하여야 한다. 그 다음에 각각의 단어는 문장에서 의미를 표현하기 위하여 다음과 같은 구문해석으로 대체된다.

```
noun verb adjective noun endmark
```

마지막으로 각각의 문장이 영어의 문장에 맞는지 살펴보아야 한다. 영어 문법은 다음과 같은 법칙을 포함할 수 있다.

1	*Sentence*	→	*Subject* verb *Object* endmark
2	*Subject*	→	noun
3	*Subject*	→	*Modifier* noun
4	*Object*	→	noun
5	*Object*	→	*Modifier* noun
6	*Modifier*	→	adjective
	...		

자세히 살펴보면 우리의 예제가 다음과 같은 derivation으로 표현된다는 것을 알 수 있다.

Rule	Prototype Sentence
—	*Sentence*
1	*Subject* verb *Object* endmark
2	noun verb *Object* endmark
5	noun verb *Modifier* noun endmark
6	noun verb adjective noun endmark

Derivation은 구문 변수인 *Sentence*로부터 시작한다. 각각의 단계에서 prototype sentence의 각 term은 각 법칙의 오른편에 있는 항들로 변환된다. 첫 번째 단계에서는 *Sentence*를 대체하기 위하여 법칙 1을 적용한다. 두 번째에서는 *Subject*를 대체하기 위하여 법칙 2를 적용한다. 세 번째에서는 법칙 5를 적용하여 *Object*를 대체하고, 마지막으로 *Modifier*를 법칙 6을 적용하여 `adjective`로 대체시킨다. 이제 derivation에 의해 생성된 protype 문장은 입력의 함축적인 표현과 일치하게 된다.

이러한 derivation은 "Compilers are engineered objects."가 법칙 1에서 6까지 속한다는 것을 의미한다. 이렇게 입력되는 언어의 문장을 구별하여 각각의 단어로 찾아가는 과정을 *스캐닝*이라고 한다. 또한 스캐닝 과정에서 표현된 문법에 잘 부합되는지를 판단하는 과정이 바로 *파싱*이다. 스캐닝과 파싱은 프로그램을 컴파일하는 첫 번째 두 가지의 과정이다.

물론, 스캐너(scanner)와 파서(parser)가 입력이 문법에 맞지 않을 경우 컴파일러는 사용자에게 오류를 전달한다. 이때 사용자가 쉽게 오류를 판단하게 하기 위하여 오류 메시지는 간결하여야 한다.

의미의 해석

구문의 옳고 그름은 단어를 음성으로부터 파악된 문장의 부분으로 파악할 수 있느냐에 달려 있다. 이때 문장의 의미는 무시된다. 문법에서는 두 명사 "compilers"와 "rocks"의 차이는 무시된다. 이와 같이 문장 "Rocks are engineered objects."은 "Compilers are engineered objects."의 문장과 의미 상의 크게 구별되나 구문 상에는 구별되지 않는다. 이들 문장을 구별하기 위해서는 소프트웨어 시스템과 지질학 물체에 대한 지식이 있어야 한다.

컴파일러의 전처리부에서 입력 프로그램을 컴파일러의 IR로 변환하기 전에 컴파일러는 입력된 프로그램이 잘 정의된 의미를 포함하고 있는지 알아야 한다. 구문해석은 이러한 과정을 수행한다. 그러나 올바른 수행과 의미는 그 이상을 포함한다. 영어에 있어 독자는 단어의 정의, 표현, 그리고 함축된 의미를 이해하여야 한다. 프로그램에서 컴파일러는 변수가 변수선언과 동일하게 사용되는지를 알아야 한다. 따라서, 두 가지의 모든 경우에 있어 분석은 단어 자체 그리고 구문적 분류 이상의 의미를 포함한다.

잘 표현된 컴퓨터 프로그램은 어떠한 연산을 표현한다. 여러 가지 표현이 있을 수 있으며 다음의 표현은 잘못된 구성일 수 있다.

```
w ← w × 2 × x × y × z
```

예를 들어, 하나 또는 그 이상의 이름들이 정의가 되지 않을 수 있다. 변수 x는 정의가 되지 않을 수 있고, 변수 y와 z는 곱셈 연산이 불가능한 변수 type일 수 있다.

컴파일러에서 이러한 오류는 *semantic analysis* 또는 *context-sensitive analysis* 에서 분석한다. 컴파일러의 전처리부는 이러한 분석을 위하여 별도의 처리 과정으로 구성할 수도 있고 파서의 한 부분으로 구성할 수도 있다. 그러나 어떠한 경우라도 입력의 의미상의 오류를 분석하는 과정은 프로그램으로부터 IR을 형성하는 과정의 중요한 부분이다.

관련 장

2장에서 4장은 입력 프로그램을 분석하고, 잘 작성되었는지를 판단하며, 내부적으로 코드를 표현하기 위한 방법 등에 대한 알고리즘 및 기법을 소개한다. 5장과 부록 B에서는 컴파일러에서 사용되는 내부 구조의 설계 및 구현에 대한 이슈에 대하여 설명한다.

1.5.2 동작 환경의 생성과 관리

컴파일러는 입력언어에 의하여 정의된 함축적인 의미를 구현하며, 이는 컴파일러의 가장 중요한 요건이다. $w \leftarrow w \times 2 \times x \times y \times z$의 예를 고려해 보자. 이 예제는 하나의 특이한 abstraction, 즉 변수이름을 나타내며, 이는 w, x, y와 z로 표현된다. 이러한 이름은 단지 변수 값을 의미하지 않는다. 변수 w는 할당연산자 오른쪽, 왼쪽 모두에 표현되어 있다. (만약 $x \times y \times z = \frac{1}{2}$이 아니라면) 실행 이전 값과 이후의 두 값을 갖는다. 이와 같이 변수 w는 단지 특정한 값 15보다는 이름이 나타낸 장소에 저장된 값을 의미한다.

현대 컴퓨터의 메모리는 문자이름이 아닌 숫자의 주소로 나타내어진다. 프로그램이 사용하는 주소 영역에서 이들 주소는 각각 유일한 저장장소에 할당된다. 그러나 소스 프로그램에서는 프로그래머가 구문 상으로 같은 이름을 갖으나 서로 다르게 사용할 수 있다. 예를 들어 많은 프로그램이 서로 다른 함수에서 루프에서 자주 사용되는 변수 i, j와 k를 정의한다. 컴파일러는 j의 이름을 갖는 각각의 변수를 서로 다른 저장장소에 할당하여야 한다. 컴퓨터는 이러한 역할을 할 수 없으며, 이러한 기능은 언어 개발자에 의하여 이러한 의미가 정의되고 컴파일러에서 생성된 코드와 동작환경에서 제공되어야 한다.

$w \leftarrow w \times 2 \times x \times y \times z$를 번역하기 위하여 컴파일러는 각각의 저장위치에 서로 다른 이름을 부여하여야 한다.(잠시 우리는 상수 2는 메모리에 저장하지 않고, 작은 상수이므로 load immediate 명령어로 처리될 수 있다고 가정하자.) 컴파일러는 각 변수의 값을 변수의 이름으로 생성된 주소에 다음과 같이 저장한다. 각 변수가 4바이트라 가정하면 <w, 0>, <x, 4>, <y, 8>와 <z, 12> 같다. 또는 컴파일러는 <w, r_1>, <x, r_2>, <y, r_3>, <z, r_4>와 같이 레지스터에 저장을 할

수도 있다.

저장을 어디에 할 것인가의 선택은 주위의 상황에 따라 달라진다. 변수 w를 레지스터에 저장하면 더 빠른 실행을 기대할 수 있을 것이다. 그러나 목표 시스템은 제한된 수의 레지스터를 제공하기 때문에 w를 레지스터에 저장할 수 없을 수 있다. 어떤 경우에는 프로그램에서 변수 w를 레지스터에 저장하지 않게 할 수도 있다.

이름은 컴파일러에서 관리되는 단지 하나의 abstraction이다. 각각의 프로그래밍 언어는 여러 종류의 abstraction을 제공하며 프로그래머는 이를 사용한다. (Scheme, Java 그리고 fortran에서의 Quicksort는 서로 다르게 보일 수 있다.) 이러한 abstraction은 프로그래머가 컴퓨터 시스템의 자세한 부분을 알지 않고도 프로그램을 할 수 있게 해준다. 어떠한 abstraction은 구현하기 쉽다. 예를 들어 어셈블리 언어의 mnemonic name은 쉽게 기계언어로 변환된다. 구현하기 어려운 경우도 있다. setl에 있는 set-based abstraction은 컴파일러가 높은 수준의 set 연산자를 이해하여야 한다.

완전한 프로그램 언어를 지원하기 위하여 컴파일러는 여러 종류의 다양한 abstraction을 생성하고 지원하여야 한다. 함수, 변수, 이름, 구문 범위, control-flow 등이 입력 언어에서 설계된 모든 형태의 abstraction이다. 다른 시스템 소프트웨어와 함께 컴파일러는 목표 시스템에서 이러한 abstraction을 생성하고 구현하여야 한다. 컴파일러는 컴파일을 수행할 때 옳은 명령어를 생성하고, 컴파일러의 생성된 코드와 동작환경이 서로 연계되어 동작하게 하여야 한다.

컴파일러를 설계하고 구현하는 일은 코드가 실행하는 데 필수적인 abstraction을 생성하고 관리하는 메커니즘을 생성하는 것이다. 이러한 메커니즘은 메모리 설계 및 할당, 함수들과의 관계 제어 및 관련 변수의 설정, 입출력 장치, 운영체계 및 다른 프로그램 등의 컴파일러 생성 이외의 코드들과의 인터페이스를 포함한다.

관련 장

6장에서는 입력 프로그램에 서술된 프로그래밍 모델과 운영체계 및 하드웨어에서 제공되는 기능 간의 차이를 연결하는 컴파일러가 제공하는 abstraction에 대하여 알아본다. 언어의 정의에서 서술된 여러 종류의 abstraction을 구현하는 컴파일러의 알고리즘 및 기법에 대하여 서술한다. 컴파일러와 운영체계의 경계에서 나타나는 여러 가지의 이슈에 대하여도 알아본다.

7장에서는 교재의 마지막 부분을 위한 기본 지식, 즉 최적화와 코드생성에 대하여 알아본다. 이와 같이 최적화가 용이하고, 좋은 성능의 코드를 생성하기 위하여 어떻게 표현이 되고 무엇을 표현하여야 하는지 알아본다. 이 장에서는 "code shape"와 컴파일러 개발자가 특정한 언어에서는 어떻게 선택을 하여야 하는지를 알아본다.

1.5.3 성능향상

종종 컴파일러는 코드의 성능을 향상시키기 위하여 문맥상의 지식을 사용한다. 그림 1.2의 왼쪽에 보여주는 것처럼 루프 안의 예제와 같이 나타난다면 문맥상의 지식을 사용하여 크게 성능을 향상시킬 수 있다. 컴파일러는 루프 안에서 값이 변하지 않는 표현인 2 × x × y을 인지할 수 있다. 즉, 루프의 반복에서 값이 변화하지 않는다. 이때 컴파일러는 오른편과 같이 코드를 재생성한다. 이렇게 생성된 코드는 루프 안에서 훨씬 작은 연산을 한다. 루프가 한 번 이상 많이 실행된다면 많은 성능향상을 얻을 수 있을 것이다.

문맥으로부터 이해하고 이러한 정보를 코드의 성능 향상에 적용하는 것을 코드 최적화라 한다. 계략적으로, 최적화는 다음의 두 가지로 구성된다. 코드 동작을 이해하기 위한 분석과 분석을 통하여 얻어진 지식을 이용한 코드 변환이다. 이러한 기법은 컴파일러가 생성한 코드의 성능을 결정 짓는 중요한 기능이다. 좋은 최적화 컴파일러는 컴파일러의 나머지 부분의 설계와 구현에 중요한 영향을 미친다.

분석

컴파일러는 코드 변환을 위하여 여러 가지 분석을 한다. 컴파일 시 *자료흐름 분석(Data-flow analysis)*는 동작 시의 값은 알아내는 데 중요한 역할을 한다. 자료흐름 분석은 코드의 구문을 통하여 여러 개의 set 방정식으로 서술된 문제를 푼다. 자료의존성 분석은 subscript 표현에 의하여 서술된 값을 추론하기 위한 number-theoretic test를 실시한다. 이것은 배열변수의 주소 값을 분석하기 위함이다.

코드 변환

수많은 코드 변환 방법이 실행 코드의 시간을 단축시키고, 크기를 줄이기 위하여 고안되고 있다.

```
x ← ···
y ← ···
w ← 1
for i = 1 to n
  read z
  w ← w × 2 × x × y × z
  end
```

Surrounding Context

```
x ← ···
y ← ···
w ← 1
t ← 2 × x × y
for i = 1 to n
  read z
  w ← w × z × t
  end
```

Improved Code

그림 1.2 문맥 분석에 의한 성능 향상

루프 안에서 변환되지 않는 표현을 루프 밖으로 옮기는 예와 같은 변환은 실행시간을 단축시킨다. 다른 방법은 코드 사이즈를 줄인다. 코드 변환은 효과, 적용 범위, 그리고 요구되는 분석에 따라 차이가 있다. 종종 코드 변환은 변환시 안전해야 하고 이득이 있어야 하는데 이러한 시기를 결정하기 위하여 여러 가지의 분석과 같이 적용되기도 한다. 우리는 이러한 조합을 최적화라고 한다.

관련 장

8장에서 10장은 최적화의 과정에 대하여 설명한다. 8장은 자세한 예제를 통하여 부가적인 연산을 제거하는 최적화의 용어에 대하여 여러 가지의 알고리즘을 설명한다. 9장에서는 자료흐름 분석에 대하여 소개한다. 또한 static single-assignment 형식을 생성하는 알고리즘을 소개한다. 10장에서는 scalar transformation에 대하여 서술한다.

1.5.4 출력 프로그램의 생성

컴파일의 마지막 단계는 코드 생성이다. 코드 생성 동안 컴파일러는 단계적으로 IR과 동일한 목표 시스템을 위한 코드를 생성한다. 또한 동시에 동작이 효율적으로 수행되기 위한 순서도 결정한다. 또한 어떠한 값이 레지스터에, 그리고 메모리에 저장될 것인지 판단하고, 동시에 이를 위한 코드도 생성한다.

명령어 선택

명령어 선택은 코드 생성에 있어 첫 단계이며, 컴파일된 코드를 생성하기 위하여 일련의 명령어를 생성한다. ILOC 가상 머신에서 `w ← w × 2 × x × y × z`를 실행하기 위하여 그림 1.3에서 나타낸 코드를 반드시 생성하여야 한다. 이 코드는 변수 `w`, `x`, `y`와 `z`가 레지스터 r_{arp}의 값으로부터 `@w`, `@x`, `@y`와 `@z`의 offset에 저장되어 있다고 가정한다.

이러한 일련의 과정은 아주 단순하다. 모든 관련 변수를 레지스터에 load하고 곱셈을 순차적으로 수행하며, 결과를 `w`의 메모리 장소에 저장한다. 이를 위하여 무한대의 레지스터가 제공되며, 변수 `w`를 저장하기 위하여 r_w와 r_{arp}를 이용한 symbolic 이름을 사용하는 것을 가정하였다. 이와 같이 명령어 선택기는 symbolic 레지스터 이름 또는 가상 레지스터를 목표 시스템의 실제 레지스터에 적용하기 위한 레지스터 할당기가 필요하다.

목표 시스템의 특성에 의하여 명령어 선택기는 다른 선택을 할 수 있다. 예를 들어, 만약 immediate-곱셈연산(`multI`)이 사용 가능하다면, `loadI 2` ⇒ r_2 연산을 제거하고 레지스터의 사용을 줄여 `mult` r_w, r_2 ⇒ r_w 연산을 `mult` r_w, 2 ⇒ r_w로 변환시킬 수 있다.

ILOC

교재에서는 low-level의 예제를 ILOC(intermediate language for an optimizing compiler)라고 하는 기호로 표현한다. 수년 동안 이 기호는 많은 변화가 있었으며, 이 교재에서 사용하는 버전은 부록 A에 소개되어 있다.

ILOC를 간단한 RISC의 어셈블리 언어로 생각하라. 이 표현에는 표준의 몇 가지 연산자가 있으며, 대부분의 연산자는 레지스터를 입력으로 사용한다. `load`나 `store`와 같은 메모리 연산은 메모리와 레지스터 간의 데이터 교환에 사용된다. 간단히 하기 위하여 모든 데이터는 정수로 가정한다.

각각의 연산은 operand와 target을 갖는다. 각 연산은 연산이름, operand list, separator, target list, 그리고 코멘트의 다섯 개 구성으로 이루어진다. 이와 같이 레지스터 1과 2를 더하여 레지스터 3에 저장하기 위하여 프로그래머는 다음과 같이 작성한다.

$$\texttt{add } r_1, r_2 \Rightarrow r_3 \quad \texttt{// example instruction}$$

Separator ⇒는 target list 앞에 나타난다. 이것은 정보가 왼쪽에서 오른쪽으로 이동함을 나타낸다. 또한 읽는 사람이 operand와 target이 혼동되지 않도록 하는 역할도 한다. (다음 표의 loadAI와 storeAI를 참조할 것.)

그림 1.3은 네 개의 ILOC 연산을 보여주고 있다.

ILOC Operation			Meaning
loadAI	r_1, c_2	$\Rightarrow r_3$	$\text{Memory}(r_1 + c_2) \rightarrow r_3$
loadI	c_1	$\Rightarrow r_2$	$c_1 \rightarrow r_2$
mult	r_1, r_2	$\Rightarrow r_3$	$r_1 \times r_2 \rightarrow r_3$
storeAI	r_1	$\Rightarrow r_2, c_3$	$r_1 \rightarrow \text{Memory}(r_2 + c_2)$

부록 A는 ILOC의 더욱 자세한 설명을 보여주고 있다. 예는 현재 함수의 데이터 저장의 기초를 가르쳐 주기 위하여 레지스터로서 r_{arp}의 이름 또는 *activation record pointer*를 사용한다.

```
loadAI  rarp, @w ⇒ rw        // load 'w'
loadI   2        ⇒ r2        // constant 2 into r2
loadAI  rarp, @x ⇒ rx        // load 'x'
loadAI  rarp, @y ⇒ ry        // load 'y'
loadAI  rarp, @z ⇒ rz        // load 'z'
mult    rw, r2   ⇒ rw        // rw ← w × 2
mult    rw, rx   ⇒ rw        // rw ← (w × 2) × x
mult    rw, ry   ⇒ rw        // rw ← (w × 2 × x) × y
mult    rw, rz   ⇒ rw        // rw ← (w × 2 × x × y) × z
storeAI rw       ⇒ rarp, 0   // write rw back to 'w'
```

그림 1.3 ILOC 형태의 w ← x × 2 × y × z를 위한 코드

레지스터 할당

명령어 선택은 목표 시스템이 일정한 수의 레지스터를 사용할 수 있다는 사실을 무시하고 있다. 그 대신 가상 레지스터를 사용함으로써 충분히 사용가능한 레지스터가 있다고 가정한다. 사실 컴파일러의 앞단에서 실제로 하드웨어가 지원하는 레지스터보다 더 많은 가상 레지스터 생성이 가능하다. 이러한 가상 레지스터를 실제 목표 시스템의 레지스터로 할당하는 절차를 레지스터 할당(register allocation)이라 한다.

레지스터 할당기는 코드의 어느 지점에서 목표시스템의 레지스터에 어떠한 값이 있는지를 결정하며, 이때 코드 변환이 필요할 수 있다. 예를 들어 컴파일러가 최소한의 레지스터를 사용한다고 하면 그림 1.3은 다음과 같이 변환된다. 이 과정은 6개가 아닌 3개의 레지스터를 사용한다.

```
loadAI  rarp, @w ⇒ r1          // load 'w'
add     r1, r1   ⇒ r1          // r1 ← w × 2
loadAI  rarp, @x ⇒ r2          // load 'x'
mult    r1, r2   ⇒ r1          // r1 ← (w × 2) × x
loadAI  rarp, @y ⇒ r2          // load 'y'
mult    r1, r2   ⇒ r1          // r1 ← (w × 2 × x) × y
loadAI  rarp, @z ⇒ r2          // load 'z'
mult    r1,r2    ⇒ r1          // r1 ← (w × 2 × x × y) × z
storeAI r1       ⇒ rarp, @w    // write rw back to 'w'
```

최소한의 레지스터 사용은 문제를 야기할 수도 있다. 예를 들어 w, x, y, 그리고 z의 모든 변

수가 레지스터에 있다면 코드는 이러한 레지스터를 바로 사용할 수 있으며, 더 이상의 레지스터는 필요하지 않다. 다른 한편으로 w×2의 코드가 재사용된다면, 다시 계산하는 것보다 값을 저장하고 재사용하는 것이 나을 것이다. 이러한 요구는 더욱 많은 레지스터 사용을 요구하나 재연산을 제거한다.

메모리 load와 store를 최소화하면서 일정한 수의 레지스터에 변수를 할당하는 것은 NP-complete이다. 이와 같이 우리가 컴파일 시간을 아주 많이 허용하지 않는다면 컴파일러가 최적화된 방법을 찾기를 원하지 않는다. 실제로 컴파일러는 이러한 문제를 좋은 근사치로 해결하는 방법을 적용한다. 이러한 방법이 최적화된 방법을 제공하지는 않으나 어느 일정한 시간에 좋은 결과를 제시한다.

명령어 배열

빠르게 실행하는 코드를 생성하기 위하여 코드 생성기는 목표 시스템의 성능에 관련된 제약사항을 반영하여 연산을 재배열할 필요성을 느낄 것이다. 연산간의 실행시간은 매우 다양하다. 메모리 연산은 수십에서 수백 사이클이 요구될 수 있는 반면 수학 연산자, 특히 곱셈기는 수 사이클을 요구한다. 이렇게 긴 실행시간을 요구하는 연산들은 프로그램의 성능에 큰 영향을 미친다.

연산 loadAI와 storeAI가 3 사이클을, 연산 mult가 2 사이클, 그리고 나머지 연산은 1 사이클을 소비한다고 가정하자. 다음 표는 이 가정 하에 전의 코드 수행시간을 나타낸다. 표에서 **Start**는 각각의 연산이 시작하는 시간을, **End**는 연산이 끝나는 시간을 나타낸다.

Start	End					
1	3	loadAI	r_{arp}, @w	⇒	r_1	// load 'w'
4	4	add	r_1, r_1	⇒	r_1	// $r_1 \leftarrow$ w × 2
5	7	loadAI	r_{arp}, @x	⇒	r_2	// load 'x'
8	9	mult	r_1, r_2	⇒	r_1	// $r_1 \leftarrow$ (w × 2) × x
10	12	loadAI	r_{arp}, @y	⇒	r_2	// load 'y'
13	14	mult	r_1, r_2	⇒	r_1	// $r_1 \leftarrow$ (w × 2 × x) × y
15	17	loadAI	r_{arp}, @z	⇒	r_2	// load 'z'
18	19	mult	r_1, r_2	⇒	r_1	// $r_1 \leftarrow$ (w × 2 × x × y) × z
20	22	storeAI	r_1	⇒	r_{arp}, @w	// write r_w back to 'w'

전문용어

주의 깊은 독자는프로그램 또는 함수 대신에 많은 곳에서 코드를 사용하는 것을 인지하였을 것이다. 그 이유는 컴파일러는 하나의 reference로부터 프로그램 전체에 이르는 코드를 컴파일하기 위하여 수행된다. 컴파일의 적용 범위를 언급하기 이전에 보다 일반적인 용어인 코드를 사용할 것이다.

이러한 9개의 연산은 모두 22 사이클을 소비하며, 사용 레지스터 수의 최적화는 빠른 수행에 어떠한 영향을 미치지도 못한다.

현재의 많은 프로세서는 오랜 시간의 수행을 원하는 명령어를 수행하는 동안에 새로운 명령어를 사용할 수 있도록 해준다. 수행이 오래 걸리는 명령어의 결과가 사용되지 않는다면 완전히 수행이 끝날 때까지 다른 명령어들이 실행된다. 그러나 만약 그 결과가 사용되어야 한다면 프로세서는 "stall" 하거나 그 명령어 수행을 마칠 때까지 기다린다. 명령어는 피연산자가 준비될 때까지 실행을 기다려야 하며, 결과는 연산이 마칠 때까지 사용될 수 없다.

명령어 배열기는 코드 안의 명령을 재배열하여, stall이 되는 사이클을 최소화시킨다. 물론 배열기는 재배열된 명령어들이 원래의 코드와 같은 결과를 낸다는 것을 확신하여야 한다. 대부분의 경우 이러한 배열기는 성능을 크게 향상시킨다. 다음의 예처럼 좋은 배열기는 다음과 같은 코드를 생성한다.

Start	End				
1	3	loadAI	r_{arp}, @w	⇒ r_1	// load 'w'
2	4	loadAI	r_{arp}, @x	⇒ r_2	// load 'x'
3	5	loadAI	r_{arp}, @y	⇒ r_3	// load 'y'
4	4	add	r_1, r_1	⇒ r_1	// $r_1 \leftarrow w \times 2$
5	6	mult	r_1, r_2	⇒ r_1	// $r_1 \leftarrow (w \times 2) \times x$
6	8	loadAI	r_{arp}, @z	⇒ r_2	// load 'z'
7	8	mult	r_1, r_3	⇒ r_1	// $r_1 \leftarrow (w \times 2 \times x) \times y$
9	10	mult	r_1, r_2	⇒ r_1	// $r_1 \leftarrow (w \times 2 \times x \times y) \times z$
11	13	storeAI	r_1	⇒ r_{arp}, @w	// write r_w back to 'w'

흥미로운 주제들

오늘날 컴파일러의 설계와 구현은 매우 흥미롭다. 1980년대 대부분의 컴파일러는 크고, 단순하였다. 컴파일러는 단지 하나의 언어를 입력으로 받아 어떤 특정 시스템에 맞는 어셈블리 언어를 생성하였다. 이렇게 생성된 어셈블리 언어는 시스템 라이브러리, 애플리케이션 라이브러리와 함께 실행 코드로 생성되었다. 실행된 코드는 디스크에 저장되어 사용될 때는 메모리로 옮겨와 실행되었다.

오늘날의 컴파일러 기술은 여러 곳에서 사용된다. 컴퓨터 사용이 여러 곳에서 있는 것처럼 컴파일러도 새롭고 서로 다른 범위에 적용되고 있다. 더 이상의 성능이 중요한 부분은 차지하지 않는다. 오늘날에는 코드의 크기, 전력 소모, 압축 정도 또는 얼마나 페이지 fault가 발생하느냐가 더욱 중요할 수 있다.

동시에 컴파일러 기술은 1980년의 단순함이 아니며 여러 분야에서 사용되고 있다. 자바 컴파일러는 이미 bytecode 형식의 컴파일 된 일부분의 코드를 목표 시스템을 위한 native code로 변환시킨다. 이 환경에서는 컴파일 시간과 실행시간의 합이 JVM에서의 실행시간 보다 작아야 한다. 전체 프로그램을 분석하는 기술은 컴파일 시간에서 링크 시간으로 옮겨 가며 성능을 향상시키기 위하여 이러한 정보를 이용한다. 마지막으로, 컴파일러는 이전에 알고 있지 못하는 정보를 얻어 특정하게 최적화된 코드를 생성하기 위하여 프로그램 실행 시에 컴파일을 하기도 한다.

새로운 버전의 코드는 단지 13 사이클을 요구한다. 이 코드는 레지스터를 하나 더 사용하였다. 이 코드는 8, 10, 12 사이클을 제외하곤 매 사이클에서 새로운 명령어 수행을 시작하였다. 이러한 배열된 결과는 유일한 것이 아니다. 더욱 많은 레지스터를 사용하고 같은 크기의 배열을 갖는 여러 가지의 동일한 배열이 가능하다.

명령어 배열은 레지스터 할당처럼 매우 어려운 문제이며, 일반적으로 NP-complete이다. 이러한 문제들이 많은 곳에서 일어나기 때문에 문헌에서 가장 주목받는 분야이다.

상호 작용

컴파일 시의 대부분의 문제는 코드 생성할 때 일어나며, 그 원인은 다른 처리 부분과 상호연관성이 있기 때문이다. 예를 들어, 명령어 배열기는 `load`의 값을 사용하는 연산을 가능하면 서로 멀리 떨어지게 한다. 그러나 이러한 방법은 `load`값이 오래 보존되어야 하며, 결과적으로 사용하는 레지스터의 수를 늘리게 된다. 비슷하게, 특정한 값을 특정한 레지스터에 사용하는 것은 "false" dependence을 야기하기도 한다. (두 연산의 값이 독립적이라고 해도, 두 번째 연산은 첫 번째 연산이 끝나야 실행할 수 있다.)

관련 장

11장에서 13장은 코드 생성에서 야기되는 여러 가지의 이슈와 이와 관련된 해결방법에 관하여 서술한다. 11장은 어떻게 특정 코드 shape을 목표 시스템의 명령어에 사상(mapping) 시키는지, 즉 명령어 선택에 대하여 논한다. 또한 명령어 배열은 성능에 큰 영향을 미치기 때문에 12장에서 명령어 배열에 관하여 논한다. 마지막으로 13장에서는 어떻게 레지스터를 변수에 할당하는지에 관하여 설명한다.

1.6 컴파일러의 요구사항

중요한 원리는 컴파일러가 무엇을 하는지 우리에게 알려주는 것이다. 그러나 컴파일러가 어떠한 성질을 갖으며 어떻게 동작하는지를 자세히 묘사하지는 않는다. 특정 컴파일러는 자기 자신만의 특성을 갖고 있으므로 우리는 다음의 다섯 분야에서 컴파일러의 성능을 평가한다.

1. *실행속도* 어느 순간에도 응용 프로그램이 얻을 수 있는 성능보다 더 좋은 성능을 얻기 원한다. 예를 들어, 마이크로프로세서와 같은 디지털회로를 시뮬레이션하는 우리의 능력은 이러한 시뮬레이션이 요구하는 능력보다 훨씬 뒤쳐져 있다. 비슷하게 기후 모델링과 같은 커다란 물리 문제는 아주 많은 연산량을 요구한다. 이러한 프로그램을 위하여 생성된 코드의 성능은 매우 중요하다. 이렇게 고성능을 얻기 위하여 더욱 많은 분석과 컴파일 시에 코드 변환를 요구한다. 이러한 요구는 전형적으로 많은 컴파일 시간을 요구한다.

2. *코드의 크기* 많은 프로그램이 생성된 코드의 크기에 많은 제약을 하고 있다. 그 이유는 설계의 문제나 경제적인 문제에 기인한다. 예를 들어, 휴대용 컴퓨터의 소비전력은 메모리의 크기와 관련이 있다. 코드는 종종 read-only memory(ROM)에 저장되어, 코드의 크기는 ROM의 크기를 결정한다. 그리드로부터 웹 페이지까지의 임베디드 환경에서는 실행코드가 실행하기 전에 컴퓨터들에 의하여 전송된다. 이 코드의 크기는 매우 중요하다. 컴파일러는 compact 코드에 초점을 맞출 수 있으나 compact 코드와 빠른 코드는

서로 다른 이슈이다.

3. *피드백* 컴파일러가 잘못된 코드를 입력으로 받았을 경우 사용자에게 이 사실을 알려야 한다. 이때 사용자에게 제공되는 정보는 매우 다양할 수 있다. 예를 들어 초기의 Unix 컴파일러는 단순히 "syntax error"라고 표현했다. 다른 한편으로 "student" 컴파일러인 Cornell pl/c와 uw-Pascal은 프로그램의 오류를 스스로 고치고 실행을 하려고 하였다.

4. *디버깅* 불행히도 처음 컴파일을 하였을 때 대부분의 코드가 바르게 실행되지는 않는다. 이와 같이 프로그램 개발자는 소스 레벨에서 생성된 코드와 같이 디버깅하고자 한다. 만약 디버거가 소스 코드와 오류가 있는 실행코드의 관계를 지으려 한다면, 컴파일러가 코드 변환을 하였을 경우 개발자에게 잘 못된 정보를 제공할 수도 있다. 이렇게 컴파일러 작성자와 사용자는 컴파일 된 코드의 효율성과 디버거의 간결성을 중시하여야 한다. 따라서 "debug" flag는 소스 프로그램과 실행 프로그램 관계를 애매하게 하지 않게 하기 위하여 최적화 적용을 하지 않게 한다.

5. *코드 생성 속도* 컴파일러는 매우 자주 이용되고, 대부분에 있어 컴파일러 사용자는 컴파일러가 빨리 수행되기를 기다린다. 따라서 코드 생성시간은 매우 중요한 요소이다. 실제로 아무도 코드 생성이 끝나기를 기다리지는 않는다. 어떤 사용자는 코드의 품질이 중요할 경우 늦은 코드 생성을 참을 수도 있을 것이다. 그러나 같은 결과를 내는 늦은 컴파일러와 고속의 컴파일러를 선택하라고 하면 모두 빠른 컴파일러를 선택할 것이다.

이 교재의 나머지 부분을 읽기 전에 독자는 컴파일러가 제공하고자 하는 품질의 우선순위를 두어야 한다. 독자는 지불한 대가에 따른 기능을 평가하는 고전적인 소프트 엔지니어링 기법을 적용할 수도 있다. 우선순위는 컴파일러를 구현할 때 어떻게 취사선택을 하여야 하는지를 알려 줄 것이다.

1.7 요약과 전망

컴파일러의 구현은 매우 복잡한 작업이다. 좋은 컴파일러는 formal language 이론, 알고리즘, 인공지능, 시스템 설계, 컴퓨터 구조 그리고 프로그래밍 언어의 여러 이론들을 종합하여 코드를 생성하는 데 적용한다. 컴파일러는 greedy 알고리즘, heuristic 기법, 그래프 알고리즘, dynamic programming, DFA와 NFA, fixed-point 알고리즘, allocation and naming, 동기화, locality, 그리고 파이프라인 기법들을 사용한다. 컴파일러에서 사용하는 문제는 종종 풀기에 너무 어렵다. 이러한 문제는 근사치, heurisitics, rules of thumb을 이용한다. 이러한 방법은 아주 좋거나 아주 나쁜 결과를 내기도 한다.

이러한 일들을 수행하기 위하여 대부분의 컴파일러는 전처리부, 최적화기, 후처리부로 나뉜다. 각 부분은 서로 다른 문제를 갖고 있으며, 또한 문제를 풀기 위한 서로 다른 해법을 갖고 있다. 전처리부는 입력 프로그램을 IR로 변환시킨다. 전처리부는 여러 알고리즘, 데이터 구조와 함께 formal language 이론, type이론을 사용한다. 중간처리부인 최적화는 성능을 향상시키기 위하여 한 IR에서 다른 IR로 변환시킨다. 최적화기는 실행시 일어날 수 있는 모든 행위를 분석하고 이를 코드 변환에 적용하여 성능을 향상시킨다. 후처리기는 명령어 할당에 및 배열에서 어려운 문제점을 해결하기 위하여 근사적인 방법을 사용한다. 이러한 방법은 코드의 속도와 크기에 큰 영향을 미친다.

이 교재는 각 부분에 대하여 자세히 설명한다. 2장에서 4장은 컴파일러의 전반부를, 5장에서 7장은 후반부를 서술한다. 8장의 코드의 최적화를 소개한다. 9장과 10장에서는 더욱 자세한 최적화 방법에 대하여 다룬다. 11장에서 13장은 후처리부에서 수행되는 명령어 선택, 배열 및 레지스터 할당에 대하여 서술한다.

기타

컴파일러는 1950년대 처음 나타났으며, 이때 초기의 컴파일러는 매우 복잡하였다. 초기의 fortran 컴파일러는 독립적인 스캐너, 파서, 레지스터 할당기 및 최적화기로 구성된 multi-pass 컴파일러였다 [26, 25]. Ershov과 Novosibirsk에 있는 동료들이 개발한 Alpha 시스템은 local optimization [131]을 수행하였으며, 데이터를 위한 메모리 사용을 최적화하기 위하여 graph coloring을 적용하였다 [132, 133]

Knuth는 1960년대 초에 컴파일러 구성에 흥미로운 제안을 하였다 [221]. Randell과 Russell은 Algol 60을 위한 초기 구현에 공헌하였다 [282]. Allen은 이론과 실제를 잘 혼용하면서 IBM의 컴파일러 역사에 대하여 서술하였다 [14].

1960년대와 1970년대에 많은 컴파일러가 개발되었으며, 최적화 컴파일러에는 FORTRAN H [243, 297], the Bliss-11, Bliss-32 compilers [339, 67]가 portable 컴파일러에는 bcpl compiler [289]가 있었다. 이들 컴파일러는 다양한 CISC에서 좋은 성능을 나타내었다. 다른 한편으로 학생들을 위하여 빠른 코드 생성, 좋은 분석 자료 및 오류 수정을 지원하는 컴파일러도 개발되었다 [92, 139].

1980년대에 RISC의 출현은 많은 최적화와 고성능의 코드를 생성하는 다른 컴파일러 세대의 탄생을 이끌었다 [84, 23, 76, 194]. 이들 컴파일러의 구조는 대부분 그림 1.1을 따르며, 현재의 RISC 컴파일러 또한 마찬가지이다.

1990년대에는 마이크로 프로세서 기술과 함께 발전하였다. 인텔의 *i*860 프로세서에서 파이프라인과 메모리에서의 최적화 방안이 주요한 이슈였다. 1990년대 말에는 여러 functional unit 지원으로부터 long latency 메모리 지원, 그리고 병렬 코드 생성에 관한 연구가 수행되었다. 1980년대의 RISC 구조는 새로운 연구에 대한 기폭제가 되었으며, 이는 최적화 기능 및 코드 생성에 많은 연구결과를 낳게 하였다.

Chapter 2

스캐닝 | *Scanning*

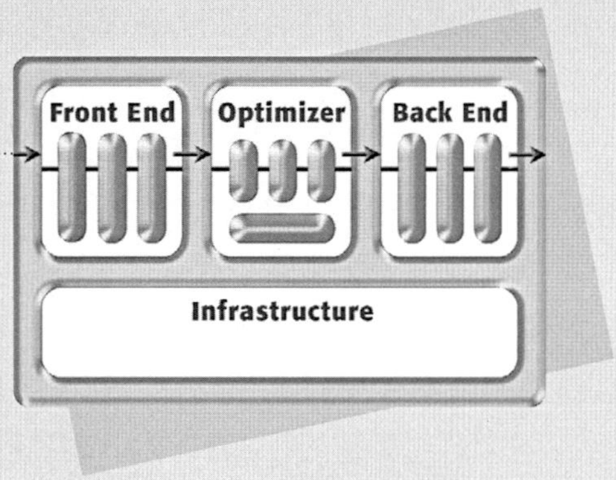

2.1 소개

스캐닝은 컴파일러가 입력되는 프로그램을 이해하는 데 사용하는 세 과정의 절차 중에서 첫 번째이다. 어휘 분석기라고도 불리는 스캐너는 문자열의 입력을 받아들여 그 결과로 관련된 구문이 표시된 일련의 단어를 반환한다. 기호들을 모아 단어를 형성하며 규칙들을 이용하여 이 단어가 소스 언어에서 유효한 단어인지 결정한다. 만약 그 단어가 유효하다면 스캐너는 단어 구분적 범주 혹은 언어적 어떤 부분으로 할당한다. 이 과정을 효과적으로 처리하기 위해 컴파일러는 특별한 인식기(recognizer)를 사용한다.

이 장에서는 lexical analysis에 사용되는 수학적 도구들과 프로그래밍 기술들에 대해 기술하겠다. 스캐너 구축에 필요한 대부분의 일들은 자동화되어 있다. 실제로 이는 중요한 실제적 문제를(string에서의 패턴을 상술하고 인지하는 일) 해결하기 위한 이론적인 결과물들이 실제로 사용된 전형적인 예이다. 패턴을 상술하는 문제는 *정규 표현(regular expressions)*이라 불리는 수학적 공식이 내재되어 있다. 이 수학공식을 통해 바로 *유한 오토마타(finite automata)*라고 불리는 인식기(recognizer)로 이어질 수 있으며 인식기를 통해 명기된 패턴을 심볼들의 흐름에서 찾아낼 수 있다. 쉽게 이용 가능한 도구들을 이용하여 정규 표현(regular expression)과 유한 오토마타(finite automata) 간의 이론적 연관성을 사용한 효율적이고 컴파일러에 특화된 인식기를 명세(specification)들로부터 만들어 낼 수 있다. 이 기술은 Unix의 grep 프로그램, website filtering software, 문서 편집기의 "find" 명령어, 문서 편집도구 그리고 command shell 등 많은 곳에 적용되었다.

스캐너는 일련의 문자들을 보고 단어들을 인식해 낸다. *microsyntax*라고도 불리는 프로그래밍 언어의 어휘적 구조를 지배하는 규칙은 단순하고도 규칙적이며 그렇기에 매우 효과적이고 특화된 인식기를 만들어 낼 수 있다. 일반적으로 컴파일러의 전처리부는 단어들을 인식하고 분류하는 데 스캐너를 이용한다. 스캐너의 결과물은 단어들의 흐름으로 각 단어는 자신의 구문상의 범주 혹은 말의 부분이 같이 표기되어 있다. 파서는 이 단어들을 순서대로 받아들여 사용한다. 파서는 이 단어들이 프로그래밍 언어에서 구문적으로 올바른 문장을 형성하는지 여부를 결정한다. 일단 입력이 구문론적으로 옳다는 것을 알게 되면 컴파일러는 *context-sensitive 분석*이라 불리는 좀 더 깊은 분석을 하여 프로그램이 일관된 뜻을 갖고 있는지를 확인한다. 프로그램이 의미를 가졌는지 여부를 판단하는 많은 세부사항이 구문적으로 표현되지 않는다. 따라서 컴파일러는 좀 더 복잡한 기술들을 사용하여 입력들을 살펴보아야 한다.

개념적으로 보자면 이 세 분석은 개별적인 일들이다. 실제로 이 세 가지 일은 interleaving 방식으로 실행된다. 파서는 입력으로 받아들일 분류된 단어를 스캐너를 거쳐 받아들이고 동시에 코드의 다양한 구문론적 하위부분을 인식하기 위해 context-sensitive 분석을 호출한다. 그림 1.1이나 각 장의 처음에 위치한 그림과 같이 이 세 부분이 함께 컴파일러의 전처리부를 구성한다.

구문과 microsyntax를 구분해보면 컴파일러를 쉽게 세 가지로 단순화시킬 수 있다.

1. 파서에 사용된 기술은 문자와 수, 빈칸으로 쓰여지지 않고 단어와 어휘적 범주로 쓰여졌다. 이렇게 함으로써 컴파일러는 불필요한 빈칸이나 newline, comment 등의 관련 없는 사항들을 무시할 수 있게 된다.

2. 스캐너 구축은 거의 완벽히 자동화 되어 있다. 어휘적 규칙들은 공식적인 표기방법으로 부호화되어 있고 이를 기반으로 만들어진 스캐너는 파서에게 입력 단어들을 만들어 준다. High-level specification으로부터 만들어진 스캐너는 효율적이다.

3. 스캐너에 사용된 규칙들은 파서의 크기를 줄여준다. 파싱은 스캐닝보다 더 어려운 작업이다. 문법이 복잡해질수록 파서의 크기는 커진다. 파서를 만드는 것은 프로그래머의 직접적인 노력이 많이 요구되기에 파서의 크기를 줄이는 것은 컴파일러를 만드는 수고를

덜어준다.

마지막으로 한 가지 더 이야기 하자면, 잘 구현된 스캐너는 잘 구현된 파서보다 (입력된 기호 당 사용된 명령어를 기준으로 비교하였을 때) 부하가 낮다. 스캐너는 문자들을 단어로 묶어주기 때문에 파서는 각 단어를 하나의 symbol로 처리할 수 있게 되고, 이를 통해 파서가 다루어야 하는 단어의 수를 줄일 수 있게 된다.

이 장에서는 일련의 문자들에서 단어를 인식하고 그 단어의 구문적 범주를 식별하는 기술들을 살펴볼 것이다. 프로그래밍 언어에서 나타나는 단어들을 간결히 표기하는 방법과 이 표기들로부터 바로 스캐너를 만들어 내는 방법 또한 설명될 것이다. 마지막으로 언어 설계가 단어를 인식하고 분류하는 일을 복잡하게 만드는 예들이 주어질 것이다.

2.2 단어 인식

단어를 인식하는 알고리즘은 문자 단위별 공식화를 통해 쉽게 이해할 수 있다. 단순한 알고리즘들은 코드 구조를 살펴봄으로써 근본적인 문제가 무엇인지 알 수 있다. fee란 단어를 인식하는 다음 문제를 생각해보자. 다음 문자를 반환하는 *NextChar*란 루틴이 있다고 가정한다면 코드는 다음과 같을 것이다.

```
c ← NextChar()
if (c ≠ 'f')
  then do something else
  else
    c ← NextChar()
    if (c ≠ 'e')
      then do something else
      else
        c ← NextChar()
        if (c ≠ 'e')
          then do something else
          else report success
```

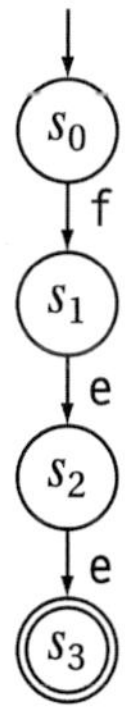

코드는 f를 테스트 한 후 이어서 e와 e를 테스트 한다. 매 과정에서 알맞은 문자를 찾지 못한다면 코드는 그 문자열을 더 이상 처리하기를 거부하며 다른 일을 수행할 것이다. (만약 프로그램의 유일한 목표가 fee란 단어를 인식하는 것이라면 오류 메시지를 출력하거나 실패를 반환하는 것이 적절한 동작일 것이다. 앞으로 보겠지만 스캐너가 하나의 단어를 인식하려는 경우는 거의 없기에 여기에서의 오류로 빠져드는 경우를 일부러 막연히 남겨두겠다.)

이 간단한 코드는 문자 단위로 테스트를 하며 *if-then-else* 형식으로 만들어졌다. 우리는 코드를 코드 오른쪽에 있는 단순한 그림을 통해 나타낼 수 있다. 원으로 표현된 노드(node)는 0부터 3까지의 수를 매겨져 계산의 상태를 추상적으로 나타내고 있다. s_0라벨은 처음, 즉 시작 상태를 나타내고 있다. 이 장을 내내 다른 명시적 언급이 없다면 s_0가 시작 상태를 나타낼 것이다. 이 예에서의 s_3와 같은 마지막 상태는 두 개의 원으로 그려질 것이다. 화살표는 입력되는 문자에 따른 상태의 전이를 나타낼 것이다. 가장 높은 위치에서 `f`, `e`, `e`가 차례로 입력된다면 가장 낮은 곳에 있는 상태로 전이될 것이다. 만약 `f`, `i`, `e`와 같은 다른 입력이 들어온다면 어떻게 될까? `f`를 통해 두 번째 상태로 갈 수 있을 것이다. `i`는 두 번째 상태에서 빠져나가는 간선(edge)의 문자와 달라 세번째 상태로 가지 못하고 따라서 우리는 이 단어가 `fee`가 아니라는 것을 알 수 있다. `fee`와 일치하지 않는 모든 경우는 코드의 *do something else* 로 처리하도록 구현되어 있다. 이를 오류 상태로 옮겨가는 것으로 생각할 수 있다.

그림에서 이를 살펴보자면, 현재 상태에서 다른 상태로의 어떠한 전이와도 일치하지 않는 입력이 주어지면 오류 상태로 전이한다고 생각할 것이다.

같은 구현 방법을 이용하여 `while`이라는 단어를 인식하는 코드는 겹쳐진 다섯 개의 겹쳐진 *if-then-else*문으로 나타낼 수 있다. 코드는 지루해 보일 수 있으므로 간단히 전이 도식으로 나타내었다.

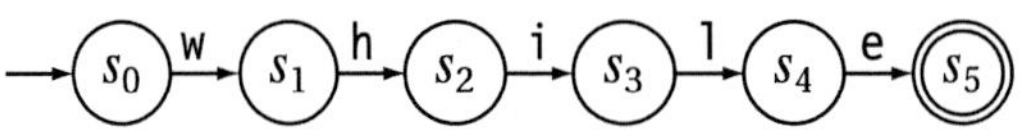

s_0에서 시작해 s_5에 도달한다면 일련의 입력 처음 다섯 문자가 `while`이라는 것을 알 수 있다.

하나 이상의 단어를 인식하려면 코드에서 *do something else*를 채우기 시작해야 한다. `fee`와 `fie`를 인식하는 부분은 다음과 같이 나타낼 수 있다.

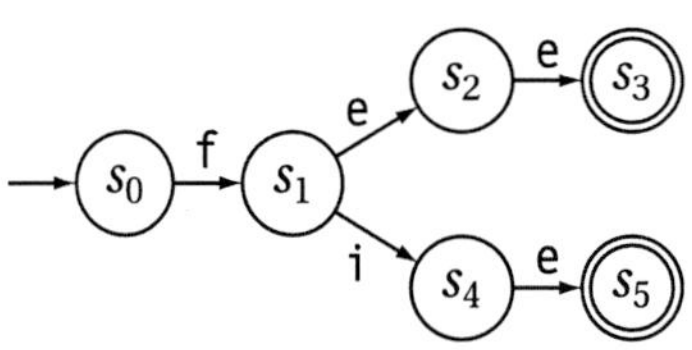

여기서 s_0에서 s_1으로 넘어가는 부분은 같은 테스트를 사용하고 있다. 만약 두 번째 문자가 `e`라면 $s_1 \xrightarrow{e} s_2$ 전이를 취할 것이다. 대신에 두 번째 문자가 `i`라면, $s_1 \xrightarrow{i} s_4$ 전이를 할 것이다. 마지막으로 `e`를 마주친다면 $s_2 \xrightarrow{e} s_3$ 전이를 취할 것이다. s_4에서 `e`가 들어온다면 $s_4 \xrightarrow{e} s_5$ 전이를 할 것이다. 여기에서는 s_3 s_5 모두가 종결 상태이다.

처음 상태를 하나로 합치고 다른 상태들에 번호를 재부여함으로 `fee`와 `fie`를 인식하는 부분과 `while`을 인식하는 부분을 하나로 만들 수 있다. 그 결과는 다음의 전이 도식과 같다.

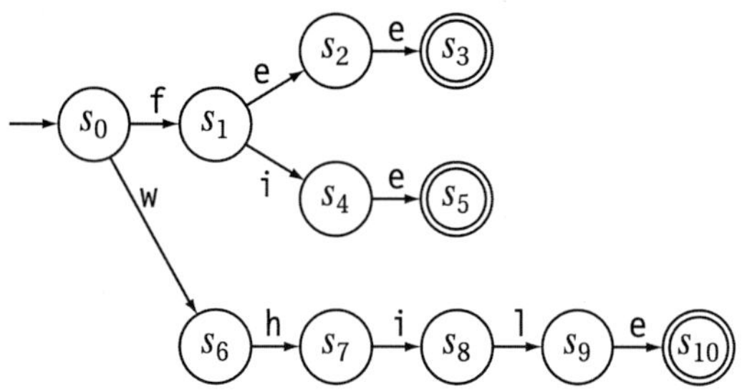

이제 s_0는 `f`와 `w`에 대해 전이가 가능하며 종결 상태도 세 개가 되었다. 어느 상태에서든 전이에 맞지 않는 입력이 들어온다면 이는 오류를 나타낸다.

2.2.1 인식기를 공식화하기

이 전이 도식들은 우리가 구현하고자 하는 코드에 대한 추상적인 개념을 제공한다. 이는 *유한 오토마타(Finite Automata, FA)*라고 불리는 형식적 수학적 표현 도구로 인식기를 나타낼 수 있다. FA는 여러 상태들과 그 상태들 간의 전이, 알파벳, 시작 상태 그리고 하나 이상의 지정된 종결 상태들로 구성된다.

보통, FA는 5개의 요소로 이루어져 있다.

- S는 상태들의 집합이다. 여기에는 모든 전이 도식들이 지정된 s_e와 함께 포함되어 있다. S는 유한해야 한다.
- Σ는 인식기에 사용되는 알파벳 혹은 문자 집합이다. 일반적으로 Σ는 전이도식에서의 엣지 label들의 합집합이다. Σ는 유한해야 한다.
- $\delta(s,c)$는 상태 $s \in S$와 문자 $c \in \Sigma$를 인수로 받아들이는 함수이다. 이는 FA의 전이를 나타낸다. FA가 s상태에서 c를 만나면 $\delta(s,c)$로 상태전이를 하게 된다.
- $s_0 \in S$는 지정된 시작 상태를 나타낸다.
- S_F는 종결 상태들의 집합이며 $S_F \subseteq S$이다. S_F에 속하는 각 상태들은 전이 도식에서 중첩된 원으로 표시되어 있다.

좀 더 구체적으로 이전 절의 `fee`, `fie`, `while`을 인식하는 FA를 다시 살펴보자. 이 FA를 형식화하면 다음과 같다.

$$S = \{s_0, s_1, s_2, s_3, s_4, s_5, s_6, s_7, s_8, s_9, s_{10}, s_e\}$$

$$\Sigma = \{\texttt{e}, \texttt{f}, \texttt{i}, \texttt{h}, \texttt{l}, \texttt{w}\}$$

$$\delta = \left\{ \begin{array}{lllll} s_0 \xrightarrow{\texttt{f}} s_1, & s_0 \xrightarrow{\texttt{w}} s_6, & s_1 \xrightarrow{\texttt{e}} s_2, & s_1 \xrightarrow{\texttt{i}} s_4, & s_2 \xrightarrow{\texttt{e}} s_3, \\ s_4 \xrightarrow{\texttt{e}} s_5, & s_6 \xrightarrow{\texttt{h}} s_7, & s_7 \xrightarrow{\texttt{i}} s_8, & s_8 \xrightarrow{\texttt{l}} s_9, & s_9 \xrightarrow{\texttt{e}} s_{10} \end{array} \right\}$$

$$s_0 = s_0$$

$$S_F = \{s_3, s_5, s_{10}\}$$

이 다섯 요소들은 전이 도식과 동등하다. 하나가 주어지면 다른 하나를 쉽게 만들어 낼 수 있다. 전이 도식은 이에 해당하는 FA를 그림으로 나타낸 것으로 볼 수도 있다.

만약 s상태에서 c를 받아들인 FA가 있는데 $\delta(s,c)$가 정의되어 있지 않다면 이는 입력된 string에 오류가 있음을 나타낸다. 이 경우 $\delta(s,c)$는 오류가 나타났음을 보고해야 한다. 이를 명시적 오류상태, s_e를 보고하고 있다고도 볼 수 있다.

FA는 오직 FA가 어떤 문자열 x를 받아들여 일련의 상태 전이를 통해 종결상태로 갈 수 있을 때만 x를 받아들인다. 이는 우리가 전이 도식에서 직관적으로 살펴본 바와 일치한다. 문자열 `fee`의 경우 예로 설명했던 인식기는 $s_0 \xrightarrow{\texttt{f}} s_1$, $s_1 \xrightarrow{\texttt{e}} s_2$, 그리고 $s_2 \xrightarrow{\texttt{e}} s_3$를 거쳐 실행된다. $s_3 \in S_F$이고 더 이상 입력이 남아 있지 않기 때문에 FA는 문자열 `fee`를 받아들이게 된다. 문자열 `foe`의 경우 다른 행동을 하게 된다. 첫 전이 $s_0 \xrightarrow{\texttt{f}} s_1$은 같다. 하지만 `o`에 대해선 규정된 전이가 없기에 s_e를 반환하게 된다.

좀 더 형식적으로 표현해서 만약 문자열 x가 $x_1x_2x_3 \ldots x_n$으로 이루어져 있다면 FA(S, Σ, δ, s_0, S_F) x를 오직 다음과 같은 경우에만 받아들인다.

$$\delta(\delta(\ldots\delta(\delta(\delta(s_0,x_1),x_2),x_3)\ldots,x_{n-1}),x_n) \in S_F$$

이는 직관적으로 δ를 $s \in S$인 상태들과 입력 기호 x_i에 적용한 것임을 알 수 있다. 기본적인 예는 FA의 시작 상태에 해당하는 $\delta(s_0, x_1)$이다. 그 결과로 얻은 상태는 x_2와 함께 δ에 다시 사용되어 그 다음 상태를 만들어내며 이는 모든 입력이 사용될 때까지 반복된다. 마지막 δ를 적용한 결과 또한 어떤 상태이다. 만약 그 상태가 S_F라면 FA는 $x_1x_2 \ldots x_3$을 받아들이게 되는 것이다.

두 가지 경우도 가능하다. 먼저 FA는 x_i 상태에서 x_j를 만나게 되지만 $\delta(s_i, x_j)$가 정의되지 않았기 때문에 오류가 발생하게 된다. 이는 어휘적 오류가 나타났음을 뜻한다. $x_1x_2x_3 \ldots x_j$는 FA가 받아들일 수 있는 어떤 단어에도 적합한 접두어가 아니다. 다른 경우도 FA는 x_n에 도달하여 이를 처리하고 종결이 아닌 상태가 된다. 이 경우 입력 문자열은 FA가 받아들이는 몇몇 단어에 적합한 접두어인 것이다. 이 또한 오류 상태를 나타내며 최종 사용자에게 알려져야 한다.

2.2.2 더 복잡한 단어의 인식

문자를 하나씩 처리하여 `fee`를 인식한 인식기를 확장하여 임의로 선택된 단어를 다루는 데도 쉽게 사용할 수 있다. 이러한 인식기로 수는 어떻게 인식할 것인가? 113.4와 같은 특정한 수는 쉽다.

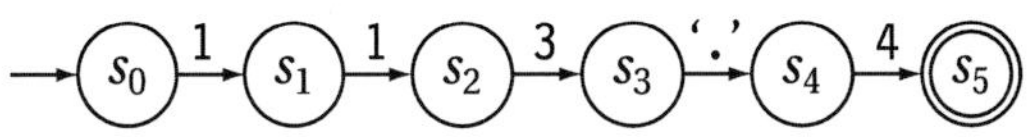

하지만 이를 사용하기 위해선 수를 인식하기 위한 전이 도식과 이에 상응하는 코드가 필요하다. 논의를 간단하게 하기 위해 unsigned 정수만을 고려해보자. 일반적으로 정수는 0이거나 1에서 9 사이의 수로 시작하여 그 뒤를 0에서 9사이의 숫자가 따르는 숫자의 연속이다.(이를 통해 앞서 나오는 0을 없앨 수 있다.) 이 경우를 어떻게 전이 도식으로 표현할 수 있을까?

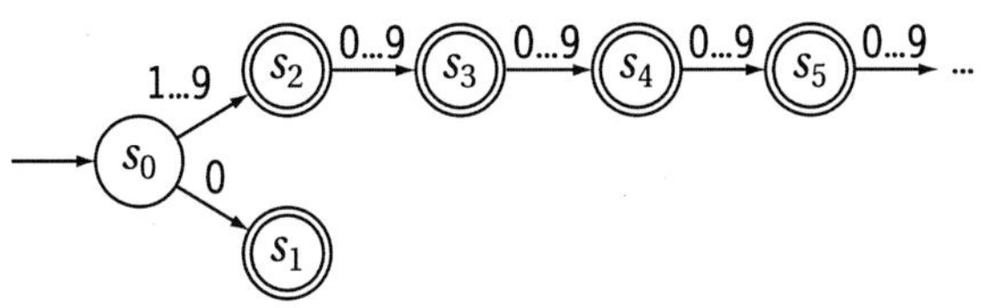

$s_0 \xrightarrow{0} s_1$ 전이는 정수가 0인 경우를 다룬다. s_0에서 s_2, s_3 등으로 이어지는 선택은 0보다 큰 정수를 다루게 된다. 하지만 이 선택에는 몇 가지 문제가 있다. 먼저 이는 끝나지 않는다. 그리고 이는 유한한 상태로 구성되어 있어야 한다는 FA의 요구 사항에 위배된다. 두 번째로 s_3에서 시작되는 선택들은 모두 동일하다. 입력과 출력에 같은 라벨들이 있으며 그들은 모두 종결 상태이다.

전이 도식에 순환전이를 포함시켜 사용한다면 FA를 매우 단순히 나타낼 수 있다. s_2에서 시작되는 연속된 전이들을 s_2에서 s_2자신으로 전이하도록 다음과 같이 표현할 수 있다.

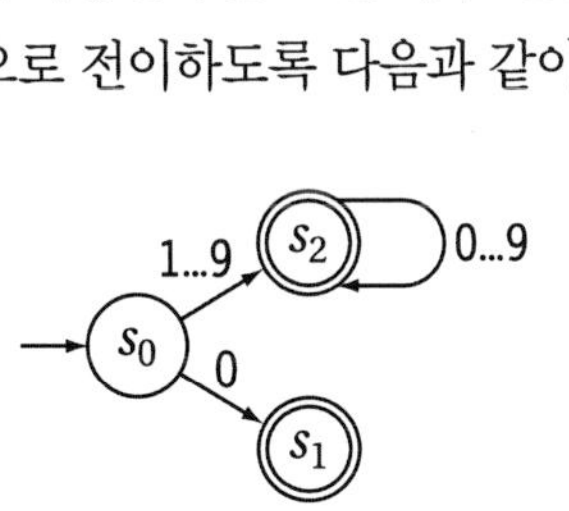

이 전이 도식은 FA라고 할 수 있다. 하지만 이는 그보다 일찍 본 비순환 도식들보다 구현하기에 복잡하다. 순환 도식을 *if-then-else* 구조로 바로 바꿀 수 없다. 도식에 순환을 도입하게 되면 순환 제어 흐름이 필요하게 된다. 이는 그림 2.1과 같이 `while` 루프를 사용하여 구현할 수 있으며 δ를 테이블을 통해 효과적으로 표현할 수 있다.

char ← *NextChar()*
state ← s_0
while (char $\neq$ *eof and state* $\neq$ s_e*)*
  state ← δ*(state,char)*
  char ← *NextChar()*
if (state $\in$ S_F*)*
  then report acceptance
  else report failure

$$S = \{s_0, s_1, s_2\}$$

$$\Sigma = \{0,1,2,3,4,5,6,7,8,9\}$$

$$\delta = \left\{ \begin{array}{c} s_0 \xrightarrow{0} s_1,\ s_0 \xrightarrow{1-9} s_2 \\ s_2 \xrightarrow{0-9} s_2 \end{array} \right\}$$

$$S_F = \{s_1, s_2\}$$

그림 2.1 Unsigned Integers를 위한 인식기

δ	0	1	2	3	4	5	6	7	8	9	Other
s_0	s_1	s_2	s_2	s_2	s_2	s_2	s_2	s_2	s_2	s_2	s_e
s_1	s_e	s_e	s_e	s_e	s_e	s_e	s_e	s_e	s_e	s_e	s_e
s_2	s_2	s_2	s_2	s_2	s_2	s_2	s_2	s_2	s_2	s_2	s_e
s_e	s_e	s_e	s_e	s_e	s_e	s_e	s_e	s_e	s_e	s_e	s_e

테이블을 변경하여 기본 코드 골격을 다른 인식기를 구현하는 데 사용할 수 있다. 테이블을 살펴본다면 이를 줄일 수 있는 가능성이 있다는 것을 알 수 있을 것이다. 1부터 9까지의 열은 동일하므로 하나로 표현될 수 있다. 그 결과 테이블에는 3개의 column만이 남게 된다: 0, 1.... 9 *other*. 코드 구조를 면밀히 살펴보면 S_e로 전이되게 되면 실패를 보고하게 되고 테이블의 row를 참조하는 경우는 발생하지 않는다. 이를 통해 4개의 열과 11개의 행으로 되어 있던 테이블을 3개의 열과 3개의 행으로 줄일 수 있다.

부호 표시 정수, 실수, 허수의 경우에도 이와 같은 FA를 만들 수 있으며 각각의 FA는 무한히 많은 단어들의 조합을 인식할 수 있다. FA가 인식기의 동작을 명시하고 있지만 간결하지는 않다. 스캐너 구현을 단순화하기 위해선 단어의 lexical 구조를 좀 더 간결히 나타낼 수 있어야 하고 이를 FA와 FA를 구현한 코드로 만들기 위한 기술도 필요하다. 이 장의 나머지 부분에서 위 사항들에 대해 살펴볼 것이다.

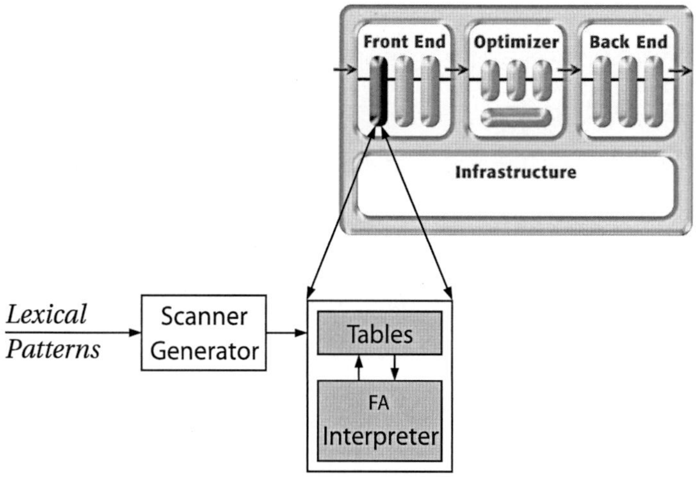

그림 2.2 스캐너 생성의 자동화

2.2.3 스캐너 생성의 자동화

주어진 명시사항만을 살펴 자동으로 스캐너를 만들어 주는 툴은 여러 분야에 쓰일 수 있다. 이런 툴들의 기본적인 구조는 그림 2.2와 같다. 컴파일러 설계자는 소스 언어에 포함된 여러 단어들을 기술할 수 있는 어휘 패턴들을 제공한다. 스캐너 생성기는 이 패턴들을 분석하여 스캐너의 핵심이 되는 인식기를 만들어 낸다. 인식기는 테이블들의 집합으로 표현될 수도 있고 실행 가능한 코드로 바로 변환될 수도 있다. 두 경우 모두 정확하고 효율적인 스캐너를 만들 수 있기에 컴파일러 설계자가 직접 스캐너를 만드는 경우는 매우 드물다.

2.3 정규 표현

$\mathcal{F}$에 의해 받아들여진 단어는 하나의 언어를 형성하게 되며 이는 $L(\mathcal{F})$로 나타낸다. FA의 전이 도식은 그 언어의 세부사항까지 정확히 나타내고 있다. 하지만 이는 사람이 직관적으로 이해하기 쉬운 표현은 아니다. 어떤 FA든지 우리는 이를 *정규 표현*으로 나타낼 수 있다.

정규식(RE)은 전 절에 설명했던 유한 오토마타(FA)와 동일하다. (2.4절에서 이를 증명할 것이다.) 단순한 인식기는 단순한 RE로 나타낼 수 있다.

- fee라는 단어 하나로 구성된 언어는 RE에서 *fee*라고 표현될 수 있다. 두 개의 문자가 연이어 쓰여지는 것은 그에 따라 순서가 정해질 것이라는 것을 나타낸다. *fee*라는 표현은 그 언어를 RE로 표현한 것이다.
- fee, while이라는 두 개의 단어로 구성된 언어는 *fee* 또는 *while*로 표현될 수 있다. *or*를 오역하는 것을 방지하기 위해 *or* 대신 | 기호를 사용한다. 따라서 RE를 *fee*|*while*로 나타낼 수 있다.
- fee or fie로 구성된 언어는 *fee*|*fie*로 나타낼 수 있지만 *f*(*e*|*i*)*e*로 나타낼 수도 있다. RE *f*(*e*|*i*)*e*는 *fee*|*fie*보다 언어의 구조를 좀 더 자세히 반영할 수 있을 것이다.

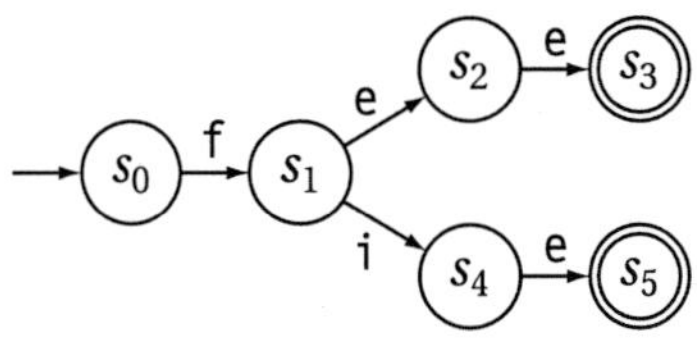

이를 좀 더 구체화하여 살펴보기 위해 프로그래밍 언어에서 예를 찾아보도록 하자. 콜론, 세미콜론, 콤마, 여러 가지 괄호 등의 구두점들은 기호로 표현이 가능하다. 따라서 다음의 RE들을 전형적인 프로그래밍 언어의 어휘 규격에서 찾아볼 수 있다.

: ; ? => ( ) { } [ ]

키워드들도 마찬가지로 간단한 RE를 가진다.

if while this integer instanceof

정수나 식별자와 같은 좀 더 복잡한 구조를 나타내기 위해선 FA 순환 엣지의 성질을 좀 더 잘 나타낼 수 있는 표기방법이 필요하다.

Unsigned integer를 인식하는 FA는 세 개의 상태를 가진다. 초기 상태 s_0와 하나의 0을 나타내는 마지막 상태 s_1, 그리고 다른 모든 정수를 나타내는 s_2의 상태가 바로 그것이다.

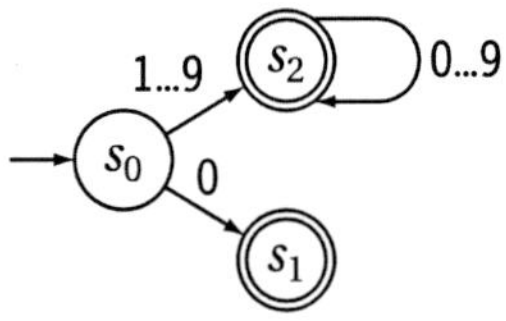

이 FA의 핵심이 되는 부분은 s_2 상태에서 digit이 추가될 때 자신의 상태로 다시 돌아온다는

것이다. s_2는 기존의 수에서 새로운 숫자가 추가될 때 자신의 상태에 머무르며 기존의 수 오른쪽 끝에 숫자 하나를 더 추가하게 된다. 이 규칙을 다르게 표현하자면 unsigned integer는 0 혹은 0이 아닌 다른 digit이 뒤에 이어지는 0 또는 다른 digit라고 할 수 있다. 이 FA의 정수를 나타내기 위해 RE에서도 "0번 이상의 발생"을 나타낼 수 있는 방법이 있어야 한다. x라는 RE가 있을 때 x^*는 "x가 0번 이상 발행"을 뜻하게 된다. 이 *연산자를 Kleene closure 혹은 짧게 closure이라고 부른다. closure 연산자를 사용하면 이 FA를 다음과 같은 RE로 표현할 수 있다.

$0 \mid (1|2|3|4|5|6|7|8|9)\ (0|1|2|3|4|5|6|7|8|9)^*$

2.3.1 표기법의 공식화

정규식을 엄밀하게 사용하기 위해선 이에 대한 공식적 정의가 필요하다. 정규식은 문자열들의 집합을 표현하고 있다. 이 문자열에 포함된 문자들은 alphabet, Σ에 포함되어 있고 Σ는 빈 문자열을 나타내는 ∈에 의해 확장된다. 우리는 이 문자열들의 집합을 *언어*라고 부른다. r이라는 정규식이 있다면 이 정규식이 나타내는 언어는 $L(r)$로 표기한다. 정규식은 다음의 세 가지 기본 과정을 거쳐 만들어진다.

1. *Alternation* $R|S$로 표현되는 두 집합 R과 S 간의 선택 혹은 합집합은 $\{s \mid s \in R \text{ or } s \in S\}$이다.
2. *Concatenation* RS로 표현되는 R과 S간의 연속은 $\{st \mid s \in R \text{ and } t \in S\}$이다. R이 연속되는 경우 R^2를 RR 대신 쓰기도 하고 R^3를 RRR(또는 RR^2) 대신 사용하기도 한다.
3. *Closure* R^*로 표현되는 집합 R의 Kleene closure는 $\cup_0^\infty R^i$이다. 이는 R 자신이 0번 혹은 그 이상의 횟수만큼 반복되는 것을 나타낸다.

R^+로 표기하고 그 정의는 $\cup_1^\infty R^i$이다. R^+는 RR^*로 다시 쓰일 수 있기에 가끔 유용하게 쓰인다.

이 세 동작을 사용하여 alphabet Σ에 대해 정규식을 정의할 수 있다.

1. $a \in \Sigma$ 일때, a 또한 단지 a만을 포함하는 set을 표현하는 RE이다.
2. r와 s가 RE이고 $L(r)$과 $L(s)$로 표현될 때 (r)은 $L(r)$을 나타내는 RE이고 $r|s$는 $L(r)$과 $L(s)$의 union을 나타내는 RE이며, rs는 $L(r)$과 $L(s)$의 문자열 concatenation을 나타내는 RE, r^*는 $L(r)$의 Kleene closure를 나타내는 RE이다.
3. ϵ는 빈 string만을 포함하는 set을 표현하는 RE이다.

이 모호함을 없애기 위해 closure는 가장 높은 우선순위를 가지고 그 뒤를 concatenation과 alternation이 차례로 따른다.

가상 생활에서의 정규 표현

정규 표현은 문자열의 패턴을 나타내기 위하여 많은 분야에 적용되고 있다. 정규 표현을 코드로 번역하는 기능이 사용된 처음 분야는 문서 편집기에서 "find" 명령어가 찾고자 하는 문자열들을 유연하게 표현하는 데 사용되었다. 일찍이 표기법은 다른 많은 분야에 적용되어 사용되어 왔다.

Unix와 다른 많은 운영 체계에서 별표는 파일명의 나머지 문자들을 매칭시키기 위한 와일드카드로 사용될 수 있다. 여기서 *는 Σ*를 간단히 표현한 것으로 유효한 알파벳 문자 전체에서 0번 혹은 그 이상 횟수만큼 문자를 나타낸다. (Σ 키를 가진 키보드가 거의 없게 때문에 간단한 표현법을 주로 사용한다.) 많은 시스템에서 ?를 하나의 문자를 매칭시키는 와일드 카드로 사용한다.

`grep` 계열의 툴과 non-Unix 시스템은 정규 표현을 이용하여 패턴 매칭을 구현한다. (사실 `grep`은 "global regular-expression pattern match and print"의 두 문자어이다.)

정규 표현은 쉽게 표현가능하고 이해하기 쉽기 때문에 널리 사용되고 있다. 정규 표현은 프로그램이 몇 개의 단어를 인지하여 할 때 사용되는 기술 중의 하나이다. 이들은 몇 개의 제한된 규칙으로 구성된 언어 내에서 잘 동작한다. 이들은 실행 가능한 형태로 쉽게 변환이 가능하다. 그리고 그 결과로 만들어지는 인식기는 빠르다.

편리하고 간단한 표기법으로 문자들의 범위를 …로 연결된 처음과 마지막 요소로 나타낸다. 이 변형을 나타내기 위해 항상 [ ]으로 이를 감싼다. 따라서 *[0...9]*는 십진수의 집합을 나타낸다. 이는 항상 다음과 같이 쓰여질 수 있다. *(0|1|2|3|4|5|6|7|8|9)*

2.3.2 예

이 장의 목적은 고품질의 스캐너를 자동적으로 만들어 주는 공식화된 기술을 어떻게 사용하고 어떻게 프로그래밍 언어의 microsyntax를 그 공식으로 나타낼 수 있는가이다. 논의를 더 진행하기 전에 실제 프로그래밍 언어에서의 예들을 더 살펴볼 것이다.

1. Algol과 그 후속 언어들은 식별자를 하나의 알파벳 문자에 0개 이상의 알파벳이나 숫자의 문자가 뒤따르는 모습으로 나타내었다. 모든 글자가 소문자로 쓰여진다고 가정하고 이를 RE로 나타내면 *[a...z]([a...z]|[0...9])**와 같다. 많은 언어들이 밑줄(_), 퍼센트

표시(%), 앰퍼샌드(&) 등의 특별한 문자들을 조금씩 허용하고 있다.

2. Unsigned integer는 0 또는 0이 아닌 digit 뒤에 하나 또는 그 이상의 digit가 뒤따르는 것이라 할 수 있다. RE, *0|[1...9][0...9]**는 더 간결한 형태이다. 실제로 많은 구현에서 $[0...9]^{+}$와 같은 언어를 받아들이며 더 큰 범주의 정수 문자열을 허용한다.

3. 실수들은 정수보다 더 복잡하다 실수는 (*0|[1...9][0...9]**) (ϵ|*[0...9]**)같이 표현된다. 처음 부분은 단지 정수의 RE이다. 나머지는 빈 문자열이나 0개 이상의 digit이 뒤따르는 십진수 점이다.
   프로그래밍 언어들은 가끔 (*0|[1...9][0...9]**) (*.[0...9]**|ϵ)*E* (+ | − |ϵ) (0|*[0...9][0...9]**)와 같은 RE로 과학적 표기법으로 이를 확장시킨다. 이 RE는 실수를 나타내고 뒤에 E가 따르고 지수를 나타내기 위해 정수가 뒤따른다.

4. 예로 든 문자열들은 그들만의 복잡성을 가지고 있다. 대부분의 언어들에서 문자열에 어떠한 문자도 나타낼 수 있다. 빈칸, 탭, newline 그리고 심지어 문자열을 구분하기 위해 문자가 사용되기도 한다. {Σ − *c*} 집합을 나타내기 위해 `lex` 스캐너 생성기에서 얻은 *[^c]* 표기법을 사용한다. *C*의 문자열은 "*[^"]**"로 표현될 수 있다.
   `\n`가 newline을 대신하여 사용하고 `\"`를 "를 대신하여 사용하는 것과 같은 escape 문자를 사용하면 문자열을 쉽게 다룰 수 있다. escape 문자 대신 사용할 수 있는 선택은 문자를 중복하는 것이다. 따라서 "문자를 문자열에 나타내기 위해서 ""를 사용하게 된다. 이는 문자열 상수의 RE를 복잡하게 한다.

5. 주석은 많은 형태로 나타난다. 어떤 언어는 #이나 // 같은 구분자를 허용하여 현재 줄의 끝까지 주석이 계속됨을 나타낸다. `\n`가 newline을 나타낸다고 할때 이는 *//[^\n]**와 같은 RE를 만들어 낸다. 다른 언어들은 주석의 처음과 끝에 별개의 구분자를 사용한다. 파스칼은 { , }를 주석 구분자로 사용하여 {*[^}]**}와 같은 RE를 만들어 낸다. Java와 C는 두 글자의 구분자인 /*, */를 허용한다. 이는 RE를 더 복잡하게 한다.

각각의 예들은 제한되지 않은 단어들의 집합을 허용한다. 단어의 집합을 제한하는 것이 때로는 더 길고 복잡한 RE를 만들어 낸다. 예를 들어 어떤 언어에서는 식별자의 길이를 제한한다. 이는 전에 살펴본 정규 표현보다 더 긴 정규 표현을 사용하게 한다. Algol과 같이 식별자의 최대길

[1] 만약 프로그래밍 언어가 대소문자 구분을 무시한다면 스캐너가 모든 문자들을 소문자로 받아들일 수 있다. 만약 대소문자를 구분한다면 RE는 분명 더 복잡해질 것이다.

이를 6개의 문자열로 제한하면 다음과 같은 RE를 만들어 낸다.

$$[a\ldots z]\,([a\ldots z] \mid [0\ldots 9])\,([a\ldots z] \mid [0\ldots 9])\,([a\ldots z] \mid [0\ldots 9])\,([a\ldots z] \mid [0\ldots 9])\,([a\ldots z] \mid [0\ldots 9])$$

이에 해당하는 FA는 무한수의 문자로 구성된 변수를 위한 FA에 비해 더 많은 상태를 갖고 있다. 우리는 제한된 closure, c^k를 사용하여 0번에서 k번까지의 반복을 나타낼 수 있다. 이는 여섯 문자의 식별자의 RE를 $[a...z]([a...z][0...9])^5$로 나타낼 수 있도록 한다. 이는 RE를 간단히 하고 줄여주기도 하지만 해당하는 FA를 간단히 만들어 주지는 못한다.

RE를 명시화하려는 시도 또한 표현을 복잡하게 만든다. 예를 들어 전형적인 어셈블리 언어의 레지스터 표시자가 *r* 글자 뒤에 작은 정수가 뒤따르는 형식인 경우를 생각해 보자. RE $r[0...9]^+$가 ILOC에 허용된 레지스터 이름을 표현하는 반면에 무한한 레지스터 이름의 집합을 허용하기도 한다. 이에 해당하는 인식기는 다음과 같을 것이다.

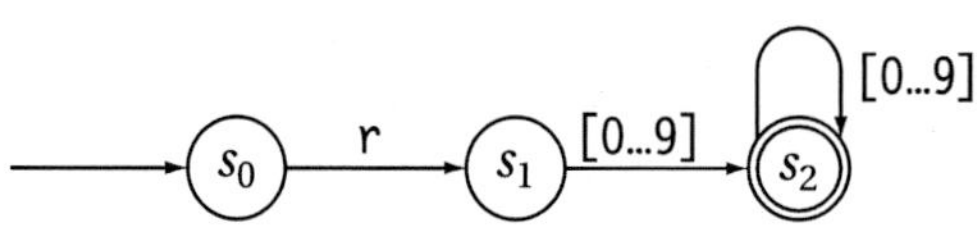

인식기는 r29는 받아들이지만 s29는 거절할 것이다. 또한 100,000개의 레지스커를 가진 컴퓨터가 현재는 불가능한데도 r99999를 받아들일 것이다.

하지만 실제 컴퓨터에서 레지스터 이름의 집합은 보통 32, 64, 128개 정도로 매우 제한되어 있다. 각 레지스터 이름을 integer로 변환하여 0에서 31 사이의 범위에 비교하기보다 레지스터 표현하는 RE를 다음과 같이 더 정확하게 표한할 수 있다.

$$r\,(\,(0|1|2)\ \ ([0\ldots 9] \mid \epsilon) \mid (4|5|6|7|8|9) \mid (\,3\ (0|1|\epsilon))\,)$$

이 표현은 r0, r29, r31은 받아들이지만 r32 또는 r99999는 받아들이지 않는다. 이는 레지스터 이름의 어휘적 범주를 정의하는 데 사용될 수 있다. 이는 더 작은 언어를 나타낸다. 0에서 31 사이의 레지스터만을 허용하며 이에 해당하는 FA는 다음과 같을 것이다.

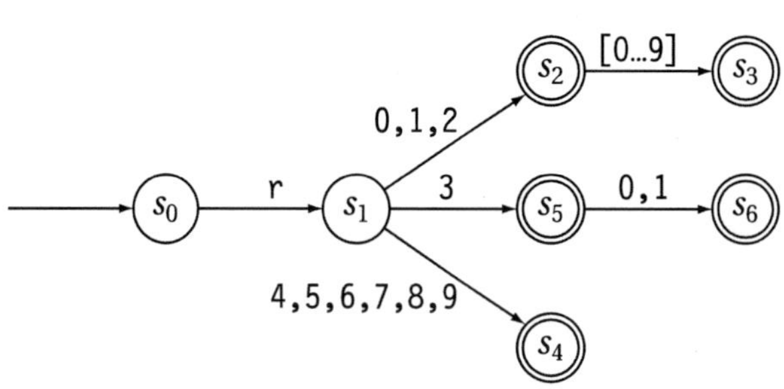

어떤 FA가 더 나은가? 두 FA모두 각 입력 문자에 대해 한 번의 전이를 한다. 따라서 더 복잡한 FA 확인과 더 복잡한 microsyntactic 명시에도 불구하고 둘 모두 같은 수의 전이를 한다. 더 복잡한 FA는 더 많은 상태와 전이를 가지므로 이의 표현은 더 많은 공간을 필요로 한다. 하지만 이를 동작시키는 데 드는 비용은 같다.

여기서 매우 중요한 점이 있다. FA를 동작시키는 데 드는 비용은 입력의 길이에 비례하는 것이지 인식기를 만들어 낸 정규 표현의 복잡도나 길이에 비례하는 것이 아니다. 정규 표현에서의 증가한 복잡도는 해당하는 FA의 상태의 수를 증가시킨다. 이는 다시 FA를 표현하기 위한 공간과 이를 자동적으로 생성하기 위한 비용을 증가시킨다. 하지만 전이 동작의 비용은 입력 문자당 하나로 남아 있다.

레지스터 명시 방법을 향상시킬 수는 없을까? FA는 복잡하고 직관적이지도 않다. FA 대신 할 수 있는 선택은 다음과 같을 것이다.

$$r0 \mid r00 \mid r1 \mid r01 \mid r2 \mid r02 \mid r3 \mid r03 \mid r4 \mid r04 \mid r5 \mid r05 \mid r6 \mid r06 \mid r7 \mid r07 \mid r8 \mid r08 \mid \\ r9 \mid r09 \mid r10 \mid r11 \mid r12 \mid r13 \mid r14 \mid r15 \mid r16 \mid r17 \mid r18 \mid r19 \mid r20 \mid r21 \mid r22 \mid r23 \mid \\ r24 \mid r25 \mid r26 \mid r27 \mid r28 \mid r29 \mid r30 \mid r31$$

이 표현은 개념적으로는 더 간단하지만 이전 버전에 비해 훨씬 더 길다. 그 결과의 FA는 여전히 입력당 한 번의 전이를 할 것이다. 따라서 만약 필요한 공간이 너무 커지는 것을 막을 수 있다면 더 명료하고 깔끔한 이 버전의 레지스터 명시법을 더 선호하게 된다.

2.3.3 RE의 특성

RE로 표현될 수 있는 언어들의 집합을 *정규 언어(regular language)*라고 부른다. 정규 언어는 널리 연구되어 왔다. 이들은 많은 재미있고 중요한 성질들을 갖고 있다. 이들 중 몇몇은 정규 표현을 사용하여 스캐너를 만드는데 중요한 역할을 한다.

*정규 표현*은 많은 연산 하에 닫혀있다. 즉 만약 연산을 RE나 RE군에 적용하면 그 결과는 RE이다. 분명한 예로 concatenation, union 그리고 closure가 있다. 두 RE의 concatenation, x와 y는 xy이다. 둘의 union은 $x \mid y$이다. x의 closure는 x^*이다. 이 모든 것들은 RE의 정의에서 나온다.

RE가 닫혀 있다는 사실이 RE를 사용하여 스캐너를 만드는 데 결정적인 역할을 한다. 우리가 소스 언어 $a_1, a_2, a_3..., a_n$의 각 구문적 범주에 대해 RE를 갖고 있다고 가정해보자. 개별적 RE를 합치고 $a_1 \mid a_2 \mid a_3 \mid ... \mid a_n$를 선택적으로 사용하여 언어의 모든 유효한 단어에 해당하는 RE를 만들 수 있다. RE는 union에 닫혀 있으므로 그 결과는 RE이다. 우리가 하나의 구문적 범주 RE에

프로그래밍 언어와 자연어의 비교

어휘 분석은 프로그래밍 언어가 영어나 중국어와 같은 자연어와 미묘하게 다른 점에 주목한다. 자연어에서는 단어의 표현과 의미의 구분은 분명하지 않다. 영어에서 *are*는 동사이고 *art*는 명사이다. 이들은 단지 마지막 글자가 다를 뿐이다. 게다가 모든 문자열의 조합이 합당한 단어를 형성하는 것도 아니다. 예를 들어 *arz*는 *are*와 *art*와 거의 다른 점이 없지만 일반적 영어의 사용에서는 나타나지 않는다.

모든 영어 단어가 제한된 알파벳에서 유추되므로 영어를 위한 스캐너는 FA 기반 기술을 사용하여 잠재적인 단어를 인식할 수 있다. 하지만 이후 가능성 있는 단어를 찾은 후에는 실제로 이것이 단어인지 사전에서 찾아보아야 한다. 만약 단어가 오직 말의 한 부분으로만 분류된다면 살펴보는 것으로 이 문제를 해결할 수 있다. 하지만 많은 영어 단어들이 말의 여러 부분으로 분류될 수 있다. 그 예로 *buoy*와 *stress*가 있다. 둘 모두 명사도 될 수 있고 동사도 될 수 있다. 이 단어들의 경우 말의 부분은 단어들이 포함된 문맥에 의존한다. 어떤 경우 문법적 맥락을 이해하는 것이 단어를 분류하는 데 충분한 조건이 된다. 다른 경우에서도 환경상의 의미가 필요하다.

이와 대조적으로 프로그래밍 언어에서 단어들은 거의 어휘적으로 명시되어 있다. 따라서 *(1... 9)(0...9)**의 모든 문자열은 양수다. *[a...z][a...z][0...9])**의 모든 문자열은 Algol 식별자이다. *arz*은 *are*와 마찬가지로 유효하며 유효함을 확인하기 위해서 다른 어떤 것을 참조할 필요도 없다. 이를 확실히 하기 위해 어떤 식별자들은 예약어들을 만들어 두었다. 하지만 이 예외들도 마찬가지로 어휘적으로 명시되어 있고 문맥은 필요하지 않다.

이는 프로그래밍 언어를 설계하는 데 까다로운 결정이다. 어떤 철자들이 말의 유일한 부분을 함축하도록 하는 것은 스캐닝을 간단화시키고파싱 또한 간단화시키며, 분명 언어의 표현력을 거의 포기하지도 않는다. 어떤 언어들은 말의 두 부분에 단어들이 사용되도록 허용하고 있다. 예를 들어 PL/I는 예약어(reserved word)가 없다. 복잡함이 언어적 유연성보다 더 중요하게 사용되었다.

적용할 수 있는 모든 것이 언어의 모든 단어에 해당하는 RE에도 적용할 수 있다.

Concatenation 하의 closure는 RE들을 연결시킴으로써 복잡한 RE를 만들 수 있다. 이 특성은 분명하고 별로 중요해 보이지 않는다. 하지만 이는 RE들을 체계적인 방법으로 조합하도록 해준다. Closure는 a와 b가 RE인 한 ab가 RE임을 보장해준다. 따라서 a나 b에 적용될 수 있는 어떤 기술도 *ab*에 적용될 수 있다. 이는 RE에서 인식기를 자동적으로 만들어 내는 과정도 포함하고 있다.

Kleene closure 특징은 특정 무한 집합을 유한한 패턴으로 나타낼 수 있도록 해준다. 이는 매우 중요하다. 무한한 패턴은 실제 구현자에게 거의 쓸모가 없다. Algol 식별자 규칙이 이름의 길이를 제한하지 않기에 규칙은 무한한 집합의 단어를 허용한다. 이는 프로그래머가 임의의, 하지만 유한한 길이의 식별자를 사용하게 한다. Closure는 최대 길이를 명시하지 않고서도 간결한 규칙을 작성할 수 있도록 해준다.

다음 절은 RE에 의해 명시된 언어들 인식하는 FA를 어떻게 만드는지를 보여주고 FA에 의해 받아들여진 언어를 RE로 어떻게 표현하는지도 보여줄 것이다. 이 둘 모두 RE와 FA의 동일성을 제공한다. RE가 alternation, concatenation 그리고 closure에 닫혀 있다는 사실이 결정적인 사실이다.

RE와 FA의 동일성은 다른 closure 특성을 제안하기도 한다. 예를 들어 어떤 FA가 주어졌을 때 우리는 *L*(FA)의 보완(complement)이라 불리는 *L*(FA)에 속하지 않는 모든 단어 w를 인식할 수 있는 FA를 만들 수 있다. 보완을 위한 FA를 만들기 위해 우리는 모든 마지막이 아닌 상태를 마지막으로 만들 수 있고 마지막 상태를 마지막이 아닌 상태로 만들 수 있다. 이는 우리가 정규 표현을 위한 표기에 내재된 특성을 바꾸지 않고 보완 연산자를 추가할 수 있음을 제안한다. 정규 표현을 사용하는 많은 실제적 시스템에서 그러한 연산자를 가진다.

2.4 정규 표현에서 스캐너로

유한 오토마타를 사용하는 목적은 정규 표현식으로부터 수행 가능한 스캐너의 유도를 자동화하는 것이다. 이번 절에서는 RE를 직접적인 구현에 적합한 FA로 변환하는 구조와 FA에 의해 인식되는 언어에 대해 RE를 이끌어 내는 알고리즘에 대해 다룬다. 그림 2.3은 이러한 구조들 사이의 관계를 보여준다.

이러한 구조를 나타내기 위해, 우선 비결정형 FA(즉, NFA, Non-deterministic Finite Automata)와 결정형 FA(즉, DFA, Deterministic Finite Automata)라 불리는 두 개의 하위 구조에 대해 소개해야 한다. 2.4.1절에서 NFA를 소개하고 NFA와 DFA을 구별한다. 다음 세 단계로 구조를 나타낸다. Thompson의 구조를 이용해 RE로부터 NFA를 얻는다. 그 부분 집합 구조는 NFA를 시뮬레이션하는 DFA를 만들어 낸다. 2.4.4절에서 소개될 Hopcroft의 알고리즘은 DFA를

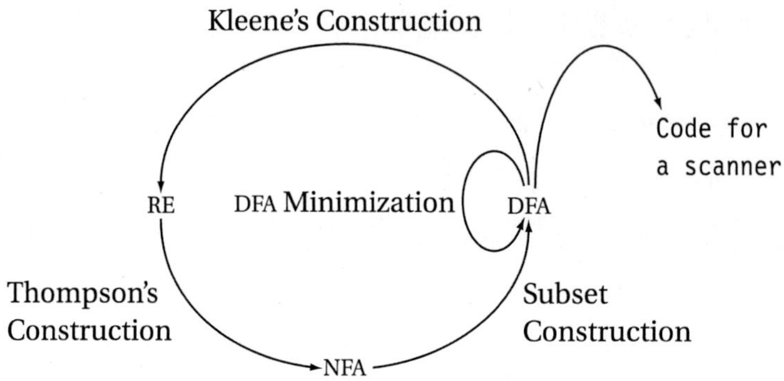

그림 2.3 Construction의 주기

최소화한다. 2.4.5절에서는 DFA에 의해 인식되는 언어를 표현하는 RE를 이끌어 내기 위한 Kleen의 알고리즘을 소개한다. 이 알고리즘은 구조의 순환을 완성함으로써 FA가 RE와 동등하다는 것을 입증하는 데 중요한 역할을 한다. 2.5절에서는 DFA를 구현하기 위한 여러 가지 방법들을 소개하고 있다.

2.4.1 비결정적 유한 오토마타

정규 표현식의 정의로부터 빈 문자열, ϵ을 RE로 지정했던 것을 기억해 보자. 우리가 직접 만들었던 FA 중 어떤 것도 ϵ을 포함하지 않았지만 RE 중 일부는 ϵ을 포함하고 있었다. FA에서 ϵ의 역할은 무엇인가? 우리는 FA를 조합하고, 더 복잡한 RE를 위한 FA를 만들기 위해 ϵ에 대한 전이를 이용할 수 있다. 예를 들어, 우리가 RE m과 n을 위한 FA(각각 FA_m와 FA_n)를 가지고 있다고 가정해보자.

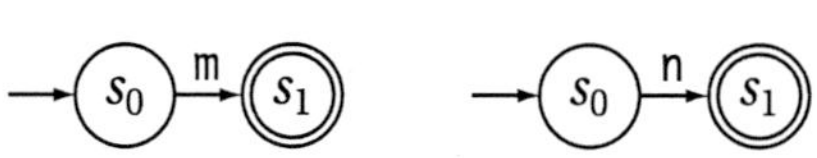

우리는 mn의 마지막 상태와 FA_n의 초기 상태 사이에 ϵ-전이를 첨가하고, 각 상태들에 다시 번호를 매긴다. 그리고 FA_n의 마지막 상태들을 FA의 마지막 상태들로 사용함으로써 mn에 대한 FA를 만들 수 있다.

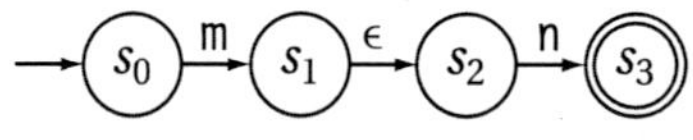

ϵ에 대한 전이를 추가하고, 입력 문자열의 임의의 두 문자들 사이에 하나 이상의 ϵ-전이를 가능하도록 하기 위해서 승인에 대한 정의는 약간 변화할 필요가 있다. 예를 들어, s_1에서 FA는 입력

이 없이 $s_1 \xrightarrow{\epsilon} s_2$ 전이를 가져온다. 이것은 비교적 작은 변화이지만 직관적으로 보인다.

관찰을 통해, 상태 s_1과 s_2를 결합할 수 있고, ϵ-전이는 제거된다.

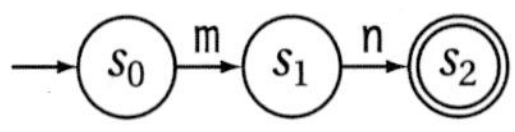

ϵ-전이를 가진 두 개의 FA를 결합하는 것은 어떻게 FA가 동작할지에 대한 이해를 어렵게 만든다. a^*와 ab의 언어를 위한 FA를 생각해보자.

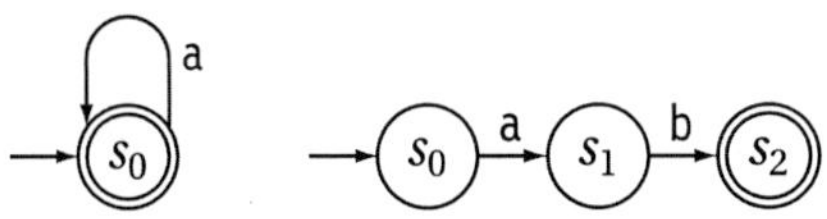

우리는 a^*ab를 위한 FA를 만들기 위해 ϵ-전이를 결합할 수 있다.

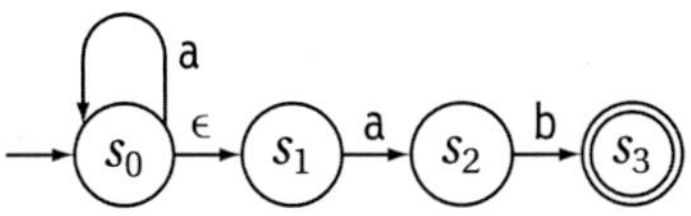

실질적으로 ϵ-전이는 FA에서 문자 a에 대해 s_0의 밖으로의 두 가지의 다른 전이를 만들어 낸다. 그것은 $s_0 \xrightarrow{a} s_0$ 전이 또는 두 가지 전이 $s_0 \xrightarrow{\epsilon} s_1$, $s_1 \xrightarrow{a} s_2$를 만든다. 어떤 것이 옳은 것인가? 문자열 aab와 ab에 대해 생각해 보자. DFA는 두 가지의 문자열을 모두 인식해야 한다. aab에 대해, 그것은 $s_0 \xrightarrow{a} s_0$, $s_0 \xrightarrow{\epsilon} s_1$, $s_1 \xrightarrow{a} s_2$ 그리고 $s_2 \xrightarrow{b} s_3$로 이동해야 한다. ab에 대해서는 $s_0 \xrightarrow{\epsilon} s_1$, $s_1 \xrightarrow{a} s_2$, 그리고 $s_2 \xrightarrow{b} s_3$로 이동해야 한다.

이러한 두 가지의 문자열에 대한 예가 보여주듯, a에 대한 s_0 밖으로의 정확한 전이는 a 다음으로 나오는 문자에 의존한다. 각 단계에서, FA는 현재 문자를 검사한다. 그것의 상태는 왼쪽의 문맥−이미 처리된 문자들−을 암호화한다. FA는 다음 문자를 검사하기 전에 전이를 결정해야 하기 때문에, s_0와 같은 상태는 순차적인 알고리즘의 동작 표현되는 방식과 배치된다. 하나의 문자에 대해 여러 개의 전이를 가지는 s_0와 같은 상태를 포함하는 FA는 *비결정형 유한 오토마타(NFA)*라고 불린다. 반대로 각 상태에서 하나의 전이를 가지는 FA를 *결정형 유한 오토마타(DFA)*라고 불린다.

NFA에 대한 이해를 위해, 우리는 이들의 동작을 설명하는 새로운 규칙들을 필요로 한다. 역사적으로, 두 가지의 다른 모델들은 NFA의 동작을 위해 제시되어 왔다.

1. NFA가 비결정형 선택(어떤 상태에서 여러 가지의 전이가 가능한 경우)에 접할 때마다, NFA는 입력 문자열이 최종 상태로 갈 수 있는 전이를 따른다. 전지한 NFA를 사용하는

이 모델은 DFA의 잘 정의된 메커니즘을 유지하기 때문에(표면상으로) 매우 매력적이다.

2. NFA가 비결정형 선택에 접할 때마다, NFA는 각각의 가능한 전이를 위해 그 수만큼 자기 자신을 복제한다. 그러므로, 하나의 주어진 입력 문자에 대해, NFA는 자신의 복제품들을 통해 얻은 모든 전이에 대한 명확한 상태들의 집합을 가지게 된다. 이러한 상태들의 집합을 NFA의 *형상(configuration)*이라고 부른다. NFA가 입력이 끝나고, 복제품 중 하나 이상이 최종 상태에 도달한 형상에 이르렀을 때, NFA는 그 문자열을 승인(accept)했다고 말한다. 다소 복잡하기는 하지만, 이 모델은 입력 문자열에 대한 승인을 성공하거나 전이할 수 있는 경로를 소진할 때까지, NFA의 전이 그래프를 통한 경로를 따른다.

이러한 모델에 있어서, NFA에 대한 승인 표준을 공식화하는 것은 가치 있는 일이다. s_0에서 시작하여 어떤 $s_k \in S_F$에서 끝나는 전이 다이어그램 상에서 최소한 하나의 경로가 존재해 경로를 따라 엣지의 라벨이 입력 문자열을 나타낼 수 있는 경우에 한해서(ϵ으로 표시되는 엣지는 생략될 수 있다), NFA(S, Σ, δ, s_0, S_F)는 입력 문자열 $x_1x_2x_3 \ldots x_k$에 대한 동작을 멈출 수 있다. 다시 말하면, i번째 경로 라벨은 x_i이어야 한다. 이러한 정의는 NFA의 동작에 대한 다른 모델들과 일치한다.

이번 절에서 설명한 구조의 순환을 통해 얻을 수 있는 결론은 NFA와 DFA는 동일하다는 것이다. 어떤 NFA는 DFA의 하나의 특별한 경우이다. 그러므로, NFA는 최소한 DFA만큼 강력하다. 즉, 어떤 NFA는 DFA에 의해 시뮬레이션 될 수 있다−2.4.3절에서 부분집합 구조에 의해 얻어진다. 이 개념에 숨겨진 직관은 간단하다. 그러나 구조는 약간 더 복잡하다.

입력 문자열에서 어떤 지점에 도달하였을 때, NFA의 상태에 대해 생각해보자. NFA 동작의 두 번째 모델에서, NFA는 유한개의 복제품을 가진다. 따라서 형상들의 개수는 제한될 수 있다; 각각의 상태에 대해 형상은 그 상태에서 하나의 복제품을 포함하거나 또는 그렇지 않을 수 있다. 따라서 만약 NFA가 n개의 상태들을 가진다면, 그것은 최대한 2^n개의 형상을 가질 수 있다.

NFA의 동작을 시뮬레이션 하기 위해, NFA의 각각의 형상들에 대한 상태를 가진 DFA를 필요로 한다. 그러므로, DFA는 원래의 NFA보다 더 훨씬 많은 상태를 가질 수 있다(우리는 N의 모든 부분 집합들의 집합을 2^N, 소위 N의 멱집합으로 표시할 것이다.) 그러므로, S_{DFA}는 $2^{S_{NFA}}$만큼 커질 수 있다. 그러나, $2^{S_{NFA}}$는 유한하다. 그러므로, DFA는 여전히 입력 심볼당 하나의 전이를 만들어 낸다. NFA를 시뮬레이션하는 DFA는 여전히 입력 문자열의 길이에 비례하여 증가하는 시간 안에 동작한다. DFA에 대한 NFA의 시뮬레이션은 공간적인 문제가 있지만, 시간에 대한 문제는 없다.

NFA와 DFA는 동일하기 때문에, 우리는 a^*ab에 대한 DFA를 만들 수 있어야 한다. 다음의 DFA는 a^*ab에 대해 동작할 것이다.

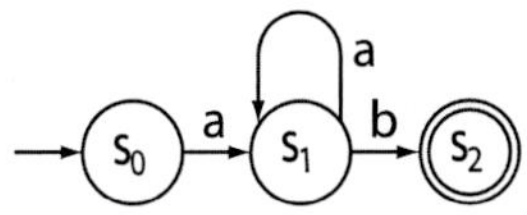

a^*ab은 aa^*b와 같은 단어들의 집합을 나타낸다. 따라서, 이 FA는 RE aa^*b와 비슷한 구조를 가진다.

2.4.2 정규 표현을 NFA로: Thompson 구조

하나의 RE부터 스캐너로 얻는 첫 번째 단계는 RE로부터 NFA를 이끌어 내는 것이다. Thompson의 구조는 간단한 개념을 따른다. 그 구조는 하나의 문자 RE에 대응하는 NFA를 만들기 위한 템플릿과 연결, 교체, 종결 등과 같은 RE연산자를 나타내기 위한 NFA의 변환 규칙을 가진다. 그림 2.4는 a와 b를 위한 간단한 NFA와 이를 이용해 RES ab, $a|b$, and a^*에 대한 NFA를 만들어 내는 변환을 보여준다. 임의의 NFA는 a와 b에 대한 NFA를 대신해 사용될 수 있다.

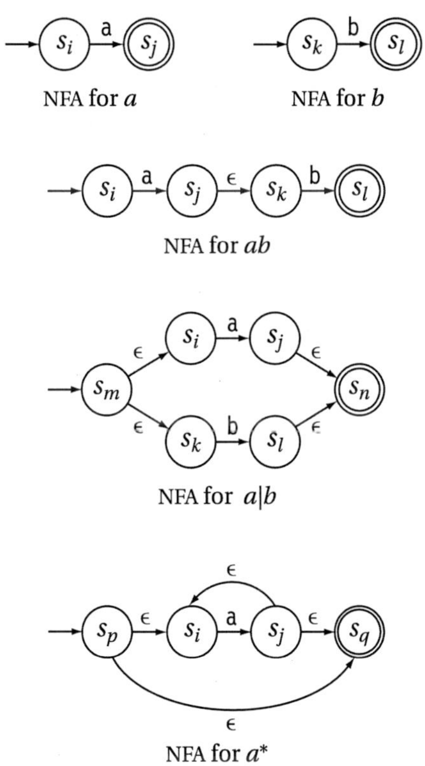

그림 2.4 정규 표현에서 사용되는 연산자들을 위한 기본적인 NFA들

구조는 각 문자에 대한 자명한 NFA를 만듦으로써 시작한다. 다음으로, 연결, 교체, 종결에 대한 변환을 우선순위와 괄호에 의한 순서대로 NFA에 적용한다. 이 단계들을 $a(b|c)^*$에 대한 구조를 얻기 위한 과정에 적용해보자. $a(b|c)^*$에 대한 구조는 a, b 그리고 c에 대한 NFA를 만듦으로써 시작된다. 괄호는 가장 높은 우선순위를 가지므로, 다음으로 $b|c$에 대한 NFA를 만든다. 종결이 그 다음이다. 따라서 $(b|c)^*$에 대한 NFA를 만든다. 마지막으로, $a(b|c)^*$에 대한 NFA를 만들기 위해 연결 연산자를 적용한다. 그림 2.5는 이러한 변환 과정을 보여준다.

구조는 RE의 여러 속성들에 의존한다. 또한 RE 연산자들과 NFA에서의 변환 사이의 명백하고 직접적인 대응을 신뢰한다. 구조는 변환을 통해 유효한 NFA를 생성될 것을 확신하고 RE에 대한 종결 속성들과 이것을 결합한다. 마지막으로, 하위 표현에 대해 NFA를 연결하기 위해 ϵ-이동을 사용한다; 이것은 변환이 간단한 템플릿으로 나타낼 수 있도록 해준다.

이러한 구조로부터 얻어진 NFA는 여러 가지 유용한 속성을 가진다.

1. 각 NFA는 단일한 시작 상태와 최종 상태를 가진다. 시작 상태로 들어가는 유일한 전이는 첫 번째 전이뿐이다. 어떤 전이들도 최종 상태를 떠나지 않는다.

2. ϵ-이동은 항상 진행 과정에서 다른 상태들보다 앞서서 나오는 두 개의 상태들을 연결한다. 그러한 상태는 하나의 구성 요소인 RE에 대한 NFA의 시작 상태 또는 최종 상태이다.

3. 하나의 상태는 최대 각각 두 개의 들어오고 나가는 ϵ-이동을 가진다. 그리고 알파벳 중 하나의 심볼에 대해서는 최대 한 개의 들어오고 나가는 이동을 가진다.

이러한 속성들은 구조의 구현을 단순화한다. 예를 들어, 어떤 임의의 하위 표현에 대한 NFA에서 모든 최종 상태에서의 반복 대신에 단지 하나의 최종 상태만을 처리하면 된다.

$a(b|c)^*$에 대한 Thompson의 구조, NFA에서의 많은 상태들에 대해 생각해 보자. 우리는 다음과 같은 훨씬 더 간단한 NFA를 만들어 낼 수 있다.

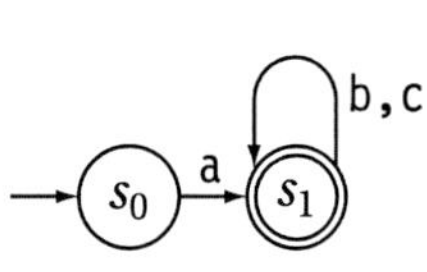

우리는 직접적으로 Thompson의 구조에 의해 만들어진 NFA에 존재하는 많은 ϵ-이동들을 제거할 수 있다. 이것은 NFA의 크기를 급격하게 줄일 것이다. ϵ-이동을 제거하는 것은 구조의 나중 단계에서 이뤄진다. 따라서 우리는 ϵ-이동을 제거하기 위한 알고리즘은 독자들을 위한 연습으로 남겨둘 것이다.

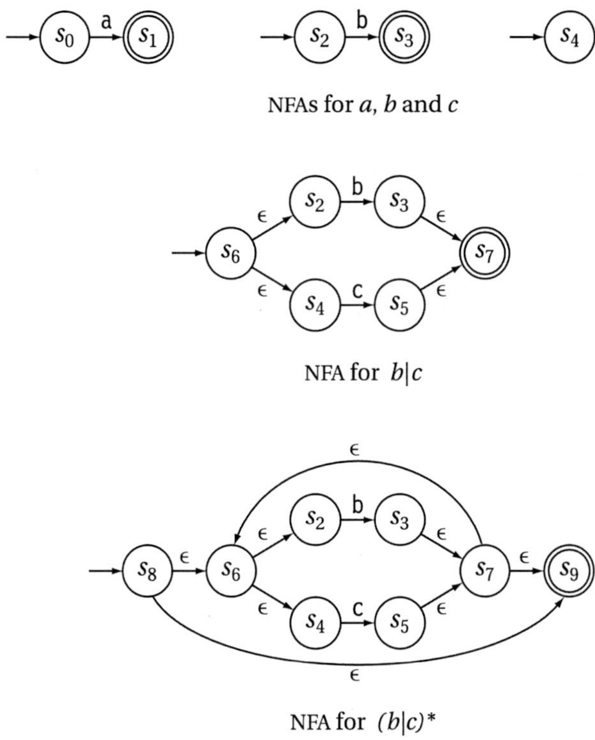

그림 2.5 a(b | c)*에 Thompson 알고리즘의 적용

2.4.3 NFA에서 DFA로: 부분 집합 구조

Thompson의 구조는 RE에 의해 표시되는 언어를 인식하는 NFA로 만들어 낸다. NFA 수행을 위한 모델은 명확하고 효율적인 구현에 적합하지 않기 때문에, 다음 단계는 NFA를 간단하고 효율적인 구현이 가능한 DFA로 변환하는 것이다. 변환을 통해 $(N, \Sigma, \delta_n, n_0, n_F)$로 표시되는 NFA로부터 $(D, \Sigma, \delta_D, d_0, D_F)$로 표시되는 DFA를 만들어 내야 한다. 이 과정에서 중요한 단계는 NFA로부터 D와 δ_D를 이끌어 내는 것이다. (Σ은 NFA와 DFA에서 동일하다. 그리고 d_0와 D_F 모두 D와 δ_D의 구조로부터 생성된다.) 이렇게 DFA를 만들어 내는 알고리즘을 부분집합 구조라 부른다. 그림 2.6은 이 알고리즘의 높은 수준의 코드를 보여준다.

부분집합 구조는 집합 Q를 만든다. Q의 원소인 q_i는 N의 부분집합인 상태이다−즉 $q_i \in Q$. Q가 만들어졌을 때, 각 q_i는 DFA의 상태들에 대응하게 된다. 구조는 주어진 입력에 대해 만들어지는 NFA의 모든 전이들을 따름으로써 다양한 q_i를 만들 수 있다. 그러므로 q_i는 특별한 입력에 대하여 도달할 수 있는 NFA의 상태들의 집합을 포함한다. 각 q_i는 유효한 DFA의 형상을 나타낸다.

Q를 만들기 위해, 알고리즘은 초기의 집합인 q_0를 만든다. q_0는 n_0와 오직 ϵ-전이를 포함하는 경로를 따름으로써 n_0로부터 도달하게 되는 NFA의 상태들로 구성된다. 그러한 상태들은 빈 입력으로 도달할 수 있기 때문에 모두 동일하다.

코드는 n_0로부터 q_0를 만들기 위해 ϵ-*closure*: $2^N \rightarrow 2^N$을 사용한다. 코드는 집합 $n=\{n_0\}$로 시작하고, 이미 n에 포함되어 있던 어떤 상태로부터의 ϵ-전이를 따라 도달할 수 있는 n의 상태들을 체계적으로 덧붙인다. 만약 m이 abc로 표시된 경로를 따라 n_0로부터 도달할 수 있는 상태들의 집합이라면, 그때, ϵ-*closure*(m)은 n_0로부터의 경로가 abcϵ*로 표시되는 모든 상태들을 포함한다.

알고리즘은 NFA의 상태들의 집합을 위한 전이를 계산하기 위하여 두 번째 함수, *Delta*: $2^N \times \Sigma \rightarrow 2^N$를 사용한다. *Delta*($q_i$, c)는 NFA의 전이 함수를 q_i의 각 원소들에 적용한다. 이 함수는 각 $n \in q_i$에 대해 $\delta_n(n, c)$와의 합집합으로 계산된 NFA 상태들의 집합을 반환한다.

Q의 나머지 집합들을 만들기 위하여, 구조는 집합 q_i를 선별하고 c로 표시된 전이를 따라 q_i로부터 도달할 수 있는 상태들의 집합을 찾아내기 위해 *Delta*를 이용한다. 또한 이 집합의 ϵ-closure를 계산하고 이를 임의의 이름 t로 할당하며, 테이블에 q_i부터 t의 전이를 기록한다. 만약 $t \notin Q$라면, 구조는 t를 Q에 덧붙인다. 이러한 과정을 모든 $q_i \in$ Q와 모든 심볼 $c \in \Sigma$에 대해 반복한다.

while 루프는 반복해서 집합 q_i를 작업 목록으로부터 제거하고 처리한다. q_i는 NFA의 형상을 나타낸다. 알고리즘은 Σ에 대해 반복하면서 *Delta*와 ϵ-*closure*를 적용함으로써 q_i로부터 도달할 수 있는 형상을 발견한다. 그리고 Q와 작업 목록 모두에 발견한 새로운 집합을 덧붙인다. NFA는 최대 $|2^N|$의 형상들을 가질 수 있기 때문에 이 과정은 멈추게 된다.

Q는 $|2^N|$개의 상태들의 갯수만큼 커질 수 있다. NFA의 입력에서 나타나는 비결정형의 정도에 따라 얼마나 많은 상태들의 확장이 발생할지 결정된다. 그러나 DFA는 여전히 D의 크기에 상관

```
q0 ← ε-closure(n0)
Q ← {q0}
WorkList ← q0

while (WorkList ≠ ∅)
  remove q from WorkList
  for each character c ∈ Σ
    t ← ε-closure(Delta(q,c))
    T[q, c] ← t
    if t ∉ Q then
      add t to Q and to WorkList
```

그림 2.6 Subset 생성

없이 입력 문자당 하나의 전이를 만들어 낸다. 그러므로, NFA를 설명하고 만들기 위해 비결정형을 사용하는 것은 이에 대응하는 DFA를 표현하는 데 요구되는 공간을 증가시키지만 하나의 입력 문자열을 인식하는 데 필요한 시간을 증가시키지는 않는다.

*Q*에서 *D*로

알고리즘이 멈출 때, 유효한 NFA 형상들의 집합인 Q와 Q의 원소들 사이의 잠재적인 전이를 기록하는 테이블 *T*가 만들어진다. *Q*와 *T*를 이용해 원래의 NFA를 시뮬레이션할 수 있는 DFA의 모델을 형성할 수 있다. *Q*와 *T*로부터 DFA를 만드는 것은 간단하다. 각각의 집합 $d_i \in D$는 대표되는 상태인 $q_i \in Q$ 생성한다. 만약 q_i가 NFA의 최종 상태를 포함했다면, d_i는 DFA의 최종 상태가 된다. 전이 함수 δ_D는 q_i로부터 d_i로의 매핑을 관찰함으로써 *T*로부터 직접 만들 수 있다. 결국 q_0로부터 만들어진 상태는 DFA의 초기 상태인 d_0가 된다.

예

2.4.2절에서 $a(b|c)^*$에 대해 만들어진 NFA를 생각해 보자. 이 NFA는 그림 2.7의 가장 처음에 나타난다. 각 상태의 번호가 다시 매겨진다. 그림의 중간 부분의 테이블은 부분집합 구조에 의한 각 단계들을 나타낸다. 첫 번째 열은 주어진 반복에서 처리되고 있는 *Q*에 포함된 집합의 이름을 나타낸다. 두 번째 열은 새로운 DFA에서 대응하는 상태의 이름을 보여준다. 세 번째 열은 현재 집합에 포함되는 NFA의 상태들의 집합을 나타낸다. 마지막의 세 개의 열들은 Σ에서 각 문자에 대해 *Delta*의 ϵ-*closure*를 계산한 결과를 보여준다.

알고리즘은 다음과 같은 단계를 거친다:

1. 초기화 과정은 q_0을 ϵ-*closure*($\{n_0\}$)으로 설정한다. 처음 반복은 ϵ-*closure*(*Delta*(q_0, a)), ϵ-closure(*Delta*(q_0, b)), 그리고 ϵ-*closure*(*Delta*(q_0, c))을 계산한다.
   각 열은 *Delta* 계산에 의해 반환된 집합에 대해 ϵ-*closure*를 계산한 결과를 보여준다.

2. 다음으로, 알고리즘은 q_i에 대해 첫 번째 반복에서와 같은 과정을 수행한다.

3. 세 번째, 네 번째 반복에서, 알고리즘은 q_2과 q_3로부터 새로운 상태들을 만들기 위해 시도한다. 이러한 시도는 테이블에서 보았듯이 q_2과 q_3에 동일한 집합들을 만들어 낸다.

세 번째 그림은 이러한 결과로 얻어진 DFA를 보여준다: 각 상태들은 테이블에 나타난 DFA 상태들에 대응하고, 전이는 *Delta* 연산에 의해 주어진다. 집합 q_1, q_2, 그리고 q_3 모두 n_9(NFA의 최종 상태)를 포함하기 때문에 세 가지 모두 NFA 최종 상태가 된다.

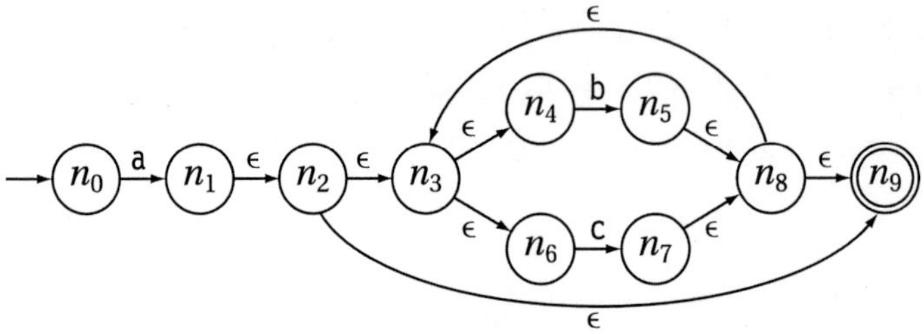

(a) $a(b|c)$를 위한 NFA

Set Name	DFA States	NFA States	ϵ-closure(Delta(q,*)) a	b	c
q_0	d_0	n_0	$\begin{Bmatrix} n_1, n_2, n_3, \\ n_4, n_6, n_9 \end{Bmatrix}$	– none –	– none –
q_1	d_1	$\begin{Bmatrix} n_1, n_2, n_3, \\ n_4, n_6, n_9 \end{Bmatrix}$	– none –	$\begin{Bmatrix} n_5, n_8, n_9, \\ n_3, n_4, n_6 \end{Bmatrix}$	$\begin{Bmatrix} n_7, n_8, n_9, \\ n_3, n_4, n_6 \end{Bmatrix}$
q_2	d_2	$\begin{Bmatrix} n_5, n_8, n_9, \\ n_3, n_4, n_6 \end{Bmatrix}$	– none –	q_2	q_3
q_3	d_3	$\begin{Bmatrix} n_7, n_8, n_9, \\ n_3, n_4, n_6 \end{Bmatrix}$	– none –	q_2	q_3

(b) 반복적인 Subset 생성

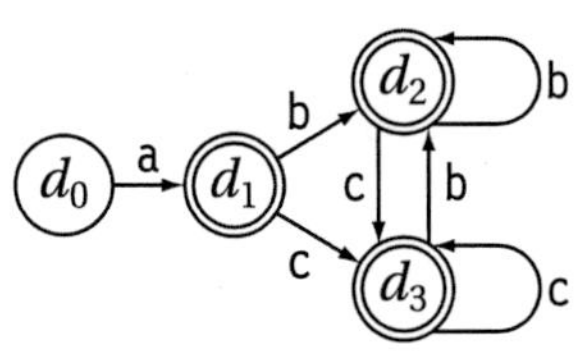

(c) 생성된 DFA

그림 2.7 그림 2.5로부터 Subset 생성 알고리즘을 이용하여 DFA를 구현한 예제

고정 소수점 계산

부분집합 구조는 컴퓨터 과학에서 정기적으로 발생하는 계산의 한 종류인 고정 소수점 계산의 예이다. 이 계산은 구조가 잘 알려진 영역으로부터 얻어진 집합들에 대한 단조 함수(monotone function)의 반복되는 애플리케이션에 의해 특징지어진다. (만약 $\forall x \in D$, $f(x) \geq x$이면, 영역 D에 대해 함수 $f: D \rightarrow D$는 단조이다.) 더 나아가 연속되는 반복이 같은 결과를 만들어 내는 상태에 도달하면, 이 계산은 종료된다. 고정 소수점 계산은 컴파일러 구조에서 중요한 역할을 한다.

고정 소수점 알고리즘을 위한 종료 주장은 보통 영역에 대해 이미 알려진 성질들에 의존한다. 부분집합 구조의 경우, 영역 D는 $Q=\{q_0, q_1, q_2 ... q_k\}(q_1 \in 2^N)$이기 때문에, 2^{2^N}이다. N이 유한하기 때문에, 2^N과 2^{2^N} 또한 유한하다. *while* 루프는 Q에 원소들을 추가할 수 있다; Q로부터 원소를 제거할 수도 있다. (*while* 루프는 단조 증가한다; 비교 연산자 $\geq$는 $\supseteq$와 D이다.) D는 최대 $|2^N|$ 개의 다른 원소들을 가질 수 있기 때문에, *while* 루프는 초대 $|2^N|$ 번 반복할 수 있다. 물론 더 빨리 고정 소수점에 도달해 종료할 수 있다.

ϵ-closure를 오프라인으로 계산하기

부분집합 구조의 직접적인 수행은 필요에 따라 NFA의 전이 그래프에서의 경로를 따름으로써 *ϵ-closure( )*를 계산할 수 있다. 그러나 우리는 다른 접근을 생각해야 한다; NFA의 전이 그래프에서의 n개의 상태 각각에 대해 *ϵ-closure*($\{n\}$)을 계산하는 오프라인 알고리즘은 다음과 같다.

for each state $n \in N$
  $E(n) \leftarrow \{n\}$
  WorkList $\leftarrow N$
while (WorkList $\neq \emptyset$*)*
  remove n *from WorkList*
  $t \leftarrow \{ n \} \cup \bigcup_{n \xrightarrow{\epsilon} m \in \delta_n} E(m)$
  if t $\neq E(n)$ *then*
    $E(n) \leftarrow t$
    WorkList $\leftarrow$ *WorkList* $\cup \{ k \mid k \xrightarrow{\epsilon} n \in \delta_N \}$

이것은 또 다른 고정 소수점 계산이다.

이 알고리즘에 대한 종료 주장은 그림 2.6에서의 알고리즘의 종료 주장보다 더 복잡하다. 작업 목록이 비워지면 알고리즘은 멈춘다. 초기에 작업 목록은 N을 포함한다. 하나의 집합이 변할 때마다 알고리즘은 전이 그래프에서 앞서 나온 것을 작업 목록에 첨가한다.

$E(n)$ 집합은 일정하게 증가한다. 그러므로, 각 $E(n)$ 집합은 최대 $|N|$ 번 변화할 수 있다. 집합이 변할 때마다 그 집합의 앞서 나온 집합이 작업 목록에 덧붙여진다. 각 집합은 일정한 개수의 계승자들을 가진다. 계승자는 $|N|$ 번에 걸쳐 목록에 그 집합을 놓을 수 있다. 그러므로 작업 목록은 결국 비게 되고 계산은 멈춘다.

시간에 대한 제한을 위해, 각 ϵ-전이 $n \xrightarrow{\epsilon} m$는 최대 $|E(m)|$ 번 작업 목록에 n을 넣을 수 있다. $|E(m)| \leq |N|$ 이고, ϵ-전이의 횟수는 전이 그래프 $|\delta_n|$ 에서의 엣지의 개수에 의해 제한되기 때문에, 작업 목록에서 전체 알고리즘에 대해 합해진 노드의 개수는 $|\delta_n| \cdot |N|$ 에 의해 제한된다. 작

업 목록에서의 각 노드는 while 루프에서 한 번의 반복을 요구하기 때문에, 이 또한 반복의 횟수를 제한한다.

2.4.4 DFA에서 최소화된 DFA로: Hopcroft의 알고리즘

RE → DFA 변환에 대한 마지막 정제로써, 우리는 부분집합 구조에 의해 만들어진 DFA를 최소화하기 위한 단계를 추가할 수 있다. 부분집합 구조로부터 발생하는 DFA는 큰 상태들의 집합을 가질 수 있다. 이것이 문자열을 스캔하는 데 필요로 하는 시간을 증가시키지 않는 반면에 메모리에서 인식기의 크기를 증가시킨다. 현대 컴퓨터에 대해서, 메모리 접근 속도는 종종 계산의 속도를 좌우한다. 더 작은 인식기는 디스크, 램, 프로세서의 캐시에서 더 작은 메모리 공간을 사용한다. 이것은 하나의 이점이 된다.

DFA, $(D, \Sigma, \delta, d_0, D_F)$의 크기를 최소화하기 위해, 우리는 언제 두 가지의 상태가 같은지－즉, 어떤 입력 문자열에 대해 같은 동작을 만들어 낸다－를 인식하는 기술을 필요로 한다. 그림 2.8의 알고리즘은 DFA의 상태를 동작에 대해 동일한 집단임을 나타내는 집합으로 나눈다.

그리고 알고리즘은 집합 $p_1, p_2, p_3, \ldots, p_m$의 모임인 p를 만들어낸다. 여기에서 각 p_i는 하나 이상의 DFA 상태를 포함한다. 여기서 p가 D를 나누었다고 말한다. 왜냐하면:

1. 각 $p_i \in P$는 DFA의 하나 이상의 상태들을 포함한다. 그리고,
2. 각 $d_i \in D$는 정확하게 하나의 $p_i \in P$의 일원이다.

동시에 p에 속하는 집합은 D를 cover 한다. 즉, $\bigcup_{1 \le i \le m} p_i = D$이다. 이 속성들은 D의 파티션을 정의한다.

```
P ← { D_F, {D − D_F} }
while (P is still changing)
  T ← ∅
  for each set p ∈ P
    T ← T ∪ Split(p)
  P ← T

Split(S)
  for each c ∈ Σ
    if c splits S into s1 and s2
      then return { s1, s2 }
  return S
```

그림 2.8 DFA 최소화 알고리즘

DFA를 최소화하기 위해서, 알고리즘은 원래의 DFA 상태를 위한 하나의 특별한 파티션을 만든다. 그리고 동일한 동작을 하는 상태를 하나로 묶는 파티션을 만들어 낸다. 각각의 집합 $p_l \in P$에 대해, p_l에 있는 임의의 두 상태 d_i와 d_j는 어떤 입력 문자열에 대해 같은 동작을 가져야 한다. DFA를 최소화하기 위해, 각 집합 $p_l \in P$은 동작이 동일한 조건하에서 가능한 커야 한다.

최소한의 DFA를 표현하는 파티션을 만들기 위해, 알고리즘은 동작이 동일해야 한다는 조건을 제외한 모든 속성들을 따르고, 반복적으로 동작의 동일함을 유지하기 위해 파티션을 나누는 초기의 파티션으로 시작한다. 초기 파티션은 두 개의 집합, $p_0 = D_F$과 $p_l = \{D - D_F\}$을 포함한다. 최종 상태들을 p_0로 분리하는 것은 알고리즘은 결코 두 개의 파티션을 결합하지 않기 때문에, 마지막 파티션에 최종 상태와 최종 상태가 아닌 상태들 모두를 포함하는 집합이 없다는 것을 확실하게 해준다.

알고리즘은 같은 집합 p_l에 포함될 수 없는 상태들을 찾기 위해, 반복적으로 $p_l \in P$를 검사함으로써, 초기 파티션을 정제한다. 명확하게, 알고리즘은 모든 문자열에 대해 DFA의 동작을 확인할 수 없다. 그러나 하나의 입력 문자에 대한 주어진 상태의 동작에 대해서는 시뮬레이션 할 수 있다. 이것은 파티션을 정제하기 위한 간단한 조건을 이끌어 낸다. 즉, 심볼 $c \in \Sigma$는 모든 상태 $d_j \in p_l$에 대해 같은 동작을 만들어 내야 한다.

이러한 동작은 알고리즘을 이해하는 데 중요한 역할을 한다. d_i와 d_j가 같은 집합 p_l에 속해 있도록 하기 위해서, 그것들은 같은 문자 $c \in \Sigma$에 대한 동일한 전이를 일으켜야 한다. 즉, $\forall c \in \Sigma$, $d_i \xrightarrow{c} d_x$와 $d_j \xrightarrow{c} d_y$이다. 여기서 d_x와 d_y는 같은 $p_t \in P$ 안에 있다. 어떤 상태 $d_a \in p_l$(여기서 $d_k \xrightarrow{c} d_z$, $d_z \notin p_t$)는 d_i와 d_j의 같은 파티션에 남아 있을 수 없다. 이와 비슷하게 d_k가 c에 대해 어떤 전이도 일으키지 않는다면, d_k는 d_i와 d_j와 같은 파티션에 남아 있을 수 없다.

그림 2.9는 이것을 명확하게 만든다. $p_l = \{d_i, d_j, d_k\}$에서의 상태들은 그들의 전이, $\forall c \in \Sigma$가 동일한 집단에 있는 상태들로 이루어지는 경우에 한하여 동일하다. 보이는 바와 같이, 각 상태

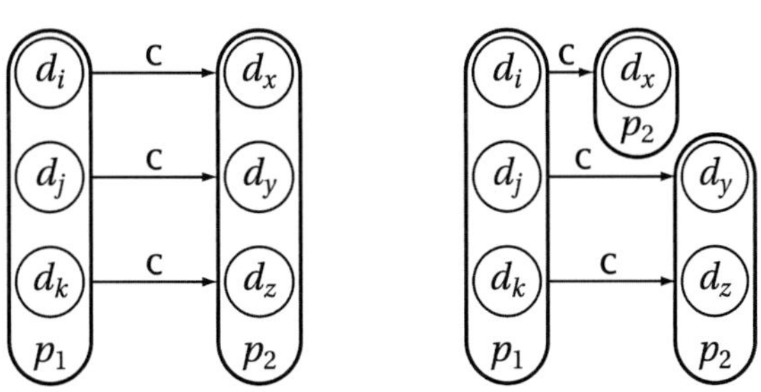

c does not split p_1 c splits p_1

그림 2.9 C와 관련된 파티션의 분리

는 c에 대해 하나의 전이를 가진다: $d_i \xrightarrow{c} d_x$, $d_j \xrightarrow{c} d_y$, 그리고 $d_k \xrightarrow{c} d_z$. 만약 d_x, d_y 그리고 d_z가 현재의 파티션에서 같은 집합에 있다면, 왼쪽 그림에서 볼 수 있듯이, d_i, d_j 그리고 d_k는 같은 집합에 포함되어 있어야 하고, c는 p_l을 분리해서는 안 된다. 오른쪽 그림에서 볼 수 있듯이 $\{d_x\}$와 $\{d_y, d_z\}$ 중 두 개가 다른 집합에 있다면 c는 p_l을 분리하게 된다. 초기의 심볼인 c를 가지는 문자열들에 대해 다른 결과가 발생할 가능성을 고려하기 위해, 알고리즘은 두 개의 새로운 집합 $\{d_x\}$와 $\{d_y, d_z\}$를 만들어야 한다. 만약 상태 d_i에서 c에 대해 전이가 없다면 같은 결과가 발생할 것이다.

파티션 P를 정제하기 위해, 알고리즘은 각각의 $p \in P$와 $c \in \Sigma$를 검사한다. 만약 c가 p를 분리한다면, 그 알고리즘은 c로부터 두 개의 새로운 집합을 만들어 내고 그것들을 T에 추가한다(알고리즘은 p를 c에 대해 일관된 동작을 하는 두 개 이상의 집합으로 분리할 수 있다. 그러나, 모순이 없는 하나의 상태를 만들고 p의 나머지 부분을 다른 상태로 묶는 것은 만족할 만하다. 만약 나중 상태가 c에 대한 동작에 있어서 모순이 된다면, 그 알고리즘은 이를 후에 반복에서 분리할 것이다.) 알고리즘은 이러한 과정을 더 이상 집합을 나눌 수 없는 파티션을 발견할 때까지 반복한다.

최종 파티션 p로부터 새로운 DFA를 만들기 위해, 우리는 각각의 집합 $p \in P$을 대표하는 하나의 상태를 만들어 내고, 이 새로운 대표 상태들 사이에서의 적절한 전이를 추가할 수 있다. p_l를 대표하는 상태에 대해, 만약 임의의 $d_i \in p_l$이 $d_k \in P_m$에 대해 c 전이를 가지고 있다면, p_m을 대표하는 상태로의 전이를 덧붙일 수 있다. 구조로부터, 우리는 만약 d_j가 그런 전이를 가진다면 p_l의 모든 다른 상태들도 그럴 수 있다는 것을 알 수 있다; 이런 경우가 아니라면, 알고리즘은 c에 대해 p_l를 분리한다. 그리고 그 결과로 만들어진 DFA는 최소가 된다. 증명은 우리의 목적을 벗어나므로 생략한다.

다시 Thompson의 구조와 부분집합 구조에 의해 만들어진 $a(b|c)^*$에 대한 DFA를 생각해 보자.

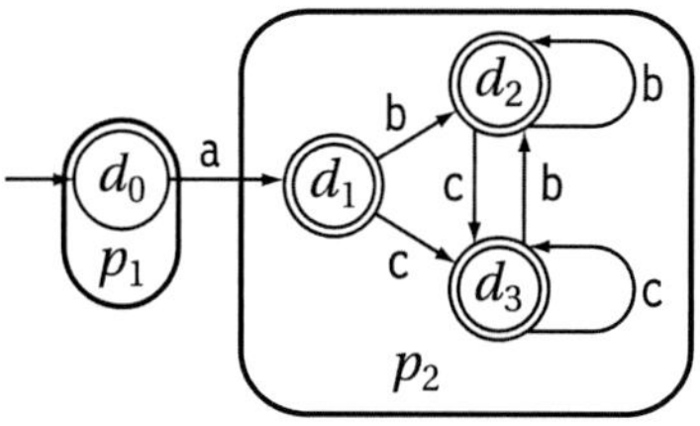

알고리즘은 초기의 파티션 $p_1 = \{d_0\}$와 $p_2 = \{d_1, d_2, d_3\}$를 만든다. p_1은 단지 하나의 상태를 가지기 때문에 나뉠 수 없다. 알고리즘이 p_2를 검사할 때, p_2에서 어떤 상태로부터 a에 대한 전이가 없다는 것을 발견한다. b에 대해 각 상태는 p_2로의 전이를 가진다. 비슷하게 c는 항상 p_2로의 전이를 만들어 낸다. 그러므로 Σ 안의 어떤 심볼도 p_2를 분리할 수 없다. 그리고 파티션 $P = \{\{d_0\}, \{d_1, d_2, d_3\}\}$는 DFA를 최소화한다.

p_1와 p_2를 위한 대표 상태를 선택하는 것과 전이들을 추가하는 것은 다음과 같은 DFA를 만들어 낸다:

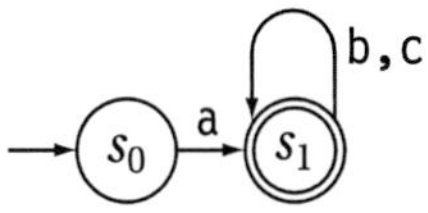

이것이 앞에서 언급했던, 우리가 직접 이끌어 낼 수 있는 DFA라는 것을 기억해 보자. 최소화 후에 자동화 기술은 같은 결과를 만들어 낸다.

이 알고리즘은 고정 소수점 계산의 또 다른 예이다. P는 유한하다; 최대한 $|D|$개의 원소를 포함할 수 있다. *while* 루프는 P에 있는 집합을 분리한다. 하지만 결코 결합하지는 않는다. 그러므로 $|P|$는 일정하게 증가한다. 루프는 반복이 P에서 더 이상 분리할 집합이 없을 때 멈춘다. DFA의 각각의 상태가 다른 동작을 가질 때, worst-case가 발생한다; 그런 경우에는, P가 각각의 $d_i \in D$에 대해 다른 집합을 가질 때, *while* 루프는 멈춘다. 이것은 알고리즘이 최소한의 DFA에 적용될 때 발생한다.

2.4.5 DFA에서 정규 표현으로

그림 2.3에서 보았듯이, 구조의 순환에서 마지막 단계는 DFA로부터 정규 표현식을 만들어 내는 것이다. Thompson의 구조와 부분집합 구조의 결합은 DFA가 최소한 RE만큼 강력하다는 것을 증명해 준다. 이 절에서는 임의의 DFA에 의해 승인되는 문자열들의 집합을 표현하기 위한 RE를 만들어 내는 Kleene의 구조를 설명한다. 이 알고리즘은 RE이 최소한 DFA만큼 강력하다는 사실을 입증해 준다.

DFA의 전이 다이어그램을 라벨이 붙은 엣지를 가지는 그래프로써 생각해 보자. DFA에 의해 승인되는 언어를 나타내는 RE를 얻는 것은 DFA의 전이 다이어그램 상에서의 경로 문제와 상응한다. L(DFA)에서의 문자열의 집합은 d_0에서 d_i, $\forall d_i \in D_F$로의 모든 경로에 대해 라벨을 붙인 엣지의 집합으로 구성된다. 순환하는 전이 그래프를 가지는 DFA에 대해, 경로의 집합은 무한하다. 다행히, RE는 이러한 경우를 처리하고 순환에 의해 만들어지는 하위 경로들의 집합을 간추릴 수 있는 Kleene *closure* 연산자를 가진다.

그림 2.10은 경로 표현을 계산하기 위한 하나의 알고리즘을 보여준다. 이것은 DFA가 d_0를 시작 상태로 하고, 0에서 $|D|-1$까지 번호가 매겨진 상태들을 가진다고 가정한다. 또한 두 개의 노

$$
\begin{aligned}
&\textit{for } i = 0 \textit{ to } |D| - 1\\
&\quad \textit{for } j = 0 \textit{ to } |D| - 1\\
&\qquad R^0_{ij} = \{a \mid \delta(d_i, a) = d_j\}\\
&\qquad \textit{if } (i = j) \textit{ then}\\
&\qquad\quad R^0_{ij} = R^0_{ij} \mid \{\epsilon\}\\
&\textit{for } k = 1 \textit{ to } |D| - 1\\
&\quad \textit{for } i = 0 \textit{ to } |D| - 1\\
&\qquad \textit{for } j = 0 \textit{ to } |D| - 1\\
&\qquad\quad R^k_{ij} = R^{k-1}_{ik}(R^{k-1}_{kk})^* R^{k-1}_{kj} \mid R^{k-1}_{ij}\\
&L = |_{s_j \in S_F} \; R^{|D|-1}_{0j}
\end{aligned}
$$

그림 2.10 DFA로부터 정규표현을 구하는 과정

드들 사이의 모든 경로를 따라 붙여진 라벨들을 나타내는 표현식을 생성한다. 마지막 단계로서, d_0를 떠나 어떤 종결 상태, $d_i \in D_F$에 도달하는 각각의 경로에 대한 표현식들을 결합한다. 이러한 방법으로, 체계적으로 모든 경로에 대해 경로 표현식을 만든다.

알고리즘은 i, j 그리고 k의 모든 값에 대해 R^k_{ij}로 표시되는 표현식의 집합을 계산한다. R^k_{ij}는 k보다 더 큰 번호의 상태를 지나지 않고 상태 i에서 j까지의 모든 경로를 나타내는 표현식이다. 여기에서 경로는 들어가거나 나가는 것 모두를 의미한다. $R^2_{1,16}$는 만약 1에서 16까지 직접 연결하는 하나의 엣지가 있다면 비어 있지 않은 상태가 된다.

초기에, 알고리즘은 i부터 j까지 바로 지나는 모든 엣지의 라벨을 포함하기 위해 R^0_{ij}를 설정한다. 왜냐하면 바로 지나는 경로는 어떤 노드들도 지나지 않기 때문이다. 계속된 반복을 통해, i에서 j까지 가는 도중에 k를 지나가는 경로를 R^{k-1}_{ij}에 추가함으로써 더 긴 경로들을 만들어 낼 수 있다. $k-1$에서 k로 이동함으로써 추가되는 경로의 집합인 R^{k-1}_{ij}는 정확하게 $k-1$보다 더 큰 번호의 상태들을 이용하지 않고 i부터 k까지 지나고, k보다 더 큰 번호의 상태를 지나지 않고 k부터 자기 자신까지의 경로에 의해 연결된, 그리고 k보다 더 큰 번호의 상태를 지나지 않고 k부터 j까지의 경로에 의해 따라오는 경로들의 집합이다. 즉, k에 대한 루프 각각의 반복은 각 집합 R^{k-1}_{ij}에 k를 지나는 경로를 덧붙인다.

k루프가 종료할 때, 다양한 R^k_{ij} 표현식은 전이 그래프에서의 모든 경로들을 나타낸다. 마지막 단계는 적절한 경로 표현식들의 대안으로써 d_0에서 시작하고, 최종 상태 $d_j \in D_F$에서 끝나는 경로들의 집합을 계산한다.

2.4.6 DFA를 인식기로 사용하기

더 나아가, 우리는 하나의 RE로부터 DFA 구현을 위한 매커니즘을 전개해 나간다. 이를 유용하도록 하기 위해서, 컴파일러의 스캐너는 원시 언어의 문법에서 나타나는 모든 문장 구성의 범주를 인식해야 한다. 우리가 필요한 것은 언어의 세부 문법에 대한 모든 RE를 처리할 수 있는 인식기이다. 다양한 문법적인 범주, r_1, r_2, r_3, ..., r_k에 대해 주어진 RE를 이용해 $(r_1 | r_2 | r_3 | ... | r_k)$을 형성함으로써 전체 모음에 대한 하나의 RE를 만들어 낼 수 있다.

만약 하위 표현에 대한 NFA를 만들고, ϵ-전이와 그것들을 합치고, 상태들을 결합하고, NFA를 시뮬레이션 할 수 있는 DFA를 만들고, DFA를 수행 가능한 코드로 변환하는 전체 과정을 통해 이 RE를 실행한다면, r_i들 중 하나와 매치하는 다음 단어를 인식할 수 있는 스캐너를 얻을 수 있다. 즉, 우리가 RE를 어떤 입력에 대해서 이끌어낼 때, 한 번에 하나씩 문자열을 실행하고, 만약 입력이 끝났을 때, 최종 상태에 위치한다면 그 문자열은 인식되게 된다. 대부분의 실제 프로그램들은 하나 이상의 단어를 포함하고 있기 때문에 우리는 언어 또는 인식기 모두 변환할 필요가 있다.

언어 수준에서, 우리는 각 단어가 공백이나 탭과 같이 쉽게 인식될 수 있는 경계 기호로 끝나도록 할 수 있다. 이것은 매우 매력적이다. 실제로 콤마, +, −와 같은 연산자, 괄호 주위에서 경계 기호가 필요로 된다.

인식기 수준에서, 우리는 DFA의 구현과 승인의 개념을 변화시킬 수 있다. RE 중 하나와 매치하는 가장 긴 단어를 찾기 위해 DFA는 현재 상태, s에서 다음 문자로의 전이가 없는 지점에 도달할 때까지 DFA를 수행한다. 그 지점에서 어떤 RE가 매치가 되는지 결정해야 한다. 두 가지의 경우가 발생한다; 첫 번째 경우는 간단하다. 만약 s가 최종 상태이면 DFA는 그 언어에서 하나의 단어를 발견한 것이 되고, 그 단어와 그 단어의 문법적 범주를 기록해야 한다.

만약 s가 최종 상태가 아니라면, 문제는 복잡해진다. 만약 DFA가 s까지의 경로에서 하나 이상의 최종 상태를 지나왔다면, 인식기는 DFA가 만난 마지막 최종 상태−매치되는 가장 긴 키워드−를 기록해야 한다. 이렇게 하기 위해서는, 수행하는 중 입력 문자열에서 DFA의 위치에 따라 가장 최근에 지나온 최종 상태를 확인할 수 있어야 한다. 그러므로 합법적인 전이가 없는 상태 s에 도달했을 때, 가장 최근에 지난 최종 상태 s 또는 이전 상태−를 기록할 수 있어야 한다. 만약 인식기가 s로의 경로에서 최종 상태를 지나치지 않는다면, 그때 입력은 유효한 단어를 가지고 시작한 것이 아니므로, 인식기는 사용자에게 에러를 보고해야만 한다.

마지막 복잡한 문제는, DFA의 최종 상태는 원래의 NFA에서의 여러 최종 상태를 나타낼 수 있다는 점이다. 예를 들어 어휘 설명서가 식별자를 위한 RE뿐만 아니라 키워드에 대한 RE를 포함할 때, new와 같은 키워드는 두 개의 RE와 매치할 수 있다. 인식기는 식별자 또는 키워드 new에 대한 하나의 범주 중에 어떤 문법 범주가 반환되는지를 결정해야 한다.

대부분의 스캐너-생성기 도구들은 컴파일러 작성자가 패턴들 사이의 우선순위를 명시하도록 해준다. 인식기가 여러 개의 패턴과 매치가 될 때, 가장 우선순위가 높은 패턴의 문법적 범주를 반환한다. 이러한 메커니즘은 간단한 방법으로 문제를 해결한다. Unix 시스템과 함께 배포된 `lex` 스캐너 생성기는 정규 표현식의 목록에서의 위치를 기반으로 해서 우선순위를 할당한다. 첫 번째 RE가 가장 높은 우선순위를 가지고, 마지막 RE가 가장 낮은 우선 순위를 가진다.

2.5 스캐너 구현하기

직접적인 스캐너 생성기는 RE를 입력으로, 각 RE에 대해 NFA를 만들고 ϵ-전이를 사용해 NFA을 결합(Thompson의 구조에서 $a \mid b$에 대한 패턴을 사용한다.)한다. 그리고 대응하는 DFA를 위한 부분집합 구조를 형성하고, 마지막으로 DFA를 최소화한다. 이 지점에서 스캐너 생성기는 DFA를 위한 수행 가능한 코드를 만들어야 한다.

이번 절에서는 DFA로부터 스캐너를 구현할 때 발생하는 여러 가지 이슈들에 대해 설명한다. 나머지 하위 절에서는 스캐너 설계와 구현에서 발생하는 낮은 수준의 이슈들을 설명한다.

2.5.1 테이블 기반 스캐너

DFA를 수행 가능한 프로그램으로 변환하기 위해, 스캐너 생성기는 전이 함수 δ가 테이블의 매개변수로 사용되는 기본적인 스캐너를 사용한다. 스캐너에 의해 인식되는 언어를 변형하는 것은 테이블의 교체를 요구한다. 초기의 ILOC 레지스터 설명(r[0...9][0...9]*)을 생각해 보자.

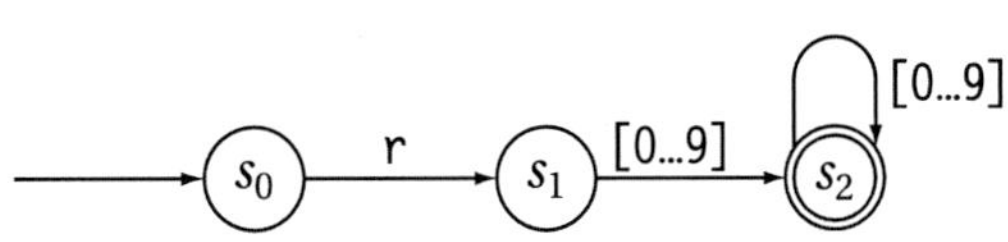

그림 2.11은 이 DFA의 테이블 기반 수행을 보여준다. 테이블은 전이 함수 δ를 암호화한다.

테이블을 표현하는 데 있어서, 우리는 0부터 9까지의 열을 하나의 열로 압축했다. 이것은 각각의 열을 결합하는 것과 같은 간단한 방법을 통해 이루어질 수 있다. 그러나 압축된 테이블은 입력 문자에 대한 더 많은 번역을 요구한다. 전형적으로, 이것은 하나의 문자당 하나의 추가적인 메모리 참조를 가져온다; 여분의 메모리 참조의 비용과 더 큰 테이블의 비용 사이에서의 tradeoff는

```
char ← NextChar()
state ← s0
while (char ≠ eof)
   state ← δ(state,char)
   char ← NextChar()
if (state ∈ SF)
   then report acceptance
   else report failure
```

δ	r	0,1,2,3,4 5,6,7,8,9	Other
s_0	s_1	s_e	s_e
s_1	s_e	s_2	s_e
s_2	s_e	s_2	s_e
s_e	s_e	s_e	s_e

그림 2.11 레지스터 이름을 위한 스캐너

목표 기계에 의존한다.

어떤 테이블이 압축될 수 있는지는 기본적인 DFA 구조에 의존한다.

$$r\ (\,(0\,|\,1\,|\,2)\ \ ([0\ldots 9]|\,\epsilon)\ |\ (4|\,5|\,6|\,7|\,8|\,9)\ |\ (3\ (0\,|\,1\,|\,\epsilon))\,)$$

예를 들어, 더 많이 정제된 기록 설명서는 그림 2.12의 테이블에서 보여지는 것과 같이 7개의 상태를 가지는 DFA를 만들어 낸다. 이 테이블은 그림 2.11의 테이블보다 더 많은 정보를 가진다; 결과적으로, 더 많이 압축될 수 없다.

DFA의 기술로부터 테이블을 생성하는 것은 직접적이다. 각 상태에 대해, 순서대로, 코드는 밖으로의 전이를 검사하고 테이블에 적절한 행을 추가한다.

2.5.2 직접 만들어진 스캐너

테이블 기반 스캐너는 DFA의 현재 상태를 나타내기 위한 명시적인 변수, *state*를 사용한다. *while* 루프는 *eof*에 대해 *char*를 테스트하고 새로운 상태를 계산한다. 다음, 입력 스트림을 진행시켜 나가고, 루프의 처음으로 되돌아간다. 이러한 수행은 시간의 많은 부분을 상태를 조정하고 테스트 하는 데 사용한다.

테이블로의 접근은 또한 약간의 과부하를 일으킨다; 특히, 주소 계산은 곱하기와 더하기(7.5절에서 살펴보도록 한다.) 연산을 요구한다. 이러한 과부화 중 상당 부분은 프로그램 카운터에서 암묵적으로 상태 정보를 암호화함으로써 피할 수 있다. 이 모델에서, 각 상태는 전이에 대해 다음 문자를 확인하고 다음 상태로 직접 넘어간다. 이것은 복잡한 제어 흐름과 함께 프로그램을 만들어 낸다. 그림 2.13은 이러한 방식으로 만들어진 간단한 인식기를 나타낸다; 이것은 그림 2.11에 대해 FA를 수행한다. 코드는 테이블 기반 버전보다 더 길고 더 복잡하다. 또 문자당 더 적은 과부화를 발생시키기 때문에, 테이블 기반 버전보다 더 빨라야 한다.

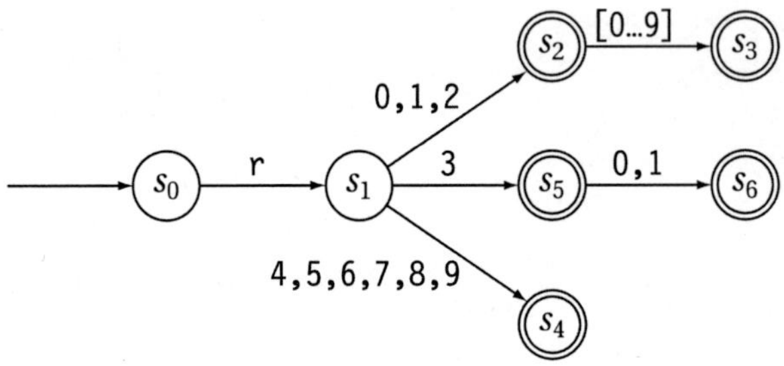

The DFA

δ	r	0,1	2	3	4...9	Other
s_0	s_1	s_e	s_e	s_e	s_e	s_e
s_1	s_e	s_2	s_2	s_5	s_4	s_e
s_2	s_e	s_3	s_3	s_3	s_3	s_e
s_3	s_e	s_e	s_e	s_e	s_e	s_e
s_4	s_e	s_e	s_e	s_e	s_e	s_e
s_5	s_e	s_6	s_e	s_e	s_e	s_e
s_6	s_e	s_e	s_e	s_e	s_e	s_e
s_e	s_e	s_e	s_e	s_e	s_e	s_e

The Transition Table

그림 2.12 정제된 레지스터 명세의 구현

```
    goto s0
s0: char ← NextChar()
    if (char = 'r')
      then goto s1
      else goto se
s1: char ← NextChar()
    if ('0'≤char≤'9')
      then goto s2
      else goto se
s2: char ← NextChar()
    if ('0'≤char≤'9')
      then goto s2
      else if (char = eof)
        then report acceptance
        else goto se
se: report failure
```

그림 2.13 "r digit digit"을 위해 직접 coding한 인식기(recognizer)

물론, 이 구현의 패러다임은 구조화된 프로그래밍의 많은 규칙들을 위반한다. 이 같은 작은 예에서, 그 코드는 아주 복잡해질 수 있다. RE 설명서가 더 복잡하게 되고 더 많은 상태와 전이가 생기게 됨에 따라, 증가된 복잡성은 코드가 사람이 따르기에 어렵게 만들 수 있다. 만약 코드가 자동화 도구를 사용하여, RE로부터 직접 생성된다면, 사람이 스캐너 코드를 읽고 디버깅하는 이유가 전혀 없을 것이다. 더 낮은 과부화와 더 나은 메모리 위치로부터 얻어진 추가적인 속도는 직접적인 코딩을 매력적으로 만들어 준다.

2.5.3 키워드 다루기

우리는 끊임없이 입력 언어에서의 키워드는 DFA와 인식기를 생성하는 설명서에 명시적으로 그 키워드들에 대한 RE를 포함함으로써 인식되어야 한다고 가정해 왔다. 많은 권위자들은 대안을 제시해 왔다: DFA가 키워드를 식별자로 분류하도록 하고, 키워드인지 아닌지를 결정하기 위해 각 식별자를 테스트하는 것이다.

이 전략은 직접 구현된 스캐너의 문맥에서 이해할 수 있다. 키워드에 대한 명시적인 확인에 의해 추가되는 복잡성은 DFA 상태들의 개수에 있어서 의미 있는 확장을 가져온다. 이 추가적인 구현은 손으로 짠 프로그램에 있어서 문제를 증폭시킨다. 적당한 해시 테이블(hash table)(B.4절에서 살펴본다)을 통해, 각각의 요구되는 lookup의 비용은 일정해야 한다. 실제로, 이 방법은 완벽한 해싱을 위한 전형적인 애플리케이션으로써 사용되어 왔다. 완벽한 해싱(hashing)에서, 구현자는 일정한 키들의 집합에 대해 해시 함수는 충돌이 없는 간결한 정수들의 집합을 생성한다는 것을 확실히 해야 한다. 이것은 각각의 키워드에 대한 lookup 비용을 줄인다. 만약 테이블 구현에 있어서 완벽한 해시 함수를 고려한다면, 한 번의 시도를 통해 식별자로부터 키워드를 구별할 수 있도록 해야 한다. 만약 miss에 대해 다시 시도한다면, 동작은 키워드에 대해서 보다 키워드가 아닌 것에 대해 훨씬 더 나빠지게 된다.

만약 컴파일러 작성자가 인식기를 만들기 위해 스캐너 생성기를 사용한다면, 그때는 DFA에서 키워드를 인식하기 위해 발생하는 추가적인 복잡성이 도구들에 의해 처리된다. 추가 상태들은 메모리를 소모하지만 컴파일 시간을 소모하는 것은 아니다. 키워드들을 인식하기 위한 DFA 메커니즘을 사용하는 것은 각 식별자에 대해 테이블 lookup을 피하게 한다. 그것은 또한 키워드 테이블 구현의 과부화와 추가되는 함수를 피하게 해준다. 대부분의 경우, 키워드 인식을 DFA로 합치는 것은 분리된 lookup 테이블을 사용하는 것보다 더 이해하기 쉽게 만든다.

2.5.4 동작 명시

스캐너 생성기를 만드는 데, 설계자는 DFA에서의 각각의 전이에 대한 행동들과 DFA의 최종 상태에서의 행동들을 허락한다. 이 선택은 만들어진 DFA의 효율성 측면에서 강한 효과를 가진다. 예를 들어, 앞서서 나온 부호 없는 정수형에 대한 RE 즉, 0|[*1...9*][*0...9*]*를 생각해 보자. 오직 최

종 상태에서의 행동만 허락하는 스캐너 생성기는 사용자가 실질적인 값을 계산하기 위해 그 문자열을 다시 스캔하도록 한다. 그러므로 스캐너는 적절한 행동을 통해 이미 인식한 단어의 각각의 문자에 대해 단계별로 다시 수행해야 한다. 운이 나쁘게도, 만약 시스템이 변환에 대해 이미 만들어진 메커니즘을 제공한다면, 간단하고 빈번하게 수행되는 연산에 대한 프로시저 호출에 따른 과부하를 얻어가면서도, 프로그래머는 그것을 사용하려고 할 것이다(Unix 시스템에서 `lex` 스캐너는 이러한 기능을 수행하기 위해 `sscanf()`를 사용한다.)

그러나 만약 스캐너 생성기가 각 전이에 대한 행동들을 허락하면, 컴파일러 작성자는 이 변환을 위해 오래된 어셈블리 언어의 속임수를 수행할 수 있다. 초기 숫자를 인식하는데, 누산기는 그 인식된 숫자의 값으로 설정된다. 연속되어 나오는 숫자들 각각에 대해, 누산기는 10이 곱해지고, 새로운 숫자를 그 결과에 더한다. 이 알고리즘은 문자를 두 번 접근하는 것을 피한다; 또한 잘 알려진 변환 알고리즘을 이용하여 빠르고 즉각적으로 결과를 만들어 낸다; 그리고 그것은 첫 번째

문자열 표현

스캐너는 입력 프로그램에 있는 단어들을 작은 범위의 집합으로 분류한다. 기능적인 측면으로부터, 입력 문자열에 있는 각 단어는 <*word,type*> 쌍으로 표시된다. 여기서 *word*는 그 단어를 형성하는 실질적인 텍스트를 나타내고, *type*은 문법적인 범주를 나타낸다.

많은 범주에 대해, *word*와 *type*을 모두 가지는 것은 불필요하다. 단어 +, × 그리고 `for`는 단지 하나의 스펠링을 가진다. 그러나 식별자, 숫자, 문자열에 대해 컴파일러는 반복적으로 *word*를 사용한다. 불행히, 많은 컴파일러들은 그 쌍의 *word* 부분에 대한 적절한 표현이 부족한 언어로 쓰여져 있다. 우리는 간결하고 두 단어에 대한 빠른 동일성 테스트를 제공하는 표현을 필요로 한다.

이러한 문제들을 대처하기 위한 일반적인 방법은 입력 프로그램에서 사용되는 구분되는 모든 문자열을 포함하기 위한 하나의 해시 테이블을 생성하는 것이다. 컴파일러는 "문자열 테이블"에서 문자열의 인덱스와 그 문자열에 대한 대리 자격으로 문자열 테이블에 저장된 이미지로의 포인터 모두를 사용한다. 문자 상수의 길이나 값, 숫자 상수의 종료와 같은, 문자열로부터 이끌어 낸 정보는 한 번 계산되고 테이블을 통해 빠르게 참조될 수 있다. 대부분의 컴퓨터들은 정수와 포인터에 대해 효율적인 저장을 위한 표시들을 가지고 있기 때문에, 이것은 컴파일러에서 내부적으로 사용되는 메모리 양을 감소시킨다. 정수나 포인터에 대해 하드웨어 비교 메커니즘을 사용함으로써, 그것들을 비교하는 데 사용되는 코드를 간단하게 할 수 있다.

답을 얻는 데 생기는 문자열 조작에 의한 과부하를 제거한다.(첫 번째 시나리오에서 스캐너는 각 각의 전이에 대해 입력 버퍼에서 결과 문자열로 문자들을 복사한다.)

일반적으로, 스캐너는 각각의 문자를 여러 번 처리하는 것을 피해야 한다. 컴파일러 작성자에게 행동에 있어서 더 많은 자유를 줄수록, 여러 번 문자들을 복사하고 검사하는 것을 피할 수 있는 효과적이고 효율적인 알고리즘을 구현하는 것은 더 간단해진다. 전형적인 컴파일러에서 이러한 비효율적인 수준은 인지되지 않을 수 있다. 하지만 DFA기반으로 하는 패턴 매칭이 시간을 결정 짓는 중요한 요소가 되는 애플리케이션에서는 데이터 처리 양이 두 배가 되는 것은 중요한 일이다.

2.6 고급 주제

이번 장에서는 크게 스캐너를 설명하고 자동으로 생성하는 것에 대한 이론을 다루어 왔다. 이 이론의 발전은 프로그래밍 언어의 설계에 영향을 미쳐 왔다. 그러므로 대부분의 현대의 프로그래밍 언어들은 DFA 기반으로 하는 인식기를 이용한 스캔을 쉽게 만드는 간단한 어휘 구조를 가지고 있다. 스캔하기 어려운 특징들을 발견하기 위해, 우리는 더 오래된 언어들을 생각해야 한다.

FORTRAN 77은 스캔하는 것을 어렵게 만드는 많은 속성들을 가지고 있다. 공백과 탭들이 의미가 없다; 프로그래머들은 문장에서 의미의 변화 없이 생략하고 덧붙일 수 있다. (Algol 68도 비슷한 규칙을 가졌다.) 프로그래머들은 같은 변수를 `anint`, `an int`, 그리고 `an int`로 나타낼 수 있었다. 식별사들은 6개의 문자로 제한되어 있었다. 그리고 FORTRAN은 어떤 구조를 인식하기 쉽도록 만들기 위해 이 속성에 의지했다. 키워드는 존재하지 않는다; 프로그래머는 키워드들을 식별자로 사용할 수 있다. (PL/I는 비슷한 규칙을 가진다.) 그러므로, 스캐너는 어떤 단어를 분류하기 위해서 주변 문맥을 살펴야 한다. 결국, FORTRAN은 문자 상수를 쓰는 여러 개의 다른 방법들을 지원했다.

그림 2.14에 나타난 FORTRAN 구조는 FORTRAN을 스캔하는 데 발생하는 몇 가지 어려움을 보여준다. 10이라고 표시된 문장은 3개의 단어, `integer`, `function`, `a`를 포함한다. 이것을 발견하기 위해서, 스캐너는 6개 문자 제한을 식별자에 대해 적용해야 한다. 스테이먼트 20은 `a`와 `b`를 "파라미터"−문자 상수를 대신해 사용될 수 있는 manifest 상수로 이름 지어진−로서 선언한다. 문장 20을 문맥으로 하여, 문장 30에서 `character*(a−b)`의 선언은 `character*4`로 확장된다.

Fortran Code	Explanation
`10 integerfunctiona`	6-character rule
`20 parameter(a=6,b=2)`	changes next statement
`30 implicit character*(a-b)(c-d)`	`*(a-b)` becomes `*4`
`40 integer format(10),if(10),d09e1`	
`50 format(4h)=(3)`	`format` statement
`60 format(4 )=(3)`	assignment to `format`
`70 do9e1=12`	assignment to `do9e1`
`80 do9e1=1,2`	header of a `do` loop
	`9e1` scans as `9` and `e1`
`90 if(x)=1`	assignment to `if`
`100 if(x)h=1`	
`110 if(x)120,130`	
`120 end`	
`c This is a comment`	must look past comment
`$file(1)`	`$` is in continuation field
`130 end`	

그림 2.14 FORTRAN 코드의 스캐닝

문장 50에서 4H는)=(3를 Hollerith 상수라고 불리는 문자열로 지정하는 접미사이기 때문에 format 문장이다. 그것은 네 개의 단어들은 포함한다; 키워드 format, (, string 상수)=(3, 그리고)이다. 문장 60은 정수 배열 format의 네 번째 원소로의 할당을 나타낸다. format에 대한 문맥의 범주에서의 차이는 4 이후의 문자 h의 존재 혹은 부재에 의존한다.[2]

문맥은 또한 문장 70과 80을 다르게 한다. 첫 번째는 정수형 변수 do9e1로의 할당이다. 반면에 두 번째의 콤마는 그것을 do 루프의 헤더가 되도록 한다. 문장 90, 10, 110은 또한 형식에 있어서 비슷하다. 하지만 90에서 if는 식별자이지만 100과 110에서는 키워드이다.

문장 120은 프로시저의 마지막을 표시하는 end 문장이 된다. 그러나 주석이 따라온다; 첫 번째 열의 c는 주석을 나타낸다. 주석 다음 줄은 6번째 열에서의 문자 ($)를 포함한다. 그 문자는 그 줄이 앞선 문장의 연속임을 나타내준다. 이것은 그 문장의 file 부분을 120으로 표시하도록 한다. 공백, 개행 문자, 중간의 주석들이 의미가 없기 때문에 120에서의 첫 번째 단어는 endfile이고 내부적인 주석에 의해 나뉜다. (문장 중간[또는 키워드의 중간]에서 나타날 수 있는 주석 개수

[2] Hollerith 상수는 1977년 기준으로 한 언어에서 파생된 반면 대부분의 모든 FORTRAN77 컴파일러는 1966년 FORTRAN 기준으로 역호환성을 제공한다.

는 제한되지 않는다.) 문장 130은 프로시저의 실제 끝을 나타낸다.

두 경로의 스캐너

많은 FORTRAN 컴파일러는 2-pass 스캐너를 사용한다. Rice 대학의 PFC 시스템을 위해 만들어진 스캐너와 같이, 이들 중 일부는 두 가지의 명시적인 패스를 가진다. 유닉스 f77 컴파일러와 f2c를 위한 스캐너와 같은 다른 스캐너들은 스캐닝과 단순화를 입력 버퍼링의 부분으로써 수행한다. 이러한 접근들 모두 텍스트의 어떠한 부분을 여러 번 스캔한다.

PFC 스캐너의 첫 번째 패스는 각각의 문장을 분류하고, 두 번째 패스를 간단하게 하는 방식으로 텍스트를 다시 쓰기 위해 ad hoc 분석을 수행했다. 텍스트를 단어들로 정확하게 분리하는 비결은 다른 문장으로부터 할당문과 주석을 구별하는 것이다. 할당문은 식별자로 시작한다. FORTRAN의 모든 다른 문장은 키워드로 시작한다.

할당문을 발견하기 위해서, PFC 스캐너는 여러 가지 규칙을 사용했다. 만약 하나 이상의 괄호 안에 있지 않은 연산자는 "자유롭다"고 고려된다. 할당문은 자유로운 =를 포함해야 한다. 첫 번째의 자유로운 =전에 나오는 자유로운 슬래시는 그 문장이 할당이 아님을 증명한다. 문장에서의 자유로운 콤마는 역시 그것이 할당이 아니라는 것을 의미한다.

마지막 규칙은 복잡하다. 만약 스캐너가 자유로운 =를 발견하기 전에 괄호를 만나고 괄호 후의 첫 번째 문자가 = 또는 (이 아니면, 그 문장도 할당이 아니다. 만약 괄호 표현 후의 문자가 =이면, 그 문장은 할당이다(예에 있는 90번과 같이). 만약 문자가 (이면, 그것은 하위 문자열 표현이다; 이 경우에, =는 즉시 두 번째 괄호 표현을 따라야 한다. 결국에, 만약 괄호 표현 후의 문자가 = 또는 (이 아니면, 그 문장은 예제에서의 100과 110과 같이 할당이 아니다.

PFC 스캐너의 첫 번째 패스는 각 문장을 그 타입을 나타내는 라벨로 표시한다. 모든 주석을 제거한다. 또한 그것은 문자열 상수를 발견하고, 일정하고 인식하기 쉬운 문법으로 다시 쓴다. 그리고 파라미터의 사용을 확장시킨다. 이러한 변화를 통해, 코드는 좀 더 스캔하기 쉬워진다.

두 번째 패스는 코드를 문장 기반으로 살펴본다. 이는 문장의 타입을 확인하고 그 문장의 나머지 부분에 대한 적절한 인식기를 이끌어 낸다. `format` 문장의 문법은 다른 문장과는 크게 다르다.

스캐닝을 하는 동안에도 어떤 문맥은 여전히 요구된다. 예를 들어, 문자열 `do9e1`은 문장 70에서 하나의 단어이다. 그리고 80에서는 3개의 단어이다. 80에서의 `do`를 처리한 후에 스캐너는 `9e1`을 만나게 된다. 그리고 부동 소수점 숫자 `9e1` 대신에, 라벨 9와 식별자 `9e1`을 인식한다.

오른쪽 문맥 사용하기

어떠한 스캐너 생성기는 오른쪽 문맥을 나태내기 위한 표시를 포함한다. FORTRAN의 어려움 중 일부는 인식기에서 오른쪽 문맥을 사용해 해결할 수 있다. do 키워드의 오른쪽 문맥에 대한 RE를 생각해 보자. 그것은 하나의 식별자, =, 하나의 숫자, 그리고 하나의 콤마가 따라 나오는 하나의 라벨을 인식해야 한다.

$$[0\ldots 9]^* \quad ([A\ldots Z] \mid [0\ldots 9])^* = [0\ldots 9]^*\ ,$$

만약 우리가 키워드 do를 이 표현의 앞에 덧붙이면, 그것은 문장 70이 아니라 문장 80과 매치된다.[3] 식별자를 위한 RE보다 이 RE에 더 높은 우선 순위를 주고 인식기가 처음의 do의 끝에 매칭하는 문자열의 끝을 표시하도록 함으로써, 컴파일러 작성자는 RE 기반으로 하는 인식기가 do 키워드를 발견할 수 있도록 할 수 있다. 문장 80에서도 이와 비슷한 오른쪽 문맥은 인식기가 9e1을 부동 소수점 숫자가 아닌, 라벨과 식별자로 구분할 수 있도록 해준다.

오른쪽 문맥을 사용하는 것은 컴파일러 작성자가 FORTRAN의 많은 복잡성을 처리할 수 있도록 해준다. 그러나 어떠한 문제들은 이러한 매커니즘으로 쉽게 처리되어지지 않는다. 문장 120에서와 같이, 첫 번째 열에서 문자 c를 가진 줄이 나타난다면 내부적인 주석은 어떤 문자를 포함하고 제한되지 않은 오른쪽 문맥을 요구한다. 내부적인 주석을 처리하기 위해서, 우리는 RE에서 어떤 2개의 심볼 사이의 주석에 대한 정규 표현식을 추가할 수 있다. 이것은 RE를 더 크고 더 어렵게 만든다. 주석과 문자열 인식은 입력을 저장하는 코드에서 간단한 메커니즘을 이용해 처리될 수 있다; `f77`과 `f2c`를 위한 스캐너는 이러한 접근을 사용한다.

반대로, 파라미터 확장에 의해 제기되는 복잡성은 parser로 미룰 수 있다. 이러한 접근에서, 스캐너는 파라미터 상수의 사용을 식별자로써 인식한다. 파서는 더 자유로운 문법을 사용한다. 예를 들어, 문법은 문자열 길이에 대한 표현식에서 식별자를 포함하는 표현식을 허락할 필요가 있다. (기준은 표현식이 부호 없는 정수형 상수, 정수형 상수 표현식이어야 한다고 명시하고 있다.) 파서는 그 표현을 위해 작은 표현 트리를 만들고, 그것의 값을 구하고, 정수형 값으로 다시 쓴다.

2.7 요약과 전망

탐색과 스캐닝을 위한 정규 표현식의 광범위한 사용은 현대 컴퓨터 과학의 성공적인 스토리의 하나이다. 이러한 개념들은 공식적인 언어들과 오토마타의 의론의 초기 부분으로서 발전했다. 그것

[3] 우리는 루프 인덱스 변수의 초기값인 양수인 정수형이라고 가정함으로써, 표현식을 단순화 해왔다.

들은 텍스트 에디터부터 웹 필터링 엔진들에 이르는 도구들에서 정규 언어의 문자열을 명시하기 위한 방법으로써, 컴파일러에 적용되었다. 단어의 유한한 모음이 인식되어야 할 때마다 DFA 기반으로 하는 인식기는 심각하게 고려할 만하다.

대부분의 현대 컴파일러들은 생성되어 있는 스캐너를 사용한다. 결정형 유한 오토마타의 속성은 컴파일러의 요구와 매우 상통한다. 단어를 인식하는 비용은 길이에 비례한다. 문자당 과부하는 주의 깊은 구현이 필요한 부분에 있어서 작은 비율을 차지한다. 상태의 개수는 널리 사용되는 최소화 알고리즘을 통해 감소될 수 있다. 상태들의 직접적인 인코딩은 테이블 기반 인터프리터에 비해 속도에서의 증가를 가져온다. 널리 이용 가능한 스캐너 생성기의 성능이 좋기 때문에, 사용되더라도 거의 정당화되지 않는다.

기타

원래 어휘의 분석(즉 스캐닝)과 문법의 분석(즉 파싱)의 분리는 효율성 측면에서 정당화 된다. 스캐닝의 비용은 문자의 개수에 비례하여 증가하고 일관되게 필요한 비용은 작기 때문에 parser로부터의 분석을 분리된 스캐너로 넘기는 것은 컴파일을 하는 비용을 낮춘다. 효율적인 파싱 기술의 등장으로 이러한 논쟁이 약화되었지만 실제 스캐너를 만드는 것은 어휘의 구조와 문법의 구조 사이의 개념의 명확한 분리를 제공하기 때문에 계속되었다.

스캐너의 구조는 실질적으로 컴파일러를 만드는 데 작은 역할만을 하기 때문에, 우리는 이번 장을 간단하게 하는 데 노력했다. 그러므로 이번 장은 열정적인 독자들이 즐길 만한 정규 언어와 유한 오토마타에 대한 많은 이론들을 생략했다. 이 주제에 대해 다른 많은 좋은 책들이 유한 오토마타, 정규 표현 그리고 그들의 많은 유용한 속성들에 대해 더 깊게 다룰 것이다[184, 222, 307].

Kleene[213]은 RE와 FA의 동일함을 입증했다. Kleene 종결과 RE → DFA 알고리즘 모두 그로 인해 만들어졌다. McNaughton과 Yamada는 RE를 FA와 연결 짓는 하나의 구조를 보여주었다[256]. 이번 장에서의 구조는 Thompson의 업적을 이용해 만들어졌다. 그 업적은 초기의 텍스트 에디터에 대한 문자 탐색의 구현에 의해 동기화 되었다. Johnson은 스캐너의 구조를 자동화하기 위한 기술의 첫 번째 애플리케이션을 설명했다[197]. DFA 최소화 알고리즘은 Hopcroft에 의해 만들어졌다[183]. 그 알고리즘은 언제 두 가지의 변수가 항상 같은 값을 가지는지를 찾아내는 것을 포함하는 많은 다른 문제들을 가진 애플리케이션을 발견해 왔다[21].

Preston Briggs는 스캐너의 수행에서 예약어에 대해 완벽한 해싱의 부정적인 역할을 지적했다. 그림 2.14에 있는 FORTRAN 코드는 F.K.Zadeck 의해 그가 학생이었을 때 제시되었다.

Chapter 3

파싱 | *Parsing*

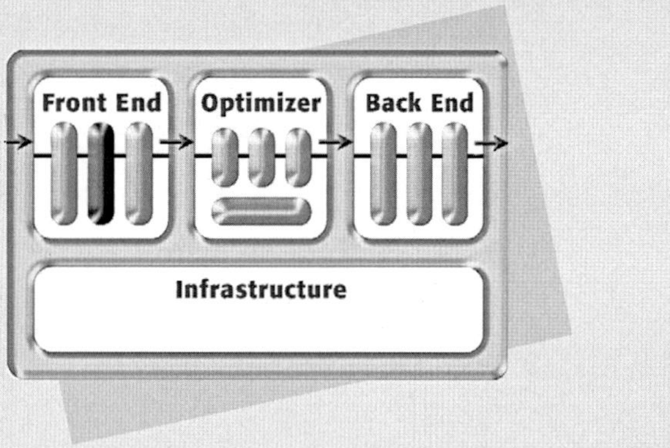

3.1 소개

컴파일러의 파서는 구문을 인식하는 과정을 책임지고 있다. 구문을 인식하는 과정이라 함은 컴파일 된 프로그램이 프로그래밍 언어의 구문적 모델에 포함되는 유효한 형태인지 그 여부를 결정하는 것이다. 파서는 스캐너가 연속된 단어나 여러 말들로 추상화시킨 프로그램을 대상으로 작업한다. 만약 연속된 단어들이 유효한 프로그램을 형성한다면 컴파일러는 이를 구체적인 다른 형태로 만들어 컴파일러가 파서 이후의 단계에서 이를 의미적 추상화와 해석 측면에서 분석한다. 컴파일러는 그 분석의 결과 대상 프로그램에 대한 내부적 표현으로 저장하게 된다. 만약 입력이 유효한 프로그램을 형성하지 못한다면 파서는 사용자에게 분석결과와 함께 이를 보고해야 한다.

파싱과 스캐닝은 공통점이 많다. 특히 파싱은 수학을 기반으로 수많은 연구가 이루어진 분야로 이 연구를 통해 수많은 언어들을 인식할 수 있는 인식기, 즉 파서를 만들 수 있게 되었다. 파서를 자동으로 만들어주는 도구는 쉽게 구할 수 있다. 이 장에서 우리는 context-free 문법을 이용하여 프로그래밍 언어의 구문을 표현하는 방법과 그 문법들로부터 견실하고 효율적인 파서를 만드는 방법을 공부할 것이다. 이 장의 뒷부분에서는 세 가지의 파싱 기술을 집중적으로 살펴볼 것이다. 그중 top-down, recursive-descent 파싱과 bottom-up, LR(1) 파싱을 집중적으로 살펴볼 것이다. 두 방법 모두 일반적인 프로그래밍 언어를 대상으로 좋은 성능의 파서를 만들 수 있다. Top-down, recursive-descent 파싱은 직접 코딩한 파서를 체계적으로 만들 수 있도록 도와준다. Recursive-descent 파서는 대체적으로 간결하고 효율적이다. 테이블 기반 LL(1) 파서에 이를 바로 적용할 수 있으므로 이 또한 간략히 살펴보도록 하겠다. Bottom-up, LR(1) 파싱은 효율적이고 정확하며 테이블을 기반으로 한 파서를 자동으로 만들 수 있도록 해준다. 세 기술 모두 상업용 컴파일러에 사용되고 있다.

다른 많은 파싱 방법들이 실제 개발 분야에서나 연구 문서에나 다른 책에 소개되어 있다. 우리는 코드와 기반이 되는 문법 간의 관계를 직관적으로 잘 보여주고 효율적인 파서를 쉽게 만들 수 있도록 해주는 recursive-descent 파싱을 집중적으로 살펴볼 것이다. Bottom-up 파싱을 설명하기 위해 일반성을 갖추고 있는 정규 LR(1) 파서를 선택하였다. SLR(1)과 LALR(1)과 같은 다른 LR(1) 기술들은 정규 LR(1) 파서를 단순화시키거나 확장한 것으로 쉽게 이해할 수 있을 것이다.

이 장의 첫 부분에서는 먼저 context-free 문법을 소개하고서 프로그래밍 언어를 context-free 문법으로 코딩할 때 발생할 수 있는 문제점들을 살펴볼 것이다. 두 번째 절에서는 top-down 파싱의 기반이 되는 개념에 대해 살펴보고 문법구조 프레임 기반으로 직접 코딩된 코드를 사용하여 recursive-descent 파서를 만드는 과정을 살펴볼 것이다. 세 번째 절에서는 shift-reduce 파싱이라 불리는 bottom-up 파싱의 한 방법에 대해 살펴본 후 이 방법의 수학적 기반에 대해 전개해 보고, LR(1) 파서를 예를 들어 보도록 하겠다. 다음 절에서는 LR(1) 파서의 핵심이 되는 parse table을 유도해내는 방법을 보이도록 하겠다. 실제로 이 알고리즘들은 파서 생성 시스템에서 자동적으로 만들어 주므로 컴파일러 설계자가 직접 만들 필요는 없다. 마지막 절에서는 최고급의 파서를 설계하고 구성하는 과정에서 발생하는 실용적인 이슈들에 대해 언급할 것이다.

3.2 구문 표현

파서의 핵심적 기능은 주어진 프로그램이 소스 언어에 비추어 보아 유효한 문장인지 여부를 판단하는 것이다. 이 문제에 답을 하기 위해선 입력되는 언어의 구문을 표현하기 위한 형식적 메커니즘과 이렇게 형식적으로 정의된 언어의 구성원들을 결정하는 체계적인 방법이 필요하다. 이 절에서는 구문을 표현하는 메커니즘 하나로 약간 변형된 모습의 Backus-Naur 형태에 대해 설명하고 있다. 이 장의 나머지 부분에서는 형식적 문법으로 표현된 언어의 구성원인지 여부를 결정하는 기술에 대해 논의하고 있다.

3.2.1 Context-Free 문법

프로그래밍 언어의 구문을 설명하기 위해선 그 언어의 syntactic 구조를 잘 표현할 수 있는 표기 방법이 필요하고 이를 이용하여 효율적인 인식기를 만들 수 있게 된다. 2장의 정규 표현은 Java나 C와 같은 언어의 구문을 표현하기에는 표현력이 충분하지 않다. 우리는 좀 더 강력한 표기방법이 필요하다. 구문을 표기하는 전형적인 방법은 *문법(grammar)*이다. 문법은 기호들의 나열이 유용한 문장인지 여부를 수학적으로 결정하는 규칙들의 집합이다. 문법들의 집합 중에 하나인 context-free 문법은 우리가 필요로 하는 표현력을 충분히 갖추고 있다. 다행히도 context-free 문법의 많은 하위 클래스들이 효율적인 인식기로 변환을 가능하도록 하는 특성을 갖추고 있다.

*G*는 문장을 어떻게 형성하는지에 관한 규칙들의 집합이다. *G*에서 유추해 낼 수 있는 문장들의 모임을 *G에 의해 정의된 언어*라 부르고 $L(G)$라고 표기한다. 예를 들어 살펴보도록 하겠다. *SN*이라 불리는 다음의 문법을 고려해 보자.

$$\begin{array}{lcl} \textit{SheepNoise} & \rightarrow & \texttt{baa}\ \textit{SheepNoise} \\ & | & \texttt{baa} \end{array}$$

첫 번째 규칙, *production*을 "*SheepNoise*에서 *SheepNoise*가 뒤에 다시 나타나는 baa를 이끌어 낼 수 있다" 라고 말할 수 있다. 여기서 SheepNoise는 문법에서 비롯된 문자열의 집합을 나타내는 구문 변수이다. 이런 구문 변수를 *nonterminal 기호*라고 한다. 두 번째 규칙은 "SheepNoise는 또한 baa라는 문자열을 이끌어낼 수 있다."라고 읽을 수 있다.

SN 문법과 $L(SN)$간의 관계를 이해하기 위해 $L(SN)$에서 문장들을 이끌어낼 때 문법에 정의된 규칙들이 어떻게 적용되는지 확실히 할 필요가 있다. 시작하기 전에 *SN*의 *goal 기호*와 *start 기호*에 대해 확인해 보도록 하자. goal 기호는 $L(SN)$에 포함된 모든 문자열의 집합을 나타낸다. 따라서 goal 기호는 언어에 포함된 하나의 단어가 될 수는 없고 대신에 언어에 구조와 추상화를 더하기 위해 도입된 구문 변수 중의 하나가 되어야 한다. *SN*은 오직 하나의 구문 변수를 갖고 있기에 *SheepNoise*은 *goal 기호*가 되어야 한다.

문장을 이끌어 내기 위해서 *SheepNoise*라는 *goal 기호*에서부터 시작하도록 하겠다. 먼저 처음 문자열을 구문변수 α로 선택하고 $\alpha \rightarrow \beta$라는 문법 규칙을 선택한다. 그리고 선택된 α를 β로 대체시킨다. 이 과정을 문자열이 더 이상 구문 변수를 갖고 있지 않을 때까지 반복하면 문자열은

Backus-Naur 형태

Backus-Naur 형식, 즉 BNF(Backus-Naur Form)는 컴퓨터 과학자들이 context-free 문법을 표현할 때 전통적으로 사용되었던 표기법이다. BNF는 <SheepNoise>와 같이 nonterminal 기호들을 꺾인 괄호로 둘러싸서 나타내고 있다. Terminal 기호들은 밑이 그어져 있다. ::= 기호는 "이끌어내다"를 뜻하며 | 기호는 "또한 다음을 이끌어 내기도 한다"를 뜻한다. BNF에서 sheep noise 문법은 다음과 같이 표현된다:

```
⟨SheepNoise⟩   ::=   baa ⟨SheepNoise⟩
                 |   baa
```

이는 우리의 *SN* 문법과 완벽히 일치한다.

BNF은 1950년대 후반과 1960년 초 사이에 만들어졌다. ::=와 | 같은 구문 관례들은 언어를 묘사하는 사람들의 타이핑 상의 한계가 반영되어 사용되기 시작하였다. (극단적 예를 David Grise의 책 Compiler Construction for Digital Computers에서 찾아볼 수 있는데, 이 책 전체가 표준 선형 프린터로 출력되었다 [166].) 이 책에서는 타이핑 상 향상된 BNF만을 사용할 것이다. Nonterminal들은 이탤릭체로 쓰여지고 terminal들은 `typewriter`로 쓰여질 것이다. 기호 →는 "이끌어내다"를 나타낼 때 사용할 것이다.

오직 단어들로만 구성되게 되고 하나의 문장이 되는 것이다.

유추 과정의 각 지점에서 문자열들은 문법상의 기호들의 집합일 것이다. 기호들은 terminal 이거나 nonterminal이며 그러한 문자열이 유효한 유추 과정 가운데 나타난다면 이를 *sentential* 형식이라 부른다. 이는 start 기호에서 유추할 수도 있고 또는 0번 혹은 그 이상의 과정이 진행되면서 유효한 문장이 유추될 수도 있다는 것을 말하고 있다. *SheepNoise*로 시작해서 두 규칙을 사용하여 재작성을 계속해서 적용하면 각 처리 과정에서 문자열은 sentential 형식이다.[1]

문자열에 오직 단어들만 남는 시점에 도달하게 되면(더 이상 구문 변수가 없는 상태가 된다면), 문자열은 *L*(*SN*)에 속하는 문장이 되는 것이다.

[1] 각 과정에서 왼쪽 항이 sentential 형식에 나타나는 모든 규칙을 적용할 수 있다. 이전 문맥의 영향을 받아 적용이 제한되는 규칙은 없기 때문에 이 문법을 context-free 문법이라고 부른다. Context-free 문법을 형식적으로 정의할 때 이 개념은 문법의 각 규칙의 형태에 제한으로 작용하는 구체적인 형태를 갖게 될 것이다.

*SN*의 경우 문자열 *SheepNoise*에서 시작하게 된다. 두 번째 규칙을 사용하여 *SheepNoise*를 baa로 다시 쓸 수 있다. 문장의 형식은 오직 terminal 기호들만을 포함하기 때문에 더 이상 이를 다르게 표현하는 것은 불가능하다. 따라서 baa의 문장의 형태는 우리가 정의한 문법상의 언어에 포함된 문장이다. 우리는 이 유추를 테이블로 나타낼 수 있다.

Rule	Sentential Form
	SheepNoise
2	baa

*SheepNoise*에 첫 번째 규칙을 적용하면 baa SheepNoise라는 문장의 형태를 얻을 수도 있다. 여기서 다시 두 번째 규칙을 적용하여 baa baa를 유추해 낼 수 있다.

Rule	Sentential Form
	SheepNoise
1	baa *SheepNoise*
2	baa baa

표기를 간편히 하기 위해 이 변환과정을 → 기호로 표기할 것이고 "유추과정이 한 번 이상 진행된다"는 $\rightarrow^{+}$로 나타낼 수 있게 된다. 따라서 SheepNoise $\rightarrow^{+}$baa baa와 같이 표기할 수 있다.

물론 두 번째 규칙 대신 첫 번째 규칙을 적용하여 훨씬 긴 문자열인 baa들을 만들어 낼 수도 있다. 이와 같은 패턴을 (rule 1)* rule 2와 같이 반복해서 적용한다면 하나 이상의 baa로 구성된 언어를 유추해 낼 수 있다. 이는 현실 상황에서 양이 내는 소리의 집합과 같다고 볼 수 있다. 이 모든 변이들은 같은 형태를 갖고 있다.

Rule	Sentential Form
	SheepNoise
1	baa *SheepNoise*
1	baa baa *SheepNoise*
	. . . and so on . . .
1	baa . . . baa *SheepNoise*
2	baa baa . . . baa

좀 더 형식적으로 나타내자면 context-free문법 G는 (T, NT, S, P)의 네 가지로 구성되어 있으며, 이때 T, NT, S 그리고 P는 다음과 같이 정의된다.

> T는 언어에서 terminal 기호나 단어를 나타낸다. 컴파일러에서 terminal 기호들은 lexical 분석에서 판정된 단어에 상응하게 된다. Terminal 기호는 문법상의 문장들의 기초 단위가 된다.
>
> NT는 문법의 규칙에 나타난 nonterminal 기호들을 나타낸다. NT는 규칙에서 언급된 기호 중 T가 아닌 것으로 구성되어 있다. Nonterminal 기호들은 문법 작성자가 규칙들의 집합에 대한 구조와 추상화를 제공하기 위해 사용되는 구문 변수들이다.
>
> s는 NT의 구성원으로 goal 기호 또는 start 기호이라고 불린다. G가 표현하는 언어는 $L(G)$로 표기되며 정확히 s에서 유추될 수 있는 문장들을 포함하고 있게 된다. 달리 표현하자면 s는 $L(G)$에 포함된 문장들의 집합을 나타낸다.
>
> P는 production 또는 유추의 규칙들의 집합이다. 형식적으로 나타내자면 $P : NT \rightarrow (T \cup NT)^*$, 또는 P는 NT의 구성요소를 $(T \cup NT)^*$의 구성요소에 대응시킨다. 여기서 주의 깊게 살펴볼 것은 좌변에 오직 단 하나의 nonterminal이 있다는 것이다. 이 제한을 통해 문법이 context-free함을 보장해 줄 수 있다.

P의 규칙들을 통해 문법의 구문 구조를 부호화할 수 있다.

우리는 문법에서 T, NT 그리고 P를 곧바로 유추해 낼 수 있다. SN의 경우 이 집합들은 다음과 같은 값들을 가지고 있다.

$$T = \{\texttt{baa}\} \qquad s = \{SheepNoise\}$$

$$NT = \{SheepNoise\} \qquad P = \left\{ \begin{array}{l} SheepNoise \rightarrow \texttt{baa}\ SheepNoise \\ SheepNoise \rightarrow \texttt{baa} \end{array} \right\}$$

SN에서 $SheepNoise$는 start 기호, s가 되어야 한다. 왜냐하면 NT가 오직 하나의 기호를 포함하고 있기 때문이다. 일반적으로 start 기호를 찾아내는 것은 가능하지 않다. 예를 들어 다음의 문법을 생각해 보자.

$$\begin{array}{llll} Paren & \rightarrow & (\ \ Bracket\ \ ) \\ & \mid & (\ \ \ ) \end{array} \qquad \begin{array}{llll} Bracket & \rightarrow & [\ \ Paren\ \ ] \\ & \mid & [\ \ \ ] \end{array}$$

이 문법에서는 괄호와 square bracket들이 선택적으로 짝지어 이루고 있는 문장들의 집합을 나타내고 있다. 하지만 가장 밖에 위치한 짝이 괄호인지 bracket인지 명확하지 않다. Bracket을 s로 표시한다면 가장 밖에 위치하는 것은 square bracket이 될 것이다. 만약 처음 의도가 둘 모두 가장 바깥에 위치할 수 있도록 하는 것이었다면 두 개의 production이 추가적으로 필요하다:

$$\begin{array}{lcl} Start & \rightarrow & Paren \\ & | & Bracket \end{array}$$

이제 문법의 goal 기호, *Start*는 더 이상 어떤 production의 우항에 나타나지 않으며 더 이상 불분명하지 않다. 문법을 다루는 어떤 도구들은 *Start 기호*가 어떤 production에서도 오른쪽에 나타나지 않는 문법을 요구한다. 이들은 이 특성을 이용하여 *s*를 찾아내는 과정을 간소화 시킨다. 다른 도구들은 간단히 처음 production의 왼쪽 편에 위치한 것을 *s*로 간주하기도 한다. 예에서 살펴보았듯이 하나 이상의 nonterminal들과 몇 개의 production을 추가로 유일한 start 기호를 만들어 낼 수 있다.

3.2.2 문장 구조 형성

Context-free 문법의 힘과 복잡성을 살펴보기 위해 우리는 *SN*보다 복잡한 예가 필요하다. 다음의 문법을 고려해 보자.

1	*Expr*	→	*Expr Op* num
2		|	num
3	*Op*	→	+
4		|	-
5		|	×
6		|	÷

위의 문법에서는 num과 +, −, ×, 그리고 ÷을 이용한 표현들이 정의되어 있다. 이 문법을 이용하면 많은 표현들을 유추해 낼 수 있다. 예를 들어 두 번째 규칙을 적용하면 num 하나로 이루어진 간단한 표현을 얻을 수 있게 된다. 규칙 1, 3, 2를 순서대로 사용한다면 num + num의 표현을 얻을 수 있게 된다.

Rule	Sentential Form
	Expr
1	*Expr Op* num
3	*Expr* + num
2	num + num

규칙들을 적용할수록 더 복잡한 표현들을 얻을 수 있다. 예를 들어 규칙을 1, 5, 1, 4, 2 순으로 적용해 보면 num − num × num의 문장을 얻을 수 있다.

Rule	Sentential Form
	Expr
1	*Expr Op* num
5	*Expr* × num
1	*Expr Op* num × num
4	*Expr* - num × num
2	num - num × num

이 유추를 그래프를 사용하여 표현할 수도 있다.

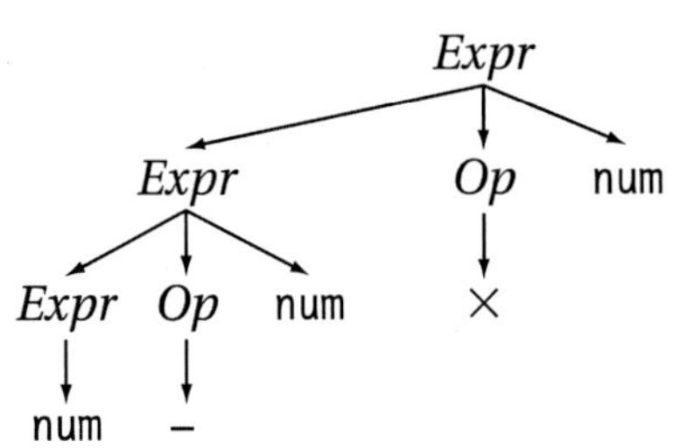

파스트리라고도 불리는 이 전개 트리는 유추의 각 과정을 어떤 순서대로 나타내고 있다.

이제껏 우리는 문자열에서 제일 우측에 위치한 nonterminal을 유추해 왔지만 매번 가장 좌측에 위치한 nonterminal을 선택하여 확장하도록 할 수도 있다. 가장 우측에 위치한 것을 선택하여 확장시키게 되면 같은 문장에 대해 다른 유추과정을 거치게 된다. num − num × num를 가장 좌측부터 변형시켜 보면 다음과 같을 것이다.

Rule	Sentential Form
	Expr
1	*Expr Op* num
1	*Expr Op* num *Op* num
2	num *Op* num *Op* num
4	num - num *Op* num
5	num - num × num

가장 "좌측부터" 변이시키는 방법은 가장 "우측부터" 변이시키는 방법과 같은 규칙의 집합을 사용하지만 이를 적용하는 순서는 다르다. 가장 좌측부터 변이시켰을 때에 해당하는 파스트리는 다음과 같다.

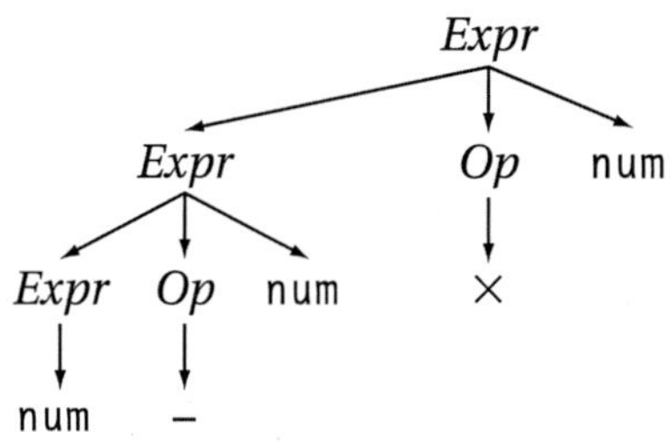

이는 가장 우측부터 변이시켰을 때와 동일하다! 트리는 변이에 적용된 모든 규칙을 나타내고 있지만 그 순서를 나타내고 있지 않다.

우리는 가장 우측부터이든 가장 좌측부터이든 주어진 문장에 대한 변이가 유일하기를 바란다. 같은 문장에 여러 개의 우측 우선 변이 혹은 좌측 우선 변이가 존재한다면 변이과정의 어떤 시점에서 같은 문장을 얻을 수 있게 된다. 이를 통해 다중 변이와 여러 개의 파스트리를 만들어낸다. 이후의 번역과정에서는 파스트리의 각 요소에 의미를 부여하는 작업이 이루어진다. 따라서 유일한 변이 결과를 얻을 수 있는 문법을 갖는 것이 번역과정에서 중요한 이슈이다.

문법 G가 모호할 필요충분조건은 어떤 문장이 $L(G)$에 속하고 $L(G)$가 여러 가지의 우측 우선 혹은 좌측 우선 변이를 가지는 것이다. 문법적 구조는 문장에 내재된 의미를 파악하는 데 중요한 단서로 사용되기 때문에 모호성은 바람직하지 않다. 만약 컴파일러가 어떤 문장의 뜻을 확실히 파악하지 못한다면 이를 명확한 코드로 번역하는 것이 불가능하다.

프로그래밍 언어 문법에서 모호한 구조를 예를 들 때 사용되는 고전적인 구조는 많은 Algol 같은 언어에서 사용되는 if-then-else 구조이다. if-then-else의 문법을 간단히 표현하자면 다음과 같다.

1	*Statement*	→	`if` *Expr* `then` *Statement* `else` *Statement*
2		|	`if` *Expr* `then` *Statement*
3		|	*Assignment*
4		|	... *other statements* ...

이 부분만을 살펴보면 else는 선택적이라는 것을 알 수 있다. 불행히도 이 문법을 취한다면 다음의 코드는 우측 우선 변이가 두 가지로 나타나게 된다.

`if` $Expr_1$ `then if` $Expr_2$ `then` $Assignment_1$ `else` $Assignment_2$

그 둘의 차이는 간단하다. 위 문장을 들여쓰기를 하여 다시 표현하면 다음과 같은 모습을 갖게 된다.

```
if Expr1
   then if Expr2
           then Assignment1
           else Assignment2
```

```
if Expr1
   then if Expr2
           then Assignment1
   else Assignment2
```

왼쪽편에 위치한 것은 $Assignment_2$가 내부 조건문의 영향을 받고 있기 때문에 $Expr_1$이 참이고 $Expr_2$가 거짓일 때 실행된다. 오른쪽 편에 위치한 것은 else가 첫번째 if와 짝을 짓고 있기 때문에 $Assignment_2$는 $Expr_2$에 상관없이 $Expr_1$이 거짓일 때 실행된다. 분명 컴파일시 만들어진 이 차이가 다른 실행 결과를 만들어낼 것이다.

이 모호성을 없애기 위해 문법을 수정하여 어떤 if가 else를 맡는지 결정해 주어야 한다. if-then-else를 바로잡기 위해 문법을 다음과 같이 다시 작성할 수 있다.

1	*Statement*	→	`if` *Expr* `then` *Statement*
2		|	`if` *Expr* `then` *WithElse* `else` *Statement*
3		|	*Assignment*
4	*WithElse*	→	`if` *Expr* `then` *WithElse* `else` *WithElse*
5		|	*Assignment*

이 해결책에서는 if-then-else에서 then이 나타날 수 있는 문장을 제한하고 있다. 이를 통해 원래 문법에서와 마찬가지로 같은 문장을 받아들일 수 있는 반면 else가 어떤 if와 짝을 이루는지도 명확하게 알 수 있게 된다. 이는 else는 가장 내부에서 시작된 if와 엮이게 된다는 간단한 규칙을 문법에 추가시켜 준다. 이 예에서 우측 우선 변이는 단 한 번 나타났다.

Rule	Sentential Form
	Statement
1	`if` *Expr* `then` *Statement*
2	`if` *Expr* `then` `if` *Expr* `then` *WithElse* `else` *Statement*
3	`if` *Expr* `then` `if` *Expr* `then` *WithElse* `else` *Assignment*
5	`if` *Expr* `then` `if` *Expr* `then` *Assignment* `else` *Assignment*

다시 작성된 문법에서 모호함은 완전히 제거되었다.

`if-then-else`의 모호성은 기존 문법이 불완전하였기 때문에 나타난 것이다. 모호성을 없애기 위해 사용된 해결책은 프로그래머들이 기억하기 쉬운 방식이다. (어떤 언어들은 모호성을 완전히 제거하기 위해 `if-then-else`에 `elseif`와 `endif`를 도입하기도 했다.) 6.3절에서 다른 모호한 점들과 이를 체계적으로 다루는 방법에 대해 살펴볼 것이다.

3.2.3 의미를 구조로 나타내기

num − num × num if-then-else의 모호성은 문법적 구조와 의미간의 관계를 지적해 낸다. 하지만 모호성은 문법적 구조와 의미간의 작용에서만 나타나는 것은 아니다. num − num × num의 파스트리를 다시 한 번 생각해 보자.

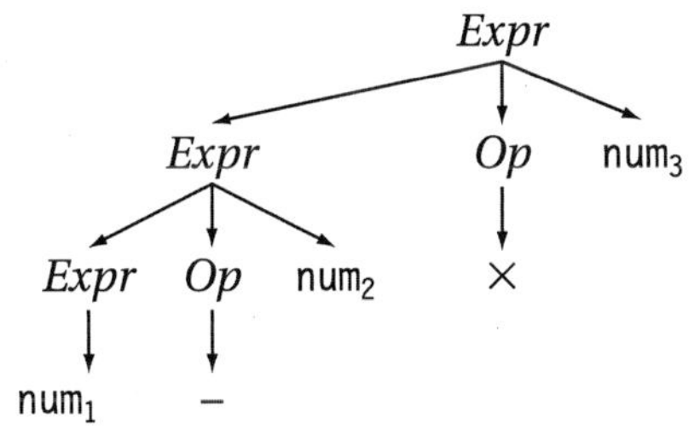

논의를 명확히 하기 위해 num 뒤에 수를 추가하여 구분하였다. 역순으로 트리를 탐색해 봄으로써 이 표현을 평가해 볼 수 있다. 먼저 num_1 − num_2를 계산한 후 그 결과에 num_3를 곱하여 (num_1 −num_2) × num_3를 얻을 수 있다. 이는 대수학 시간에 배운 방법과 모순된다. 이 표현을 제대로 평가한다면 그 결과는 다음과 같을 것이다.

$$num_1 - (num_2 \times num_3).$$

표현을 파싱하는 것의 궁극적인 목적이 코드를 생성하는 것이므로 표현 문법은 "자연스런" 트리 탐색 평가 결과 올바른 결과를 얻을 수 있어야 한다.

문제는 문법의 구조에 있다. 모든 수학적 연산이 문법에서 동등한 레벨로 유추되고 있다. 파스트리가 수학적 우선순위를 표현할 수 있도록 하기 위해서 문법을 재구성하여 올바른 우선순위를 문법에 포함시켜야 한다.

우선순위를 도입하기 위하여 언어의 적절한 우선순위 단계부터 확인해야 한다. 우리가 살펴보고 있는 간단한 표현 문법의 경우 두 단계의 우선순위가 있다. +와 −에는 낮은 우선순위를 두고 ×와 ÷에는 그보다 높은 우선순위를 부여하였다. Nonterminal을 각 단계의 우선순위와 연관시키고 문법에서 이에 해당하는 부분을 따로 분리해 내었다.

1	*Expr*	→	*Expr* + *Term*
2		|	*Expr* - *Term*
3		|	*Term*
4	*Term*	→	*Term* × num
5		|	*Term* ÷ num
6		|	num

여기서 *Expr*은 +와 −의 낮은 단계의 우선순위를 나타내고 있는 반면 *Term*은 ×와 ÷와 같은 높은 단계의 우선순위를 나타내고 있다. 이 문법을 통해 유추된 결과는 $\text{num}_1 - \text{num}_2 \times \text{num}_3$로 −와 ×간의 상대적 우선순위를 올바르게 표현하고 있다.

Rule	Sentential Form
	Expr
2	*Expr* - *Term*
4	*Expr* - *Term* × num_3
6	*Expr* - num_2 × num_3
3	*Term* - num_2 × num_3
6	num_1 - num_2 × num_3

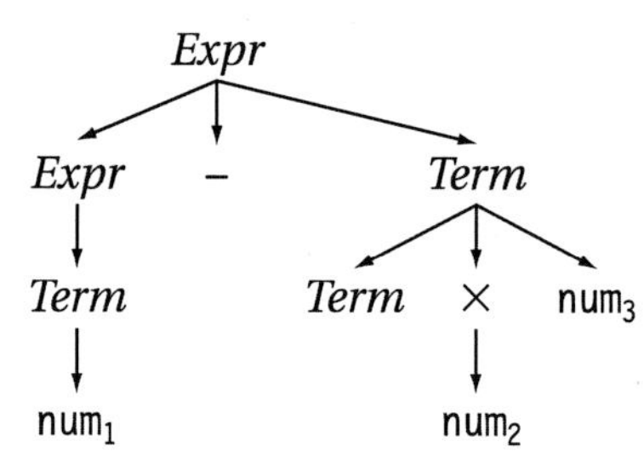

역순 트리 탐색은 먼저 $\text{num}_2 \times \text{num}_3$를 평가할 것이고 그 결과를 num_1에서 뺄 것이다. 이는 수학적 우선순위를 표준 규칙에 따라 잘 구현해 내고 있다. 우선순위를 문법에 포함시키기 위해 추가된 nonterminal들로 인해 내부 노드들이 추가된 것을 유의하길 바란다. 이와 마찬가지로 *Op*가 나타난 부분을 개별 연산자로 대체시킴으로써 트리에서 내부에 생기는 노드들을 없앨 수 있다.

문법에 추가하기 위해선 추가적인 우선순위 단계가 필요하다. 괄호는 ×나 ÷보다 우선순위

1	*Expr*	→	*Expr* + *Term*
2		|	*Expr* - *Term*
3		|	*Term*
4	*Term*	→	*Term* × *Factor*
5		|	*Term* ÷ *Factor*
6		|	*Factor*
7	*Factor*	→	(*Expr*)
8		|	`num`
9		|	`ident`

그림 3.1 고전 표현 문법

가 높기에 괄호는 앞이나 뒤에 나타난 다른 어떤 연산자보다 괄호는 안의 평가를 먼저 하도록 한다. 따라서 `a × (b − c)`는 `b − c`를 먼저 연산하고 난 후 `a`를 그 결과에 곱해 준다. 이를 문법으로 표현하기 위해서 우리는 *Factor*라는 또 다른 nonterminal을 추가시킨다. 그림 3.1에 나타난 그 결과는 +, −, ×, ÷ 그리고 괄호 간의 우선순위를 올바르게 표현하고 있다. 우리는 이 문법을 *고전 표현 문법*(*classic expression grammar*)이라고 부른다.

다른 연산자들을 사용하게 되면 우선순위가 더 필요하게 된다. 예를 들어 배열 표현은 수학적 연산자보다 우선순위가 더 높아야 한다. `x + y[i]`의 경우 새로 추가된 우선순위를 통해 `i`가 먼저 평가된 `x + y`의 인덱스를 가리키지 않고 `y`의 인덱스로 받아들여지게 된다. 이와 비슷하게 C나 Java같은 언어에서 값의 type을 변환하는 데 사용되는 *type casting*의 경우 수학적 연산자보다 높은 우선순위를 갖지만 괄호나 배열 표기보다는 낮은 우선순위를 갖는다.

만약 언어가 표현 내부에서 할당을 허용한다면 할당 연산자는 낮은 우선순위를 가져야 한다. 그래야지만 할당이 이루어지기 전에 할당문의 왼편과 오른편을 완전히 평가하도록 보장할 수 있다. 예를 들어 만약 할당 (←)이 덧셈과 같은 우선순위를 갖고 좌측에서 우측으로 평가가 이루어진다면 `x ← y + z` 표현은 덧셈 결과가 아닌 `y`를 `x`에 할당할 것이다.

3.2.4 특정 전개 살펴보기

우리는 문법인 G의 $L(G)$에 속하는 문장들을 어떻게 찾아내는지 살펴보았다. 이와 반대로 컴파일러는 주어진 문자열에서 어떤 전개가 있었는지를 추리해 내거나 그런 전개가 존재하지 않는지 등을 결정해야 한다. 특정 입력에서 전개를 구성해 가는 과정을 *파싱*이라고 부른다.

*파서*는 입력으로 어떤 언어로 쓰여진 아직 검증되지 않은 프로그램을 받아들인다. 프로그램

은 *파서*에게 범주가 정해진 일련의 단어들로 나타난다. 고전적 표현 문법으로 만들어진 언어에서 x−2× y와 같은 표현은 다음과 같이 표현된다.

$$\langle \texttt{ident, x} \rangle \ - \ \langle \texttt{num, 2} \rangle \ \times \ \langle \texttt{ident, y} \rangle$$

파서는 그 결과로 입력 프로그램의 전개를 알려주거나 입력이 유효한 프로그램이 아님을 알려준다. 모호하지 않은 언어의 경우 파서 트리는 동일하므로 파싱을 입력된 문자열에서 파서 트리를 만드는 과정으로 생각할 수도 있다. 따라서 고전적 표현 문법의 경우 x−2× y를 다음과 같은 파서 트리로 만들어 낼 것이다.

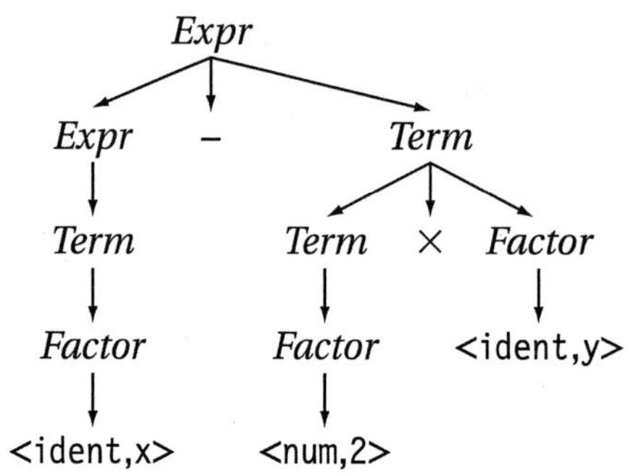

전개 과정을 구성하는 것은 파서 트리를 만드는 것과 동일하다. 트리의 루트와 leaves는 이미 알려져 있다. 루트는 *s*를 나타내는 하나의 노드여야 한다. Leave는 좌측에서 우측순으로 보았을 때 스캐너가 파서로 넘겨주는 단어들과 순서까지 고려하여 일치해야 한다. 여기서 어려운 부분은 문법에 의해 구현된 언어의 구조를 이용하여 leaves들과 루트를 연결하는 것이다. 트리를 만드는 데 사용되는 두 개의 전혀 다르고 상반된 접근방법들이 있다.

1. *Top-down 파서*는 루트에서 시작하여 트리를 leaves로 확장한다. 각 과정에서 top-down 파서는 트리의 아래쪽 주변에 위치한 nonterminal을 골라 아래로 트리를 확장시킨다.

2. *Bottom-up 파서*는 leaves에서 시작하여 루트로 향하여 트리를 키워나간다. 각 과정에서 bottom-up 파서는 부분적으로 만들어진 트리에 노드를 추가해 가며 위쪽으로 트리를 만들어 나간다.

두 시나리오 모두 파서가 어떤 production을 적용할지 계속적으로 선택하게 된다. 파싱에서 이 선택을 내리는 메커니즘이 가장 머리가 아픈 일이다.

Context-free 문법과 Parser의 분류

모든 context-free 문법들을 파싱하는 데 드는 어려움을 기준으로 하여 계층적으로 구분할 수 있다. 이 계층 구조에는 많은 단계가 있다. 이 장에서는 그중에서 임의의 context-free 문법, LR(1) 문법, LL(1) 문법 그리고 정규 문법 (RG) 등 네 가지만을 언급할 것이다. 이들 서로의 포함관계는 그림에서 보여진 바와 같이 context-free 문법 ⊃ LR(1) ⊃ LL(1) ⊃ RG이다.

임의의 context-free 문법은 제한된 집합인 LR(1)과 LL(1)보다 파싱하는 데 더 많은 시간이 소요된다. 예를 들자면 Earley의 알고리즘은 최악의 경우 context-free 문법을 $O(n^3)$ 시간에 파싱한다(n은 입력된 단어의 수). 물론 실제 실행 속도는 이보다 나을 것이다. 역사적으로 컴파일러 작성자는 "일반적인" 기술들의 비효율성을 알고 이를 사용하는 것을 피해왔다.

LR(1) 문법은 모호하지 않은 context-free 문법의 많은 집합을 포함하고 있다. LR(1) 문법은 bottom-up의 순으로, 같은 횡의 경우 좌측부터 우측 순으로 파싱할 수 있고 현재 입력되는 단어 다음의 단어를 하나까지 더 볼 수 있다. 문법에서 LR(1) 파서를 이끌어내는 데는 몇 가지 알고리즘들이 있다. 이 과정을 자동으로 해주는 도구가 널리 보급되어 LR(1) 파서는 "모두가 가장 선호하는 파서"가 되었다.

LL(1) 문법은 LR(1) 문법의 중요한 부분집합이다. LL(1) 문법은 top-down 순으로 같은 횡의 경우 좌측에서 우측 순으로 파싱될 수 있으며, 하나의 단어를 미리 볼 수 있다. LL(1) 문법을 다루는 파서 중 두 개의 파싱 스타일이 유명하다. 첫째는 hand-coded recursive-descent 파서이고 다른 하나는 table-driven 파서이며 이 둘은 LL(1) 파서라 불린다. 많은 흥미로운 프로그래밍 언어들이 LL(1) 문법으로 쉽게 표현된다.

정규 문법은 언어를 DFA가 인식할 수 있도록 정확하게 만들어진다. 정규 언어가 컴파일러에 주로 사용되는 곳은 스캐너를 만들 때이다.

대부분의 프로그래밍 구조는 LR(1) 형태로 표현될 수 있다. (종종 LL(1)으로도 표현된다.) 따라서 대부분의 컴파일러들은 context-free 문법에 속하는 이 두 개의 파서를 기반으로 한 빠른 파싱 알고리즘을 사용한다.

3.2.5 Context-Free 문법과 정규 표현

정규 표현과 context-free 문법의 차이를 이해하기 위해 고전적 표현 문법을 다음의 정규 표현과 비교해 보도록 하자.

$$((ident \mid num)\ (+ \mid - \mid x \mid \div))^*\ (ident \mid num)$$

정규 표현과 context-free 문법 모두 같은 표현의 집합을 나타내고 있다.

정규 표현과 context-free 문법을 구분하기 위해 정규 문법(regular grammar)의 개념을 생각해 보자. 정규 문법은 정규 표현의 표현력을 갖추고 있다. 즉, 정규 문법은 정규 언어를 정확히 표현해 낼 수 있다고 할 수 있다.

정규 문법은 네 개의 구성요소, $R = (T, NT, S, P)$로 이루어져 있고 그 구성 요소들은 context-free 문법에서도 같은 의미를 가진다. 하지만 어떤 정규 언어에서는 P에 속하는 production이 $A, B \in NT$, $\mathrm{a} \in T$일 때 $A \to \mathrm{a}$나 $A \to \mathrm{a}B$의 형태로 제한되어 있다. (production 형태에 대한 이와 같은 제약은 정규 문법에 다른 이름을 부여하여 종종 *left-linear 문법*이라고 불린다.)

이와 반대로 context-free 문법은 우측에 임의의 $(T \cup NT)$ 기호 모두 위치할 수 있는 production을 허용한다. 따라서 정규 문법은 context-free 문법의 부분집합이 된다. 이는 정규 문법으로 표현된 언어인 정규 언어와 context-free 문법으로 표현된 context-free 언어에도 마찬가지로 적용된다. 정규 언어는 context-free 언어의 부분집합이다. 이 장의 이전에 보았던 *SheepNoise* 문법은 정규 문법이다.

물론 다음과 같은 의문이 들 것이다. "context-free 문법으로는 표현이 가능하지만 정규 문법으로는 표현이 불가능한 재미있는 프로그래밍 언어는 없을까?" 현대 프로그래밍 언어의 많은 중요한 특성들이 context-free 문법과 정규 문법 사이에 위치한다. 괄호, braces 그리고 짝을 이루는 키워드들(예:`begin`과 `end`)과 같은 괄호들이 그 예다. 컴파일러 작성자는 마찬가지로 중요한 연산자 간의 우선순위와 `if-then-else` 구조의 개념을 추가시킬 수 있다. 고전 표현 문법으로 `x-2×y`을 파싱 하면 평가 순서를 제대로 따르는 parse 트리를 얻을 수 있다. (−연산 보다 × 연산을 먼저 한다.) 정규 표현으로는 같은 문자열을 인식할 때 평가 순서를 고려하지 못한다.

Context-free 문법은 정규 표현으로 이루어진 어떤 구조도 인식할 수 있다. 그렇다면 왜 정규 표현을 사용하는 것일까? 언어의 lexical 구조를 바로 문법으로 바꿔줄 수 있기 때문이다. 별개의 스캐너와 파서를 사용하는 데는 두 가지 이유가 있다. 먼저 DFA를 기반으로 한 인식기들은 효율적이다. 이 들은 입력된 문자열에 비례하여 시간이 소요된다. 합당한 구현 기술만 주어진다면 작은 점근적 복잡도 상수를 얻을 수 있다. Context-free 문법의 부분 집합을 잘 다룰 수 있는 파서는 스캐너보다 복잡하고 마찬가지로 입력 기호당 소요되는 오보헤드 또한 더 크다. 다음으로 스캐너는 입력된 텍스트를 단순화시켜 context-free 문법의 복잡도를 급격히 줄여준다. 예를 들어 스캐너는 입력에서 주석을 찾아 없애준다. 고전적 표현 문법을 어떤 두 terminal 기호 사이에 주석을 허용하도록 확장하는 상황을 생각해 보자. 주석을 스캐너에서 인식하여 없애는 것이 훨씬 간단하다. 텍스트 문자열에서도 이와 같은 이슈들이 나타나고 있다.

따라서, 컴파일러 작성자는 효율성과 용이성을 위하여 DFA를 기반으로 한 스캐너를 사용한다. Microsyntax를 context-free 문법으로 옮겨오게 되면 문법이 확장되며 전개도 더 늘어나게 되고 전체 리부를 더 느리게 만든다. 일반적으로 정규 표현들은 단어들을 분류할 때 사용되며 내부의 lexical 구조를 갖고 있다. 괄호 매칭을 시키거나 구조를 나누거나 문맥 간의 간섭을 조정하는 등 더 높은 단계의 구조가 필요할 때 context-free 문법이 도구로 선택되어 사용된다.

3.3 Top-Down 파싱

Top-down 파싱은 파서 트리의 루트에서 시작하여 leave에 스캐너에서 받은 단어들만 남을 때까지 체계적으로 트리를 아래로 확장시킨다. 매 순간 이 과정은 부분적으로 만들어진 파서 트리를 고려한다. 트리의 아래쪽에 위치한 nonterminal을 선택하여 nonterminal의 production의 우측에 해당하는 children을 트리에 추가하여 확장시킨다. terminal에서는 더 이상 확장시킬 수 없다. 이 과정은 다음의 두 조건이 맞을 때까지 반복된다.

a. 파서 트리가 오직 terminal 기호들만을 포함하고 있거나, 입력 문자가 더 이상 없을 때
b. 부분적으로 만들어진 파서 트리와 입력에서 명확한 불일치가 발생할 때

첫 번째 경우 parse는 성공이다. 두 번째 경우 두 가지의 가능성이 존재한다. 하나는 파서가 이전의 어떤 과정에서 잘못된 production을 선택한 경우로 backtracking을 통해 이를 바로잡을 수 있다. 다른 경우는 입력이 파싱하려는 언어에 적합하지 않은 문장인 것이다. 이 경우 backtracking은 실패할 것이고 파서는 사용자에게 구문 오류를 알릴 것이다.

Top-down 파싱을 좀 더 효율적으로 할 수 있는 방법이 있다. Context-free 문법 중 *backtracking이 절대 필요하지 않는 큰 부분집합*이 있다. 이 절의 뒷부분에서 임의의 문법을 backtrack-free하거나 예측 가능한 문법으로 변환시킬 수 있는 기술을 소개할 것이다. 먼저 top-down 파싱의 개념을 이해하고 context-free 문법을 이해하는 과정에서 발생하는 문제들을 설명하기 위해 예를 하나 살펴볼 것이다.

3.3.1 예

그림 3.2는 top-down 파싱의 간단한 알고리즘을 보여주고 있다. 이 과정은 전적으로 항상 어떤 문법 구조에 해당하는 파서 트리의 주변만을 다룬다. 매 과정에서 가장 왼편에 위치한 nonterminal을 선택하여 확장시킨다. 이는 파서가 스캐너가 넘겨주는 순서인 좌측에서 우측 순으로 전개하는 것이므로 좌측 우선 전개에 해당한다.

Top-down 파싱 알고리즘을 이해하기 위해서 고전 표현 문법이 x − 2 × y를 처리하는 과정을 생각해 보자. 문법의 goal 기호는 *Expr*이다. 따라서 트리의 루트에는 *Expr*가 위치하고 있다. Parser의 동작을 보여주기 위하여 테이블 형태의 전개 과정을 확장해 나갈 것이다. 가장 좌측의 열은 상태 변환에 사용되는 문법 규칙을 나타낸다. 가운데 열은 가장 최근에 전개된 문장 형태인 부분적으로 만들어진 파서 트리의 주변을 나타낸다. 우측에는 일련의 입력들을 추가시켜 두었다. ↑는 스캐너의 위치를 나타내며 현재 입력 기호를 앞선다. 규칙 열에 두 개의 →와 ← 동작을 추가하여 각각이 입력 포인터를 앞당기는 것과 production을 따라 backtracking하는 것을 의미하고 있다. 파서가 택할 처음의 몇 동작은 다음과 같다.

```
word ← NextWord()
root ← start_symbol
node ← root
loop forever
  if node ∈ T & node matches word then
    advance node to the next node on the fringe
    word ← NextWord()
  else if node ∈ T & node does not match word then
    backtrack
  else if node ∈ NT then
    pick a rule "node→β"
    extend tree from node by building β
    node ← leftmost symbol in β
  if node is empty & word is eof then
    accept and exit the loop
  else if node is empty & word is not eof then
    backtrack
```

그림 3.2 Leftmost, top-down 파싱 알고리즘

Rule	Sentential Form	Input
	Expr	↑x - 2 × y
1	*Expr* + *Term*	↑x - 2 × y
1	*Expr* + *Term* + *Term*	↑x - 2 × y
1	*Expr* + *Term* + ···	↑x - 2 × y
1	···	↑x - 2 × y

먼저 start 기호인 *Expr*에서 시작하여 첫 번째 규칙에 따라 전개한다. 그 결과 *Expr* + *Term*이 만들어진다. 좌측우선 전개를 하기 위해 parser는 가지의 가장 좌측에 위치한 nonterminal을 전개해야 한다. 만약 규칙 1이 계속해서 선택된다면 진전 없이 무한이 같은 표현들만 늘어서게 될 것이다. 이는 표현 문법에 문제가 있음을 알려주는 것이다.

만약 어떤 production의 우측항 첫 번째 기호가 좌측항과 같으면 이는 left-recursive이다. Left recursion은 3.3.3절에서 볼 수 있듯이 간접적인 방법으로 나타나기도 한다. Left recursion이 나타날 수 있는 문법은 top-down parser가 진전 없이 무한이 전개되도록 한다.

Left recursion과 top-down parser에 잠재된 다른 문제들을 피해가기 위해 파서가 production을 임의로 선택하도록 할 것이다. 실제 구현에서는 분명 결정적이고 일관성 있게 선택을 할 것이다. 예를 들어 파서는 *Expr*을 *ident*로 전개할 수 있다. 이는 규칙 3(*Expr* → *Term*), 규칙 6(*Term Factor*) 그리고 규칙 9(*Factor ident*)의 과정을 따라 이루어진다.

Rule	Sentential Form	Input
–	*Expr*	↑x - 2 × y
3	*Term*	↑x - 2 × y
6	*Factor*	↑x - 2 × y
9	`ident`	↑x - 2 × y
→	`ident`	x ↑- 2 × y

여기서 가지의 가장 왼쪽에 위치한 기호는 terminal 기호이다. 따라서 파서는 그 기호가 현재 입력된 단어와 일치하는지 여부를 확인할 것이다. 만약 일치한다면 가지에서 오른쪽으로 이동하고 다음 단어를 불러 다음 입력을 받아들일 것이다. 불행히도 입력이 –로 계속됨에도 파서 트리의 가지는 `ident`로 끝난다. 이 불일치는 과정들이 유효한 파싱에 이르지 못했다는 것을 보여준다. 파서가 전의 어떤 전개과정에서 잘못된 선택을 하였거나 입력된 문자열이 표현 문법에 유효하지 못한 문장이기 때문일 것이다.

파서는 backtracking으로 이 상황을 처리한다. 파서가 체계적으로 선택을 해 왔다면 가장 최근에 이루어진 규칙 9에 의한 전개를 취소하고 Factor에 다른 가능성들을 시도해 볼 것이다. 만약 여기서도 실패한다면 규칙 6에 의한 전개를 취소하고 Term에 시도할 수 있는 다른 가능성들을 찾아볼 것이다. 마지막으로 규칙 3이 적용된 전개를 다른 규칙으로 시도하여 첫 번째 전개는 규칙 2에 의해 Expr → Expr - Term이 되었어야 한다는 것을 발견하게 된다.

이 시점부터 파서는 규칙을 3, 6, 9 순으로 적용하여 가지의 맨 앞에 위치한 *Expr*에서 ident를 전개해낼 수 있게 된다. 가지와 입력값에서 다음 단계로 넘어가 보면 입력된 −가 가지에 위치한 −와 일치하는 것을 발견할 수 있다.

Rule	Sentential Form	Input
–	*Expr*	↑x - 2 × y
2	*Expr* - *Term*	↑x - 2 × y
3	*Term* - *Term*	↑x - 2 × y
6	*Factor* - *Term*	↑x - 2 × y
9	ident - *Term*	↑x - 2 × y
→	ident - *Term*	x ↑- 2 × y
→	ident - *Term*	x - ↑2 × y

여기서, 파서는 가지에 나타난 문맥에 적합하도록 num를 일치시키기 위해서 4, 6, 8번 규칙 순으로 전개해야 한다. num을 가지에 매칭시킬 수 있고 그렇게 되면 나아가 x도 매칭이 된다. 마지막 전개는 규칙 9를 이용하여 가지의 ident와 마지막 입력 기호을 매칭시킨다.

Rule	Sentential form	Input
4	ident - *Term* × *Factor*	x - ↑2 × y
6	ident - *Factor* × *Factor*	x - ↑2 × y
8	ident - num × *Factor*	x - ↑2 × y
→	ident - num × *Factor*	x - 2 ↑ × y
→	ident - num × *Factor*	x - 2 × ↑y
9	ident - num × ident	x - 2 × ↑y
→	ident - num × ident	x - 2 × y↑

여기서는 낮은 곳에 위치한 가지들은 오직 terminal 기호들만 포함하고 있으며 더 이상 입력이

존재하지 않는다. 파서의 입장에서 보자면 *node*는 비어 있고 단어는 *eof* 이므로 성공했음을 보고하고 동작을 멈추게 된다.

(우리가 많은 부분에서 backtracking을 일으키며 오류가 있는 전개를 해 왔을 가능성도 있음을 주목하라. 간결하고 명료하게 표현하기 위해 우리는 이를 피했다. 하지만 독자는 만약 규칙이 규칙 번호가 증가하는 순서와 같은 결정적 방법으로 적용되었다면 얼마나 많은 backtracking이 일어났을지 생각해 보아야 한다.)

3.3.2 Top-Down 파싱에서의 복잡성

전의 예에서 이야기했듯이 top-down 파서를 복잡하게 만드는 문제들이 몇 가지 존재한다. Left recursion이 있는 문법은 종료 문제를 일으킨다. 잘못된 전개 규칙의 선택은 backtracking을 일으킨다. 일반적으로 파서 트리의 가지를 전개해 나갈 때 올바른 production을 선택함을 보장해 주는 것이 가장 중요한 이슈이다. Backtrack-free 문법을 작성하는 데는 주의할 점들이 있다. 문법에는 left-recursion이 없어야 한다. 또한 매 과정에서 기호 하나를 먼저 보는 것으로 올바른 전개가 가능함이 보장되어야 한다. 다음의 두 소절에서 이 이슈들에 대해 좀 더 자세히 다루도록 하겠다.

3.3.3 Left Recursion 없애기

Left-recursive 문법은 결정적 top-down 파서에서 가지에 terminal 기호를 만들어 내지 못한 채 막연한 루프를 만들어 낼 수 있다. Backtracking이 오직 가지의 terminal 기호와 현재 입력 기호 간의 불일치에 의해 발생되므로 파서는 left recursion에 의한 전개에서 결코 복구될 수 없다.

다행히도 우리는 기계적으로 문법에서 left recursion을 없앨 수 있다. 왼쪽에 나타난 직접적인 left recursion의 경우 우리는 오른쪽에 보여준 right recursion으로 다시 쓸 수 있다.

$$
\begin{array}{lcl}
Fee & \rightarrow & Fee\;\alpha \\
 & | & \beta
\end{array}
\qquad\qquad
\begin{array}{lcl}
Fee & \rightarrow & \beta\;Fie \\
Fie & \rightarrow & \alpha\;Fie \\
 & | & \epsilon
\end{array}
$$

변환을 통해 *Fie*라는 새로운 nonterminal이 생겨났고 recursion은 이제 *Fie*로 옮겨진다. 또한 $Fie \rightarrow \epsilon$라는 새로운 규칙이 추가되었다. (ϵ는 빈 문자열을 나타낸다.) ϵ-production은 파싱 알

고리즘에서 유의 깊은 설명이 필요하다. 만약 파서가 $Fie \rightarrow \epsilon$의 규칙을 이용해 전개를 한다면 현재 *node*를 트리의 가지에서 한 단계 나아가는 효과가 나타나게 된다.

표현 문법에서 직접적 left recursion은 *Expr*과 *Term* 경우 모두에 나타난다.

Original			**Transformed**		
Expr	→	*Expr* + *Term*	*Expr*	→	*Term Expr′*
	|	*Expr* - *Term*	*Expr′*	→	+ *Term Expr′*
	|	*Term*		|	- *Term Expr′*
				|	ϵ
Term	→	*Term* × *Factor*	*Term*	→	*Factor Term′*
	|	*Term* ÷ *Factor*	*Term′*	→	× *Factor Term′*
	|	*Factor*		|	÷ *Factor Term′*
				|	ϵ

이들을 고전 표현 문법에 끼워 넣으면 그림 3.3처럼 right-recursive 변이 문법이 된다. 이 문법에서는 고전 표현 문법과 같은 표현들을 나타내고 있으면서 right-recursion을 사용한다. Top-down 파서에도 이는 잘 동작한다.

변환을 통해 직접적 left recursion을 제거할 수 있다. Left recursion은 $\alpha \rightarrow \beta$, $\beta \rightarrow \gamma$와 $\gamma \rightarrow \alpha\delta$가 합쳐져 $\alpha \rightarrow {}^{+}\alpha\delta$가 만들어질 수 있는 것처럼 간접적으로도 발생할 수 있다. 이러한 간접적 left recursion은 항상 명백하게 나타나지 않고 production이 길게 이어짐에 따라 나타나

1	*Expr*	→	*Term Expr′*
2	*Expr′*	→	+ *Term Expr′*
3		|	- *Term Expr′*
4		|	ϵ
5	*Term*	→	*Factor Term′*
6	*Term′*	→	× *Factor Term′*
7		|	÷ *Factor Term′*
8		|	ϵ
9	*Factor*	→	(*Expr*)
10		|	`num`
11		|	`ident`

그림 3.3 고전 표현 문법의 right-recursive로의 표현

assume the nonterminals are ordered arbitrarily
    $A_1, A_2, \ldots, A_n$
for i ← 1 to n
    for j ← 1 to i - 1
        if ∃ a production $A_i \to A_j\gamma$ *then*
            replace it with one or more productions
            that expand A_j
    use the direct transformation to eliminate
        any immediate left recursion on A_i

그림 3.4 일반적인 left-recursion의 제거

분명치 않게 발생할 수 있다.

이런 간접적 left recursion을 right recursion으로 바꾸기 위해 변환을 시키고서 이를 살펴보는 방법보다 좀 더 체계적인 접근 방법이 필요하다. 그림 3.4는 이 목적을 달성한 알고리즘을 보여주고 있다. 이는 원래의 문법에 ($A \to^+ A$) 와 같은 순환과 ϵ-production ($A \to \epsilon$) 이 없다고 가정하고 있다.

이 알고리즘은 nonterminal에 임의의 순서를 적용하고 있다. 외부의 루프는 이 순서로 nonterminal들을 순환하고 있다. 내부 루프는 $j < i$라고 할 때 A_i를 A_j로 전개시키는 production을 찾는다. 이러한 표현에서는 간접적 left recursion이 발생할 수 있다. 이를 피하기 위해 A_j를 A_j에서 전개될 수 있는 모든 우측항들로 대체시킨다. 즉, 만약 내부 루프가 $A_i \to A_j\gamma$와 $A \to \delta_1 | \delta_2 | \ldots | \delta_k$를 만나면 production을 $A_i \to \delta_1\gamma | \delta_2\gamma | \ldots | \delta_k\gamma$로 바꿔준다. 이는 결과적으로 간접적 left recursion을 직접적인 left recursion으로 바꿔준다. 외부 루프의 마지막 과정은 A_i의 모든 left recursion을 전에 살펴보았던 간단한 변환으로 right recursion으로 바꾸어준다. 새로운 nonterminal이 끝부분에 나타나고 또 오직 right recursion에만 관여하므로 루프는 이를 무시할 수 있다. 그들은 확인되고 변환될 필요가 없다.

이는 외부 루프에 영향을 받지 않는 것들을 살펴봄으로써 더 명확해진다.

$$\forall k < i, \nexists \text{ a production expanding } A_k \text{ with } A_l \text{ in its rhs, for } l < k.$$

i번의 외부 루프 반복에서 이 프로세스의 끝에 ($i = n$), 모든 간접 left recursion은 내부 루프의 반복적 적용에 의해 사라졌고 모든 직접적인 left recursion은 각 반복의 마지막 과정에서 사라졌다.

3.3.4 Backtrack의 필요성을 없애기

Right recursive 표현 문법을 사용하면 top-down 파서는 x−2 × y의 문자열을 backtracking 없이 처리할 수 있다. 사실 right-recursive 표현 문법은 backtracking이 전혀 필요하지 않다. 이를 확인하기 위해 파서가 어떻게 backtracking의 결정 여부를 생각해 보자.

결정적인 선택은 파서가 부분적으로 형성된 파서 트리에서 가지를 확장할 때 어떤 production을 적용할지 선택할 때 발생한다. 어떤 nonterminal A를 전개하려고 할 때 반드시 규칙 $A \rightarrow \beta$가 선택되어야 한다. 그림 3.2에 나타난 이 알고리즘은 규칙을 임의로 선택한다. 하지만 만약 파서 항상 올바른 규칙만 고를 수 있으면 backtracking을 피할 수 있다.

Right-recursive 표현 문법에서 파서는 다음에 입력된 단어와 가지의 가장 왼편에 위치한 nonterminal의 전개 결과와 비교를 통해 항상 올바른 선택을 할 수 있다. 이 규율을 따른다면 x−2 × y를 표현 문법을 right-recursive 변이로 다음과 같이 파싱하게 된다.

Rule	Sentential Form	Input
	Expr	↑ x - 2 × y
1	*Term Expr′*	↑ x - 2 × y
5	*Factor Term′ Expr′*	↑ x - 2 × y
11	ident *Term′ Expr′*	↑ x - 2 × y
→	ident *Term′ Expr′*	x ↑ - 2 × y
8	ident *Expr′*	x ↑ - 2 × y
3	ident - *Term Expr′*	x ↑ - 2 × y
→	ident - *Term Expr′*	x - ↑ 2 × y
5	ident - *Factor Term′ Expr′*	x - ↑ 2 × y
10	ident - num *Term′ Expr′*	x - ↑ 2 × y
→	ident - num *Term′ Expr′*	x - 2 ↑ × y
6	ident - num × *Factor Term′ Expr′*	x - 2 ↑ × y
→	ident - num × *Factor Term′ Expr′*	x - 2 × ↑ y
11	ident - num × ident *Term′ Expr′*	x - 2 × ↑ y
→	ident - num × ident *Term′ Expr′*	x - 2 × y ↑
8	ident - num × ident *Expr′*	x - 2 × y ↑
4	ident - num × ident	x - 2 × y ↑

처음 두 확장은 명백하다. 두 경우 모두 가장 왼쪽에 위치한 nonterminal을 확장하는 데 사

용할 규칙은 하나밖에 없다. Factor를 `ident`로 확장할 때는 선택이 필요하며 입력되는 값들 중의 현재값을 살펴봄으로써 선택을 명확히 할 수 있다. 여기서 Term′ 의 전개와 −입력을 맞이하게 된다. 규칙 6과 7은 맞지 않기에 규칙 8을 선택하게 된다. 이제 파서는 Expr′ 의 전개와 −입력을 맞이하게 된다. 여기서는 규칙 3이 적용되며 따라서 파서는 규칙 3의 우측에 위치한 모습으로 전개를 한다. 입력신호에 따라 선택이 이루어지는 이 과정은 파서가 합당한 상태에 도달할 때까지 계속된다.

우리는 right-recursive 표현 문법을 backtrack이 없게 만드는 방법을 공식화할 수 있다. 파싱이 이루어지는 매순간 어떤 전개를 선택할지는 분명하다. 왜냐하면 가장 좌측의 nonterminal을 전개가 결국엔 분명한 terminal 기호로 이어지기 때문이다. 선택 시 입력의 다음 단어와 비교해 보면 올바른 확장이 나타나게 된다.

이는 직관적이다. FIRST는 $T \cup NT \cup \{\epsilon\}$ 상에서 정의되어 있다. α 기호의 경우 FIRST(α)는 α 에서 유도될 수 있는 어떤 문자열의 첫 번째 기호로 나타날 수 있는 단어(이때 단어들은 terminal임을 기억하자.)들의 집합으로 정의된다. *Expr′* 의 규칙을 살펴보자.

2	$Expr'$	$\rightarrow$	$+\ Term\ Expr'$
3		$\mid$	$-\ Term\ Expr'$
4		$\mid$	ϵ

각 production은 유일한 FIRST 집합을 갖고 있다. Terminal인 +와 −의 경우 그들의 FIRST 집합은 정확히 자기 자신 한 요소만을 포함하고 있다. ϵ- production의 경우 문제가 조금 곤란하다. ϵ는 어떤 terminal 기호도 유도해 낼 수 없기에 FIRST(ϵ)는 오직 ϵ만을 포함하고 있다. 하지만 ϵ는 결코 입력값들에 나타나지 않는다.

ϵ-production의 경우 파서는 ϵ 바로 다음의 가지에 위치한 기호를 다음 단어와 비교해야 한다(즉 *Expr′* 의 바로 오른쪽). 이 경우 그 기호는 *Expr′* 의 뒤따르는 어떤 기호에서도 우측항으로 유도될 수 있어야 한다. 만약 *Expr′* 오른쪽의 기호가 ϵ로 유도될 수 있다면 파서는 ϵ가 더 이상 유도될 수 없을 때까지 다음 오른쪽 기호까지 고려해야 한다. FOLLOW(*A*)를 유효한 문장에 속한 nonterminal A 바로 다음에 올 수 있는 기호들의 집합이라고 하자. 이 문법에서 FOLLOW(*Expr*)은 *eof*이다.

Backtrack의 여부는 FIRST와 FOLLOW의 집합에 달려 있다. 그림 3.5는 이 집합을 계산하는 알고리즘을 보여주고 있다. FIRST 집합은 FOLLOW 집합 전에 계산되어야 한다. 왜냐하면 FOLLOW 집합의 계산은 FIRST 집합의 계산에 의존하고 있기 때문이다. 두 계산 모두 fixed-point computation으로 공식화되어 있다.

```
for each α ∈ (T ∪ ε)
   FIRST(α) ← α
for each A ∈ NT
   FIRST(A) ← ∅
while (FIRST sets are still changing)
   for each p ∈ P, where p has the form A→β
      if β is β1β2 ... βk, where βi ∈ T ∪ NT, then
         FIRST(A) ← FIRST(A) ∪ (FIRST(β1) − {ε})
         i ← 1
         while (ε ∈ FIRST(βi) and i ≤ k-1)
            FIRST(A) ← FIRST(A) ∪ (FIRST(βi+1) − {ε})
            i ← i + 1
      if i = k and ε ∈ FIRST(βk)
         then FIRST(A) ← FIRST(A) ∪ {ε}


for each A ∈ NT
   FOLLOW(A) ← ∅
FOLLOW(S) ← {eof}
while (FOLLOW sets are still changing )
   for each p ∈ P of the form A → β1β2 ··· βk
      FOLLOW(βk) ← FOLLOW(βk) ∪ FOLLOW(A)
      TRAILER ← FOLLOW(A)
      for i ← k down to 2
         if ε ∈ FOLLOW(βi) then
            FOLLOW(βi−1) ← FOLLOW(βi−1) ∪
                                {FIRST(βi) − ε} ∪ TRAILER
         else
            FOLLOW(βi−1) ← FOLLOW(βi−1) ∪ FIRST(βi)
            TRAILER ← ∅
```

그림 3.5 FIRST와 FOLLOW Set의 계산

우리는 backtrack이 없을 조건을 FIRST와 FOLLOW 집합을 이용하여 공식화할 수 있다. FIRST(α) 에 $\in$가 포함되어 있지 않은 경우 FIRST$^+$(α)를 FIRST(α)라고 정의하고 그렇지 않은 경우 FIRST(α) $\cup$ FOLLOW(α)로 정의한다. 그렇게 하면 여러 개의 우측항을 가진 nonterminal A, $A \rightarrow \beta_1 \mid \beta_2 \mid ... \mid \beta_n$의 경우 문법에 backtracking이 없게 하려면 다음이 항상 참이어야 한다.

$$\text{FIRST}^+(\beta_i) \cap \text{FIRST}^+(\beta_j) = \emptyset, \ \forall\, 1 \leq i < j \leq n$$

FIRST는 일련의 문법 기호들로 정의되었다기보다 문법 기호들로 정의되었기에 FIRST(β_i)를 β_i의 처음 기호들의 FIRST 집합으로 해석한다.

예를 들어 right-recursive 표현 문법을 스칼라 변수, 배열 요소 그리고 함수 호출을 위한 syntax를 포함하도록 확장하는 경우를 생각해 보라. 이를 위해 *Factor* → `ident` production을 스칼라 변수, 배열 요소, 그리고 함수 호출을 위한 구문을 표현하는 production으로 대체시킬 수 있다.

11	*Factor*	→	`ident`
12		|	`ident` [*ExprList*]
13		|	`ident` (*ExprList*)
14	*ExprList*	→	*Expr* , *ExprList*
15		|	*Expr*

이 production들은 배열 참조를 나타내기 위해 square bracket을 사용하고 함수 호출을 나타내기 위해 parentheses를 사용한다.

이러한 문법 요소는 모두 `ident`로 시작하는 11, 12 그리고 13 production에 의해 backtrack이 없는 상태를 불가능하게 한다. 이들의 우측의 First 집합이 동일하다. 파서가 파서 트리의 아래쪽 가지에서 *Factor*를 확장하려고 할 때 한 단어만 미리 보는 것으로는 11, 12 그리고 13이 구분이 되지 않는다. (물론 두 단어를 미리 보는 것으로 올바른 확장이 가능하다.)

Backtrack이 없는 상태에 이르지 못하는 많은 문법들을 그 언어를 바꾸지 않고서도 backtrack이 없는 상태에 이르도록 다시 작성할 수 있다. 다음과 같이 수정을 하면 된다.

11	*Factor*	→	`ident` *Arguments*
12	*Arguments*	→	[*ExprList*]
13		|	(*ExprList*)
14		|	ϵ
15	*ExprList*	→	*Expr* , *ExprList*
16		|	*Expr*

이와 같이 수정된 문법은 전개를 두 과정으로 나누어 하나는 원래의 새 오른쪽(ident)의 공통된 접두사를 인식하도록 하였고 다른 하나는 세 개의 다른 접두사를 선택할 수 있도록 하였다. 이를 완성하기 위하여 *Arguments*라는 새로운 nonterminal을 도입하였고 [, (, ϵ를 *Arguments*의 오른편으로 옮겼다. 이 변환을 `ident`에 *left-factoring*이라고 부른다.

이 변형을 임의의 문법에도 적용할 수 있다. 그림 3.6은 이를 수행하는 간단한 알고리즘을 보여주고 있다. 이 알고리즘은 두 개 이상의 공통된 접두사를 가지고 production을 가진 nonter-

for each $A \in NT$
if a common prefix exists for two or more
right-hand sides for A *then*
find the longest common prefix α
left-factor α *out of the right-hand sides for* A
repeat until no common prefixes remain

그림 3.6 문법의 left-factoring 연산

minal을 찾아 분해시킨다.

$$A \to \alpha\beta_1 \mid \alpha\beta_2 \mid \cdots \mid \alpha\beta_n \mid \gamma_1 \mid \gamma_2 \mid \cdots \mid \gamma_j$$

따라서 α가 공통된 접두사이고 γ_i가 α로 시작하지 않는 우측항을 나타낼 때 다음과 같은 production을 가진 nonterminal A를 찾게 되면

$$\begin{aligned} A &\to \alpha B \mid \gamma_1 \mid \gamma_2 \mid \cdots \mid \gamma_j \\ B &\to \beta_1 \mid \beta_2 \mid \cdots \mid \beta_n \end{aligned}$$

B는 *repeat* 루프의 다음 반복에서 left-factoring이 다시 일어날 때 다시 한 번 고려해 주어야 한다. 이 알고리즘은 더 이상 공통된 접두사가 발견되지 않을 때까지 계속된다.

Left-factoring은 backtracking이 필요한 문법들을 backtrack이 필요하지 않은 문법으로 바꿀 수 있다. 하지만 모든 context-free 언어가 backtrack없이 표현될 수 있는 것은 아니다. Left-recursion 제거와 left-factoring을 사용할 때 문법을 예측적으로 파싱할 수 있게 바꿀 수도 있다. 하지만 일반적으로 임의의 context-free 언어에서 backtrack이 필요한지 유무를 결정하는 것은 불가능하다.

3.3.5 Top-Down Recursive-Descent 파서들

예측 가능한 문법 G가 주어졌을 때 recursive-descent 방식으로 동작하는 파서를 직접 작성할 수 있다. Recursive-descent 파서는 서로 recursive한 루틴들의 집합으로 각 루틴은 문법에서 하나의 nonterminal을 맡고 있다. Nonterminal A를 위한 루틴은 입력 값들 중에서 A의 instance를 인식한다. 이를 완성하기 위해 루틴들은 다른 루틴들을 사용하여 A의 우측에 나타난 nonterminal들을 인식하도록 한다.

G에서 production A → $\mid \beta_1 \mid \beta_2 \mid \epsilon$를 고려해 보자. G는 예측이 가능하므로 파서는 입력된

Predictive 파서와 DFA

Predictive 파싱은 파서에게 DFA 형식의 추론의 자연스러운 확장이다. DFA는 다음 입력 값에 따라 전이한다. Predictive 파서는 다음 입력되는 단어에 의해 진행될 전개가 하나로 결정되어야 한다. 따라서 문법의 각 nonterminal의 경우 어떤 입력 문자열에 적용될 전개 production도 유일해야 한다. DFA와 예측하여 파싱이 가능한 LL(1)과 같은 문법의 실제적인 힘의 차이는 하나의 예측으로는 우측에 많은 기호들이 올 수 있도록 할 수 있지만 정규 문법에서는 하나의 기호만 예측할 수 있다는 사실에서 발생한다. 이는 예측 가능한 문법에 정규 expression의 능력을 벗어난 $p \rightarrow (p)$와 같은 production을 가질 수 있도록 한다. (정규 표현은 $({}^{+}\Sigma^{*})^{+}$과 같은 표현을 인식할 수 있지만 이것이 괄호의 열고 닫음이 짝을 이루어야 함을 나타내고 있지 않음을 떠올려 보라.)

물론 설계자가 직접 작성한 recursive-descent 파서는 production 선택 시 모호함을 없애기 위해 어떤 편법을 사용할 수도 있다. 예를 들어, 어떤 특정한 왼쪽 항이 하나의 기호만 먼저 보는 것으로 예측이 불가능하다면 파서는 두 개의 기호를 볼 수도 있다. 이와 같은 방법을 적절히 사용한다면 문제는 발생하지 않을 것이다.

단어와 FIRST^{+} 집합만을 사용하여 적절한 우측항(β_1, β_2, ϵ 중 하나)을 선택할 수 있다. 따라서 A를 인식하는 루틴은 각 우측항을 검사하는 코드를 포함하고 있어야 한다. 이는 다음과 같을 것이다. 파서는 ϵ-production을 다른 우측항들과는 다른 방식으로 다루어야 한다.

```
/* find an A */
if (word ∈ FIRST+(β1)) then
  look for a β1
else if (word ∈ FIRST+(β2)) then
  look for a β2
else if (word ∈ FOLLOW(A)) then
  return true
else
  report an error
  return false
```

우측에 해당하는 코드, β_i는 포함된 문법 기호들을 차례로 인식해야 한다. 만약 기호가 terminal이라면 파서는 입력을 이와 바로 비교할 수 있다. 매칭이 이루어진다면 파싱은 계속될 것이고 매칭이 실패한다면 오류를 나타낼 것이다. 만약 기호가 nonterminal이라면 파서는 그

nonterminal을 인식하는 루틴을 호출할 것이고 성공과 실패의 경우 참과 거짓을 반환할 것이다. 여기서도 성공이라면 파싱은 계속될 것이고 거짓이라면 현재 루틴은 실패를 보고할 것이다. 매칭이 실패한 루틴은 즉시 오류를 보고할 것이다.

$c \in T$와 $D, E \in NT$인 $\beta_1 = cDE$의 우측항의 경우 코드는 c, D를 차례로 인식하고 마지막으로 E를 인식해야 한다. 코드의 이 동작들은 "β_1을 찾다"로 추상화되어 있다. β_1을 다루기 위한 *Parse_A* 루틴은 다음과 같다.

```
if (word ∈ FIRST⁺(β1)) then
   if (word ≠ c) then
      report an error finding c in cDE
      return false
   else /* word is c */
      word ← NextWord()
      if (Parse_D() = true)
         then return Parse_E()
         else return false
```

*Parse_A*는 A의 선택 가능한 우측항마다 이와 같은 코드를 가지고 있다.

완벽한 recursive-descent 파서를 만드는 전략은 분명하다. 각 nonterminal에 대해 이를 인식할 수 있는 루틴을 만들어 주는 것이다. 각 루틴은 nonterminal을 인식하기 위해 다른 루틴들에 의존하며 우측에 나타난 terminal 기호들을 바로 테스트한다. 그림 3.7은 3.3.3절에서 유도해낸 예측 가능한 문법을 위한 top-down recursive-descent 파서를 보여주고 있다. 비슷한 우측항들을 위한 코드들도 포함되어 있다. *NextWord()* 루틴은 스캐너에게 점차적 증가를 위한 인터페이스를 제공한다.

절차 자동화

Top-down recursive-descent 파싱은 보통 직접 파서를 코딩할 때 사용되는 기술이다. 물론 문법에 적합한 top-down 파서 생성기는 문법에서 FIRST와 FOLLOW를 찾아내어 각 nonterminal의 선택 가능한 우측항에 중복되지 않은 처음 terminal 기호들을 갖도록 보장해 준 다음, 각 nonterminal 기호에 적합한 파싱 루틴을 만들어 낼 것이다. 그 결과로 만들어진 parser는 top-down recursive-descent 파서의 특징인 속도, 코드와 공간의 locality 그리고 뛰어난 오류 발견 능력 등을 갖게 된다. 또한 간결함, 높은 수준의 명세 그리고 구현 노력의 절감 등의 문법 생성 시스템의 장점 또한 갖게 된다.

예측 가능한 파싱에 드는 비용은 파서 트리의 크기와 각 확장에서 올바른 우측항을 선택하는 데 필요한 시간에 비례한다. 후자를 줄이기 위해서 컴파일러 작성자는 겹친 if 문장을 case문

```
Main()
  /* Goal → Expr */
  word ← NextWord();
  if (Expr() and word = eof)
    then proceed to the next step
    else return false

Expr()
  /* Expr → Term Expr' */
  if (Term() = false)
    then return false
    else return EPrime()

EPrime()
  /* Expr' → + Term Expr' */
  /* Expr' → - Term Expr' */
  if (word = + or word = -) then
    word ← NextWord()
    if (Term() = false)
      then return false
      else return EPrime()
  /* Expr' → ε */
  return true

Term()
  /* Term → Factor Term' */
  if (Factor() = false)
    then return false
    else return TPrime()

TPrime()
  /* Term' → × Factor Term' */
  /* Term' → ÷ Factor Term' */
  if (word = × or word = ÷ ) then
    word ← NextWord()
    if (Factor() = false)
      then return false
      else return TPrime()
  /* Term' → ε */
  return true

Factor()
  /* Factor → ( Expr ) */
  if (word = ( ) then
    word ← NextWord()
    if (Expr() = false)
      then return false
      else if (word ≠ ) ) then
        report syntax error
        return false
  /* Factor → num */
  /* Factor → ident */
  else if (word ≠ num and
        word ≠ ident) then
    report syntax error
    return false
  word ← NextWord()
  return true
```

그림 3.7 Expression을 위한 recursive-descent 파서

으로 바꾸어 현재 단어 단어를 기준으로 선택이 가능하도록 해야 한다. case문이 적절한 방식으로 해석된다면 좀더 효율적인 코드가 생성된다.

또 다른 선택으로 컴파일러 작성자는 이 동작들을 table로 나타낼 수 있다. 예를 들어 표현 문법의 right-recursive 변이의 경우 파서는 *Factor*를 *(Expr)*, `ident` 그리고 `num`의 세 가지 방식으로 확장시킬 수 있다. 그 테이블은 다음과 같다.

	+	-	×	÷	(	)	ident	num	eof
Factor	–	–	–	–	9	–	11	10	–

Terminal 기호들은 테이블의 횡을 따라 배열되었고 테이블의 내용에는 적용된 규칙의 번호나 구

문 오류를 나타내는 (−)로 채워져 있다. 이 테이블은 현재 입력되는 기호를 이용하여 *Factor*에 적합한 확장을 예측해 낸다.

이 테이블을 모든 nonterminal을 포함하도록 확장한다면 그림 3.8의 알고리즘은 이 테이블을 이용하여 top-down이면서 테이블을 기반으로 동작하는 파싱을 할 수 있고, 그 결과는 테이블 기반 동작 LL(1) 파서이다. LL(1)이란 이름은 이 파서들이 왼쪽에서 오른쪽으로 입력을 살펴보고 가장 왼쪽에부터 전개를 해 나가며 하나의 기호만을 미리 보기 때문에 지어진 것이다. LL(1) 방식으로 동작하는 문법은 LL(1) 문법이라고도 불린다. LL(1) 문법은 정의상 backtrack이 없다.

LL(1) 파서의 테이블을 만들기 위해 컴파일러 작성자는 FIRST와 FOLLOW 집합을 계산하여 테이블의 각 내부를 채워야 한다. x는 nonterminal 기호이고 y는 terminal 기호라고 할 때 *Table*[X, y]의 엔트리는 $y \in \text{FIRST}^{+}(\beta)$일 때 $x \rightarrow \beta$ 인 production의 규칙 번호여야 한다. 만약 $x \rightarrow \epsilon$도 문법에 포함된다면 FOLLOW(X)에 포함되는 모든 terminal 기호들의 엔트리는 ϵ-production에 부여된 규칙 번호여야 한다. 이 규칙이 지켜지지 않은 엔트리는 잘못된 엔트리이다. 만약 어떤 엔트리가 여러번 정의된다면 이는 실패한 작성 작업이다.

```
word ← NextChar()
push eof onto stack
push Start Symbol onto stack
TOS ← top of stack
loop forever
  if TOS = eof and word = eof
     then report success and exit the loop
  else if TOS is a terminal or eof then
     if TOS matches word then
       pop the stack
       word ← NextWord()
     else
       report an error looking for TOS
  else /* TOS is a nonterminal */
     if Table[TOS,word] is A → B1B2 ··· Bk then
       pop the stack
       for i ← k to 1 by -1
         push Bi onto the stack
     else
       report an error expanding TOS
  TOS ← top of stack
```

그림 3.8 LL(1) 파서 skeletion

이와 같은 작성이 성공하는 모든 문법은 LL(1) 문법이다. 그 결과 생성되는 테이블은 그림 3.8에 주어진 파서 skeleton에 따라 파서에 직접 사용된다. 이 문법은 top-down, recursive-descent 파서에도 마찬가지로 적합하다.

마무리

대부분의 프로그래밍 언어 구조가 backtrack이 없는 문법으로 표현될 수 있으므로 predictive 파싱은 중요하다. 실제로 nonterminal의 우측항에 구분되는 FIRST 집합을 갖는다는 제한은 LL(1) 문법의 유용성을 심각하게 제한하고 있지 않다. 이 문법들을 위해 만들어지는 파서는 간결하고 효율적이다. 작은 언어나 오류 메시지 표시가 매우 중요한 경우 top-down, recursive-descent 파서가 확실한 선택이다.

3.4 Bottom-Up 파싱

Bottom-up 파서는 트리의 leave들로 시작하여 root를 향해 작업해 나간다. 입력되는 값들을 맞이하면서 leaf node를 만들어 나간다. 이러한 과정이 파서 트리를 만들어 나가는 기본이 된다. 전개를 해나가기 위해 leave의 위 단계에 문법과 입력값에 따라 nonterminal의 층을 쌓는다. 부분적으로 완성된 파서 트리의 위쪽 가장자리를 upper라고 부른다. 이 과정은 트리의 루트까지 확장된다.

매 과정에서 파서는 문법의 production 우측의 항들에 알맞은 upper frontier를 찾는다. 알맞은 것을 찾게 되면 파서는 production의 왼쪽에 해당하는 nonterminal을 나타내는 노드를 추가하고 엣지를 추가하여 우측항들을 표시한다. Production에는 오직 하나의 nonterminal이 존재하므로 위쪽을 향한 이와 같은 확장은 하나 이상의 경계를 하나의 기호로 대체시킨다. 파서는 다음 두 조건이 충족될 때까지 이 과정을 반복한다.

1. Upper frontier는 문법의 start 기호를 나타내는 하나의 노드로 수렴하게 된다. 만약 파서가 입력의 모든 단어들을 매칭시켰다면 입력은 언어상 유효한 문장이다. 만약 어떤 단어들이 남아 있다면 입력은 유효한 문장이 아니다. 유효한 문장 뒤에 단어들이 추가적인 단어들이 더 있는 경우 파서는 사용자에 오류를 알려야 한다.

2. 매칭이 발견되지 않았다. 파서는 입력에서부터 전개를 하는 것이 불가능하게 되었기 때

문에 입력은 유효한 문장이 아니다. 파서는 사용자에게 이 실패를 알려야 한다. 파서 트리의 upper frontier는 분석 메시지를 만들 때 사용될 수 있는 정보를 포함하고 있다.

성공적인 파싱은 전개의 모든 과정을 거치게 된다. 실패한 파싱은 더 이상 진행할 단계가 없을 때 멈추게 되고 tree에 쌓인 문맥들을 이용하여 의미 있는 오류 메시지를 만들어 낼 때 사용할 수 있다. 많은 경우 오류에서 복구하여 파싱을 계속하면서, 한 번의 파싱으로 가능한 한 많은 구문 오류들을 찾아내게 된다. (3.6.1절을 참조)

Bottom-up 파서의 전개는 goal 기호로 시작하여 문장으로 작업을 진행해 나간다. 파서가 tree를 바닥부터 만들어 나가기 때문에 전개를 역순으로 해 나간다. 만약 전개가 다음과 같은 순으로 진행된다면 bottom-up 파서는 $\gamma_{n-2} \rightarrow \gamma_{n-1}$를 발견하기 전에 $\gamma_{n-1} \rightarrow \gamma_n$를 찾아낼 것이다.

$$S_0 = \gamma_0 \rightarrow \gamma_1 \rightarrow \gamma_2 \rightarrow \cdots \rightarrow \gamma_{n-1} \rightarrow \gamma_n = \textit{sentence},$$

Tree를 bottom-up 방식으로 만들게 되면 이와 같은 순서를 갖게 된다. 파서는 $\gamma_{n-1} \rightarrow \gamma_n$에 포함된 노드들을 포함하는 어떠한 전개를 하기 전에 frontier에 $\gamma_{n-1} \rightarrow \gamma_n$이 의미하는 노드를 추가해야 한다. 따라서 역전개 방향의 순서에 속하는 노드들만 발견될 수 있다.

스캐너는 좌측에서 우측 순서로 입력값을 살피므로 파서는 leaves들을 좌측에서 우측 순으로 보아야 한다. 여기서 terminal을 우측에서 좌측으로 유도하기를 제안하는데, 이를 통해 이와 같은 역방향 동작이 스캐너의 동작과 일치하도록 한다. 이는 오히려 자연스럽게 우측 우선 전개를 하는 bottom-up 파서를 만들어 준다. 매 순간 파서는 부분적으로 완성된 tree의 경계에서 동작할 것이다. 현재의 경계는 전개에 있어서 해당하는 문장 형식의 접두사를 나타낸다. 문장 형식이 우측 우선으로 전개되므로 아직 살펴보지 못한 suffix들은 전부 terminal 기호들이다.

문법이 모호하지 않다면 bottom-up 파싱이 더 쉽다. 분명한 문법에서 우측 우선 전개는 유일하다. 좀 더 큰 계층의 모호하지 않는 문법의 경우 γ_{i-1}는 γ_i와 제한된 양의 문맥에 의해 정해진다. 그 결과 효율적인 bottom-up 파서 계층이 만들어진다.

이 절에서 LR(1)이라 불리는 특정한 bottom-up 파서의 한 부류에 대해 고려해 볼 것이다. 이 파서들은 스캐너가 분류된 단어를 반환하는 방식인 왼쪽에서부터 오른쪽으로 입력을 살펴본다. 하지만 전개는 반대로 우측이 우선이다. LR(1) 파서는 파싱의 매 과정에서 이제껏 parse된 과정들과 최대 하나의 기호를 미리 보는 것을 기준으로 결정을 내린다. LR(1)이란 이름은 왼쪽에서 오른쪽으로 스캔, recursive-rightmost 전개, 그리고 하나의 기호 미리보기의 세 가지 특징에 의해 생겨난 것이다. 약식으로 만약 어떤 언어가 파싱의 결정시 하나의 기호만 미리 살펴보는 방법을 사용하여 reverse-rightmost 유도를 단번의 왼쪽에서 오른쪽으로의 scan에 의해 파싱할 수 있을 때, 이 문법을 LR(1) 특성을 갖고 있다고 말한다. LR 파싱 이론은 임의의 $k \geq 0$에 대해 LR(k) parser라는 파싱 기술군을 정의하고 있다.[2]

3.4.1 Shift-Reduce 파싱

효율적인 top-down 파서를 만드는 데 핵심이 되는 것은 매 과정에서 올바른 우측항을 찾아내는 것이다. Bottom-up 파싱에서 중요한 과정은 트리의 현재 upper frontier를 따라 일치하는 것을 찾는 효율적인 메커니즘을 개발하는 것이다. 공식적으로 이야기하자면 다음과 같은 조건하에서 파서는 상한 경계의 substring을 찾아내야 한다.

1. β는 $A \rightarrow \beta$ production의 우측항이어야 한다.
2. $A \rightarrow \beta$는 입력들의 rightmost derivation에 속하는 한 과정이어야 한다.

효율성을 위해 파서가 이를 β 오른쪽 끝의 한 단어 이외에 더 보지 않고서 이를 완수할 수 있기를 바란다.

우리는 잠재적 일치를 $A \rightarrow \beta, k$로 표현할 수 있다. 여기서 $A \rightarrow \beta$는 G에 속하는 production이고 k는 β 바로 오른쪽인 트리의 현재 경계의 위치를 나타낸다. 만약 β를 A로 대체시키는 것이 입력에 대한 reverse-rightmost 유도의 다음 과정이라면 $<A \rightarrow \beta, k>$는 bottom-up 파서의 *handle*이라고 부른다. Handle은 reverse rightmost 유도의 다음 과정을 간결히 나타낸다.

Bottom-up 파서는 현재 부분적으로 완성된 트리의 경계에 해당하는 handle을 찾고 handle이 나타내는 reduction을 함으로써 동작한다. 경계에 handle이 없는 경우 파서는 스캐너를 호출하여 다음 단어를 얻도록 하고 해당하는 leaf를 만들어 부분적으로 완성된 트리의 가장 우측 leaf가 되도록 한다. 이는 경계에서 하나의 leaf 노드를 추가시키게 된다.

위와 같은 작업이 어떻게 이루어지는지 보기 위해 x − 2 × y라는 문자열을 그림 3.1의 고전 표현문법으로 파싱하는 과정을 생각해 보자. 매 과정에서의 파서의 상태는 그림 3.9에 요약되어 있다. 그림 3.10은 각 과정에 해당하는 부분적으로 만들어진 파서 트리를 보여주고 있다. 트리는 매 표시에서 납득이 되는 경계 요소들로 그려진다. 각각의 과정에서 파서는 경계의 handle을 찾거나 경계를 추가시켜 준다.

예에서 볼 수 있듯이 파서는 부분적으로 만들어진 파서 트리의 위쪽 경계만 살펴보면 된다.

[2] 여기서 k는 파서가 필요한 미리 보기 정도를 나타내고 있다. LR(1) 파서는 $k > 1$인 파서와 마찬가지로 같은 집합의 언어를 받아들일 것이다. 하지만 LR(1) 문법은 더 많은 미리 보기를 하는 문법보다 더 복잡할 것이다.

	Next Word	Frontier	Handle	Action
1	`ident`		— none —	*extend*
2	-	`ident`	⟨*Factor*→`ident`,1⟩	*reduce*
3	-	*Factor*	⟨*Term*→*Factor*,1⟩	*reduce*
4	-	*Term*	⟨*Expr*→*Term*,1⟩	*reduce*
5	-	*Expr*	— none —	*extend*
6	`num`	*Expr* -	— none —	*extend*
7	×	*Expr* - `num`	⟨*Factor*→`num`,3⟩	*reduce*
8	×	*Expr* - *Factor*	⟨*Term*→*Factor*,3⟩	*reduce*
9	×	*Expr* - *Term*	— none —	*extend*
10	`ident`	*Expr* - *Term* ×	— none —	*extend*
11	*eof*	*Expr* - *Term* × `ident`	⟨*Factor*→`ident`,5⟩	*reduce*
12	*eof*	*Expr* - *Term* × *Factor*	⟨*Term*→*Term* × *Factor*,5⟩	*reduce*
13	*eof*	*Expr* - *Term*	⟨*Expr*→*Expr* - *Term*,3⟩	*reduce*
14	*eof*	*Expr*	⟨*Goal*→*Expr*,1⟩	*reduce*
15	*eof*	*Goal*	— none —	*accept*

그림 3.9 x − 2 × y에 botton-up 파서의 과정

이 사실을 이용하여 bottom-up 파서의 특별히 깔끔한 형태인 shift-reduce 파서를 만들 수 있다. 이 파서들은 스택을 이용하여 경계값들을 가지고 있고 이를 통해 알고리즘을 두 가지 측면에서 단순화시켜 준다. 먼저 스택은 경계를 다루기 위한 공간에 대한 문제를 사소하게 만들어 준다. 경계를 확장하기 위해서 파서는 단지 현재의 입력 기호를 스택의 top에 push해 주면 된다. 다음으로 스택은 handle이 스택의 top에서 그들의 오른쪽 끝과 함께 발생함을 보장해 준다. 이는 handle의 위치를 표현하는 것을 명시적으로 없애 표현을 단순화 시키고 한정된 수의 handle을 만들 수 있게 한다.

그림 3.11은 간단한 shift-reduce 파서를 보여주고 있다. 먼저 invalid라는 지정된 기호를 스택으로 옮기고 스캐너로부터 첫 번째 입력 기호를 받아들인다. 그리고선 다음의 간단한 방침을 따른다. “handle이 발견될 때까지 입력을 스택으로 옮긴다. 그리고 handle이 발견되면 바로 reduce시킨다.” 이는 스택의 top에 goal이 나타낼 때 멈추고 파서는 모든 입력을 다 소모하게 된다.

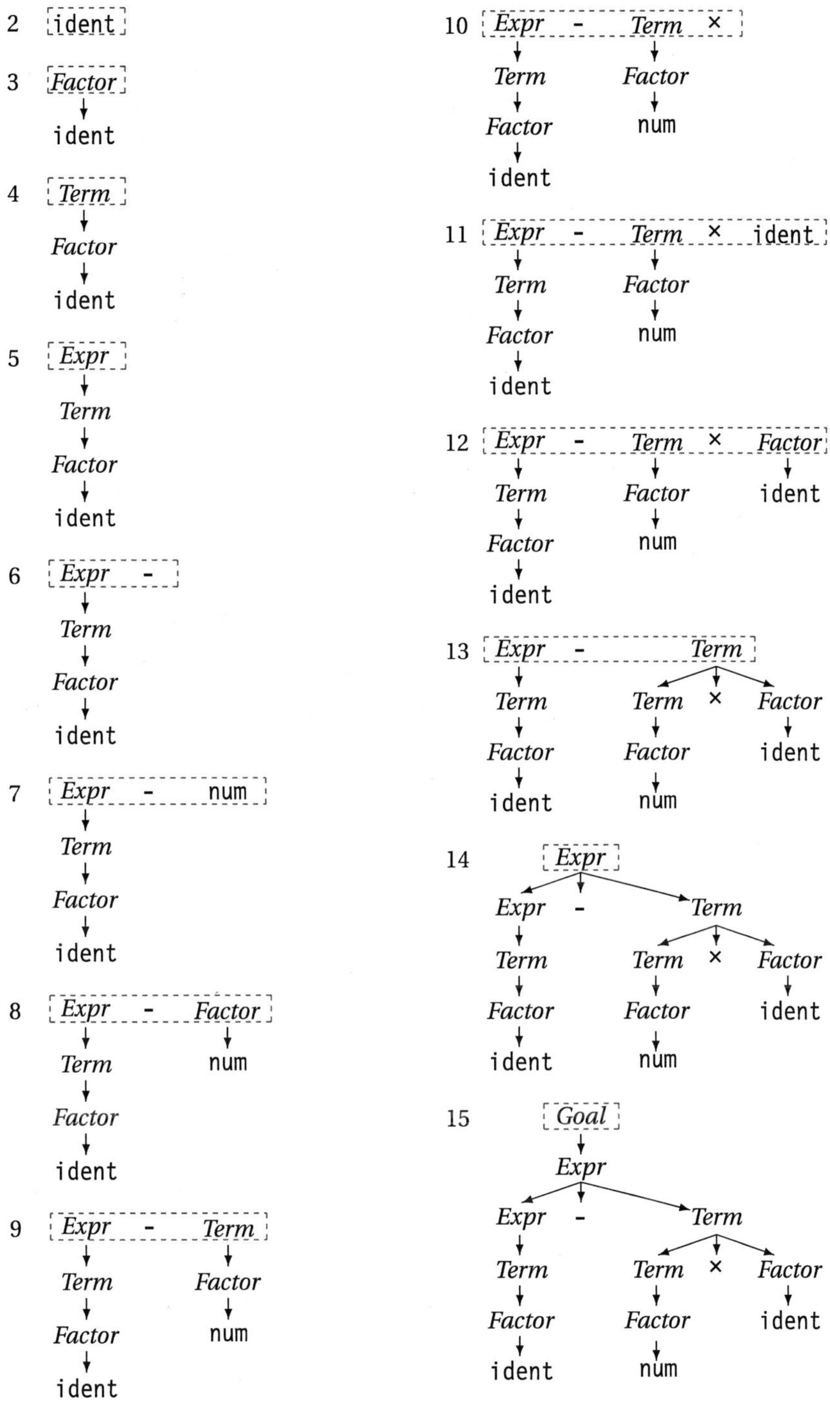

그림 3.10 x – 2 × y의 botton-up 파서에서의 부분적인 파스 트리 예

```
push invalid
word ← NextWord()
repeat until (word = eof & the stack contains
    exactly Goal on top of invalid)
  if a handle for A→β is on top of the stack then
    /* reduce by A→β */
    pop | β | symbols off the stack
    push A onto the stack
  else if (word ≠ eof) then
    /* shift word onto the stack */
    push word
    word ← NextWord()
  else /* no handle, no input */
    report syntax error & halt
```

그림 3.11 shift-reduce 파싱 알고리즘

이 알고리즘은 handle 발견 메커니즘이 실패하면 구문 에러를 알린다. 그림 3.11이 handle 발견을 추상적으로 표현하고 있으므로 "*if a handle for A → β is on top of the stack,*" 오류 발견의 세부사항은 분명치 않다. 사실 이 그림은 오직 모든 입력이 스택으로 옮겨졌을 때만 오류가 발생할 수 있음을 나타낸다. handle 탐색을 위해 이 메커니즘을 살펴보다 보면 과정에서 훨씬 일찍 syntax 오류가 발생함을 볼 수 있을 것이다. 예를 들어 입력된 문자열은 고전 표현 문법으로 쓰여진 것이 x + ÷ y가 아니다. Handle을 찾다보면 + 다음에 ÷가 뒤따르는 것을 보고서 바로 눈치챌 수 있을 것이다.

그림 3.11의 알고리즘을 사용하면 그림 3.9에서 x − 2 × y 입력을 shift-reduce 파서가 어떻게 처리하는지를 알 수 있다. "Next Word"라 이름 붙은 열은 알고리즘에서 *word* 변수의 내용을 보여준다. "Frontier"라 이름 붙은 열은 각 과정에서의 스택의 상황을 나타낸다. 스택의 top은 오른쪽이다. 마지막으로 extend라는 동작은 shift를 나타낸다. *reduce*는 여전히 reduction을 나타낸다.

길이가 s인 입력들의 경우 이 shift-reduce 파서는 S번의 shift를 수행하고 전개에서의 reduction은 r번 수행한다. *Repeat until* 룹의 매 반복에서 handle을 찾으므로 결과적으로 $s+r$번의 handle 탐색 동작을 하게 된다. 이는 파서 트리의 노드의 수와 일치한다. Shift와 reduce는 파서 트리에서 하나의 새로운 노드를 만들어 낸다.

고정 문법의 경우 r은 **O**(s)이어야 하므로 handle 탐색 동작의 수는 입력 문자열의 길이에 비례하게 된다. 만약 handle 탐색에 드는 비용을 작은 상수로 유지한다면 파서는 $s+r$에 비례하게 될 것이다. 물론 handle 탐색의 비용을 이렇게 제한하게 되면 handle 탐색 동작에서 스택 전체를 탐색하는 기술은 모두 제외될 것이고 효율적인 handle 탐색에 프리미엄을 둘 것이다.

3.4.2 Handle 발견하기

Handle 탐색 메커니즘은 bottom-up 파싱에서 핵심이 된다. 입력들을 처리하면서 파서는 모든 가능한 handle을 찾고 추적해야 한다. 예를 들어 모든 규칙에 맞는 입력은 결국 모든 경계를 문법의 goal 기호로 reduce시킨다. 고전 표현 문법에서는 *Goal* → *Expr*이 *Goal*로 reduce시켜나가는 유일한 production이었다. 이는 어떤 성공적인 parse에서든 마지막 reduction이 되어야 한다. 만약 모든 경계가 *Goal*로 reduce되었다면 handle의 위치는 1이 되어야 한다. 따라서 ⟨*Goal* → *Expr*, 1⟩은 모든 파서의 시작에서 잠재적 handle이다.

파서가 유도를 해나감에 따라 다른 handle들 또한 발견하게 된다. 매 과정에서 가능한 handle들의 집합은 reduction을 이끌어내는 다른 접미사들을 나타낸다. 유도의 부분이 이미 만들어졌다면 각각의 잠재적 handle은 문법 기호들의 나열을 나타내며 만약 이것이 발견된다면 문법에서 우측편의 어떤 production을 완성할 것이다. 그림 3.9는 shift-reduce 파서가 x − 2 × y를 처리하면서 발견된 9개의 완료된 handle들을 나타내고 있다.

Parse의 3번과 8번 과정에서의 handle은 *Term*→Factor에 의한 reduction을 나타낸다. Handle은 다른 위치에 적용되며, 기호 Factor가 발생하는 경계에서 구체화된다. 하지만 Shift-reduce 파서에선 가장 최근에 인식된 기호가 top에 위치한 채 table에 보여진 만큼의 경계가 항상 스택에 자리잡고 있다. 3번과 8번 과정 모두에서 handle의 위치 필드는 스택의 top에 위치한 기호를 나타낸다. 사실 파서가 인식하는 각 handle의 경우 위치 필드는 스택의 top을 나타낸다. 위치를 스택의 top에서 상대적으로 나타낸다면 우리는 수많은 별개의 handle의 수를 문법의 production당 하나로 급격히 줄일 수 있다.

이를 좀 더 생각해 보면 shift-reduce 파서가 탐색해야 하는 잠재적 handle들을 나타낼 수 있다. 스택의 top을 placeholder •를 이용해 나타내면, 그림 3.9의 9개의 handle은 다음과 같이 된다.

⟨*Factor*→ident •⟩	⟨*Term*→*Factor* •⟩	⟨*Expr*→*Term* •⟩
⟨*Factor*→num •⟩	⟨*Term*→*Factor* •⟩	⟨*Factor*→ident •⟩
⟨*Term*→*Term* × *Factor* •⟩	⟨*Expr*→*Expr* - *Term* •⟩	⟨*Goal*→*Expr* •⟩

이 표기법은 첫 번째와 여섯 번째가 동일하듯이 두 번째와 다섯 번째 handle이 동일함을 보여주고 있다. 이는 앞으로 handle을 발견할 가능성을 표현하는 방법을 만들어 낸다.

6번 과정에서의 파서의 상태를 입력 기호인 num과 경계 *Expr* −와 함께 고려해 보라. 테이블에서 다음 reduction이 <*Factor* → num •>이 되고 그 뒤로 x 기호와 ident를 인식하기 위해 shift와 reduction들이 더 있을 것이라는 것을 알 수 있다. 하지만 현재의 경계에 관해서는 파서는 *Expr*−을 인식해 냈다. 결과적으로 경계의 이 부분을 reduce하기 전에 *Term*을 인식할 필요가 있다. 스택 상대적인 표기법을 사용함으로써 우리는 파서의 상태를 *Expr* → *Expr* − • *Term* 와 같이 나타낼 수 있다. 파서는 *Expr*과 -를 하나씩 인식하였고 스택의 top에는 −가 있다. 만약 *Term*을 *Expr*− 위로 옮기는 상태에 도달하게 되면 *Expr* → *Expr*−*Term* •를 다루는 handle을 완료하게 된다.

Handle과 잠재적 handle을 표현하기 위한 구체적인 표기법을 사용하면 다음과 같은 질문을 할 수 있다. 몇 개의 잠재적 handle을 파서가 인식해야 할까? 각 production의 오른쪽 편은 처음, 마지막 그리고 연속된 두 기호 사이에 placeholder를 가질 수 있다. 만약 오른쪽 편에 k개의 기호가 있다면 $k+1$개의 위치에 placeholder가 올 수 있다. 문법의 잠재적 handle의 수는 단순히 모든 production의 오른편의 길이의 합이다. 모든 handle의 수는 단순히 production의 수이다. 이 두 사실은 LR(1)파서의 결정적인 특징으로 이어진다.

주어진 문법은 파서가 인식해야 하는 유한한 수의 handle(그리고 잠재적 handle)의 집합을 만들어 낸다.

2장에서 우리는 단어들의 유한한 집합을 인식하는 데 적합한 도구인 DFA를 살펴보았다. LR(1) 파서는 파서 스택의 top에서 효율적으로 handle을 찾기 위해 handle 인식 DFA를 사용한다. 테이블 형성 알고리즘은 이 DFA의 모델을 만들고 이를 table로 변환시켜 준다.

그림 3.9의 파서를 자세히 살펴보면 이 방법의 결점을 찾을 수 있다. 과정 9에서의 파서의 동작을 생각해 보자. 경계는 *Expr* - *Term*이고 <*Expr* → *Expr* - *Term* •>의 handle을 제안하고 있다. 하지만 파서는 경계를 *Expr*로 reduce시키지 않고 x를 스택에 옮김으로써 경계를 확장하려 하고 있다. 분명히 이는 파서에게 올바른 동작이다. 어떤 잠재적 handle도 x 다음에 이어지는 *Expr*를 담고 있지 않다.

올바른 동작을 결정하기 위해 파서는 입력의 나중에 올 다른 오른쪽 문맥에 필요한 구분되는 동작들을 인식할 수 있다. 9번 과정에서 잠재적 handle들은 다음과 같다.

$$\langle Expr \rightarrow Expr\ \text{-}\ Term \bullet \rangle\ \langle Term \rightarrow Term \bullet \times Factor \rangle\ \langle Term \rightarrow Term \bullet \div Factor \rangle$$

다음의 입력 기호인 x는 분명히 두 번째 선택과 일치하고 세 번째 선택을 배제시킨다. 파서는 첫 번째와 두 번째 선택 사이에서 결정을 할 수 있는 기초가 필요하다. 이는 파서가 경계에서 가진 것보다 더 큰 문맥이 필요하다.

Expr - *Term*을 *Expr*로 reducing하는 것과 *Term* x *Factor*을 인식하기 위해 x를 옮기는 것 중 선택을 하기 위해선 parser는 어떤 기호가 올바른 과정 하에 *Expr*과 *Term*의 오른쪽에 나타

낼 수 있는지 인식할 수 있어야 한다. 문법을 살펴보면 +와 −는 첫 번째와 두 번째 production에서 *Expr*의 바로 뒤를 따른다. 네 번째와 다섯 번째의 production에서 ×와 ÷는 *Term*에 이어질 수 있다. 따라서 아홉 번째 과정에서 파서는 다음 기호를 보고 올바른 동작을 선택할 수 있다. +나 −의 경우 reduce가 일어나야 하고 ×와 ÷의 경우 shift가 일어나야 한다. 다음 기호가 ×이므로 파서는 shift를 하게 된다.

이 LR(1) 파서는 하나의 미리 보기만으로 shift하거나 reduce할지를 결정할 수 있는 언어를 정확히 인식할 수 있다. LR(1) 생성 알고리즘은 handle 인식 DFA를 만들어 낸다. 파싱 알고리즘은 이 DFA를 handle과 파서 스택의 잠재적 handle을 인식하는 데 사용한다. 이 알고리즘은 DFA가 적용될 수 있는 분야를 안내하기 위해 shift-reduce 파싱 방법을 이용하고 있다. 이 방법은 DFA를 반복하여 호출한다. 이를 완료하기 위해 DFA의 내부 상태에 관한 정보를 파서 트리의 upper frontier를 나타내는 문법 기호들을 끼어 넣어 스택에 저장하고 있다.

3.4.3 lR(1) 파서들

SLR(1)과 LALR(1)으로 알려진 제한된 형태를 포함한 LR(1) 파서는 파서들 중 가장 널리 이용되고 있다. 테이블 기반 LR(1) 파서는 효율적이다. 테이블을 자동으로 만들어 주는 툴은 쉽게 이용이 가능하다. 이 도구들에 받아들여지는 문법은 대부분의 프로그래밍 언어 구조가 자연스럽게 표현되도록 허용한다. 이 절에서는 LR(1) 파서가 어떻게 동작하는지 설명하고 하나의 LR(1) 파서(정규 LR(1) 파서)의 파서 table을 어떻게 만드는지 보여줄 것이다.

그림 3.12는 전형적인 LR(1) 파서 생성 시스템의 구조를 보여주고 있다. 컴파일러 작성자는 소스 언어를 표현하는 문법을 만들어 낸다. 파서 생성기는 문법을 받아들여 LR(1) 파서를 동작시킬 한 짝의 table을 만들어 낸다. 테이블은 파싱에 필요한 모든 문법적 지식을 나타낸다. 파서 생성기는 handle임을 확인하고 언제 shift할지, 그리고 언제 reduce를 하며 reduction에 어떤 규칙을 사용할지를 결정할 때 필요한 정보들을 테이블로 미리 컴파일 해둔다. 대부분의 그러한 시스템에서 컴파일러 작성자는 각 production에 reduction을 하는 데 필요한 약간의 코드를 제공할 수 있다. 이와 같은 특별한 임시방책은 syntax 기반 계산을 파서 시간에 수행할 수 있는 메커니즘을 제공한다. 4장에서 그러한 특별 동작들에 대해 살펴볼 것이다.

LR(1) 테이블 작성은 이론을 실제에 적용한 훌륭한 예이다. 이러한 작성은 handle인식 DFA의 모델을 체계적으로 만들고 그 모델을 파서의 skeleton를 이루는 테이블로 바꿔준다. 하지만 테이블 작성은 세부사항까지 공들여 집중해야 할 만큼 복잡한 작업이다. 이는 자동화되어야 하는 바로 그런 종류의 작업이다. 파서 생성기는 사람보다 이와 같은 계속 이어지는 긴 연산을 더 잘 처리해낸다. 그럼에도 불구하고 숙련된 컴파일러 작성자는 테이블 작성 알고리즘을 이해해야

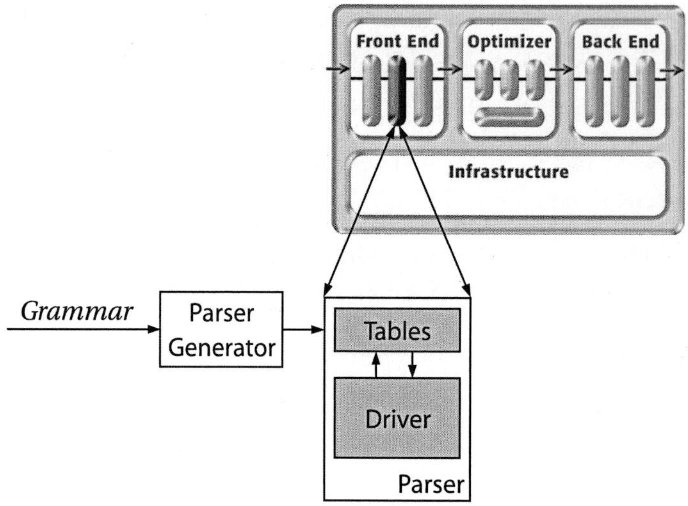

그림 3.12 LR(1) 파서 생성기의 구조

한다. 왜냐하면 테이블은 파서가 어떻게 동작하는지 잘 보여주고 파서 생성기가 어떤 종류의 오류들을 마주칠 수 있는지 어떻게 오류들이 나타낼 수 있는지 그리고 이 오류들이 왜 고쳐져야 하는지 알려준다.

그림 3.12에서 보인 바와 같이 LR(1) 파서는 드라이버와 파서를 구동하는 한 짝의 테이블로 되어 있다. 그림 3.13은 드라이버를 보여주고 있다. 각각 *Action*과 *Goto*라고 불리는 테이블들은 모든 드라이버가 필요로 하는 모든 문법적 지식을 표시하고 있다. 그림 3.14와 그림 3.15는 고전 표현 문법에서의 이 테이블들을 보여주고 있다. 테이블 형성 알고리즘을 단순화시키기 위해 goal production과 나머지 production들에 번호를 새로 부여하여 문법을 확대시켰다. 그 결과 문법은 다음과 같다.

1	*Goal*	→ *Expr*
2	*Expr*	→ *Expr* + *Term*
3		| *Expr* - *Term*
4		| *Term*
5	*Term*	→ *Term* × *Factor*
6		| *Term* ÷ *Factor*
7		| *Factor*
8	*Factor*	→ (*Expr*)
9		| num
10		| ident

```
push invalid
push start state, s0
word ← NextWord()
while (true)
  s ← top of stack
  if Action[s,word] = "shift si" then
    push word
    push si
    word ← NextWord()
  else if Action[s,word] = "reduce A → β" then
    pop 2 × | β | symbols
    s ← top of stack
    push A
    push Goto[s, A]
  else if Action[s,word] = "accept" then
    return
  else report syntax error and halt
```

그림 3.13 LR(1) 파서를 위한 드라이버

Skeleton 파서는 그림 3.11에서 보인 shift-reduce 파서와 닮았다. 각 과정에서 경계에서의 문법 기호와 handle 인식기에서의 상태를 스택에 넣는다. 이는 네 개의 동작을 가진다.

1. *shift* 미리 본 단어를 스택으로 옮김으로써 경계를 확장하고 handle 인식기를 새로운 상태로 바꾸어 준다. 그 결과 인식기는 반복해서 호출될 것이다.

2. *reduce* 현재의 handle을 왼쪽항으로 대체시킴으로써 경계를 수축시킨다. 여기서 handle의 오른쪽 항에 해당하는 각 기호마다 스택에서 두 개의 항목을 pop하여 없애버림으로써 handle을 인식하는 데 사용된 모든 중간 과정을 버리게 된다. 다음으로 handle 아래의 상태와 왼쪽 항을 사용하여 새로운 인식기 상태를 찾고 왼쪽항과 새로운 상태를 스택에 push한다.

3. *accept* 성공을 나타낸다. 이 상태는 오직 파서가 goal 기호까지 reduce되고 미리 볼 수 있는 기호가 *eof*일 때만 도달하게 된다.

4. *error* syntax 오류를 나타낸다. *Action* 테이블이 *shift*, *reduce*, 혹은 *accept*가 아닌 다른 엔트리를 포함하게 되면 언제나 이 상태에 도달하게 된다. 그림에서 이 엔트리는 빈 공간으로 남겨져 있다.

Action 테이블의 엔트리들은 *shift*의 경우 *s*로 *reduce*의 경우 *r*로 표시되고 있다. 따라서 *s3*라는

Action **Table**

State	*eof*	+	-	×	÷	(	)	num	ident
0						s 4		s 5	s 6
1	acc	s 7	s 8						
2	r 4	r 4	r 4	s 9	s 10				
3	r 7	r 7	r 7	r 7	r 7				
4						s 14		s 15	s 16
5	r 9	r 9	r 9	r 9	r 9				
6	r 10	r 10	r 10	r 10	r 10				
7						s 4		s 5	s 6
8						s 4		s 5	s 6
9						s 4		s 5	s 6
10						s 4		s 5	s 6
11		s 21	s 22				s 23		
12		r 4	r 4	s 24	s 25		r 4		
13		r 7	r 7	r 7	r 7		r 7		
14						s 14		s 15	s 16
15		r 9	r 9	r 9	r 9		r 9		
16		r 10	r 10	r 10	r 10		r 10		
17	r 2	r 2	r 2	s 9	s 10				
18	r 3	r 3	r 3	s 9	s 10				
19	r 5	r 5	r 5	r 5	r 5				
20	r 6	r 6	r 6	r 6	r 6				
21						s 14		s 15	s 16
22						s 14		s 15	s 16
23	r 8	r 8	r 8	r 8	r 8				
24						s 14		s 15	s 16
25						s 14		s 15	s 16
26		s 21	s 22				s 31		
27		r 2	r 2	s 24	s 25		r 2		
28		r 3	r 3	s 24	s 25		r 3		
29		r 5	r 5	r 5	r 5		r 5		
30		r 6	r 6	r 6	r 6		r 6		
31		r 8	r 8	r 8	r 8		r 8		

그림 3.14 고전 표현 문법을 위한 Action 테이블

Goto **Table**

State	Expr	Term	Factor
0	1	2	3
1			
2			
3			
4	11	12	13
5			
6			
7		17	3
8		18	3
9			19
10			20
11			
12			
13			
14	26	12	13
15			

Goto **Table**

State	Expr	Term	Factor
16			
17			
18			
19			
20			
21		27	13
22		28	13
23			
24			29
25			30
26			
27			
28			
29			
30			
31			

그림 3.15 고전 표현 문법을 위한 Goto 테이블

엔트리는 "Shift 하고서 상태 s_3로 가라"를 나타내고 *r5*는 "production 5로 *reduce*하라."를 나타내고 있다. *Goto* 테이블은 *reduce* 동작 다음에 취할 전이를 나타내고 있다.

이 파서를 이해하기 위해 우리의 간단한 예를 다시 생각해 보자. 그림 3.16은 LR(1) 파서가 x − 2 × y표현을 파서하기 위해 취한 상태들이 어떻게 연속되고 있는지를 보여주고 있다. 파서는 먼저 *invalid*와 0번째 상태를 스택으로 옮긴다. 다음으로 ident를 스택으로 옮기고 *Factor*로, 그리고서 *Term*으로 또 다시 *Expr*로 reduce시킨다. 다음으로 num 다음에 이어지는 −를 shift 시킨다. 여기서 num을 *Factor*로 reduce시키고 이를 다시 *Factor*에서 *Term*으로 reduce시킨다. 그 다음 ×와 ident를 순서대로 스택으로 shift시킨다. 마지막으로 ident를 *Factor*로 reduce시키고 *Term* × *Factor*는 *Term*으로 reduce시키고서, *Expr* − *Term*을 *Expr*로 reduce시킨다. 여기서 *Expr*은 스택에 위치하고 있고 다음 단어는 EOF인 상태로 입력 문자열을 받아들인다. 이와 비슷한 과정이 그림 3.9에 나타나 있다.

LR(1) 파서를 만드는 데 핵심이 되는 것은 *Action*과 *Goto* 테이블을 만드는 것이다. 이 테이블들은 shift할지 reduce할지 아니면 accept할지 결정할 때 필요한 제한된 오른쪽 문맥과 함께 handle 인식 DFA의 동작을 나타내고 있다. 손으로 이와 같은 테이블들을 직접 만들 수도 있

	Current Symbol	Stack	Action
1	ident	*invalid* 0	*shift*
2	-	*invalid* 0 ident 6	*reduce 10*
3	-	*invalid* 0 *Factor* 3	*reduce 7*
4	-	*invalid* 0 *Term* 2	*reduce 4*
5	-	*invalid* 0 *Expr* 1	*shift*
6	num	*invalid* 0 *Expr* 1 - 8	*shift*
7	×	*invalid* 0 *Expr* 1 - 8 num 5	*reduce 9*
8	×	*invalid* 0 *Expr* 1 - 8 *Factor* 3	*reduce 7*
9	×	*invalid* 0 *Expr* 1 - 8 *Term* 18	*shift*
10	ident	*invalid* 0 *Expr* 1 - 8 *Term* 18 × 9	*shift*
11	*eof*	*invalid* 0 *Expr* 1 - 8 *Term* 18 × 9 ident 6	*reduce 10*
12	*eof*	*invalid* 0 *Expr* 1 - 8 *Term* 18 × 9 *Factor* 19	*reduce 5*
13	*eof*	*invalid* 0 *Expr* 1 - 8 *Term* 18	*reduce 3*
14	*eof*	*invalid* 0 *Expr* 1	*accept*

그림 3.16 x − 2 × y에서의 LR(1) Parser 상태들

지만 알고리즘은 꼼꼼한 부기뿐만 아니라 많은 세부 사항까지 다뤄야만 한다. LR(1) 테이블을 만드는 것은 컴퓨터에 의해 자동으로 이루어져야 하는 일의 주요한 예이다.

3.5 LR(1) 테이블 만들기

*Action*과 *Goto* 테이블을 만들기 위해 LR(1) 파서 생성기는 handle 인식 DFA 모델을 만들고 이 모델을 이용하여 테이블을 채운다. 모델은 각 파서의 상태를 나타내기 위해 다음 절에 설명된 LR(1) 항목들의 집합을 사용하며 이 집합들은 체계적인 기술을 사용하여 만들어진다. 여기서의 모델을 LR(1) 항목 집합의 정규 모음이라고 하며, $CC = \{CC_0, CC_1, CC_2, \ldots, CC_n\}$로 표시한다. *CC*의 각 집합은 결과적으로 나타나는 파서의 상태를 나타낸다.

만드는 과정을 설명하기 위해 두 가지의 예를 사용할 것이다. 첫 번째 것은 *SheepNoise* 문법인 *SN*으로 유일한 goal 기호에 의해 확장된다. 이는 개별 과정들을 명백히 확인해 볼 수 있는 작은 예이다.

1	*Goal*	$\rightarrow$	*SheepNoise*
2	*SheepNoise*	$\rightarrow$	`baa` *SheepNoise*
3		|	`baa`

테이블을 만드는 과정에서 명시적으로 *eof* 기호를 terminal 기호로 포함할 것이다. 이는 입력의 맨 끝에 발생한다. 문법에서 goal production의 끝에 이것이 암묵적으로 발생한다.

3.5.4절의 두 번째 예는 고전적인 `if-then-else` 모호성의 추상화된 버전이 될 것이다. 이 예는 *SN*보다 복잡하다. 문법이 모호하기 때문에 실제적인 테이블 형성은 실패한다. 하지만 실패는 과정의 뒷부분에 나타나므로 예는 테이블을 만드는 과정의 더 복잡한 부분들을 보여줄 것이다. 예에서 오류로 귀결되는 상황을 집중적으로 살펴볼 것이다.

3.5.1 LR(1) 항목들

LR(1) 테이블 만들기는 handle과 잠재적인 handle, 그리고 이와 관련된 미리 보기 기호들을 구체적으로 표현할 수 있어야 한다. 우리는 이러한 표현을 LR(1) 항목이라고 부른다. LR(1) 항목은 한 짝의 $[A \rightarrow \beta \bullet \gamma,$ a$]$이고 $A \rightarrow \beta \bullet \gamma$은 handle이거나 잠재적 handle로 $\bullet$을 이용하여 스택 top의 위치를 나타내고 있고 a $\in T$는 소스 언어에 속하는 단어를 나타낸다. LR(1) 항목들은 bottom-up 파서의 구성을 나타내고 있다. 그들은 파서가 미리 본 왼쪽 문맥에 일치하는 잠재적인 handle을 나타낸다.

Production $A \rightarrow \beta\gamma$와 미리 보기 기호 a $\in T$의 경우 placeholder가 세 개의 구분된 항목들을 각각에 대한 해석과 함께 만들어 낼 수 있다. 각각의 경우 파서의 어떤 상태를 나타내 주는 것과 관계된 집합에 속한 항목의 존재는 파서가 본 입력이 문법에서 A 다음에 a가 따라 발생하는 것과 일치함을 나타낸다. 항목에서 $\bullet$의 위치는 더 많은 정보를 제공한다.

$[A \rightarrow \bullet \beta\gamma,$ a$]$ A가 유효할 것이고 이 시점에서 β를 인식하는 것이 A를 발견해 나가는 과정이라는 것을 나타낸다. 우리는 이 항목을 *가능성*이라고 부른다. 왜냐하면 이미 본 입력의 완료 가능성을 나타내고 있기 때문이다.

$[A \rightarrow \beta \bullet \gamma,$ a$]$ 파서가 β를 인식함으로써 A가 유효할 수 있는 상태에서 진전이 있었음을 나타낸다. β는 A를 인식하는 것과 일치한다. 다음 과정은 γ를 인식하는 것이다. 우리는 이러한 항목을 *partially complete*라고 부른다.

$[A \rightarrow \beta\gamma \bullet,$ a$]$ 파서가 a 다음에 이어지는 A가 유효한 문맥에서 $\beta\gamma$를 발견했음을 나타낸다.

만약 미리 본 기호가 a라면 파서는 $\beta\gamma$를 A로 reduce시킬 수 있다. 그리고 이 항목은 handle이 된다. 그러한 항목은 *complete*라고 한다.

LR(1) 항목에서 •는 여태까지의 파서의 역사인 왼쪽 문맥을 나타낸다. 미리 보기 기호는 잠재적 오른쪽 문맥을 나타낸다. 만약 파서가 •를 production의 끝으로 옮기고 항목의 미리 보기 기호와 일치하는 다음 기호를 발견하게 되면, 항목의 production에 따라 reduce를 해야 한다.

SheepNoise 문법은 다음과 같은 LR(1) 항목들을 만들어 낸다.

[*Goal* → • *SheepNoise*, *eof*]	[*SheepNoise* → • baa *SheepNoise*, *eof*]
[*Goal* → *SheepNoise* •, *eof*]	[*SheepNoise* → baa • *SheepNoise*, *eof*]
[*SheepNoise* → • baa, *eof*]	[*SheepNoise* → baa *SheepNoise* •, *eof*]
[*SheepNoise* → baa •, *eof*]	[*SheepNoise* → • baa *SheepNoise*, baa]
[*SheepNoise* → • baa, baa]	[*SheepNoise* → baa • *SheepNoise*, baa]
[*SheepNoise* → baa •, baa]	[*SheepNoise* → baa *SheepNoise* •, baa]

[*Goal* → *SheepNoise*•, *eof*]는 파서가 이미 *Goal*로 reduce되는 문자열을 찾고 *eof*에 의해 입력이 바닥난 형태를 나타낸다. 만약 *Goal* 아래의 스택이 비어 있다면 (즉, *Goal* 아래의 기호가 *invalid*라면) parse는 성공한 것이다.

3.5.2 정규 모음 만들기

*CC*를 만드는 것은 파서의 처음 상태를 만드는 것으로 시작한다. 이 상태는 파서의 초기 상태를 나타내는 집합과 초기 상태에 갖추어져야 할 항목들로 구성되어 있다. 이 초기 상태를 만드는 과정을 단순화시키기 위하여 확장된 *SN* 문법에서처럼 유일한 goal 기호를 가질 필요가 있다.

[*Goal* → •*SheepNoise*, *eof*] 항목은 파서의 초기 상태를 나타낸다. *eof* 다음에 이어지는 *SheepNoise*를 인식하는 구성이 유효함을 나타낸다. CC_0의 라벨이 붙은 이 항목은 *CC*의 초기 상태의 핵심이 된다. 만약 문법에 goal 기호에 몇 개의 구분되는 production이 있다면, 이들의 각각은 CC_0의 초기 핵심에서 하나의 항목을 만들어 낼 것이다.

Closure 절차

파서의 초기 상태, CC_0를 계산하기 위한 작업은 goal 기호의 오른쪽 항에 해당하는 초기 항목들로 시작된다. 상태를 계산하기 위하여 이 초기 항목들에 포함된 모든 항목들을 더해준다. *closure* 절차에서 이를 수행한다.

```
closure(s)
   while (s is still changing)
      for each item [A→β • Cδ,a] ∈ s
         for each production C→γ ∈ P
            for each b ∈ FIRST(δa)
               s ← s ∪ {[C→•γ,b]}
   return s
```

closure 절차는 s집합의 항목들에 대해 반복 동작한다. 만약 항목의 placeholder •가 어떤 nonterminal C를 앞서간다면 *closure*는 C를 유도해 내는 모든 production을 위해 하나 이상의 항목을 추가시켜 줘야 한다. 이 항목들은 productoin의 오른쪽 편 처음에 •를 갖고 있다.

이렇게 하는 이유는 분명하다. 만약 $[A \rightarrow \beta \bullet C\delta,\ a] \in s$라면 왼쪽 문맥을 완성할 수 있는 방법은 δa가 뒤따르는 C로 reduce 하는 문자열을 찾는 것이다. 이와 같은 발견은 production의 우측항들($C\delta$)을 채우고 유효한 미리 보기 기호가 뒤따르므로 A로의 reduction을 일으키게 된다.

Production $C \rightarrow \gamma$의 경우 *closure*는 앞에 placeholder를 위치시켜야 하고 δa의 처음 기호로 나타낼 수 있는 모든 terminal인 적절한 미리 보기 기호를 추가시켜 줘야 한다. 이는 FIRST(δa)의 모든 terminal을 포함한다. 만약 $\varepsilon \in$ FIRST(δ)라면 이는 a 또한 포함한다. 알고리즘에서 FIRST(δa)는 이 같은 방식의 FIRST 집합에서 문자열로의 확장을 나타낸다. 만약 δ가 $\in$라면 FIRST(a) = {a}에 귀속되게 된다.

*SN*의 경우 초기 항목은 [*Goal* → • *SheepNoise*, *eof*]이다. 이 closure을 취하게 되면 다음의 두 개의 항목이 집합에 추가된다. Production 2에서 [*SheepNoise* → • baa *SheepNoise*, *eof*], production 3에서 [*SheepNoise* → • baa, *eof*]. Terminal 기호 baa는 각 항목에서 •를 뒤따르고 있으므로 더 이상 새로운 항목이 생겨나진 않는다. 이 세 항목은 CC_0의 first 집합을 형성하게 된다.

closure 계산은 또 다른 fixed-point 계산이다. 각 과정에서 3중의 룹은 s를 항목에 추가시키거나 s를 그대로 남겨둔다. s에서 항목을 없애는 경우는 절대로 없다. LR(1) 항목의 집합은 유한하기 때문에 룹은 언젠가 반드시 멈춰야 한다. 3중 룹은 높은 비용이 요구될 것으로 보인다. 하지만 자세히 살펴보면 s의 각 항목은 오직 한 번만 처리됨을 알 수 있다. 외부 룹은 오직 외부 룹의 바로 전 반복에서 추가된 항목들만 고려하면 된다. 중간 룹은 하나의 nonterinal의 오른쪽 항들의 집합을 반복 처리하고 내루 룹은 FIRST(δa)에 반복 적용된다. 만약 δ가 ϵ라면 내부 룹은 오직 a기호만을 보게 된다. 따라서 계산은 처음에 보았던 것보다 빠르게 진행된다.

Goto 절차

두 번째로 중요한 과정은 CC_0에서 다른 파서의 상태를 유도해 내는 것이다. 이를 완료하기 위하여 상태 CC_i와 문법 기호 x에 대하여 CC_i 상태에서 x를 인식할 때 발생하는 상태를 계산한다. *goto* 절차가 이를 수행한다.

```
goto(s, x)
  moved ← ∅
  for each item i ∈ s
    if the form of i is [α→β • xδ, a] then
      moved ← moved ∪ {[α→βx • δ, a]}
  return closure(moved)
```

goto 절차는 LR(1) 항목의 집합인 s와 문법 기호 x를 인자로 가지며 s에 속한 항목들에게 반복하여 적용된다. 만약 •가 x를 앞지르는 상황을 발견하게 되면 •를 x를 지난 오른쪽으로 옮김으로써 새로운 항목을 만들어 낸다. 새 항목은 x를 인식한 결과로 상태를 나타낸다. *goto* 절차는 이 새 항목들은 *moved*라는 집합으로 옮기고 *closure(moved)*를 반환하게 된다.

*SN*에서 CC_0 집합을 고려해 볼 때 *goto*(CC_0, baa)를 계산함으로써 초기 terminal 기호를 인식한 후의 parser의 상태를 유도해 낼 수 있다. •를 baa 뒤로 옮김으로써 다음의 두 개의 항목들이 생겨난다. 즉, CC_0의 항목 2에서 [*SheepNoise* → baa •, *eof*], CC_0의 항목 3에서 [*SheepNoise* → baa •, *eof*]이다. *Closure*를 이 집합에 적용하면 추가로 다음의 두 개의 항목이 더 생긴다. [*SheepNoise* → • baa *SheepNoise*, *eof*]와 [*SheepNoise* → • baa, *eof*]이다. 이 둘 모두 처음 항목에서 *SheepNoise*를 앞서는 •에서 유도된다.

*goto*는 CC_0와 같은 상태에서 직접적으로 유도되는 상태들의 집합을 찾기 위해 사용된다. 그러기 위해서 CC_0의 • 다음에 나타나는 각 x에 대해 *goto*(CC_0, x)를 계산한다. 이는 CC_0에서 하나의 기호를 제외한 모든 집합을 만들어 낸다. 정규 모음을 전부 계산하기 위하여 이 과정을 더 이상 상태의 변화가 없을 때까지 이를 반복한다.

알고리즘

LR(1) 항목의 집합의 정규 모음을 만들기 위해 알고리즘은 처음 집합을 계산하고 CC_0에서 도달 가능한 모든 LR(1) 항목의 집합을 체계적으로 찾는다. 여기서 *goto*와 *closure*를 반복적으로 사용하여 *CC*의 새로운 집합을 찾는다. 만약 Goal production이 $S' \rightarrow s$라면 구조는 다음과 같다.

```
cc0 ← closure({[S'→•S, eof]})
CC ← {cc0}
while (new sets are still being added to CC)
  for each unmarked set ccj ∈ CC
    mark ccj as processed
```

```
for each x following a • in an item in cc_j
   temp ← goto(cc_j, x)
   if temp ∉ CC
     then CC ← CC ∪ {temp}
   record transition from cc_j to temp on x
```

시작은 앞에서 언급한 바와 같이 CC_0를 포함하기 위해 *CC*를 초기화 하는 것으로 시작한다. 다음으로 *CC*에서 아직 *CC*에 속하지 않은 다른 상태로의 모든 전이를 찾음으로써 *CC*를 체계적으로 확장한다. 각각의 가능한 상태인 *temp*를 만들고 *CC*의 구성원들에게 *temp*를 테스트 해보는 건설적인 방식으로 이를 수행한다. 만약 *temp*가 새로 생긴 것이라면 *temp*를 CC_j에 추가한다. *temp*가 새로운 것인지의 여부에 상관없이 CC_j에서 *temp*로의 전이를 기록하여 *Goto* 테이블을 만드는 데 사용한다.

알고리즘이 CC_i 집합을 오직 한 번만 처리하는 것을 보장하기 위하여 간단한 표시 방법을 사용한다. 각 집합에 대해 표시되지 않은 상태를 만들고 집합이 처리되면 표시를 해준다. 이는 *goto*와 *closure*를 호출하는 횟수를 급격히 줄여준다.

다른 계산 과정들과 마찬가지로 이 또한 fixed-point 계산이다. 정규 collection *CC*는 LR(1)의 급수 집합 2^{ITEMS}의 부분 집합이다. While 룹은 단조롭게 *CC*에 새로운 집합을 더할 뿐이다. *CC*는 2^{ITEMS}보다 커질 수 없으므로 계산은 언젠가 멈추게 된다.

*SN*의 정규 모음

확장된 *SheepNoise* 문법에 대한 정규 collection의 계산은 다음과 같이 진행된다.

CC_0 *closure*([*Goal* → • *SheepNoise*, *eof*])로 계산된다.

$$\text{cc}_0 = \left\{ \begin{array}{ll} [Goal \rightarrow \bullet\ SheepNoise, eof], & [SheepNoise \rightarrow \bullet\ \texttt{baa}\ SheepNoise, eof], \\ [SheepNoise \rightarrow \bullet\ \texttt{baa}, eof] & \end{array} \right\}.$$

각 항목이 •를 오른쪽 항의 시작에 가지고 있으므로 CC_0는 오직 가능성만을 갖고 있다. 이것이 파서의 처음 상태이므로 이는 적합하다. *while* 룹의 처음 반복은 CC_1과 CC_2의 두 집합을 만들어 낸다.

goto(cc_0, *SheepNoise*)는 CC_1이다.

$$\text{cc}_1 = \{\ [Goal \rightarrow SheepNoise\ \bullet, eof]\ \}.$$

	Item	Goal	SheepNoise	baa	eof
1	cc_0	∅	cc_1	cc_2	∅
2	cc_1	∅	∅	∅	∅
	cc_2	∅	cc_3	cc_2	∅
3	cc_3	∅	∅	∅	∅

그림 3.17 SheepNoize 문법에서 LR(1) 생성 과정

만약 미리 본 기호가 *eof*라면 [*Goal* → *SheepNoise* •, *eof*] 항목은 handle이고 파서는 그 입력 문자열을 받아들여야 한다.

goto(cc_0, baa)는 CC_2이다.

$$CC_2 = \left\{ \begin{array}{ll} [SheepNoise \rightarrow \bullet \texttt{ baa } SheepNoise, eof], & [SheepNoise \rightarrow \bullet \texttt{ baa}, eof], \\ [SheepNoise \rightarrow \texttt{baa} \bullet SheepNoise, eof], & [SheepNoise \rightarrow \texttt{baa} \bullet, eof] \end{array} \right\}.$$

while 룹의 두 번째 반복에서는 CC_1과 CC_2에서 새로운 집합을 유도해 내려 할 것이다. *Goto*(CC_1, x)는 어떤 문법 기호 x에 대해 빈 집합을 만들어낼 것이다. *Goto*(CC_2, x)는 *eof*와 *Goal*을 x로 하여 빈 집합을 만들어 낼 것이다. *SheepNoise*를 x로 한다면 CC_3로 표기되는 새로운 집합을 만들어 낸다.

$$CC_3 = \{ [SheepNoise \rightarrow \texttt{baa } SheepNoise \bullet, eof] \}.$$

마지막으로 *goto*(CC_2, baa)는 CC_2이고 이는 이미 *CC*에 포함되어 있다. 세 번째 반복이 더 이상 *CC*에 집합을 추가하지 않으므로 과정은 멈추게 된다.

그림 3.17은 정규 모임을 만드는 과정을 보여준다. 첫 번째 열은 반복수를 나타낸다. 만드는 과정에서 CC_0를 계산하고 *CC*의 집합을 더 계산할 때 *goto*를 사용한다. 첫 번째 반복에서 CC_1을 *SheepNoise*에서 만들어 내고 CC_2를 baa에서 만들어 낸다. 두 번째 반복은 CC_1에서 어떠한 집합도 유도해 내지 못한다. CC_2에서 *SheepNoise*로부터 CC_3를 만들고 baa에서 CC_2를 만들어 낸다. 세 번째 반복은 CC_3에서 어떠한 집합도 유도해 내지 못한다.

정규 모음은 handle 인식 DFA의 상태들을 나타낸다. 모음의 각 집합은 DFA의 상태가 된다. 전이는 집합에서 생겨난 동작들을 따른다. 예를 들어 *goto*(CC_2, *SheepNoise*)는 CC_3이다. 이는 문법 기호 *SheepNoise*에 대하여 CC_2상태에서 CC_3상태로의 전이를 나타낸다. 그림 3.18은 우리가 *SN*을 위해 만든 handle 인식 DFA를 나타낸다.

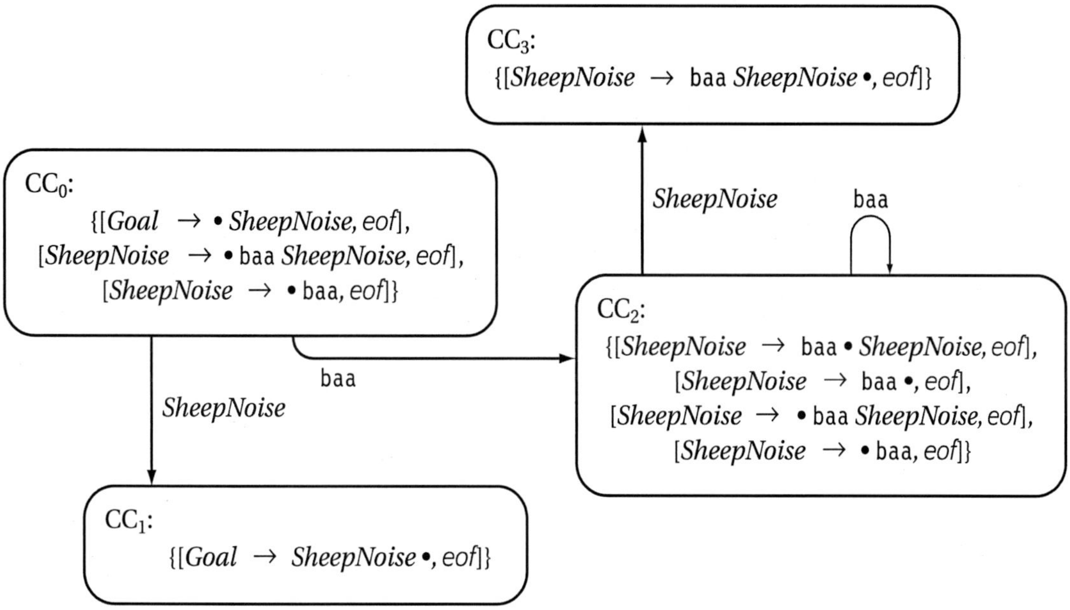

그림 3.18 SheepNoize 문법, *SN* 에서 handle 인식을 위한 DFA

3.5.3 테이블 채우기

*SN*을 위한 LR(1) 항목들의 집합의 정규 모임이 주어지면 파서 생성기는 *CC*를 반복하고 각 $CC_j \in CC$인 각 CC_j를 살펴봄으로써 *Action*과 *Goto* 테이블을 채울 수 있다. 각 CC_j는 파서의 상태가 된다. 각 항목들은 *Action*의 한 행의 비어 있지 않은 요소들을 만들어 내고, *CC*를 만드는 도중 기록된 이에 해당하는 전이는 *Goto*의 비어 있지 않은 요소를 나타낸다. 세 가시 경우가 *Action* 테이블의 엔트리를 만들어 낸다.

1. $[A \rightarrow \beta \bullet \mathrm{c}\gamma, \mathrm{a}]$ 형태의 항목은 terminal 기호 c를 맞이하는 것이 nonterminal *A*를 발견해 나가는 데 유효한 다음 과정임을 나타낸다. 따라서 이는 현재 상태의 항목 c에 *shift* 항목을 만들어 낸다. 인식기를 위한 다음 상태는 terminal c인 현재 상태에 *goto*를 적용하여 계산한 결과 만들어진 것이다. β나 γ도 ϵ가 될 수 있다.

2. $[A \rightarrow \beta \bullet, \mathrm{a}]$ 형태의 항목은 파서가 β를 인식하였고 만약 미리 본 기호가 a라면 그 항목이 handle임을 나타내고 있다. 따라서, 현재 상태 a에 대한 production $A \rightarrow \beta$인 *reduce* 항목을 만들어 낸다.

3. 항목 $[S' \rightarrow S \bullet, eof]$은 유일하다. 여기선 파서가 accept하는 상태를 나타내고 있다. 파

```
for each cc_i ∈ CC
   for each item I ∈ cc_i
      if I is [A→β • cγ,a] and goto(cc_i, c) = cc_j then
         Action[i,c] ← "shift j"
      else if I is [A→β•, a] then
         Action[i,a] ← "reduce A→β"
      else if I is [S'→S•, eof] then
         Action[i,eof] ← "accept"
   for each n ∈ NT
      if goto(cc_i, n) = cc_j then
         Goto[i, n] ← j
```

그림 3.19 LR(1) 테이블 채우기 알고리즘

서는 Goal로 reduce되는 입력을 인식하였고 미리 본 기호는 *eof*이다. 따라서 이 항목은 현재 상태에서 *eof*를 받아들이고 *accept* 동작을 한다.

그림 3.19에서 이를 구체적으로 보여주고 있다. LR(1) 문법의 경우 *Action*, *Goto* 테이블의 엔트리들은 오류 없이 유일하게 결정되어야 한다.

테이블을 채우는 알고리즘은 • 이 nonterminal을 앞서가는 항목을 무시한다는 것을 주목해야 한다. • 가 terminal을 앞지를 때 shift 동작이 생겨난다. Reduce와 accept 동작은 • 이 production의 오른쪽 끝에 위치할 때 나타난다. 만약 $\gamma \in NT$일 때 CC_i가 $[A \rightarrow \beta \bullet \gamma\delta, \text{a}]$이면 어떻게 될까? 이 항목이 어떠한 테이블 엔트리를 만들어 내진 않지만 집합에서 이 항목의 존재는 closure 절차가 테이블 엔트리들을 만들어 내는 항목들을 포함하도록 한다. closure가 nonterminal 기호 γ를 앞지르는 • 를 발견하게 되면 우측항에 앞서 나오는 • 과 함께 좌측항에 γ를 갖는 production을 추가시킨다. 이 과정은 CC_i에서 FIRST(γ)를 만들어 낸다. *closure* 절차는 FIRST(γ) in CC_i를 찾아내어 이 항목을 CC_i에 추가시켜 각 x에 대해 shift 항목을 만들어 낼 것이다.

물론 테이블을 채우는 동작은 LR(1) 항목의 집합의 정규 모음의 형성으로 통합될 수 있다. *SheepNoise* 문법의 경우 이 형성은 다음의 두 개의 테이블을 만들어 낸다.

Action **Table**

State	*eof*	baa
0		s 2
1	*accept*	
2	r 3	s 2
3	r 2	

Goto **Table**

State	SheepNoise
0	1
1	
2	3
3	

이 테이블들은 그림 3.13의 드라이버와 함께 *SN*의 LR(1) 파서를 만들어 내는 데 사용될 수 있다.

3.5.4 테이블 생성시 오류

LR(1) 테이블 형성의 두 번째 예로 고전적인 *if-then-else* 구조의 모호한 문법에 대하여 생각해 보자. 문법을 다루는 세부 사항들과 (그들을 terminal로 다룸으로써) 다른 모든 문장들을 떼어내고 나면 다음의 네 개의 문법이 생겨난다.

1	*Goal*	→	*Stmt*
2	*Stmt*	→	`if expr then` *Stmt*
3		|	`if expr then` *Stmt* `else` *Stmt*
4		|	`assign`

여기에는 *Goal*과 *Stmt*의 두 개의 nonterminal이 있으며 `if`, `expr`, `then`, `else`, `assign` 그리고 *eof* 등 여섯 개의 terminal 기호들이 있다.

형성은 CC_0를 항목 [*Goal* → • *Stmt*, *eof*]로 초기화하고 이에 해당하는 *closure*가 처음 집합을 만들어 내도록 하면서 시작한다.

$$CC_0 = \left\{ \begin{array}{l} [Goal \rightarrow \bullet\ Stmt, eof],\ [Stmt \rightarrow \bullet\ \texttt{if expr then}\ Stmt, eof], \\ [Stmt \rightarrow \bullet\ \texttt{if expr then}\ Stmt\ \texttt{else}\ Stmt, eof],\ [Stmt \rightarrow \bullet\ \texttt{assign}, eof] \end{array} \right\}.$$

이 집합에서 남아 있는 LR(1) 항목의 집합들의 정규 모음의 구성원들을 유도해 내는 것으로 테이블 형성이 시작된다.

그림 3.20은 형성의 진전을 보여준다. 처음 반복은 각 문법기호에 대해 CC_0에서의 전이를 나타낸다. 이는 CC_0에서 새로운 정규 모음의 집합을 만들어 낸다. CC_1은 *Stmt*, CC_2는 `if`, 그리고 CC_3는 `assign`에 의해 만들어진다. 이 집합들은 다음과 같다.

$$CC_1 = \left\{ [Goal \rightarrow Stmt\ \bullet, eof] \right\},$$

$$CC_2 = \left\{ \begin{array}{l} [Stmt \rightarrow \texttt{if}\ \bullet\ \texttt{expr then}\ Stmt, eof], \\ [Stmt \rightarrow \texttt{if}\ \bullet\ \texttt{expr then}\ Stmt\ \texttt{else}\ Stmt, eof] \end{array} \right\}, \text{ and}$$

$$CC_3 = \left\{ [Stmt \rightarrow \texttt{assign}\ \bullet, eof] \right\}.$$

두 번째 반복은 이 세 집합에서의 전이를 살핀다. CC_2를 `expr` 기호와 함께 살펴보면 오직 하나

	Item	*Goal*	*Stmt*	`if`	`expr`	`then`	`else`	`assign`	*eof*
1	CC_0	∅	CC_1	CC_2	∅	∅	∅	CC_3	∅
2	CC_1	∅	∅	∅	∅	∅	∅	∅	∅
	CC_2	∅	∅	∅	CC_4	∅	∅	∅	∅
	CC_3	∅	∅	∅	∅	∅	∅	∅	∅
3	CC_4	∅	∅	∅	∅	CC_5	∅	∅	∅
4	CC_5	∅	CC_6	CC_7	∅	∅	∅	CC_8	∅
5	CC_6	∅	∅	∅	∅	∅	CC_9	∅	∅
	CC_7	∅	∅	∅	CC_{10}	∅	∅	∅	∅
	CC_8	∅	∅	∅	∅	∅	∅	∅	∅
6	CC_9	∅	CC_{11}	CC_2	∅	∅	∅	CC_3	∅
	CC_{10}	∅	∅	∅	∅	CC_{12}	∅	∅	∅
7	CC_{11}	∅	∅	∅	∅	∅	∅	∅	∅
	CC_{12}	∅	CC_{13}	CC_7	∅	∅	∅	CC_8	∅
8	CC_{13}	∅	∅	∅	∅	∅	CC_{14}	∅	∅
9	CC_{14}	∅	CC_{15}	CC_7	∅	∅	∅	CC_8	∅
10	CC_{15}	∅	∅	∅	∅	∅	∅	∅	∅

그림 3.20 If-Then-Else 문법에서의 LR(1) 생성 과정

의 조합이 새로운 집합을 만들어 낸다.

$$CC_4 = \left\{ \begin{array}{l} [Stmt \rightarrow \texttt{if}\ \texttt{expr} \bullet \texttt{then}\ Stmt, eof], \\ [Stmt \rightarrow \texttt{if}\ \texttt{expr} \bullet \texttt{then}\ Stmt\ \texttt{else}\ Stmt, eof] \end{array} \right\}.$$

세 번째 반복은 CC_4에서의 전이를 살펴 CC_5를 then 기호와 함께 만들어 낸다.

$$CC_5 = \left\{ \begin{array}{l} [Stmt \rightarrow \texttt{if}\ \texttt{expr}\ \texttt{then} \bullet Stmt, eof], \\ [Stmt \rightarrow \texttt{if}\ \texttt{expr}\ \texttt{then} \bullet Stmt\ \texttt{else}\ Stmt, eof], \\ [Stmt \rightarrow \bullet\, \texttt{if}\ \texttt{expr}\ \texttt{then}\ Stmt, \{eof, \texttt{else}\}], \\ [Stmt \rightarrow \bullet\, \texttt{assign}, \{eof, \texttt{else}\}], \\ [Stmt \rightarrow \bullet\, \texttt{if}\ \texttt{expr}\ \texttt{then}\ Stmt\ \texttt{else}\ Stmt, \{eof, \texttt{else}\}] \end{array} \right\}.$$

네 번째 반복은 CC_5에서의 전이를 살핀다. 여기서는 *Stmt*, if 그리고 assign에 해당하는 새로운 집합을 만들어 낸다.

$$CC_6 = \left\{ \begin{array}{l} [Stmt \rightarrow \texttt{if expr then}\ Stmt \bullet, eof], \\ [Stmt \rightarrow \texttt{if expr then}\ Stmt \bullet \texttt{else}\ Stmt, eof] \end{array} \right\},$$

$$CC_7 = \left\{ \begin{array}{l} [Stmt \rightarrow \texttt{if} \bullet \texttt{expr then}\ Stmt, \{eof, \texttt{else}\}], \\ [Stmt \rightarrow \texttt{if} \bullet \texttt{expr then}\ Stmt\ \texttt{else}\ Stmt, \{eof, \texttt{else}\}] \end{array} \right\}, \text{and}$$

$$CC_8 = \{\ [Stmt \rightarrow \texttt{assign} \bullet, \{eof, \texttt{else}\}]\ \}.$$

다섯 번째 반복은 CC_6, CC_7 그리고 CC_8을 살펴본다. 대부분의 조합이 빈 집합을 만들어 내는 것에 반해 두 조합은 새로운 집합으로 귀결된다. CC_6는 else에 의해 CC_9로 전이되고 CC_7에서 expr에 의한 전이는 CC_{10}을 만들어 낸다.

$$CC_9 = \left\{ \begin{array}{l} [Stmt \rightarrow \texttt{if expr then}\ Stmt\ \texttt{else} \bullet Stmt, eof], \\ [Stmt \rightarrow \bullet \texttt{if expr then}\ Stmt, eof], \\ [Stmt \rightarrow \bullet \texttt{if expr then}\ Stmt\ \texttt{else}\ Stmt, eof], \\ [Stmt \rightarrow \bullet \texttt{assign}, eof] \end{array} \right\}, \text{and}$$

$$CC_{10} = \left\{ \begin{array}{l} [Stmt \rightarrow \texttt{if expr} \bullet \texttt{then}\ Stmt, \{eof, \texttt{else}\}], \\ [Stmt \rightarrow \texttt{if expr} \bullet \texttt{then}\ Stmt\ \texttt{else}\ Stmt, \{eof, \texttt{else}\}] \end{array} \right\}.$$

여섯 번째 반복이 다섯 번째 반복에서 나오는 집합을 살펴볼 때 *Stmt*에 의해 CC_9에서 CC_{11}, then에 의해 CC_{10}에서 CC_{12}로의 새로운 두 집합을 만들어 낸다. 또한 CC_9에서 CC_2와 CC_3의 두 개의 집합을 만들어 내기도 한다.

$$CC_{11} = \{\ [Stmt \rightarrow \texttt{if expr then}\ Stmt\ \texttt{else}\ Stmt \bullet, eof]\ \}, \text{and}$$

$$CC_{12} = \left\{ \begin{array}{l} [Stmt \rightarrow \texttt{if expr then} \bullet Stmt, \{eof, \texttt{else}\}], \\ [Stmt \rightarrow \texttt{if expr then} \bullet Stmt\ \texttt{else}\ Stmt, \{eof, \texttt{else}\}], \\ [Stmt \rightarrow \bullet \texttt{if expr then}\ Stmt, \{eof, \texttt{else}\}], \\ [Stmt \rightarrow \bullet \texttt{if expr then}\ Stmt\ \texttt{else}\ Stmt, \{eof, \texttt{else}\}], \\ [Stmt \rightarrow \bullet \texttt{assign}, \{eof, \texttt{else}\}] \end{array} \right\}.$$

일곱 번째 반복은 CC_7과 CC_8의 중복과 함께 *Stmt*에 의해 CC_{12}에서 CC_{13}을 만들어 낸다.

$$CC_{13} = \left\{ \begin{array}{l} [Stmt \rightarrow \texttt{if expr then}\ Stmt \bullet, \{eof, \texttt{else}\}], \\ [Stmt \rightarrow \texttt{if expr then}\ Stmt \bullet \texttt{else}\ Stmt, \{eof, \texttt{else}\}] \end{array} \right\}.$$

여덟 번째 반복은 else에 의해 CC_{13}에서 새로운 집합인 CC_{14}를 찾아낸다.

$$\mathrm{CC}_{14} = \left\{ \begin{array}{l} [\mathit{Stmt} \rightarrow \texttt{if expr then}\ \mathit{Stmt}\ \texttt{else} \bullet \mathit{Stmt}, \{\mathit{eof}, \texttt{else}\}], \\ [\mathit{Stmt} \rightarrow \bullet \texttt{if expr then}\ \mathit{Stmt}, \{\mathit{eof}, \texttt{else}\}], \\ [\mathit{Stmt} \rightarrow \bullet \texttt{if expr then}\ \mathit{Stmt}\ \texttt{else}\ \mathit{Stmt}, \{\mathit{eof}, \texttt{else}\}], \\ [\mathit{Stmt} \rightarrow \bullet \texttt{assign}, \{\mathit{eof}, \texttt{else}\}] \end{array} \right\}.$$

아홉 번째 반복에서 CC_7과 CC_8의 중복과 함께 *Stmt* 전이에 의해 CC_{14}에서 CC_{15}를 만들어 낸다.

$$\mathrm{CC}_{15} = \{\ [\mathit{Stmt} \rightarrow \texttt{if expr then}\ \mathit{Stmt}\ \texttt{else}\ \mathit{Stmt} \bullet, \{\mathit{eof}, \texttt{else}\}]\ \}.$$

마지막 반복은 CC_{15}를 살펴본다. • 가 CC_{15}의 모든 항목의 끝에 위치하고 있으므로 오직 빈 집합만이 만들어진다. 여기서 정규 모임에 어떠한 항목의 집합도 추가되지 않으므로 알고리즘은 고정된 상태에 도달하게 되어 멈추게 된다.

문법에 있어서의 보호성은 테이블을 채우는 알고리즘 도중에 분명히 나타난다. CC_0에서 CC_{12}까지의 상태에 속한 항목들은 충돌을 만들어 내지 않는다. CC_{13}은 네 개의 항목을 포함하고 있다.

1. $[\mathit{Stmt} \rightarrow \texttt{if expr then}\ \mathit{Stmt} \bullet, \texttt{else}]$,
2. $[\mathit{Stmt} \rightarrow \texttt{if expr then}\ \mathit{Stmt} \bullet, \mathit{eof}]$,
3. $[\mathit{Stmt} \rightarrow \texttt{if expr then}\ \mathit{Stmt} \bullet \texttt{else}\ \mathit{Stmt}, \texttt{else}]$, and
4. $[\mathit{Stmt} \rightarrow \texttt{if expr then}\ \mathit{Stmt} \bullet \texttt{else}\ \mathit{Stmt}, \mathit{eof}]$.

항목 1은 CC_{13}의 reduce 엔트리와 미리 보기 `else`를 만들어 낸다. 항목 3은 테이블의 같은 위치에 shift 엔트리를 만들어 낸다. 분명 테이블 엔트리는 두 개의 동작 모두를 가지고 있을 수 없다. Shift와 reduce의 충돌은 문법이 모호하다는 것을 나타낸다. 항목 2와 4도 미리 본 *eof*와 비슷한 shift-reduce 충돌을 일으킨다. 테이블을 채우는 알고리즘에서 이와 같은 충돌에 부딪히게 되면 테이블 형성은 실패하게 된다. 테이블 생성기는 어떤 LR(1) 항목의 production 간의 근본적인 애매함인 이 문제를 컴파일러 작성자에게 보고해야 한다.[3]

이 경우 production 2가 production 3의 접두사이기 때문에 문제가 발생한 것이다. 테이블 생성기는 shifting을 우선시함으로써 이 충돌을 해결할 수 있다. 이는 파서가 더 긴 production을 인식하도록 하여 `else`를 가장 내부에 위치한 `if`와 짝짓도록 한다.

모호한 문법은 reduce간의 충돌 또한 일으킬 수 있다. 이는 문법이 같은 오른쪽 항에 대해 $A \rightarrow \gamma\delta$와 $B \rightarrow \gamma\delta$의 두 개의 production을 가질 때 발생한다. 만약 상태에 $[A \rightarrow \gamma\delta \bullet, \mathtt{a}]$와 $[B$

[3] 전형적으로 오류 메시지는 충돌을 만들어 내는 LR(1) 항목들을 포함하고 있다. 다른 이유는 테이블 형성을 공부하기 위한 것이다.

$\rightarrow \gamma\delta \bullet$, a]의 항목들을 포함하고 있다고 할 때 각각의 production에 대해 a를 미리 보게 되면 두 개의 충돌되는 동작을 만들어 낼 것이다. 이 충돌은 문법에 내재한 근본적 모호성을 다시 나타내고 있으며 컴파일러 작성자는 문법을 변경하여 이를 제어해야 한다. (3.6.3절을 참조하시오.)

이 과정을 자동으로 처리해주는 파서 생성기가 쉽게 이용 가능하므로 어떤 문법이 LR(1) 특성을 가졌는지를 결정하는 방법의 선택은 LR(1) 파서 생성기를 호출하는 것으로 결정된다. 만약 이 과정이 성공한다면 문법은 LR(1) 특성을 갖게 되는 것이다.

3.6 실제 이슈들

자동으로 파서를 만들어 줄 수 있다고 하더라도 컴파일러 작성자는 실제 프로그래밍 언어를 위한 견고하고 효율적인 파서를 만드는 과정에서 나타내는 몇 가지 이슈들을 다룰 수 있어야 한다.

3.6.1 에러 복원

프로그래머들은 가끔 구문 오류가 포함된 코드를 컴파일한다. 사실 컴파일러는 그러한 오류를 발견하는 가장 빠른 방법으로 간주된다. 이 경우 컴파일러는 한 번의 파싱으로 가능한 한 많은 구문 오류를 발견해야 한다. 이는 오류 상태에 있는 파서의 동작에 주의를 기울일 필요가 있도록 한다.

이 장에 나타낸 모든 파서는 구문 오류를 만나게 되면 같은 동작을 하게 된다. 이들은 문제을 보고하고 멈추게 한다. 이는 컴파일러가 올바르지 못한 프로그램을 번역하려 해도 시간을 낭비하는 것을 막아준다. 하지만 한 번의 컴파일로 가능한 한 많은 구문 오류를 찾아내도록 보장해 주어야 한다. 그러한 컴파일러는 구문 오류를 찾는 과정을 길고 힘든 과정이 되도록 할 것이다.

파서는 한 번의 컴파일로 가능한 한 많은 구문 오류를 찾아내야 한다. 그러기 위해서 파서가 계속하여 파싱을 진행할 수 있도록 오류 상태에서 복구될 수 있는 메커니즘이 필요하다. 이를 위한 일반적인 방법은 파서가 입력을 내부 상태를 동조시킬 때 사용할 수 있는 단어를 하나 이상 선택 가능 하도록 하는 것이다. 파서가 오류와 마주치게 되면 동조하는 단어를 찾을 때까지 기호를 무시하고 일치되는 단어에 맞도록 내부 상태를 다시 설정한다.

Algol과 같은 언어에서는 세미콜론을 문장 구분 기호로 사용하여 종종 동조시키는 단어로 사용되기도 한다. 오류가 발생할 때 파서는 세미콜론을 찾을 때까지 스캐너를 반복하여 호출한다. 그리고서 오류로 변경하기보다는 전체 문장을 성공적으로 인식한 결과 나타나는 상태로 변경한다.

Recursive-descent 파서에서는 세미콜론이 발견될 때까지 단어들을 무시한다. 이 시점에서 문장을 파서하는 루틴이 성공했음을 보고하는 시점으로 제어권을 넘겨줄 수 있다. 이는 실행 시간의 스택과 C의 `setjmp`, `longjmp` 구조와 같은 nonlocal jump를 다루는 것에 연관될 수도 있다.

LR(1) 파서에서 이와 같은 재동조화는 더 복잡하다. 파서는 세미콜론을 발견할 때까지 입력을 무시한다. 다음으로 *Goto*[*s*, *Statement*]이 오류 엔트리 없이 유효한 *s*를 찾을 때까지 파서 스택을 역방향으로 탐색해 나간다. 스택의 처음 그러한 상태는 오류가 포함된 문장을 나타낸다. 오류 복구 루틴은 *Goto*[*s*, *Statement*] 상태를 스택에 push하고 정상적인 파싱을 재개한다.

테이블 기반 parser인 LL(1)이나 LR(1)의 경우 컴파일러가 파서 생성기에게 어디서 동조를 해야 할지 결정하는 방법을 가르쳐 줄 필요가 있다. 이는 오류 production을 이용하여 해결될 수 있다. 이 production은 우측에 오류 동조 시점을 나타내는 예약어들과 하나 이상의 동조 토큰을 포함하고 있다. 이런 구조를 이용하여 파서 생성기는 바람직한 동작을 구현하는 오류 복구 루틴을 만들 수 있다.

물론 오류 복구 루틴은 컴파일러가 구문적으로 유효하지 않은 프로그램을 가지고 코드를 만들고 최적화하지 않도록 보장해 주어야 한다. 여기서 오류 복구 기구들과 컴파일러의 여러 부분들을 호출하는 높은 레벨의 드라이버 간의 신호 교감(handshaking)이 있어야 한다.

3.6.2 Unary 연산자

고전 표현 문법은 오직 binary 연산자를 포함하고 있다. 하지만 표준 대수 표기법은 unary minus, 부정 연산자, 즉 negation과 절대값 연산자 둘 다 가지고 있다. Boolean 보수, 자동증가, 자동감소, 타입 캐스팅, address-of 그리고 dereference 들의 다른 unary 연산자들 또한 프로그래밍 언어에 나타난다. Unary 연산자를 표현 문법에 추가하는 것은 신경 쓸 필요가 있다.

절대값 연산자 ‖를 고전 표현 문법에 추가하는 것을 생각해 보자. 절대값은 ×와 ÷보다 높은 우선순위를 가져야 한다. 하지만 ‖를 적용하기 전에 parenthetic 표현을 먼저 처리해 주기 위해 *Factor*에게 더 높은 우선순위를 주어야 한다. 그 결과 다음과 같은 문법이 생긴다.

Expr	→	*Expr* + *Term*
	|	*Expr* - *Term*
	|	*Term*
Term	→	*Term* × *Value*
	|	*Term* ÷ *Value*
	|	*Value*
Value	→	‖ *Factor*
	|	*Factor*
Factor	→	(*Expr*)
	|	`num`
	|	`ident`

이런 추가를 하고서도 문법은 여전히 LR(1)이다. 프로그래머는 이를 통해 수나 식별자 그리고 parenthesized 표현의 절대값을 만들 수 있게 된다. ‖x - 3은 다음과 같은 파서 트리를 만든다.

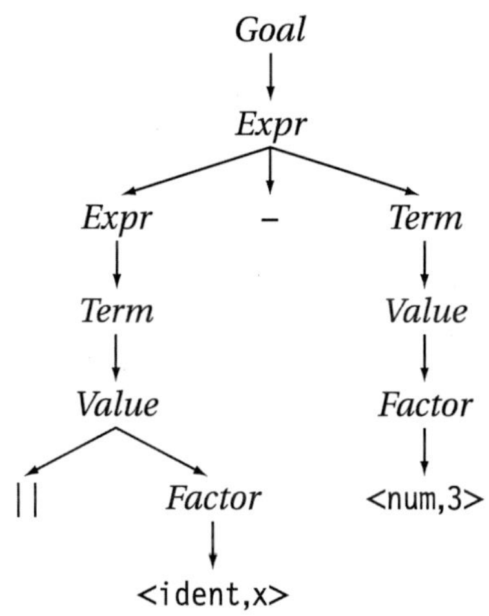

여기서 ‖x가 뺄셈을 하기 전에 먼저 평가 되어야 함을 올바르게 보여주고 있다. 문법에서 수학적으로 거의 의미가 없는 ‖‖x는 허용되지 않는다. 하지만 ‖‖x와 마찬가지인 ‖(‖x)는 허용하고 있다.

‖‖x를 사용하지 못하게 하는 것은 언어의 표현력을 거의 제한하고 있지 않다. 하지만 다른 unary 연산자를 사용하게 되면 이 이슈는 더 심각해 보인다. 예를 들어, C프로그래머가 char **p라고 선언된 변수를 dereference하기 위해 **p를 사용할 필요가 있을 수 있다. 우리는 *Value*

에게도 마찬가지로 *Value* → **Value*와 같은 dereference를 추가할 수 있다. 그 결과는 여전히 LR(1) 문법으로 C에서와 마찬가지로 "*" 연산자를 겹쳐 사용하더라도 LR(1) 문법이다. unary minus에도 이와 같은 접근이 잘 적용된다.

3.6.3 문맥 의미의 모호성 취급

하나의 단어로 두 개의 다른 의미를 나타낼 수 있다는 것은 구문 모호성을 만들어 낼 수 있다는 것을 의미한다. 이 문제에 대한 예는 Fortran, PL/I 그리고 ADA 같은 초기의 프로그래밍 언어의 정의상에서 찾아볼 수 있다. 이 언어들에서는 배열 참조 표현과 하위 루틴이나 함수를 위한 인자 리스트를 괄호를 사용하여 표현하였다. `fee(i, j)`와 같은 텍스트가 있을 때 컴파일러는 2차 배열인지 함수 호출인지를 판단할 수 없다. 이 두 경우에 차이를 두기 위해서는 `fee`가 무슨 타입으로 선언되었는지를 알아야 한다. 이 정보는 구문상으로 분명하지 않다. 스캐너는 두 경우 모두 확실성을 갖지 못한 채 `ident`로 분류한다. 함수 호출과 배열 참조는 동시에 많이 나타날 수 있다.

이 두 구조 모두 고전 표현 문법에 나타나지 않는다. 우리는 *Factor*에서 이들을 유도해 내는 production을 추가할 수 있다.

Factor	→	*FunctionReference*
	|	*ArrayReference*
	|	(*Expr*)
	|	`num`
	|	`ident`
FunctionReference	→	`ident` (*ExprList*)
ArrayReference	→	`ident` (*ExprList*)

마지막 두 production은 동일한 우측항들을 갖고 있으므로 이 문법은 모호하다. 이는 LR(1) 테이블 형성자에게 reduce 간의 충돌을 일으킨다.

이 모호성을 해결하기 위해서는 구분법을 초월한 지식이 필요하다. Recursive-descent 파서에서 컴파일러 작성자는 *FunctionReference*와 *ArrayReference*의 코드를 간단히 합칠 수 있고 `ident`가 선언된 타입을 확인하는 데 필요한 추가적인 코드를 더할 수 있다. 도구에 의해 만들어진 테이블 기반 파서에서는 해결책이 도구 안에 포함되어 있어야 한다.

두 개의 접근방법이 이 문제를 해결하는데 몇 년 동안 사용되었다. 컴파일러 작성자는 함수 호출과 배열 참조를 하나의 production으로 합치기 위해 문법을 다시 작성할 수 있다. 이 방법에선 이슈가 되는 문제들은 선언에 관한 정보를 참조할 수 있는 번역의 뒷부분으로 미뤄졌다. 파서는 두 해답 모두에 필요한 모든 정보를 보존할 수 있는 표현을 만들어야 한다. 참조를 배열과 함수 호출의 적합한 형태로 다시 작성하는 것은 나중에 이루어진다.

스캐너는 microsyntax 특성보다 선언된 타입에 따라 식별자를 분류할 수 있다. 이는 스캐너와 파서 간의 교류가 필요하다. 언어에 define-before-use 규칙이 있다면 이와 같은 조정은 그리 어렵지 않다. 선언은 use전에 파서되므로 파서는 내부의 기호 테이블을 이용하여 스캐너가 변수 이름과 함수 이름과 같은 식별자를 별개로 분류하도록 할 수 있다. 상응하는 production은 이와 같은 방식으로 다시 쓰여지고 문법은 모호하지 않게 된다.

FunctionReference	→	`function-name` (*ExprList*)
ArrayReference	→	`variable-name` (*ExprList*)

스캐너가 각 경우에 대해 구분되는 다른 범주를 반환하므로 파서는 이 두 경우를 구분할 수 있게 된다.

3.6.4 Left와 Right Recursion의 비교

이미 보았듯이 top-down 파서는 left-recursive 문법보다 right-recursive 문법이 필요하다. Bottom-up 파서는 left-recursion과 right-recursion 모두를 수용할 수 있다. 따라서 컴파일러 작성자는 bottom-up 파서에 해당하는 문법을 설계함으로써 left-recursion과 right-recursion를 선택하여 사용할 수 있다.

스택 Depth

일반적으로 left-recursion은 더 얕은 깊이의 스택을 사용하게 된다. 간단한 list구조를 표현하는 두 개의 문법을 고려해 보자. (*SheepNoise* 문법과의 유사성에 주목하라.)

List	→	*List* `elt`	*List*	→	`elt` *List*
	|	`elt`		|	`elt`

각 문법을 사용하여 다섯 개의 요소를 만들면 다음과 같은 전개가 된다.

List	*List*
List $\mathtt{elt}_5$	$\mathtt{elt}_1$ *List*
List $\mathtt{elt}_4$ $\mathtt{elt}_5$	$\mathtt{elt}_1$ $\mathtt{elt}_2$ *List*
List $\mathtt{elt}_3$ $\mathtt{elt}_4$ $\mathtt{elt}_5$	$\mathtt{elt}_1$ $\mathtt{elt}_2$ $\mathtt{elt}_3$ *List*
List $\mathtt{elt}_2$ $\mathtt{elt}_3$ $\mathtt{elt}_4\mathtt{elt}_5$	$\mathtt{elt}_1$ $\mathtt{elt}_2$ $\mathtt{elt}_3$ $\mathtt{elt}_4$ *List*
$\mathtt{elt}_1$ $\mathtt{elt}_2$ $\mathtt{elt}_3$ $\mathtt{elt}_4$ $\mathtt{elt}_5$	$\mathtt{elt}_1$ $\mathtt{elt}_2$ $\mathtt{elt}_3$ $\mathtt{elt}_4$ $\mathtt{elt}_5$

파서는 이를 역순으로 만들어 내므로 전개를 맨 밑에서부터 위로 읽음으로써 파서의 동작을 추적할 수 있게 된다.

1. *Left Recursion* 이 문법은 $\mathtt{elt}_1$을 스택으로 옮기고 이를 즉시 *List*로 reduce시킨다. 다음 $\mathtt{elt}_2$를 스택으로 옮기고 *List*로 다시 reduce 시킨다. 이 과정은 다섯 개의 elti가 각각 스택으로 옮겨지고 *List*로 reduce 될 때까지 계속된다. 따라서 스택의 최고 깊이는 2이고 평균 깊이는 2이고 평균 깊이는 $\frac{10}{6} = 1\frac{2}{3}$이다.

2. *Right Recursion* 이 버전에서는 $\mathtt{elt}_i$ 다섯 개 모두를 스택으로 옮긴다. 다음 규칙 2를 적용하여 $\mathtt{elt}_5$를 reduce시키고 나머지 elti들을 규칙 1을 적용하여 reduce 시킨다. 따라서 스택의 최고 깊이는 5이고 평균 깊이는 $\frac{20}{6} = 3\frac{1}{3}$이다.

Right-recursive 문법은 더 많은 스택 공간을 필요로 한다. 사실 최고 깊은 스택의 깊이는 list의 길이에 의해 제한된다. 대조적으로 left-recursive 문법의 스택 깊이는 입력 문자열보다 문법에 의존한다.

짧은 리스트의 경우 이는 문제가 되지 않는다. 하지만 리스트가 한 줄의 긴 코드로 된 문장들의 연속이라면 몇백 개의 요소들을 포함하고 있을 수 있다. 이 경우 공간의 차이는 엄청날 수 있다. 만약 다른 모든 이슈들이 일치한다면 스택의 깊이가 작은 것이 더 낫다.

우선순위(Associativity)

Left recursion은 자연적으로 왼쪽으로 결합하기 쉽고 right recursion은 오른쪽으로 결합하기 쉽다. 어떤 경우에선 평가의 순서가 차이를 만들기도 한다. 앞에서 만들었던 다섯 개 요소의 리스트에 대한 추상적 문법 트리(Abstract syntax Tree : AST)를 고려해 보자. (AST 파스 트리의 많은 노드들을 없앤다.)

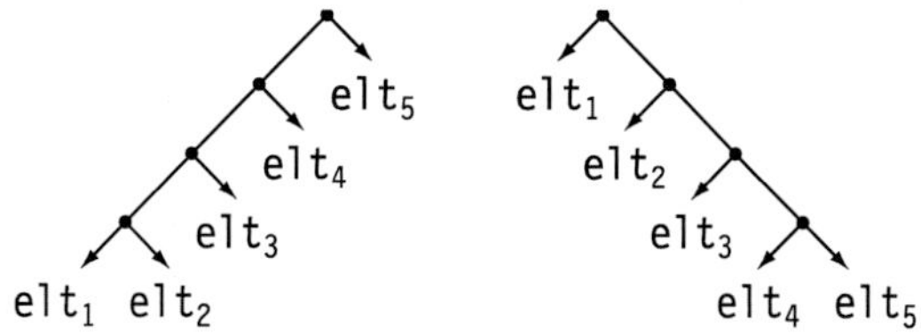

Left-recursive 문법은 $\texttt{elt}_1$을 *List*로 reduce시킨다. 그리고서 *List* $\texttt{elt}_2$를 reduce시키며 이와 같은 과정을 계속해 나간다. 이는 왼쪽에 나타난 것과 같은 AST를 만들어 낸다. 비슷하게 right-recursive 문법은 AST를 오른쪽으로 만들어 나간다.

Right-recursive AST가 더 자연스러워 보이긴 하지만 어느 순서 모두 명백히 올바른 것은 아니다. 하지만 문법에서 본 바와 같이 list 형성자를 수학적 연산으로 대체한 결과를 생각해 보자.

Expr	→	*Expr* + Operand	*Expr*	→	Operand + *Expr*
	|	*Expr* - Operand		|	Operand - *Expr*
	|	Operand		|	Operand

문자열 $x_1 + x_2 + x_3 + x_4 + x_5$의 경우 left-recursive 문법은 왼쪽에서 오른쪽으로의 평가 순서를 내재하고 있는 반면 right-recursive 문법은 오른쪽에서 왼쪽으로 평가를 해 나간다. 부동 소수점과 같은 어떤 수 체계에선 이 두 평가 순서는 다른 결과를 만들어 낼 수 있다.[4]

$x_1 - x_2 + x_3$와 같은 뺄셈이 포함된 문자열에서 평가 순서를 바꾸는 것은 잘못된 결과를 만들어 낸다. Postorder 트리 탐색의 왼쪽 우선순위 평가에서는 $(x_1 - x_2) + x_3$가 이루어지고 오른쪽 우선순위에서는 이와 대조적으로 $x_1 - (x_2 + x_3)$ 순으로 평가된다. 물론 컴파일러는 언어의 정의에 따라 정해진 평가 순서를 준수해 나가야 한다. 컴파일러 작성자는 두 가지 방법으로 이를 달성할 수 있다. 표현 문법을 작성하여 원하는 순서가 만들어지게 하는 것과 4.5.2절에 설명된 것과 같이 올바른 순서와 associativity를 반영하도록 IR를 신경을 써서 만드는 것이다.

[4] 부동 소수점 수들은 지수의 범위에 비해 작은 가수를 가지고 있기 때문에 덧셈은 크기에서 충분히 차이가 나는 두 개의 수에 적용되었을 때 항등 identity 연산이 된다. 예를 들어 x_4가 x_5보다 매우 작다면 프로세서는 $x_4 + x_5 = x_5$로 계산할 것이다. 인수의 어떤 값들의 경우 이것이 평가 방향이 좌측에서 우측이냐 우측에서 좌측이냐에 따라 다른 답을 얻을 수 있게 된다. 만약 동작의 어떤 용어가 함수 호출이라면 평가의 순서를 중요하다. 만약 함수 호출이 표현에서 변수의 값을 변경한다면 평가순서의 변경은 결과를 바꾸게 될 것이다.

3.7 고급 주제

만족할 만한 파서를 만들기 위해서 컴파일러 작성자는 문법과 파서를 엔지니어링의 기본을 이해하고 있어야 한다. 동작하는 파서가 주어졌을 때 이의 성능을 향상시킬 여러 가지 방법들이 있다. 이 절은 파서 형성에 있어서의 두 가지 특정한 이슈를 살펴볼 것이다. 즉, 그 둘은 문법을 최적화하여 전개의 길이는 줄이는 것과 (그렇게 하여 파싱의 속도를 올리는 것) LR(1) parser의 *Action*과 *Goto* 테이블의 크기를 줄이는 방법이다.

3.7.1 문법 최적화

구문 분석이 더 이상 컴파일 시간의 큰 부분을 차지하고 있진 않지만 컴파일러는 파싱에서 부당하게 시간을 끌어선 안 된다. 문법의 실제적 형태는 파싱하는 데 필요한 시간에 직접적인 영향을 미친다. Top-down과 bottom-up 파서 모두 전개를 한다. Top-down 파서는 전개의 매 production마다 reduction을 한다. Bottom-up 파서는 매 전개마다 reduction을 한다. 전개를 적게 하는 문법이 파서하는 데 적은 시간을 소요한다.

컴파일러 작성자는 가끔 문법을 다시 작성하여 파서 트리의 높이를 줄이기도 한다. 이는 Top-down 파서에서는 전개의 수를 줄이고 bottom-up 파서에서는 reduction의 수를 줄여준다. 문법의 최적화는 파서의 점근적 행동을 바꿔주진 않는다. 결국 파서 트리는 각 입력의 각 기호에 대해 leaf 노드를 가져야 한다. 표현 문법과 같은 문법에서 많이 사용되는 상수를 줄이는 것은 노력을 정당화하기 위한 충분한 차이를 만들어 낼 수 있다.

3.2.3절에서 고전문법을 다시 고려해 보자. 연산자 간에 원하는 우선순위를 보장하기 위하여 두 nonterminal, *Term*과 *Factor*를 추가하였고 문법 모양을 현재와 같이 바꾸었다.

1	*Expr*	→	*Expr* + *Term*
2		|	*Expr* - *Term*
3		|	*Term*
4	*Term*	→	*Term* × *Factor*
5		|	*Term* ÷ *Factor*
6		|	*Factor*
7	*Factor*	→	(*Expr*)
8		|	`num`
9		|	`ident`

이는 단순한 표현의 경우에도 오히려 큰 파서 트리가 생겨나게 한다. 그림 3.10에서 보았듯이 x − 2 × y의 파서 트리는 14개의 노드를 가졌고 그 중 4개는 leave들이다. (이 leave들은 최적화시켜 없앨 순 없다. 문법을 바꾸는 것으로 입력 프로그램을 짧게 만들 수는 없다.)

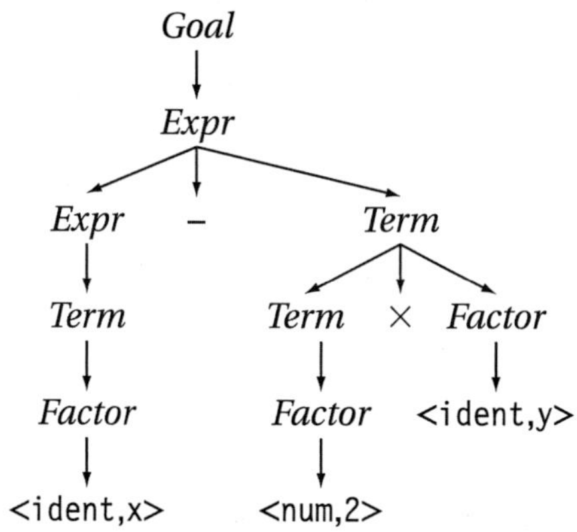

하나의 child를 가진 어떠한 노드도 최적화의 가능성이 있다. *Expr*에서 *Term*으로 *Factor*로 <ident, x>로 이어지는 노드들의 연속은 입력값들 중 하나의 단어에 대해 네 개의 노드를 사용한다. 이중 최소한 하나의 층, *Factor* 노드의 층을 문법에서 위쪽에 위치한 *Factor*의 선택적 전개를 겹침으로써 없앨 수 있다. 이는 각 production의 오른쪽 *Factor*의 발생을 선택 가능한 세 가지 선택으로 대체시켜 준다.

Term	→	*Term* × (*Expr*)	|	*Term* × ident	|	*Term* × num
	|	*Term* ÷ (*Expr*)	|	*Term* ÷ ident	|	*Term* ÷ num
	|	(*Expr*)	|	ident	|	num

이는 *Term*의 선택 가능한 항의 수인 3을 곱하게 되지만 파서 트리의 층을 하나 줄여준다.

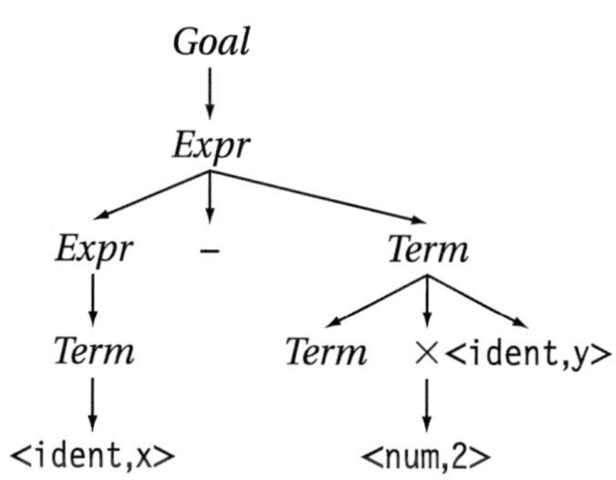

Top-down, recursive-descent 파서에서 이를 통해 3/14의 함수 호출을 없앤다. LR(1) 파서에서 3/9의 reduce 동작을 없애고 다섯 개의 shift를 그대로 남겨둔다.

일반적으로 우측항에 단 하나의 기호를 가진 production은 접어 없앨 수 있다. 이 production들은 *쓸모없는* production이라고 불린다. 가끔 쓸모없는 production들도 문법을 간단히 하거나 혹은 더 이해하기 쉽게 또는 전개가 어떤 특별한 모습을 취하는 목적으로 사용될 때도 있다. (우리가 살펴본 표현 문법 중 가장 간단한 표현 문법이 x − 2 × y를 받아들이면서 어떠한 우선순위 개념도 트리에 포함시키지 않은 것을 회상해 보라.) 4장에서 살펴볼 테지만 컴파일러 작성자는 단순히 어떤 특정한 동작이 수행되는 전개의 순간을 만들기 위해 쓸모없는 production을 포함시키기도 한다.

쓸모없는 production을 접어 없애는 이러한 변형도 비용이 든다. LR(1) 파서에서 테이블은 더 커지게 된다. 우리의 예에선 *Factor*를 없애는 것은 *Goto* 테이블에서 하나의 열을 없애지만 *Term*의 위한 추가적인 production이 *CC*의 크기를 32개에서 46개의 집합으로 늘였다. 따라서 테이블은 하나의 열이 줄어들고 추가적으로 14개의 행이 늘어난 것이다. 그 결과 나타나는 파서는 reduction 수는 줄어들었지만(좀 더 빨리 동작하게 되었지만), 테이블은 더 커지게 되었다.

직접 코딩한 recursive-descent 파서에선 큰 문법이 좌측항을 확장하기 전에 비교되어야 할 선택 가능한 항의 수를 증가시킬 수 있다.[5]

컴파일러 작성자는 여기서 증가한 비용을 경우를 합침으로써 보상할 수 있다. 예를 들어 그림 3.7의 *Expr*′ 에 대한 두 개의 확장은 서로 일치한다. 컴파일러 작성자는 *word*가 +나 −에 일치하는지 테스트와 그들을 합칠 수 있다. 다른 선택으로 컴파일러 작성자는 +와 −모두를 같은 구문적 범주에 할당하고 파서가 구문적 범주를 확인하여 둘 간의 차별화가 필요할 때 단어의 실제적인 텍스트를 사용하기도 한다.

3.7.2 LR(1) 테이블의 크기 줄이기

그림 3.14와 3.15에서 보듯이 상대적으로 작은 문법을 위해 만들어진 LR(1) 테이블은 커질 수도 있다. 이 테이블을 줄이기 위한 많은 기술들이 존재한다. 이 절은 테이블의 크기를 줄이는 세 가지 접근 방법에 대해 설명하도록 하겠다.

[5] 이를 통해 당신이 이와 같이 수정된 고전 표현 문법이 LL(1)이라고 잘못 생각하지 않기를 바란다. 그 문법이 예측 가능한 파싱을 하게 하기 위해선 수정이 필요하다는 것을 회상하라. 현재 상태의 문법에 같은 변형들이 적용될 수 있다.

열 또는 행의 압축

만약 테이블 생성기가 두 개의 같은 행 또는 같은 열을 발견하게 되면 이 둘을 합칠 수 있다. 그림 3.14에서 상태 0과 7부터 10까지의 행은 동일하고 4, 14, 21, 22, 24 그리고 25행도 서로 동일하다. 테이블 생성기는 각 집합을 한 번에 표현할 수 있고 이에 따른 상태들도 다시 매핑시킨다. 이를 통해 테이블에서 9개의 행을 줄일 수 있고 전체적으로 28 퍼센트의 사이즈를 줄인 셈이 된다. 이 테이블을 사용하기 위해선 skeleton 파서는 파서의 상태를 *Action* 테이블의 행의 색인에 다시 매핑시켜야 한다. 이 테이블 생성기는 마찬가지 방식으로 동일한 열을 합칠 수도 있다. *Goto* 테이블을 살펴보게 되면 다른 집합의 상태들의 조합이 보이는데 특히 오직 0을 포함하고 있는 행들은 하나의 행으로 압축되어야 한다.

테이블 생성기는 두 행이나 두 열이 둘 중 하나에 "에러"를 엔트리(빈칸으로 나타내어진다.)로 포함하고 있다는 차이뿐인 경우가 있다. 그림 3.14에선 *eof*와 num의 열은 하나가 빈칸을 가졌다는 것 말고는 차이가 없다. 이 열들을 합치게 되면 올바른 입력이 주어졌을 때 같은 행동을 하는 테이블이 만들어진다. 잘못된 입력에 대해선 파서는 다른 행동을 할 것이고 정확하고 유용한 오류 메시지를 제공하는 능력이 감소하게 될 것이다.

행과 열을 합치는 것은 테이블의 크기를 직접적으로 줄여줄 것이다. 만약 이 테이블 축소가 매 테이블 접근 시 추가적인 indirection을 일으킨다면 이와 같은 메모리 관련 동작은 메모리 공간을 줄이는 것에 대한 trade-off인 것이다. 테이블 생성기는 다른 기술들로 테이블을 더 줄일 수도 있다. 하지만 파서 구현자는 메모리 크기와 접근 비용간의 trade-off를 고려해 주어야 한다.

문법 축소

많은 경우 컴파일러 작성자는 문법의 production을 줄이기 위해 문법을 나시 작성하게 된다. 이는 보통 테이블의 크기를 줄여준다. 예를 들어 고전 표현 문법에서 수와 식별자 간의 구분은 *Goal*, *Expr*, *Term* 그리고 *Factor*를 위한 production과 무관하다. *Factor* → num과 *Factor* → ident를 하나의 production인 *Factor* → val로 대체하는 것은 문법에서 하나의 production을 줄여준다. *Action* 테이블에서 각 terminal 기호는 그들의 열을 갖고 있다. num과 ident를 하나의 기호 val로 합치게 되면 *Action* 테이블에서 하나의 열을 없애준다. 이를 실제로 사용하기 위해서 스캐너는 num과 ident에 대해 같은 구문 분류가 단어를 반환해 주어야 한다.

비슷한 논의가 ×와 ÷를 하나의 terminal muldiv로, +와 −를 addsub로 합치는 것에 대해서도 적용될 수 있다. 각 대체는 terminal과 production을 하나씩 줄여준다. 이 세 가지 변화는 다음의 줄어든 표현 문법을 만들어 낸다.

1	*Goal*	→	*Expr*
2	*Expr*	→	*Expr* `addsub` *Term*
3		|	*Term*
4	*Term*	→	*Term* `muldiv` *Factor*
5		|	*Factor*
6	*Factor*	→	(*Expr*)
7		|	`val`

이는 테이블에서 행을 줄여주므로 더 작은 *CC*를 만들어 낸다. Terminal 기호의 수가 작기 때문에 열의 수도 줄어들게 된다.

그 결과 만들어지는 *Action*과 *Goto* 테이블은 그림 3.21과 같다. *Action* 테이블은 132개의 엔트리를 갖고 있고 *Goto* 테이블은 66개의 엔트리를 갖고 있고 전체적으로는 198개의 엔트리를 가지게 된다. 이는 384개의 엔트리를 가진 원래 문법의 테이블과 매우 비교된다. 문법을 바꿈으로써 테이블의 크기를 48퍼센트까지 줄여준다. 하지만 아직까지 *Action* 테이블의 0,6,7번 행 그리고 4, 11, 15, 17번 행과 같이 중복되는 행들이 포함되어 있으며 이는 *Goto* 테이블에서도 마찬가지이다. 만약 테이블의 크기가 심각한 문제라면 이 기술들이 함께 사용되어야 한다.

다른 염려들이 컴파일러 작성자의 production들을 합치는 능력을 제한할 수 있다. 예를 들어 ×연산자가 여러 가지 용도로 사용된다면 ÷와 합치는 것은 실제적으로 불가능할 것이다. 이와 비슷하게 파서가 구문적으로 비슷한 구조를 다룰 때 별개의 production을 사용하여 다르게 처리할 수도 있다.

테이블을 직접 코딩하기

마지막으로 기대할 수 있는 향상은 파서 생성기가 테이블 기반의 skeleton 파서를 포기하고 hard-coded 구현하는 것이다. 각 상태는 적은 case 문이나 `if-then-else` 문으로 표현되어 다음 기호의 타입을 테스트하고 shift나 reduce, accept 혹은 오류를 보고하는 일을 한다. *Action*과 *Goto* 테이블의 모든 내용은 이와 같은 방식으로 코딩될 수 있다. (스캐너에 대한 이와 비슷한 변형이 2.5.2절에서 논의되었다.)

그 결과 만들어진 파서는 그림의 빈칸으로 표시된 *Action*과 *Goto* 테이블의 "don't care" 상태를 직접적으로 나타내는 것을 피하게 된다. 이와 같은 공간 절약은 각 문장이 더 많은 코드를 포함하게 하므로 더 큰 코드 크기를 만들어 낸다. 하지만 새로운 파서는 파서 테이블이 없고 테이블 참조도 하지 않으며 skeleton 파서에서 본 외부 룹도 빠져 있다. 반면 이 구조는 인간이 판독하기에 거의 불가능한 반면 해당하는 테이블 기반 파서보다 더 빨리 동작할 것이다. 적절한

Action **Table**

	eof	**add-sub**	**mul-div**	**(**	**)**	**val**
0				s 4		s 5
1	acc	s 6				
2	r 3	r 3	s 7			
3	r 5	r 5	r 5			
4				s 11		s 12
5	r 7	r 7	r 7			
6				s 4		s 5
7				s 4		s 5
8		s 15			s 16	
9		r 3	s 17		r 3	
10		r 5	r 5		r 5	
11				s 11		s 12
12		r 7	r 7		r 7	
13	r 2	r 2	s 7			
14	r 4	r 4	r 4			
15				s 11		s 12
16	r 6	r 6	r 6			
17				s 11		s 12
18		s 15			s 21	
19		r 2	s 17		r 2	
20		r 4	r 4		r 4	
21		r 6	r 6		r 6	

Goto **Table**

	Expr	**Term**	**Factor**
0	1	2	3
1			
2			
3			
4	8	9	10
5			
6		13	3
7			14
8			
9			
10			
11	18	9	10
12			
13			
14			
15		19	10
16			
17			20
18			
19			
20			
21			

그림 3.21 축소된 표현 문법에서의 테이블

코드 배치 기술을 사용하면 파서는 명령어 캐시와 파싱 체계에서 더 나은 locality를 가질 것이다. 고전적 예제는 표현 문법의 모든 루틴을 하나의 page에 두어 다른 것과 충돌하지 못하도록 하였다.

다른 생성 알고리즘 사용하기

LR 형식의 파서를 만드는 데는 몇 가지 다른 알고리즘들이 있다. 그중에는 단순한 LR(1)에 해당하는 SLR(1)이 있고 미리 보기 LR(1)에 해당하는 LALR(1)이 있다. 이 두 고조 모두 정규 LR(1) 알고리즘보다 작은 테이블을 만든다.

SLR(1) 알고리즘은 정규 LR(1)보다 작은 문법을 받아들인다. 이 문법들은 제한되어 있기에 LR(1)에서의 미리 보기 기호가 필요하지 않다. 이 알고리즘은 FOLLOW 집합을 사용하여 shift할지 reduce할지 결정한다. 이 메커니즘은 실제적으로 관심 있는 많은 문법들을 다루기에 충분히 힘이 있다. FOLLOW 집합을 사용하면 미리 보기 기호의 필요성을 없앨 수 있다. 이는 더 작은 정규 모음을 만들고 테이블에서도 더 작은 행을 갖게 된다.

LALR(1) 알고리즘은 매우 중요한 상태임을 나타내는 집합의 항목들과 나머지 것들은 중요한 항목들로부터 유도해 낼 수 있음을 관찰하는 것에 집중한다. LALR(1) 테이블 구조는 중요한 항목만을 나타낸다. 그리고 이는 SLR(1) 구조로 만들어진 것과 같은 정규 모음을 만들어 낸다. 세부 사항들은 다르지만 테이블의 크기는 같다.

이 장의 앞부분에서 본 LR(1) 구조는 이와 같은 테이블 구조 알고리즘 중 가장 일반적인 것이다. 이는 가장 큰 테이블을 만들지만 가장 큰 부류의 문법을 받아들인다. 테이블을 줄이는 기술을 적절히 사용한다면 LR(1) 테이블은 더 제한된 기술에 의해 만들어진 테이블의 크기에 가깝게 만들 수 있다. 하지만 다소 반직관적인 결과로 LR(1) 문법을 가진 언어는 LALR(1) 문법과 SLR(1) 문법을 마찬가지로 가진다. 이와 같은 더 제한적인 형태를 위한 문법은 파서가 shift할지 reduce할지 해결할 수 있도록 허락하는 방식으로 만들어질 것이다.

3.8 요약과 전망

거의 모든 컴파일러가 파서를 포함하고 있다. 수년 동안, 파싱은 집중적인 관심을 받아온 주제였다. 그 결과 많은 효과적인 파서를 만드는 다른 기술들이 개발되었다. LR(1)계의 문법들은 결정적인 방식으로 파서될 수 있는 모든 context-free 문법을 포함하고 있다. 도구가 강력한 오류 탐색 능력을 갖춘 효율적인 파서를 만들어 줄 것이다. 이와 같은 특성이 LR(1), LALR(1) 그리고 SLR(1) 문법의 파서 생성기의 사용 용이성과 합쳐져 다른 자동적 파싱 기술(LL(1)과 연산자 우선순위 같은 것)에 대한 관심을 감소시켜 왔다.

Top-down recursive-descent 파서는 그들만의 장점들을 갖고 있다. 논의의 여지가 있겠지만 이들은 직접 코딩하기에 가장 쉬운 파서들이다. 이들은 구문 오류를 찾아내고 수정하는데 뛰어난 기회를 제공한다. 컴파일러 작성자는 키워드의 이름이 식별자에 나타날 수 있는 등의 LR(1) 파서에 문제를 일으킬 수 있는 소스 언어의 모호성들을 좀 더 수완을 발휘해 해결해 낼 수 있다. Top-down, recursive-descent 파서는 효율적이다. 사실 잘 만들어진 top-down, recursive-descent 파서는 테이블 기반 LR(1) 파서보다 빠를 수도 있다. (LR(1)을 직접적으로 코딩하는 것은 속도상의 장점을 극복할 수 있을 것이다.) 어떤 이유에서든 직접 코딩한 파서를 만들기 원하는 컴파일러 작성자는 top-down, recursive-descent 방법을 사용하도록 충고 받는다.

더 일반적인 파싱 알고리즘도 사용할 수 있다. 하지만 실제적으로 LR(1)과 LL(1) 부류에 의해 context-free 문법에 가해진 제한은 대부분의 프로그래밍 언어에 문제를 일으키지 않는다.

LR(1)과 LL(1) 문법 중에서 선택을 한다면 사용 가능한 도구를 선택할 것이다. 하지만 실제적으로 대부분의 프로그래밍 언어는 LR(1) 문법과 LL(1) 문법 사이의 범주 안에 든다. 따라서 사용 가능한 parser 생성기에서 시작하는 것이 parser 생성기를 구현하는 것보다 항상 나을 것이다.

기타

최초의 컴파일러는 직접 코딩한 파서를 사용하였다 [26, 304, 221]. Algol 60의 풍부한 구문은 초기의 컴파일러 작성자에게 문제가 되어 왔다. 그들은 이 언어를 파서하기 위해 다양한 방법들을 시도해 보았다. Randell과 Russell은 다양한 Algol 60 컴파일러에 쓰인 방법들에 대해 매혹적인 개요를 제공하였다[282, 1장].

Irons는 번역에서 구문의 개념을 구분해 낸 최초의 인물이었다 [191]. Lucas는 recursive-descent 파싱의 개념을 도입한 것으로 여겨진다[246]. Conway는 비슷한 생각을 효율적 단일 전달 Cobol 컴피일리에 적용하였다[91].

LL, LR 파싱의 개념은 1960년대에 나타났다. Lewis와 Stearns는 LL(k) 파서를 도입하였다 [236]. Rosenkrantz와 Stearns는 그들의 성질에 대해 더 깊게 설명을 하였다[294]. Foster는 문법을 LL(1) 형태로 변환하는 알고리즘을 개발하였고 Wood는 left-factoring 개념을 문법으로 공식화하였고 문법을 LL(1) 형식으로 변환하는 것과 관련된 이론적 이슈들을 살펴보았다[336, 337, 338].

Knuth LR(1) 파싱의 이론적 배경을 만들었고[217] DeRemer과 다른 이들은 SLR과 LALR 테이블을 사용하여 이 기술들을 실제화시켰다. Waite와 Goos는 LR(1) 테이블 구조 알고리즘에서 필요 없는 productoin을 자동적으로 제거하는 기술을 설명하였다[326]. Penello는 테이블을 실행 가능한 코드로 직접적으로 코딩하는 방법을 제안하였다[272]. Aho, Johnson과 Ullman [7]은 LL과 LR 파싱의 매우 중요한 참고문헌이다.

임의의 context-free 문법을 파싱하기 위한 몇몇 알고리즘들이 1960년대와 1970년대 초에 나타났다. Cocke와 Schwartz[86] 그리고 Younger [341]에 의한 알고리즘, Kasami [201]에 의한 알고리즘, Earley에 의한 알고리즘 모두 비슷한 계산 복잡도를 가졌다. Earley의 알고리즘은 LR(1) 테이블 구조 알고리즘과 비슷하기에 특별한 언급이 필요하다. Earley의 알고리즘은 parser 시에 가능한 파서 상태들의 집합을 유도해 내는 반면 LR(1) 기술은 이를 파서 생성기에서 이를 미리 계산한다. 높은 차원에서 본다면 LR(1) 알고리즘은 Earley의 알고리즘을 자연스럽게 최적화한 것으로 보인다.

Chapter 4

문맥 의미 분석
| Context-Sensitive Analysis

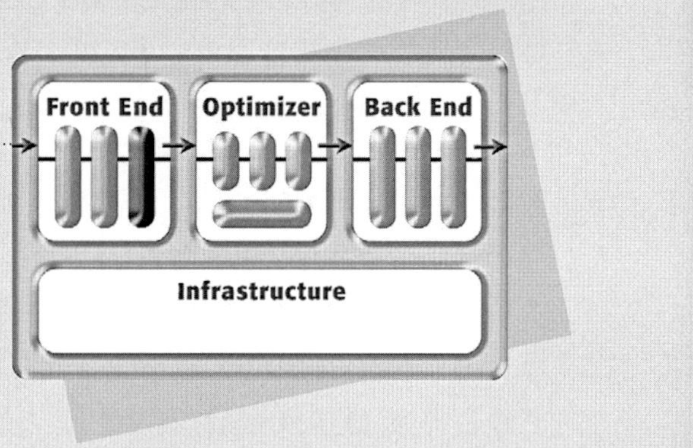

4.1 서론

컴파일러의 궁극의 목적은 입력 프로그램을 목표 기계에 직접 실행할 수 있도록 변환하는 것이다. 목표 기계 명령어로 변환하기 위해서, 컴파일러는 값에 대한 표현 방법 및 변수와 함수의 흐름 등 프로그램의 세부 정보를 조사해야 한다. 컴파일러가 좀 더 개선된 출력 코드를 얻기 위해서는 목표 기계의 연산 구조를 이해하고 있어야 한다. 한편 프로그램이 외부 파일 및 외부 장치와 상호 작용하는지에 대한 분석은 소스 코드를 통해서 추론할 수 있다. 그러나 스캐닝과 파싱만으로는 문맥의 의미까지 파악하기 힘든 측면이 있다. 그래서 이 장에서 컴파일러가 갖추어야 할 문맥 의미 분석(Context-Sensitive Analysis)에 대해 알아보고자 한다.

앞으로 x라는 변수로 구체적인 예를 들 것이다. 컴파일러는 x를 포함하고 있는 연산을 목표 기계 코드를 출력하기 전에 다음 질문과 같은 많은 사항에 대한 해답을 미리 가지고 있어야 한다.

- *x에 어떤 종류의 값이 저장되어 있는가?* 현대 프로그래밍 언어는 숫자, 문자, 부울

(boolean)형, 객체 포인터, 집합 등의 지나칠 정도로 많은 자료형을 사용하고 있다. 또한 대부분의 언어가 복합 객체(배열, 구조체, 집합, 스트링 등)를 지원하고 있다.

- *x는 얼마나 큰가?* 컴파일러는 목표 기계 상에 *x*를 표현할 수 있는지 확인하여야 한다. 자료형의 크기에 따라서 *x*를 처리할 수 없을 수도 있기 때문이다. *x*가 숫자라면, 싱글 워드(정수형 또는 부동 소수점형 숫자), 더블 워드(2배 정밀도의 부동 소수점 또는 복소수), 쿼드 워드(4배 정밀도의 부동 소수점 또는 2배 정밀도의 복소수)로 처리될 수 있다. 배열과 스트링의 크기는 컴파일 하는 동안에 원소의 개수로 정해지거나 실행 중에 크기가 결정될 수도 있다.

- *x가 프로시저라면, 어떤 인자(arguments)들을 얻을 수 있는가? 그것이 무엇이든 값의 종류는 무엇이고 반환 값은 있는가?* 컴파일러가 프로시저를 호출하기 위한 코드를 생성시킬 수 있기 전에, 컴파일러는 호출된 프로시저를 위한 코드가 얼마나 많은 수의 인자를 예상되는지 알아야 한다. 컴파일러는 이 인자들을 발견하는 곳에서 각 인자가 어떤 종류의 값을 가지는지 예상할 수 있다. 프로시저가 값을 반환한다면, 어디에서 그 호출 루틴(routine)이 값을 발견할 것인가? 그리고 그것은 어떤 종류의 자료가 될 것인가? 컴파일러는 그 호출 프로시저가 일관되고 안전한 방법으로 값을 사용하고 있다고 보장해야 한다. 만약 반환값이 호출 포로시저 역참조를 나타내는 포인터라고 가정한다면, 그리고 호출된 프로시저는 임의의 문자열을 반환한다고 가정한다. 결과를 예측할 수 없고, 안전하지 않고, 일관되지 않을 수 있다.

- *얼마나 오래 x의 값이 보존되어야 하는가?* 컴파일러는 *x*의 값이 합법적으로 그것을 참조할 수 있는 계산의 어떤 부분에 접근할 수 있게 되도록 보장해야 한다. *x*가 파스칼(Pascal)에서 지역 변수라면, 컴파일러는 *x*를 선언하는 프로시저의 지속 시간에 값을 보존함으로써 추정 x의 관심 있는 존속 시간을 쉽게 구할 수 있다. *x*가 어떤 곳이나 참조될 수 있는 글로벌 변수 또는 프로그램에 의해 명백히 할당된 구조체의 원소라면, 컴파일러는 *x*의 존속 시간을 결정하는 데 애먹을 수 있다. 컴파일러는 전체의 계산을 위해 *x*의 값을 항상 보존할 수 있다. 그러나 *x*의 존속 시간에 관한 더 정확한 정보로 컴파일러가 충돌하지 않는 존속 시간으로 다른 값을 위해 공간을 다시 사용하게 만들 수 있다.

- *x에 대한 공간 할당하는 것에 대한 책임은 누구인가? (그리고 그것을 초기화하는 것은 누구인가?)* *x*에 대한 공간은 암묵적으로 할당되는가? 또는 프로그램은 *x*를 위한 공간을 명시적으로 할당하는가? 할당이 명시되다면, 컴파일러가 *x*의 주소를 프로그램이 실행될 때까지 알 수 없다고 가정해야 한다. 한편으로는, 컴파일러가 *x*를 관리하는 실행 시간 자료

구조 중의 하나에 x를 위한 공간을 할당하는 것이다. 컴파일러는 x의 주소에 대해 더 많은 것을 알아야 한다. 이 정보는 컴파일러가 더 효율적인 코드를 생성시키도록 기여한다.

원시 언어의 규칙과 원시 프로그램으로부터, 컴파일러는 이러한 질문에 대한 답을 이끌어 내야 한다. 파스칼이나 C와 비슷한 Algol 같은 언어에서, 이 질문의 대부분은 x에 대한 선언을 검사하는 것으로 답을 찾을 수 있다. 그 언어가 APL처럼 어떤 선언도 가지고 있지 않는다면, 컴파일러가 프로그램을 분석함으로써 이러한 종류의 정보를 이끌어 내야 한다. 또는 컴파일러는 일어날 수 있는 어떤 경우라도 다룰 수 있는 코드를 생성시켜야 한다.

모두가 아닌 대다수의 이러한 질문은 context-free 문법에서 표현되는 것과 같은 원시 언어의 구문을 넘어서는 것이다. 예를 들어 보자. x ← y와 x ← z를 위한 파스트리는 할당문의 우측에 텍스트만 다르다. x와 y는 숫자인 반면 z는 문자열이라고 가정하면, 컴파일러는 x ← z 코드와 x ← y 코드가 다른 코드로 출력할 필요가 있다. 이 두 가지 경우를 구분하기 위해 컴파일러는 프로그램의 의미를 더 깊이 조사해야 한다. 스캐닝과 파싱은 단독으로 프로그램의 양식을 다루고 의미 분석은 문맥 의미 분석(context-sensitive analysis) 영역에서 담당한다.

구문과 의미 사이의 차이를 더 명확히 설명하기 위해, 다수의 Algol과 같은 언어로 프로그램의 구조를 고려해 보자. 이러한 언어는 모든 변수가 사용되기 전에 선언되어야 하고 모든 변수의 사용과 선언이 일치해야 한다.

컴파일러 작성자는 모든 선언이 어떤 실행 가능한 문장 전에 발생하는 것을 보장하기 위해 구문을 구조화할 수 있다. 다음과 같은 생산 규칙을 지닌다.

$$ProcedureBody \rightarrow Declarations\ \ Executables$$

Nonterminal는 분명한 의미를 가지고 있고 모든 선언이 어떤 실행 가능한 문장 전에 발생하는 것을 보장하여야 한다. 이것은 더 깊은 규칙을 검사에 해당하는 어떠한 것도 하지 않는다. 실제 프로그램은 첫 사용 전에 변수를 선언해야 한다. 변수의 몇몇의 범주를 위해 사용 앞에 선언이 요구되는 C++ 언어 같은 더 간단하지 않은 경우도 다룰 수 있다. 그러나 프로그래머는 선언과 실행 가능한 문장을 섞어 놓는다.

"사용 전에 선언하세요" 규칙을 강화하는 것은 문맥 자유 문법에서 인코딩 될 수 있는 것보다 더 깊은 지식수준을 요구한다. 문맥 자유 문법은 특정한 단어라기보다 문장 구조적인 범주를 다루기 때문이다. 그래서, 문법은 변수 이름이 발생할 수도 있는 표현식에 그 위치를 명시할 수 있다. 문법이 변수 이름이 발생하는 것을 허락하고 그것이 발생했다고 말할 수 있다는 것을 파서는 인식할 수 있다. 그러나 문법은 다른 것과 변수 이름을 조화시키는 어떤 방법도 가지고 있지 않다. 그래서 더 깊은 분석을 위해 문법이 필요하다. 여기에서 분석은 문맥 자유 구문보다 더 깊은 수준에서의 정보를 검사할 수 있고 조작할 수 있는 문맥으로 설명할 수 있다.

이 장에서는 문법을 수행하는 기본틀과 문맥 의미 분석을 불가피하게 하는 몇 가지 문제를 조사해 본다. 컴파일러는 문맥 의미 분석을 수행하는 데 있어서 발생하는 문제와 문맥 의미 분석의 필요성을 모두 설명하기 위해 계속되는 예로 자료형 검사를 사용한다. 자료형(type) 시스템의 개관과 자료형 추론은 2절을 시작하면서 언급하겠다. 자료형 추론, 그리고 유사 문맥 의미(context-sensitive) 구문 지향(syntax-oriented) 계산을 수행하기 위해, 3절에서 속성 문법(attribute-grammar) 형식주의와 4절에서 구문 주도형(syntax-directed) 번역의 애드 혹(ad hoc) 스타일을 각각 소개할 것이다. 앞으로의 주제 부분은 자료형 추론과 자료형 검사에 더 어려운 문제들을 초래하는 상황을 간략하게 설명하게 된다. 그 문제라는 것은 애드 혹 구문 주도형 번역 기법의 한 최종 예이다.

4.2 자료형 시스템의 소개

대부분의 프로그래밍 언어는 각각의 자료값과 속성들을 관련시킨다. 이 속성들을 값의 *자료형(type)*이다. 자료형은 그 형식의 모든 값에 의해 공통인 속성의 집합으로 한정한다. 자료형은 사용자에 의해 지정될 수 있는데, 예를 들어, $-2^{31} \le i < 2^{31}$범위 내의 i는 어떠한 정수도 될 수 있고 또는 빨강, 오렌지, 황색, 녹색, 파랑, 갈색, 검정, 흰색으로 정의된 색깔이라는 열거된 자료형에 빨강 값이 될 수 있다. 자료형은 규칙에 의해 지정될 수 있다. 예를 들면, C에 있는 구조체 선언은 자료형을 정의한다. 이 경우에, 그 자료형은 선언된 순서에 선언된 필드와의 어떤 객체도 포함하게 된다. 그 개별 필드는 그들의 해석과 허용할 수 있는 값의 범위를 명시하는 자료형을 가지고 있다. (즉, 구성하는 필드의 자료형을 만들어 구조체 자료형으로 나타내게 된다.) 몇몇 자료형은 프로그래밍 언어에 의해 미리 정의되어 있고 다른 것은 프로그래머에 의해 만들어진다. 프로그래밍 언어에서의 자료형의 집합은 사용이 프로그램 행동을 지정하기 위해 자료형 규칙과 함께 축적된 *자료형 시스템(type system)*이라고 불린다.

4.2.1 자료형 시스템의 목적

프로그래밍 언어 설계자는 더 정확한 수준에 프로그램 동작을 지정할 수 있게 문맥 자유 문법에 가능하도록 자료형 시스템을 창안한다. 자료형 시스템은 양식과 유효한 프로그래밍 동작을 설명하기 위한 보조 어휘를 새로 만든다. 자료형 시스템 정보는 스캐닝과 파싱의 기법을 사용하여 얻어지지 않는다. 컴파일러에서 자료형 정보는 안전성, 표현성, 실행 효율성이라는 세 가지 다른 목적을 위해 일반적으로 사용된다.

실행 안정성 보장

훌륭히 설계된 자료형 시스템은 컴파일러가 실행시간 오류를 찾아내고 피하는 것을 돕는다. 자료형 시스템은 프로그램이 잘 동작된다는 것을 보장해야 한다. 즉, 컴파일러와 실행 시간 시스템이 그들이 실행 시간 오류를 발생시키는 연산을 실행하기 전에 모든 잘못된 프로그램을 식별할 수 있음을 의미한다. 사실은, 자료형 시스템은 모든 잘못된 프로그램을 잡을 수 없다. 잘못된 프로그램의 집합은 계산이 불가능하기 때문이다. 범위 이탈 포인터의 역참조와 같은 몇몇의 실행 시간 오류는 분명히 악영향을 지닌다. 부동 소수점 수로 정수 해석 착오와 같은 것은 포착하기 어렵고 누적 영향을 끼칠 수 있다. 컴파일러는 위와 같은 많은 실행 시간 오류를 자료형 검사 기술을 사용해서 사전에 오류를 제거할 수 있다.

이것을 이루기 위해, 컴파일러는 각각의 표현에 대한 자료형을 맨 처음 추론해야 한다. 부울형 값 대신에 부동 소수점 수를 사용하는 것과 같이 자료형이 값이 잘못된 해석된 값 상태를 노출시킨다는 것을 추론했다. 컴파일러는 언어가 허용하는 정의 규칙에 대하여 각각의 연산자의 피연산자의 자료형을 검사해야 한다. 몇몇의 경우, 이러한 규칙은 컴파일러가 한 표현에서 다른 표현으로 값의 변경을 요구할 수 있다. 그러므로 다른 상황에서 실행 가능하지 않은 잘못된 프로그램의 그러한 변환을 금지할 수 있다.

다수의 언어에서, 컴파일러는 모든 표현에 대한 자료형을 추론할 수 있다. FORTRAN 77은 소량의 자료형과 함께 특히 간단한 자료형 시스템을 가지고 있다. 그림 4.1에는 + 연산자로 일어날 수 있는 모든 경우를 나타내고 있다. 테이블은 주어진 표현식 a+b에서 a와 b의 자료형을 명시하고 있다. 정수형 a와 a의 2배 정밀도의 b로 a+b는 2배 정밀도로 결과를 만들어 낸다. 그 대신에 결과가 a가 복소수이면 허용되지 않는다. 컴파일러는 프로그램이 수행되기 전에 이러한

+	integer	real	double	complex
integer	integer	real	double	complex
real	real	real	double	complex
double	double	double	double	*illegal*
complex	complex	complex	*illegal*	complex

그림 4.1 FORTRAN 77에서 +연산자 결과의 자료형

상황을 찾아서 자료형이 안전한지를 보고해야 한다.

어떤 언어를 위해, 컴파일러는 모든 표현식의 자료형을 추론할 순 없다. 예를 들어, APL은 선언을 하지 않는다. 또 어떤 할당에 변하는 변수의 자료형을 허용한다. 그리고 사용자는 입력 프롬프트에 임의의 코드를 입력하게 한다. 이것이 APL을 강력하게 하는 반면, 실행 시간에 어느 정도 자료형 추론 및 자료형 검사를 구현되어 있다는 것을 보장해야 한다.

안전성은 자료형 언어를 사용하는 강한 이유이다. 프로그램이 실행되기 전에 자료형과 관련된 대부분의 오류를 잡는 것을 보증하는 언어 구현은 프로그램의 설계와 구현을 단순하게 한다. 모든 표현식이 모호하지 않는 자료형을 할당할 수 있는 언어를 *강한 자료형 언어(strongly typed language)*라 부른다. 모든 표현식이 컴파일하는 동안에 자료형이 확인된다면, 그 언어는 *정적 자료형(statically typed) 언어*이다. 반면, 실행 시에 자료형이 확인된다면 그것은 *동적 자료형(dynamically typed) 언어*이다. 여기에는 두 가지가 존재하는데, 하나는 bcpl이나 어셈블리어와 같이 *비자료형(untyped) 언어*이고, 나머지 하나는 간소한 자료형 시스템을 가진 *약한 자료형된(weakly typed) 언어*이다.

표현 개선

언어 설계자가 동작을 더 정확히 명시하는 데 도움이 되는 훌륭히 설계된 자료형 시스템이 문맥 자유 규칙이다. 이 능력은 언어 설계자가 문맥 자유 문법에 명시해서 불가능하게 될 기능을 포함하게 한다. 좋은 예는 연산자 오버로딩(overloading)이다. 이것은 연산자에 대한 문맥 의존성(context-dependent)을 의미한다. 많은 프로그래밍 언어는 덧셈의 여러 종류를 의미하기 위해 +를 사용한다. +의 해석은 피연산자의 자료형에 의존하는데, 자료형 언어에는 많은 연산자가 오버로딩된다. 그 대안으로 비자료형(untyped) 언어에서는 각각의 경우 대해 어휘적으로 다른 연산자를 제공한다.

예를 들면, BCPL에서 유일한 자료형은 "셀(cell)"이다. 셀은 어떤 작은 조각 패턴도 가질 수 있고, 작은 조각 패턴의 해석은 그 셀에 적용되는 연산자에 의해 결정된다. 셀은 본질적으로 비자료형이 되기 때문에, 연산자는 오버로딩될 수 없다. 그래서 BCPL은 정수 덧셈에 +를 부동 소수점 덧셈을 위해 #+를 사용한다. 주어진 두 개의 셀 a와 b가 있을 때 a + b와 a#+ b 모두가 유효한 표현식이라면, 그것의 피연산자에 어떤 변환도 일어나지 않게 된다.

대조적으로, 가장 오래된 자료형 언어는 심지어 복잡한 동작을 명시하기 위해 오버로딩을 사용하기도 한다. 앞서 언급된 부분에서, FORTRAN은 하나의 덧셈 연산자 +가 어떻게 구현되어야 하는지 결정하기 위해 자료형 정보를 사용한다. ANSI C는 적절한 자료형 인자로 변환하기 위해 함수 원형(함수 매개변수의 자료형과 개수 및 반환 값의 자료형 선언)을 사용한다. 자료형 정보는 C의 포인터 자동증가의 영향을 결정한다. 말을 바꾸면 증가의 크기는 포인터 자료형에 의해 결정된다. 객체 지향 언어는 각 프로시저 호출에 적절한 구현을 선택하기 위해 자료형 정보를 사용한다. 예를 들면, 자바는 생성자의 인자 리스트를 검사로 기본 생성자(constructor)와 특별한 객체 사이에 자료형을 선택하게 된다.

더 좋은 코드 생성하기

잘 설계된 자료형 시스템은 프로그램에서의 모든 표현에 대한 상세한 정보를 컴파일러에게 제공한다. 이 정보를 이용해 좀 더 효율적인 번역 작업이 이루어진다. FORTRAN 77의 덧셈 구현에 대해 고려해 보자. 컴파일러는 최종적으로 모든 표현의 자료형을 결정할 수 있어서 그림 4.4 중에 하나와 비슷한지 살펴볼 수 있다. 그림 우측의 코드는 덧셈에 대한 ILOC 연산을 나타내고 있고, 각각 혼합 자료형 표현식을 위한 FORTRAN 표준에 변환이 명시되어 있다. 그래서 가득찬 테이블은 그림 4.2의 모든 경우를 포함하고 있다.

컴파일하는 동안에 자료형이 결정되지 않는 언어에서는 실행 때까지 자료형 검사를 뒤로 미룰 수 있다. 그래서 컴파일러는 그림 4.5에 의사 코드(pseudo-code)와 비슷한 코드를 출력할 필요가 있다. 이것으로 실행 안전성을 보장할 수 있지만, 각 연산에 상당한 오버헤드를 가하게 된다. 컴파일할 때 검사의 목적은 실행 시에 오버헤드없이 프로그램의 안정성을 제공하기 위해서이다.

그림 4.3 코드는 피연산자 a와 b의 자료형을 결정할 수 있는 실행 코드가 암묵적으로 존재

Type of a	Type of b	Type of a + b	Code
integer	integer	integer	iADD r_a, r_b ⇒ r_{a+b}
integer	real	real	i2f r_a ⇒ r_{a_f} fADD r_{a_f}, r_b ⇒ r_{a_f+b}
integer	double	double	i2d r_a ⇒ r_{a_d} dADD r_{a_d}, r_b ⇒ r_{a_d+b}
real	real	real	fADD r_a, r_b ⇒ r_{a+b}
real	double	double	r2d r_a ⇒ r_{a_d} dADD r_{a_d}, r_b ⇒ r_{a_d+b}
double	double	double	dADD r_a, r_b ⇒ r_{a+b}

그림 4.2 FORTRAN 77에서의 +연산과 구현

```
switch ( type of a ) {
  case integer:
    switch ( type of b ) {
      case integer: iADD r_a,r_b => r_a+b
                    break
      case real:    i2f r_a => r_a_f
                    fADD r_a_f,r_b => r_a_f+b
                    break
      case double:  i2d r_a => r_a_d
                    dADD r_a_d,r_b => r_a_d+b
                    break
      default:      signal a run-time type error
                    break
    }
    break
  case real:
    switch ( type of b ) {
      case integer: i2f r_b => r_b_f
                    fADD r_a,r_b_f => r_a+b_d
                    break
      case real:    fADD r_a,r_b => r_a+b
                    break
      case double:  f2d r_a => r_a_d
                    dADD r_a_d,r_b => r_a_d+b
                    break
      default:      signal a run-time type error
                    break
    }
    break
  case double:
    switch ( type of b ) {
      case integer: i2d r_b => r_b_d
                    dADD r_a,r_b_d => r_a+b_d
                    break
      case real:    f2d r_b => r_b_d
                    dADD r_a,r_b_d => r_a+b_d
                    break
      case double:  dADD r_a,r_b => r_a+b
                    break
      default:      signal a run-time type error
    }
    break
  default: signal a run-time type error
           break
}
```

그림 4.3 FORTRAN 77규칙을 적용하여 +연산자를 위한 실행시 오류 점검 및 형식 변환

한다는 것을 가정한다. 그래서 컴파일러와 실행 시간 시스템은 a의 자료형이 a의 실제값과 나란히 참조되어 저장되기 위해서 각각의 값에 자료형을 함께 붙여야 한다. 피연산자가 변환되고 난 후에 코드는 결과값을 위해 태그(tag) 필드를 설정해야 한다. 그림 4.5의 코드는 태그 조작 코드를 제외한 것이다. 태그 조작 오버헤드는 덧셈 연산 비용에 상대적으로 매우 큰 편이다. 각각의 연산은 두 가지 경우로 실행된다. 어떤 필요한 변환을 수행하기 위한 코드는 실제 덧셈을 동반한다. 두 태그를 읽고 1/3은 기록한다. a와 b가 레지스터에 저장된다면, 태그 또한 레지스터에 위치할 것이다. 이것으로 레지스터에 대한 증가 수요와 태그 접근의 비용을 줄일 수 있다. 대안으로는 나타낼 수 있는 값의 범위를 줄임으로써 태그 저장소로 a와 b의 공간의 부분을 사용하는 것이다.

컴파일 도중 자료형 추론과 검사는 이러한 오버헤드를 제거하게 된다. 컴파일 도중 검사로 그림 4.2의 더 빠르고 더 작고 경제적인 코드로 그림 4.3 테스트와 제어 흐름을 대체할 수 있다. 일반적인 경우 이 연산은 피할 수 없는데, 부가 정보를 좀 더 단순화한 코드에서는 할 수 있다. 예를 들어, 컴파일러가 0을 더하는 피연자라고 알고 있다면 그 덧셈은 제거될 수 있다.

자료형 검사

이러한 이점을 얻기 위해 컴파일러는 프로그램을 분석하고 계산하는 각각의 표현식에 자료형을 할당해야 한다. 합법적으로 문맥에서 사용되고 있다는 것을 보장하기 위해 컴파일러는 이러한 자료형 검사를 해야 한다. 통틀어서, 이러한 활동을 *자료형(type checking)*이라고 한다. 왜냐하면 할당(assign)이나 자료형 추론(infer), 자료형 그리고 자료형과 관련된 에러 검사 등의 동작을 하나로 묶은 것이기 때문이다.

프로그래머는 어떤 방법으로 자료형 검사하는 수행되는지 알아야 한다. 강한 자료형(strongly typed)은, 정적으로 검사할 수 있는 언어는 동적 검사로도 구현될 수 있다. 그러나 동적으로 전혀 검사할 필요가 없을 수 있다. 비자료형(untyped) 언어는 확실한 종류의 오류를 잡는 방법으로 구현될 수 있다. ML과 Modula-3 모두는 정적으로 검사될 수 있는 강한 자료형 언어의 좋은 예이다. Common Lisp는 동적으로 검사되는 강한 자료형 시스템을 가진다. ANSI C는 간소한 자료형 위반 검사를 지닌 자료형 언어이다.

자료형 시스템의 기초가 되는 이론은 크고 복잡한 지식으로 되어 있다. 이 절에서는 자료형 시스템의 개관에 대해 설명하고 자료형 검사에 몇 가지 간단한 문제를 소개하게 된다. 이후의 부분은 문맥 의미(context-sensitive) 계산의 한 예로 자료형 추론의 간단한 문제를 살펴볼 것이다.

4.2.2 자료형 시스템의 구성 요소들

현대 언어 자료형 시스템은 전형적으로 네 가지 주요 구성요소를 가지고 있다. 첫 번째로 기본 자료형 집합 또는 내장된 자료형(built-in types)이고 두 번째로 현존하는 자료형으로부터 새로운 자료형을 구성하는 규칙이다. 세 번째로는 두 자료형이 같거나 호환성이 있다고 결정하는 방법이며, 마지막으로 각 원시 언어 표현식의 자료형을 추론하기 위한 규칙이 있다. 다수의 언어가 문맥을 기반으로 한 자료형에서 다른 자료형으로 값의 암시적인 변환을 위한 규칙 또한 포함하고 있다. 대중적인 프로그래밍 언어의 예로 들면서 이번 절에서 좀 더 자세한 설명을 할 것이다.

기본 자료형

대부분의 프로그래밍 언어는 몇 가지 기본 자료형(숫자, 문자, 부울형)을 포함하고 있다. 기본 자료형은 대부분의 프로세서에서 직접 지원된다. 정수와 부동 소수점 수와 같은 몇몇 전형적인 양식으로 숫자를 표현한다. 어떤 언어들은 다른 기초 자료형을 추가한다. Lisp는 유리수형과 재귀적 리스트 자료형을 포함하고 있다. 유리수는 정수의 짝을 비율로 해석하는 데 필수적인 자료형이며, 리스트는 `nil`값 또는 `(f r)` 쌍으로 지정되어 있는데 `f`는 객체이고 `r`은 리스트이다.

기본 자료형과 자료형에 정의된 연산자는 언어별로 다양하다. 어떤 언어는 기본 자료형을 재정의하여 더 많은 자료형을 창조하여 사용할 수 있고, 또 다른 언어들은 C에서의 스트링 자료형과 같이 기본 자료형으로 부족한 것도 있다. 대신에, C는 포인터로 특정 문자열을 배열을 구성할 수 있다. 거의 모든 언어가 기본 자료형으로 더 복잡하고 다양한 자료형을 구성할 수 있게 되어 있다.

숫자(Numbers) 거의 모든 프로그래밍 언어가 기본 자료형 정도의 숫자를 하나 이상 가지고 있다. 일반적으로, 이것은 범위 제한이 있는 정수와 종종 *부동 소수점* 숫자라고 불리는 근사값 실수를 지원한다. 많은 프로그래밍 언어가 하드웨어 구현과 별개의 자료형을 새로 만듦으로써 하위의 하드웨어 구현에 영향을 끼칠 수 있다. 예를 들어 C, C++, 자바는 signed 정수형과 unsigned 정수형 구별을 한다.

FORTRAN PL/I, Ada, C는 정수의 길이를 나타내고 있다. PL/I에서, 프로그래머는 비트로 길이를 명시해야 한다. 컴파일러는 정수를 이 길이만큼 하드웨어 표현에 하나씩 대응시킨다. PL/I의 IBM 370 구현에서 고정 바이너리(15) 변수를 16비트 정수로 대응시킨다. 반면에 고정 바이너리(31)은 32비트 정수가 된다. 대조적으로, C와 FORTRAN은 상대적인 길이를 지정하는데. C의 `Long`은 `short`의 길이에 두 배이고, 같은 식으로 FORTRAN에서 `double`은 `real`에 두 배 관계를 가진다. 그러나 두 언어 정의로 특정한 비트 길이로 지정할 수도 있다.

몇몇 언어는 상세하게 명시하는 경우도 있다. 자바는 8(byte), 16(short), 32(int), 64(long) 비트 길이로 부호 있는(signed) 정수 자료형을 각각 정의하고 있다. 마찬가지로, 자바의 float 자료형은 32-bit IEEE 부동 소수점 숫자를, 그리고 double 자료형은 64-bit IEEE 부동 소수점 숫자로 명시하고 있다. 이 접근 방법은 다른 아키텍처에서도 동일한 동작을 보장할 수 있다.

Scheme은 다른 접근 방법을 취한다. 언어 정의는 숫자 자료형의 계층 구조를 포함한다. 그러나 하위 집합을 지원할지는 구현자의 선택에 따른다. 그러나 표준은 정확한 수와 정확하지 않은 수 사이에 주의 깊은 구별을 요구한다. Scheme은 인자 전부와 반환값이 정확한지에 대한 것을 명시해야 한다. 대략 언제 어디에서 발생할 수 있는지에 대한 원인을 프로그래머가 고려해야 하지만, 구현자에겐 더 큰 융통성을 제공하게 된다.

문자(Characters) 많은 언어들이 문자 자료형을 포함하고 있다. 이론적으로 문자는 한 글자만을 말한다. 수년 동안 서양 알파벳의 제한된 크기 때문에, ASCII 문자 집합(또는 IBM 기계상 EBCDIC 코드)으로 대응시킨 단일 바이트로 표현했다. 최근 운영 체제와 프로그래밍 언어 모두에 더 자주 구현되는 것은 유니코드(unicode)를 지원하기 시작했다. 유니코드는 16비트로 더 큰 문자 집합을 제공한다. 대부분의 언어는 문자 집합이 <, =, >와 같은 표준 비교 연산자를 이용하여 사전순으로 정렬되었다고 가정하고 있다. 몇몇 다른 연산자들은 문자로 인식할 수 있다.

부울(Booleans) 대부분의 프로그래밍 언어가 참과 거짓값만 가지는 부울형 자료형을 포함하고 있다. 부울에 대한 표준으로 제공되는 연산은 and, or, xor, not이 있다. 부울값, 또는 부울값 표현, 제어의 흐름을 결정하는 데 사용된다. C는 0(거짓)과 1(참)으로 제한되는 부호가 없는 정수의 하위 범위로 부울값을 생각할 수 있다.

복합 자료형과 사용자 정의 자료형

프로그래밍 언어의 기본 자료형은 하드웨어가 직접 처리할 수 있는 실제 자료의 종류를 보통 제공하고 있는데, 프로그램에 따라서는 필요한 정보 영역을 나타내는 데 어휘가 불충분할 수 있다. 그래서 프로그램은 그래프, 트리, 테이블, 배열, 리스트, 스택과 같은 더 복잡한 자료 구조를 일상적으로 처리할 수 있어야 한다. 이 구조체는 각각 자기 자신의 자료형을 가지는 하나 이상의 객체로 구성된다. 이를 혼합하여 새로운 자료형을 만드는 능력이나 객체를 한데 모으는 것은 많은 프로그래밍 언어의 필수적인 기능이다. 프로그래머는 특정 프로그램의 새로운 자료형의 정보를 조직화할 수 있다. 이 조직화는 자료형 시스템에 묶여 잘못된 프로그램을 찾아내는 컴파일러 능력을 개선시킬 수 있다. 언어는 전체 구조체의 할당과 같은 고 수준의 연산을 표현하도록 해야 한다.

예를 들어 Lisp는 프로그래밍에 광범위한 지원을 제공한다. Lisp의 리스트(list)는 기본 제공되는 자료형이다. 리스트는 `nil`이나 `(cons f r)`값을 가진다. `f`가 객체, `r`이 리스트이며, cons는 두 개의 인자로 새로운 리스트 양식을 만들 수 있다. Lisp에서 리스트 자료형인지는 cons의 두 번째 인자가 리스트인가를 호출해 봄으로써 확인할 수 있다.

배열(Arrays) 배열은 가장 흔한 집합 객체이다. 배열은 같은 자료형의 다중 개체를 그룹 지어 별개의 이름을 주게 된다. C 선언 `int a[100][200]`는 20,000개 정수를 위한 공간을 확보하고, a라는 이름을 사용하여 언급될 수 있다는 것을 보증한다. `a[1][17]`과 `a[2][30]` 참조는 개별적이고 독립적인 메모리 위치를 접근한다. 배열의 본질적인 성질은 프로그램이 숫자를 첨자로 사용함으로써 각각의 원소에 대한 이름을 계산할 수 있다는 것이다.

배열에 연산 지원은 폭넓은 변화를 주게 된다. FORTRAN 90, PL/I, APL은 완전하게 또는 일부 배열의 할당을 지원한다. 이러한 언어들은 배열의 산술 연산시 원소별 할당을 지원한다. x, y, z가 10 × 10 배열이라고 가정하고, `x = y + z`라는 할당 문장은, y와 z에 대응되는 원소의 합을 각 x의 원소에 기록한다. APL은 다른 많은 언어들보다 더 많은 연산자(내적, 외적, reduction 등)들을 지원하고 있다.

원소의 자료형을 명시함으로써 배열을 구성하기 때문에 배열은 만들어진 자료형으로 보일 수 있다. 그래서 10 × 10 정수형 배열은 정수의 *2차원 배열 정수형*을 가진다. 어떤 언어는 자료형에 배열의 차원을 포함하고 있다. 그래서, 10 × 10 정수형 배열은 12 × 12 정수형 배열과 다른 자료형이다. 이것은 컴파일러가 차원에 대한 비호환을 배열 연산의 자료형 오류로 잡아내도록 한다. 한편 대부분의 언어가 기본 자료형으로 배열을 허용하고 있지만 어떤 언어는 만들어진 자료형으로 배열을 허용하고 있다.

스프링(String) 일부 프로그래밍 언어들은 스트링을 만들어진 자료형으로 처리한다. 예를 들어, PL/I는 비트 스트링과 문자 스트링(또는 문자열)의 두 가지 스트링 자료형을 가지고 있다. 두 가지 스트링은 값의 범위에 약간 차이가 있지만 이 두 자료형에 정의된 연산의 속성은 비슷하다. 그래서 *비트 스트링*과 *문자 스트링*에 대해 적절한 구별이 필요하다. (대부분의 언어들은 문자 스트링과 같이 자주 사용되는 것은 내장 자료형으로 지원하도록 한다.) 다른 언어들은 문자의 배열로 문자 스트링을 처리하도록 지원한다.

실제 스트링 자료형은 여러 중요한 면에서 배열 자료형과 차이가 있다. 연결, 해석, 길이 계산과 같이 배열에서 일어나지 않는 연산이 스트링에는 적합할 수 있다. 개념적으로, 스트링 비교 연산은 사전적 순서를 따른다. 즉 "a", "bood", "fee", "fie"의 순서로 형성될 것이다. 표준 비교 연산자 또한 자연스런 방법으로 오버로딩 될 수 있다. 문자 배열을 위한 비교 연산은 구조체 배열 또는 숫자 배열을 위한 등가 비교 연산으로 구현될 수 있다. 배열이 할당되는 모든 원소를 모두 사용하는 것과 대조적으로 스트링의 실제 길이는 할당된 크기와 다를 수 있다.

열거형 자료형(Enumerated Types) 대부분의 언어가 상수값의 특정한 집합을 포함하는 새로운 자료형을 만드는 것을 프로그래머에게 허용한다. 파스칼(Pascal)에서 처음 소개된 이 표기법은 프로그래머에게 작은 상수 집합에 이름을 붙여 사용할 수 있게 하였다. 전형적인 보기로 달과 요일을 들 수 있다. C 구문에서는 다음과 같이 될 수 있을 것이다.

```
enum WeekDay {Monday, Tuesday, Wednesday,
              Thursday, Friday, Saturday, Sunday};

enum Month {January, February, March, April,
            May, June, July, August, September,
            October, November, December};
```

컴파일러는 별개의 값으로 열거형 자료형 각각의 원소를 대응시킨다. 열거형 자료형의 원소들은 같은 자료형의 원소 사이에도 순서가 정해져 있다. 예를 들면 6월과 7월, 월요일과 화요일에는 순서가 있다. 그래서 서로 다른 열거형 자료형이 조합되어서는 안 된다. 즉, 화요일과 9월은 같은 열거형 자료형이 아니기 때문에 자료형 오류를 발생시켜야 한다. 파스칼은 정수형의 하위 범위로 각 열거형 자료형의 동작을 보장한다. 예를 들면 프로그래머가 열거형 자료형의 원소로 인덱스 된 배열을 선언할 수 있다.

구조체(Structures and Variants) 임의의 자료형을 다중 개체로 함께 묶는 것이 구조체이다. 구조체의 원소(또는 소속자)가 일반적인 외부에 주어진 이름이다. 예를 들면, 프로그래머는 C에 파스 트리를 구현하는데 하나와 노드와 두 자식이 필요하다.

```
struct Node1 {                 struct Node2 {
  struct   Node1 *left;          struct   Node2 *left;
  unsigned Operator;             struct   Node2 *right;
  int      Value                 unsigned Operator;
}                                int      Value
                               }
```

구조체의 자료형은 그것의 원소의 자료형의 순서 곱이 된다. 그래서, (Node1 *) × unsigned × int로 Node1의 자료형이 설명될 수 있고, 한편 Node2의 자료형은 (Node2 *) × (Node2 *) × unsigned × int가 된다. 이 새로운 자료형은 기본 자료형과 같은 본질적인 속성을 가지게 된다. Node1의 포인터를 자동 증가시키거나 포인터를 Node1으로 형변형하는 것은 바람직한 일이다. 이 동작은 기본 자료형과 유사하다.

많은 프로그래밍 언어들이 다른 자료형으로 결합한 자료형의 창조를 허용하고 있다. 예를 들

구조체의 다른 면

구조체의 일반적인 관점은 개별 자료형으로서 구조체의 개별 종류가 취급되는 것이다. 구조체 자료형의 이러한 접근법은 스트링이나 배열과 같은 방식으로 처리되는 것이 자연스러워 보인다. 구조체는 프로그래머에게 유용한 구별을 제공한다. 예를 들어, 두 자식을 가지는 트리 노드는 세 자식을 가지는 트리 노드와 다른 자료형이다. 이 둘은 서로 다른 상황에서 사용된다고 볼 수 있다. 세 자식 노드를 두 자식 노드로 할당하기 위한 프로그램은 자료형 오류와 경고 메시지를 프로그래머에 발생시킬 것이다.

그러나, 실행 시간 시스템의 관점에서 개별 자료형으로 각 구조체를 취급하는 것은 그림을 더 복잡하게 하는 것이다. 개별 구조체 자료형으로 힙(heap)에 객체를 올릴 수 있다. 그러나 이것은 garbage collector와 같은 힙 상에서 객체를 직접 다루는 것을 어렵게 하는 이유이다. 그런 프로그램을 단순하게 하려면 구조체 자료형을 다른 방법으로 접근해야 한다.

이 대안 모델은 프로그램에서 단일 자료형으로 모든 구조체를 고려할 수 있어야 한다. 개별 구조체 선언은 각 자료형 구조의 변형 양식을 새로 만든다. 자료형 구조는 모든 이러한 변형의 결합이다. 이 접근법은 많은 자료형의 모음이라기보다 단일 자료형의 객체 모음으로 힙을 바라보게 된다. 이것은 분석과 최적화에 더 간단하게 힙을 조작하는 코드를 만들게 된다.

면, 어떤 변수 x는 정수형이나 부울형이나 WeekDay형의 자료형을 가질 수 있다. 파스칼에서, 이것은 변환 레코드와 함께 이뤄진다. *레코드*는 구조체를 위한 Pascal 용어이다. C에서는 이것을 공용체로 할 수 있다. 공용체 자료형은 구성 요소 자료형을 교체할 수 있다. 변수 x의 자료형은 정수형 ∪ 부울형(boolean) ∪ WeekDay이다. 각각의 구조체 자료형이 다른 길이를 가지고 있더라도 공용체는 개별 자료형의 구조를 모두 포함하고 있다. 언어는 모호하지 않게 각 필드를 참조할 수 있도록 메커니즘을 제공해야 할 것이다.

포인터(Pointers) 프로그래머가 자유롭게 자료 구조를 조작할 수 있게 하기 위해, 많은 언어들이 포인터 자료형을 포함하고 있다. 포인터는 주소를 나타낸다. 포인터는 프로그램의 주소를 저장하는 변수이고, 주소로 참조되는 객체에 대한 검사를 나중에 하는 데 쓰일 수 있다. 객체가 새로 만들어질 때 포인터도 새로 만들어진다. 자바에서 new와 C에서의 malloc이 그것이다. C의 &(역참조) 연산자와 같이 몇몇 언어는 객체의 주소를 반환하는 연산자 또한 가지고 있다.

포인터 관련 오류로부터 프로그래머를 보호하기 위해, 몇몇의 프로그래밍 언어는 "등가물(equivalene)" 자료형에 대한 포인터 지정을 제한한다. 이런 언어에서는 할당의 좌측 포인터는 우측의 표현식의 자료형과 같아야 한다. 프로그램은 규칙 위반 없이 *정수형 포인터*를 *정수형 포인터*로 선언된 변수에 할당할 수 있지만 *부울 형 포인터* 또는 *정수형 포인터에 포인터*로 선언된 것은 할당할 수 없다.

물론, 새로운 객체를 만드는 메커니즘은 적절한 자료형의 객체를 반환해야 한다. 그래서, 자바의 new는 명시적으로 새로운 자료형의 객체를 만든다. 다른 언어들은 매개변수처럼 반환 자료형을 가지는 여러 형태의 루틴을 사용한다. ANSI C는 특별한 방법으로 이를 처리한다. 즉, 표준 할당 루틴 malloc이 포인터를 void형으로 반환한다. 이는 프로그래머가 매 malloc 호출시 반환되는 값을 형변환하게 한다.

일부 언어들은 더욱 복잡한 포인터 조작을 허용한다. 자동 증가와 자동 감소를 포함한 포인터의 산술 연산은 프로그램이 새로운 포인터를 만들 수 있도록 허용하고 있다. C는 그 증가나 감소의 크기를 정하기 위해 포인터의 자료형을 사용한다. 프로그래머는 배열의 시작에서 포인터를 설정할 수 있다. 이때 자동증가는 배열의 한 원소에서 다음 원소로 포인터를 전진시키는 역할을 하게 된다.

포인터를 가진 자료형의 안정성은 자료형이 정해진 객체에 해당하는 주소로 암묵적인 가정을 했다고 생각한다. 새 포인터를 만드는 능력은 가정을 보잘 것 없는 것으로 만들며 컴파일러와 실시간 시스템이 포인터 기반 계산을 판단하는 능력을 심각히 저해시킨다. 더 자세한 내용은 8.3절에서 설명할 것이다.

자료형의 동일성

어떤 자료형 시스템의 중요한 구성요소는 두 서로 다른 자료형 선언이 같은지 아닌지 결정하기 위해 사용하는 메커니즘이다. C에서 다음의 두 선언을 고려해 보자.

```
struct TreeNode {                    struct SearchTree {
  struct TreeNode *left;               struct SearchTree *left;
  struct TreeNode *right;              struct SearchTree *right;
  int value                            int value
}                                    }
```

TreeNode와 SearchTree는 같은 자료형인가? 동일한 것인가? 중요한 자료형 시스템을 가지고 있는 어떤 프로그래밍 언어라도 임의의 자료형에 대해 이 질문에 모호하지 않게 대답할 수 있는 규칙을 포함해야만 한다.

역사적으로 두 가지 일반적인 접근이 시도되었다. 첫 번째 접근법은 같은 이름을 가진다면

자료형 표현

컴파일러가 조작해야 하는 대부분의 객체로, 자료형은 내부의 표현이 필요하다. FORTRAN 77과 같은 일부 언어는 고정된 작은 자료형 집합을 가지고 있다. 이 언어에 위한 작은 정수 태그는 효율적이고 충분하다. 그러나 다수의 현대 언어들은 개방적인 자료형 시스템을 가지고 있다. 이러한 언어들 때문에 컴파일러 작성자는 임의의 자료형을 나타낼 수 있게 하기 위한 구조를 설계할 필요가 있다.

이름 등가(name equivalence) 기반 자료형 시스템이라면, 컴파일러가 실제 구조의 표현으로 되돌려 사용하기 때문에 간단한 설명으로 충분할 것이다. 구조 등가(structural equivalence) 자료형 시스템에 기반은, 자료형 표현을 위해 자료형 구조를 인코딩해야 한다. 대부분의 시스템은 자료형을 나타내기 위해 트리를 생성한다. 각각의 자료형 선언을 위해 트리를 구성하고 자료형이 같은지를 시험하기 위해 트리 구조를 비교한다.

두 자료형은 같고 그 반대로 두 자료형이 같으면 같은 이름이 갖게 된다고 보는 것이다(name eqivalence). 철학적으로, 이 규칙은 프로그래머가 자료형을 위해 어떤 이름을 선택할 수 있다는 가정을 한다. 프로그래머가 다른 이름을 선택했다면, 구현에 상당히 심사숙고해야 할 것이다. 불행하게도, 다중 작성자와 다중 파일로 구성되기 때문에 이는 비현실적으로 보인다.

두 번째 접근은, 두 자료형이 같은 구조일 때 자료형이 같은 구조를 가진다고 보는 것이다(structural equivalence). 철학적으로, 이 규칙은 모든 동일한 자료형의 필드, 같은 필드의 집합, 같은 순서로 구성된 두 객체는 서로 바꿀 수도 있다고 가정한다. 구조적으로 동일성은 자료형 정의의 필수적인 속성을 검사해 보아야 한다.

각 정책은 강점과 약점이 있다. 이름 등가는 동일한 이름이 계획적인 행위로 발생했다고 가정한다. 큰 프로젝트에서 고의적으로 발생하지 않은 충돌을 피할 수 있는 규칙이 필요하다. 구조 등가는 다른 것과 대체가 가능한 객체가 다른 곳에서도 안전하게 사용될 수 있다고 가정한다. 만약 값들의 일부가 "특별" 의미를 가진다면, 이것은 문제를 발생시킬 수 있다.

자료형 추론 규칙

일반적으로, 각 연산자를 위해 자료형 추론 규칙을 피연산자 자료형과 결과 자료형 사이를 대응시키도록 명시한다. 일부 경우에 대응은 간단하다. 예를 들면, 할당문은 하나의 피연산자와 하나의 결과를 가지고 있기 때문에 결과(또는 좌측)는 피연산자(또는 우측)의 자료형과 호환되는 자료형이어야 한다. 파스칼(Pascal)에서는 1..100의 subrage은 안전하게 정수형에 할당되어질 수 있기 때문에 정수형과 호환된다. 이 규칙은 정수형 변수에 정수값의 할당하도록 한다. 이 때문에 명시적인 형변환 없이 정수형 변수에 구조체의 할당을 연산이 금지는 당연한 것이다.

피연산자 자료형과 결과 자료형 사이의 관계는 표현식 트리 자료형에 재귀적 함수로 종종 명시된다. 함수는 피연산자 자료형의 함수처럼 연산의 결과 자료형을 계산한다. 함수는 그림 4.1에 테이블과 비슷한 표 형식으로 되어 있다. 때때로, 피연산자 자료형과 결과 자료형 사이 관계는 간단한 규칙으로 명시되어 있다. 예를 들어, 자바는 정확성이 다른 두 정수 자료형을 더하면 더 정확한(더 긴) 자료형이 도출된다.

추론 규칙은 자료형 오류를 판별할 수 있다. FORTRAN 테이블에서는 `complex`형으로 `double`형 같은 일부 조합을 금하고 있다. 이 조합은 자료형 오류를 만들고 프로그램을 잘못되게 한다. 또한 자바에서는 문자에 숫자를 할당하는 것은 금지된 것이다. 위에 두 가지 오류들은 프로그래머에게 오류 메시지를 출력할 것이다.

일부 언어들은 컴파일러가 혼합 자료형 표현식과 관계가 있는 어떤 자료형 오류를 고치도록 요구한다. 컴파일러가 그런 오류를 발견하면, 호환 가능한 자료형으로 변환하도록 해야 한다. FORTRAN 77에서, 정수와 부동 소수점 숫자의 덧셈은 덧셈 전에 정수를 부동 소수점으로 강제로 변환시킨다. 마찬가지로, 정확도가 다른 값의 정수 부가를 위한 자바의 규칙은 더 정확한 값의 양식에서 덜 정확한 값으로 유도한다. 자바에서 정수 할당은 강한 우측이 더 정밀하지 않으면 좌측의 더 정밀한 자료형으로 자료형 변환이 이루어져야 한다. 그러나 좌측이 우측보다 덜 정확하다면 (프로그래머가 강제로 형변환을 하지 않으면) 할당 시에 자료형 오류가 발생할 것이다.

선언과 추론(Declarations and Inference) 전에 언급됐던 많은 프로그래밍 언어가, "사용 전에 선언하세요" 라는 규칙을 포함하고 있다. 의무적인 선언으로, 각 변수는 훌륭히 정의된 사료형을 가지게 된다. 한편 컴파일러는 상수에 자료형을 할당하는 방법이 필요하다. 두 접근법은 가장 흔히 사용된다. 상수가 특정 자료형으로 처리될 수 있다. 즉 정수형 2와 부동 소수점형 `2.0`가 상수 자료형에 따라 다르다는 것을 의미하고, 그 예로 `sin(2)`에서 쓰이는 2는 부동 소수점의 수 `2.0`로 적용된다. 반면에 `x`가 정수형일 때 `x` ← 2에서 2는 정수형으로 적용된다.[2] 컴파일러는 선언된 자료형, 상수의 자료형 변형, 그리고 자료형 추론 규칙과 함께 변수와 상수를 표현하는 데 어떠한 자료형도 사용할 수 있다.

일부 언어는 어떤 선언을 하더라도 프로그래머를 탓하지 않는다. 이러한 언어들은 대체로 자료형 추론의 문제가 복잡하게 얽혀있다. 5절에 이 문제에 대해서 설명할 것이다.

---

[2] 불행히도 "2"가 다른 문맥에서 다른 의미를 나타내는 것은 아니다. 경험으로써 프로그래머는 이러한 종류의 overloading을 잘 이해하기 바란다.

표현식에서의 자료형 추론

자료형 추론의 목적은 프로그램에서 발생하는 각 표현식에 자료형을 지정하는 것이다. 자료형 추론의 가장 간단한 경우는 표현식에 각 기본 원소에 자료형을 지정하는 것이다. 즉, 이 경우는 모든 변수의 자료형이 선언되어 있고, 모든 상수가 자료형 추론되어 있고, 모든 함수에 대한 자료형 정보가 주어졌을 때를 말한다.

개념적으로 컴파일러는 간단한 후위 트리 탐색으로 표현식의 각 값에 자료형을 지정할 수 있다. 이것으로 컴파일러는 추론 규칙의 모든 위반을 찾아내고 위반에 대해 *컴파일하는 동안에* 알릴 수 있다. 추론 가능한 간단한 유형이 되는 특징 중의 하나라도 부족하다면, 컴파일러는 정교한 기술을 사용할 필요가 있다. 컴파일하는 동안에 자료형 추론이 매우 어렵다면 실행 시간에 자료형 분석 및 검사를 수행할 수도 있다.

이러한 간단한 경우라도 표현식 자료형 추론은 표현식의 구조에 직접적으로 연관되어 있다. 추론 규칙은 원시 언어의 용어로 문제를 설명한다. 평가(evaluation) 전략은 파스 트리에 아래에 위로 탐색하는 연산을 하고 있다. 이런 이유로, 표현식을 위한 자료형 추론이 문맥 의미(context-sensitive) 분석을 설명하기 위한 고전적인 문제가 되었다.

자료형 추론의 프로시저 간의 관점

본질적으로, 표현식 자료형 추론은 실행 가능한 프로그램을 형성하는 다른 프로시저에 의존한다. 심지어 가장 간단한 자료형 시스템에서조차, 표현식은 함수 호출을 포함하고 있다. 컴파일러는 각 호출을 검사해야 보아야 한다. 컴파일러는 각각의 실제 매개변수가 공식 매개변수와 자료형 호환성이 있는지를 확신해야 한다. 컴파일러는 더 앞의 추론에서 사용하는 반환값의 자료형을 결정해야 한다.

컴파일러가 프로시저 호출을 분석하고 이해하기 위해 각 함수의 *자료형 서명(type signature)*을 필요로 한다. 자료형 서명은 공식 매개변수와 반환값의 자료형을 명시하고 있다. 예를 들면, C 표준 라이브러리에 있는 `strlen` 함수는 자료형 `char *`를 피연산자를 취하고 바이트의 길이(`null`과 같은 종결형 문자를 제외)를 `int`로 반환한다. C에서, 프로그래머는 다음과 같은 함수 원형으로 이러한 정보를 나타낼 수 있다.

```
unsigned int strlen(const char *s);
```

이 함수 원형은 `const char *` 자료형의 인자를 `strlen`가 가지고 있다. 여기서 `const` 속성은 수정되지 않는 것을 의미한다. 함수의 반환값은 음수가 되지 않는 정수형이다. 이것은 다음과 같은 좀 더 추상적인 표기법으로 사용될 수 있다.

자료형 시스템 분류(Classifying Type Systems)

자료형 시스템을 설명하는 데 많은 용어가 사용된다. 이 책에서, *강항 자료형(strongly typed), 비자료형, 약한 자료형(weakly typed)* 언어에 대한 용어를 소개하였다. 자료형 시스템과 구현의 차이가 중요하다.

검사하는 구현 대 검사 하지 않는 구현 프로그래밍 언어의 구현은 자료형의 오용의 결과로 모든 실행 시간의 오류를 찾아내거나 막기 위해 충분한 검사를 수행하는 것을 선택한다. 여기서 영으로 나누는 것과 같이 일부의 특정 값에 의한 오류를 배제할 수 있다. 그런 구현을 강한 검사라고 한다. 잘 만들어진 프로그램이라고 가정하였을 때 강한 검사의 반대는 검사하지 않는 것이다. 이 극 사이에 부분적으로 검사를 수행하는 약한 검사가 구현이 퍼져있다.

컴파일 하는 동안에 동작 대 실행 시간 중에 동작 강하게 자료형 언어는 모든 추론과 검사를 컴파일하는 동안에 끝낼 수 있다. *정적 자료형*(statically type) 또는 *정적으로 검사*(statically checked)하는 구현에서는 컴파일 하는 동안에 이 모든 작업을 끝낸다. 일부 언어는 실행시간에 검사하고 자료형 되도록 하고 있다. 이러한 언어를 *동적 자료형*(dynamically type)과 *동적 검사*(dynamically checked)라고 부른다. 물론, 컴파일러 작성자가 동적인 검사를 강한 정적 자료형 언어와 구현할 수 있다. 자바는 실행 모델을 제외하고는 컴파일러가 한 번에 모든 소스 코드를 볼 수 있어서 정적으로 자료형 및 검사할 수 있는 언어의 예이다. 이것은 클래스가 적재될 때 자료형 추론을 수행하고 실행시간에 일부 검사를 수행한다.

```
strlen : const char * → unsigned int
```

이것을 "`strlen`은 상수값의 문자 스트링(char string)을 인자로 unsigned 정수형을 반환하는 함수이다."로 읽을 수 있다. 두 번째 보기와 같이, 고전적인 Scheme 함수 `filter`는 자료형 서명을 가지고 있다.

$$\texttt{filter:}\ (\alpha \to boolean) \times list\ of\ \alpha \to list\ of\ \alpha$$

즉, `filter`는 두 개의 인자를 취하는 함수이다. 첫 번째($\alpha \to boolean$)는 부울형으로 일부 자료형 α를 대응하는 기능을 가지고 있고, 두 번째는 리스트의 원소가 자료형 α로 같은 것을 의미한다. `filter`는 자료형 α가 원소인 리스트로 값을 반환한다. 함수 결과의 자료형이 매개변수 자료형의 함수로 정의되는 *parametric polymorphism*을 나타낸다.

정확한 자료형 추론을 수행하기 위해, 컴파일러는 모든 함수에 자료형 서명이 필요하다. 여러 방법으로 정보를 얻을 수 있다. 컴파일러는 분리된 컴파일을 제거할 수 있다. 즉, 전체 프로그램을 컴파일 단위로 할 수 있다는 것을 의미한다. 컴파일러는 프로그래머가 각각의 함수에 자료형 서명을 제공할 것을 요구할 수도 있다. 이것은 보통 함수 원형를 의무적으로 취한다. 컴파일러는 모든 정보를 실행 시간에 도달해서야 이용할 수 있다면 링킹(linking) 시간까지 자료형 검사를 미룰 수 있다. 컴파일러 작성자는 필수적인 프로그램 정보를 얻기 위해 프로그램 개발 시스템에 컴파일러를 내장할 수 있다. 이러한 모든 접근법들이 실제 시스템에 사용되고 있다.

4.3 속성 문법 기본구조

문맥 의미 분석을 수행하기 위해 제안된 형식주의(formalism)는 *속성 문법(attribute grammar)* 또는 속성화된 문맥 자유 문법(attributed contest-free grammar)이다. 속성 문법은 계산을 명시하는 규칙의 집합에 의해 증가된 문맥 자유 문법으로 구성된다. 다른 속성의 값의 항에서, 각 규칙은 하나값이나 *속성(attribute)*을 정의한다. 이 규칙은 특정한 문법 심볼로 속성과 관련이 있다. 파스 트리에 발생하는 문법 심볼의 각각의 인스턴스(instance)는 부합하는 속성의 인스턴스를 가지고 있다. 속성 인스턴스와 파스 트리에서 노드 사이 관계 때문에, 구현은 파스 트리의 노드에 그 속성 필드를 추가하는 것으로 설명된다.

이 표기법을 좀 더 구체적으로 살펴보자. 부호가 있는 이진 숫자를 위한 문맥 자유 문법을 고려해 보자. 문법 $SBN = (T, NT, S, P)$는 다음과 같이 정의된다.

$$T = \{\texttt{+},\ \texttt{-},\ \texttt{0},\ \texttt{1}\}$$
$$NT = \{Number,\ Sign,\ List,\ Bit\}$$
$$S = \{Number\}$$
$$P = \left\{ \begin{array}{ll} Number \rightarrow Sign\ List & \\ Sign \rightarrow \texttt{+} & Sign \rightarrow \texttt{-} \\ List \rightarrow List\ Bit & List \rightarrow Bit \\ Bit \rightarrow \texttt{0} & Bit \rightarrow \texttt{1} \end{array} \right\}$$

L(*SBN*)은 -101, +11, -01, +11111001100과 같은 모두 부호가 있는 signed binary 숫자를 포함하고 있다. 여기서 10과 같은 부호가 없는 unsigned binary 숫자는 배제하고 있다.

*SBN*으로부터 그것이 나타내는 부호가 있는 이진(binary) 숫자의 값으로 *Number*라는 주석을 다는 속성 문법을 만들 수 있다. 문맥 자유 문법에서 속성 문법을 만들기 위해, 각 노드마다 어떤 속성이 필요한지 결정하고 이러한 속성을 위한 값을 정의하는 규칙으로 production을 자세히 구성해야 한다. *SBN*의 속성화된 버전을 위해, 다음의 속성들이 필요하다.

Symbol	Attributes
Number	*value*
Sign	*negative*
List	*position, value*
Bit	*position, value*

이 경우 termianl 심볼을 위한 속성은 필요 없다.

그림 4.4는 속성 규칙으로 자세한 *SBN*의 production을 보이고 있다. 단일 production에 특정한 심볼이 다수가 나타날 때마다 첨자가 문법 심볼에 추가된다. 이것은 규칙으로 심볼 참조를 명확하게 한다. 그래서, 생성과 해당 규칙안 모두에서 production 5에서 *List*의 출현은 첨자를

	Production	Attribution Rules
1	$Number \rightarrow Sign\ List$	$List.position \leftarrow 0$
		if $Sign.negative$
		then $Number.value \leftarrow -\ List.value$
		else $Number.value \leftarrow List.value$
2	$Sign \rightarrow +$	$Sign.negative \leftarrow false$
3	$Sign \rightarrow -$	$Sign.negative \leftarrow true$
4	$List \rightarrow Bit$	$Bit.position \leftarrow List.position$
		$List.value \leftarrow Bit.value$
5	$List_0 \rightarrow List_1\ Bit$	$List_1.position \leftarrow List_0.position + 1$
		$Bit.position \leftarrow List_0.position$
		$List_0.value \leftarrow List_1.value + Bit.value$
6	$Bit \rightarrow 0$	$Bit.value \leftarrow 0$
7	$Bit \rightarrow 1$	$Bit.value \leftarrow 2^{Bit.position}$

그림 4.4 signed binary를 위한 속성 문법

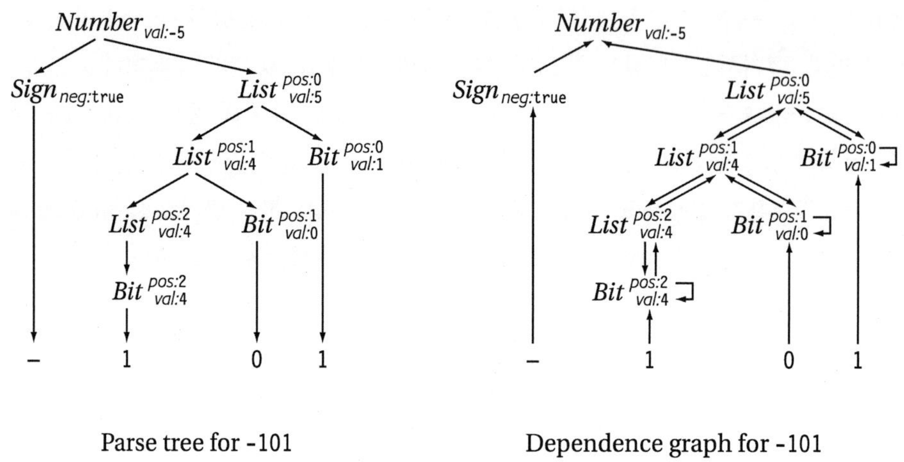

그림 4.5 signed birary-101을 위한 속성 트리

가지게 한다.

규칙은 그 production에 언급된 어떤 다른 심볼의 속성의 용어에 있는 속성의 값을 문자 상수로 명시하고 있다. 좌측에서 우측으로 정보를 패스하는 규칙을 인정하고 있다. 즉, 다른 방향에서의 정보 흐름을 허용한다는 것을 의미하는 것이다. production 4이 양쪽 방향으로 정보 흐름을 허용하고 있는 예이다. 첫 번째 규칙은 *Bit.position*을 *List.position*으로 설정하는 규칙이고, 반대로 두 번째 규칙은 *List.value*를 *Bit.value*로 설정하는 규칙이다. 더 간단한 속성 기법은 존재하는데, 양방향성 속성 흐름을 보여주기 위해 이것을 명시적으로 선택했다.

주어진 문맥 자유 문법에서 스트링을 속성 규칙은 이진 입력 스트링의 값을 십진수의 값으로 *Number.value*를 설정한다. 예를 들면, 그림 4.5의 좌측에 스트링 -101의 속성을 나타내고 있다. *Number.value*의 값이 −5가 되는 것에 유의하여라.

*L(SBN)*의 일부 문장에 대해 속성화된 파스 트리를 평가하기 위해, 다양한 규칙으로 명시된 속성은 파스 트리에 있는 각각의 노드에 대해 인스턴스화(instantiate) 하게 된다. 예를 들면, 각 *List* 노드에 *위치*와 *값*을 위한 속성 인스턴스를 만든다. 각 규칙은 암묵적으로 의존 집합을 정의한다. 정의되는 속성은 그 규칙에 대한 각각의 인자에 의존한다. 전체 파스 트리를 이어 받아 이 의존성은 *속성-의존성 그래프(attribute-dependence graph)*를 형성한다. 그래프의 엣지(edge)는 규칙의 평가에 있는 값의 흐름을 따른다. $node_i.field_j$에서 $node_k.field_l$로 가는 엣지(edge)는 입력의 하나로 $node_i.field_j$의 값을 $node_k.field_l$의 규칙 정의에 사용하도록 가리킨다. 그림 4.5의 우측에 스트링 -101에 대한 파스 트리에 의해 유도된 의존성 그래프를 나타내고 있다.

우리가 초기에 언급한(production 4를 예로 들 수 있다.) 값의 양방향성 흐름은 의존성 그래프에 나타난다. 화살은 위쪽에서 뿌리(*Number*)로 잎을 향하여 아래로 흐름을 가리키고 있다.

List 노드는 이 영향을 가장 명확히 보이고 있다. 여기서 값 흐름의 방향에 기반하는 속성과 구별해야 한다.

1. *합성되는 속성(Synthesized Attribues)* 일반적으로, 적적으로 노드의 자식들의 속성함으로 정의된 노드의 속성을 합성된 속성이라고 한다. 값은 계산을 위하여 파스 트리에 상향식(bottom-up)으로 합성된 속성 흐름을 사용한다.

2. *상속 속성(Inherited Attributes)* 노드 자체의 속성과 그 형제와 부모와 관련하여 정의되는 값들의 속성함을 상속 속성이라 부른다. 상속 속성이 계산되기 위해 사용한 값은 하향식(top-down)으로 흐르고 파스 트리로 패스한다. 뿌리 노드는 어떤 상속 속성도 가지고 있을 수 없다.

그림 4.5 예제에서 *position*, 속성이 상속되는 반면 *value*와 *negative*의 속성이 합성되었다.

속성을 평가하는 것에 대한 어떤 계획도 속성–의존성 그래프에 암묵적으로 인코딩된 관계를 고려해야 한다. 각각 속성은 일부 규칙에 의해 정의되어 있어야 한다. 그 규칙이 다른 속성의 값에 의존한다면, 모든 값이 정의될 때까지 평가될 수 없다. 그 규칙이 어떤 다른 속성 값에도 의존하지 않는다면, 상수 또는 일부 외부의 소스로부터 값을 생산해야 한다. 어떤 규칙도 자신의 값에 의존하지 않는 한, 규칙은 각각의 값을 유일하게 정의한다.

물론, 직접 또는 간접적으로 규칙은 자신의 결과를 참조할 수 있다. 그런 규칙을 포함하는 속성 문법을 *순환형(circular)*이라고 부른다. 잠시, 우리는 순환형을 무시할 것이다. 3.2절에서 이슈에 대해 언급할 것이다.

의존성 그래프는 평가기가 속성화된 트리의 인스턴스를 평가하는 데 있어 고려해야 하는 값의 흐름을 얻어낸다. 문법이 비순환형이라면, 속성에 부분(partial) 순번을 지정한다. 각각의 속성을 정의하는 규칙이 평가될 수 있을 때 이 부분 순서를 결정한다. 평가 순서는 문법으로 나타나는 규칙의 순서와는 무관하다.

최상위 *List* 노드(*Number*의 우측 자식)와 연결된 규칙을 위한 평가 순서를 고려해야 한다. 그 노드는 production 5(*List* → *List Bit*)의 적용 결과로 생긴다. 평가를 위해 세 가지 규칙을 추가한 production을 적용시킨다. *List* 노드의 자식을 위하여 상속 속성을 설정하는 두 가지 규칙이 먼저 실행되어야 한다. 규칙들은 *List.position*의 값에 의존하고 노드의 하위 트리(subtrees)를 위하여 위치 속성을 설정한다. List 노드의 값의 속성을 설정하는 세 번째 규칙은 두 하위 트리 모든 값의 속성이 정의될 때까지 실행할 수 없다. *List* 노드에 처음 두 규칙이 평가될 때까지 하위 트리를 평가할 수 없기 때문에, 평가 순서는 초기에 처음 두 규칙을 그리고 좀 더 나중에 세 번째 규칙을 포함할 것이다.

속성 문법을 새로 만들고 사용하기 위해, 컴파일러 작성자는 문법에 각 심볼을 위한 속성들의 집합을 결정해야 하고 값을 계산하는 규칙들의 집합을 설계하여야 한다. 이 규칙은 어떤 유효한 파스 트리를 위한 계산도 명확히 할 수 있다. 구현을 하기 위해서는, 컴파일러 작성자가 평가기(evaluator)를 새로 만들어야 한다. 이것은 애드 혹(ad hoc) 프로그램이나 평가기 생성기를 사용하여 할 수 있다. 속성 문법을 위한 설계 명세서를 입력으로써 받아들여 평가기를 위한 코드를 출력으로 만들어 낸다. 이것이 컴파일러 작성자에게 속성 문법은 고 수준, 비절차적인 설계, 자동적 구현을 만들어 내는 등의 특성이 매력적인 부분인 것이다.

속성 문법 형식주의(formalism)의 이면에 중요한 포인트는 속성 규칙이 문맥 자유 문법에서의 production과 관련될 수도 있는 개념이다. 규칙이 기능적이므로, 속성-의존성 그래프에 구현된 관계를 고려하는 어떤 순서를 위해 그들이 생산하는 값은 평가 순서에 독립적이다. 실제로, 모든 정의된 입력 후에만 규칙을 평가하는 어떤 순서도 의존성을 고려하고 있다.

4.3.1 평가 방법들

우리가 문제의 인스턴스를 자동적으로 평가하기 위한 규칙을 해석하는 평가기를 만들 수 있다면, 속성 문법 모델은 실제적인 용도를 가진다. 예를 들면, 특정한 파스 트리가 여기에 해당한다. 많은 속성 평가 기술이 문헌에 제안되어 있다. 일반적으로, 크게 세 가지 카테고리로 나눌 수 있다.

1. *동적인 방법(Dynamic Methods)* 이 기법은 평가 순서를 결정하기 위해 특별히 속성화 된 파스 트리의 구조를 사용한다. 속성 문법에 대한 Knuth의 독창적인 논문은 어떤 의미에서는 자료 흐름(dataflow) 컴퓨터 아키텍처와 비슷한 방법으로 동작하는 평가기를 제안하였다. 실제로 이것은 평가를 준비하는 속성 큐(queue)를 사용하여 구현될 수 있다. 각각의 속성이 평가되는 대로, 속성-의존성 그래프에서의 후손은 "용이함(readiness)"으로 검사된다. (12.3절에 설명될 "list scheduling"을 참고하라.) 관계된 기법이 속성-의존성 그래프를 생성하고, 위상 정렬(topologically sort)을 한다. 그리고 위상 정렬된 순서로 속성 평가한다.

2. *알아채지 못하는 방법(Oblivious Methods)* 이 방법에서, 평가의 순서는 속성 문법과 특정 속성화된 파스 트리 모두에 독립적이다. 아마, 시스템 설계자는 속성 문법과 평가 환경에 모두에 적절하다고 생각되는 방법을 선택할 것이다. 이 평가 유형의 예제는 모든 속성들이 값을 가질 때까지 반복된 좌측에서 우측으로의 패스들과 반복된 우측에서 좌측으로의 패스들을 포함할 것이다. 이 방법은 간단한 구현 방법과 상대적으로 작은 실행 오버헤드를 가지고 있다. 물론 어떤 개선으로도 특정한 트리의 속성 정보를 유도하는

것은 부족하다.

3. *규칙 기반 방법(Rule-Based Method)* 규칙 기반 방법은 평가 순서를 구성하는 것 때문에 속성 문법의 정적인 분석에 의존한다. 이러한 기본구조에서, 평가자는 문법적인 구조에 의지한다. 그래서, 파스 트리는 규칙의 적용을 이끌어 낸다. 부호가 있는 이진 숫자 예에서, production 4에 평가 순서는 첫 번째 규칙을 사용하여 *Bit.position*을 설정하고, *Bit*까지 재귀적으로 처리하고, 값을 반환하고, *List.value*를 설정하기 위하여 *Bit.value*를 설정한다. 마찬가지로, production 5에 position 속성을 정의하기 위해 처음 두 가지 규칙으로 우측을 평가하고 아래쪽으로 각각의 자식까지 재귀적으로 처리한다. 반환이 이루어진 직후에 부모 *List* 노드의 *List.value* 필드를 설정하기 위해 세 번째 규칙을 사용해 평가할 수 있다. 정적 분석을 수행하는 도구로 빠른 규칙 기반 평가자를 만들어 낼 수 있다.

4.3.2 순환형

순환형(circular) 속성 문법은 순환적인 속성-의존성 그래프를 초래할 수 있다. 그래서 의존성 그래프에 순환이 생긴다면 평가를 위한 우리의 모델은 실패작이다. 컴파일러에서의 이런 종류의 실패는 입력에 대한 출력 코드를 얻을 수 없는 심각한 문제를 야기할 수 있다. 의존성 그래프에서 순환성의 악영향 때문에 컴파일러는 속성 문법을 사용할 때 이 문제에 대해 세심한 주의를 기울일 필요가 있다.

컴파일러가 속성 문법을 사용한다면, 적절한 방법으로 순환성을 처리해야 하는데, 여기에서 두 가시 접근법을 소개한다.

1. *회피(Avoidance)* 컴파일러 작성자는 순환형 의존성 그래프를 초래할 수 없는 클래스로 속성 문법을 제한할 수 있다. 예를 들면, 합성된 속성만 사용하도록 문법을 제한하는 것은 순환형 의존성 그래프의 어떤 가능성도 제거할 것이다. 비순환형 속성 문법의 일반적인 클래스도 존재한다. 이 클래스는 강한 비순환형 속성 문법과 같이 일부 소속자에 대한 polynomial-time에 테스트를 할 수 있다.

2. *평가(evaluation)* 컴파일러 작성자는 모든 속성에 값을 할당하는 평가 방법을 사용할 수 있다. 이때 순환성까지 포함된다. 평가자는 값이 고정된 지점에 도착할 때까지 순환을 반복할 수 있다. 이 평가자는 완전한 속성 트리로 구성하는 데 실패한 그와 연관된 문제를 회피하도록 한다.

실제, 대부분의 속성 문법 시스템은 비순환형 문법에 대한 주의를 제한한다. 규칙 기반 평가 방법은 속성 문법이 순환형이라면 평가기를 구성하는 데 실패할 것이다. 알아채지 못하는 방법과 동적인 방법은 순환형 의존성 그래프를 평가하려고 시도할 것이다. 그러면 일부의 속성 인스턴스를 정의하는 데 완전히 실패할 것이다.

4.3.3 확장된 예제

언어의 구문 상에서 계산을 명시하기 위한 도구로써 속성 문법의 강약을 더 잘 이해하기 위해서, 두 개 이상 자세한 예를 통해 알 수 있을 것이다. Algol 같은 단순한 표현식 트리를 사용하는 언어의 자료형 추론과 실행 시간을 추정할 수 있다.

표현식 자료형 추론

자료형 언어를 지원하는 어떤 컴파일러도 효율적인 코드를 생성하기 위해서 프로그램의 모든 표현식 자료형 추론 문제에 직면하게 된다. 본질적으로, 이 문제는 문맥 의미 정보에 의존한다. 또 ident나 num과 같은 자료형은 문장 구조적인 것보다 글자 그대로의 이름의 동일함에 더 의존한다.

3장에서 주어진 고전적인 표현식 문법에서 유도된 표현식을 간단한 버전의 자료형 추론 문제로 고려해 보자. 표현식이 파스 트리로 표현된다고 가정하고, 이미 자료형 속성을 가지고 있는 ident나 num은 어떤 노드로도 나타낼 수 있다. (추후에, 이러한 자료형 속성들로 자료형 정보 얻는 문제를 탐구할 것이다.) 문법에 각각의 산술 연산자는 두 피연산자 자료형을 결과 자료형으로 대응시키는 함수가 필요하다. 우리는 이러한 함수를 $\mathcal{F}_{+}$, $\mathcal{F}_{-}$, $\mathcal{F}_{\times}$, $\mathcal{F}_{\div}$라고 할 것이다. 그림 4.1에 나타난 것과 같은 테이블에서 발견된 정보를 인코딩한다. 이 가정으로, 트리 각 노드에 대한 자료형 속성(type attribute)을 정의하는 간단한 속성 규칙을 작성할 수 있다. 그림 4.6에 속성 규칙을 나타내고 있다.

x가 정수형 ($\mathcal{I}$로 표시된)을 y가 실수형($\mathcal{R}$로 표시된) 자료형이라면, 이 기법은 입력 스트링 (x - 2× y)을 위한 다음의 속성 파스 트리를 생성시키게 된다.

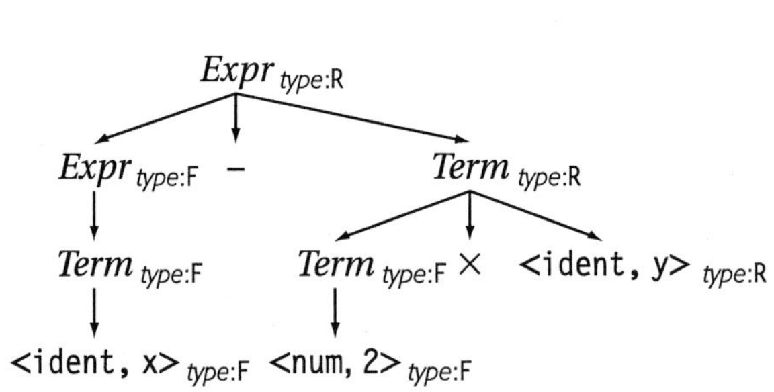

Productions			Attribution Rules
$Expr_0$	$\rightarrow$	$Expr_1 + Term$	$Expr_0.type \leftarrow \mathcal{F}_+(Expr_1.type, Term.type)$
	|	$Expr_1 - Term$	$Expr_0.type \leftarrow \mathcal{F}_-(Expr_1.type, Term.type)$
	|	$Term$	$Expr_0.type \leftarrow Term.type$
$Term_0$	$\rightarrow$	$Term_1 \times Factor$	$Term_0.type \leftarrow \mathcal{F}_\times(Term_1.type, Factor.type)$
	|	$Term_1 \div Factor$	$Term_0.type \leftarrow \mathcal{F}_\div(Term_1.type, Factor.type)$
	|	$Factor$	$Term_0.type \leftarrow Factor.type$
$Factor$	$\rightarrow$	($Expr$)	$Factor.type \leftarrow Expr.type$
	|	`num`	`num`.*type is already defined*
	|	`ident`	`ident`.*type is already defined*

그림 4.6 표현식 자료형 추론을 위한 속성 문법

Leaf 노드는 그들의 자료형 속성이 적절하게 초기화되도록 한다. 속성의 나머지 부분은 $\mathcal{F}_+$, $\mathcal{F}_-$, $\mathcal{F}_\times$, $\mathcal{F}_\div$를 FORTRAN 77 규칙으로 반영한 그림 4.6 규칙에 의해 정의되어 있다.

속성 규칙을 면밀히 살펴보면 모든 속성이 합성된 속성들임을 보여준다. 그래서 모든 의존들이 파스 트리에 자식에서 부모로 흐르게 된다. 그런 문법은 종종 *S-속성화(S-attributed) 문법*이라고 한다. 이런 속성 유형은 간단하며 규칙 기반 평가 기법을 가진다. S-속성화 문법은 상향식 파싱과 잘 맞는다. 파서가 해당 우측 표현식을 환산할 때 각 규칙은 평가될 수 있다. 속성 문법 패러다임은 이 문제를 잘 맞는다. 설계 명세서는 짧아서 이해하기 쉽다. 그래서 효율적인 평가기를 구성할 수 있다.

속성화된 표현식 트리의 정밀 검사는 한 연산이 연산 결과의 자료형과 다른 하나의 피연산자를 가진 두 가지 경우를 보이고 있다. FORTRAN 77에서, 이것은 컴파일러에게 피연산자와 연산자 사이에 변환 연산을 삽입할 것을 요구한다. 2와 y의 곱셈으로 나타나는 *Term* 노드에 대해, 컴파일러는 2를 정수형 표현에서 실수형 표현으로 변환시킨다. 트리의 뿌리에 있는 *Expr* 노드에 대해, 컴파일러는 정수형에서 실수형으로 x를 변환시킨다. 불행하게도, 파스 트리의 변화는 속성 문법 패러다임과 잘 맞지 않는다.

속성화된 트리에서 이러한 변환을 나타내기 위해, 속성을 적합하게 설정하는 규칙과 함께 변형된 자료형을 가지는 각각의 노드에 속성을 추가할 수 있었다. 대신에, 트리로부터 탐색 동안 두 자료형(부모와 자식)을 비교하고 필요한 변환을 삽입하여 코드를 생성시키는 과정에 의존한다. 전자의 접근법은 속성 평가 패스에 일부 추가 작업이 있다. 이것은 하나의 파스 트리 노드에 변환을 위해 필요한 모든 정보를 국한시킨다. 후자의 접근법은 코드 생성 때까지 작업을 미루지만 컴파일러의 두 개의 분리된 부분을 통해 자료형과 변환에 대한 정보를 분산시키는 비용을 위해 그렇게 한다. 어느 접근으로도 동작할 것이다. 그러나 그 차이는 대부분 취향의 문제이다.

간단한 실행 시간 예측기

두 번째 예로 연속된 할당 문의 실행 시간을 예측하는 문제를 고려해 보자. 고전적인 표현식 문법에 세 개의 새로운 production을 추가함으로써 연속된 할당을 생성시킬 수 있다.

$$
\begin{array}{lcl}
\textit{Block} & \rightarrow & \textit{Block Assign} \\
 & | & \textit{Assign} \\
 & & \\
\textit{Assign} & \rightarrow & \texttt{ident} = \textit{Expr;}
\end{array}
$$

여기서 *Expr*은 표현식 문법으로부터 만들어진다. 결과로 생기는 문법은 변수로만 간단한 식별자(identifier)를 허용하고 어떤 함수 호출도 포함하지 않는다는 점에서 매우 단순하다. 그럼에도 불구하고, 실행 시간 동작을 추정하는 데 있어서 일어나는 복잡함을 의미할 정도로 충분히 복잡하다.

그림 4.7은 할당문 블록의 실행 시간을 추정하는 속성 문법을 나타낸다. 단일 프로세서가 한 연산을 한 번에 실행할 수 있다고 가정하고, 속성 규칙은 블록 전체 사이클(cycle) 수를 추정한다. 이 문법은 추론 표현식 자료형과 같은 합성 속성만을 사용한다. 추정은 파스 트리의 맨 위의 *Block* 노드의 *cost* 속성 안에 나타난다. 방법론은 간단하다. 비용은 상향식 계산으로 이루어진다. 예를 읽으면, *Factor*를 위한 생성으로 시작해서 *Block*을 위한 생성까지 각자의 방법으로 동작한다. 함수 *Cost*는 주어진 ILOC 연산의 대기시간(latency)을 반환한다.

실행 비용 예측기 개선

컴파일러가 어떻게 변수를 다뤄야 하는지에 대한 모델을 개선함으로써 더 현실적인 예제가 될 수 있다. 비용 추정 속성 문법의 초기 버전은 컴파일러가 변수에 대한 각 참조를 위한 분리된 적재 연산을 그대로 생성한다. x = y + y를 위한 할당 모델은 y의 두 가지 load 연산을 가지고 있다. 소수의 컴파일러는 y에 대해 불필요한 load를 만들 것이다. 아마, 컴파일러는 아래와 같은(y를 한 번 적재하는 것) 연속적인 명령을 생성시킬 것이다.

$$
\begin{array}{lll}
\texttt{loadAI} & r_{arp}, @y & \Rightarrow r_y \\
\texttt{add} & r_y, r_y & \Rightarrow r_x \\
\texttt{storeAI} & r_x & \Rightarrow r_{arp}, @x
\end{array}
$$

컴파일러의 더 나은 동작에 가까이 가기 위해서, 블록에 쓰인 각 변수를 단일 load로 하기 위해

Production			Attribution Rules
$Block_0$	$\rightarrow$	$Block_1$ *Assign*	{ $Block_0.cost \leftarrow Block_1.cost + Assign.cost$ }
	|	*Assign*	{ $Block_0.cost \leftarrow Assign.cost$ }
Assign	$\rightarrow$	`ident` = *Expr*;	{ $Assign.cost \leftarrow Cost($`store`$) + Expr.cost$ }
$Expr_0$	$\rightarrow$	$Expr_1 + Term$	{ $Expr_0.cost \leftarrow Expr_1.cost + Cost($`add`$) + Term.cost$ }
	|	$Expr_1 - Term$	{ $Expr_0.cost \leftarrow Expr_1.cost + Cost($`sub`$) + Term.cost$ }
	|	*Term*	{ $Expr_0.cost \leftarrow Term.cost$ }
$Term_0$	$\rightarrow$	$Term_1 \times Factor$	{ $Term_0.cost \leftarrow Term_1.cost + Cost($`mult`$) + Factor.cost$ }
	|	$Term_1 \div Factor$	{ $Term_0.cost \leftarrow Term_1.cost + Cost($`div`$) + Factor.cost$ }
	|	*Factor*	{ $Term_0.cost \leftarrow Factor.cost$ }
Factor	$\rightarrow$	`(Expr)`	{ $Factor.cost \leftarrow Expr.cost$ }
	|	`num`	{ $Factor.cost \leftarrow Cost($`loadI`$)$ }
	|	`ident`	{ $Factor.cost \leftarrow Cost($`load`$)$ }

그림 4.7 실행시간을 예측하기 위한 간단한 속성 문법

속성 문법을 수정할 수 있다. 이것은 더 복잡한 속성 규칙을 요구한다.

load를 더 정확하게 고려하기 위해, 규칙은 변수 이름으로 각각의 변수의 reference를 추적해야 한다. x, y, z와 같은 개개의 이름보다 문장 구조적인 범주 ident을 추적하기 때문에 이러한 이론은 지나치게 문법적이다. ident 규칙은 다음에 나오는 일반적인 윤곽을 따라야 한다.

if (`ident` *has not been loaded*)
  then $Factor.cost \leftarrow Cost($`load`$)$;
  else $Factor.cost \leftarrow 0$;

이것의 핵심은 "*ident은 load되지 않았다*"를 테스트 하는 것이다.

이 테스트를 구현하기 위해, 컴파일러 작성자는 이미 load된 모든 변수의 집합을 가지는 속성을 추가할 수 있다. 생성 *Block* → *Assign*은 집합을 초기화할 수 있다. 규칙은 각 할당으로 그 집합을 통과하는 표현식 트리를 지나가야 한다. 이것은 두 집합 *Before*와 *After*로 각 노드를 증

Production	Attribution Rules
Factor → (*Expr*)	{ *Factor.cost* ← *Expr.cost*; *Expr.Before* ← *Factor.Before*; *Factor.After* ← *Expr.After* }
| `num`	{ *Factor.cost* ← *Cost*(`loadI`); *Factor.After* ← *Factor.Before* }
| `ident`	{ *if* (`ident`.*name* ∉ *Factor.Before*) *then* *Factor.cost* ← *Cost*(`load`); *Factor.After* ← *Factor.Before* ∪ { `ident`.*name* } *else* *Factor.cost* ← *0*; *Factor.After* ← *Factor.Before* }

그림 4.8 *Factor* production에서의 load를 추적하기 위한 규칙들

가시키는 것을 제한한다. *Before* 노드 집합은 *Block*의 초기에 발생하는(이미 load되어 있다고 가정) 모든 ident의 이름을 포함한다. 노드의 *After* 집합은 *Before* 집합 안에 모든 이름을 포함하고, 노드 자리 잡은 서브 트리에 적재될 어떤 ident를 추가한다.

그림 4.8에서 *Factor*의 확장된 규칙을 볼 수 있다. 코드는 각 ident의 원문의 이름을 얻을 수 있다고 가정한다. (*Expr*)을 유도하는 첫 번째 생성 *Before* 집합을 *Expr* 하위 트리로 복사하고 *After* 집합을 *Factor*로 복사한다. num을 유도하는 두 번째 생성은 부모의 *After* 집합에 부모의 *Before* 집합을 단순히 복사한다. num은 트리에 있는 잎이 확실하기 때문에 더 많은 작업이 필요하지 않는다. ident을 유도하는 마지막 생성은 중요한 작업을 수행한다. *Before* 집합이 적재가 필요한지 아닌지 테스트하고 부모의 비용과 *After* 속성을 적절히 갱신한다.

설계 명세를 완료하기 위해, 컴파일러 작성자는 파스 트리 주위에 *Before*와 *After* 집합을 복사하는 규칙을 추가해야 한다. 종종 복사 규칙(copy rules)이라고 불리는 이 규칙은 *Before*와 *After*를 다양한 *Factor* 노드의 집합으로 연결해준다. 속성 규칙을 지역 속성(노드의 부모와 형제, 자식의 속성으로 정의된)으로만 참조할 수 있기 때문에, 지역적임을 보장하기 위해 속성 문법은 명시적으로 파스 트리 주위의 값으로 복사해야 한다. 그림 4.9는 문법에 다른 생성에 대한 필수의 규칙을 나타내고 있다. 부가적 규칙이 추가되었는데, 그것은 Φ으로 가는 첫번째 *Assign* 문으로 *Before* 집합을 초기화하는 것이다.

Production	Attribution Rules
$Block_0 \rightarrow Block_1\ Assign$	$\{\ Block_0.cost \leftarrow Block_1.cost + Assign.cost;$ $Assign.Before \leftarrow Block_1.After;$ $Block_0.After \leftarrow Assign.After\ \}$
$\mid\ Assign$	$\{\ Block_0.cost \leftarrow Assign.cost;$ $Assign.Before \leftarrow \emptyset;$ $Block_0.After \leftarrow Assign.After\ \}$
$Assign \rightarrow Identifier = Expr;$	$\{\ Assign.cost \leftarrow Cost(\texttt{store}) + Expr.cost;$ $Expr.Before \leftarrow Assign.Before;$ $Assign.After \leftarrow Expr.After\ \}$
$Expr_0 \rightarrow Expr_1 + Term$	$\{\ Expr_0.cost \leftarrow Expr_1.cost + Cost(\texttt{add}) + Term.cost;$ $Expr_1.Before \leftarrow Expr_0.Before;$ $Term.Before \leftarrow Expr_1.After;$ $Expr_0.After \leftarrow Term.After\ \}$
$\mid\ Expr_1 - Term$	$\{\ Expr_0.cost \leftarrow Expr_1.cost + Cost(\texttt{sub}) + Term.cost;$ $Expr_1.Before \leftarrow Expr_0.Before;$ $Term.Before \leftarrow Expr_1.After;$ $Expr_0.After \leftarrow Term.After\ \}$
$\mid\ Term$	$\{\ Expr_0.cost \leftarrow Term.cost;$ $Term.Before \leftarrow Expr_0.Before;$ $Expr_0.After \leftarrow Term.After\ \}$
$Term_0 \rightarrow Term_1 \times Factor$	$\{\ Term_0.cost \leftarrow Term_1.cost + Cost(\texttt{mult}) + Factor.cost;$ $Term_1.Before \leftarrow Term_0.Before;$ $Factor.Before \leftarrow Term_1.After;$ $Term_0.After \leftarrow Factor.After\ \}$
$\mid\ Term_1 \div Factor$	$\{\ Term_0.cost \leftarrow Term_1.cost + Cost(\texttt{div}) + Factor.cost;$ $Term_1.Before \leftarrow Term_0.Before;$ $Factor.Before \leftarrow Term_1.After;$ $Term_0.After \leftarrow Factor.After\ \}$
$\mid\ Factor$	$\{\ Term_0.cost \leftarrow Factor.cost;$ $Factor.Before \leftarrow Term_0.Before;$ $Term_0.After \leftarrow Factor.After\ \}$

그림 4.9 Load를 추적하기 위한 복사 규칙들

당연히 이 모델은 간단한 모델보다 더 복잡하다. 이 모델은 3배 이상 많은 규칙을 가지는데, 각 규칙은 기록되어야 있어야 하고 해석되어 있어야 하며 평가되어 있어야 한다. 이 모델은 합성 및 상속 속성을 사용한다. 간단한 상향식 평가 전략은 더 이상 맞지 않을 것이다. 결국, *Before*와 *After* 집합을 조작하는 규칙은 주의가 필요하다.

표현식 자료형 추론으로 돌아가기

표현식 자료형 추론에 대한 처음의 이야기에서, ident. *type*과 num. *type* 속성이 이미 일부 외부의 메커니즘에 의해 정의되어 있다고 가정하였다. 속성 문법을 사용하여 값을 채우기 위하여 컴파일러 작성자는 선언을 다루는 문법 부분을 위한 규칙의 집합을 개발할 필요가 있다.

그러한 규칙은 선언 구문과 연관된 생성에 각 변수에 대한 자료형 정보를 기록할 필요가 있을 것이다. 속성의 작은 집합이 선언된 모든 변수에 있는 필요한 정보를 포함하도록, 규칙은 정보를 모으고 결합할 필요가 있을 것이다. 이 규칙은 전파하기 위해 모든 실행 가능한 문의 조상 노드로 파스 트리에 정보를 올릴 필요가 있을 것이다. 그런 후 각각의 표현식으로 복사가 이루어져야 한다. 결국, ident이나 num인 각 잎에서, 규칙은 결합된 정보로부터 적절한 정보를 추출할 필요가 있을 것이다.

규칙의 결과 집합은 load 추적을 위한 집합과 동일한 특징을 가지고 있지만 상세 수준에서는 더욱 복잡해진다. 이 규칙은 파스 트리 주위에 복사되어야 하는 크고 복잡한 속성을 만든다. 세련되지 않은 구현에서 복사 규칙의 각 인스턴스는 새로운 복사를 만들 것이다. 복사의 일부는 공유될 수 있었지만 다중 자식으로부터 정보를 병합함으로써 만들어진 다수의 다른 버전이 만들어졌다. (이렇게, 구별되는 복사본이어야 한다.) 이전의 예에서 *Before*와 *After* 집합에서도 같은 문제가 발생한다.

실행 비용 예측기를 위한 최종 개선

load 추적이 추정 실행 비용을 좀 더 사실적으로 개선하는 동안, 더 많은 개선이 가능할 것이다. 예를 들면, 모델로 한정된 레지스터 집합의 영향을 고려해야 한다. 지금까지, 목표 컴퓨터가 레지스터의 집합을 무한으로 제공한다고 가정하였다. 그러나 현실에서, 컴퓨터는 작은 레지스터 집합을 제공한다. 레지스터 집합의 용량을 모델로 만들기 위해, 추정기는 *Before*와 *After* 집합에 허용된 값을 제한할 수 있다.

첫 번째 단계로서, 우리는 *Before*와 *After*의 구현을 교체해야 한다. 그들은 임의의 크기의 집합으로 구현되었다. 이 개선한 모델에서, 집합은 정확히 *k*값을 가져야 한다. *k*는 변수의 값을 지닌 사용 가능한 레지스터의 수이다. 생성 *Factor* → ident를 위한 규칙을 레지스터 점유 모델로 재작성해야 한다. 값이 load되지 않았다면, 레지스터는 사용가능하고 간단히 load만 하면 된다. 이용할 수 있는 레지스터가 없을 때 load가 필요하다면, 일부 레지스터에서 값을 내보내고 load를 할 수 있다. 레지스터에서 퇴출하는 값을 선택하는 복잡한 문제는 13장에서 설명할 것이다. *Assign*을 위한 규칙이 항상 저장 비용을 지불하기 때문에, 메모리에 있는 값이 최신이 될 것이다. 그래서, 값이 퇴출될 때 어떤 저장도 필요하지 않게 된다. 결국, 값이 이미 load되었고 여전히 레지스터에 있다면, 어떤 비용도 발생하지 않는다.

이 모델은 *Factor* → ident를 위한 규칙을 복잡하게 만든다. 그리고 *Block* → *Assign* 규칙에서 약간 더 복잡한 초기 조건이 필요하다. 모든 다른 생성의 복사 규칙을 복잡하게 한 것은 아니다. 그래서 모델의 정확성은 속성 문법 사용의 복잡도를 크게 증가시키진 않는다. 모든 추가된 복잡도는 모델을 직접 조작하는 소수의 규칙으로 떨어뜨릴 수 있다.

4.3.4 속성 문법 접근이 가지고 있는 문제들

앞선 예제를 통해 파스 트리에 문맥 의미 계산을 수행하기 위한 속성 문법을 사용으로 생기는 다수의 계산적 논점을 설명하였다. 이것의 일부는 특정 문제를 컴파일러에서의 속성 문법의 사용으로 풀 수 있다고 본다. 특히, 컴파일러 전위부에서 속성 문법의 대다수 응용들이 속성의 결과가 보존되어야 한다고 가정하고 있다. 이 절에서는 이전의 예제들에서 나타난 문제의 영향에 대해서 기술할 것이다.

비지역적인 정보 처리

일부 문제(특히 모든 정보가 한 방향에서 흐르는 문제)는 속성 문법 패러다임에 명확하게 대응된다. 그러나 정보 흐름의 복잡한 패턴을 가지는 문제는 속성 문법으로 표현하기 어려울 수 있다. 속성 규칙은 같은 생성에서 나타나는 문법 심볼과 관련된 값으로만 이름 지을 수 있다. 이것은 가까이 또는 지역적인 정보만 사용하도록 규칙을 제한한다. 만약 계산이 비지역직인 값을 요구한다면, 속성 문법은 사용된 파스 트리에 적절하게 값을 복사하는 규칙을 포함하고 있어야 한다.

이러한 복사 규칙은 속성 문법의 크기를 크게 할 수 있다. 그림 4.7을 그림 4.8, 그림 4.9와 비교해 보라. 구현자는 각각의 규칙을 작성해야 한다. 평가기에서는 새로운 속성과 추가 작업을 만들면서, 각각의 규칙이 실행되어야 한다. 정보가 한데 모일 때, 실행 시간을 추정하기 위한 사용 전 선언 규칙이나 기본 구조에서로, 정보의 새로운 복사는 매번 규칙을 총량의 값으로 바꾸어야 한다. 이 복사 규칙은 속성 문법을 평가하고 작성하는 일의 다른 작업층을 추가한다.

저장소 관리

현실적인 예로, 평가는 많은 속성을 만들어 낸다. 파스 트리 주위에서 정보를 이동하는 복사 규칙의 사용은 평가로 새로 만들어지는 속성 인스턴스의 수를 늘릴 수 있다. 복잡한 구조체로 문법 정보를 모은다면 개별 속성을 크게 할 수 있다. 평가기는 속성을 위한 저장소를 관리해야 한다. 품질이 떨어지는 저장소 관리 기법은 평가기의 자원 요구에 부정적 영향을 미칠 수 있다.

평가기가 어떤 속성값이 평가 후에 사용될 수 있는지 결정할 수 있다면, 다시 사용할 수 없는 값을 위해 공간을 회수함으로써 속성 저장소의 일부를 재사용할 수 있을 것이다. 예를 들면, 하나의 값으로 표현식 트리를 평가한 속성 문법은 그것을 호출한 과정으로 값을 반환할 수 있다. 그래서 이 시나리오에서 재생을 위한 후보는 내부 노드에서 계산된 중간 값이 전혀 사용되지 않는다면 폐기될 수 있다. 다른 한편으로는, 속성 결과로 발생하는 트리를 지속적이고 지배하기 쉬운 정밀검사를 해야 한다. 그런 다음 컴파일러의 나중 단계에서 임의의 속성을 검사하고 트리를 탐색할 수 있다고 평가기는 가정해야만 한다. 이 경우에, 평가기는 어떤 속성 인스턴스를 위한 저장소라도 회수할 수 없게 된다.

실제 이 문제는 속성 문법 패러다임의 기능적 특징과 컴파일러를 있는 불가피한 사용 사이 충돌을 반영하고 있다. 컴파일러의 나중 단계에서 속성의 사용 가능은 자동적으로 속성 저장소를 관리할 수 있는 능력을 제거하여 사용하지 않는 한 의존성 추가 효과가 있다.

파스 트리 인스턴스화

속성 문법은 기초 문법에 유효한 문장을 위한 파스 트리에 관련된 계산을 명시한다. 본질적으로, 그 패러다임은 파스 트리의 유용성을 믿는다. 평가기는 파스 트리가 존재하는 것처럼 시뮬레이션 할 수 있다. 파스 트리가 파싱의 토의에 대해서 유용하게 사용되는 동안에, 소수의 컴파일러는 실제로 파스 트리를 만든다.

일부 컴파일러는 컴파일 되는 과정 중에 프로그램을 나타내기 위해 추상 구문 트리(AST)를 사용한다. AST는 파스 트리의 필수적인 구조를 가지고 있지만 문법에서 nonterminal 심볼을 나타내는 내부의 다수 노드를 제거한다. (5.3.1절을 참고하라.) 컴파일러가 AST를 생성한다면, AST를 위한 문법에 속한 속성 문법을 사용할 수 있었다. 그러나 컴파일러가 AST에 대한 어떤 다른 용도도 가지지 않는다면, AST의 유지 및 구축과 관련 있는 프로그래밍 노력과 컴파일 시간 비용은 속성 문법 형식주의를 사용하는 이점과 비교 검토해야 한다.

응답의 위치 결정

문맥 의미 분석으로 속성 문법 기법이 가지고 있는 마지막 문제는 잡아내기 어려운 것이다. 속성 평가의 결과는 속성화된 트리이다. 분석의 결과는 속성값의 형태로 트리 위에서 분산된다. 나중 패스로 이 결과를 사용하기 위해 컴파일러는 요구된 정보를 위치시키기 위해 그 트리를 탐색해야 한다.

컴파일러는 특정 노드를 위치시키기 위해 조심스럽게 구성된 탐색을 사용할 수 있다. 이것은 각 접근에 적절한 위치로 파스 트리의 뿌리로부터 보행(walking)을 여전히 요구한다. 이것은 작성하기 더 어렵고 더 느리게 만든다. 컴파일러는 이러한 각각의 보행을 수행하여야 하고, 컴파일러 작성자는 이를 구현하여야 한다. 대안으로는 중요한 응답을 쉽게 발견되는 트리에 포인트(일반적으로 뿌리)로 복사하는 것이다. 이는 문제를 악화시키는 더 많은 복사 규칙을 소개할 것이다.

기능적 패러다임의 분석

모든 문제를 언급하는 한 방법은 속성에 대해 중심 저장소를 추가하는 것이다. 이 시나리오에서, 속성 규칙은 글로벌 테이블로 정보를 직접 기록할 수 있고 다른 규칙들은 이 정보를 읽을 수 있다. 이 하이브리드 접근으로 비지역 정보로 나타나는 다수의 문제를 제거할 수 있다. 테이블이 어떤 속성 규칙으로도 접근될 수 있기 때문에, 이미 유도된 어떤 정보에 제공된 지역적 접근의 영향을 받는다.

정보를 위한 중심 저장소를 추가하는 것은 다른 방법으로 문제를 복잡하게 한다. 두 규칙이 속성 규칙과는 다른 메커니즘을 통해 서로 통신한다면, 그들 사이의 암묵적인 의존이 속성 의존 그래프로부터 제거된다. 빠진 의존은 평가기에 두 규칙이 올바른 순서로 처리되는 것을 보장하도록 할 것이다. 그것이 없이, 평가기는 제거된 제약으로 의도하지 않은 행동을 가진 문법을 올바른 순서로 구성되도록 할 수 있다. 예를 들면, 선언 구문과 테이블을 통해 실행 가능한 표현식 사이에 정보를 전달하는 것은 선언된 변수를 사용하는 일부 또는 모든 표현식 다음에 선언을 처리하기 위해 평가기를 허용할 수 있다. 문법이 동일한 정보를 전파하는 복사 규칙을 사용한다면, 규칙은 복사 규칙에 의해 구체화된 의존성과 관련되는 순서로의 평가기를 제약한다.

요약

속성 문법은 모든 문맥 의미 분석을 위해 올바른 추상이 아니다. 속성 문법 기술의 지지자들은 속성 문법이 관리하기 쉽고 고수준이라는 점, 비절차적인 설계 명세를 지원한다는 점, 문제를 다루기 쉽다는 점의 이점들을 주장하고 있다. 그러나 속성 문법 접근은 세속적인 이유 때문에 대중적으로 널리 알려지지 못했다. 큰 문제는 비지역적 계산 수행의 어려움과 간단한 질문에 대한 해답을 발견하기 위한 파스 트리 탐색의 필요성 등이 이 개념을 적용시키는 것에 방해가 되었다는 것이다. 공간 관리, 수명이 짧은 속성, 평가기의 효율성, 질적 부족, 비싼 툴 등과 같은 무수히 작은 문제들 때문에 도구와 기술의 매력을 반감시켰다.

여전히 속성 문법 패러다임의 단순함은 매우 매력적이다. 속성 흐름이 합성되거나 상속되어 한 방향으로 제약된다면 속성 문법의 결과는 간단하고 평가기는 효율적이 된다. 예를 들어 이 패러다임은 계산기나 해석기에 표현식 평가시에 훌륭한 역할을 할 것이다. 값에 흐름은 파스 트리의 잎에서 뿌리까지 따르고 규칙과 평가기 모두 직선적이다. 마찬가지로 지역적인 정보만을 포함하는 응용은 종종 속성 문법의 좋은 해답을 가지고 있다.

4.4 애드 혹 구문 주도형 번역

속성 문법의 규칙 기반 평가기는 많은 컴파일러의 문맥 의미 분석을 위해 사용된 애드 혹(ad hoc) 기술의 기초 역할을 하는 강력한 개념을 채용하고 있다. 규칙 기반 평가기에 컴파일러 작성자는 일련의 문법에서의 생성과 관련되는 동작을 명시해야 한다. 문맥 의미 분석이 필요한 동작이 문법 구조를 바탕으로 조직된다는 근본적인 관찰은 비록 애드 혹이라 할지라도 강력하다. 이 접근은 context-free 문법 파싱 과정을 포함하고 있다. 이 접근 방법을 애드 혹 구문 주도 번역(ad hoc syntax-directed translation)이라고 지칭한다.

이 기법에서, 컴파일러 작성자는 파스 시간에 실행되는 코드의 작은 조각을 제공한다. 각각의 작은 조각(또는 *행동*)은 문법의 production과 직접 연계된다. 그것이 특정 장소에 문법이 있다고 파서는 인식한다. 대응되는 행동은 이 작업을 수행하기 위해 호출된다. top-down, recursive-descent 파서를 구현하기 위해, 컴파일러 작성자는 파싱 루틴에 적절한 코드를 간단하게 추가한다. 그 행동이 수행될 때 컴파일러 작성자는 완전한 제어를 할 수 있다. bottom-up, shift-reduce 파서에서는, 곱하고 환산하는 행동을 각각 수행한다. 이것은 더 제한적이지만 여전히 실행 가능한 것이다.

구체적으로 애드 혹(ad hoc) 구문 주도형 번역 기본 구조에 있는 부호가 있는 이진 숫자 예제 변형을 고려해 보자. 그림 4.10이 이러한 기본 구조를 나타내고 있다. 관련된 각 문법 심볼은 작은 코드 조각에 *val*로 표시된 단일 값을 가지고 있다. 각각의 규칙을 위한 작은 코드 조각은 규칙 좌측에 심볼로 관련값을 정의한다. 규칙 1이 *Sign*의 값과 *List*의 값을 단순히 곱한다. 규칙 2와 3은 *Sign*에 적절한 값을 설정한다. 규칙 6과 7이 *Bit*의 각 경우의 값으로 설정한다. 규칙 4는 *Bit*의 값을 *List* 값에 복사한다. 실제 작업은 규칙 5에 발생하는데, *List.val*에 선도 비트의 값을 2와 곱해서 쌓아두고 그 후 다음 비트를 더한다.

	Production	Code Snippet
1	$Number \rightarrow Sign\ List$	$Number.val \leftarrow Sign.val \times List.val$
2	$Sign \rightarrow +$	$Sign.val \leftarrow 1$
3	$Sign \rightarrow -$	$Sign.val \leftarrow -1$
4	$List \rightarrow Bit$	$List.val \leftarrow Bit.val$
5	$List_0 \rightarrow List_1\ Bit$	$List_0.val \leftarrow 2 \times List_1.val + Bit.val$
6	$Bit \rightarrow 0$	$Bit.val \leftarrow 0$
7	$Bit \rightarrow 1$	$Bit.val \leftarrow 1$

그림 4.10 부호 있는 이진수를 위한 애드 혹 구문 주도형 번역

지금까지, 이것은 속성 문법과 매우 비슷하게 보였다. 그러나 속성 문법은 두 가지 핵심 간소화를 가지고 있다. 속성 문법의 값은 단지 한 방향(잎에서 뿌리로)에서 흐른다. 그것은 단지 문법 심볼 당 하나의 값을 허용한다. 하지만, 그림 4.10에 기법은 올바르게 부호가 있는 이진 숫자의 값을 계산할 수 있다. 이것은 부호가 있는 이진 숫자를 위한 속성 문법과 마찬가지로 트리의 뿌리에 값을 남긴다.

3장에 설명된 LR(1) 파서와 같이, 이 두 간소화는 bottom-up 파서로 잘 동작하는 평가 방법을 가능하게 한다. 각각의 작은 코드 조각이 특정한 생성의 우측과 관련이 있기 때문에, 생성에 의해 환산될 때마다 파서는 행동을 호출할 수 있다. 이것은 사소한 수정사항을 요구하는데 그림 3.13에 LR(1) 파서 조종자의 행동을 감소시킨다.

```
else if Action[s,word] = "reduce A→β" then
    invoke the appropriate reduce action
    pop 2 × |β| symbols
    s ← top of stack
    push A
    push Goto[s,A]
```

파서 생성기는 구문 주도형 행동을 함께 모을 수 있다. 환산되면서 생성의 수를 바꾸는 case 문을 포함할 수 있고 스택의 우측으로 pop하기 바로 직전에 case문은 실행된다.

그림 4.10에 있는 번역 기법은 속성 문법을 설명하기 위해 사용한 기법보다 간단한 것이다. 물론, 우리는 같은 전략을 적용하는 속성 문법을 기록할 수 있다. 그것은 단지 합성되는 속성만을 사용할 것이다. 그리고 그것은 그림 4.4의 예보다 적은 속성과 더 적은 속성 규칙을 가지고 있을 것이다. 그래서 우리는 합성되고 상속된 속성의 사용을 설명하기 위해 더 많은 복잡한 속성 기법을 선택했다.

4.4.1 애드 혹 구문 주도형 번역 구현

애드 혹 구문 주도형 번역을 작업하기 위해, 파서는 정의에서부터 사용 때까지 값을 전달할 수 있는 메커니즘을 포함해야 한다. 이는 일관된 이름과 편리함을 제공하기 위해, 그리고 분석 안에 다른 지점에 실행하는 행동을 허용하기 위해서이다. 이 절에서는 bottom-up, shift-reduce 파서에서의 이 논점을 다루기 위한 메커니즘을 설명할 것이다. 유사한 개념은 하향식 파서에서도 잘 작동할 것이다. 우리는 YACC 시스템에 소개된 표시법을 채택할 것이다. 인기 있는 LALR(1) 파서 생성기는 초기 Unix 운영체제에 널리 퍼져 있었다. YACC 표시법은 이후의 많은 시스템에 의해 채택되었다.

행동 사이의 통신

행동(action) 사이에 값을 전달하기 위해, 파서는 다양한 행동에 의해 생산된 값을 유지하기 위한 공간 할당에 대한 방법론을 가지고 있어야 한다. 이 메커니즘은 행동을 취함으로써 방법을 발견하여 값을 이용하는 것을 가능하게 해야 한다. 속성 문법은 파스 트리에 있는 노드와 그 값(속성)을 연관시킨다. 트리 노드의 저장소에 속성 저장을 연관시키는 것은 조직적인 방법으로 속성 값을 발견하는 것을 가능하게 한다. 애드 혹 구문 주도형 번역에서, 파서는 파스 트리를 구성하지 않을 수도 있다. 그 대신에, 파서는 그 분석의 상태를 추적하기 위한 자신의 메커니즘 안에 값을 위한 저장소를 내부 스택으로 통합할 수 있다.

각 문법 심볼을 위한 스택에 있는 두 값(심볼과 상태)이 저장된 LR(1) 파서 골격을 생각해 보자. 파서 골격이 핸들을 인식할 때, 규칙 5의 우측에 *List Bit* 연속을 대응시킨 것과 같은 스택에 있는 첫 번째 쌍은 *Bit*를 나타내고 있다. 바로 아래에는, *List*를 나타내는 쌍이 있다. 우리는 <*심볼, 상태*> 쌍을 트리플 <*값, 심볼, 상태*>로 치환할 수 있다. 이것은 값 속성이 문법 심볼마다 간소화한 기법이 필요하게 되는 것을 정확하게 제공하게 된다. 이 스택을 관리하기 위해, 파서는 더 많은 값을 push와 pop을 해야 한다. $A \rightarrow \beta$에 의한 환산에서, 그것은 $2\times|\beta|$ 위치라기보다 그 스택으로부터 $3\times|\beta|$ 위치를 pop한다. 그리고 심볼과 상태와 값을 함께 push한다.

이 접근은 스택의 꼭대기(top)로부터 계산된 상대적인 위치의 값을 저장한다. 각각의 reduction은 좌측을 나타내는 트리플의 일부로써 스택에 그 결과를 push한다. 행동은 그들의 상대적인 위치로부터 스택에 우측값을 읽는다. 우측의 i번째 심볼은 스택의 꼭대기로부터 i번째 트리플에 있는 값을 가지고 있게 된다. 값은 고정된 크기에 제한한다. 실제로, 이 제한은 더욱 복잡한 값이 구조로 포인터를 사용하는 데 전달된다는 것을 의미한다.

저장소를 저장하기 위해, 파서는 스택으로부터 실제 문법 심볼을 제거할 수 있다. 파싱에 필요한 정보는 그 상태에 인코딩 되어 있다. 이것은 스택을 줄이고 심볼을 쌓고 스택에 쌓이지 않는 연산을 제거함으로써 분석의 속력을 높일 수 있다. 다른 한편으로는, 문법 심볼은 오류 보고 그리고 디버깅에서 파서를 도울 수 있다. 이 상충성은 이것은 도구가 생산하는 파서를 수정하지 않도록 결정한다. 여기서 수정은 매번 파서를 재생성하여야 하고 재적용 시켜야 함을 의미한다.

값으로 이름 짓기

스택 기반 값의 사용을 단순하게 하기 위해, 컴파일러 작성자는 그들을 이름 짓는 데 대한 표시법을 필요로 한다. YACC는 이 문제를 언급하기 위해 간결한 표시법을 소개했다. 심볼 *$$*는 현재의 생성을 위해 결과 위치를 참조한다. 할당 방법은 *$$ = 0;* 이다. 그 현재의 reduction과 일치하는 결과로써 정수 0의 값을 push할 것이다. 이 할당은 그림 4.10에 규칙 6의 행동으로 구현할 수 있다. 저마다, 우측의 심볼 *$1*, *$2*, ..., *$n*은 각각 첫 번째, 두 번째, ..., n 번째 심볼의 위치를 참조한다.

그림 4.10으로부터 예를 재작성하여 다음의 표기법 명세를 도출한다.

	Production	Code Snippet
1	$Number \rightarrow Sign\ List$	$\$\$ \leftarrow \$1 \times \$2$
2	$Sign \rightarrow$ +	$\$\$ \leftarrow 1$
3	$Sign \rightarrow$ -	$\$\$ \leftarrow -1$
4	$List \rightarrow Bit$	$\$\$ \leftarrow \$1$
5	$List_0 \rightarrow List_1\ Bit$	$\$\$ \leftarrow 2 \times \$1 + \$2$
6	$Bit \rightarrow 0$	$\$\$ \leftarrow 0$
7	$Bit \rightarrow 1$	$\$\$ \leftarrow 1$

작은 코드 조각이 얼마나 작고 경제적인지 알아보자.

이 기법은 효율적인 구현을 가지고 있다. 심볼은 스택의 꼭대기(top)에서 오프셋으로 직접 번역한다. 표시법 *$1*은 스택의 꼭대기 아래 $3 \times |\beta|$ 홈(slot)의 위치를 가리키고 있고, 한편 $\$_i$는 스택의 꼭대기에서 $3 \times (|\beta| - i + 1)$를 지시하고 있다. 그래서, 위치 표시법은 작은 행동 조각이 스택 위치를 읽고 직접적으로 쓰는 것을 허락한다. 만약 실제 문법 심볼을 쌓지 않도록 파서를 최적화한다면, 곱셈은 3이 아닌 2가 될 것이다.

다른 포인트에서의 행동

컴파일러 작성자는 shift 행동으로 생성의 중간에 행동을 수행할 필요가 있을 수 있다. 이것을 달성하기 위해, 행동을 필요로 하는 각각의 포인트에 reduction을 수행하도록 컴파일러 작성자는 문법을 변형시킬 수 있다. 생성 도중에 환산하기 위해, 행동이 실행되는 포인트 주위의 생성을 두 조각(pieces)으로 쪼갤 수 있다. 첫 번째 부분에 고 수준 생성을 한 다음 두번째 부분이 더해진다. 첫 번째 부분이 reduction할 때, 파서는 행동을 호출한다. shift 행동을 하기 위해, 컴파일러 작성자는 스캐너로 이동시키거나 행동을 유지하기 위한 생성을 추가할 수 있다. 예를 들면, 파서가 말단 심볼 *Bit*을 shift할 때마다 행동을 수행하기 위해, 컴파일러 작성자는 production을 더할 수 있다.

$$ShiftedBit \rightarrow Bit$$

그리고 *ShiftedBit*로 *Bit*의 모든 발생을 치환한다. 이것은 terminal 심볼에 대해 여분의 reduction을 추가한다. 그래서, 추가 비용은 프로그램에서의 terminal 심볼의 수에 정비례한다.

4.4.2 예제

어떻게 애드 혹 구문 주도형 번역은 작동법을 이해하기 위해, 이 접근법을 사용하는 실행 시간 예측기의 재작성에 대해 고려해 보자. 속성 문법의 해답의 주요 결점은 트리 주위에 정보 복사 규칙이 증가한다는 것에 있다. 이것은 설계 명세서에 많은 추가적인 규칙을 만들고 많은 노드에 속성값을 복사하게 된다.

애드 혹 구문 주도형 번역 기법에서 이 문제를 언급하기 위해, 컴파일러 작성자는 일반적으로 초기에 제안된 변수에 대한 정보를 위한 중심 저장소를 소개한다. 이것은 트리 주위에 값을 복사할 필요성을 제거한다. 그것은 또한 상속값의 조작을 단순하게 한다. parser가 평가 순서를 결정하기 때문에, 우리는 속성 사이의 의존성을 깨뜨리는 것에 대해 걱정할 필요가 없다.

대부분의 컴파일러가 *심볼 테이블(symbol table)*이라고 불리는 그러한 장소를 만들어 사용하고 있다. 심볼 테이블은 자료형, 실행 중 표현의 크기와 실행할 때 주소를 발생시키는 데 필요한 정보 등 다양한 주석을 이름으로 대응시킨다. 이 테이블은 함수의 자료형 서명, 자료형 의존 필드의 개수, 또는 차수와 배열의 경계를 또한 저장할 수 있다. 이것은 5.7절과 B.4절의 심볼 테이블 설계에서 더 깊게 탐구해 볼 것이다.

load 추적, 재방문

다시, 실행 비용의 추정 부분으로서 load 연산을 추적하는 문제를 고려해 보자. 이 문제를 위한 속성 문법 복잡함의 대부분은 트리 주위로 정보를 전달할 필요성이 생기게 되었다. 심볼 테이블을 사용하는 애드 혹 구문 주도형 번역 기법에서, 그 문제는 쉽게 처리될 수 있다. 컴파일러 작성

Production			Syntax-Directed Actions
Block$_0$	→	*Block*$_1$ *Assign*	
	|	*Assign*	
Assign	→	*Identifier* = *Expr* ;	{ *cost* = *cost* + *Cost*(store) }
Expr$_0$	→	*Expr*$_1$ + *Term*	{ *cost* = *cost* + *Cost*(add) }
	|	*Expr*$_1$ - *Term*	{ *cost* = *cost* + *Cost*(sub) }
	|	*Term*	
Term$_0$	→	*Term*$_1$ × *Factor*	{ *cost* = *cost* + *Cost*(mult) }
	|	*Term*$_1$ ÷ *Factor*	{ *cost* = *cost* + *Cost*(div) }
	|	*Factor*	
Factor	→	(*Expr*)	
	|	num	{ *cost* = *cost* + *Cost*(loadI) }
	|	ident	{ *if* ident*'s symbol table field indicates that it has not been loaded then cost* = *cost* + *Cost*(load); *set the field to true* }

그림 4.11 애드 혹 구문 주도형 번역에서의 load 추적

자는 테이블 안에 식별자가 이미 load가 되었는지 아닌지를 가리키는 부울형 필드를 별도로 설정할 수 있다. 그 필드는 처음에 거짓으로 설정되어 있다. 중요한 코드는 생성 *Factor* → ident와 관련되어 있다. ident의 심볼 테이블 엔트리가 load를 위해 비용이 추가되지 않는 것을 가리킨다면, 비용은 갱신되고 그 필드는 참으로 설정된다.

다른 모든 행동과 함께, 그림 4.11은 이 경우를 나타내고 있다. 그 행동이 임의의 코드를 포함할 수도 있기 때문에, 파스 트리 안 각각의 노드에 *비용* 속성을 새로 만들기보다 컴파일러는 하나의 변수로 *비용*을 축적할 수 있다. 이 기법은 더 복잡한 모델의 정확성을 제공할 수 있음에도 불구하고 가장 간단한 실행 모델에 대한 속성 규칙보다 더 적은 행동을 요구한다.

몇몇 생성이 어떤 행동도 취하는지 않는다는 것에 주목하라. ident에 의한 reduction으로 생긴 행동은 제외하고, 남아 있는 행동은 간단하다. load 추적으로 소개된 모든 복잡함은 하나의 행동으로 수렴한다. 설계 명세서를 지배하기 위해 온 *Before*와 *After* 집합 주위의 전달 작업이 속성 문법 버전과 대조적이다. 문제가 shift-reduce 파서에 행동을 감소로 지시된 평가 순서와 매우 잘 맞기 때문에 애드 혹 버전이 더 깨끗하고 더 간단하다. 물론, 컴파일러 작성자는 심볼 테

이블을 직접 구현하거나 자료 구조 구현의 일부 라이브러리로부터 심볼 테이블을 인용해야 할 것이다.

물론, 이 전략의 일부는 속성 문법 기본 구조에서 적용될 수 있었다. 그러나 이는 속성 문법의 기능적인 본질을 어기는 것이다. 그것은 속성 문법 기본 구조에서 작업의 중요한 일부를 도출해 애드 혹 설정으로 변환한다.

그림 4.11에 있는 기법은 한 중요한 논점을 무시하고 있다. 바로 초기화 *비용*이다. 문법은 쓰여지는 대로 적합하게 비용을 0으로 초기화할 수 있는 어떤 production도 포함하지 않고 있다. 앞서 설명되는 대로, 해법은 초기화를 위한 곳을 만들어 문법을 수정하는 것이다. *CostInit* $\rightarrow \epsilon$와 함께 Start→ *CostInit Block*과 같은 초기 생성이 비용을 초기화 할 수 있다. 기본 구조는 ϵ부터 *CostInit*으로 환산시 `cost`←0을 할당을 수행할 수 있다.

표현식에 대한 자료형 추론, 재방문

Leaf 노드가 이미 자료형 정보를 가지고 있었다고 가정하는 한, 표현식에 대한 자료형의 추론 문제는 속성 문법 기본 구조에 잘 맞는다. 해답이 간단하다는 것은 두 가지 주요 사실로부터 유도된 그림 4.6에 나타나 있다. 첫째로, 표현식 자료형이 표현식 트리에 재귀적으로 정의되어 있기 때문에, 정보의 자연스러운 흐름은 잎에서 뿌리로 상향식으로 흐르게 된다. 이것은 S-속성화 문법을 해답으로 생각할 수 있다. 둘째로, 표현식 자료형은 원시 언어의 구문의 항에서 정의되어 있다. 이것은 속성 문법의 기본구조와 잘 맞는다. 그것은 암묵적으로 파스 트리의 존재를 요구한다. 모든 자료형 정보는 파스 트리에서 노드와 정확히 일치하는 문법 심볼의 인스턴스에 묶여질 수 있다.

그림 4.12에 나타나는 것과 같이, 애드 혹 기본 구조에 대한 문제로 다시 재구성할 수 있다. 그림 4.6으로부터의 같은 목적에 대한 속성 문법과 비슷한 결과의 모습이 나타난다. 애드 혹 기본 구조는 이 문제에 대해 어떠한 실제 이점도 제공하지 않는다.

AST 구축

컴파일러 전위는 컴파일러의 중간 부분과 후위에서 사용하기 위해 프로그램의 중간 표현(IR)을 만들어야 한다. 추상적인 구문론 트리(AST)는 트리 구조 IR의 가장 흔한 형태이다.(5.3.1절 참조) AST를 건설하는 작업은 애드 혹 구문 주도형 번역 기법에 매우 잘 맞는다.

컴파일러가 $MakeNode_i$으로 명명된 루틴의 시리즈를 가지고 있다고 가정하자. (이때 $0 \le i \le 3$이다.) 루틴은 새로운 노드에 나타낼 유일하게 식별할 수 있는 문법 심볼로 상수를 첫 번째 인자로 취한다. 남아 있는 i인자는 각각의 i 하위 트리를 향하는 노드이다. 그래서, $MakeNode_0$

Productions			Syntax-Directed Actions
Expr	$\rightarrow$	*Expr* + *Term*	{ $\$\$ \leftarrow \mathcal{F}+(\$1,\$3)$ }
	|	*Expr* – *Term*	{ $\$\$ \leftarrow \mathcal{F}-(\$1,\$3)$ }
	|	*Term*	{ $\$\$ \leftarrow \$1$ }
Term	$\rightarrow$	*Term* × *Factor*	{ $\$\$ \leftarrow \mathcal{F}\times(\$1,\$3)$ }
	|	*Term* ÷ *Factor*	{ $\$\$ \leftarrow \mathcal{F}\div(\$1,\$3)$ }
	|	*Factor*	{ $\$\$ \leftarrow \$1$ }
Factor	$\rightarrow$	(*Expr*)	{ $\$\$ \leftarrow \$2$ }
	|	`num`	{ $\$\$ \leftarrow$ *type of the* `num` }
	|	`ident`	{ $\$\$ \leftarrow$ *type of the* `ident` }

그림 4.12 표현식에 대한 자료 추론을 위한 애드 혹 기본구조

(*number*)는 num을 나타낸 것처럼 leaf 노드를 구성하고 표시한다.

$$MakeNode_2(Plus, MakeNode_0(number), MakeNode_0(number))$$

마찬가지로, 두 자식(num[3] 잎노드)을 가진 노드를 뿌리가 추가하여 AST를 만든다.

AST를 만들기 위해, 애드 혹 구문 주도형 번역 기법은 다음의 두 일반적인 원칙을 따른다.

1. 한 연산자가 각 피연산자에 대해 자식을 갖는 노드를 만든다. 그래서 2+3은 2와 3을 자식 노드로 하는 +에 대한 이진 노드를 만든다.
2. *Term* → *Factor*와 같은 무의미한 생성의 경우, 자신의 결과로서 *Factor* 행동에서 나온 결과를 재사용한다.

이런 식으로, *Factor, Term, Expr*와 같은 문장 구조적인 변수를 나타내는 트리 노드를 생성을 피할 수 있다. 그림 4.13에서 이 생각을 포함하는 구문 주도형 번역 기법을 나타내고 있다.

표현식을 위한 ILOC 생성하기

표현식을 조작하는 마지막 예로, AST보다 ILOC를 생성시키는 애드 혹 기본 구조를 고려해 보자. 우리는 여기서 간단한 몇 개의 가정을 만든다. 예는 정수에만 문제를 국한시킨다. 다른 자료형은

[3] $MakeNode_i$루틴은 적당한 방법으로 트리를 구현할 수 있다. 예를 들어, 루틴은 구조를 트리로 변환시킬 수 있다. B.31절을 참고하라.

Productions			Syntax-Directed Actions
Expr	$\rightarrow$	*Expr* + *Term*	{ $\$\$ \leftarrow MakeNode_2$ (plus, \$1, \$3); $\$\$.type \leftarrow \mathcal{F}+(\$1.type, \$3.type)$ }
	|	*Expr* − *Term*	{ $\$\$ \leftarrow MakeNode_2$(minus, \$1, \$3); $\$\$.type \leftarrow \mathcal{F}-(\$1.type, \$3.type)$ }
	|	*Term*	{ $\$\$ \leftarrow \$1$ }
Term	$\rightarrow$	*Term* × *Factor*	{ $\$\$ \leftarrow MakeNode_2$(times, \$1, \$3); $\$\$.type \leftarrow \mathcal{F}\times(\$1.type, \$3.type)$ }
	|	*Term* ÷ *Factor*	{ $\$\$ \leftarrow MakeNode_2$(divide, \$1, \$3); $\$\$.type \leftarrow \mathcal{F}\div(\$1.type, \$3.type)$ }
	|	*Factor*	{ $\$\$ \leftarrow \$1$ }
Factor	$\rightarrow$	(*Expr*)	{ $\$\$ \leftarrow \$2$ }
	|	`num`	{ $\$\$ \leftarrow MakeNode_0$(number); $\$\$.text \leftarrow$ *scanned text*; $\$\$.type \leftarrow$ *type of the number* }
	|	`ident`	{ $\$\$ \leftarrow MakeNode_0$(identifier); $\$\$.text \leftarrow$ *scanned text*; $\$\$.type \leftarrow$ *type of the identifier* }

그림 4.13 AST의 구현과 표현식 자료 추론

문제만 복잡하게 할 뿐이다. 예에서 모든 값은 레지스터의 크기에 잘 맞으며 ILOC 구현은 계산에서 사용되는 것보다 더 많은 레지스터를 제공한다고 가정한다.

코드 생성은 컴파일러에게 많고 작은 세부사항을 추적을 요구할 것이다. 이 부기 세부사항의 대부분을 요약하기 위해(또 다음 장의 더 심도 깊은 문제들을 미리 살표보기 위해), 그 예제 기본 구조는 지원하는 루틴 4개를 사용한다.

1. *Address* 인자로서 변수의 이름을 잡고 레지스터 수를 반환한다. 레지스터가 변수의 주소를 포함하고 있다는 것을 보장한다. 필요하다면, 주소를 계산 코드를 생성시킨다.

2. *Emit* 다양한 ILOC 연산을 위해 구체적인 표현을 만드는 세부사항을 처리한다. 이것은 파일에 맞춰 그들을 포맷하고 인쇄할 수 있다. 대신에 나중에 사용하기 위해 내부의 표현을 만들 수 있다.

3. *NextRegister* 새로운 레지스터 수를 반환한다. 간단한 구현은 글로벌 카운터를 증가

Productions			Syntax-Directed Actions
Expr	→	*Expr* + *Term*	{ $$ ← *NextRegister*; *Emit*(*add*, $1, $3, $$)
	|	*Expr* − *Term*	{ $$ ← *NextRegister*; *Emit*(*sub*, $1, $3, $$)
	|	*Term*	{ $$ ← $1 }
Term	→	*Term* × *Factor*	{ $$ ← *NextRegister*; *Emit*(*mult*, $1, $3, $$)
	|	*Term* ÷ *Factor*	{ $$ ← *NextRegister*; *Emit*(*div*, $1, $3, $$)
	|	*Factor*	{ $$ ← $1 }
Factor	→	(*Expr*)	{ $$ ← $2 }
	|	`num`	{ $$ ← *Value*(scanned text); }
	|	`ident`	{ $$ ← *Address*(scanned text); }

그림 4.14 표현식을 위한 ILOC Emitting

시킬 수 있다.

4. *Value* 인자와 같은 수를 잡고 레지스터 수를 반환한다. 레지스터가 인자로 전달된 숫자를 포함한다는 것을 보장해야 한다. 필요하다면, 레지스터 안으로 숫자를 움직이는 코드를 생성시킬 수 있다.

그림 4.14는 이 문제에 대해 구문 주도형 기본 구조를 나타내고 있다. 이 행동은 파싱 스택에 레지스터 이름을 전달하여 통신한다. 그 행동은 입력 표현식을 구현하는 연산을 만들기 위해 *Emit*에게 이 이름을 전달한다.

선언 처리

물론, 컴파일러 작성자는 심볼 테이블에 있는 많은 정보를 채우기 위해 구문 주도형 행동을 사용할 수 있다. 예를 들면, 그림 4.15에 보여진 문법의 예는 C에 선언하고 있는 변수를 위한 구문의 부분집합으로 한정되었다. 여기에는 `typedef`, `struct`, `union`, 한정형 `const`, `restrict`, `volatile`, initialization 구문 등을 제거하고 몇몇 복잡하지 않은 비단말자만 나타내었다. 요구된 행동이 한 개에 선언된 변수에 대해 심볼 엔트리를 만든다고 생각하자. 각각의 선언(*declaration*)은 변수 자료형과 기억 영역 분류(storage class)를 명시하는 하나 이상의 한정어

DeclarationList	→	*DeclarationList Declaration*
	|	*Declaration*
Declaration	→	*SpecifierList InitDeclaratorList* **;**
SpecifierList	→	*Specifier SpecifierList*
	|	*Specifier*
Specifier	→	*StorageClass*
	|	*TypeSpecifier*
StorageClass	→	`auto`
	|	`static`
	|	`extern`
	|	`register`
TypeSpecifier	→	`void`
	|	`char`
	|	`short`
	|	`int`
	|	`long`
	|	`signed`
	|	`unsigned`
	|	`float`
	|	`double`
InitDeclaratorList	→	*InitDeclaratorList* **,** *InitDeclarator*
	|	*InitDeclarator*
InitDeclarator	→	*Declarator* = *Initializer*
	|	*Declarator*
Declarator	→	*Pointer DirectDeclarator*
	|	*DirectDeclarator*
Pointer	→	*
	|	* *Pointer*
DirectDeclarator	→	`ident`
	|	(*Declarator*)
	|	*DirectDeclarator* ( )
	|	*DirectDeclarator* (*ParameterTypeList*)
	|	*DirectDeclarator* (*IdentifierList*)
	|	*DirectDeclarator* [ ]
	|	*DirectDeclarator* [*ConstantExpr*]

그림 4.15 C언어에서의 선언 구문의 subset

집합으로 시작한다. 이 한정어는 하나 이상의 변수 이름 리스트에 의해 얻어진다. 각각의 변수 이름은 상세 포인터에 대한 성질이나, 배열의 성질 또는 초기값에 대한 성질을 포함할 수 있다.

예를 들면, *StorageClass* 생성은 프로그래머가 변수 값의 존속 시간에 대한 정보를 명시하는 것을 허용한다. 자동(auto) 변수는 선언된 블록의 존속 시간을 갖는 반면 정적(static) 변수는 프로그램의 전체 실행을 이르는 블록의 존속 시간에 필적하는 존속 시간을 가지고 있다. register 한정자는 컴파일러에게 그 값이 빨리 접근될 수 있는 위치에 보관해야 한다고 제안한다. 즉, 하드웨어 레지스터에 먼저 할당해달라고 요청하게 된다. 그 extern 한정자는 컴파일러에게 다른 컴파일 단위에 있는 같은 이름의 선언이 하나의 객체로 연결될 수 있다는 것이라고 알려준다.

컴파일러는 각자가 선언된 이름이 가장 최신에 영역 분류 속성을 가진다는 것을 보장해야 한다. 한정자가 놓인 문법에서 그것을 처리하고 나중에 그 이름을 만나면 적용시키게 된다. 문법은 *StorageClass*와 *TypeSpecifier* 키워드의 임의의 숫자를 받아들이도록 허용한다. 표준으로는 실제 키워드가 합쳐질 수 있는 방법을 제한하고 있다.[4] 예를 들면, 그것은 선언당 단지 하나의 *StorageClass*만을 허용한다. 컴파일러는 문맥 의미 검사를 하는 동안 이 제한을 강화해야 한다. 비슷한 제한은 *TypeSpecifier*에도 적용한다. 예를 들면, short 한정자는 int에는 적용되지만 float에는 적용되지 않는다.

선언을 처리하기 위해, 컴파일러는 포인터, 차수, 초기화 속성, 테이블에 변수에 입력 등의 한정자 속성을 모아야 한다. 컴파일러 작성자는 심볼 테이블 엔트리의 대응하는 필드의 속성 구조를 설정할 수 있다. 선언의 끝에서, 구조체의 각 필드에 값을 초기화할 수 있다. 선언 구문에서 다양한 생성을 환산함에 따라, 적절하게 구조체의 값을 조정할 수 있다.

- *StorageClass*의 auto reduction은 영역 분류를 위한 필드가 아직 설정되어 있지 않다는 것을 검사한 후에 auto가 설정된다. 비슷한 행동을 static, extern, register를 위해 이러한 이름 속성에 대한 처리를 끝낼 수 있다.

- 자료형 한정자 생성(type specifier production)은 구조체에 다른 필드를 설정할 것이다. 그들은 단지 유효한 조합이 발생한다는 것을 보장하기 위한 검사를 포함해야 한다.

- ident에서 *DirectDeclarator*로 환산은 이름에 대한 새로운 심볼 테이블 엔트리를 만드는 행동을 유발할 수 있고 속성 구조에서 엔트리로 현재의 세팅을 복사한다.

[4] 이러한 제한은 문법에 의하여 요구될 수 있다. 표준을 작성한 사람들은 이러한 방법으로 다루지 않게 하였다. 제한을 추가하는 것은 이미 큰 문법을 더욱 복잡하게 할 수 있다. *TypeSpecifiers* 의 조합에 관련된 비슷한 제약성을 컴파일러가 추적해야 하기 때문에, 구문 이외에 이러한 점검을 위한 오버헤드는 낮다.

문맥 의미 문법(Context-Sensitive Grammars)은 무엇인가?

앞 장에서 제시된 개념을 계속 진행하면, 자료형 추론과 같은 문맥 의미 검사를 수행하는 문맥 의미 언어(context-sensitive language)의 사용 고려는 자연스러운 것이다. 결국, 우리는 구문 분석을 수행하기 위해 문맥 자유 언어를 어휘 분석을 수행하고 정규 언어를 사용했다. 자연스러운 진행은 문맥 의미 언어(context-free language)와 그들의 문법에 대한 연구일 것이다. 문맥 의미 문법은 문맥 자유 문법이 표현할 수 있는 것보다 더 많은 것을 표현할 수 있다.

그러나 문맥 의미 문법 두 개의 다른 이유 때문에 올바른 해답이 아니다. 첫째로, 문맥 의미 문법 파싱 문제는 완전한 p-공간이다. 그래서 그런 기술을 사용한 컴파일러는 *매우* 느리게 실행될 수 있다. 둘째로, 문맥 의미 문법에서 인코딩은 다수의 중요한 질문이 불가능하지는 않지만 어렵다. 예를 들면, 사용 앞에 선언의 문제에 대한 고려이다. 문맥 의미 안으로 이 규칙을 쓰기 위해, 선언된 변수의 각각의 별개의 결합을 인코딩하기 위해 그 문법을 요구할 것이다. 충분히 작은 이름 공간을 가지면, 이것은 다루기 쉬울 지도 모른다. 그러나 큰 이름 공간을 가진 현대의 언어에, 이름의 집합은 너무 커서 문맥 의미 문법에 인코딩할 수 없다.

- production에 의한 reduction

  InitDeclaratorList → *InitDeclaratorList* **,** *InitDeclarator*

  pointer, Initializer, DriectDeclarator production에 의해 설정되는 것을 포함한 특정한 이름과 관계있는 속성 필드를 재설정할 수 있다.

선언 구문론에서의 production을 통한 일련의 행동을 조정하는 것으로, 컴파일러 작성자는 매번 이름 설정하도록 적절하게 처리를 포함하는 속성 구조를 결정할 수 있다.

파서가 *DeclarationList* 만드는 것을 끝마치면, 현재의 스코프(scope)에 선언된 각 변수에 대한 심볼 테이블 엔트리를 생성하였다. 그 지점에, 선언된 변수에 대한 저장 위치를 할당하는 일 등의 일부 살림살이 허드렛일을 수행하기 위해 필요할 수 있다. 이것은 *DeclarationList*를 환산하는 production의 행동으로 수행될 수 있다. 필요하다면, production은 그 행동에 대해 편리한 지점을 새로 만들기 위해 쪼개질 수 있다.

4.5 고급 주제들

이 장에서는 자료형 이론의 기본 개념에 대하여 소개하였고 이를 속성 문법 기본 구조와 애드 혹 구문 주도형 번역을 이해하는 데 이용하였다. 자료형 이론과 자료형 응용에 대해 더 깊이 다루자면 책 한 권으로는 부족할 것이다.

첫 소절에서 컴파일러가 자료형 간섭과 자료형 검사를 수행해야 하는 방식에 영향을 주는 언어 설계 문제점들을 다룰 것이고, 두번째 소절에서는 IR을 만드는 과정에서 연산을 재정렬하는 데 실제적으로 나타나는 문제를 살펴볼 것이다.

4.5.1 자료형 추론의 난해한 문제들

강한 자료형, 정적으로 검사된 자료형이 있는 언어는 프로그래머가 프로그램의 오류를 찾아내 유효한 프로그램을 만드는 것을 도울 수 있다. 실행 중에 일어나지 않는 경우를 제거하고 특정한 경우에 특화된 코드를 만들고, 실행 중 검사를 제거함으로써 프로그램을 위한 컴파일러는 효율적인 코드를 생산해 낼 수 있다. 이러한 사실들 때문에 현대 프로그래밍 언어에의 자료형 시스템의 역할이 더욱 커지는 것이다.

그러나 이러한 예들은 모든 프로그래밍 언어에서 나타날 수 없는 가정을 필요로 한다. 예를 들어, 변수와 프로시저가 선언되어 있다고 가정한다. 프로그래머는 각 이름에 대해 간결하고 의무적인 설명을 기록하게 된다. 다양한 가정들은 컴파일러가 언어를 수행하기 위해서 사용할 수 있는 자료형 검사 문제와 전략의 고유 속성을 근본적으로 변화시킬 수 있다.

어떤 프로그래밍 언어는 선언을 생략하거나 추가적인 정보를 기록함으로써 선언을 대체한다. Scheme 프로그램은 변수에 대한 선언이 부족하다. Smalltalk 프로그램은 클래스는 선언하지만 객체들의 클래스에 대한 선언은 프로그램이 그 객체를 생성할 때 결정된다. 독립적인 컴파일과 링킹이 필요한 분리된 컴파일을 지원하는 언어는 독립적으로 컴파일된 프로시저에 대한 선언 정보는 필요로 하지 않다.

선언의 부재 때문에, 자료형 검사는 더 난해해진다. 왜냐하면 컴파일러는 각각의 이름에 대해 적절한 자료형을 결정하기 위해 문맥상의 근거에만 의존해야 하기 때문이다. 예를 들어, 만약 i가 어떤 배열 a에 대한 인덱스로 사용되었다면, i는 숫자 자료형이어야 한다. 언어는 항상 정수형 첨자만을 허용하기 때문인데, 대안으로, 정수형으로 변환될 수 있는 어떤 자료형을 허용할 수 있다.

자료형에 대한 규칙들은 언어의 정의에 의해 명시된다. 규칙의 상세한 설명은 각 변수에 대해 자료형을 추론하는 것이 얼마나 어려운가를 말해준다. 바꿔 말하면, 이것은 컴파일러가 언어 구현에 사용 할 수 있는 전략에 직접적인 영향이 있다.

자료형의 일관된 사용과 상수 함수 자료형

변수와 함수의 일관된 사용을 요구하는 선언 자유(declaration-free) 언어를 생각해 보자. 이 경우에, 컴파일러는 각각 이름에 대해 일반적인 자료형을 할당하고 문맥상 각각의 이름의 사용을 검사함으로써 그 자료형의 범위를 제한할 수 있다. 예를 들어, x ← y * 3.14159와 같은 문장은 x와 y가 숫자이고, x는 십진 숫자가 되어야 한다는 근거를 제공한다. 만약 y가 배열 a(y)와 같이 정수형이 기대되는 문맥에서 다시 나타난다면, 컴파일러는 정수형이 아닌 숫자(y * 3.14159에 대해)와 정수형(a(y)에 대해) 사이에서 선택을 해야 한다. 어떤 경우에도, 사용에 따라 자료형의 변환이 필요하다.

만약 함수가 잘 알려지고 일정한 반환 자료형을 갖는다면(예를 들어 항상 같은 자료형을 반환하는 상수 함수 fee), 컴파일러는 자료형에 대해 잘 동작하는 반복적인 고정 소수점 알고리즘을 이용해 자료형 추측 문제를 해결할 수 있다.

자료형의 일관된 상수 사용과 미지 함수 자료형

만약 함수의 자료형이 함수의 인수들에 따라 변동한다면, 자료형 추론 문제는 더 복잡해진다. 예를 들어, 이러한 상황은 Scheme에서 발생한다. Scheme의 라이브러리 프로시저인 map은 함수와 리스트를 인수로서 가질 수 있다. map은 인수인 함수의 인수를 리스트의 각각의 원소들에 대해 적용한 결과를 반환한다. 즉, 만약 인수가 자료형 α에서 β까지 가진다면, map은 β의 리스트에서 α의 리스트를 가질 수 있다.[5] 우리는 이런 자료형의 특징을 다음과 같이 나타낼 수 있다.

$$\texttt{map}: (\alpha \to \beta) \times \textit{list of } \alpha \to \textit{list of } \beta$$

map의 반환되는 자료형은 그것의 인수들에 따라 달라지기 때문에, 매개변수 다형성(parametric polymorphism)으로 알려진, 추론 규칙은 자료형의 공간에 대한 방정식을 포함해야 한다. (알려진 바와 같이, 상수형 반환 자료형을 가진 함수들은 자료형의 공간에서 값들을 반환한다.) 이러한 추가적인 속성들과 함께, 자료형 추론에 대한 간단하고 반복하는 고정 소수점 접근은 충분하

[5] Map은 다수의 매개변수를 가진 함수를 처리할 수 있다. 이를 위하여 다수의 매개 변수를 순서를 가진 매개 변수의 리스트로 간주한다.

지 않다.

이보다 더 복잡한 시스템을 검사하기 위한 고전적인 접근은 통일에 의존한다. 현명한 자료형 시스템 설계와 자료형 표현은 더 간단하고 더 효율적인 기술을 사용하는 것이다.

자료형의 동적 변화

만약 변수들의 자료형이 실행하는 동안 변할 수 있다면, 자료형의 변화가 일어나는 곳을 발견하고 적절한 자료형을 추론하기 위한 다른 방법들이 요구된다. 실제로, 컴파일러는 각 정의의 위치를 특별한 이름과 대응시키기 위해 변수들의 이름을 다시 지을 수 있다. 그리고 나서 각 이름을 정의한 연산에 의해 제공되는 문맥을 기반으로 각 이름에 대해 자료형 추론을 할 수 있다.

성공적으로 자료형을 추측하기 위해, 어떤 시스템은 하나의 할당에서 ϕ-함수를 가진 것과 같이(5.5절과 9.3절) 다른 제어 흐름 경로(control flow paths)의 수렴 때문에 다른 정의들이 통합되는 지점을 처리해야 한다. 만약 그 언어가 매개변수 다형성(parametric polymorphism)을 포함한다면, 자료형 추론 매커니즘은 이 또한 처리해야 한다.

동적으로 변화하는 자료형을 가진 언어의 수행을 위한 전통적인 접근은 해석(interpretation)에 의지하는 것이다. Lisp, Scheme, Smalltalk, APL 모두는 비슷한 문제를 가지고 있다. 이러한 언어에 대해 표준을 따르는 구현은 연산자들은 해석하고, 데이터에 자료형을 붙이고, 실행 시간 동안에 자료형의 오류를 확인하는 것이다.

APL에서, 프로그래머는 a × b가 처음 실행에서 정수형을 곱하고 다음 번에 다차원 부동소수점 배열을 곱하는 프로그램을 쉽게 작성할 수 있다. 이것은 검사 제거(check elimination)와 검사 움직임(check motion)에 대한 조사를 이끌어 낸다. 최고의 APL 시스템은 세련되지 않은 번역기가 필요로 하는 대부분의 검사를 피하도록 했다.

4.5.2 우선순위의 변화

6.4절에 본 것과 같이, 우선순위는 숫자 계산에서 차이를 만들 수 있다. 마찬가지로, 그것은 자료구조의 생성 방법을 변화시킬 수 있다. 문법이 자연적으로 생산하는 것보다 다른 결합법칙을 반영하는 표현을 만들기 위해 구문 주도형 행동을 사용할 수 있다.

일반적으로, 왼쪽 재귀(left-recursive) 문법이 자연적으로 왼쪽 우선순위인 반면 오른쪽 재귀(right-recursive) 문법이 자연적으로 오른쪽 우선순위 법칙을 이끌어 낸다. 이것의 예제로, 왼쪽 재귀와 오른쪽 재귀 리스트 문법을 고려해 보자. 그림 4.16의 맨위에는 리스트를 만들기 위한 구문 주도형 행동으로 증가시켰다. 각각의 생성과 관련된 행동이 리스트 표현을 만들어 낸다.

Grammar	Actions
List → *List* `elt`	{ *$$* ← *L($1,$2)*}
| `elt`	{ *$$* ← *$1*}

Grammar	Actions
List → `elt` *List*	{ *$$* ← *L($1,$2)*}
| `elt`	{ *$$* ← *$1*}

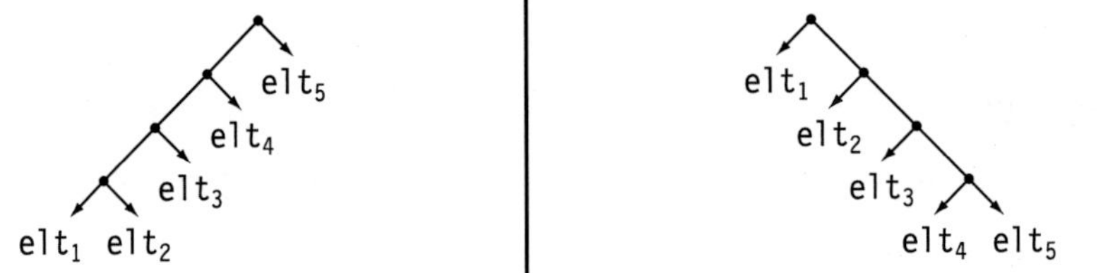

Left Recursion　　　Right Recursion

그림 4.16 재귀성과 우선순위

*L(x, y)*이 리스트 생성자라고 가정하자. 그것은 *MakeNode*$_2$(*cons*, *x*, *y*)로써 구현될 수 있다. 그림의 아래 부분은 다섯 `elt`로 구성되는 입력에 그 두 번역 기법을 적용하는 결과를 나타내고 있다.

여러 면에서 그 두 트리는 동일하다. 트리의 중위 순회(in-order traversal)는 동일한 순서로 잎 노드를 방문한다. 우리가 트리 구조를 반영하기 위해 괄호를 더한다면, 왼쪽 재귀(left-recursive) 트리는 ((((elt$_1$,elt$_2$),elt$_3$),elt$_4$),elt$_5$)이고 오른쪽 재귀(right-recursive) 트리는 ((((elt$_1$,(elt$_2$,(elt$_3$,(elt$_4$,elt$_5$))))이다. 왼쪽 재귀에 의해 만들어진 순서는 전통적인 대수적 연산자들에 대한 왼쪽에서 오른쪽 순서와 같다. 오른쪽 재귀로 생기는 순서는 Lisp과 Scheme에 리스트 개념과 일치하는 것을 발견할 수 있다.

종종 재귀와 우선순위에 대해 다른 방향을 사용하는 것은 편리하다. 왼쪽 재귀 문법에서 오른쪽 재귀 트리를 만들기 위해, 리스트 끝에 연속하는 원소를 더하는 생성자를 사용할 수 있다. 이 개념의 직접 구현은 각 환산에 리스트 보행(walk)을 해야 한다. *n*이 리스트의 길이이고, 생성자가 **O**(n^2) 시간이 걸리도록 한다. 이 오버헤드를 피하기 위해, 컴파일러는 리스트의 첫 노드와 마지막 노드에 포인터를 포함하는 리스트 헤더 노드를 만들 수 있다. 이것은 리스트에 여분의 노드를 채용한다. 시스템이 다수의 짧은 리스트를 구성한다면, 오버헤드는 문제가 될 수도 있다.

현저하게 매력을 끄는 해답은 리스트 헤더 노드를 만드는 동안 사용하는 것이고 리스트가 만들어진 후에 버리는 것이다. ϵ-production을 사용하기 위해 문법의 재작성은 이것을 특히 깨끗하게 만든다.

Grammar			Actions
List	→	ϵ	{ *$$ ← MakeListHeader()* }
	|	*List* `elt`	{ *$$ ← AddToEnd($1,$2)* }
Quux	→	*List*	{ *$$ ← RemoveListHeader($1)* }

ϵ-production을 reduction은 환산은 임시로 리스트 헤더 노드를 새로 만든다. shift-reduce 파서와 함께, 이 reduction은 첫 번째로 발생한다. *List* → *List* `elt` production은 임시의 헤더 노드에 따라 변하는 생성자를 호출한다. *List*가 다른 production의 우측으로 환산될 때, 일치한 행동은 그 임시의 헤더를 버리고 리스트의 첫 번째 원소를 반하는 함수를 호출한다.

이 접근은 파서를 공간과 시간에 있는 작은 일정한 오버헤드의 비용에 우선순위를 반대로 하게 한다. ϵ-production에 대해, 그것은 리스트당 하나 이상의 reduction을 요구한다. 수정된 문법은 빈 리스트도 허용하는 반면 원래 문법은 그렇지 않다. 이 문제를 치료하기 위해 *RemoveListHeader*는 명백히 비어있는 경우를 검사할 수 있고 그 오류를 보고할 수 있게 하는 것이다.

4.6 요약과 전망

2장과 3장에서, 컴파일러의 front end에서 일들을 자동화할 수 있다는 것에 대해 살펴보았다. 정규 표현식은 어휘 분석에, 그리고 context-free 문법은 구문 분석에 대해서 잘 동작한다. 이번 장에서는 context-sensitive 분석을 수행하는 속성 문법과 애드 혹 접근의 두 가지 방법을 살펴보았다. 문맥 의미 분석은 스캐닝과 파싱과는 달리 형식화(formalism)는 애드 혹 분석을 대체하지 못했다.

속성 문법을 사용하는 형식적인 접근은 합리적이고 효율적인 실행 코드를 만들어 내는 높은 수준의 설계 명세서를 작성할 수 있게 해주었다. 속성 문법이 문맥 의미 분석에 있어서 모든 문제의 해결책은 아니지만 정리 증명가로부터 프로그램 분석에 이르는 여러 영역에 존재하는 애플리케이션을 발견하게 하였다. 속성 흐름은 대부분 지역적인 문제들에 대해, 속성 문법을 잘 동작시킨다. 상속되거나 합성되는 속성의 종류 중의 하나로 표현될 수 있는 문제는 종종 속성 문법으로 자료형 변환될 때, 명확하고 직관적인 해결책을 제시하기도 한다. 복사 규칙을 가진 트리에서 속성의 흐름을 제어하는 문제가 문법에 큰 영향을 줄 때, 속성 문법의 기능적인 패러다임을 벗어

나는 것은 아마도 시간일 것이다.

애드 혹 구문 주도형 번역 기법은 코드의 임의의 작은 부분들을 파서로 통합한다. 그리고 파서가 동작을 순서대로 배열하고, 코드의 조각들 사이의 값들을 전달하도록 한다. 이러한 접근은 대부분의 파서 생성기 시스템에서 기술의 유용함 특성 때문에 널리 사용되어 왔다. 애드 혹 접근법은 지역적이지 않은 속성 흐름과 속성 저장을 처리하고자 하는 필요로부터 발생한 실질적인 문제들은 해결하지 못한다. 값들은 파서의 내부적인 상태 표현과 함께 한 방향으로 흐른다. 이러한 기법은 다른 방향으로 정보를 패스시켜 지역적이지 않은 속성들의 흐름을 처리하기 위해 글로벌 데이터 구조를 사용한다.

실질적으로, 컴파일러 작성자는 IR을 만들고, 자료형을 추론하고, 저장 위치를 할당하는 것과 같은 여러 문제를 한 번에 해결하려고 노력한다. 이것은 심볼 테이블과 같은 요소들의 중심 저장 공간을 사용하는 애드 혹을 통해, 쌍방향의 의미 있는 속성의 흐름을 만들어 내는 경향이 있다. 하나의 패스에서 많은 문제를 해결하고자 하는 것은 컴파일 시간의 효율적인 측면 때문이다. 그러나 분리된 패스에서 문제들을 해결하는 것은 더욱 이해하기 쉽게, 구현하기 쉽게, 유지하기 쉽게 만들어 준다.

이 장에서 컴파일러가 수행해야 하는 문맥 의미 분석의 종류에 대한 한 예로써 자료형 시스템에 대한 개념들을 소개했다. 자료형 이론과 자료형 시스템 설계에 대한 연구는 우리 분야에 대한 깊이 있는 연구를 통한 의미 있는 학문적인 활동이다. 이 장은 자료형 추론과 자료형 검사에 대한 부분은 이 책의 범위를 뛰어넘기 때문에 하지 않았다. 실제로 컴파일러 작성자는 철저하게 원시 언어의 자료형 시스템을 연구한 후에, 자료형 추론과 자료형 검사를 구현해야 한다. 이 장에서 포인터는 하나의 시작이다. 하지만, 실제 구현을 위해서는 더 많은 연구가 필요하다.

기타

자료형 시스템은 FORTRAN 컴파일러 이후로 프로그램 언어의 필수적인 부분이었다. 초기의 자료형 시스템은 기초적인 기계의 자원들을 반영했다. 그리고 곧 Algol 68과 Simula 67과 같은 언어의 자료형 시스템에서 의미 있는 추상화 수준이 나타나게 되었다. 자료형 시스템 이론은 중요한 이론들은 포함하는 언어의 줄기를 만들어 내면서 수십 년 동안 활발히 연구되어 왔다. 이러한 시스템은 Russell[43](다형성), CLU[239](추상적 자료형), Smalltalk [157](상속을 통한 하위 자료형), 그리고 ML[258](클래스 객체들과 같은 철저하고 완벽한 자료형의 처리)를 포함한다.

Cardelli는 자료형 시스템에 대한 훌륭한 총람을 작성했다[64]. APL 단체는 실행 시간 검사를 제거하기 위한 기술을 다룬 여러 편의 논문들은 작성했다[1, 32, 257, 331].

속성 문법은 컴퓨터 과학에서의 많은 개념들처럼, Knuth[218, 219]에 의해 처음 제안되었다. 속성 문법에 대한 연구는 평가기[193, 327], 순환 테스트(circularity testing)[327], 그리고 속성 문법의 애플리케이션[152, 287]에 대해 초점이 맞춰져 있었다. 속성 문법은 인텔의 80286을 위한 인텔 Pascal 컴파일러, Cornell 프로그램 합성기(Synthesizer)[286] 그리고 합성기 생성기[188, 288]를 포함하는 여러 성공적인 시스템을 기반으로 제공되었다.

애드 혹 구문 주도형 번역은 항상 실제 파서 개발의 한 부분이었다. Iron은 구문에 대한 서술로부터 파서의 동작을 분리하기 위해 구문 주도형 번역 뒤에 숨겨진 기본적인 개념들을 설명해 왔다. 의심할 여지없이 같은 개념이 구문 주도형 파서의 등장 전, 손으로 짜여진 앞선 파서에서도 사용되었다. 우리가 설명한 구문 주도형 동작을 작성하는 방식은 YACC에서 Johnson에 의해 소개되었다[195]. Gnu 프로젝트의 `bison`을 포함하여 더 많은 최신의 시스템이 같은 방식으로 진척되었다.

Chapter 5

중간 표현(IR)

| *Intermediate Representations*

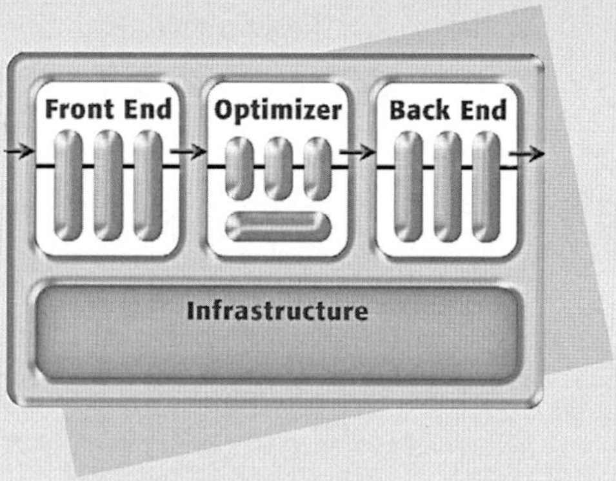

5.1 서론

앞 장들에서 공부했듯이, 컴파일러는 일련의 패스들로 조직되고 각각 패스들은 서로 다른 임무를 수행한다. 컴파일러의 이러한 구조(여러 패스들로 구성된 구조) 때문에 중간 표현이 필요하다. 그래서 분석 및 번역되는 코드를 나타내기 위해서 중간 표현 또는 IR(intermediate representation 또는 IR)이라고 하는 내부 양식을 사용한다. 대부분 패스들은 IR을 생성하고 소비하게 된다. 대부분의 컴파일러가 컴파일하는 동안 하나 이상의 IR을 사용하고, IR에는 코드 전반에 대한 주요하고 명백한 코드에 대한 표현이 나타난다.

IR을 제대로 사용할 수 있기 위해서는 IR이 컴파일 과정 중에 필요한 정보들을 모두 표현할 수 있어야 한다. 컴파일 과정에서, 컴파일러는 소스 코드로는 표현되어 있지 않은 정보 또한 사용하는데, 그 예로 변수의 주소와 프로시저를 들 수 있다. 일반적으로 컴파일러는 부가적인 정보가 기록된 표들의 집합을 가지고 IR을 확장할 수 있다. 그래서 부가 정보표들도 IR의 한 부분이라고 생각해야 한다.

알고리즘 설계에서 해결된 온라인 문제와 해결할 수 있는 오프라인 문제 사이에서 결정적인 차이가 발생한다. 일반적으로 컴파일러는 오프라인으로 작동하는데, 이는 코드를 번역하는 동안에 단독 패스가 아닌 다중 패스로 이루어진다는 것을 의미한다. 어떤 패스에서 정보를 모아, 나중에 사용되는 어떤 패스에서 그 정보를 사용하도록 컴파일러가 결정할 수 있다. 또한 다중 패스를 거쳐 생성된 코드는 좀 더 개선된 형태로 나타난다.

컴파일러 프로젝트에서 가장 중요한 일인 적절한 IR 선택은 원시 언어(source languages) 및 목표 기계들(target machines), 컴파일 동안에 나타나는 프로그램들의 속성들에 대한 이해가 우선적이다. 그래서 한 소스 코드를 다른 소스 코드로 번역하는 번역기(source-to-source translator)는 내부 정보가 소스 코드와 가까운 모습을 하고 있다. 이와 반대로, 마이크로컨트롤러 어셈블리 코드를 출력하는 컴파일러는 목표 기계의 명령어 집합(instruction set)에 가까운 저수준 형태의 내부 양식을 가지는 IR을 사용한다.

특정 IR 설계 시에는 컴파일러가 기록, 분석, 조작하는 정보의 종류들을 고려한다. C 컴파일러는 Perl 컴파일러에서는 필요하지 않는 포인터 값에 대한 부가 정보가 필요하고, 자바 컴파일러는 C 컴파일러에는 없는 클래스 계층 구조에 대한 정보가 필요하다.

또한, IR은 컴파일러가 자주 수행하는 연산 및 컴파일하는 동안 생기는 구조들을 간결하게 표현할 수 있는 방법을 제공해야 한다. IR은 사람, 특히 컴파일러 작성자가 프로그램을 쉽게 이해할 수 있고, 특정 부분을 직접 검사하는 메커니즘을 제공해야 한다. 결국, 컴파일러 작성자는 이러한 다양한 실제적인 사항들을 고려해 IR을 설계 구현해야 한다.

실제적인 사항들을 고려한 IR 설계에 대한 최종 목표를 컴파일러 작성자는 간과해선 안 된다. 그래서 IR은 깔끔하고 가독성을 가진 형식이어야 한다. 때때로, 구문은 가독성(readability)을 향상시키는 방향으로 추가될 수 있고, 그 예로써 ILOC 심볼의 ⇒ 을 보면, 심볼 ⇒ 은 판독기가 결과 값에서 피연산자를 분리하는 것을 돕는 것 이외에는 어떠한 것 목적도 지니지 않는다.

5.2 분류법

IR에 대한 생각을 체계화하면, IR 설계에는 두 개의 주축이 존재한다. 첫 번째 축은 구조적 조직(structural organization)에 대한 것이다. 크게 IR은 세 개의 범주로 나누어진다.

- *그래픽* IR은 그래프 알고리즘의 노드(node), 엣지(edge), 리스트(list) 그리고 트리(tree)로 정보를 표현한다. 3장에서 사용하는 파스 트리 구조가 바로 그래픽 IR이다.

- *선형* IR은 몇몇의 추상 기계를 위한 의사코드(pseudocode)와 비슷하다. 선형 알고리즘은 간단하고 선형적인 연산의 연속이다. 이 책 전체에서 사용되고 있는 ILOC 코드가 선형 IR의 한 형태이다.

- *하이브리드*(hybrid) IR은 두 종류 IR(구조적 IR 및 선형적 IR의 요소)의 장점을 결합한 것이다. 흔히 볼 수 있는 하이브리드 표현은 블록 사이 제어의 흐름을 나타내는 그래프와 직선적(straight-line) 코드를 나타내는 저수준의 선형 IR을 사용한다.

IR의 구조적 조직을 통해 컴파일러 작성자가 분석, 최적화, 코드 생성들에 대해 어떻게 생각하는지가 강하게 드러난다. 예를 들어, 트리모양 IR은 당연히 다양한 트리 탐색 동작을 포함하는 패스들이 나타나게 되고, 선형 IR은 모든 명령을 선형적으로 검사하는 연산을 포함하는 패스들이 나타나게 된다.

IR 분류법의 두 번째 축은 연산을 나타내는 추상(abstraction) 수준의 정도이다. 추상 수준이라는 것은 소스 코드 표현에 가까운 고수준 추상에서부터 목표 기계의 연산에 가까운 표현의 저수준 추상으로 분류할 수 있다.

추상 수준을 설명하기 위해선 컴파일러가 소스(source) 수준의 트리와 ILOC에서 A[i,j]에 대한 참조를 어떻게 나타내고 있는지를 각각 살펴보기로 하자. 여기서 A가 차수당 열개의 원소를 가진 2차원의 배열이라고 가정하자.

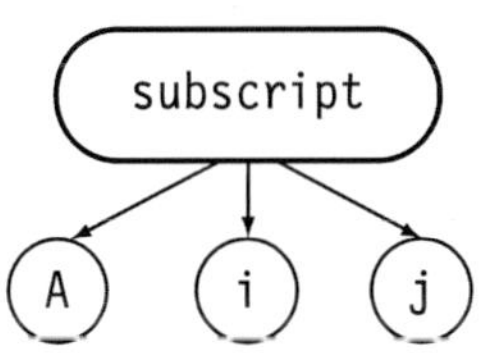

Source-Level Tree

```
loadI 1        ⇒ r1
sub   rj, r1   ⇒ r2
loadI 10       ⇒ r3
mult  r2, r3   ⇒ r4
sub   ri, r1   ⇒ r5
add   r4, r5   ⇒ r6
loadI @A       ⇒ r7
add   r7, r6   ⇒ r8
load  r8       ⇒ rAij
```

ILOC Code

소스 수준의 AST에서 컴파일러는 배열 참조에 대한 계산값을 쉽게 알 수 있다. 저수준 코드로 검토하면서, 우리는 잘 보이지 않는 간단한 사실을 발견했다. 두 가지 다른 참조가 같은 기억 장소에 접근할 때 컴파일러는 어떤 것이 더 좋은지 판단하게 되는데, 이것은 상위 수준의 추상이 가치 있다는 점을 증명한다. 대조적으로, 저수준 코드로 배열에 대한 참조를 인식하기란 쉽지 않다. 특히 IR이 프로시저의 한 부분에 해당하는 개별 이동 연산 또는 이동 연산들 모두를 제거하는 최적화에 영향을 받게 된다면, 저수준 코드로는 배열에 대한 참조값을 알기 힘들어진다. 반면에, 컴파일러가 배열의 주소 계산을 위해 코드 생성하도록 최적화하면, AST에서도 저수준 코드가 내재되어 있게 된다. 이러한 경우에, 결과적으로는 저수준의 추상이 주소 계산을 위한 더 효율적인 코드가 될 수 있다.

고수준의 추상이 트리 기반 IR의 고유 속성은 아니다. 고수준의 추상은 파스 트리 표기법에 내재되어 있다. 그러나 A[i,j] 주소 계산과 같은 저수준 표현 트리가 계산의 모든 세부사항을 나타내기 위해 많은 컴파일러에서 사용되고 있다. 마찬가지로, 선형 IR은 상대적으로 고수준의 구조들을 가지고 있을 수 있다. 예를 들면, 많은 선형 IR들이 단독 연산으로서 문자열을 문자열로 복사하여 부호화하는 바이트 복사 연산을 포함한다.

간단한 RISC 기계에서, 문자열 복사의 가장 좋은 인코딩 기법은 전체 레지스터 집합을 비우고 다중워드 저장 후에 다중워드 load를 수행하는 루프를 반복하는 것이다. 준비단계에서는 정렬과 중첩된 문자열의 특별한 경우에 대한 처리가 필요하다. 단독 IR 명령어로 복잡한 연산을 나타내기 위해서 컴파일러 작성자는 루프 밖으로 복사를 해서 최적화하기 쉽게 만들어야 한다. 컴파일의 마지막 단계에서, 복사를 하는 어떤 코드 대신에 복사를 수행하는 어떤 시스템 또는 라이브러리를 호출하는 코드로 단독 명령어를 확장한다.

IR을 생성하고 조작하는 비용이 컴파일러 속도에 직접적인 영향을 주기 때문에 컴파일러 작성자는 이를 고려해야 한다. 서로 다른 IR들의 자료 공간에 대한 요구들은 다양하게 변한다. 컴파일러가 일반적으로 할당되는 모든 공간에 접근할 수 있기 때문에, 자료 공간은 대개 실행 시간과 직접 연관성을 가지게 된다. 이 내용을 구체적으로 살펴보기 위해 라이스 대학에서 구축한 두 개의 다른 연구 시스템에 사용된 IR을 살펴보자.

- $\mathcal{R}^n$ 프로그래밍 환경은 FORTRAN을 위한 추상 구문 트리를 만들었다. 트리에 있는 각 노드는 92 바이트를 차지하고, 파서는 FORTRAN 소스 코드 한 줄당 평균적으로 11개의 노드들을 생성한다. FORTRAN 소스 코드 한 줄은 1,000 바이트 약간 넘는 크기이다.

- 우리 그룹에 의해 만들어진 연구 컴파일러는 IR로 ILOC를 사용한다. (이 책에서 사용된 ILOC IR은 일부분만 사용되었다.) ILOC 연산은 23에서 25까지 바이트를 사용한다. 컴파일러는 소스 코드 한 줄당 대략 평균적으로 15개의 ILOC 연산의 생성한다. 최적화로 소스 코드 한줄 당 3개 정도 연산을 줄일 수 있다.

결국, 컴파일러 작성자는 기록에 필요한 모든 정보들을 수용할 수 있는 적절한 IR을 설계하여야 한다. 즉, IR은 정적인 분석 결과와 이전 실행에 대한 프로파일 정보, 그리고 디버거에 필요한 정보 및 프로시저들을 포함할 수 있어야 한다. IR은 특정한 지점에서 연관되는 다른 것들과 분명한 연관성을 나타낼 수 있도록 표현하여야 한다.

5.3 그래픽 IR

많은 IR들이 번역된 코드를 그래프로 나타낸다. 개념적으로, 모든 그래픽 IR은 노드와 엣지로 구성된다. 그래픽 IR들의 차이는 그래프와 원시 언어 프로그램 사이 관계 및 그래프의 구조이다.

5.3.1 구문 관련 트리들

3장에서 본 파서 트리가 프로그램의 소스 코드 형태로 나타낸 그래프이다. 많은 컴파일러들이 소스 코드의 구문과 일치하는 트리 모양의 IR을 사용한다.

파스 트리(Parse Trees)

때론 *구문 트리(syntax tree)*라 불리는 *파스 트리*는 입력 프로그램에 대한 파싱 및 분석을 위한 그래픽 표현을 말한다. 그림 5.1의 좌측에는 문법을 그리고 우측에는 x × 2 + x × 2 × y에 대한 파스 트리를 나타낸 것이다. 파스 트리는 완성된 전개를 나타낸다. 각 노드마다 문법 심볼을 유도하여 완전히 유도된 파스 트리를 나타낸다. 컴파일러는 각 노드와 엣지를 메모리 할당을 하여, 모는 노드와 엣지를 몇 번에 거쳐 탐색할 것이다. 그래서 파스 트리를 줄이는 방법은 생각해 볼 만한 가치가 있다.

7.1절에서 설명된 문법에서 사소한 변환으로 몇몇 유도 단계와 몇몇 일치하는 구문 트리 노드를 제거할 수 있다. 더 효과적인 기법은 컴파일러의 사용 목적을 충족시키지 않는 노드를 추출해 내는 것이다. 이 방법으로 파스 트리를 좀 더 간단하게 할 수 있다.

파스 트리는 구문 분석이나 문법 시스템 속성을 검토하는 데 사용되는 주요 IR이다. 소스 수준 트리가 필요한 다른 애플리케이션에서 컴파일러 작성자는 좀 더 간결한 선택을 하는 경향이 있고, 이는 뒤에 나오는 세부 절에서 설명할 것이다.

추상 구문 트리(Abstract Syntax Tree)

추상 구문 트리(AST)는 파스 트리의 필수적인 구조는 유지하지만 관계없는 노드는 제거한다. 그

$$
\begin{array}{lcl}
Goal & \rightarrow & Expr \\
Expr & \rightarrow & Expr + Term \\
 & | & Expr - Term \\
 & | & Term \\
Term & \rightarrow & Term \times Factor \\
 & | & Term \div Factor \\
 & | & Factor \\
Factor & \rightarrow & (\ Expr\ ) \\
 & | & \texttt{num} \\
 & | & \texttt{ident}
\end{array}
$$

Classic Expression Grammar

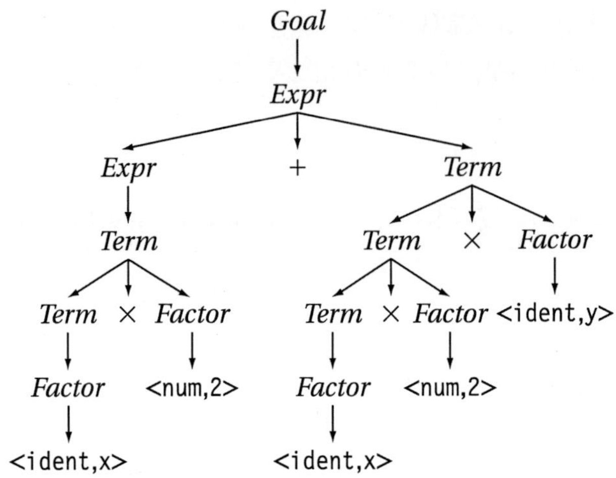

Parse Tree for x × 2 + x × 2 × y

그림 5.1 고전 표현 문법을 사용한 파스 트리

래서 표현에 선행과 의미는 남아 있지만 관계 없는 노드는 사라졌다.

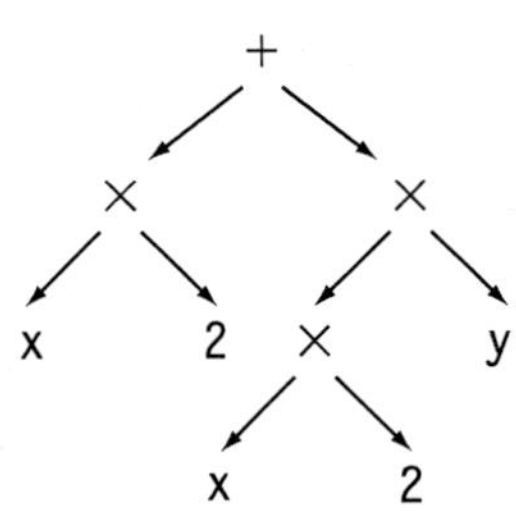

x × 2 + x × 2 × y를 위한 추상 구문 트리

AST는 소스 수준에 가까운 표현이다. 파스 트리와는 대충 일치하기 때문에, 파서에서 쉽게 만들 수 있다. 파서에 대한 설명은 4.4.2절을 참조하라.

AST는 많은 실제 컴파일러 시스템에 사용되었다. 한 소스를 또 다른 소스 코드로 바꾸는 시스템은 프로그래밍 환경과 자동화 병렬 도구를 포함해, 소스 코드가 쉽게 재생성될 수 있게 AST를 만든다. (이 과정을 흔히 프리티프린팅(prettyprinting)이라 부르며, 프리티프린팅은 AST를 검토하는 동안에 소스 원문을 재생성하는 것이다.) S-표현식은 Lisp와 Scheme 구현에 필수적인 AST이다.

AST가 소스 수준에 가까운 표현으로서 사용될 때에도, 선택된 특정 표현이나 사용된 추상에 문제가 발생할 수 있다. $\mathcal{R}^n$ 프로그램 환경에서 AST는 FORTRAN으로 (c1, c2)라고 쓰인 복소수 상수를 나타내기 위해, 왼쪽 아래 서브 트리를 사용한다. 프로그래머는 c1과 c2를 상호 독립적으로 변화시킬 수 있다. 노드(c1, c2) 짝(pair)은 괄호와 콤마로 대응된다. 이 선택은 문법 지시에 따라 잘 동작한다.

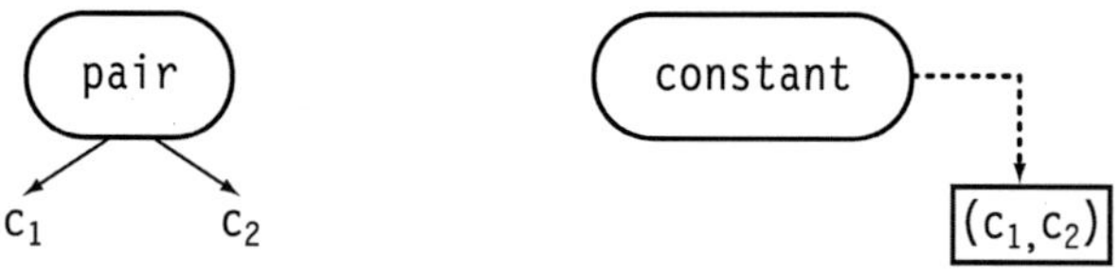

AST for Editing　　　　AST for Compiling

그러나 추상은 컴파일러로 해결하기 어려운 것임이 증명되었다. 상수를 다루는 컴파일러의 모든 부분에서 복소수 상수를 다루기 위한 특수 경우 코드를 포함할 필요가 있다. 다른 상수들은 표에 기록된 본문의 문자열에 대한 포인터를 포함한 단일 상수 노드를 모두 가지고 있다. 그림의 오른쪽에서처럼, 복잡한 상수에 대한 표현을 사용으로 컴파일러는 더 좋은 서비스를 할 수도 있다. 그래서 많은 특수 경우 코드를 제거함으로써 컴파일러를 간단하게 할 수 있다.

추상 구문 트리는 소스 수준의 정보를 나타내야 하는 시스템에 널리 사용하고 있다. 이것은 언어 기반 편집기 및 소스 코드를 다른 소스 코드로 바꾸는 번역기와 해석자를 포함한다. 많은 컴파일러가 AST를 IR로 사용한다. 컴파일러 출력 목표가 또 다른 프로그램 언어 출력이라면, AST가 상대적으로 고수준의 추상을 가진다. 어떤 목표 기계 어셈블리 코드를 생성시키는 컴파일러에서, AST의 최종 버전은 대개 기계 명령어 집합의 추상 수준의 이하이다.

방향성 비순환 그래프

AST가 구문 트리보다 더 간결한 반면, 원래의 소스 코드의 구조를 충실하게 보유하고 있다. 예를 들면, $x \times 2 + x \times 2 \times y$를 위한 AST는 $x \times 2$를 두 개로 표현한다. 이는 같은 의미를 지닌 하나의 표현으로 중복해서 사용할 수 있고, *방향성 비순환 그래프(DAG)*는 그래서 AST의 단축된 표현이 된다. DAG에서, 노드는 여러 부모를 가지고 있을 수 있고, 동일한 서브 트리는 재사용된다. 따라서 소스 코드 형태 모두를 지니는 AST보다 DAG은 더욱 작고 경제적이다.

할당 없는 표현식에서 동일한 표현은 동일한 값으로 만들어져야 한다. 그래서 $x \times 2 + x \times 2 + x \times y$와 같은 예를 보면, DAG은 $x \times 2$를 위해서 단지 하나의 노드 부분만을 사용한다.

저장 효율성과 그래픽 표현

많은 실제 시스템은 소스 원문 번역을 나타내기 위해 AST를 사용해 왔다. 시스템에서 입력 코드에 따른 상대적인 AST의 크기가 흔한 문제점으로 발생했다. 큰 자료 구조 때문에 처리할 수 있는 프로그램의 크기가 제한될 수 있기 때문이다.

1980년대 워크스테이션은 제한된 메모리 시스템을 지니고 있어서 $\mathcal{R}^n$ 프로그램 환경에서 AST 노드는 큰 문제가 되기 충분했다. 트리를 위한 디스크 I/O의 비용 때문에 $\mathcal{R}^n$ 도구 사용을 늦추게 된 것이다.

단 한 가지 문제만으로는 AST 크기로 인한 폭발을 초래하지는 않는다. 어떤 노드에 필요한 모든 필드를 포함하는 구조를 위해, $\mathcal{R}^n$은 한 종류 노드만을 가지는데, 이것은 단순한 할당이긴 하지만 노드 크기를 증가시키게 되었다. (즉, 노드 반이 잎(leaf)으로 구성되어 있는데 잎의 자식에 대한 어떤 포인터도 필요한 정보는 아니기 때문이다.) 다른 시스템에서는 노드가 컴파일러의 한 패스나 또 다른 부분에 의해 사용되는 무수히 작은 필드의 추가로 인해 크기가 커지게 된다. 가끔 노드는 새로운 특징과 패스가 추가되어 점점 크기가 증가한다.

AST의 내용과 형태를 주의 깊게 살펴보면 데이터 크기를 줄일 수 있다. 그것은 $\mathcal{R}^n$에서 몇 개의 필드를 합하고 몇 개를 제거하는 방법이다. 어떤 경우 트리를 읽거나 쓰는 것보다 정보를 재계산하는 데 더 오랜 연산을 수행할 수 있다. 몇 가지의 경우, 특수 경우를 기록하기 위해 연결 해시 기법을 사용하게 된다. 이는 해시 테이블에서 부가 정보를 읽어 정보가 존재하면 각 노드의 형을 한 비트를 차지하는 필드로 기록하게 된다. 사용이 빈번하지 않은 필드에 대한 할당은 피한다. 디스크에 AST를 기록하기 위해, 전위(preorder) 트리 탐색 방법으로 선형 표현으로 바꾸었다. 그래서 어떤 내부의 포인터도 기록할 필요가 없어졌다.

$\mathcal{R}^n$에서, 위 방법을 조합하여 대략 75퍼센트까지 메모리에 있는 AST의 크기를 감소시켰다. 포인터가 제거된 후 디스크 속 파일은 메모리 표현 크기가 약 절반 정도로 줄었다. 이 변화는 $\mathcal{R}^n$이 더 큰 프로그램을 다룰 수 있게 되었고, 좀 더 민감한 툴을 만들 수 있게 되었다.

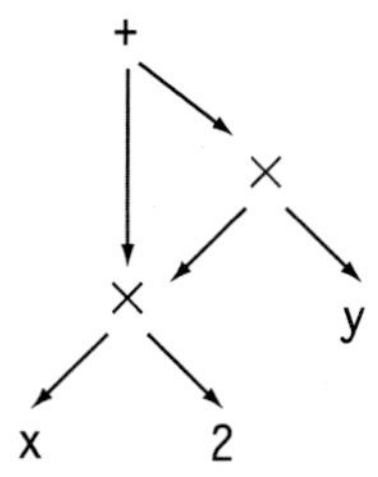

표현식에 대한 명백한 단서로 DAG 모양을 만든다. x의 값이 x × 2의 사용(use) 사이에 변화가 없다면, 컴파일러는 하위 트리(subtree)를 평가해서 같은 노드를 두 번 사용하는 코드를 생성시킬 수 있다. 이것은 전체 표현식을 좀 더 코드를 개선할 수 있다. 그러나 컴파일러는 서브트리에 x의 값이 변하지 않는다는 것을 증명해야 한다. 다른 프로시저에 대한 호출이나 할당을 포함하지 않은 표현식이라면, 이 증명은 쉬워진다. 할당이나 함수 호출로 변수의 값이 변하기 때문에, 피연산자의 값이 변할 때마다 DAG 생성을 무효화해야 한다. DAG 생성에 대해서는 8.3.1절에서 자세히 다룰 것이다.

DAG는 두 가지 이유로 실제 시스템에 사용되고 있다. 몇몇의 시스템에서는 DAG이 더 작은 메모리를 사용하고 그에 따른 이득을 보기 때문이다. 특히, 메모리 제한은 종종 컴파일러가 처리할 수 있는 프로그램의 크기를 제한하기도 하는데, DAG이 그러한 제한을 감소시키는 것을 도와준다. 다른 시스템은 잠재한 중복을 드러내기 위해 DAG를 사용하는데, 이때 좀 더 좋게 컴파일된 코드를 얻을 수 있다. 이러한 시스템에서는 DAG이 IR 형성 유도 과정에서 한정적으로 변형에 사용된 후 버려지는 경향이 있다.

추상의 수준

지금까지 예제에서 본 트리들은 모두 소스 코드와 비슷하게 표현되어 있었다. 또한, 트리는 저수준 세부 코드로 나타내는 데 사용될 수 있다. 사실, 최적화와 코드 생성을 위한 트리 기반 기술은 그런 세부적인 사항을 요구할 수 있다. w ← x − 2 × y를 예로써 살펴보자. 다음과 같이, 소스 수준의 AST 간결한 양식으로 문장을 표현한다.

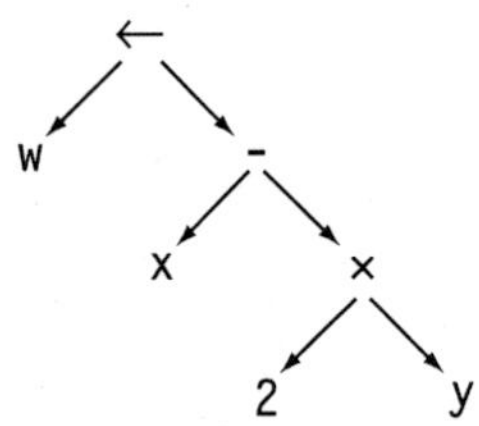

Source-Level AST

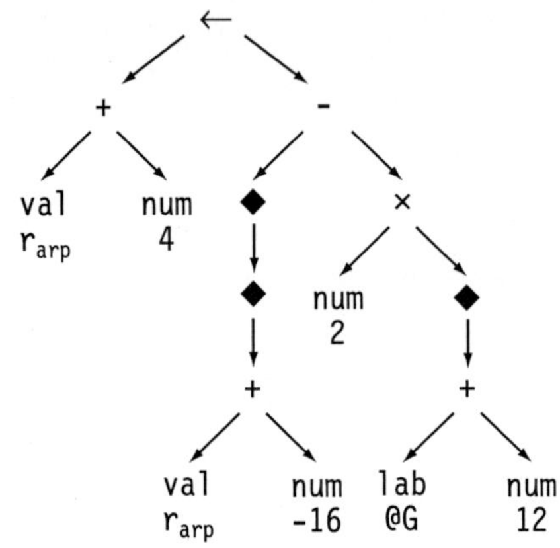

Low-Level AST

그러나 소스 수준 트리는 어셈블리 코드로 바꾸기에는 뭔가 부족한 점이 없지 않다. 그래서 오른쪽에 저수준 트리로 좀 더 세부적인 사항이 드러나게 만들 수 있다. 저수준 트리는 네 가지 새로운 노드형을 가지고 있다. `val` 노드는 이미 레지스터에 있는 값을 나타내고, num 노드는 잘 알고 있는 상수를 나타낸다. `lab` 노드는 어셈블리 코드 수준 라벨을 나타내는데, 일반적으로 재할당 심볼로 사용된다. 마지막으로, ◆는 역참조 값을 나타내는 연산자인데, 값을 메모리 주소로 취급하고 그 주소에서 그 메모리의 내용을 되돌려 주는 데 사용한다.

저수준 트리는 세 변수의 주소 계산을 나타낸다. w는 r_{arp} 포인터로부터 오프셋 4만큼 떨어진 곳에 저장된다. 여기서 r_{arp}는 현재 프로시저를 위한 자료 영역에 대한 포인터 값을 의미한다. y의 두 차례 역참조는 포인터를 통해 접근하는 명목 매개변수가 r_{arp}에서 16바이트 전에 저장되어 있는 참조 호출임을 보인다. 마지막으로, y는 라벨 @G 뒤 오프셋 12만큼 떨어진 곳에 저장된다.

할당의 좌측에 위치해 있기 때문에 w가 주소로 처리되는 것에 주목하라. 대조적으로 x와 y는 ◆ 연산자 때문에 값으로 처리된다.

5.3.2 그래프

트리가 파싱으로 발견되는 소스 코드의 문법적인 구조를 자연스럽게 표현하고 있는 반면, 고정된 구조는 프로그램의 다른 속성들을 나타내는 데 유용하지 못하다. 그래서 프로그램 동작 관점에 모델을 만들기 위해, 컴파일러는 종종 일반적인 그래프를 IR로 사용한다. 앞 절에 소개된 DAG은 그래픽 IR의 한 예이다.

제어 흐름 그래프

*제어 흐름 그래프(CFG)*는 프로그램에서 제어의 흐름을 나타낸다. CFG는 방향성을 가진 그래프 $G = (N, E)$이며, 각 노드 $n \in N$은 기본 블록(basic block)에 해당한다. 기본 블록은 항상 함께 수행되는 연산들을 말한다. 제어는 항상 기본 블록의 첫 번째 연산에 들어가서 마지막 연산에서 빠져나온다. 각 엣지 $e = (n_i, n_j) \in E$는 블록 n_i로부터 블록 n_j로 제어를 옮길 수 있는 것에 해당한다.

8장과 9장에서 프로그램 분석에 대한 이야기를 간단히 하기 위해, 각각의 CFG가 유일한 입구 노드 n_0, 그리고 유일한 출구 노드 n_f를 가지고 있다고 가정했다. 프로시저에 대한 CFG에서도 n_0은 그 프로시저 입구 지점에 해당하고 n_f는 그 프로시저 출구에 해당한다. 프로시저가 다중의 입구를 가지고 있다면, 컴파일러는 유일한 n_0을 끼워 넣을 수 있고 n_0으로부터 각각의 실제 입구 포인트까지 엣지를 추가할 수 있다. 다중의 출구는 다중의 입구보다 더 많이 존재하게 되지만, 컴파일러는 유일한 n_f를 더할 수 있고, 실제 출구를 하나씩 연결하는 것이다.

CFG는 실행 시간의 제어 흐름 경로를 그래픽 표현으로 제공한다. 그림 5.2는 두 가지(루프와 간단한 조건문) 예를 나타내고 있다. 이것은 AST와 같은 구문 지향 IR, 즉 엣지가 문법적인 구조를 보이는 IR과 다르다. 그래서 AST에서 비순환적이었던 *while* 루프가 CFG에서는 순환을 포함하게 된다. 예상했듯이, 조건문을 위한 CFG는 비순환적이다. 제어 형식은 $stmt_1$과 $stmt_2$에서 $stmt_3$로 항상 흐른다. AST는 연결에 대한 정보가 명시적이지 않고 내부에 함축되어 있다.

컴파일러는 일반적으로 다른 IR과 함께 CFG를 사용한다. CFG는 블록 간에 관계를 나타내는 반면, 표현식 수준의 AST, DAG, 선형적인 3-주소 코드와 같은 다른 IR을 사용해서 블록 안에 연산을 표현한다. 이를 조합한 하이브리드 IR이 사용될 수도 있다.

CFG 구현에 있어 상충 관계는 얼마나 각 블록이 포함하는 코드가 얼마나 많은지를 결정하는 것이다. 가장 흔한 두 가지 형태는 단일 문장 블록과 기본 블록이다. 단일 문장 블록은 때때로 분석과 최적화를 위한 단순화 알고리즘에 이용된다.

단일 문장 블록을 사용하는 것은 기본 블록을 사용하는 것보다 더 큰 CFG를 만든다. 많은 최적화와 코드 생성 기술들이 CFG에 노드와 엣지에 주석을 단다. 단일 문장 CFG가 더 많은 노드와 엣지를 가지고 있기 때문에, 블록을 새로 만들거나 복사하는 데 주석을 위한 공간과 시간 그리고 노력이 더 든다.

기본 블록을 사용하는 CFG는 단일 문장 CFG보다 더 적은 노드와 엣지를 가지고 있다. 단일 문장 블록에서는 중요치 않지만 기본 블록 모델에서는 컴파일러가 블록의 시작과 끝을 찾아내야 한다.[1] 이 모델은 주석을 위한 공간을 줄일 수 있다. 하지만 연산 및 주석 사용을 위한 알고리즘

[1] 일반적으로, 기본 블록은 라벨과 함께 시작하는데 그 이유는 여러 개의 경로로부터 실행될 수 있기 때문이다. 라벨이 있든 없든 프로시저에서 첫 번째 동작으로 블럭을 시작하는 것이다. 블록은 branch 또는 jump로 끝난다.

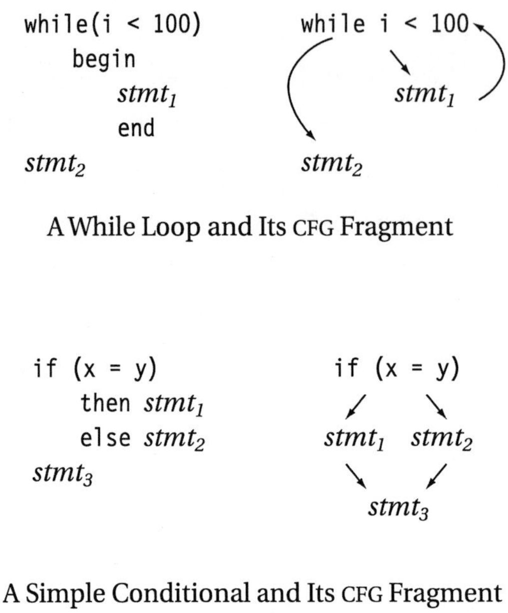

그림 5.2 CFG의 기본 구성

이 큰 블록 안에서 내부적으로 처리할 수 있도록 구성되어야 한다. 몇몇 설명은 블록 안에 특정 지점의 정보를 지정하기 위해 필요하다.

명시적 또는 암묵적으로 컴파일러에 많은 행동이 제어 흐름 그래프에 의존하게 된다. 최적화를 지원하기 위한 분석은 일반적으로 제어 흐름 분석과 CFG의 생성으로 시작된다(9장 참조). 명령어 스케줄링은 개개의 블록들이 서로 관련이 있을 때 어떻게 코드 스케줄을 해야 하는지 알기 위해 CFG가 필요하다(12장 참조). 글로벌 레지스터 할당은 레지스터와 메모리 간에 값을 이동시키는 연산의 위치 및 각 연산이 얼마나 자주 실행되는지 알기 위해 CFG가 필요하다.(13장)

의존성 그래프

컴파일러는 값이 새로 생성되는 지점인 *정의되는 지점(definition point)*에서부터 그 값이 사용되는 지점인 *사용 지점(use point)*까지의 값의 흐름을 파악하기 위해 그래프를 사용한다. *자료 의존성 그래프(data-dependence graph)*가 바로 이 관계를 나타낸다.

자료 의존성 그래프에서 노드는 연산을 나타낸다. 대부분의 연산이 새로운 값을 정의하고 값을 사용도 한다. 자료 의존성 그래프에서 엣지는 두 노드를 연결하는데, 다른 것에 의해 정의된 결과를 사용하는 것 중 하나이다. 정의부터 사용까지 흐름을 가지는 엣지로 의존성 그래프를 그린다.

```
1   loadAI   r_arp, @w ⇒ r_w
2   loadI    2        ⇒ r_2
3   loadAI   r_arp, @x ⇒ r_x
4   loadAI   r_arp, @y ⇒ r_y
5   loadAI   r_arp, @z ⇒ r_z
6   mult     r_w, r_2  ⇒ r_w
7   mult     r_w, r_x  ⇒ r_w
8   mult     r_w, r_y  ⇒ r_w
9   mult     r_w, r_z  ⇒ r_w
10  storeAI  r_w       ⇒ r_arp, 0
```

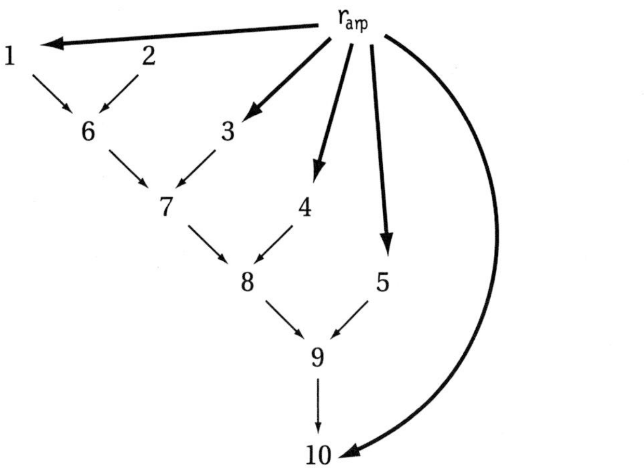

그림 5.3 ILOC 기본 블럭과 의존선 그래프

구체적으로, 그림 5.3은 그림 1.3에 자료 의존성 그래프를 추가하여 나타낸 것이다. 이 그래프에서 노드는 블록 안에 각 문장을 가리키고, 각각의 엣지는 단일값의 흐름을 나타낸다. 예를 들면, 3번 문장에서 정의된 r_x가 문장 7에서 사용되기에 3에서 7로 흐름을 반영하는 엣지가 있다. 굵은 글씨는 프로시저의 시작에 암묵적으로 정의되는 r_{arp}의 사용을 표시하고 있다.

그래프에 엣지는 값이 정의될 때까지 사용할 수 없는 값의 연산 순서는 실제 제한조건을 나타낸다. 그러나 의존성 그래프는 프로그램의 모든 제어 흐름을 잡아내지 못한다. 예를 들어, 1과 2가 6보다 먼저 와야만 한다. 그러나 1이나 2가 3보다 앞에 있어야 한다는 흐름은 나타나지 않는다. 〈1,2,3,4,5,6,7,8,9,10〉과 〈2,1,6,3,7,4,8,5,9,10〉가 포함된 코드에 나타난 의존성은 많은 실행 순서를 보존하게 된다. 이 부분 순서의 자유는 비순차실행(out-of-order) 프로세서에서 활용하는 것과 바로 일치한다.

더 높은 수준에서, 그림 5.4의 코드 조각을 생각해 보라. a[i]가 참조하는 것은 먼저 정의된 a를 나타내는 노드로부터 그 값을 유도하여 나타낸다. 이 연결은 모든 단일 노드를 통해 함께 사용할 수 있다. 첨자 표현에 대한 정교한 분석 과정이 없다면, 컴파일러는 개개의 배열 원소의 참조값을 구별할 수 없을 것이다.

이 의존성 그래프는 이전의 예보다 더 복잡하다. 5와 6번 노드는 자기 자신에 의존하는데, 이것은 이전의 반복에서 정의했을지도 모르는 값을 사용하기 때문이다. 6번 노드 예에서 초기 반복에 2번으로부터 i의 값을 알 수 있고, 다음 반복부터는 자기 자신으로부터 i의 값을 얻을 수 있다. 4, 5번 노드는 i 값에 대한 두 개의 다른 출처(2번과 6번 노드)를 가지고 있다.

특정 작업을 하는 동안 쓰이는 한정적인 IR로부터 IR 형성에 유도될 때까지 자료 의존성 그래프가 사용되고 그 이후 폐기된다. 자료 의존성 그래프는 명령어 스케줄링(instruction

```
1  x ← 0
2  i ← 1
3  while (i < 100)
4    if (a[i] > 0)
5       then x ← x + a[i]
6    i ← i + 1
7  print x
```

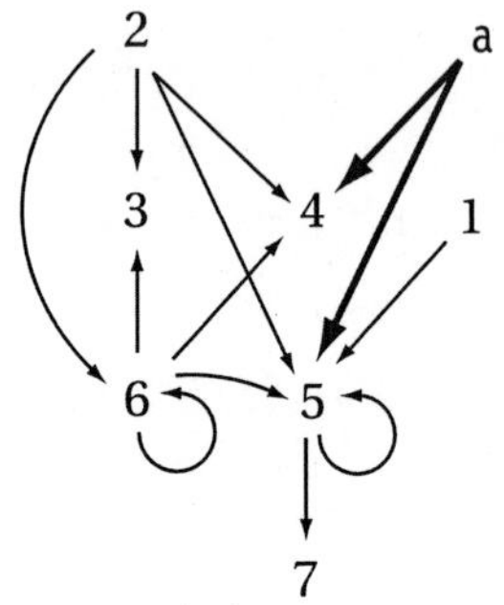

그림 5.4 CFG와 의존성 그래프의 상호작용

scheduling)에 중심적인 역할을 하는데, 이는 12장에서 설명할 것이다. 자료 의존성 그래프가 다양한 최적화에서 적용된 것을 발견할 수 있는데, 특히 병렬성을 늘리고 메모리 동작을 개선하기 위한 재순서 루프(reorder loop)로 변형을 들 수 있다. 배열로 더 정확히 접근하는 패턴을 결정하기 위해 일반적으로 배열의 첨자에 대한 정교한 분석을 요구한다. 자료 의존성 그래프의 더 정교한 적용으로, 컴파일러는 같은 배열이 겹쳐서 참조할 때, 배열 첨자값에 대해 확장된 분석을 수행하게 된다.

5.4 선형 IR

그래픽 IR의 대안으로 선형 IR이 있다. 어셈블리 언어 프로그램은 선형적인 코드의 형태이다. 선형 IR은 표현된 형태 순서로 명령어의 실행이 이루어진다. 명령어들은 하나 이상의 연산을 포함한다. 연산은 병렬적으로 실행되는 연산이다. 컴파일러에 사용된 선형 IR은 추상 기계를 위한 어셈블리 코드와 닮아 있다.

선형적인 형태를 사용하는 논리는 간단하다. 컴파일러 입력으로서 소스 코드는 선형적인 형태이고, 목표 기계 코드 또한 선형적으로 출력한다. 초기 여러 컴파일러에서는 선형적인 IR을 사용했는데, 어셈블리 코드로 프로그램 되었기 때문에 선형 IR은 컴파일러 제작자에게 자연스러운 표시법이었다.

선형 IR은 명확하고 유용한 일련의 연산에 대한 순서로 표현하도록 해야 한다. 예를 들어, 그림 5.3에 자료 의존성 그래프와 ILOC 코드를 대조해 보자. ILOC 코드는 암시적인 순서를 가지고 있고, 의존성 그래프는 많은 다른 실행 순서를 가능케하게 하는 부분적인 순서로 표현한다.

선형 IR이 컴파일러에서 한정적인 표현으로서 사용된다면, 그것은 프로그램에서의 포인트 사이에서 제어 이전을 위한 인코딩 메커니즘을 포함해야 한다. 선형 IR의 제어 흐름은 대개 목표 기계에 제어 흐름의 구현을 모델로 만든다. 그래서 선형적인 코드는 대개 조건 분기문과 점프문을 포함한다. 제어 흐름은 선형 IR에서 기본 블록으로 분리한다. 블록은 분기문과, 점프 또는 바로 전에 라벨된 연산으로 끝난다.

이 책의 전체에서 사용된 ILOC는 모든 블록의 끝에 분기문이나 점프를 포함한다. ILOC에서, 분기문 연산은 실행되는 경로와 실행되지 않는 경로에 대해 라벨을 명시하게 된다. 만약 블록의 끝에 어떤 실패한 경로가 나타난다면 그것은 제거된다. 전체적으로, 이 규정은 기본 블록을 발견하고 다시 정리하는 것을 좀 더 쉽게 만든다.

많은 종류의 선형 IR이 컴파일러에 사용되었는데, 몇몇의 아키텍처가 더 이상 사용되지 않기 때문에 몇몇은 폐기되었다. 1-주소 코드는 누산기 기계의 동작을 모델로 만들었다. 이 코드는 컴퓨터의 제한된 이름 공간 때문에 컴파일러가 코드를 맞출 수 있도록 할 수 있게 한다. 마찬가지로, 2-주소 코드는 피연산자와 연산의 결과를 위한 목적지 둘 모두를 하나의 인자로써 파괴적인 연산을 가진 기계에 맞도록 설계되었다. 2-주소 코드는 컴파일러는 파괴하는 한 피연산자나 목적지 둘 사이를 선택한 IR을 명시적으로 나타내고 있다. 새로운 컴퓨터가 이러한 명령 형식(1-주소, 2-주소 등)으로부터 멀어짐에 따라, 컴파일러는 부합하는 IR로 더 이상 이들을 쓰지 않는다.

이 절에서는 현대 컴파일러에서 사용되는 두개의 선형 IR을 설명하고 있다. 두 개의 IR은 스택 기계(stack-machine) 코드와 3-주소 코드이다. 스택 기계 코드는 간결하고 저장에 효율적인 표현을 제공한다. IR 크기 문제를 적용할 때, 실행하기 전에 네트워크를 통해 전송되는 자바 애플릿과 같은 코드를 보면 스택 기계 코드를 이해할 수 있다. 3-주소 코드는 현대 RISC 기계의 명령 형식으로 설계되었는데, 두 피연산자와 결과에 대해 다른 이름을 가지고 있다. 이미 3-주소 코드는 이미 익숙할 것이다. 이 책에 사용된 ILOC가 3-주소 코드이다.

5.4.1 스택 기계 코드

때때로 1-주소 코드로 불리는 스택 기계 코드는 피연산자 스택이 존재한다고 가정한다. 대부분의 연산은 스택으로부터 피연산자를 꺼낸 후 계산 결과를 스택에 다시 쌓는다. 예를 들어, 정수 뺄셈 연산은 스택에 맨 위의 두 원소를 꺼내서 그 차이를 구해 결과값을 스택에 다시 쌓는다. 이러한 스택 규칙은 새로운 몇몇의 연산에 있어 필요성이 있다. 스택 IR은 스택 맨 위의 두 원소를 서로 교환하는 교환(swap) 연산이 대개 포함된다. 몇몇 스택 기반 컴퓨터에서 만들어졌는데, 이 IR은 스택 기계를 위한 컴파일의 필요로 나타난 것처럼 보인다. 그림 5.5의 왼쪽 열은 1-주소 코드로 $x - 2 \times y$를 표현하고 있다.

Stack-Machine Code	Three-Address Code
push 2	$t_1 \leftarrow 2$
push y	$t_2 \leftarrow y$
multiply	$t_3 \leftarrow t_1 \times t_2$
push x	$t_4 \leftarrow x$
subtract	$t_5 \leftarrow t_4 - t_1$

그림 5.5 x – 2 × y를 위한 선형 표현

스택 기계 코드는 작고 경제적이다. 스택은 암시적인 이름 공간을 새로 만들고 IR로부터 많은 이름을 제거한다. 이것은 IR 형태로 프로그램의 크기를 줄인다. 그러나 스택을 사용하는 것은 코드가 메모리로 명백하게 옮겨지지 않는다면, 모든 결과와 인자들이 일시적이라는 것을 의미한다.

스택 기계 코드의 생성과 실행은 간단하다. Smalltalk 80 같은 언어 자바는 바이트코드를 사용한다. 바이트코드는 프로그램을 인코딩할 수 있는 추상적인 스택 기계 코드이다. 바이트코드는 목표 기계를 구현하는 해석자(interpreter)가 수행되었거나 실행에 앞서는 목표 기계 코드로 번역된 것을 말한다. 스택 기계 코드 기반은 프로그램의 배포와 해석자를 구현하는 새로운 목표 기계에 대한 언어를 이식하는 데 있어 간단하게 시스템을 구성할 수 있다.

5.4.2 3-주소 코드

3-주소 코드에서, 대부분의 연산은 두 개의 피연산자 (y와 z)와 하나의 연산자(op) 그리고 하나의 결과를 가진 x ← y op z 형태를 하고 있다. 즉시 적재량과 immediate load와 jump문과 같은 연산자는 더 적은 인자를 가질 것이고 3-주소보다 많은 인자를 가지는 연산도 있을 것이다. 그림 5.5에 오른쪽 끝 열에 나타난 x - 2 × y가 3-주소 코드로 나타낸 것이다.

3-주소 코드는 여러 이유 때문에 선호된다. 첫째로, 파괴적인 연산자의 부재로 이름과 값을 재사용함에 있어 컴파일러의 자유도가 커진다. 프로그램을 3-주소 코드로 번역하면서, 컴파일러는 그 다양한 연산의 결과를 가지는 이름-이름을 생성시켜 새로운 집합을 만들었다. 신중하게 선택된 이름 공간은 코드를 개선하기 위해 새로운 기회를 나타낼 수 있다. 둘째로, 3-주소 코드는 매우 간결하다. 대부분은 4개의 아이템(하나의 연산과 세 개의 이름)으로 구성된다. 연산과 이름 둘 모두 제한된 집합에서 얻을 수 있다. 연산은 일반적으로 1 또는 2 바이트를 요구한다. 이름은 정수나 테이블 색인에 의해 일반적으로 나타내는데, 어느 쪽의 경우에도, 4 바이트면 충분하다. 결국, 3-주소 코드가 그들의 속성을 잘 맞도록 설계되었기 때문에 많은 현대 프로세서가 3-주소

연산을 제공하고 있다.

3-주소 코드 안에서, 제시된 특정한 연산자의 집합과 추상 수준은 다양하게 변화할 수 있다. 종종, 3-주소 IR은 대부분의 저수준 연산(jump, branch 그리고 간단한 메모리 연산)과 함께 더 복잡한 연산(mvcl, max 또는 min과 같은 연산)을 포함할 것이다. 복잡한 연산을 표현하는 것은 IR을 좀 더 쉽게 효과적으로 분석하게 한다.

예를 들면, 문자들을 long으로 옮기는 명령어인 mvcl(mave characters long)은 원시 주소와 목적지 주소 그리고 문자 카운트를 이용한다. 이는 원시 주소부터 목적지 주소로 각 시작하는 곳에 대한 메모리에 문자들의 지정된 수를 복사한다. IBM 370과 같은 몇몇의 기계에서 단일 명령으로 mvcl 기능 구현하였다. (실제로 mvcl은 370의 opcode이다.) 하드웨어로 연산이 구현되지 않는 기계에서는 이러한 복사를 수행하기 위해 많은 연산을 필요하게 된다.

3-주소 코드에 mvcl을 추가로 컴파일러는 복잡한 연산도 간결하게 표현할 수 있다. 3-주소 코드는 컴파일러에게 분석, 최적화, 그리고 내부 작업에 관계하지 않는 이동 연산을 허용한다. 하드웨어가 mvcl 같은 연산을 지원한다면, 코드 생성 시 하드웨어 연산에 바로 대응되는 IR로 생성될 것이다. 하드웨어가 그렇지 않다면, 최종 최적화와 코드 생성 단계 전에 저수준 IR 연산들의 순서로 구성된 mvcl을 컴파일러가 생성할 수 있다.

5.4.3 선형 코드로 표현하기

많은 자료 구조들이 선형 IR을 사용하여 구현되어 왔다. 컴파일러 작성자는 IR 코드에 다양한 연산의 비용 영향을 선택해야 한다. 컴파일러가 코드의 IR 형태를 조작하는 데 대부분의 시간을 쓰기 때문에, 여기에 상당한 비용이 들었다. 3-주소 코드에 초점을 맞추었지만, 대부분의 포인트는 스택 기계 코드 또는 다른 선형 형태에도 동일하게 적용할 수 있다.

3-주소 코드는 종종 쿼드러플(quadruple)의 집합으로서 구현되는데, 각각 연산자, 두 피연산자(또는 소스), 그리고 목적지 등의 네 필드로 나타내어진다. 블럭을 구현하기 위하여 컴파일러는 개개의 쿼드러플을 연결하기 위해 메커니즘이 필요하다. 컴파일러는 쿼드러플을 다양한 방법으로 구현하고 있다.

그림 5.6은 그림 5.5를 가지고 3-주소 코드를 구현하는 세 가지 다른 방법들을 보여준다. 왼쪽에 있는 가장 간단한 방법은 각각의 기본 블록을 나타내기 위해 짧은 배열을 사용한다. 종종, 컴파일러 작성자는 CFG 노드 안에 있는 배열을 둔다. (이것은 하이브리드 IR의 대부분의 공통 형태가 될 것이다.) 가운데에 보이는 방법은 블록으로 쿼드러플을 블럭 안으로 무리짓기 위해 포인터 배열을 사용한다. 여기서 포인터 배열은 CFG 노드에 포함될 수도 있다. 마지막 오른쪽에 방법은 리스트를 형성하기 위해 쿼드러플을 함께 연결한 형태인데, 잇따라 일어나는 횡단에 대한

실제 사용하는 IR들

실제로, 컴파일러는 다양한 IR을 사용한다. IBM의 FORTRAN H 컴파일러는 최적화 때문에 코드를 나타내는데 쿼드러플(quadruple)과 제어 흐름 그래프를 사용했다. 이 컴파일러가 FORTRAN으로 작성되었기 때문에 3-주소 코드의 자료는 배열 구조였다.

휴대용 C 컴파일러인 PCC(Portable C Compiler)에 파서는 제어 구조를 위한 어셈블리 코드를 출력하고 표현식을 위한 저수준 트리를 생성하게 한다. 대부분의 시간이 표현식을 평가하는 데 보내진다는 가정하에 표현식 트리를 위한 코드 생성 작업은 신중히 해야 한다.

GCC는 오랫동안 신뢰해 온 레지스터 이전 언어(RTL)라는 아주 저수준 IR을 가지고 있다. RTL은 주소 계산과 스칼라 산술 연산의 세밀한 최적화에 아주 적합하게 설계되었다. 그러나 배열을 참조하는 것과 같은 경우, 고수준 메모리 최적화를 위해 필요한 추상화에서는 오히려 이해하기 어렵게 되어 있다. 이러한 문제점으로, GCC에서 사용하는 AST를 g++ 전위에 사용하면 몇몇 C++ 특정 최적화는 좀 더 일반적인 최적화 단계나 코드 생성 단계에서 RTL 형태 이전에 수행하여야 한다.

IBM PL.8 컴파일러는 저수준, IBM 801 프로세서의 명령어 집합에서 추상 수준을 약간 낮춘 선형 IR을 사용한다. 이것은 계산을 나중에 주소 모드 계산에 합할 수 있도록 하였다. 이 컴파일러는 여러 전위와 후위를 가지고 있는데 모두 같은 IR이다. HP PA-RISC 컴파일러가 비슷한 구조를 가지고 있다.

Open64 컴파일러, IA-64 아키텍처 공개 코드 컴파일러는 WHIRL이라고 불리는 다섯 개의 관련된 IR군을 사용한다. 파서 초기 번역으로 소스 수준의 WHIRL을 만든다. 실제 기계 코드의 추상 수준을 낮추어서, 컴파일러의 다음 단계에서 WHIRL 프로그램의 더 구체적인 사항을 알린다. 이는 원시 텍스트와 최적화와 코드 생성의 나중 단계를 위한 저수준 IR을 의존성 기반으로 변형하기 위해 컴파일러에게 소스 수준 AST를 사용하도록 한다.

접근을 제한하는 대신에 CFG 노드에 더 작은 저장 용량을 필요로 한다.

이 블록에 있는 코드를 재정리하는 데 필요한 비용을 고려해 보자. 첫 번째 연산은 레지스터로 상수를 적재한다. 대부분의 기계에서, 이것은 즉시 적재 연산으로 바로 번역된다. 두 번째와 네 번째 연산은 값이 이미 주 캐쉬에 있지 않으면 대부분의 기계가 멀티 사이클 delay를 초래할 수 있는 메모리로부터의 값을 load한다. Latency의 일부를 숨기기 위해 명령 스케줄러는 2의 immediate load 앞에 x와 y의 load 명령어를 이동시킨다.

간단한 배열에서는, 첫 번째 연산의 네 개 필드를 모두 저장한 후 y를 load해서 immediate load 앞에 이동시키고, 배열의 두 번째에서 첫 번째로 일치하는 필드를 복사하고, 배열의 두 번째 필드들은 immediate load를 위하여 저장된 값으로 덮어쓴다. 단지 포인터 값이 변화되어야 하는 것만을 제외하고, 포인터의 배열은 같은 3-단계 접근을 요구한다. 그래서 컴파일러는 즉시 적재해 포인터를 저장한다. 배열에서 첫 번째에 y의 load 포인터 복사를 하고 immediate load로 저장된 포인더를 가진 배열의 두 번째에 덮어쓴다. 연결 리스트에서는 연산은 리스트가 순환할 수 있도록 코드가 다음 포인더 상태를 저장해 두어야 하는 것 이외에는 비슷하다.

이제, IR의 첫 회가 생성될 때 frontend에서 일어나는 일을 생각해 보자. 간단한 배열 형태와 포인터 배열로, 컴파일러는 배열을 위한 크기를 선택해야 한다. 사실상, 배열의 크기라고 하면 블록에서 예상되는 쿼드러플의 수를 말한다. 컴파일러가 쿼드러플을 생성 시 배열을 채운다. 배열이 매우 크다면, 배열 방법은 공간을 낭비하게 된다. 배열에 저장 공간이 매우 작거나, 배열이 "너무 작다" 라는 내용이 확인되면 컴파일러는 더 큰 배열로 복사하여, 더 큰 새로운 것으로 재할당 해야 한다. 그러나 연결 리스트는 크기가 작은 문제를 피할 수 있다. 리스트를 확장하는 것으로 새로운 쿼드러플을 할당하고 리스트에 적절한 포인터를 설정하게 된다.

멀티 패스 컴파일러에서, 컴파일 과정의 다른 지점에 IR을 나타내기 위해 별개의 구현을 사용하는 것이 합리적이다. IR을 생성시키는 데 중심을 두는 전위에서는 연결 리스트가 전체적인 비용을 감소시키고 구현을 간단하게 할 수 있다. 연산의 재배열에 중심을 두는 명령 스케줄러에서는 배열로 구현하는 것이 더 합리적이다.

그림 5.6에 몇몇 정보가 빠져있다는 데 주의하자. 예를 들면, 라벨은 어떤 개개의 쿼드러플보다 블록의 속성을 지니기 때문에 그림에서 어떤 라벨도 보이지 않는다. 블록과 관련된 라벨의 리스트를 저장하는 것은 각각의 쿼드러플에 공간을 저장한다. 명시된 라벨이 단지 기본 블록에서의 첫 번째 연산으로 발생하는 속성을 또한 만들기도 하기 때문이다. 또 하나의 복잡함을 피하는

Target	*Op*	*Arg₁*	*Arg₂*
t_1	←	2	
t_2	←	y	
t_3	×	t_1	t_2
t_4	←	x	
t_5	-	t_4	t_3

Simple Array

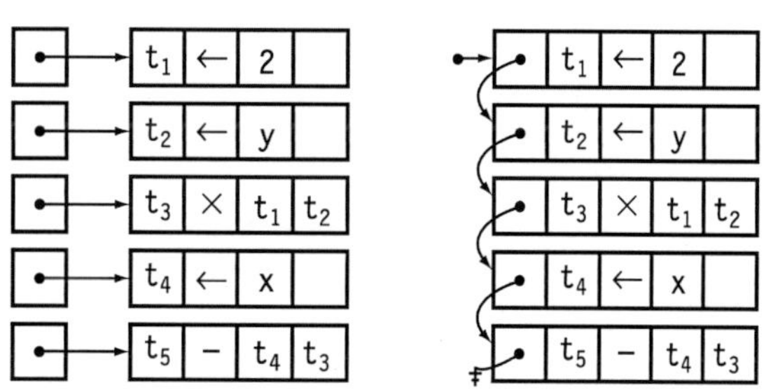

Array of Pointers Linked List

그림 5.6 3-주소 코드의 구현

데 블록에 붙여진 라벨을, 블록의 안에 연산을 재정리할 때 컴파일러에 의해 무시될 수 있다.

5.5 정적 단일 배정 형식(SSA)

프로그램의 *정적 단일 배정 형식(Static Single Assignment, SSA)*은 프로그램 문맥에 제어 흐름에 관한 자료 흐름 정보를 추가한다. SSA 형식은 정의에 대한 정보를 인코딩하고 코드의 이름 공간에서 사용한다. 각기 다른 이름은 단일 배정 형식인 코드 이름이고 단일 연산으로 정의된다. 단일 배정 불이익을 제어 흐름의 효과와 조화시키기 위해서, SSA 형식에 *ϕ-함수*라고 불리는 특별한 연산을 추가한다. 함수는 제어 흐름 경로가 만나는 지점에서 존재한다.

두 제한 조건이 만났을 때 프로그램은 SSA 형태에 있다. (1) 각각의 정의는 별개의 이름을 가진다. (2) 그리고 각각의 사용은 단일 정의를 참조한다. IR프로그램을 SSA 형식으로 바꾸기 위해, 컴파일러는 ϕ-함수를 서로 다른 제어 흐름 경로가 합쳐지는 지점에 삽입해야 한다. 그리고 변수의 이름을 바꾸고 단일 배정 속성을 지니도록 해야 한다.

이 규칙의 영향을 명백히 하기 위해, 그림 5.7의 왼쪽에 보이는 작은 루프를 살펴보자. 우측 열은 SSA 형식으로 나타낸 코드를 보여준다. 변수 이름에는 각각의 정의에 대해 서로 다른 이름으로 만들기 위해 첨자를 포함시킨다. ϕ-함수는 다중의 별개의 값이 블록의 시작에 닿을 수 있는 지점에 삽입되어 있다. 결국, 루프의 초기에 x_0을 시험하고, 루프의 끝에서 x_2를 시험하도록 반영하여 두개의 서로 다른 시험으로 코드가 재작성된다.

ϕ-함수는 특별한 방식으로 행동하는데, 제어가 블록에 들어간 엣지와 일치하는 인자값을 가진 목표 SSA 이름을 정의한다. 그래서 제어가 루프를 돌때 루프의 몸체 맨 위에서의 함수는 x_0와 y_0의 값을 x_1과 y_1으로 각각 복사한다. 루프 바닥에 시험으로부터 루프로 제어 흐름이 유입될 때 때, ϕ-함수는 인자, x_2 그리고 y_2를 선택한다.

어떤 다른 문장이 오기 전에, 기본 블록의 입구에서 모든 함수가 동시에 수행된다. 그래서 함수는 모든 적절한 인자의 값을 읽고 모든 목표 SSA 이름을 정의하게 된다. ϕ-함수의 동작 정의는 SSA 형식을 조작하는 알고리즘을 고려하는데 이 알고리즘은 블록 맨 위에 위치하는 함수들의 순서에 관계없이 조작하도록 하는 것이다. SSA 형식에서 실행 코드로 번역 과정은 복잡할 수 있다. 이것은 9.3.4절에서 좀 더 자세히 살펴볼 것이다.

SSA 형식은 코드 최적화에서 사용하기 위해 설계되었다. SSA 형식에 있는 ϕ-함수의 위치는 값의 흐름에 대한 정보를 가진 컴파일러에게 제공한다. 컴파일러는 생성된 코드의 질을 개선하

```
x ← ···
y ← ···
while(x < 100)
  x ← x + 1
  y ← y + x
```

Original Code

```
          x0 ← ···
          y0 ← ···
          if (x0 ≥ 100) goto next
loop:     x1 ← φ(x0,x2)
          y1 ← φ(y0,y2)
          x2 ← x1 + 1
          y2 ← y1 + x2
          if (x2 < 100) goto loop
next:     x3 ← φ(x0,x2)
          y3 ← φ(y0,y2)
```

Its SSA Form

그림 5.7 SSA에서의 작은 루프

기 위해 값의 흐름 정보를 사용할 수 있다. 이름 공간은 값의 존속 기간에 관계된 어떤 문제점도 제거하도록 한다. 각각의 값이 정확히 한 명령에서 정의되기 때문에, 그 명령으로부터 앞선 어떤 경로를 사용할 수 있다. 이 두 속성들이 많은 최적화 기술을 개선하고 단순화한다.

보기는 그동안 설명되지 않은 SSA 형식의 몇 가지 이상한 점들을 나타내고 있다. x_1을 정의하는 ϕ-함수를 고려해 보자. 첫 번째 인자 x_0는 루프에 선행하는 블록에서 정의된다. 두 번째 인자 x_2는 ϕ-함수를 포함하는 블록에서 나중에 정의된다. 그래서 ϕ 첫 번째 수행 때, 그것의 인자 중의 하나는 정의되지 않는다. 많은 프로그램 언어 문맥에서, 이것은 문제를 발생시킬 것이다. ϕ-함수가 단지 한 인자를 읽고, 인자는 CFG에서 가장 최근에 수행된 엣지와 일치한다. 그리고 정의되지 않은 변수는 절대 읽을 수 없다.

3-주소 SSA는 분명한 생성 알고리즘을 가지지 않는 유일한 IR이다. 9.3절에서 알고리즘을 좀 더 상세히 설명할 것이다. 그러나 생성 과정의 밑그림은 몇몇 문제점을 명확하게 한다. 입력 프로그램이 이미 ILOC 형태라고 가정하자. ILOC의 등가 형식으로 바꾸기 위해, 컴파일러는 첫 번째 ϕ-함수를 삽입해야 하고 그런 후 ILOC 가상 레지스터로 이름을 바꾼다.

함수를 삽입하는 가장 간단한 방법은 제어 흐름 그래프에 하나 이상의 조상을 가진 각 기본 블록의 시작 지점에 각 ILOC 가상 레지스터를 추가하는 것이다. 이것은 많은 불필요한 ϕ-함수를 삽입한다. 완전한 알고리즘에서 대부분의 복잡함은 외부의 ϕ-함수의 수를 감소시키는 데 도움이 된다.

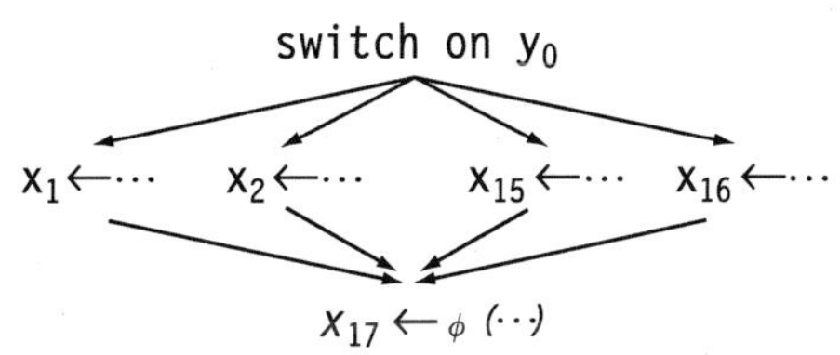

x_{17}을 위한 ϕ-함수는 각각의 경우에 대한 한 인자를 가지고 있어야 한다. ϕ 연산은 제어 흐름 경

SSA 만들기

SSA 형식은 분명한 생성 알고리즘을 가지지 않는 유일한 IR이다. 9.3절에서 알고리즘을 좀 더 상세히 설명할 것이다. 그러나 생성 과정의 밑그림은 문제점 몇몇을 명확하게 한다. 입력 프로그램이 이미 ILOC 형태라고 가정하자. ILOC의 등가 형식으로 바꾸기 위해, 컴파일러는 첫 번째 함수를 삽입해야 하고 그 후 ILOC 가상 레지스터로 이름을 바꾼다.

ϕ-함수를 삽입하는 가장 간단한 방법은 제어 흐름 그래프에 하나 이상의 조상을 가진 각 기본 블록의 시작 지점에 각 ILOC 가상 레지스터를 추가하는 것이다. 이것은 많은 불필요한 ϕ-함수를 삽입한다. 완전한 알고리즘에서 대부분의 복잡함은 외부의 ϕ-함수의 수를 감소시키는 데 도움이 된다.

ILOC 가상 레지스터에 이름을 바꾸기 위해, 컴파일러는 depth-first order로 블록을 처리할 수 있다. 각각의 가상 레지스터를 위해, 컴파일러는 카운터를 유지시킨다. 컴파일러가 r_i의 정의와 만날 때, r_i의 카운터를 증가시킨다. k로 말하면 r_i의 정의를 또 다른 곳에서 만났을 때까지 이름은 r_{i_k}로 될 것이다. 정의가 늘어나면 다음 카운터는 k+1이다. 블록의 끝에서, 컴파일러가 각 제어 흐름 엣지를 내려 보고 조상을 가진 각 블록에 r_i를 위해 적절한 ϕ-함수 매개변수를 재작성한다.

이름을 바꾼 후에 코드는 SSA 형식의 두 규칙을 따른다. 각각의 정의는 유일한 이름을 새로 만들게 되는데 각각은 하나의 정의를 참조하게 된다. 더 좋은 SSA 건설 알고리즘이 존재하는데, 간단한 접근법에 비해 더 적은 ϕ-함수를 삽입하는 것이다.

로에 들어가는 한 인자를 가지고 있어야 하는데, 고정 차원인 3-주소 기법과는 어울리지 않는다.

3-주소에 대한 간단한 배열 표현에서, 컴파일러 작성자는 ϕ 연산에 대해 다중의 배열을 사용하거나 ϕ-함수의 인자를 가지기 위해 보조 자료 구조를 사용해야 한다. 그림 5.6에 나타난 두 다른 기법에서, 컴파일러는 크기를 변화시키는 항(tuple)을 삽입할 수 있다. 예를 들어, 연산을 위한 항은 임의의 이름의 수만큼 될 수 있기 때문에 즉치 적재와 적재를 위한 항은 두 개의 이름에 대한 공간을 확보해야 한다.

5.6 이름에 값 할당하기

특정 IR의 선택과 추상의 수준은 컴파일러가 연산을 조작 및 최적화를 할 수 있는지 여부를 결정하는 데 도움을 준다. 예를 들면, 소스 수준 AST는 배열 x에 대한 모든 참조를 쉽게 찾을 수 있도록 한다. 동시에, 소스 수준의 AST는 x의 원소에 접근하기 위한 주소 계산의 세부사항을 숨긴다. 이와 반대로, ILOC와 같은 저수준 선형 IR은 x에 관련된 정확한 주소를 알 수는 없으나 주소 계산에 대한 자세한 표현을 나타내고 있다. 이 결과는 잘 알려져 있는 결과이다.

실행하는 동안 계산되는 값으로 내부 이름을 할당하는 규칙의 선택은 비슷한 결과를 가지게 된다. 이름을 생성하고 조작하는 데 주의를 기울이면, 최적화에 중요한 기회로 된다. 이 쟁점을 무시하는 것 이 같은 기회를 감추게 되는 것이다. 구체적으로 그림 5.8(a)에 나타난 짧은 블록을 살펴보자.

표현식의 각 피연산자는 표현식 평가 결과값이다. 블록은 이름 공간 {a, b, c, d}를 가지고 있다. 이름의 선택은 한 이름에게 다중의 값을 할당하는 것이다. 블록의 시작점에서, 우리는 b, c 그리고 d가 정의되었음을 추정할 수 있다. 첫 번째 문장에서의 b는 세 번째 문장에서 b와 다른 값을 참조하고 있다. 즉 c와 d는 같지 않다. 문장 2와 3에 이름 b의 재사용은 컴파일러로 어떠한 정보도 전달되지 않는다. 사실, b의 재사용은 우연하게 이 코드는 a와 c의 값을 같은 값으로 설정되었다는 잘못된 생각을 할 수 있다.

(a) Source Code	(b) Using Source Names	(c) Using Value Names
	$t_1 \leftarrow b$	$t_1 \leftarrow b$
	$t_2 \leftarrow c$	$t_2 \leftarrow c$
	$t_3 \leftarrow t_1 + t_2$	$t_3 \leftarrow t_1 + t_2$
	$a \leftarrow t_3$	$a \leftarrow t_3$
	$t_4 \leftarrow d$	$t_4 \leftarrow d$
	$t_1 \leftarrow t_3 - t_4$	$t_5 \leftarrow t_3 - t_4$
	$b \leftarrow t_1$	$b \leftarrow t_5$
$a \leftarrow b + c$	$t_2 \leftarrow t_1 + t_2$	$t_6 \leftarrow t_5 + t_2$
$b \leftarrow a - d$	$c \leftarrow t_2$	$c \leftarrow t_6$
$c \leftarrow b + c$	$t_4 \leftarrow t_3 - t_4$	$t_5 \leftarrow t_3 - t_4$
$d \leftarrow a - d$	$d \leftarrow t_4$	$d \leftarrow t_5$

그림 5.8 이름 짓기에 따른 다른 번역의 결과

블록이 같은 값으로 명확히 b와 d를 설정한다 해도, 두 번째와 네 번째 문장을 보자. 문장 1, 3과 마찬가지로, 할당 오른쪽의 표현식은 원문과 동일하다. 문장 2와 4에서는 같은 값을 사용하고, 문장 1과 3에서 같은 값을 사용하지 않는다.

프로그램의 IR 형식은 소스 버전보다 더 많은 세부항목을 포함하고 있다. 세부항목은 입력 프로그램을 분석하여 IR로 번역할 때 나타나는 것이다. 예에서 4줄의 소스가 번역되어 다른 방법으로 표현될 때 다양한 수가 될 수 있다. 그림 5.8(b)와 (c)을 보면, (b)는 소스의 이름 따르는 반면에 (c)는 계산된 값으로 새로운 이름으로 할당한다.

이름을 생성시키는 방법으로 컴파일러는 최적화 기회를 발견할 수도 있다. 그림 5.8(b)는 더 적은 레지스터를 사용하지만, 같은 계산 결과를 만들어 혼란을 줄 수 있다. 그림 5.8(c)는 더 많은 레지스터를 사용하지만 원문의 표현과 같은 결과를 내는 속성이 있다. 이름 짓는 규칙으로, 코드는 a와 c가 다른 값을 받은 것이 명백한 반면, b와 d는 서로 같은 값을 받고 있다.

5.6.1 임시값 이름 짓기

소스 코드를 IR으로 번역하는 데 있어, 컴파일러는 많은 중간 결과를 위한 이름을 만들어 내야 한다. 이름 공간의 선택은 놀랍게도 컴파일러의 동작에 강한 영향을 미친다. 값에 이름을 대응시키는 전략은 크게 보면 어떤 계산이 분석되고 최적화되어야 하는지를 결정하기도 한다.

다시 초기의 배열 참조(A[i,j])의 예를 살펴보자. 이 두 IR 조각은 매우 다른 추상 수준으로 같은 계산을 나타내고 있다.

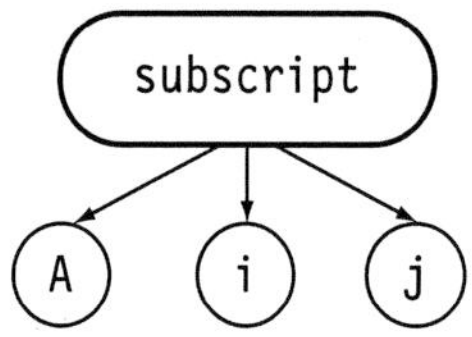

Source-Level Tree

```
load   1        ⇒ r1
sub    rj, r1   ⇒ r2
loadI  10       ⇒ r3
mult   r2, r3   ⇒ r4
sub    ri, r1   ⇒ r5
add    r4, r5   ⇒ r6
loadI  @A       ⇒ r7
add    r7, r6   ⇒ r8
load   r8       ⇒ rAij
```

ILOC Code

저수준 IR은 컴파일러에 더 많은 세부사항을 알려준다. 이 세부사항은 AST로부터 추론될 수 있고 코드로 생성될 수 있다. A[i,j]에 대한 각각의 참조를 AST에서 직접 번역을 하면, 실행 가능하고 문맥 독립적인 같은 코드를 생산할 것이다.

저수준 IR에 각각 중간 결과는 자기 자신의 이름을 가지고 있다. 다른 이름의 사용은 분석과

이름 짓기의 영향

1980년대 후반에, 우리는 FORTRAN 최적화 컴파일러를 만들었다. 우리는 frontend에 다른 이름 짓는 기법을 여러 번 시도했다. 첫 번째 버전은 다음 레지스터 카운터로 올려서 각 계산에 새로운 임시 레지스터를 생성시켰다. 이것은 큰 이름 공간을 차지했다. 예를 들면, FORTRAN의 210줄을 singular value decompositon(SVD)의 단일 값 분해 구현으로 985개의 이름을 가지게 되었다. 이름 공간은 프로그램 크기를 크게 하였다. 이름 공간의 크기는 많은 자료 구조의 크기를 지배하기 때문에, 이 기법은 레지스터 할당자의 속도와 공간 문제를 발생시켰다. (지금 우리는 더 많은 메모리와 더 좋은 자료 구조 및 더 빠른 기계를 가지고 있지만 그 당시에는 그렇지 못했다.)

두 번째 버전은 이름을 보존하기 위해 간단한 할당/해방(allocate/free) 프로토콜을 사용했다. 전위에 사용 요구가 있을 때 임시로 할당을 하고, 사용이 끝나는 즉시 공간을 비운다. 이 방법은 더 작은 이름 공간을 만들었다. 예를 들어, SVD는 대략 60개의 이름을 사용했다. 또한 할당에 성능을 증가시키게 되었다. 예를 들어, 살아 있는 변수를 찾음으로써 SVD를 60퍼센트까지 중요한 자료 흐름 문제를 해결하는 시간을 감소시켰다.

불행하게도, 하나의 임시 이름을 가진 다중의 표현식과 연관시키는 것은 자료의 흐름 파악을 어렵게 했고 최적화 또한 좋지 않게 만들었다. 좋지 않은 코드로 만듦으로써 어떤 컴파일 시간의 이익은 나타나지 않게 되었다.

더 진행된 실험으로 이름 공간에 대한 성장을 완화시켰으나 강력한 최적화는 양보해야 했다.

1. 각 본문의 표현식은 해시 테이블에 연산자와 피연산자의 입력에 의해 결정되기 때문에 유일한 이름을 가진다. 예를 들면, r17+r21은 한 표현식만 존재하여 같은 레지스터로 할당되도록 한다.

2. <op> r_i, $r_j \Rightarrow r_k$에서 k는 i, j<k가 되도록 할당한다.

3. j가 스칼라 프로그램 변수와 일치할 때 레지스터 복사 연산(ILOC에서 i2i $r_i \Rightarrow r_j$)은 i>j값을 갖게 한다. 그런 변수와 일치하는 가상의 레지스터는 단지 move 연산에 의해 활성된다. 표현식은 실제 레지스터로 할당된 후 변수로 이동시킨다.

4. 메모리로 저장이 발생할 때마다(ILOC에서 store $r_i \Rightarrow r_j$), r_i에서 변수의 가상

이름 짓기의 영향(The Impact of Naming)

레지스터로 복사된다. 그 위치에서 적재는 항상 같은 레지스터를 할당하도록 규칙 1을 통해 알 수 있다. 이 규칙은 메모리 위치가 갱신될 때마다 변수의 레지스터가 갱신된다는 것을 알려준다.

이름 공간 기법으로 SVD에 대한 이름을 약 90개 사용하게 되었다. 그러나 첫 번째 이름 공간 기법으로 모든 최적화를 찾을 수 있었다. 컴파일러는 우리가 자기 자신의 이름을 짓는 규칙을 가진 SSA 형식을 채택하기 전까지 이 규칙을 사용해 왔다.

변형에 결과가 나타나게 된다. 실제로 컴파일러가 최적화할 수 있는 개선의 대부분은 문맥을 이용하는 것이다. 개선을 가능하게 하기 위해 IR을 문맥에 맞도록 해야 한다. 다른 값으로 이름을 재사용할 때에는 이름 짓기는 문맥을 숨길 수 있다. 반대로, 값과 이름이 일치할 때 이름 짓는 것이 문맥에 나타날 수 있다. 이 쟁점은 선형적인 코드 속성이 아니다. 컴파일러는 더 저수준의 AST를 사용하여 전체 주소 계산을 나타낼 수 있다.

이름 짓기는 SSA형식의 중요한 부분이다. SSA 형식은 코드에 의해 계산된 모든 값(프로그램 변수나 임시 중간값)의 이름을 생성시키는 것에 엄격한 규칙을 적용한다. 일정한 처리는 분석과 개선의 정밀 검사에 많은 세부사항을 나타낸다. 그 처리에서 어디에서 값이 생성되었는지에 다한 정보를 인코딩한다. 이 방법은 동일한 프로그램 변수가 재정의 될지라도, 값에 대해 “영구적인” 이름을 제공한다. SSA 이름 공간을 사용함으로써 분석과 최적화의 결과를 개선할 수 있다.

5.6.2 메모리 모델

임시값을 이름 짓는 메커니즘이 프로그램의 IR에 나타낼 수 있는 정보에 영향을 줄 수 있듯이, 각각의 값의 저장 위치를 선택하는 방법도 IR이 나타낼 수 있는 정보에 영향을 줄 수 있다. 코드 안에 계산된 각각의 값에 대해, 그 값이 위치를 컴파일러가 결정해야 한다. 코드가 실행되기 위해, 컴파일러는 레지스터 r_{13}이나 라벨 L0089로부터의 16바이트 떨어진 곳과 같이 특정한 위치를 지정해 주어야 한다. 그러나 코드 생성의 최종적인 단계 이전에 컴파일러는 메모리 계층 수준을 특정 위치의 레지스터나 메모리가 아닌 심볼 주소로 인코딩하여 사용할 수 있다.

이 책 전체에서 사용된 ILOC예로 살펴보자. 심볼 메모리 주소는 @ 문자가 접두사로 앞에 붙어서 표시된다. 그래서 @x는 x가 포함된 저장 영역의 시작부터 x의 오프셋만큼을 의미한다. r_{arp}

가 활성화 기록 포인터를 가지고 있기 때문에, 주소를 계산하기 위해 @x와 r_{arp}을 사용하는 연산은 현재 프로시저의 활성화 기록을 위한 메모리 예약에서 변수 x를 저장하는 결정에 암묵적으로 의존한다.

일반적으로 컴파일러는 두 메모리 모델 중 하나로 작동한다.

1. *레지스터에서 레지스터로 할당하는 모델(Register-to-Register Model)* 이 모델에서는 실제 레지스터의 개수 제한을 무시하고, 적극적으로 레지스터에 값을 보관한다. 레지스터에 보관된 변수 등의 생존시간 동안에 대부분 계속 유지될 수 있다. 프로그램에서 메모리로 옮겨야 할 경우가 발생할 때에만 메모리에 값을 저장한다. 예를 들면, 프로시저 호출에서 매개변수를 통해 전달된 주소값이 지역 변수의 메모리에 저장되는 것을 들 수 있다. 생존시간 동안에 레지스터에 저장될 수 없는 값은 메모리에 저장된다. 컴파일러는 레지스터의 값이 쓰일 때에 적재하는 코드와, 값이 갱신되었을 때 저장하는 코드를 매번 생성시켜야 한다.

2. *메모리에서 메모리로 할당하는 모델(Memory-to-Memory Model)* 이 모델에서는 컴파일러가 모든 값을 메모리에 저장한다는 것을 가정한다. 값이 사용되기 위해서는 값이 사용되기 직전에 메모리에서 레지스터로 값을 이동시킨다. 값이 새로 정의되었다면 값의 정의 이후에 레지스터에서 메모리로 값을 이동시킨다. 이 모델은 레지스터에서 레지스터로 할당하는 모델보다 IR 코드의 크기를 더 작게 만들 수 있다. 또한 메모리 연산 등이 포함되어 이를 수행하는 시스템에 더욱 효과적이다.

메모리 모델의 선택은 IR의 선택에 대개 직교한다. 즉, 컴파일러 작성자가 레지스터에서 레지스터로 할당하는 IR을 메모리에서 메모리로 할당하는 IR로 쉽게 만들 수 있다는 뜻이다. (다만 누산기를 위한 코드인 스택 기계 코드는 독특한 기억 모델을 포함하고 있기 때문에 예외사항이다.)

메모리 모델의 선택은 컴파일러의 나머지 부분에도 영향을 미친다. 레지스터에서 레지스터로 할당하는 모델로, 일반적으로 컴파일러는 목표 기계가 지원하는 것보다 더 많은 레지스터를 사용한다. 그래서 레지스터 할당자는 목표 기계가 제공하는 실제 레지스터를 IR 프로그램에서 사용한 가상 기계에 대응시켜야 한다. 이것은 종종 load, 저장, 복사 연산을 끼워 넣어야 하기 때문에 코드의 크기를 키우고 속도를 느리게 한다. 그러나 메모리에서 메모리로 할당하는 모델을 사용하면, 일반적으로 요즘 프로세서가 제공하는 것보다 더 적은 레지스터를 사용한다. 여기에서, 레지스터 할당자는 단위 시간보다 오래 레지스터에 값을 저장하기 위해 레지스터에 메모리 기반 값을 찾는다. 이 모델에서 할당자는 적재와 저장을 제거함으로써 코드를 더 빠르고 더 작게 만들 수 있다.

ILOC 9x에서의 메모리 연산 계층

이 책에서 사용된 ILOC는 라이스 대학(Rice University)에서 연구 컴파일러 프로젝트로 사용되었던 ILOC 9x로 명명된 IR에서 추출한 것이다. ILOC 9x는 컴파일러가 값에 대한 정보를 인코딩하여 사용하는 메모리 연산의 계층을 포함한다. 메모리 계층의 바닥에서, 컴파일러는 값에 대한 정보가 없거나 거의 가지고 있지 않는다. 그러나 계층의 꼭대기에서는 컴파일러는 실제 값을 알고 있다. 이 연산은 다음과 같다.

연산	의미
immediate load	레지스터로 알고 있는 상수 값을 load한다.
nonvarying load	실행하는 동안 변하지 않는 값을 load한다. 컴파일러는 그 값을 알지 못하지만 프로그램 연산에 의해 정의되지 않는다고 증명할 수 있다.
스칼라 load & store	스칼라 값(배열의 원소, 구조체의 원소, 포인터 기반값이 아닌 값)을 연산한다.
일반적인 load & store	배열의 원소, 구조체의 원소, 포인터 기반값도 될 수 있는 값을 연산한다. 이것은 범용적인 연산이다.

이러한 계층의 사용으로, 전위는 직접 9x 코드로 목표값에 대한 정보를 인코딩 할 수 있다. 다른 패스가 부가 정보를 알았을 때, 범용 적재를 사용하는 것에서부터 좀 더 제한적인 형식으로 값을 변화시키는 연산으로 재작성할 수 있다. 만약 컴파일러가 몇몇의 값이 알려진 상수라는 것을 알게 된다면, 일반적인 load나 immediate load 값의 스칼라 load로 대체할 수 있다. 정의와 그 사용에 대한 분석으로 몇몇의 위치가 어떤 실행 가능한 저장 연산에 의해 정의될 수 없다는 것을 알게 된다면, 값의 load는 nonvarying load를 사용하기 위해 재작성 될 수 있다.

최적화는 이 방식으로 인코딩 된 정보를 이용할 수 있다. 예를 들면, nonvarying load의 결과와 상수의 비교는 그 자체로는 변하지 않는다. 사실은 스칼라 load나 일반 load를 증명하는 것은 어렵거나 불가능할지도 모른다.

RISC 기계 컴파일러는 두 가지 이유로 레지스터에서 레지스터로 할당되는 모델을 주로 사용한다. 첫 번째 이유는 레지스터에서 레지스터로 할당하는 모델은 좀 더 RISC 구조의 프로그래밍 모델을 반영하고 있다는 점이다. RISC 기계는 암시적으로 레지스터에 값이 보관되어 있다고 가정하기 때문에 메모리 이동 연산에 필요한 모든 것을 가지고 있진 않다. 두 번째 이유는 레지스터에서 레지스터로 할당하는 모델은 중간 유도되는 IR을 IR에 컴파일러가 직접 인코딩하는 것을 허용한다는 것이다. 컴파일러가 레지스터 값을 유지하고 있다는 것을 모두 알고 있기 때문에 레지스터 값에 보관하는 것이 안전하다는 것이 증명된다.[2] IR에 인코딩하지 않으면, 컴파일러는 다시 그것을 증명할 필요가 있을 것이다.

5.7 심볼 테이블

번역의 한 부분으로써 컴파일러가 조작하는 다양한 요소에 대한 정보를 찾는다. 그 부분은 많은 다른 종류의 정보들을 발견하고 저장해야 한다. 그 정보에는 변수, 정의된 상수, 프로시저, 함수, 라벨, 구조체, 파일 등의 다양한 이름으로 구성되어 있다. 이전의 언급되었듯이 컴파일러 또한 많은 이름을 생성시킨다. 변수는 자료 유형과 저장소 클래스가 필요하다. 저장소 클래스는 메모리의 오프셋과 기본 주소, 이름과 절차 선언의 수준을 포함하고 있다. 배열은 차수와 위, 아래 범위 지정이 필요하다. 구조체 또는 레코드는, 각 필드에 대한 관련 정보와 함께 필드의 리스트가 필요하다. 함수와 프로시저는 매개변수와 그들의 자료형, 반환값과 반환값의 자료형이 필요하다. 좀 더 세밀한 번역으로 프로시저가 어떤 변수를 참조할 수 있거나 수정할 수 있는지에 대한 정보를 살펴볼 수 있다.

컴파일러는 IR에 이러한 정보를 기록해 두거나 요청이 있을 때 다시 그 정보를 탐색한다. 대부분의 컴파일러는 효율성을 위해 다시 그 정보를 찾지 않고 정보를 기록해 둔다.[3] 그 정보들을 IR에 직접 기록할 수 있다. AST를 만드는 컴파일러로 예를 들면, 각각의 변수 선언을 나타내는

[2] 만약 컴파일러가 단 하나의 값에 접근한다는 것을 증명할 수 있으면, 그 값은 레지스터에 저장할 수 있다. 만약 여러 이름이 존재한다면, 컴파일러는 반드시 보수적으로 판단하여 그 값을 메모리에 저장해야 한다. 예를 들어, 지역 변수 x가 다른 Scope에서 사용되지 않는다면, 레지스터에 저장할 수 있다. Nested scope를 지원하는 Pascal, Ada와 같은 언어에서는 이러한 변수가 내포된 프로시저에 사용될 수 있다. C언어에서도 프로그램이 &x로 x의 주소를 접근한다면 이러한 상황이 일어날 수 있다. Algol이나 PL/I에서는 call-by-reference로서 다른 프로시저에 x의 주소를 전달한다.

[3] 이러한 경우에 한 가지 예외는 IR을 외부저장 장면에 기억해 둘 때 발생한다. 이러한 I/O 사용은 계산보다 훨씬 느리며, 정보를 읽어들일 때 IR에 관련된 작업을 끝내야 한다. 어떠한 정보에서는 외부 미디어에 정보를 쓰거나 읽는 것보다 재계산함으로써 비용을 줄일 수 있다.

노드에 주석(또는 속성)으로 변수에 대한 정보를 기록하는 것이다. 이 접근의 장점은 컴파일 과정에서 하나의 표현을 사용한다는 것이다. 그래서 일관성이 있는 접근법과 단일 구현을 제공한다. 이 접근의 단점은 단일 접근법이 비효율적일 수 있다는 것이다. 즉, 적절한 선언을 발견하기 위해 AST를 탐색해야 하기 때문이다. 이 비효율성을 제거하기 위한 방법은 컴파일러에 각각의 참조를 일치하는 선언과 연결되도록 IR을 구성하는 것이다. 그러나 이것은 IR 공간을 늘리고 IR 생성자에 오버헤드를 증가시키게 된다.

4장에서 살펴본 대안은 정보 저장을 위한 중앙 저장소를 만들고 저장소에 효율적으로 접근하는 방법을 지원하는 것이다. 심볼 테이블이라고 불리는 중앙 저장소가 컴파일러 IR의 중요한 역할을 할 것이다. 심볼 테이블은 소스 코드의 잠재적으로 먼 부분부터 정보를 찾아낸다. 심볼 테이블은 정보를 쉽고 능률적으로 사용하게 할 수 있으며 컴파일러의 변수 참조에 대한 디자인과 구현을 간단하게 한다. 심볼 테이블은 자주 사용하는 것을 IR에 직접적으로 나타낼 필요가 없기 때문에 컴파일러가 변수 선언 부분을 찾기 위한 IR 탐색 시간을 줄일 수 있다. 심볼 테이블은 본문의 이름을 저장된 정보로 대응시키므로, 심볼 테이블은 선언에 포인터가 포함된 각각의 참조로 생기는 오버헤드도 제거할 수 있다. 그래서 어떤 면에서 심볼 테이블은 간단하여 효율을 망치기도 한다.

이 책에 많은 부분에서 “심볼 테이블”을 언급하고 있다. 7.4절에서 조금 다르고 특별한 심볼 테이블도 설명될 것이다. 모든 심볼 테이블을 같은 접근 방법을 사용하도록 주의 깊게 구현해야 한다.

심볼 테이블 구현에는 세밀한 주의가 필요하다. 거의 모든 번역 과정이 심볼 테이블을 참조하기 때문에, 접근 효율이 매우 중요하다. 번역을 하기 전에 컴파일러는 컴파일 과정에서 생기는 이름의 수를 예측할 수 없기 때문에, 심볼 테이블 확장 방법은 효율적이며 훌륭한 것이다. 이 절에서는 심볼 테이블 설계 시 발생하는 논점들에 대해서 고수준의 처리법을 기술하고 있다. 심볼 테이블의 설계 및 사용은 컴파일러 특화성에 맞추어져 있는데, 더 자세한 세부 설계 및 구현에 대한 내용은 부록 B에 B.4절에 나타나 있다.

5.7.1 해시 테이블

심볼 테이블 설계에 있어 중요한 논점은 효율성이다. 컴파일러는 그 테이블에 빈번하게 접근할 것이다. 상수 시간의 탐색을 제공한다. 이유로 해시 테이블은 심볼 테이블을 구현하기에 적합한 방법이다. 또한 해시 테이블은 개념적으로 매우 세련된 방법이다. 이름을 작은 정수로 대응시키는 *h*라는 *해시 함수(hash function)*를 사용하는 해시 테이블은 테이블을 검색하기 위해 작은 정수를 사용한다. 해시로 구현된 심볼 테이블은 슬롯 $h(n)$에 이름 n에 대한 모든 정보를 저장한다.

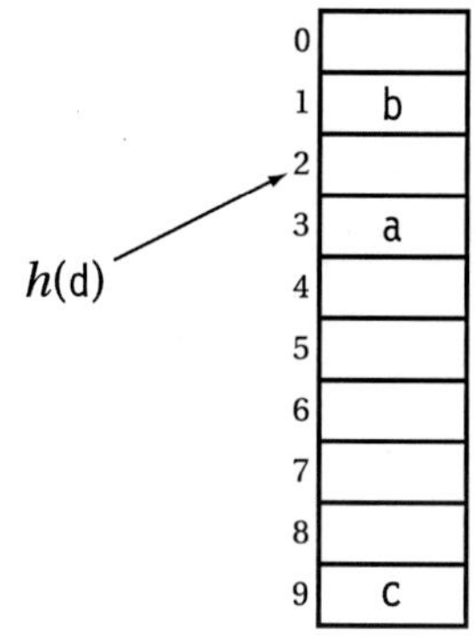

그림 5.9 해시 테이블 구현의 기본 개념

그림 5.9는 간단한 10개의 슬롯을 가진 해시 테이블을 나타내고 있다. 그것은 벡터 형식의 레코드이고, 각 레코드 하나는 단일 이름의 컴파일러로 생성된 정보를 저장하고 있다. a, b, c가 이미 삽입이 되어 있고, d가 $h(\text{d}) = 2$에 의해서 2번 슬롯에 삽입될 것이다.

해시 테이블을 사용하는 주요한 이유는 본문에 있는 이름을 키로 사용하여 상수 시간 탐색할 수 있기 때문이다. 이것을 달성하기 위해 h는 경제적인 연산이어야 한다. 해시 테이블은 테이블을 검색하거나 기록하기 위해 n개의 레코드를 접근하는 함수 $h(n)$이 주어지게 된다. 만약 h가 두 개 이상의 같은 작은 정수로 대응된다면 충돌이 발생하게 된다.(그림 5.9에서 $h(\text{d}) = 3$ 이 그것이다.) 정보와 탐색 시간을 유지하려면 해시 구현은 매우 잘 구성되어야 한다. 이 절에서는 h가 완전하다고 가정하기 때문에 충돌을 발생시키지 않는다. 또한 컴파일러가 미리 테이블을 충분히 크게 만들었다고 가정하고 있다. 부록 B.4절에서 해시 함수, 충돌 처리, 해시 테이블 확장법 등을 포함한 해시 테이블 구현 사항에 대한 좀 더 자세한 설명을 하게 될 것이다.

해시 테이블은 때때로 산재하는 그래프에 효율적인 표현이다. x와 y 두 개 노드가 있을 때, x에서 y로 가는 것을 가리키는 엣지 xy라는 키를 갖는다. 실제로는 작은 정수 쌍으로 구성되어 있고, 이에 대한 자세한 설명은 부록 B.4절에 나타나 있다. 잘 구현된 해시 테이블은 빠른 삽입 및 특정한 엣지가 존재하는 것을 판단하게 한다. 또한 "x에 근접 노드는 무엇인가?" 와 같은 문제에 응답을 하기 위하여 추가적인 정보가 필요하다.

5.7.2 심볼 테이블 만들기

심볼 테이블은 컴파일러의 나머지 두 개의 인터페이스 루틴을 정의한다.

1. *LookUp(name)* 만약 이름이 존재한다면 테이블 *h(name)*에 저장된 기록을 반환하고,

그렇지 않으면 이름이 찾지 못한 값을 반환한다.

2. *Insert(name, record)* 테이블 *h(name)*의 record에 정보를 저장한다. *name*을 위해 레코드를 수용하도록 테이블을 확장할 수도 있다.

컴파일러는 *LookUp*과 *Insert*에 대해 분리된 함수를 사용할 수 있다. 이름을 삽입할 수 있도록 명시하는 플래그를 *LookUp*에 전달함으로써 두 함수를 결합할 수 있다. 위의 예는 변수가 사용

해싱의 대안

해시 기법은 컴파일러의 심볼 테이블로 구성하기 위한 가장 널리 사용되는 방법이다. 다중 집합(multiset) 구별은 최악의 경우 행동에 대한 어떤 가능성을 제거하는 흥미 있는 대안이다. 다중 집합 구별법의 중요한 이해는 스캐너에 색인(index)이 오프라인이 될 수 있다는 것이다.

심볼 테이블에 다중 집합 구별을 사용하려면, 컴파일러 작성자는 스캐닝을 위한 다른 접근법을 취해야 한다. 증가하는 입력을 처리하는 대신에, 컴파일러는 식별자(identifier)의 완전한 집합을 찾기 위해 전체 프로그램을 스캔한다. 컴파일러가 각각의 식별자를 발견할 때, <*name*, *position*> 항을 만든다. 여기서 *name*이 식별자의 원문이고 위치는 식별자의 서수 위치를 나타낸다. 모든 항을 큰 집합에 입력한다.

다음의 단계는 집합을 사전순으로 정렬시킨다. 사실상, 이것은 식별자당 한 무리의 부분집합을 만든다. 이 부분집합의 각각은 식별자의 모든 사건을 항으로 유지한다. 각각의 항은 특정한 토큰을 참조하기 때문에, 컴파일러는 위치 값을 통해 토큰 스트림을 재작성하여 정렬된 집합으로 사용할 수 있다. 집합을 선형적으로 스캔하는 것은, 각 부분집합 심볼 테이블 색인을 할당한 후 색인을 포함한 토큰을 재작성하게 된다. 이것은 그들의 심볼 테이블 색인으로 식별자 토큰을 증가시킨다. 컴파일러가 본문 탐색 함수를 필요로 한다면 결과 테이블은 이진 탐색을 위해 알파벳 순서로 정렬된다.

사전순 정렬의 비용 때문에, 이 기법을 사용 대가로 토큰 스크림에 대한 추가 패스를 지녀야 한다는 것이다. 복잡도 관점에서 이점은 해시의 최악의 경우 동작의 어떤 가능성을 피할 수 있고 파싱하기 전에도 심볼 테이블의 원래 크기를 분명하게 알 수 있다는 것이다. 이 기법은 오프라인 방법이 동작하는 대부분의 분야에서 해시 테이블을 대체시킬 수 있다.

될 때 미리 선언되어 있어야 하는 규칙을 위반한 것을 찾는 데 유용하게 사용되는 속성이다. 즉, 선언되지 않은 변수를 찾는 *LookUp*은 실패한다는 것을 알 수 있다.

이 간단한 인터페이스는 4장에 설명된 에드 혹 구문 주도형 번역 기법과 잘 맞다. 선언 구문론을 처리하는데, 컴파일러가 각각의 변수 속성의 집합을 만든다는 것이다. 몇몇의 변수 선언에 대한 생산을 파서가 인식할 때, 컴파일러는 *Insert*를 사용하는 심볼 테이블에 이름과 속성을 입력할 수 있다. 변수 이름이 하나의 선언만으로 나타낼 수 있다면, 파서는 그 이름의 반복 사용되는 것에 첫 번째를 찾기 위해 *LookUp*을 부를 수 있다. 파서가 선언 구문 밖에서 변수의 이름과 만났을 때, 파서는 심볼 테이블로부터 적절한 정보를 얻기 위해 *LookUp*을 사용한다. 선언되지 않은 이름에서 *LookUp*은 실패하게 된다. 물론, 컴파일러 작성가는 테이블을 초기화하고, 저장하고, 그리고 외부의 매개체로부터 테이블을 검색하고, 마무리 짓는 함수를 추가할 필요가 있을지도 모른다. 단일 이름 공간을 가진 언어에서는, 이 인터페이스로 충분하다.

5.7.3 내포된 스코프 다루기

단지 하나의 단일화된 이름 공간을 제공하는 프로그램 언어는 거의 없다. 일반적으로, 언어는 다중 수준의 이름을 선언하는 것을 허용한다. 각 수준은 *스코프(scope)* 또는 이름이 사용될 수 있는 프로그램의 텍스트에 영역을 가지고 있다. 각 수준은 *지속 시간(lifetime)* 또는 이름이 값을 가지고 있는 프로그램의 실행 기간을 가지고 있다.

원시 언어가 스코프 안에 또 다른 것이 존재의 중첩을 허용한다면, frontend는 적당한 스코프와 지속 기간에 *x*와 같은 참조를 번역하는 메커니즘을 필요로 한다. 컴파일러가 이 번역을 수행하기 위해 사용하는 주요한 메커니즘은 스코핑된 심볼 테이블이다.

이 토의의 목적을 위하여 프로그램이 다른 것의 내부에 내포된 스코프의 임의의 숫자를 새로 만들 수 있다고 가정한다. 6.3.1절까지 어휘의 스코프에 대한 것은 뒤로 미룰 것이다. 그러나 대부분의 프로그래머는 이 토의를 위한 개념 충분한 경험을 가지고 있을 것이다. 그림 5.10은 다섯 개의 다른 스코프를 만드는 C 프로그램을 보여주고 있다. 그들 사이에 내포 관계를 나타내는 수를 가지고 스코프에 라벨을 붙일 것이고, 그 수준의 스코프는 가장 바깥은 *0*으로, 가장 안쪽은 *3*의 수준으로 나타난다.

그림의 오른쪽에 있는 테이블은 각각의 스코프로 선언된 이름을 나타내고 있다. 수준 *2a*에 *b*의 선언은 블록의 안에서 수준 *2a*를 만드는 어떤 코드로부터 수준 1에서의 선언을 숨기게 된다. 수준 *2b*의 안에서, *b*로의 참조는 다시 수준 1의 매개변수를 참조하고, 비슷한 방법으로 수준 *2b*에 *a*와 *x* 선언은 초기 선언들(각각 수준 1과 0)을 숨기게 된다.

이 문맥은 할당문이 실행되는 이름 짓는 환경을 생성시킨다. 아래에 언급된 할당문으로 수준

```
static int w;       /* level 0 */
int x;

void example(int a, int b) {
  int c;            /* level 1 */
  {
    int b, z;       /* level 2a */
      ...
  }
  {
    int a, x;       /* level 2b */
      ...
      {
        int c, x; /* level 3 */
        b = a + b + c + w;
      }
  }
}
```

Level	Names
0	w, x, example
1	a, b, c
2a	b, z
2b	a, x
3	c, x

그림 5.10 C에서 간단한 구문적 스코프의 예

을 나타내기 위한 첨자를 지정하는 것을 살펴보도록 하자.

$$b_1 = a_{2b} + b_1 + c_3 + w_0$$

블록이 수준 *2b*가 열리기 전에 닫히기 때문에, 할당이 수준 *2a*에 선언된 이름을 사용할 수 없다는 것에 유의해라.

내포된 스코프를 포함하는 프로그램은 컴파일러가 각각의 변수 참조를 특정한 선언으로 대응시켜야 한다. *이름 분석(name resolution)*이라 불리는 이 과정은 각각의 참조를 선언되는 어휘의 수준으로 대응시킨다. 컴파일러가 이 이름 분석을 위해 사용하는 메커니즘은 어휘적으로 스코핑된 심볼 테이블이다. 설계와 구현에 대해서 뒷부분에 기술하였다. 참조의 어휘 수준을 주소로 바꾸는 실행 시간에 수행되는 메커니즘은 6.5.2절에 설명할 것이다. 스코핑된 심볼 테이블은 또한 코드 최적화 안에 직접적인 애플리케이션을 가지고 있다. 예를 들면, 8.5.1절에 설명될 수퍼로컬(superlocal) 번호를 붙이는 알고리즘의 효율은 스코핑된 해시 테이블에 의존한다.

개념

내포된 스코프를 관리하기 위해선 파서의 심볼 테이블 접근부가 약간 바뀌어야 한다. 파서는 매번 새로운 어휘 스코프에 들어가 보아야 한다. 왜냐하면 파서가 해당 스코프에 대한 새로운 심볼 테이블을 만들려 하기 때문이다. 파서는 현재 스코프에 선언이 있음을 발견할 때엔 현재 테이블

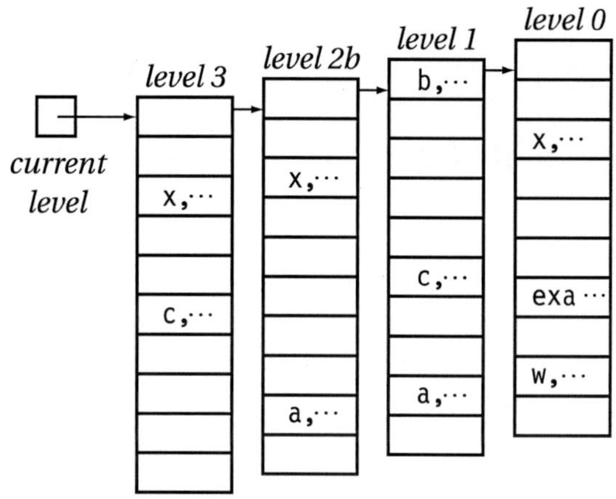

그림 5.11 간단한 "Sheaf-of-Tables"의 구현

에 정보를 입력한다. 그리고 *Insert*은 현재의 심볼 테이블에서 이루어진다. 마찬가지로 파서가 변수 참조를 발견하면, 탐색(LookUp)은 현재 스코프의 테이블부터 먼저 검사한다. 현재 테이블에 이름 선언을 나타나지 않으면, 그 주변의 스코프에 대한 테이블을 검사한다. 현재 스코프에서 선언이 보이지 않으면 더 낮은 어휘 수준을 검사해 가장 최근에 선언된 이름을 찾는다면 성공이고 가장 바깥 스코프까지 검색해서 찾아내지 못한다면 실패이다.

그림 5.11의 예제 프로그램을 이 과정으로 살피면 파서가 할당문에 도달하여 심볼 테이블을 생성하는 것을 보여주고 있다. 컴파일러가 이름 b를 위해 수정된 *LookUp* 기능을 호출하면, 수준 *3*에서는 검색을 실패하고 수준 *2*에 또한 실패하다가 수준 *1*에서 그 이름을 발견할 것이다. 수준 *1*에 b의 가장 최신 선언의 매개변수가 있기 때문에 위의 결과가 프로그램의 이해와도 정확히 일치하는 것이다. 이미 닫혀진 *2a*블록을 가지고 있기 때문에 수준 *2*에서의 첫 번째 블록부터 심볼 테이블은 탐색 사슬에는 놓이지 않는다. 이 경우 b의 심볼이 발견된 수준은 첫 번째 주소 부분을 형성할 수 있다. 각 변수를 위한 저장소 오프셋을 쌍으로 심볼 테이블에 기록한다면 이때 변수 b의 위치를 나타내기 위하여 *<level, offset>*으로 표시하고 이때 *offset*은 *level* 스코프의 저장소 시작 주소부터의 위치를 나타낸다. 우리는 이것을 b의 정적 좌표라 부른다.

세부 사항

이 기법을 다루기 위해서 두 가지 추가적인 신호가 요구된다. 컴파일러는 스코프를 위해 새로운 심볼 테이블을 초기화하고 테이블 완결(finalize)을 호출하도록 해야 한다.

1. *InitializeScope( )* 현재의 수준을 증가시키고 그 수준에 새로운 심볼 테이블을 만든다.

이 함수는 이전 수준의 새로운 테이블에 연결시키고 *LookUp*과 *Insert*에 의해 사용된 현재의 수준의 포인터를 갱신한다.

2. *FinalzeScope( )* 현재의 수준 주변의 스코프 테이블를 가리키기 위해 현재 수준 포인터를 변화시킨다. 컴파일러가 나중 사용을 위해 수준별 테이블을 보존할 필요가 있다면, *FinalizeScope*는 메모리에 테이블을 원래 그대로 남기거나 외부 매체에 테이블을 기록하고 다시 공간을 회수할 수 있다.

어휘 스코핑 유지하기 위해 파서는 새로운 어휘의 범위에 들어갈 때마다 *InitializeScope*를 호출하고 어휘 스코프를 빠져 나올 때마다 *FinalizeScope*를 호출해야 한다.

이러한 인터페이스는 그림 5.10에 프로그램을 다음의 연속적인 호출들을 만든다.

1. *InitializeScope*	10. *Insert*(`b`)	19. *LookUp*(`b`)
2. *Insert*(`w`)	11. *Insert*(`z`)	20. *LookUp*(`a`)
3. *Insert*(`x`)	12. *FinalizeScope*	21. *LookUp*(`b`)
4. *Insert*(`example`)	13. *InitializeScope*	22. *LookUp*(`c`)
5. *InitializeScope*	14. *Insert*(`a`)	23. *LookUp*(`w`)
6. *Insert*(`a`)	15. *Insert*(`x`)	24. *FinalizeScope*
7. *Insert*(`b`)	16. *InitializeScope*	25. *FinalizeScope*
8. *Insert*(`c`)	17. *Insert*(`c`)	26. *FinalizeScope*
9. *InitializeScope*	18. *Insert*(`x`)	

각 스코프에 들어갈 때마다 컴파일러는 *InitializeScope*를 호출한다. 각 이름을 테이블에 *Insert*를 사용하여 추가한다. 주어진 스코프가 남았을 때, 스코프의 선언을 폐기하기 위해선

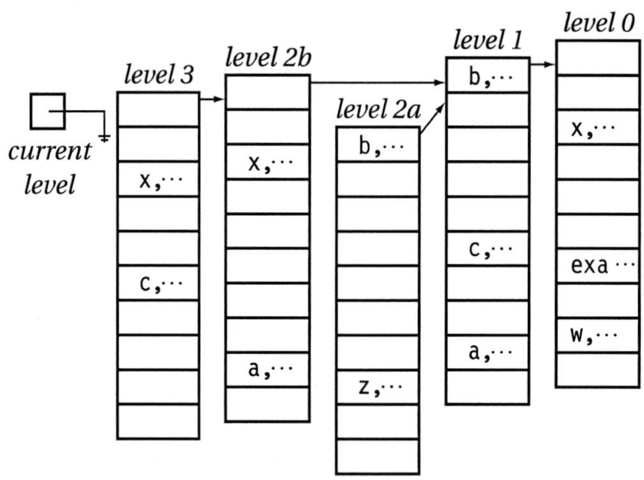

그림 5.12 예에 관한 테이블

*FinalizeScope*를 호출한다. 할당문에서는 어떻게 탐색되느냐에 따라 *LookUp* 호출 순서가 바뀔 수 있다.

*FinalizeScope*가 메모리에 완결 수준에 대한 심볼 테이블을 유지해야 한다면, 이 호출의 결과는 그림 5.12의 심볼 테이블이 될 것이다. 현재 수준 포인터는 유효하지 않은 값으로 설정되어 있다. 모든 수준에 테이블은 메모리에 남아 어휘의 중첩을 반영하여 함께 연결된다. 컴파일러는 각각의 새로운 수준의 시작에 IR에 적절한 테이블로 포인터를 저장함으로써 관계가 있는 심볼 테이블 정보로 접근할 수 있는 패스를 제공할 수 있다. 대안으로, IR 안에 식별자는 직접 그들의 심볼 테이블 엔트리를 가리킬 수 있게 한다.

5.7.4 다수의 심볼 테이블 사용

앞선 언급에서 여러 테이블로 구성될 수 있다고 하더라도 중심 심볼 테이블에 초점을 맞췄다. 그러나 현실에서 컴파일러는 다른 목적으로 사용하기 위해 다중 심볼 테이블을 생성한다.

테이블의 구현

구조나 레코드 안에 필드 이름을 짓기 위해 사용되는 본문의 문자열은 변수와 프로시저로부터 다른 이름 공간으로 존재한다. size가 단일 프로그램 안에서도 여러 다른 구조로 발생할 수 있다. C나 Ada와 같은 많은 프로그램 언어에서는 변수나 함수 이름 사용을 배제하지 않는 구조체 안에 필드만큼의 size를 사용한다.

구조체 안에 각 필드는, 컴파일러는 자료형, 크기 그리고 레코드 안쪽의 오프셋을 기록할 필요가 있다. 변수 선언 처리 메커니즘과 같은 메커니즘을 사용하여, 선언으로부터의 정보(자료형, 크기, 오프셋 등)를 수집하게 된다. 실행시간 시스템에 의해 과부하 공간이 요구되는 것 이외에도 구조 테이블은 대개 필드 크기의 합으로 계산되는 구조체의 전체 크기를 또한 결정해야 한다.

필드 이름의 이름 공간을 관리하는 데 대한 여러 접근법이 있다.

1. *분리된 테이블* 컴파일러는 각각의 정의를 기록하기 위한 분리된 심볼 테이블을 유지할 수 있다. 이것은 개념적으로 깔끔한 아이디어이다. 다중의 테이블을 사용하는 것이 대부분의 객체 지향 구현에서처럼 과부하가 작다면, 분리된 테이블을 사용하고 구조의 이름이 합리적이므로 심볼 테이블 엔트리와 결합시키게 된다.

2. *테이블 선택* 컴파일러는 필드 이름으로 테이블을 분리하여 유지할 수 있다. 다른 구조체에 동일한 이름과 필드 사이의 충돌을 피하기 위해, 선택자 테이블은 적당한 이름을 사

용해야 한다. 여기서 말하는 적당한 이름이란 심볼 테이블의 인덱스가 필드 이름에 대응하는 것과 같은 구조체에 유일하게 대응되는 구조를 가진 이름을 말한다. 이 접근법에서 컴파일러는 각각의 구조와 개개의 필드가 어느 정도 같이 연결되어 있어야 한다.

3. *단일화된 테이블* 컴파일러는 적당한 이름을 사용하여 주요 심볼 테이블 안에 필드 이름을 저장할 수 있다. 이 방법은 테이블의 수를 줄이지만, 주요 심볼이 변수와 함수 등 모든 필드를 지원될 수 있어야 하고, 또한 구조체 안에 각각의 필드 또한 선택할 수 있어야 한다. 위의 세 가지 옵션 중에 이것이 아마도 가장 매력적이지 않은 방법이다.

분리된 테이블 접근은 구조체와 연결된 심볼 테이블 재사용과 같은 스코핑 문제에 대해서 주요 심볼 테이블에 대한 스코프 관리 틀과 자연적으로 부합되는 이점을 지닌다. 구조체를 볼 수 있을 때, 그것의 내부의 심볼 테이블은 일치하는 구조체 레코드를 통해 접근할 수 있다.

나중에 언급된 두 가지 기법에서 컴파일러 작성자는 스코핑 문제에 주의가 필요하다. 예를 들어 현재 스코프는 구조 fee와 이미 fee가 정의된 외부 스코프를 선언하면 스코핑 메커니즘은 반드시 일치하는 엔트리와 구조에 정확하게 fee에 대응되어야 한다. 이것은 자격을 갖춘 이름 생성을 복잡하게 할 수 있다. 코드가 fee에 대해 두 가지 정의를 포함한다면, 각 필드로 크기 이름을 지을 수 있고 fee.size는 엔트리에 대한 유일한 열쇠(key)가 아니다. 이 문제는 각 구조체 이름으로 글로벌 카운터의 발생으로 생긴 유일한 정수와 연결함으로써 해결할 수 있다.

객체 지향 언어에서 이름 분해를 위한 연결된 테이블

객체 지향 언어에서 이름 스코핑 규칙은 코드 구조와 자료 구조에 의해 결정된다. 이 때문에 스코핑 규칙을 좀 더 복잡하게 하고, 심볼 테이블 또한 복잡해진다. Java를 예로 들면, 컴파일되는 코드를 위한 테이블이 필요하고, 코드에서 참조되고 잘 알려진 외부 클래스 위한 테이블과 코드에 포함된 클래스 상속 관계를 위한 테이블이 필요하다.

두 개의 중첩 계층은 각 클래스에 심볼 테이블을 붙이는 간단한 구현으로 하게 된다. 하나는 개별 메소드(method) 안에 어휘 스코핑을 하는 것이고 다른 하나와 각 클래스에 상속 계층 붙이는 것이다. 단일 클래스는 몇 개의 하위 클래스에게 수퍼클래스(superclass)로써 작용할 수 있기 때문에, 나중 계층이 제안된 간단한 테이블 다발보다 더 복잡하지만 쉽게 이용할 수 있는 장점이 있다.

클래스 *C*에 메소드 m을 컴파일할 때 이름 fee를 분해하기 위해, 컴파일러는 m을 위한 어휘 스코핑 심볼 테이블을 맨 처음으로 찾게 된다. 이 테이블에서 fee를 발견하지 못한다면, *C*로 시작하는 그리고 수퍼클래스 형식 *C*의 사슬로 상속 계층에 있는 다양한 클래스 스코프를 검색한다.

이 검색에 실패한다면, 그 이름의 심볼 테이블이나 클래스를 찾기 위하여 글로벌 심볼 테이블을 확인해 본다. 이때 글로벌 테이블은 현재 패키지와 다른 인용된(imported) 패키지의 모든 정보를 포함해야 한다.

그래서, 컴파일러는 각각의 메소드를 위해 어휘 스코핑 테이블이 필요하므로 메소드가 컴파일하는 동안 어휘 심볼 테이블이 만들어지게 된다. 컴파일러는 상속 계층의 상위부와 연결된 각 클래스를 위한 심볼 테이블이 필요하다. 또한 패키지 안에 다른 클래스와, 패키지 수준의 변수를 위한 심볼 테이블의 연결이 필요하다. 그것은 각자 인용된 클래스의 심볼 테이블을 접근하기 위해 필요하다. 클래스가 올바른 순서로 연결되었는지 보여지는 이름을 검사해볼 수 있는지를 따라갈 수 있어야 하기 때문에 탐색 과정은 좀 더 복잡해진다. 하지만 이미 친숙한 테이블 조작과 구현에 기본 메커니즘만 필요하다.

5.8 요약과 전망

IR의 선택이 컴파일러의 설계, 구현, 처리속도, 효과 등에 중대한 영향을 끼친다. 이 장에서는 컴파일러와 중간 양식에 대한 명확한 해답을 제시하지는 않았다. 설계자는 중간 양식을 선택하고 구현할 때, 심볼과 테이블 라벨 등과 같은 보조 데이터 구조를 더할 때 컴파일러 프로젝트의 종합적인 목적을 고려해야만 한다.

현대 컴파일러 시스템은 Gnu 컴파일러 시스템에서 사용하는 것처럼 기계 수준보다 낮은 RTL이라고 부르는 선형적인 코드로 파스 트리와 AST를 IR로 사용한다. (소스 대 소스 시스템이 주로 사용됨) 다수의 컴파일러가 다수의 IR을 사용하는데, 예로 특정한 분석이나 변환을 수행하기 위해 두 번째나 세 번째 IR을 생성하여 사용한다.

기타

중간 표현(IR)에 대한 문헌과 경험은 매우 적다. 이것은 IR에 관한 결정이 컴파일러의 구조와 행동에서 미치는 중요한 영향 때문에 다소 놀라운 것이다. 고전적인 IR 양식은 몇몇 참고자료[166, 30, 8, 140]에 설명되어 있다. SSA[104, 267, 47] 양식과 같은 새로운 양식은 분석과 최적화 문헌에 설명되어 있다. Muchnick는 단일 컴파일러 [262] 안에 IR의 다중 수준의 사용에 주제와 가장 중요한 부분의 현대 처리법을 제공하고 있다.

원문 그대로 동일한 연산을 인식하기 위한 해시 함수를 사용에 대한 생각은 Ershov[131]로 거슬러 올라간다. 1970년대 초기에서 1980년까지의 Lisp 시스템에 특정 애플리케이션에서 나타나는 해시는 McCarthy가 해시에 대해 언급할 정도로 충분히 인용[252] 없이 공통적으로 사용되는 듯 보였다.

Cai와 Paige는 해싱[58]에 대안으로서 다중집합(multiset) 구별에 대해 서술하였다. 그들의 의도는 보증된 일정 시간 행동으로 효율적인 탐색 메커니즘을 제공하는 것이었다. $\mathcal{R}^n$의 AST의 크기를 줄이는 일은 David Schwartz와 Scott Warren에 의해 이루어졌다.

실제로, IR의 설계와 구현은 완성된 컴파일러의 일어날 수 있는 특성에 매우 큰 영향을 미친다. 크고 복잡한 IR은 시스템의 모습과 닮아있다. 예를 들어, 큰 AST는 1980년대 초기에 분석할 수 있는 프로그램의 크기를 제한하는 $\mathcal{R}^n$와 같은 프로그래밍 환경이 사용되었다. LCC에 사용된 RTL 양식은 낮은 추상 수준을 가지고 있다. 따라서 컴파일러가 코드 생성을 위해 필요한 정보와 같은 세부 사항을 관리하는 데 훌륭한 작업을 수행한다. 그러나 때로는 컴파일러가 여러 가지 이유로 소스와 같은 정보를 얻기 위한 다른 변환 작업을 하기도 한다.

Chapter 6

프로시저 추상화

| The Procedure Abstraction

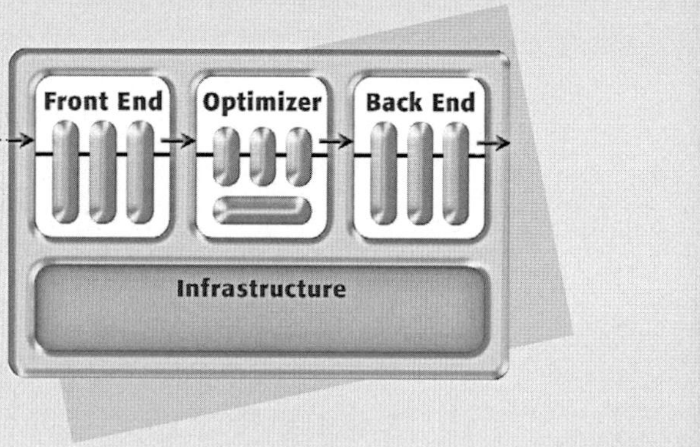

6.1 소개

현대 프로그래밍 언어의 기초가 되는 핵심적인 추상화(abstraction) 중 하나가 바로 프로시저이다. 프로시저는 실행 환경을 생성하며 고유의 저장 공간을 갖는다. 프로시저 안에서 수행되는 문장(statement)들은 이 저장 공간의 변수, 즉 지역변수에 접근할 수 있다. 프로시저는 다른 프로시저(혹은 운영체제)에 의하여 호출되어 작업을 수행한다. 피호출자(callee)는 호출자(caller)에게 값을 반환할 수도 있으며 이때 프로시저는 *함수(function)*라고 지칭된다. 이러한 프로시저 간의 인터페이스는 프로그램에서 프로시저들을 분리하여 개발하고 검사할 수 있게 하며 이로써 다른 프로시저들에 의해 발생하는 문제를 격리시키기 용이하다.

많은 컴파일러들은 프로시저 단위로 컴파일을 수행한다. 일부 시스템들은 한 번에 프로그램 전체를 컴파일을 해야 하지만 대부분의 컴파일러들은 프로시저들의 임의의 집합을 처리할 수 있다. 이런 특징은 *분리 컴파일(separate compilation)* 기법으로 알려져 있으며 거대 프로그램들을 구축하고 관리하는 것을 용이하게 한다. 가령 분리 컴파일 없이 수백만 줄의 프로그램을 관리하는 경우를 가정해 보면 원시코드의 작은 수정만으로도 전체를 다시 컴파일해야 하므로 개발 및 검사에 어려움이 있음을 알 수 있다.

프로그래머가 소프트웨어를 개발하고 컴파일러가 프로그램을 변환하는데 있어 프로시저는 중요한 역할을 담당한다. 다음은 프로시저를 통하여 얻을 수 있는 핵심적인 추상화 기법들이다.

1. *제어 추상화(Control Abstraction)* 각각의 언어는 프로시저를 호출하고 전달인자와 주고 받기 위한 표준 절차를 가진다. 이러한 언어의 표준 복귀 절차는 프로시저가 호출자에게 호출직후의 수행을 계속할 수 있도록 제어권을 넘기도록 한다. *호출 절차(calling sequence)* 혹은 *호출 규약(calling convention)*이라고 불리는 이러한 절차는 분리 컴파일이 가능하도록 한다. 컴파일러는 임의의 프로시저들을 호출하는 코드를 생성하더라도 호출되는 프로시저들의 내부 구현에 관계없이 표준절차에 충실하면 되기 때문이다.

2. *이름 공간(Name Space)* 프로그래머가 프로시저 내부에 변수명과 레이블들과 같은 이름들을 선언함으로써 각각의 프로시저는 새로운 이름 공간을 생성하게 된다. 프로시저 내부의 선언은 이전의 다른 선언들보다 우선하게 된다. 또한 프로시저의 매개변수는 외부에서 전달하는 변수 이름이 아닌 프로시저의 내부 이름으로 참조된다. 이와 같이 프로시저가 격리되어 보호받는 이름 공간을 가지므로 어떠한 이름 공간으로부터 호출되더라도 올바르게 동작할 수 있다. 프로시저의 호출은 이름 공간을 만든다. 호출절차는 프로시저 이름 공간에 선언된 객체를 저장하기 위하여 충분한 공간을 만든다. 이러한 공간은 프로시저 호출의 결과로 자동적이고 효율적으로 생성된다.

3. *외부 인터페이스(External Interface)* 프로시저는 거대한 소프트웨어 시스템의 구성 요소들 간에 핵심적인 인터페이스를 정의한다. 이름에 대한 범위와 접근 및 실행 환경의 순서 보존에 대한 규칙들은 프로그래머가 다른 프로그래머가 작성한 코드를 안전하게 호출할 수 있는 환경을 제공한다. 이로써 라이브러리(예를 들면 그래픽 사용자 인터페이스, 과학계산, 시스템 서비스에 대한 접근에 대한 라이브러리)를 개발하고 사용하는 것이 가능하다. 시스템은 이와 동일한 인터페이스를 사용자의 코드를 실행시킬 때 사용한다. 시스템이 적당한 실행환경을 조성하고 main과 같은 지정된 진입점을 호출한다.

프로시저는 여러 측면에서 Algol과 같은 형태의 언어에 기초가 되는 기본적인 프로그래밍 추상화 기법이다. 또한 프로시저는 컴파일러와 하드웨어 및 운영체제 간의 협력을 통해 창조된 정교한 기법이다. 프로시저는 고유한 이름을 갖는 변수들을 생성하고 변수들을 가상주소(virtual address)에 사상(mapping)시키며 운영체제는 이 가상주소를 물리주소(physical address)에 사상시킨다. 하드웨어가 여러 가지 load 및 store 연산을 제공하는 반면 프로시저는 이름들에 대한 가시성과 주소 계산에 대한 규칙을 수립한다. 프로시저는 큰 소프트웨어 시스템을 구성요소

시점과 관련된 용어

이번 장은 컴파일타임(compile-time)과 런타임(run-time)에서의 작용에 대해 다룬다. 컴파일타임과 런타임에서 발생하는 일들에 대한 구분이 혼란스러울 수 있을 것이다. 컴파일러는 런타임에서 수행될 모든 코드들을 생성하고 컴파일 과정의 일부로써 컴파일러는 원시코드를 분석하며 이 결과를 이용하여 데이터 구조를 형성한다(5.7.3절에서 다룬 어휘로 스코핑된 심볼 테이블을 상기하기 바란다). 컴파일러는 프로그램이 런타임에서 사용할 저장 공간의 크기를 결정하고 이 저장 공간의 생성과 관리 및 접근을 위한 코드를 생성한다. 이에 따라 컴파일된 코드는 런타임에서 데이터 인스턴스(instance)에 접근하고 프로시저들을 호출할 수 있게 된다. 즉, 모든 코드는 컴파일타임에서 생성되고 모든 접근은 런타임에서 이루어진다.

들로 나눌 수 있도록 한다. 링커(linker)와 로더(loader)가 이 구성요소들을 하나의 실행 프로그램으로 결합시키면 하드웨어는 프로그램 카운터를 증가시키고 분기점을 따라가며 이것을 실행할 수 있게 된다.

컴파일러의 중요한 역할 중 하나는 프로시저 추상화의 다양한 요소들의 구현을 위한 코드를 생성하는 것이다. 컴파일러는 메모리의 레이아웃(layout)을 결정하고 생성 프로그램에 이 레이아웃을 기술해야 한다. 각기 다른 구성요소들이 서로 다른 시점에 컴파일이 될 수 있기 때문에 메모리 레이아웃과 이로써 유도되는 모든 상호 관행은 표준화되어야 하고 일관적으로 적용되어야 한다. 또한 컴파일러는 입출력, 메모리 관리, 다른 프로세스들과의 통신을 위해 제공되는 운영체제의 다양한 인터페이스를 사용해야 한다.

이번 장에서는 컴파일러가 사용하는 추상화 및 메커니즘으로서의 프로시저에 대해 초점을 두며 컴파일러가 이것을 이용하여 어떻게 제어 추상화와 이름 공간 및 외부 인터페이스를 수립하는지에 대해 살펴볼 것이다.

6.2 제어 추상화

Algol과 같은 언어에서 프로시저는 호출/복귀에 대한 단순 명료한 질서이다. 프로시저가 종료되면 호출한 프로시저의 호출지점 바로 다음으로 제어권을 반환한다. 그림 6.1은 몇 개의 중첩 프로시저를 갖는 Pascal 프로그램의 예이다. 오른편의 호출 그래프(call graph)와 실행 내역은 프로그램의 실행을 요약하고 있다.

호출 그래프는 프로시저 간에 가능한 호출들에 대한 집합을 도시한다. 예제에서 프로그램은 Fee를 두 번 호출할 수 있다(한 번은 Foe로부터, 또 한 번은 Fum으로부터). 실행 내역은 프로그램 실행 시 실질적으로 발생한 호출 및 복귀를 나타낸다. 이러한 각각의 호출은 Fee에 대한 개별적인 인스턴스를 생성하거나 이를 *활성화(activation)*시킨다. Fum에게 호출되면 Fee의 첫 번째 인스턴스는 비활성화 된다. Fee의 첫 번째 인스턴스가 Foe에 의해 호출(사건 3)되었으므로 제

```
program Main(input, output);
   var x,y,z: integer;
   procedure Fee;
      var x: integer;
      begin { Fee }
         x := 1;
         y := x * 2 + 1
      end;
   procedure Fie;
      var y: real;
      procedure Foe;
         var z: real;
            procedure Fum;
               var y: real;
               begin { Fum }
                  x := 1.25 * z;
                  Fee;
                  writeln('x = ',x)
               end;
         begin { Foe }
            z := 1;
            Fee;
            Fum
         end;
      begin { Fie }
         Foe;
         writeln('x = ',x)
      end;
   begin { Main }
      x := 0;
      Fie
   end.
```

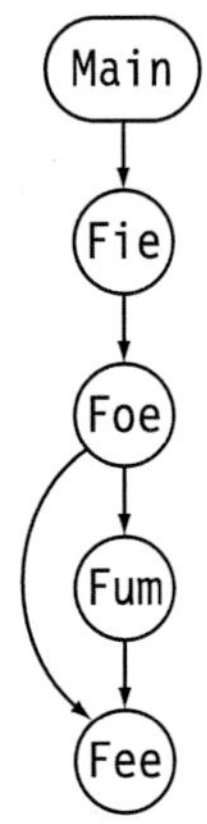

Call Graph

1. Main calls Fie
2. Fie calls Foe
3. Foe calls Fee
4. Fee returns to Foe
5. Foe calls Fum
6. Fum calls Fee
7. Fee returns to Fum
8. Fum returns to Foe
9. Foe returns to Fie
10. Fie returns to Main

Execution History

그림 6.1 비재귀적인 Pascal 프로그램

어권을 다시 Foe에게 반환(사건 4)하였기 때문이다. Pascal에서는 종료된 Fee의 인스턴스를 다시 활성화시킬 수 있는 제어 방법이 없기 때문에 한 번 제어권을 반환(사건 4)하면 활성화된 인스턴스는 소멸되어야 한다. 따라서 Fum이 Fee를 호출(사건 6)하게 되면 Fee의 새로운 인스턴스가 생성되며 두 번째 인스턴스도 Fum에게 제어권을 넘기며(사건 7) 소멸하게 된다.

프로그램이 Fee의 첫 번째 호출에서 대입 연산 x := 1을 수행할 시점에서 활성화된 프로시저들은 Fee, Foe, Fie와 Main이다. 이들 모두는 호출 그래프에서 Main으로부터 Fee 사이의 경로를 형성한다. 이와 유사하게, Fee의 두 번째 호출 시점에서 활성화된 프로시저들인 Fee, Fum, Foe, Fie와 Main 역시 호출 그래프에서 Main으로부터 Fee의 경로를 이룬다. 실행 중 어떠한 시점에서도 프로시저의 활성화는 호출 그래프상의 특정한 경로를 형성하게 되며 Pascal의 호출/복귀 메커니즘은 이를 보장한다.

컴파일러가 호출/복귀를 구현할 때는 프로시저가 호출과 복귀를 올바르게 수행하기 위한 충분한 정보를 유지하도록 하여야 한다. 즉, Foe가 Fum을 호출할 때 호출 메커니즘에 의해서 Fum이 Foe에게 제어권을 반환하기 위해 필요한 정보가 보존되도록 설계되어야 한다. Fum이 실행 오류, 무한 루프 혹은 호출한 다른 프로시저가 이러한 문제가 있어 복귀하지 못할 수도 있다. 그럼에도 호출 메커니즘은 Fum이 복귀할 경우 Foe가 다시 활성화되기 위해 필요한 정보를 반드시 유지하게 해야 한다.

이런 간결한 호출 및 복귀 동작은 스택을 이용하여 표현할 수 있다. Fie가 Foe를 호출하면서 복귀 지점에 대한 주소를 스택에 쌓고 Foe가 복귀하면서 스택에서 쌓았던 주소를 꺼내서 주소에 해당하는 코드로 건너뛰게 된다. 모든 프로시저가 이러한 방법을 따른다면, 스택으로부터 꺼내온 주소는 다음 실행될 복귀주소를 나타낼 것이다.

스택 메커니즘은 재귀 호출에 대해서도 또한 적용된다. 실질적으로 호출 메커니즘은 호출 그래프에서 존재하는 순환 경로(cyclic path)를 풀어 헤치게 되므로 재귀 호출이 종료되는 한 이 경로는 유한한 길이를 가지며 스택은 프로그램의 행위를 올바르게 표현할 수 있게 된다.

이러한 사실을 구체적으로 살펴보기 위해 그림 6.2에 나타난 factorial 계산을 고려해 보자. (fact 5)를 계산하도록 하면 다음과 같은 일련의 호출들이 발생한다. (fact 5)가 (fact 4)를 호출하고 여기서 (fact 3)가 호출되고, 또 (fact 2)가 호출되고, 마지막으로 (fact 1)이 호출

```
(define (fact k)
  (cond
    [(<= k 1) 1]
    [else (* (fact (sub1 k)) k)]
  ))
```

그림 6.2 Scheme에서의 재귀방법을 사요한 factorial 계산

되는 일련의 호출들이 이루어진다. Cond 문장은 조건(<= k 1)이 일치할 때 해당하는 절(clause)을 실행하고 재귀 호출을 종료하게 된다. 이때 재귀 호출되었던 함수들은 호출된 반대의 순서대로 복귀하게 된다. (fact 1)이 값 1을 (fact 2)에 반환하고 다음으로 (fact 2)는 값 2를 (fact 3)에 반환하고 (fact 3)는 값 6을 (fact 4)에 반환하고 마지막으로 (fact 4)는 값 24를 (fact 5)에 반환하고 (fact 5)는 이 값에 5를 곱하여 결과값으로 120을 반환한다. 재귀 호출을 이용하는 프로그램은 마지막 입력이 먼저 출력되는 특징(last-in, first-out)을 보인다. 따라서 스택 메커니즘은 모든 복귀 지점의 주소를 올바르게 추적할 수 있다.

보다 복잡한 제어 흐름

Scheme과 같은 일부 언어들은 프로시저가 프로시저와 프로시저의 *클로저(closure)*라고 불리는 런타임 컨텍스트(run-time context)를 반환할 수 있도록 한다. 클로저가 불리게 되면 프로시저는 클로저를 반환했을 때의 실행 컨텍스트에서 작업을 수행하게 된다. 이 경우 스택 메커니즘은 제어 추상화를 구현하는 데 적절하지 않다. 스택의 경우 프로시저의 복귀와 함께 할당한 공간을 해제시키기 때문이다. 따라서 프로시저의 제어 정보는 복귀가 공간 해제를 발생시키지 않도록 링크드 리스트와 같은 보다 일반적인 구조에 저장해야 한다(5.4.4절 참고). 프로시저 외부에서 프로시저의 지역변수를 참조할 수 있도록 하는 언어에서도 이와 유사한 문제가 발생한다.

6.3 이름 공간

대부분의 절차적 언어에서 작성된 프로그램은 복수의 이름 공간을 포함하게 된다. 스코프(*scope*)라고 불리는 이름 공간은 이름들의 집합을 값들과 프로시저들의 집합에 사상시킨다. 이 범위는 전체 프로그램, 프로시저들의 일부 집합, 하나의 프로시저, 혹은 문장 일부의 집합이 될 수 있다. 스코프 내부에서 프로그래머는 스코프 외부에서의 접근이 허용되지 않는 이름들을 생성할 수 있으며 스코프는 다른 스코프의 이름들을 상속받을 수도 있다. 한편 예를 들어 한 스코프 안에서 fee라는 이름을 생성했다면 주변의 스코프에서는 fee라는 이름의 정의를 모호하게 만들게 되어 다른 스코프에서는 fee를 접근할 수 없도록 만들기도 한다. 이러한 사실들에 따라 스코핑 규칙은 프로그래머가 프로그램이 정보를 접근하는 방식을 제어할 수 있도록 한다.

6.3.1 Algol과 같은 언어에서의 이름 공간

대부분의 고전적인 프로그래밍 언어들은 Algol 60에서 정의된 관례와 규칙의 많은 부분을 상속받았다. 이름의 가시성에 대한 규칙이 대표적인데 이번 절에서 Algol과 같은 언어에서 보편화된 이에 대한 개념들을 탐구할 것이며 특히 계층적 스코핑 규칙에 대해 중점을 둘 것이다.

내포된 어휘 스코프

대부분의 Algol과 같은 언어는 프로그래머가 스코프 안에 다른 스코프를 내포할 수 있도록 한다. 많은 객체지향 언어는 어휘 스코핑을 이름 분석 방법의 하나로 사용한다. 예로써 메소드에서 정의된 스코프는 메소드를 포함한 클래스의 스코프 안에 놓여 있으며 수퍼클래스의 스코프는 이 스코프를 내포한다. 또한 객체의 인스턴스 변수들은 클래스의 스코프 안에 위치한다. 절차적 언어에서는 C와 C++의 경우 스코프는 블록이 다른 블록 안에 내포될 때 생성되거나 Pascal의 경우 프로시저가 다른 프로시저에 내포될 때 생성된다.

Pascal은 내포된 프로시저의 개념을 대충화시켰다. 각각의 프로시저는 새로운 스코프를 정의하며 프로그래머는 각각의 스코프 안에 새로운 변수와 프로시저를 정의할 수 있다. 이러한 스코핑을 위하여 어휘 스코핑*(lexical scoping)*이라고 불리는 가장 보편적인 스코핑 규칙이 사용된다. 어휘 스코핑의 일반적인 원칙은 단순하다.

주어진 스코프 안에서 각각의 이름은 스코프에서 어휘적으로 가장 가까운 선언을 참조한다.

따라서 예를 들어 *s*가 현재의 스코프에서 사용된다면 현재의 스코프에 *s*에 대한 정의가 존재할 경우 이 정의를 참조하고 그렇지 않으면 현재 스코프를 둘러싼 스코프 중 *s*에 대한 정의가 있는 어휘적으로 가장 가까운 스코프의 정의를 참조한다. 또한 가장 바깥쪽의 스코프는 전역 변수들을 포함한다.

이 원칙을 구체화하기 위해 그림 6.3에 나타난 Pascal 프로그램을 살펴보자. 이 프로그램은 5개의 개별적인 스코프가 있고 하나는 프로그램인 `Main`이며 나머지는 프로시저인 `Fee`, `Fie`, `Foe`와 `Fum`이다. 각각의 프로시저는 이름 `x`, `y`, `z`의 부분 집합의 이름들을 선언한다. 그림에서 이름 밑의 숫자는 이름의 수준(level)을 나타내며 프로시저 안에 선언된 이름의 수준은 프로시저 이름의 수준보다 1 이상 큰 값을 갖는다. 따라서 그림에서처럼 `Main`의 수준이 0이면 `Main` 안에 선언된 `x`, `y`, `z`와 `Fee`, `Fie`와 같은 이름의 수준은 1이다.

어휘적으로 스코프되는 언어에서 이름을 표현하기 위해 컴파일러는 각각의 이름에 *정적 좌표(static coordinate)*를 사용할 수 있다. 정적 좌표는 $\langle l,o \rangle$로 표현되고 *l*은 심볼 테이블에서의 어휘 내포 수준이며 o는 스코프를 위한 데이터 영역에서의 메모리의 오프셋이다. 9.4절에서 이를 표현하기 위한 두 가지 방법에 대해 기술할 것이다.

```
program Main0(input, output);
  var x1,y1,z1: integer;
  procedure Feesubr 1;
    var x2: integer;
    begin { Fee }
      x2 := 1;
      y1 := x2 * 2 + 1
    end;
  procedure Fie1;
    var y2: real;
    procedure Foe2;
      var z3: real;
        procedure Fum3
          var y4: real;
          begin { Fum }
            x1 := 1.25 * z3;
            Fee1;
            writeln('x = ',x1)
          end;
      begin { Foe }
        z3 := 1;
        Fee1;
        Fum3
      end;
    begin { Fie }
      Foe2;
      writeln('x = ',x1)
    end;
  begin { Main }
    x1 := 0;
    Fie1
  end.
```

Scope	x	y	z
Main	$\langle 1,0 \rangle$	$\langle 1,4 \rangle$	$\langle 1,8 \rangle$
Fee	$\langle 2,0 \rangle$	$\langle 1,4 \rangle$	$\langle 1,8 \rangle$
Fie	$\langle 1,0 \rangle$	$\langle 2,0 \rangle$	$\langle 1,8 \rangle$
Foe	$\langle 1,0 \rangle$	$\langle 2,0 \rangle$	$\langle 3,0 \rangle$
Fum	$\langle 1,0 \rangle$	$\langle 4,0 \rangle$	$\langle 3,0 \rangle$

Static Coordinates

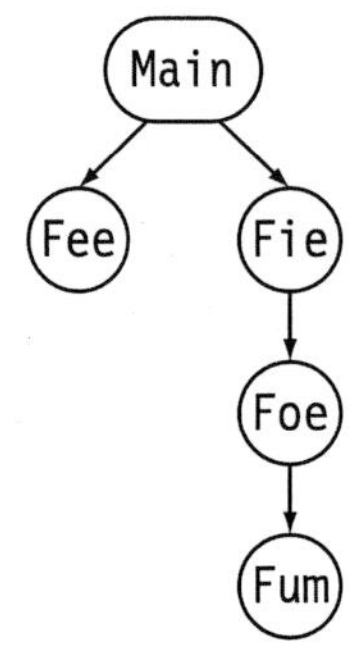

Nesting Relationships

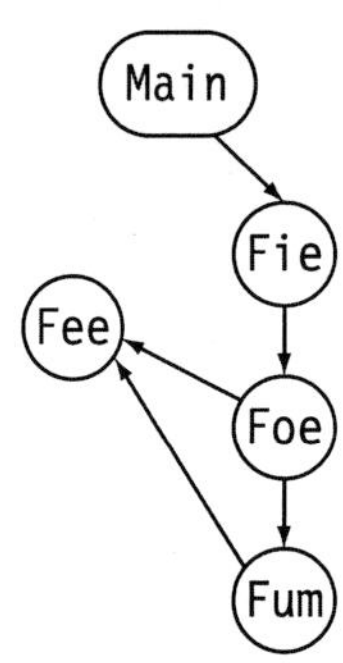

Calling Relationships

그림 6.3 Pascal에서 내포된 어휘 스코프

다양한 언어에서의 스코핑 규칙

프로그래밍 언어에는 여러 가지 상이한 스코핑 규칙들이 있으므로 컴파일러 제작자는 언어에 해당하는 특정 규칙들을 이해하고 해당 규칙에 보편적인 변환 기술들을 적용하여야 한다. 그림 6.4는 몇 가지 언어에서의 스코핑 규칙들을 묘사하고 있다.

FORTRAN은 다음과 같은 두 가지 스코프를 생성한다. 하나는 전역 스코프로 프로시저 이름과 common 블록의 이름을 가지며 나머지 하나는 각각의 프로시저가 갖는 지역 스코프들이다. common 블록은 이름과 전역변수의 리스트로 구성되어 있으며 이들 common 블록의 요소들은 전역변수이다. (FORTRAN은 다른 파일에 common 블록의 다른 묘사를 허용한다. 이 기능은 컴파일러가 일관된 처리를 위하여 common 블록의 시작으로부터 오프셋으로 표현하도록 하게 한다.) 프로시저 내부에서는 지역변수를 선언할 수 있으며 공통 블록의 항목들과 같은 이름을 갖더라도 지역변수 선언이 우선하게 된다. 기본적으로 지역변수의 생존 시간(lifetime)은 해당 프로시저의 호출 후 생존 시간과 일치하지만 save 문장에 의해서 전체 프로그램 생존 시간 동안 수명을 유지할 수 있다. Save는 지역 변수를 정적(static) 변수로 만들게 되며 해당 변수의 값은 프로시저 호출 후에도 유지된다. 마찬가지로 모든 전역 변수는 정적 변수로서 이 값은 항상 보존된다.

C는 보다 복잡한 규칙을 갖는다. 전역 스코프를 생성하여 모든 프로시저의 이름과 전역 변수의 이름을 가지며 각각의 프로시저는 변수와 매개변수 그리고 라벨을 위한 고유의 스코프를 갖는다. Pascal과는 달리 프로시저 안에 또 다른 프로시저를 선언할 수 없지만 프로시저는 내부에 블록({…}로 형성되는 블록)을 포함할 수 있어 독립적인 지역 스코프를 생성할 수 있다. 또한 블록 내부에 블록을 생성하는 것이 가능하다. 블록 수준의 스코프는 전처리기에 의해 생성된 코드를 위한 임시 변수나 루프 내부에 사용되는 지역변수의 생성을 위해 흔히 사용된다.

C는 하나의 파일(혹은 컴파일 단위)에 모든 프로시저들을 포함하는 파일 와이드(file-wide) 스코프라는 새로운 수준의 스코핑을 도입하였다. 파일 수준의 스코프에 해당하는 이름은 static 속성을 이용하여 선언할 수 있다. 이 이름은 해당 파일 안에서만 모든 프로시저에서 가시적이다. 변수와 프로시저 모두 static으로 선언할 수 있으며 static으로 선언하지 않을 경우 다른 파일에서도 접근이 가능한 전역 변수가 된다.

Scheme은 단순한 스코핑 규칙을 갖는다. 거의 모든 객체는 하나의 전역 공안에 존재며 객체는 데이터 혹은 표현식이 될 수 있다. cons와 같이 시스템에서 제공하는 함수 역시 사용자가 작성한 코드 및 데이터와 함께 공존한다. 코드는 let 표현식을 이용하여 고유 객체 프라이빗 변수(private variable)를 생성할 수 있으며 let 안에 let을 내포함으로써 임의의 깊이를 갖는 내포된 어휘 스코프를 가질 수 있다.

Java는 "public"으로 선언되어 있는 클래스만이 전역 이름을 갖는 공간에 위치한다. 각 클래스는 하나의 패키지에 포함되며 패키지는 복수의 클래스를 포함할 수 있다. 클래스는 필드(데

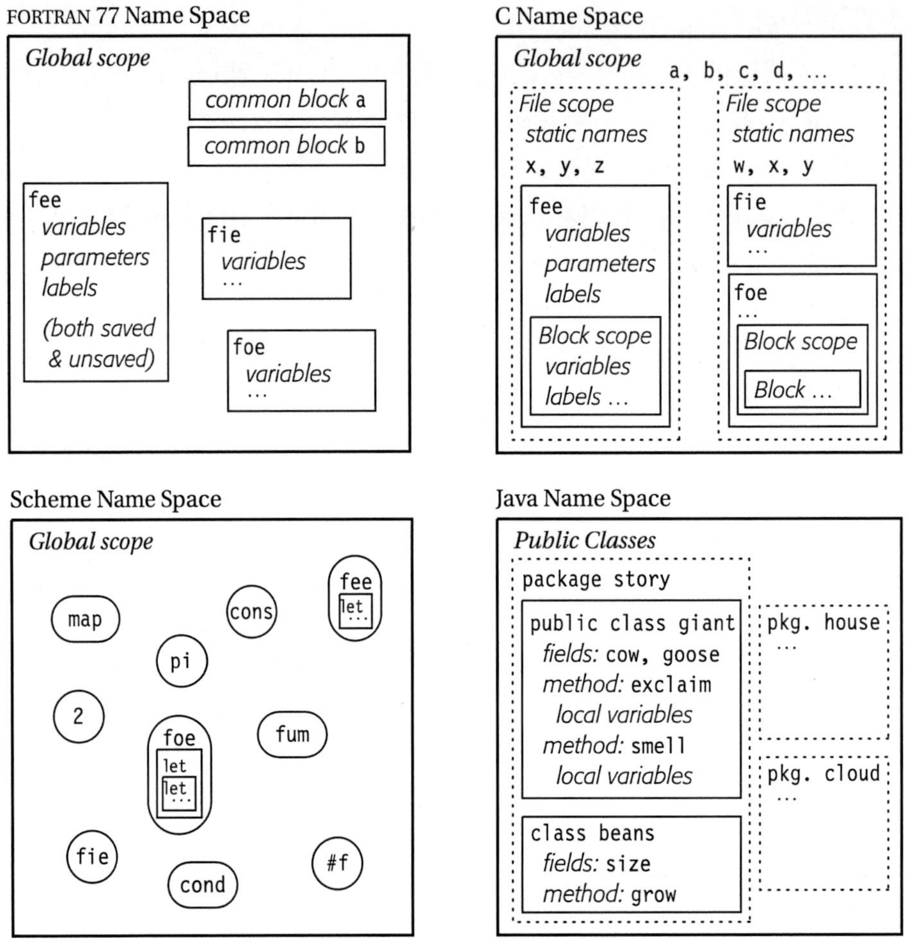

그림 6.4 여러 언어에서의 이름 공간

이터 항목)과 메소드(코드)를 포함할 수 있으며 public으로 선언된 클래스의 필드와 메소드는 다른 패키지의 클래스들로부터 접근 가능하다. 같은 패키지에 존재하는 클래스들의 경우 필드 및 메소드가 명시적으로 "private"으로 선언되지 않은 한 서로 접근이 자유롭다. 또한 클래스는 다른 클래스를 내포할 수 있다.

그림에서와 같이 Java 클래스 `giant`가 필드 `cow`를 선언하였을 경우 모든 `giant`의 인스턴스는 개별적인 필드 `cow`를 생성한다. 하지만 필드를 `static`으로 선언할 경우 클래스의 인스턴스 공통으로 사용하는 단일 인스턴스로 생성한다.[1]

[1] 클래스가 load된 후부터 실행이 완전히 끝날 때까지 클래스 변수가 존재한다고 생각하기 이전에는 *static*이라는 용어가 이상하게 들릴지 모른다. 이와 같이 *static* 변수는 변수 실행 처음부터 프로그램의 실행이 완전히 끝날 때까지 그 변수를 존재하게 된다.

동적 스코핑

어휘 스코핑을 대체하는 스코핑으로서 동적 스코핑(dynamic scoping)이 있다. 이 둘은 프로시저가 자신의 스코프 밖에 선언된 변수를 참조하는 방식에서 나타난다. 이때 참조되는 변수는 *자유 변수(free variable)*라고 불린다.

어휘적 스코핑의 규칙은 단순하며 일관적이다. 자유 변수는 사용되는 위치에서 어휘적으로 가장 가까운 위치에서 해당 이름의 선언에 귀속된다. 다시 말해 컴파일러는 변수 참조를 포함하는 스코프로부터 이를 둘러싼 스코프를 순차적으로 검사하며 첫 번째로 찾은 해당 변수의 선언에 이 변수를 귀속시킨다. 따라서 선언은 항상 참조를 둘러싼 스코프에 존재한다.

동적 스코핑 역시 단순하며 다만 자유 변수는 런타임에서 가장 최근에 생성된 변수의 이름에 귀속된다. 따라서 자유 변수가 나타날 경우 가장 최근에 생성된 인스턴스의 이름에 귀속시키게 된다. 이 스코핑의 초기 구현은 런타임에서 이름을 위한 스택을 생성하여 새로운 이름이 생성될 때마다 push하여 자유 변수의 참조가 나타나면 스택의 위에서부터 해당하는 이름을 찾아가는 방식을 사용한다.

많은 초기의 Lisp 시스템이 동적 스코핑을 사용하였지만 현재는 기술적인 이유로 어휘 스코핑이 사용되고 있다. 동적 스코핑은 인터프리터를 쉽게 구현할 수 있지만 효율적인 컴파일러를 구현하기에는 다소 어려움이 따르기 때문이다. 또한 검출하고 이해하기 어려운 오류를 발생시키기도 한다. 동적 스코핑은 아직 사용되고 있는데, 예를 들어, common Lisp에서는 프로그래머가 변수가 동적 스코핑을 할 수 있게 해준다.

6.3.2 구동 레코드

새로운 독립적인 이름 공간을 생성하는 것은 프로시저 추상화의 중요한 부분이다. 프로시저 내에서 프로그래머는 프로시저 밖에서 접근할 수 없는 변수를 선언할 수 있다. 또한 이러한 변수는 알려진 값으로 초기화될 수도 있다. Algol과 유사한 언어들에서 지역변수의 생존 시간은 변수를 선언한 프로시저의 생존 시간과 일치한다. 따라서 이들 변수들은 생존 시간 동안 위치할 저장 공간이 필요하며 이들의 값은 프로시저의 생존 기간 중에서만 의미를 갖는다. 하나의 프로시저에 대해 동시에 복수의 호출이 활성화 되었을 경우 지역 변수를 위해 각각 독립적인 저장 공간을 필요로 한다.

이러한 동작을 위해 컴파일러는 메모리의 한 영역을 각 프로시저의 구동을 위해 마련한다. 이 영역은 *구동 레코드(activation record)*라 하며 줄여서 AR이라고 하자. 대부분의 상황에서 *q*라는 프로시저가 있을 경우 실행시점에 *q*가 호출되었을 경우 *q*를 위한 하나의 AR이 생성되고 *q*가 제어권을 반환할 경우 생성된 AR은 해제된다. 이때 AR은 *q*의 지역변수와 *q*의 상태를 유지하기 위한 값들을 위한 저장 공간을 포함한다. 또한 일반적으로 AR은 호출 후 복귀할 위치의 주소를 포함한다. 물론 상태 정보 역시 지역변수와 같은 생존 시간을 갖는다.

AR은 *q*의 실행 코드와 나머지 프로그램을 유기적으로 연결한다. 프로시저 *p*가 *q*를 호출하였을 경우 호출을 구현한 코드는 *p*의 환경은 보존하고 *q*의 새로운 환경을 생성해야 한다. 따라서 호출 코드는 *q*를 위한 AR을 생성하고 AR에 *q*가 필요로 하는 정보를 저장하며 *q*가 제어권을 반환하였을 때 *p*로 복귀하기 위해 *p*의 환경은 복원하게 된다. 그림 6.9는 AR의 내용들이 어떻게 배치되어야 하는지 보여준다. AR 전체는 *구동 레코드 포인터(activation record pointer)*로 참조되고 각 필드들은 이로부터 해당 오프셋 값으로 참조된다.

매개변수 영역은 호출자가 호출 프로시저에게 전달하는 값을 가지며 register save 영역은 호출된 프로시저가 호출 시퀀스를 보존하기 위한 값들을 저장하는 데 이용된다. Return value는 호출자에게 데이터를 전달해야 할 경우 사용되며 return-address는 호출된 프로시저가 종료되었을 때 다시 실행을 재개할 위치를 가리킨다. Addressability 항목은 호출된 프로시저가 주위를 둘러싼 스코프의 변수를 접근하기 위해 사용된다. (반드시 호출자는 아니다) 피호출자 ARP는 호출자의 ARP를 저장하며 피호출자가 종료되었을 때 호출자의 환경을 복원하기 위해 사용된다. 마

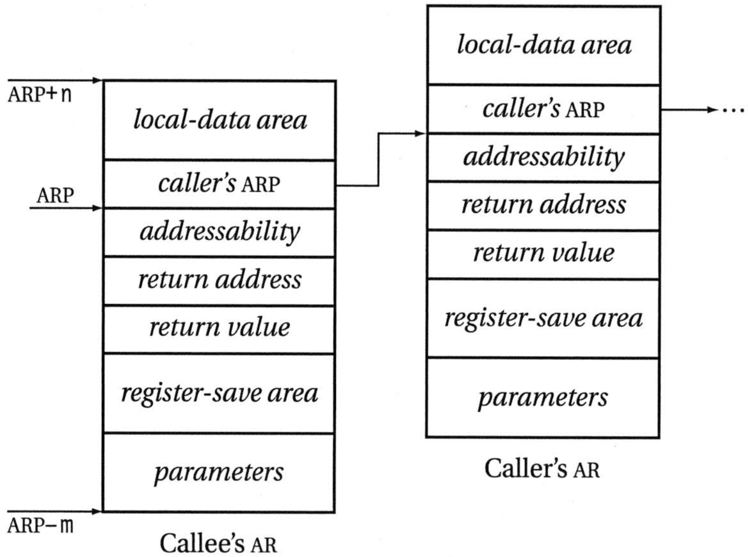

그림 6.5 전형적인 구동 레코드

지막으로 local data 영역은 호출된 프로시저의 지역변수를 위해 사용된다. 효율성을 위하여 AR의 정보들의 일부는 전용 레지스터에 저장되기도 한다.

지역 저장 공간

AR은 프로시저의 지역 데이터와 상태 정보를 보유하고 있다. 프로시저의 각각의 호출에 대해 이러한 정보를 보존하기 위해서 각 AR을 분리해야 한다. 모든 AR의 접근은 시작 주소로서 ARP를 이용한다. 프로시저들은 일반적으로 AR에 빈번하게 접근하므로 대부분의 컴파일러는 현재 프로시저의 ARP를 저장하기 위한 하드웨어 레지스터를 할당한다. ILOC에서는 이 레지스터를 r_{arp}라고 한다.

ARP는 AR의 특정 위치의 주소를 저장한다. AR의 중심 부분은 모든 항목이 길이가 고정되어 정적으로 배치된다. 이것은 코드가 해당 항목을 고정된 오프셋으로 접근할 수 있도록 한다.

지역 데이터를 위한 공간 예약하기 각 지역 데이터 항목은 AR에서 공간이 필요하다. 컴파일러는 지역 데이터를 위해 알맞은 크기의 공간을 할당하고 현재 어휘적 레벨과 ARP로부터의 오프셋을 심볼 테이블에 기록해야 한다. 어휘적 레벨과 오프셋은 항목에 대한 정적 좌표로 사용된다. 따라서 r_{arp}와 오프셋을 인자로 하는 `loadAO`와 같은 연산으로 효율적인 지역 변수 접근이 가능하다.

몇몇 지역변수들은 컴파일 시점에서 크기를 알 수 없다. 프로그램은 외부 매체에서 이 크기를 읽거나 연산의 초기 상태에서 행한 작업을 통하여 크기를 결정할 것이다.[2] 이러한 변수들을 위하여 컴파일러는 지역 데이터 영역에 실제 데이터나 데이터 배열의 descriptor를 가리키는 포인터를 할당하여 런타임에 실제 데이터를 다른 공간에 할당할 준비를 할 수 있다. 이 경우, 정적좌표는 컴파일러를 포인터의 위치로 유도하고, 실제 변수에 대한 접근은 직접 포인터를 이용하거나 변수-길이 데이터 지역에서 적합한 주소를 계산하는 데 이용한다.

변수 초기화 프로그램이 변수 초기값을 명시할 수 있도록 하는 원시 언어들이 있다면, 컴파일러는 그 변수에 대하여 반드시 초기화를 해 주어야 한다. 변수가 정적으로 할당되었고 즉, 변수가 어떤 절차와는 상관없는 생존시간을 가질 경우, 초기값이 컴파일 시점에서 알 수 있는 경우 초기 데이터는 로더가 해당 위치에 바로 삽입할 수 있다. (정적 변수는 일반적으로 AR의 외부에 위치한다. 정적 변수는 단일 인스턴스를 가짐으로써 단일한 값이 모든 호출에 걸쳐 유지되어야 하는

[2] 예를 들어, 컴파일러의 후반부 패스에서 컴파일되는 코드의 크기를 결정할 수 있기 때문에 종종 더욱 간단한 데이터 구조를 사용할 수 있다. Frontend에서는 손쉽게 확장할 수 있는 데이터 구조를 가져야 한다. Frontend는 이러한 데이터 구조를 위한 적당한 크기를 저장하고, 최적화가 backend는 그들에게 적당한 크기를 할당한다.

시멘틱스를 제공한다. 또한 독립된 정적 데이터 공간을 사용함으로써 로더에서 공통적으로 제공하는 초기화 기능을 사용할 수 있다.)

반면 지역 변수는 런타임에 초기화되어야 한다. 프로시저는 여러 번 호출될 수 있으므로 초기 값을 설정하는 적절한 방법은 초기 값에 해당하는 위치에 저장하는 코드를 생성하는 것이다. 사실상 이러한 초기화는 프로시저의 첫 번째 문장 이전에 실행되는 대입연산들에 해당한다.

레지스터 값의 저장을 위한 공간 프로시저 p가 q를 호출하는 경우 둘 중 하나는 p가 사용하는 레지스터들의 값을 저장하여 p로 복귀할 때 이 값들을 복원해야 한다. 매번 p가 활성화될 때마다 서로 다른 레지스터 값들을 가지므로 이 값들을 저장하기 위한 공간은 AR 내부에 존재해야 한다. 피호출자가 레지스터 값을 저장할 경우 이 값은 피호출자의 레지스터 저장 영역에 저장되어야 하며 호출자가 레지스터 값을 저장할 경우 이 값은 호출자의 레지스터 저장 영역에 저장되어야 한다. 호출자 p에 내부에서 동시에 가능한 호출은 단 하나이므로 p의 AR에 필요한 레지스터 저장 공간은 하나로 충분하다.

구동 레코드 할당

p에서 q로의 호출 과정의 일부분으로서 호출 코드는 q를 위한 AR을 할당하고 AR의 각 필드들을 적당한 값으로 채워야 한다. 그림 6.5의 모든 필드들이 실제 메모리에 저장되어 있다면 호출자 p가 ARP를 이용하여 전달인자, 리턴 주소, 호출자의 ARP 및 접근 정보를 저장할 수 있도록 해야 한다. 이 경우 비록 p가 q의 지역 데이터의 크기가 알려지지 않더라도 q의 AR 할당을 p가 담당해야 한다. 반면 필드의 값들이 레지스터를 통하여 전달될 경우, 실제 AR 할당은 피호출자 q에서 수행할 수 있으며 이로써 q는 지역 데이터에 필요한 임의의 공간을 포함하여 AR을 할당할 수 있다. 할당 후 AR에 레지스터로 전달된 값 또한 저장할 수 있다.

이와 같이 컴파일러 제작자는 구동 레코드를 할당하는데 몇 가지 선택을 해야 하며 이 선택에 따라 프로시저 호출, 언어의 고급기능들을 구현하는데 소요되는 비용 및 구동 레코드에 필요한 전체 메모리의 크기가 결정된다.

구동 레코드의 스택 할당 대부분의 경우, AR의 내용은 프로시저의 생존 시간 동안에만 활용된다. 즉 대부분의 변수들은 변수를 생성한 프로시저의 생존시간보다 오래 존속할 수 없으며 대부분의 프로시저 역시 호출자의 생존시간보다 오래 실행될 수 없다. 이에 따라 호출과 리턴은 last-in, first-out(LIFO) 원칙을 따르며 균형을 이루고 구동 레코드 역시 LIFO 원칙을 따르게 되어 구동 레코드를 스택에 할당할 수 있다. Pascal, C 및 Java와 같은 언어들이 일반적으로 AR을 스택에 할당하여 구현한다.

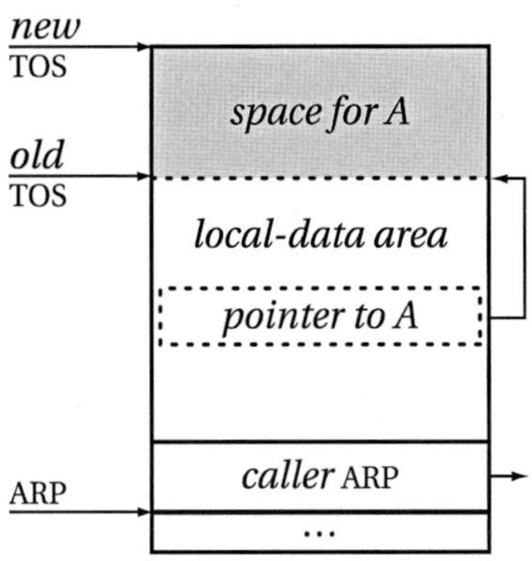

그림 6.6 동적으로 크기가 결정되는 배열의 스택 할당

구동 레코드를 스택을 이용하여 관리함으로써 다음과 같은 이득을 얻을 수 있다. 스택에서 공간의 할당과 해제는 스택의 최고점만 표시하는 단순한 연산으로 가능하다. 이를 이용하여 호출자는 피호출자의 AR의 기본적인 부분을 할당하고 피호출자가 스택의 최고점(TOS) 포인터를 증가시켜 필요한 지역 데이터 공간을 위해 AR을 확장할 수 있다. 또한 같은 방법으로 그림 6.6과 같이 가변적인 크기를 갖는 객체를 위한 공간을 할당할 수 있다. 그림은 현재 스택의 TOS 포인터를 가변 크기 객체 A를 위한 지역 데이터 영역의 슬롯에 복사하고 TOS 포인터를 객체 A의 크기만큼 증가시키는 것을 표현하고 있다. 마지막으로 AR을 스택에 할당할 경우 스택을 순서대로 살펴보는 것으로 현재 활성화된 프로시저의 내역을 살펴볼 수 있으므로 디버깅을 용이하게 한다.

구동 레코드의 힙 할당 만약 프로시저가 호출자의 생존시간보다 오래 생존하게 된다면 AR 할당을 위한 스택 원칙은 무너지게 된다. 또한 피호출자가 클로저와 같이 지역 변수를 참조하는 객체를 반환할 경우 스택 할당은 뎅글링(dangling) 포인터를 발생시키므로 부적절하다. 이러한 경우 AR은 힙 저장소(heap storage) 안에 할당할 수 있다. Scheme과 ML과 같은 언어가 일반적으로 AR을 힙에 할당하여 구현한다. 이 경우 AR이 더 이상 사용되지 않을 경우 제거 및 해제를 해야 하며 가비지 컬렉터(garbage-collector)를 사용하는 시스템에서는 컬렉터가 이 공간을 재사용할 수 있다(6.7절 참고).

현대적인 메모리 할당자는 힙 할당에 소요되는 비용을 최소하도록 한다(6.7절 참고). AR을 힙에 할당할 경우 길이가 변하는 객체들을 독립된 힙 객체로 할당할 수 있다. 따라서 명시적 메모리 해제를 사용하는 시스템에서는 메모리 해제가 복잡해지고, 묵시적 메모리 해제를 사용하는 시스템에서는 가비지 컬렉터가 객체가 참조될 수 없는 상태에 이를 때 해당 객체의 공간을 재활용하게 된다. 또한 스택에서와는 달리 디버깅을 위해서는 현재 AR로부터 호출자의 ARP들을 연속적으로 추적해야 한다.

구동 레코드의 정적 할당 프로시저 q가 다른 프로시저를 호출하지 않을 경우 q는 콜 그래프에서 더 이상의 경로가 존재하지 않으므로 *리프 프로시저(leaf procedure)*라고 부른다. 컴파일러는 리프 프로시저를 위해 정적으로 구동 레코드를 할당할 수 있으며 이 경우 런타임에 AR을 할당하기 위한 비용을 제거할 수 있다. 이는 호출 관례에 따라 호출자가 자식의 레지스터를 저장하므로 q가 레지스터를 저장하기 위한 공간이 따로 필요하지 않기 때문이다.

Pascal과 같은 호출 및 리턴 메커니즘을 사용하는 언어에서는 컴파일러가 각 리프 프로시저를 위해 정적 AR을 할당하는 대신 보다 효율적으로 리프 프로시저를 위한 공통의 AR을 할당하는 방법을 사용할 수 있다. 동시에 활성화될 수 있는 리프 프로시저는 단 하나이기 때문이며 이 경우 모든 리프 프로시저가 사용할 수 있도록 충분히 크게 정적 AR을 할당하여야 한다. 모든 리프 프로시저의 정적 변수 역시 공통의 AR에 위치할 수 있으며 각각의 리프 프로시저의 정적 변수를 위해 독립된 정적 AR을 사용하는 것에 비하여 공간을 절약할 수 있다.

물론 FORTRAN 77과 같이 재귀호출을 허용하지 않는 언어는 모든 프로시저의 AR을 정적으로 할당할 수 있다. 하지만 각각의 프로시저를 위해 정적으로 공간을 할당하는 방식은 전체 메모리 사용량을 증가시킬 수 있다. 모든 프로시저가 활성화되는 경우가 존재하지 않는 한, 모든 정적 할당 방식은 스택을 사용하는 방식에 비하여 AR을 위해 보다 많은 공간을 사용한다. 이를 보안하기 위해 컴파일러가 동시에 최대 필요한 공간의 크기를 계산하여 할당하고 AR의 위한 공간을 재활용하는 방법을 사용할 수 있지만 실질적으로 이 방법은 스택을 이용한 방법과 같은 비용이 필요하며 결국 비슷한 동작을 수행하게 된다.

구동 레코드의 병합 컴파일러가 항상 일정한 순서로 호출되는 프로시저의 집합을 알아낼 수 있다면 해당 집합의 구동 레코드를 병합할 수 있다. 예를 들어 항상 p가 q를 호출할 때 q는 항상 r과 s를 호출할 때 컴파일러는 q, r, s의 AR을 동시에 할당함으로써 이득을 취할 수 있다. 이와 같이 AR을 병합함으로서 할당에 필요한 비용을 절약할 수 있다. 하지만 이러한 최적화는 컴파일이 각각의 프로시저별로 이루어지는 점과 컴파일러가 런타임에서 결정되는 호출 관계를 알아내는 능력에 의해 제한된다.

6.3.3 객체지향 언어의 이름 공간

객체지향 프로그래밍을 지원하기 위해 Smalltalk, C++, Self 및 Java와 같은 언어가 개발되었고 많은 다른 언어들도 이를 지원하기 위해 확장되었지만 불행히도 객체지향이라는 용어가 여러 가지 다른 의미와 구현으로 표현되어 왔다.

본질적으로 객체지향은 절차 지향적인 프로그램의 이름 공간을 데이터 지향적인 이름 공간으로 재편성하는 것이다. 이 절에서는 이에 따른 이름 공간의 관점에서 객체지향의 특징을 기술할 것이다. 이것은 Algol과 같은 객체지향 언어에서의 이름 공간과 관련이 있다.

절차적 언어에서는 스코핑 효과가 다른 프로시저 혹은 블록에 들어가거나 나올 때 발생하였지만 객체지향 언어에서는 스코핑 규칙과 명칭 방법이 코드보다는 프로그램의 데이터를 중심으로 조직되어 있다. 관습적으로 명칭 규칙을 지배하는 이러한 데이터를 객체라고 부른다. 일부 객체지향 언어는 모든 데이터 항목들을 객체 사용하도록 하기도 하며 다른 언어들은 객체와 코드가 Algol과 같은 언어에서의 변수와 같은 기능을 하는 데이터 항목들을 포함할 수 있도록 한다.

컴파일러를 작성하는 입장에서 객체지향 언어는 절차적 언어에 비하여 컴파일타임과 런타임에서 추가적으로 지원해야 하는 것들에 차이가 있다. 이러한 추가적인 메커니즘들을 이해하기 위해 객체 추상화와 이와 관련한 프로시저 추상화를 살펴보도록 한다.

객체와 클래스

객체지향 프로그래밍의 핵심은 객체의 개념에 있다. 객체는 내부의 하나 이상의 요소들을 갖는 추상적인 개념이다. 내부 요소들은 데이터 항목이 될 수도 있고 데이터 항목을 처리하는 코드나 다른 객체가 될 수도 있다. 소프트웨어 공학 전략에 따라서 추상화 원칙과 데이터 은폐 및 객체의 요소들에 저장되어 있는 정보에 대한 접근을 제어하기 위하여 객체가 사용되어 왔다.

도식적으로 다음 다이어그램과 같이 객체를 배열이나 요소들의 구조체로써 표현할 수 있으며 요소들은 데이터 항목, 실행 가능한 프로시저 및 다른 객체가 된다.

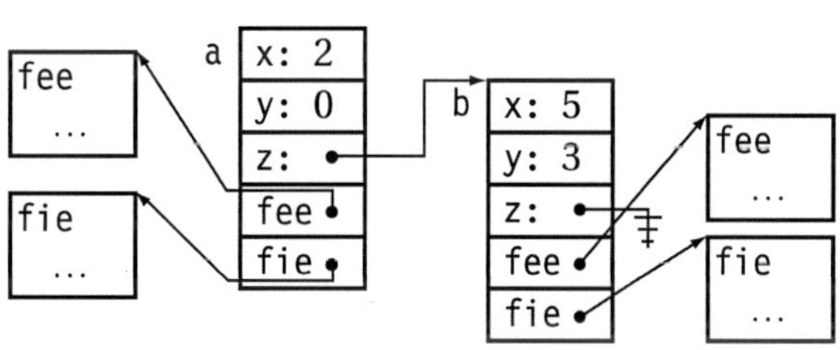

이 다이어그램에서는 객체 a와 b가 있으며 두 객체는 같은 각각 5개의 요소에 대하여 같은 배치를 갖는다. 요소 x, y는 숫자를 저장하며 z는 객체를 fee와 fie는 실행 가능한 함수를 저장한다. 객체의 요소를 동일한 방법으로 처리하기 위해 객체 요소와 코드 요소는 포인터로 구현하는 것으로 나타내었다.

바로 전의 그림은 이러한 객체에 대한 단순한 모델이 갖는 구현상의 문제를 나타낸다. 이것은 fee와 fie를 구현하기 위한 코드를 개별적인 복사본으로 가짐으로써 공간을 낭비하기 때문이다. 코드 요소를 포인터로 구현할 경우 다음 그림과 같이 fee와 fie를 위해 하나의 복사본만 사용하여 이 문제를 피할 수 있을 것이다.

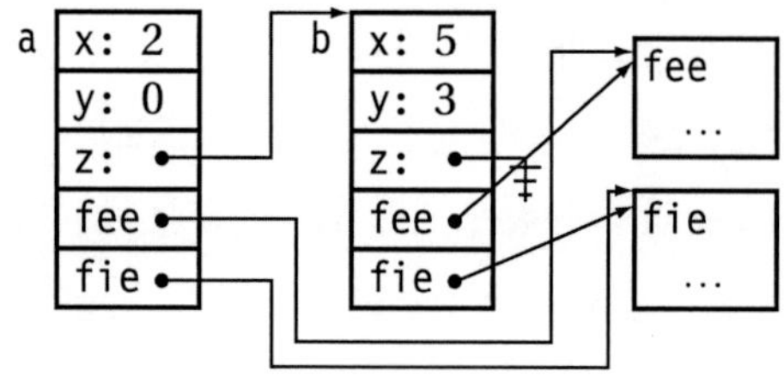

이러한 코드 재사용을 원시 언어에서 수행한다면 지루한 일이 될 것이다. 코드 재사용을 위해 대부분의 객체지향 언어는 클래스라는 개념을 도입하였다. 클래스는 유사한 객체들을 하나의 그룹으로 만드는 추상화 개념이다. 같은 클래스의 모든 객체들은 같은 배치 구조를 가지며 같은 코드 요소들을 공유한다. 반면 객체들의 데이터와 객체 요소들은 서로 구별된다. 모든 객체들의 요소 함수들은 클래스에 기술되어 있으며 각각의 객체들은 해당 클래스를 참조하여 생성된다.

모든 객체들이 특정 클래스에 해당하도록 함으로써 코드 요소들을 클래스를 표현하는 하나의 객체에 저장하여 공간사용을 최적화할 수 있다. 이러한 구현은 모든 객체에 객체의 클래스를 저장하는 객체를 구성 요소와 코드 요소를 간접 참조하는 계층이 필요하다. 도시적으로 다음과 같이 나타날 수 있다.

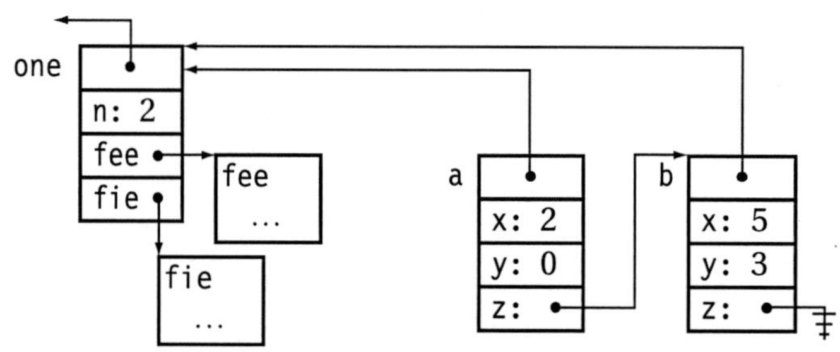

여기서 one은 두 객체 a, b의 클래스이며 코드 fee와 fie의 클래스의 객체들이 이용할 수 있도록 포인터를 저장한다. fee와 fie를 위한 요소들이 one으로 이동하였으므로 a와 b의 표현이 이전과 달라졌다. 또한 a와 b의 구성요소에 클래스 one에 대한 포인터가 추가되었으며 클래스 one은 고유의 변수 n을 갖는다.

용어

구현을 표현하기 위한 그림이 매우 복잡해졌으므로 다음과 같이 여러 부분에서 언급할 용어를 설명하고자 한다.

1. *인스턴스(Instance)* 우리가 객체로 여기는 것이며 인스턴스는 특정 클래스에 속해 있는 객체를 말한다. 규칙성을 위해, 모든 객체는 클래스의 예라고 가정한다.

2. *객체 레코드(Object Record)* 인스턴스의 구체적인 표현을 말하며 객체 레코드는 객체의 모든 요소 혹은 요소에 대한 포인터를 포함한다.

3. *인스턴스 변수(Instance Variable)* 객체의 데이터 요소를 말하며 위의 그림에서 객체 a의 인스턴스 변수 x는 값 2를 가지며 클래스 one은 인스턴스 변수로서 n을 갖는다. Java에서는 인스턴스 변수를 *필드(fields)*라고 표현한다.

4. *메소드(Method)* 클래스의 객체들이 공통으로 갖는 각각의 코드 요소 메소드라고 부른다. 메소드는 완전한 프로시저로서 전달인자와 지역변수 및 리턴값을 가질 수 있다. 객체지향 언어의 메소드와 절차적 언어의 프로시저의 차이는 이를 명명하는 메커니즘에 있다. 메소드는 해당하는 객체를 통해서만 명명될 수 있다. 따라서 자바에서는 프로그래머가 fee를 직접 호출할 수 없으며 대신 a.fee와 같이 fee를 구현한 클래스의 인스턴스를 통해서 호출할 수 있다.

5. *리시버(Receiver)* 메소드는 해당 객체와 관계하여 호출된다. 실제 구현에서는 적합한 객체 레코드에 대한 포인터를 전달하기 위해 묵시적인 매개변수가 사용된다. 이 매개변수를 리시버라고 하며 메소드 안에서 this 혹은 self와 같은 이름으로 접근할 수 있다. 자바에서 a.fee를 호출할 때 a는 메소드 fee안에서 this라는 이름으로 접근 가능한 리시버가 된다.

6. *클래스(Class)* 다른 객체의 성질들을 표현하는 객체를 클래스라고 한다. 특별히 클래스의 정의는 인스턴스 변수와 클래스의 각각의 객체에 대한 메소드를 기술한다. 즉, 메소드는 클래스의 인스턴스 변수가 된다.

7. *클래스 변수(Class Variables)* 클래스는 클래스 변수라고 불리기도 하는 인스턴스 변수를 가질 수 있다. 클래스 변수는 현재 리시버와 상관없이 클래스의 모든 메소드에 가시적인 영속 공간을 제공한다. 클래스 변수는 Algol과 같은 언어에서의 정적 변수와 유사한 동작을 하므로 Java와 C++는 클래스 변수를 클래스에서 static 변수로 선언한다. 즉, 클래스의 지역 변수는 인스턴스 변수이며 클래스의 정적 변수는 클래스 변수이다. 위의 그림에서 클래스 one의 인스턴스 변수 n은 클래스 변수이다.

상속

대부분의 객체지향 언어는 상속의 개념을 포함한다. 상속은 클래스에 원형 관계를 부여한다. 모든 클래스는 흔히 수퍼클래스라고 부르는 하나 이상의 부모 클래스들을 갖는다. 만약 β가 α의 수퍼클래스일 경우 α는 β의 서브클래스이며 β의 메소드는 클래스 α의 객체에서 수행될 수 있다.

(반면, α의 메소드는 객체 β에서 수행되지 못할 수 있다. 이것은 α의 메소드가 클래스 α의 객체에 존재하는 추가적인 상태를 접근할 수 있기 때문이다. 클래스 β의 객체에 적용되는 경우, 상태는 존재하지 않게 된다. 이러한 경우의 호출이 일어날 경우 실행 오류 등이 발생할 것이다.)

상속은 공통된 메소드들을 수퍼클래스에 위치시키고 상이한 행위를 하는 메소드들을 각기 다른 서브클래스에 위치시킴으로써 코드의 재사용을 가능하게 한다. 물론 수퍼클래스의 메소드들이 서브클래스의 객체에서 동작할 수 있도록 서브클래스는 수퍼클래스의 모든 인스턴스 변수들을 포함하여야 한다. 또한 메소드 명칭에 따른 실행 가능한 프로시저를 결정하기 위한 메커니즘은 해당 수퍼클래스들을 차례로 찾아가는 방식으로 확장되어야 한다. 이에 관한 일반적인 규칙은 어휘적으로 스코핑되는 심볼 테이블과 유사하다. 만약 메소드가 객체의 해당 클래스에 존재하지 않으면 상속한 순서로 수퍼클래스에서 메소드를 찾고 처음으로 찾은 메소드를 호출에 이용한다.

그림 6.7의 예를 살펴보자. 이전과 같이 a와 b가 클래스 one의 객체이지만 클래스 one은 two를 수퍼클래스로 two는 three를 수퍼클래스로 갖는다. 모든 클래스들은 메소드 fee를 구현하였으며 one은 메소드 `fie`, two는 메소드 `foe`, three는 메소드 `fum`을 각기 추가적으로 구현하였다. 또한 새로운 객체 c가 클래스 two의 인스턴스로 등장하였고 인스턴스 변수 x와 y를 갖으며 a와 b와 달리 z는 갖고 있지 않다.[3]

메소드에 이름 사상(Mapping Names to Methods)

객체지향 언어에서 함수는 리시버가 될 특정한 객체에 연관되어 호출되어야 한다. 그림 6.7의 구조를 살펴보면 프로그램이 `one.fee`를 호출할 경우 클래스 one에서 정의된 메소드를 찾아야 하며 `c.fee`의 경우 클래스 two에서 정의된 메소드를, `b.fum`의 경우 클래스 three에서 정의된 메소드를 찾아야 한다.

[3] 이 그림은 자유롭게 그려진 것이다. 객체 레코드에 객체(a, b, c)를 위한 클래스 포인터와 클래스(on, two, three)의 수퍼클래스 포인터가 같은 slot에 사용되고 있다. 실제 구현에서는 수퍼클래스 포인터는 각 클래스의 객체 레코드에서 다른 필드를 사용할 것이다. 클래스를 위한 클래스 포인터는 의심할 여지 없이 클래스(`class`)를 가지고 있다.

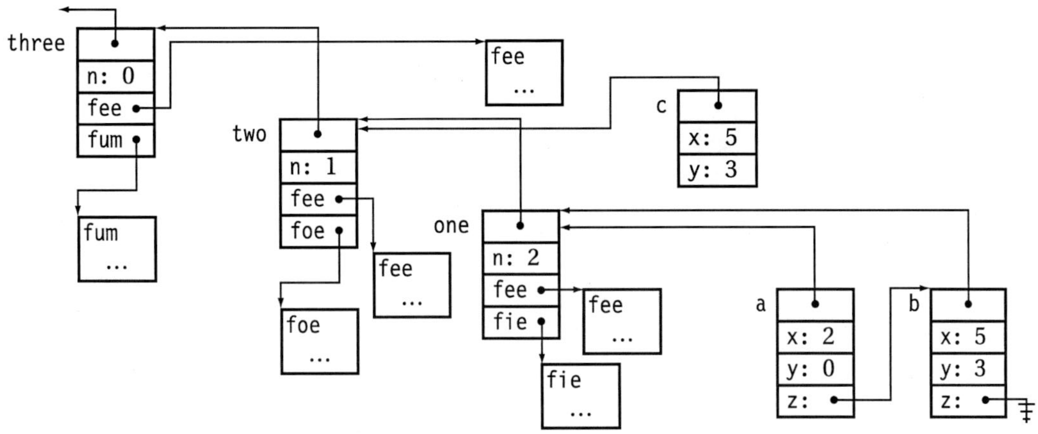

그림 6.7 수퍼클래스 계층구조에서의 메소드 찾기

개념적으로 메소드 조사는 프로시저 호출을 위해 검색을 수행하는 것과 같이 동작한다. 메소드 검색은 리시버의 클래스에서부터 시작하며 이때 검색에 실패할 경우 리시버의 수퍼클래스를 검색한다. 이 과정을 수퍼클래스를 따라가며 메소드를 찾거나 더 이상 검색할 클래스가 없을 때까지 반복한다. 따라서 검색 결과는 첫 번째로 찾은 메소드를 반환하거나 실패에 대한 보고를 하게 된다.

이러한 방법을 통하여 이전에 제시한 메소드의 잘못된 사용을 방지할 수 있다. 메소드 검사의 메커니즘이 수퍼클래스만을 향해 이루어지고 서브클래스를 향해서는 이루어지지 않으므로 클래스 α의 객체가 α의 서브클래스의 메소드의 리시버가 될 수 없음을 보장하기 때문이다. 메소드 검사는 수퍼클래스 chain을 따라가고, 절대 하위 클래스를 따라가지 않는다. 이것은 강한 자료형 언어에서 메소드가 메소드를 정의한 리시버와 함께 실행된다는 것을 보장한다.

다이어그램에서 제시된 바와 같이 상속의 구현을 위해서는 *디스패칭(dispatching)*이라고 불리는 메소드의 검색 및 호출을 지원하기 위한 런타임 데이터 구조체들을 신중하게 생성하여야 한다. 일반적으로 함수 호출은 Algol과 같은 언어에서와 같이 처리할 수 없다. 예를 들어 메소드 fee가 클래스 one에 선언되어 있고 fee가 클래스 one에 정의된 fie를 호출한다면 컴파일러는 fie를 직접 호출하는 코드를 생성할 수 있을까? 클래스 one이 서브클래스를 갖지 않는다면 직접 호출은 문제가 되지 않는다.

하지만 one이 하나 이상의 서브클래스를 갖는다면 fie의 호출은 클래스 계층을 통해 간접적으로 이루어져야 한다. fie의 리시버가 fie를 구현한 one의 서브클래스의 요소라면 객체의 클래스 포인터를 이용하여 적절한 fie의 구현을 간접 호출할 것이다. 반면 컴파일러된 fee가 fie를 직접 호출하도록 한다면 잘못된 fie를 호출하게 된다.

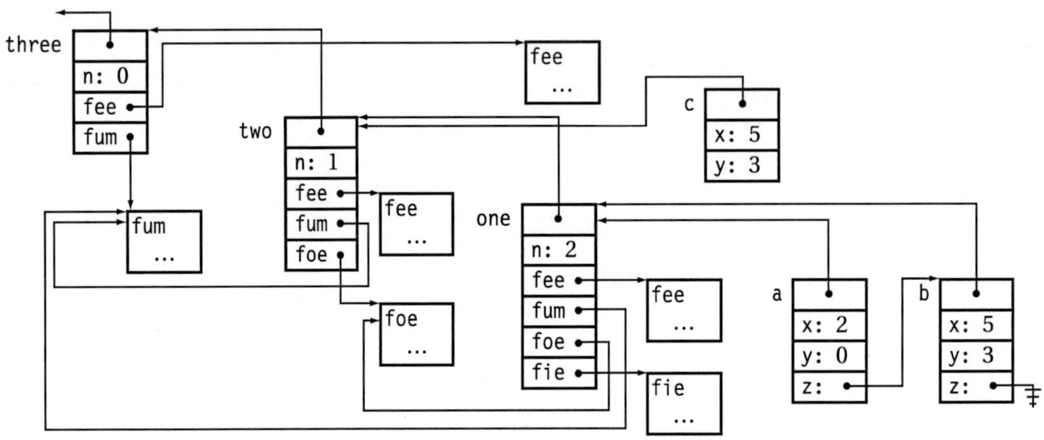

그림 6.8 각 클래스에서의 완전한 메소드 테이블과 그들의 계층구조

디스패칭을 보다 효율적으로 하기 위해 그림 6.8과 같이 각 클래스에 완전한 메소드 테이블을 배치하여 구현할 수 있다. 만약 클래스의 구조가 컴파일타임에 완벽히 결정된다면 메소드 테이블은 간단하게 생성할 수 있다. 이때 컴파일러는 상속 계층을 단순히 순차적인 스코프의 집합으로 처리한다(5.7.4절에서 언급할 것과 같이 클래스별로 하나의 심볼 테이블을 사용하고 서브클래스와 수퍼클래스를 연결한다.). 이러한 스코프 테이블에서 각 메소드 이름을 조사해 보는 것으로써 해당 메소드의 구현을 찾을 수 있다.

클래스 구조가 런타임에서 변할 수 있을 경우에 대한 구현은 클래스 계층을 모두 검사하거나 완벽한 클래스 테이블을 사용하고 필요할 경우 테이블을 갱신하는 메커니즘을 추가하여 해결할 수 있다. 전자의 경우 그림 6.7과 같은 런타임 구조를, 후자는 그림 6.13과 같은 런타임 구조를 가질 수 있다. 예를 들어 클래스의 구조가 변한 경우 변경된 클래스의 정의를 새로운 정의로 교체하고 런타임 시스템은 모든 관련된 클래스의 테이블을 갱신하는 것으로 구현할 수 있다.

이름 가시성을 위한 규칙

메소드를 실행하는 관점에서 객체지향 언어와 절차적 언어의 주요한 차이는 메소드가 접근할 수 있는 변수들의 집합에 있다. Pascal이나 Algol과 같은 언어에서 스코핑 규칙은 프로시저 중심이며 각 프로시저는 자신의 매개변수와 어휘 스코프 주위의 변수나 전역 변수를 접근할 수 있다. 반면 객체지향 언어에서 접근 규칙은 객체가 중심이다.

프로그램이 메소드 one.fee를 호출할 때 메소드가 접근할 수 있는 것들은 무엇인가? 첫째로 fee는 매개변수를 포함한 메소드 내부에서 선언된 모든 이름들에 접근할 수 있으며 fee의 코드는 Algol과 같은 언어들과 같이 어휘적으로 내포된 스코프들을 포함한다. (이것은 메소드를 호출할 때 새로운 구동 레코드를 생성함을 의미한다.) 둘째로 fee는 알고 있는 one의 모든 인스턴스 변수에 접근할 수 있다. (fee가 수퍼클래스의 메소드일 경우 fee는 one의 모든 인스턴스 변수를 알 수는 없다.) 셋째로, fee를 정의한 클래스와 해당 클래스의 수퍼클래스들의 클래스 변수에 접근할 수 있다. 마지막으로 언어가 전역 이름 스코프를 지원하는 경우 전역 변수를 접근할 수 있다.

이를 구체적으로 살펴보기 위해 그림 6.7로 돌아가면 리시버 b를 이용해 foe를 호출하면 foe는 변수 x, y와 b의 객체 레코드에 접근할 수 있지만 foe는 클래스 two에 선언되어 있고 x, y만 해당 클래스에 선언되어 있으므로 변수 z는 접근할 수 없다. 또한 foe는 two와 three의 모든 클래스 변수에 접근할 수 있지만 서브클래스 one의 클래스 변수는 접근할 수 없다.

반면 리시버 b를 이용하여 fee를 호출할 경우 fee는 클래스 one에 선언되어 있으므로 b의 모든 인스턴스 변수에 접근할 수 있으며 one, two, three의 모든 클래스 변수에 접근할 수 있다.

메소드 안에서 가시적인 명칭들의 집합이 클래스의 구조에 크게 의존하므로 객체지향 언어에서 매개변수 전달은 고전적인 Algol과 같은 언어들에 비하여 큰 역할을 수행한다. 메소드 안에서 코드는 적절한 리시버 객체를 이용하여 호출할 수밖에 없다. 보통 이 객체는 전역 변수나 매개변수가 되기 때문이다.

6.4 프로시저 간의 값 교환

프로시저의 핵심 개념은 추상화이며 프로그래머는 프로시저를 통해 명칭들의 작은 집합 혹은 *형식 매개변수(formal parameter)*에 관련한 공통된 작업을 추상화하고 보호한다. 프로시저를 사용하기 위해서 프로그래머는 프로시저를 적절한 값 혹은 *실제 매개변수(actual parameter)*를 형식 매개변수에 대입하여 호출하여야 한다. 호출된 프로시저는 형식 매개변수를 이용하여 실제 매개변수가 전달하는 값에 접근하여 작업을 수행하며 결과를 반환할 수 있다.

6.4.1 매개변수 전달

매개변수 대입은 호출 지점에서 실제 매개변수를 호출된 프로시저의 형식 매개변수에 사상한다. 이것은 프로그래머로 하여금 프로시저가 수행될 문맥에 대한 지식 없이 프로시저를 작성하고 프로시저의 내부 작업에 대한 지식 없이 개별적인 여러 다른 문맥에서 프로시저를 호출하는 것을 가능하게 한다.

대부분의 현대 프로그래밍 언어는 호출 시점에서 매개변수를 대입하는 방법 중 다음 두 가지 중 하나를 사용한다. 두 가지 방법은 *값에 의한 호출(call-by-value)*, *주소에 의한 호출(call-by-reference)*이라고 불리며 아래에서 설명할 것이다.

값에 의한 호출

다음의 C로 작성된 프로시저를 예로 호출 지점들을 살펴보자.

```
int fee(int x, int y) {
  x = 2 * x;
  y = x + y;
  return y;
}
```

```
c = fee(2,3);
a = 2;
b = 3;
c = fee(a,b);
a = 2;
b = 3;
c = fee(a,a);
```

C와 같이 값에 의한 호출을 사용하는 언어에서 호출자는 실제 매개변수의 값을 해당하는 형식 전달인자를 위해 레지스터 혹은 피호출자의 AR의 매개변수 슬롯 등 적절한 위치에 복사한다. 이 값은 호출 시점에서 실제 매개변수의 값을 초기값으로 하며 피호출자가 이 값을 변경할 때 변경된 값은 피호출자 안에서만 가시적이고 호출자에게는 적용되지 않는다.

값에 의한 호출을 이용할 때 위의 코드에서 세 지점의 호출은 다음과 같이 단순하고 직관적인 결과를 산출한다.

Call by Value	a		b		Return Value
	in	out	in	out	
fee(2,3)	–	–	–	–	7
fee(a,b)	2	2	3	3	7
fee(a,a)	2	2	3	3	6

값에 의한 호출에 대한 변이로서 값과 결과에 의한 호출이 있다. 이 호출 방법은 피호출자가 호출자로 리턴할 때 형식 매개변수의 값을 실제 매개변수에 거꾸로 복사한다. Ada와 같은 언어에서 이 방법을 사용할 수 있으며 이러한 메커니즘은 FORTRAN 77에서 정의된 규칙을 만족한다.

주소에 의한 호출

주소에 의한 호출에서 호출자는 각 매개변수를 위한 포인터를 AR의 슬롯에 저장한다. 실제 매개변수가 변수의 경우 변수의 메모리 주소를 저장하게 되고 표현식의 경우 표현식의 결과를 산출하여 AR에 저장하고 포인터를 피호출자의 AR의 적절한 매개변수 슬롯에 저장하며 상수는 피호출자가 상수값을 바꾸지 않도록 표현식과 같이 처리한다. 반면 일부 언어들은 참조에 의한 호출에서 표현식을 실제 매개변수로 사용할 수 없도록 한다.

이름에 의한 매개변수 대입

Algol은 이름에 의한 호출이라는 매개변수 대입 메커니즘을 도입하였다. 이름에 의한 호출의 경우 형식 매개변수의 참조는 마치 실제 매개변수가 명칭을 바꾸어 원시 소스에서 형식 매개변수를 대체하는 것처럼 동작한다. 이러한 단순한 규칙은 복잡한 동작을 초래한다. 다음의 Algol 60 예제를 살펴보자.

```
begin comment Simple array example;
  procedure zero(Arr,i,j,u1,u2);
    integer Arr;
    integer i,j,u1,u2;
    begin;
      for i := 1 step 1 until u1 do
        for j := 1 step 1 until u2 do
          Arr := 0;
      end;
  integer array Work[1:100,1:200];
  integer p, q, x, y, z;
  x := 100;
  y := 200;
  zero(Work[p,q],p,q,x,y);
end
```

프로시저 zero의 호출은 배열 Work의 모든 요소들에게 값 0을 할당한다. 이를 위해 이름에 의한 호출은 실제 매개변수의 이름으로 프로시저 zero를 다시 작성한다.

이름에 의한 호출에 대한 정의는 단순한 반면 실제 구현과 이를 이해하는 것은 복잡하다. 일반적으로 컴파일러는 모든 형식 매개변수를 위해 실제 매개변수의 값을 산출하고 결과에 해당하는 포인터를 반환하는 *트렁크*라고 하는 함수를 생성한다. 적절한 트렁크를 생성하는 것은 복잡하며 모든 매개변수의 접근을 위해 트렁크를 사용하는 것은 많은 비용을 소요한다. 결국 이러한 단점들은 이름에 의한 호출의 장점을 무시하고 남는다.

호출된 프로시저 내부에서 참조에 의한 호출로 대입된 형식 매개변수는 추가적인 수준의 간접 참조를 수반한다. 참조에 의한 호출은 값에 의한 호출에 대하여 다음 두 가지의 주요한 차이를 갖는다. 첫째로 형식 매개변수의 참조값의 재정의는 해당하는 실제 매개변수의 값에 반영된다. 둘째로 모든 매개변수 참조는 호출된 프로시저에서 다른 이름으로 접근할 수 있는 변수에 귀속된다. 이때 이러한 이름은 같은 저장 공간을 참조하므로 *에일리어스(alias)*라고 말하며 에일리어스는 직관적이지 못한 행위를 발생시킬 수 있다.

앞의 예제를 참조에 의한 호출을 사용하여 FORTRAN 77로 다시 작성한 아래의 코드를 살펴보자.

```
integer function fee(x,y)                c = fee(2,3)
  integer x, y                           a = 2
  x = 2 * x                              b = 3
  y = x + y                              c = fee(a,b)
  fee = y                                a = 2
  end                                    b = 3
                                         c = fee(a,a)
```

참조에 의한 호출을 이용할 경우 이전 예제와 다른 결과를 산출한다. 아래에 그 결과를 살펴볼 수 있으며 우리는 마지막 호출 fee(a,a)가 비록 FORTRAN 77 규정에 어긋나지만 컴파일러가 에일리어스 된 매개변수를 직관적인 방법으로 처리하는 것을 가정하였다.

Call by Reference	a		b		Return Value
	in	out	in	out	
fee(2,3)	–	–	–	–	7
fee(a,b)	2	4	3	7	7
fee(a,a)	2	8	3	3	8

두 번째 호출이 a, b의 값을 재정의하는 것을 주목하자. 참조에 의한 호출은 호출된 프로시저에서 변경한 값을 호출 환경에 전달하도록 한다. 마지막 호출은 x와 y를 서로의 에일리어스로 만든다. fee의 첫 번째 문장은 a의 값을 4로 재정의하고 다음 문장은 a를 두 번 참조하여 서로 더하여 a의 값이 8이 되게 한다. 이에 따라 fee는 6이 아니라 8을 반환한다.

값에 의한 호출 및 참조에 의한 호출 모두 매개변수를 표현하는데 요구되는 공간은 작다. 하지만 매 호출마다 각 매개변수를 피호출자의 AR에 복사해야 하므로 호출 방식은 호출에 소요되는 비용에 크게 영향을 준다. 가령 큰 객체를 값에 의한 호출로 전달하는 경우 전체 객체를 복사해야 비용을 수반한다. 몇몇 언어들은 배열과 구조체를 참조를 통해 전달할 수 있도록 하며 어떤 언어는 프로그래머가 특정한 매개변수를 참조에 의해 전달하도록 지정할 수 있게 한다.

6.4.2 값 반환

함수가 값을 반환하기 위해서는 실제 매개변수의 값을 바꾸는 것이 아닌 컴파일러가 이 값을 저장할 공간을 마련해 주어야 한다. 정의에 의하면 반환값은 호출된 프로시저가 종료된 후에 사용되기 때문에 호출된 프로시저의 AR 외부에 이 값을 저장할 공간이 필요하다. 컴파일러 작성자가 반환값이 고정된 작은 크기를 갖는다면 이 값을 호출자의 AR이나 지정된 레지스터에 저장할 수 있다.

지금까지 모든 AR에 대한 그림을 살펴보면 반환값을 위한 슬롯을 볼 수 있다. 이 슬롯을 사용하기 위해 호출자는 자신의 AR에 반환값을 저장할 수 있는 공간을 할당하고 반환 슬롯에 할당한 공간의 포인터를 저장해야 한다. 피호출자는 이 포인터를 호출자의 ARP를 사용해서 호출자의 반환값 슬롯에서 읽어와 호출자의 AR에 반환값을 저장할 수 있다. 이 메커니즘은 호출자와 피호출자가 동일한 크기의 반환값을 사용하는 경우에 사용 가능하다.

호출자가 반환될 값의 크기를 알지 못할 경우 반환값을 위한 공간은 피호출자가 할당해 주어야 한다. 보통 힙에 이 공간을 생성하며 피호출자는 이 공간에 반환값을 저장하고 호출자의 AR의 반환값 슬롯에는 이에 대한 포인터를 저장한다. 이로써 반환 후 호출자는 반환값 슬롯의 포인터를 이용하여 실제 반환값을 얻을 수 있다.

호출자와 피호출자가 모두 반환값이 충분히 작아 반환값 슬롯에 저장할 수 있음을 알 경우 위에서 묘사한 간접적인 반환값 전달을 피할 수 있다. 이 경우 피호출자는 반환값을 호출자의 AR의 반환값 슬롯에 저장하고 피호출자는 이 값을 바로 얻을 수 있다. 물론 이를 위해서는 호출자와 피호출자가 이러한 경우를 인식하고 동일한 방법으로 처리할 수 있어야 한다.

(이러한 성능 개선을 위한 구현은 같은 언어를 같은 머신에서 사용함에도 불구하고 컴파일러가 다를 경우 상호 호환이 되지 않게 할 수 있는 좋은 예이다. 두 개의 컴파일러가 있는데 하나는 성능 개선을 위한 방법을 쓰고 다른 하나는 그렇지 않은 경우를 생각해 보자. 각각의 컴파일러로 컴파일된 실행 코드는 반환값을 포인터로 여기고 잘못된 참조를 수행 등의 런타임 오류를 발생시킬 것이다.)

6.5 주소 계산

링키지 규약 (linkage convention)에 따라 컴파일러는 프로시저가 참조할 변수의 주소를 생성할 수 있도록 해야 한다. Algol과 같은 언어에서 프로시저는 전역 변수, 지역 변수 및 주변의 어휘적 스코프에 선언된 모든 변수들을 참조할 수 있다. 일반적으로 주소 계산은 *데이터 영역(data area)*이라고 불리는 값을 저장하는 스코프의 메모리 집합의 주소를 찾는 것과 이 영역에서 해당 변수의 오프셋을 찾는 것으로 이루어진다.

6.5.1 단순한 기본 주소

많은 변수들을 위해 컴파일러는 한두 개의 명령어를 이용하여 기본 주소를 생성하는 코드를 생성할 수 있다. 가장 쉬운 예는 현재 프로시저의 지역 변수들의 기본 주소를 생성하는 것이다. 변수가 프로시저의 AR에 저장되어 있는 경우 컴파일러는 ARP를 지역변수의 기존 주소로 이용할 수 있다. 정확한 연산의 순서는 IR이 표현하는 주소 모드(addressing mode)에 의해 결정되지만 주소 계산을 위해 몇 가지 연산 방법을 사용할 수 있다. `loadAI`와 같이 "레지스터 + 즉치 오프셋", 혹은 `loadAO`와 같이 "주소 + 오프셋"의 단일 연산을 사용하거나 오프셋 값이 매우 클 경우 loadAI, add, load와 같은 세 가지 연산을 순차적으로 사용할 수 있다. 모든 경우에 있어서 주소 계산은 빠르게 이루어지도록 해야 한다.

(어떤 경우에는 지역 변수가 프로시저의 ARP에서 상수 오프셋 값을 갖지 않을 수도 있다. 변수가 레지스터에 저장된 경우 load, store 연산을 통해 값을 접근할 필요가 없기 때문이다. 또한 변수의 크기를 예측할 수 없거나 가변적인 크기를 갖는 경우 컴파일러는 이 변수를 가변 크기 객체를 위해 마련된 AR의 끝 부분이나 힙의 공간에 저장할 것이다. 이 경우 컴파일러는 실제 변수의 위치를 갖는 포인터를 위한 공간을 AR에 마련해야 하며 변수를 간접적으로 접근하는 추가적인 코드를 생성해야 한다.)

전역 변수와 정적 변수도 유사한 방법으로 처리하나 컴파일러가 레지스터에 기본 주소를 적재해 주어야 한다. 이를 위해 어셈블리 수준에서의 심볼릭 라벨을 기본주소의 즉치값으로 사용하는 load 명령어를 생성할 수 있으며 어셈블러와 로더가 이 심볼릭 라벨을 런타임 값으로 대체할 것이다.

예를 들어 전역 변수 `fee`는 &과 .가 원시언어에서 이름으로 사용될 수 없다는 가정하에 `&fee.`와 같은 라벨을 수반한다. 컴파일러는 `fee`의 공간을 위하여 어셈블리 언어의 pseude-operation을 생성하며, 동시에 그 operation에 라벨을 부착할 것이다. `fee`의 실제 런타임 주소를 레지스터에 적재하기 위해 `loadI &fee.⇒ r_i`와 같은 명령어를 생성하며 그 다음 명령어로 r_i를 이용해 fee의 실제 메모리를 접근할 것이다.

컴파일러는 fee가 어디에 저장될지 알아야 할 필요는 없다. 재배치가 가능한 라벨을 사용해 명령어들이 적절한 런타임 주소를 이용해 쓰여질 것을 보장하기 때문이다. 어셈블러, 링커 및 로더가 심볼 &fee.을 런타임 주소를 결정하여 loadi 명령어를 재작성할 것이다.

전역 변수들은 각각 다른 라벨을 갖거나 보다 큰 집합에 속하여 라벨을 가질 수 있다. 예를 들어, FORTRAN은 전역 변수들을 common 블록들에 모으며 일반적으로 컴파일러가 common 블록 별로 라벨을 붙인다. 각각의 전역 변수들은 해당 공통 블록의 라벨에서 오프셋을 이용하여 접근하며 데이터 영역이 "레지스터 + 오프셋" 연산에서 허용하는 오프셋의 범위를 벗어날 경우 라벨을 여러 개로 나누어 처리할 수 있다.

이와 비슷하게 컴파일러는 단일 스코프의 모든 정적 변수들을 하나의 데이터 영역에 모아서 처리하여 링크 및 로드 시에 발생할 수 있는 예기치 않은 명칭의 충돌의 가능성을 줄일 수 있다. 컴파일러는 이를 위하여 해당 스코프에 관련해 전역적으로 가시적인 이름에 라벨을 부여한다. 또한 이 방법을 사용하여 프로시저들에서 사용되는 기본 주소의 수와 이에 따른 레지스터의 사용을 줄여 과도하게 많은 레지스터를 사용하여 생기는 성능 저하를 피할 수 있다.

6.5.2 다른 프로시저의 지역 변수

어휘적으로 스코핑되는 언어에서는 정적 좌표를 해당하는 변수의 하드웨어 주소로 사상시키는 방법이 필요하다. 이를 위해 컴파일러는 현재의 프로시저의 어휘적 스코프 주위 AR들의 주소를 계산하기 위해 필요한 데이터 구조를 마련해야 한다.

예를 들어 어휘적 수준 m의 fee가 상위 수준 n의 fie에 선언된 변수를 참조하는 경우 파서는 이 참조를 정적 좌표 $\langle n,o \rangle$로 변환한다 (o는 pie의 AR에서 a의 오프셋이다.). 컴파일러는 fee와 fie의 어휘적 수준의 차이를 m-n으로 계산한다. (좌표 $\langle m\text{-}n,o \rangle$를 *정적 거리 좌표(static-distance coordinate)*라고 하며 fee의 AR에서 fie의 AR 그리고 fie의 ARP로부터 a의 오프셋 사이의 거리를 기술한다.

$\langle n,o \rangle$를 런타임 주소로 변환하기 위해 컴파일러는 어휘적으로 상위에 있는 구동 레코드를 추적하는 방법이 필요하다. 이를 위해 컴파일러는 런타임에 현재의 이 정보를 기록하는 코드와 다른 스코프의 지역 변수를 참조에 대하여 이 런타임 정보를 이용하여 해당하는 주소를 계산하는 코드를 생성해야 한다.

몇 가지 메커니즘이 이 문제를 해결하기 위해 사용되어 왔다. 우리는 이들 메커니즘 중 접근 링크(access link)와 전역 디스플레이(global display)를 살펴볼 것이다.

접근 링크

접근 링크를 사용하는 컴파일러는 각각의 AR이 어휘적으로 바로 상위에 있는 AR에 대한 포인터를 저장한다. 코드는 *접근 링크(access link)* 혹은 *정적 링크(static link)*라고 불리는 이 포인터를 사용해서 다른 지역 변수를 접근 할 수 있다. 그림 6.9와 같이 이 접근 링크는 현재 프로시저의 어휘적으로 상위 프로시저의 AR을 연결하는 사슬 형태를 취한다.

어휘적 수준 m의 프로시저에서 변수 $\langle n,o \rangle$를 접근할 때 컴파일러는 접근 링크의 사슬을 따라가 수준 n의 ARP를 찾는 코드와 이 ARP와 o를 이용해 값을 읽는 load 명령어를 생성해야 한다. 그림 6.9를 예로 m이 2이고 접근 링크가 ARP에서 오프셋-4에 해당할 경우 다음 표와 같이 각각의 좌표에 대한 ILOC코드를 생성할 것이다. 표에서 좌측 열은 정적 좌표를 우측열은 해당하는 변수를 r_2에 적재하는 ILOC 코드를 나타낸다.

⟨2,24⟩	loadAI r_{arp},24	⇒	r_2
⟨1,12⟩	loadAI r_{arp},-4	⇒	r_1
	loadAI r_1,12	⇒	r_2
⟨0,16⟩	loadAI r_{arp},-4	⇒	r_1
	loadAI r_1,-4	⇒	r_1
	loadAI r_1,16	⇒	r_2

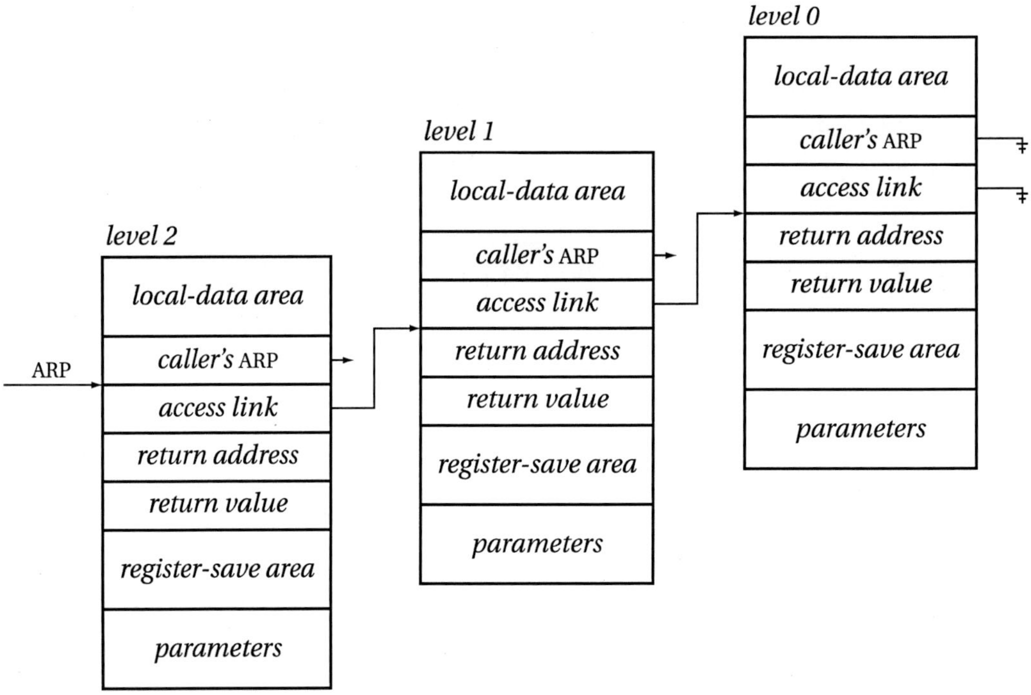

그림 6.9 접근 링크의 사용

컴파일러는 각각의 참조에 대한 정적 좌표를 갖고 있으므로 정적 거리 $m-n$을 계산할 수 있다. 이 거리는 접근 링크의 사슬을 얼마나 따라 올라가야 하는지를 의미하므로 컴파일러는 해당 변수를 적재하기 위해 필요한 명령어들 생성할 수 있다. 주소 계산에 소요되는 비용 정적 거리에 비례하지만 프로그램이 얕은 어휘적 내포를 사용한다면 이 비용은 상당히 작을 것이다.

접근 링크를 관리하기 위하여 컴파일러는 각각의 프로시저 호출에 적절한 ARP를 찾아 피호출자의 접근 링크에 저장하는 코드를 추가해야 한다. 호출자의 어휘적 수준이 m이고 피호출자의 수준이 n이라면 변수접근에 세 가지 경우가 존재한다. $n = m + 1$인 경우 피호출자는 호출자 안에 내포된 것이므로 호출자의 ARP를 접근 링크로 사용할 수 있다. $n = m$일 경우 피호출자의 접근 링크는 호출자의 접근 링크와 동일하다. 마지막으로 $n < m$인 경우 피호출자의 접근 링크는 호출자의 수준 $n-1$의 접근 링크이다. (만약 n이 0이라면 접근 링크는 null이다.) 이를 이용하여 컴파일러는 해당하는 ARP를 찾고 해당 포인터를 피호출자의 접근 링크에 저장하는 코드를 $m-n+1$의 load 명령어로 생성할 수 있다.

전역 디스플레이

전역 디스플레이(global display)를 이용하는 컴파일러는 *디스플레이(display)*라고 하는 단일의 전역 배열을 할당하여 최근에 활성화된 프로시저의 ARP들을 각 어휘적 수준에 따라 저장한다. 다른 프로시저의 모든 지역변수 접근은 디스플레이를 통해 간접적으로 참고한다. 그림 6.10과 같이 변수 $\langle n,o \rangle$를 접근하기 위해 컴파일러는 디스플레이의 n번째 요소값을 ARP로 사용하고 o에 해당하는 오프셋을 사용하여 해당하는 load 연산을 수행하는 코드를 생성한다.

다음 표는 전역 디스플레이를 사용하였을 때 현재 프로시저의 어휘적 수준이 2이고 디스플레이의 주소 라벨이 _disp일 때 각각의 정적 좌표의 변수를 읽는 코드를 나타낸 것이다.

⟨2,24⟩	loadAI r_{arp},24	⇒ r_2
⟨1,12⟩	loadI _disp	⇒ r_1
	loadAI r_1,4	⇒ r_1
	loadAI r_1,12	⇒ r_2
⟨0,16⟩	loadI _disp	⇒ r_1
	loadAI r_1,16	⇒ r_2

디스플레이를 이용하였을 때 다른 프로시저의 지역 변수를 접근하는 비용은 고정되어 있다. 접근 링크를 사용하는 경우 $m-n$의 load 명령어들을 생성하였지만 디스플레이를 이용하는 경우 단순히 디스플레이로부터 $n \times l$을 오프셋으로 하여 해당 ARP를 접근할 수 있기 때문이다(l은 포

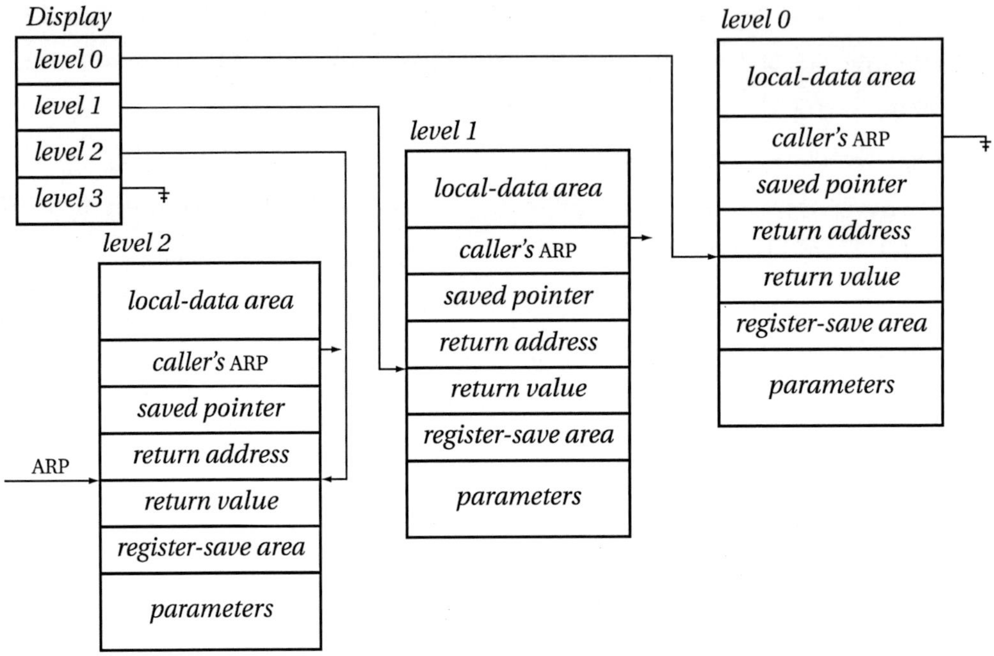

그림 6.10 전역 디스플레이의 사용

인터의 길이이며 예제에는 l은 4이다.). 여전히 지역 변수 접근에 비하여 경제적이지 못하지만 디스플레이를 이용하는 경우 다른 프로시저의 지역 변수 접근에 대한 비용이 고정적인 장점이 있다.

물론 컴파일러는 디스플레이를 관리하기 위한 코드를 생성해야 한다. 수준 n의 프로시저 p가 수준 $n+1$의 프로시저 q를 호출할 경우 p의 ARP는 디스플레이의 n번째 요소가 된다. 현재의 디스플레이를 관리하는 가장 간단한 방법은 p가 시작할 때 디스플레이의 n번째 요소를 갱신하고 p가 종료할 때 원래의 값으로 복원하는 것이다. 즉, p가 시작할 때 디스플레이의 n번째 요소를 자신의 AR의 예약된 공간에 저장하고 자신의 ARP를 디스플레이에 저장하는 것이다.

물론 과도한 디스플레이의 갱신은 피해야 한다. 예를 들어 프로시저 p가 저장한 ARP를 사용할 수 있는 프로시저는 p 안에 내포되어 있고 p가 직간접적으로 호출한 프로시저이다. 따라서 자기 자신에 내포된 프로시저를 호출하는 프로시저가 아니라면 디스플레이를 갱신할 필요가 없다.

접근 링크 vs 전역 디스플레이

컴파일러는 이 둘 중 하나의 메커니즘을 이용하여 구현할 수 있고 각각은 다음과 같은 장단점이 있다.

1. 두 방법 모두 부하를 수반한다. 전역 디스플레이의 관리에 필요한 비용은 고정적인 반면 접근 링크의 관리에 필요한 비용은 가변적이다. 하지만 접근 링크의 경우 어휘 수준이 한 단계 차이 나는 프로시저 간에 대한 호출은 매우 부하가 적은 장점이 있다.

2. 전역 디스플레이를 통한 참조는 고정적인 비용이 든다. 다른 프로시저의 지역 변수를 호출하는 경우가 빈번한 경우 디스플레이의 포인터는 레지스터에 계속 머물러 있을 것이다. 또한 이러한 경우 디스플레이의 요소들이 대부분 캐시에 머물러 있으므로 디스플레이를 이용한 간접 참조의 비용이 감소할 것이다.

3. 접근 링크를 이용한 참조는 가변적인 비용이 든다. 하지만 접근 링크의 사슬의 시작점은 ARP에 저장되어 있으므로 이 사슬을 위해 추가적인 레지스터가 필요 없는 장점이 있다. 단점으로는 컴파일러가 AR이 캐시에 사상되도록 돕기 어려우므로 접근 링크의 사슬을 따라가는 것은 캐시 오류를 유발할 수 있다.

실질적으로 두 메커니즘이 수반하는 비용은 프로시저 호출 및 리턴 대비 다른 프로시저의 지역 변수의 참조의 비율에 의해 결정된다.

하지만 접근 링크만을 사용해야 하는 경우도 있다. 예를 들어 AR이 AR을 생성한 호출보다 오래 생존할 수 있다면 접근 링크는 문제없이 동작할 수 있지만 전역 디스플레이는 사용할 수 없기 때문이다. 따라서 프로시저를 최상위 객체로 취급하는 언어에서는 접근 링크를 공통적으로 사용한다.

6.6 표준화된 링키지

프로시저 링키지는 컴파일러, 운영체제와 목표 기계 간에 명명법, 자원의 할당, 주소 계산 및 보호에 대한 책임을 명확하게 나누기 위한 규약이다. 프로시저 링키지는 컴파일러로 변환된 사용자의 코드와 시스템 라이브러리의 코드 및 다른 언어로 작성되어 변환된 코드들 등이 모두 상호 동작하는 것을 보장한다. 일반적으로 주어진 목표 기계과 운영체제 상에 모든 컴파일러는 최대한 동일한 프로시저 링키지를 사용한다.

링키지 규약은 각각의 프로시저를 호출 지점의 환경과 격리시키도록 한다. 프로시저 p가 정수형 매개변수 x를 갖는 경우를 가정해 보자. p에 대한 호출은 x에 호출하는 프로시저의 스택 프레임 안에 저장된 지역 변수를 대입할 수도 있고 전역 변수나 정적 배열의 요소, 혹은 $y+2$와 같

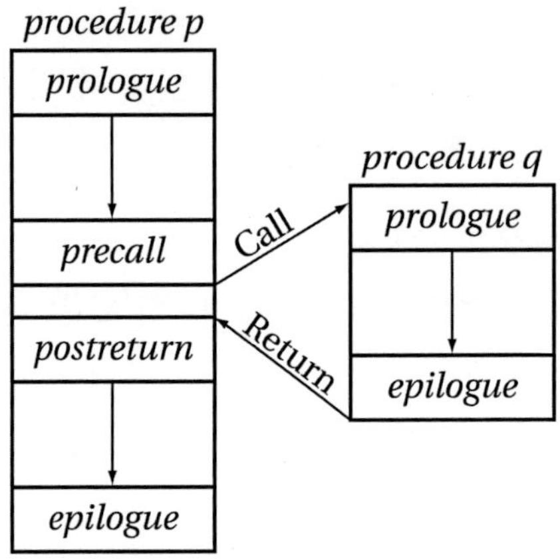

그림 6.11 표준 프로시저 링키지

은 정수형 표현의 결과값을 대입할 수도 있다. 이렇게 다양한 호출 환경이 존재하므로 프로시저 링키지는 호출하는 프로시저에서 x의 값을 어떻게 구하고 저장하는지, 호출되는 프로시저에서 x를 어떻게 접근해야 하는지를 기술하여 상호 연동을 가능하게 한다. 이에 따라 컴파일러는 호출되는 시점에서의 런타임 환경에 관계없이 프로시저 p의 몸체에 해당하는 코드를 생성할 수 있다.

링키지 규약은 불가피하게 목표 기계에 의해 결정된다. 예를 들어 링키지 규약은 목표 기계의 레지스터 수와 호출 및 리턴에 대한 메커니즘과 같은 정보에 의해 결정된다.

그림 6.11은 표준 프로시저 링키지의 각 부분들이 어떻게 맞물려 돌아가는지를 보여준다. 각각의 프로시저는 *프롤로그 시퀀스(prologue sequence)*와 *에필로그 시퀀스(epilogue sequence)*를 가지며 각각의 호출 지점은 *프리콜 시퀀스(precall sequence)*와 *포스트리턴 시퀀스(postcall sequence)*를 갖는다.

프리콜(Precall) 프리콜 시퀀스는 피호출자의 실행 환경을 생성하는 과정을 시작하는 역할을 한다. 실제 매개변수 값을 구하고 리턴 주소와 필요한 경우 리턴값을 저장하기 위해 마련된 주소를 결정한다. 참조에 의한 호출에서 매개변수는 레지스터에 할당되어 있는 경우 이 값을 호출자의 AR에 저장하여 피호출자에게 이 주소를 전달할 수 있도록 해야 한다.

AR의 많은 항목들은 레지스터를 이용하여 피호출자에게 전달할 수 있다. 리턴 주소, 리턴값을 저장할 주소, 호출자의 ARP 등이 이러한 항목이 될 수 있다. 또한 매개변수 중 처음 k개가 레지스터를 통해 전달될 수 있다. 매개변수가 k보다 많은 경우 나머지 실제 매개변수들은 피호출자나 호출자의 AR에 저장되어야 한다.

포스트리턴(Postreturn) 포스트리턴 시퀀스는 프리콜 시퀀스에서 한 일들을 되돌린다. 참조에 의한 호출이나 값과 결과에 의한 호출의 경우 변경된 매개변수 값을 레지스터에 적용

해야 한다. 호출자가 관리하는 레지스터를 레지스터 저장 영역을 이용하여 복원해야 한다. 경우에 따라 피호출자의 AR의 전체 혹은 일부를 해제시켜야 할 수도 있다.

프롤로그(Produgue) 프롤로그 시퀀스는 피호출자의 런타임 환경을 완성시키는 역할을 한다. 레지스터를 통하여 전달된 매개변수의 값을 저장하기 위한 공간을 피호출자의 AR에 할당해야 할 수도 있으며 필요 시 지역 변수를 위한 공간을 생성하고 변수를 초기화해야 한다. 피호출자가 특정한 정적 데이터 영역을 참조하는 경우 해당 데이터 영역의 라벨을 레지스터에 적재해야 할 것이다.

에필로그(Epilogue) 에필로그 시퀀스는 피호출자의 환경을 종료시키고 호출자의 환경을 복원하는 과정을 시작하는 역할을 한다. 피호출자의 AR을 해제하는 역할과 프로시저가 값을 반환하는 경우 호출자의 지정된 주소에 값을 저장하는 역할을 수행하기도 한다. (다른 방법으로 return 문장에 해당하는 코드가 이 역할을 수행할 수도 있다.) 마지막으로 에필로그는 호출자의 ARP를 복원하고 리턴 주소로 복귀한다.

지금까지 링키지 규약을 따르기 위한 일반적인 구조를 살펴보았다. 많은 작업들이 호출자와 피호출자 사이에서 적절히 나누어 수행할 수 있다. 일반적으로 많은 작업을 프롤로그와 에필로그에서 처리하는 경우보다 경제적 코드를 생성할 수 있다. 프리콜과 포스트리턴 시퀀스는 각각의 프로시저 콜을 위해 생성되는 반면 프롤로그와 에필로그는 프로시저 별로 생성되기 때문이다. 프로시저가 평균적으로 한번 이상 호출 되는 경우 프롤로그와 에필로그의 수가 프리콜과 포스트리턴의 수 보다 적기 때문이다.

레지스터 저장

콜 시퀀스의 관점에서 볼 때, 호출자가 호출에 상관없이 보존되기 바라는 레지스터는 호출 과정 중에 메모리에 저장되어야 한다. 호출자는 어떤 레지스터가 보존되어야 하는지 정확히 알고 있으므로 피호출자가 이 역할을 하는 것보다 적은 수의 레지스터를 저장할 수 있다. 이와 같이 호출자가 저장하는 것을 *호출자 저장(caller saved)* 규약이라고 한다. 피호출자 저장(callee save) 규약은 이러한 역할을 피호출자가 수행하는 것이다. 피호출자는 자신이 사용할 레지스터를 정확히 알고 있으므로 몇몇 레지스터 값들을 변경하지 않고 유지할 수 있다.

각각의 규약은 장단점이 있으며 프로시저는 불필요한 레지스터의 저장과 복구를 피하기 위해 자신의 동작에 대한 정보를 이용할 수 있다. 그러나, 어떠한 방식이 항상 더 좋다는 것은 알려져 있지 않다. 따라서 많은 현대적인 시스템들은 두 규약을 혼합하여 사용하여 레지스터들의 절반은 호출자 저장 방식을, 나머지는 피호출자 저장 방식을 사용하도록 한다. 실제로, 이 방식은 훌륭히 작동한다. 이러한 방식은 컴파일러가 오래 생존하는 값들은 피호출자 저장 레지스터로 하여 실제로 피호출자가 필요할 때만 레지스터를 저장하도록 코드를 생성하게 한다. 또한 나머지 생존기간이 짧은 값들에 대해서는 호출자 저장 레지스터를 사용하여 호출 시마다 불필요하게 저장되는 것을 피하도록 한다.

구동 레코드의 할당

대부분 일반적인 경우에 호출자와 피호출자 모두 피호출자의 AR에 접근해야 한다. 하지만 불행히도 일반적으로 호출자는 어떻게 피호출자의 AR을 생성해야 하는지 알 수 없다(컴파일러와 링커가 호출 지점에 적절한 값을 넣어줄 수 있는 경우를 제외한 경우이다.).

AR을 스택에 할당하는 경우 혼합된 방법을 사용할 수 있다. AR의 할당은 스택의 포인터를 증가시키는 것으로 이루어지므로 호출자가 스택 포인터를 적당히 증가시키고 값들을 적당한 위

컴파일 시점과 런타임 그리고 링커

일반적으로 시스템의 초기 구현 단계에서 컴파일러 구현자와 운영체제 구현자 사이에 협상을 통하여 링키지 관례를 만든다. 즉, 호출자 저장 레지스터와 피호출자 저장 레지스터는 디자인 시점에서 결정된다. 컴파일러는 각각의 프로시저를 위하여 프롤로그와 에필로그 시퀀스를 생성해야 하며, 각각의 호출 지점에 프리콜과 포스트리턴 시퀀스를 생성해야 한다. 이 코드들은 런타임에 실행되므로 컴파일러는 피호출자의 AR에 저장되어야 할 리턴 주소를 알 수 없다. (일반적으로 해당하는 AR의 주소 역시 알 수 없다.) 하지만 (재배치 가능한 어셈블리 언어 라벨을 사용해서) 링크 시점에서 리턴 주소를 생성하거나 (프로그램 카운터로부터의 오프셋을 이용하여) 런타임에서 생성하여 피호출자의 AR에 저장하는 메커니즘을 사용하여 해결할 수 있다.

마찬가지로 다른 프로시저의 지역 변수에 대한 주소를 생성하기 위한 디스플레이를 사용하는 경우도 디스플레이나 AR의 런타임 주소를 알 수 없다. 그럼에도 불구하고 컴파일러는 디스플레이를 관리하기 위한 코드를 생성한다. 이를 위한 메커니즘은 다음 두 가지 정보를 필요로 한다. 이는 현재 프로시저의 어휘적 내포 수준과 전역 디스플레이의 주소이다. 전자는 컴파일 시점에서 알려지지만 후자는 링크 시점에서 재배치 가능한 어셈블리 언어의 라벨을 이용하여 결정된다. 이로써 프로시저는 단순히 (디스플레이의 주소에서 loadAO를 이용하여) 어휘적 수준에 해당하는 현재의 디스플레이를 불러와 (ARP로부터 storeAO를 이용하여) AR에 저장할 수 있다.

치에 저장할 수 있다. 그 후에 피호출자가 실행되면 지역 데이터를 위해 추가적으로 필요한 공간만큼 스택 포인터를 증가시켜 AR을 확장할 수 있다. 이 경우에 포스트리턴 시퀀스는 스택 포인터를 초기화하여 AR의 해제를 단번에 수행할 수 있다.

AR을 힙에 할당하는 경우 위와 같이 피호출자가 AR을 확장시키는 것은 불가능하다. 이 경우 호출자는 AR에 필요한 거의 모든 값들을 레지스터를 이용하여 전달해야 프롤로그가 적절한 크기로 AR을 할당하고 필요에 따라 전달 받은 값들을 저장할 수 있다. 프로시저가 매우 많은 수의 형식 매개변수를 사용할 경우 이 방법은 복잡해진다. 레지스터를 이용하여 매개변수를 전달하는데 한계가 있기 때문이다. 이 경우 컴파일러 작성자는 과도한 매개변수에 대해서는 호출자 자신의 AR에 매개변수를 저장하도록 하여 호출자가 피호출자의 AR에 접근해야할 필요가 없도록 할 수 있다. 물론 피호출자가 항상 레지스터에 호출자의 ARP를 저장하지는 않을 것이므로 호출자의 AR에 저장된 매개변수를 접근하는 것은 좀 더 많은 비용이 필요할 것이다.

디스플레이와 접근 링크의 관리

두 가지 메커니즘 모두 호출 과정에서 몇 가지 작업을 필요로 한다. 디스플레이를 이용하는 경우 프롤로그는 자신의 어휘적 수준에 해당하는 디스플레이의 기록을 갱신하고 에필로그는 이를 복원해야 한다. 물론 프로시저가 내포된 프로시저를 더 이상 호출하는 경우 이 과정을 생략할 수 있다. 접근 링크를 사용하는 경우 프리콜은 피호출자를 위해 첫 번째 접근 링크를 적절히 위치시켜주어야 한다. 이를 위해 필요한 작업의 양은 호출자와 피호출자 사이의 어휘적 수준의 차이에 의해 결정된다. 호출될 프로시저를 컴파일 시점에서 알 수 있다면 두 가지 메커니즘 모두 효율적이라고 볼 수 있다. 하지만 피호출자를 알 수 없다면 컴파일러는 이에 대한 처리를 수행하는 특별한 코드를 생성해야 할 것이다.

6.7 메모리 관리

메모리 관리는 컴파일러 작성자가 프로시저를 구현할 때 직면하는 문제 중 하나이다. 대부분의 현대적인 시스템에서 각각의 프로그램은 자신의 고유한 논리적 주소 공간에서 실행된다. 이 주소 공간의 레이아웃과 구성 및 관리는 원시 언어와 목표 기계가 유발하는 규칙과 제약 안에 효율적인 구현을 제공하기 위해 컴파일러와 운영체제 간의 협력을 요구한다.

6.7.1 메모리 배치

컴파일러와 운영체제 및 목표 기계는 복수의 프로그램들이 안정적으로 번갈아가며 실행되도록 보장하기 위해 서로 협력해야 한다. 프로그램의 주소 공간을 어떻게 배치하고 처리하고 관리할지에 대한 많은 결정들은 컴파일러 작성자의 범위 밖에 있다. 하지만 이와 같은 결정들은 생성될 코드와 코드에 의한 성능에 크게 영향을 미치므로 컴파일러 작성자는 이에 대해 넓은 이해가 필요하다.

런타임 데이터 구조의 배치

실행 시점에서 컴파일된 프로그램은 실행 코드와 몇 종류의 데이터를 포함한다. 컴파일된 코드는 일반적으로 고정된 크기를 가지며 몇몇 데이터 영역 역시 고정된 크기를 갖는다. 예를 들어 FORTRAN과 C와 같은 언어는 실행 중에 전역 변수와 정적 변수의 크기를 변경할 수 없다. 그 외의 데이터 영역들은 실행 중에 크기의 변경이 가능하다. 가령 활성화된 프로시저의 AR을 위한 영역은 프로그램 실행 중에 확장 및 축소를 반복한다.

그림 6.12는 컴파일된 단일 프로그램의 주소 공간에 대한 일반적인 배치를 보여준다. 고정된 크기의 실행 가능한 코드가 주소의 하위에 위치하고 바로 옆에 *Static*은 정적 데이터와 전역 데이터를 위한 공간, 컴파일러 생성 데이터가 배치되어 있다. (프로그램과 원시 언어에 따라 컴파일러는 상수값과 switch 문을 위한 점프 테이블, 메소드 테이블, 가비지 컬렉션 및 디버깅을 위한 데이터를 저장 할 수도 있다.) 나머지 주소 공간은 확장 및 축소가 가능한 공간이다. AR을 스택에 할당하는 경우 컴파일러는 힙과 스택을 위한 공간을 모두 마련해야 한다. 이 공간들을 최대한 활용하기 위해 힙과 스택은 서로 반대편에 배치하여 서로를 마주보며 확장되어야 한다. 즉 힙은 상위 주소로, 스택은 하위 주소로 확장되어야 한다.

논리 주소 공간은 컴파일러의 관점에서 볼 수 있는 전체 공간이다. 하지만 현대 컴퓨터 시스

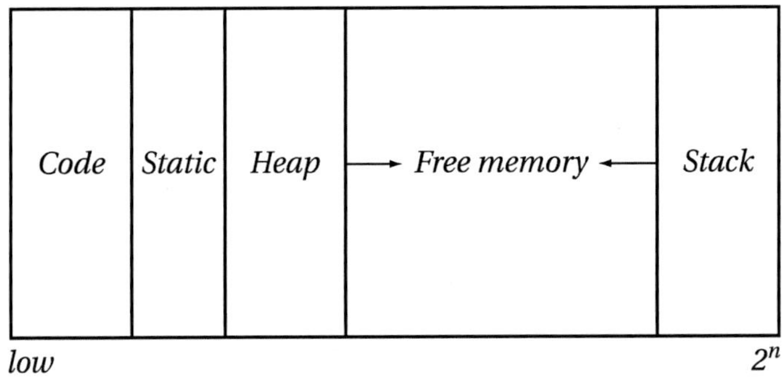

그림 6.12 논리적인 주소 공간 배치

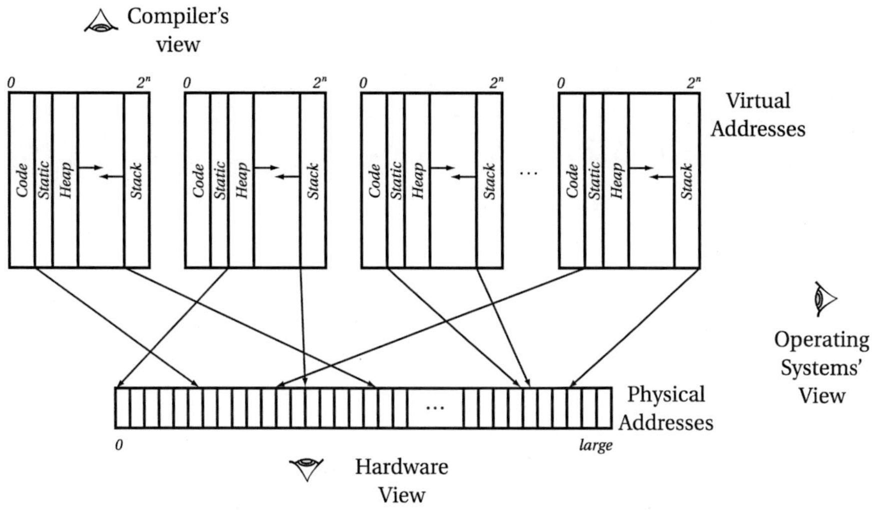

그림 6.13 주소 공간의 여러 관점

템은 일반적으로 다수의 프로그램을 번갈아 가며 실행시킨다. 따라서 운영체제 논리 주소 공간을 목표 기계에 의해 지원되는 단일 주소 공간에 사상시킨다. 그림 6.13에서 살펴볼 수 있듯이 각각의 프로그램은 자신의 논리 주소 공간에 격리되면서 마치 자신만의 머신이 있는 것과 같이 동작한다.

하나의 논리 주소 공간은 실제로는 물리 주소 공간에 불연속적인 조각(혹은 페이지)들에 대응된다. 따라서 프로그램의 논리 주소 공간에 주소 100,000과 200,000은 물리적인 메모리 100,000 바이트가 필요하지는 않는다. 사실 논리 주소 100,000에 대응되는 물리 주소는 논리 주소 200,000에 대응되는 물리 주소보다 큰 주소값을 가질 수도 있다. 논리 주소에서 물리 주소로의 사상은 하드웨어와 운영체제의 협력으로 이루어지며 컴파일러의 영역 밖의 것이다.

코드 형태에 따른 메모리 모델의 효과

컴파일러 작성자는 값들을 과감하게 레지스터에 보관할 것인지 메모리에 보관할 것인지를 결정해야 한다. 이 결정은 각각의 문장에 대해 생성되는 코드들에 중요한 영향을 준다.

메모리 대 메모리 모델에서는 컴파일러가 목표 기계의 제한된 수의 레지스터를 이용하여 코드를 생성한다. 즉 코드는 실제 레지스터 이름을 이용하여 생성되며 문장 간에 필요한 레지스터의 수가 목표 기계에서 주어진 레지스터 수를 넘지 않는다. 이 경우 레지스터 할당은 정확한 코드 생성하기 위한 변환이기보다는 코드의 성능을 향상시키기 위한 최적화이다.

레지스터 대 레지스터 모델에서는 컴파일러는 무한한 가상 레지스터의 집합이 존재한다고 가정한다. 컴파일러는 레지스터에 보관할 수 있는 각각의 값들을 이 가상 레지스터에 대응시킨다.[4] 이 값들은 참조에 의한 호출의 매개변수 및 리턴값, 그리고 레지스터 할당에서 레지스터를 스필이 발생했을 때(13장 참고)만 메모리에 저장된다. 레지스터 대 레지스터 메모리 모델에서 레지스터 할당은 필요한 레지스터의 수를 줄이고 가상 레지스터 이름을 목표 기계의 실제 레지스터 이름에 사상시키는 것을 목적으로 해야 한다.

정렬과 패딩(Alignment and Padding)

목표 기계는 데이터 저장에 대한 고유의 요구 조건들을 갖는다. 일반적인 요구 조건들은 32-비트 정수와 32-비트 부동소수는 32-비트 워드를 경계로, 64-비트 부동소수는 64-비트 더블워드를 경계로, 문자열 데이터는 16-비트 하프워드를 경계로 시작되어야 한다는 것과 같은 것이다. 이러한 규칙을 *정렬 규칙(alignment rule)*이라고 부른다.

어떤 머신들은 프로시저 호출을 구현하기 위해 레지스터와 리턴 주소를 저장하는 등의 기능을 하는 특수한 명령어를 제공한다. 이러한 명령어는 추가적인 정렬 규칙을 요구하기도 한다. 가령 이러한 명령어는 AR의 대략적인 형태와 AR의 시작 주소의 정렬에 대한 제약을 가할 수 있다. DEC VAX 컴퓨터는 이와 같은 식으로 고안된 호출 명령어를 제공하여 이 명령어를 통해 자동으로 레지스터와 프로세서의 일부 상태 정보를 저장할 수 있다.

목표 기계가 요구하는 이러한 정렬 규칙을 따르기 위해 공간을 낭비해야 하기도 한다. 이를 피하기 위해 컴파일러는 데이터 영역의 위치를 지정할 때 정렬 규칙이 가장 엄격히 적용되는 변수와 덜 적용되는 변수들을 그룹으로 나누어 정렬한다. (예를 들어, 더블워드 정렬이 워드 정렬에 비하여 더 엄격하다.) 일반적으로, 어셈블러는 더블워드 정렬과 같이 주어진 정렬 규칙에 따라 로더가 데이터 영역을 구성하도록 하는 지시어를 제공한다. 컴파일러는 이 정렬 경계의 시작점에서부터 가장 엄격히 규칙이 적용되는 그룹의 변수들을 대입시키고 남는 공간에 그 다음으로 엄격히 규칙이 적용되는 그룹에 대해 대응시키는 것을 순차적으로 반복한다. 대부분의 정렬 규칙이 2의 지수승을 정렬 경계로 상용하므로 각각의 그룹을 대응하고 난 후 끝부분의 경계는 다음 그룹의 정렬 규칙에 자연스럽게 적용될 수 있다.

상대 오프셋과 캐시의 성능

현대 컴퓨터 시스템에서 캐시 메모리가 광범위하게 이용됨에 따라 메모리에 변수를 적절히 배치

---

[4] 일반적으로 값이 하나의 이름만으로 사용할 수 있으면 레지스터에 저장된다. 이때 우리는 이러한 값을 *명확한 값(unambiguous value)*라 한다.

캐시 메모리

머신의 설계자가 프로세서의 속도와 메모리의 속도와의 차이를 메우는 한 가지 방법은 *캐시 메모리(cash memories)*를 이용하는 것이다. 캐시는 프로세서와 주메모리 사이에 위치한 작고 빠른 메모리이다. 캐시는 동일한 크기의 *프레임(frame)*들로 이루어진다. 각각의 프레임은 *태그(tag)*라고 불리며 주메모리의 주소를 저장하는 주소 항목을 갖는다.

하드웨어는 자동으로 메모리 조각들을 캐시 프레임에 사상시킨다. 가장 단순한 사상 방식은 direct-mapped 캐시에서 사용하는 주메모리의 주소를 캐시의 크기로 나눈 나머지 값으로 캐시의 주소를 결정하는 방식이다. 이 사상 방법은 메모리를 캐시 프레임의 크기의 선형적인 블록의 집합으로 나눈다. 여기서 캐시 프레임에 사상된 메모리 블록을 *라인(line)*이라고 한다. 캐시 프레임은 사상된 메모리 블록의 데이터에 대한 복사본을 갖고 있으며 태그 항목에 해당하는 주메모리의 주소를 기록한다.

메모리를 읽는 접근이 발생할 때마다 하드웨어는 해당 데이터가 이미 캐시 프레임에 존재하는지 검사하여 이미 있는 경우는 데이터를 캐시에서 바로 프로세서에 전달한다. 그렇지 않은 경우는 캐시 프레임에 이미 있는 블록을 축출(evict)하고 필요한 블록을 주메모리의 데이터를 캐시에 적재한다.

이 이외에 좀더 복잡한 사상 방법들을 사용할 수도 있다. set-associative 캐시는 2개 혹은 4개 등의 복수의 프레임을 하나의 캐시 라인에 사상시킨다. full associatve 캐시의 경우 블록들을 자유롭게 캐시 프레임에 사상시킬 수 있다. 이러한 방법들은 어떤 블록들이 캐시에 존재하는지 알기 위해 태그들에 대한 검색이 필요하다. 또한 어떤 블록을 축출할지를 결정하기 위한 방침이 필요하다. 일반적으로 무작위로 캐시 블록을 교체하는 방법과 가장 최근에 사용되지 않은 블록(least-recently-used, lRU)을 교체하는 방법을 사용하다.

실제 메모리의 속도는 메모리의 대역폭, 캐시 블록의 길이, 캐시 속도와 주메모리 속도와의 비율 그리고 캐시에서 hit가 되는 비율에 의해 결정된다. 컴파일러의 관점에서 앞의 세가지 항목은 고정되어 있으므로 컴파일러 기반의 최적화는 hit가 되는 비율을 높이는 것이다.

어떤 아키텍처는 프로그램이 캐시에게 힌트를 주어 특정 블록은 메모리에서 미리 읽어 와야 하는지*(prefetch)* 아니면 더 이상 필요가 없는지*(flush)*를 알려주는 명령어를 제공하기도 한다.

하는 것이 매우 난해하게 되었다. 코드상에서 근접한 두 개의 변수가 있을 때, 컴파일러는 이 변수들이 캐시 안에 동시에 존재할 수 있도록 하기를 원한다. 여기에는 두 가지 방법이 있다. 가장 좋은 경우는 두 변수가 같은 하나의 캐시 블록에 존재하여 메모리로부터 캐시로 같이 데이터가 이동하게 하는 것이다. 또한 두 변수가 같은 캐시 블록을 공유하지 못할 경우는 서로 다른 캐시 라인에 존재하기를 원한다. 컴파일러는 두 변수의 주소의 거리를 조절하여 이 문제를 해결할 수도 있다.

두 개의 변수에 대해서는 이 거리를 적절히 조절할 수 있을 것 같아 보인다. 하지만 모든 활성화된 변수들에 대해 적용해 보면 캐시에 대한 최적의 배치 문제는 NP-complete이다. 모든 변수들은 다른 변수들과 상호 작용한다. 이처럼 거미줄과 같이 복잡한 관계는 컴파일러가 동시에 문제를 해결할 수 없도록 한다. 몇 가지 큰 배열을 사용하는 루프에 대해 각 배열들이 서로 간섭하지 않도록 하는 문제는 더욱 어렵다. 컴파일러가 루프 안에 다양한 배열의 참조에 대한 관계를 발견할 수 있다면 배열 사이에 빈 공간으로 패딩하여 각각의 참조가 서로 다른 캐시 라인에 존재하여 서로의 간섭을 피할 확률을 높일 수 있다.

이전에 보았듯이 프로그램의 논리 주소 공간을 하드웨어의 물리 주소 공간으로의 사상은 변수들간의 주소 거리를 보존하지 않는다. 독자들은 그렇다면 컴파일러가 어떻게 가상 메모리의 페이지 크기보다 큰 상대 오프셋에 대해 처리를 할지 의문을 가져야 한다. 프로세서의 물리적 캐시는 *태그 필드(tag field)*를 위해 가상 주소를 이용할 수도 있고 물리 주소를 이용할 수도 있다. 물리 주소를 사용하는 캐시의 경우 각기 다른 페이지 간의 거리는 (페이지의 크기가 캐시의 크기보다 클 때에 한하여) 페이지 사상에 의해 결정된다. 즉, 메모리 배치에 대한 컴파일러의 결정은 단일 페이지 외에서는 큰 영향을 끼치기 어렵다. 따라서 컴파일러는 서로 같이 참조되는 객체들을 모아 같은 페이지 안, 가능하다면 같은 캐시 블록 안에 배치되는 것에 초점을 맞추어야 한다.

6.7.2 힙 관리를 위한 알고리즘

많은 프로그래밍 언어들은 동적으로 생성되어 소멸되는 객체들을 다룬다. 컴파일러는 보통 이러한 객체의 크기와 생존기간을 결정할 수 없다. 이러한 객체를 다루기 위해 컴파일러와 운영체제는 힙 혹은 런타임 힙(run-time heap)이라고 불리는 동적으로 할당되는 저장 공간의 pool을 생성한다. 힙을 생성하고 관리하는 것에는 많은 고려사항들이 있다. 어떤 사항들은 원시 언어 프로그래머가 고려해 주어야 하며 어떤 사항들은 시스템 소프트웨어의 작성자가 고려해 주어야 한다.

이 절에서는 힙을 관리하기 위한 몇 가지 알고리즘에 대해 간단히 살펴보도록 하겠다. 여기서는 프로그래머가 공간을 명시적으로 할당하고 해제하는 경우의 힙의 관리에 대해 다루고 다음 절에서 묵시적으로 해제를 수행하는 알고리즘에 대해 살펴볼 것이다.

우리는 힙에 관한 단순한 인터페이스로 함수 allocate(size)와 free(address)를 사용하는 것을 가정하기로 한다. allocate 함수는 정수형 매개변수로 size를 사용, size 만큼의 바이트 공간을 할당하여 주소를 반환한다. free 함수는 이전에 할당한 공간의 주소를 매개변수로 받아 공간을 해제하여 힙의 pool에 반환한다.

명시적인 힙 관리를 위한 알고리즘 디자인은 allocate와 free의 수행 속도와 힙의 자유 공간 pool이 얼마나 작은 블록들로 단편화될 것인지에 대한 고려가 필요하다. 우선 first-fit 할당이라는 간단한 할당 모델을 살펴보도록 하자.

First-Fit 할당

First-fit 할당기의 목적은 힙의 할당과 해제를 빠르게 수행하는 것이다. 이 방법은 메모리의 활용 효율보다는 속도를 중요시하는 방법이다. 힙의 각각의 블록은 해당 크기를 기록하는 숨겨진 항목을 갖는다. 일반적으로 이 항목은 allocate 함수가 반환하는 주소의 바로 앞에 위치한다. 할당 가능한 블록들은 *free list*라고 하는 리스트 안에 존재한다. 이들 블록들을 위해 크기 항목과 더불어 free list의 다음 블록에 대한 포인터(마지막 블록인 경우 null값)와 블록의 맨 마지막 말에 자신의 블록에 대한 포인터 항목을 가질 수 있다.

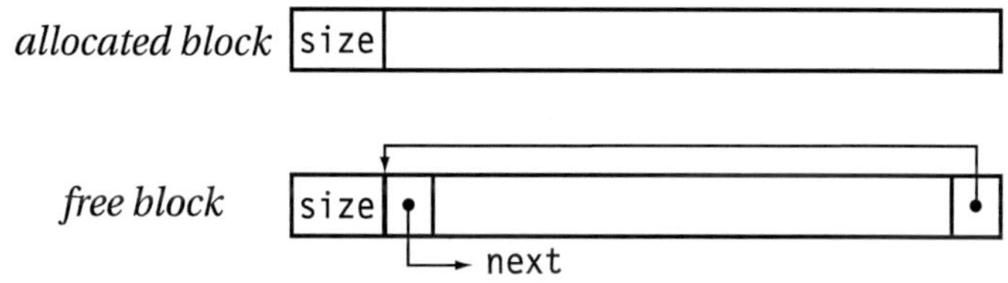

힙의 초기 상태에는 free list에 큰 단일 블록이 위치하며 끝 부분의 워드는 블록을 시작을 가리키며 next 항목은 null값을 갖는다.

allocate(k)의 호출은 다음과 같은 동작을 수반한다. Free list에서 $k+1$ 이상의 크기를 같은 블록을 찾고 적절한 블록 b_i를 찾았을 경우 이 블록을 free list에서 제거한다. b_i가 필요한 크기보다 큰 경우는 b_i의 끝의 여분의 공간을 새로운 블록으로 만들어 free list에 추가하고 b_i의 두 번째 워드에 해당하는 포인터를 반환한다.

필요한 크기의 블록을 찾지 못한 경우는 힙의 확장을 시도한다. 힙의 확장이 성공했다면 확장한 힙의 공간에서 새로운 블록을 생성하여 반환하고 확장을 하지 못하였을 경우 실패를 보고 한다(일반적으로 null 포인터를 반환한다.).

할당한 블록을 해제하기 위해 프로그램은 해당 블록 b_j의 주소와 함께 free 함수를 호출한다. free 함수는 b_j를 free list의 앞부분에 추가하고 리턴 하는 것으로 아주 단순히 구현할 수도

Arena 기반의 할당

컴파일러 작성자는 컴파일러 자신을 위해 특화된 할당기를 사용하여 이들을 얻을 수 있다. 컴파일 과정은 다수의 구별되는 단계로 이루어지므로 Arena 기반의 할당 방법에 적합하다.

Arena 기반의 할당기를 이용한 프로그램은 특정 작업을 시작하는 시점에서 Arena라고 하는 공간을 생성한다. 프로그램은 할당된 객체들을 보관하기 위해 Arena를 사용한다. 객체의 할당을 위한 호출은 스택을 사용하는 것과 같이 Arena의 수위를 나타내는 포인터를 증가시키고 새로 할당한 블록의 주소로서 이 포인터를 반환한다. 각각의 객체 해제를 위한 호출은 사용되지 않고 Arena가 해제될 때 모든 객체가 같이 해제된다.

Arena 기반의 할당기는 고전적인 할당기와 가비지 컬렉터 할당기의 절충적인 방법이라고 할 수 있다. Arena 기반의 할당기에서 allocate 함수의 호출은 (현대적인 할당기와 같이) 매우 비용이 적게 든다. 객체 해제를 위한 호출이 필요 없으며 프로그램이 Arena를 이용하여 수행하던 작업을 끝마쳤을 때 Arena 전체를 한 번에 해제한다.

있다. 이 방법은 매우 빠른 free 함수를 생성하지만 불행히도 할당과 해제를 반복하는 과정에서 메모리는 작은 블록들로 단편화시키는 단점이 있다.

이러한 문제를 극복하기 위해 해제된 블록의 마지막 워드에 위치한 포인터를 이용하여 인접한 자유 블록들과 병합시킬 수 있다. `free` 함수는 블록 b_j의 크기 항목 바로 앞의 값을 읽어 이 값이 바로 앞의 자유 블록의 포인터인지 검사한다. 이 값이 유효한 포인터인 경우 이 포인터가 가리키는 위치 바로 앞은 해당 블록의 크기 항목일 것이고 포인터+크기는 블록 b_j의 주소가 될 것이다. 이와 같이 블록 b_j의 앞에 자유 블록이 붙어 있다면 `free` 함수는 앞의 자유 블록의 크기 항목을 증가시키고 블록 b_j의 끝에 적절한 포인터를 저장함으로써 두 블록을 병합할 수 있다. 이와 같이 앞의 자유 블록을 확장하여 병합함으로써 추가적인 free list의 갱신을 피할 수 있다.

이러한 방법을 위해 allocate와 free는 블록 끝의 포인터 항목을 관리해야 한다. 블록을 해제할 때 마다 이 포인터를 블록의 주소로 갱신해야 한다. 또한 블록을 할당할 때 `next` 포인터나 블록 끝의 포인터를 무효화시켜 `free` 함수가 잘 못된 병합을 수행하는 것을 방지해야 한다.

또한 `free` 함수는 블록 b_j와 바로 뒤에 블록 b_k를 합병할 수도 있다. b_k의 크기 항목과 블록의 끝 포인터를 이용하여 b_k가 자유 블록인지를 검사할 수 있다. b_k가 자유 블록인 경우 free list에서 b_k를 제거하고 b_j를 추가함으로써 두 블록을 병합할 수 있다. Free list를 효율적으로 갱신하기 위해 더블링크를 사용할 수 있다. 물론 포인터가 자유 블록 안에 저장되므로 더블링크에 따른 공간 낭비는 미미하다. 또한 더블링크의 free list를 관리하는 추가 시간은 매우 짧은 장점이 있다.

설명한 바와 같이 병합 방법은 크기 항목과 자유 블록 끝에만 존재하는 포인터와의 관계에 의해 결정된다. 매우 작은 확률이지만 이 방법은 할당기가 할당된 블록을 자유 블록으로 잘못 판단할 수 있는 가능성이 있다. 이 문제를 해결하기 위해 구현자는 모든 블록의 끝에 포인터를 포함시킬 수 있다. 할당 시에는 이 포인터를 `null` 값과 같이 힙의 외부를 가리킬 수 있게 하고 해제 시에는 이 포인터를 블록 자신의 주소 값으로 설정한다. 물론 이에 따라 모든 블록에 추가적인 항목을 포함시키고 매 할당 시에 이 값을 갱신하는 추가적인 비용이 든다.

First-fit 할당 알고리즘의 많은 변종들이 시도되어 왔다. 이들의 구현은 할당에 드는 비용, 해제에 드는 비용, 반복적인 할당에 따른 단편화의 정도, 요청한 크기보다 더 큰 블록을 반환하며 생기는 공간의 낭비 정도간의 트레이드 오프(trade-off)이다.

복수 pool 할당기

현대적인 할당기들은 first-fit 할당에서 파생되어 프로그램들의 동작에 대한 관찰을 통해 단순화한 기법을 사용한다. 1980년대 초부터 메모리의 크기가 커지면서 빠른 할당을 위해서 어느 정도 공간을 낭비하는 것이 큰 문제가 되지 않기 시작하였다. 또한 프로그램의 행동에 대한 연구 결과 보통 프로그램은 몇 가지 공통된 크기의 메모리를 빈번히 할당하고 크기가 크거나 일반적이지 않는 크기에 대한 할당은 많지 않은 것을 알게 되었다.

따라서 현대적인 할당기는 몇몇의 공통된 크기를 위한 독립된 메모리 pool들을 사용한다. 일반적으로 2의 지수 승의 크기로 (16바이트와 같이) 작은 블록 크기에서 출발하여 가상 메모리의 페이지 크기(일반적으로 4096 혹은 8192바이트)까지를 공통 블록의 크기로 사용한다. 각각의 pool은 하나의 크기의 블록만을 사용하므로 `allocate` 함수는 단순히 적절한 free list에서 첫 번째 블록을 반환하고 해제 역시 단순히 적절한 free list의 첫 부분에 블록을 추가할 수 있다. 페이지 크기보다 큰 할당에 대해서는 독립적으로 first-fit 할당기가 사용된다. 이러한 아이디어의 할당기는 빠르며 특히 구동 레코드의 힙 할당에 대해 효율적으로 작동한다.

이에 따라 `allocate`와 `free` 함수 모두를 단순하게 구현할 수 있다. `allocate` 함수는 `free` list가 비어있는지 검사하여 비어있는 경우 해당하는 pool을 페이지 크기 단위로 증가 시키고 free 함수는 단순히 크기에 해당하는 free list에 블록을 추가한다. 해제된 블록의 크기는 각각의 pool이 할당된 메모리 조각에 대한 주소를 검사하여 알아낼 수 있다. 다른 방법으로 이전과 같이 크기 항목을 추가하거나, 할당기가 하나의 페이지 전체를 하나의 pool에 대응시키는 경우 페이지의 첫 부분에 해당 페이지가 사용하는 블록의 크기를 저장할 수도 있다.

디버깅

프로그램이 명시적으로 할당과 해제를 하는 경우 디버깅은 상당히 복잡하다. 프로그래머는 언제 힙에 할당된 객체를 해제할 것인지 결정하는데 어려움을 겪는다. 할당기가 할당된 객체와 해제된 객체를 빠르게 구별할 수 있는 경우 힙 관리 소프트웨어는 프로그래머의 디버깅에 도움을 줄 수 있다.

예를 들면, 인접한 자유 블록들을 병합하기 위해 할당기는 블록에 끝에 자신의 앞부분에 대한 포인터를 저장하는 경우를 생각해 보자. 이 경우 할당된 블록의 이 포인터를 초기화 한다면 해제 과정에서 이 블록이 할당된 것인지 아닌지를 판단하고 할당되지 않는 블록인 경우 런타임 오류를 발생시킬 수 있다. 즉 프로그래머가 잘못된 주소나 이미 해제된 자유 블록의 주소를 이용하여 해제를 시도할 경우에 대해 디버깅을 도울 수 있다.

또한 어느 정도의 비용을 감수하고 추가적인 디버깅 기능을 제공할 수 있다. 할당된 블록들을 연결함으로써 메모리 할당에 대한 디버깅 도구를 위한 환경을 생성할 수 있다. 이에 따라 도구를 이용하여 할당된 블록의 리스트를 검색함으로써 지정된 블록들에 대해 메모리 누수를 검사할 수 있다. 메모리 블록에 시간 정보를 저장함으로써 디버깅 도구가 메모리 사용에 대한 자세한 정보를 프로그래머에게 제공할 수도 있다. 이러한 도구들을 이용하여 특정 블록들이 해제가 되지 않고 남아있는지를 확인하는 것이 가능하다.

6.7.3 묵시적 해제

많은 프로그래밍 언어가 메모리 객체가 더 이상 사용되지 않을 때 자동으로 해제하는 기능을 제공한다. 이를 위해 할당기와 컴파일된 코드를 구현하는 데 약간의 주의가 필요하다. 묵시적인 메모리 해제, 혹은 *가비지 컬렉션(garbage collection)*을 수행하기 위해 컴파일러와 런타임 시스템은 객체가 언제 더 이상 사용되는지를 판단하는 메커니즘과 해당 객체의 공간을 재활용하기 위한 메커니즘을 제공해야 한다.

가비지 컬렉션에 관련한 이러한 일들은 각각의 문장에 대해 단계적으로 수행되거나 자유 공간 pool이 모두 소진하였을 때 몰아서 수행될 수 있다. *레퍼런스 카운팅(reference counting)*은 전자의 고전적 방법이며 *mark-sweep* 컬렉션은 후자의 고전적인 방법이다.

레퍼런스 카운팅

이 기법은 힙에 할당된 객체에 카운터를 추가시킨다. 이 카운터는 해당 객체를 참조하는 포인터의 수를 추적하며 할당기가 객체를 생성할 때 이 값을 0으로 초기화한다. 포인터 변수에 대한 대입이 발생할 때마다 두 개의 레퍼런스 카운터 값을 변경시킨다. 포인터의 이전에 대입된 값의 레퍼런스 카운트 값이 감소하고 새로 대입되는 값의 레퍼런스 카운트가 증가된다. 객체의 레퍼런스 카운트가 0이 될 때 해당 객체를 가리키는 포인트는 존재하지 않는 것이므로 시스템은 안전하게 객체를 해제할 수 있다. 반면에 객체의 해제는 다른 객체의 포인터를 폐기하게 될 수도 있으며 이 경우 해당 객체의 레퍼런스 카운트를 감소시켜야 한다. 따라서 추상화 구문 트리의 마지막 포인터를 폐기하는 경우는 트리 전체를 해제해야 한다. 이것은 루트 노드의 레퍼런스 카운트가 0이 될 때 루트 노드가 해제될 뿐만 아니라 연결된 노드들의 레퍼런스 카운트가 감소된다. 이는 차례로 자녀의 수를 감소시킨다. 이는 전체 AST가 해결될 때가지 계속된다.

이 기법에서 할당된 객체의 객체 안에 존재하는 포인터들은 다음과 같은 문제를 유발한다.

1. 실행 코드는 포인터와 다른 데이터를 구별할 수 있는 메커니즘이 필요하다. 이에 따라 각각의 객체의 헤더에 추가적인 정보를 저장하거나 포인터의 범위를 워드의 크기 미만으로 제한하고 나머지 비트들을 포인터의 "태그"로 사용해야 할 것이다. Batch 컬렉터 역시 같은 문제를 겪으며 이와 같은 해결책을 사용한다.

2. 객체에 관련된 포인터의 수에 따라 레퍼런스 카운트 값을 감소시키는 작업의 부하가 매우 커질 수 있다. 해제에 걸리는 시간에 제한 조건이 있는 경우 런타임 시스템은 포인터 대입 시점에서 해제시키는 객체의 수를 제한하는 보다 복잡한 프로토콜을 사용할 수 있다. 해제되어야 할 객체를 큐에 보관하고 레퍼런스 카운터 값을 조정할 때 한 번에 처리하는 객체의 수를 제한하는 것이다. 이에 따라 포인터 대입 시마다 객체를 해제하던 작업을 보다 큰 작업의 단위로 분산시켜 주어진 제한 시간을 지킬 수 있다.

3. 프로그램은 사이클을 형성하는 포인터들을 가질 수도 있다. 사이클을 형성하는 데이터 구조에 대한 레퍼런스 카운트는 0이 될 수 없다. 또한 사이클을 가리키는 사이클 외부의 포인터가 모두 사라졌을 경우 해당 객체들은 접근 불가능하며 재활용할 수가 없다. 이러한 객체들이 해제가 될 수 있도록 하기 위해 프로그래머는 사이클 외부의 포인터가 모두 사라지기 전에 사이클을 풀어놓아야 한다. (아니면 런타임에 포인터들에 대한 접근성 분석을 수행해야 하며 이 방법은 매우 많은 비용이 필요하다.) 또한 힙에 할당하는 객체들 중 가변 길이를 갖는 문자열과 구동레코드 등은 이러한 사이클을 형성해서는 안 된다.

레퍼런스 카운팅은 매 포인터 대입 시점마다 추가적인 비용을 수반한다. 각각의 포인터 대입에 필요한 비용에 대해서는 일정한 조건으로 제한을 줄 수 있지만 어떤 방법을 사용하더라도 전체적인 관리 비용은 결국 전체 포인터 대입 연산의 수와 할당된 객체의 수에 비례한다. 레퍼런스 카운팅에 대한 긍정적인 견해는 이러한 부하가 충분히 적으며 레퍼런스 카운팅을 사용하는 시스템에서의 공간의 재활용이 프로그램의 집약성(locality)을 향상시킨다고 본다. 반면 이에 대한 부정적인 견해는 실제 프로그램이 객체의 할당보다 포인터의 대입을 보다 많이 하므로 가비지 컬렉션의 전체 작업 중 실제로 필요한 기능을 수행하는 작업의 양이 적다고 본다.

Batch 컬렉터

Batch 컬렉터는 자유 공간 pool이 모두 소진되었을 경우에만 해제를 수행한다. 즉 할당기가 필요한 공간의 획득을 실패하였을 경우 batch 컬렉터를 호출하게 된다. 이에 따라 batch 컬렉터는 프로그램의 수행을 잠시 중단하고 사용되지 않는 객체를 찾기 위해 할당된 메모리의 pool을 검사하고 사용되지 않는 공간을 재활용한다. 컬렉터의 수행이 끝나면, free-space pool은 비어 있지 않게 된다.[5] 이 할당기는 원래의 작업을 마치고 호출자에게 새로 할당된 객체를 리턴한다. (레퍼런스 카운팅과 같이 한 번에 너무 많은 시간을 소모하지 않기 위해 batch 컬렉션을 점진적으로 수행하는 방법 역시 존재한다.)

개념적으로 batch 컬렉션은 두 단계로 이루어진다. 첫 번째 단계에서 프로그램의 변수들과 컴파일러가 생성한 임시 값에 의해 접근 가능한 객체들의 집합을 찾는다. batch 컬렉터는 보수적으로 이러한 집단의 객체들은 생존해있고 그렇지 못한 객체는 죽은 것으로 판단한다. 두 번째 단계에서는 죽은 객체들을 해제시키고 해당 공간들을 재활용한다. 이를 위한 일반적인 기법으로 *mark-sweep* 컬렉터와 *copying* 컬렉터가 있으며 이 둘은 두 번째 단계인 재활용에 대한 구현에 차이가 있다.

생존 데이터 판별

할당기는 marking 알고리즘을 이용하여 생존 객체들을 확인한다. 이를 위해 컬렉터는 힙 안의 객체에 *mark bit*이라고 불리는 bit 항목을 포함시킨다. 이 항목은 포인터들의 위치나 객체의 크기 등을 기록하는 객체의 헤더에 저장할 수 있다. 혹은 객체들의 mark bit를 모든 단일 데이터 구조를 이용할 수도 있다. 초기 단계에는 모든 mark bit를 초기화하고 레지스터 및 구동레코드에 저상된 현재의 혹은 잠시 중단된 프로시저들의 포인터들을 포함하는 작업 리스트를 작성한다. 알고리즘의 두 번째 단계에서는 이 포인터들을 검사하여 이 포인터들이 가리키는 모든 접근 가능한 객체들의 mark bit에 표시를 한다.

그림 6.14는 marking 알고리즘을 대략적으로 묘사하고 있다. 힙의 크기가 유한하고 힙에 포함된 포인터가 `Worklist`에 한 번 이상 입력되는 것을 피하고 있으므로 이 알고리즘은 간단한

---

[5] 모든 공간이 사용된다면 할당기는 free-space pool로 사용하기 위하여 운영체제로부터 새로운 공간을 요청한다. 만약 빈 공간이 존재하지 않으면 할당은 실패한다.

Clear all marks
Worklist ← { pointer values from activation records & registers }

while (Worklist ≠ ∅)
  remove p from the Worklist
  if (p→object is unmarked)
    mark p→object
    add pointers from p→object to Worklist

그림 6.14 간단한 marking 알고리즘

고정된 연산을 수행한다. Marking에 필요한 비용은 최악의 경우 프로그램의 변수의 수와 임시 값의 수 및 힙의 크기에 비례한다.

Marking 알고리즘은 정확할 수도 있고 보수적일 수도 있다. `while`문의 마지막 줄에서 해당 데이터 값이 포인터인지 아닌지를 어떻게 결정하느냐에 따라 알고리즘의 성격이 달라지게 된다.

- 정확한 컬렉터를 사용하는 컴파일러와 런타임 시스템은 각각의 객체의 타입과 배치정보를 알고 있다. 이 정보는 객체의 헤더에 저장되거나 타입 시스템에 의해 묵시적으로 알 수도 있다. 객체에 대한 정확한 정보를 사용해서 실제 포인터들만 marking 단계에서 이용한다.

- 보수적인 컬렉터는 컴파일러와 런타임 시스템이 모든 객체들의 타입과 배치정보를 확신할 수 없을 경우 사용된다. 따라서 하나의 객체가 marking되었을 경우 시스템은 객체 안의 모든 항목들이 포인터가 될 수 있음을 고려한다. 실제 포인터가 아닌 값들을 추리기 위해 워드 주소 단위로 정렬되지 않은 값이나 힙의 범위 밖의 값은 버리게 된다.

보수적인 컬렉터는 다음과 같은 제약을 갖고 있다. 정확한 컬렉터와 달리 일부 객체의 대해 재활용에 실패할 수 있다. 또한 프로그램이 marking 단계에서 찾을 수 없도록 포인터를 숨길 수 있는 경우 컬렉터는 할당된 객체를 잘못 해제할 수 있다. 이러한 제약에도 불구하고 보수적 컬렉터는 C와 같이 기본적으로 가비지 컬렉션을 지원하지 않는 언어들에서 가비지 컬렉터의 구현을 위해 성공적으로 개량되어 사용되고 있다.

Marking 알고리즘의 종료 후엔 marking되지 않은 객체들은 프로그램에 접근할 수 없어야 한다. 따라서 컬렉터의 두 번째 단계에서 이러한 객체들은 죽은 것으로 취급할 수 있다. 하지만 보수적인 컬렉터는 이 객체들이 죽인 것인지 확신할 수 없으므로 바로 해제하지는 않는다. 다만 이 단계에서 힙을 검사하여 죽은 것으로 판단되는 객체들을 수집하고 해당 객체들의 mark field을 초기화하여 marking 단계에서 힙을 처음부터 검색하지 않아도 되도록 하는 역할을 한다.

mark-sweep 컬렉터

mark-sweep 컬렉터는 합의 객체들을 선형적으로 배치하여 재활용을 수행한다. 컬렉터는 할당기가 재활용할 수 있도록 free list에 marking되지 않는 객체(또는 free list중의 하나)들을 추가시킨다. 하나의 free list를 사용하는 경우 first-fit 할당기에서 사용된 블록 병합 방법을 똑같이 응용할 수 있다. sweep 단계에서 생존 객체들을 순차적으로 섞음으로써 병합 방법을 적용할 수 있다.

복사 컬렉터

복사 컬렉터는 메모리를 *old* pool과 *new* pool로 두 가지 pool 영역으로 분할한다. 할당기는 항상 old pool 영역을 이용하여 작업한다. 복사 컬렉터의 단순한 구현은 *stop and copy*라고 불리는 형태가 있다. 할당기가 할당에 실패하였을 경우 stop and copy 컬렉터는 old pool의 모든 생존 객체들을 new pool에 복사하고 두 pool의 이름을 바꾼다. 수집 후에 live data를 복사하여 자유공간을 연속된 블록으로 만든다. 컬렉션은 mark-sweep과 같이 두 단계로 수행하거나 점진적으로 수행할 수 있다. 점진적인 방법의 경우 old pool에 위치한 객체를 복사할 때 mark bit에 표시함으로써 같은 객체가 여러 번 복사되는 것을 막는다.

주목할 만한 복사 컬렉터의 종류로서 *generational* 컬렉터가 있다. 컬렉터는 어떤 객체가 한 번의 컬렉션 과정에서 살아남았을 경우 보통 다음의 연속된 컬렉션 과정에서도 살아남는 현상을 이용하여 설계되었다. generational 컬렉터는 이러한 현상을 이용하여 연속적인 컬렉션 과정에서 새로 생성된 객체들에 한해서만 검사를 할 수 있도록 자유 공간을 재분할하여 “new” pool과 “old” pool을 개량하였다. 이 기법의 구현은 새로운 generation을 얼마나 자주 선언할 것인지, 어떻게 상존 객체들을 동결시켜 다음 컬렉션에서 제외시킬 것인지, 오래된 generation을 주기적으로 다시 검사할지 안 할지에 따라 달라지게 된다.

기법들에 대한 비교

가비지 컬렉션은 명시적으로 메모리를 관리함으로써 생기는 불편함과 메모리 누수 등의 문제로부터 프로그래머를 해방시켜 준다. 가비지 컬렉션에 대한 기법들은 각각의 장단점을 갖고 있다. 하지만 대부분의 실제 응용 프로그램에서 단점에 비해 묵시적인 메모리 해제를 통해 보다 큰 이득을 얻을 수 있다.

레퍼런스 카운팅은 batch 컬렉션에 비하여 프로그램 실행 전반에 걸쳐 해제에 드는 비용을 분산시킨다. 하지만 프로그램 수행 시 자유 메모리가 부족하지 않을지라도 힙에 할당된 모든 값에 대한 대입이 이루어질 때마다 부하가 생기는 문제가 있다. 반면 batch 컬렉터는 할당기가 필요한 공간을 얻지 못하였을 경우에만 추가적인 비용이 필요하다. 물론 이러한 시점에 컬렉션을 위한 모든 부하가 집중되는 단점을 갖고 있다.

Mark-sweep 컬렉터는 복사 컬렉터가 생존 데이터에 대해서만 검사하는 것에 비하여 힙 전체를 검사하는 단점이 있다. 하지만 복사 컬렉터는 모든 종족 객체를 이동시켜야 하는 문제가 있다. 어떤 방법이 이득인지는 응용 프로그램의 특성과 메모리 참조에 따른 비용에 따라 달라진다.

레퍼런스 카운팅과 보수적인 batch 컬렉터는 사이클을 형성하는 데이터 구조를 구별할 수 없는 문제가 있다. Mark-sweep 컬렉터는 사이클 외부의 포인터들의 집합을 이용하여 작업을 시작하므로 프로그램에서 접근 불가능한 사이클을 갖는 데이터 구조를 찾을 수 있다. 복사 컬렉터는 사이클을 형성하는 객체들에 대한 복사를 중단함으로써 이 문제를 해결한다.

복사 컬렉터는 컬렉션을 수행하며 자연스럽게 메모리는 선형화시킨다. 객체 이동을 통한 선형화에서 생기는 객체 주소의 변동에 대해 모든 포인터 값을 갱신하거나 객체에 대한 접근을 참조 테이블을 이용하여 간접적으로 수행하도록 할 수 있다. 정확한 mark-sweep 컬렉터도 메모리 선형화를 수행할 수 있다. 이 역시 객체들을 이동시켜 자유 공간을 확보하는 것이므로 포인터 값의 갱신이나 참조 테이블을 통한 간접 접근이 필요하다.

Mark-sweep과 복사 컬렉터에 대한 훌륭한 구현자는 이 기법들이 대부분의 응용 프로그램에서 잘 동작할 수 있도록 해야 한다. 리얼타임 컨트롤러 등에서는 반드시 부하에 대한 예측을 할 수 있어야 하므로 컬렉터는 반드시 부하를 분산시킬 수 있어야 한다. 이러한 컬렉터를 리얼타임 *(real-time)* 컬렉터라고 한다.

6.8 요약과 전망

어셈블리 언어에서 고급 언어로 이동하는 근본적인 원인은 보다 추상화된 프로그래밍 모델을 제공하여 프로그래머의 생성성과 프로그램의 가동성을 높이는 것에 있다. 프로그래밍 언어가 제공하는 추상화들이 실제 동작할 수 있도록 목표 기계의 명령어로 변환할 수 있는 기법들이 필요하다. 본 장에서는 이러한 추상화를 위한 변환 기법들을 소개하였다.

절차적 프로그래밍은 프로그래밍 역사의 초기에 발명되었다. 최초의 프로시저들은 초기 컴퓨터들을 위해 작성된 디버깅 함수들이었다. 이 프로시저들은 오류를 발생시키는 프로그램의 런타임 상태를 알기 위해 작성되었다. 이러한 함수 없이는 변수들의 값을 검사하고 호출 스택의 추적하는 일들을 위해 프로그래머가 긴 기계어들을 오류 없이 작성해야만 했다.

Algol 60과 같은 언어에서 도입된 어휘적 스코핑은 수십 년 동안 언어의 설계에 영향을 주었다. 대부분의 현대 프로그래밍 언어는 Algol의 철학을 명명법과 주소 계산 방법을 통해 실현하였다. 1960년대에서 1970년대에 개발된 접근 링크와 디스플레이와 같은 기법들은 이러한 추상화가 수반하는 런타임 비용을 줄일 수 있었고 오늘날까지 이용되고 있다.

객체지향 언어들은 Algol과 같은 언어의 스코핑 개념을 데이터를 중심으로 개편하였다. 객체지향 언어의 컴파일러는 프로그램에서 명시하는 상속 관계를 위한 명명 규칙을 구현하기 위해 개발된 어휘 스코핑에 대한 컴파일타임과 런타임 자료 구조를 적용하였다.

현대 프로그래밍 언어는 몇 가지 새로운 기법들을 도입하였다. Scheme과 같은 언어는 프로시저를 최우선 객체로 취급함으로써 새로운 제어 흐름의 패러다임을 생성하였다. 이는 구동 레코드의 힙 할당과 같은 고전적인 구현 기법에 대한 변형을 요구하였다. 유사하게 묵시적 메모리 해제 기법은 포인터를 대해 각별히 보수적으로 다루도록 하였다. 컴파일러가 좀 더 세심한 주의를 기울여 프로그래머를 메모리 해제에서 해방시킨다면 이는 좋은 trade-off일 것이다. (오랜 경험에 비추어 프로그래머는 할당한 공간을 직접 해제하는데 능률적이지 못하다.)

새로운 프로그래밍 패러다임의 유행은 새로운 추상화의 도입을 의미하며 신중한 고려와 구현을 요구한다. 컴파일러 제작자는 기존의 성공적인 기법들에 대한 학습과 실제 구현에서 수반되는 제약 조건 및 비용에 대한 이해를 통해 고급 수준의 추상화를 위해 필요한 런타임 비용을 감소시키는 기법을 개발할 수 있을 것이다.

기타

본 장의 많은 내용들은 컴파일러 개발 공동체에서 축적된 경험에 의해 작성되었다. 다양한 언어의 명칭 공간의 구조에 대해 학습하는 가장 좋은 방법은 해당 언어의 정의를 찾아보는 것이다. 컴파일러 제작자는 이러한 문서들을 필수적으로 참고해야 한다.

프로시저는 초기의 고급 언어에서 등장하였다. FORTRAN[26]와 Algol 60[265]는 모두 현대 언어에서 사용되는 대부분의 프로시저의 특징들을 갖고 있다. 객체지향 언어는 1960년대 후반에 SIMULA 67 [269]을 통해 등장하였고 Smalltalk 72 [223]가 곧 이를 뒤따랐다.

어휘적 스코핑은 Algol60에 의해 도입되었으며 여전히 사용되고 있다. 초기 Algol 컴파일러는 본 장에서 기술되어 있는 구동 레코드, 접근 링크, 매개변수 전달 등의 대부분의 기법들을 도입하였다. 6.3절에서 6.6절까지 사용된 대부분의 내용은 이러한 초기 시스템에서 출현한 것을 바탕으로 한다. 블록 수준의 스코프를 위한 저장 공간을 프로시저의 구동 레코드에 포개어 넣는 등 이에 대한 최적화 기법들이 금세 나타나게 되었다. 초기 IBM 370의 링키지 규약은 리프 프로시저와 일반 프로시저를 구별하여 리프 프로시저를 위해 레지스터 저장 공간을 할당하는 것을 피하였으며 Murtagh은 구동 레코드를 병합하기 위한 보다 완전하고 시스템적인 접근을 사용하였다.[264]

메모리 배치와 경제적인 메모리 할당 기법에 대한 고전적인 참고자료는 Knuth의 Art of Computer Programming [220, 2.5절]이다. 공통된 크기들의 pool에 기반한 현대적인 할당기들은 1980년대 초반에 등장하였다.

레퍼런스 카운팅은 1960년대에 시작되어 많은 시스템에 이용되어왔다 [90, 117]. Cohen과 그 이후에 Wilson은 가비지 컬렉션에 대한 광범위한 조사를 하였다 [87, 332]. 보수적인 컬렉터는 Boehm과 Weiser에 의해 도입되었다 [44, 112, 42]. 복사 컬렉터는 가상 메모리 시스템에 응하여 출현하였으며 [137, 74] 이후 자연스럽게 generational 컬렉터가 출현하여 현재 널리 사용되고 있다 [238, 324]. Hanson은 arena 기반의 할당 개념을 소개하였다 [171].

Chapter 7

코드 형태

| Code Shape

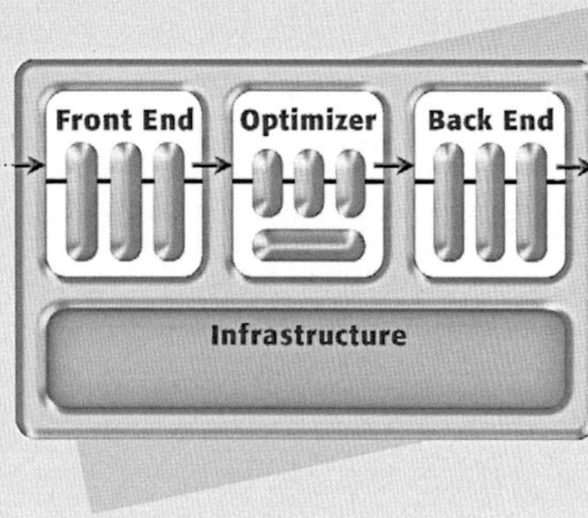

7.1 서론

컴파일러는 실제적으로 원시언어 구성요소를 주어진 목표 기계에서 서로 다른 연산자들과 여러 접근 방법을 사용하여 다양한 방식으로 구현할 수 있다. 어떻게 구현하느냐에 따라서 어떤 방법은 다른 방법을 쓰는 것보다 빠르기도 하고, 메모리를 더 적게 사용하기도 하고, 더 적은 수의 레지스터를 사용하기도 하며, 실행하는 동안 더 적은 전력을 소모하기도 한다. 우리는 이러한 차이들을 *코드형태(code shape)* 문제로 고려한다.

코드형태는 컴파일된 코드의 동작은 물론이고 코드의 성능향상을 위한 최적화 기술과 backend의 능력에까지 큰 영향을 준다. 예를 들어 C컴파일러에서 1byte 문자를 통해 분기되는 switch문을 구현한다고 하자. 컴파일러는 if-then-else문을 중첩하는 형태로 switch문을 구현할 수 있지만 switch문에서 테스트하려는 값들의 배치에 따라 그 결과는 다를 수 있다. 만약 테스트하는 값이 처음에는 0이고 두 번째 값이 1, 다음은 2, ... 이런 식이면 256개 키 값들의 필드를 차례로 찾아야 한다. 만약 문자들이 고르게 분포한다면 문자 검색은 하나의 문자당 평균

128번의 테스트와 분기를 수행하는 매우 비싼 대가를 치러야 할 것이다. 만약 이러한 방법 대신 이진 검색을 사용하여 테스트하는 경우라면 평균 8번의 테스트와 분기만으로 같은 일을 할 수 있다. 속도를 더 빠르게 하기 위해 데이터 공간을 더 많이 사용하는 방법을 쓸 수도 있다. 이 경우, 컴파일러는 256개 라벨의 테이블을 만들고 문자를 해석해서 해당하는 테이블의 값을 읽어 들여 해당하는 라벨로 바로 접근하여 하나의 문자당 상수 시간 만에 검색하도록 만들 수 있다.

이 모든 것들이 모두 정상적인 switch문의 구현 방법이다. 특정한 switch문을 위해 적절한 구현 방법을 결정하는 것은 많은 요인들에 의해 바뀐다. 특히 각각 분기해야 할 경우가 몇 개인지, 실행 시 각 경우가 나타나는 상대적인 빈도가 얼마나 되는지, 그리고 타겟 머신에서 분기를 위한 구조를 어떻게 제공하는지에 대한 자세한 지식 여부에 따라 구현 방법이 달라진다. 비록 컴파일러가 최선의 선택을 하기 위해 필요한 정보가 부족하여 어떤 방법을 쓸지 결정하기 힘들더라도 하나의 방법은 선택해야 한다. 가능한 구현방법의 차이와 컴파일러의 선택은 모두 코드형태 문제이다.

다른 예로 간단한 표현식인 x + y + z를 보자. x, y, z는 모두 정수형 변수이다. 그림 7.1에서 표현식을 구현하는 여러 가지 방법을 볼 수 있다. 소스코드 형식에서 보면 우리는 이 연산을 제일 왼쪽 예와 같이 변수 3개로 이루어진 덧셈이라고 생각할 수 있다. 하지만 이 이상화된 연산을 변수 두 개로 이뤄진 덧셈의 연속으로 표시하면 연산 순서에 따른 영향이 나타난다. 그림 오른편의 세 가지 버전은 각각 세 가지 가능한 연산 순서를 3-주소 부호와 추상화된 구문 트리로 보인다. (우리는 각각의 변수가 적당하게 명명된 레지스터에 있고, 원시 언어가 이와 같은 표현식을 위해 연산 순서를 명시하지 않는다고 가정한다.) 정수의 덧셈은 교환법칙과 결합법칙이 성립하여 모든 연산 순서가 동일한 결과를 보이므로 컴파일러는 이 가운데 하나를 선택하여 구현해야만 한다.

왼쪽 결합법칙은 첫 번째 이진트리를 형성한다. 이 왼쪽 결합법칙의 트리는 좌에서 우로 읽는 방식에 익숙한 우리들에게 "자연스러워" 보인다. 만약 우리가 y를 상수 2로 바꾸고 z를 3으로 바꾸면 어떤 일이 일어나는지 생각해 보자. 물론 x + 2 + 3은 x + 5와 같다. 컴파일러는 2 +

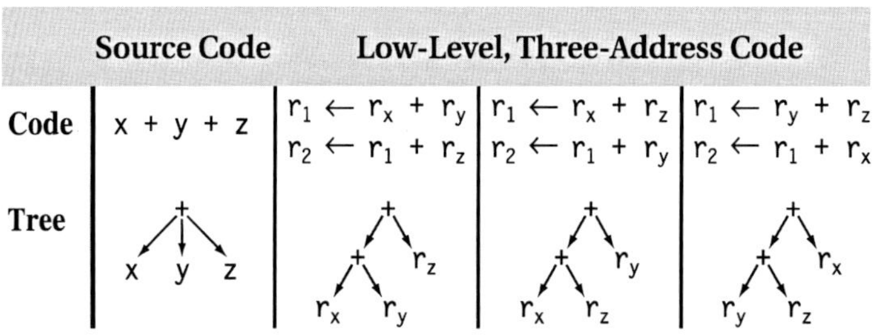

그림 7.1 x + y + z를 위한 대안적인 코드 형태

3의 계산을 감지하고 이를 계산하여 결과를 폴딩하여 직접 코드에 넣어야 한다. 그러나 왼쪽 결합법칙의 형식에서 2 + 3은 절대로 일어나지 않는다. x + y + z의 연산순서가 그런 일을 잘 가려주기 때문이다. 오른쪽 결합법칙을 적용한 버전은 성능향상의 기회가 보인다. 하지만 각각의 예상되는 트리에는 최적화를 위해 상수 표현식을 드러내지 않는 x, y 그리고 z로의 변수와 상수 할당이 있다.

switch문의 예와 같이 이 표현식을 위한 최적의 코드형태는 이러한 표현식이 나타나는 곳의 문맥과 관련된 정보 없이는 알 수 없다. 예를 들어, 만약 표현식 x + y가 가장 최근에 계산이 이미 되었고 x의 값과 y의 값이 둘 다 변하지 않았다면, 컴파일러는 가장 왼편을 사용하여 첫 번째 연산인 $r_1 \leftarrow r_x + r_y$ 대신 이전에 계산된 값을 가리키도록 했을 것이다. 이 상황에서 세 연산 순서 가운데 최선의 선택은 주변의 코드로부터의 문맥에 의존할 것이다.

이 장에서는 많은 공통 원시 언어 구성요소들을 구현하는 데 있어서 나타나는 코드형태의 문제점들에 대해서 알아본다. 여기서는 특별한 어셈블리 언어 구성요소들을 뽑아내기 위해 요구되는 알고리즘을 대부분 무시하면서 특수한 구성요소를 위해 만들어져야만 하는 코드들에 초점을 맞춘다. 명령어 선택, 레지스터 할당, 그리고 명령어 스케줄링의 이슈들은 각각 다른 장에서 다룬다.

7.2 저장 공간의 할당

하나의 함수는 많은 변수를 계산하곤 한다. 변수들 가운데 일부는 소스코드에 이름을 가지고 있다. 특히 Algol과 비슷한 언어에서는 프로그래머가 각 변수의 이름을 제공한다. 다른 변수들, 예를 들어 A[i-3, j+2]에서 i-3와 같은 변수는 명시적으로 이름을 갖지 않는다. 명명된 변수들은 정의된 값을 유지할 수 있는 시간 즉 생존시간(life time)이 있다. 어떤 변수들은 다른 함수에 의해 변경되기도 한다. 변수들은 디버거를 통해 볼 수도 있다. 이러한 사실들이 컴파일러가 변수를 어디에 할당하고 변수들을 얼마나 유지해야 하는가를 제한한다. 대조적으로 컴파일러는 i-3처럼 명명되지 않은 변수들을 다루는 데는 좀 더 자유롭다. 컴파일러는 프로그램의 의미와 함께 모순이 일어나지 않는 방법으로 변수들을 다뤄야 하지만 이런 값들이 어디에 존재할지, 얼마만큼 유지될지를 결정하는 것은 비교적 자유롭게 할 수 있다.

컴파일러의 명명되거나 명명되지 않은 값들에 관한 결정들은 컴파일러가 만들어 내는 최종 코드에 큰 영향을 준다. 특히 명명되지 않은 값들에 관한 결정은 최적화를 위해 분석하고 변환하기 위해서 드러난 값들의 집합을 정한다. 각각의 값을 저장하기 위한 공간을 결정하는 데 있어서 컴파일러는 원시 언어와 목표 기계의 메모리 구조와 관련된 규칙들을 잘 관찰해야만 한다. 일반적으로 컴파일러는 스칼라 값을 레지스터나 메모리에 저장할 수 있다. 사용 가능한 메모리는 6장에서처럼 확실히 구분되는 하위 영역들이나 데이터베이스 영역으로 나눠질 수도 있다.

7.2.1 데이터 영역 배치

Algol과 같은 언어에서 저장 공간에 변수들을 할당하기 위해서 컴파일러는 아래와 비슷한 규칙을 적용하곤 한다.

> *만약 x가 함수 p에서 지역적으로 선언되어 있고, 그 값이 p가 수행되는 동안 확실하게 값이 보존되지 않는다면 이 변수 x를 함수의 지역 저장 공간에 할당한다.*
>
> *만약 이 변수의 값이 p가 수행되는 동안 보존되어야 한다면 이 변수는 함수의 정적 저장 공간에 할당한다.*
>
> *만약 x 전체 영역에서 보이도록 선언되었다면 이 변수는 전역 저장 공간에 할당한다.*
>
> *만약 x가 프로그램 제어에 맞춰서 할당된다면 변수는 수행 시 힙에 할당된다.*

객체지향 언어에서는 다른 규칙을 따르긴 하지만 더 복잡하지는 않다.

이러한 데이터 공간들은 각각 그 공간에 따라서 제약사항들을 갖게 된다. 함수가 수행되는 시간과 해당 함수가 끝나는 시간에 맞춰서 함수의 지역 변수가 존재하는 시간이 결정되므로, 컴파일러는 함수의 *구동 레코드(activation record)* 안에 함수 지역 저장 공간을 놓을 수 있다. 코드가 이미 레지스터에서 ARP를 필요로 하고 있기 때문에 이것은 `loadAO`과 `loadAI`와 같은 연산들에서 효과적인 접근을 할 수 있게 한다. AR에 접근하는 빈도가 많으면 컴파일러는 이것을 캐시에 넣으려 할 것이다.

정적 데이터나 선역 데이터 공간은 어떤 함수의 AR 밖에 저장된다. 왜냐하면 이러한 변수들이 유지되어 사용되는 시간(lifetime)이 잠재적으로 프로그램의 전체 실행에 맞춰 늘어나기 때문이다. 이것은 재할당 가능한 심볼들(어셈블리 언어에서 라벨과 같은)의 런타임 주소를 얻기 위해 추가적인 `loadI`를 요구할지도 모른다.

컴파일러는 힙에 저장된 값들이 얼마나 오래 유지될지 쉽게 알 수 없다. 이러한 값은 두 개의 서로 다른 메커니즘을 사용하여 힙에 저장될 수 있다. 프로그래머는 명시적으로 저장 공간을 힙으로부터 할당할 수 있다. 이 경우 컴파일러는 이러한 결정을 마음대로 바꾸면 안 된다. 즉 컴파일러는 이러한 결정을 무시해서는 안된다. 컴파일러는 함수가 만드는 값이 함수가 끝나고도 유지되어야 할지도 모른다고 판단하면 힙에 그 값을 놓는다. 둘 가운데 어떤 경우라도 힙에 있는 값은 오프셋이 아닌 완전한 주소로서 표현된다.

7.2.2 레지스터에 값의 저장

데이터 공간이나 데이터 영역에 각각의 값을 할당하는 것에 추가하여 컴파일러는 레지스터에서 그 값이 안전하게 유지될 수 있는지 없는지도 결정해야 한다. 만약 그 값이 레지스터에 안전하게 있을 수 있거나 레지스터가 그 값의 전체 생존시간(lifetime) 동안 사용 가능하다면 그 값은 메모리에 있을 필요가 없을지도 모른다. 많은 컴파일러들이 *가상 레지스터(virtual register)*를 각 값에 할당한다. 이 값은 합법적으로 레지스터에 있을 수 있으며 레지스터 할당기에 따라서 이 가상 레지스터들은 목표 기계의 실제 레지스터들로 맵핑된다.

만약 컴파일러가 가상 레지스터를 사용하면, 컴파일러는 각각의 값을 가상 레지스터나 메모리 공간에 할당한다. 하지만 동시에 두 군데에 할당하지는 않는다. 레지스터 할당기가 어떤 가상 레지스터는 레지스터셋에서 유지할 수 없겠다고 판단하면 스필링 레지스터들을 위해 예약된 메모리 공간으로 값을 할당한다. 레지스터 할당기는 값을 사용할 일이 있으면 load를 넣어서 임시 레지스터에 값을 옮기고, 각 값이 메모리에 갱신되어야 하면 store를 넣는다. 만약 레지스터 할당기가 정적인 값(static value)을 레지스터에 넣는다면 할당기는 반드시 함수에서 그 값이 처음 사용되기 전에 값을 부르고 함수를 빠져나가기 전에 메모리에 그 값을 저장해야 한다(함수와 호출 영역—call site—의 끝 양쪽에서).

레지스터에 값이 유지될 수 있는지 없는지를 결정하기 위해서 컴파일러는 코드가 접근할 수 있는 구분되는 이름들의 수를 알고 있어야 한다. 예를 들어, 지역 변수가 아주 오랫동안 해당 변수의 주소가 절대로 얻어지지 않는 레지스터에 있을 수 있다. 그 값은 중첩된 함수에서 절대로 사용되지 않는다. 그리고 참조에 의한 호출의 매개변수로서 다른 함수로 값이 전달되는 일도 없다. 이러한 각각의 행동들은 해당 변수를 접근하기 위해 제 2의 방법을 만든다. 다음과 같은 C로 짜여진 코드의 일부를 살펴보자.

```
void fee() {
  int a, *b;
    ...
  b = &a;
    ...
}
```

b = &a와 같은 할당은 코드가 a를 접근할 수 있는 두 번째 이름을 만든다. 컴파일러는 a에

저장 공간을 할당해야만 한다. 그렇지 않을 경우 a에 의미 있는 주소 연산을 적용할 수 없다. 하지만 중간에 들어가 있는 코드가 *b에 할당할 수 없다는 것을 컴파일러가 확실히 알지 못하면, a의 값을 a로의 연속적인 참조 사이에서 레지스터에 유지시킬 수 없다. 비슷한 방식으로, 중간에 들어가 있는 코드가 a에 할당할 수 없다는 것을 컴파일러가 확실히 모른다면, 참조들 사이에 있는 레지스터에 *b의 값을 유지시킬 수 없다.

일반적으로 두 참조 사이의 코드는 다른 포인터 기반의 할당이나 포인터 기반의 할당들을 포함하는 함수로의 호출을 포함할 수 있다. 물론 함수를 통한 다중 경로들은 b를 다른 주소들로 할당할 수 있다. 이 모든 것을 고려한다고 하더라도 이러한 복잡함은 a나 *b 양쪽 다 레지스터에 유지하도록 해주는 분석을 어렵게 한다. 실제로 많은 컴파일러들은 이런 일들을 포기하거나 a를 메모리에 남겨놓는다.

레지스터에 유지되는 값은 종종 *명백한 값(unambiguous value)*이라고 불리고, 하나 이상의 이름을 가질 수 있는 변수는 *모호한 값(ambiguous value)*이라고 불린다. 모호함은 여러 가지 방법으로 발생한다. 포인터 기반으로 저장되어 있는 값은 종종 모호하다. 참조에 의한 호출의 정규 매개변수들과 명칭 스코핑 법칙 사이의 상호 작용들은 정규 매개변수들을 모호하게 할 수 있다. 많은 컴파일러들은 배열의 값을 모호한 값들로 간주한다. 왜냐하면 컴파일러는 A[i,j]와 A[m,n]처럼 두 개의 참조들이 같은 위치를 참조할 수 있다면 어떤 값인지를 말할 수 없기 때문이다. 컴파일러는 이런 경우 모호하지 않게 하기 위해서 여러 가지 분석을 수행할 수 있지만, 불행하게도 이러한 분석이 모든 모호함을 해결할 수는 없다. 그러므로 컴파일러는 모호한 값들을 다루기 위해 신중하고 정확하게 준비되어야만 한다.

컴파일러는 그 값이 명확하다는 것을 증명할 수 없다면 어떤 값도 모호하다고 보고 다루어야 한다. 모호한 값들은 레지스터에 저장되기보다 메모리에 값이 유지된다. 그 값들은 필요할 때마다 메모리에 올리거나 메모리로 저장된다. 언어에 관한 조심스러운 추론은 컴파일러를 도울 수 있다. 예를 들어 C에서는 그 주소가 절대로 취해지지 않는 지역 변수인 경우 *어떤* 변수라도 명백하다. 비슷하게 ANSI C 표준은 타입이 일치하는 포인터 변수를 통한 참조를 요구하므로, *b로의 할당은 b가 합법적인 포인터일 경우만 할당된 공간의 값을 바꿀 수 있다. 불행하게도 ANSI C 표준은 문자 포인터를 사용할 경우 이러한 제한을 누지 않아서 문자 포인터에 할당한 것은 *어떤* 타입의 값이라도 바꿀 수 있다.

ANSI C는 잠재적으로 모호하다고 판단되는 값들을 분석하기 위한 컴파일러의 능력에 영향을 주는 두 개의 핵심어를 포함한다. `restrict` 핵심어는 프로그래머가 포인터를 모호하지 않게 선언하도록 해준다. 이 핵심어는 함수가 호출 위치에 주소를 바로 보내줄 때 사용되곤 한다. `volatile` 핵심어는 임의로 아무런 공지 없이 바뀔지도 모르는 변수의 내용을 프로그래머가 선언할 수 있게 한다. 이 핵심어는 하드웨어 장치의 레지스터를 위해 사용되거나 인터럽트 처리 과정이나 응용 프로그램에서 다른 쓰레드(thread)의 제어에 의해 변경될지 모르는 변수들을 위해 사용된다.

7.2.3 목표 시스템의 특성들

컴파일러 작성자는 특정 프로세서를 위해 반드시 따라야만 하는 해당 기계의 특성을 따르는 규칙들의 집합을 찾을 것이다.

어떤 구조(컴퓨터 구조)는 레지스터 집합을 별개의 클래스들로 나누기도 한다. 이러한 클래스들은 나눠질 수 있는데 공통된 방식은 "부동 소수점"과 "범용" 레지스터를 위해서 구분된 레지스터 파일들을 갖는 것이다. 이렇게 나눠진 클래스들은 "부동소수점"과 "배 정밀도 부동소수점"의 경우처럼 종종 겹쳐지기도 한다. 하나의 클래스 안에서 배 정밀도, 부동소수점 값들이 인접한 레지스터를 한 쌍으로 점유해야만 하는 구조에서는 추가적인 제약조건이 발생할 수 있다. 다른 공통 레지스터 클래스들은 조건 부호 레지스터, 술어 레지스터, 브랜치 타깃 레지스터 그리고 세그먼트 레지스터를 포함한다.

위의 구조는 하나의 레지스터 클래스를 다중 해체 레지스터 파일들로 나눌 수 있다. 이러한 기계는 레지스터 집합 근처에 있는 기능 단위들의 집합으로 그룹화한다. 각각의 기능 단위는 해당 기능 단위 근처에 있는 레지스터에 빠르게 접근하고, 다른 레지스터 집합들에 있는 레지스터로는 제한된 접근을 한다. 이 같은 전략은 설계자가 좀 더 많은 기능 단위를 사용할 수 있게 한다. 더불어 연산과 데이터를 위해 해야 하는 많은 일들을 컴파일러가 하도록 한다.

특정한 목표 시스템에 관련된 이슈는 메모리 상주값 때문에 나타난다. 많은 컴퓨터 구조는 값이 어떤 타입인지 인식한 것을 바탕으로 값의 시작 주소를 제한한다. 그러므로 정수형이나 단일 정밀도 부동 소수점 데이터는 문자 데이터가 어떤 짝수 주소에서 시작할 수 있는 것과 달리 워드 경계(워드 크기의 정수 배의 주소)에서 시작하기를 요구한다. 워드의 두 배, 혹은 네 배의 경계도 자주 발생한다.

저장 공간 할당의 상세한 기술은 성능에 직접적으로 영향을 끼친다. 메모리 계층들이 깊어지면 깊어질수록, 그리고 더욱 복잡해질수록 집약성과 재사용 이슈는 실행 시 더 큰 효과를 갖는다. 컴파일러는 메모리에서 코드와 데이터의 레이아웃을 바꾸거나 접근 순서를 바꿔서 집약성과 재사용성 모두를 증가시킬 수 있다.

7.3 산술 연산자

현대의 프로세서는 표현식의 값을 구하는 데 광범위한 지원을 한다. 전형적인 RISC 기계는 산술, 논리 시프트, 그리고 불리언 연산들을 포함하여 3-주소 연산들의 완전한 보수를 갖는다. 3-주소 형식은 컴파일러가 어떤 연산의 결과를 명명하고 다음에 재사용될 때 그 값을 보존하도록 한다. 이러한 주소 형식은 2-주소 명령어들의 주된 문제들 중 하나인 부정적인 연산들을 없앤다.

x + y와 같은 평범한 표현을 위한 코드를 생성하기 위해 컴파일러는 x와 y의 값들이 이미 알려진 레지스터 즉, r_x와 r_y에 있는지 확실히 하기 위해 코드를 생성한다. 만약 x가 현재 사용하고 있는 AR에서 @x 오프셋만큼 떨어져 있는 메모리에 저장되어 있다면 결과 코드는 아래와 같을 것이다.

```
loadI   @x        ⇒ r1
loadAO  rarp, r1  ⇒ rx
```

하지만 만약 x의 값이 이미 레지스터에 있다면 컴파일러는 r_x 대신에 단순하게 그 레지스터의 이름을 사용할 수 있다. 컴파일러는 y가 레지스터에 있는지 확실히 하기 위해 비슷한 결정 과정을 따른다. 마침내 컴파일러는 덧셈을 수행하기 위한 명령을 다음과 같이 내보낸다.

```
add rx, ry ⇒ rt
```

만약 위의 표현이 트리로 표현된다면 이 방법은 자연스럽게 뒤에서부터 트리를 탐색하게 된다. 그림 7.2(a)에 보인 코드는 코드를 생성하는 행동을 재귀적인 트리탐색 과정으로 해결한다. 이 코드는 복잡함을 숨기기 위해 두 개의 과정에 의지하는데, 하나는 *베이스(base)*이고 다른 하나는 *오프셋(offset)*이다. *베이스* 과정은 식별자를 위해 기준주소를 갖고 있는 레지스터의 이름을 반환한다. 필요하다면 컴파일러는 기준주소를 얻기 위해 다른 레지스터로 값을 옮긴다. *오프셋* 과정은 비슷한 함수를 갖는데, 이 함수는 *베이스* 과정에 의해 반환된 주소와 관련된 식별자의 *오프셋*을 갖고 있는 레지스터의 이름을 반환한다.

같은 코드로 +, −, ×, ÷를 다룬다. 코드 생성 관점에서 보면 이러한 연산들은 교환법칙을 무시한 채로 교환이 가능하다. 그림 7.2(b) 부분에서 보인 x − 2 × y를 위해 AST에 있는 그림 (a)로부터 *expr*를 실행하는 것은 그림 (c) 부분에서 보인 결과를 만든다. 예제는 x도 y도 이미 레지스터에 있지 않고 둘 다 현재 AR에 저장된다고 가정한다.

```
expr(node) {
  int result, t1, t2;
  switch(type(node)) {
    case ×, ÷, +, −:
      t1 ← expr(LeftChild(node));
      t2 ← expr(RightChild(node));
      result ← NextRegister();
      emit(op(node), t1, t2, result);
      break;

    case IDENT:
      t1 ← base(node);
      t2 ← offset(node);
      result ← NextRegister();
      emit(loadAO, t1, t2, result);
      break;

    case NUM:
      result ← NextRegister();
      emit(loadI, val(node), none,
            result);
      break;
  }
  return result;
}
```

(a) Tree-walk Code Generator

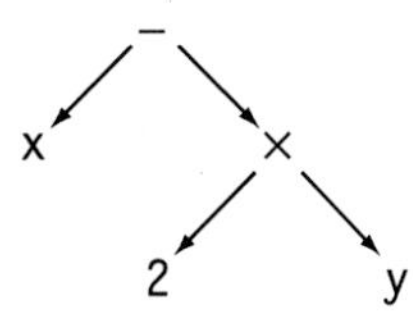

(b) Abstract Syntax Tree for
x - 2 × y

```
loadI   @x         ⇒ r1
loadAO  rarp,r1    ⇒ r2
loadI   2          ⇒ r3
loadI   @y         ⇒ r4
loadAO  rarp, r4   ⇒ r5
mult    r3, r5     ⇒ r6
sub     r2, r6     ⇒ r7
```

(c) Naive Code

그림 7.2 표현을 위한 간단한 트리 탐색

이러한 코드 생성으로의 트리 탐색 접근과 그림 4.14에서 보인 임시 변통의 구문 지시형 번역 방법 사이의 유사성에 주목하자. 트리 탐색 알고리즘은 단말들을 다루는 것과 오른쪽 하부 트리에 들어가기 전에 왼쪽 하부트리를 먼저 들어가는 것을 포함하여 더 자세한 부분까지 명확하게 만든다. 구문 지시형 번역 방법은 첫 번째 문제를 추상화한다. 구문 지시형 번역은 파서가 각각의 행위에 맞춰서 응용프로그램의 순서를 알아내기 때문에 값을 구하는 순서를 제어하지 않는다. 하지만 두 방법 모두 대충 같은 코드를 만들어 낸다.

7.3.1 적은 레지스터의 사용

생성된 코드의 품질에 영향을 주는 많은 이슈들이 있다. 예를 들어, 저장 공간의 선택은 위에서 예로든 아주 간단한 예에서조차 직접적인 영향을 미친다. 만약 y가 전역 데이터 공간에 있었다면 레지스터에 y를 넣어야 하는 연속된 명령어는 기반 주소를 얻고 그 값을 레지스터에 유지하기 위해 추가적인 loadI를 요구했을 것이다. 저장 공간을 다르게 취하여 만약 레지스터에 y가 있었다면, r_5에 값을 불러오기 위해서 사용되곤 하는 두 개의 명령어들을 생략할 수 있었을 것이고, 컴파일러는 명령어 mult에 있는 y를 갖고 있는 레지스터의 이름을 사용했을 것이다. 레지스터에 있는 값을 유지하는 것은 메모리 접근과 메모리 계산 모두를 피할 수 있다. 만약 x와 y가 둘 다 레지스터에 있었다면, 7개의 명령어 순서는 3-주소 명령어 하나로 줄어들었을 것이다(만약 목표 기계가 즉시 곱셈 명령어를 지원한다면 2-주소 명령어일 것이다.).

트리 탐색 코드 생성기로 만들어진 코드 형태 결정은 효과가 더 있다. 그림에 있는 단순한 코드는 r_{arp}를 포함하여 8개의 레지스터를 사용한다. 이렇게 많은 레지스터를 사용하는 것은 컴파일 할 때 늦게 실행하면 레지스터 할당기가 레지스터들의 수를 최소한으로 줄일 수 있다고 가정하는 경향이 있기 때문이다. 예를 들어 레지스터 할당기는 표현식을 다음과 같이 다시 쓸 수 있다.

```
loadI   @x         ⇒ r1
loadAO  rarp, r1   ⇒ r1
loadI   2          ⇒ r2
loadI   @y         ⇒ r3
loadAO  rarp, r3   ⇒ r3
mult    r2, r3     ⇒ r2
sub     r1, r2     ⇒ r2
```

이런 코드는 r_{arp}를 포함하여 레지스터 사용을 8개에서 4개로 줄인다. 이런 방식은 결과를 r_2에 남기고, 그렇게 함으로써 r_1에 x를, r_3에 y를 각각 저장하여 다음에 사용할 수 있다.

하지만 2 x y를 계산하기 전에 x를 부르는 것은 여전히 레지스터를 낭비한다—트리 탐색 코드 생성기로 오른쪽 자식을 계산하기 전에 왼쪽 자식을 먼저 계산하는 결정의 인위적인 결과이다. 반대 순서를 사용하면 다음 코드의 왼쪽에 보인 순서대로 코드를 만든다. 오른쪽에 보이는 것처럼 레지스터 할당기는 이 코드를 오직 두 개의 레지스터만 사용하도록 다시 쓸 수 있다(r_{arp}를 포함하여).

```
loadI   @y         ⇒ r1        loadI   @y         ⇒ r1
loadAO  rarp, r1   ⇒ r2        loadAO  rarp, r1   ⇒ r1
loadI   2          ⇒ r3        loadI   2          ⇒ r2
mult    r3, r2     ⇒ r4        mult    r2, r1     ⇒ r1
loadI   @x         ⇒ r5        loadI   @x         ⇒ r2
loadAO  rarp,r5    ⇒ r6        loadAO  rarp,r2    ⇒ r2
sub     r6, r4     ⇒ r7        sub     r2, r1     ⇒ r1
```

Evaluating 2 × y First　　　　After Register Allocation

할당기는 x, y, and x + 2 × y 모두를 두 레지스터에 모두 끼워 맞출 수는 없다. 위에 썼듯이 코드는 y가 아니라 x를 보존한다. 신경을 많이 쓰는 최적화는 계산에서 x를 부르는 부분을 옮김으로써 3-레지스터 코드를 2-레지스터 코드로 변환하려 할 수도 있고, 이렇게 하는 것이 최적화나 레지스터 할당 이후에 더 좋은 코드를 만드는 시퀀스를 만드는 데 더 쉽고 직접적일 수 있다.

물론 오른쪽 자식을 먼저 계산하는 것이 일반적인 해법은 아니다. 2 × y + x와 같은 표현식에서 적당한 법칙은 "왼쪽 자식을 먼저" 찾는 것이다. x + (5 + y) × 7과 같은 몇몇 표현식은 고정적인 방법을 무시한다. 레지스터 사용을 제한하는 가장 좋은 계산 순서는 5 + y 다음에 7을 곱하고 마지막에 x를 더하는 것이다. 사실 오른쪽과 왼쪽 자식을 교차하는 것이다.

표현식 트리의 서브트리에서 제일 좋은 계산 순서를 결정하기 위해 컴파일러는 각 서브트리의 자세한 정보를 필요로 한다. 레지스터의 사용을 줄이기 위해 컴파일러는 더욱 요구되는 서브트리 즉, 가장 많은 레지스터를 필요로 하는 서브트리를 먼저 계산해야만 한다. 코드는 두 번째 서브트리의 계산을 하면서 계산된 첫 번째 값을 보존해야만 한다. 그렇게 함으로써 더 적은 레지스터를 요구하는 서브트리를 다룰 때, 더 많은 레지스터를 요구하는 서브트리에서 사용된 레지스터의 요구를 증가시킨다. 이것은 정보를 얻기 위해 해당 코드에 걸쳐서 초기 통과 과정을 요구하고, 실제 코드를 방출하기 위한 과정을 거친다.

애드 혹 구문주도형 번역과 같은 단일 패스에서는 더욱 요구되는 서브트리를 발견하든지 코드를 생성하여야 한다. 두 가지를 다 할 수는 없다. 1961년 Floyd가 관찰한 바에 의하면, 어떻게 코드를 구현할 것인지 결정하기 전에 코드를 살펴본다면 컴파일러가 더 좋은 코드를 생성할 수 있다.

7.3.2 매개변수의 접근

트리 검색 코드 생성기는 모든 식별자를 위해 묵시적으로 단일 접근 방법으로 동작한다고 가정한다. 공식적인 매개변수를 표현하는 이름들은 서로 다른 취급을 필요로 한다. AR에서 통과된 값에 의한 호출 매개변수는 지역변수처럼 취급된다. AR에서 통과된 참조에 의한 호출 매개변수는 추가적인 간접적인 참조를 필요로 한다. 그러므로 참조에 의한 호출 매개변수 x를 위해 컴파일러는 x의 값을 얻기 위해 아래와 같은 코드를 생성할 것이다.

```
loadI   @x        ⇒ r1
loadAO  rarp,r1   ⇒ r2
load    r2        ⇒ r3
```

주소를 즉시 부르는 Load 명령어 만들기

주의 깊은 독자는 그림 7.2에 있는 코드가 절대로 ILOC의 주소를 즉시 불러오는 명령어 loadAI를 생성하지 않는다는 것을 알려올지 모르겠다. 대신에 이 코드는 즉시 값을 부르는 loadI를 만들고, 그 다음에 오프셋을 사용하여 주소를 부르는 loadAO을 만든다.

loadI @x $\Rightarrow r_1$ loadAO $r_{arp}, r_1 \Rightarrow r_2$	*instead of*	loadAI r_{arp}, @x $\Rightarrow r_2$

우리는 책에서 시종일관 단독 연산보다는 이런 식의 두 개의 연산 시퀀스를 만드는 것이 더 낫다고 가정했다. 세 개의 원인이 이 과정을 시사한다.

1. 긴 코드 시퀀스가 @x에 명시적인 이름을 준다. 만약 @x가 어떤 환경에서 loadAO 보다 더 많이 재사용된다면 이러한 명시적인 이름이 유용하다.
2. 오프셋 @x는 loadAI 연산의 immediate field를 위해 너무 큰 값일 수 있다. 만약 이 오프셋 값이 적당하지 않다면 컴파일러는 loadI를 사용하는 시퀀스를 만들거나 메모리에 레이블을 저장하고 레이블을 검색하기 위해 제대로 된 load를 사용해야 한다.
3. 두 명령어가 하나의 의미를 갖는 시퀀스는 코드 생성에서 그림 7.2에 보인 것처럼 명확한 기능적 분리를 이끈다. 이렇게 상수를 뒤에 나오는 loadAO와 합치기 위해 요구되는 논리는 최적화방법의 하나이다.

이어서 일어나는 최적화는 상수 오프셋이 재사용되지 않을 경우 두 명령어가 하나의 기능을 하는 시퀀스를 loadAI 명령어 하나로 쉽게 바꿀 수 있다. 예를 들어, 중간 레지스터가 어떤 다른 값을 위해 사용된다면 몇몇 레지스터 할당기는 이러한 변환을 수행할 수 있다. (13장을 참조하시오.)

만약 컴파일러가 loadAI를 직접 생성해야 한다면, 두 개의 접근 방법이 효과가 있다. 컴파일러 작성자는 *베이스*와 *오프셋*에 담겨 있는 case 논리를 그림 7.2에 있는 *IDENT*를 위한 case로 끌어올릴 수 있다. 이것은 더 다루기 힘들고 덜 모듈화 된 코드의 값(cost)에 있어서 목적을 달성하도록 해준다. 대안적으로 컴파일러 작성자는 작은 명령어 버퍼를 관리하고 명령어들이 생성된 것처럼 여러 명령어 위에서 지역적으로 국소적 최적화를 수행하는 *emit*를 가질 수 있다(11.4.1절을 참고).

버퍼를 작게 유지하는 것은 이러한 일을 효과적으로 만든다. 만약 컴파일러가 "더욱 힘든 서브트리를 먼저 탐색하는" 규칙을 따른다면, loadAO 명령어를 만들기 전에 즉각 오프셋을 생성했을 것이다. 어떤 loadAO에 값을 전달하는 loadI를 인식하는 것은 국소적 패러다임에서 쉬운 일이다.

처음 두 개의 연산은 매개변수의 값의 메모리 주소를 r_2로 옮긴다. 마지막 연산은 값 그 자체를 r_3로 옮긴다.

많은 링키지 컨벤션들이 레지스터에 처음 몇 개의 매개변수들을 전달한다. 이미 기술했다시피 그림 7.2의 코드는 레지스터에 영원히 값이 유지되는 값을 다룰 수 없다. 하지만 필요에 의한 확장은 쉽게 이루어질 수 있다.

값에 의한 호출 매개변수를 위해 *IDENT* 경우는 값이 이미 레지스터에 있는지 여부를 반드시 확인해야 한다. 만약 값이 레지스터에 있다면 레지스터 숫자를 결과에 할당하거나 해당값을 새로운 가상 레지스터에 복사한다. 그렇지 않으면 메모리로부터 값을 불러 오기 위한 표준화된 메커니즘을 사용한다.

주소가 레지스터로 전달된 참조에 의한 호출 매개변수를 위해 컴파일러는 메모리로부터 해당값을 불러오는 단일 연산 하나만 방출하면 된다. 하지만 그 값은 컴파일러가 명확하다고 증명할 수 있지 않는 한 각 할당에 걸쳐서 메모리에 있어야만 한다.

7.3.3 함수 호출 표현

지금까지 우리는 표현식의 모든 연산자들이 변수, 상수, 다른 부차적인 표현식에 의해 만들어진 임시적인 값들이라고 가정해 왔다. 함수 호출 역시 표현식에서 피연산자로서 나타난다. 함수 호출을 처리하기 위해 컴파일러는 함수를 호출하는 데 필요한 호출 순서를 간단히 생성하고 6.6절과 7.9절을 참조) 반환값을 레지스터에 옮기기 위해 필요한 코드를 생성한다. 링키지 컨벤션은 함수 실행의 호출 순서의 충돌을 제한한다.

함수 호출의 존재는 컴파일러가 표현식의 계산 순서를 바꾸는 능력을 제한하곤 한다. 함수는 표현식에서 사용되는 변수들의 값을 바꾸는 부작용을 가질 수 있다. 컴파일러는 적어도 호출에 대해서는 원시 표현식의 함축된 계산 순서를 기대해야만 한다. 호출의 가능한 부작용들에 관한 지식 없이는 해당 호출에 걸쳐 참조들을 옮기지 못한다. 컴파일러는 함수가 함수에서 접근 가능한 모든 변수들을 고치거나 사용할 수 있다는 최악의 상황을 가정해야만 한다. 이와 같은 최악의 상황을 가정한 상황에서 성능을 향상시키고자 하는 욕구는 함수 간 분석을 위한 일에 더욱 많은 동기부여를 한다(9.4.2절을 참조).

7.3.4 다른 산술 연산자들

다른 산술 연산자들을 다루기 위해 우리는 간단한 모델을 확장할 수 있다. 기본적인 방법은 동일하다: 레지스터에 피연산자를 넣어 연산을 수행하고 필요하면 결과를 저장하는 것이다. 표현식 문법에서 코드화된 서열은 의도된 순서를 확실히 한다. 음수를 표현하는 빼기 기호 같은 단일 연산사자들은 연산자의 단독 서브트리를 계산하고 그 다음에 지정한 연산을 수행한다. (포인터의 역참조는 같은 식으로 동작한다.) 몇몇 연산자들을 구현하는 데는 복잡한 코드 순서를 요구한다(예를 들어 지수, 삼각함수, 약분과 같은). 이러한 것들은 직접적으로 인라인으로 확장되거나 컴파일러나 운영체제에서 제공되는 라이브러리 루틴의 함수 호출을 이용해 다뤄질 것이다.

7.3.5 혼합 형태 표현식

많은 프로그래밍 언어가 서로 다른 자료형의 피연산자를 가지고 연산을 하도록 허용한다. (여기서 우리는 주로 원시 언어에서 기본 자료형을 우선적으로 고려하고, 그 다음에 프로그래머가 정의한 자료형을 다룬다.) 2절에서 설명했듯이 컴파일러는 반드시 여러 자료형이 섞인 상황을 인지하고 각 연산자의 변환 테이블에 의해 요구되는 변환 코드를 추가시켜야만 한다. 일반적으로 이와 같은 일은 한쪽 혹은 양쪽 피연산자를 좀 더 일반적인 자료형으로 변환하고 그렇게 변환한 좀 더 일반적인 자료형을 써서 연산을 수행시켜야 결과값을 소모하는 연산은 다른 자료형으로 변환시켜야 할지 모른다.

어떤 기계는 직접적으로 이러한 변환들을 수행하는 명령어를 제공한다; 다른 기계들은 컴파일러가 복잡한 기계에 의존적인 코드를 생성하길 바란다. 다른 경우로는 컴파일러 작성자가 중간언어에서 변환 연산을 제공하길 원할 수도 있다. 이러한 연산자는 어떤 제어 흐름을 포함하여 변환의 모든 자세한 상황을 캡슐화 하고 컴파일러가 그것을 일관된 최적화로 종속시키도록 한다. 그렇게 함으로써 부호 이동은 순환문의 내부적인 제어 흐름과 관련된 고민 없이 순환문 밖으로 변하지 않는 변환을 뽑아낼 수 있다.

보통 프로그래밍 언어 정의는 각 변환에 대한 공식을 상술한다. 예를 들어 FORTRAN 77에서 정수형을 복소수형으로 변환하기 위해 컴파일러는 처음에는 정수형을 실수형으로 변환한다. FORTRAN은 결과로 나온 숫자를 복소수 숫자의 실수형으로 사용하고 복소수 부분을 실수형 0으로 놓는다.

사용자 정의 자료형을 위해 컴파일러가 각각의 특별한 경우를 정의하는 변환 테이블을 갖지는 않을 것이다. 하지만 원시 언어는 여전히 표현식의 의미를 정의한다. 컴파일러의 임무는 그러한 의미를 구현하는 것이다. 만약 하나의 변환이 금지된 방식이라면 이러한 변환은 반드시 막아야 한다. 4장에서 살펴보았듯이, 많은 불법적인 변환을 감지하여 컴파일 시점에서 이러한 금지된 변환을 막을 수 있다. 컴파일 시점에서의 확인은 불가능하거나 확정적이지 않다. 컴파일러는 불법적인 경우를 위해 이러한 테스트들을 실행할 때 확인하는 부분을 생성해야 한다. 해당 코드가 불법적인 변환을 시도하려 하면 이러한 확인을 통해 런타임 오류를 발생시켜야 한다.

7.3.6 연산자로서의 할당

많은 Algol과 같은 언어들은 다음과 같은 간단한 룰로 할당과 관련된 부분을 구현한다.

1. 할당문의 오른쪽 부분을 계산한다.
2. 할당문의 왼쪽 부분을 계산한다.
3. 오른쪽 부분으로부터 왼쪽 부분의 값을 나타내는 장소로 값을 옮긴다.

이렇게 하여 x ← y와 같은 구문에서 두 표현식 x와 y가 서로 다르게 계산된다. y가 할당 연산자의 오른쪽에 나타나기 때문에 이것은 값을 생성하기 위해 계산된다. 만약 y가 정수형 변수라면 그 값은 정수형이다. x는 할당 연산자의 왼쪽에 있기 때문에 저장을 위한 장소를 만들기 위해 계산된다. 만약 x가 정수형 변수라면 그 값은 정수를 위한 장소가 된다. 이 장소는 메모리의 주소일 수도 있고 레지스터일 수도 있다. 이런 계산 모드를 구분하기 위해 우리는 종종 할당의 오른쪽 부분의 계산 결과를 *rvalue*로, 할당의 왼쪽 부분의 계산 결과를 *lvalue*로 참조한다.

하나의 할당은 rvalue보다는 다른 자료형을 갖는 장소를 명시하는 lvalue에 관련시킬 수 있다. 자료형에 따라서 변환이 필요할 수도 있고 자료형에러가 발생할 수도 있다. 변환을 위해서 일반적인 원시 언어 규칙은 컴파일러가 rvalue를 자연스러운 자료형으로 계산하도록 할 것이다. 이 자료형은 컴파일러가 할당의 문맥 없이 만들었을 것이다. 그 결과는 이후에 lvalue에 의해 명명된 장소의 자료형으로 변환되고 적당한 장소에 저장될 것이다.

7.3.7 교환법칙, 결합법칙, 그리고 수 체계

컴파일러는 종종 다양한 연산자들의 수학적인 성질들의 장점을 취할 수 있다. 덧셈과 곱셈은 불리언 연산자들과 같이 교환과 결합의 성질을 갖는다. 그러므로, 만약 컴파일러가 x + y를 계산하는 코드를 보면 x나 y에 할당하는 것을 방해하지 않고 y + x를 계산한다면, 컴파일러는 그들이 같은 값을 계산하는 것임을 알아야만 한다. 비슷하게, 만약 컴파일러가 x + y + z와 w + x + y 표현식을 본다면 컴파일러는 x + y가 공통된 부표현식이라는 것을 인지해야만 한다. 만약 컴파일러가 양쪽 표현식을 왼쪽에서 오른쪽의 순서로 계산하도록 강요된 상태로 값을 계산한다면 컴파일러는 공통된 부표현식을 절대로 인식하지 못할 것이다. 왜냐하면 컴파일러는 두 번째 표현식인 w + x 먼저 계산하고 그 다음에 w + x + y를 계산할 것이기 때문이다.

컴파일러는 컴파일러가 생성하는 코드의 등가성을 향상시키기 위해서 교환과 결합법칙을 사용해야만 한다. 표현식을 재정리하는 것은 다른 변환을 위한 추가적인 기회를 가질 수 있도록 해

준다. 하지만 간단한 경고는 적절하다.

> *정확성의 한계 때문에 컴퓨터에서 부동소수점 숫자들은 오직 실수의 부분집합만을 표현하고, 이에 따라 부동소수점 연산은 결합법칙을 따르지 않는다. 그 결과로, 컴파일러는 언어의 정의가 이러한 결합법칙을 허용한다는 것을 명확히 하지 않으면 부동소수점 계산들을 재배치하지 말아야 한다.*

다음과 같은 예제를 생각해 보자. 우리는 부동소수점 값들을 x, y, z에 x, y < z, z - x = z, z - y = z를 만족하지만 z - (x + y) ≠ z가 되도록 할당할 수 있다. 이 경우 결과는 계산의 순서에 따라 다르다. (z - x) - y로 계산하면 결과는 이상적으로 z가 된다. 하지만 x + y를 먼저 계산하고 그 결과를 z로부터 뺀 결과는 z와 다르다. 이 문제는 부동소수점 숫자들을 근사값으로 계산하면서 자연스럽게 발생한다. 가수는 지수의 범위에 비해 상대적으로 작다. 두 개의 숫자를 더하기 위해 하드웨어는 이 값들을 표준화해야 한다. 만약 지수의 차이가 가수의 정밀도보다 크면 더 작은 숫자는 0으로 잘릴 것이다. 컴파일러는 이러한 문제를 만나면 쉽게 처리하지 못한다. 그러므로 컴파일러는 이러한 경고를 주의하고 부동소수점 계산에서 계산 순서를 바꾸는 것을 피해야만 한다.

7.4 불리언 연산자와 관계 연산자

대부분의 프로그래밍 언어들은 숫자들보다 더 풍부한 값들의 집합에 영향을 끼친다. 보통 이것은 불리언과 관계 연산자들의 결과를 포함하며, 양쪽 모두 불리언 값들을 만든다. 대부분의 프로그래밍 언어들은 불리언 결과들을 만드는 관계 연산자들을 가지고 있기 때문에 우리는 불리언과 관계 연산자들을 한꺼번에 다룬다. 불리언과 관계 표현식의 공통적인 사용은 프로그램의 제어 흐름을 바꾸기 위한 것이다. 현대 프로그래밍 언어들의 강력한 부분 가운데 대부분은 그러한 값들을 계산하고 테스트하는 능력으로부터 나온다.

불리언 값들을 소개하기 위해서 언어 디자이너들은 그림 7.3(ILOC 연산자에 대응하는 어떤 혼란을 피하기 위해 not으로 ¬을 and로 ∧를 or로 ∨를 사용한다.)에서 보인 것처럼 표준 표현식 문법에 여러 생성 규칙을 더한다. 컴파일러 작성자는 순서대로 이러한 값들을 어떻게 표현할지를 정하고 값들을 어떻게 계산할지를 결정해야 한다. 산술 표현식을 위해 이러한 디자인 결정들은 크게 목표 아키텍처에 의해 구술된다. 목표 아키텍처는 숫자 형식들과 기본적인 산술을 수

$$
\begin{array}{lcl}
\mathit{Expr} & \rightarrow & \neg\ \mathit{OrTerm} \\
 & | & \mathit{OrTerm} \\
\mathit{OrTerm} & \rightarrow & \mathit{OrTerm} \vee \mathit{AndTerm} \\
 & | & \mathit{AndTerm} \\
\mathit{AndTerm} & \rightarrow & \mathit{AndTerm} \wedge \mathit{Bool} \\
 & | & \mathit{Bool} \\
\mathit{Bool} & \rightarrow & \mathit{RelExpr} \\
 & | & \texttt{true} \\
 & | & \texttt{false} \\
\mathit{RelExpr} & \rightarrow & \mathit{RelExpr} < \mathit{NumExpr} \\
 & | & \mathit{RelExpr} \leq \mathit{NumExpr} \\
 & | & \mathit{RelExpr} = \mathit{NumExpr} \\
 & | & \mathit{RelExpr} \neq \mathit{NumExpr}
\end{array}
\qquad
\begin{array}{lcl}
 & | & \mathit{RelExpr} \geq \mathit{NumExpr} \\
 & | & \mathit{RelExpr} > \mathit{NumExpr} \\
 & | & \mathit{NumExpr} \\
\mathit{NumExpr} & \rightarrow & \mathit{NumExpr} + \mathit{Term} \\
 & | & \mathit{NumExpr} - \mathit{Term} \\
 & | & \mathit{Term} \\
\mathit{Term} & \rightarrow & \mathit{Term} \times \mathit{Factor} \\
 & | & \mathit{Term} \div \mathit{Factor} \\
 & | & \mathit{Factor} \\
\mathit{Factor} & \rightarrow & (\ \mathit{Expr}\ ) \\
 & | & \texttt{num} \\
 & | & \texttt{ident}
\end{array}
$$

그림 7.3 표현 문법에 불리언과 관련 연산자의 첨가

행하기 위한 명령어를 제공한다. 다행히 프로세서 설계자들은 산술 연산을 어떻게 제공할지에 대해서 일반적인 합의에 다다랐다. 비슷하게, 대부분의 아키텍처들은 불리언 연산들의 풍부한 집합을 비슷하게 제공한다. 하지만 관계 연산자들을 위한 지원은 아키텍처마다 상당히 다르다. 컴파일러 작성자는 사용 가능한 명령어 집합의 언어적 필요에 적합한 계산 전략을 사용해야만 한다.

7.4.1 표현

전통적으로 두 표현들이 불리언 값들을 위해 제안되어 왔다. 숫자로 나타낸 인코딩과 위치로 나타낸 인코딩이 그것이다. 전자는 특정한 값들을 참과 거짓으로 할당하고 그 값들을 목표 기계의 산술과 논리 연산자들을 사용하여 다룬다. 후자는 표현식의 값을 실행 가능한 코드에서 하나의 위치로 인코드한다. 후자의 방법은 비교와 표현식의 계산을 위한 조건 분기문을 사용한다. 다른 제어 흐름 경로는 계산의 결과를 나타낸다. 각 접근 방식은 어떤 예에서는 잘 작동하지만 다른 예에서는 그렇지 않다.

숫자 표현

프로그램이 불리언이나 관계 연산의 결과를 변수에 저장할 때, 컴파일러는 그 값이 확실한 표현을 갖는지 보장해야만 한다. 컴파일러 작성자는 숫자로 나타낸 값을 and, or, not과 같은 하드웨어 연산들과 함께 동작하는 참과 거짓으로 할당해야만 한다. 보통 값들은 거짓일 때 0이고 1이나

1들로 이루어진 단어(¬거짓)를 참으로 한다.

예를 들어, 만약 b, c와 d가 모두 레지스터에 있다면 컴파일러는 b∨c∧¬d와 같은 표현식을 다음과 같은 코드로 만들려고 할 것이다.

```
not r_d      ⇒ r_1
and r_c,r_1  ⇒ r_2
or  r_b,r_2  ⇒ r_3
```

비교를 위해서 $x < y$와 같은 식을 보자. 컴파일러는 x와 y를 비교하고 결과에 적당한 값을 할당하는 코드를 생성해야만 한다. 만약 목표 기계가 불리언을 반환하는 비교 연산을 제공하면 코드는 다음과 같다.

```
cmp_LT r_x, r_y ⇒ r_1
```

만약 위와는 다르게 비교가 조건 분기문과 함께 읽혀져야만 하는 조건 코드를 정의한다면 결과 코드는 더 길고 더 복잡하다.[1] 이러한 비교 스타일은 $x < y$를 위해 더 복잡한 구현을 하게 된다.

```
     comp   r_x, r_y ⇒ cc_1
     cbr_LT cc_1     → L_1,L_2
L_1: loadI  true     ⇒ r_2
     jumpI           → L_3
L_2: loadI  false    ⇒ r_2
     jumpI           → L_3
L_3: nop
```

조건 코드 연산들로 $x < y$를 구현하는 것은 불리언을 반환하는 비교를 사용하는 것보다 더 많은 연산자들을 필요로 한다.

위치의 표현

이전 예제에서, L_1의 코드는 참인 값을 만들고 L_2의 코드는 거짓인 값을 만든다. 각각 시점에서 해당값은 결정되어 있고, 이미 알려져 있다. 몇몇 경우에는 코드가 표현식의 결과를 위해 확실한

[1] 이 경우, ILOC은 유연하다. 그것은 예제에서 보인 cmp LT와 같이 불리언들을 반환하는 비교를 포함한다. 그것은 조건 코드를 반환하는 비교, 즉, comp와 조건 분기 연산자들의 집합인 cbr_LT와 같은 것들을 포함한다. 조건 분기 연산자들은 조건 코드를 해석한다. (A.5.1의 "대안적인 분기 구문"을 참조한다.)

```
      comp    ra, rb  ⇒ cc1     // a < b
      cbr_LT  cc1     → L1,L2
L1:   loadI   true    ⇒ r1
      jumpI   → L3
L2:   loadI   false   ⇒ r1
      jumpI   → L3
L3:   comp    rc, rd  ⇒ cc2     // c < d
      cbr_LT  cc2     → L4,L5
L4:   loadI   true    ⇒ r2
      jumpI   → L6
L5:   loadI   false   ⇒ r2
      jumpI   → L6
L6:   comp    re, rf  ⇒ cc3     // e < f
      cbr_LT  cc3     → L7,L8
L7:   loadI   true    ⇒ r3
      jumpI           → L9
L8:   loadI   false   ⇒ r3
      jumpI           → L9
L9:   and     r2,r3   ⇒ r4
      or      r1,r4   ⇒ r5
```

그림 7.4 $a<b \vee c<d \wedge e<f$를 위한 초보적인 인코딩

값을 생성하는 것을 필요로 하지 않는다. 대신에 컴파일러는 L_1과 같은 코드 상의 위치에 값을 인코드할 수 있다.

그림 7.4는 트리 탐색 코드 생성기가 표현식 $a < b \vee c < d \wedge e < f$에 대해 생성한 코드를 보여준다. 이 코드는 세 개의 부표현식들 a<b, c<d, e<f을 계산하고 결과값들을 합치기 위해 불리언 연산을 사용한다. 불행하게도 이 코드는 모든 경로에서 3개의 분기와 3개의 점프를 포함하여 11개의 연산들을 갖는 연산들의 시퀀스를 만든다.

이 코드의 복잡성의 일부는 참과 거짓을 갖는 서브트리를 표현하기 위한 결정에서부터 발생한다. 단축회로 계산을 갖고 위치로 나타내는 인코딩을 사용하는 것은 그림 7.5에서 보인 것처럼, 연산들의 시퀀스를 훨씬 간단하게 만들 수 있다. 이 코드 버전은 오직 마지막 표현식을 위한 값을 만들고 그 값을 r_5에 남겨놓는다. 부표현식 값들은 코드에서 위치로서 인코드된다.

위치로 나타내는 인코딩은 연산이 값을 요구할 때까지 실제값을 표현식에 할당하는 것을 피

한다. 예를 들어 변수에 결과를 할당하는 것은 확실한 값을 제공하도록 코드를 강제한다. 위치로 나타내는 인코딩은 코드를 통해서 취해진 제어 흐름 경로에서 묵시적으로 표현식의 값을 표현한다. 이것은 종종 더 적은 연산들을 실행시키는 더 조밀한 코드를 이끈다. 이것은 특히 전에 보았던 것처럼 상태 코드들을 사용하는 명령어 집합과 함께 주목할 만하다.

위치로 나타내는 인코딩은 만약 표현식의 결과가 절대로 저장되지 않는 경우 이치에 맞는다. 코드가 제어 흐름을 결정하기 위해서 표현식의 값을 사용할 경우 위치로 나타내는 인코딩은 종종 관계없는 연산들을 피한다. 예를 들어 다음과 같은 코드를 보자.

```
if (x < y)
   then statement1
   else statement2
```

x < y를 위한 단독 사용은 *statement*$_1$이나 *statement*$_2$ 실행인지를 결정한다. x < y를 위한 명시적인 값의 생성은 제어 흐름을 더 효과적으로 만들지 않는 이상 그다지 효과가 없다.

컴파일러가 비교와 분기를 사용하여 값을 만드는 기계에서 컴파일러는 각각 참과 거짓을 할당할 위치들에 *statement*$_1$과 *statement*$_2$를 위한 코드를 간단하게 가져다 놓을 수 있다. 이렇게 위치로 나타내는 인코딩을 사용하는 것은 숫자를 이용한 인코딩을 사용하는 것보다 더 간단하고 더 빠른 코드를 이끌어 낸다.

```
     comp    rx, ry  ⇒ cc1    // x < y
     cbr_LT  cc1     → L1,L2
L1:  code for statement1
     jumpI           → L6
L2:  code for statement2
     jumpI           → L6
L6:  nop
```

여기에 x < y를 계산하기 위한 코드가 *statement*$_1$과 *statement*$_2$ 사이에서 선택하기 위한 코드와 합쳐져 있다. 코드는 x<y의 결과를 L_1이나 L_2의 위치로서 표현한다.

단축 회로 계산

많은 경우에 부표현식의 값은 전체 표현식의 값을 결정한다. 예를 들어 $a < b \vee c < d \wedge e < f$에서 만약 a<b라면 표현식의 나머지 부분들의 값은 더 이상 다룰 필요가 없다. 비슷하게 만약 a ≥b이고 c≥d이면 e<f는 더 이상 문제가 안 된다. 그림 7.5의 코드는 이러한 사실들을 사용한

다. 만약 a<b이면 코드는 바로 표현식을 위해 참값을 발생시키는 명령문으로 직접 분기한다.

이러한 불리언과 관계 표현식의 향상된 계산 방법은 *단축 회로 계산(short-circuit evaluation)*이라고 한다. 단축 회로 계산에서 코드는 오직 최종값을 결정하기 위해 필요로 하는 표현식을 계산하고 나머지는 더 이상 계산하지 않는다. 단축 회로 계산은 다음의 두 불리언 항등식에 의존한다.

$$\forall\ x,\ \texttt{false} \land x = \texttt{false}$$
$$\forall\ x,\ \texttt{true} \lor x = \texttt{true}$$

단축 회로 계산은 표현식들에서 피연산자의 실행 시 값들을 고려함으로써 표현식들의 계산 복잡성을 감소시킬 수 있다. C와 같은 몇몇 프로그래밍 언어들은 단축 회로 계산을 사용하기 위해 컴파일러를 요구한다. 예를 들어 다음과 같은 표현식을 보자.

```
(x != 0 && y/x > 0.001)
```

C에서는 안전을 위해 단축 회로 계산에 의존한다. 만약 x가 0이라면 y/x는 정의되지 않는다. 분명하게 프로그래머는 0으로 나누어서 발생하는 하드웨어 예외 발생을 피하려고 하는 경향이 있다. 언어 정의는 이 코드가 x가 0을 가지면 절대로 나눗셈을 하지 않는다는 것을 명시한다.

7.4.2 관계 연사자를 위한 하드웨어 지원

목표 기계의 명령어 집합에 대한 명확한 저수준의 묘사는 관계 연산값들을 위한 표현의 선택에 강하게 영향을 준다. 특히 컴파일러 작성자는 조건 코드들을 다루는 것과 비교 연산, 그리고 조건에 따라 값을 옮기는 연산을 다룰 때 주의를 기울여야만 한다. 이러한 것들이 다양한 표현에서 상대적으로 비싼 대가를 치르는 데 큰 영향을 끼치기 때문이다. 우리는 관계 표현식을 지원하기 위해 직접 조건 코드, 조건부 옮김 연산과 함께 증가된 조건 코드, 불리언 값화 된 비교, predicate화된 연산의 네 가지 방법을 고려할 것이다. 각 방법은 실제 구현에 있어서 이상화된 버전이라 할 수 있다.

그림 7.6은 이러한 방법들을 사용하여 각각 두 개의 원시 수준의 구성과 그 구현을 보여준다. 그림의 위쪽 반은 간단한 할당 구문의 쌍을 제어하는 `if-then-else`를 보여주고 아래쪽 반은 불리언 값의 할당을 보여준다.

직접 조건 코드

이 방법에서는 비교 연산이 조건 코드 레지스터를 설정한다. 조건 코드를 해석한 명령어만이 조건부 분기이다. 조건부 분기는 $(<, \leq, =, \geq, >, \neq)$의 여섯 가지 관계에 따라 각각 갈라져서 다른 형태를 갖는다. 이러한 명령어들은 여러 가지 자료형의 피연산자를 위해 존재하곤 한다.

컴파일러는 조건 코드의 값을 해석하기 위해 조건부 분기들을 사용해야만 한다. 만약 결과의 단독 사용이 제어 흐름을 결정한다면 그림 7.6(a)에서처럼 그 다음에는 컴파일러가 조건 코드를 읽기 위해 사용한 조건부 분기는 종종 원시 수준의 제어 흐름 구성을 잘 구현할 수 있을 것이다. 만약 결과가 (b)에서와 같이 불리언 연산에서 쓰이거나 변수에 결과가 보존된다면 해당 코드는 이 결과를 불리언의 확실한 표현으로 바꿔야 한다. (b)에 있는 두 개의 `loadI` 연산들이 이렇게 바꾸는 일을 한다. 어느 쪽이든 코드는 관계 연산당 적어도 하나의 조건부 분기를 가진다.

조건 코드의 강력함은 통상적으로 프로세서가 조건 코드 쪽을 구현한다는 특징에서 나온다. 보통 이러한 프로세서에서 산술 연산은 그들의 계산된 결과를 반영하기 위해 조건 코드를 설정한다. 만약 반드시 수행해야 할 산술 연산들을 가질지 말지 조정하는 것이 가능한 컴파일러가 조건 코드를 적절히 설정할 수 있다면, 해당하는 비교 연산은 생략될 수 있다. 그러므로 이러한 아키텍처 스타일의 주창자는 이 방식이 프로그램을 더 효과적으로 코딩할 수 있다고 주장한다. 이렇게 작성된 코드는 범용 레지스터에 불리언 값을 입력하는 비교기를 갖는 것보다 훨씬 적은 명령어들을 실행시킬 것이다.

조건부 옮김 연산

이 방법은 조건부 옮김 명령어를 직접 조건 코드 모델에 추가한다. ILOC에서 하나의 조건부 옮김은 다음과 같다.

$$\text{i2i\_LT}\ cc_i, r_j, r_k \Rightarrow r_m$$

만약 조건 코드 cc_i가 LT와 일치하면 r_j의 값은 r_m으로 복사되고, 일치하지 않으면 r_k가 r_m으로 복사된다.

조건부 옮김은 조건 코드를 사용할 때의 중요한 장점을 그대로 유지하고 있다. 즉 더 이른 연산이 이미 조건 코드를 설정했을 때 비교하는 것을 피한다. 그림 7.6(a)에 보인 것처럼, 그것은 컴파일러가 분기와 함께 간단한 조건부 연산들을 인코드하게 한다. 여기에 컴파일러가 추측으로 두 개의 덧셈을 수행한다. 이 계산은 마지막 할당을 위해 조건부 옮김을 사용한다. 이것은 덧셈이 예외를 발생시키지 않는 한 충분히 안전하다.

만약 컴파일러가 레지스터(참이면 r_T, 거짓이면 r_F라고 한다면)에 참과 거짓을 위한 값을 가

<table>
<tr><td>Source Code</td><td colspan="2">if (x < y)
then a ← c + d
else a ← e + f</td></tr>
<tr><td rowspan="2">ILOC Code</td><td>comp r_x,r_y ⇒ cc_1
cbr_LT cc_1 → L_1,L_2
L_1: add r_c,r_d ⇒ r_a
jumpI → L_{out}
L_2: add r_e,r_f ⇒ r_a
jumpI → L_{out}
L_{out}: nop
Straight Condition Codes</td><td>cmp_LT r_x,r_y ⇒ r_1
cbr r_1 → L_1,L_2
L_1: add r_c,r_d ⇒ r_a
jumpI → L_{out}
L_2: add r_e,r_f ⇒ r_a
jumpI → L_{out}
L_{out}: nop
Boolean Compare</td></tr>
<tr><td>comp r_x,r_y ⇒ cc_1
add r_c,r_d ⇒ r_1
add r_e,r_f ⇒ r_2
i2i_LT cc_1,r_1,r_2 ⇒ r_a
Conditional Move</td><td>cmp_LT r_x,r_y ⇒ r_1
not r_1 ⇒ r_2
(r_1)? add r_c,r_d ⇒ r_a
(r_2)? add r_e,r_f ⇒ r_a
Predicated Execution</td></tr>
</table>

(a)

<table>
<tr><td>Source Code</td><td colspan="2">x ← a < b ∧ c < d</td></tr>
<tr><td rowspan="2">ILOC Code</td><td>comp r_a, r_b ⇒ cc_1
cbr_LT cc_1 → L_1,L_2
L_1: comp r_c, r_d ⇒ cc_2
cbr_LT cc_2 → L_3,L_2
L_2: loadI false ⇒ r_x
jumpI → L_4
L_3: loadI true ⇒ r_x
jumpI → L_4
L_4: nop
Straight Condition Codes</td><td>cmp_LT r_a, r_b ⇒ r_1
cmp_LT r_c, r_d ⇒ r_2
and r_1, r_2 ⇒ r_x
Boolean Compare</td></tr>
<tr><td>comp r_a,r_b ⇒ cc_1
i2i_LT cc_1,r_T,r_F ⇒ r_1
comp r_c,r_d ⇒ cc_2
i2i_LT cc_2,r_T,r_F ⇒ r_2
and r_1,r_2 ⇒ r_x
Conditional Move</td><td>cmp_LT r_a, r_b ⇒ r_1
cmp_LT r_c, r_d ⇒ r_2
and r_1, r_2 ⇒ r_x
Predicated Execution</td></tr>
</table>

(b)

그림 7.6 불리언과 관계 연산자의 구현

최적화로서의 단축 회로 계산

단축 회로 계산은 불리언과 관계 표현식의 값을 위치로 나타낸 인코딩에서 비롯되었다. 비교 결과를 저장하기 위해 조건 코드를 사용하고 조건 코드를 해석하기 위해 조건부 분기를 사용하는 프로세서들에서 단축 회로를 만드는 것은 일리가 있다.

조건부 옮김, 불리언값화 된 비교, 서술된 실행과 같은 특징들을 포함하는 프로세서에서 단축 회로 계산의 장점들은 사라지기 쉬울 것이다. 분기 지연이 증가함과 함께 단축 회로화하기 위해 요구되는 조건부 분기의 가격도 같이 증가한다. 분기의 가격이 계산을 피해서 얻어지는 이득을 넘어가면 단축 회로화는 더 이상 성능 향상이 없다. 대신 완전한 계산이 더 빨라질 것이다.

C처럼 어떤 언어가 단축 회로 계산을 요구할 때 컴파일러는 단축 회로 계산을 완전히 계산하는 것으로 대체하는 것이 언제 안전한지를 결정하기 위해 몇 가지 분석을 해야할 필요가 있을 수 있다. 그러므로 미래의 C 컴파일러들은 과거에 완전한 계산을 단축 회로 계산으로 바꾸기 위해 분석하고 변환했었던 것처럼 단축 회로화를 완전한 계산으로 대체하기 위해 분석과 변환을 포함할지 모른다.

지고 있으면 그것은 조건 코드를 불리언으로 바꾸기 위해 조건부 옮김을 사용할 수 있다. 그림 7.6(b)는 이러한 전략을 사용한다. 그것은 a와 b를 비교하고 r_1에 불리언 결과를 만든다. 그것은 c< d를 위한 불리언을 r_2로 계산하고, 마지막 결과를 r_1과 r_2의 논리 and로써 계산한다.

조건부 옮김 명령어는 단일 사이클에서 실행하는 것을 기대할 수 있다. 컴파일러가 분기를 피하는 것을 허락하는 확장에서 조건부 옮김은 더 빠른 코드를 이끌어야만 한다.

불리언값화 된 비교

이 방법은 조긴 코드를 완전히 피한다. 비교 연산은 범용 레지스터나 전용의 불리언 레지스터에서 불리언 값을 반환한다. 조건부 분기는 행위를 결정하는 인수로서 그 결과를 취한다.

불리언값화 된 비교는 그림 7.6(a)에서는 이득이 없다. 코드는 직접 조건 코드 방법과 같다. 그것은 `if-then-else` 구성을 만들기 위해 비교, 분기와 점프를 요구한다.

그림 7.6(b)에서 이 모델의 강점을 보여준다. 조건부 옮김과 같이 이 방법은 (b)의 예에서 본 것처럼 분기 없이 관계 연산자를 수행할 수 있다. 하지만 이 방법은 비교의 결과를 불리언 값으로 바꿀 필요가 없다. 이 예에서 불리언과 관계값의 공통된 표현은 더 간결하고 더 효과적인 코

드를 만든다.

이 모델의 약점은 이 방법이 명시적인 비교를 요구한다는 것이다. 그러나 조건 코드 모델들은 산술 연산들에 의해 설정되는 조건 코드들을 갖는 것을 조정하여 종종 비교를 피할 수 있으므로 불리언값화 된 비교 모델은 항상 명시적인 비교를 요구한다.

Predicate화 된 연산

Predicate화 된 실행을 지원하는 아키텍처는 해당 연산이 효과가 있는지 없는지 결정하는 불리언값화 된 피연산자를 갖는 연산들을 만든다. 이 predicate화 된 실행이라고 불리는 기술은 컴파일러가 아주 많은 상황에서 조건부 분기를 피할 수 있게 한다. ILOC에서 우리는 명령어 전에 술어의 표현을 포함하도록 하여 술어의 실행을 작성한다. 술어의 목적을 독자에게 상기시키기 위해 우리는 괄호로 묶고 물음표를 붙인다. 예를 들면 다음과 같다.

```
(r17)? add ra,rb ⇒ rc
```

위의 예는 r_{17}이 참값을 담고 있어야 $(r_a + r_b)$의 덧셈 연산을 하여 r_c에 저장한다.

그림 7.6(a)에 있는 예제는 predicate화 된 실행의 강점을 보여준다. 코드는 간단하고 간결하다. 코드는 두 개의 predicate인 r_1과 r_2를 만든다. 코드는 원시 구성의 then과 else 부분에서 코드를 제어하기 위해 이 predicate를 사용한다. Predicate 서술은 그림 7.6(b)의 예에서 불리언 비교 방법과 같은 코드를 이끈다.

프로세서는 연산의 실행을 피하기 위해서 predicate 서술을 사용할 수 있다. 그렇지 않으면 프로세서는 연산을 실행하고 결과의 할당을 피하기 위해서 predicate를 사용한다. 오랫동안 아무 일도 안 하는 명령어가 예외를 발생시키지 않는 한 두 접근방법의 차이는 우리 논의와 관련이 없다. 예제는 predicate와 그 보완이 되는 부분 양쪽을 만들기 위해 요구되는 연산들을 보여준다. 이 연산을 피하기 위해 프로세서는 두 개의 레지스터를 정의하는 비교를 제공할 수 있다. 이때 하나의 레지스터는 불리언 값이고 다른 하나는 그에 대응되는 값이다.

7.4.3 표현의 선택

컴파일러 작성자는 이러한 표현들 중 하나를 사용할 때 상당한 결정의 자유를 갖는다. 그 결정은 비교를 위해 하드웨어가 지원을 하는지, 분기에 따른 대가가 큰지(특히 잘못 예측한 조건부 분기의 경우), 단축 회로 계산의 요구가 바람직한지, 그리고 결과가 주위 코드에 의해 어떻게 사용되는지에 따라 달라진다.

그림 7.6에서 네 개의 구현을 비교한 것은 각 방법들의 차이를 보여준다. (a)에서 `if-then-else` 구성을 고려해 보자. 모든 네 개의 방법들은 같은 길이(네 개의 연산)의 실행 경로를 만든다. 만약 분기들이 실행을 분열시키면 분기 방식들(위쪽의 예)은 실행할 때 더 오래 걸릴지 모른다. 아래쪽 분기를 사용하지 않는 방식은 그러한 분열을 피하고 더욱 간결한 코드를 만든다.

(b)에서 불리언 할당은 비교를 위한 묵시적인 결과와 명시적인 결과의 차이를 보여준다. 왼쪽의 조건 코드 방법은 오른쪽의 불리언 비교 r_x에 값이 저장될 수 있는 명확한 표현을 요구한다. 이러한 표현의 생성은 깔끔하고 명료한 코드에 직접적으로 귀착한다. 단축 회로 계산에서 predicate 서술은 불리언 비교에 비해 더 나은 코드를 만들 것이다.

7.5 배열의 저장과 접근방법

지금까지 우리는 메모리에 저장된 변수들이 스칼라값을 가지고 있다고 가정했다. 많은 프로그램들은 배열이나 배열과 비슷한 구조를 필요로 한다. 배열의 요소를 알아내거나 가리키기 위해 요구되는 코드는 놀라울 정도로 복잡하다. 이 절은 메모리에 배열을 배치하기 위한 여러 가지 방법들을 보이고, 배열 참조를 위해 각 방법들이 만드는 코드를 설명한다.

7.5.1 벡터 요소의 접근

가장 간단한 배열의 형태는 1차원이다. 우리는 1차원 배열을 *벡터(vector)*라고 부른다. 벡터들은 보통 연속적인 메모리에 저장된다. 그래서 *i*번째 요소는 즉시 *i*+1번째 요소 앞에 나오게 된다. 그러므로 벡터 V[3...10]은 다음과 같은 메모리 구성을 갖는다. 이때 각 메모리 셀의 아래에 나타낸 숫자는 벡터에서 해당 셀의 인덱스를 나타낸다.

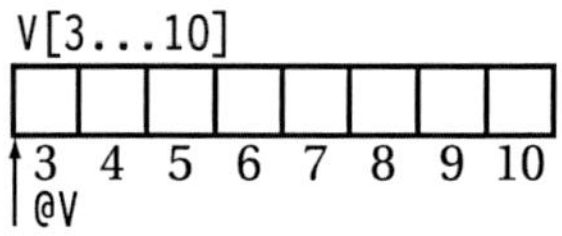

컴파일러가 V[6]와 같이 참조를 만나면 컴파일러는 V[6]를 위한 오프셋을 만들기 위해 V의 선언으로부터 유효한 사실들(자료형의 크기, 선언된 배열의 크기)과 함께 해당 벡터에 인덱스를 사용해야만 한다. 그 다음에 실제 주소는 @V라고 쓴 V의 시작을 가리키는 포인터와 오프셋의 합으로써 계산된다.

예를 들어, V가 V[*low*...*high*]로 선언되어 있고 *low*와 *high*는 벡터의 아래쪽과 위쪽 경계라고 가정해 보자. V[i]의 참조를 번역하기 위해 컴파일러는 V를 위한 저장공간의 첫 번째를 가리키는 포인터와 V 안에서 요소 i의 오프셋을 모두 필요로 한다. 오프셋은 간단하게 (i−*low*) × *w*로 표현할 수 있다. 이 때 *w*는 V의 단일 요소의 길이이다. 그러므로 만약 *low*가 3이고 i가 6이고 *w*가 4라면 오프셋은 (6−3) × 4 = 12가 된다. r_i가 i의 값을 유지한다고 가정하면, 다음의 코드는 V[i]의 주소를 r_4에 계산하여 그 값을 r_V로 부른다.

```
loadI  @V       ⇒ r@V  // get V's address
subI   ri, 3    ⇒ r1   // (offset - lower bound)
multI  r1, 4    ⇒ r2   // × element length, 4
add    r@V,r2   ⇒ r3   // address of V[i]
load   r3       ⇒ rV   // value of V[i]
```

텍스트 상으로 간단한 참조 V[i]가 세 개의 산술 연산들을 필요로 하는 것에 주목하라. 이 시퀀스는 간단하게 할 수 있고 성능을 향상시킬 수 있다. 0의 아래쪽 경계를 사용하여 빼기를 제거할 수 있다. 만약 *w*가 2의 거듭제곱이라면 곱셈은 시프트 연산으로 대체할 수 있다. 실제의 프로그래밍 언어에서 많은 기본 자료형들이 이러한 특성을 가지고 있다. 주소와 오프셋의 덧셈은 불가피한 것처럼 보인다. 아마도 이것이 대부분의 프로세서들이 베이스 주소와 오프셋과 베이스 주소 + 오프셋이 가리키는 장소로 쉽게 접근할 수 있도록 하는 주소 매김 모드를 포함하고 있는지를 설명해 줄 것이다. ILOC에서 우리는 이것을 loadAO로 쓴다.

```
loadI    @V       ⇒ r@V  // get V's address
subI     ri, 3    ⇒ r1   // (offset - lower bound)
lshiftI  r1, 2    ⇒ r2   // × element length, 4
loadAO   r@V,r2   ⇒ rV   // value of V[i]
```

만약 컴파일러가 V의 아래쪽 경계를 안다면 컴파일러는 그 값의 뺄셈을 @V로 겹칠 수 있다(fold 할 수 있다.). V의 베이스 주소로 @V를 사용하는 대신에 $@V_0$=@V−*low*×*w*를 사용할 수 있다. 우리는 $@V_0$를 V의 가영(假零) 즉 거짓 영(false zero)이라고 부른다.

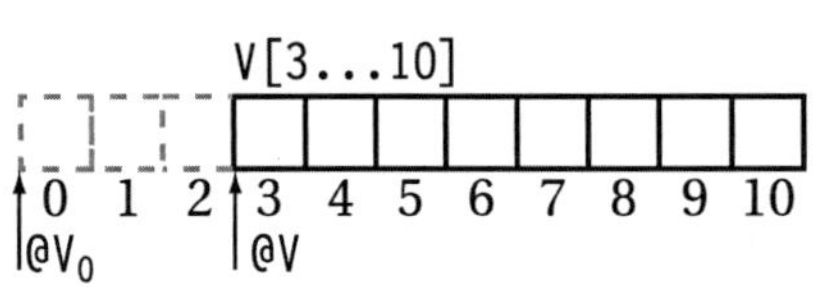

$@V_0$를 사용하고 i가 r_i에 있다고 가정하면 V[i]를 접근하기 위한 코드는 다음과 같다.

```
loadI    @V0       ⇒ r@V0  // adjusted address for V
lshiftI  ri, 2     ⇒ r1    // × element length, 4
loadAO   r@V0, r1  ⇒ rV    // value of V[i]
```

이 코드의 버전은 더 짧고, 아마도 더 빠를 것이다. 손으로 입력한 어셈블리 프로그램에서 이 최종 시퀀스가 더 선호될 것이다. 컴파일러에서 더 긴 시퀀스는 곱셈과 덧셈과 같은 자세한 사항들을 최적화에 노출시킴으로써 더 좋은 결과를 만들 수 있다. 곱셈을 시프트로 바꾸거나 add-load 시퀀스를 loadAO와 함께 재작성하는 것과 같은 저수준의 성능 향상은 번역에서 늦게 될 수 있다.

만약 컴파일러가 유효한 배열의 경계들을 갖지 않는다면 컴파일러는 실행 시에 배열의 가영을 계산한고 배열에 대한 각 참조에서 그 값을 재사용할지도 모른다. 예를 들어, 컴파일러는 배열의 요소들을 여러 번 참조하는 함수로 진입할 때 가영을 계산할 수 있다. C같은 언어들에서 사용되는 대안적인 전략은 아래쪽 경계로써 영(zero)의 사용을 강제한다. 이것은 $@V_0$ = @V를 만들고 모든 배열 주소 계산들을 단순화한다. 하지만 컴파일러에서 자세한 사항에 주의를 기울이는 것은 아래쪽 경계의 프로그래머의 선택 제한 없이 같은 결과를 얻을 수 있다.

7.5.2 배열의 저장 방법

다차원 배열의 요소에 접근하는 것은 좀 더 많은 일이 필요하다. 컴파일러가 반드시 생성해야 하는 코드 시퀀스를 토론하기 전에 우리는 컴파일러가 어떻게 배열 인덱스들을 메모리 장소들로 사상(mapping)할지를 생각해 봐야 한다. 대부분의 구현은 다음의 세 방식 가운데 하나를 사용한다. *행 중심의 순서(row-major order), 열 중심의 순서(column-major order), 간접적인 벡터(indirection vector)*를 사용하는 방식이 그것이다. 원시 언어 정의는 보통 이들 사상방법 가운데 하나를 명기한다.

배열에 접근하기 위해 필요한 코드는 배열이 메모리에 사상되는 방법에 따른다. 배열 A[1...2, 1...4]를 고려해 보자. 개념상 배열은 다음 그림과 같이 생겼다.

A				
	1,1	1,2	1,3	1,4
	2,1	2,2	2,3	2,4

선형대수학에서 2차원 행렬의 *행(row)*은 행렬의 첫 번째 차원이고 *열(column)*은 행렬의 두 번째 차원이다. 행 중심의 순서에서 A의 요소들은 연속된 메모리 장소들로 사상되어서 행의 근접한 요소들은 연속된 메모리 장소를 차지한다. 배치는 다음과 같다.

1,1	1,2	1,3	1,4	2,1	2,2	2,3	2,4

아래의 중첩되 루프는 메모리 접근 방식에 있어서 행 중심의 순서의 효과를 보여준다.

```
for i ← 1 to 2
   for j ← 1 to 4
      A[i,j] ← A[i,j] + 1
```

행 중심의 순서에서 할당 구문은 메모리를 통해 A[1,1], A[1,2], A[1,3]으로 시작해서 A[2,4]까지 순차적으로 진행한다. 이 순차적인 접근은 대부분의 메모리 구조에서 잘 동작한다. i 반복문을 j 반복문 안으로 옮기면 행 사이를 건너 뛰는 접근 순서를 만들게 된다. 이 경우에 A[1,1], A[2,1], A[1,2], ..., A[2,4]의 순서로 접근하게 된다. A와 같이 작은 배열에서 이것은 문제가 아니지만 캐시보다 더 큰 배열에서 순차적인 접근이 부족하면 메모리 계층 구조에서 성능이 떨어질 수 있다. 일반적인 규칙으로 행 중심의 순서는 가장 오른쪽 첨자(이 예에서 j)가 가장 빠르게 변할 때 순차적인 접근을 만든다.

행 중심의 순서에 분명한 대안은 열 중심의 순서이다. 이것은 연속적인 장소들에서 A의 열을 유지시킨다. 다음 그림은 이러한 배치를 나타낸다.

1,1	2,1	1,2	2,2	1,3	2,3	1,4	2,4

열 중심의 순서는 가장 왼쪽의 첨자가 가장 빠르게 변할 때 순차적인 접근을 만든다. 우리의 이중 포대기형 반복문에서 i를 갖는 반복문이 바깥쪽 위치에 있으면 불연속적인 접근을 하는 반면, i 반복문이 안쪽으로 들어가면 연속적인 접근을 할 것이다.

세 번째 접근은 분명하진 않지만 많은 언어들에서 사용되고 있다. 이 방법은 모든 다차원 배열을 벡터들의 집합으로 만들기 위해 간접적인 벡터를 사용한다. 배열 A를 위해 다음과 같은 것이 생성될 것이다.

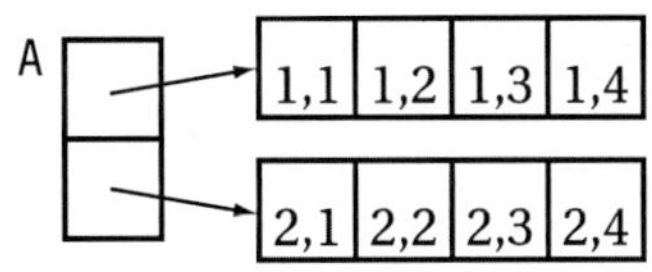

각각의 행은 자신들 고유의 연속된 저장장소를 갖는다. 행 안에서 각 원소들은 벡터로써 접근된다. 행 벡터의 시스템적인 접근을 할 수 있도록 컴파일러는 포인터들의 벡터를 할당하고 그것을 적당하게 초기화한다. 비슷한 방식으로 열 중심의 간접 벡터들을 만들 수 있다.

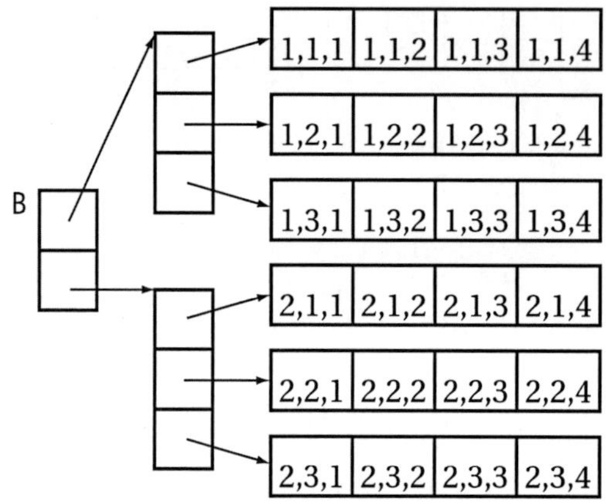

그림 7.7 B[1...2,1...3,1...4]의 행 중심의 배열에서의 간접적인 벡터 사용

이 방법은 간단하게 나타난 듯 보이지만 두 종류의 복잡성을 만든다. 첫째, 더 간단한 행 중심 혹은 열 중심의 배치들보다 더 많은 저장 공간을 요구한다. 각 배열 원소는 다른 두 개의 배치처럼 하나의 저장 장소를 갖는다. 여기에 추가적으로 내부의 차원들은 간접 벡터들을 필요로 한다. 벡터들에 있는 참여 원소들의 수는 배열의 차원에 따라 4배로 증가할 수 있다. 그림 7.7은 더 복잡한 B[1...2,1...3,1...4] 배열의 배치를 보여준다. 둘째로, 초기화 코드의 적정한 양은 배열의 안쪽의 차원들을 위한 모든 포인터들을 설정하기 위해 필요로 하는 양과 같다.

각각의 방법은 인기 있는 프로그래밍 언어에서 사용되어 오고 있다. 연속적인 저장 공간에 배열을 저장하는 언어로는 행 중심의 순서가 일반적인 선택이 되곤 하지만 FORTRAN은 열 중심의 순서를 사용하는 대표적인 예외이다. BCPL과 Java는 간접 벡터를 지원한다.

7.5.3 배열 요소의 참조

배열을 사용하는 프로그램들은 보통 개별적인 배열 요소에 대한 참조를 갖고 있다. 벡터와 마찬가지로 컴파일러는 배열 참조를 배열이 저장된 시작 주소와 원하는 요소가 시작주소로부터 상대적으로 얼마만큼 떨어져서 위치하는지에 대한 오프셋으로 번역해야만 한다.

이 절은 행 중심의 순서로 연속적인 블록으로 저장된 배열과 간접 벡터의 집합을 위한 주소 계산에 대해서 설명한다. 열 중심의 순서를 위한 계산은 행 중심의 순서와 똑같은 기본 전략을 구사하며, 다른 점은 차원의 순서가 거꾸로라는 것뿐이다. 우리는 열 중심의 계산을 독자가 유도하도록 남겨놓는다.

행 중심의 순서

행 중심의 순서에서 주소 계산은 먼저 행의 시작을 찾고, 그 다음에 해당 행이 벡터일 경우 행 안에서 오프셋을 발생시킨다. 벡터의 경계를 묘사하기 위해 사용하곤 했던 표시를 확장하여 우리는 차원을 명시하는 *low*와 *high* 첨자를 추가한다. 그러므로 low_1은 첫 번째 차원의 하위 경계를 나타내고 $high_2$는 두 번째 차원의 상위 경계를 나타낸다. A[1...2,1...4]의 예에서 low_1은 1이고 $high_2$는 4이다.

요소 A[i,j]에 접근하기 위해 컴파일러는 행 i의 주소와 뒤따르는 요소 j를 위한 오프셋을 계산하는 코드를 생성해야만 한다. 이 경우 우리는 7.5.1절에서 이미 본 것처럼, $(j - low_2) \times w$라는 것을 안다. 각 행은 4개의 요소를 포함하는데 이 요소들은 $high_2$가 열중에 가장 높은 숫자이고 low_2가 열 중에 가장 낮은 숫자일 때(A의 두 번째 차원의 상위와 하위 경계일 때) $high_2 - low_2 + 1$로 계산된다. 설명을 더 간단히 하기 위해서 *k*번째 차원의 길이를 $len_k = high - low_k + 1$이라고 하자. 행들은 연속적으로 배치되기 때문에 행 i는 A의 시작으로부터 $(i - low_1) \times len_2 \times w$에서 시작한다. 이것은 주소 계산을 다음과 같이 제안한다.

$$@A + (i - low_1) \times len_2 \times w + (j - low_2) \times w$$

$$(2 - 1) \times (4 - 1 + 1) \times 4 \;+\; (3 - 1) \times 4 \;=\; 24$$

실제값을 i, j, low_1, $high_2$, low_2와 w로 치환하면 우리는 A[2,3]의 오프셋이 A[1,1](@A가 오프셋이 0일 때 A[1,1]을 가리킨다고 가정하자.)로부터 다음과 같다는 것을 계산할 수 있다.

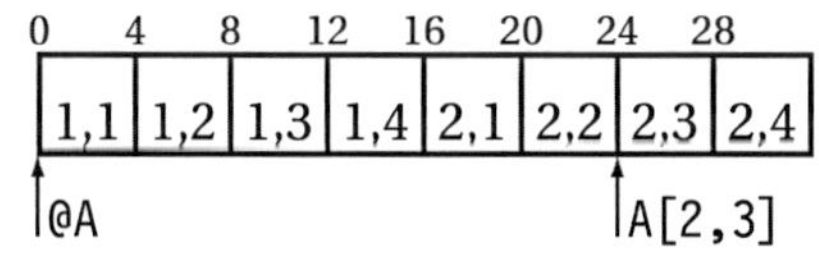

메모리에 있는 A를 보면 우리는 A[1,1]+24의 주소가 사실은 A[2,3]의 주소라는 것을 안다. 벡터의 경우 우리는 컴파일을 할 때 상위, 하위 경계가 알려지면 계산을 단순화시키는 것이 가능했다. 2차원의 경우에 가영을 만들기 위해 같은 수식을 적용하여 다음을 만든다.

$$@A + (i \times len_2 \times w) - (low_1 \times len_2 \times w) + (j \times w) - (low_2 \times w), \text{or}$$

$$@A + (i \times len_2 \times w) + (j \times w) - (low_1 \times len_2 \times w + low_2 \times w)$$

마지막 항인 $(low_1 \times len_2 \times w + low_2 \times w)$는 i와 j에 독립적이고, 따라서 베이스 주소를 계산하는 데 바로 집어넣을 수 있다.

$$@A_0 = @A - (low_1 \times len_2 \times w + low_2 \times w) = @A - 20$$

이제 배열 참조는 간단하게 다음과 같다.

$$@A_0 + i \times len_2 \times w + j \times w$$

마지막으로 우리는 인수분해를 통해 w를 바깥으로 옮겨서 추가적인 곱셈을 절약할 수 있다.

$$@A_0 + (i \times len_2 + j) \times w$$

A[2,3]의 주소에 대해 이것은 다음과 같이 계산된다.

$$@A_0 + (2 \times 4 + 3) \times 4 = @A_0 + 44$$

$@A_0$가 바로 $@A - 20$이므로 이것은 $@A - 20 + 44 = @A + 24$와 등가이며, 이것은 배열 주소 다항식의 원래 버전으로 찾은 장소와 동일하다.

만약 우리가 i와 j가 r_i와 r_j에 있고 len_2가 상수라고 가정하면 이 다항식의 형태는 다음과 같은 코드 순서를 이끌어 낸다.

```
loadI   @A0        ⇒ r@A0  // adjusted base for A
multI   ri, len2   ⇒ r1    // i × len2
add     r1, rj     ⇒ r2    // + j
multI   r2, 4      ⇒ r3    // × element length, 4
loadAO  r@A0,r3    ⇒ rA    // value of A[i,j]
```

이 형태에서 우리는 계산을 두 개의 곱셈과 두 개의 덧셈(하나는 loadAO에 있다.)으로 줄였다. 두 번째 곱셈은 시프트 연산으로 다시 쓰여질 수 있다.

만약 컴파일러가 배열 경계에 접근하지 않는다면, 컴파일러는 실행 시에 가영을 계산하거나 하위 경계를 조정하기 위한 뺄셈을 포함하는 더 복잡한 다항식을 사용해야만 한다. 전자의 경우는 배열의 요소가 하나의 함수에서 여러 번 접근될 경우에 적합할 수 있다. 함수로 진입할 때 가영을 계산하는 것은 코드가 주소 계산을 하는 부담을 덜어준다. 더 복잡한 계산은 배열이 불규칙적으로 접근할 경우에만 의미가 있다. 2차원을 갖는 배열을 위한 주소 계산 아이디어들은 더 높은 차원의 배열로 일반화한다. 열 중심의 순서에서 저장된 배열을 위한 주소 계산식은 비슷한 방식으로 유도될 수 있다. 주소 계산에 따른 부담을 줄이기 위해서 우리가 적용했던 최적화는 다른 여러 배열들에서 주소 다항식에 똑같이 적용한다.

간접 벡터

간접 벡터를 사용하는 것은 개별적인 요소에 접근하기 위해 생성된 코드를 단순화한다. 가장 바깥쪽 차원은 벡터의 집합으로서 저장되기 때문에 마지막 단계는 7.5.1절에서 설명된 벡터 접근과 비슷하게 생겼다. B[i,j,k]에서 마지막 단계는 k로부터의 오프셋과 가장 바깥쪽 차원의 하위 경계와 B에서 하나의 요소의 길이를 계산한다. 준비 단계들은 간접 벡터 구조를 통해 적당한 포인터들을 따라서 원하는 벡터를 위한 시작 주소를 이끌어 내는 것이다.

그러므로 그림 7.7에 보인 배열 B에서 B[i,j,k]에 접근하기 위해 컴파일러는 B, i와 포인터의 길이를 사용하여 하위 배열인 B[i,*,*]를 찾는다. 다음으로 컴파일러는 하위 배열 B[i,j,*]를 위한 벡터를 찾기 위해 j와 포인터의 길이와 함께 그 결과를 사용한다. 마지막으로 컴파일러는 이 벡터 안에 있는 B[i,j,k]의 주소를 찾기 위해 인덱스 k를 위한 벡터 주소 계산과 원소의 길이 w 를 사용한다.

만약 i, j, k를 위한 현재 값들이 r_i, r_j, r_k 레지스터에 각각 존재하고 $@B_0$는 첫 번째 차원의 0으로 맞춰진 주소라면, B[i,j,k]는 다음과 같이 참조될 수 있을 것이다.

```
loadI   @B0      ⇒ r@B0   // false zero of B
multI   ri,4     ⇒ r1     // pointer is 4 bytes
loadAO  r@B0,r1  ⇒ r2     // get @B[i,*,*]
multI   rj,4     ⇒ r3     // pointer is 4 bytes
loadAO  r2,r3    ⇒ r4     // get @B[i,j,*]
multI   rk,4     ⇒ r5     // pointer is 4 bytes
loadAO  r4,r5    ⇒ rB     // value of B[i,j,k]
```

이 코드는 간접 구조에서 포인터들은 0이 아닌 하위 경계들을 밝혀내기 위해 이미 조정되었다고 가정한다. 만약 포인터들이 조정되지 않았다면 r_j와 r_k에 있는 값들은 해당하는 하위 경계들에 의해 감소되어야만 한다. 이 예에서 곱셈은 시프트로 대체될 수 있다.

간접 벡터를 사용하여 참조는 차원당 단지 두 개의 명령어를 필요로 한다. 이 특성은 메모리 접근이 산술 연산에 비해 상대적으로 빠른 시스템(예를 들어 1985년 이전 대부분의 컴퓨터 시스템)에서 배열의 간접 벡터 구현을 효과적으로 만들었다. 여러 컴파일러들이 주소를 계산하기 위한 부담을 관리하기 위해 간접 벡터를 사용했었다. 산술 연산에 비해 메모리 접근에 대한 가격이 상대적으로 증가함에 따라 이 방법은 그 장점을 잃고 말았다. 만약 산술 연산을 수행하기 위해 필요한 시간보다 메모리 지연이 상대적으로 더 작은 시스템이 다시 나타난다면 간접 벡터는 접근 가격을 낮출 수 있는 실제적인 방법으로 다시 부각될 것이다.

캐시 기반의 기계들에서 지역성은 성능면에서 중요하다. 배열이 캐시 크기보다 더 커지면 저장 순서는 지역성에 영향을 미친다. 행 중심과 열 중심의 저장 방식은 배열 기반 연산들에게 훌륭한 지역성을 제공한다. 간접 벡터가 좋은 공간 지역성을 제공한다는 믿음에는 작은 이유가 있다. 그것은 이 방식이 메모리 시스템에 무작위로 나타나는 참조의 흐름을 더 잘 만들어 내는 것처럼 보이기 때문이다.

배열 매개변수의 사용

배열이 매개변수로써 전달될 때, 대부분의 구현들은 참조를 사용하여 배열을 전달한다. 다른 모든 매개변수들에 대해 값에 의한 호출을 사용하는 언어들에서조차 배열들은 참조에 의한 방식으로 전달되곤 한다. 값에 의한 배열 전달을 위해 요구되는 메커니즘을 생각해 보자. 호출하는 함수는 각각의 배열 요소의 참조 값을 호출된 함수의 활동 레코드에 복사해야만 했을 것이다. 매개변수로써 배열을 전달하는 것은 각 호출의 가격을 크게 낮출 수 있다.

만약 컴파일러가 호출된 함수 안에서 배열 매개변수들을 만들어낸다면 컴파일러는 배열의 차원에 관한 정보를 필요로 한다. 예를 들어, FORTRAN에서 프로그래머는 상수들이나, 혹은 배열의 차원을 설명하기 위해 다른 공식적인 매개변수들을 사용하는 배열을 선언하는 것이 요구된다. 그러므로 FORTRAN은 호출된 함수가 매개변수 배열을 정확하게 가리킬 필요가 있는 정보를 호출된 함수에게 전달할 책임을 프로그래머에게 준다.

다른 언어들은 필요한 정보를 모으고, 조직화하고, 전달하는 작업을 컴파일러에게 남겨둔다. 이 접근은 만약 배열의 크기가 정적으로 결정될 수 없다면 실행 시에 할당이 이루어지기 때문에 필요하다. 배열 크기가 정적으로 결정되었을 경우라도 이 접근은 추상화시키지 않으면 코드를 어지럽게 할 자세한 부분들을 추상화하기 때문에 유용하다. 이러한 환경에서 컴파일러는 배열의 시작을 가리키는 포인터와 각 차원에 관한 필요한 정보 모두를 포함하는 기술자를 만든다. 이 기술자는 심지어 배열의 크기가 컴파일 시점에 알려지지 않았을 경우라도 알려진 크기를 갖는다. 그러므로 컴파일러는 호출된 함수의 AR에 있는 기술자를 위한 공간을 할당할 수 있다. 배열의 매개변수 슬롯 안에 전달된 값은 이 기술자의 포인터이며 우리는 이것을 *도프 벡터(dope vector)*라고 부른다.

컴파일러가 매개변수로써 전달되었던 배열로의 참조를 만들 때, 컴파일러는 도프 벡터로부터 정보를 뽑아내야만 한다. 컴파일러는 지역 배열로의 참조를 위해 사용하는 것과 같은 주소 계산식을 만들어 낸다. 이 지역배열은 필요할 때 도프 벡터로부터 값을 부른다. 정책으로써 컴파일러는 어떤 주소 계산식의 형태를 사용할지 결정해야만 한다. 단순한 주소 계산식에서 도프 벡터는 배열의 시작을 가리키는 포인터, 각 차원의 하위 경계, 그리고 차원들 가운데 하나를 제외한 모든 크기를 담고 있어야만 한다. 가영을 바탕으로 한 주소 계산식에서는 하위 경계 정보는 불필

```
program main;
  begin;
    declare x(1:100,1:10,2:50),
        y(1:10,1:10,15:35) float;
    ...
    call fee(x)
    call fee(y);
  end main;

procedure fee(A)
  declare A(*,*,*) float;
  begin;
    declare x float;
      declare i, j, k fixed binary;
      ...
      x = A(i,j,k);
      ...
  end fee;
```

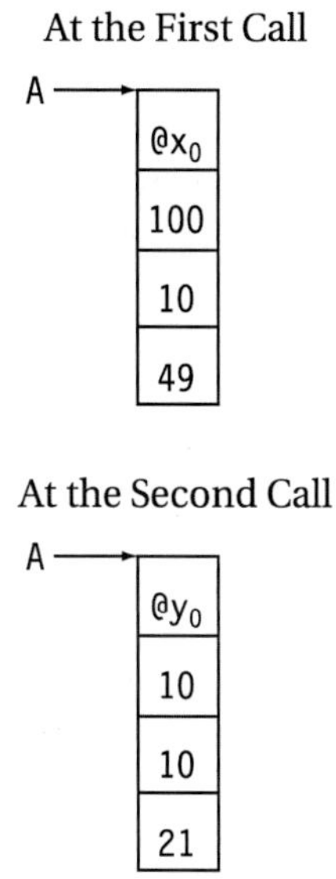

그림 7.8 도프 벡터

요하다. 컴파일러가 항상 계산식의 같은 형태를 사용하는 한 컴파일러는 각 함수 호출을 위한 프롤로그의 일부로서 도프 벡터들을 만들기 위한 코드를 생성할 수 있다.

주어진 함수는 많은 호출 지역들로부터 실행될지 모른다. 각 호출 지역은 다른 배열을 전달한다. 그림 7.8에 있는 PL/I 함수 main은 fee를 호출하는 두 구문을 포함하고 있다. 첫 번째는 배열 x를 전달하고, 두 번째는 y를 전달한다. fee 안에서는 실제 매개변수 (x 혹은 y)는 공식적인 매개변수 A로 한정된다. 적합한 장소를 참조하기 위한 fee를 위한 코드를 허용하기 위해 A를 위한 도프 벡터가 필요하다. 해당하는 도프 벡터들은 그림의 오른쪽에 나타난 것처럼 가영과 해당하는 호출 지역에서 전달된 배열의 각 차원의 길이들을 포함하고 있다.

배열화된 매개변수에 접근하는 비용은 지역적으로 선언된 배열을 접근하는 비용보다 더 높다는 것을 알려둔다. 최선은 도프 벡터가 관련되는 엔트리들에 접근하기 위해 추가적인 메모리 참조를 알려주는 것이다. 최악의 경우는 배열 선언의 완전한 지식에 의존하는 최적화 수행을 컴파일러가 못하게 막는 것이다.

7.5.4 범위 확인

대부분의 프로그래밍 언어 정의들은 명시적이던 묵시적이던 프로그램이 배열의 정의된 경계 안에서만 배열 요소들을 참조한다고 가정한다. 범위를 벗어난 요소를 참조하는 프로그램은 정의에 의해 잘 해석되지 않는다. 어떤 언어들(예를 들어 Java나 Ada같은)은 감지되거나 보고된 경계 밖의 접근을 요구한다. 다른 언어들에서는 많은 컴파일러가 경계 밖의 배열 접근들을 감지하거나 보고하기 위한 메커니즘을 포함한다.

*범위 확인(range checking)*의 가장 간단한 구현은 소위, 각 배열 참조를 하기 전에 테스트를 끼워 넣는 것이다. 테스트는 각 인덱스 값이 사용되는 차원의 유효한 범위에 있는지 검증한다. 배열이 많이 사용되는 프로그램에서 이러한 확인을 통해서 생기는 오버헤드는 의미 있을 수 있다. 이 간단한 방법에서 많은 성능 향상들이 가능하다. 가장 적은 비용이 드는 대안은 컴파일러에서 주어진 참조가 범위 밖의 참조를 만들어 내지 않는다는 것을 증명하는 것이다.

만약 컴파일러가 배열을 매개변수로 하는 경우를 위해 범위 체크를 넣도록 한다면, 컴파일러는 도프 벡터들에 추가적인 정보를 포함해야만 할지도 모른다. 예를 들어 만약 컴파일러가 배열의 가영을 바탕으로 하는 주소계산식을 사용한다면 컴파일러는 하위, 상위 경계 정보뿐 아니라 각 차원에 대한 길이 정보를 가진다. 컴파일러는 배열의 전체 길이에 대해서 오프셋을 확인함으로써 애매한 테스트를 수행할지 모른다. 하지만 정확한 테스트를 수행하기 위해 컴파일러는 도프 벡터에 각 차원을 위한 상/하위 경계들을 포함해야만 하고 그들을 테스트해야만 한다.

컴파일러가 범위 확인을 위한 실행 시 코드를 만들 때, 컴파일러는 범위를 벗어난 첨자를 보고하기 위해 해당 코드의 복사본을 많이 끼워 넣는다. 보통 이것은 실행 에러 루틴으로의 분기와 관련된다. 정상적인 실행 동안에 이러한 분기들은 대부분 수행되지 않는다(특히 만약 에러 처리기가 실행을 멈춘다면). 만약 목표 기계가 컴파일러로 하여금 적당한 분기의 방향을 예측하도록 한다면 이러한 예외 분기들은 취해지지 않는 것처럼 예측되어야만 한다. 컴파일러는 또한 이러한 분기들이 비정상적인 종료를 이끈다는 사실과 함께 중간 표현을 주석처리하고 싶을지 모른다. 이것은 "정상" 실행 경로와 "에러" 경로 사이를 구별하기 위해 컴파일러의 그 다음 상태들을 허용한다. 컴파일러는 보통 정상 경로를 통해 더 나은 코드를 만들기 위해 이러한 지식을 사용할 수 있을 것이다.

7.6 문자열

문자 데이터를 위해 프로그래밍 언어들이 제공하는 연산들은 수에 관련된 데이터를 위해 제공된 연산들과는 다르다. 대부분의 처리가 라이브러리 루틴들의 호출 형태를 갖는 C로부터 개별 문자들의 할당, 문자열의 임의 하부 문자들의 형성과 심지어 문자열의 연결들이 언어에서 첫 번째 지위를 갖는 연산자들로서 나타나는 PL/I에 이르기까지 프로그래밍 언어의 수준은 문자열 범위를 지원한다. 문자열 구현에서 떠오르는 이슈들을 나타내기 위해 이 절은 문자열 할당, 문자열 연결의 구현과 문자열의 길이 계산을 논의한다.

문자열 연산들은 비용이 많이 들 수 있다. IBM S/370과 DEC VAX와 같이 오래된 CISC 구조는 문자열 처리를 위해 매우 광범위한 지원을 한다. 현대의 RISC 기계들은 이렇게 복잡한 연산들을 간단한 연산들의 집합을 사용하여 코드를 만들기 위해 컴파일러에 더 크게 의존한다. 하나의 위치에서 다른 위치로 바이트들을 복사하는 기본적인 연산이 다른 많은 문맥들에서 나타난다.

7.6.1 문자열의 표현

컴파일러 작성자는 문자열을 위해 표현을 결정해야만 한다. 그 표현의 자세한 사항들은 문자열 연산들의 가격에 강한 영향을 미친다.

이러한 관점에서 보기 위해 아래의 문자열 b의 두 표현을 고려해 보자. 왼쪽에 있는 것은 C에서의 전형적인 구현이다. 종료를 제공하기 위해 지정된 문자 ('\0')과 함께 문자들의 간단한 벡터를 사용한다. ƀ는 빈칸을 나타낸다. 오른쪽의 표현은 문자열이 가지고 있는 내용에 따른 길이(8)을 저장한다. 많은 언어 구현들은 이 접근 방법을 사용해 오고 있다.

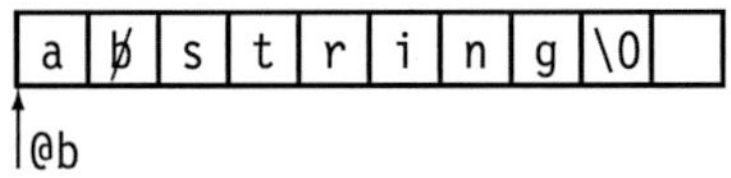

Null Termination

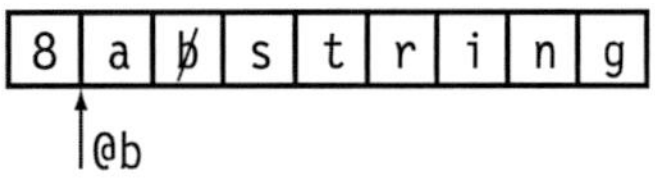

Explicit Length Field

만약 길이 필드가 널 종료자보다 더 많은 공간을 차지한다면 길이를 저장하는 것은 메모리 안의 문자열의 크기를 한계까지 증가시킬 것이다. (우리가 든 예에서는 길이는 4 바이트라고 가정한다. 실제적으로 그것은 더 작을 수 있다.) 하지만 길이를 저장하는 것은 문자열들에서 많은 연산들을 단순화시킨다. 만약 언어가 어떤 고정된 길이와 함께 할당된 문자열 안에서 가변길이 문자열이 저장되도록 허용한다면 구현하는 사람은 그 문자열과 함께 할당된 길이 역시 저장해야 할지 모른다. 컴파일러는 실행 시 할당과 연결에 관한 경계 확인을 위해 할당된 길이를 사용할 수 있다.

7.6.2 문자열 할당

문자열 할당은 개념상 간단하다. C에서 b의 세 번째 문자로부터 a의 두 번째 문자로 할당하는 것은 아래 그림의 왼쪽에 보인 것처럼 쓸 수 있다.

```
                        loadI    @b    ⇒ r@b
a[1] = b[2];            cloadAI  r@b,2 ⇒ r2
                        loadI    @a    ⇒ r@a
                        cstoreAI r2    ⇒ r@a,1
```

문자 크기의 메모리 연산(cload와 cstore)을 갖는 기계에서 이것은 위 그림의 오른쪽에 보인 것과 같은 간단한 코드로 바꿀 수 있다. (C에서 모든 배열의 하위 경계로써 0을 사용하기 때문에 a에 있는 첫 번째 문자는 a[0]임을 상기하자.)

하지만 만약 근원적인 하드웨어가 문자 지향의 메모리 연산들을 지원하지 않는다면, 컴파일러는 더 복잡한 코드를 생성해야만 한다. a와 b 모두 워드 경계에서 시작한다고 가정하고 하나의 문자는 1바이트를 차지하고 하나의 워드가 4바이트라고 가정하면 컴파일러는 다음과 같은 코드를 방출할 것이다.

```
loadI    @b              ⇒ r@b  // address of b
load     r@b             ⇒ r1   // get 1st word
andI     r1,0x0000FF00   ⇒ r2   // mask away others
lshiftI  r2,8            ⇒ r3   // move it over 1 byte
loadI    @a              ⇒ r@a  // address of a
load     r@a             ⇒ r4   // get 1st word
and      r4,0xFF00FFFF   ⇒ r5   // mask away 2nd char
or       r3,r5           ⇒ r6   // put in new 2nd char
store    r6              ⇒ r@a  // put it back in a
```

이 코드는 b[2]를 포함하는 워드를 불러 문자를 추출하고, 위치를 옮기고, a[1]을 담고 있는 워드 안에 적절한 위치로 마스크를 씌우고, 그 결과를 원래 위치로 저장한다. (이 코드 시퀀스의 추가된 복잡한 부분이 어째서 문자 지향의 부르기와 저장 연산들이 다시 공통적이 되는지를 아마도 설명할 것이다.)

코드는 더 긴 문자열에서도 비슷하다. PL/I는 문자열 할당 연산자를 갖는다. 프로그래머는 a와 b가 문자열로 선언되었을 때 a = b와 같은 문장을 쓸 수 있다. 컴파일러는 명시적인 길이 표현을 사용한다고 가정하라. 다음의 간단한 반복문은 바이트 지향 load와 store 연산들을 갖는 기계에서 문자들을 옮길 것이다.

```
                      loadI     @b      => r@b
                      loadAI    r@b,-4  => r1        // get b's length
                      loadI     @a      => r@a
                      loadAI    r@a,-4  => r2        // get a's length
                      cmp_LT    r2,r1   => r3        // will b fit in a?
                      cbr       r3      -> Lsov,L1   // raise overflow
                  L1: loadI     0       => r4        // counter
a = b;                cmp_LT    r4,r1   => r5        // more to copy?
                      cbr       r5      -> L2,L3
                  L2: cloadAO   r@b,r4  => r6        // get char from b
                      cstoreAO  r6      => r@a,r4    // put it in a
                      addI      r4,1    => r4        // increment offset
                      cmp_LT    r4,r1   => r7        // more to copy?
                      cbr       r7      -> L2,L3
                  L3: nop                            // next statement
```

이 코드는 a를 침범하는 것을 막기 위해 a와 b의 길이를 시험함을 확인하라. L_{sov} 라벨은 문자열 오버플로우 상황을 처리하는 실행 시 에러 처리기를 나타낸다.

널로 끝나는 문자열을 갖는 언어에서 코드는 다소 바뀐다. b에 있는 문자열을 a에 있는 문자열로 복사하기 위해 간단한 C 반복문을 고려해 보라.

```
                            loadI   @b      => r@b   // get pointers
                            loadI   @a      => r@a
                            loadI   NULL    => r1    // terminator
do {                    L1: cload   r@b     => r2    // get next char
  *a++ = *b++;              cstore  r2      => r@a   // store it
} while (*b != '\0')        addI    r@b,1   => r@b   // bump pointers
                            addI    r@a,1   => r@a
                            cmp_NE  r1,r2   => r4
                            cbr     r4      -> L1,L2
                        L2: nop                      // next statement
```

만약 목표 기계가 load와 store 연산에서 자동 증가를 지원한다면, 반복문에 있는 두 개의 add는 cload와 cstore 연산에서 수행될 수 있으며, 이 연산들은 반복문을 네 개의 연산으로 감소시킨다. (C는 자동 후위 증가를 지원하는 PDP/11을 위해 디자인되었다는 것을 상기하자.) 자동 증가가 없으면 컴파일러는 공통 오프셋과 함께 loadAO와 cstoreAO를 사용함으로써 더 나은 코드를 만들었을 것이다. 그것은 반복문 안에 오직 하나의 add 연산만을 필요로 했을 것이다. (코드는 $r_{@a}$와 $r_{@b}$의 값을 바꾼다는 것을 주목하자.)

바이트 지향의 메모리 연산이 없으면 코드는 더 복잡해진다. 컴파일러는 반복문 몸체의 load, store, add 일부를 이전에 보였던 반복문의 몸체에 있는 단일 문자들을 마스킹하는 방법으로 바꿀 수 있었다. 결과는 기능적이지만 반복문은 b를 a로 복사하기 위해 더 많은 명령어를 요구하므로 아름답지 못하다.

```
     loadI     @b            ⇒ r@b
     loadAI    r@b,-4        ⇒ r1        // get b's length
     loadI     @a            ⇒ r@a
     loadAI    r@a,-4        ⇒ r2        // get a's length
     cmp_LT    r2,r1         ⇒ r3        // will b fit in a?
     cbr       r3            → Lsov,L1   // to error routine
L1:  andI      r1,0xFFFFFFFC ⇒ r4        // rounded length(b)
     loadI     0             ⇒ r5        // offset in string
     cmp_LT    r5,r4         ⇒ r7        // more for the loop?
     cbr       r7            → L2,L3
L2:  loadAO    r@b,r5        ⇒ r8        // get word from b
     storeAO   r8            ⇒ r@a,r5    // put it into a
     addI      r5,4          ⇒ r5        // increment offset
     cmp_LT    r5,r4         ⇒ r9        // more for the loop?
     cbr       r9            → L2,L3
L3:  cmp_LT    r5,r1         ⇒ r10       // done yet?
     cbr       r10           → L4,L5
L4:  cloadAO   r@a,r5        ⇒ r11       // get next char
     cstoreAO  r11           ⇒ r@b,r5    // put next char
     addI      r5,1          ⇒ r5        // bump offset
     cmp_LT    r5,r1         ⇒ r12       // done yet?
     cbr       r12           → L4,L5
L5:  nop                                 // next statement
```

그림 7.9 문자열 전체의 a=b 연산

대안은 워드 길이 load와 store 연산을 짐보다는 장점으로 만드는 다소 더 복잡한 방법을 채택하는 것이다. 컴파일러는 워드 지향의 반복문을 사용할 수 있다. 이 반복문은 문자열의 끝에 있는 어떤 나머지 문자들도 다루는 후위 반복문 클린업 연산(post-loop clean-up operation)이 뒤따른다. 이것을 그림 7.9에 보인다.

워드 연산들(*length*(b)÷4)과 함께 옮겨질 수 있는 부분 문자열의 길이를 계산해야만 하기 때문에 반복문을 갖추기 위해 요구되는 코드는 더 복잡하다. 반복문의 몸체는 5개의 명령어를 포함한다. 반복문은 문자 지향 반복문에 의해 사용되는 반복 횟수의 단지 4분의 1만 사용한다.

워드 지향 반복문이 끝난 후에 문자 지향 반복문은 나머지 하나, 둘, 혹은 세 개의 문자들을 다룬다. 물론 컴파일러가 문자열의 길이를 안다면 (그리고 문자열이 알맞게 짧다면), 컴파일러는 반복문을 만드는 것을 완전히 피할 수 있다. 대신에 load와 store들의 올바른 순서를 방출한다. 이것은 반복문의 오버헤드를 피하지만 더 긴 프로그램을 생성할 수 있다.

더 복잡한 경우들이 있다. 문자열 혹은 부분 문자열들이 워드 단위로 정렬되어 있지 않고 출처와 목적지가 겹치는 할당들을 포함하는 경우들이다. 일반적으로 문자 단위로 동작하는 반복문은 이러한 경우에 맞게 동작한다. 더 효율적인 워드 단위로 동작하는 반복문은 추가적인 작업을 필요로 하는데, 워드 경계들에 도달하기 위한 preloops와 문자들을 임시저장하는 것과 근원과 목적에서 서로 다른 정렬을 보상하기 위한 추가적인 작은 공간들이 그것이다. 실제로 많은 컴파일러들이 사소하지 않은 경우들을 구현하기 위해 조심스럽게 최적화된 라이브러리 루틴을 호출한다.

7.6.3 문자열 연결

연결(concatenation)은 간단히 하나 혹은 그 이상의 할당들의 시퀀스를 위한 속기이다. 연결은 두 개의 기본 형태가 있다. 문자열 a에 문자열 b를 덧붙이거나 a 다음에 b가 있는 새로운 문자열을 만드는 것이다.

전자는 길이 계산 다음에 할당을 한다. 컴파일러는 a의 길이를 결정하기 위해 코드를 생성한다. 공간이 허락하면 컴파일러는 b의 할당을 a의 내용 바로 다음 공간에 실행한다. (만약 적당한 공간이 유효하지 않으면 코드는 실행 시 에러를 발생시킨다.) 후자는 a에서 각 문자를 복사하고 b에서 각 문자를 복사하는 것을 필요로 한다. 컴파일러는 바로 이전 절에서 보인 것처럼 연결을 할당문의 쌍으로서 간주하고 코드를 생성한다.

어느 경우에도 컴파일러는 결과값을 유지하기 위해 충분한 공간이 할당되는 것을 보장해야만 한다. 실제로 컴파일러나 실행 시스템 가운데 하나는 각 문자열의 할당된 길이를 알아야만 한다. 만약 컴파일러가 이러한 길이를 안다면 컴파일러는 코드 생성 동안에 확인할 수 있고 실행

시 확인을 위한 코드 방출을 피할 수 있다. 컴파일러가 a와 b의 길이를 알 수 없을 경우에 컴파일러는 실행 시에 길이를 계산하기 위한 코드와 적합한 테스트와 분기를 수행하기 위한 코드를 생성해야만 한다.

7.6.4 문자열의 길이

문자열을 처리하는 프로그램들은 종종 문자열의 길이를 계산해야만 한다. C 프로그램에서 strlen 함수는 표준 라이브러리에 있어서 문자열을 함수의 인수로 받아서 그 문자열의 길이를 정수로 표현하여 반환한다. PL/I에서는 `length`라는 내장 함수가 같은 기능을 수행한다. 전에 설명했던 두 가지 문자열 표현 방법은 길이 계산에서 근본적으로 다른 비용이 든다.

1. *`null`로 끝나는 문자열 길이* 계산은 문자열의 처음부터 시작하고 null 문자가 나올 때까지 순서대로 각 문자를 조사한다. 코드는 C 문자 복사 반복문과 비슷하다. 문자열의 길이에 비례하는 시간이 요구된다.

2. *명시적인 길이 필드* 길이 계산은 메모리 참조이다. ILOC에서 이것은 레지스터 안에 문자열 시작 주소의 `loadI`가 되고, 이 레지스터는 길이를 얻기 위해 `loadAI`가 뒤따른다. 비용은 상수이고 작은 값이다.

이 표현식들의 교환 조건은 간단하다. 널 종료는 공간의 양을 약간 줄여준다. 하지만 길이 계산에 좀 더 많은 코드가 필요하고 더 많은 시간이 걸린다. 명시적인 길이 필드는 문자열당 하나의 워드가 더 든다. 하지만 길이 계산을 상수 시간에 할 수 있게 한다.

문자열 최적화 문제의 고전적인 예는 두 문자열 a와 b의 연결에서 결과물의 길이를 찾는 문제이다. 문자열 연산들을 갖는 언어에서 +가 연결(concatenate)을 의미할 때, 이것은 `length(a+b)`처럼 쓰여질 수 있을 것이다. 이 표현은 두 개의 명백한 구현을 갖는다. 연결된 문자열을 구성하고 그것의 길이를 계산하는 것(C에서 `strlen(strlen(a,b))`로 계산)과 a와 b의 길이를 더하는 것(C에서 `strlen(a)+strlen(b)`로 계산)이다. 후자의 해법이 물론 훌륭하다. 명시적인 길이 필드를 갖는 경우 연산은 두 개의 `load`와 하나의 add를 사용하는 것으로 최적화될 수 있다.

7.7 구조체 참조

대부분의 프로그래밍 언어에서 나타나는 복잡한 데이터 구조의 다른 종류로는 구조체 혹은 구조체의 다양한 변형이 있다. C에서 구조체는 개별적으로 명명된 원소들을 모으며, 종종 다른 자료형의 원소들이 사용된다. C에서 리스트 구현은 예를 들어서 정수값의 리스트를 만들기 위해 다음과 같은 구조체를 사용한다.

```
struct node {
  int value;
  struct node *next;
}
NilNode = {0, (struct node*) 0};
struct node *NIL = &NilNode;
```

각 노드는 하나의 정수와 다른 노드를 가리키는 포인터를 포함한다. NilNode는 값이 0이고 next가 불법인 값 (0)을 갖는 노드이다.

C에서 구조체들을 가지고 작업하는 것은 *포인터 값*의 사용을 요구한다. 예를 들어, NIL의 선언은 노드를 가리키는 *포인터* 자료형의 값을 만들고, 그 값이 NilNode를 가리키게(역참조의 주소 연산자인 &를 사용) 하여 초기화한다. 포인터의 사용은 컴파일러에 *익명의 값(anonymous values)*들과 *구조체 레이아웃(structure layout)*이라는 두 개의 분명한 문제를 야기한다.

7.7.1 익명의 값들의 load와 store

C 프로그램은 두 가지 방법 가운데 한 가지로 구조체의 인스턴스를 만든다. 프로그램은 구조체 인스턴스를 이전에 보였던 예제에서 NilNode가 node의 인스턴스로써 선언되었던 것처럼, 선언할 수 있다. 대안적인 방법으로 코드는 동적으로 구조체 인스턴스를 할당할 수 있다. node로의 *포인터*로서 선언된 변수 fee를 위해 할당은 다음과 같은 모습일 것이다.

```
fee = (node *) malloc(sizeof(node));
```

이 새로운 node로의 유일한 접근은 포인터 fee를 통해서만 가능하다. 그러므로 우리는 이것을 익명의 값으로 생각한다. 왜냐하면 이 값은 영원한 이름을 갖지 않기 때문이다.

익명의 값을 위한 유일한 이름이 포인터이기 때문에, 컴파일러는 두 포인터 참조가 같은 메모리 장소를 나타내는지 쉽게 결정할 수 없다. 다음 코드를 고려해 보자.

```
1  p1 = (node *) malloc(sizeof(node));
2  p2 = (node *) malloc(sizeof(node));
3  if (...)
4     then p3 = p1;
5     else p3 = p2;
6  p1->value = ...;
7  p3->value = ...;
8  ...    = p1->value;
```

첫 번째 두 줄은 익명의 node들을 만든다. 6번째 줄은 p1을 통해 접근 가능한 node를 쓰고 7번째 줄은 p3를 통해 쓴다. if-then-else를 통한 두 경로들 때문에 p3는 1번째 줄이나 2번째 줄에 할당된 node를 참조할 수 있다. 마지막으로 8번째 줄은 p1->value를 참조한다.

8번째 줄을 통해 6번째 줄에 있는 할당들의 시퀀스를 구현하기 위해 컴파일러는 레지스터에서 재사용되는 값을 유지해야만 한다. 불행하게도, 컴파일러는 8번째 줄이 6번째 줄에서 만들어진 값을 가리키는지 7번째 줄에서 만들어진 값을 가리키는지 쉽게 결정할 수 없다. 8번째 줄에서 어떤 node가 참조되는지 알기 위해서 컴파일러는 3번째 줄에서 계산된 조건 표현식의 값을 알아야만 한다. 어떤 특정한 상황(예를 들어 1 > 2)와 같은)에서라면 가능할지도 모르겠으나 일반적인 상황에서는 결정할 수 없다. 조건부 표현의 값에 관한 깊은 이해가 없다면, 컴파일러는 세 개의 할당을 위해 보수적인 코드를 방출해야만 한다. 컴파일러는 상당히 최근에 레지스터에 저장된 값을 가지고 있었다 하더라도 메모리로부터 8번째 줄에서 사용된 값을 불러와야만 한다.

익명의 객체들로의 참조와 관련된 이러한 불확실함은 컴파일러가 레지스터에 포인터 기반 참조들에서 사용된 값들을 유지하는 것을 막는다. 컴파일러는 명확한 지역 변수들에 관련해 대응하는 계산보다 포인터 기반 참조들과 관련된 구문들을 덜 효과적으로 만들 수 있다. 포인터 값들을 분석하는 것과 참조들을 명확하게 하기 위해서 분석한 결과를 사용하는 것(컴파일러가 어떤 값들을 레지스터에 유지하도록 하는 방법으로 참조들을 다시 쓰는 것)은 포인터가 많이 사용되는 프로그램에서 잠재적인 최적화의 주요 원천이다. 불행히도 포인터 참조들을 명확히 하기 위해 요구되는 분석은 상당한 부담이 될 수 있는데, 그 이유는 이러한 분석을 위해 컴파일러가 전체 프로그램을 모두 조사하도록 요구하기 때문이다.

배열 사용이 많은 프로그램 코드에서도 비슷한 효과가 나타난다. 컴파일러가 배열 첨자의 철저한 분석을 수행하지 않으면, 두 배열 참조가 중첩되는지 아닌지 결정하기가 힘들지 모른다. 컴파일러가 a[i,j,k]와 a[i,j,l]과 같은 두 참조들을 구분할 수 없을 때, 컴파일러는 두 참조들을 보수적으로 다뤄야만 한다. 배열 참조들을 명확히 하는 문제는 여전히 도전적인 과제이지만 포인터 참조를 명확히 하는 것보다는 쉽다.

7.7.2 구조체 배열의 이해

컴파일러가 구조체 참조를 위한 코드를 방출할 때, 컴파일러는 구조체 인스턴스의 시작 주소와 각 구조체 요소의 길이와 오프셋 모두를 알아야만 한다. 이 정보를 관리하기 위해 컴파일러는 일반적으로 구조체 레이아웃들의 개별적인 테이블을 만든다. 이 컴파일 시점의 테이블은 각 구조체 원소를 위한 원문 그대로의 이름, 원소들의 구조체 안에서의 오프셋, 원소들의 원시 언어 데이터 타입을 포함하여야 한다. 앞에서 들었던 리스트의 예에서, 컴파일러는 다음과 같은 구조체를 만들었을 것이다.

Structure Layout Table		
Name	*Length*	*1st Element*
node	4	0
…	…	2

Element Table				
Name	*Length*	*Offset*	*Type*	*Next*
node.value	4	0	int	•
node.next	4	4	node *	•
…	…	…	…	…

요소 테이블(Element Table) 안의 목록들은 완전히 검정을 거친 이름들을 사용한다. 이것은 종류가 서로 다른 여러 구조체에서 이름의 재사용에 의한 충돌을 피한다. (일부 언어들은 프로그램이 다른 구조체에서 별개의 요소 이름들을 사용하도록 강요한다.)

이 정보를 가지고 컴파일러는 구조체 참조를 위한 코드를 쉽게 만들 수 있다. 포인터 node * 로 선언된 p1을 위해 참조 p1->next는 ILOC 시퀀스로 번역될지 모른다.

```
loadI  4        ⇒ r1   // offset of next
loadAO rp1,r1   ⇒ r2   // value of p1->next
```

여기서 컴파일러는 구조체 테이블에 있는 node 목록으로부터 요소 테이블에 있는 node를 위한 목록의 연결들로 테이블을 따라 next의 오프셋을 찾는다. 그 연결을 따라 검색하여 컴파일러는 node.next를 위한 목록과 해당 목록의 오프셋 4를 찾는다.

구조체를 배치하고 구조체의 요소들로의 오프셋을 할당하는 것에서 컴파일러는 프로그램을 실행할 컴퓨터 구조의 정렬 규칙들을 준수해야만 한다. 이것은 컴파일러가 구조체에서 사용되지 않는 공간을 버리도록 강제할지도 모른다. 컴파일러는 왼쪽에 선언된 구조체를 배치할 때 이러한 문제에 직면한다.

```
struct example {
  int fee;
  double fie;
  int foe;
  double fum;
} el;
```

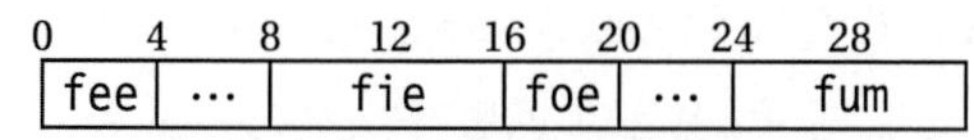

Elements in Declaration Order

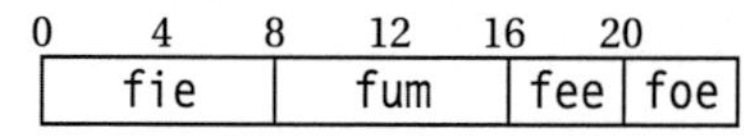

Elements Ordered for Alignment

오른쪽 위에 그린 그림은 만약 컴파일러가 선언된 순서대로 요소들을 배치하도록 제한되었을 때의 구조체 배치를 보여준다. fie와 fum은 더블워드로 정렬되어야만 하기 때문에, 컴파일러는 fee와 foe 다음에 패딩(padding)을 해야만 한다. 만약 컴파일러가 메모리에 요소들의 순서를 임의로 정할 수 있다면 컴파일러는 오른쪽 아래에 보인 배치를 사용할 수 있고 이것은 패딩을 위해 필요한 부분을 피할 수 있다. 이것은 언어 디자인 이슈이다. (언어 정의는 사용자에게 구조체 레이아웃이 노출되는지 아닌지를 명시한다.)

7.7.3 구조체 배열

많은 프로그래밍 언어들이 사용자에게 구조체의 배열을 선언하는 것을 허용한다. 만약 사용자가 배열의 구조체 값으로 된 요소의 주소를 얻을 수 있도록 허용된다면, 컴파일러는 구조체 레이아웃의 다중 복사로서 메모리에 데이터를 배치해야만 한다. 만약 프로그래머가 배열의 구조체 값으로 된 요소의 주소를 얻을 수 없다면, 컴파일러는 마치 원소들이 배열들로 이루어진 구조체인 것처럼 구조체를 배치할지 모른다. 주변의 코드가 어떻게 데이터에 접근하느냐에 따라 이러한 두 개의 전략들은 캐시 메모리를 가지고 있는 시스템에서 눈에 띄게 다른 성능을 가질 것이다.

배열의 다중 복사로서 배치된 구조체들의 배열에 접근하기 위해 컴파일러는 7.5절에 설명된 배열 주소 계산식을 사용한다. 패딩이 필요할 경우 그것까지 포함한 구조체의 전체 길이는 주소 계산식에서 요소 사이즈 w가 된다. 계산식은 구조체 인스턴스의 시작 주소를 만들어 낸다. 특정한 요소의 값을 얻기 위해 인스턴스의 주소에 해당 요소의 오프셋이 더해진다.

만약 컴파일러가 배열인 요소와 함께 구조체를 배치했다면 컴파일러는 오프셋 테이블 정보와 배열 차원을 사용하여 요소 배열의 시작 장소를 계산해야만 한다. 이 주소는 이후에 적당한 배열 주소 계산식을 사용하여 주소 계산을 위한 시작 지점으로 사용될 수 있을 것이다.

7.7.4 공용체와 런타임 태그들

공용체와 변형들은 특별한 복잡함을 소개한다. 공용체의 요소를 참조하는 코드를 방출하기 위해 컴파일러는 특수한 오프셋으로의 참조를 풀어 내야만 한다. 공용체는 다중 구조체 선언들을 포함할 수 있다. 만약 다중 구조체 정의들이 같은 이름을 사용한다면, 컴파일러는 실행 시 객체에서 그 이름의 계획된 장소로 이름을 풀어내는 어떤 방법을 필요로 한다.

이 문제는 언어학상의 해결 방법을 가지고 있다. 프로그래밍 언어는 프로그래머가 참조를 명확히 하도록 강제할 수 있다. C에서 다음과 같은 선언을 생각해 보자.

```
struct n1 {
  int kind;
  int value;
} i1;
struct n2 {
  int kind;
  float value;
} f1;
union one {
  struct n1 inode;
  struct n2 fnode;
} u1;
```

```
union two {
  struct {
    int kind;
    int value;
  } inode;
  struct {
    int kind;
    float value;
  } fnode;
} u2;
u1.inode.value = 1;
u2.fnode.value = 2.0;
```

one과 two 양쪽 공용체 모두 정수 값이나 부동 소수점 값을 갖는 "node"를 소유할 수 있다. 이들을 구분하기 위해 프로그래머는 예제의 끝에 있는 두 개의 할당들에 보인 것처럼, 완전히 검증된 이름으로 코드를 써야 한다.

n1과 n2는 그들의 오른쪽에 있는 구조체 선언으로서 존재한다는 것을 주목하자. 프로그래머는 n1이나 n2를 할당하고 처리할 수 있다. 반면 two의 정의는 two의 문맥에서만 의미를 갖는 두 개의 익명의 구조체들을 만들고 사용한다. 이러한 완전히 검증된 이름을 쓰는 짐을 줄이기 위해, 변형들 사이를 구별하기 위한 책임을 타입 시스템으로 옮겨놓도록 유혹한다. 하지만 실제로 공용체에 있는 요소로의 모든 개별적인 참조들을 하나의 타입으로 푸는 것을 보장하기란 어려운 일이다.

대안으로써 어떤 시스템들은 실행 시 구별에 의존하였다. 여기에서, 공용체 안의 각 변형은 다른 모든 변형들로부터 해당 변형을 구별하는 필드를 갖는다. 컴파일러는 그 필드의 값을 확인하기 위해 코드를 방출할 수 있고—필수적으로 구별하려는 필드의 값에 근거한 case 문으로—정확하게 다뤄진 각 객체를 보장할 수 있다. 이러한 언어는 프로그래머가 해당 선언에서 이 "tag" 필드와 그것의 값을 포함하도록 요구할지 모른다. 대안적으로 컴파일러는 그런 태그들을 자동적으로 만들고 추가시킬 수 있다. 이러한 시스템에서 컴파일러는 타입 확인을 수행하기 위한 강력한 동기를 부여 받는다. type-case 코드의 제외는 실행 시간과 코드 공간의 상당한 절약이다.

변형들이 동일하다면 이러한 범위에 있어서 해당 언어는 당연히 변형들의 덜 검증된 사용들을 허락할 수 있다. 많은 언어들이 특별한 방법으로 이것을 인식하고 동일한 초기 요소들과 함께 변형들을 다룬다. 프로그램은 그들을 특정한 변형으로 제한함으로써 그들의 초기 요소들을 가리킬 수 있다.

7.8 제어 흐름의 구성

기본 블록은 일직선으로 배열된, 시작부터 끝까지 순차적으로만 수행되는 최대 길이의 시퀀스이고, 중간에 점프나 점프 타깃이 없는 코드이다. 제어 흐름에 효과를 미치지 않는 어떤 문장도 블록 안에 나타날 수 있다. 제어 흐름 이전(移轉)이 분기의 타깃이 될 수 있기 때문에 라벨 구문이 그런 것처럼 어떠한 제어 흐름 이전도 블록을 끝낸다. 컴파일러가 코드를 생성할 때, 컴파일러는 연속적이고, 라벨이 붙지 않고, 제어 흐름이 아닌 연산들을 모음으로써 간단하게 기본 블록을 만들 수 있다. (우리는 라벨이 붙은 문장을 불필요하게 라벨이 붙지 않았다고 가정한다. 그것은 모든 라벨이 붙은 문장은 어떤 분기의 타깃임을 의미한다.) 기본 블록의 표현은 복잡할 필요가 없다. 예를 들어, 만약 컴파일러가 간단한 선형 배열에 담겨있는 어셈블리 비슷한 표현을 갖는다면 블록은 <*first,last*> 한 쌍에 의해 묘사될 수 있다. 이 쌍은 블록을 시작하는 명령어와 블록을 끝내는 명령어의 인덱스들을 가지고 있다. (만약 해당 블록 인덱스들이 오름차순 숫자 순서로 저장되어 있다면, *firsts*의 배열이면 족할 것이다.)

그들이 어떤 절차를 형성하려고 블록들의 집합을 서로 묶기 위해서, 컴파일러는 원시 프로그램의 제어 흐름 연산들을 구현하는 코드를 삽입해야만 한다. 블록들 사이의 관계를 잡아내기 위해 많은 컴파일러들은 흐름 제어 그래프 (CFG, 5.3.2절과 9.2.1절을 참조하라)를 만들고 분석과 최적화, 그리고 코드 생성을 위해 CFG를 사용한다. CFG에서 노드들은 기본 블록을 나타내고 엣지들은 가능한 블록들 사이의 제어 전이를 나타낸다. 일반적으로 CFG는 각 블록의 더 자세한 표현들로의 참조들을 포함하는 파생 표현이다.

흐름 제어 구성을 구현하기 위한 코드는 기본 블록들 안(각 블록의 끝, 혹은 그 근처)에 존재한다. (ILOC에서 분기에서 fall-through가 없다. 그래서 모든 블록들은 분기나 점프와 함께 끝난다. Fall-through는 분기에서 조건이 만족하지 않을 경우 점프하지 않고 그냥 아래로 내려가는 경우를 말한다. 만약 IR이 지연 슬롯들을 만든다면, 해당 제어 흐름 연산은 블록에서 마지막 연산이 아닐지 모른다.) 서로 다른 많은 통사적인 규약들이 제어 흐름을 표현하기 위해 사용되어 왔지만 그 근원적인 개념의 수는 작다. 이 절은 현대 프로그래밍 언어들에서 찾을 수 있는 제어 흐름 구성의 많은 부분을 검토해 본다.

7.8.1 조건문 실행

대부분의 프로그래밍 언어들은 if-then-else 구성의 몇 가지 버전을 제공한다. 주어진 원시 텍스트는 다음과 같다.

```
if expr
   then statement1
   else statement2
statement3
```

위에서 컴파일러는 *expr*를 계산하는 코드를 만들어야만 하고 *expr*의 값에 근거하여 $statement_1$이나 $statement_2$ 가운데 하나로 분기해야 한다. $statement_1$과 $statement_2$를 구현하는 ILOC 코드는 $statement_3$로의 점프와 함께 끝나야 한다. 7.4절에서 봤듯이 컴파일러는 if-then-else 구성들을 구현하는 데 여러 옵션을 가지고 있다.

7.4절에서 우리는 표현식을 제어하는 계산에 집중했었다. 그것은 근본적인 명령어 집합이 어떻게 표현식을 제어하기 위한 전략들에 영향을 줬는지, 어떤 경우에는 어떻게 제어된 문장을 다루기 위한 전략들에 영향을 줬는지 보였다.

프로그래머들은 then과 else 부분 안에 임의의 큰 코드 조각들을 놓을 수 있다. 이들 코드 조각들의 크기는 if-then-else 구성을 구현하는 컴파일러 전략에 영향을 준다. 그림 7.6에 보였듯, 평범한 then과 else 부분들과 함께 컴파일러를 위한 기본적인 고려는 표현식 계산을 근본적인 하드웨어와 맞추는 것이다. then과 else 부분이 커 가면서 then과 else 부분 안에 있는 효과적인 실행의 중요성은 표현식 제어를 실행하는 가격보다 커지기 시작한다.

예를 들어, predicate 실행을 지원하는 기계에서 then과 else 부분 안에 있는 큰 블록들을 위해 predicate를 사용하는 것은 실행 사이클을 낭비할 수 있다. 프로세서는 각각의 predicate된 명령어를 기능 유닛들 가운데 하나로 이슈(issue)해야 하기 때문에, 잘못된 predicate를 갖는 각각의 연산은 기회비용을 갖는다. 그것은 이슈 슬롯 하나를 쓰지 못하게 한다. then과 else 부분 양쪽 부분들 아래에 있는 코드의 큰 블록들과 함께 실행되지 않는 명령어들의 가격은 조건 분기를 사용하는 오버헤드를 넘어설지 모른다. 그림 7.10은 이러한 흥정을 나타낸다. 여기서 then과 else 부분은 10개의 독립적인 ILOC 연산들을 가지고 있고, 목표 기계는 사이클당 두 개의 연

Using Predicates

Unit 1	Unit 2
comparison ⇒ r1	

```
(r1) op1     (¬r1) op11
(r1) op2     (¬r1) op12
(r1) op3     (¬r1) op13
(r1) op4     (¬r1) op14
(r1) op5     (¬r1) op15
(r1) op6     (¬r1) op16
(r1) op7     (¬r1) op17
(r1) op8     (¬r1) op18
(r1) op9     (¬r1) op19
(r1) op10    (¬r1) op20
```

Using Branches

Unit 1	Unit 2
compare & *branch*	

```
L1: op1     op2
    op3     op4
    op5     op6
    op7     op8
    op9     op10
    jumpI → L3
L2: op11    op12
    op13    op14
    op15    op16
    op17    op18
    op19    op20
    jumpI → L3
L3: nop
```

그림 7.10 Predication과 분기

산을 이슈할 수 있다고 가정한다.

왼쪽 부분은 함축을 사용하여 생성될 수 있는 코드를 보여준다. 여기서는 표현식을 제어하는 값은 r_1에 있다고 가정한다. 코드는 사이클당 두 개의 명령어를 이슈한다. 각 사이클에서 두 연산가운데 하나가 실행된다. else 부분의 연산들이 Unit 2에 이슈되는 동안에 then 부분의 연산들 모두는 Unit 1에 이슈된다. 이 코드는 모든 분기를 피한다. 만약 각 연산이 한 사이클이 걸린다면 어떤 분기가 취해지는가는 무관하게 제어된 문장들을 실행시키기 위해서는 10 사이클이 걸린다.

오른쪽은 분기를 사용하여 생성되었을 코드를 보여준다. 여기서는 제어가 then 부분을 위해 L_1으로, else 부분을 위해 L_2로 흐른다고 가정한다. 명령어들은 독립적이기 때문에 코드는 사이클당 두 개의 명령어를 이슈한다. then 경로를 따르는 것은 취해진 경로로 연산들을 실행하기 위해 5 사이클이 걸린다. 여기에 마지막의 종단 점프 가격이 더해진다. else 부분을 위한 비용도 마찬가지이다.

Predicate적인 버전은 non-predicate적인 코드(그림에서 L_1이나 L_2 가운데 하나)에서 요구되는 초기의 분기를 피하고, L_3로의 종단 점프들 역시 잘 피한다. 분기를 사용하는 버전은 분기와 점프의 오버헤드가 일어나지만 더 빠르게 실행될 수 있을 것이다. 각 경로는 조건 분기, 연산들을

사용자에 의한 분기 예측

어떤 세련된 컴파일러의 전설은 분기 예측을 고민한다. FORTRAN은 세 개의 분기들 가운데 하나를 취하는 산술적인 if문을 갖는다. 이 분기들은 제어 표현식을 음수, 0, 양수로 계산한다. 초기의 어떤 컴파일러는 사용자에게 각 라벨에게 가중치를 둘 수 있도록 허락했다. 각 라벨의 가중치는 조건문에서 해당 라벨이 있는 곳으로 분기될 상대적인 확률을 반영했었다. 컴파일러는 나중에 분기로부터 기대되는 총 지연을 최소화하도록 하는 방법으로 분기들을 정렬하기 위해 이런 가중치를 사용했었다.

이러한 컴파일러가 세상에 나온 지 일년이 지나고, 이런 얘기가 흘러나왔다. 프로그램을 유지하는 사람이 분기의 가중치가 역순으로 사용되어 오고 있었다는 것을 발견했다는 것이다. 즉, 기대했던 지연을 최대화 하도록 가중치가 부여되었다는 얘기인데, 아무도 불평하지 못했다. 이 이야기는 프로그래머들이 작성한 코드의 행위에 관한 프로그래머들의 의견이 갖는 가치에 대한 우화로써 자주 언급된다. (설사 분기 가중치를 정확한 순서로 사용했다고 해도 당연히 아무도 그 성능 향상을 보고하지 않았다.)

수행하기 위한 5사이클, 그리고 종단 점프를 포함한다. (연산들의 일부는 점프에서 지연 슬롯을 채우기 위해 사용될지도 모른다.) 차이는 효과적인 이슈 비율에 있다. 분기 버전은 대략적으로 함축적인 버전의 연산의 반만 이슈한다. then과 else 부분의 코드 부분이 커질수록 이러한 차이는 더 커진다.

if-then-else를 구현하기 위해 분기와 술어적 서술 가운데 하나를 선택하는 것은 몇 가지 주의를 필요로 한다. 다음과 같은 여러 가지 이슈들이 고려될 수 있다.

1. *각 부분을 위한 실행의 기대 횟수* 만약 분기되는 부분 가운데 한쪽이 눈에 띄게 더 자주 실행된다면, 그 경로의 실행을 빠르게 하는 기술은 더 빠른 코드를 만들 것이다. 이러한 치우침은 일부 명령어들을 추론하여 실행하거나 논리의 순서를 재구성하여 분기를 예측하는 형태를 취할 것이다.

2. *코드의 고르지 않은 분량* 만약 구성을 함에 있어서 하나의 경로가 다른 경로보다 훨씬 많은 명령어들을 포함한다면, 이것은 함축에 불리하게 작용하거나 술어적 서술과 분기의 조합을 더 중요시 할 것이다.

3. *구성 안에서의 제어 흐름* 만약 구성을 함에 있어서 어느 한 경로가 또 다른 if-then-

else나 순환문이나 case문이나 함수 호출과 같은 무시할 수 없는 제어 흐름을 포함한다면, 술어적 서술은 가장 최선의 선택이 아닐지 모른다. 일반적으로 중복된 if 구성들은 더 복잡한 함축적인 표현들을 만들고 이슈된 명령어들의 퍼센티지(실제로 실행된 명령어들)를 낮춘다.

최선의 선택을 하기 위해 컴파일러는 주위의 문맥뿐 아니라 이러한 모든 요인들을 고려해야만 한다. 이러한 요인들은 컴파일할 때 초기에 접근하기는 어려울지 모른다. 예를 들면, 최적화 과정을 통해 이러한 요인들을 의미 있는 방법들을 사용하여 바꿀 수 있을 것이다.

7.8.2 루프와 반복

대부분의 프로그래밍 언어들은 반복을 수행하기 위해 순환 구조들을 포함한다. 처음의 FORTRAN 컴파일러는 반복을 수행하기 위한 do 순환문을 소개했었다. 오늘날, 우리는 순환문의 다양한 형태를 발견할 수 있다. 대부분의 경우 순환문들은 비슷한 구조를 갖는다.

예를 들어 C에서의 for 순환문을 고려해 보자. 그림 7.11은 컴파일러가 코드를 어떻게 배치할지 보여준다. for 순환문은 세 개의 제어 표현식을 갖는다. e_1은 초기화를 위해 제공되고, e_2는 불리언으로 계산하고 순환의 실행을 결정한다. e_3는 각 반복의 끝에서 실행하고 잠재적으로 e_2에서 사용된 값을 갱신한다. 우리는 여러 종류의 순환문의 실행을 설명하기 위한 기본 방법으로써 이 그림을 사용할 것이다.

만약 순환의 몸통 부분이 하나의 베이직 블록으로 이루어져 있다면(즉, 순환 몸체가 다른 제어 흐름을 포함하지 않으면) 이 방법이 원인이 되어 초기 분기 한 번에 매 순환마다 한 번씩의 분기를 갖는다. 컴파일러는 두 가지 방법 가운데 하나로 이 분기의 지연을 숨길 것이다. 만약 아키텍처가 컴파일러에게 분기를 할 것인지 하지 않을 것인지를 예견하도록 허용하면, 컴파일러는 (다음 반복을 시작하기 위해) 4번째에서 취해질 분기를 예측해야만 한다. 만약 아키텍처가 컴파일러로 하여금 분기의 지연 슬롯(들)에 명령어들을 옮기도록 허용하면, 컴파일러는 순환 몸체로부터 명령어(들)로 지연 슬롯(들)을 채우려고 해야 한다.

For 루프

for 순환문을 코드로 옮기기 위해 컴파일러는 그림 7.11에 있는 도식을 따른다. 다음 예는 특정한 순환에서 기인하는 ILOC 코드를 보여줌으로써 다섯 단계를 명확히 한다. Step 1과 Step 2는 다음 코드가 보이는 것처럼 단일 기본 블록을 만든다.

```
for (i=1; i<=100; i++) {
   loop body
}
next statement
```

```
     loadI  1      ⇒ ri      // Step 1
     loadI  100    ⇒ r1      // Step 2
     cmp_GT ri,r1  ⇒ r2
     cbr    r2     → L2,L1
L1:  loop body               // Step 3
     addI   ri,1   ⇒ ri      // Step 4
     cmp_LE ri,r1  ⇒ r3
     cbr    r3     → L1,L2
L2:  next statement          // Step 5
```

이 경우, Step 1은 loadI를 사용하여 Step 4에서 사용하기 위한 레지스터에 상수 1을 옮긴다. 만약 순환 몸체 (Step 3)가 단일 기본 블록으로 이루어져 있거나 단일 블록으로 끝나면, Step 4에서 갱신과 테스트가 그 블록과 함께 최적화될 수 있다. 이것은 컴파일러가 해당 코드의 성능을 향상시키도록 할지도 모른다. (예를 들어, 컴파일러는 Step 4에서부터의 분기에서 지연 슬롯들을 채우기 위해 Step 3의 끝에서부터 연산들을 사용할 수도 있다.)

컴파일러는 또한 순환을 가다듬을 수 있다. 그렇게 하여 컴파일러는 Step 2에 있는 것처럼 테스트의 유일한 복사본을 갖는다. 이와 같은 형태에서 Step 4는 e_3를 계산한 후에 Step 2로 점프한다. 이와 같은 순환의 형태는 두 개의 테스트를 하는 형태보다 하나의 연산이 더 적다. (cmp_GT은 없어지고 cbr은 jump가 된다.) 하지만 그것은 아주 간단한 순환문조차 두 개의 블록을 갖는 순환으로 만든다. 그리고 그것은 적어도 하나의 연산에 의해 순환을 통과하는 경로를 길

```
for (e1; e2; e3) {
    loop body
    }
```

Example for Loop

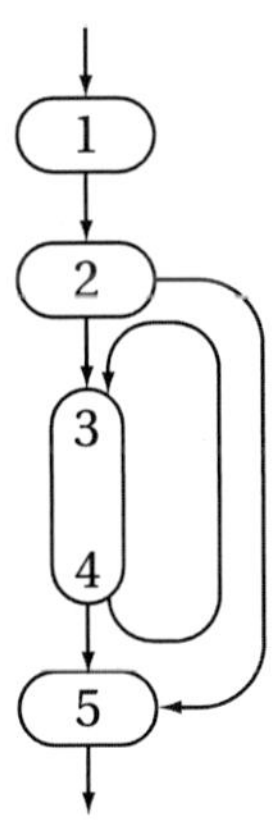

Step	Purpose
1	Evaluate e_1
2	Test $e_2 \Rightarrow r_i$ cbr $r_i \rightarrow$ 3,5
3	*loop body*
4	Evaluate e_3 Test $e_2 \Rightarrow r_j$ cbr $r_j \rightarrow$ 3,5
5	Code after loop

Loop Schema

그림 7.11 for 루프를 표현하는 C에서의 코드 배열

게 만든다. 코드의 크기가 심각한 고려사항이라면, 더 간결한 순환 형태로 일관되게 사용하는 것은 해 볼 만한 가치가 있다. 순환의 끝에 있는 점프가 즉시점프라면, 하드웨어는 자신이 발생시킬지 모르는 어떤 혼란도 최소화하기 위해 위의 처리 단계를 취할 수 있다.

그림 7.11로부터 정규 순환 형태는 또한 나중의 최적화를 위해 그 단계를 설정한다. 예를 들어, 만약 e_1과 e_2가 이미 알고 있는 상수들만을 담고 있다면, 예에서처럼 컴파일러는 Step 1에서 Step 2에 있는 테스트로 해당값을 바로 인가할 수 있고, 비교와 분기(if 제어는 해당 순환으로 들어간다.) 혹은 해당 순환 몸체(if 제어는 해당 순환으로 절대 들어가지 않는다.)를 제거할 수 있다. 단일 테스트 순환에서는 컴파일러가 이러한 일을 할 수 없다. 대신, 컴파일러는 그러한 테스트로 이끄는 두 개의 경로를 하나는 Step 1으로부터, 또 하나는 Step 4로부터 찾는다. 테스트에서 사용된 값 r_i는 Step 4에서 가장자리를 따라 바뀌는 값을 갖고, 그래서 테스트의 결과는 예측할 수 없다.

FORTRAN의 DO 루프

FORTRAN에서 반복적인 순환은 do 순환문 하나이다. do 순환문은 C에서의 for 순환문과 닮았지만 더 제약된 형태를 갖는다.

```
      j = 1
      do 10 i = 1, 100
         loop body
         j = j + 2
10       continue
      next statement
```

```
      loadI   1       ⇒ rj      // j ← 1
      loadI   1       ⇒ ri      // Step 1
      loadI   100     ⇒ r1      // Step 2
      cmp_GT  ri,r1   ⇒ r2
      cbr     r2      → L2,L1
L1:   loop body                 // Step 3
      addI    rj,2    ⇒ rj      // j ← j + 2
      addI    ri,1    ⇒ ri      // Step 4
      cmp_LE  ri,r1   ⇒ r3
      cbr     r3      → L1,L2
L2:   next statement            // Step 5
```

주석들은 ILOC 코드의 부분들을 그림 7.11에 있는 도식의 내용대로 대응시켜 돌려놓는다.

FORTRAN의 정의는 많은 언어들이 그러한 것처럼, 몇몇 이상한 버릇을 갖는다. 그런 버릇 가운데 하나는 do 순환문과 순환문에서 사용되는 인덱스 변수들과 관련된다. 하나의 순환문의 반복 횟수는 실행이 해당 순환문으로 진입하기 전에 고정된다. 만약 프로그램이 인덱스 변수의 값을 바꿔도, 그 변화는 실행하는 반복 횟수에 영향을 끼치지 않는다. 예를 들어, 다음과 같은 순환문은 해당 순환문이 i를 증가시킴에도 불구하고 100회를 실행해야만 한다.

```
    do 10 i = 1, 100
       loop body
       i = i + 2
10     continue
    next statement
```

```
       loadI   1      ⇒ ri      // Step 1
       loadI   1      ⇒ r1      // Shadow
       loadI   100    ⇒ r2      // Step 2
       cmp_GT  r1,r2  ⇒ r3
       cbr     r3     → L2,L1
L1:    loop body                // Step 3
       addI    ri,2   ⇒ ri      // i ← i + 2
       addI    ri,1   ⇒ ri      // Step 4
       addI    r1,1   ⇒ r1      // Shadow
       cmp_LE  r1,r2  ⇒ r4
       cbr     r4     → L1,L2
L2:    next statement           // Step 5
```

이렇게 정확한 행동을 보장하기 위해 컴파일러는 반복되는 것을 제어하는 *그림자 인덱스 변수(shadow index variable)*라고 불리는 숨겨진 유도 변수(induction variable)를 만들어야만 할지도 모른다. 이 예에서 그림자 인덱스 변수는 r_2이다.

순환문 몸체가 유도 변수를 고치지 않는다는 것을 결정할 수 있지 않다면 컴파일러는 반드시 그림자 변수를 만들어야만 한다. 만약 해당 순환문이 다른 함수로의 호출을 포함하고, 참조에 의한 호출의 매개변수로써 유도 변수를 전달한다면, 컴파일러가 달리 증명할 수 없는 한 호출된 함수가 유도 변수를 고칠 수 있음을 가정해야만 한다.

프로시저 간 분석(그것은 전체 프로그램을 분석하는 것이다.)은 이 경우에 기계적으로 성과를 거둔다. 프로그래머들은 i와 같은 순환문의 인덱스 변수들을 매개변수로써 전달하고 그렇게 하여 프로그램은 프로그램이 만드는 출력물에 인덱스의 값을 포함시킬 수 있다. 프로시저 간 분석은 언제 전달된 순환문의 인덱스 변수가 그 값을 바꾸지 않는지를 쉽게 알아낼 수 있다. 이것은 컴파일러가 그림자 변수를 없앨 수 있게 한다.

While 루프

순환문에서 while 또한 그림 7.11의 순환문 도식과 함께 구현될 수 있다. C의 for 순환문이나 FORTRAN의 do 순환문과는 다르게 while 순환문은 초기화가 없다. 그러므로 코드는 더욱 간결하다.

```
                          cmp_LT rx,ry ⇒ r1    // Step 2
                          cbr    r1    → L1,L2
while (x < y) {
   loop body          L1: loop body            // Step 3
}                         cmp_LT rx,ry ⇒ r2    // Step 4
next statement            cbr    r2    → L1,L2
                      L2: next statement       // Step 5
```

Step 4에서 테스트를 복제하는 것은 단일 베이직 블록을 갖는 순환문의 가능성을 만든다. 같은 방식으로 이러한 구조로부터 for 순환문을 더 좋게 하고, while 순환문을 위해서도 마찬가지로 적용하여 이익을 얻을 수 있다.

Until 루프

until 순환문은 제어 표현식이 거짓이 될 때까지 반복한다. 이 순환문은 매번 반복이 끝나면 제어 표현식을 확인한다. 그러므로 until 순환문은 적어도 한 번은 순환문 안으로 들어가서 해당 코드를 수행한다. 이것은 도식에서 Step 1과 Step 2를 피하기 때문에 매우 간단한 순환 구조를 만든다.

```
                      L1: loop body            // Step 3
{
   loop body              cmp_LT rx,ry ⇒ r2    // Step 4
} until (x < y)           cbr    r2    → L2,L1
next statement
                      L2: next statement       // Step 5
```

C는 until 순환문을 갖지 않는다. 하지만 C의 do 구조는 until 순환문과 비슷한데, 다른 점은 조건을 감지하는 부분이 거꾸로라는 것이다. until 순환문은 조건이 거짓일 때까지 반복하지만 do 순환문은 조건 계산이 참일 때까지 반복한다.

Tail Recursion으로 반복을 표현하는 방법

Lisp와 같은 언어들에서 반복은 종종 재귀의 양식화된 형태를 사용하여 (프로그램 작성자에 의해) 구현된다. 만약 함수에 의해 실행된 마지막 행동이 호출이라면, 그 호출은 *tail call*이라고 부른다. 만약 tail call이 자기 자신을 다시 호출한다면, 이러한 호출을 *tail recursion*라고 한다. 예를 들어 리스트의 마지막 요소를 찾는다면, 프로그램 작성자는 다음과 같은 간단한 함수를 작성할 것이다.

```
(define (last alon)
   (cond
      ((empty? alon) empty)
      ((empty? (cdr alon)) (car alon))
      (else (last (cdr alon)))))
```

Tail recursion 호출은 함수의 맨 위로 되돌아 점프하는 것과 매개변수 묶기의 효과를 만들기 위한 몇 개의 할당들로 최적화될 수 있다. 그렇게 하여 코드는 함수 호출에서 드는 대부분의 오버헤드를 피할 수 있다. 그것은 새로운 AR을 만들거나, 인수들을 계산하거나, 레지스터들을 저장/재저장 하거나, 표시에 맞추거나 링크를 접속할 필요가 없다. 먼저 호출되는 시퀀스의 대부분이 없어지고, 나중에 반환되는 모든 시퀀스가 사라진다. 추가적으로, 호출을 위해 표준 구현에서 실행했을지 모르는 모든 반환들(그리고 에필로그 시퀀스들)의 실행을 피한다. 결과 코드는 효과적으로 for 순환문을 반복할 수 있다.

7.8.3 Case 문장들

많은 프로그램 언어들이 *case*문의 다양한 변형을 포함한다. FORTRAN은 계산된 goto를 가졌다. Algol-W는 현대적인 형태로 *case* 문을 소개하였다. BCPL과 C는 switch 구성을 갖는다. PL/I는 if-then-else문들의 중첩된 형태로 잘 맵핑한 일반화된 구성을 갖는다. 이 장의 소개에서 힌트를 줬다시피 *case*문을 효과적으로 구현하는 것은 복잡하다.

C의 switch문을 생각해 보자. 구현 전략은 (1) 제어 표현식 계산하기, (2) 선택된 case로 분기하기, (3) 해당하는 case를 위해 코드 실행하기가 되어야 한다. Step 1과 Step 3는 잘 이해가 될 것이다. 그것들은 이 장의 어딘가에서 논의되었던 것들이다. case 문들은 종종 switch문 다음에 나오는 구문들에 제어를 전달하는 break문과 함께 끝을 맺는다.

case 문의 구현에서 복잡한 부분은 지정된 경우를 찾기 위해 효과적인 코드를 생성하는 것이다.

선형 탐색

적당한 경우를 알아내기 위한 가장 간단한 방법은 *case* 문을 if-then-else문의 중첩된 형태의 나열로써 다루는 것이다. 예를 들어, 왼쪽에 있는 switch문은 오른쪽에 있는 if문들의 중첩으로 번역될 수 있다.

```
switch (b×c+d)                      t1 ← b×c+d
{                                   if (t1 = 0)
  case 0:  block0;                     then block0
           break;                   else if (t1 = 1)
  case 1:  block1;                     then block1
           break;                   else if (t1 = 2)
  ...                                  then block2
  case 9:  block9;                  ...
           break;                   else if (t1 = 9)
  default: block10;                    then block9
           break;                      else block10
}
```

이 번역은 switch문의 의미를 보존하긴 하지만 각각의 경우에 다다르기 위한 가격은 각각의 경우가 쓰여진 곳의 순서에 의존한다. 필수적으로, 이 코드는 필요로 하는 경우를 찾기 위해 선형 탐색을 사용한다. 경우의 수가 적다면, 이 전략은 여전히 효과적이다.

이진 탐색

경우의 수가 커지면서 선형 탐색의 효율이 떨어지는 것이 문제가 되곤 한다. 고전적인 방법이 이 경우에 적용할 효과적인 탐색에 답을 준다. 만약 컴파일러가 각 경우의 라벨들에 순서를 강제할 수 있다면, 컴파일러는 선형 탐색보다 효율이 좋은 대수적인 탐색을 얻기 위해 이진 탐색을 사용할 수 있다.

이 아이디어는 간단하다. 컴파일러는 각 경우에 해당하는 라벨들로 분기하는 간결한 테이블에 각 경우에 해당하는 라벨이 들어가도록 순서를 정렬하여 만든다. 컴파일러는 각 case에 맞는 라벨을 찾기 위해 이진 탐색을 사용하거나, 대응하는 짝이 없음을 이용할 수 있다. 마지막으로, 컴파일러는 해당하는 라벨로 분기하거나 default로 설정된 경우로 분기한다.

앞에 나온 switch문을 위해 다음과 같은 점프 테이블과 탐색 루틴이 사용될 수 있을 것이다.

Value	Label
0	LB_0
1	LB_1
2	LB_2
3	LB_3
4	LB_4
5	LB_5
6	LB_6
7	LB_7
8	LB_8
9	LB_9

```
t1 ← b × c + d
down ← 0
up ← 10
while (down + 1 < up)
{
  middle ← (up + down + 1) ÷ 2
  if (Value[middle]   t1)
     then down ← middle
     else up ← middle
}
if (Value[down]= t1)
   then jump to Label[down]
   else jump to LBdefault
```

이 방법에서 각 블록을 위한 코드 조각들은 독립적이다. 블록 i는 LB_i라는 하나의 라벨과 함께 시작해서 case문 다음에 나오는 문장으로의 점프와 함께 끝난다. 기본적인 경우는 블록 $LB_{default}$에 있다.

만약 해당 라벨이 있으면 이진 탐색은 적당한 case 라벨을 n이 경우의 수라고 할 때 $\log_2(n)$의 시간 안에 발견한다. 만약 해당하는 라벨이 없으면 그것은 그 사실을 알고 default 경우를 위한 블록으로 점프한다.

컴파일러가 탐색 코드를 넣기 때문에, 컴파일러는 조심스럽게 연산들을 선택해야만 한다. middle의 계산은 두 개의 덧셈과 하나의 시프트를 필요로 한다. if-then-else는 더 많은 시간이 걸릴 것이다. 값을 불러올 때의 주소 계산은 간단하다. 하나의 시프트와 하나의 주소 + 오프셋 적재면 된다. 조건부 이동이나 predicate 실행 (7.4.2절 참조)을 같이 할 경우, 컴파일러는 up과 down을 두 개의 연산으로 갱신할 수 있다. 조건부 이동이나 predicate 실행이 없다면 갱신은 하나의 분기, 하나의 복사, 그리고 하나의 점프를 취할 것이다.

직접적인 주소 계산

만약 해당 case가 형태를 간결하고 치밀한 집합으로 라벨을 붙여 분류하면 컴파일러는 이진 탐색보다 더 잘 찾을 수 있다. 예시에서, switch문은 0에서 9까지 각각의 정수를 위해 라벨을 갖는다. 이 경우, 컴파일러는 LB_i라는 블록 라벨들을 포함하는 벡터를 만들 수 있고, 간단한 주소 계산을 수행하여 적절한 라벨을 찾을 수 있다.

예를 들어, 이전에 t_1을 계산하고, t_1을 테이블 안에서 사용되는 하나의 인덱스로 사용하여 라벨을 찾을 수 있다. 이 경우 case문을 구현하는 코드는 라벨을 4바이트 길이로 표현한다고 가정하여 아래와 같을 것이다.

```
t1 ← b × c + d
if (0 > t1 or t1 > 9)
   then jump to LBdefault
   else
     t2 ← memory(@Table + t1 × 4)
     jump to t2
```

라벨이 밀집된 집합일 경우 이 방법은 효율적인 코드를 만든다. 만드는 데 드는 비용과 코드의 크기는 상수이다. 만약 몇몇의 새 구멍들이 라벨 집합에 존재하면, 컴파일러는 그러한 슬롯들을 디폴트 case를 위한 라벨로 채운다. 만약 디폴트 case가 없으면 언어에 따라 적당한 행동을 한다. 예를 들어 C에서는 해당 코드는 switch 다음에 처음으로 나오는 구문으로 분기해야만 한다. 그래서 컴파일러는 테이블에 있는 각각의 홀에 라벨을 놓을 수 있다.

여러 방법에서의 선택

컴파일러는 각각의 case문을 위해 적당한 구현 방법을 선택해야만 한다. 그 결정은 case의 수와 case 라벨들의 집합이 갖는 특성들에 따라 좌우된다. 적은 양의 case들이라면 중복된 if-then-else 방법이 잘 동작한다. case가 아주 많고 case의 값이 간결한 집합으로 나타나지 않으면 이진 탐색이 적당한 대안이다. (하지만 디버거에서 어셈블리 코드로 들어간 프로그래머는 해당 case문에 들어 있는 while 순환을 찾고 놀랄지 모른다!) 집합이 간결한 경우라면 점프 테이블을 사용하여 직접 계산하는 것이 아마도 제일 좋은 대안일 것이다.

case의 집합이 충분히 크면 컴파일러는 두세 가지 방법을 섞어 쓰는 혼성 방법을 사용할지도 모른다. 바로 앞의 점프 테이블을 위한 의사 코드는 사실 혼성 방법을 구현한다. 그것은 0에서 9까지의 범위 밖의 값을 간단한 계산을 이용하여 확인하고 $LB_{default}$로 점프하거나 적당한 라벨로 점프하기 위한 테이블을 사용한다. 이것은 $LB_{default}$를 범위 밖—잠재적으로 커다란 집합—에 있는 어떤 값을 위해 case로 만들고, 범위 안에 있는 밀집된 집합을 위하여 점프 테이블을 사용한다.

만약 컴파일러 작성자가 어떤 점프 테이블 구현을 포함한다면, 컴파일러는 가능한 해당 프로그램의 IR 형태에서 보이는 점프의 잠재적인 목적지들의 집합을 만들어야만 한다. ILOC에서 컴파일러는 tbl 의사 연산들의 적당한 집합을 만들 수 있다. 그런 힌트들의 부재는 그들이 만드는 제어 흐름 그래프들로의 가짜 엣지들을 더하기 위해 이후에 분석 경로들을 강제할 것이다. CFG에 있는 이러한 정확하지 않은 부분들이 분석하면서 만들어 내는 정보에서 정밀함을 잃게 만들 수 있다.

7.8.4 Break 문장들

여러 언어들이 break나 exit문을 다양하게 구현한다. break문은 제어 흐름 구조를 빠져나가기 위해서 구성된 방법이다. 순환문에서 break는 순환문 바로 다음에 나오는 첫 번째 문장으로 제어를 이동한다. 순환문 안에 있는 순환문에서 하나의 break는 보통 가장 안쪽에 있는 순환문을 빠져나간다. Ada와 Java와 같은 몇몇 언어들에서는 break문을 위해 임의의 라벨을 허용한다. 이것은 해당 break문이 그 라벨에 의해 명시된 닫힌 구조로부터 빠져나가게 한다. 다른 순환문을 품고 있는 반복 순환문에서 라벨화 된 break는 프로그램이 여러 순환문들을 한 번에 빠져나가는 것을 허용한다. C는 또한 switch문에서 switch문 다음에 나오는 구문으로 제어를 넘겨주기 위해 break를 사용한다.

이러한 행동들은 간단하게 구현된다. 각각의 순환문과 case문은 순환문 다음에 나오는 구문을 위한 라벨과 함께 끝나야 한다. 어떤 break는 그 라벨로 바로 점프하도록 구현되었을 것이다. 어떤 언어들은 순환문의 다음 반복으로 점프하는 skip문과 continue문을 포함한다. 그것은 제어를 위한 표현식을 다시 계산하고 계산된 값을 테스트하는 코드로 바로 점프함으로써 구현될 수 있다. 대안적으로, 컴파일러는 간단하게 skip이 일어나는 지점에 계산과 테스트와 분기의 복사본을 삽입할 수 있다.

7.9 프로시저 호출

함수호출을 구현하는 것은 대부분의 경우 직접적이다. 그림 7.12에서 보인 것처럼 하나의 함수 호출은 함수를 호출하는 호출자에서 프리콜(precall), 포스트리턴(postreturn)으로 구성되고, 호출 되는 피호출자에서 프롤로그(prologue)과 에필로그(epilogue)으로 구성된다. 한 개의 함수는 여러 개의 호출 장소를 포함할 수 있고, 각 호출 장소에서 각각 프리콜과 포스트리턴 시퀀스를 갖는다. 대부분의 상황에서 그것은 하나의 프롤로그 시퀀스와 하나의 에필로그 시퀀스를 갖는다.

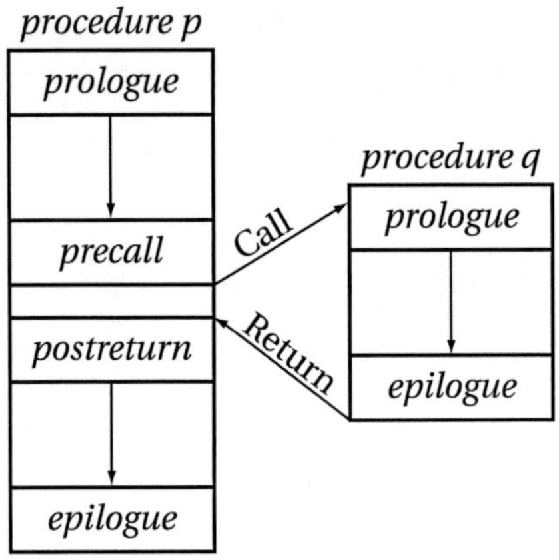

그림 7.12 표준 프로시저 링키지

만약 언어가 FORTRAN과 PL/I에서 그러는 것처럼 하나의 함수로 복수개의 진입 위치를 허용하면, 그 함수는 복수개의 프롤로그 시퀀스들을 포함할 수도 있다. 이들 시퀀스와 관계된 자세한 내용의 많은 부분이 6.6절에 설명되어 있다. 이 절에서는 함수 호출들을 위해 효율적이고 간결하고 모순이 없는 코드를 만들기 위한 컴파일러의 능력에 영향을 주는 요인들에 초점을 맞춘다.

일반적인 법칙으로써, 프리콜과 포스트리턴 시퀀스들로부터 프롤로그와 에필로그 시퀀스들로 이동하는 연산들은 최종 코드에서 중복되는 크기를 줄여야만 한다. 만약 p에서 q로의 호출이 그림 7.12에서 보인 것처럼 전체 코드 내용에서 유일한 q로의 호출이라면, p에 있는 프리콜 시퀀스로부터 q에 있는 프롤로그로(혹은 p에 있는 포스트리턴 시퀀스로부터 q에 있는 에필로그로) 이동하는 하나의 연산은 코드 사이즈에 영향이 없다. 하지만 만약 q로의 다른 호출들이 빠져나가고 컴파일러가 (모든 호출 지역에서) 호출자에서 피호출자로 연산을 옮기면, 컴파일러는 연산의 중복된 복사들을 단 하나로 교체하여 전체 코드 크기를 줄여야만 한다. 단일 호출로의 호출들의 수가 증가할수록 절약되는 부분이 증가한다. 우리는 대부분의 함수들이 여러 장소들로부터 호출된다고 가정한다. 그렇지 않으면 프로그래머와 컴파일러 양쪽 모두 그 함수를 함수의 유일한 실행 지점에서 함수 인라인을 포함하는 것을 고려해야만 한다.

7.9.1 매개변수의 평가

프리콜 시퀀스를 만들 때, 컴파일러는 해당 호출로 실제 매개변수들이나 함수의 인수들을 계산하기 위해서 코드를 생성해야만 한다. 컴파일러는 매개변수들을 표현식으로써 다룬다. 값에 의한 호출 매개변수들의 경우 프리콜 시퀀스는 실제 매개변수 연산들을 계산하고 결과값을 그 매개변수를 위해 명시된 장소 – 레지스터나 피호출자의 AR – 에 저장한다. 참조에 의한 호출 매개변수들을 위해서 프리콜 시퀀스는 각각의 실제 매개변수를 위한 주소를 계산하고 그것을 해당 매개변수를 위해 지정된 장소에 저장한다. 만약 매개변수가 호출자에 있는 레지스터에 있거나 매개변수가 하나의 표현식이라면, 컴파일러는 그 매개변수의 값을 위한 장소를 만들어야 할지도 모른다. 그렇게 하여 컴파일러는 피호출자로 전달하기 위한 주소를 갖는다.

만약 원시 언어가 실제 매개변수들을 위한 연산의 순서를 명시한다면 당연히 컴파일러는 그 순서를 따라야만 한다. 그렇지 않으면 컴파일러는 모순이 없는 순서 – 왼쪽에서 오른쪽이나 오른쪽에서 왼쪽 – 을 사용해야 한다. 이런 계산 순서는 부작용을 가질지 모르는 매개변수들에 문제가 된다. 예를 들어, 스택을 다루기 위해 두 개의 push와 pop 루틴을 사용하는 프로그램은 `push(pop()-pop())` 시퀀스에서 좌에서 우로의 연산과 우에서 좌로의 연산이 다른 결과들을 만들 것이다.

함수들은 여러 개의 묵시적인 인수들을 가질지 모른다. 묵시적인 함수의 인수들에는 함수의 ARP, 호출자의 ARP, 반환 주소와 주소를 지정할 수 있도록 해 주기 위해 필요한 다른 정보들이 있다. 객체지향 언어들에서 수신자의 주소는 하나의 묵시적 매개변수이다. 이들 함수 인수들 가운데 일부는 레지스터들로 전달되는데, 일반적으로 ARP와 반환 주소가 레지스터들에 자리잡는다. 많은 아키텍처들이 jsr $label_1 \Rightarrow r_i$으로 제어를 전달하고 jsr의 다음 연산의 주소를 r_i에 저장하는 연산을 갖는다. 호출자의 ARP와 같은 다른 묵시적인 함수 인수들은 일반적으로 메모리에 존재한다.

7.9.2 함수 매개변수

호출이 일어나는 부분에서 함수를 매개변수로써 전달할 때, 그 값은 특별한 취급을 요한다. 만약 p가 함수의 인수로써 함수 r을 전달하는 q를 호출하면, 그것은 r의 시작주소보다 더 많은 정보를 q에게 전달해야만 한다. 일반적으로 컴파일된 코드가 지역 변수가 아닌 변수들을 찾기 위해서 접근 링크들을 사용하면 피호출자는 r의 어휘 레벨을 필요로 하고, r로의 부차적인 시퀀스 호출은 r의 레벨을 위한 정확한 접근 링크를 찾을 수 있다. 컴파일러는 *<address,level>*의 쌍을 만들 수 있고 이 쌍(혹은 이 쌍의 주소)을 함수를 값으로 하는 매개변수를 대신하여 전달한다. 컴파일러가 함수를 값으로 하는 매개변수를 위해 그러한 프리콜 시퀀스를 만들 때, 컴파일러는 어휘 레벨을 불러오는 추가적인 코드를 삽입하고 그에 따라 접근 링크를 조정해야만 한다.

7.9.3 레지스터 저장과 복원

어떤 호출 규약 아래에서 함수 호출과 관련된 함수의 한쪽 혹은 양쪽은 레지스터 값들을 보존해야만 한다. 종종 연결 규약은 호출자가 저장하는 레지스터(caller-save register)와 피호출자가 저장하는 레지스터(callee-save register)의 조합을 사용한다. 메모리 연산들의 가격과 레지스터들의 수가 증가할수록 호출 부분에서 레지스터를 저장하고 재저장하는 가격이 증가하므로 충분한 주의를 기울여야 한다.

레지스터를 저장하고 복원하는 전략을 선택하는 데 있어서 컴파일러 작성자는 효율성과 코드 크기 모두를 고려해야만 한다. 목표 기계의 몇몇 특징들이 이 선택에 영향을 준다. 레지스터 집합의 일정 부분을 채우는 특징들은 코드 크기를 줄일 수 있다. SPARC 머신의 레지스터 윈도우, PowerPC 프로세서의 복수의 레지스터 불러오기와 저장하기, VAX의 고수준 호출 연산이 이러한 예에 속한다. 각각은 컴파일러에게 레지스터 집합의 일정 부분을 저장하고 복원하기 위한 간결한 방법을 제공한다. 그러나 이러한 특징들을 사용할 때, 컴파일러 작성자는 속도를 고려해야만 한다. 예를 들어, PowerPC의 몇몇 모델들에서 저장 연산들의 시퀀스는 대등한 다중 저장 연산보다 더 빠르게 실행한다.

더 큰 레지스터 집합들은 일반적으로 코드가 저장하고 재저장하는 레지스터들의 숫자를 증가시킬 수 있다. 이러한 추가적인 레지스터들을 사용하는 것은 결과 코드의 속도를 향상시킨다. 더 적은 레지스터를 가지면 컴파일러는 코드를 통해서 load와 store들을 생성시키는 것을 강제했을 것이다. 이러한 스필(spill)들의 대부분이 함수 호출 부분에서 발생한다. (더 많은 레지스터 집합은 코드에서 전체 스필의 개수를 줄여야만 한다.) 호출 부분에서 저장과 복원의 집중은 그것들을 다룰 수 있는 기회가 더 많은 컴파일러가 그것들이 전체 함수를 통해 퍼져 있을 때보다 더 나은 방법으로 표현한다.

다중 메모리 연산들을 사용하기 근처에 있는 레지스터들을 저장하거나 복원할 때, 컴파일러는 종종 다중 레지스터 메모리 연산을 사용할 수 있다. 많은 아키텍처들이 2개의 워드와 4개의 워드 load와 store 연산들을 지원한다. 이것은 코드 크기를 줄일 수 있고 또한 실행 시간도 향상시킬 수 있을 것이다. 일반화된 다중 load와 다중 store 연산들은 같은 효과들을 가질 수 있다.

라이브러리 루틴을 사용하기 레지스터 저장과 복원 연산들의 수가 증가하면서 프리콜과 포스트리턴 시퀀스들의 크기가 문제가 된다. 컴파일러 작성자는 각각의 메모리 연산들의 시퀀스를 컴파일러에 의해 지원되는 저장 혹은 복원 루틴으로의 호출로 바꿀 수 있다. 모든 호출들에 걸쳐서 이러한 일이 되었다면 이것은 코드 크기를 확실하게 절약할 수 있다. 저장과 복

원 루틴들이 오직 컴파일러에게만 알려져 있기 때문에, 컴파일러는 실행할 때 드는 비용을 낮게 유지하기 위해 최소한의 호출 시퀀스를 사용할 수 있다.
저장과 복원 루틴들은 어느 레지스터들이 보전되어야 할지를 명기하는 함수의 인수를 취할 수 있다. 그것은 모든 호출자 저장 레지스터이나 피호출자 저장 레지스터들을 보존하는 것과 같은 일반적인 경우에 최적화된 버전들을 만들기 위해서 시간과 노력을 들일 만한 일일 것이다.

부담을 결합하기 오버헤드를 더 많이 줄이기 위해서 컴파일러는 호출자 저장 레지스터들과 피호출자 저장 레지스터들을 위한 일을 합칠지도 모른다. 이와 같은 방법에서는 호출자가 값을 어떤 레지스터들이 그것을 보존해야 할지를 명시하는 피호출자에게 전달한다. 피호출자는 피호출자가 그 값에 저장해야만 하는 해당 레지스터들을 더하고 컴파일러가 제공하는 적당한 저장 루틴을 부른다. 이 방법에서 모든 저장된 레지스터들을 저장하기 위한 원래 장소는 피호출자의 AR이다. 저장과 재저장 루틴들은 피호출자의 AR을 레지스터 저장 장소에 접근하기 위해 사용할 수 있다. 에필로그는 같은 값을 복원 루틴에 전달하여 해당 루틴이 필요한 레지스터들을 복원할 수 있게 한다. 이 접근은 레지스터들을 저장하기 위한 하나의 호출로의 오버헤드와 그것들을 재저장하기 위한 호출로의 오버헤드를 제한한다. 그것은 부담(호출자 저장 대 피호출자 저장)을 해당 루틴을 호출하기 위한 일에서 떼어놓는다.

컴파일러 작성자는 다양한 옵션에 따른 코드 크기와 실행 시 속도와의 관련에 주의를 기울여야만 한다. 코드는 저장과 복원을 위해 가장 빠른 연산들을 사용해야만 한다. 이것은 목적 아키텍처에서 단일 레지스터와 다중 레지스터 연산들의 가격을 주의 깊게 관찰할 것을 요구한다. 저장과 복원을 수행하기 위해 라이브러리 루틴들을 사용하는 것은 공간을 절약할 수 있다. 그러한 라이브러리 루틴들의 조심스런 구현이 그것들을 실행하기 위해 증가하는 부담을 완화시킬 것이다.

7.9.4 리프 프로시저를 위한 최적화

컴파일러는 리프 루틴이 다른 어떤 함수도 부르지 않는다는 사실로부터 그것들을 쉽게 인식할 수 있다. 리프 함수들을 위한 프롤로그와 에필로그 시퀀스들은 이어서 일어나는 호출들을 위해 준비하는 것만이 목적인 연산들을 제거하기 위해 고쳐질 수 있다. 반환 주소를 저장하고 화면표시를 갱신하는 것들이 예가 될 수 있는데, 둘 다 리프 함수에서는 불필요한 일들이다. (만약 주소나 접근 링크를 가지고 있는 레지스터가 필요하다면, 레지스터 할당기는 그것을 스필 할 것이다.)
컴파일러는 또한 레지스터 저장 행위를 단순화할 수 있을 것이다. 보통 상대적으로 적은 레지스터를 필요로 하는 작은 리프 함수를 위해 컴파일러는 그 값들을 그것의 피호출자 저장 레지스터들을 피해서 호출자 저장 레지스터들로 넘길 수 있다. 이전에 제안했던 라이브러리 저장과 재저장 접근 방식과 함께하면 그 이상의 최적화가 가능하다; 만약 리프 함수가 레지스터들의 값들이 수정되지 않고 리프 함수를 통과할 것이라는 것을 알면 해당 리프 함수는 피호출자 저장 레지스터들을 위해 호출자의 명세를 고칠 수 있다. 이 방법에서 리프 함수는 명시적으로 리프 함수가 필요로 하는 레지스터들을 저장한다. 이것은 호출에서 수행되는 저장과 재저장의 전체 수를 줄일 것이다–단 네 개의 레지스터들을 필요로 했었던 어떤 루틴은 그것들을 인라인 코드를 사용하여 명시적으로 저장하고 저장과 재저장 루틴을 모두 호출하는 것을 피했을지도 모른다. (이 방법은 아마 호출자에 의해 명시된 저장과 재저장들을 완전히 피할 것이다.)

7.10 객체지향 언어의 구현

6장에서 보였듯 객체지향 언어와 Algol과 같은 언어의 차이는 이름을 실행 시 객체들에 매핑하는 기법에 달려 있다. 객체지향 언어를 구현하는 데 있어서 주된 장애물은 프로그램이 메소드, 데이터 멤버, 그리고 다른 객체들을 찾기 위해 돌아다니는 런타임 구조체들과 함께 연결하는 것이다.

각각의 메소드를 위해 생성하는 코드의 관점에서 문제를 고려하라. 해당 메소드는 그것의 수신자가 될 수 있는 어떤 객체의 어떤 멤버도 접근할 수 있기 때문에, 컴파일러는 모든 수신자—현재 메소드를 찾을 수 있는 모든 객체—들에게 동일하게 적용할 수 있는 각각의 멤버들을 위해 오프셋을 정해야만 한다. 컴파일러는 코드를 담고 있지 않는 클래스 객체 스스로를 위한 선언을 처리함으로써 이러한 오프셋들을 구성한다. 다음 절들에서 대안적인 몇 가지 방법들을 알아본다.

7.10.1 단위 클래스, 비상속

가장 간단한 경우는 클래스 구조체를 컴파일 시점에서 알 수 있고 상속과 관련이 없을 때이다. giant라는 클래스가 있다고 가정하자. 이 클래스는 fee, fie, foe, fum이라는 메소드를 가지고 있고, 데이터 멤버로 x와 y를 갖는데 둘 다 숫자이다. 여러 giant들로 프로그램하기를 간단히 하기 위해서 클래스는 클래스 변수 n을 유지하는데, 이 n은 이미 만들어진 giant가 몇 개 있는지를 기록한다. 객체 생성을 허락하기 위해 모든 클래스는 new라는 메소드를 구현한다. 이 new는 클래스의 메소드 테이블에 오프셋이 0인 위치에 있다. 컴파일러는 객체 레코드들을 giant 클래스의 각각의 인스턴스를 위해 giant 클래스(class 클래스의 인스턴스)를 위한 객체 레코드와 함께 배치해야만 한다.

giant의 인스턴스를 위한 객체 레코드는 3의 길이를 갖는 하나의 벡터이다. 벡터의 첫 번째 슬롯은 그것의 클래스 포인터를 담고 있는데, 이 포인터는 giant 클래스의 확실한 설명을 해 줄 주소를 갖고 있다. 다음 두 개의 슬롯들은 x와 y 데이터 멤버들을 담고 있다. 각각의 giant 클래스 객체는 비슷한 객체 레코드를 갖고 giant의 new 메소드에 의해 생성된다.

giant 스스로를 위한 클래스 레코드는 그것의 모든 클래스 변수들(이 경우에는 n)과 그것의 모든 메소드들을 위한 공간을 포함해야만 한다. 개념적으로 클래스 레코드는 두 개의 멤버를 갖는다. 모든 메소드들을 위한 진입 위치 주소들의 테이블 하나와 n을 위한 슬롯 하나이다. 메소드 테이블은 오직 주소에 의해서만 참조되기 때문에 그것은 사실 해당 클래스 레코드의 부분으로써 인라인으로 할당될 수 있다. 만약 컴파일러가 항상 메소드 테이블을 클래스 레코드 안에 있는 고정된 오프셋에 넣는다면 해당 코드는 큰 수고를 들이지 않고 쉽게 그것을 찾을 수 있다. 예를 들어, 클래스 포인터와 적당한 오프셋을 사용하는 loadAO를 갖고 그런 일을 할 수 있을 것이다. 그 다음, giant를 위해 컴파일러는 레코드 테이블에 있는 뒤따르는 오프셋들을 할당할 것이다.

	new	fee	fie	foe	fum	n
offset	0	4	8	12	16	20

해당 코드가 giant의 두 인스턴스들을 만들고 나서 fred와 joe를 부르면 실행 시(run-time) 구조체들은 나음과 같은 모양이 되는 giant와 관련시킨다.

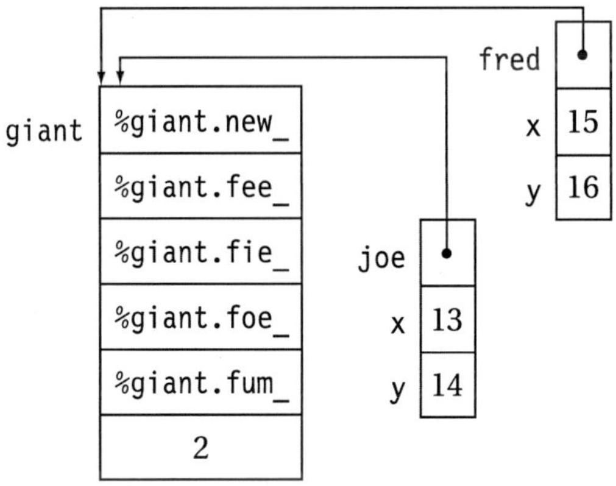

giant의 클래스 레코드에 있는 메소드 테이블은 각각의 메소드를 위한 코드로의 포인터들로 구성된다. 그림에서 명확하게 이것을 묘사하는 것보다 우리는 각 메소드 이름의 조각난 형태를 보였다. 컴파일러들은 종종 프로그래머가 원시 언어에서 사용할 수 없는 문자들을 더함으로써 함수 이름들로부터 이 같은 어셈블리 수준의 라벨들을 계산한다. 그림은 완전한 이름들을 사용했는데 이 이름에는 퍼센트 부호 (%)가 접두사로 붙고 언더스코어 (_)가 접미사로 추가되었다. 이것은 쉽게 계산되고 모순이 없는 라벨을 만든다.

데이터 멤버들의 값들은 적당한 오프셋들에 저장된다. 그것들을 구분하기 위해 우리는 joe.x를 13으로, joe.y를 14로 fred.x를 15로, fred.y를 16으로 설정하였다. giant의 두 인스턴스가 존재하므로 giant.n은 2라는 값을 갖고 있다. 만약 프로그램이 데이터 멤버들을 초기화하는 코드를 포함한다면, 컴파일러는 new를 위해 그 메소드 안에 초기화 코드를 포함해야만 한다.

문제들을 명백히 하기 위해 컴파일러가 giant의 new 메소드를 위해 만드는 코드를 고려하라. 컴파일러는 새로운 객체 레코드를 위해 공간을 할당하고, 각 데이터 멤버를 적절한 값으로 초기화하고, giant.n을 증가시키고, 새롭게 만들어진 객체 레코드로의 포인터를 반환해야만 한다. new는 완전히 제구실을 할 함수이기 때문에 컴파일러는 링키지 규정(linkage convention) 역시 구현해야만 한다. 컴파일러는 레지스터 값들 몇몇을 보존하고, 활성화 레코드를 만들고, 그것이 반환하기 전에 환경을 재저장하는 것을 필요로 할지 모른다. (만약 new가 충분히 간단하면 컴파일러는 링키지를 위해 예약된 레지스터들 안에 new의 상태 전부를 유지할 수 있을지도 모른다.) 컴파일러는 new의 조각난 라벨과 함께 new로의 진입 위치에 %giant.new와 같이 라벨을 붙인다. 다른 메소드에서 컴파일러는 수신자의 지정된 이름을 this라는 묵시적인 첫 번째 매개변수로써 추가하여 다른 이름이 명시적으로 지정되지 않을 경우 this라고 가정한다.

컴파일러가 하나의 giant를 수반하는 구조를 볼 때, 컴파일러가 만드는 코드는 Algol과 같은 언어에서 사용되었던 코드와 비슷하다. 예를 들어, giant를 인스턴스로 만드는 jane ← giant.new와 같은 구문은 giant의 클래스 레코드 주소를 얻기 위해 이름이 조각난 라벨을 사용했을 것이고, 그 주소에 저장된 주소로의 함수 호출을 생성했을 것이다. 만약 컴파일러가 정적으로 giant의 클래스 레코드를 할당할 수 없다면, 컴파일러는 하나 이상의 간접적인 레이어를 필요로 할 수 있다. 컴파일러는 giant를 위해 정적인 전역변수를 만들 수 있고, 그 전역 위치로 적당한 주소를 저장하는 giant의 클래스 레코드를 만드는 코드를 가질 수 있다.

비슷하게, fum을 위해 joe의 메소드를 부르는 표현식은 그것의 수신자로서 joe와 함께 %giant.fum으로의 호출을 만들었을 것이다. joe.fum이 합법적으로 나타날 수 있는 어떤 문맥에서도 joe는 알려진 장소(계산이 가능한 장소)로 매핑해야 한다. 그 위치는 joe의 객체 레코드에서 시작하거나 joe의 객체 레코드로의 포인터를 포함한다. (이 둘의 차이는 calling context에서 자료형 정보를 통해 명확해야만 한다.) 컴파일러는 joe의 객체 레코드에 있는 오프셋 0에 그 주소를 부르는 코드를 만든다. 이것은 giant를 위한 클래스 레코드의 시작을 가리킨다. 컴파일러는 클래스 레코드에서 16만큼 떨어진 오프셋에 그 워드를 부르기 위한 코드를 만들어 %giant.fum의 주소를 찾는다. 마지막으로 컴파일러는 그 주소로의 함수 호출을 만들어 joe의 주소를 묵시적으로 this 매개변수로 전달한다. 다른 매개변수들은 함수 링키지를 위한 표준 기술들을 이용하여 다룬다.

다른 클래스들을 만들기 위해 컴파일러는 같은 과정을 거친다. 컴파일러는 인스턴스를 위한 객체 레코드와 클래스 레코드에 오프셋을 할당한다. 컴파일러는 메소드들을 적당한 객체 레코드를 통해 그러한 오프셋들과 간접적인 참조들을 사용하여 컴파일한다. 각각의 함수와 해당 클래스 레코드를 위해 구별되는 라벨을 만들기 위해 이름 조각내기(name mangling)를 사용한다. 컴파일러는 메소드 테이블에 채우기 위한 적당한 라벨들과 함께 정적인 초기화를 사용한다.

7.10.2 단일 상속

상속은 여러 방법으로 객체지향 언어의 구현을 복잡하게 한다. 각각의 클래스를 위한 클래스 레코드는 수개의 별도의 멤버들을 필요로 한다. 메소드를 찾고 부르기 위한 메커니즘은 상속 때문에 메소드들이 접근 가능하도록 해야 한다. 마지막으로 작동하기 위한 메소드들을 위해 각각의 인스턴스를 위한 객체 레코드는 각각의 슈퍼클래스들에 의해 명시되는 인스턴스 변수들 모두를 포함해야만 한다. 클래스에 있는 여분의 멤버들과 객체 레코드들은 추가하기에 하찮고 평범하다; 여분의 메소드들은 더 많은 일을 필요로 한다.

상속과 함께 프로그래머는 giant 클래스를 다른 방법으로 구현해야 할 것이다. 그림 7.13은 그 같은 구현을 보여 준다. 상속 때문에 클래스를 위한 객체 레코드는 이제 클래스 포인터를 갖으며, 그것은 클래스의 객체 레코드의 첫 번째 멤버이다. 어떤 클래스의 오브젝트 레코드의 두 번째 멤버는 그것의 슈퍼클래스 포인터이다. 슈퍼클래스 포인터는 giant가 mc의 서브클래스임을 드러낸다. mc는 cs의 서브클래스이다. 그림을 들여다보면 모든 클래스가 new를 구현하고 있음을 보여 준다. class를 제외한 모든 클래스들은 fee를 구현한다. Giant는 mc로부터 foe를 물려받고 sc로부터 fum을 물려받는다.

만약 클래스 구조가 고정되어있고 알려져 있다면, 컴파일러는 각각의 클래스에 완전한 메소드 테이블을 포함시켜서 메소드 보내기의 구현을 단순화할 수 있다. 이 같은 방법에서는 어떤 메소드도 수신자의 클래스 포인터와 클래스의 메소드 테이블에 있는 메소드를 위한 오프셋을 사용하여 불릴 수 있다(invoke 가능하다). 이것은 상속 계층을 통해 여분의 역참조를 피한다. 만약 클래스 구조가 실행 시에 바뀐다면, 컴파일러는 여전히 완벽한 메소드 테이블들을 사용하는 것을

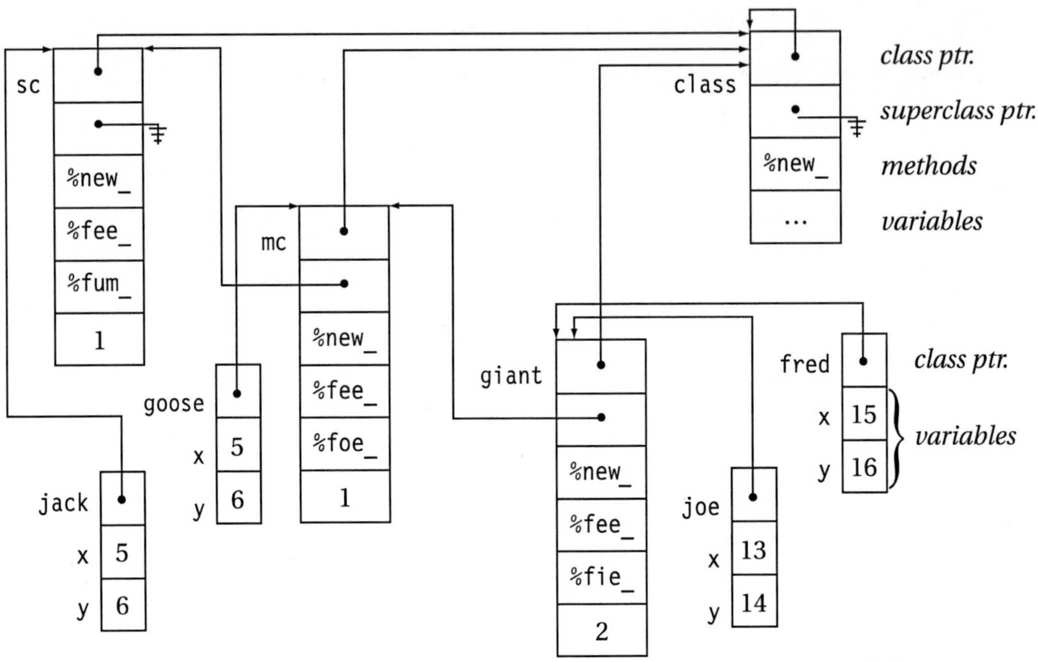

그림 7.13 상속의 구현

조정할 수 있을 것이다. 이것을 이루기 위해 컴파일러는 실행 시에 메소드 테이블을 만들기 위한 메커니즘을 제공해야만 한다. 이 메커니즘은 초기 테이블을 만들기 위해 실행을 시작할 때 사용된다. 그것은 클래스 구조가 바뀔 때(예를 들어 자바에서 클래스 로더가 새로운 클래스들을 들여올 때) 다시 불러들여진다. 이것을 더욱 효율적으로 만들기 위해 컴파일러 작성자는 변하지 않는 클래스 계층의 일부에 있는 메소드 테이블을 다시 계산하는 것을 피해야만 한다.

만약 컴파일러가 완전한 메소드 테이블들을 사용하는 것을 조정할 수 없다면, 그 코드는 모든 메소드 보내기의 일부로써 클래스 계층을 통해 색인을 수행해야만 할지도 모른다. 예를 들어, 만약 언어가 실행 시 새로운 클래스의 생성을 허용하면, 동적인 보내기(dispatch)가 필요할지 모른다. 이 경우에 컴파일러는 각각의 클래스를 위해 조상 순서대로 메소드 테이블을 검색함으로써 메소드 색인을 구현해야만 한다. 이것은 각각의 발동(invocation)의 가격을 심각하게 증가시킬 수 있다.

동적인 메소드 색인을 수행하기 위해 컴파일러는 각각의 메소드 이름을 검색 키로 매핑해야만 한다. 이 매핑은 간단할 수 있다—메소드 이름이나 메소드 이름을 키로 하는 해시 인덱스를 사용하면 된다.— 다른 어려운 방법으로 컴파일러는 각각 구분되는 메소드 이름을 링크타임(link-time) 메커니즘을 사용하는 어떤 간결한 집합으로부터 나온 정수값으로 할당할 수 있다. 어느 경우든지 컴파일러는 수신자의 클래스의 가장 최근 조상에 의해 구현된 메소드 인스턴스를 찾기 위해 실행 시 검색될 수 있는 테이블을 만들어야만 한다.

이 같은 환경에서 메소드 색인을 향상시키기 위해 실행 시 시스템(run-time system)은 메소드 캐시를 구현할 수 있다. 그것은 많은 현대의 프로세서들에서 찾을 수 있는 하드웨어 데이터 캐시와 비슷한 소프트웨어 구현이다. 그 메소드 캐시는 1,000 정도의 작은 엔트리 수를 갖고 있다. 하나의 캐시 엔트리는 하나의 키, 하나의 클래스와 하나의 메소드 포인터로 이루어져 있다. 메소드 색인은 처음에 메소드의 검색 키와 수신자의 클래스와 함께 하나의 엔트리를 위한 캐시를 검사한다. 만약 엔트리가 존재하면 색인은 캐시된 메소드 포인터를 반환한다. 만약 엔트리가 존재하지 않으면 색인은 수신자의 클래스와 슈퍼클래스 연결고리를 서서히 확장하는 것에서 시작하여 그것이 메소드 탐색 키를 찾을 때까지 충분히 자란(full-fledged) 탐색을 수행한다. 이 지점에서 그것은 현재 탐색 결과를 위해 새로운 캐시 엔트리를 만들고 매쏘드 포인터를 반환한다.

물론 새로운 엔트리를 만드는 것은 다른 캐시 엔트리를 강제로 축출할 수도 있다. 가장 오래 전에 사용되었던 엔트리 축출이나 순환 순서 방식과 같은 표준 캐시 교환 정책들이 교환을 위한 엔트리를 고르는 데 사용될 수 있다. 더 큰 캐시는 더 많은 정보를 담을 수 있지만 더 많은 메모리를 필요로 하고 탐색하는 데 더 많은 시간이 걸릴 수도 있다. 클래스 구조를 바꾸는 어떠한 연산에서도 매쏘드 캐시는 부정확한 결과를 찾는 것으로부터 검색을 방해하기 위해 명확해질 수 있다.

객체 레코드의 배치

상속을 구현하는 것은 컴파일러가 객체 레코드들을 배치해야만 하는 방법에 영향을 준다. 동작하는 상속을 위해 객체는 그것의 고유 클래스나 다른 슈퍼클래스에서 정의된 메소드를 위한 수신자처럼 정확하게 작동해야만 한다. 이것은 그것의 데이터 멤버들이 발생하는 순서를 알려준다. 만약 fred가 mc 클래스의 메소드를 위한 수신자라면 이 메소드는 오직 mc와 mc의 조상들로부터 fred가 물려받은 인스턴스 변수들에 관련된 것만 알 수 있다. 하지만 상속된 메소드들의 동작을 위해 인스턴스 변수들은 mc의 인스턴스에 가지고 있는 giant의 인스턴스에 같은 오프셋들을 가지고 있어야만 한다. 그렇지 않으면 mc로부터의 그 메소드는 fred나 joe를 수신자로서 불렀을 때 잘못된 값을 가리킬 것이다.

이것은 일반적으로 다양한 멤버들이 상속 순서에 따라 배치되는 것을 제안한다. giant 클래스의 객체 jim의 객체 레코드에서 찾은 첫 번째 인스턴스 변수들은 sc의 정의로부터, 그 다음에 mc의 변수들, 그 다음에 giant의 변수가 배치된다. 이것은 다음과 같은 레이아웃을 만든다.

class pointer	sc data members	mc data members	giant data members

이제, 하나의 인스턴스 변수는 그것이 존재하는 슈퍼클래스 연결고리에 나타나는 모든 클래스에서 같은 오프셋을 갖는다. 이 그림들에 반영되지 않은 관찰의 추론은 이렇다. 각 클래스를 위한 객체 레코드는 반드시 `class` 클래스의 선언에 명시된 어떠한 인스턴스 변수들이라도 포함해야만 한다.

이는 또한 메소드 테이블들의 레이아웃까지 이어진다. 각 클래스에서 완전한 메소드 테이블을 사용하는 시스템에서 메소드 이름들에서 계층적인 연쇄 구조의 오프셋들로 모순 없이 맵핑하는 것은 치명적이다. 어떤 클래스에서 메소드 표현, 예를 들면 `new` 같은 것은 항상 같은 오프셋을 갖는다. 이것을 확실히 하는 간단한 방법은 메소드 테이블 오프셋들을 위해 데이터 멤버들을 위해 이전에 설명한 것과 같은 법칙을 따르는 것이다. 현재 클래스에 정의된 메소드들은 메소드 테이블의 끝에 있다. 이 테이블은 바로 전의 슈퍼클래스의 메소드들보다 앞서며, 이것은 상속 연쇄에서 계속된다. 하지만 어떤 클래스가 그것의 슈퍼클래스 가운데 하나에 의해 정의된 메소드를 위해 새로운 구현을 정의할 때, 그 구현을 위한 메소드 포인터는 그 매쏘드의 이전 구현처럼 같은 오프셋에 저장되어야만 한다.

복수 상속

메소드들과 데이터 모두를 공유하는 데 있어 더 많은 유연성을 프로그래머에게 제공하기 위해 어떤 객체지향 언어들은 하나의 클래스를 여러 개의 슈퍼클래스들로부터 직접 상속하는 것을 허용한다. 이들 언어들은 보통 단일 상속 계층들에서 찾아지는 포함(inclusion)을 위한 해당 요구를 완화한다. 하나의 클래스는 어떤 슈퍼클래스의 메소드에서 전체가 아닌 일부를 상속할 수도 있다. 이것은 엄밀히 상술하기를 위해 언어학적인 메커니즘을 요구하고, 이때 멤버들은 각 슈퍼클래스로부터 상속된다.

다중 상속은 객체 레코드들을 배치하는 문제를 더욱 복잡하게 한다. 만약 클래스 *c*가 *a*와 *b*로부터 상속받았지만 *a*와 *b*가 상속 계층에서 관련이 없다면 컴파일러는 양쪽 클래스들로부터의 메소드들을 가지고 정확하게 동작하는 단일 객체 레코드를 고안해야 한다. 이것은 *b* 클래스의 인스턴스들과 *c* 클래스의 인스턴스들을 위해 작동하기 위한 단일 메소드 구현을 허락하는 방법으로, 환경에 맞추기 위한 추가적인 지원을 요구한다.

c 클래스가 `fee`를 구현하고 *a*로부터 `fie`를 상속 받고 *b*로부터 `foe`와 `fum`을 상속받았다고 가정하자. 단일 상속을 위한 객체 레이아웃은 세 개의 클래스들 가운데 두 개를 위해 작동할 것이다. 예를 들면 *a*와 *c*를 위해서 동작하는 식이다.

class pointer	*a* data members	*b* data members	*c* data members

우리의 배치 규칙은 하나의 슈퍼클래스를 처음에 배치하는데, 이 경우에는 *a*이다. 그리고 실제 클래스는 마지막에 놓는다. 이 경우에는 *c*이다. *a*로부터 어떤 메소드가 이 객체 레코드와 함께 불려질 때, 그것은 인스턴스 변수들의 기대했던 오프셋들에서 *a*의 모든 인스턴스 변수들을 찾는다. 그 메소드는 *b*나 *c*보다는 *a*를 위한 클래스 정의와 함께 컴파일 되었기 때문에 그것은 *b*로부터의 상속 때문에 존재하거나 *c* 클래스의 정의로부터 직접적으로 존재하는 어떤 인스턴스 변수들도 접근할 수 없다. 그러므로 그 메소드는 정확하게 동작한다.

비슷하게 *c*의 일부로서 컴파일된 메소드가 이러한 객체 레코드와 함께 그것의 수신자로서 불릴 때, 그것은 인스턴스 변수들이 있을 것으로 기대되는 위치에서 모든 인스턴스 변수들을 찾을 수 있을 것이다. *c*의 명세가 그것의 상속의 명세를 포함하기 때문에, 컴파일러는 객체 레코드 어디에 인스턴스 변수들이 있는지를 안다.

문제는 *b*의 메소드들의 하나를 부를 때 발생한다. *b*로부터의 상속 때문에 객체 레코드에서 인스턴스 변수들은 잘못된 장소에 있다; 인스턴스 변수들은 *a*의 인스턴스 변수들의 누적된 길이에 의해 객체 레코드의 시작으로부터 오프셋 계산을 한다. 이것을 보상하기 위해, 그리고 *b*와 함께 컴파일된 메소드가 정확하게 동작하게 하기 위해, 컴파일러는 수신 지점을 조정하기 위한 코드를 삽입해야만 한다. 그리하여 컴파일러가 객체 레코드의 가운데를 가리키도록(*b*의 인스턴스 변수들과 관련 있는 적당한 지점으로) 한다.

오프셋을 조정하기 위해 컴파일러는 두 가지 선택을 갖는다. 컴파일러는 객체 레코드에 상수 조정을 기록할 수 있고 항상 수신자 포인터인 `this`에 오프셋을 더하는 링키지 규약을 사용할 수 있다. 이것은 각 호출에 하나의 load와 덧셈을 추가하는 작은 비용을 요구한다. 다른 방법으로, 컴파일러는 흔히 *트램펄린 함수(trampoline function)*라 불리는 것을 *b*로부터의 각 메소드들을 위해 만들 수 있다. 이 함수는 요구되는 양만큼 `this`를 증가시키고 난 후에 *b*로부터의 실제 메소드를 부른다. 반환할 때 그것은 필요하면 수신 지점을 감소시킨다(필요한 시점이란 수신자가 참조에 의해 전해질 경우이다). 이것은 해당 체인에 함수 호출을 추가하는데, load와 덧셈을 추가하는 것보다 더 불리한 조건이다. *c*를 위한 클래스 레코드에서 트램펄린 함수들을 사용한 것이 그림 7.14에 나와 있다.

두 개의 사실이 트램펄린 함수들을 그런대로 가치 있게 만든다. 첫째, 트램펄린 함수를 사용하는 것은 오직 *b*로부터 상속된 메소드들로의 호출들이 있을 때에만 오버헤드가 일어난다. *a*와 *c*로부터의 메소드들과 관계된 호출들은 아무런 페널티가 없다. 둘째, 트램펄린 함수들은 load와 덧셈 전략보다 더 나은 최적화를 할지 모른다. 객체지향 언어들을 위한 최적화는 보통 상당한 양의 인라인(inline) 치환을 포함한다. 트램펄린 함수는 클래스에서 명시하기 때문에 오프셋은 하나의 문자 상수로써 나타날 수 있다. 이것은 메모리 참조를 제거한다. 인라인 치환과 함께 이 오버헤드는 하나의 즉시 적재와 하나의 덧셈으로 줄이는데, 이것은 오직 *b*로의 호출들에서 발생한

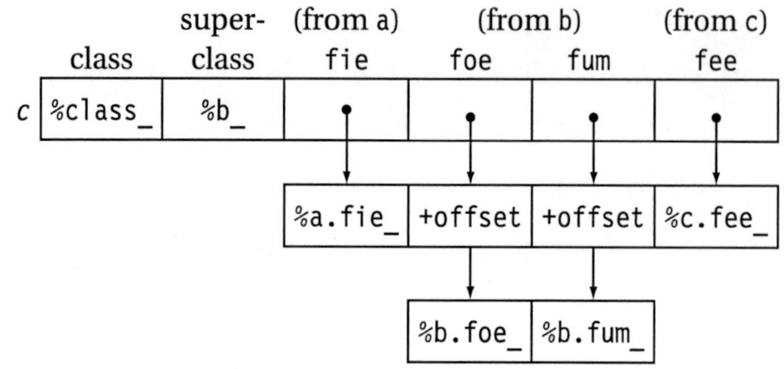

그림 7.14 트램펄린 함수와 다중 상속

다. *c*에서 보이는 메소드들의 모든 실시(invocation)를 넘겨받은 트램펄린 함수는 아마도 더 빠른 코드를 만들 것이다.

마지막 조정으로써 컴파일러는 클래스 포인터의 복사의 복제본을 삽입해야만 할지도 모른다. *b*와 함께 컴파일된 메소드는 그것의 *b* 인스턴스 변수들의 앞에서 즉시 클래스 포인터를 찾는다. 이 클래스 포인터는 *c*를 가리켜야만 한다. 그렇게 해야 *c*에 있는 정의에 의해 감춰진 *b*에 있는 어떤 메소드라도 제대로 된 메소드 포인터로 풀 수 있다.

Cast 다루기

컴파일러는 코드와 데이터 모두를 그들의 지정된 오프셋들에 놓아야 하기 때문에, 이 변환은 메소드들과 인스턴스 변수들을 여기 저기 박아 넣은 클래스를 위한 객체 레코드들을 만든다. 이것은 컴파일러가 각각의 참조를 위한 정확한 오프셋들을 알고 있으므로 정확성(correctness)을 위해서는 아무런 문제가 없다. 만약 *b*로부터 *c*가 상속되었고, *b*는 *a*로부터 상속되었다면 클래스 *c*를 위한 객체 레코드는 다음과 같을 것이다.

class pointer	superclass pointer	*a* methods	*a* data	*b* methods	*b* data	*c* methods	*c* data

여기서 클래스의 메소드를 위해 그 클래스를 위한 변수들이 바로 따라온다.

7.11 요약과 전망

컴파일러 작성자가 마주한 더욱 미묘한 일들 가운데 하나는 각각의 원시 언어 구조를 구현하기 위해 목표 기계 연산들의 패턴을 선택하는 것이다. 다양한 구현 전략들이 대부분의 어떤 원시 언어 구문을 위해서도 가능하다. 컴파일러 디자인 할 때 결정되는 자세한 선택들은 그 컴파일러가 만드는 코드에 강력한 영향을 끼친다.

컴파일러에서 그것은 프로덕션 유즈(production use) – 디버깅 컴파일러나 학생 컴파일러– 를 위해 쓰려고 하지는 않는다. 컴파일러 작성자는 간단하고 간결한 코드를 만드는 각각의 방법을 위해 구현하기 쉬운 번역들을 선택할지도 모른다. 컴파일러 최적화에서 컴파일러 작성자는 컴파일러의 다음 상태에서 가능한 한 더 많은 정보를 노출시키는 번역에 초점을 맞춰야만 한다. 저수준의 최적화, 명령어 스케쥴링과 레지스터 할당, 이들 두 개의 서로 다른 전망은 순환문들을 서로 다른 코드 형태로 이끌고, 임시 변수들의 이름 만들기를 위한 다른 규칙을 만들고, 표현식을 위해 서로 다른 계산 순서들을 이끌어 낸다.

이 구별의 고전적인 예는 case문을 들 수 있을 것이다. 디버깅 컴파일러에서 if-then-else 구조의 중첩된 형식으로 구현하는 것은 괜찮다. 최적화된 컴파일러에서 가지각색의 테스트들과 분기들의 비효율성은 더욱 복잡한 구현 방법을 사용할 보람이 있게 만든다. case문을 향상시키기 위한 수고는 IR이 최초에 생성될 때 만들어져야만 한다. 어쨌든 극소수의 최적화기만 조건들의 중첩된 형식을 이진 탐색이나 직접 점프 테이블(direct jump table)로 변환할 것이기 때문이다.

기타

이 장에서 포함하고 있는 자료는 크게 두 개의 카테고리들로 나눌 수 있다. 하나는 표현식을 위한 코드를 만드는 것이고, 다른 하나는 제어 흐름 구조들을 다루는 것이다. 표현식 계산은 문자 그대로 잘 다뤄졌지만, 어떻게 제어 흐름을 다루는지에 대한 논의는 좀 부족하다. 이 장에서 제어 흐름에 관련된 자료들의 대부분은 민간 전승, 경험, 그리고 컴파일러들의 결과에 대한 주의 깊은 독서에서 나왔다.

Floyd는 표현식 트리들로부터 코드를 생성하기 위한 최초의 다중 경로 알고리즘을 서술했다 [143]. 그는 불필요한 부분 제거하기와 대수학의 재결합 모두가 그의 알고리즘의 결과들을 향상시키기 위한 잠재력을 가지고 있다는 점을 밝혀냈다. Sethi and Ullman은 간단한 머신 모델에서 최적의 이중 경로 알고리즘을 제안하였다[301]. Proebsting과 Fischer는 smart memory latencies를 설명하기 위해 이 업적을 확장하였다[278]. Aho와 Johnson은 더 적은 비용이 드는 구현들을 찾기 위해 동적인 프로그래밍을 소개하였다[5].

과학 프로그램들에서 배열 계산이 많다는 사실은 배열 주소를 가리키는 표현식들에 관련된 업적과 10.3.3절의 strength reduction과 같은 배열 계산들을 향상시키는 최적화를 이끌었다. 7.5.3절에서 설명한 계산들은 Scarborough와 Kolsky를 따랐다[297].

Harrison은 인라인 치환과 특별화의 광범위한 사용을 위한 동기부여를 위한 예로써 문자열 처리를 사용하였다[174]. 7.6.4절의 끝에 언급했던 예는 이 논문에서 나온 것이다.

Mueller와 Whalley는 성능에 있어서 서로 다른 순환 형태들의 효과에 대해 설명했다[263]. Bernstein은 case문들을 위한 코드를 만들 때 발생하는 선택사항들의 자세한 토론을 제공하였다[38]. 호출 규약들에 대해서는 각각의 프로세서와 운영체제에 따라 매뉴얼에 잘 설명되어 있다.

Chapter 8

코드 최적화 개론

| Introduction to Code Optimization

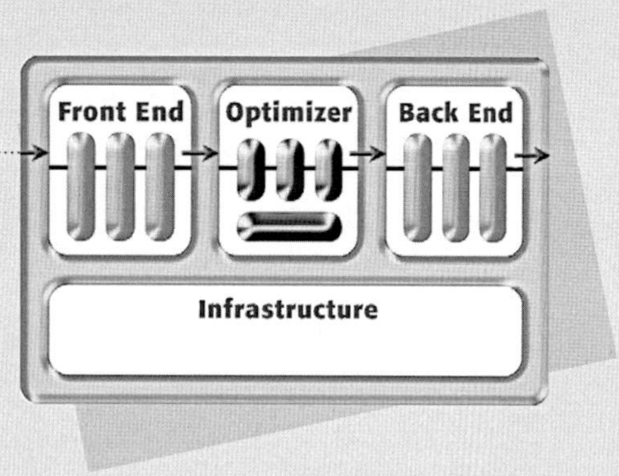

8.1 소개

컴파일러 최적화의 목적은 frontend에서 생성된 IR을 보다 나은 형태의 IR로 변환하는 데 있다. 여기에서 '보다 나은' 이라는 말은 많은 의미를 가지고 있다. 그것은 보통 보다 빠른 코드를 의미하지만 경우에 따라서는 보다 적은 양의 코드를 의미하기도 한다. 프로그래머는 최적화기가 실행시 적은 전력을 소비하는 코드를 생산해 주기를 바랄지도 모르고, 일부 모델에서는 제한된 리소스를 가진 모델에서 효율적으로 동작하기를 바랄지도 모른다. 이런 모든 바람이 컴파일러 최적화의 영역에 포함된다.

최적화의 기회는 많은 경우에 발생한다. 이 논쟁을 보다 명확하게 하기 위해, 추상화 된 프로그램 언어를 사용한 구현의 비효율성을 고려해 보자. 컴파일러의 frontend에서는 프로그램 문맥에 대한 충분한 분석을 수행하지 않은 채 원시 코드를 IR로 변환하거나, 간혹 분석을 수행한다 해도 구현의 가장 일반적인 경우를 다루기 위한 IR을 구성한다. 최적화기는 추가적인 분석을 수행함으로써 일부 문맥을 결정할 수 있지만, 일부는 컴파일 시에 분석이 불가능하다.

컴파일러가 A[i,j]와 같은 배열 참조를 위한 코드를 생성해야 한다고 생각해 보자. A, i, j 그리고 그 외 문맥에 대한 명확한 정보 없이 컴파일러는 이중 배열을 참조하는 완전한 표현식을 생성해야 한다. 7장에서 봤듯이, 이 연산은 아래와 같다.

$$\begin{aligned}&address(\mathtt{A})\\&+ (\mathtt{i} - low_1(\mathtt{A})) \times (high_2(\mathtt{A}) - low_2(\mathtt{A}) + 1) \times size\\&+ (\mathtt{j} - low_2(\mathtt{A})) \times size\end{aligned}$$

주도가 배열 첫 번째 요소의 주소일 때, low_i(A)와 $high_i$(A)는 각각 A의 i번째 차원의 아래, 위 경계이다. 그리고, *size*는 A의 각 요소의 크기이다. 이 연산은 매우 비싸다. 이 코드의 성능을 향상시키기 위한 컴파일러의 능력은 코드와 주위 문맥에 대한 분석에 달려 있다.

7.5절에서 논의한 대로, 만약 A가 크기와 타입이 정해진 지역 변수이면, 컴파일러는 보통 컴파일 시에 이 연산의 많은 부분을 수행하고 실행 시에는 단순히 그 연산 결과를 사용한다.

$$(high_2(\mathtt{A}) - low_2(\mathtt{A}) + 1) \times size$$

예를 들어 아래 연산들은 컴파일 시에 계산되어 실행 시에는 상수처럼 처리될 수 있다. 연산의 다른 부분들도 개선될 수 있다. (7.5절을 참고하라.)

만약 컴파일러가 i, j가 규칙적으로 잘 이해되는 형태로 변하는 루프 안에서 A[i,j]가 참조되고 있다는 것을 알고 있다면, 일부의 정수 곱셈이 덧셈 연산으로 바뀔 수 있다. 이것은 연산자들의 *strength reduction*이라 불린다. Strength reduction은 $i \cdot k$, $(i+1) \cdot k$,$(i+2) \cdot k$, ...,의 식들을 $m > 0$일 때 $i'_0 = i \cdot k$, $i'_m = i'_{m-1} + k$를 만족하는 i'_0, i'_1, i'_2 형태로 바꿔준다. 이로 인해, 프로그램 실행 시에 보다 많은 덧셈과 보다 적은 곱셈을 수행하게 된다. 곱셈의 실행 비용이 덧셈보다 비싸기 때문에 새로운 프로그램의 성능이 더 개선된 것이다.

때때로, 컴파일러는 코드의 성능을 개선할 수 있는 몇몇 요소들을 발견하지 못한다. 만약 j의 값이 키보드와 같은 외부로부터 읽혀진다면, 컴파일러는 A[i,j]의 주소를 계산하는 코드의 성능을 향상시키지 못한다. 이런 상황에서 컴파일러는 정상적인 상황을 처리할 수 있는 코드를 생성해야 한다. 물론, 컴파일러는 j $> high_2$(A)와 같은 비정상적인 상황을 파악할 수 있는 코드도 생성해야 한다.

이 간단한 예제는 최적화의 한 가지 동기와 코드 최적화기의 기본적인 동작의 이유를 제시한다.

> *코드 최적화의 목적은 컴파일 시에 프로그램의 동작 특성에 대한 정보를 얻어서 컴파일러에 의해 생성되는 코드의 성능을 향상시키는 데 있다.*

성능 향상은 다양한 형태를 지닌다. 앞에서 언급한 예들은 모두 최적화의 가장 일반적인 목적인 컴파일 된 코드의 실행 성능 향상에 초점을 두고 있었다. 그러나, 몇몇 응용 프로그램에서는 컴파일 된 코드의 크기가 중요하다. 경제적인 이유로 크기가 제한적인 ROM에 쓰여지는 코드나 실행되기 전에 제한된 대역폭의 통신 통로를 통해 전송되어 코드 크기가 실행 시간에 직접적으로 큰 영향을 미치는 코드의 경우가 그 예에 포함된다. 이런 응용 프로그램들에서는 최적화가 보다 적은 공간을 차지하는 코드를 생산해 내는 것이 된다. 또한, 몇몇 상황에서 사용자는 레지스터 사용, 메모리 사용, 소모 전력이나 실시간 응답과 같은 다른 요소들을 위한 최적화를 원할지도 모른다.

역사적으로 최적화 컴파일러는 컴파일 된 코드의 실행 속도에 주로 집중해 왔다. 최적화와 관련된 우리의 논의도 대부분 속도와 관련된 것이다. 속도에 대한 강조는 때때로 반복적인 동작으로 인한 큰 코드 크기와 같은 문제를 야기하기도 한다. 이것은 속도와 공간이라는 알고리즘 설계에서의 오래된 균형 관계로 인한 것이다. 임베디드 시스템과 쌍방향 처리 환경에서 코드와 데이터의 공간에 대한 중요성이 점점 커지고 있기 때문에, 우리는 프로그램의 공간 사용을 줄일 수 있는 적어도 그것들을 명백하게 증가시키지 않는 기법에 대한 논의를 다룰 것이다.

최적화는 광범위하고 세부적인 과제이다. 이 장과 뒤의 추가적인 두 장에서는, 이 과제에 대한 짧은 소개를 다룰 것이다. 이 장에서는 기초적인 것을 다룰 것이다. 다른 책들은 이 장에서 다루는 것을 좀 더 깊이 있고 자세하게 다룬다[262, 260, 19]. 다음 섹션은 선형 대수의 많은 알고리즘에 대한 효과적인 구현을 제공하는 잘 알려진 라이브러리인 LINPACK의 일부를 다룬다. 이들은 다음 섹션에서 코드 성능 향상과 관련된 문제 및 기술에 대한 상세한 분석을 위해 필요한 몇 가지 개념을 이해하기 위해 다뤄진다. 이 장의 나머지 부분은 불필요한 표현을 제거하는 코드 최적화 기법의 전통적인 문제에 대해 다루며, 이를 통해 최적화의 기회 및 발전 가능성에 대해 설명한다.

다음 두 장들은 프로그램의 분석과 변환과 관련된 문제점들을 보다 깊이 있게 다룬다. 9장은 정적 분석에 대해 간단히 다룬다. 그 장에서는 최적화 컴파일러가 풀어야 할 분석 관련 문제들에 대해 설명하고 이들 문제를 해결하기 위한 실제적인 기법들을 소개한다.

10장에서는 단일 프로세서 머신에서의 최적화에 대한 분류를 보여주고 각 분류에 대한 예제를 통해 이들 분류를 설명한다.

8.2 기초

1980세기 초까지, 많은 컴파일러 개발자들은 최적화를 컴파일러의 다른 부분들이 제대로 동작한 후에 추가되어야 하는 특성 정도로만 여겼다. 이것이 디버깅 컴파일러와 최적화 컴파일러의 차이를 만들었다. 디버깅 컴파일러는 생성된 코드의 성능보다는 빠른 컴파일 동작을 중시했다. 이런 컴파일러들은 코드를 거의 재배열하지 않기 때문에 소스 코드와 실행 코드 사이에 강한 연관성이 남아 있었다. 이런 특성은 실행 시 발생하는 에러를 소스 코드의 특정 코드와 관련시키는 작업을 단순화 시켰기 때문에 *디버깅 컴파일러*라는 용어가 사용되었다. 반면에 최적화 컴파일러는 짧은 컴파일 시간 대신 실행 코드의 실행 성능을 향상 시키는 데 목적이 있다. 좋은 코드를 생성하기 위해서는 대부분 컴파일 시에 많은 시간을 사용하게 된다. 최적화기는 종종 명령어들을 원래 위치가 아닌 곳으로 옮겨 놓기 때문에 소스 코드와 실행 코드 사이의 연관이 덜 명확해진다. 때문에, 디버깅이 더 어려워진다.

RISC 프로세서들이 많이 사용되면서 (혹은 RISC 구현 기술들이 CISC 구조에 적용되면서), 컴파일러는 실행 성능 향상과 관련된 더 많은 작업을 수행하게 된다. 성능을 향상 시키기 위해 프로세서 구조가 컴파일러의 지원을 받아야 하는 특성들을 사용하기 때문이다. 분기에서의 delay slots, nonblocking memory, 파이프라인 사용의 증가 그리고 연산 유닛들의 증가 등이 이런 특성에 포함된다. 프로세서의 성능이 프로그램 구조와 같은 상위 단계와 스케쥴링과 리소스 할당과 같은 하위 단계와도 점점 더 밀접한 관계를 가지게 됐다. 최적화로 인한 성능의 격차가 커질수록 현대 컴파일러에서 수행되는 최적화를 통해 얻어진 코드 성능에 대한 기대도 커졌다.

결국, 최적화기의 동작을 지원하기 위해 컴파일러의 frontend와 backend의 동작 특성이 변화했다. 최적화는 최적화 문제로부터 frontend를 더 분리시켰다. 이것은 frontend에서 IR을 생성하기 일을 다소간 단순화 시켰다. 동시에 최적화는 backend에서 처리하는 코드를 변화시킨다. 현대의 최적화기는 backend에서 리소스 할당을 수행한다고 여긴다. 그래서, 그들은 무한대의 레지터스, 메모리와 연산 유닛들을 가진 이상적인 머신을 대상으로 이 작업을 수행한다. 이것은 컴파일러 backend에서 사용되는 기법들에 대한 제약으로 작용한다.

만약 컴파일러가 실행 성능에 대한 책임을 공유한다면, 그들은 최적화기를 포함해야 한다. 앞으로 다루겠지만, 최적화 도구들은 컴파일러의 backend에서 많은 작업을 수행해야 한다. 이런 이유로 컴파일러 backend에서 사용되는 기법들을 논의하기 전에 최적화와 이로 인해 발생하는 몇 가지 이슈에 대해 소개하는 것이 중요하다.

```
      subroutine dmxpy (n1, y, n2, ldm, x, m)
      double precision y(*), x(*), m(ldm,*)
        ...
      jmin = j+16
      do 60 j = jmin, n2, 16
         do 50 i = 1, n1
            y(i) = ((((((((((((((( (y(i))
   $               + x(j-15)*m(i,j-15)) + x(j-14)*m(i,j-14))
   $               + x(j-13)*m(i,j-13)) + x(j-12)*m(i,j-12))
   $               + x(j-11)*m(i,j-11)) + x(j-10)*m(i,j-10))
   $               + x(j- 9)*m(i,j- 9)) + x(j- 8)*m(i,j- 8))
   $               + x(j- 7)*m(i,j- 7)) + x(j- 6)*m(i,j- 6))
   $               + x(j- 5)*m(i,j- 5)) + x(j- 4)*m(i,j- 4))
   $               + x(j- 3)*m(i,j- 3)) + x(j- 2)*m(i,j- 2))
   $               + x(j- 1)*m(i,j- 1)) + x(j) *m(i,j)
 50      continue 60 continue
        ...
      end
```

그림 8.1 INPACK dmxpy의 예

8.2.1 INPACK 코드로부터 예

실제 프로그램을 최적화할 때 발생하는 몇 가지 문제들을 이해하기 위해 LINPACK 수식 라이브러리에 포함되어 있는 FORTRAN으로 작성된 dmxpy 코드의 일부인 그림 8.1의 코드를 살펴보자. 이 코드는 x, y 벡터와 m 매트릭스를 이용하여 y + x × m을 수행하는 하나의 긴 문장을 이중 루프가 감싸고 있는 형태를 하고 있다. 이 코드의 성능 향상을 위해 저자가 직접 손으로 수정한 변환, 특정 프로세서에서 이중 루프를 효율적으로 처리하기 위해 컴파일러가 수행하는 변환을 두 가지 측면에서 고려해 보자.

저자가 코드를 손으로 고치기 전에는 아래와 같이 루프가 중첩된 단순한 형태를 가지고 있었다.

```
      do 60 j = 1, n2
         do 50 i = 1, n1
            y(i) = y(i) + x(j) * m(i,j)
 50      continue
 60   continue
```

성능을 향상시키기 위해 가장 바깥쪽의 루프는 *unrolled* 되었다. 원래 루프 몸체에 있는 문장은 y(i) = y(i) + x(j) * m(i,j)이다. 루프 몸체를 j 변수를 j에서 j−15까지 변화시키며 16번 복사하였다. 바깥 루프의 증가는 1에서 16에서 바뀌었다. 이렇게 복사된 16개의 루프 몸체는 하나의 문장으로 합쳐졌으며, 이를 통해 y(i) + ...와 관련된 15번의 덧셈과 대부분의 load와 store를 제거하였다.

이 루프 중첩 코드의 네 가지 다른 버전들은 그림 8.1에서 보여진 코드의 성능을 능가한다. 이들 다른 코드들은 n2가 16의 배수가 아닌 경우를 다룬다. 그들은 j를 n2 - j가 16의 배수가 되게 하는 하나의 값으로 고정시켜 놓은 상태에서 m의 최대 15개의 열을 처리한다. 첫 번째 루프는 홀수 n2에 대한 m의 열을 처리한다. 3개의 다른 루프 중첩은 m의 2, 4, 8 번째 열을 처리한다. 이 알고리즘은 그림 8.1에서 보여지는 마지막 루프 중첩에서 16개 열을 한 번에 처리할 수 있도록 보장한다.

이상적으로 컴파일러는 원래 루프 중첩을 좀 더 효율적인 형태나 주어진 목표 기계 가장 적합한 형태로 변환할 수 있어야 한다. 그러나, 이것은 소수의 컴파일러들이 가지고 있는 기법들의 조합을 통해서 가능한 일이다. dmxpy의 경우, 프로그래머는 컴파일러가 효율적인 목표 기계 코드를 생성하게 하기 위한 형태의 최종 코드를 만들기 위해 원본 코드를 다시 작성했다.

8.2.2 최적화를 위한 고려사항들

프로그래머는 프로그램을 빠르게 실행시킬 수 믿음을 가지고 이런 변환을 적용했다. 프로그래머는 프로그램의 의미를 보존하고 있다고 믿었다. (만약, 의미를 보존할 필요가 없다면 전체 함수를 nop으로 표현해도 된다.)

안전성과 개선 가능성이라는 두 가지 문제는 모든 최적화의 중심이다. 컴파일러는 각 응용프로그램의 변환이 프로그램의 의미를 보존하여 안전하다는 것을 검증할 수 있어야 한다. 컴파일러는 적용된 변환으로 인해 성능 향상을 얻는다고 믿을 수 있는 근거를 가지고 있어야 한다. 만약 어느 하나라도 만족하지 못한다면 컴파일러는 그 변환을 수행해서는 안 된다.

안정성

프로그래머는 어떻게 이 변환이 안전하다는 것을 알 수 있었을까? 그것은 프로그래머가 어떻게 변환된 코드가 원래 코드와 동일한 결과를 생성한다는 것을 확신할 수 있는지에 대한 물음과 같다. 루프 중첩에 대한 간단한 실험은 y의 요소들을 통해 발생하는 연속적인 반복들 사이의 연관만을 보여줄 뿐이다.

- y(i)로 계산되는 값은 바깥 루프의 다음 반복까지 재사용되지 않는다. 안쪽 루프의 반복은 각 반복이 하나의 값을 정의하고 다른 반복에서는 이를 참조하지 않기 때문에 다른 루

안정성의 정의

컴파일러가 생성한 코드가 입력 프로그램과 동일한 동작을 수행해야 한다는 정확성은 컴파일러가 지켜야 할 가장 중요한 기준이다. 최적화기가 변형을 수행할 때마다 변형의 정확성을 지켜줘야 한다.

전형적으로 *의미(meaning)*라는 것은 프로그램의 관찰 가능한 행동으로 정의된다. 하나의 배치(batch) 프로그램에서 이것은 프로그램이 종료한 후의 메모리 상태와 그것이 발생시킨 출력을 의미한다. 프로그램이 종료하면, 종료되기 전에 직접적으로 참조할 수 있었던 값들은 변환 과정에 의해 같아져야 한다. 양방향 프로그램에 있어서 프로그램의 동작을 측정하기는 더 복잡하고 어렵다.

Plotkin은 *관계 등가식(observational equivalence)*으로 이 개념을 형식화했다.

> *두 표현식 M 과 N 에 대해, M 과 N 모두 닫혀 있는 임의의 영역 C 에서 C[M]과 C[N]이 동일한 결과를 발생하거나 혹은 종료된다면, M 과 N은 동일하다 말한다.*

그래서, 만약 두 표현식이 관측 가능한 외부 환경에 동일한 영향을 주면 이들은 관계 등가하다고 한다.

실제로 컴파일러는 Plotkin의 등가식 보다 더 단순하고 느슨한 개념을 사용한다. 실제 프로그램 환경에서는 두 개의 표현식 e와 e'가 동일한 결과를 발생시키면 컴파일러는 e'를 e로 대체할 수 있다.

이 표준은 Plotkin의 그것보다 더 느슨한 기준인데, 오직 프로그램이 실제적으로 발생시킨 결과만을 기준으로 판단하므로 코드를 수정을 통해 최적화의 많은 기회를 발생시킨다. 그것은 한 연산이 제거되거나 나뉘어졌을 때 어떤 결과가 발생할지에 대해서는 언급하지 않는다.

실제로 컴파일러는 정확히 동작하는 원래 코드에 대해 최적화된 코드가 0으로 나누거나 무한 루프를 실행하는 것과 같은 불일치를 발생시키지 않으려 노력한다. 그 반대의 경우는 별로 다루어지지 않는다.

프의 값들과는 독립적이다. 그래서 반복들은 어떤 순서로든지 실행될 수 있다. (예를 들어 우리는 결과를 변화시키지 않은 채 안쪽 루프를 n1에서 1로 역순으로 실행할 수 있다.)

- y를 통한 상호 작용은 그 효과에 있어서 제한적이다. y의 i번째 요소는 안쪽 루프의 i번째

반복의 덧셈을 누적한다. 이 누적의 패턴은 펼치진 루프에서 안전하게 다시 생성된다. 변환의 안정성을 보장하기 위한 최적화의 분석 과정 중 대부분이 종료되었다.

이득

왜 프로그래머는 루프를 펼치는 것이 성능을 향상시킨다고 생각할까? 그 변환이 왜 유익할까? 펼치는 것의 여러 다른 효과가 코드의 성능을 향상 시킬 것이다.

- 루프 반복의 전체 횟수가 16분의 1로 줄어든다. 이것은 루프 제어를 위해 사용되는 덧셈, 비교, 분기와 같은 비용이 많이 드는 연산(복잡한 연산)을 줄여준다. 만약 루프가 1000번 실행된다면, 이를 통한 이득은 명확해질 것이다.
  이 논쟁은 루프를 더 많이 펼치는 것을 제안할지도 모른다. 한정된 리소스 때문에 아마도 16을 선택했을 것이다. 예를 들어, 안쪽에 있는 루프가 안쪽 루프의 모든 반복을 위한 x의 동일한 16개 값들을 사용한다. 많은 프로세서들은 부동 소수를 저장할 수 있는 32개의 레지스터를 가진다. 32이나 그 두 배로 펼치게 되면 "루프 속에서 변하지 않는" 값들을 레지스터에 저장할 수 없다. 이것은 안쪽 루프에 메모리 연산을 추가하여 펼쳐서 얻는 이득을 제거할 수도 있다.

- 배열 주소 연산은 중복된 일을 포함하고 있다. y(i)의 사용을 생각해보라. 원래 코드는 x와 m을 곱할 때마다 y(i)의 주소를 계산하였다. 이에 비해 변환된 코드는 16번의 곱셈마다 한 번씩 연산을 수행하였다. Unrolled된 코드는 y(i)의 주소를 구하기 위해 $\frac{1}{16}$을 수행한다. m에 대한 16번의 참조와 좀 더 적은 양의 x에 대한 참조는 한 번 연산하고 재사용할 수 있는 루프의 공통된 부분을 포함한다.

- 변수 x가 항상 레지스터에 저장되어 있다고 가정하면, 펼쳐진 안쪽 루프는 17번의 load와 1번의 store당 주소 연산을 무시했을 때 16번의 곱셈과 16번의 덧셈을 수행한다. 원래 루프는 2번의 load와 1번의 store를 수행한다. 변형된 루프는 메모리에 더 적게 접근한다. 하나의 루프가 실제로 메모리 경계인지 여부를 결정하기 위해서는 다양한 연산에 대한 지연 정보와 한 주기에 끝날 수 있는 연산들의 종류 및 개수와 같은 목적 프로세서에 대한 상세한 지식을 필요로 한다. 그것은 동작들이 겹치고 지연을 숨길 수 있는 충분한 독립 산술 연산들을 포함하고 있다.

Unrolling은 기계에 종속적인 다른 결과들을 발생시킬 수 있다. 그것은 루프 안 코드의 양을 증가시켜 명령어 스케줄러가 지연을 보다 잘 숨길 수 있게 할수 도 있다. 만약 루프가 끝나는 지점의 분기가 긴 지연을 가지고 있다면, unrolling은 컴파일러가 그 분기의 지연 슬롯들을 모두 채울 수 있게 도울 수도 있다. 몇몇 프로세서에서는 사용되지 않는 지연 슬롯들이 nop으로 채워져야 한다. 이 경우, unrolling은 패치 되는 nop의 총 수를 감소시킬 수 있다. 이것은 총 메모리 참조를 줄이고 아마 프로그램을 실행하는 데 사용되는 전력 소비도 줄일 수 있을 것이다.

위험성

만약 성능을 향상시키기 위한 변환들이 컴파일러가 프로그램을 위한 좋은 코드를 생성하는 것을 더 복잡하게 만든다면, 이런 잠재적인 문제들은 이득이 있는가 하는 문제로 다루어져야 한다. dmxpy에 대한 직접적인 변환은 뒤에서 언급될 것들과 함께 컴파일러에 대한 새로운 도전들을 야기한다.

- *레지스터 사용에 대한 요구* 원래 루프는 활동 중인 값들을 저장하기 위한 소수의 레지스터만을 필요로 했었다. 오직 x, y, m을 위한 주소 연산의 일부분인 x(j)와 루프 인덱스 변수만이 루프 반복에서 계속적으로 사용될 레지스터를 필요로 한다. 반면에 y(i)와 m(i,j)는 일시적으로 레지스터를 필요로 한다. 반면에 변환된 루프는 루프 반복에서 계속적으로 레지스터에 저장되어야 할 16개의 요소들을 가지고 있으며, m과 y(i)의 16개 값을 일시적으로 저장하기 위한 레지스터를 필요로 한다.

- *주소 연산의 생성* 원래 루프는 각 y, x, m에 대해 3개의 주소를 저장해야 한다. 변환된 루프는 각 반복에 대해 더 많은 주소 공간을 참조해야 하기 때문에 컴파일러는 반복적인 계산과 레지스터에 대하 지난친 요구를 피하기 위해 좀 더 주의 깊게 주소 연산을 수행해야 한다. 최악의 경우, x의 16개 요소 m의 16개 요소 그리고 y의 1가지 요소에 대해 모두 독립적인 연산을 수행해야 할 수도 있다.

  만약 컴파일러가 주소 연산을 잘 구성하면 변환 루프는 16개의 고정된 값을 가진 오프셋을 지닌 m, x를 위한 하나의 포인터만을 사용할 수 있다. 컴파일러는 end-of-loop 테스트에서 위에서 계산된 포인터를 사용할 수 있도록 루프를 수정할 수 있고, 동시에 추가적인 레지스터 사용과 연산의 필요성을 제거할 수 있다.

특정한 목표 기계에 관련된 다른 문제가 있을 수 있다. 예를 들어 17개의 load, 1개의 store, 16개의 곱셈과 덧셈, 주소 연산, 각 루프 몸통에서의 부하 분석 등은 매우 세심한 주의를 요구한다. 컴파일러는 초기에 부동소수점 연산을 효율적으로 이행하기 위해 루프의 전 단계에서 load 연산을 수행할 수 있다.

8.2.3 최적화 기회

우리가 앞에서 본 것처럼, 단순한 루프를 최적화하는 작업조차 다양한 부분에 대한 고려가 있어야 한다. 일반적으로 최적화 컴파일러는 다양한 원시 코드로부터 발생하는 최적화 기회를 이용한다.

1. *추상화와 관련된 오버헤드 최소화* 이 장의 앞부분에 나온 배열 주소 연산에서 본 것처럼, 프로그램 언어에 의해 사용되는 데이터 구조나 자료형은 실행 시 그와 관련된 지원을 필요로 한다. 최적화기는 실행 시 지원과 관련된 경비를 최소화하기 위한 분석 및 변형을 사용한다.

2. *특정한 경우에서의 이득 고려* 컴파일러는 종종 한 연산이 해당 연산을 특별히 빠르게 실행하기 위해 제공하는 몇 가지 정보를 사용한다. 예를 들어, C++ 컴파일러는 항상 똑같은 구현을 사용하는 가상 함수에 대한 호출을 미리 결정할 수 있다. 그 경우, 컴파일러는 개별적인 호출의 비용을 줄이기 위해 해당 가상 함수의 호출을 미리 결정할 수 있다.

3. *프로세서 자원의 고려* 만약 한 프로그램에서 요구하는 리소스의 요구가 프로세서에서 제공되는 것과 상이할 때 컴파일러는 프로세서가 지원할 수 있는 한계에 가깝게 프로그램을 변형할 수 있다. 이와 같은 변형은 부동 소수점 연산마다 수행되는 메모리 접근의 횟수를 줄이기 위해 dmxpy에도 적용되었다.

이렇게 넓은 부분이 광범위하게 일반적으로 표현된다. 9, 10장에서 특정 분석이나 변형 기법을 논의한 것처럼 우리는 보다 자세한 예제를 들어 최적화 부분을 다룰 것이다.

8.3 중복된 표현들

예를 들어, 하나의 기본 블록에서 중복된 표현을 찾고 제거하는 문제를 고려해 보자. 기본 블록이란 프로그램의 제어(control)가 시작점으로 들어가서 끝점으로 나올 때까지 정지(halt)나 분기의 가능성(끝점에서의 분기는 제외)이 없이 연속적으로 실행되는 최대한의 문장들의 집합이다. 문제를 단순화하기 위해, 기본 블록 앞, 뒤에서 발생하는 문제들은 모두 무시할 것이다. 한 표현 x + y가 이미 한 블록 내에서 계산되었고 x나 y를 다시 계산하지 않는다면, 그 표현 x + y는 블

m ← 2 × y × z n ← 3 × y × z o ← 2 × y − z	t_0 ← 2 × y m ← t_0 × z n ← 3 × y × z o ← t_0 − z
(a) Original Code	(b) Rewritten Code

그림 8.2 원시 언어 수준에서의 불필요한 표현들

록 내에서는 중복된 표현이다. 만약 컴파일러가 중복된 표현을 찾으면 컴파일러는 첫 번째 연산에서 계산된 결과 값을 저장하고 이후의 연산들을 저장된 값으로 대체할 수 있다.

우리는 그림 8.2에서 보여지듯이 원시 코드 수준에서 문제에 접근할 수 있다. (a)에 있는 원래 코드는 2× y를 두 번 연산한다. (b)에 있는 코드는 중복된 연산을 피하기 위해 다시 작성된 것이다. 재 작성된 코드는 보다 많은 문장을 가지고 있지만 더 적은 연산을 수행한다. 컴파일러가 재 작성된 코드를 목표 기계 코드로 변환할 때, 연산수가 더 적으면 일반적으로 코드는 더 빨라진다. 프로그래머들은 그들이 이렇게 중복된 표현을 포함한 코드를 작성하지 않는다고 항의할지도 모른다. 원시코드를 생성하는 전처리기와 다른 도구들은 주의 깊은 프로그래머보다 그런 코드들을 생성할 가능성이 더 크다. 그런 표현들은 원시 코드로부터 낮은 수준의 IR로 변환하는 동안 자주 발생하는 주소 연산처럼 광범위한 부분에서 발생한다. 컴파일러는 낮은 수준의 IR에서 중복 제거를 위한 이런 기법들을 적용할 수 있다.

중복된 표현들을 자동적으로 찾아내고 제거하기 위해서 컴파일러는 중복을 찾아내는 알고리즘과 중복 없이 코드를 재 작성하는 알고리즘을 필요로 한다. 우리는 이 문제를 해결하기 위해 DAG을 구성하는 것과 숫자 값을 계산하는 두 가시 다른 접근을 살펴볼 것이다.

8.3.1 비순환 그래프

중복된 연산을 명확하게 표현하는 한 가지 방법은 방향성 비순환 그래프(DAG)를 사용하는 것이다. AST에서 각 노드는 최대 하나의 부모 노드를 가진다. 그림 8.2(a)의 예제 코드를 위한 AST가 아래에 표현되어 있다.

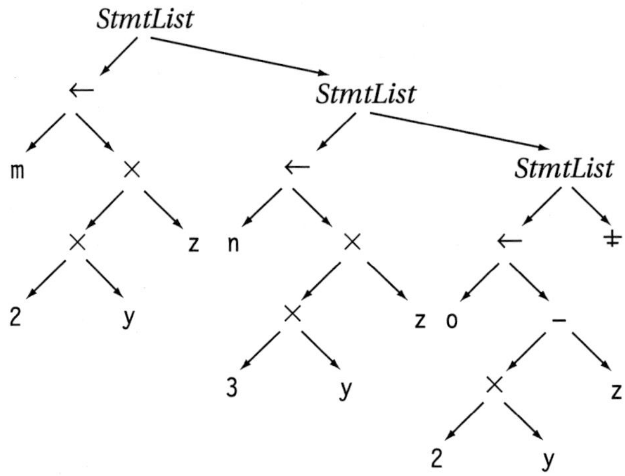

반대로 DAG은 각 표현을 한 번씩만 표현한다. DAG에서 하나의 노드는 여러 개의 부모 노드를 가질 수 있다. 각 노드의 부모 노드는 해당 노드에 의해 표현되는 값에 대한 참조를 나타낸다. 여럿의 부모 노드를 가진 노드는 중복된 표현이 된다. 앞에 나온 AST로부터 생성된 DAG은 아래와 같다.

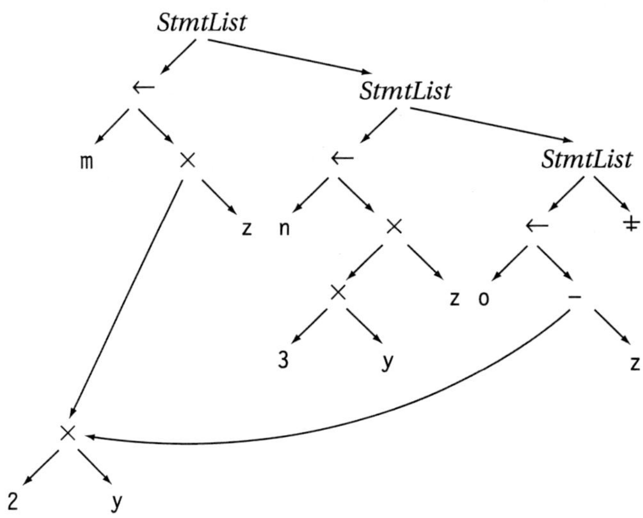

위의 DAG은 2 × y가 원시 코드에서 두 번 발생한다는 것을 알려준다. 2 × y를 표현하는 노드는 첫 번째 할당문의 곱셈과 세 번째 할당문의 뺄셈을 표현하는 두 개의 부모 노드를 가진다. 컴파일러는 이런 사실(그림 8.2(b)와 같은)의 장점을 가지는 코드를 생성할 수 있다. 중복을 제거하기 위한 도구로서 DAG을 이용하는 것은 이런 동일한 표현들을 효율적으로 배치하는 것입니다.

DAG을 만들기 위한 가장 쉬운 방법은 컴파일러가 AST를 생성하기 위해 사용하는 구문을 수정하는 것이다. 만약 이 과정에서 동일한 서브 트리를 확인하기 위한 해싱이 사용되면, 개별적인 표현에 대해 하나의 서브 트리를 포함하는 DAG을 만들 수 있다. 이를 통해 2 × y를 원하던 바대로 공유하게 된다. 또한, DAG을 통해 y와 z의 값이 항상 변하지 않는다는 것을 알 수 있다. 실제 DAG은 아래 그림에서 보여지듯이 앞에서 나온 것보다 더 복잡한 형태를 가질 수 있다.

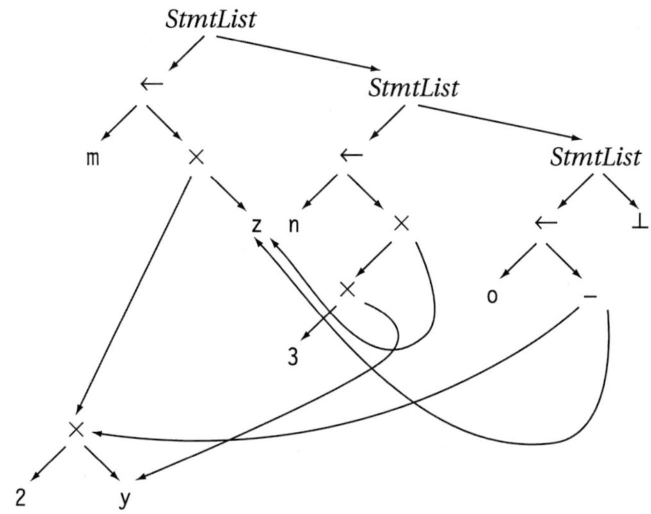

이 DAG은 동일한 세 문장을 표현하기 위해 더 적은 수의 노드를 사용한다. 파스 트리는 24개의 노드를 가지고 첫 번째 DAG은 21개의 노드를, 마지막 DAG은 18개의 노드를 가지게 된다. (만약 목적이 AST를 단순하게 만드는 것이라면 가능하다.)

이 경우에 2 × y는 두 번 모두 동일한 값을 가진다. 그러나, 그것은 계획된 것이기 보다 우연한 일치이다. 해시를 기반으로 DAC을 생성할 때는 원시 코드 표현상의 동일성을 따지기 때문에 y는 그 값과 상관없이 y와 동일시된다. 이때는 만약 두 가지 연산이 동일한 연산자와 피연산자를 가지면 하나의 표현을 공유하는 것으로 가정한다. 두 번째 할당문의 왼쪽 표현을 n에서 y로 바꾸었을 때 무슨 일이 발생할지 생각해 보라. 앞뒤의 y가 동일한 것인지 알기 위해 원시 코드 표현을 사용하는 방식은 y값이 중간에 변했는지 여부를 알 수 있는 방법이 없다. 그래서 수정된 예를 위한 DAG은 두 표현이 다른 값을 가짐에도 불구하고 여전히 2 × y라는 표현을 공유하고 있다. 만약 동일한 값을 발생하는 서브 표현을 찾는 것이 목적이라면 할당문의 영향을 설명할 해결책이 필요하다.

할당문의 영향을 반영하도록 해시를 기반으로 DAG을 만들기 위해 우리는 각 변수들을 추적할 수 있다. 그 과정은 매우 간단하다. 먼저 각 변수에 셀 수 있는 값을 하나씩 할당하고, 각 할당문에서 해당 변수가 갱신되면 그 값을 증가시킨다. 해시를 기반으로 DAG을 만들 때에는 해싱 전에 모든 변수 이름에 그 셀 수 있는 값들을 추가해야 한다. 이렇게 함으로써 한 표현이 두 번 발생할 때 이들이 코드 표현상으로 동일하고 둘 사이에서 해당 표현의 어떤 변수도 갱신되지 않았다면 두 표현식이 동일한 표현을 가질 수 있도록 DAG을 생성할 수 있다. (이런 방식은 5.5절과 9.3절에서 서술된 IR인 SSA 형태로 형식화된다.)

포인터 할당문

y에 새로운 값을 할당하는 것은 부분식으로 표현하는 기법이 잘 나타내는 제한된 결과를 발생시킨다. 포인터 할당은 더 광범위한 결과를 발생시킨다.

C 언어에서 `*p = 0;`과 같은 할당문은 그것이 수정할 수 있는 모든 변수의 부분식을 증가시

순서의 중요성

표현식의 순서는 그들을 분석하고 변형하는 최적화 알고리즘의 적용 정도에 영향을 준다. DAG으로 표현된 할당문들의 나열을 고려해 보자.

$$m \leftarrow 2 \times y \times z$$
$$n \leftarrow 3 \times y \times z$$
$$o \leftarrow 2 \times y - z$$

해시를 기반으로 DAG을 구성하는 알고리즘은 $2 \times y$가 첫 번째, 세 번째 문장에서 반복된다는 것을 발견한다. 그것은 $y \times z$가 첫 번째, 두 번째 문장에서 두 번 발생한다는 것을 파악하지 못한다. 곱셈을 왼쪽에서부터 분석하기 때문에 $y \times z$의 반복이 확인되지 않았다. 만약, 곱셈을 오른쪽으로부터 분석했다면 $y \times z$를 확인했겠지만, $2 \times y$를 확인하지 못했을 것이다.

일반적으로 표현들을 재배열하기 위해 교환법칙, 결합법칙과 분배법칙을 사용하는 것은 최적화의 결과를 바꿀 수 있다. 예를 들어 $3 \times a \times 5$라는 표현을 생각해 보자. 곱셈 $\times$ 연산을 사용하는 두 가지 표현을 생각할 수 있다.

$$(3 \times a) \times 5$$
$$3 \times (a \times 5)$$

어떻게 해도 두 개의 상수를 한 번에 묶을 수는 없다. 그래서, 컴파일 과정에서 컴파일러가 3×5라는 표현식을 사용하는 것은 고려할 필요가 없다.

켜야 한다. 만약 컴파일러가 포인터의 값에 대한 자세한 정보를 가지고 있다면 그것은 약간의 부분식만을 증가시키도록 제한할 수도 있다. 그러나 만약 컴파일러가 p가 무엇을 가리키는지에 대한 충분한 정보를 가지고 있지 못하면, 컴파일러는 p 포인터가 가리킬 수 있는 모든 변수의 부분식의 값, 잠재적으로는 전체 프로그램의 모든 변수의 값을 증가시켜야 한다.

극단적으로 들리겠지만, 이는 컴파일러가 파생할 수 있는 다양한 상황에 있어 애매모호한 포인터의 연산이 가지는 진정한 효과를 보여 주는 것이다. 만약 원시 코드 언어가 자유로운 포인터 연산을 허용한다면, 이는 메모리 내의 모든 변수를 포함한다. 자유로운 포인터 연산이 없다면, 컴파일러는 포인터에 의해서 참조 가능한 변수, 프로그램에서 접근 가능한 주소를 가진 몇몇 변수들로만 이를 제한할 수 있다. 포인터 분석을 수행하는 가장 큰 이유는 이들 집합을 줄이는데 있다.

코드를 위해 트리 형태의 표현을 사용하는 컴파일러는 트리를 생성할 때 DAG을 생성하게 하는 것이 좋다. 이렇게 함으로써 컴파일 과정에서의 부수적인 이득과 함께 보다 작은 IR 프로그램을 생성할 수 있다. DAG을 생성하면 다중 부모를 가진 노드가 중복된 것이기 때문에 표현의 중복을 명확하게 파악할 수 있다. 마지막으로, 이 생각에 대한 완벽한 응용을 다뤄보자. 예를 들어, 컴파일러가 $2 \times x \times y$를 $x \times y + x \times y$로 수정하도록 IR을 수정한다면, 해시 생성기는 생성된 IR이 공통 부분 표현식을 표현한다는 것을 확신할 것이다.

8.3.2 Value Numbering

표현의 중복들을 트리의 노드로 표현하는 것은 선형 IR을 사용하는 컴파일러에게는 맞지 않다. 선형 IR을 위해서 컴파일러 개발자는 선형 IR을 분석하고 중복을 제거하기 위해 IR을 재작성하는 기법을 사용하기를 원할 것이다. 이런 고전적인 방법은 *value numbering*이라 불린다. 생각은 매우 간단하다. Value numbering은 실행 시에 계산되는 각 값들에 서로 다른 숫자를 할당한다. 단, 두 표현 e_i와 e_j가 해당 표현의 모든 가능한 피연산자에 대해 동일한 값을 가진다는 것을 증명할 수 있다면, 동일한 숫자를 할당한다.

Value numbering은 컴파일러는 같은 값을 생성하는 동일한 표현을 해시 테이블을 이용하여 분별할 수 있다는 DAG 기법과 동일한 시각에서 출발한다. "중복"에 대한 정의는 약간 다른데, 두 표현식이 동일한 연산자를 사용하고 그들의 피연산자가 동일한 값을 가지고 있다면 두 식은 중복되었다고 여겨진다. 변수, 상수 그리고 계산된 값들을 그들의 수와 관련 짓기 위해 컴파일러는 해시 테이블을 사용한다. 하나의 변수나 상수에 대해 컴파일러는 그들의 텍스트를 해시키로 사용할 수 있다. 연산자를 포함하는 하나의 표현식에 대해 컴파일러는 연산자와 피연산자들의 수를 이용하여 해시키를 생성할 수 있다. 동일한 해시 키는 실행 시 동일한 값을 가져야 한다.

새로운 값이 계산되면 그들은 새로운 수를 할당 받는다. 해시 키는 피연산자의 이름보다 피연산자들의 수를 사용하기 때문에 이 알고리즘은 분명한 할당문을 사용한다. 표현식의 나열인

$$x \leftarrow a + d$$
$$y \leftarrow a$$
$$z \leftarrow y + d$$

에서 y는 a의 수와 동일한 값을 가진다. 그래서 y + d는 a + d와 동일한 수를 갖게 된다. 전형적으로 포인터나 배열의 원소들을 포함하는 불분명한 할당문에서는 여전히 포인터에 의해 참조 가능한 모든 변수의 값을 무효화해야 할지도 모른다.

큰 표현을 재배열하는 무수한 방법이 존재하기 때문에, 컴파일러는 더 나은 배열을 찾기 위해 귀납적인 방법을 사용한다. 예를 들어, IBM FORTRAN H 컴파일러는 다른 최적화 기법들의 성능을 향상시키는 방향으로 모든 주소 연산들을 배열한다. 다른 컴파일러들은 교환이 가능한 연산들의 피연산자들을 그들이 정의한 루프 중첩 정도에 맞춘 순서로 정렬한다. 매우 많은 방법들이 사용 가능하기 때문에 컴파일러 개발자들은 다양한 언어, 컴파일러와 코딩 형식에 적합하도록 다양한 기법들을 실험해 보아야 한다.

그림 8.3은 입력을 $result_e \leftarrow operand_1\ op_e\ operand_2$ 형태의 단순한 표현식으로 가정하는 단순한 value numbering 알고리즘을 보여 준다. 이 알고리즘은 텅 빈 값 테이블로 시작한다. 피연산자에 대한 수 값을 얻기 위해 값 테이블을 참조한다. 만약 해당 피연산자에 대한 항이 존재하면 알고리즘은 해당 항에 이미 저장되어 있는 수를 사용한다. 만약 피연산자에 대한 항이 존재하지 않으면 알고리즘은 피연산자에 대한 항을 하나 생성하고 새로운 수를 할당한다. 일단 모

```
for each expression e in the block of the form
   result_e ← operand_1 op_e operand_2
   1. get the value numbers for operand_1 and operand_2
   2. construct a hash key from the operator and
      the value numbers for operand_1 and operand_2
   3. if the hash key is already present in the table then
         replace expression e with a copy operation and
         record the value number for result_e
      else
         insert the hash key into the table
         assign the hash key a new value number and
         record that value number for result_e
```

그림 8.3 기본 블록의 value numbering

든 피연산자에 수가 할당되면, 알고리즘은 전체 표현식에 대한 해시 키를 생성하고, 값 테이블을 참조하기 위해 해시 키를 사용한다. 만약 항이 존재하면 표현 *e*는 중복된 것이다. 만약 항이 존재하지 않으면, 그 표현은 중복되지 않은 것이며, 새 값을 할당하여 값 테이블에 저장된다. $result_e$에 대해서도 표현식에 정의된 이름으로 수 값이 기록된다. 임의의 표현식으로 알고리즘을 확장하는 것은 명확하다.

그 알고리즘이 어떻게 동작하는지 보기 위해 아래에 나오는 예제를 고려해 보자. (a)는 value numbering이 수행되기 전의 짧은 기본 블록을 보여 준다.

(a) Original Code	(b) Value Numbered Code	(c) Rewritten Code
a ← b + c	$a^3 \leftarrow b^1 + c^2$	a ← b + c
b ← a − d	$b^5 \leftarrow a^3 - d^4$	b ← a − d
c ← b + c	$c^6 \leftarrow b^5 + c^2$	c ← b + c
d ← a − d	$d^5 \leftarrow a^3 - d^4$	d ← b

(b)는 각 이름들에 할당한 수 값들을 보여 준다. 처음 비어 있던 값 테이블에서 b와 c는 새로운 수 값을 할당 받는다. "+" 연산을 따라서 b와 c에 대한 새로운 수 값을 사용함으로써 value numbering 알고리즘은 첫 번째 표현식을 위해 문자열 "1 + 2"를 해시 키, 혹은 해시 함수에 대한 입력으로 사용되도록 했다. 해시 함수의 출력을 인덱스로 사용함으로써 value numbering 알고리즘은 값 테이블에서 해시 키를 찾는다. 해싱이 실패하면 해당 해시 키를 위한 항을 새로 생성하고 값을 3으로 할당한다. 뒤따르는 참조들이 a의 정확한 수 값을 사용할 수 있도록 a를 위한 새 항을 생성하고 3을 할당한다. 각 연산에 대해 순서대로 이런 과정을 반복함으로써 그림에 나와 있는 모든 표현에 수 값을 할당한다.

b가 재정의되기 때문에 두 b + c 식은 서로 다른 값을 가진다. 반면에 두 번의 a − d 식은 동일한 수 값을 가진 피연산자와 동일한 연산자를 사용하기 때문에 동일한 값을 가진다. 때문에 알고리즘은 b와 d에 동일한 수 값인 5를 할당했다. 이 사실을 이용하여 컴파일러는 (c)에서 보이는 것과 같은 형태로 코드를 재작성할 수 있다. 컴파일러의 뒤따르는 과정에서 d ← b로의 복사를 제거할 수도 있다.(공격적으로 d에 대한 추가적인 참조들을 b로 수정하는 메커니즘을 value-numbering 알고리즘에 추가할 수 있다. 이를 통해 복사 연산을 제거할 수 있다. 소프트 엔지니어링 측면에서 복사를 추가하고 컴파일러의 나머지 처리 과정에서 이를 제거하도록 하는 것이 좋다.)

알고리즘의 확장

Value numbering 알고리즘은 다양한 지역 최적화를 수행하는 기반이 된다. 피연산자 순서의 교

for each operation e in the block of the form
$result_e \leftarrow operand_1\ op_e\ operand_2$

1. *get the value numbers for $operand_1$ and $operand_2$*
2. *if all the operands to op_e are constant*
   evaluate it and replace later uses with references
3. *if the operation is an identity*
   replace it with a copy operation
4. *if op_e is commutative*
   sort the operands by their value numbers
5. *construct a hash key from the operator and*
   the value numbers for $operand_1$ and $operand_2$
6. *if the hash key is already present in the table then*
   replace operation e with a copy operation and
   record the value number found for $result_e$
   else
   insert the hash key into the table
   assign the hash key a new value number and
   record that value number for $result_e$

그림 8.4 확장된 value numbering 알고리즘

환이 가능한 연산들은 동일한 수 값을 가져야 한다. 이것을 다루기 위해 컴파일러는 피연사자들의 그들의 값에 따라 재배열하는 것과 같은 단순한 방법을 사용하여 각 피연산자를 재배열할 수 있다. 마찬가지로 만약 어떤 연산자의 모든 피연산자가 상수이고 값을 가지고 있다면 컴파일 과정에서 이들을 미리 계산하고 코드에 직접 추가할 수 있다. 이렇게 하기 위해 컴파일러 개발자들은 값 테이블에 상수임을 표현할 수 있는 표기를 추가해야 한다. 컴파일러가 상수 표현을 찾게 되면 컴파일러는 그 연산을 수행해야 하고 그 결과에 새로운 수 값을 할당해야 한다. 그리고, 해당 상수 표현을 사용하는 표현식들을 상수 값에 대한 참조로 수정한다.

Value numbering 알고리즘은 대수적인 동일성을 사용하기 때문에 이를 확장하여 필요 없는 연산들을 발견할 수 있다. 예를 들어, x + 0은 x와 동일한 값을 가지게 된다. 대수적인 동일성을 다루기 위해서는 각 동일성을 판별하기 위한 특별한 경우를 다루는 코드가 필요하다. 여럿의 테스트들, 각 동일성마다 하나씩은 전체 value numbering 과정의 속도를 매우 늦추게 할 정도로 충분히 길다. 대신 테스트들은 연산자에 의해 결정되는 트리 형태로 구성되어야 한다. 각 연산자는 매우 적은 동일성을 가지므로, 동일성을 확인하는 비용을 줄여준다. 아래 테이블은 이 방법으로 다뤄질 수 있는 몇몇 동일성을 보여 준다.

Algebraic Identities for Value Numbering			
a + 0 = a	a − 0 = a	a − a = 0	2 × a = a + a
a × 1 = a	a × 0 = 0	a ÷ 1 = a	a ÷ a = 1, a ≠ 0
a^1 = a	a^2 = a × a	a ≫ 0 = a	a ≪ 0 = a
a AND a = a	a OR a = a	MAX(a,a) = a	MIN(a,a) = a

현명한 개발자라면 자료형이 명확히 정의된 몇몇을 포함하는 다른 동일성을 발견할 것이다. 동일한 수 값을 가진 두 값에 대한 exclusive-or를 계산하는 것은 적절한 타입의 0 을 만들 것이다. 물론, IEEE 부동 소수점 연산 형식에서의 숫자들은 ∞와 NaN(Not a Number)의 명확한 표현들에 의해 설명되는 몇몇 특별한 경우를 가진다. 예를 들어 ∞ − ∞ = NaN, ∞ − NaN = NaN, 그리고 ∞ ÷ NaN = NaN 등이 이 표현식에 해당한다.

그림 8.4는 확장된 알고리즘을 보여 준다. 2단계는 상수 값 연산을 계산한다. 3단계에서는 대수적 동일성 사용으로 인해 제거될 수 있는 연산들을 확인한다. 4단계에서는 교환이 가능한 피연산자들을 재배열 한다. 1, 5, 6 단계는 원래 알고리즘으로부터 가져왔다. 이런 확장에도 불구하고 IR 연산당 비용은 매우 낮게 유지되고, 각 단계는 효율적으로 구현된다.

이름의 역할

변수와 값을 위한 이름의 선택은 value numbering의 효율성을 제한할 수 있다. 알고리즘이 아래의 작은 부분들에 적용되었을 때 무슨 일이 발생할지 생각해 보자.

Original Code	Value Numbered Code	Rewritten Code
a ← x + y	$a^3 \leftarrow x^1 + y^2$	a ← x + y
b ← x + y	$b^3 \leftarrow x^1 + y^2$	b ← a
a ← 17	$a^4 \leftarrow 17^4$	a ← 17
c ← x + y	$c^3 \leftarrow x^1 + y^2$	c ← x + y

알고리즘은 첫 번째 연산을 수행하고 수 값 3을 할당한다. 두 번째 연산을 수행할 때, 알고리즘은 해시 키 "1+2"에 대해 이미 테이블 항이 존재한다는 것을 발견한다. 그래서, b를 위한 항을 생성하고 b에 해당 키에 할당되어 있는 수 값 3을 할당한다. 그 연산은 b ← a로 수정된다.

다음으로 알고리즘은 세 번째 연산을 수행한다. 이 과정에서 상수 17과 변수 a에 수 값 4를 할당하게 된다. 마지막으로 알고리즘은 마지막 연산을 수행한다. 알고리즘은 수 값 3을 가진 연산이 중복되었다는 것을 발견한다. 그러나, 세 번째 연산에서 a에 있는 값을 갱신했기 때문에 a

의 값에 대한 기록된 객체는 더 이상 존재하지 않는다. 알고리즘은 그 값이 존재하던 곳에 대한 기록을 더 이상 가지고 있지 않기 때문에 x + y의 객체를 제거할 수 없다.

우리는 이 문제를 두 가지 방법으로 교정할 수 있다. 알고리즘은 수 값으로부터 실제 이름으로의 관련지어 사상을 만들 수 있다. 각 할당문은 그 관계를 계속적으로 갱신해야 한다. 혹은, 컴파일러가 각 할당문이 다른 이름을 가지도록 코드를 재 작성할 수도 있다. 유일성을 위해 각 이름에 부분식을 추가하는 것으로 충분하다. (DAG의 할당문을 위한 버전 번호처럼, 이 방식은 SSA 형태의 한 속성과 비슷하다.) 이렇게 새 이름 할당 방식을 사용하면, 예제 블록들은 아래와 같이 변경된다.

$$
\begin{aligned}
a_0 &\leftarrow x_0 + y_0 \\
b_0 &\leftarrow x_0 + y_0 \\
a_1 &\leftarrow 17 \\
c_0 &\leftarrow x_0 + y_0
\end{aligned}
$$

이들 새 이름과 함께 그 코드는 각 값들을 정확히 한 번만 정의한다. 그래서, 한 번 이상 정의되거나 잃어버리거나 *죽게 되는* 값들은 존재하지 않는다. 이 블록에 대해 해당 알고리즘을 적용하면 우리가 원하는 결과를 얻게 된다. 연산 2와 4는 불필요하다고 판단된다. 각 연산은 a_0에서의 복사 연산으로 대체될 수 있다. 하지만, 새로운 naming 전략을 통해 더 나은 결과를 얻을 수 있다. 각 값들은 유일한 이름을 가지기 때문에 우리는 $b_0 \leftarrow a_0$와 $c_0 \leftarrow a_0$의 복사 연산들을 제거할 수 있다.

최적화에 있어 이와 같은 발전은 그에 상응하는 비용을 요구한다. 코드를 실행하기 위해서는 해당 프로그램의 이전 의미와 새 이름 공간을 통합해야 한다. 특별히, 컴파일러는 제어 흐름 경로가 합쳐지는 곳에서 이름들을 통합하는 몇몇의 연산을 추가해야 할지도 모른다. 만약 두 경로가 하나의 블록으로 합쳐지고 한 경로를 따르는 a에 대한 대부분의 최근 정의가 a_{13}이고 다른 경로를 따르는 것이 a_{17}이라면, 컴파일러는 a_{13}과 a_{17}을 통합하기 위한 새 이름 a_{23}을 생성하고 선행 블록의 끝에 $a_{23} \leftarrow a_{17}$, $a_{23} \leftarrow a_{13}$의 복사 연산을 추가해야 할지도 모른다. 9.3절에서 이런 종류의 복사 연산을 수행하기 위한 알고리즘을 살펴볼 것이다.

8.3.3 중복 제어로부터 교훈

DAG 생성과 value numbering은 코드 개선을 위한 대부분의 전형적인 컴파일러 기반 기술의 몇몇 특성들을 공유한다. 두 방법 모두 두 가지 문제를 발생시킨다.

기회의 발견 두 기술의 첫 단계는 해당 블록에서 각 표현을 검증하고 동일한 표현식이 이

미 존재하는지 아닌지를 결정하는 것이다. DAG 생성시에는 각 +, × 등과 같은 연산을 위한 추상적인 이름들과 그들의 피연산자들의 이름들이 생성한다. 이때 이 추상적인 이름들은 해시 테이블의 키 값으로 사용된다. 만약 연산자 이름을 위한 항이 이미 존재하면 해당 표현은 중복된 것이다. Value numbering도 동일한 방식을 사용하지만, 한 가지 중요한 차이가 있다. DAG 생성시에는 두 피연산자가 동일한 이름을 가지면 두 피연산자가 동일한 것으로 간주되지만, Value numbering시에는 두 피연산자가 동일한 값 수를 가질 때에만 두 피연산자가 동일하다고 판단한다. 이를 통해 $x \leftarrow a + d$, $y \leftarrow a$ 그리고 $z \leftarrow y + d$와 같은 식에서 복사 연산을 통한 값의 변화를 추적할 수 있게 된다. Lexical 표현을 사용하는 해시 기반의 생성자는 $a + d$와 $y + d$가 동일한 값을 가진다는 것을 예측할 수 없다.

코드의 변환 한 번 컴파일러가 하나의 표현이 중복된 것이라 판단하면, 컴파일러는 해당 사실을 기반으로 IR을 수정한다. DAG 생성 과정에서 컴파일러는 이 사실을 DAG 구조에 직접 기록한다. 각 중복된 표현을 하나의 노드로 표현하는 것이 목적이기 때문에 적당한 이름의 노드를 이용하여 해시 테이블 안에 중복 여부를 기록하게 된다. 이를 통해 연속적인 연산이 해당 연산을 참조하면 그것은 하나의 표현을 참조하게 된다. Value numbering은 해당 연산들을 재작성 한다. 중복된 연산을 확인하면 복사 연산을 이용해 해당 연산을 대체한다.

이 두 구조는 많은 최적화를 발생시킨다. 이런 기법들은 변형이 안전하게 적용될 수 있는 기회를 찾기 위해 코드를 분석하는 기능과 변형을 수행하기 위해 IR을 수정하는 기능을 가진다. 다음 절은 분석과 변형을 다루기 위한 배경 지식을 제공한다.

8.5절에서는 value-numbering 기법을 다루고 기본 블록보다 더 큰 영역에 대해 이를 적용할 수 있도록 확장한다. 8.6절에서는 전체 함수에 대해 중복성을 제거하는 것을 살펴볼 것이다. Value numbering을 다시 확장하는 대신, 우리는 데이터 흐름 분석의 고전적인 문제인 *유효한 표현*들을 처리하는 알고리즘을 사용할 것이며, 해당 코드를 재 작성한 결과를 사용할 것이다. 이 접근 방식을 통해 value-numbering과는 다른 형태의 향상을 얻을 수 있다.

8.4 최적화의 범위

앞 장에서 살펴본 두 가지 기법들은 기본 블록 단위로 동작한다. 우리가 살펴본 바와 같이 두 기법은 모두 한 문장에 선행하는 내용들에 대한 정보를 수집하고 이를 프로그램을 개량하는 데 사용한다. 많은 최적화 기법들이 문맥상의 지식을 얻어내고 이를 이용하여 코드를 개량하는 데 사용함으로써 해당 코드의 성능을 높인다. 그래서, 각 기법들이 고려하는 문맥의 양은 문맥적인 지식을 표현하고 구현하고 이해하는 데 중요한 역할을 한다. 일반적으로 분석과 변형 모두 local, superlocal, regional, global 이나 전체 프로그램의 다섯 가지 분류 중 하나에 포함된다.

8.4.1 Local 방법들

이들 방법들은 기본 블록에만 적용된다. 이들 local 메소드들은 대부분 분석하거나 이해하기 가장 쉽다. 그림 8.5는 *A, B, C, D, E, F, G*의 7개의 기본 블록을 포함한 일부분의 코드를 보여 준다. 각 기본 블록의 끝은 조건부 분기나 무조건 분기이다.

기본 블록이라는 개념에는 두 가지 중요한 속성이 포함되어 있다. 첫째, 한 기본 블록 내의 문장들은 순차적으로 실행된다. 둘째, 하나의 기본 블록 내에서 어떤 하나의 문장이 실행되면 전체 블록이 실행되어야 한다. 실행 중에 발생하는 예외는 기본 블록의 실행을 방해할 수 있다. 전형적으로 한 예외는 프로그램의 제어를 예외 처리기로 넘기게 만든다. 그 처리기는 문제를 해결하고 다시 제어를 해당 블록에 돌려주고 예외를 발생시킨 연산을 재실행한다. 또는 실행을 종료할 수도 있다. 전자의 경우에는 컴파일러가 어떤 연산이 예외를 발생시켰는지, 예외 처리기로 인해 어떤 추가적인 영향이 발생하는지를 알 필요가 있다. 후자의 경우에는 실행이 비정상적으로 종료되기 때문에 최적화는 명확하게 진행된다. 이 두 가지 속성은 큰 범위에 대해 증명 가능한 것보다 더 강력할지 모르는 증명을 상대적으로 간단한 분석을 통해 수행할 수 있도록 돕는다. Local 메소드들은 때때로 큰 영역에 대해서 간단히 얻을 수 없는 발전을 얻어낸다. 그러나, local 메소드들은 동일한 블록에서 발생하는 연산자들의 발전에 국한된다.

8.4.2 Superlocal 방법들

이들 방법들은 *확장된 기본 블록(Extended Basic Block, EBB)*에 적용된다. 하나의 확장 기본 블록 EBB β는 기본 블록 $\beta_1, \beta_2, ..., \beta_n$의 집합이다. 이때, β_1은 다중 선행 블록을 가질 수 있지만, 다른 블록들 즉, β_i, $2 \leq i \leq n$은 EBB 내에서 유일한 선행 블록을 가져야 한다. β에 포함되어 있는 기본 블록 β_i들은 β_1이 루트인 트리 모양을 형성한다. β에 존재하지 않는 블록을 타깃으로 하는 β_i의 끝에 branch나 jump가 있을 때 β는 다중 출력을 가질 수 있다.

그림 8.5의 예제는 세 가지 최대 크기 EBB들인, {*A, B, C, D, E*}, {*F*}와 {*G*}를 가진다. 첫 번째 EBB는 {*A, B*}, {*A, C, D*} 그리고 {*A, C, E*}의 세 가지 다른 경로를 가진다. 마지막 두 가지 EBB들은 하나의 블록으로 구성된다. 그러나, *F*와 *G* 모두 다중 선행 블록을 가지기 때문에 그들은 그

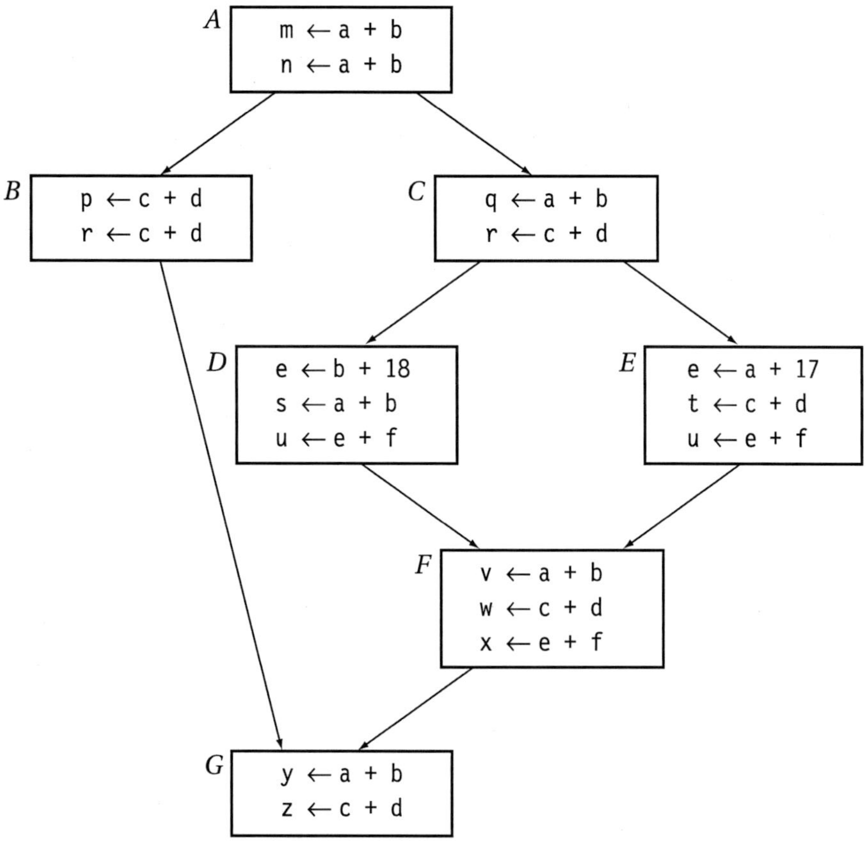

그림 8.5 코드 fragment

들의 선행 블록의 EBB들에 포함될 수 없다.

하나의 EBB 내에서 컴파일러는 뒤따르는 블록의 코드를 개선하기 위해 앞 블록에서 발견된 정보들을 사용할 수 있다. Superlocal 방법들은 하나의 EBB를 통하는 개별적인 경로들을 마치 하나의 기본 블록처럼 처리할 수 있다. 예를 들어, 하나의 supcrlocal 방법은 *A*에시 발견된 사실들을 *B*, *C*, *D*, *E* 등을 개선하기 위해 사용할 수 있다. Value numbering에서 컴파일러는 *A*를 처리한 결과를 *B*, *C* 등의 시작점으로 사용할 수 있다. 또, *A*와 *C*의 처리 결과를 *D*, *E* 등의 시작점으로 사용할 수 있다. 이들 추가적인 사실들은 변형과 개선을 위한 추가적인 기회를 제공해 준다.

8.4.3 Regional 방법들

이들 방법들은 하나의 EBB보다는 크고 전체 함수보다는 작은 영역에 적용된다. 예를 들어 컴파일러는 {*A*, *B*, *C*, *D*, *E*, *F*, *G*}와 같은 하나의 단일 영역에 존재하거나 {*A*, *B*, {*C*, *D*, *E*, *F*}, *G*}와 같이 계층적인 영역에 존재하는 7개의 기본 블록을 고려하는 것의 장점을 찾아낼지도 모른다. 이 경우, 예를 들면 *F*를 처리할 때 *C*, *D*와 *E*에서 얻어진 사실들을 사용할 수 있다.

Regional 방법은 전체 함수보다는 작은 영역에 집중한다. 일부의 경우, 이것은 변형을 가능하게 하는 분석을 보다 정확하게 돕는다. 예를 들어 하나의 루프 안에서 컴파일러는 매우 자주 사용되는 하나의 포인터 값이 전혀 변하지 않는다는 것을 확인할 수 있다. 비록 그것이 함수 내의 다른 어떤 곳에서 수정되더라도 말이다. 이런 지식들은 포인터에 의해 참조되는 레지스터에 저장된 값을 유지하는 등의 최적화에 사용될지도 모른다.

컴파일러는 다양한 방법으로 영역을 선택할 수 있다. 하나의 영역은 루프와 같은 원시 코드 상의 제어 구조에 따라 정의될 수 있다. 다시 말해, 우위자 관계와 같은 몇몇의 그래프 이론적인 속성들에 의해 정의된 CFG의 일부분이 이를 위해 사용된다. (8.5.2절을 참조하라.)

루프 기반의 방법들은 가장 자주 실행되는 영역에 최적화 노력을 집중한다는 아주 단순한 방식을 따른다. 평균적으로 루프 본체는 그들의 감싸고 있는 코드들 보다 많이 실행되기 때문에 최적화 노력을 루프에 집중하는 것은 타당한 일이다. 다른 공통적으로 사용되는 영역들은 우위자 트리의 일부분과 SSA 그래프 내의 주기들을 포함한다. (9.3, 10.3절을 참조하라.)

Regional 방법들은 CFG의 병합 지점에 적용된다는 점에서 superlocal 방법과는 다르다. 병합 지점에서 regional 방법은 병합 지점으로 들어가는 각 경로에 대해 참 값을 가지는 사실들의 개별적인 집합을 통합하기 위한 전략이 필요하다. Regional 방법은 함수의 일부 영역만을 고려하는 global 방법과는 다르다. 제한된 영역에 집중하는 것은 장점이 될 수도 약점이 될 수도 있다.

8.4.4 Golbal 방법들

*Intraprocedural 방법*이라 불리는 이 방법들은 하나의 전체 함수를 시험한다. Global 방법의 동기는 지역적으로 최적인 결정들이 보다 큰 문맥에서는 잘못된 결정일 수 있다는 것이다. 함수는 분석과 변형의 자연적인 범위를 제공한다. 함수들은 실행 환경으로부터 구별되는 추상화의 수준이다. 동시에 그들은 많은 시스템에서 분리 컴파일을 위한 범위로도 사용된다.

전역 변환은 대부분 전역 분석을 필요로 한다. 데이터 흐름 분석은 이런 도전과 마주치도록 발전했다. 그래서, 전역 기법들은 보통 특정 변환의 안정성과 유용성을 결정하기 위한 이런 정보들의 응용에 정보를 획득하기 위한 몇몇의 intraprocedural 분석 기법을 사용한다. 전역 방법은 지역 방법이 할 수 없는 개선을 위한 기회를 발견한다.

8.4.5 전체 프로그램 방법들

*Interprocedural 방법*이라 불리는 이들 방법들은 전체 프로그램을 대상으로 적용된다. 적용 범위를 지역에서 전역으로 옮기는 것만으로도 새로운 기회들을 발견할 수 있다. 그것은 물론 새로운 도전을 야기한다. 전체 프로그램을 살필 때, 컴파일러는 단일 함수 내에 존재하지 않는 이름 적용 규칙이나 매개변수 관련 등으로 인한 복잡함과 제한에 마주치게 된다.

우리는 함수 간 변환과 같은 한 함수 이상을 포함하는 변환을 구분한다. 어떤 경우 이들 기법들은 전체 프로그램을 분석하는 데 사용된다. 다른 경우 컴파일러는 단지 소스 코드의 일부를 시험할지도 모른다. 함수 간 최적화의 두 고전적인 예제들은 호출된 함수를 호출된 위치에 복사해 넣는 인라인 대체와 전체 프로그램에 걸쳐 상수들을 전파시키고 합치는 함수 간 상수 전파이다.

8.5 기본 블록보다 큰 영역에서의 value numbering

중복성은 서로 다른 기본 블록들의 표현들 사이에서 발생할 수 있다. 8.3절에서 다뤄진 기법들도 이들 경우에 발생할 수 있다. 두 기법 모두 하나의 단일 블록에 그들의 관심을 한정한다. 이 절에서는 보다 큰 영역에 대해 value-numbering을 확장하는 두 방법에 대해 다룬다. – 먼저 확장된 기본 블록들에 적용하고 이후에 보다 큰 영역에 대해 적용할 것이다. Value-numbering을 위해 보다 큰 영역으로 움직이는 것은 해당 변환이 더 많은 중복 표현들을 제거할 수 있도록 돕는다. 일반적으로 이것은 보다 빠른 코드를 발생시킨다.

8.5.1 Superlocal Value Numbering

Value numbering의 결과를 개선하기 위해 컴파일러는 적용 범위를 하나의 기본 블록에서 EBB로 확장할 수 있다. 그 알고리즘을 적용하기 위해 컴파일러는 EBB로 통하는 각 경로에 수 값을 할당해야 한다. 그림 8.5의 코드에서 컴파일러는 $\{A, B\}$, $\{A, C, D\}$ 그리고 $\{A, C, E\}$에 값을 할당해야 한다. $\{A, C, D\}$을 고려해 보자. 컴파일러는 A에 지역 값 할당을 적용하고, 그 결과로 발생한 해시 테이블을 C에 값을 할당하기 위한 초기 상태로서 사용한다. 결과적으로 컴파일러는 $\{A, C, D\}$을 하나의 기본 블록인 것처럼 처리한다. 이 접근은 지역 알고리즘이 찾지 못한 중복성과 상수 값으로 표현된 표현을 찾을 수 있게 한다.

{*A*, *C*, *E*}에서 두 번째 경로에 해당 알고리즘을 적용하기 위해, 컴파일러는 *A*로 다시 시작할 수 있다. 그리고, *C*, *E*로 계속해서 진행할 수 있다. 해당 EBB에서 각 경로를 처리하여 원하는 결과를 얻을 수 있도록 한다. 그러나, value numbering의 비용은 하나 이상의 EBB의 선행자인 *A*와 같은 블록에 대한 중복된 처리로 인해 급격히 증가하게 된다. Superlocal 알고리즘에서 우리는 가능한 컴파일 시간의 증가를 최소화하기 위해 증가된 문맥을 분석하는 것으로부터 얻어진 최적화 이득을 원한다. 이것을 이루기 위해 EBB 기반의 알고리즘은 트리 구조의 EBB에 집중한다.

여러 EBB들에 걸쳐 효율적인 value numbering을 수행하기 위해 컴파일러는 EBB를 통한 다중 경로들에서 발생하는 블록의 결과를 재사용해야 한다. 컴파일러가 이들 블록들을 깊이 우선이나 너비 우선으로 처리하든지 블록 처리 결과를 취소할 수 있는 방법이 필요하다. {*A*, *C*, *D*} 이후에 *E*를 처리하기 위해 해당 상태를 재사용 할 수 있기 때문에 컴파일러는 {*A*, *C*}의 끝을 위한 상태를 재생산해야 한다. 컴파일러가 이것을 수행할 수 있는 많은 방법들은 다음과 같다 :

- 컴파일러는 각 블록 경계에 있는 해당 테이블의 상태를 기록하고 필요시에 복원할 수 있다. 이를 통해 알고리즘이 요구하는 공간이 커질 수 있지만 블록을 한 번씩만 처리하면 되는 장점이 있다.

프로시저 내와 프로시저 간의 비교

컴파일 과정에서의 몇몇 용어들은 *global*이란 단어만큼의 혼란을 야기한다. 전역 분석 및 최적화는 함수 전체에 대해 적용된다. 하지만, 현대 영어의 함축은 모든 것을 포함한 범위를 제안한다.

함수 범위를 넘어선 분석과 최적화에 대한 관심은 IBM의 PL/I 최적화 컴파일러를 시작으로 1980년대를 거치면서 증가했고, 하나의 함수에 대한 기법들에 *intraprocedural*이라는 용어를, 둘 이상의 함수에 대해서는 *interprocedural*이라는 용어를 사용하게 했다. 이들 단어들은 철자와 발음이 비슷해서 사용시 혼란을 일으키기 쉽다.

Perkin-Elmer 사는 "universal" 최적화 컴파일러를 소개할 때 이런 혼란을 줄이기 위해 노력했다. 해당 시스템은 공격적인 최적화의 결과로 생성된 코드에 확장된 인라이닝을 적용했다. 우리는 *전체 프로그램*이라는 용어를 더 좋아하고 가능한 사용하려고 한다. 이로써 올바른 구별을 만들고 독자와 청자가 "global"이 "universal"이 아니라는 것을 기억하게 하고자 한다.

■ 컴파일러는 블록들을 역으로 순회함으로써 블록 처리 결과를 되돌릴 수 있고, 각 연산에 대해 순 처리를 취소할 수 있다. 몇몇의 문제들은 잃어버린 정보로 인해 발생한다. -만약 하나의 연산이 순 방향 처리 과정에서 x에 대한 새로운 수 값을 생성했다면, x의 이전 값은 무엇인가? 이 접근법은 순 방향 처리 시에 추가적인 정보를 기록할 것을 요구한다.

■ 컴파일러는 구문적으로 처리되는 해시 테이블(5.7.3절 참조)을 위해 개발된 방법을 사용하여 값 테이블을 구현할 수 있다. 한 블록을 처리할 때, 컴파일러는 새로운 영역을 생성한다. 블록의 결과를 축소하기 위해 그것은 블록의 범위를 제거한다.

세 가지 방법 모두 동작한다. 범위가 지정된 값 테이블은 만약, 우리가 범위가 지정된 심볼 테이블을 처리하기 위해 개발한 방법을 사용한다면, 가장 비용이 적게 드는 방법이다. 컴파일러는 각 범위를 위해 요구되는 테이블의 크기를 평가할 수 있기 때문에 테이블이 가득 찼을 때 테이블을 확장하기 위해 필요한 심볼 테이블 구현의 복잡성을 피할 수 있다. (ILOC 코드에서 이름들의 최대 수는 ILOC 연산의 세 배이다.)

범위가 지정된 테이블에도 한 가지 어려움은 남는다. 만약 하나의 이름이 여러 블록에서 정의되면 한 블록에서의 정의의 결과는 다른 블록과 연계된 범위에 기록될 수 있다. 이 경우, 한 블록과 연관된 테이블을 축소시키고 범위를 제거하는 것으로는 해당 블록과 관련된 모든 정보들을 제거할 수 없을지도 모른다. Value numbering 알고리즘은 수 값을 대체하는 다른 영역의 항들을 회복해야 할 필요가 있을지 모른다.

이런 복잡함을 피하기 위해 컴파일러는 각 이름이 정확히 한 번 정의된 표현에서의 superlocal value numbering을 수행할 수 있다. 이 이름을 부여하는 정책은 한 블록 내의 정의가 해당 블록과 연관된 값 테이블의 범위에 기록되게 함으로써 value numbering을 단순화 한다. 8.3.2절에서 논의된 것처럼 이는 value numbering을 더 효과적으로 만든다.

우리는 이와 같은 특성을 지닌 SSA 형태의 IR을 5.5절에서 이미 다루었다. 하나의 연산에 대해 하나의 이름이 정의되고, 각 값의 사용은 하나의 정의를 참조한다. 전자의 속성은 superlocal value numbering의 한정된 값 테이블 버전을 만들기 위해 우리가 필요한 것이 무엇인지를 나타낸다. 그림 8.6은 SSA 형태의 예제를 보여 준다.

예를 들어, superlocal 알고리즘은 먼저 EBB $\{A, B, C, D, E\}$를 거치는 모든 경로를 처리하고, 그 다음 EBB $\{F\}$와 EBB $\{G\}$을 처리한다. (사실 알고리즘은 각 EBB의 헤더 앞에 있는 어떤 문맥에도 의존하지 않기 때문에, 해당 알고리즘은 EBB들을 어떤 순서로든지 처리할 수 있다.) 좀 더 자세히, 이들 동작들은 아래의 순서를 따라 발생한다.

1. *Create a scope for A.*
2. *Value number A.*
3. *Create a scope for B.*
4. *Value number B.*
5. *Delete B's scope.*
6. *Create a scope for C.*
7. *Value number C.*
8. *Create a scope for D.*
9. *Value number D.*
10. *Delete D's scope.*
11. *Create a scope for E.*
12. *Value number E.*
13. *Delete E's scope.*
14. *Delete C's scope.*
15. *Delete A's scope.*
16. *Create a scope for F.*
17. *Value number F.*
18. *Delete F's scope.*
19. *Create a scope for G.*
20. *Value number G.*
21. *Delete G's scope.*

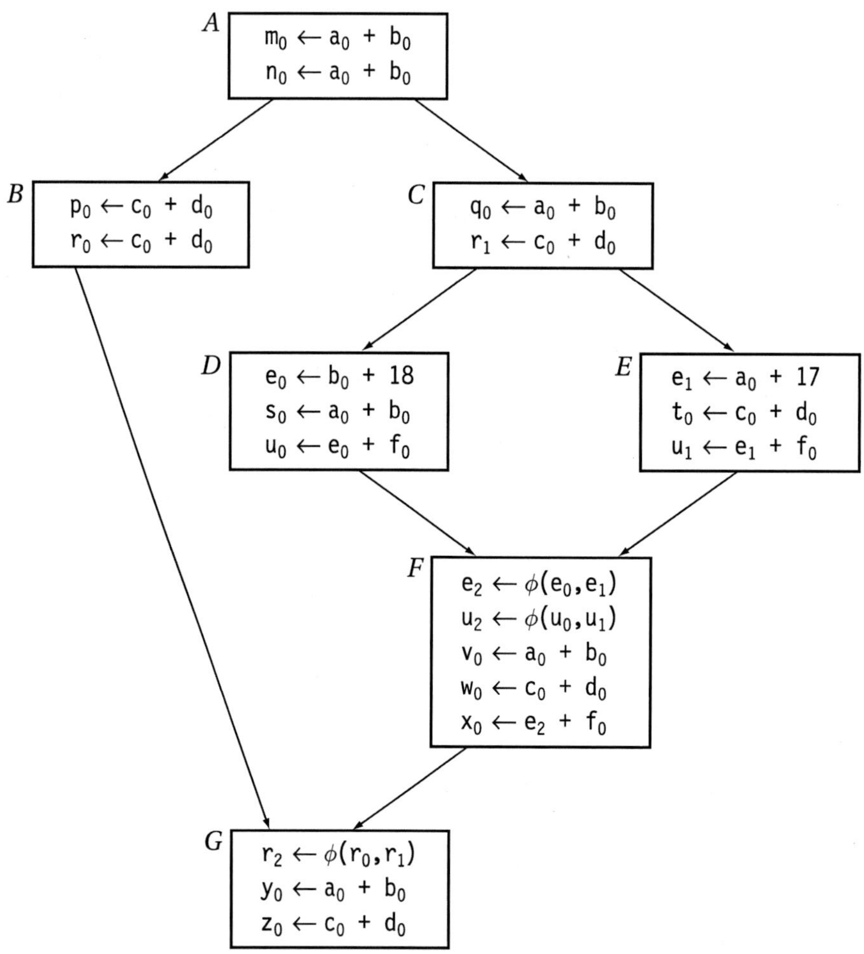

그림 8.6 SSA 형식의 예

각 기본 블록에 대해 superlocal 알고리즘은 범위를 지정하고, local value numbering을 적용하고, 현재 EBB의 어떤 후속블록에도 순환 적용하며, 해당 범위를 삭제한다. 범위를 관리하기 위한 가벼운 방법론을 사용함으로써 컴파일러 개발자들은 superlocal 알고리즘의 비용을 local 알고리즘 수준으로 유지한다.

효율성의 측면에서 superlocal 알고리즘은 local 알고리즘보다 더 중복된 연산을 제거한다. 그림 8.7에서 검은색이 아닌 회색으로 표현된 연산을 제거하는 알고리즘이 보인다. †로 표시된 해당 연산들은 local value numbering이 선행 블록에서 계산된 값에 의존하기 때문에 이에 의해 제거될 수 있다. 해당 알고리즘은 하나의 EBB에 대해 매우 잘 적용된다. 하지만, 그것은 몇몇의 기회를 잃어버린다. 그들 자신 EBB들을 형성하는 *F*와 *G* 때문에 그것이 비록 명백하게 중복된 것이라 할지라도 그 블록들에 포함된 $a_0 + b_0$의 연산은 중복된 것으로 처리되지 않는다. 마찬

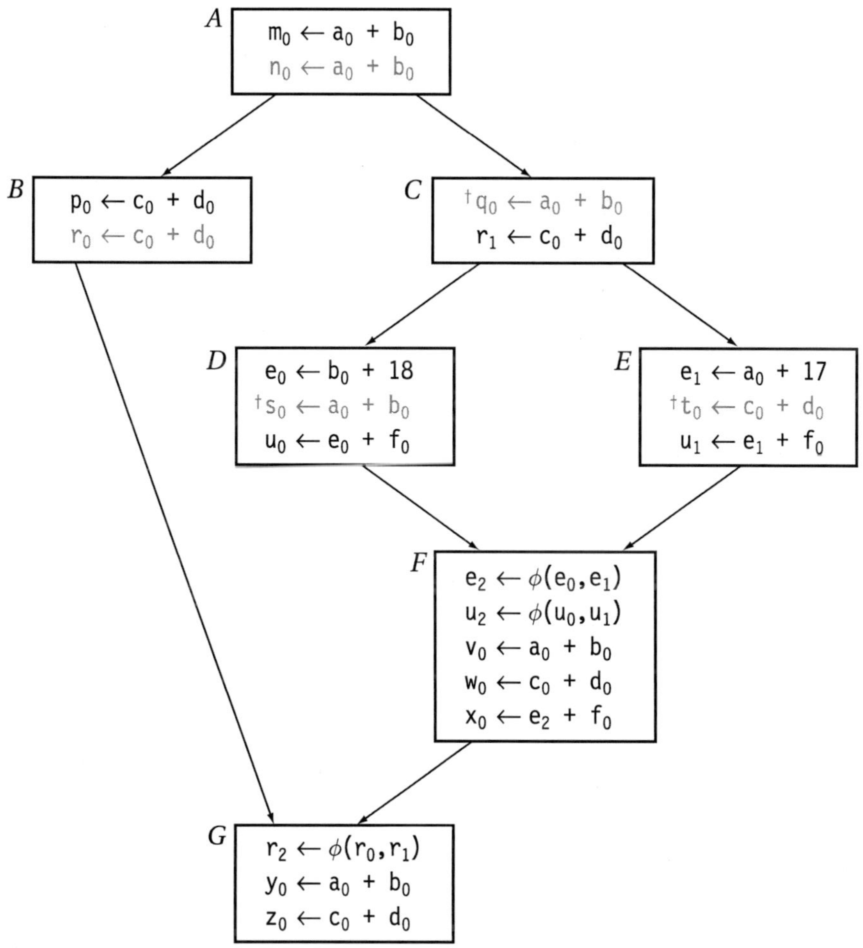

그림 8.7 Superlocal value numbering의 결과

가지로, 알고리즘은 블록 *F*와 *G*의 c_0 + d_0도 중복된 것으로 판별하지 못한다.

마지막으로 *F* 안의 e_2 + f_0 연산은 다른 문제를 야기한다. 해당 연산은 중복된 것이다; *F*블록으로 연결된 어떤 경로도 e + f을 계산하고, *F*의 평가 전에 e와 f는 재정의되지 않는다. 그러나, 이들 연산은 다른 값을 가져야 하기 때문에 다른 값들을 계산한다. 이 중복이 동일성의 다른 표현을 요구한다는 것을 인식하기 위해 우리는 8.6절을 보아야 한다.

이런 단점들에도 불구하고 superlocal 알고리즘은 고려의 대상이 된다. 그것은 최소의 추가 비용을 통해 local 알고리즘보다 많은 중복을 찾아낸다. 범위가 지정된 해시 테이블의 효율적인 구현을 통해 EBB를 관리하는 비용은 최소로 유지된다.

모든 local 기법들이 EBB로 명백하게 확장하는 것은 아니다. Value numbering은 동일한 값들의 스스로 중복된 연산을 대체하므로 잘 동작한다. 새로운 연산들을 추가하거나 존재하는 연산들을 이동시키는 기법들은 보다 복잡할 수 있다. 예를 들어, 이들 문제들은 superlocal 명령어 스케줄링에서 발생한다. 블록 b_j의 한 연산을 선행 블록인 b_i로 이동시키는 것은 b_i의 다른 후속 블록들의 변화를 요구할 수 있다. b_i로부터 b_j로 하나의 연산을 이동하는 것은 b_i의 다른 후속 블록들에게 하나의 복사 연산을 추가하는 것을 요구할 수 있다.

8.5.2 Dominator를 기반으로 한 value numbering

Superlocal value numbering 알고리즘은 CFG에서 다중 선행 블록을 가지는 블록을 만나면 전체 값 테이블을 삭제해야 하기 때문에 몇몇의 최적화 기회를 잃어버리게 된다. Value numbering의 범위를 확장하기 위해 수행하는 다음 단계는 그림 8.6의 블록 *F*와 *G* 안에 존재하는 중복을 찾아내는 것이다.—연산자들은 앞쪽의 EBB에서 계산되기 때문에 중복될 수 있다. 이를 수행하기 위해 예를 들어, *D*와 *E*에서 *F*로, *B*와 *F*에서 *G*로 진행하는 CFG의 join 지점을 넘어 중복 여부에 대한 정보를 전달할 방법이 필요하다.

Superlocal 방법은 join 지점을 포함한 영역으로 직접적으로 확장되지 않는다. *E*로부터 *F*로는 제어가 전달되지 않기 때문에, *F*에 값을 할당하기 위해 EBB{*A*, *C*, *D*}을 표현하는 *D*로부터의 테이블을 사용할 수 없다. 또한, *D*에서부터 F로의 경로를 기술하는 데 실패하기 때문에 {*A*, *C*, *E*}을 표현하는 *E*로부터의 테이블을 사용할 수도 없다. 해당 알고리즘은 *D*와 *E*를 위한 값 테이블을 결합하려 시도할 것이다. 그 결합 동작은 개별 경로를 따라 할당된 수 값을 통합하기 위해 필요하다. 예를 들어 *D*, *E* 내에서 수행되는 e + f의 계산은 다른 수 값들을 가진다. 마찬가지로 해당 알고리즘은 다른 경로가 아닌 한 경로를 따라 계산된 값들을 확인한다. *F* 블록에서 b + 18의 사용은 *E*에서 *F*로 진행하는 경로가 아닌 *D*에서 *F*로 진행하는 경로를 따라 수행되는 중복 연산을 확인하게 한다. 결합 지점을 처리하기 위해 value numbering 알고리즘을 확장하는 것은 매우 복잡한 일이다.

그러나, *F*를 위해 해당 알고리즘을 사용할 수 있는 테이블이 있다. *F*로 진행하는 두 경로들은 동일한 선행 경로인 {*A*, *C*}를 가진다. *A*는 이 코드 부분을 위한 유일한 항목이다. *A*에서 *F*로의 모든 경로는 *A*와 *C*를 통해 진행한다. 그래서, 컴파일러는 *A*와 *C*에서 수행되는 모든 연산이 *F*의 첫 연산에 앞서 실행되어야 한다는 것을 안다. 해당 알고리즘은 *F*를 처리하기 위한 초기 상태로서 *C*를 처리하는 과정에서 생성된 테이블을 사용할 수 있다.

*D*와 *E*에서의 할당들은 어떠한가? SSA 형태를 사용함으로써 컴파일러는 *C*와 *F* 사이에서 제정의되는 값의 문제를 비켜갈 수 있다. 각 이름은 정확히 하나의 연산에 의해 정의되기 때문에 *D*와 *F*에서의 연산들은 값 테이블에 정보를 추가할 수는 있지만, 그것을 무효화 시킬 수는 없다. 만약 *F* 안의 한 연산이 *D*나 *E*에 의해 생성되는 하나의 값을 참조한다면, 그 값을 위한 이름은 *C*를

차원의 제약과 이득

아마도 value numbering은 보다 나은 결과를 얻기 위해 처리 범위를 직접적으로 확장시킬 수 있는 기술의 가장 간단한 예일 것이다. Value numbering의 목적은 중복된 표현을 발견하고 중복된 평가를 제거하는 것이다. 8.5장에서 보이듯 보다 큰 영역으로 옮겨 가기 위해 알고리즘이 보다 많은 중복 표현을 발견하고 제거할 수 있게 해야 한다. 과연 이렇게 하는 것이 빠른 코드를 생성하는 것인가라는 질문이 남을 것이다. 목표 기계의 환경에 따라 중복을 제거하기 위한 작업들이 보다 느린 코드를 발생시킬 수 있다.

예를 들어, 참조를 수행하는 중복 표현을 대체하는 것은 첫 연산에 의해 생성된 값의 수명을 늘릴 수 있다. 이는 레지스터의 사용량을 증가시키고 최악의 경우, 이를 처리하기 위해 레지스터 할당자가 store와 load 연산을 추가하는 원인이 될 수 있다. 물론, 피연산자들이 사용한 값이 마지막으로 사용되는 것이라면 이런 대체는 레지스터의 사용량을 줄일 수 있다.

이런 결과는 특별히 프로그램에 새롭게 추가되거나 삭제된 각각의 연산이 얼마나 자주 실행되는지에 의해 결정된다. 하나의 특정한 대체가 가지는 효과를 계산하는 것은 다른 대체들의 영향을 포함하는 세부적인 사항에 대한 조사를 필요로 한다. 이런 효과를 예측하는 매우 어려워서 컴파일러 개발자들이 일반적으로, 이런 효과를 무시하고 변환이 무조건 유용한 것이라 가정하게 만든다. 이런 과정은 Backus가 첫 번째 FORTRAN 컴파일러를 개발할 때, 그의 팀에게 최적화 도중 사용 가능한 레지스터는 충분하고 후속 과정에서 레지스터들에 연산을 매핑하는 문제를 최적화와 분리시키도록 한 것에서도 확인된다.

위한 테이블에 있을 수 없다. 사실, SSA 형태는 컴파일러가 *D*나 *E* 내에서 생성된 한 값에 대한 *F* 내의 어떠한 참조도 *F*의 맨 위에서 ϕ함수에 의해 정의된 이름을 사용할 수 있도록 보증한다. (*F* 내에서 e의 정의와 뒤 이은 사용으로 어떤 일이 발생했는지 확인하라. 그림 8.5와 8.6을 비교해 보자.)

*C*의 테이블을 사용하여 *F*를 위한 value numbering 단계를 초기화 하는 것은 컴파일러가 $a_0 + b_0$와 $c_0 + d_0$의 연산을 제거할 수 있게 허락한다. 이것은 컴파일러가 *C*와 *F* 사이에서 값이 계산되는 $e_2 + f_0$가 *F*로의 모든 경로를 따라 계산된다는 것을 알 수 있게 돕지 않는다.

같은 원리를 사용하여 해당 알고리즘은 *G*를 처리할 때 *A*의 테이블을 사용할 수 있다. 원래 연산이 *A* 내에 존재하기 때문에 이를 통해 *G* 블록 내의 $a_0 + b_0$ 연산을 제거할 수 있다. 그러나 이전 연산들이 *B*와 *C* 사이에 존재하기 때문에 $c_0 + d_0$의 연산을 제거할 수는 없다.

Dominators

Value numbering 알고리즘은 하나의 블록으로 진행하는 모든 경로에 대한 가장 최근의 공통 선행자를 찾을 수 있는 방법을 필요로 한다. 예를 들어 CFG를 조사함으로써 아래와 같은 관계를 찾아낼 수 있다.

For block	*A*	*B*	*C*	*D*	*E*	*F*	*G*
Use table from	—	*A*	*A*	*C*	*C*	*C*	*A*

각 경우에 대해 이 관계를 통해 *A*로부터 개별 노드로의 모든 경로에 놓여 있는 가장 근접한 선행자를 찾아낼 수 있다. 이 관계는 *dominator* 관계의 한 형태이다.

CFG에서 만약 노드 *x*가 그래프 항으로 부터 *y*로의 모든 경로에 존재하면 우리는 *x*가 *y*에게 "*영향을 준다*" 라고 하고 $x \gg y$로 표현한다. 정의에 의해 $x \gg x$이다. 만약 $x \gg y$이고 $x \neq y$이면, x는 *y*에게 "*절대적인 영향을 준다*" 라고 하고, $x \gg y$로 표현한다. *y*에 대한 우위자들의 전체 집합은 DOM(*y*)로 표현된다. 예를 들어, DOM(*F*)는 {*A*, *C*, *F*}이다. *y*의 *immediate dominator*는 *y*에게 절대적인 영향을 주고 *y*에 가장 근접한 것이며, IDOM(*y*)로 표현된다.

위 예는 하나의 노드가 다중 우위자를 가질 수 있음을 보여 준다. 노드 *A*와 *C*는 *A*에서 *F*로의 모든 경로에 존재하므로, $A \gg F$, $C \gg F$, $F \gg F$이다. 테이블은 예제로서 전체 우위자를 보여 준다.

Block	*A*	*B*	*C*	*D*	*E*	*F*	*G*
$\gg$	—	{*A*}	{*A*}	{*A*, *C*}	{*A*, *C*}	{*A*, *C*}	{*A*}
Dom	{*A*}	{*A*, *B*}	{*A*, *C*}	{*A*, *C*, *D*}	{*A*, *C*, *E*}	{*A*, *C*, *F*}	{*A*, *G*}
Dom	—	*A*	*A*	*C*	*C*	*C*	*A*

앞 테이블의 마지막 줄은 각 블록에 대한 IDOM을 보여준다. 어떻게 이들 집합들이 value numbering 알고리즘과 관계가 있을까?

블록 b에 대해 DOM(b) − {b} 내의 각 블록은 b로 연결된 모든 경로에서 실행되어야 한다. 때문에 b에 대해 value numbering을 수행할 때 컴파일러는 b에 앞서 DOM(b) − {b}의 모든 블록을 알아야 한다. 컴파일러는 b를 위한 값 테이블을 초기화 하기 위해 DOM(b) − {b} 내의 어떤 블록의 값 테이블도 사용할 수 있어야 한다. 어떤 블록들이 최고일까?

DOM(b)는 DOM(b) − {b}의 블록 내에서 가장 큰 DOM 집합을 가진 블록이다. 다시 말해 만약 i = IDOM(b)이면, DOM(b) − {b}을 포함하는 모든 다른 j에 대해 DOM(i)가 DOM(j)처럼 j를 포함하게 된다. 컴파일러는 b로의 모든 경로에 i가 발생하고 i의 값 테이블이 DOM(b) − {b} 내의 어떤 다른 노드에 대한 테이블보다 더 많은 정보를 가지고 있기 때문에 b의 값 테이블을 초기화 하기 위해 i의 테이블을 사용해야 한다.

이런 관점을 적용하기 위해 최적화기는 local value numbering 방법을 각 블록에 적용할 수 있다. 블록 b에 대해, 최적화기는 IDOM(b) 블록의 끝에 적용하는 제한된 구간의 값 테이블을 사용해야 한다. 이것은 superlocal value numbering에 우리가 사용했던 구간을 확장하거나 축소하는 방법과 동일한 방법론에 잘 적용된다. DOM과 IDOM을 구하는 과정은 9.3.1절에서 다루겠다.

Value Numbering을 위한 IDOM의 사용

우리는 제어 흐름 그래프를 위한 우위자 트리를 구성함으로써 IDOM 관계를 시각적으로 표현할 수 있다. 해당 트리에서 한 노드의 부모는 그것의 immediate dominator이다. 앞으로 나올 예제에서 dominator 트리는 다음과 같다.

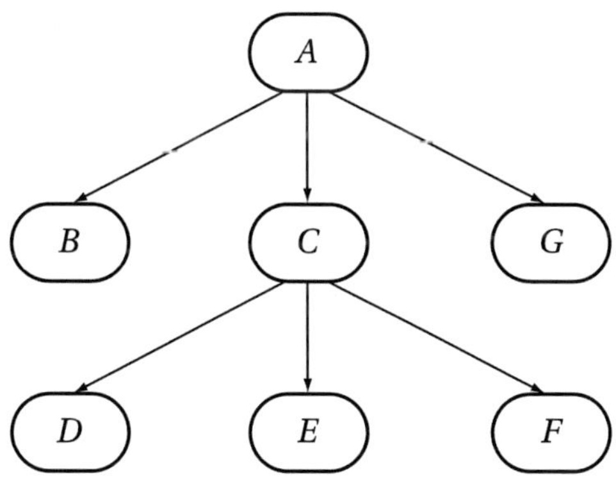

주어진 하나의 노드 D에 대해, D의 DOM 집합이 그 자신을 포함하면 IDOM(D)은 해당 트리에서 자신의 상위 노드들을 따라 구성된 dominator 트리에서 D의 부모 노드이다. 때문에

IDOM(*D*)는 *C*이고 DOM(*D*)는 {*D*, *C*, *A*}이다.

Dominator 기반 value numbering 알고리즘은 전위(preorder)로 우위자 트리를 순회한다. 이를 통해 한 블록을 분석하기 전에 적절한 테이블이 구성되는 것을 보장한다. 이를 통해 직관적이지 않은 순회 순서를 발생할 수도 있다. 예를 들어 알고리즘 상에서는 *F*에 앞서 *G*를 분석할 수 있다. *G*를 분석하고 있는 동안 해당 알고리즘이 사용할 수 있는 유일한 정보는 *A*를 처리하는 동안 얻어진 것들이기 때문에, *F*와 *G* 사이의 상대적인 순서는 명확하지 않을 뿐 아니라 부적절하다.

8.6 전역 중복 제거

Value numbering은 프로그램에서 값의 사용을 분석하고, 같은 값을 포함한 표현을 찾아내어, 중복된 연산을 제거한 코드로 고치는 것을 말한다. 이 과정은 이름보다는 값에 초점이 맞추어져 있으며, 더 큰 CFG를 포함시키기 위해서 쉽게 범위를 확장할 수 있다. superlocal value numbering과 dominator-based value numbering 모두 정보를 순환의 역 edge로 전달할 수 없으며, 따라서 어떤 중복 연산들은 발견되지 않는다.

Superlocal value numbering과 우위자 기반 numbering 알고리즘은 둘 다 분석과 코드의 변형을 CFG의 한 영역에 대해서 한 번에 수행한다. 이들 알고리즘들은 CFG를 순환하면서 정보를 전달할 수 없기 때문에 발견하는 대로 코드를 수정한다.

전체 순환을 처리하는 알고리즘은 잠재적으로 더 많은 중복 연산을 찾아낼 수 있다. 하지만 이 경우, 순환의 head에 있는 블록으로 정보를 전달하기 전에 전체 순환을 처리해야만 한다. 따라서 전체 순환을 분석할 때까지는 header 블록을 고쳐 쓸 수 없다. 마찬가지로 첫 번째 블록을 분석하고 전환 할 때까지는 두 번째 블록을 쓸 수 없으며, 같은 현상이 다음 블록으로 계속 이어진다. 이 문제를 해결하기 위해서, 대부분의 global 최적화 알고리즘은 코드의 분석과 수정을 분리한다. 중복을 제거하기 위해서, 모든 중복된 표현을 찾아내는 단계와, 불필요한 연산을 제거하기 위해 코드를 수정하는 단계가 차례로 이어진다.

중복된 표현을 찾아내는 전통적인 방법은 *데이터 흐름 분석*을 사용하여 각 블록으로의 진입에서 유효한 표현들을 구하는 것이다. *유효하다(available)*는 말은 다음과 같이 정의될 수 있다.

- CFG의 *p* 지점에서 표현 *e*의 값이 계산되면, *p* 지점에서 표현 *e*가 정의되어 있다(defined)고 한다. 이때 *p* 지점을 표현 *e*의 *definition site*라고 부른다.

- CFG의 p 지점에서 표현 e의 하나 이상의 연산자가 정의되면, p 지점에서 표현 e가 *제거되었다(killed)*고 한다. 이때 p 지점을 표현 e의 *kill site*라고 부른다.

- p 지점으로 향하는 모든 경로가 표현 e의 이전 정의를 포함하고 있고, e가 그것이 정의된 지점과 p 지점 사이에서 제거되지 않았으면, 표현 e는 CFG의 p 지점에서 *유효하다(available)*고 한다.

p 지점에서 표현 e가 유효하다는 것을 아는 것만으로는 코드를 더 빠르게 수행시킬 수 없다. 컴파일러는 이를 이용하여 코드를 수정해야 한다. 가장 간단한 코드 수정 방법은 표현 e의 값을 가지고 있기 위한 새로운 임시 변수를 생성하여 코드에 삽입하는 것이다. 이러한 임시 변수는 표현 e의 계산 값을 복사하고, 이후 중복되는 연산을 이 값으로 대체하기 위해서 사용된다.

여기서는 전역 중복제거를 다음과 같이 나누어서 다루도록 한다. 우선, 각 블록의 진입에서 유효한 표현의 집합을 구하는 알고리즘에 대해 알아보고, 다음으로, 코드를 수정하고 중복된 표현을 교체하는 간단한 메커니즘을 서술한다. 마지막으로는, 전역 중복제거의 결과를 다양한 value numbering 알고리즘과 비교한다.

이름의 역할

실제로, 전역 중복제거는 불필요한 중복의 구문적 기초에 의존한다. 즉, e + f라는 값이 반복되는 것을, 그 표현들이 모두 e와 f라는 이름을 사용하기 때문에, 찾을 수 있다. 따라서 이 알고리즘은 SSA 이름 공간보다는 프로그램의 원래 이름 공간에서 수행된다. 변수가 제거되는 지점을 따라감으로써 새로운 변수명이 필요 없으며, 따라서 다음 명령어들에서

```
x ← e + f
e ← 5
y ← e + f
```

e의 재정의가 표현 e + f를 제거했기 때문에, 두 번째 e + f는 중복 표현이 아닌 것을 알 수 있다.

잠재적 중복 표현의 집합을 표현하기 위해, 컴파일러는 그러한 각각의 표현들을 위해 서로 다른 이름을 필요로 하며, 쉽게 그런 이름을 생성할 수 있다. Value numbering에 내포된 중요한 개념 중의 하나를 회상하면서 해시 테이블을 이용해서 표현과 이름을 맵핑할 수 있다. CFG에서의 선형 경로에서 각각의 연산자와 피연산자의 이름으로부터 해시 키를 생성하고, 그 키를 서로 다른 숫자에 할당할 수 있다. 조밀한 이름 공간을 보장하기 위해, 컴파일러는 단순 증가하는 카운터로부터 숫자를 생성해야 한다. 표현 이름의 집합은 변수이름과 상수의 집합보다 작을 수 없으며, CFG에 있는 표현의 개수보다 더 클 수 없다.

8.6.1 유효한 표현(Available Expression)의 계산

전역 중복제거의 첫 번째 단계는 프로그램의 다양한 지점에서 유효한 표현의 집합을 구해 내는 것이다. 이 연산의 결과는, 각 블록 n에 대해, 블록 n의 진입에서 유효한 모든 표현의 이름을 포함하는 집합 AVAIL(n)이다. 연산은 CFG에 있는 각 블록들과 관련된 집합을 포괄하는 연립 방정식의 시리즈로서 표현된다. 고전 대수학에 따라, 방정식은 알려진 집합들과 알려지지 않은 또 다른 집합들을 포함한다. 컴파일러는 몇몇 잘 알려진 알고리즘들 중 하나를 이용하여 방정식을 풀어낸다. 이 과정의 목적은 각각의 알려지지 않은 집합에 대해 가장 정확한 값들을 찾아내는 것이다.

AVAIL 집합을 구하기 위해서, 방정식은 각 블록마다 블록 내에서 만의 연산을 통해 값이 정해지는 두 개의 집합을 필요로 한다. 첫 번째 집합, DEEXPR(n)은 n에서 downward exposed 표현들의 집합을 포함한다. 즉, n이 e를 계산하고 어떤 e의 피연산자도 블록 내에서 e의 마지막 계산과 그 블록의 끝 사이에서 정의되지 않을 때에만 $e \in$ DEEXPR(n)라고 할 수 있다.

만약 $e \in$ DEEXPR(n)이면, e는 n의 출구에서 유효하다. 두 번째 집합, EXPRKILL(n)은 n 내부에서의 정의에 의해 제거된 모든 표현을 포함한다. 표현 내에서 하나 이상의 피연산자가 블록 내에서 재정의 되면, 그 표현은 제거된다. 만약 e가 n의 진입에서 유효하다면 ($e \in$ AVAIL(n)) ,그리고 $e \notin$ EXPRKILL(n)라면, e는 n의 끝에서 유효하다.

모든 블록에 대해, 주어진 DEEXPR, EXPRKILL 집합을 이용하여, 다음 방정식을 풀어냄으로써, 컴파일러는 AVAIL 집합을 구할 수 있다.

$$\text{AVAIL}(n_0) = \emptyset$$
$$\text{AVAIL}(n) = \bigcap_{m \in pred(n)} (\text{DEEXPR}(m) \cup (\text{AVAIL}(m) \cap \overline{\text{EXPRKILL}(m)}))$$

여기서, n_0은 CFG로의 진입 노드이다. 각각의 블록 n에 대해서, 이 방정식은 n으로 진입하는 각각의 CFG 엣지에서 유효한 표현의 집합을 찾는다. DEEXPR(m)과 (AVAIL(m) $\cap$ $\overline{\text{EXPRKILL}(m)}$) 의 합집합을 통해 각 <$m$,$n$>에 대해서, 그 간선을 따라 유효한 표현의 집합을 구한다. 전자는 m 내부에서 정의되어, m의 끝에서도 제거되지 않고 살아남아 있는 표현들을 포함하고, 후자는 m의 진입에서 유효하고 m에서 제거되지 않은 표현들을 포함한다. 교집합은 AVAIL(n)의 표현들이 n으로 들어가는 모든 간선에서 유효하다는 것을 보장해 준다.

Local Sets의 계단

AVAIL 집합을 구하기 전에, 컴파일러는 각각의 블록에 대해서 DEEXPR과 EXPRKILL 집합을 생성할

```
VarKill ← ∅
DEExpr(n) ← ∅
for i = k to 1
   assume operation o_i is "x ← y op z"
   if (y ∉ VarKill) and (z ∉ VarKill)
     then add "y + z" to DEExpr(n)
   VarKill← VarKill ∪ {x}
ExprKill(n) ← ∅
for each expression e in the procedure
   for each variable v ∈ e
     if v ∈ VarKill
       then ExprKill(n) ← ExprKill(n) ∪ {e}
```

그림 8.8 AVAIL을 위한 지역 정보의 계산

필요가 있다. DEExpr을 구하는 것은 간단하지만, ExprKill을 구하는 것은 더 복잡하다. 그림 8.8은 기본 블록 *n*에서 이들 집합을 구하는 알고리즘을 보여 준다.

먼저 VarKill과 DEExpr(*n*) 집합을 초기화한 뒤, 블록의 아래에서부터 위로 가면서 이들 집합을 채운다. 각각의 연산 *x* ← *y op z*에 대해서, *y*와 *z*가 VarKill의 원소인지를 검사하고, 둘 다 속해 있지 않으면, *y op z*는 downward exposed되어 DEExpr(*n*)에 속하게 된다. 이 연산이 *x*를 정의하기 때문에 *x*는 VarKill에 속하게 된다.

알고리즘의 두 번째 단계는 ExprKill(*n*)을 VarKill으로부터 구하는 것이다. 이 연산은 간단하다. 각각의 표현 *e*에 대해, *n*에서 *e*의 피연산자가 제거된 것이 있는지를 검사한다. 만약 그러한 연산자가 존재한다면, *e*를 ExprKill(*n*)에 포함시킨다.

이 과정을 더 빠르게 하기 위해, 컴파일러는 변수 *v*와 그것을 포함하는 표현의 집합을 맵핑시킨 *M*(*v*)을 미리 구할 수 있다. 그러면, VarKill에 있는 변수 *v*에 대해서 *M*(*v*)를 ExprKill(*n*)에 포함시키는 과정을 반복함으로써, ExprKill(*n*)을 구할 수 있다.

Avail의 계산

Avail을 구하기 위한 방정식은 Avail(*n*)의 원소를 DEExpr, ExprKill 그리고 CFG에서 *n*의 이전 블록의 Avail 집합들의 함수로 나타낸다. Avail을 구하기 위해, 그림 8.9에서와 같이 간단한 반복 알고리즘을 사용할 수 있다. 이 알고리즘은 CFG에 있는 블록들이 b_0로부터 b_k까지의 이름을 가졌다고 가정한다.

초기화 과정에서는 각각의 블록에 대해서 DEExpr과 ExprKill 집합을 구하고, 모든 Avail 집합은 공집합(ϕ)으로 둔다. 과정이 반복될 때마다 각 블록에 대해서 새로운 Avail 집합이 구해진다. 이 과정은 Avail 집합이 더 이상 변화하지 않을 때, 중지한다. 9.2절에서 공부할 내용에서 알

```
for i = 0 to k
   Compute DEExpr(b_i) and ExprKill(b_i) as in Figure 8.8
   Avail(b_i) ← ∅
Changed ← true
while (Changed)
   Changed ← false
   for i = 0 to k
      OldValue ← Avail(b_i)
      Avail(b_i) = ∩_{p ∈ pred(b_i)} (DEExpr(p) ∪ (Avail(p) ∩ ¬ExprKill(p)))
      if Avail(b_i) ≠ OldValue then
        Changed ← true
```

$$\text{Avail}(b_i) = \bigcap_{p \in pred(b_i)} (\text{DEExpr}(p) \cup (\text{Avail}(p) \cap \overline{\text{ExprKill}(p)}))$$

그림 8.9 유효한 표현식 계산을 위한 간단한 반복적인 알고리즘

수 있듯이, AVAIL 방정식의 구조는 근원적인 문제와 반복 알고리즘의 성질과 결합되어, 알고리즘이 어떤 정해진 지점에 도달하여 멈출 것이라는 것을 보장한다.

유효한 표현들을 *전역 데이터흐름 분석 문제(global data-flow analyss problem)*이라고 한다. 그러한 많은 문제들은 코드의 최적화에서 서술된다. 컴파일러는 관련된 수정을 적용시키기에 안전한 코드 내 위치를 찾기 위해 이 문제들을 해결한다. 이러한 방정식을 풀기 위한 알고리즘들을 전역 데이터 흐름 알로그즘이라고 한다. 그러한 많은 알고리즘들이 지금까지 제안되었으며, 그림 8.9에서 보이는 것과 같은 반복 알고리즘은 강력하고 단순하다는 이점을 가지고 있다.(이 알고리즘은 고정 소수점 알고리즘의 또 다른 예이다.)

8.6.2 불필요한 연산의 대체

컴파일러가 CFG에 있는 각각의 블록에 대해 AVAIL 집합을 구하기만 하면, 코드를 수정하기 위해 그러한 집합들 내에서 끌어낸 정보를 활용할 수 있다.(정보 그 자체만 가지고는 코드를 더 빠르게 만들 수 없다.) 중복 제거의 코드 수정 단계에서는 모든 중복 표현들이 이전 연산에서 보존된 값으로의 복사 연산으로 대체되어야 하며, 이들 이전 결과를 보전하기 위한 코드가 삽입되어야 한다. 현재 다루고 있는 알고리즘에서는 실제 중복된 값을 복사 연산으로 대체한다. 복사 연산을 제거하는 것에 초점을 맞추기 보다는 컴파일러의 다음 단계들이 대부분의 복사 연산들을 제거할 것이라고 가정한다. 이는 코드의 수정 단계를 단순화시켜 주며, 컴파일러가 수정 단계에서 발생한 복사 연산의 제거를 위해 가장 강력한 도구를 사용할 수 있도록 해 준다.

과정을 단순화하기 위해 두 가지 단계를 거친다. 첫 번째 단계에서는 유효한 표현들이 재사

용될 수 있는 곳을 찾아내어, 그 연산들을 컴파일러가 임시로 생성한 새로운 변수로부터의 복사 연산으로 수정하는 것이다. 두 번째 단계에서는 코드를 따라 읽어 가면서 첫 번째 단계에서 삽입한 임시변수들을 정의하는 데 필요한 복사 연산들을 코드 내 추가한다. 이러한 접근은 실제 수정에 대해서만 임시 변수를 생성하고 그 임시 변수들에 대해서만 복사 연산을 삽입한다.

(대체 방법으로, 컴파일러는 모든 값을 적절한 임시 레지스터에 보존할 수 있다. 코드가 주어진 표현을 연산할 때마다 컴파일러가 그 값을 저장하기 위해 복사 연산을 삽입할 수 있다. 이러한 접근은 많은 불필요한 복사 연산을 생성시킨다. 그러한 필요 이상의 복사 연산들은 좋은 사용되지 않는 코드의 제어기에 의해서 제거될 수 있지만, 그들을 코드에 추가하는 것은 피하는 것이 좋다.)

첫 번째 단계에서 컴파일러는 local value numbering을 각각의 블록에 대해서 수행할 수 있으며, AVAIL(n)에 있는 표현들을 가지고 블록 n에 대한 값의 테이블을 초기화 할 수 있다. 만약 local value numbering이 $e \in$ AVAIL(n) 인 e의 연산을 블록 내에서 찾아낸다면, 이 표현은 새로 생성된 이름 $temp_i$ 로부터의 복사 연산으로 수정된다. 이때, i는 이름 공간에서 e의 유일한 정수 식별자인 인덱스이다. 그러한 수정이 수행될 때마다 컴파일러는 USED(i)를 *true*로 세팅함으로써 불리언 배열 USED 내부에 그 사실을 기록한다. 복사 연산은 local value numbering에 의해 삽입된 다른 복사 연산들과 같이 불필요한 중복 연산을 대체한다.

두 번째 단계에서, 컴파일러는 USED 배열에 기록된 각각의 표현에 대해 복사 연산을 삽입한다. 각각의 블록 n에 대해서 $e \in$ DEEXPR(n)이고, USED에서 e가 *true*로 세팅되어 있으면, 블록 n에서 e의 마지막 정의 뒤에, e의 값을 $temp$에 넣는 복사 연산이 삽입된다. 이는 복잡한 듯하지만, 코드를 단일한 선형 경로로 따라가면서 모든 필요한 복사 연산을 삽입할 수 있게 해 준다.

이렇게 복사 연산을 삽입하는 접근은 오직 중복 연산과 관련된 표현을 보존하기 위해서 복사 연산을 추가한다. 하지만 여선히, 이를 통해, 불필요한 복사 연산이 삽입될 수 있는 가능성이 있으며, 또 실제로 그러한 연산들이 삽입된다. 만약 USED(e)가 *true*이면, 코드의 수정 단계는 모든 남아 있는 e의 값을 보존한다. 이는 상응하는 임시 변수의 사용에 절대 도달할 수 없는 e의 값을 잠재적으로 보존하게 된다. 영리한 컴파일러는 더 적은 복사 연산을 삽입하는 코드 수정 전략을 사용할 수 있으나, 추가적으로 더 많은 일을 처리해야 하므로 상충이 발생한다. 이런 단순한 방식에 의해 삽입된 불필요한 복사 연산들은 쓸모가 없다. 즉, 그들의 값은 전혀 사용되지 않는다. Dead-code elimination이 그들을 효율적이고 자연스럽게 제거해줄 것이다.

8.6.3 혼합

이들 두 과정-AVAIL을 구하기 위한 분석과 local value numbering을 초기화하기 위해 AVAIL

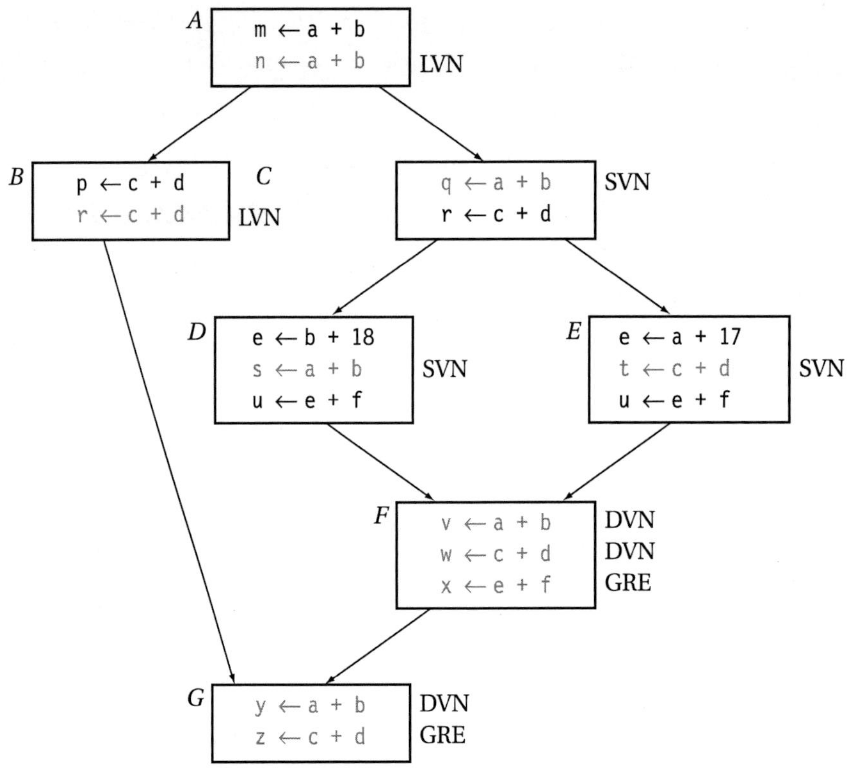

그림 8.10 알고리즘들의 비교

을 사용하는 코드 수정－의 결합은 CFG로 표현된 전체 프로시저에서 중복된 표현을 제거하기 위한 방법을 만들어 낸다. 이 알고리즘은 value numbering 알고리즘들과는 다른 중복 연산의 집합을 발견해 낸다.

그림 8.10에서는 원래 이름 공간(SSA 형식이 아닌)에서의 한 예를 보여 준다. 중복되어 제거될 수 있는 표현들은 회색으로 표현되어 있다. 오른 쪽에 표시되어 있는 라벨은 중복 표현을 발견하고 제거해 가는 첫 번째 알고리즘을 보여 준다. 라벨들은 다음과 같이 해석될 수 있다.

Label	Algorithm	Section
LVN	Local value numbering	8.3.2
SVN	Superlocal value numbering	8.5.1
DVN	Dominator-based value numbering	8.5.2
GRE	Global redundancy elimination	8.6

처음 세 개의 알고리즘 LVN, SVN, 그리고 DVN은 엄격한 계층 구조를 형성한다. DVN은 SVN과

LVN에서 발견된 모든 것을 찾아낸다. 마찬가지로 SVN은 LVN이 찾아낸 모든 중복 표현을 발견해 낸다. GRE는 반대로 다른 접근법을 사용하며, 조금 다른, 개선할 점을 발견해 낸다. 예를 들어, 오직 GRE만 *F*의 e + f 연산이 *D*와 *E*에서 계산된 값을 재사용할 수 있다는 것을 발견할 수 있다.

세 개의 value numbering 알고리즘은 같은 값을 인식해서, a = c이고 b = d(또는 a = d이고 b = c)이면, a + b와 c + d가 같은 값을 생성한다는 것을 발견할 수 있다. 값의 동일성에 초점을 맞추는 성질은 value numbering 알고리즘이 x + 0과 x가 같다는 것을, 또는 2 × y와 y × y가 같다는 것을 인식하도록 해 준다. GRE는 문자의 동일성에 의존하기 때문에 일반적으로 위와 같은 동일성은 발견할 수 없다. 하지만 코드 수정을 수행하기 위해서 LVN을 사용하기 때문에, local value의 동일성에 근거하여 대체할 것을 발견할 수 있다.

8.7 고급주제

보통은 작은 영역에서의 최적화보다 넓은 영역에서의 최적화가 더 나은 코드를 생성한다. 넘버링을 함에 있어서, 알고리즘에 대한 문맥의 가용성을 높이는 것이 성능 향상을 할 수 있는 더 많은 기회를 제공한다. 반면에 전역 중복 제거를 통해서는 특이하고 다른 성능 향상 집합을 발견할 수 있다. 가끔은 넘버링 방식의 접근법이 찾아내지 못하는 성능 향상 기회를 찾을 수도 있지만, 지역 변수 넘버링도 찾아 내는 몇몇 성능 향상 기회도 찾지 못할 수도 있다.

가끔은 문맥의 최적화 가용성을 높이는 것이 결과를 향상 시키지 못한다. 지역, 초지역 함수는 제한된 문제에 대해서 전역이나 함수 사이의 문제에서 나타나는 일반적인 문제에서보다 간단하게 동작한다. 게다가 컴파일러는 가끔씩 넓은 영역에서 보다 좁은 영역에서 강력한 사실을 증명할 수 있다. 넓은 영역에서 있어서 분석이 더 어려워지는데, 이는 제어 흐름의 상호 작용과 이름 공간 조작이 복잡성을 증가시키기 때문이다. 보다 넓은 영역은 보다 많은 성능 향상 기회를 제공하는데, 불행하게도 이러한 영역은 분석이 용이하지 않다.

분석 영역의 확장과 하나의 블록을 확장하여 CFG의 합류 지점을 포함하는 보다 큰 영역으로의 변형은 제어 흐름에 있어서 불확실성을 야기한다. 하나의 기본 블록에 있어서 컴파일러는 오직 하나의 행로만이 실행된다. EBB를 통한 행로는 합류 지점을 제외시킨다. 그래서 컴파일러는 EBB에서 어떤 블록들이 주어진 블록보다 선행되는지 알고 있다. 지역적, 전역적 함수는 합류 지점을 포함하기 때문에 이러한 블록들을 위한 코드는 코드 처음부터 끝까지 다양한 경로의 부분으로서 정확하게 기능해야 한다. 이러한 경로 중에 어떤 것은 실행이 불가능할 수도 있다(결코 실행되지 않는다는 뜻이다.). 만약 컴파일러가 실행이 불가능한 경로를 발견하면, 그 경로는 분석하는 동안 무시한다. 만약 이것이 불가능하면, 그 코드들이 실행될 수 있는 것으로 간주한다. CFG 전체의 경로가 수행할 수 있는 경로라는 가정은 분석의 정밀도를 낮추고 컴파일러의 코드 변환 능력을 제한한다.

분석 영역의 확장과 하나의 절차를 여러 개의 절차로 변환하는 것은 더욱 더 복잡성을 높이게 된다. 전체 프로그램의 함수나 함수 간 호출 함수들은 함수 호출이 일어났을 때 이름 공간이 바뀌는 방법을 만들어야 한다. 값은 접근할 수 없게 되거나, 이름이 바뀌거나, 없어질 수 있다. 여러 개의 다른 함수(각각 자신만의 다른 문맥을 가지고 있음)로부터 어떤 함수가 호출되었을 때, 호출된 함수의 코드는 각각의 다른 함수의 문맥을 고려하여(이름 공간까지 고려하여) 올바르게 동작해야 한다. 이러한 효과는 대부분의 단일 함수 분석 문제에서는 일어나지 않는다.

변환 영역의 증가는 자원 할당에 미칠 수 있는 광범위한 영향의 가능성을 증가시킨다. 예를 들어 많은 변환들에서 *레지스터 압력(register pressure)*이라고도 불리는 레지스터 수요 증가가 일어난다. 만약 변환이 더 많은 레지스터 압력을 만들어 내면 레지스터 할당기는 원래의 성능 향상을 상쇄시킬 만한 스필(spill)을 추가할 수도 있다. 이러한 보다 넓은 영역에의 최적화 적용은 새로운 방법들의 믿음과 결과 코드를 조절할 수 있는 컴파일러 능력의 신뢰에서 이루어진다. 이들은 보통은 서로 상충되지만 때때로 좁은 영역에서의 최적화가 더 나은 결과를 보여 주기도 한다.

때때로 컴파일러는 문맥의 가용성을 높이거나 최적화의 새로운 기회를 만들기 위해 코드를 복사한다. 이번 절에서는 복사를 하는 두 가지 접근법을 설명한다. 함수 내에서의 클로닝(cloning block)과 함수를 호출한 곳에 전체 함수를 치환하여 넣는 방법이 그것이다. 이러한 기술들은 이번 장에서 핵심이 되는 부분이다(이러한 방법을 통해서 우리는 더 크고 복잡한 구역을 조절하기 위한 알고리즘을 수정할 수 있다.). 이러한 접근법들은 간단한 제어 흐름을 가지는 커다란 영역을 만들기 위해 코드를 수정하게 된다.

8.7.1 문장의 복사

Value numbering하는 다양한 알고리즘들은 문맥을 증가시키면서 넓은 영역으로 이동하는 것이 성능 향상을 위한 더 많은 기회를 제공한다고 설명하고 있다. 하지만 아직 우위자 기반 기술조차 몇 개의 가능한 변환을 찾아내지 못하고 있다. 이어지는 예제에서, 블록 *F*에 있는 e + f와 블록 *G*에 있는 c + d는 명확하게 중복이다(각각의 표현식은 엔트리 포인트에서 각각의 경로를 따라 평가된다). 하지만, 값을 넘버링 하는 기술로는 이러한 중복을 발견하거나 변경하지 못한다.[3]

3 전역에서 불필요한 코드를 제거하는 방법은 약점이 있다. x ← c + d, y ← a, z ← y + d의 연속되는 코드에서 이 방법은 x와 z가 같은 값을 갖는다는 것을 알 수 없다.

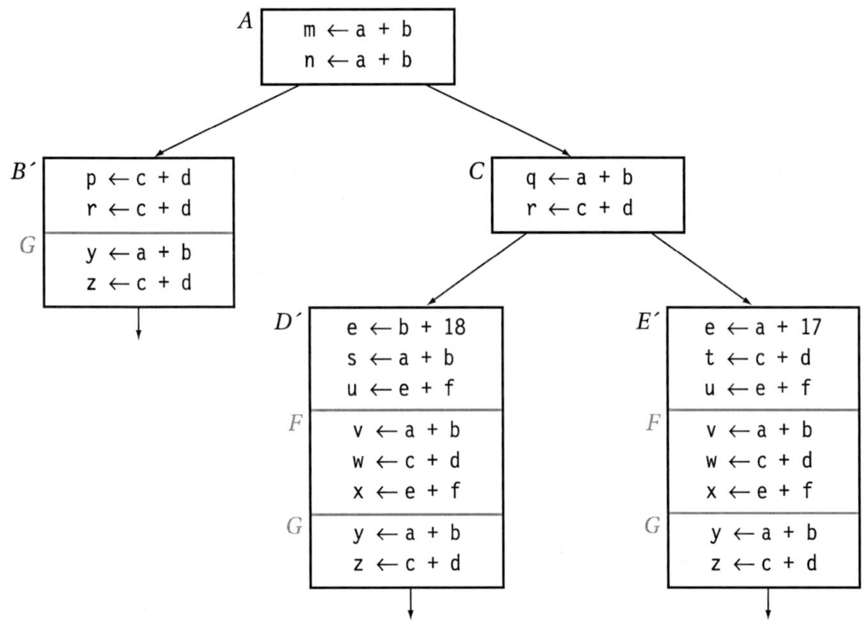

그림 8.11 클로닝 후의 예

이러한 표현식들은 CFG에서 여러 개의 조상(predecessor)을 가지는 블록에서 나타난다. 일반적으로 CFG에서 이러한 결합 지점은 최적화 과정 중에 정보의 손실을 발생시킨다. 이러한 문제를 조절하기 위해서 컴파일러는 때때로 결합 지점을 없애기 위해 기본 블록들을 복사한다.

블록을 복사하기 위해서 컴파일러는 각각의 조상 블록의 끝에 블록의 복사본을 덧붙인다. 그림 8.11은 예제에서 블록 *F*, *G*가 복사된 결과를 보여 준다. 이것은 세 개의 새로운 블록 *B*′, *D*′, *E*′을 만든다. 이 그림에서 기존 블록의 경계는 회색으로 칠해져 있다. 살펴보면 이 그림은 각각의 *G* 복사본에서 외부로의 경계를 포함하고 있다. 이는 컴파일러가 각각의 복사본을 기존 블록 *G*의 오리지널 후속자와 연결해야 한다는 것을 말해준다.

이러한 방법에 의한 복사는 다음의 세 가지 방법에 따라 최적화의 결과를 향상시킨다.

1. *더 긴 블록을 만든다.* 긴 블록은 지역적 최적화를 보다 문맥에 맞도록 조절한다. 값을 넘버링하는 경우에 초지역(superlocal)과 전체적인 견해는 지역적 견해만큼 강하다. 하지만 몇몇 기술들에 대해서는 상황이 달라진다. 인스트럭션 스케줄링(Instruction scheduling)에서는 초지역(superlocal)과 전체적 견해가 지역적 메쏘드보다 약하다. 이런 경우에는 지역적 최적화에 이어서 클로닝을 하는 것이 더 나은 코드를 만들 수 있다.

2. *분기문을 없앤다.* 두 개의 블록을 합치는 것이 그들 사이의 분기를 없애는 효과를 가져

온다. 분기문은 실행하는 데 시간이 필요하고, 또한 인스트럭션 패치나 파이프라인 기능과 같은 프로세서의 성능에 결정적인 메커니즘을 붕괴시킬 수도 있다. 분기문을 없앰으로써 생기는 연계 효과는 실행 시간의 단축이다. 이것은 오퍼레이션을 줄이고 다음 행위를 예측하는 하드웨어 메커니즘을 보다 효율적으로 만들기 때문에 이루어진다.

3. *더 많은 최적화 기회를 제공한다.* 클로닝(cloning)은 결합 지점을 없앨 때, 컴파일러가 실행 시의 문맥에 대한 보다 정확한 정보를 이끌어낼 수 있도록 하는 프로그램상의 새로운 지점을 생성한다. 예를 들어 D' 블록 내에서 변수 x는 b + 18 + f를 얻고, E'에서는 x는 a + 17 + f를 얻는다. 오리지널 코드의 어떤 지점도 이러한 형태가 없다.(새로 생성된 것이다.)

물론 클로닝(cloning) 또한 비용이 든다. 예제에서 보면 클로닝 후에는 원래의 17번의 수학 연산 대신 24번의 수학 연산을 하게 된다. 이렇게 커진 코드는 보다 빨리 실행될 수 있는데, 이것은 블록이 끝나는 지점의 점프를 피할 수 있기 때문이다. 하지만 보다 느려질 수도 있는데, 이것은 커진 코드의 크기가 부가적인 캐시 미스를 발생시킬 수도 있기 때문이다. 클로닝은 몇 가지 효과적인 최적화를 허용할 수도 있다. 예를 들어 local value numbering 알고리즘은 두 개의 x ← e + f가 중복된 것이라는 것을 인식할 수 있다. 하지만 코드의 크기와 속도를 더욱 고려하는 유저의 애플리케이션에서 클로닝은 생산적이지 않을 수도 있다.

8.7.2 인라이닝 방법

프로시저 호출은 최적화에 큰 걸림돌이 된다. 다른 함수를 호출하는 것은 직접적인 비용을 지불해야 하는데,(프로그램은 호출된 함수의 모든 연산을 수행해야 한다.) 때때로 호출된 시퀀스가 필요 이상으로 일반적일 수 있다. 또한 다른 함수를 호출할 때 간접적인 비용이 들기도 한다. 컴파일러가 피호출자에 대한 정확한 정보를 가지고 있지 않은 이상, 컴파일러는 피호출자가 불리하게 동작하리라고 예상해야 한다.(접근할 수 있는 모든 변수를 수정해야 한다.) 대부분의 경우에 컴파일러는 피호출자의 정보를 얻을 수 없고, 이러한 환경에 의해 호출함수의 코드가 영향을 받는다.

비슷한 효과가 피호출자에게도 일어난다. 함수를 번역하면서 컴파일러는 호출자에 의해 상속받을 런-타임(run-time) 환경에 대한 가정을 만들게 된다. 정확한 정보의 부재 상황에서 컴파일러는 어떠한 환경에서도 피호출자가 올바르게 동작한다는 것을 확실히 해야 한다. 조금 더 나은 정보가 있다면, 컴파일러는 일반적인 코드보다 효과적인 코드를 생성할 수 있다.

정보의 부재는 비효율성을 유발할 수 있다. 만약 컴파일러가 어떤 코드도 컴파일 하지 않은

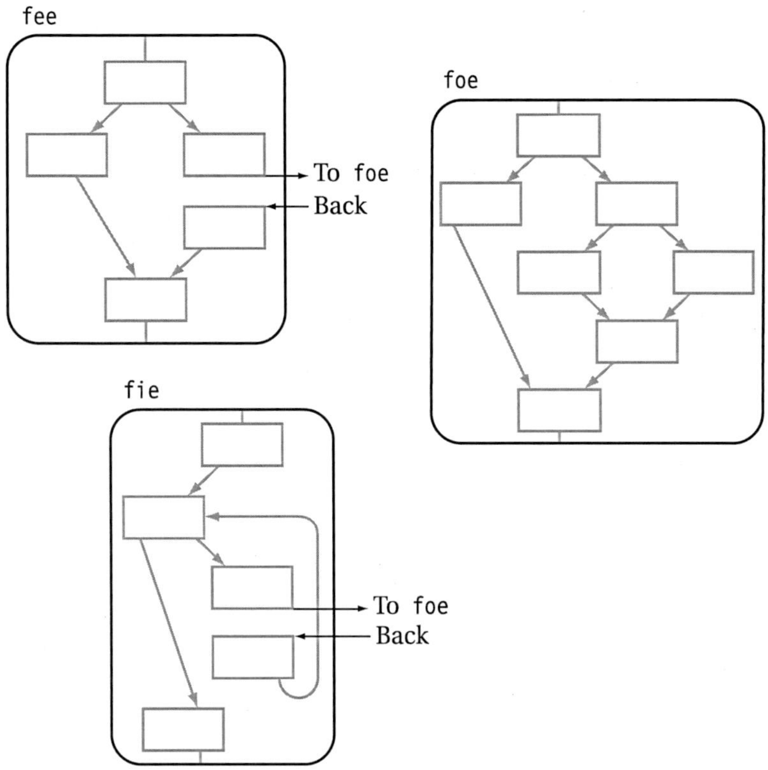

그림 8.12 인라인의 적용 전

상황에서 전체 프로그램을 분석할 수 있다면 이러한 문제를 해결할 수 있다. 비효율의 나머지 부분은 순차 프로그램의 타고난 특성이다. 함수는 여러 개의 서로 다른 함수 호출 지점에서 실행 시간에(run-time) 상태 변수들과 함께 호출될 수 있다. 컴파일러가 모든 함수 호출 지점에서 수행되는 단일 수행 코드를 길게 만들면 만들수록 결과 코드는 보편성을 위해 호출의 의미에서 보았을 때, 효율성을 희생해야 한다.

이러한 비효율성에 대응하여 컴파일러는 *인라이닝(inlining or inline substitution)*을 수행한다. 이러한 변환은 콜 지점에 콜리의 몸체를 직접 붙여 넣는다. 이때 붙여 넣는 콜리의 몸체는 적절한 이름 변환과 콜 지점에서 결정되는 파라미터의 효과를 흉내낸 후 복사된다. 그림 8.12는 두 개의 호출자, fee와 fie를 가지는 코드 조각을 표현한 것이다. 그것들은 모두 foe를 호출한다. foe를 호출하면서 foe의 몸체가 치환되어 들어가는 것이 그림 8.13에 나타나 있다. 컴파일러는 이러한 고유의 foe 복사본과 그것을 둘러싸고 있는 코드들을 조절할 수 있다. 두 개의 새로운 함수의 결과물은 원래의 세 개의 함수의 결과물보다 코드 공간의 비용 면에서 나아져야 한다.

잠재적인 향상은 다음의 여러 원인에 의해 일어난다.

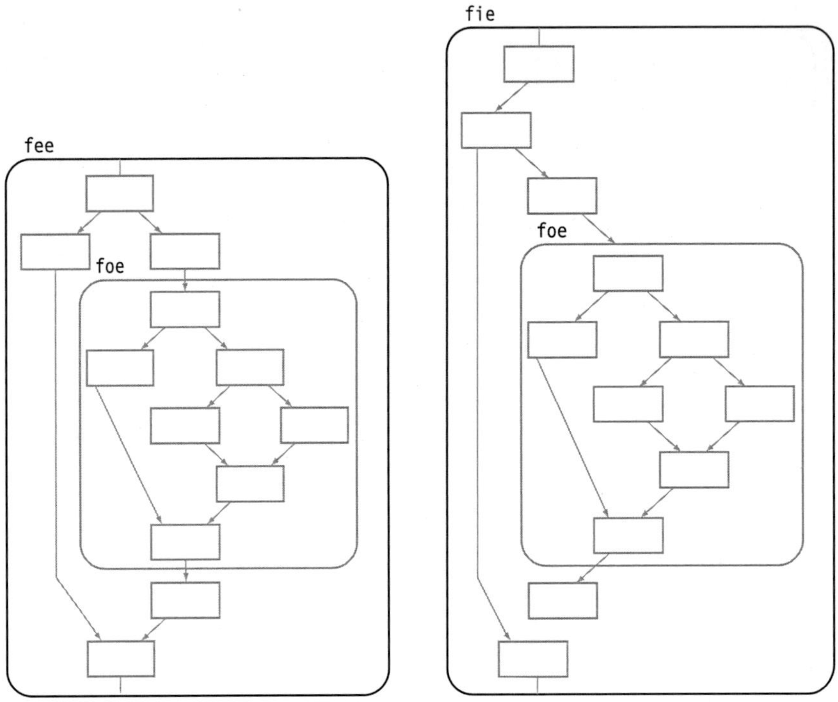

그림 8.13 인라인 적용 후

1. *더 효율적인 최적화* 콜을 제거하는 것은 콜러와 콜리 양쪽 모두의 코드에게 같은 분석과 변환을 하게 만든다. 컴파일러는 보다 정확한 정보를 이끌어 내어 합쳐진 프로그램의 보다 많은 부분에 이러한 정보를 적용할 수 있다.

2. *연산의 제거* foe를 인라이닝(inlining)하는 것은 콜 과정에서 생기는 많은 작업들을 없앨 수 있다. 이것은 레지스터의 저장과 복구, 어드레싱을 할 수 있는 환경 조성, 점프나 분기문 제어 등 이다. 몇몇의 변수들은 간단해질 수도 있다. (예를 들어 배열은 dope 벡터를 통해 접근할 수 있다.)

물론 인라이닝은 최적화나 코드 생성기가 이러한 기회를 이용할 수 있는 한도 내에서 성능 향상을 이룰 수 있다. 이를 이용했을 때의 잠재적인 문제는 늘어난 코드 크기나 레지스터 요구의 증가가 문제화 될 수 있다는 점이다.

(인라이닝은 호출 단계에서 일어나는 콜 지점에서의 값들의 흐름을 끊는 저장/복구 명령을 없앤다. 이러한 '분할' 행위는 레지스터 할당 문제에 변화를 준다. 만약 레지스터의 수요가 높은 구역에서 콜이 일어나면 인라이닝은 더 많은 스필을 유발하면서 상황을 더욱 악화시킨다. 레지

스터 스필링의 변화무쌍함 때문에 콜 지점에서의 레지스터 수요는 프로그램의 다른 지점에서의 스필을 유발할 수도 있다.)

8.8 요약과 전망

현대의 컴파일러 최적화기는 컴파일 된 코드의 성능 향상을 위한 여러 가지 기술들을 가지고 있다. 대부분의 최적화기는 실행 코드의 실행 시간 단축을 시도한다. 어떤 응용 프로그램에 대해서는 코드 크기, 파워 소모량 등의 다른 측정치들이 중요하기도 하다. 이번 장에서는 중복 제거를 깊이 있게 살펴보고 그것들이 최적화기에 미칠 수 있는 여러 가지 영향에 대해 알아보았다.

최적화기는 일반적인 번역 구조를 코드의 세부적인 특이성에 맞추어 조절하여 프로그램의 성능을 향상시킨다. 최적화기에 의한 변환은 입력된 언어의 추상적 특징, 데이터 구조, 제어 구조, 에러 체크 등의 원인으로 야기된 오버헤드를 없애도록 시도한다. 또한 효율적인 구현이 가능한 특별한 상황을 인식하여 그러한 구현이 실현될 수 있도록 하고, 프로그램에 필요한 자원과 실제의 프로세서 상에서 사용 가능한 자원−기능 유닛, 메모리 구조에 따른 각 단계의 제한된 저장공간(레지스터, 캐시, TLB, 메모리)−을 일치시키려고 시도한다.

최적화기가 어떠한 변환을 적용하기 이전에 최적화기에 의해 제안된 코드의 변화가 안전하다(코드의 원래 의미가 유지되는 것)는 것이 입증되어야 한다. 이를 위해서는 최적화기가 코드를 분석하는 과정이 필요하다. value numbering 하는 메쏘드에서는 해시 키를 생성하거나 미리 살펴보는 작업을 하는 과정 중에 값에 “영향을” 미치는 명령이 있을 경우 수행되었거나 수행되고 있는 블록 내에서 수행된 명령을 복사해 놓아야 한다. 전역 중복 제거를 할 때, 최적화기는 각각의 블록에서 엔트리에 사용 가능한 표현식들을 찾기 위해서 사용 가능 표현식을 계산한다. 그리고 물론 이러한 표현식은 복사 명령으로 대체 될 수 있다.

변환하는 것이 안전하다고 결정된 후에는 최적화기는 그러한 변환이 코드를 향상시킬 수 있을지 결정해야 한다. 이번 장에서 설명된 중복 제거 형태의 최적화에 있어서 컴파일러는 깊은 분석 없이 코드를 향상시킬 수 있다고 추정한다. 이러한 가정에는 세 개의 중요한 요소가 작용한다. (1) 복사는 원래 명령을 수행하는 것만큼 수행 비용이 작다. (2) 중복 제거에 의해 일어나는 복사는 나중에 다시 제거된다. (3) 중복 제거는 이를 수행함으로써 얻을 수 있는 이득보다 더 큰 레지스터 수요 증가를 발생시키지 않는다. 만약 이러한 가정들을 확인할 수 있고, 코드가 중복된 표현들을 가지고 있다면, 어떠한 형태의 중복 제거라도 코드를 향상시킬 수 있다.

이번 장에서는 최적화 과정 중에 일어날 수 있는 여러 가지 상황과 이슈에 대해 알아보았다. 적극적인 독자는 이 문제에 대해 자료 흐름 분석 (9장)과 스케일러 최적화 (10장)를 살펴보기 바란다.

기타

8.2절에 있는 예제는 LINPACK libraray [123]에 나타나 있는 기본적인 선형 대수의 서브루틴에서 유래하였다. 이 논문은 루프 언롤링(loop unrolling)은 다른 효과를 가지고 있을 것이라고 시사한다. Kennedy는 컴파일러가 루프 안에서 레지스터-레지스터 복사를 언롤링을 이용하여 없앨 수 있다는 것을 보였다.[202] Cooper와 Waterman은 언롤링이 몇몇 프로세서에서 전력 소모량을 변화시킬 수 있음을 보였다[102].

중복된 코드를 찾아서 없애는 과정을 통해 코드를 향상시킬 수 있는 방법은 오래 전에 인지되었다. Ershov은 1950년에 이러한 효과를 가지는 시스템을 구현하였다[131]. Floyd는 명령어 교환이 끼칠 수 있는 영향과 같은 성능 향상의 가능성을 언급하였다[143].

지역 값 넘버링은 1960년 후반에 Balke에 의해 만들어졌다[15, 86]. EBB로의 확장은 자연스럽게 많은 컴파일러에 구현되었다. 우리가 살펴본 superlocal과 dominator 기반값 넘버링은 Simpson에 기인한다[306, 50].

Cocke는 전역의 공통 표현식 제거(common subexpression elimination)의 사용 가능성을 설명하였다[82]. 이 논문은 최적화를 변환에 따른 분석 문제로 분해시켰다. 이것과 비슷한 작업들은 중복 제거의 개념을 가용성에 기반하여 개량, 발달시켰다. 10.3.2절에 나타나 있는 레이지 코드 모션(lazy code motion)을 보면 이러한 것이 잘 나타나 있다.

코드 복사는 오래된 생각이다[15]. 블록 클로닝은 스케줄링[190]과 중복 제거[41]의 성능 향상을 위해서 사용되어 왔다. 인라이닝도 넓게 사용되고 발전되어 왔다[111, 290, 93].

Chapter 9

자료 흐름 분석

| Data-Flow Analysis

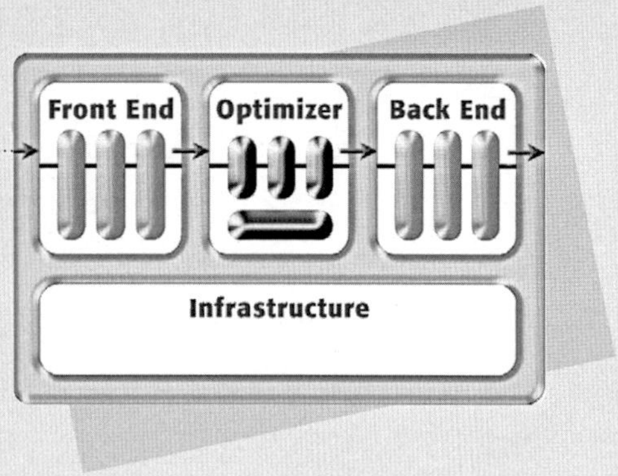

9.1 소개

우리가 8장 최적화에서 살펴보았듯이, 최적화는 프로그램의 런타임 때의 성능을 향상시키기 위해 프로그램을 분석하고 변형시키는 작업이다. 컴파일러가 코드를 바꾸기 이전에, 컴파일러는 어떤 포인트에서 코드를 바꾸어야 성능이 향상될 것 같은지, 또한 그 포인트에서 바뀐 코드가 안전한지를 반드시 검증해야 한다. 두 가지 작업은 컴파일러의 전단부에서 얻어낼 수 있는 내용들 보다는 더욱 깊은 이해를 필요로 한다. 기회를 제공하고 최적화을 정당화하는 데 필요한 정보를 모으기 위해서, 컴파일러는 몇 가지 형태의 정적 분석법을 사용한다.

일반적으로, 정적 분석법(static analysis)은 런타임에 어떠한 일이 일어나는지에 대한 추론, 어떻게 값이 전달되는지, 그리고 변수의 값이 런타임에 어떻게 발생하는지의 분석을 포함한다. 간단한 경우라면 이것은 정확한 결과를 만들어 낼 수 있다. 컴파일러는 코드가 실행될 때 어떠한 일이 발생할지를 정확히 알 수 있다. 만약 정확한 정보를 이끌어 낼 수 있다면, 컴파일러는 아마도 결과를 즉각적으로 불러들여서 표현식이나 함수의 런타임 값을 교체할 수 있을 것이다.

달리 생각하면, 만약 코드가 어떠한 외부 소스로부터 부적절한 양의 제어 흐름까지 포함하여 값을 읽어 들이거나, 어떠한 모호한 메모리 참조를 맞닥뜨린다면(포인터로부터나, 배열 참조, 또는 참조에 의한 호출 매개변수), 코드 분석은 더욱 어려워질 것이고, 분석 결과의 정확성도 떨어질 것이다.

8장 최적화에서, 우리는 불필요한 중복을 찾아내고 제거하는 기법들, 그럼에도 불구하고 같은 결과 값을 만들어 내는 동작들에 대해서 공부하였다. 몇몇 경우에, 컴파일러는 결과 값을 이미 알고 있고, 따라서 간단히 계산될 값을 그 결과 값으로 대체할 수 있다. 그렇지 않은 경우, 컴파일러가 그 값을 모를 수도 있으나 불필요한 중복 동작을 제거함으로써 코드 성능을 향상시킬 수 있다. 이러한 모든 기법들은 정적 분석을 통해서 얻어질 수 있다.

지역/슈퍼-지역 값 넘버링 알고리즘은 단방향성 코드에서 값의 흐름에 대한 꽤나 정확한 정보를 이끌어 낸다(8.3.2절과 8.5.1절). 그 알고리즘은 코드의 동작을 감시하고, 잠재적인 효과를 기록한다. 이런 형식의 알고리즘이 오직 제한된 종류의 컨트롤 플로우만을 다룬다는 사실에서, 해당 알고리즘의 정확성이 대부분 기인한다. 이같은 사실은 그들이 동작할 수 있는 영역을 제한한다.

DVN은 넓은 영역의 코드를 분석하고 향상시킨다(8.5.2절). 제어 흐름은 분석 과정에서 제한 요소 중 하나이다. DVN이 다중 조상들의 블록을 처리할 때, 현재 블록과 그의 즉시 우위자 사이에 존재하는 블록의 정보는 반드시 폐기한다. 같은 이유로, DVN은 루프를 닫는 back edge를 가지는 불필요한 중복을 절대 인식할 수 없다.

전역 공통 하부 표현식 제거(Global common sub-expression elimination: GCSE)는 가능한 표현식들은 각기 다른 접근법을 가지는 것을 바탕으로 하고 있다(8.6절). 그것은 DFA을 수행하고, 이전의 계산 결과를 참조해서, DFA의 결과로 얻어진 내용을 중복 값 계산을 대체하는 데 사용한다. GCSE는 임의의 제어 흐름을 다룰 수는 있지만, 찾아낼 수 있는 불필요한 중복의 종류가 제한된다. 가능한 표현식들의 집합 기반 분석법은 할당을 통한 값을 추적하는 데에는 무리가 있다. 이런 방법은 선형적 값 정체성을 인식하고 단순화 시키는 데에는 도움이 되지 않는다.

우리가 살펴본 바와 같이, 컴파일러는 다른 영역을 통틀어 정적 분석법을 수행할 수 있다. 지역 값 넘버링은 지역적 분석을 수행한다. 가능한 표현식 내의 EXPRKILL 집합 계산 또한 지역적이다. 다른 특성화된 분석 기법들은 다중 루프에서 수행된다. 가장 잘 알려진 정적 분석 기법은 전체 프로시저에서 작동하는 전역 기법이다. 어떠한 경우 더 큰 영역이 가능하다 : 프로시저 간 분석 기법은 호출된 프로시저의 런타임 환경에서의 프로시저 콜을 수행하는 영향에 대한 정보를 이끌어 낸다. 어떤 문제는 반드시 함수 간 분석 기법을 필요로 한다 : 예를 들어, 포인터 값의 어떠한 합리적인 세련된 분석은 반드시 프로시저 경계를 넘어 살펴보아야 한다.

이 장은 가장 일반적인 정적 분석법들, 예를 들면 자료 흐름 분석법과 같은 것들을 더 자세히 공부할 것이다. 컴파일러는 최적화와 코드 생성을 위해서 데이터 플로우 분석법을 수행한다. 9.2절은 자료 흐름 문제를 해결하기 위한 반복적 알고리즘을 더 자세하게 다룰 것이다. 이런 방법으로, 코드 변형을 위한 안전하고 효율적인 기회를 찾기 위해서 컴파일러가 사용해 온 추가적인 자료 흐름 문제들을 소개할 것이다. 9.3절은 정적 단일 할당 형식(또는 SSA 형태) 을 더욱 자세히 다룰 것이다. 프로그램의 SSA 형태는 제어 흐름과 자료 흐름 모두를 간단하고, 직관적으로 인코딩 해 준다. 이는 많은 현대적인 변형법과 코드 생성 알고리즘이 만들어지는 기본으로 여겨진다. 자료 흐름 분석의 관점에서, 이 장에서 더 나아가 다루어질 주제는 구조화되어지지 않은 제어 흐름, 포인터와 배열의 사용, 그리고 프로그램의 modular decomposition 등이다.

9.2 반복적인 자료 흐름 분석법

8장에서, 우리는 불필요한 중복제거를 위한 지역적 알고리즘에서 전역 분석을 필요로 하는 전역 알고리즘으로의 이동을 살펴보았다. 컴파일러는, 스스로가 어떠한 블록을 변형시키기 이전에, CFG에서 각각의 블록에 대한 AVAIL 집합을 계산해야만 한다. 코드 변형의 안전성은 AVAIL 집합의 정확도에 따라 달라지며, 그러한 집합들은 분석 장치가 전체 프로시저를 살펴봄으로써 얻어지는 정보에 의해 좌우된다.

Available 표현식을 계산하는 것은 *자료 흐름 분석*의 한 형태이다. 다시 말하면, 값들의 런타임 흐름이 어떻게 될런지에 관해서 컴파일 타임에 추론하는 것이다. 자료 흐름 분석법은 그림으로 표현되는 코드의 방정식 집합을 해결하는 것으로 이루어져 있다. 이 작업은 프로그램이 실행되었을 때 어떠한 일이 발생할지에 대한 사실을 추론하여 발견하는 것이다. 최적화 컴파일러에서, 자료 흐름 분석의 가장 중요한 용도는, 최적화의 기회가 제공되는 위치를 파악하는 것이고, 어떠한 포인트에서 코드 변형을 적용하는 것이 안전한지를 증명하는 것이다.

자료 흐름 분석법은 프로그래머가 그들의 프로그램을 더 잘 이해할 수 있도록 도와주는 데 사용되어 왔다. 자료 흐름 예외들의 위치를 찾아내기 위한 분석법은 프로그램 내에서 논리적 결점들을 갖는 상황을 찾아낸다. 이러한 예는 정의되지 않은 변수의 사용과 절대 사용되어지지 않는 변수의 선언을 포함한다. 두 조건의 출현은 프로그램의 논리에 문제를 야기한다.

9.2.1 Live 변수들

자료 흐름 분석법 문제의 두 번째 자세한 예로서, live 변수를 찾는 것을 고려해 본다. 변수 v가

정적 분석과 동적 분석의 비교

정적 분석법의 개념이 직접적으로 의문을 제기한다면, 동적 분석법이란 무엇인가? 정의상으로 정적 분석법은, 컴파일 시, 런타임에 무슨 일이 발생할지를 알아내는 데에 그 의미가 있다. 많은 경우, 컴파일러는 하나 또는 그 이상의 런타임 값들의 지식을 바탕으로 정답이 명확할 것 같다고 하더라도 무슨 일이 일어날지를 말할 수가 없다. 예를 들어, 다음과 같은 코드를 고려해 보자.

```
x = y * z + 12;
* p = 0;
q = y * z + 13;
```

이 코드는 p가 y 또는 z의 주소를 포함하고 있지 않은 경우에 한하여 , 불필요한 중복 표현식인 (y * z) 를 가지고 있다. 컴파일 타임에, p의 값과 y, z의 주소는 알 수가 없다. 런타임에는 그들의 값을 알 수 있고 또한 테스트 할 수 있다. 런타임에 이러한 값들을 테스트 하는 것은, 컴파일 타임 분석으로는 질문에 대답할 수 없는, y * z의 재계산을 코드가 피할 수 있도록 허용해 줄 것이다.

그러나, p = &y 또는 p = &z , 아니면 둘 다 아닌 것을 테스트 하고 결과에 적용하는 비용이 아마도 y * z를 재계산 하는 비용을 초과하게 될 것이다. 동적 분석법이 납득할 만큼 유용하게 여겨지려면, 반드시 우선적으로 이득이 되어야 한다. 다시 말하면, 분석을 통해 절약할 수 있는 비용이 반드시 분석 비용을 초과해야 한다는 것이다. 이것은 몇몇 경우에 가능하다. 대부분의 경우에는, 그렇지 않다. 대조적으로, 정적 분석법의 비용은 실행 코드의 다중 실행 과정에서 그 비용을 상쇄시킬 수가 있는데, 이것이 일반적으로 정적 분석법이 더 매력적인 이유이다.

위치 p 에서 *live* 한다는 것은 p 로부터 v의 use에 이르기까지 v가 재정의 되지 않는 경로 상에 존재한다는 것을 의미한다. 컴파일러는 몇 가지 방법으로 live 변수를 사용한다.

- Live 변수 정보는 전역 레지스터 할당(13.5절)에서 중요한 역할을 한다. 레지스터 할당은 변수가 더 이상 살아 있지 않은 경우 값들을 레지스터에 저장할 필요가 없기 때문에, 변수가 살아 있는 상황에서 살아 있지 않은 상황으로의 전이가 발생할 경우, 할당기가 그 레지스터를 다른 목적으로 사용 가능하기 때문이다.

- Live 변수의 정보는 SSA 생성을 향상시키는데 사용된다. 값이 live 되어 있지 않은 어떠한 블록 내에서도 값은 ϕ 함수를 필요로 하지 않는다. 이러한 방식으로 liveness 정보를 사용하는 것은, 컴파일러가 프로그램에 SSA 형태를 만들 때에 반드시 삽입해야 하는 ϕ 함수의 수를 결정적으로 줄일 수가 있다.

- 컴파일러는 초기화 되어 있지 않은 값에 대한 참조를 찾아내는데 live 정보를 사용할 수 있다. 만약 어떤 변수 v가 함수의 시작에서 live 한다고 하면, n_0 에서, v가 값을 할당받지 않은 상태로부터 v의 use에 이르기까지 경로가 존재하게 된다. 만약 v가 지역 변수라면, v가 값으로 할당되지 않은 상태에서, 이 경로는 v를 참조하는 방법으로 나타나게 된다.

- 마지막으로, live 변수 정보는 직접적으로 변형을 수행하는 데 사용될 수 있다. 예를 들어, 값이 더 이상 live 하지 않다면 메모리에 저장되어질 필요가 없다(이러한 변형은 불필요한 저장 제거(useless-store elimination)라고 불려진다).

Liveness는 변수의 특성이다. Availability가 표현식의 특성이라면, 소스 수준의 변수이든 컴파일러가 생성하는 임시적 이름이든 상관없다. 따라서, live 분석의 영역은 가능한 표현식의 영역과는 다르다.

Live 변수를 위한 방정식들

Live 변수의 정보를 계산하기 위해서, 컴파일러는 CFG 내의 각각의 노드에 대해 집합을 포함한 주석을 달 수 있는데 이것을 LIVEOUT(n) 이라 하자. 이는 n으로부터 출구(exit)에 이르는 경로에서 live 하는 모든 변수들의 이름을 포함한다. 이러한 집합은 다음의 방정식으로부터 정의된다.

$$\textrm{LIVEOUT}(n_f) = \emptyset$$

$$\textrm{LIVEOUT}(n) = \bigcup_{m \in succ(n)} \textrm{UEVAR}(m) \cup (\textrm{LIVEOUT}(m) \cap \overline{\textrm{VARKILL}(m)})$$

여기서, UEVAR(m)은 m에서 upward-exposed 변수들이다. 즉, 이들 변수들은 m에서 재정의 되기 이전에 사용되고 있다. VARKILL(m)에서 정의되어진 모든 변수들을 포함하며, n_f는 CFG의 exit node, 그리고 VARKILL 위의 선은 논리적 보수를 뜻한다

방정식은 정의를 직관적인 방법으로 표현한다. LIVEOUT(n)은 n 이후에 나타나는 어떠한 블록 m으로의 입력에서 live 하는 변수들의 합집합이다. 이러한 정의는 값이 특정 경로에서 live 하는 것을 원하는 것이지 모든 경로에서 그러길 바라는 것은 아니다. 따라서, CFG 내에서 n 의 상

속자들의 기여도는 모두 더해져서 LIVEOUT(n)을 형성한다. n의 특정한 상속자 m의 기여도는 다음과 같다.

$$\text{UEVAR}(m) \cup (\text{LIVEOUT}(m) \cap \overline{\text{VARKILL}(m)}).$$

변수, v는 두 가지 조건 중 하나를 만족하면 m으로 향하는 엔트리에서 live 한다. v가 UEVAR(m)의 원소인 경우로, m 내에서 재정의되기 이전에 m에서 참조된다. 그것은 m으로부터의 exit에서 live 하고, m을 통과하면서 손상 없이 이동한다. 왜냐하면 $v \in \text{LIVEOUT}(m) \cap \overline{\text{VARKILL}(m)}$인 조건에서 m은 v를 재정의 하지 않기 때문이다. 이러한 두 집합을 합하면 LIVEOUT(n)을 얻어내기 위해 필요한 m에서의 필요조건들이 얻어진다. LIVEOUT(n)을 계산하기 위해서, 분석기는 모든 n의 상속자들의 조건을 모은다.

LIVEOUT 집합들을 계산하기 위해, 컴파일러는 3단계의 알고리즘을 사용한다.

1. CFG를 그린다. 이것은 코드의 IR을 탐색하고, 기본 블록을 찾고, 그 사이에서 블록과 전이을 나타내는 노드와 엣지들을 예시한다. 그림 9.1은 이 알고리즘을 표현한다.

2. 각각의 블록에 대한 초기 조건을 모은다. 전형적으로, 분석기는 반드시 블록을 탐색하고 몇몇 간단한 계산을 수행해야만 한다. LIVEOUT을 위해서 이러한 계산은 각각의 블록을 통틀어 반대방향 순회를 통해서 LIVEOUT과 UEVAR과 VARKILL을 계산하는 것을 포함한다. 그림 9.2의 왼쪽 열에 이러한 계산이 나타나 있다.

3. CFG 주변에서 정보를 전달하기 위해서 반복적인 고정 점 알고리즘을 사용한다. 각각의 노드에서, 그 알고리즘은 자료 흐름 방정식을 만들어 낸다. 그것은 정보의 변이가 멈추었을 경우에 중단된다. 그림 9.2의 오른쪽 열이 이러한 알고리즘을 보여 준다.

각각의 단계는 더 자세한 설명을 필요로 한다.

AVAIL과 LIVEOUT의 차이점

AVAIL과 LIVEOUT의 방정식을 비교하면 두 문제 간의 근본적인 차이점을 발견할 수 있다. LIVEOUT 집합이 그들의 CFG 상속자들에 의해 결정되는 반면, AVAIL 집합은 CFG의 조상에 의해 결정된다. AVAIL 표현식은 관련 정보들이 CFG 가장자리를 따라 전방으로 흐르기 때문에 *전방문제* 라고 부르고, live 변수는 정보가 CFG 가장자리를 따라 후방으로 흐르기 때문에 *후방문제*라고 부른다.

AVAIL을 위한 방정식은 교집합을 이용하여 다른 경로의 조건을 모은다. 따라서, 표현식이 n

으로의 엔트리에서 available 하려면, *n*을 이끄는 *모든 경로*에서 available 해야 한다. LIVEOUT 집합의 계산은 합집합을 통해 다른 경로의 조건들을 결합한다. 따라서, 블록 *n*으로부터 이끌어 내는 *모든 패스*를 따라 변수가 live 하다면 *n*으로부터의 exit에서도 live 하다. 자료 흐름 문제는 때때로 *any path* 문제 또는 *all paths* 문제로 특성화되어진다.

CFG의 구현

CFG의 단순성 덕분에, CFG는 블록들 내에서의 가능한 컨트롤의 전송을 묘사하는 엣지들을 이용하여 각각의 기본 블록의 시작과 끝을 규정하고, 결과로 나온 블록들을 연결한다. 기본적으로, CFG 생성기가 입력으로 Algol 형태의 언어와 같은 고전적 방법으로 프로시저를 표현하는 선형 IR을 받는다고 가정해 보자. 이 절 마지막에서, 우리는 CFG 제작 과정에서 나타날 수 있는 몇몇 복잡한 점들을 명확히 알아볼 것이다.

시작하면서, 컴파일러는 반드시 각각의 기본 블록의 시작과 끝을 찾아야만 한다. 선형 IR에서 블록의 초기 동작은 때때로 *리더(leader)*라고 불린다. 프로시저의 첫 번째 동작이거나 분기의 목적인 경우 리더라고 한다. 컴파일러는 그림 9.1의 왼쪽에 나온 것과 같이 IR 전체의 단일 경로에서 모든 리더를 알아낼 수 있다. 그것은 프로그램 내의 동작들을 통틀어 반복하여 라벨이 붙은 구문을 찾고 그것들을 리더로서 기록한다. 만약 코드가 분기의 목적으로 사용되지 않는 라벨들을 가지고 있는 경우, 이는 아마도 불필요하게 확산되는 블록이 될 것이다. 더 복잡한 알고리즘은 리더 집합에 분기와 점프 목적들만을 추가할 것이다. 만약 코드가 어떤 모호한 점프를 가지고 있다면, 다시 말해 점프가 레지스터의 주소로 되어 있다면, 해당 알고리즘은 반드시 모든 라벨 붙

```
next ← 1
Leader[next++] ← 1
for i ← 1 to n
  if op_i has a label l_i then
    Leader[next++] ← i
    create a CFG node for l_i
```

Finding Leaders

```
for i ← 1 to next - 1
  j ← Leader[i] + 1
  while (j ≤ n and op_j ∉ Leader)
    j ← j + 1
  j ← j - 1
  Last[i] ← j

  if op_j is "cbr r_k→l_1,l_2" then
    add edge from j to node for l_1
    add edge from j to node for l_2
  else if op_j is "jumpI→l_1" then
    add edge from j to node for l_1
  else if op_j is "jump→r_1" then
    add edges from j to all other nodes
```

Finding Last & Adding Edges

그림 9.1 CFG의 구현

여진 구문들을 리더로 등록해야만 할 것이다.

두 번째 과정은 블록을 끝내는 모든 동작들을 찾는 것이다. 그것은 모든 블록이 분기 또는 점프 그리고 "brach taken" 라벨과 "branch not taken" 라벨, 두 가지 결과를 위해 분기가 특정화 하는 라벨들에서 끝남을 가정으로 한다. 이것은 블록들을 다루는 것을 단순화 하고 컴파일러의 후단부가 분기의 "fall through" 패스가 어디가 될지를 결정하도록 해 준다(여기서, 분기는 delay 슬롯을 가지고 있지 않다고 가정하자)

각각의 블록의 끝을 찾으려면, 알고리즘은 블록을 통해 반복되고, *리더* 배열에서 해당 블록들은 순서대로 나타나야 한다. 알고리즘은 다음 블록의 리더를 찾아내기 이전까지 IR을 전방 순회한다. 이 동작은 리더가 현재 블록을 끝내기 바로 직전이 된다. 이런 알고리즘은 동작의 인덱스를 Last[i]로 표현하고, 따라서 <Leader[i],Last[i]> 쌍은 블록 i를 나타낸다. 이것은 CFG가 요구하는 엣지를 추가시킨다.

우리가 5장에서 가정했듯이, CFG는 유일한 엔트리 노드 n_0를 가져야 하며, 유일한 출구 노드인 n_f를 가져야 한다. 코드의 기본은 반드시 이러한 형태를 가져야 한다. 만약 그렇지 않다면 그래프를 아우르는 간단한 postpass가 n_0와 n_f를 만들 수 있다.

CFG 생성에서의 복잡도

IR의 형태들, 타깃 구조, 소스 언어마저도 CFG 생성을 복잡하게 만든다. 예를 들어－ILOC의 `jump` 동작－과 같은 불명확한 점프는 컴파일러가 함수 내의 점프로부터, 모든 라벨링 된 블록으로의 엣지를 더하게 한다. 이것은 런타임에서 절대로 발생하지 않는 CFG로의 추가 엣지를 만들고 컴파일러가 이끌어 내는 자료 흐름 정보의 질을 떨어뜨리며, 최적화의 효율성을 감소시킨다. 일반적으로, 컴파일러 제작자는 목적을 알 수 있는 상태에서, IR 생성 중 추가적인 분석이 필요하더라도, 모호한 점프 생성은 피해야만 한다. 이 책에서의 ILOC 예는 immediate jump, `jumpI`의 사용과 마찬가지로, `jump`(jump to register operation)를 사용하는 것을 피하고 있다.

컴파일러 제작자는, 어떠한 한도에서 잠재적인 점프 목적들을 기록하는 IR 특성들을 포함시킴으로써 이러한 상황을 개선할 수 있다. ILOC는 컴파일러가 모호한 점프의 잠재적인 타깃을 기록할 수 있게 하는 `tbl` 의사 동작을 포함한다. 컴파일러가 `jump`를 생성하는 어떤 순간에도 그것은 분기의 가능한 목적을 기록하는 `tbl` 동작의 집합과 함께 분기를 따르게 된다. 그것이 CFG를 만들게 될 때, 컴파일러는 이러한 정보들을 이용하여 가짜 점프를 제한할 수 있다. `tbl`의 집합이 후에 따라 나오는 어떠한 `jump`도 그러한 `tbl` 동작에서 이름 지어진 각각의 블록에 대한 엣지를 얻는다. `tbl`을 가지지 않는 `jump`는 각각의 label 된 블록에 대한 엣지를 생성한다.

컴파일의 후단부에서, 컴파일러는 목표 기계 코드로부터 CFG를 만들기를 요구할 수도 있다. 여기서, 목적 구조가 과정을 복잡하게 만들 수 있다. 그림 9.1의 알고리즘은 첫 번째 리더만 제외하고 모든 리더가 라벨 되어져 있다고 가정한다.

만약 목표 기계가 fall-through 분기를 가진다면, 그 알고리즘은 반드시 fall through 패스로부터 컨트롤을 받을 수 있는 라벨이 붙지 않은 구문을 인식할 수 있도록 확장되어져야 한다. 만약 코드가 이미 스케줄링 되어 있고 그것이 분기 지연 슬롯들을 따라 간다면 문제는 더욱 어려워진다. 분기 지연 슬롯들 내에 존재하는 라벨이 붙은 구문은 서로 다른 두 개의 블록의 구성원이다. 컴파일러는 지연 슬롯에서 새로운 동작의 (라벨이 붙지 않은) 복사본을 만들어 냄으로써 이러한 문제를 고칠 수 있다.

지연 슬롯은 또한 블록의 끝을 찾는 것을 복잡하게 한다. 만약 분기 또는 점프가 분기 지연 슬롯에서 발생할 경우, CFG 생성기는 반드시 블록 끝의 분기(만나는 첫 번째 분기)를 찾기 위해서 리더로부터 전방 순회를 해야 한다. 블록 마지막 분기의 지연 슬롯에 있는 분기들은 목적 블록의 엔트리로의 연결이 연기될 수 있다. 그들은 목적 블록을 분해하고 새로운 블록과 엣지를 만들도록 강요할 수 있다. 이러한 환경에서 CFG를 만들기 위해서 필요한 분석은 더욱 많이 복잡해진다.

Pascal이나 Algol 같은, 어떠한 언어에서는 현재 프로시저의 외부 라벨로의 점프를 허용한다. 이러한 변환은 목적을 표현하기 위해서 만들어진 CFG 노드에 대한 분기를 가지는 현재 함수에서 모방될 수 있다. 복잡한 문제는, 모르는 소스로부터의 변환이 블록에 도달할 수 있는 경우 분기의 다른 끝에서 발생한다. 이러한 이유로, 로컬이 아닌 goto는, 보통 컴파일러가 단번에 모든 관련된 프로시저들에 대한 CFG를 볼 수 있는, 어휘적으로 볼 때 중첩된 함수들에 대해 제한된다. 이러한 상황에서, 그것은 필요로 하는 엣지를 삽입할 수 있고 영향들을 올바르게 따라서 표현한다.

초기 정보 수집

LIVEOUT을 위해서, 분석기는 각각의 블록에 대한 UEVAR과 VARKILL 집합을 계산해야만 한다. 하나의 경로로 모두를 계산할 수 있다. 각각의 블록에서, 분석기는 이러한 집합들을 ∅로 초기화한다. 다음, 블록을 위부터 아래로 따라가면서 각각의 동작에 대한 효과들을 반영할 수 있도록 UEVAR과 VARKILL을 갱신한다. 그림 9.2의 왼쪽 부분은 이러한 계산의 자세한 모습을 보여 준다.

이러한 과정은, LIVEOUT은 EXPRKILL보다 VARKILL을 덜 사용하기 때문에 AVAIL 계산의 상응하는 부분보다 더 간단하다. VARKILL로부터 EXPRKILL을 계산하는 것은 AVAIL 계산에서 지역 분석의 비용을 엄청나게 증가시킨다(비교를 위해 그림 8.8 AVAIL을 보라).

그림 9.3에 나오는 코드의 조각을 고려해 보자. 그것은 중첩된 `if-then-else`를 가지는 단일 루프로 이루어져 있다. 코드의 많은 부분은 추상화 되어졌다. 예를 들어, LIVEOUT을 계산하기 위해서 컴파일러는 먼저 CFG를 제작하고 각각의 블록에 대한 UEVAR과 $\overline{\text{VARKILL}}$ 집합을 계산해야만 한다. 잘 살펴보면, 다음과 같은 집합들을 생성함을 알 수 있다:

```
for i ← 1 to number of operations
   assume opi is "x ← y op z"
   if i ∈ Leader then
      b ← block number for i
      UEVAR(b) ← ∅
      VARKILL(b) ← ∅
   if y ∉ VARKILL(b) then
      UEVAR(b) ← UEVAR(b) ∪ {y}
   if z ∉ VARKILL(b) then
      UEVAR(b) ← UEVAR(b) ∪ {z}
   VARKILL(b) ← VARKILL(b) ∪ {x}
```

Gathering Initial Information

```
N ← number of blocks − 1
for i ← 0 to N
   LIVEOUT(i) ← ∅
changed ← true
while (changed)
   changed ← false
   for i ← 0 to N
      recompute LIVEOUT(i)
      if LIVEOUT(i) changed then
         changed ← true
```

Solving the Equations

그림 9.2 반복적인 Live 분석

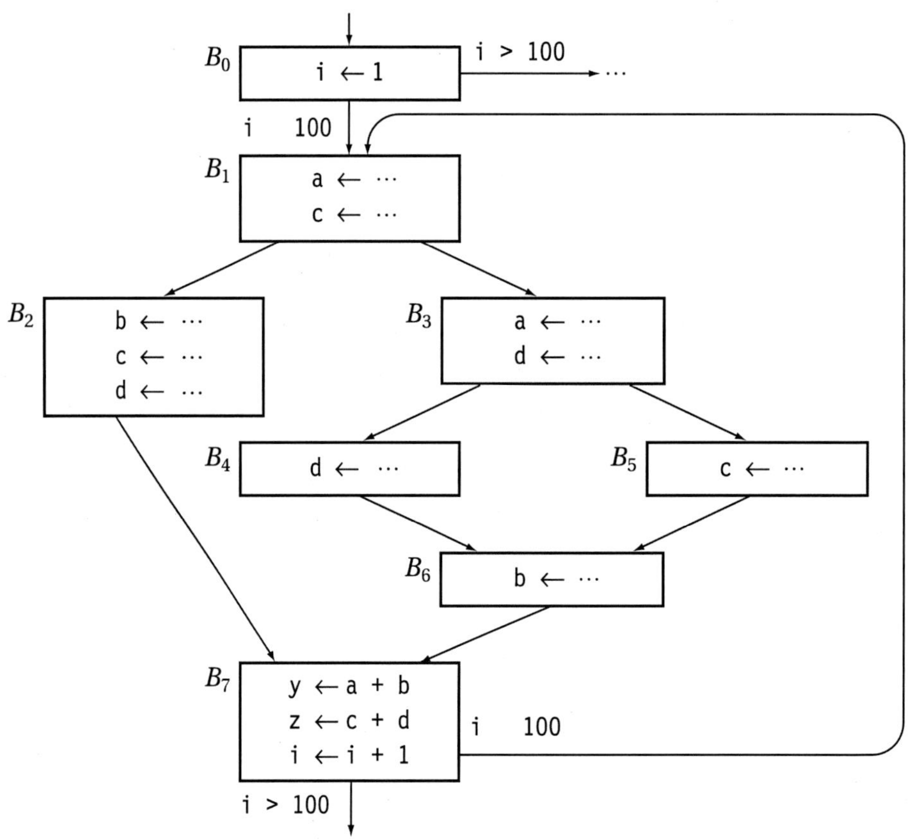

그림 9.3 LIVEOUT 계산의 예

	B_0	B_1	B_2	B_3	B_4	B_5	B_6	B_7
UEVAR	∅	∅	∅	∅	∅	∅	∅	{a,b,c,d,i}
$\overline{\text{VARKILL}}$	{a,b,c,d,y,z}	{b,d,i,y,z}	{a,i,y,z}	{b,c,i,y,z}	{a,b,c,i,y,z}	{a,b,d,i,y,z}	{a,c,d,i,y,z}	{a,b,c,d}

왜냐하면 동작(연산) 대부분의 right-hand side는 생략되었기 때문에, UEVAR 집합은 보통과 다르게 적게 보인다. 위 부분을 생략하지 않으면, 대부분의 블록에서 UEVAR 집합은 비어 있지 않을 것이다.

LIVEOUT 방정식 풀기

LIVEOUT 집합의 값을 얻기 위해서, 컴파일러 제작자는 그림 8.9에 나오는 반복 알고리즘을 적용할 수 있다. AVAIL에 특성화 된 코드는 LIVEOUT에 특성화된 코드로 교체할 수 있다. 그리하여 생성된 반복 알고리즘은 원래의 알고리즘이 그랬던 것처럼, 고정 소수점을 계산한다.

그림 9.2의 오른쪽 부분은 LIVEOUT 방정식을 푸는 반복 알고리즘 기법 중 하나이다. 먼저 모든 LIVEOUT 집합을 ∅로 초기화시킨다. 다음, 각각의 블록에 대한 LIVEOUT 집합을 B_0에서 B_7의 순서로 계산한다. 앞선 작업을 LIVEOUT 집합의 값이 변하지 않을 때까지 반복한다. 이런 과정을 통해 LIVEOUT 집합의 원소들이 얻어지게 된다. 첫 번째 줄은 초기 값을 의미한다.

Iteration	LIVEOUT(*n*)							
	B_0	B_1	B_2	B_3	B_4	B_5	B_6	B_7
0	∅	∅	∅	∅	∅	∅	∅	∅
1	∅	∅	{a,b,c,d,i}	∅	∅	∅	{a,b,c,d,i}	∅
2	∅	{a,i}	{a,b,c,d,i}	∅	{a,c,d,i}	{a,c,d,i}	{a,b,c,d,i}	{i}
3	{i}	{a,i}	{a,b,c,d,i}	{a,c,d,i}	{a,c,d,i}	{a,c,d,i}	{a,b,c,d,i}	{i}
4	{i}	{a,c,i}	{a,b,c,d,i}	{a,c,d,i}	{a,c,d,i}	{a,c,d,i}	{a,b,c,d,i}	{i}
5	{i}	{a,c,i}	{a,b,c,d,i}	{a,c,d,i}	{a,c,d,i}	{a,c,d,i}	{a,b,c,d,i}	{i}

첫 번째 반복에선, B_7의 선행자를 제외하곤 나머지 LIVEOUT 집합의 값은 비어 있게 된다. (오직 B_7만이 UEVAR 집합 값을 가진다). 다음을 계산하면,

$$\text{UEVAR}(B_7) \cup (\text{LIVEOUT}(B_7) \cap \overline{\text{VARKILL}(B_7)})$$

집합 {a,b,c,d,i}를 구할 수 있다. LIVEOUT(B_2)와 LIVEOUT(B_6) 둘 다 첫 번째 반복의 결과 그와 같은 집합을 가진다. 두 번째 반복은 LIVEOUT 집합의 값을 더 채우게 된다. B_2로부터, LIVEOUT(B_1)의 값은 {a,i}가 된다. B_6로부터 B_4와 B_5 둘 다 {a,c,d,i}값을 갖는다. 마지막으로 B_1으로부터 LIVEOUT(B_7)의 값은 {i}가 된다. 이 계산은 LIVEOUT(B_1)의 최근값을 사용한다.

세 번째 반복은 LIVEOUT(B_0)로 i를 전달한다. LIVEOUT(B_3)의 값은 {a,c,d,i}가 된다. <B_3, B_5>의 엣지가 {a,d,i}를 추가시키는 반면, <B_3, B_4>엣지는 {a,c,i}를 제공한다. 따라서, LIVEOUT(B_3)는 LIVEOUT(B_4) 그리고 LIVEOUT(B_5)와 같다. 그러나 B_4와 B_5은 각각의 LIVEOUT set의 Subset만을 전달한다.

네 번째 반복은 ⟨B_1, B_3⟩ 가장자리로부터 LIVEOUT(B_1)에 {c}를 더한다. 마지막으로 다섯 번째 반복은 모든 LIVEOUT 집합의 값을 변화 없이 다시 한 번 계산하고, 분석기는 분석을 중단하고 while 루프를 나가게 된다.

9.2.2 반복적 LIVEOUT 계산법의 속성

LIVEOUT 계산과 비슷한 자료 흐름 분석법은 스칼라 최적화 컴파일러 분석의 골격을 형성한다. 많은 기법들은 자료 흐름 문제를 해결하기 위해 개발되었다. 우리는 반복 알고리즘이 빠르고, 강하며, 이론적으로 이해하기 쉽기 때문에 그것에 초점을 맞추었다. 이번 절에서는 LIVEOUT 계산을 위한 반복 해결법의 세 가지 중요한 질문에 대한 대답을 기술한다:

1. 반복 기법이 종료되는가?
2. 반복 기법이 계산하는 답은 무엇인가?
3. 반복 기법은 얼마나 빠른가?

컴파일러 제작자는 분석 경로를 디자인할 때, 각각의 질문에 대해 고려해야만 한다.

종료

반복 Live 변수 분석은 계산 과정을 통해서 집합이 단조증가 하기 때문에 중지한다. 반복 알고리즘은 각각의 LIVEOUT 집합값을 ∅으로 초기화한다. *while* 루프를 자세히 살펴보면, LIVEOUT 집합은 더 커지는 것은 가능하지만 절대 줄어들지는 않는다는 것을 알 수 있다. LIVEOUT 집합의 크기는 변수의 수, 즉 |*V*|의 크기에 따라 제한된다. 그림 9.3의 예제에 따르면, |*V*|는 {a,b,c,d,i,y,z}이고, 모든 LIVEOUT 집합은 *V*이거나 *V*의 부분집합이다.

$|V|$ 자체가 제한되어 있기 때문에, 현재의 알고리즘으로 계산 가능한 LIVEOUT 집합 역시 제한될 수밖에 없다. 따라서 반복 알고리즘은 반드시, 언젠가는 중지된다. 알고리즘이 중지되었을 때, LIVEOUT 획득 알고리즘은 LIVEOUT 계산의 특정 개체에 대한 고정 포인트를 찾는다.

정확성

Live 변수의 정의를 되짚어 보면, 변수 v가 어떤 지점 p에서 *live* 하려면, v가 재정의 되지 않은 상태에서 p로부터 v의 use가 이루어질 때까지의 경로가 존재해야 한다. Liveness는 그래프에서 경로들을 이용해 정의된다. 이 경로는 v의 재정의가 없이 p로부터 v의 use까지 반드시 경로가 존재해야 한다. -이 경로를 v-clear 경로라고 부른다.

LIVEOUT(n)이 v를 포함하려면, 블록 n의 끝에서 v가 live 해야 한다. LIVEOUT(n)을 구하기 위해서, 반복 알고리즘은 CFG 내에서, n의 각각의 상속자들이 LIVEOUT(n)에 기여하는 부분을 계산해야만 한다. n을 벗어나는 *어느* 경로에서나 v가 live하면 v는 LIVEOUT(n)의 부분집합이 되기 때문에, 해당 알고리즘은 언급한 기여도들의 합집합을 구한다. 그렇다면 어떻게 개별 가장자리들을 아우르는 지역적 계산법이 전체 경로에 걸쳐 정의된 속성(liveness)에 연관될 수 있다는 것인가?

반복 알고리즘에 의해 계산되는 LIVEOUT 집합은, LIVEOUT 방정식에 대한 고정 소수점 해답을 제공한다. 현재 내용의 범위와는 다르지만, 반복 자료 흐름 분석 기법의 이론은 우리에게 이러한 특정 방정식에 대한 고정 포인트가 존재하고 그것이 유일[199]하다는 것을 보장해 준다. 그러한 정의에 대한 전체 경로 해법 역시 방정식에 대한 고정 소수점 계산이며, *meet-over-all-paths solution*이라고 부른다. 고정 포인트가 유일하다는 것은 반복적 알고리즘에 의해 얻어진 집합들이, 전체 경로 만남 해법에 의한 결과와 동일하다는 것을 보장해 준다.

효율성

특정 절차에 대한 LIVEOUT 방정식의 고정 포인트 해법은 개별 집합을 계산하는 순서와 무관하다. -유일성의 연속이라 함. 따라서 컴파일러 제작자는 분석기의 실행 시간을 줄이기 위해 어떤 순서를 택하더라도 상관이 없다.

그래프에서 *역방향 후위(reverse postorder, RPO)* 우선은 반복 알고리즘에 특히 효율적이다. 후위 순회는 노드 자체를 찾아가기 전에 일관된 순서로 가능한 한 많은 노드의 자식들을 방문한다.(cyclic 그래프에서 노드의 자식들은 동시에 그의 선행자가 될 수도 있다.) RPO 순회는 그 반대이다. 이 기법은 노드 자체를 찾아가기 이전에 최대한 많은 노드의 상위노드를 방문한다. 노드의 RPO 넘버는 간단히 "$n + 1$ – 노드의 후위넘버"가 된다(n = 그래프에서 노드의 숫자).

AVAIL과 같은 전방향 문제에 있어서, 반복 알고리즘은 CFG에서 계산된 RPO를 사용해야 한

$N \leftarrow$ *number of blocks* -1
for $i \leftarrow 0$ *to* N
  LIVEOUT$(i) \leftarrow \emptyset$
changed $\leftarrow$ *true*
while (changed)
  changed $\leftarrow$ *false*
  for $i \leftarrow 1$ *to* N
  $j \leftarrow$ *Reverse Preorder[i]*
  LIVEOUT$(j) = \bigwedge_{k \in succ(j)} f_{\langle j,\, k\rangle}$ (LIVEOUT(k))
   if LIVEOUT(j) *has changed then*
    changed $\leftarrow$ *true*

그림 9.4 LIVEOUT을 위한 Round-Robin, 후위 우선 해법

다. LIVEOUT과 같은 후방 자료 흐름 문제에 있어서는 역방향 CFG에서 계산된 RPO를 사용해야 한다.(역방향 CFG는 원래 CFG에서 그들의 가장자리들만 거꾸로 된 것이다. 따라서 n_f는 시작 노드가 되고 n_0가 출구 노드가 된다.) 역방향 CFG에서 RPO는 원래의 CFG에서 역방향 전위 와 동일하다.

만약 반복 알고리즘이 올바른 RPO 순회를 사용한다면, 몇몇 집합을 초기화 하지 않아도 무방하다. 예를 들어, live 분석에서, LIVEOUT n_f만으로 초기화 하는 것으로 충분하다. CFG의 역방향 후위 우선 순회에선, 집합의 값을 사용하려고 시도하는 역방향 후위 상속자들의 어떤 계산이라도 발생하기 이전에, Live 방정식 해법이 n_f를 제외한, 모든 노드의 LIVEOUT 집합을 계산할 것이다.

순서 정하기의 효과를 보기 위해서, 그림 9.3에 나와 있는 LIVEOUT 계산 예제에서 RPO 순회 효과를 고려해 보자. 역방향 CFG에서 RPO 번호 지정(numbering)은 다음과 같다.

Block	B_0	B_1	B_2	B_3	B_4	B_5	B_6	B_7
RPO Number	8	7	2	6	4	5	3	1

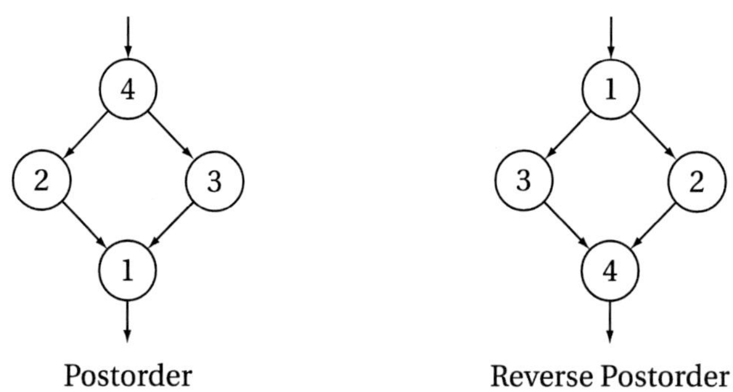

이러한 순서로 노드를 방문할 경우 다음과 같은 반복 작업이 이루어진다:

Iteration	LIVEOUT(n)							
	B_0	B_1	B_2	B_3	B_4	B_5	B_6	B_7
0	∅	∅	∅	∅	∅	∅	∅	∅
1	{i}	{a,c,i}	{a,b,c, d,i}	{a,c, d,i}	{a,c, d,i}	{a,c, d,i}	{a,b,c, d,i}	∅
2	{i}	{a,c,i}	{a,b,c, d,i}	{a,c, d,i}	{a,c, d,i}	{a,c, d,i}	{a,b,c, d,i}	{i}
3	{i}	{a,c,i}	{a,b,c, d,i}	{a,c, d,i}	{a,c, d,i}	{a,c, d,i}	{a,b,c, d,i}	{i}

이 알고리즘은 블록 숫자에 따른 순서로 엄격하게 순회하는 알고리즘이 5번의 반복을 요구하는 데에 비해서 3번의 반복 이후에 중지된다. 이전의 계산과 이 표를 비교해 보면 왜 그런 결과가 나왔는지를 알 수 있다. 첫 번째 반복에서, 이 알고리즘은 B_7을 제외한 나머지 노드의 정확한 LIVEOUT 집합을 다 계산해 낸다. 그 이후, B_7에서 B_1으로 가는 back edge이기 때문에 두 번째 반복은 B_7을 계산하기 위한 것이 된다. 세 번째 반복은 알고리즘이 고정 포인트에 도달했다는 것을 확인하기 위해 필요하다.

9.2.3 자료 흐름 분석법의 한계

컴파일러가 자료 흐름 분석법으로부터 얻을 수 있는 것에 한계가 존재한다. 몇몇 경우에, 그 한계는 분석 기법의 바탕에 있는 가정들로부터 발생한다. 다른 경우에는 분석되어야 할 언어의 특성 때문에 발생한다. 올바른 결정을 하기 위해서, 컴파일러 제작자는 자료 흐름 분석법이 할 수 있는 것과 할 수 없는 것을 반드시 이해해야만 한다.

CFG에서 노드 n에 대한 LIVEOUT 집합을 계산할 때, LIVEOUT 구하는 알고리즘은 모든 n 의 상속자들에 대한 LIVEOUT, UEVAR, 그리고 VARKILL 집합들을 사용한다. 이것은 암묵적으로 프로그램의 실행이 앞서 말한 모든 상속자들에 도달할 수 있다는 것을 가정한 것이다. 그러나 실제로는 그들 중 하나 또는 둘은 실행되지 않을 것이다. 그림 9.5에 나와 있는 코드를 그의 CFG와 같이 고려해 보자.

B_0에서 x의 할당문은, B_1에서 x의 use가 존재하기 때문에 live한다. B_2에서 x의 할당은 이전의 값을 죽인다(kill). 만약 B_1이 절대로 실행되지 않는다고 가정하면, x는 y와의 비교문 이후엔 살아있지를 못하고 x $\notin$ LIVEOUT(B_0)가 된다. 만약 컴파일러가 (y $<$ x)에 대한 비교가 항상 틀리다는 것을 증명할 수 있다면 B_1은 절대로 실행되지 않을 것이며 z에 대한 할당은 실행될리가

없을 것이다. 만약 f에 대한 호출이 예상치 못한 효과를 가지지 않는다면 전체 구문은 쓸모가 없고 실행될 필요조차 없다. 테스트의 결과가 알려져 있기 때문에, 컴파일러는 B_0와 B_1 블록 전체를 완벽히 제거할 수 있다.

그렇지만 LIVEOUT 방정식은 블록의 모든 상속자들을 합집합하여 사용한다. 따라서, 분석기는 LIVEOUT(B_0)를 다음과 같이 계산한다.

$$\text{UEVAR}(B_1) \cup (\text{LIVEOUT}(B_1) \cap \overline{\text{VARKILL}(B_1)}) \bigcup$$
$$\text{UEVAR}(B_2) \cup (\text{LIVEOUT}(B_2) \cap \overline{\text{VARKILL}(B_2)})$$

모든 자료 흐름 분석기법은 CFG를 통과하는 경로상의 코드는 실제로 실행될 것이라는 것을 가정한 채로 이루어진다. 따라서 해당 분석 기법이 계산하는 정보는, 모든 경로는 받아들여진다는 것을 가정한 채로, 가능한 자료 흐름 사건들을 종합한다. 이런 동작은 최종 정보의 정확성을 제한한다. 우리는 정보가 정확하다는 것을, "심볼에 따른 실행에 달려 있다"고 한다. 이러한 가정하에서, x는 B_0의 출구로부터 live하고 B_0와 B_1은 반드시 유지되어야만 한다.

자료 흐름 기법의 정확성을 떨어뜨리는 다른 한 가지는 배열, 포인터, 그리고 함수 호출을 다루는 방법에서 기인한다. A[i,j,k]와 같은 배열 참조는 A의 단일 원소를 참고한다. 그러나 i,j,k의 값을 알아낼 수 있는 분석이 없이는, 컴파일러는 어떤 원소가 접근되고 있는지를 알 수가 없다. 이러한 이유로, 컴파일러는 전통적으로, 배열 A에 대한 모든 참조를 한 덩어리로 취급한다. 따라서 A[x,y,z]의 use는 A의 use로 취급되고 A[c,d,e]에 대한 정의는 A의 정의로 취급된다.

그러나 방해가 되는 부분이 너무 커지는 것을 피하기 위해서 몇몇 고려 부분은 반드시 받아들여져야만 한다. 컴파일러가 배열의 정보가 부정확 하다는 것을 알기 위해서는 반드시 해당 정보를 세심하게 살펴보아야만 한다. 따라서 만약 분석의 목적이 값이 더 이상 살아있지 않은 지점을 정하는 것이라면(다시 말해, 값은 반드시 죽여진 적이 있다는 것이다.) A[i,j,k]의 정의는 A의 값을 죽이지 않는다. 만약 분석의 목표가 값이 어디서 살아있지 않을 수 있는지를 인지하는 것이라면, A[i,j,k]의 정의는 아마도 A의 어떠한 원소도 재정의 하지 않았을 것이다.

```
x ← f(17)
if (y < x) then
   z ← x + 3
   x ← 0
```

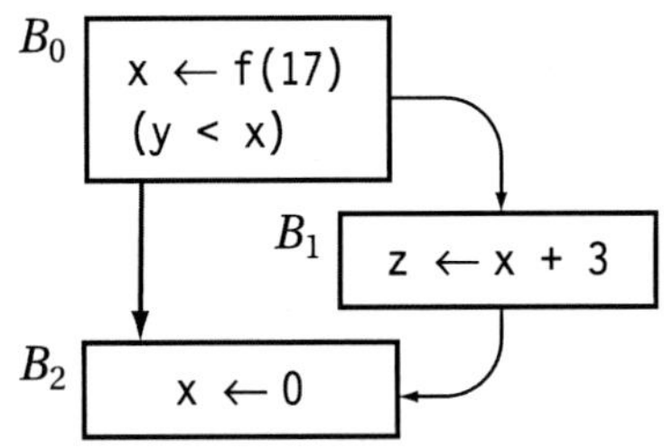

그림 9.5 제어 흐름이 자료 흐름 분석법의 정확도를 제한한다.

자료 흐름 방정식에서의 이름 집합

고전적인 문제에 있어서 자료 흐름 방정식을 적용할 때, 우리는 로컬 정보를 포함하고 있는 많은 집합들의 이름을 변경시켜 왔다. 원래의 논문에서는 더 직관적인 집합 이름을 사용해 왔다. 불행하게도, 그러한 이름들은 다른 엇갈리는 문제들과 충돌을 일으켰다. 예를 들어, 집합 KILL과 같은 개념을 사용하는 모든 AVAIL 식, live 변수, 도달 정의(reaching definitions), 그리고 자주 사용되는 표현(very busy expressions)들이다. 위의 네 개의 문제들은 세 개의 구분된 영역에 걸쳐 정의된다: 식(AVAIL 그리고 VERYBUST), 정의 지점(REACHES), 그리고 변수(LIVEOUT). 따라서, KILL 또는 KILLED를 사용하는 것은 앞선 문제들에 걸쳐서 혼돈을 야기한다.

우리가 적용한 이름들은 영역과 힌트를 집합의 의미에 따라서 인코딩했다. 따라서, VARKILL(*n*)은 블록 *n*에서 죽게 된 변수들의 집합을 포함하고, 반면에 ExprKill(*n*)은 같은 블록 *n*에서 죽게 된 식의 집합을 포함한다. 비슷하게, UEVar(*n*)은 블록 *n*에서의 윗방향으로 노출된 변수들의 집합을 포함하고, UEExpr(*n*)은 노출된 식들의 집합을 포함한다. 이러한 이름들이 다소 거추장스럽고 복잡하긴 하지만, 이러한 작업이 유효한 표현들 식(EXPRKILL)과 도달 정의들(DefKill)에 사용되는 kill의 개념의 구분을 명확하게 해준다.

포인터는 정적 분석법의 결과에 다른 수준의 부정확성을 제공한다. 명확한 포인터의 계산이 문제를 더 좋지 않게 만든다. 포인터의 값 자체를 따로 특별히 추적해서 분석하지 않는다면 , 컴파일러는 반드시 포인터에 기반을 둔 변수의 할당을 마치 포인터가 도달할 가능성이 있는 모든 변수에 대한 잠재적인 정의로 취급해야만 한다. 형태 안정성은 포인터를 통한 할당에 의해 잠재적으로 정의된 객체의 집합을 제한할 수 있다. *t*에 대한 포인터는 *t* 형태의 객체를 수정하는 데에만 사용이 가능하다. 포인터 값에 대한 분석 또는 형태 안정성에 대한 보장 없이는, 포인터에 기반한 변수의 할당은 분석기로 하여금 모든 변수가 수정되어 왔었다는 것을 가정하도록 강요하게 된다. 컴파일러가 확실히 한정해서 할당에 사용되는 포인터가 레지스터 내에 있는 값에 해당하는 메모리 위치를 가리키지 못한다는 것을 증명해 내지 못한다면, 이것이 유일하게 안전한 방법이다.

실제로는, 포인터 분석의 복잡도 때문에 컴파일러가 포인터에 기반한 변수의 값을 가지고 있는 레지스터를 이용하는 것을 기피하게 된다. 보통, 한 번도 명확하게 주소 자체를 취득당한 적이 없는 지역변수처럼, 몇몇 변수의 경우는 이러한 경우에서 제외된다. 이러한 문제에 대한 대안은 포인터에 기반한 참조의 모호성을 제거하는 데에 목적을 두는 자료 흐름 분석을 수행하는 것이다. 이것은 코드 내의 각각의 지점에서 포인터를 참조할 가능성이 있는 변수의 집합을 줄이는 것을 뜻한다.

함수 호출은 분석의 부정확도의 마지막 요소이다. 현재의 함수에서 정확하게 자료 흐름을 형성시키기 위해서, 컴파일러는 반드시 함수 호출에 이어 다른 함수의 호출 모두를 접근 가능한 각각의 변수에 대해서 호출된 함수가 어떠한 일을 수행하는지를 자세히 알 필요가 있다. 물론 잠재적인 영향이 존재할 것이다.

컴파일러가 프로그램내에서 모든 함수의 효과에 대해서 정리해 놓은 정확한 정보를 가지고 있지 않다면, 가장 나쁜 경우의 행동을 예측해야 한다. 문제에 따라서 특정한 가정이 다른 상황에서, 가장 기본적인 가정은 호출된 함수는 주소를 지정하는 모든 변수와, 모호한 참조를 양산하는 참조에 의한 호출 인자들을 모두 참조하고 수정할 수 있다는 것이다. 아주 적은 함수만이 실제로 이러한 경향으로 행동하기 때문에, 이러한 종류의 가정은 보통 함수 호출에 대한 영향을 과대 평가하게 된다. 이런 이유로 자료 흐름 분석의 결과 오류가 발생할 가능성이 더 커지는 것이다.

9.2.4 다른 자료 흐름 문제들

컴파일러는 특정한 상황에서 적용된 변형이 안전하다는 것을 증명하기 위해서 자료 흐름 분석법을 사용한다. 따라서, 많은 각각의 자료 흐름 문제들이 특정한 최적화에 도달하기 위해서 제안되어 왔다.

유효한 표현식

8장에서 코드 내의 각각의 지점에서 가능한 식의 집합을 찾아내는 문제를 소개한 바 있다. 유효한 표현식(Available expressions)은 프로그램 내에서 계산된 식의 영역을 통틀어 계산된 전방 자료 흐름 문제의 형태로 서술되었다. 결과로 나온 Avail 집합은 전역 CSE를 유도하는 데에 사용되어 왔다.

도달 정의

어떠한 경우에, 컴파일러는 피연산자가 어디에 정의되어 있는지를 알고 싶어 한다. 만약 연산으로 가는 경로가 CFG에서 여러 개라면, 다중 정의에서 피연산자의 값을 알아낼 수 있다. 블록에 도달하는 정의의 집합을 찾기 위해서 컴파일러는 *도달 정의(reaching definitons)*를 계산할 수 있다. REACHES의 영역은 함수 내에서, 정의가 이루어진 지점들의 집합이다. 연산 i에 도달하는,

어떠한 변수 v의 정의 d라는 것은, 연산 i가 v의 값을 이용하며, d로부터 i로 가는 v-clear 경로가 존재한다는 것을 의미한다.

컴파일러는 CFG 내의 각각의 노드 n에 대해 REACHES(n)이라는 집합을 통해서 부연 설명을 한다. 위의 집합은 다음과 같은 전방향 자료 흐름 문제로 계산된다.

$$\text{REACHES}(n_0) = \emptyset$$

$$\text{REACHES}(n) = \bigcup_{m \in preds(n)} (\text{DEDEF}(m) \cup (\text{REACHES}(m) \cap \overline{\text{DEFKILL}(m)}))$$

DEDEF(m)는 m 내에서의 하향 노출된 정의(downward exposed definitions)의 집합이다. 다시 말하면 m 내에서의 정의, 그리고 정의된 이름 자체는, m에서 바로 뒤이어서 재정의 되지 않는다는 것을 뜻한다.

DEFKILL(m)는 m 내에서 같은 이름을 가진 정의에 의해서 애매하게 되어버린 모든 정의 지점을 포함한다. 다시 말하면, $d \in$ DEFKILL(m)이라는 것은, d는 v의 이름을 정의하였고, m은 v를 정의한 정의를 포함하고 있다는 것이다. 따라서 $\overline{\text{DEFKILL}(m)}$은 m 내에서 모호하지 않은 모든 정의 지점으로 구성되어 있다.

DEDEF와 DEFKILL은 정의 지점의 집합을 통틀어서 정의되어 있지만, 그들 각각에 대한 계산은 이름(변수 그리고 컴파일러가 생성한 임시적인 변수)부터 정의 지점까지의 맵핑을 필요로 한다. 따라서, 도달 정의의 초기 정보를 얻는 것은 live 변수의 초기 정보를 얻는 것보다 더 복잡하다.

자주 사용되는 표현식(Very Busy Expression)

식 e가 블록 n으로부터의 출구에서 '*자주 사용되는(Very Busy)*' 이란, 식 e가 n을 벗어나는 모든 경로에 따라서 사용되어지고, n의 끝에서 e의 값이, n을 떠나는 각각의 경로에서 e의 첫 번째 구해진 값과 같은 결과를 구할 수 있음을 뜻한다. '자주 사용되는' (very busy) 분석은 식의 전체 영역에 걸친 후방 자료 흐름 문제이다.

$$\text{VERYBUST}(n_f) = \emptyset$$

$$\text{VERYBUST}(n) = \bigcap_{m \in succ(n)} (\text{UEEXPR}(m) \cup (\text{VERYBUST}(m) - \overline{\text{EXPRKILL}(m)}))$$

여기서 UEEXPR(m)은 윗 방향 노출된 식들의 집합이다. 이들은 죽음을 당하기 이전에 m에서 사용된다. EXPRKILL(m) 자료 흐름 분석 EXPRKILL에서 정의된 식의 집합이다. 이는 유효한 식을 구하는 방정식에서 사용된 것과 같은 집합이다.

컴파일러는 이 분석의 결과를 *코드 이동(code hoisting)*을 위한 근거로 사용가능하다. e가 p에서 매우 바쁘다면, 컴파일러는 p에 e의 값을 삽입할 수 있고, p를 떠나는 각각의 경로에서의 첫 번째 식의 값들을 제거할 수 있다. 이러한 변형은 경로를 단축시키지는 않지만, 전체 프로그램에서의 연산을 줄인다. 따라서 코드 공간을 줄일 수 있다.

상수 전달(Constant Propagation)

만약 컴파일러가 코드의 특정 지점 p에서 변수 v가 늘 c의 값을 가지고 있다는 것을 증명할 수 있다면, p에서 v를 사용하는 대신 c를 사용할 수 있게 된다. 이것은 컴파일러로 하여금 p에서의 코드를 c의 값에 기초하여 특수화 할 수 있다는 것이다. 예를 들어, 만약 컴파일러가 루프의 상한을 안다면, 루프가 절대로 수행하지 않는 부분에 대한 비교와 분기를 제거할 수 있을 것이다. v가 p에서 c의 값을 가진다는 것을 증명하기 위해서, 컴파일러는 전역 상수 전달을 수행할 수 있어야 한다.

이 문제의 영역은, v_i는 변수, c_i는 상수이거나 특정 값($\perp$)을 나타내는 <v_i, c_i>쌍의 집합에 제한된다. 이 분석은 CFG 내의 각각의 노드 n에 대해서 CONSTANTS(n)의 집합으로 부연 설명을 추가한다. 해당 집합은 컴파일러가 n에 대한 엔트리를 지속하고 있음을 증명할 수 있는 모든 값의 쌍을 포함한다. CONSTANTS 집합은 다음과 같이 정의된다.

$$\text{CONSTANTS}(n) = \bigwedge_{p \in preds(n)} F_p(\text{CONSTANTS}(p))$$

$\wedge$는 두 쌍의 집합에 대한 집합 연산을 뜻하며, $F_p(x)$는 알려진 상수 x의 집합에 대한 p의 효과를 따르는 블록 기반의 함수이다. 이러한 각각의 요소들은 더 설명할 필요가 있다. 각각의 CONSTANTS 집합의 초기 값은 $\emptyset$으로 세팅된다.

두 개의 쌍 $\langle v,c_1\rangle$ 그리고 $\langle v,c_2\rangle$를 비교하는 집합 연산은 다음과 같은 결과를 만들어 낸다. 만약 $c_1 = c_2$라면, $\langle v,c_1\rangle \wedge \langle v,c_2\rangle$는 $\langle v,c_1\rangle$이 되고, 만약 $c_1 \neq c_2$,이면 $\langle v,c_1\rangle \wedge \langle v,c_2\rangle$는 $\langle v,\perp\rangle$ 이다. (만약 c_1 또는 c_2 둘 중 하나라도 $\perp$이라면 이 규칙에 따라서 $\langle v,\perp\rangle$을 만들어 낸다.) 따라서, 만약 n으로 들어가는 하나의 경로에서 v가 3의 값을 가지고 있고 다른 경로에선 5의 값을 가지고 있다면, 컴파일러는 n으로 진입하는 어떠한 v의 값에 대해서 단언할 수 없고, 앞서 말한 분석법은 그런 값을 설명하기 위해서 라는 기호를 사용하게 된다. 만약 두 경로에서 v가 같은 값을 가진다면, 예를 들어 13이라 하자, $\wedge$는 $\langle v,13\rangle$ 쌍을 만들어 낸다.

자료 흐름 골격 구현(Implementing Data-Flow Frameworks)

전역의 자료 흐름 문제에 관한 방정식들은 신기하게도 많은 공통점을 가진다. 예를 들어, available 식, live 변수, 도달 정의, 그리고 자주 사용되는 식은 모두 다음과 같은 전달 함수를 가진다.

$$f(x) = c_1 \, op_1 \, (x \, op_2 \, c_2)$$

c_1과 c_2는 실제 코드가 결정하는 상수이며, op_1과 op_2는 ∪, ∩, 그리고 −와 같은 표준 집합 연산을 뜻한다. 이러한 유사성은, 앞서 말한 문제들이 빠른 반복 자료 흐름 백본를 가지고 있음을 증명해 준다. 그리고 그런 것들을 적용할 때도 나타난다.

컴파일러 제작자는 이러한 문제들이 서로 다르며, 단일의 매개변수를 정하는 분석기를 통해 적용된다는 등의 자세한 부분을 쉽게 발췌해 낼 수 있다. 분석기는 c_1과 c_2를 계산하는 함수, 연산자들의 적용, 문제의 방향들을 통해 나타나는 것들을 필요로 한다. 그 댓가로, 바람직한 자료 흐름 정보를 만들어 낸다.

이런 적용 방식은 코드 재사용에 도움이 된다. 이는 문제 해결의 자세하지 않은 부분을 감춰준다. 동시에, 이것은 컴파일러 제작자가 충분히 이득이 될 수 있는, 구현을 최적화하는 데 노력할 수 있는 상황을 만들어 준다. 예를 들어, $f(x) = a \, op_1(x \, op_2 \, b)$를 하나의 함수로 구현할 수 있게 해 주는 구조를 허용하는 기법은, $f_1(x) = a \, op_1 x$ 그리고 $f_2(x) = x \, op_2 \, b$ 그리고 $f(x)$ as $f_1(f_2(x))$의 구현보다 더 뛰어난 성능을 발휘할 것이다. 이런 기법은 모든 클라이언트 변형이 집합 표현의 최적화와 연산자 구현으로부터 이득을 얻을 수 있도록 해 줄 것이다.

방정식의 다른 결정적인 부뷰은 블록에 한정된 함수인 F_p이다. 우리가 이미 살펴보았던 다른 자료 흐름 구조에서, 블록에 한정된 효과는 작은 수의 집합 연산에 따랐다. 주어진 CONSTANTS(p)에서, 상수 전달 알고리즘은 다음에 나오는 것과 같은 각각의 연산을 모델링함으로써 p의 끝에 해당하는 집합을 계산한다 :

x ← y *if* CONSTANTS(p) $= \{\langle x, c_1\rangle, \langle y, c_2\rangle, \ldots\}$ *then*
CONSTANTS(p) $=$ (CONSTANTS(p) $- \{\langle x, c_1\rangle\}) \cup \{\langle x, c_2\rangle\}$

x ← y *op* z *if* CONSTANTS(p) $= \{\langle x, c_1\rangle, \langle y, c_2\rangle, \langle z, c_3\rangle \ldots\}$ *then*
CONSTANTS(p) $=$ (CONSTANTS(p) $- \{\langle x, c_1\rangle\}) \cup \{\langle x, c_2 \; op \; c_3\rangle\}$

빼기 연산은 집합에서 하나의 원소를 제거하는 것을 의미한다. 블록에서 각각의 연산을 모델링하는 것은, 정리하자면, 블록의 마지막 부분에 해당하는 상수의 집합을 만들어 내는 것과 같다. 그 결과, 연산은 p의 상속자에 대한 CONSTANTS 집합을 계산하기 위해서 사용된다.

컴파일러 제작자는 해당 모델을 특별한 경우까지 포함시키는 방향으로 확장시킬 수 있다. 만약 연산에서 하나의 피연산자가 알 수 없는 것이고 다른 것들은 0이나 또는 연산에 대해 항등한 요소들이라면, 해당 모델은 결과 값을 결정할 수 있다. 많은 연산자들은 해당 모델이 검사 가능한 0 또는 항등 요소들을 가지고 있다.

CONSTANTS의 범위는 넓지만 한정되어 있다. 왜냐하면 특정 블록 내의 CONSTANTS 집합에서의 특정 변수는 두 가지로 밖에 변경이 불가능하며(미확정(⊥)에서 c_1으로), 반복 알고리즘은 실제로, 이러한 문제를 가지는 개체에 대해서 빠르게 동작하기 때문이다.

컴파일러는 CONSTANTS 집합들에 있는 정보를 코드 성능을 향상시키기 위해 직접 사용할 수 있다. 연산의 인자들이 모두 상수인 경우 해당 연산은 컴파일 타임에 값을 구할 수 있다; 결과 값을 사용하는 어떤 참조라 할지라도 직역된 값을 사용하는 것으로 변환될 수 있다. 테스트에서의 상수 값은 분기를 없앤다. 복잡한 계산에서의 상수 값은 단순화의 좋은 조건이 될 수 있다. 참조되는 영역에서의 상수 중복은 컴파일러가 적용할 수 있는 많은 변환 중에서도 꽤 성능이 높은 것 중 하나이다. (10.3.3절과 10.4.1절에 더 단순하고 강한 알고리즘이 소개되어 있다)

9.3 정적 단일-할당 형태

많은 시간 동안, 많은 다른 자료 흐름 문제들이 공식화되어 왔다. 만약 각각의 변환법들이 그들만의 개성이 넘치는 분석법을 사용하여 왔다면, 해당 알고리즘을 적용하고, 디버깅하고, 유지하기 위해 소요되는 시간과 노력은 상상할 수 없을 만큼 거대했을 것이다. 컴파일러 제작자가 반드시 구현하고 실행해야만 하는 분석법의 수를 제한하기 위해서, 다양한 변환법을 사용하는 데에서도 단일 분석법을 사용하는 것이 바람직하다.

이러한 “광범위의” 생각을 구현하기 위한 하나의 전략은 자료 흐름과 컨트롤 흐름 둘을 직접 IR에 인코딩하는 프로그램의 다양한 형식을 제작하는 것이다. 5.5절과 8.5.1절에 소개된 정적 단일 할당 형태(Static Single-Assinunent form; SSA)는 이러한 속성을 가지고 있다. 이 방법은 방대한 변환법 중 기본으로 여겨진다. 코드를 SSA 형태로 변형시키는 하나의 구현에서부터 컴파일러는 많은 고전적인 스칼라 최적화들을 수행할 수 있다.

그림 9.6의 왼쪽에 나와 있는 것과 같은 코드 부분에서 변수 x의 다양한 use를 고려해 보자. 회색 선은 x의 use가 도달할 수 있는 정의들을 보여 준다. 그림의 오른쪽 부분은 같은 부분에서, x를 SSA 형태로 변환했을 경우를 보여 준다. x의 정의에 대한 이름은 아래 첨자와 더불어 변형되었고, 이는 각각의 정의가 유일한 SSA 이름을 가지게 한다. 단순히 하기 위해서, 우리는 바뀌어지지 않은 다른 변수들에 대한 참조 사항을 남겨 놓은 것이다.

SSA 형태의 코드는 x의 use와 더불어 각기 다른 x의 SSA 이름의 새로운 할당 (x_3, x_5, 그리고 x_6)들을 포함한다(s와 z의 할당들에 대한). 이 할당들은 CFG의 각각의 엣지를 따라서, x의 현재 값이 유일한 이름으로 할당되었고, 그것이 어떤 엣지로의 컨트롤에도 독립적임을 보장한다. 이 할당들의 오른쪽 부분은 각기 다른 엣지들의 값을 결합하는 ϕ 함수를 가지고 있다.

ϕ 함수는 블록에 진입하는 각각의 엣지에 대응되는 값들의 SSA 이름을 인자로 사용한다. 컨트롤이 블록으로 진입할 때, 모든 ϕ 함수들은 블록 실행 시에 존재한다. 함수들은 블록으로 진입하는 컨트롤을 따르는 엣지에 대한 아규먼트 값으로 변한다. 기호 측면에서, 우리는 엣지를 좌에서 우로 기록하는 것에 대응되도록 아규먼트를 좌에서 우로 기록한다. 출력된 페이지에서, 이것은 쉽다. 그러나 실제 구현에선 약간의 노력이 필요하다.

SSA 생성은 다양한 경로가 집중되는 위치-각각의 접합 부분-의 CFG 내, 각각의 지점 이후에 ϕ 함수를 삽입한다. 접합 부분에서, 각기 다른 SSA 이름은 반드시 하나의 이름으로 일치되어야 한다. 전체 과정이 SSA 형태로 바뀐 이후에는 두 가지 규칙을 지켜야 한다: (1) 해당 절차

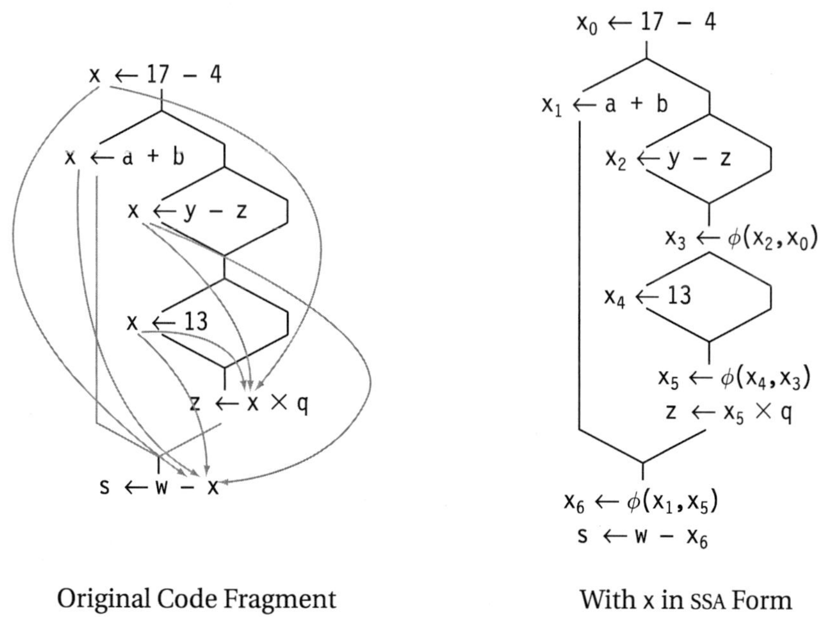

그림 9.6 SSA: 제어 흐름에서 자료 흐름으로의 표현

에서의 각각의 정의는 고유한 이름을 만든다, 그리고 (2) 각각의 use는 단일 정의를 인용한다. 하나의 절차를 SSA 형태로 변환시키기 위해서, 컴파일러는 반드시 각각의 변수에 대해 올바른 ϕ 함수를 코드 내에 삽입해야 하고, 그것은 앞선 두 가지 규칙에 부합되도록 변수의 이름을 아래첨자를 포함하여 다시 규정해야 한다. 이 간단한 두 단계의 규칙이 기본 SSA 생성 알고리즘이다.

9.3.1 SSA 형태를 만드는 간단한 방법

프로그램을 SSA 형태로 만들기 위해서, 컴파일러는 반드시 CFG의 접합 부분에 ϕ 함수를 삽입해야만 하고, 그것은 반드시 변수와 임시 값의 이름을 SSA 이름 공간을 관장하는 규칙에 부합되도록 변형시켜야 한다. 해당 알고리즘은 다음과 같은 개요를 가진다.

1. *ϕ 함수의 삽입* 함수의 삽입 다중 선행자를 가지는 블록의 시작에서, y ← ϕ(y, y)와 같이 함수를 삽입한다. 이는 코드 내에서 y가 정의 또는 use 되는 모든 경우에 해당한다. 함수는 CFG 내의 각각의 선행자 블록에 대해서 하나의 아규먼트를 가져야만 한다. 이 규칙은 함수를 필요로 하는 모든 경우에 ϕ 함수를 삽입한다. 또한 많은 필요 없는 경우에, ϕ 함수를 삽입한다.

   해당 알고리즘은 임의적인 순서로 함수를 삽입할 수 있다. ϕ 함수의 정의에 따르면, 블록의 시작에 존재하는 모든 ϕ 함수는 동시에 실행된다—다시 말하면, 그들은 그들의 입력 인자를 동시에 읽는 것이고, 출력 값 또한 동시에 기록한다고 볼 수 있다. 이러한 특성은 해당 알고리즘으로 하여금 순서 결정으로 인해 야기될 수 있는 많은 좋지 않은 부분들을 피할 수 있게 해 준다.

2. *재정의* 이름 변경 ϕ 함수가 삽입된 이후에, 컴파일러는 도달 정의를 계산할 수 있게 된다(9.2.4절). 왜냐하면 삽입된 ϕ 함수는 정의이며, 그것들은 어떠한 use에든지 오직 하나의 정의만이 도달할 수 있음을 보장해 주기 때문이다. 또한, 이것은 각각의 use에 대해 해당 use에 도달하는 정의 반영을 위해 변수 또는 임시 값 모두의 경우에 이름 변경이 가능하다. 컴파일러는 반드시 각각의 ϕ 함수에 도달하는 정의들을 정렬해야만 하고, ϕ 함수를 포함하고 있는 블록으로, 정의들이 도달하는 경로에 따라서 그들의 이름을 만들어야 한다. 이것은 약간의 계산을 필요로 하지만 개념적으로 직관적이다.

이 알고리즘은 정확한 SSA 형태를 만들어 낸다. 각각의 변수는 오직 한 번만 정의되며, 각각의 참조들은 개별 정의의 이름을 사용한다. 그러나, SSA 형태의 결과물은 잠재적으로 필요 이상의 ϕ 함수를 가진다. 여분의 ϕ 함수는 문제가 될 수 있다. 그것은 SSA 형태를 넘어선 다른 분석법을 사용하는 과정에서 정확성을 감소시킨다. 여분의 ϕ 함수는 공간을 차지하고, 따라서 컴파일러는 불필요하거나(다시 말해, $x_j \leftarrow \phi(x_i, x_i)$ 또는 live 하지 않은 ϕ 함수를 표현하기 위해 메모리를 낭비해야만 한다. 이것은 SSA 형태의 결과물을 사용하는 어떤 알고리즘이라도, 그들이 반드시 의미 없는 ϕ 함수 전체를 순회해야 하기 때문에 비용을 증가시키게 된다.

우리는 이러한 버전의 SSA 형태를 "*maximal SSA 형태*"라고 부른다. 더 적은 ϕ 함수를 가지는 SSA 형태를 만들기 위해선 몇 가지 작업이 더 필요하다; 특히, 컴파일러는 CFG 내에서 개별 값이 잠재적으로 수렴하는 위치를 결정하기 위해 코드를 분석해야 한다. 이러한 계산은 8.5.2절에서 우리가 처음 접하게 될 우위(dominance)의 개념에 연관된다.

다음 세 개의 하부 섹션은 더 적은 ϕ 함수를 가지는 semipruned SSA 형태를 만들 수 있는 자세한 방법을 소개한다. 9.3.2절에선 ϕ 함수 삽입을 위해 필요한 정보를 제공하는 빠른 dominance 계산 알고리즘을 소개한다. 9.3.3 절은 ϕ 함수를 삽입하는 알고리즘, 그리고 9.3.4절은 완벽한 SSA 형태를 만들기 위해서 어떻게 변수의 이름을 재기록 하는지를 보여 준다. 9.3.5절은 SSA 형태에서 다시 실행 가능 형태로 코드를 변환하는 것에 대한 어려움을 논의해 본다.

9.3.2 우위

Maximal SSA 형태의 가장 큰 문제점은 너무 많은 수의 ϕ 함수를 가진다는 것이다. 이 함수의 수를 줄이기 위해서, 컴파일러는 그들이 어디에 정말 필요한지를 반드시 결정해야만 한다. 효율적이고 효과적으로 위의 작업을 수행하기 위해서는 우위 정보가 필수적이다. 이 절에서는 우위를 계산할 수 있는 자료 흐름 구조를 알아보고, *우위 선구자(dominance frontier)*의 의미를 소개한다. 다음 절에서는 ϕ 함수 배치를 향상시키는 데 우선 선구자가 어떻게 사용되는지를 알아본다.

우위자의 계산

Dominance는 컴파일 분야에서 가장 오래된 아이디어 중 하나이다. Dominance CFG에서 만약 입구 노드에서부터 노드 j까지 진행하는 데 있어서 반드시 노드 i를 지나야만 할 때, i가 j를 지배한다고 한다. 많은 우위 계산법이 소개되어 왔지만, 실제적으로, 간단한 자료 흐름 접근법이 더 복잡한 알고리즘을 계산할 수 있는 경우도 있다.

우위 계산을 자료 흐름 문제로 공식화하기 위해서, 컴파일러는 각각의 노드에 DOM이라는 집합을 추가한다. 일반적으로, $i \in$ DOM(j)라고 하는 것은 i가 j를 지배할 때 사용된다. 정의에 따르면, 노드 자체는 스스로를 지배한다, 따라서 $i \in$ DOM(i)이다. DOM 계산을 위한 자료 흐름 방정식은 간단하다.

$$\text{DOM}(n) = \{n\} \cup \left(\bigcap_{m \in preds(n)} \text{DOM}(m) \right)$$

초기 조건은 $\text{DOM}(n_0) = \{n_0\}$, $\forall n \neq n_0$, $\text{DOM}(n) = N$, N은 CFG 내의 전체 노드 집합을 의미한다. 구현 관점에서 볼 때, $\text{DOM}(n_0)$가 아니라 비어 있는 집합을 남겨 놓고, 해당 연산이 비어 있는 집합을 출력하도록 교집합 연산을 구현하는 것이 더 효과적일 것이다.

이 공식은 직관적이다. $\text{DOM}(n)$은 n의 선행자의 DOM 집합들과 n의 교집합에 추가로 n을 더한 것이다. 이러한 교집합은 n의 후위자들의 공통 선행자를 찾아낸다. $m \neq n$이면서 교집합을 가지지 않는 노드 m은 n_0로부터 n으로 가는 어떠한 경로에도 존재할 수 없다.

이 DOM 방정식은 반복적인 알고리즘으로 계산될 수 있다. 이는 해당 문제의 개체에 대한 단일 고정 해법을 빠르게 발견할 수 있게 해 줄 것이다.

예제 그림 9.3의 CFG를 고려해 보자. 이는 그림 9.7절의 왼쪽 위 구석 부분을 요약 형태로 캡쳐한 것이다. 노드 라벨들은 왼쪽 자식 이전에 오른쪽 자식을 먼저 방문하는 순회 방식을 통해 계산되어 RPO 넘버링을 형성하였다. 반복 알고리즘을 사용하고 이 순서로 노드들을 사용하는 것이 그림 아래 부분의 테이블을 만들어 낸다.

그래프의 간단한 구조는 반복 1이라고 이름 붙여진, 단일 경로에서 정확한 DOM 집합을 찾아낼 수 있게 해 준다. $\text{DOM}(B_1)$이 N으로 초기화되기 때문에 back edge (상위 순위 노드에서 하위 순위 노드로 움직이는 - 이 경우 B_7, B_1)는 $\text{DOM}(B_1)$에 아무것도 추가하지 않아도 된다. 이 알고리즘은 적용되는 집합이 더 이상 변하지 않는 것을 확인하기 위한 두 번째 단계를 필요로 한다.

그림 9.7의 오른쪽 윗부분의 트리는 우위자 트리(dominator tree)의 예 중 하나이다. (우리가 8.5.2절에서 이 데이터 구조를 우위자기반의 value numbering에 사용했었다) 우위자 트리에서, 노드 n은 그의 즉시 우위자 인 $\text{IDOM}(n)$의 자식 노드가 된다. 예를 보면, B_4, B_5 그리고 B_6는 컨트롤이 B_4 또는 B_5 둘 중 하나를 통과해서 B_6에 통과할지라도, 모두 B_3의 자식노드이다.

방법의 효율성 향상

우위자 를 얻어내기 위한 반복적 구조는 간단하고 직관적이다. 그러나, 직접적인 구현은 DOM 집합이 가지는 광범위성 때문에 상대적으로 효율적이지 못하다. 해당 알고리즘이 각각의 노드에 대해서 IDOM만을 저장하려 한다는 것을 주시한다면, 우리는 반복 우위의 계산에 있어서 효율성을 증가시킬 수 있다. 이 알고리즘은 IDOM을 통해서 다른 모든 정보를 계산해 낼 수 있다.

IDOM 관계는 각각의 노드들에 대한 그래프의 우위자 트리와 DOM 집합을 둘 다 인코딩한다.

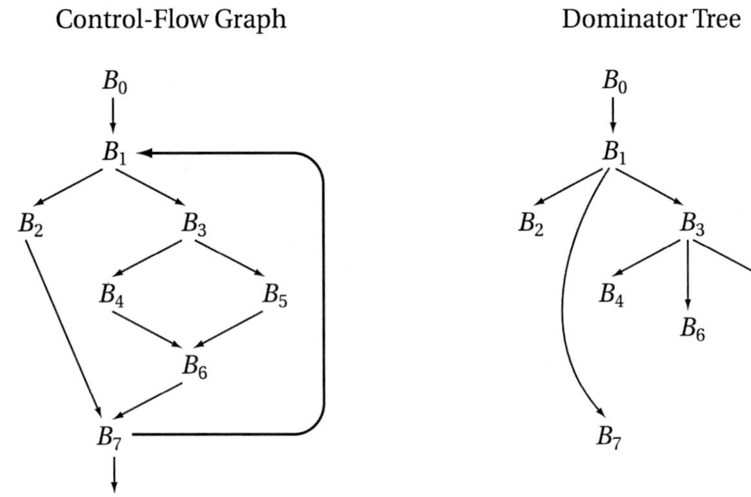

Progress of the Iterative Solution for DOM

Iteration	DOM(n) 0	1	2	3	4	5	6	7
—	{0}	*N*	*N*	*N*	*N*	*N*	*N*	*N*
1	{0}	{0,1}	{0,1,2}	{0,1,3}	{0,1,3,4}	{0,1,3,5}	{0,1,3,6}	{0,1,7}
2	{0}	{0,1}	{0,1,2}	{0,1,3}	{0,1,3,4}	{0,1,3,5}	{0,1,3,6}	{0,1,7}

그림 9.7 LiveOut을 위한 우위 예

그림 9.7을 보면, IDOM(6)은 3, IDOM(3) 은 1 그리고 IDOM(1)은 0이다. 정확히 우위자 트리에서 노드 6에서 0으로 가는 경로에 존재하는, 6에 대한 DOM 집합은 {0, 1, 3, 6}이다. 만약 우리가 노드, 그들만의 DOM 집합에 내재된 노드의 포함 관계를 나타낸다면, 우리는 IDOM(*n*)으로부터 루트까지 우위자트리를 순회 하는 것으로 DOM(*n*)을 재생성할 수 있을 것이다.

IDOM을 DOM 집합의 대리로서 사용하게 되면, 단지 IDOM 정보만을 활용해서 두 개의 DOM 집합들의 교집합을 계산해 내기 위한 빠른 수단이 필요하다. DOM 집합을 재생성하기 위해서 우위자 트리를 순회할 때, 우리는 DOM(*n*)에 존재하는 노드들을 일관성 있는 순서로 만나게 된다. 이 집합이 리스트라고 생각해 보자. 이 순서로 존재하는 두 개의 DOM 집합들의 교집합은 그들의 공통 접두사가 될 것이다. 우리는 각각의 리스트의 끝에서부터 시작하여 공통 노드를 찾을 때까지 리스트를 후진으로 탐색함으로써 해당 교집합을 구해 낼 수 있다. 리스트의 남은 부분은 반드시 동일할 것이고, 첫 번째 공통 노드는 교집합에 의해 구해지게 되는 DOM 집합을 나타낼 것이다.

한 가지 복잡한 문제가 여기서 발생한다. DOM(*i*) ∩ DOM(*j*)를 계산할 때, 해당 알고리즘은

```
intersect(i, j)
  finger1 ← i
  finger2 ← j
  while (finger1 ≠ finger2)
     while (finger1 > finger2)
       finger1 = IDom(finger1)
     while (finger2 > finger1)
       finger2 = IDom(finger2)
  return finger1
```

그림 9.8 Proxy에 의한 DOM set의 교집합

각각의 지점에서 i부터 또는 j부터 아니면 양쪽에서부터 더 멀리 순회하여야 하는지 아닌지를 알아야만 한다. 만약 우리가 노드들을 그들의 RPO 번호들로 이름 붙인다면, 교집합 과정은 단순히 번호들을 비교할 수 있을 것이다. 그림 9.8은 해당 알고리즘을 보여 준다. 이는 트리 전체를 관통하여 경로를 윗 방향으로 추적하는 두 개의 포인터를 사용한다. 그들이 일치할 때, 그 지점은 교집합의 결과를 나타내는 노드를 가리키는 것이라고 볼 수 있다.

따라서 IDOM(n)은 DOM(n)을 효과적으로 찾아내는 열쇠라고 볼 수 있다. 각각의 노드에 대해서 주어진 IDOM을 가지고 우리는 n으로부터 시작하여 n_0로 돌아가는 즉시 우위자 체인을 순회하는 것으로 DOM(n)을 유도해 낼 수 있다. 이러한 접근법은 공간을 절약하게 해 준다. IDOM 집합은 오직 하나의 원소만을 가지기 때문에 각각의 노드는 오직 단일 원소 집합을 가지게 된다. 이는 각각의 노드에 대한 여러 개의 분리된 DOM 집합을 할당하고 초기화 하는 수고를 덜어준다. 또한 이것은 데이터 이동을 줄여준다－교집합 연산자가 그들로부터 가장 가까운 공통 우위자를 찾을 때까지, 결합되어지는 DOM 집합들을 가지는 두 노드로부터 윗 방향으로 순회한다. 연산의 결과는 해당 노드의 이름과 같다. 나머지 집합은 그 첫 번째 공통 선행자로부터 윗 방향으로 순회함으로써 얻어낼 수 있다. 교집합이 그래프의 크기보다는 입력 집합의 크기에 비례해서 시간을 사용하기 때문에 이 방법은 효과적이다. 이는 단순하면서도 빠른 구현을 가능케 한다.

더 복잡한 예제 그림 9.9는 더 계산하기 어려운 우위 정보에 대한 것이다. 이는 네 번의 반복 작업을 요한다. 그림의 오른쪽 부분은 해당 알고리즘 각각의 단계에서 IDOM 배열의 내용을 보여 주고 있다. u는 초기화 되지 않은 집합을 뜻한다. 우리는 IDOM 값이 변하지 않는 제 번의 반복 작업을 생략했다.

우위 선구자

ϕ-함수를 위치시키는 데 있어서 가장 중요한 것은 각각의 접합점에서 어떤 변수가 함수를 요구

하는지를 이해하는 것이다. 이 문제를 효과적이고 효율적으로 해결하기 위해서, 컴파일러는 해당 문제를 호전시킬 필요가 있다. 각각의 정의가 있는 지점에 대해서 정의에 의해 생성되는 값 때문에 ϕ-함수를 필요로 하는 접합점들의 집합은 결정할 수가 있다. 이 계산에서 우위가 결정적인 역할을 하게 된다.

CFG에서 노드 n의 정의를 고려해 보자. m으로 가는 모든 경로는 n을 통하기 때문에, $n \in$ DOM(m)인 위치에서 모든 노드 m에 ϕ-함수 없이도 잠재적으로 노드 n은 도달할 수가 있다. 해당 노드가 m에 도달하지 못하는 오직 한 가지 방법은, 같은 이름을 가진 다른 정의가 방해하는 경우뿐이다.–다시 말해서, n과 m 사이에 어떠한 노드 p가 나타나는 경우를 말한다. 이 경우, n의 정의는 ϕ-함수의 존재를 원하기 보다는 p가 재정의 되길 원하게 된다.

n의 정의는 n이 우위에 있는 CFG 내의 영역 외부에 놓여 있는 접합 노드들 내에서 ϕ-함수가 존재하길 강요한다. 더 공식화하면, n의 정의는 어떠한 접합 노드 m에서라도 대응되는 ϕ-함수를 강요한다는 것이다. 이 노드 m의 위치는 (1) n이 m의 선행자($q \in preds(m)$ 그리고 $n \in$ DOM(q)를 지배하고, (2) n은 m을 강력히 지배하지 않는다면, 즉 $m \notin$ DOM(n) $-\{n\}$. Dominance Strict dominance인 위치를 말한다. ("강력한 우위(지배)"라는 용어는 단일 블록 룹의 시작에서 ϕ-함수를 허용한다. 이 경우 $n = m$이고 $m \notin$ DOM(n)$-\{n\}$이다). 우리는 각각의 n에 대해서 이러한 특성을 가지고 있는 m의 노드들의 모음을 n의 '*우위 선구자(dominance frontrer)*' 라 하며, DF(n)이라 적는다.

비공식적으로, DF(n)은 조건은 n이 지배하지 않고, n을 떠나는 모든 경로에 대해서, n으로부터 도달 가능한 첫 번째 노드이다. 그림 9.7의 예를 보면, B_3는 B_4, B_5 그리고 B_6에 우위에 있지만, B_7을 지배하진 못한다. B_3를 떠나는 모든 경로에 대해서, B_7은 B_3가 지배하지 않는 첫 번째 노드이다. 따라서 DF(B_3) = $\{B_7\}$이다.

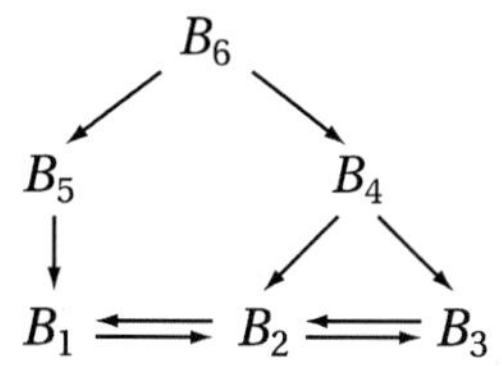

n	IDOM(n) Initial Values	After 1st Iteration	After 2nd Iteration	After 3rd Iteration
B_6	6	6	6	6
B_5	u	6	6	6
B_4	u	6	6	6
B_3	u	4	4	6
B_2	u	4	6	6
B_1	u	6	6	6

그림 9.9 더욱 복잡한 형태의 그래프

```
for all nodes, n
    DF(n) ← φ
for all nodes, n
    if n has multiple predecessors then
        for each predecessors p of n
            runner ← p
            while runner ≠ IDom[n]
                DF(runner) ← DF(runner) ∪ {n}
                runner ← IDom(runner)
```

그림 9.10 우선 선구자의 계산

우위 선구자를 계산하기 위해서, 다음을 고려해 본다. 먼저, 우위 선구자 내의 노드들은 반드시 그래프에서 접합점이어야 한다. 둘째, 임의의 접합점의 선행자, *j*는 만약 그 선행자가 *j*를 지배하지 않는다면 그들 각각의 우위 선구자 집합들에 *j*를 가지고 있어야 한다. 이는 이전에 나온 우위 선구자의 정의에 따른 직접적인 결과이다. 마지막으로, *j*의 선행자들의 우위자들은 그들이 *j* 역시 지배하지 않는다면, 반드시 그들의 우위 선구자 집합 안에 *j*를 가지고 있어야 한다.

이러한 관찰 결과는 간단한 알고리즘 형성에 도움이 된다. 먼저, 우리는 각각의 접합점을 확인하여야 한다. 하나 이상의 진입 엣지를 가지는 어떤 노드이든 접합점; *j*가 될 수 있다. 그런 다음, *j*의 CFG 내에서 선행자 *p*를 하나 하나 확인하여 *p*에서부터 우위자 트리를 윗 방향으로 거슬러 올라가야 한다. 그 후 *j*의 즉시 우위자를 만나면 정지한다. – *j*는 *j*의 즉시 우위자를 제외하고, 순회 중에 존재하는 노드 각각의 우위 선구자 내에 존재한다. 직관적으로, *j*의 남은 우위자의 전부는 *j*의 선행자들에 의해서 공유된다. 그들은 *j*를 지배하므로, 그들의 우위 선구자에 *j*를 가질 이유가 없다.

그림 9.10은 해당 알고리즘을 보여 준다. 어떠한 *j*라도 단 한 번 노드의 우위 선구자에 더해진다는 것을 증명하기 위해서는 약간의 계산이 필요하다.

예제 그림 9.7에 나와 있는 우위 선구자의 모든 집합을 계산해 내기 위해, 우리는 그래프 내의 CFG와 IDOM 집합 모두를 필요로 한다. 우리가 이미 만들었던 그림 오른쪽 위에 있는 부분 우위자 트리를 기반으로 하여, 각각의 노드에 대한 DOM과 IDOM을 읽어낼 수 있다.

n	0	1	2	3	4	5	6	7
DOM(*n*)	{0}	{0,1}	{0,1,2}	{0,1,3}	{0,1,3,4}	{0,1,3,5}	{0,1,3,6}	{0,1,7}
IDOM(*n*)	{—}	{0}	{1}	{1}	{3}	{3}	{3}	{1}

우위 선구자를 계산하기 위해서, 분석기는 CFG 내의 접합점을 선택하고 우위자 트리를 관통하여 각각의 접합점의 CFG 선행자로부터 윗 방향으로 순회한다. 예제의 CFG는 세 가지 접합점을 가진다.

1. B_6 B_6를 DF(B_5)로 추가하면서, B_5로부터 B_3로 역으로 순회한다. DF(B_4)를 추가하면서, B_4에서 B_3로 역으로 순회한다.

2. B_7 B_7을 DF(B_2)로 추가하면서 B_2로부터 B_1으로 역으로 직접 순회한다. B_7을 DF(B_6)와 DF(B_3)에 추가하면서 B_6로부터 B_3, B_1까지 역으로 순회한다.

3. B_1 B_0는 즉시 우위자가 존재하지 않으므로, $B_1 \notin$ DF(B_0)이다. B_7에서 작업 시작하면, B_7의 즉시 우위자가 B_1인 것을 찾아낼수 있다. 따라서, B_1을 DF(B_7)에 추가하고 다른 어떤 집합에도 추가하지 않는다.

이러한 결과들을 종합해 보면, 우리는 다음의 우위 선구자들을 얻어낼 수 있다:

n	0	1	2	3	4	5	6	7
DF(*n*)	∅	∅	{7}	{7}	{6}	{6}	{7}	{1}

9.3.3 ϕ-함수의 위치 선정

ϕ-함수를 삽입하는 기본 알고리즘은 모든 접합 노드에 해당 함수를 삽입하는 것이다. 우위 선구자가 존재할 경우, 컴파일러는 해당 ϕ-함수가 정말 필요한 곳이 어디인지 정확하게 결정하는 것이 가능해진다. 기본 아이디어는 매우 간단하다. 블록 *b*에 있는 x에 대한 정의는 DF(*b*) 내의 모든 접합 노드에 ϕ-함수를 놓도록 강요한다. ϕ-함수는 x의 새로운 정의라고 볼 수 있으므로, 이는 또 다른 함수의 삽입을 강요할 수 있다.

컴파일러는 삽입되어져야 하는 함수의 집합의 범위를 더 좁힐 수 있다. 단일 블록 내에서 배타적으로 사용되는 변수는 살아있는 함수를 가질 수가 없다. 이러한 부분을 적용시키면, 컴파일러는 다중 블록들 간에서 live하는 이름들의 집합—우리가 전역 이름이라고 부를 것들—을 계산해 낼 수 있다. 이를 통해 그러한 이름들의 위치에 ϕ-함수를 삽입할 수 있고 다중 블록들 간에서 절대 live하지 않는 이름을 무시할 수 있게 된다.(이런 제한은 semipruned SSA 형태를 다른 SSA 형태와 구분하게 해 준다.)

컴파일러는 전역 이름을 쉽게 찾아낼 수 있다. 각각의 블록에서, 컴파일러는 윗 방향 노출된

use들을 찾는다. 이는 live 변수 계산에서의 UEVar 집합을 통해서 얻어낼 수 있다. 하나 또는 그 이상의 LiveOut 집합에 나타나있는 어떠한 이름이라도 반드시 어떠한 블록의 UEVar 집합에 있어야만 한다. 모든 UEVar 집합의 합집합은 컴파일러로 하여금 하나 또는 그 이상의 블록 진입점, 다시 말해서 다중 블록 간에서 live하는 이름들의 집합을 찾을 수 있게 해 준다.

그림 9.11의 왼쪽에 나타나 있는 알고리즘은 LiveOut 분석법에 나와 있는 계산에서 유도된 것이다. 이 알고리즘은 LiveOut 계산이 반드시 각각의 블록에 대한 다른 집합을 계산하는 곳에서 전역이라고 불리는 단일 집합을 만들어 낸다. 해당 분석법이 전역 집합을 만들면서, 이는 또한 각각의 이름에 대해서 해당 이름의 정의를 포함하는 블록들의 리스트를 만든다. 이 블록 리스트들은 ϕ 삽입 알고리즘의 초기 단계로 볼 수 있다.

ϕ-함수를 삽입하는 알고리즘은 그림 9.11의 오른쪽에 나타나 있다. 각각의 전역 이름 *x*에 대해서, 알고리즘은 *Blocks(x)*와 더불어 *WorkList*를 초기화 한다. *WorkList*에 존재하는 각각의 블록 *b*에 대해서, 알고리즘은 *b*의 우위 선구자에 존재하는 모든 블록 *d*의 진입점에 ϕ-함수를 삽입한다. 블록 내의 모든 ϕ-함수는 동시에 실행되기 때문에, 정의에 따라서, 해당 알고리즘은 *d*의 진입부에 순서 없이 ϕ-함수를 삽입한다. *x*에서 *d*에 대한 ϕ-함수를 삽입한 후, *d*에서 *x*의 새로운 할당을 반영하기 위해서 *WorkList*에 *d*를 삽입한다.

효율성을 향상시키기 위해서, 컴파일러는 다음과 같은 두 가지 중복 작업을 피해야 한다. 첫째, 해당 알고리즘은 전역 이름당 *WorkList*에 하나 이상의 블록을 위치시키는 것을 피해야 한다. 이는 한번 처리된 블록의 대조표를 유지보관 할 수 있다. 해당 알고리즘은 각각의 전역 이름에 대해서 대절표를 갱신해야 하기 때문에, 구현에선 sparse 집합 또는 비슷한 구조를 사용해야만

```
Globals ← ∅
Initialize all the Blocks sets to ∅
for each block b
   VARKILL ← ∅
   for each operation i in b, in order
      assume that op_i is "x ← y op z"
      if y ∉ VARKILL then
        Globals ← Globals ∪ {y}
      if z ∉ VARKILL then
        Globals ← Globals ∪ {z}
      VARKILL ← VARKILL ∪ {x}
      Blocks(x) ← Blocks(x) ∪ {b}
```

Finding Global Names

```
for each name x ∈ Globals
   WorkList ← Blocks(x)
   for each block b ∈ WorkList
      for each block d in DF(b)
         insert a φ-function for x in d
         WorkList ← WorkList ∪ {d}
```

Inserting ϕ-Functions

그림 9.11 ϕ-함수의 삽입

한다(B.2.3을 보라).

둘째, 주어진 블록들은 *WorkList*에 나타나 있는 다중 노드들의 우위 선구자 내에 존재할 수 있다. 블록 내에 변수(i)에 대한 중복 ϕ 함수 삽입을 피하기 위해서는 컴파일러는 i에 대해 이미 ϕ-함수를 포함하고 있는 블록들에 대한 대조표를 계속 관리해 주어야 한다. 이는 단일 sparse 집합을 필요로 하며, *WorkList*를 따라서 다시 갱신이 되어야 한다. 다른 방법은 이미 존재하는 ϕ-함수에 대한 블록 내부를 찾는 것이다, 아마 대조표를 이용하는 것이 빠를 것이라 생각된다.

예제

그림 9.3과 9.7에 나와 있는 실행 예제에 해당 알고리즘을 적용하기 위한 첫 번째 단계는 *Globals*와 *Blocks* 집합을 계산하는 것이다. *Globals*는 {a,b,c,d,i}이다. *Blocks* 집합은 다음과 같다.

Names	a	b	c	d	i	y	z
Blocks	{1,3}	{2,6}	{1,2,5}	{2,3,4}	{0,7}	{7}	{7}

이 알고리즘이 비록 y, z가 *Globals*에 있지 않다 할지라도, 그들의 *Blocks* 집합을 만들어 낸다는 것을 주목하라. *Blocks*로부터 *Globals* 계산을 분리해 내는 것이 코드 전체의 다른 경로에 해당하는 비용 측면에서, 이러한 추가적 집합을 개체화 하는 것을 피할 수 있을지 모른다.

이 알고리즘은 CFG 내에서 우위 선구자 정보를 필요로 한다. 우리가 계산한 바에 따르면 이 정보에 따르면, 분석기는 그림 9.11의 오른쪽 부분에 나온 알고리즘을 적용할 수 있다.

n	0	1	2	3	4	5	6	7
DF(n)	∅	∅	{7}	{7}	{6}	{6}	{7}	{1}

변수 a에 대해서 그림에서 한 일을 고려해 보자. a는 *Blocks*(a) = $\{B_1, B_3\}$에 정의를 가지고 있기 때문에, 해당 알고리즘은 반드시 DF(B_1) = ϕ 그리고 DF(B_3) = {$B7$}에 있는 모든 노드에 ϕ-함수를 삽입해야만 한다. B_7에 ϕ-함수를 추가하는 것은 또한 B_7을 worklist에 추가시킨다. (B_7)에 있는 함수는 a의 정의이다.) 해당 알고리즘은 DF(B_7) = B_1인 각각의 블록 내에 ϕ-함수를 삽입한다. B_1은 이미 worklist에 존재하기 때문에, 알고리즘은 중복된 ϕ-함수를 삽입하지도 않고, DF(B_1)을 worklist에 추가하지도 않는다. 이는 a에 대한 작업을 마무리 짓는다. 다음에 나오는 ϕ-함수 삽입을 완성하기 위해서, *Globals* 내의 이름에 대해서도 같은 작업이 필요하다.

Global Names	a	b	c	d	i
Blocks with ϕ-*functions*	{7,1}	{7,1}	{7,6,1}	{7,6,1}	{1}

결과 코드는 그림 9.12에 나와 있다.

해당 알고리즘을 전역 이름들에 대해 한정시키는 것은 블록 B_1에 존재하는 x, y에 관한 죽은 ϕ-함수를 삽입하는 것을 피하게 해 준다. B_1은 DF(B_7)이고 B_7은 x, y 둘 다의 정의를 포함하고 있다.) 그러나 전역 이름과 지역 이름을 구분하는 것만으로는 모든 죽은 ϕ-함수 삽입을 피할 수가 없다. B_1 내의 a, c에 대한 ϕ-함수는 그들의 값이 사용되기 이전에 둘 다 이름이 재정의되었기 때문에 죽은 함수이다. 이러한 ϕ-함수 삽입을 막기 위해서, 컴파일러는 반드시 LIVEOUT 집합을 만들고 ϕ-함수 삽입 알고리즘의 내부 루프에 포함시켜야 한다.

9.3.4 이름 재정의

Maximal SSA 형태의 설명에서, 우리는 변수 이름을 재정의 하는 것이 개념적으로는 수월할 것이라고 하였다. 자세한 면에서는 몇 가지 설명이 필요하다.

최종 SSA 형태에서, 각각의 전역 이름은 단일 기본 이름을 가지고 있고, 그러한 기본 이름의 개별 정의들은 숫자첨자의 추가에 의해서 구분된다. 소스 언어 변수에 대응하는 이름에 대해서, x라 하자, 해당 알고리즘은 x를 기본 이름으로 사용한다. 따라서, 이름 재정의 알고리즘에서 x의 첫 번째 정의는 x_0가 되고 두 번째는 x_1이 될 것이다. 컴파일러가 생성한 임시 값에 대해서, 해당 알고리즘은 반드시 개별 이름을 만들어야 한다.

해당 알고리즘은 우위자 트리 전체를 전위 순회하면서 정의와 use 둘 다의 이름을 재정의 한다. 각각의 블록 내에서, 알고리즘은 첫째로, 블록의 시작 부분에서의 ϕ-함수에 의해 정의된 값들의 이름을 재정의 하고, 블록의 각각의 작업들을 순서대로 방문한다. 알고리즘은 현재 SSA 이름들로 피연산자들을 다시 기록한 후, 작업의 결과 만들어진 새로운 SSA 이름들을 만들어 낸다. 이런 후반 작업은 현재의 새 이름을 만들어 낸다. 다시 기록되어져 온 블록 내의 모든 작업들 이후에, 알고리즘은 블록의 현재의 SSA 이름을 사용하여, 각각의 CFG 상속자 내의, 적절한 ϕ 함수 인자들을 재기록한다. 마지막으로, 우위자 트리 내의 블록의 모든 자식들에 대해 작업을 반복한다. 알고리즘이 이러한 재귀적 호출을 마치고 나면, 현재 블록을 방문하기 이전에 존재했던 상태로 현재 SSA 이름 집합을 복원한다.

이러한 과정을 관리하기 위해, 컴파일러는 각각의 전역 이름에 대해 카운터와 스택을 사용한다. 이름 스택은 이름의 가장 최근 첨자—이것이 현재 SSA 이름—를 보관한다. 각 정의에서, 알고리즘은 목표 이름의 현재 카운터 값을 스택에 넣고 카운터를 증가시키는 방법으로 해당 이름

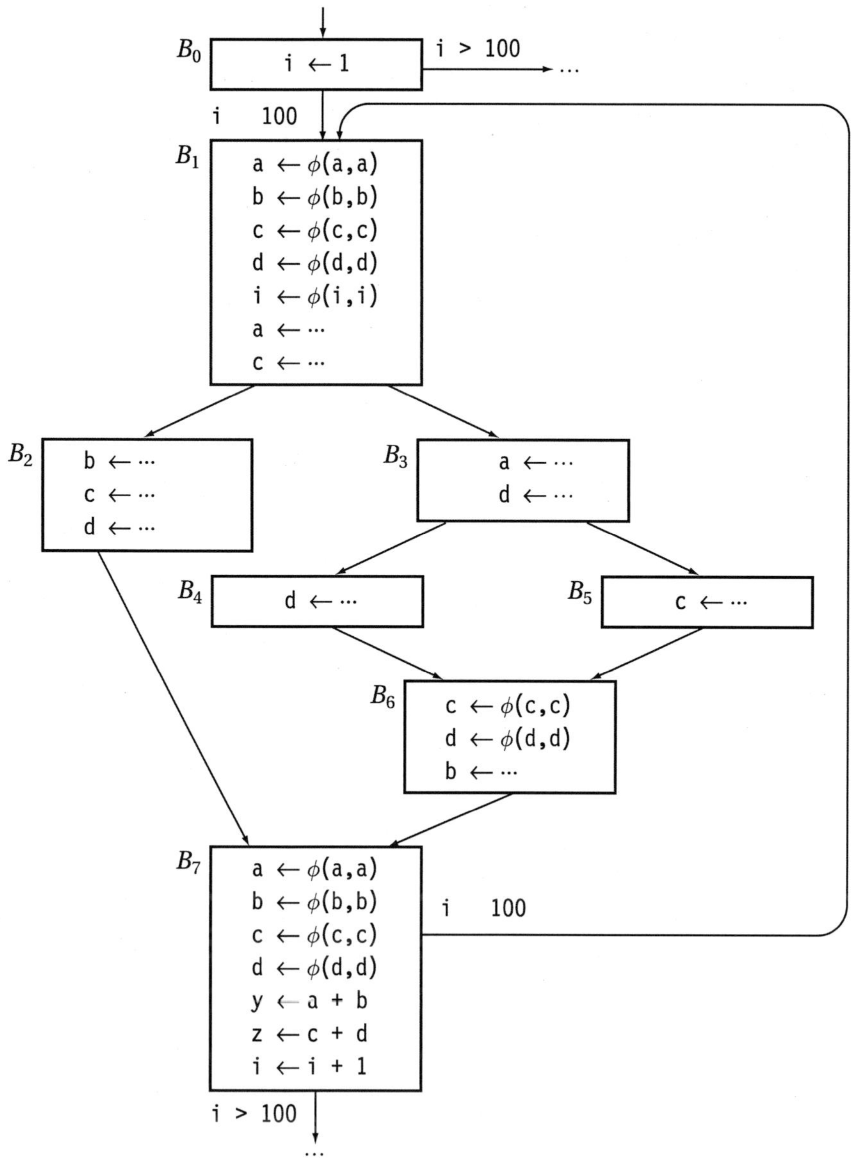

그림 9.12 ϕ-함수의 예

의 첨자를 만들어 낸다. 스택의 꼭대기 값이 현재 SSA 이름이다. 블록을 처리하는 마지막 단계와 마찬가지로, 알고리즘은 블록에서 생성된 이름들을 각각의 스택에서 다 뽑아낸다. 이는 블록의 즉시 우위자에 있는 이름 집합을 복원하는데, 필요하다면 다시 사용하기 위해서 우위자 트리 내의 블록 형제들에 있는 것도 복원한다.

스택과 카운터는 개별적이고 분리된 목적으로 취급된다. 알고리즘의 컨트롤이 우위자 트리

SSA형태의 다른 특징

몇몇 다른 특징적인 형태의 SSA가 각종 연구를 통해 제안되어져 왔다. 이러한 특징은 ϕ 함수 삽입법에 따라서 다르다. 주어진 프로그램에서, 그들은 다른 ϕ 함수 집합을 만들어 낼 수 있다.

*Minimal SSA*는 같은 원본 이름이 겹치는, 두 개의 서로 다른 정의가 있는 위치의 어떠한 접합점이라도 ϕ-함수를 삽입한다. 이것은 SSA의 정의에 일치하는 것이다. 그러나 몇몇의 ϕ-함수는 죽은 함수일 수 있다. 해당 정의는 값들이 겹치거나 만났을 때, 살아 있는지의 여부는 전혀 설명해 주지 않기 때문이다.

*Pruned SSA*는 ϕ-함수 삽입 알고리즘이 오직 살아 있는 ϕ-함수만 삽입하는 것을 보장하기 위해서 liveness 정보를 추가한다. 이는 반드시 LIVEOUT 집합 계산이 필요하므로, 비용이 minimal SSA보다 많이 든다.

*Semipruned SSA*는 위의 두 SSA를 합한 것과 같다. 함수를 삽입하기 이전에, 알고리즘은 블록 경계를 통틀어 live하지 않은 이름들은 제거한다. 이것은 이름 공간을 줄이고, LIVEOUT 집합을 계산하는 비용 없이 삽입되는 ϕ-함수의 수를 줄일 수 있다. 이는 그림 9.11에 표시되어 있다.

물론, ϕ-함수의 수는 SSA 형태로 변환되어져야 할 프로그램에 달려 있다. 어떤 프로그램에선, semipruned SSA와 pruned SSA에 의한 비용 절감이 뛰어나다. SSA 형태를 감소시키는 것은, 그러한 형태가 더 적은 동작을 포함하고 있는 프로그램을 수행하는 것이나 마찬가지이므로- 이는 적은 ϕ 함수를 가지고 있음으로 표현할 수도 있다 – 더 빠른 컴파일을 가능하게 한다.

에서 상하로 움직이면서, 스택은 현재 블록 내의 가장 최근 정의의 생존 시간을 그럭저럭 시뮬레이션 한다. 카운터는 다른 한편으로, 각각의 연속된 〈*이름, 첨자*〉 쌍 맵이 구분된 정의가 되는 것을 보장하기 위해 단조 증가한다.

그림 9.13은 해당 알고리즘을 정리해 놓았다. 이는 스택과 카운터를 먼저 초기화 시키고, 뿌리 우위자(CFG의 진입 노드)에서 *Rename*을 호출한다. *Rename*은 블록을 재기록 하고, 이를 우위자 트리의 상속자들에서도 반복한다. 블록에서 일이 끝마쳐지면, *Rename*은 블록을 처리하는 과정에서 삽입되어졌던 모든 이름들을 스택에서 꺼낸다. *NewName* 함수는 새로운 구체적

```
for each global name i
  counter[i] ← 0
  stack[i] ← ∅
Rename(n₀)

NewName(n)
  i ← counter[n]
  counter[n] ← counter[n] + 1
  push n_i onto stack[n]
  return n_i
```

```
Rename(b)
  for each φ-function in b, "x ← φ(···)"
     rename x as NewName(x)
  for each operation "x ← y op z" in b
     rewrite y as top(stack[y])
     rewrite z as top(stack[z])
     rewrite x as NewName(x)
  for each successor in the CFG
     fill in φ-function parameters
  for each successor s in the dominator tree
     Rename(s)
  for each operation "x ← y op z" in b
     and each φ-function "x ← φ(···)"
     pop(stack[x])
```

그림 9.13 ϕ-삽입 후의 이름 재정의

과정이 필요하다면 카운터와 스택을 생성한다.

마지막 자세한 내용이 남아 있다. 블록 b의 마지막에서, *Rename*은 반드시 b의 CFG 상속자들의 각각에서 ϕ-함수 인자를 재기록 해야 한다. 컴파일러는 반드시 b에 대한 그러한 ϕ 함수들 내의 ordinal 인자를 할당해야만 한다. 우리가 SSA 형태를 만들 때, 엣지가 그려진 것과 마찬가지로 좌-우 순서를 가정하게 된다. 내부적으로, 컴파일러는 자신들이 원하는 어떠한 방향으로도 엣지와 인자 슬롯을 넘버링 할 수 있다. 이는 SSA 형태를 만드는 코드와 CFG를 만드는 코드 사이에 협력 관계가 필요하다. (예를 들어, 만약 CFG 구현이 각각의 블록을 떠나는 엣지의 리스트를 사용한다면, 그 리스트의 순서가 매핑을 결정할 수가 있다.)

예제

다음 예제를 끝내기 위해서, 그림 9.12에 나와 있는 이름 재정의 알고리즘을 적용시켜 보자. a_0, b_0, c_0 그리고 d_0가 b_0의 입구에서 정의되었다고 가정해 보자. 그림 9.14는 처리 과정 중 다양한 지점에서의 전역 이름에 대한 카운터와 스택의 상태를 보여 준다. "Before B_i"라 이름 붙여진 그림은 블록 B_i에서 *Rename*이 불려졌을 때 카운터와 스택의 상태를 보여 준다. "End of B_i"라 붙여진 그림은 해당 블록을 처리한 이후의 상태를 보여 주지만, 다양한 스택으로부터 *Rename*이 B_i의 이름을 뽑아내기 전의 상태이다. 해당 그림은 각각의 블록의 마지막 상태를 보여 준다. 이는 B_0, B_3, 그리고 B_7의 진입 상태를 명확하게 보여 준다.

해당 알고리즘은 상승 방향으로 우위자 트리 노드들에 대한 전위 순회를 만들어 낸다. B_0에서 B_7으로, 블록 간에 이러한 과정이 이루어지면서, 다음과 같은 작업을 수행한다:

1. B_0 이 블록은 하나의 동작만을 가지고 있다. *Rename*은 i를 i_0로 재기록 하고, 카운터를 증가시킨 후, i에 대한 스택에 i_0를 넣는다. 다음, a_0, b_0, c_0, d_0, 그리고 i_0에 대한 현재 상태에서 적절한 이름을 가져와서, 각각의 ϕ-함수의 첫 번째 인자를 재기록 한다.

	a	b	c	d	i
Counters	1	1	1	1	0
Stacks	a_0	b_0	c_0	d_0	

Before B_0

	a	b	c	d	i
Counters	1	1	1	1	1
Stacks	a_0	b_0	c_0	d_0	i_0

End of B_0

	a	b	c	d	i
Counters	3	2	3	2	2
Stacks	a_0	b_0	c_0	d_0	i_0
	a_1	b_1	c_1	d_1	i_1
	a_2		c_2		

End of B_1

	a	b	c	d	i
Counters	3	3	4	3	2
Stacks	a_0	b_0	c_0	d_0	i_0
	a_1	b_1	c_1	d_1	i_1
	a_2	b_2	c_2	d_2	
			c_3		

End of B_2

	a	b	c	d	i
Counters	3	3	4	3	2
Stacks	a_0	b_0	c_0	d_0	i_0
	a_1	b_1	c_1	d_1	i_1
	a_2		c_2		

Before B_3

	a	b	c	d	i
Counters	4	3	4	4	2
Stacks	a_0	b_0	c_0	d_0	i_0
	a_1	b_1	c_1	d_1	i_1
	a_2		c_2	d_3	
	a_3				

End of B_3

	a	b	c	d	i
Counters	4	3	4	5	2
Stacks	a_0	b_0	c_0	d_0	i_0
	a_1	b_1	c_1	d_1	i_1
	a_2		c_2	d_3	
	a_3			d_4	

End of B_4

	a	b	c	d	i
Counters	4	3	5	5	2
Stacks	a_0	b_0	c_0	d_0	i_0
	a_1	b_1	c_1	d_1	i_1
	a_2		c_2	d_3	
	a_3		c_4		

End of B_5

그림 9.14 이름 재정의에서의 상태(계속)

	a	b	c	d	i
Counters	4	4	6	6	2
Stacks	a_0	b_0	c_0	d_0	i_0
	a_1	b_1	c_1	d_1	i_1
	a_2	b_3	c_2	d_3	
	a_3		c_5	d_5	

End of B_6

	a	b	c	d	i
Counters	4	4	6	6	2
Stacks	a_0	b_0	c_0	d_0	i_0
	a_1	b_1	c_1	d_1	i_1
	a_2		c_2		

Before B_7

	a	b	c	d	i
Counters	5	5	7	7	3
Stacks	a_0	b_0	c_0	d_0	i_0
	a_1	b_1	c_1	d_1	i_1
	a_2	b_4	c_2	d_6	i_2
	a_4		c_6		

End of B_7

그림 9.14 이름 재정의에서의 상태(계속)

그리고 나선 우위자 트리의 B_0’ 의 자식 B_1에 같은 작업을 반복한다. 그리고 나선, i에 대한 스택 내용을 뽑아낸 후 리턴한다.

2. B_1 B_1에 들어가면서, *Rename*은 a_1, b_1, c_1, d_1, 그리고 i_1이라는 새 이름으로 ϕ-함수 타깃을 재기록한다. 다음, a와 c의 정의를 a_2, c_2로 바꾼다. B_1의 CFG 상속자들은 ϕ-함수를 가지고 있지 않다. 다음, 이를 B_1의 우위자 트리 자식인 B_2와 B_3에 반복한다. 그리고는 스택을 팝하고 리턴한다.

3. B_2 이 블록은 재기록 해야 할 ϕ-함수가 존재하지 않는다. *Rename*은 세 개의 작업을 재기록한다, b_2, c_3 그리고 d_2를 만드는 것이다. 그런 다음 b_2의 CFG 상속자인 B_7 내의 ϕ-함수 인자를 재기록 하면서 B_2: a_2, b_2, c_3 그리고 d_2의 끝에 존재하는 부합하는 이름을 가지고 각각의 ϕ-함수 첫 번째 인자를 교체한다. 마지막으로 스택을 팝하고 리턴 한다.

4. B_3 다음, *Rename*은 B_3에 대해 반복한다. “Before B_3.”라 이름 붙여진 그림을 보라. 이는 “End of B_1”에서 가져온 스택과, “End of B_2.”에서 가져온 카운터를 포함한다. 이는 a_3, d_3의 할당을 재기록한다. CFG 상속자는 처리해야 할 ϕ-함수를 가지고 있지 않다. *Rename*은 B_3의 우위자 트리 자식인 B_4, B_5, B_6에 대해서 같은 작업을 수행한다. 그리

곤 스택을 팝하고 리턴한다.

5. B_4 이 블록은 하나의 동작만 가지고 있다. *Rename*은 d를 d_4로 재기록 한다. 다음, c_2, d_4라는 대응되는 현재 이름을 가지고 B_6에 있는 각각의 ϕ-함수 첫 번째 인자를 지기록 한다. 그리고 d에 대한 스택을 팝하고 리턴한다.

6. B_5 이 블록 역시 하나의 동작을 가지고 있다. *Rename*은 c를 c_4로 재기록 한다. 그리고는 B_6에의 각각의 ϕ-함수의 두 번째 인자를 재기록 한다. 이것은 c_4, d_3가 된다. 그리곤 c에 대한 스택을 팝하고 리턴한다

7. B_6 *Rename*은 c_5, d_5 같은 ϕ-함수 타깃을 재기록한다. 이는 b의 할당을 b_3로 재기록 한다. 다음에, 현재의 SSA 이름(a_3, b_3, c_5)을 가지고 B_7에 있는 각각의 ϕ-함수 두 번째 매개 변수를 재기록한다. B_6는 우위자 트리 자식을 가지고 있지 않으므로, *Rename*은 B_2를 리턴하는 B_3로 리턴한다. 이는 B_2의 마지막 우위자 트리 자식인 B_7에 반복된다. 그리고는 스택을 팝하고 리턴한다.

8. B_7 먼저, *Rename*은 a_4, b_4, c_6, d_6를 만들면서, ϕ함수 타깃을 재정의한다. y와 z 둘 다 전역 이름이 아니기 때문에, 그들의 타깃이 아니라 y, z 두 할당에 있는 전역 이름의 사용을 재기록한다. 마지막 할당에서, i_1의 사용을 재기록하고 하나의 정의에 대한 i_2새로운 이름을 만든다.

   B_7의 CFG 상속자는 오직 하나 B_1이다. *Rename*은 현재 SSA 이름(a_4, b_4, c_6, d_6, i_2)를 가지고 B_1에 있는 각각의 ϕ-함수 두 번째 인자를 재기록한다. *Rename*은 스택을 팝하고 B_1, B_0로 리턴하며 종료된다.

그림 9.15는 *Rename* 종료 후의 코드를 보여 준다.

마지막 향상

*NewName*을 현명하게 구현하면, 스택 작성에 들어가는 시간과 공간을 절약할 수 있다. 스택의 가장 중요한 사용처는 블록 출구에 있는 이름 공간을 갱신하기 위해서이다. 만약 블록이 같은 기본 이름으로 여러번 재정의 된다면, *NewName*은 가장 최근의 이름만 지켜내면 된다. 이런 현상은 예제의 블록 B_1에 있는 a와 c에서도 발생한다. *NewName*은 하나의 블록 내에서 같은 스택 슬롯을 여러 번 덮어쓸 수도 있다.

이것은 스택의 최대 크기를 예상 가능케 한다. 어떠한 스택도 우위자 트리의 깊이보다 클 수 없다. 이를 통해 전체 공간 요구 사항을 줄일 수 있고, 각각의 푸쉬에 대한 오버플로 테스트를 피

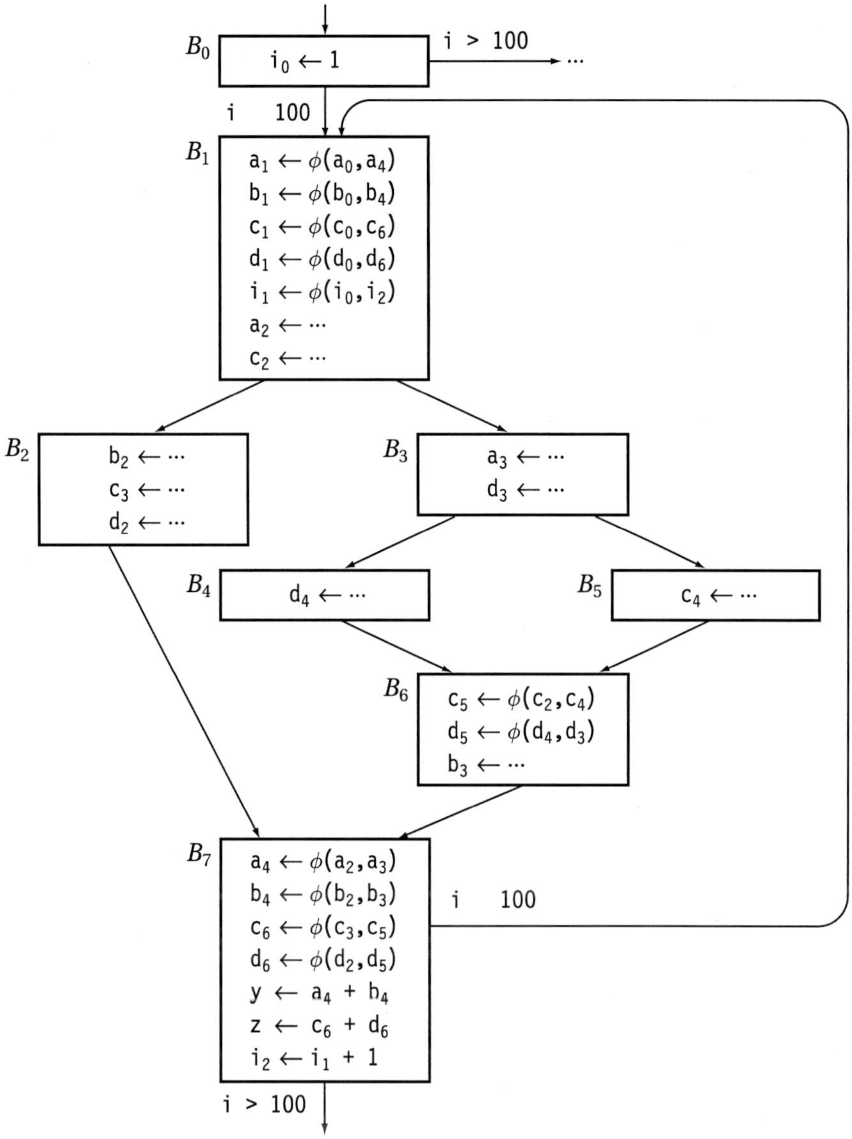

그림 9.15 이름 재정의 후의 예

할 수 있으며, 푸시 및 팝 작업의 횟수 또한 줄일 수 있다. 이렇게 하려면 블록에서 나갈때 어떠한 스택이 팝되어야 하는지를 결정하는 메커니즘이 필요하다. *NewName*은 블록에 대한 스택 요소와 같이 쓰레드할 수 있다. *Rename*는 적절한 스택을 팝하기 위해 해당 쓰레드를 사용할 수 있다.

9.3.5 SSA 형태로부터 실행 가능한 파일을 재 생성하기

처리 장치가 ϕ 함수를 구현하지 않기 때문에, 컴파일러는 SSA 형태의 코드를 다시 실행 가능한 코드로 만들어야 한다. 예제를 보면, 이 과정은 단순히 컴파일러가 아래첨자를 버리고 ϕ 함수를 삭제함으로써 구현되는 듯 보인다. 만약 컴파일러가 단순하게 SSA 형태를 만들고 그를 다시 실행 가능 코드로 전환한다면, 이러한 접근법이 제대로 작동할 것이다. 그렇지만, SSA 이름 공간에 의존하는 이러한 변환법은 이러한 간단한 이름 변환 작업이 부정확한 코드를 생성하는 원인이 될 것이다.

LVN에서, 우리는 SSA 이름 공간을 사용하는 것은, 변환법이 더욱 많은 중복 부분을 찾아내고 제거하도록 할 수 있다는 것을 보았다.

Original Name Space		SSA Name Space	
Before LVN	**After LVN**	**Before LVN**	**After LVN**
$a \leftarrow x + y$	$a \leftarrow x + y$	$a_0 \leftarrow x_0 + y_0$	$a_0 \leftarrow x_0 + y_0$
$b \leftarrow x + y$	$b \leftarrow a$	$b_0 \leftarrow x_0 + y_0$	$b_0 \leftarrow a_0$
$a \leftarrow 17$	$a \leftarrow 17$	$a_1 \leftarrow 17$	$a_1 \leftarrow 17$
$c \leftarrow x + y$	$c \leftarrow x + y$	$c_0 \leftarrow x_0 + y_0$	$c_0 \leftarrow a_0$

왼쪽에 있는 코드는 소스 코드로부터 뽑아낸 이름 공간을 사용하는 LVN에 의해 생성된 결과와 네 개의 동작 블록을 보여 준다. 오른쪽의 코드는 같은 예제로 SSA 이름 공간을 사용했을때 나타나는 결과이다. SSA 이름 공간이 a_0에 대한 이름 공간을 a_1과는 구별되는 공간으로 할당했기 때문에, LVN은 a_0를 참조하여 마지막 동작에서 $x_0 + y_0$의 결과와 교체할 수 있다.

그러나, 이것이 c 에 17의 값을 할당했기 때문에, 이렇게 아래첨자를 제거하는 것이 부정확한 코드를 생성할 수 있다는 것을 주목하라. 코드 이동과 복사 폴딩 등과 같은 더 공격적인 변환법을 사용할 경우, SSA 형태를 재기록 하는 것은 더 포착하기 힘든 문제점을 양산해 낼 수 있다.

이러한 문제를 피하기 위해서, 컴파일러는 SSA 이름 공간을 원래 형태로 보존하고, 각각의 들어오는 엣지를 따르는 복사 동작들의 집합으로 각각의 ϕ-함수를 교체해야 한다. $x_{14} \leftarrow \phi(x_{12}, x_{13})$의 ϕ-함수의 경우, 컴파일러는 x_{12}의 값을 지니는 엣지를 따라서 $x_{14} \leftarrow x_{12}$를 삽입해야 하고, x_{13}의 값을 지니는 엣지를 따라서 $x_{14} \leftarrow x_{13}$을 복사해야 한다. 그림 9.16은 ϕ-함수가 복사 동작과 교체되어진 후의 실행 예제를 보여 준다. B_7에 있던 네 개의 ϕ-함수는 B_2, B_6에 있던 네 개의 복사본 집합으로 교체되었다. 비슷하게, B_6에 있던 두 개의 ϕ-함수도 B_4, B_5의 쌍으로 교체되었다. 이러한 두 개의 경우들에서, 컴파일러는 선행자 블록에 복사본을 삽입할 수 있다.

B_1에 있는 ϕ-함수들은 더 복잡한 상황이다. 왜냐하면 이들의 선행자 블록이 여러 개의 상속

자들을 가지고 있어서, 컴파일러는 그 선행자의 끝에서 삽입 작업을 할 수가 없기 때문이다. 선행자에 직접적으로 복사본을 삽입하는 것은 루프에서 출구로 가는 경로상에서 그들이 실행되게 할 것이다(i>100 이상인 경우). 그러한 출구 경로들을 따라 도달이 가능한 코드에 대한 정확한 이해가 없이는, 이러한 복사본들을 삽입하는 것이 부정확한 코드를 생산해 내는지 아닌지에 대해서 언급할 수가 없다. 그러나, 정확한 동작을 하는 것이 일반적이다. 컴파일러 또한 B_1의 꼭대기에 복사본을 삽입할 수 없다면, 해당 복사본은, 반드시 선행자 블록에서 알려진 값들을 통해 그 이름을 사용해야 한다.

이 문제를 해결하기 위해서, 컴파일러는 B_0에서 B_1으로 그리고 B_7에서 B_1으로 엣지를 쪼갤 수 있고, 그림 9.16에 나온 것처럼, 복사본을 저장하고 있기 위해서, 중간 엣지에 있는 블록에 블

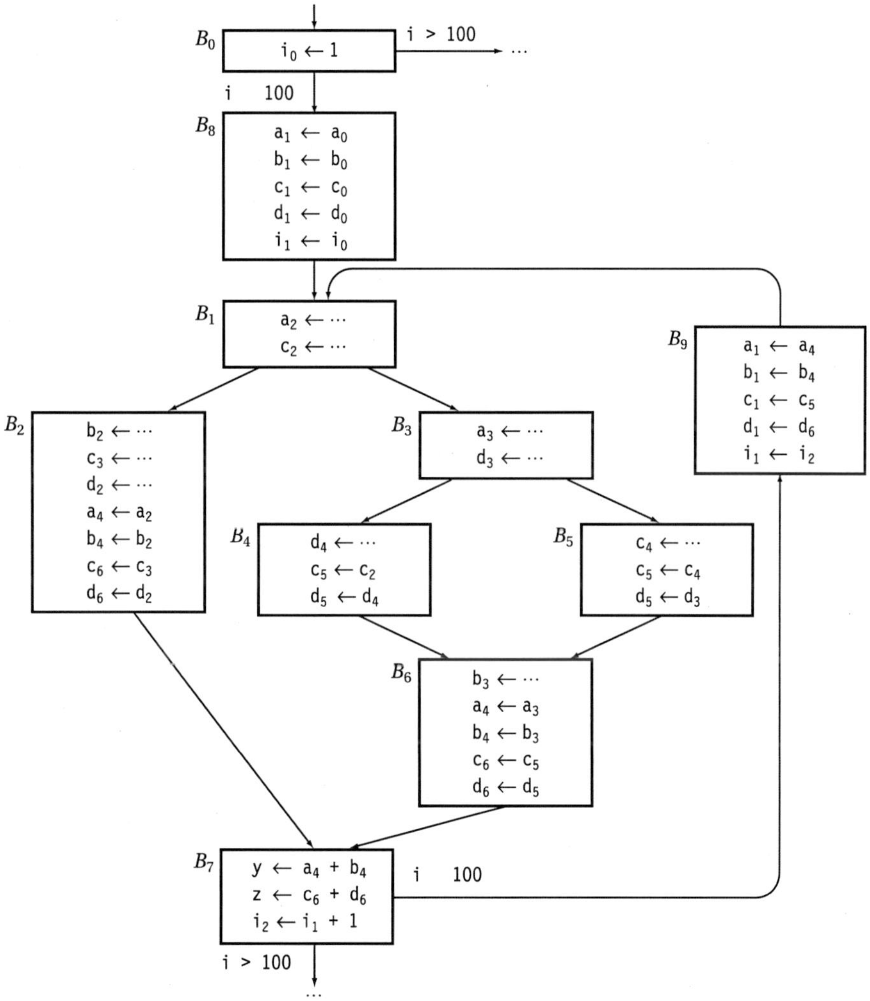

그림 9.16 복사 삽입 후의 예

록을 삽입할 수 있다. 엣지의 소스가 다중 상속자를 가지고 그의 목적지가 다중 선행자를 가질 경우 이 엣지를 *임계 엣지(critical edge)*라고 부른다. 블록 B_8과 B_9는 임계 엣지를 파괴하기 위해서 삽입되었다. 복사본 삽입 이후에, 예제는 많은 잉여 복사본을 가질 것처럼 보인다. 다행히, 컴파일러는 복사 폴딩(13.5.6절)과 같은 연속적인 최적화 기법을 이용하여, 그들 중 대부분을 제거할 수 있다.

임계 엣지를 분해하는 것은 필요한 복사 작업 위치를 만들어 내고, 복사 삽입 과정에서 나타나는 대부분의 문제들을 해결할 수 있게 한다. 그러나, 두 가지 미세한 문제들이 더 생긴다. 첫째, 몇 가지 공격적인 프로그램 변형 과정의 결합과 임계 엣지로부터 발생하는, 우리가 *lost-copy problem*라고 부르는 것들이 발생한다. 둘째, 몇 가지 공격적인 프로그램 변형의 상호 작용과 SSA 형태의 자세한 정의에 의해서 생겨나, 우리가 *swap problem*라고 부르는 것들이다.

Lost-Copy 문제

많은 SSA 기반의 알고리즘은 임계 엣지가 나눠지길 요구한다. 그러나, 때때로 컴파일러는 임계 엣지를 분리할 수 없거나 분리하지 못하는 경우가 있다. 예를 들어, 임계 엣지가 하나 또는 그 이상의 복사 작업과 더불어 블록을 추가하고, 점프가 실행 속도에 엄청난 영향을 미치는 무거운 루프의 백 엣지일 경우가 있다. 비슷하게, 블록과 엣지를 컴파일의 늦은 단계에서 추가할 경우는 비지역 스케줄링, 레지스터 할당 그리고 코드 플레이스먼트와 같은 최적화 과정을 방해할 수 있다.

Lost-copy 문제는 복사 폴딩의 조합 그리고 분리될 수 없는 임계 엣지에서 발생한다. 그림 9.17이 예이다. 가장 왼쪽은 판넬은 간단한 루프를 가진 원본 코드이다. 다음 판넬에서 컴파일러는 루프를 SSA 형태로 변환하였고, y의 use를 i에 대한 참조로 교체하면서, 복사를 i에서 y로 폴딩하였다. 오른쪽 판넬은 ϕ-함수의 선행자 블록으로의 직접 복사 삽입에 의해 생성된 코드를 보여 준다. 이는 루프 이후에 z_0의 할당에 사용되는 값을 변경시킨다. 변환된 코드가 z_0를 i의 마지막 값으로 할당하는 동안 원래 코드는 i의 마지막에서 2번째 값으로 할당한다. 왼쪽 아래 판넬은 루프의 백 엣지인 임계 엣지를 분리하는 것이 정확히 동작 하는 것을 보여 준다. 그러나 이는 루프의 매 반복마다 점프를 추가한다.

이 문제는 이름 공간에서 분리되지 않은 임계 엣지의 조합과 복사 폴딩의 생산으로 인해 발생했다. 복사 폴딩은 루프에 따라오는 블록 내의 y에 대한 참조로 i_1을 폴딩함으로써 y $\in i_1$ 할당을 제거한다. 이는 i_1의 생존 시간을 확장시킨다. 그 후, 복사-삽입 알고리즘은 루프 바디의 꼭대기에 있는 ϕ-함수를 각각의 블록 선행자에 있는 복사 연산과 교체한다. 이는 i_1이 여전히 live 하고 있는 지점의 블록의 끝에 $i_1 \leftarrow i_2$ 복사를 삽입한다.

Lost-copy 문제를 피하기 위해서, 컴파일러는 타깃이 여전히 살아있을 때 복사본을 삽입하

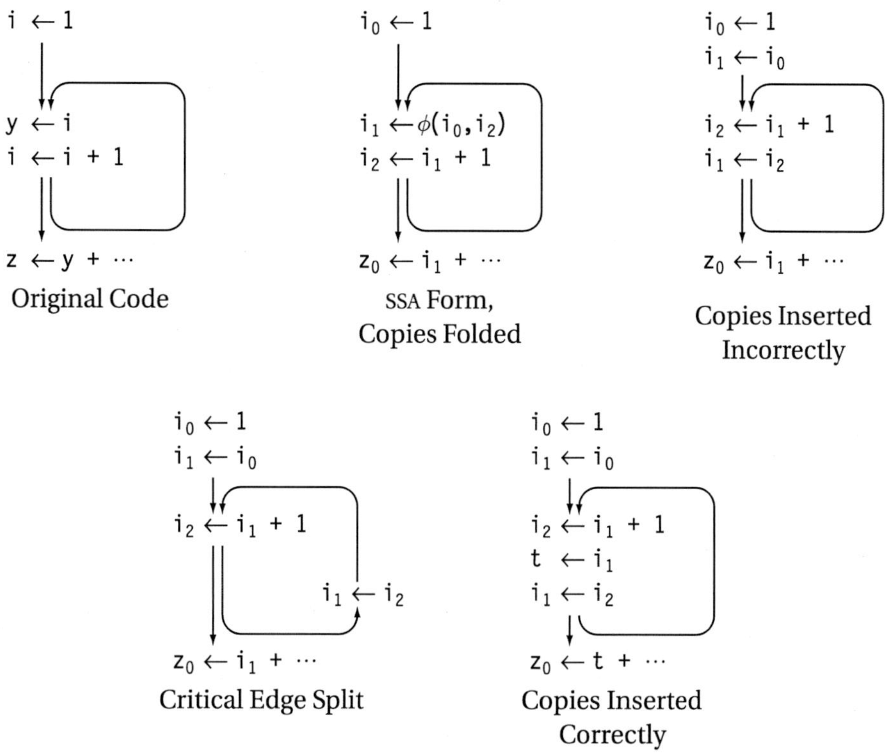

그림 9.17 Lost-Copy 문제의 예

려고 하는 경우를 감지해 내야 한다. 이렇게 되면, 해당 값을 임시 이름에 복사하고, 덮어씌워진 이름의 연속적인 사용을 새로운 임시값으로 대체한다. 이러한 재기록 과정은 SSA 이름 재정의 알고리즘을 모델 삼아 행해질 수 있다. 그림 9.17의 오른쪽 아래 부분은 이러한 접근법에 의한 코드를 보여 준다.

Swap 문제

Swap 문제는, 삽입 알고리즘이 제시하는 바와 같은 ϕ-함수의 속성에 의해서 발생한다. 블록이 실행할 때, 그의 모든 ϕ-함수는 블록 내의 어떤 블록보다 먼저, 그리고 동시에 실행되기로 되어 있다. 블록 내의 모든 ϕ-함수는 같은 시간에, 그들에게 적합한 입력 인자들을 읽는다. 그리고는 모두 동시에, 그들의 목적 값을 재정의 한다.

그림 9.18은 swap 문제의 간단한 예를 보여 준다. 왼쪽은 x와 y를 바꾸는 간단한 루프를 가진 원본 코드이다. 가운데는 공격적인 복사 폴딩을 전제로 하고 SSA 형태로 변환된 코드이다. 이 형태에서, ϕ-함수의 생성 규칙에 따르면, 해당 코드는 그의 원래 의미를 잃지 않고 유지한다. 루

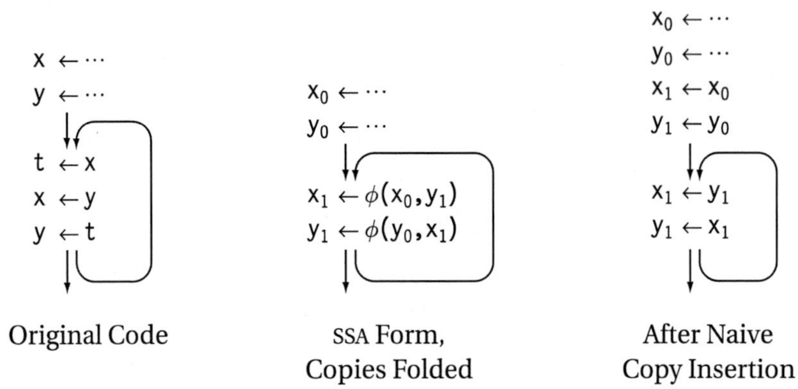

그림 9.18 Swap 문제의 예제

프 몸체가 실행될 때, ϕ-함수 인자는 ϕ-함수의 어떤 목표들이 정의되기 이전에 읽혀진다. 첫 번째 반복에서, x_1과 y_1이 정의되기 이전에 x_0와 y_0를 읽는다. 다음 반복에서, 이는 x_1, y_1이 재정의되기 이전에 그 둘을 읽는다. 오른쪽 부분은 같은 코드이지만, 복사-삽입 알고리즘을 적용시킨 예이다. 복사 작업이 동시에 이루어진다기 보다는, 연속적으로 이루어지기 때문에, x_1과 y_1은 부정확하게 같은 값을 받는다.

한눈에 보았을 때, 백엣지–임계 엣지–를 분리하는 것이 도움이 되어 보인다. 그러나, 이것은 단순히 같은 두 개의 복사본이 같은 순서로 다른 블록에 존재하는 것이다. 이 문제를 해결하기 위해서, 컴파일러는 ϕ-함수 정의의 행동을 흉내내기 위해서, 각각의 값을 임시 값에 복사할 수 있다. 이는 루프 몸체를 형성하는 블록 내에 있는, 연속적인 4개의 할당, $t \leftarrow y_1$, $s \leftarrow x_1$, $x_1 \leftarrow t$, and $y_1 \leftarrow s$을 만들어 낸다. 불행하게도, 이는 루프 내의 동작을 두 배로 만들어서, 문제 해결의 좋은 방향이 되지 못한다. 대신, 컴파일러는 삽입되는 복사본의 수를 최소화해야 한다.

사실, swap 문제는 복사본의 주기적인 집합을 필요로 하지 않는다. 문제가 필요로 하는 것은 입력으로써 같은 블록 내의 다른 ϕ-함수의 출력으로 정의된 변수를 가지는 ϕ-함수의 집합이다. 주기적이지 않은 경우, ϕ-함수는 같은 블록 내의 ϕ-함수의 결과를 참조하므로, 컴파일러는 삽입되어지는 복사본의 순서를 신중하게 결정함으로써 문제를 피해갈 수 있다.

이 문제를 해결하기 위해서, 일반적으로 컴파일러는 같은 블록 내의 다른 ϕ-함수의 타깃을 참조하는 ϕ-함수가 나타나는 경우를 감지해야 한다. 참조하는 매 주기마다, 해당 주기를 파괴할 수 있는 복사본을 임시에 저장해야 한다. 그러면, 이는 ϕ-함수에 의해서 수반되는 각각의 의존성에 맞는 복사본을 스케줄 할 수 있을 것이다.

9.4 고급 주제들

이 장에서는 반복적인 자료 흐름 분석법과 , 함수 내에서 많은 자료 흐름 관계를 직접적이고 효율적으로 내포하는 SSA 형태 생성에 초점을 맞추었다. 흐름 그래프가 가지는 하나의 속성이 반복적이지 않은 자료 흐름 알고리즘에 , 그 그래프가 축소 가능하든 아니든, 결정적인 역할을 한다. 9.4.1은 흐름 그래프의 감소성에 대해 알아본다.

이 장과는 거리가 멀지만, 모든 예제는 전역(함수 간)자료 흐름 분석법에서 기인했다. 9.4.2는 자료 흐름 분석법의 범위를 함수에서 전체 프로그램으로 확장시킬 때 발생하는 몇 가지 문제점을 소개한다. 이는 하나의 함수 이상의 범위를 가지는 몇몇 분석 기법들의 정확한 개관을 제시한다.

9.4.1 구조적인 자료 흐름 알고리즘과 감소성

9.2.2절에 소개한 반복 알고리즘은, 일반적으로 어떤 그래프에서든 잘 형성된 방정식의 어떠한 집합에서도 잘 작동하기 때문에 소개되었다. 다른 자료 흐름 기법 알고리즘도 존재한다. 이러한 많은 작업들은 분석될 코드의 컨트롤 흐름 구조의 간단한 모델 유도와 방정식을 풀기 위해 해당 모델을 사용하는 것에 의해서 이루어진다. 때때로, 그 모델은 철저하게 검증된 방법으로 엣지나 노드를 결합함으로써 그 복잡도를 감소시킬 수 있는 그래프에 대한 연속적인 변환법을 찾아냄으로서 형성되었다. 이러한 그래프-감소 과정은 반복 알고리즘을 *제외한* 모든 자료 흐름 알고리즘의 중심이다.

반복적이지 않은 자료 흐름 알고리즘은 일반적으로 흐름 그래프에 변환법을 연속으로 적용시킴으로써 구현될 수 있다. 이러한 변환법들은 각각 하부 그래프를 선택하고 해당 그래프를 대체할 수 있는 단일 노드로 교체시켜 주는 방법을 사용한다. 이는 유도된 그래프들의 집합을 만들어 낸다. 집합 내의 각각의 그래프들은 단일 변환 작업의 효과로 인해서 그들의 선행자 그래프들과 다르다. 그래프를 변환하면서, 분석법은 각각의 연속적인 유도된 그래프 내의 새로운 대표 노드들에 대한 자료 흐름 집합을 계산한다. 이러한 집합들은 교체된 하부 그래프의 효과를 집대성한다. 해당 변환법은 잘 동작하는 그래프들을 단일 노드로 축약한다. 이 알고리즘은 이후 마지막 유도된 그래프로의 단일 노드로부터 시작하여 원래 흐름 그래프로 돌아가는 과정을 예약한다. 이 과정이 해당 그래프를 그의 원래 형태로 확장하면서, 분석법은 각각의 노드에 대한 마지막 자료 흐름 집합을 계산해 낸다.

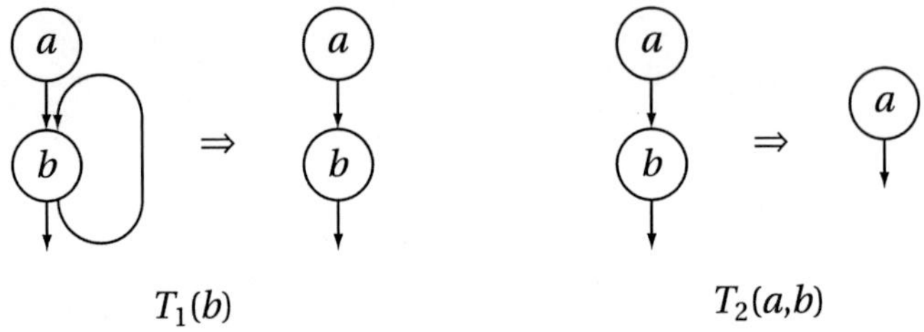

그림 9.19 T_1과 T_2의 변환

필수적으로, 이 축약 과정은, 확장 과정이 원래 그래프의 노드에서 빠져 나오는 결합된 집합들의 효과들을 전달하는 동안, 모든 그래프로부터 정보를 모으고 그 정보를 결합한다. 이러한 축약 과정이 제대로 이루어 지는 그래프는 *reducible*하다고 한다. 만약 해당 그래프가 단일 노드로 축약되지 못한다면 이 그래프는 irreducible하다.

그림 9.19는 축약성을 테스트 하고 구조적인 자료 흐름 알고리즘을 생성하기 위해 사용될 수 있는 변환법의 쌍을 보여 준다. T_1은 노드로부터 자기 자신에게 다시 돌아오는 엣지, 즉 자기 자신의 루프를 삭제한다. T_1이 b에 적용되었을 때 $T_1(b)$라고 한다. T_2는, 정확히 하나의 선행자 a를 가지는 b를 a로 다시 축약한다. 이 a는 $<a, b>$엣지를 삭제하고 b를 떠나는 어떠한 엣지의 소스도 전부 a로 만들어 버린다. 만약 a로부터 어떤 노드 n으로 다중 엣지를 떠나가는 경우, 이는 그러한 엣지들을 결합해 버린다. 그림은 T_2가 a와 b에 적용되는 것을 $T_2(a, b)$라고 부름을 보여 준다. T_1과 T_2에 의해서 어떠한 방식으로든 단일 노드로 변환되는 것을 "reducible"하다고 본다.

이러한 작업을 이해하기 위해서는, 계속되는 예제의 CFG를 고려해 보아야 한다. 그림 9.20은 해당 CFG를 단일 노드로 축약해 버릴 수 있는 T_1과 T_2의 연속된 애플리케이션을 보여 준다. 이는 T_2를 더 이상 적용할 수 없을 때까지 적용한 것이다: $T_2(B_1, B_2)$, $T_2(B_3, B_4)$, $T_2(B_3, B_5)$, $T_2(B_3, B_6)$, $T_2(B_1, B_3)$, 그리고 $T_2(B_1, B_7)$이다. 다음으로 축약 과정을 완성하기 위해서 $T_2(B_0, B_1)$에 이어서 $T_1(B_1)$을 적용함으로써 루프를 제거하였다. 이러한 과정이 그래프를 단일 노드로 전환시키기 때문에, 원래 그래프는 축약 가능하다.

다른 응용법도 그래프를 축약시킬 수 있다. 예를 들어, $T_2(B_1, B_3)$에서 시작하면 다른 종류의 변환법이 사용 가능하다. T_1과 T_2는 사용되는 응용법의 순서와 종료되는 시퀀스가 최종 결과에 독립적이라는 것을 보장하는, 유한한 Church-Rosser 속성을 가지고 있다. 따라서, 분석법은 T_1와 T_2를 기회에 따라 적절히 사용할 수 있다. 그들이 적용될 수 있는 위치를 찾아 그것을 사용하는 것이다.

그림 9.20의 아래 부분은 그림 9.9에 적용된 것에서 나온 시도 중 하나를 보여 준다. 분석법은 $T_2(B_6, B_5)$를 $T_2(B_6, B_4)$에 이어서 실행하였다. 그러나 이 시점에서, T_1과 T_2에 사용될 수 있

는 어떠한 노드나 노드 쌍도 남아 있지 않은 상황이 된다. 따라서, 분석법은 해당 그래프를 더 이상 축약할 수 없다. (어떠한 다른 순서를 사용해도 이는 허락되지 않는다.). 해당 그래프는 단일 노드로 축약되지 않는다. 축약 불가능하다.

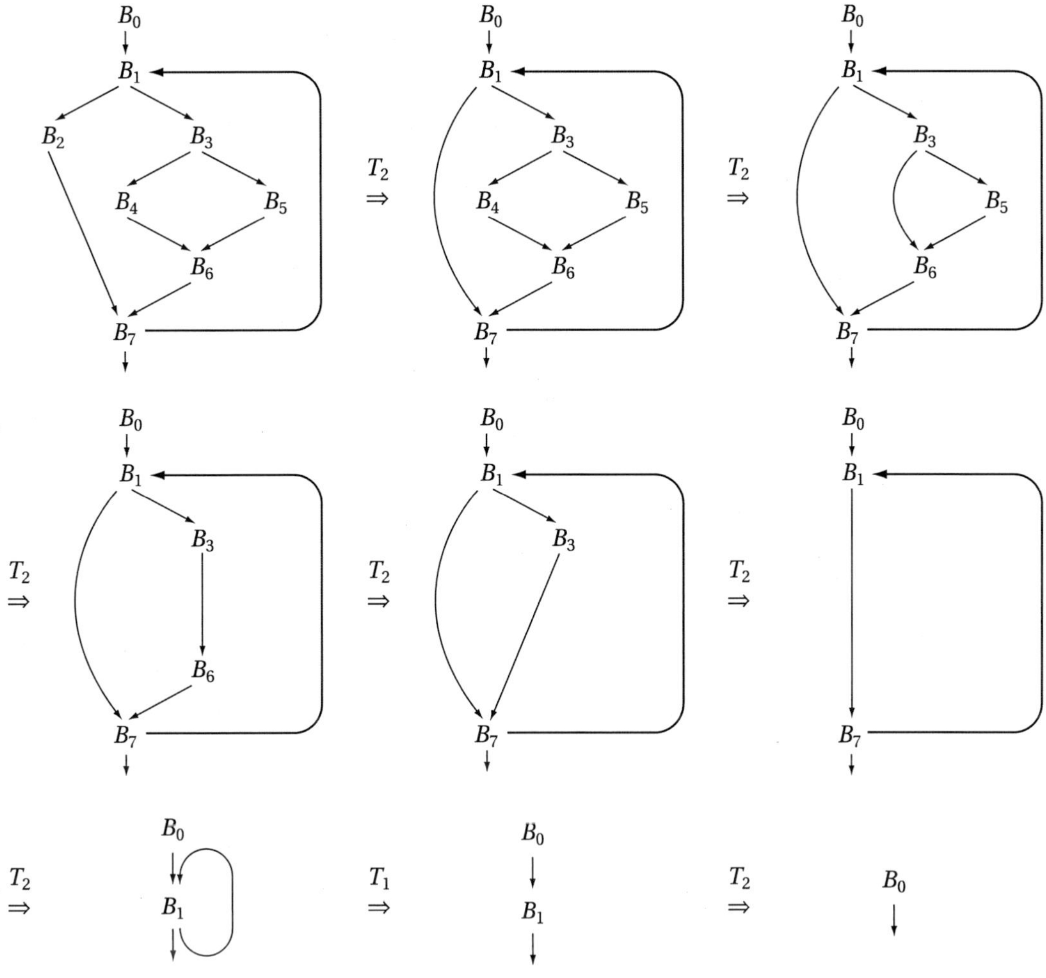

Example Graph from Figure 9.7

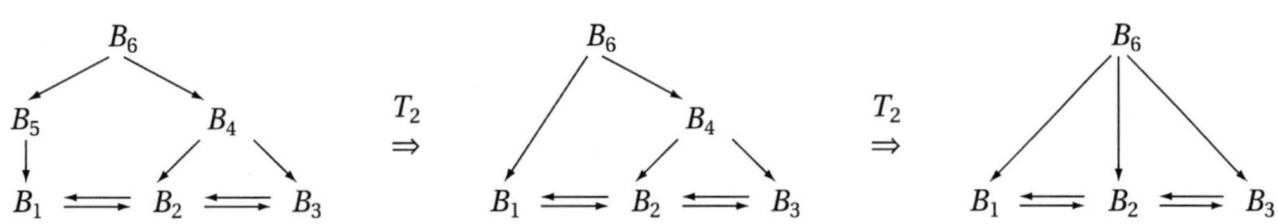

Example Graph from Figure 9.9

그림 9.20 예제 그래프들에서의 축약 과정들

T_1과 T_2의 적용 실패는 그래프의 기본적인 속성으로부터 기인한다. 해당 그래프는 다른 노드로 들어가는 것이 가능한 엣지를 가지는 사이클이나 루프를 가지고 있기 때문에 축약이 불가능하다. 소스 언어 관점에서 본다면, 해당 프로그램이 다중 입구 루프를 가지는 그래프를 생성하였다고 볼 수 있다. 우리는 그래프에서 이를 확인할 수 있다. B_1과 B_2에 의해 생성되는 사이클을 생각해 보자. 이는 B_3, B_4, B_5로부터 들어갈 수 있는 경로가 모두 존재한다. 비슷하게, B_2와 B_3로부터 생성되는 사이클도 B_1, B_2 둘 다로부터 들어갈 수 있는 경로가 있다.

이러한 축약 불가능성은 T_1과 T_2와 같은 변환법에 의해서 만들어지는 알고리즘에 대해 심각한 문제를 초래한다. 만약 단일 노드 그래프를 만드는 축약 과정이 실패한다면, 이 방법은 실패를 보고하든지, 그래프를 하나 또는 그 이상의 노드로 분해하든지, 축약된 그래프에서 사용되는 반복 접근법을 사용해서 문제를 해결하든지 중 하나를 선택해야 한다. 일반적으로, 흐름 그래프를 구조적으로 축약하는 것에 기반을 두는 방법은 흐름 그래프에 제한된다.[2] 대조적으로 반복 알고리즘은 축약 불가능한 그래프에 정확하게 동작한다.

축약 불가능한 그래프를 축약 가능한 그래프로 바꾸기 위해서, 분석법은 하나 또는 그 이상의 노드들을 분리해야 한다. 예제의 그래프를 분리하는 가장 단순한 방법은 ⟨B_2, B_1⟩와 ⟨B_2, B_3⟩를 재설정하는 데 필요한 블록들을 복제하는 것이다. 이는 B_2 하나의 엔트리만 가지는 루프를 생성한다. 원래 루프로 들어갈 수 있는 B_1 또는 B_3를 가지는 블록들은 루프의 프롤로그로서 실행된다. 이는 그림 9.21에 나오는 축약 가능한 그래프를 만든다. B_1과 B_3는 각각 유일한 선행자들을 가진다. B_2는 5개의 선행자들을 가지지만 B_2, B_1' 그리고 B_3' 으로부터 생성되는 복잡한 루프로 들어가는 단일 엔트리를 만들어 낸다. B_1' 과 B_3' 은 단일 선행자를 가지기 때문에, 이 루프는 단일 엔트리를 가지고, 따라서 축약 가능하다. 노드 분리 작업은 두 개의 노드를 복제하는 비용이 필요하지만 축약 가능한 그래프를 만들어 낸다.

folklore와 공표되어진 연구법들은 둘 다 전역 자료 흐름 분석에서 축약 불가능한 그래프는 거의 없다는 것을 보여 준다. 1970년대에 생겨난 구조적 프로그래밍은 많은 프로그래밍 언어들에서 발견되어지는 `goto` 문과 같은 임의의 컨트롤 변환을 프로그래머들로 하여금 덜 사용하게 하였다. 구조화된 루프 생성자들, 다시 말해 `do`, `for`, `while` 그리고 `until` 루프들은 축약 불가능한 그래프를 만들어 낼 수가 없다. 그러나, 루프 바깥으로의 컨트롤 변환 (예를 들어, C의 `break` 문과 같은 경우)은 후방위 분석법을 통해 축약 불가능한 CFG를 만들어 낸다. (루프가 다중 출구를 가지면, 역 CFG도 다중 입구를 가지기 때문이다). 비슷하게, 축약 불가능한 그래프들은 상호

[2] 전체적으로 우리는 반복적인 고정점 알고리즘에 초점을 맞추었다. 이는 반복적 자료 흐름 분석법이 다른 문제들과 다른 그래프에서 모두 안정적으로 사용될 수 있기 때문이다. 이는 고정점 알고리즘이기 때문에, lexical-analysis 에 나오는 부분집합 생성을 하는 과정 전체에서 좋은 연속성을 제공한다.

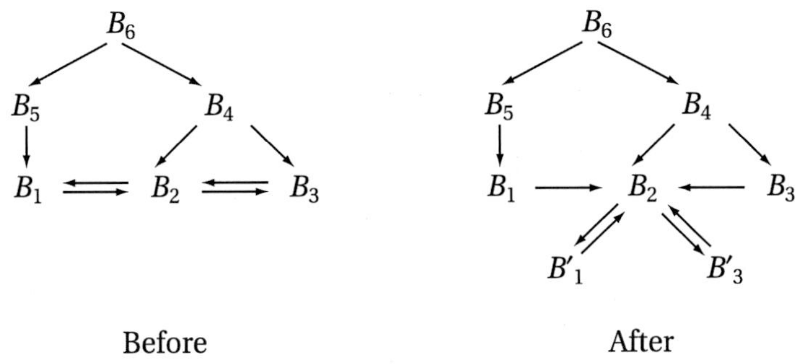

그림 9.21 노드 분리

재귀적인 함수들에 대한 함수 간 분석법에서 더 자주 발생한다. 예를 들어, 손으로 작성된 콜 그래프에서, recursive-descent parser는 축약 불가능한 하부 그래프를 더 자주 가지게 된다. 다행히도, 반복 분석법은 축약 불가능한 그래프들을 정확하고 효율적으로 다룰 수가 있다.

9.4.2 함수간의 분석

함수 호출은 전역 자료 흐름 분석법에 안 좋은 영향을 미친다. 컴파일러가 함수 호출을 만났을 때, 만약 컴파일러가 해당 함수의 동작에 관한 자세한 정보를 못 가졌다면, 컴파일러는 반드시 해당 함수가 최악의 효과를 가질 것이라고 가정하기 마련이다. 예를 들어, 호출된 함수가 접근 가능한 어떠한 변수의 값(전역 변수, 호출에 의한 참조 인자, 렉서의 영역에 있는 어떠한 이름들)이라도 변경할 수 있기 때문이다.

실제적인 경우에, 함수들은 컴파일러가 생각하는 최악의 경우보다는 좋게 동작한다. 각각의 함수 호출에 대해 이러한 가정들을 피하기 위해서 컴파일러는 선체 프로그램을 분석할 수 있으며, 다양한 함수들의 동작을 종합하는 정보를 기록할 수 있다. 이러한 분석들은 때때로 함수 간 자료 흐름 분석이라는 이름으로 공식화 되기도 한다. 이러한 자료 흐름 문제들은 그들의 전역 반대 급부와 비슷한 면이 있다. 컨트롤 흐름 그래프 대신, 함수 간 문제들은 노드가 함수를 엣지가 함수 호출을 나타내는 콜 그래프(call graph) 또는 콜 그래프로부터 유도된 그래프들이 문제의 원인이 된다. 만약 p가 q를 여러 번 호출한다면, 각각의 호출은 콜 그래프 내에서 다른 엣지를 만들어 낸다.

제어 흐름 분석

컴파일러가 함수 간 분석법에서 가장 처음으로 고려해야 할 점은 콜 그래프를 생성하는 것이다. 단순한 경우, 다시 말해 모든 함수 호출이 이름이 알려진 함수들을 호출한다면 이 문제는 직접 해결이 가능하다. 프로그래머가 한 번이라도 procedure-valued 변수를 사용하거나 함수를 인자로서 사용하게 되면 문제는 복잡해진다.

만약 소스 언어가 프로그래머로 하여금 함수의 인자로 함수를 사용하도록 허락한다면, 문제는 대체 콜 그래프를 작성하고, 엣지를 추가하여, 대체 그래프 주변의 인자로 사용된 함수들의 이름을 전달하는 것으로 해결될 수도 있다. 만약 함수가 호출로부터 반환되어질 수 있다면, 다시 말해 프로그래머가 procedure-valued 함수를 작성할 수 있다면, 더 복잡한 분석법이 필요하게 된다. 마지막으로, 객체 지향 프로그래밍은 클래스 계층 분석에 의해 얻어진, 실행 도중의 타입 정보에 따라서 이름들을 해석하는 방법으로 콜 그래프를 작성하기 때문에 문제가 더 어려워진다.

문제 요약

함수 호출의 부작용을 요약하기 위해서, 컴파일러는 호출 도중에 참조되거나 수정이 가능한 변수들을 가지는 집합을 계산할 수 있다. 컴파일러는 이러한 "요약" 집합을, 전역 자료 흐름 분석법에 있는 최악의 경우를 가정한 호출 사용 기법과 교체할 수 있다. 고전적인 함수 간 요약 문제는 *may modify* 문제이다. 이는 호출을 실행함으로써 수정이 될지도 모르는 변수들의 이름을 포함하는 집합이 있는 경우를 말한다.

May modify 문제는 가장 단순한 자료 흐름 문제 중 하나이지만 많은 다른 문제들의 기본이 된다. 이 문제는 방정식의 집합으로 규정될 수 있다.

$$\text{MOD}(p) = \text{LOCALMOD}(p) \cup \left(\bigcup_{e=(p,q)} unbind_e(\text{MOD}(q)) \right)$$

$e = (p, q)$는 콜 그래프 내에서 p에서 q로 가는 엣지이며, $unbind_e\ (q)$는 e에 대응하는 위치의 호출 바인딩에 따라서, q에 있는 이름을 p에 있는 이름으로 매핑하는 함수이다. LOCALMOD는 p에서 지역적으로 수정된 변수들을 포함한다. 이는 p에서 정의된 이름들의 집합에서 p에 지역적인 것들을 빼는 방법으로 계산된다. p에서 q에 대한 특정 호출에 의해 수정되어질지 모르는 이름들의 집합을 계산하기 위해서, 컴파일러는 MOD(q)의 *unbind*와 q로 향하는 엔트리에 머무는 어떠한 비슷한 공식이 참조 집합에서도 나타날 수 있다.

MOD 정보는 전역 분석의 결과를 향상시킬 수 있다. 예를 들어, 호출 위치에 대한 최악의 경우 가정은, 전역 상수 전달로 하여금 인자와 전역 변수를 포함한 값에 대한 정보를 잃게 할 수 있는데, 간단한 MOD 분석은 위와 같은 일이 발생하지 않게 할 수 있다.

함수 간 상수 전달

함수 간 상수 전달은 콜 그래프를 가로질러 전달되는 전역 변수나 인수들의 알려진 상수 값을 추적한다. 이 문제는 개념적으로 전역 상수 전달과 유사하지만, 더 복잡한 문제를 가지고 있다. 함수 간 상수 전달은 반드시 콜 그래프 내의 엣지들을 가로질러 값을 전달해야만 하고, 각각의 호출에서 나타날 수 있는 구속들(반환 값을 포함한)을 이해해야만 한다. 추가적으로, 이는 반드시 함수 *p*의 몸체를 통해 값이 전달되는 것을 참고해야만 한다. *p*가 리턴하는 어떤 값이 *p*의 입구에서 각각의 호출 위치 *p*로 전달되는 것을 말한다. 따라서, 이 문제의 함수 간 요소들은 요약 문제들에 있는 것보다 훨씬 복잡하다. 왜냐하면, 분석법이 이미 찾아낸 지역이 상이하지 않은 집합보다는 함수일 경우가 많기 때문이다.

몇몇 컴파일러는 함수 간 효과를 본뜨기 위해서 점프 함수들을 사용해 왔다. 그 컴파일러는 함수 입구(또는 호출로부터의 반환)의 알려진 상수들을 다른 함수 호출이나 리턴 값에 있는 상수 값으로 매핑하는 불확실한 모델을 만들었다. 자료 흐름 방정식은 점프 함수들의 특정한 호출을 포함한다. 분석법은 그것들을 전달 과정에서 요구하는 만큼 호출한다. 점프 함수 구현은 분석 도중에 변하지 않는 단순한 정적 가정의 영역에서부터 작은, 매개 변수화 된 작은 모델을 통해서, 완벽한 전역 상수 전달 수행 영역까지 이른다. 실제적으로, 단순한 모델은 대부분의 효과들을 잡아낼 수 있다. 이는 코드 내에서 최소한의 개선점까지 측정이 가능하다.

포인터 분석

불확실한 메모리 참조는 코드 성능을 향상시킬 수 있는 최적화기의 능력을 방해한다. 가장 큰 모호성의 요인은 포인터에 기반한 값을 사용하는 것이다. 포인터 분석의 목적은, 코드 내 각각의 포인터에 대해서, 그들이 참조하고자 하는 메모리 위치의 집합을 알아내는 것이다. 이러한 분석이 없다면, 컴파일러는 반드시, 모든 각각의 포인터가 실행 시간의 힙에 존재하는 어떠한 공간, 불명확하게 사용되어질 수 있는 어떠한 주소의 변수, 그리고 참조에 의한 호출 매개 변수로 전달이 가능한 변수들을 포함한 모든 접근 가능한 메모리 공간을 참조한다고 가정할 수밖에 없다.

포인터 분석의 공통적인 형태의 하나는 POINTSTO 집합을 계산하는 것이다. 이 집합은 ⟨*name*, *object list*⟩쌍을 포함하는데, *object list*는 *name*이 혹여라도 접근이 가능한 메모리 위치의 집합을 규정한다. 이 분석법의 목적은 object list를 줄이는 것이다. 예를 들어 컴파일러는 레지스터에 모호한 값을 저장할 수 없다. 그러나 만약 분석법의 결과, 포인터가 하나의 객체에 정확하게 참조하고 있고, 객체에 대한 다른 어떤 포인터들도 코드내의 어떤 영역에서도 사용되지 않는 경우, 컴파일러는 해당 객체를 그 영역 내의 레지스터로 옮길 수 있다.

POINTSTO 집합을 계산하기 위한 많은 방법들이 제안되어 왔다. 그 기술들은 함수 안에서 그것들이 행동을 어떤 식으로 근접하는지에 따라서 다르다. *흐름-둔감* 방법은 함수 내에서의 컨트롤 흐름을 무시한다. 반면에, *흐름-둔감* 방법은 내부의 컨트롤 흐름에 매우 민감하다. 몇몇 기술은 각각의 사실에 바탕한 부분 콜 그래프를 이용하여, 프로그램의 문맥을 추적한다. 최적화기는 두 개의 사실이 동시에 잡힐 수 있는지를 결정하기 위해 경로를 비교할 수 있다. 왜냐하면 흐름-민감과 문맥-민감은 둘 다 분석법의 비용을 증가시키고, 연구자들은 각각으로부터 생기는 이익을 취하려고 노력해 왔기 때문이다. 몇몇 응용 프로그램에서는 흐름-둔감, 문맥-둔감 정보들이 만족할 만큼 제시된다. 다른 경우, 추가된 더 복잡한 분석법의 정확도가 도움을 준다.

모호성의 제한된 형태는 고정된 매개 변수의 참조에 의한 호출의 사용에서 발생한다. 이러한 상황이 더 일반적인 POINTSTO 공식과 더불어 모델링 될 수 있지만, 이는 또한 요약 정보의 복잡한 형태의 하나로 다루어 질 수도 있다. 이러한 접근은 각각의 함수에 대한 *alias pairs* 집합을 계산한다. 만약 $\langle x,y \rangle \in$ ALIAS(p)라면, p로 가는 어떠한 경로에서, x와 y는 같은 위치를 참조할 수도 있다.

대안으로서의 인라이닝

함수 간 분석법의 대안으로서, 컴파일러는 인라인 교체를 사용할 수 있다(8.7.2절을 보라.). 호출 위치의 인라인 확장은 함수 간 문제를 전역 문제로 변환시킨다. 이 접근법은 컴파일러 제작자로 하여금 해당 문제를 해결하기 위한 최고의 함수 내부 분석법을 사용할 수 있게 해 주므로 매우 매력적이다. 그러나, 인라이닝은 컴파일 타임에 코드가 커지면서 나오는 내재적인 문제를 안고 있는데, 더 큰 프로그램에서 좋은 코드를 생성하기가 어려워진다. (특히, 포스트 인라이닝 코드의 이름 영역이 원래 프로그램보다 근본적으로 클 수 있다. 이는 전역 분석에서의 공간 문제를 야기시키고, 전역 레지스터 할당의 스필 문제 또한 야기시킨다.)

인라인닝은 특정 상황에서 컴파일러의 지식을 더 정확하게 만들어 줄 수 있는, 다시 말해 근본적으로 코드를 향상시킬 수 있는 잠재력을 가지고 있다. 예를 들어, 객체 지향 코드에서 인라이닝은 때때로 주어진 호출 위치에서 가능한 객체 타입(클래스들)들의 집합을 줄일 수 있다. 이는 간단한 함수 내부 콘트롤 흐름을 통해 타입을 동적 dispatch 하고, 교체하는 수고를 제거해 준다. 이는 객체 지향 언어를 구현하는 데 있어서 가장 큰 오버헤드 중 하나를 제거하는 것이다. 이는 특별하게 작은 몸체를 가지고 있는 함수들에게 유리하다. 바로 부정적 효과들의 잠재성을 최대한 제한하는 것이기 때문이다.

재-컴파일

컴파일러가 하나의 함수에 대한 정보를 다른 것을 최적화 하기 위해서 한 번 사용하고 나면, 결과 코드의 정확도는 두 함수의 상태에 달려 있다. 함수 하나의 소스 코드에 대한 바로 뒤에 일어나는 변화는 컴파일러가 다른 함수의 최적화 안정성을 정당화 해 왔었다는 사실을 바꿀 수 있게 된다. 이런 일이 발생하면, 컴파일러는 정당하지 않은 최적화가 적용되어 있는 곳부터 코드를 다시 컴파일 해야만 한다. 따라서, 함수 간 분석법이나 함수 간 최적화를 사용하는 시스템은 이러한 문제에 대해 매우 엄격한 주의를 기울여야 한다. 이러한 문제를 해결하기 위해서, 컴파일러는 반드시 함수 간 자료 흐름 집합의 변화를 추적화기 위한 재컴파일 분석법을 수행하고, 어디서 컴파일러가 위임 재컴파일을 변화시켰는지 또는 컴파일러가 그러한 문제들을 피할 수 있도록 허용된 구조를 적용하는지 결정해야 한다.

일반적으로, 재컴파일 분석은 컴파일러가 함수 간 분석법 결과의 변화를 추적하고, 그러한 변화들이 언제 최적화의 정당성을 해쳤는지를 확인하는 것을 필요로 한다. 컴파일러가 수행하는 각각의 함수 간 분석법에서, 컴파일러는 재컴파일이 언제 발생해야만 하는지에 대한 새도우 분석을 수행한다. 이는 분석의 양을 증가시키지만, 컴파일의 양은 감소시킨다.

다른 대안은, 각각의 컴파일에서 전체 프로그램을 재최적화 하는 것이다. 이러한 시스템들은 때때로 *link-time 최적화기*라고 불린다. 이는 전체 프로그램이 존재하는 동안에는 최적화 부분과 코드 생성을 연기한다. 그 결과는 실행 파일에만 기록되고, 그 실행 파일은 다음 컴파일 과정에서 제거되기 때문에, 이러한 전략은 재컴파일 문제를 회피하는 것이라고 볼 수 있다. 이 접근법은 실행 파일의 각각의 요소들이 분석되어지고 최적화되어지는 횟수를 증가시키지만, 재컴파일 의존성을 추적하는 복잡함을 피할 수 있게 해 준다.

9.5 요약과 전망

대부분의 최적화 기법은 컴파일 된 코드에서 발생하는 특정 문맥으로 일반적인 코드를 맞춘다. 코드를 짜 맞추는 컴파일러의 능력은, 때때로 실행 시간에 행동하는 프로그램의 영역에 대한 컴파일러의 지식 탓에 제한될 수도 있다.

자료 흐름 분석법은 컴파일러로 하여금 컴파일 타임에 프로그램의 실행 시간 행동을 모델링하게 해 주고, 중요하고 특정한 지식들을 해당 모델들 바깥으로 날려 버릴 수 있게 한다. 많은 자료 흐름 문제들이 제안되어져 왔다. 이 장에서는 그중 몇몇만 보여 주었다. 많은 문제들이 효율적인 분석법을 이끄는 속성을 가지고 있었다. 특히, 빠른 반복 뼈대 내에서 표현되어질 수 있는 문제들이 간단한 반복 해법을 사용하는 효율적인 해결책을 가지고 있었다.

정적 단일 할당 형태는 자료 흐름 정보와 컨트롤 종속 정보 둘 다를 프로그램의 이름 영역으로 인코딩 할 수 있는 중간 형태이다. SSA 형태로 작업하는 것은 때때로 분석과 변환 둘 다를 편하게 해준다. 많은 현대적 변환법은 코드의 SSA 형태에 달려 있다.

기타

최초의 자료 흐름 분석법에 대한 영예는 보통 1960년대 초반에 벨 연구소에 있었던 Vyssotsky에게 주어진다[325]. 원래의 FORTRAN 컴파일러에서는, 실행 빈도를 측정하기 위해서 CFG를 넘나드는 제어 흐름 그래프와 Markov-style 분석법을 이용했다. Lois Haibt에 의한 이 분석법은 자료 흐름 분석기로 간주된다.

tbl 동작을 모호한 점프에 대한 힌트를 기록하기 위해 사용한 것은 Rice에서의 Massively Scalar Compiler Project에서 잘 동작하였다. 제어의 대부분의 변환은 중간 형태를 이용하여 인코딩 되었다. 레지스터에 대한 점프에 대한 아주 적은 경우가 필요했는데, 전단부가 tbl의 정확한 집합을 만들어 내었다.

Waterman은 CFG 생성에 있어서 지연 슬롯 문제를 설명하였다[95]. 연관된 문제들이 함수간 호출 그래프의 생성에서 발생했다. Ryder[295], Callahan et al.[60], 그리고 Hall and Kennedy[170]은 FORTERAN 프로그램의 상대적인 단순한 설정에서의 이러한 문제들을 연구하였다. Shivers 는 Scheme [305]에서 그 문제를 공략하였다.

반복적인 자료 흐름 분석은 꽤 잘 연구된 편에 속한다. 컴파일 관련 저술에서의 이 문제에 대한 발달 가능성이 있는 논문들 중에 Kildall의 1973년 논문 [212], Hecht와 Ullman에 의한 논문 [177] 그리고 Kam과 Ullman에 의한 두 개의 논문[199, 200]이 있다. 이 장에서의 대부분의 내용은 Kam의 작업을 인용하였다.

이 장은 반복적인 자료 흐름 분석에 초점을 맞추었다. 자료 흐름 알고리즘을 해결할 수 있는 많은 다른 방법들이 제안되었다[207]. 케네디의 경로-나열 알고리즘은 노드들을 방문하는 순서를 미리 계산한다[205]. 흥미가 있는 독자들은 interval 분석[16, 17, 56], T1-T2 분석 [323, 176], Graham-Wegman 알고리즘 [163, 164], 균형 트리, 경로-압축 [318, 319], 그래프 문법 [208] 그리고 나뉘어진 변수 기술 [342]를 포함하는 구조적 기술들을 알아보는 것이 필요하다.

우위는 해당 분야에서 오랜 역사를 가지고 있다. Prosser는 1959년에 우위를 소개하였지만 우위자를 계산하는 어떠한 알고리즘도 제시하지 못했다[280]. Lowry와 Medlock는 그들의 컴파일러에서 사용되었던 알고리즘을 제시하였다[243]. 이는 최소 $O(N^2)$ 만큼의 계산 시간이 걸렸다 (N은 함수 내의 구문 개수이다). 몇몇 작자들은 CFG에서 노드를 제거하는 데 기반을 둔 더 빠른 알고리즘들을 개발하였다[9, 3, 281]. Tarjan은 깊이 우선 검색과 union-검색에 기반을 둔 $O(N \log N + E)$ 시간이 걸리는 알고리즘을 제안하였다[317]. Lengauer과 Tarjan은 다른 사람들이 그랬던 것처럼[172, 22, 55], 이런 시간 경계를 향상시켰다~[235]. 우위자에 대한 자료 흐름 공식은 Allen에 의해서 제창되었다[13, 16]. 반복 우위에 대한 가장 빠른 데이터 구조는 아직도 출판되지 않은 Cooper, Harvey 그리고 Kennedy의 논문에서 나왔다. 그 알고리즘은 그림 9.10에 Ferrante, Ottenstein 그리고 Warren에 의해 출판되었다[138].

SSA 생성은 Cryton에 의한 발전하고 있는 작업에 기반을 둔다 [104]. 이는, 다음엔 Shapiro 그리고 Saint [303], Reif [284, 320], 그리고 Ferrante, Ottenstein 그리고 Warren [138]에 의해 차례로 연구되었다. 9.3.3절에 있는 알고리즘은 semipruned SSA 형태를 생성한다[46]. 이름 재정의 알고리즘의 세부적인 것과 실행 코드를 재 생성하는 알고리즘은 Briggs와 그의 연구자들에 의해 설명되었다[47]. 임계 엣지에 대한 복잡함은 최적화 분야에서 오래 연구되어져 왔다[293, 124, 119, 121, 215]. SSA를 실행 코드로 다시 해석하는 것에서도 이런 문제가 발생하는 것을 생각하면 놀라울 일이 아니다.

IBM PL/I 최적화 컴파일러는 함수 간 자료 흐름 분석을 사용한 최초의 컴파일러이다[313]. 많은 부작용 문제가 연구되어졌고[31, 29, 96, 97], 함수 간 상수 전달에 대해서도 마찬가지였다 [62, 105, 329]. Burke와 Torczon은 큰 프로그램에서 프로그램의 함수 간 정보가 변한 것에 대한 댓가로 어떤 모듈이 반드시 재컴파일 되어져야 하는지에 대한 공식을 만들었다[57]. 포인터 분석은 선천적으로 함수 간 문제이다. 많은 부분에서 이에 대한 연구가 이루어졌다[330, 187, 72, 228, 75, 115, 129, 333, 302, 180, 106, 181]. Ayers, Gottlieb 그리고 Schooler는 전체 프로그램의 부분집합을 분석하고 최적화하는 실용적인 시스템을 설명하였다[24].

Chapter 10

스칼라 최적화

| Scalar Optimizations

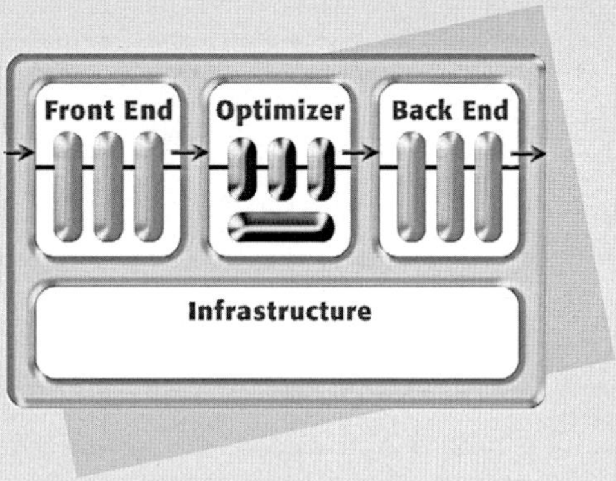

10.1 소개

컴파일러에서의 코드 최적화는 컴파일러가 생성하는 코드의 질을 높이기 위한 분석과 변환으로 이루어져 있다. 9장에서 논의한 자료 흐름 분석을 통해서 컴파일러가 변환을 할 수 있는 기회를 제공하고 나아가 그 변환으로 인한 코드가 안전한지를 검증할 수 있게 되었다. 그러나, 분석은 변환의 전주에 불과하고, 컴파일러가 코드의 성능을 향상시키려면 코드 자체를 재기록 해야만 한다.

자료 흐름 분석은 고전적인 정적 문제에서의 총체적인 개념 골격으로 생각된다. 문제들은 자료 흐름 골격으로 제공된다. 프로그램에 의해서 드러나는 이러한 문제들의 개체는, 범용 해법을 이용하여 풀 수 있다. 그 결과물은 코드의 어떠한 형태를 지닌 사실의 집합이다. 때때로, 분석의 내부는 SSA 형태를 가진 코드의 IR 형태로 직접 인코딩 될 수 있다.

불행하게도, 최적화를 위한 어떠한 총체적 골격도 존재하지 않는다. 그 최적화란 원하는 성능 향상을 달성하기 위해 특정한 분석과 재기록법을 결합한 것을 말한다. 최적화는 컴파일러의

IR을 소비하고 생산한다. 이는 복잡한 재기록 엔진으로 보일 수 있다. 어떤 최적화는 자세한 알고리즘으로 표현되기도 한다. 예를 들어, 우위자-기반 value numbering은 저수준 세목의 모음으로 규정된다(8.5.2절). 다른 것들은 고-수준 서술에 의해 규정된다. 예를 들어, 전역 중복 제거 작업은 자료 흐름 방정식의 집합으로부터 작동되고(8.6절), 인라인 대체는 보통, 형식화 된 매개변수에 대한 실제 매개변수의 적절한 대체와 더불어, 호출된 함수의 본문과 호출 지역을 교체하는 것으로 묘사된다(8.7.2절). 이 기술들은 다양한 광범위 분야의 변환을 묘사하고 구현하는 데 사용되어진다.

현대 컴파일러의 최적화기는 일반적으로 연속된 필터처럼 구조화된다. 각각의 필터, 또는 패스는 코드의 IR 형태로 입력을 받는다. 각각의 패스는 코드의 IR 형태의 재기록 된 버전의 출력을 만들어 낸다. 이러한 구조는 몇몇 실제적인 이유 때문에 진화해 왔다. 이는 크고, 완전히 통일된 프로그램에서 발생할 수 있는 몇몇 복잡도를 피하기 위해서 구현을 더 작은 조각으로 분해한다. 이는 또한 독립적인 구현을 가능케 하며, 개발, 테스트, 유지를 단순화할 수 있는 패스들을 테스트할 수 있게 해주며, 컴파일러가 각각의 수준에 맞추어 다른 패스들의 집합을 활성화시킴으로써 각기 다른 수준의 최적화를 제공할 수 있게 해 준다. 어떠한 패스들은 한 번만 실행되고, 다른 것들은 해당 시퀀스에서 여러 번 실행될 수도 있다.

그렇다면, 최적화기를 디자인하는 데 가장 결정적인 요소 중 하나는 구현해야 할 경로 집합을 선택하고, 어디서 그들이 실행되어야 하는지 순서를 정하는 것이다. 그러한 경로 선택은 IR 프로그램에서 어떠한 특정 비효율성이 발견되는지, 또한, 그러한 비효율성을 줄이거나 제거함으로써 어떻게 코드가 향상되는지를 결정한다. 실행 순서는 어떻게 경로들이 상호 작용 하는지를 결정한다.

예를 들어, 다음과 같은 문맥에서($r_2 \geq 0$이고 $r_5 = 4$), 최적화기는 $r_2, 2 \Rightarrow r_{17}$이 되는 것처럼 $r_2, r_5 \Rightarrow r_{17}$로 재기록 할 수 있다. 이러한 코드 향상은 레지스터에 대한 수요를 줄이고 잠재적으로 비용이 큰 작업(`mult`)을 더 비용이 싼 작업(`lshiftI`)으로 교체함으로써 이루어진다. 대부분의 경우, 이는 이득이 된다. 그러나 만약, 다음 경로가 표현을 재배열하는 교환법칙에 의존한다면, 곱셈을 쉬프트로 교체하는 것은 좋은 기회를 방해하는 것이 될 수 있다(곱셈은 교환법칙을 따르지만, 쉬프트는 그렇지 않기 때문이다.). 확장을 통해서 후자의 경로가 효율적이지 못하게 된다면, 이는 전체 코드 수준을 떨어뜨릴 수 있다. 곱셈을 쉬프트로 교체하는 것을 연기하는 것이 이 문제를 회피하는 방법이 될 수 있다. 재기록에 대한 안정성과 이득을 증명하는데 필요한 문맥은 간섭되는 경로를 살릴 수도 있다.

때때로, 최적화기는 경로를 여러 번 반복해야만 한다. 예를 들어, 죽거나 쓸모없는 코드를 제거하는 것은 컴파일러에게 있어 몇 가지 방법으로 이득이 된다. 이는 IR 프로그램의 크기를 줄일 수 있고, 이후의 경로가 처리해야 할 코드를 줄일 수 있다. 이는 몇몇 정의와 사용을 줄이고, 그

최적화와 소프트웨어 엔지니어링

구분되는 최적화기를 가지는 것이 컴파일러의 구현과 디자인을 간단하게 할 수 있다. 그러한 최적화기는 전단부를 단순하하고, 범용 코드를 생성하고 특별한 경우를 무시할 수 있다. 그런 최적화기는 후단부 또한, 프로그램의 IR 버전을 목표 기계에 맞게 매핑시키는 데 초점을 맞출 수 있게 하여, 단순화 시킨다. 최적화기 없이는, 전단부와 후단부 둘 다 반드시 코드 향상의 기회를 찾는 데 신경 써야만 하며, 그것들을 연구해야만 한다.

패스-구조의 최적화기에서, 각각의 경로는 최적화기를 보조하기 위한 변환과 분석을 포함하고 있다. 대체로, 최적화기가 수행하는 각각의 경로는 한 번만 구현 가능하다. 이는 제어의 단일 포인트를 제공하고 컴파일러 제작자로 하여금 복잡한 함수를 한 번만 구현할 수 있게 해 준다. 예를 들어, IR에서 동작을 제거하는 것은 복잡할 수 있다. 만약 제거된 동작으로 인해, 블록-끝 분기나 점프의 경우를 제외하고, 베이직 블록이 비워지게 된다면, 그 변환은 블록 또한 제거하게 되고 블록의 선행자와 그의 자식들까지 재연결해야 한다. 하나의 지역에서 이러한 기능을 유지하는 것은 구현, 이해 그리고 유지를 단순화 시킨다.

소프트웨어 공학의 측면에서, 명확한 역할의 구분이 가미된 경로 구조는 말이 된다. 이는 각각의 경로가 하나의 작업에 초점을 맞출 수 있게 해 주고 이는 명확한 작업의 구분을 가능케 한다. 다시 말하면 값 넘버링은 레지스터 압박을 무시하고 레지스터 할당은 공통 하부 표현들을 무시한다. 이는 컴파일러 제작자가 완벽하게 경로들을 독립적으로 테스트 할 수 있게 해 주고, 잘못된 고립을 단순화시켜 준다.

로 하여금 자료 흐름 분석의 결과를 더 정확하게 만들 수 있다. 마지막으로, 이는 실제적 목적의 측면에서, 주목 받지 못하는 동작의 실행을 제거함으로써 결과 코드를 향상시킨다. 앞선 두 가지 효과로 인해서, 죽은 코드 제거는 컴파일 초기에 실행되기도 한다. 마지막 효과 때문에, 죽은 코드 제거가 컴파일 후기에 실행될 수도 있다. 어떤 경로는 코드를 필요 없게 만들기도 하므로, 죽은 코드 제거는 그러한 경로들 이후에 실행될 것이다. 따라서, 컴파일러는 때때로 죽은 코드 제거를 컴파일 과정 중 여러 번 실행하기도 한다.

이 장은 변형의 선택된 집합을 제안한다. 이 장의 내용은 10.2절에 다른 장에서 제대로 다루어지지 않은 분류법의 부분에 대한 예제 최적화를, 10.3절에 변환의 분류법을 담고 있다. 개선 주제는 간단하게 네 개의 주제를 다룬다: 더 나은 결과를 위한 최적화 결합, 연산자 강도 감소, 스피드 외의 것을 고려한 목적 함수 최적화 그리고 최적화 시퀀스 선택이다.

10.2 변환을 위한 용어

최적화기를 만들기 위한 첫 번째 문제는 개념적이다. 최적화 분야는 IR 프로그램을 향상시키기 위한 백여 개의 각기 다른 알고리즘을 설명한다. 컴파일러 제작자는 반드시 이들의 부분집합 중 적용해야 할 몇 가지를 선택해야 한다. 대부분의 작자가 그들만의 변환법을 쓰는 것을 추천하기 때문에, 원본 논문을 읽는 것은 결정 과정에 거의 도움이 안 된다.

최적화 공간을 구성하기 위해서, 어떠한 변환법이 코드에서 가지는 효과에 따라서 변환법을 분류하는 단순한 분류법을 사용하였다. 그 분류법은 불가결 하며, 대체로 정확하다. 예를 들어, 몇몇 변환은 하나 이상의 효과를 가진다. 고 수준에서, 우리는 변환을 두 가지 분류로 나눌 수 있는데 기계 의존적 부분과 기계 독립적 부분이다.

*기계-독립적 변환(machine-independent transformation)*은 목표 기계의 자세한 대부분의 부분을 무시한다. 많은 경우, 변환의 이득은 세부적인 기계-의존적 부분에 달려 있는데, 그러한 변환의 구현은 그런 부분들을 무시한다. 예를 들어, local value numbering이 중복 계산을 찾아낼 때, numbering은 그 계산을 참조와 교체한다. 이는 계산을 제거하지만 레지스터 수요를 늘릴 수 있다. 만약 증가된 수요가 레지스터 할당기로 하여금 메모리에서 몇 가지 값을 스필 하게 한다면, 메모리 동작에 드는 비용이, 아마도 해당 동작을 제거하여 얻는 이득을 초과하게 될 것이다. 그러나, value numbering은, 값이 반드시 스필 되는지 아닌지를 정확하게 판단할 수 없기 때문에, 신중하게 그 효과를 무시한다.

*기계-의존 변환(machine-dependent transformation)*은 목표 기계의 세부 사항을 명확하게 고려한다. 많은 이러한 변환은, 컴파일러가 코드의 IR 형태를 목표 기계의 형태로 매핑하는 코드 생성 부분에 귀속된다. 그러나, 몇몇 기계 의존적 변환은 최적화기의 부분에 속하게 된다. (그러나 대부분의 경우는 이 장의 범위 밖이다). 변환의 예제들은, 캐시 메모리 또는 명령어 수준 병렬 계산을 수행하기 위한 부분에 대해서, 코드의 성능을 향상시키기 위한 코드 재배열을 포함한다.

이러한 두 가지 분류를 구분하는 것이 다소 인위적일지 모르나, 이는 변환을 구분화 하는 데 오랜 기간 동안 첫 번째 단계로 사용되어져 왔다.

10.2.1 기계-독립적 변환

사실, 컴파일러가 프로그램을 향상시킬 수 있는 기계-독립적 방법은 제한적이다. 우리는 그림 10.1에 나온 다섯 가지 효과에 집중할 것이다. 그것들은,

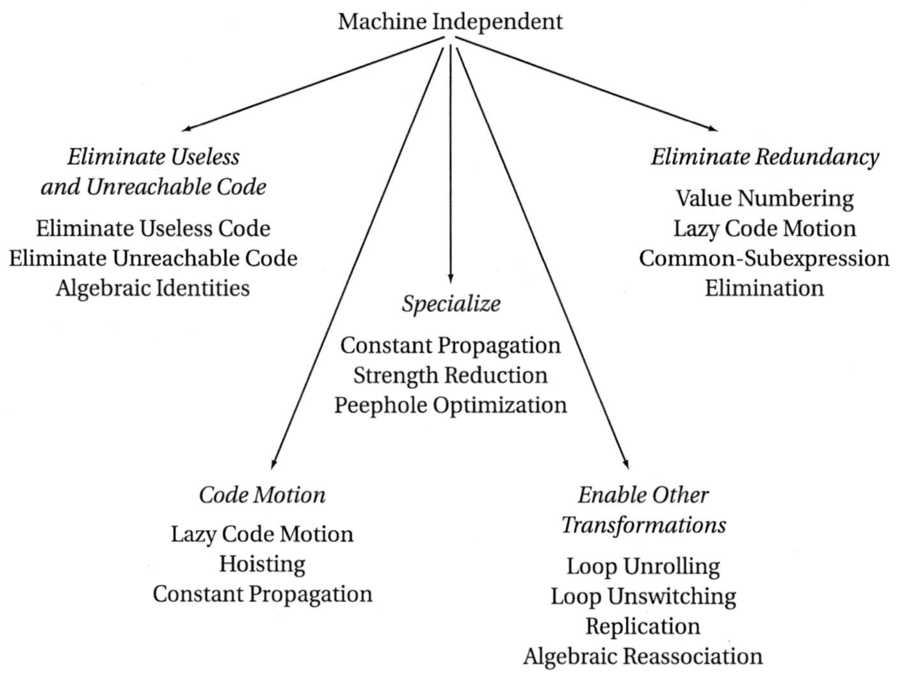

그림 10.1 기계-독립적 변환

- *쓸모없고 도달 불가능한 코드 제거* 만약 컴파일러가 어떠한 동작이 쓸모없거나 실행되지 않음을 증명할 수 있다면, 컴파일러는 이를 제거할 수 있다. 이를 위한 방법으로 몇몇 종류의 도달 불가능 코드를 찾아내고 제거하는, 쓸모없는 코드 제거 그리고 도달 불가능 코드 제거(10.3.1절), 대수적 identities 단순화의 지역 값 넘버링의 한 부분 (8.3.2절), 그리고 sparse 조건 상수 전달(10.4.1절) 등의 방법이 있다.

- *어떤 동작을 그 동작이 더 덜 실행되는 구간으로 옮기기* 만약 컴파일러가 어떤 동작이 앞으로 덜 자주 실행될 것인지를 찾아낼 수 있고 그에 대한 같은 대답을 만들어 낸다면, 컴파일러는 그 동작을 해당 위치로 이동시킬 수 있다. 이를 위한 방법으로는, 계산을 실행 타임에서 컴파일 타임으로 이동시키는, lazy 코드 이동(10.3.2절), 상수 전달(9.2.4절, 10.3.3절, 10.4.1절) 등이 있다.

- *계산의 특성화* 만약 컴파일러가 동작이 실행되어질 특정 문맥을 이해할 수 있다면, 컴파일러는 코드를 해당 문맥으로 변환시킬 수 있다. 이를 위한 방법으로 연산자 강도 감소(10.4.2절), 상수 전달(9.2.4절, 10.3.3절, 10.4.1절) 그리고 핍홀 최적화(11.4.1절) 등이 있다.

- *다른 최적화를 가능케 하기* 만약 컴파일러가 다른 변환을 위해 더 많은 기회를 제공할 수 있도록 코드를 재배열 할 수 있다면, 컴파일러는 최적화의 전체적 효율성을 증가시킬 수 있다. 이를 위한 방법으로 인라인 대체(8.7.2절), 복제(8.7.1절과 12.4.2절) 그리고 대수적 재결합(10.3.4절)등이 있다.

- *중복 계산 제거* 만약 컴파일러가 어떤 계산이 중복되었음을 증명할 수 있다면, 컴파일러는 그 계산을 이전에 계산되었던 값의 참조로 대체할 수 있다. 이를 위한 방법으로, local value numbering(8.3.2절), superlocal-value-numbering(8.5.1절), 우위자 기반 value numbering(8.5.2절) 그리고 전역 공통-하부표현 제거(global-redundancy-elimination, 8.6절) 등이 있다.

우리는 이미 이러한 분류의 최적화 기법들을 보아 왔다. 10.3절은 이러한 분류의 기계-독립적 부분을 각각의 분류에 대해서, 8장에서 이미 충분히 다루어진 중복 제거를 제외한, 추가적 최적화를 소개하는 것으로 이루어진다.

몇몇 기술은 몇 가지 분류를 같이 포함한다. Lazy 코드 이동은 코드 이동과 중복 제거 모두 구현된 효과를 가진다. 상수 전달은 코드 이동의 한 종류-작업들을 실행 시간에서 컴파일 시간으로 이동시키는- 와 특성화가 함께 구현된 효과를 갖는다. 최소한 한 가지 형태(10.4.1절)에서, 그것은 특정한 종류의 도달 불가능한 코드를 찾아내고 제거한다.

10.2.2 기계-종속적 변환

기계 종속적 변환에서, 컴파일러가 구현할 수 있는 효과는 더 제한적이다. 컴파일러가 할 수 있는 것은 특정한 하드웨어 기능의 장점을 활용한다.

1. *특별한 하드웨어로부터 이득* 때때로, 프로세서 구조는 프로그램 실행을 도와줄 것이라 생각되는 부분들을 포함한다. 그러한 부분들은, 캐시 계층 구조를 통과함으로써 로드 동작을 수행하는 것, 분기-예상 하드웨어가 그 결과를 추적하지 않음을 보여 주는 분기 동작 또는 보조적인 프리페치 동작과 같은, 특성화된 동작을 포함한다. 만약 컴파일러가 이러한 부분들을 제대로 활용할 수 있게 된다면, 프로그램 수행을 빠르게 할 수 있다. 이러한 부분들을 활용할 수 있을지에 대한 여부를 파악하는 것은 때로 추가적인 작업이 필요하다. 컴파일러 제작자는 최적화기에 새로운 변환을 추가하든지, 더 복잡한 명령어 선택 과정을 사용해야 한다. 몇 가지 이러한 작업은 11장에 자세하게 소개된, 명령어 선택의 범주에 깊이 관여한다.

2. *대기 시간을 관리하거나 숨기기* 몇몇 경우에, 컴파일러는 어떠한 동작의 대기 시간을 감추기 위해서 최종 코드를 배열할 수 있다. 예를 들어, 10 또는 100번의 사이클을 가지는 메모리 동작이 존재할 수 있다. 만약 목표 기계가 프리페치 동작이나 non-blocking 로딩을 지원한다면, 컴파일러는 메모리 동작의 대기 시간을 감추기 위해 명령어 실행 스케줄을 조정할 수 있게 된다. 루프나 중첩 루프의 반복 순서를 재배열하거나, 메모리로의 값 패킹을 바꾸는 것은 실행-시간에 캐시 로컬리티를 향상시키고 캐시에서 미스되는 메모리 동작의 수를 감소시킴으로써 대기 시간을 관리하는 데 도움을 준다. 12장에서 자세하게 다루어질 명령어 스케줄링은, 이러한 몇몇 문제에 초점을 맞추고 있다. 그렇지만 컴파일러 제작자는 이러한 문제들에 직접적으로 접근할 수 있는 변환법을 추가할 필요가 있을지 모른다.

3. *제한된 기계 자원을 관리하기* 컴파일에 있어서 또 다른 복잡도의 요인은 목표 기계가 레지스터, 기능 요소, 캐시 메모리 그리고 메인 메모리와 같이 제한된 자원을 가지고 있는 데 있다. 컴파일러는 기계가 제공할 수 있는 제한된 자원에 맞추어 계산 과정을 분배할 필요가 있고, 계산 과정이 주어진 자원보다 더 많은 자원을 필요로 하는 경우, 컴파일러는 반드시 그 계산이 필요로 하는 자원의 양을 줄일 수 있도록 코드를 재기록 해야 한다. 예를 들어, 계산 값을 목표 기계의 레지스터 집합에 분배하는 레지스터 할당을 들 수 있겠다. 이는 13장에서 자세히 소개되었다.

그림 10.2는 지금의 분류법에 따른 기계-종속적 부분을 보여 준다. 각각의 이러한 효과들의 예는, 분리된 장의 소주제이기 때문에 이 장에서는 생략하였다.

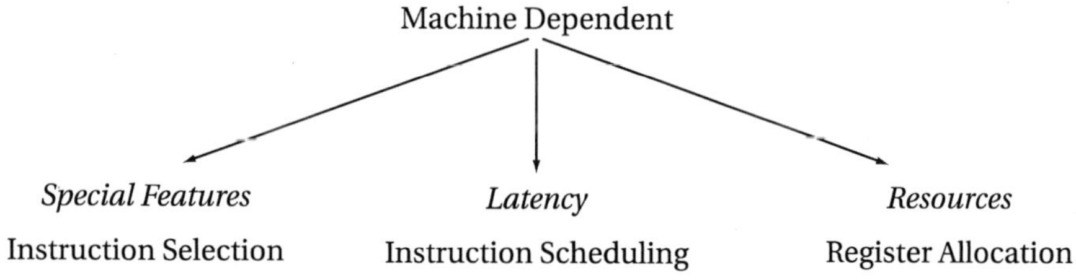

그림 10.2 기계-종속적 변환

10.3 최적화의 예제

이번 절에서는 기계-종속적 변환으로 우리가 정의했었던 다섯 가지 분류 중 네 가지의 추가적인 최적화 기법을 설명한다. 각각은 스칼라 단일 프로세서 기계의 성능을 향상시킬 목적으로 설계되었다. 최적화에 관한 부분은 포괄적이기 보다는 명백히 실례를 보여 주는 방식으로 쓰여졌다. 그러나, 각각의 변환은 특정한 효과를, 해당 효과의 기계-종속적 변환의 분류를 사용하여 어떻게 달성할 수 있는지에 대한 좋은 예제가 될 것이다.

10.3.1 쓸모없고 도달 불가능한 코드 제거

때때로, 외부적으로 전혀 아무런 영향을 지니지 않는 코드가 프로그램 내에 존재할 수 있다. 만약 컴파일러가 주어진 동작이 이러한 속성을 가지고 있음을 증명한다면, 컴파일러는 이를 프로그램에서 제거할 수 있다. 일반적으로, 프로그래머는 의도적으로 이러한 코드를 만들지 않으려고 노력한다. 그러나, 이러한 코드는 대부분 컴파일러의 직접적인 최적화의 결과로, 때로는 컴파일러의 전단부에서 매크로 확장의 결과로 나타난다.

두 개의 개별적인 효과는 삭제 가능한 동작을 만들어 낸다. 이러한 동작은 이 결과를 사용하지 않거나, 이러한 결과의 어떠한 사용도 외부적으로는 드러나지 않는다는 것이다. 이러한 동작을 *dead* 또는 *useless* 되었다고 한다. 이러한 동작은 또한 *실행불가능(unreachable)*일 수 있다. 다시 말해, 어떠한 정당한 제어 흐름 경로도 이 동작을 포함하지 않는다는 뜻이다. 만약 계산이 앞서 말한 두 가지 경우에 포함된다면, 이는 삭제 가능하다.

쓸모없거나 실행 불가능한 코드를 삭제하는 것은 더 작은 IR 프로그램을 만들어 낸다. 이는 더 작은 실행 프로그램을 만들어 내고 나아가 더 빠른 컴파일을 이루어 낸다. 이를 통해 코드를 향상시키는 컴파일러의 능력을 더 증가시킬 수 있다. 예를 들어, 실행 불가능한 코드는 정적 분석의 결과로 나타나고 몇몇 변환의 응용을 방지할 수 있다. 이 경우, 실행 불가능한 블록을 삭제하는 것은 분석 결과를 바꿀 수 있고 그 이상의 변환도 가능케 해 준다(예를 들어, 10.4.1절에 나온 sparse 조건부 상수 전달을 들 수 있다.).

몇몇 중복 제거 형태 또한 쓸모없는 코드를 제거할 수 있다. 예를 들어, 지역 값 넘버링은 코드를 단순화 하기 위해서 대수적 속성을 적용한다. 예를 들어 $x + 0 \Rightarrow x$, $y \times 1 \Rightarrow y$, 그리고 $(z, z) \Rightarrow z$와 같은 것들이다. 쓸모없는 동작을 제거하는 각각의 경우들은 정의에 따르면, 해당 동작이 제거된다고 하더라도 프로그램의 외부적으로 보여지는 동작에는 원래의 동작과 다른 점이 없다.

이번 절의 알고리즘들은 CFG를 수정한다. 따라서, 그들은 분기(cbr)를 점프(jump)로부터 분리해 낸다. 이 구분에 대해 집중하는 것이 독자들이 해당 알고리즘을 이해하는 데 도움이 될 것이다.

불필요한 코드의 제거

쓸모없는 코드를 제거하는 전통적 알고리즘은 mark-sweep 쓰레기 콜렉터(6.7.3절)의 동작을 따른다. Mark-sweep 콜렉터와 마찬가지로 해당 알고리즘은 코드에서 두 가지 작업을 수행한다. 첫 번째 작업은 모든 표시된 영역을 삭제하고 "*임계(critical)*" 동작을 체크하는 것에서 시작된다. *임계* 동작이라는 것은, 함수의 반환 값 집합, 입/출력 구문 또는 외부 함수에서 접근 가능할 수 있는 저장 공간 위치에 영향을 주는 값일 경우를 뜻한다. 이는 참조에 의한 호출 파라미터, 알려지지 않은 포인터 할당 또는 실제 리턴 구문 등을 포함한 몇 가지 방법에 의해 발생 가능하다. 임계 동작의 예로, 함수의 입구와 출구 블록 그리고 다른 함수의 호출 등을 들 수 있다. 다음으로, 해당 알고리즘은 임계 동작의 피연산자들을 그들의 정의에서부터 추적하고 그러한 동작들을 유용하다고 표시한다. 이러한 과정은 간단한 작업 목록 반복 기법에 의해서 더 이상의 동작이 유용하다고 표시될 수 없을 때까지 계속된다. 두 번째 경로는 코드를 순회하고 유용하다고 표시되어지지 않은 코드를 삭제한다.

그림 10.3은 앞서 말한 아이디어를 명확하게 보여 준다. 해당 알고리즘(우리가 Dead라고 부르는)은 코드가 SSA 형태로 되어 있다고 가정한다. 이는 각각의 use가 단일 정의를 사용하는 것이기 때문에 해당 과정을 단순화 시킨다. *Dead*는 두 가지 단계로 구성된다. 첫째는, 유용한 동작 집합을 찾아내는, *MarkPass*라는 것이다. 둘째는 쓸모없는 동작을 제거하는 *SweepPass*라는 것이다. *MarkPass*는 이 절 후반부에 소개할 역방향 우위자에 종속적이다.

분기나 점프와는 성격이 다른 동작에 대한 처리는 직관적이다. 표시 과정은 동작이 유용한지 아닌지를 판단한다. 청소 과정은 아직까지 유용하다고 판단되어지지 않은 동작을 제거한다.

제어 흐름 동작에 대한 처리는 더 복잡하다. 모든 점프는 유용하다고 간주한다. 분기는 유용한 동작이 해당 분기의 존재에 종속적이어야 유용하다고 간주한다. 표시 과정이 유용한 동작을 찾아내면, 이는 또한 그에 맞는 분기도 유용하다고 판단한다. 표시된 동작에서 해당 동작을 유용하게 만드는 분기를 매핑 하기 위해서, 해당 알고리즘은 *제어 종속(control dependence)*의 개념을 사용한다.

제어 종속의 정의는 후위 우위자에 관련되어 있다. CFG에서 노드 j가 노드 i로부터, i를 거치는 CFG의 출구 노드에 이르기까지, i를 지배하고 있다. 후위 우위자를 사용하면, 우리는 다음과 같이 제어 종속을 정의할 수 있다: CFG에서 노드 j는 노드 i에서 다음과 같은 경우 제어 종속이다.

```
Dead( )
  MarkPass( )
  SweepPass( )

SweepPass( )
  for each operation i
    if i is unmarked then
      if i is a branch then
        rewrite i with a jump
          to i's nearest marked
          postdominator
      if i is not a jump then
        delete i

MarkPass( )
  WorkList ← ∅
  for each operation i
    clear i's mark
    if i is critical then
      mark operation i
      WorkList ← WorkList ∪ {i}
  while (WorkList ≠ ∅)
    remove i from WorkList
      (assume i is x ← y op z)
    if def(y) is not marked then
      mark def(y)
      WorkList ← WorkList ∪ {def(y)}
    if def(z) is not marked then
      mark def(z)
      WorkList ← WorkList ∪ {def(z)}
    for each block b ∈ RDF(block(i))
      let j be the branch that ends b
      if j is unmarked then
        mark j
        WorkList ← WorkList ∪ {j}
```

그림 10.3 불필요한 코드의 제거

1. *j*가 *i*이후의 모든 경로에 있는 노드를 후위 지배하고, *i*로부터 *j*에 이르는 null이 아닌 경로가 존재한다. 실행이 이 경로에 들어오게 되면, 이는 반드시 *j*를 지나 CFG의 출구로 이르게 된다(후위 우위자의 정의에 따라서). 그리고,

2. *j*는 엄격하게 *i*를 후위 지배하지 않는다. *i*를 떠나는 다른 엣지와 제어은 *j*로 가는 경로에 있는 노드를 거치지 않을 수 있다. *j*를 지나지 않은 채로 CFG의 출구에 이르도록 하는 시작 엣지가 반드시 존재한다.

다시 말해, 블록 *i*를 떠나는 두 개 이상의 엣지가 있다는 것이다. 하나의 엣지는 *j*로 향하고, 다른 나머지는 그렇지 않다. 따라서, *j*가 실행되는지 아닌지를 결정하는 것은 분기 종료 블록 *i*에서 이루어진다. 만약 *j*에 있는 동작이 유용하다면, 분기 종료 *i* 또한 유용하다.

제어 종속의 이러한 개념은 RDF(*j*)라고 표현되는, *j*의 *역방향 우위 선구자(reverse dominance frontier)*에 의해 중요하게 다루어진다. 역방향 우위 선구자는 역방향 CFG에서 계산된 우위 선구자이다. *MarkPass*가 동작을 유용하다고 표시하면, 이는 유용한 동작을 포함하는 블록의 역방향 우위 선구자를 모두 순회하고 그의 블록 종료 분기를 유용하다고 표시한다. 이러

한 분기들을 표시하면서, 그들을 또한 작업 목록에 추가한다.

*SweepPass*는 표시되지 않은 모든 분기를, 표시된 동작을 포함하는 그 분기의 첫 번째 후위 우위자에 대한 점프로 교체한다. 만약 분기가 표시되어 있지 않다면, 분기의 즉시 후위 우위자로 내려가는, 분기의 상속자는 유용한 동작을 가지고 있지 않는다. (다른 경우, 그러한 동작들이 표시되어져 있을 경우, 분기는 표시되어졌을 것이다.) 비슷한 인자는 즉시 후위 우위자가 표시된 동작을 가지지 않을 경우에 적용된다. 가장 가까운 유용한 후위 우위자를 찾기 위해서, 해당 알고리즘은 유용한 동작을 가지는 블록을 찾을 때까지 후위 우위자 트리를 윗 방향으로 순회할 수 있다. 따라서, 정의에 따르면, 출구 블록은 유용하기 때문에, 앞서 말한 검색은 반드시 종료되게 되어 있다.

*Dead*가 실행된 이후, 코드는 더 이상의 쓸모없는 코드를 가지지 않는다. 해당 코드는 다음 알고리즘에 의해서 제거될 수 있는 빈 블록을 가질 수는 있다.

쓸모없는 제어 흐름 제거하기

최적화는 프로그램의 IR 형태를 해당 프로그램이 쓸모없는 제어 흐름을 가지지 않도록 변화시킬 수 있다. 만약 컴파일러가 쓸모없는 제어 흐름을 부작용의 하나로 생성할 수 있다면, 컴파일러는 반드시 쓸모없는 제어 흐름을 제거하여 CFG를 단순화시킬 수 있는 작업을 포함시켜야 한다. 이 절에서는 이 문제를 해결하기 위해서 *Clean*이라 불리는, 간단한 알고리즘을 소개한다.

그림 10.4에 나온 것처럼, *Clean*은 CFG에서 네 개의 변환을 사용한다. 그들은 다음과 같은 순서로 적용된다:

1. *중복 분기를 축약* 만약 *Clean*이 분기에서 종료되는 블록을 발견하고, 분기 목적의 양 사이드가 같은 블록일 경우, 해당 알고리즘은 해당 분기를 목적 블록으로의 점프로 교체해야 한다. 이 상황은 다른 단순화의 결과로 야기된다. 예를 들어, B_i는 B_j로 가는 점프를 가지는 두 개의 상속자를 가질 수 있다. 만약 다른 변환이 그러한 블록에서 존재하는 모든 계산을 삭제해 버린다면, 비어 있는 블록을 삭제하는 것이, 그림 10.4의 Part(1)에 나오는 초기 그래프를 만들 가능성이 있다.

2. *빈 블록의 제거* 만약 *Clean*이 오직 점프만을 수행하는 불록을 발견하면, 그 부록의 후의자로 블록을 합칠 수 있다. 이러한 상환은 다른 패스들이 불록 B_i로부터 다른 동작들을 모두 삭제하였기 때문이다. 그림 10.4(2)의 초기 그래프를 고려해 보자. 만약 B_i가 단 하나의 후위자를 갖는다면 B_i로 들어가는 엣지를 B_j로 재설정할 수 있다. 그리고 B_j의 전위자로부터 B_i를 삭제할 수 있다. 이것은 그래프를 간단하게 만든다. 또한 성능은 향상시킬수 있다.

3. *블록의 통합* 만약 *Clean*이 오직 하나만의 상속자를 가지는 B_j로의 점프에서 종료되는 블록 B_i를 발견할 경우, 두 블록을 통합할 수 있다. 이런 상황은 몇 가지 경우에 발생한다. 다른 변환은 B_j나 B_i에 들어갔던 다른 엣지를 제거할 수 있고 B_j는 중복 분기를 접은 결과물이 될 수 있다 (이전에 자세히 설명하였다.). 둘 중 하나의 경우, 두 블록은 하나의 단일 블록으로 통합될 수 있다. 이는 B_i의 끝에 있는 점프를 제거한다.

4. *분기를 이동* 만약 *Clean*이 분기로 종료되는 비어 있는 블록 B_j로 향하는 점프와 같이 종료되는 블록 B_i를 발견하였을 경우, *Clean*은 B_i에 있는 블록 종료 점프를 B_j에서 온 분기의 복사본으로 교체할 수 있다. 결과적으로, 이는 해당 분기를 B_i 안으로 이동시킨다. 이 상황은 B_j 내에 있는, 분기로 향하는 점프를 떠나는 동작을 다른 작업이 제거했을 경우 발생한다. 변환된 코드는 단지 분기와 같이 있는 것과 같은 효과를 가진다. 이는 CFG에 엣지를 추가한다. B_i는 비어질 수 없음 또는 그렇지 않은 경우 비어 있는 블록 제거 과정이 이미 그것을 제거했을 수 있음을 주목하라. 비슷하게, B_i는 B_j의 단일 선행자가 될 수 없거나, 그렇지 않은 경우 *Clean*은 두 블록을 통합할 수도 있다. (분기 이동 이후, B_j는 여전히 최소한 하나의 선행자를 가지고 있다.)

이러한 변환을 구현하기 위해 공부해야 할 것들이 있다. 몇몇 수정 작업은 사소한 일이다. ILOC와 그래픽화 된 CFG로 표현된 프로그램에서 중복 분기를 접기 위해, *Clean*은 간단하게 블록 종료 분기를 점프와 같이 덮어씌우고, 블록의 상속자와 선행자 목록을 조정한다. 다른 일은 더

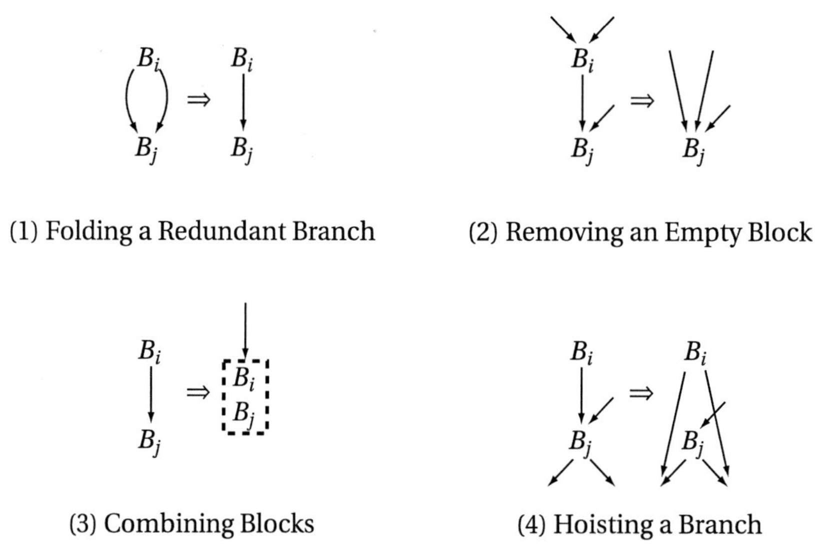

그림 10.4 Clean에서 사용되는 변환들

어렵다. 두 개의 블록을 합하는 것은 합해질 블록에 대한 공간 할당, 새로운 블록으로의 동작 복사, 새로운 블록 그리고 CFG 내 그 이웃의 선행자와 상속자 목록 조정 그리고 원래 블록 두 가지를 버리는 것 등을 포함한다.

*Clean*은 이러한 네 가지 변환을 시스템 관점에서 적용한다. 이는 그래프를 후위로 순회하여, B_i의 상속자가, 후위 순서 넘버링에 관련되는 백 엣지에 놓여져 있지 않을 경우, B_i의 상속자가 B_i 이전에 단순화 되도록 한다. 그러한 경우, *Clean*은 상속자 이전에 선행자를 방문하게 된다. 사이클릭 그래프에서 이러한 상황은 피할 수가 없다. 선행자 이전에 상속자를 단순화하는 것은, 구현 작업이 몇몇 엣지를 반드시 움직이는 횟수를 줄인다.

몇몇 경우, 하나 이상의 변환 작업이 적용된다. 다양한 경우에 대한 신중한 분석은 그림 10.5에 나온 순서와 같다. 해당 알고리즘은, 블록에 대한 단일 방문에서 여러 번의 변환을 적용할 수 있도록 하기 위해, *if-then-else* 보다는 연속적인 *if*문을 사용하였다.

만약 CFG가 백 엣지를 포함하고 있는 경우, *Clean*의 경로는 추가적인 기회를 만들어 낼 수 있다. 더 자세히 말하면, 백 엣지를 따라 존재하는 처리되지 않은 상속자들이다. 이것들은 순서대로 다른 기회를 만들어 낼 수 있다. 이런 이유에서, *Clean*은 CFG의 변화가 끝날 때까지, 변환 작업을 반복한다. 각각의 경로 작업들이 놓여 있는 그래프를 변화시키기 때문에, 이는 *OnePass*에 대한 호출들 사이에서 새로운 후위 넘버링을 계산한다. 그림 10.5는 *Clean*의 의사코드를 보여준다.

*Clean*은 발생 가능한 모든 경우를 가정하지 않는다. 예를 들어, 이 알고리즘은 스스로 비어

```
OnePass( )
  for each block i, in postorder
     if i ends in a conditional branch then
        if both targets are identical then
          replace the branch with a jump
     if i ends in a jump to j then
        if i is empty then
          replace transfers to i with transfers to j
        if j has only one predecessor then
          coalesce i and j
        if j is empty and ends in a conditional branch then
          overwrite i's jump with a copy of j's branch

Clean( )
  while the CFG keeps changing
     compute postorder
     OnePass( )
```

그림 10.5 Clean을 위한 알고리즘

있는 루프를 제거할 수 없다. 그림 10.6(a)에 나온 CFG를 보자. B_2가 비어있다고 가정한다. *Clean*의 어떠한 변환도 그 블록을 제거할 수 없다. B_2에서 종료되는 분기는 중복이 아니다. B_2는 점프로 끝나지 않기 때문에, *Clean*은 이를 B_3와 결합할 수도 없다. B_2의 선행자는 점프보다는 분기로 종료되기 때문에, *Clean*은 B_2를 B_1과 결합할 수도 없고, 그의 분기를 B_1에 접을 수도 없다.

그러나, *Clean*과 *Dead*의 공동 작업은 비어 있는 루프를 제거할 수 있다. *Dead*는 유용한 분기를 결정하기 위해 제어 종속을 사용한다. 만약 B_1과 B_3가 유용한 동작을 포함하는데, B_2가 아니라면, *Dead*의 표시 작업은 $B_2 \notin \text{RDF}(B_3)$ 이기 때문에, 분기 종료 B_2를 유용하다고 표시할 수가 없다. 왜냐하면 해당 분기는 필요가 없고, 분기 조건을 계산하는 코드 또한 쓸모가 없기 때문이다. 따라서, *Dead*는 B_2의 모든 동작을 제거할 수 있고, 점프로 종료되는 분기를 가장 가까운 유용한 후위 우위자인 B_3로 교체할 수 있다. 이는 원래 루프를 제거하게 되고 그림 10.6(b)에 나온 CFG를 만든다.

이 형태에서, 그림 10.6(c)에 나온 것처럼, *Clean*은 B_2를 B_1으로 축약한다. 이는 B_1의 종료 분기를 중복된 것으로 만든다. *Clean*은 이 분기를 점프로 재기록하고 그림 10.6(d)에 있는 CFG를 만든다. 여기서, 만약 B_1이 B_3의 단일 선행자로 남게 된다면, *Clean*은 두 개의 블록을 하나의 블록으로 만든다.

이러한 공동 작업은 *Clean*에 빈 블록을 다룰 수 있는 다른 변환을 추가하는 것에 비해 더 단순하고 효과적이다. 다른 변환은 B_i에 대해서, B_i로부터 그 자신에 이르는 분기를 인식하고, 그 분기를 분기의 다른 목표로 점프와 같이 재기록 한다. 이 문제는 언제 B_i가 진정으로 비어 있는가에 놓여 있다. 만약 B_i가 분기와는 성질이 다른 어떠한 동작도 가지고 있지 않으면, 분기 조건을 계산하는 코드는 반드시 루프 바깥에 존재해야 한다. 따라서, 변환법이 안전하려면 셀프-루프가 절대 실행되어서는 안 된다. 셀프-루프의 실행 횟수에 관해 추론하려면 컴파일러의 영역 밖에

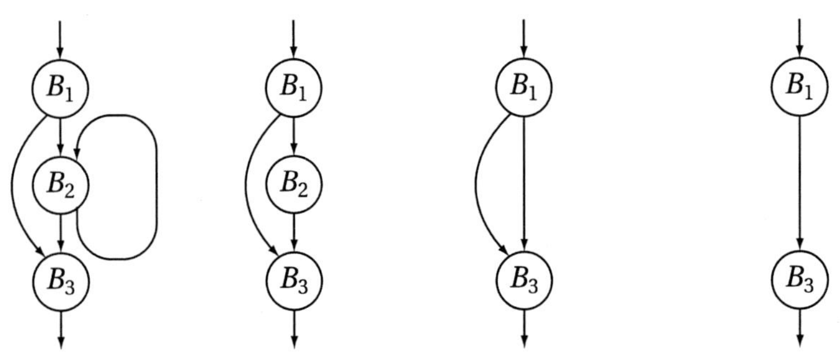

(a) Original (b) After *Dead* (c) Removing B_2 (d) Folding the Branch

그림 10.6 빈 루프의 제거

있는 비교의 실행 시간 값을 알아야만 한다. 만약 해당 블록이 분기를 조정하는 동작만을 포함한다면, 해당 변환은 패턴 매칭과 더불어 해당 상황을 인식할 수 있어야만 한다. 둘 중 하나의 경우, 이 새로운 변환법은 *Clean*에 포함된 네 가지에 비해 더 복잡하다. *Dead*와 *Clean*을 이용하는 것이 더 간단하고 모듈화 된 결과를 만들어 낼 수 있다.

실행 불가능한 코드 제거

때때로 CFG는 실행 불가능한 코드를 포함한다. 컴파일러는 그러한 블록들을 찾아서 제거해야만 한다. 블록은 두 가지 이유에서 실행 불가능하다: 해당 블록으로 갈 수 있는 CFG 내의 경로가 존재하지 않을 수 있고, 또는 그 블록으로 가는 경로가 실행 불가능 할 수 있다, 예를 들어, 특정 조건이 언제나 거짓으로 판단되는 경우가 있다.

전자의 경우는 다루기가 쉽다. 컴파일러는 CFG에서 간단한 mark-sweep 형태의 도달 가능성 분석을 행할 수 있다. 시작점에서 시작해서, 해당 알고리즘은 CFG 내의 모든 도달 가능한 노드를 표시한다. 만약 모든 분기와 점프가 분명하다면, 모든 표시되지 않은 블록은 제거될 수 있다. 모호한 분기나 점프가 존재할 경우, 컴파일러는 반드시 그러한 분기나 점프에 의해서 도달 가능한 주소를 가진 어떠한 블록이라도 반드시 보존해야 한다. 만약 소스 언어가 포인터나 라벨에 대한 수식 계산을 수행할 능력을 가지고 있다면 모든 블록은 보존되어야 한다. 다른 경우, 컴파일러는 라벨이 참조되어진 블록들에 대해 보존되어질 집합을 제한할 수 있어야 한다. 이러한 분석은 간단하고 비용도 적다. 이는 다른 목적에 의해 CFG를 순회하는 도중이나 CFG를 생성하는 동안에 이루어질 수 있다.

두 번째 경우를 다루는 것은 조금 어렵다. 이는 컴파일러가 분기를 조정하는 표현의 값을 추론해야 한다. 10.4.1절은 특정 블록을 도달케 하는 경로가 실행되지 않아서, 해당 블록이 실행 불가능한 경우를 찾는 알고리즘을 소개하고 있다.

코드 이동

계산을 원래 위치에 있을 때보다 덜 실행되도록 다른 위치로 옮기는 것은 실행되는 프로그램의 전체 카운트를 줄일 수 있다. 이 절에 소개된, 실행 속도를 향상시키기 위해 코드 이동을 사용한 첫 번째 변환법은 *lazy 코드 이동*이다. 루프가 그를 둘러싸고 있는 코드보다 더 많은 횟수를 실행하는 경향이 있기 때문에, 이 분야의 많은 작업은 루프에 무관한 표현들을 루프 바깥으로 옮기는 데 초점을 맞추고 있다. Lazy 코드 이동은 루프 무관한 코드 이동을 수행한다. 이는 가능한 표현 문제에서 원래 공식화 되었던 개념을 전부 다가 아닌 몇몇 경로에서 중복되는 동작을 포함하는 방향으로 확장한다. 이는 해당 동작이 모든 경로에서 중복되도록 하는 코드를 삽입하고 새로 생긴 중복 표현을 삭제한다.

그러나, 어떤 컴파일러에서는 다른 방법으로 최적화를 한다. 만약 컴파일러가 실행 코드 크기를 줄이는 데 집중할 경우, 컴파일러는 특정 동작의 복사본을 줄이기 위한 코드 이동을 하려고 할 것이다. 두 번째 변환법은 이 장에서 *코드 이동(hoisting)*이라고 소개된, 명령어들의 복사본을 줄이기 위한 코드 이동이다. 이는 프로그램에 의해서 계산되는 값들을 변화시키지 않은 채, 같은 동작의 몇 가지 복사본을 중복되게 만드는 동작을 삽입하는 경우를 발견한다.

Lazy 코드 이동

Lazy 코드 이동(Lazy Code Motion, LCM)은 코드 이동의 후보가 되는 동작과 그러한 동작들이 위치할 수 있는 곳을 찾는 동작, 이런 두 가지 동작을 모두 찾아낼 수 있는 자료 흐름 분석을 사용한다. 해당 알고리즘은 SSA 형태보다는, 프로그램의 IR 형태와 그 CFG에서 동작한다. 해당 알고리즘은 자료 흐름 방정식의 6개 집합과, 코드를 수정하는 방향과 마찬가지로 결과를 해석하는 간단한 전략으로 구성된다.

LCM은 중복 제거를 가지는 코드 이동과 부분적 중복 계산을 결합한다. 중복은 8장에 소개되었다. 계산은 p에 이르는 몇몇 경로에서 발생할 경우 p에서 부분적으로 중복이다. 그림 10.7은 표현식이 부분적으로 중복이 될 수 있는 두 가지 방법을 소개한다. 첫 번째 예에서, a ← b × c는 다른 경로가 아닌 병합 지점으로 향하는 하나의 경로에서 발생한다. 두 번째 계산이 중복되도록 하기 위해서, LCM은 다른 경로에 a ← b × c의 값을 삽입한다. 두 번째 예에서, a ← b × c는 루프를 진입하는 엣지를 따라서가 아닌 루프의 백 엣지를 따라서 중복된다. 루프 이전에 a ← b × c의 값을 넣는 것은 루프 내에 등장하는 식을 중복되게 만든다. 루프-독립 계산을 중복으로 만들고 제거하는 것을 통해서, LCM은 해당 식을 루프 밖으로 이동시킨다.

이를 완성시키기 위해서, 최적화기는 연속적인 자료 흐름 문제를 해결해야 한다. 그것은 8.6절에 나온 것과 비슷한 전방 자료 흐름 문제인, *이용 가능성(availability)*에 대한 정보를 계산하고, 뒷방향 자료 흐름 문제로 풀릴 수 있는, 관계가 있는 개념인 *기대성(anticipability)*에 대해 계산한다. 다음 단계는 이러한 분석법들의 결과를 *가장 빠른 배치(earliest placement)* 계산에 사용하는 것이다. 이는 각각의 엣지에 대해서, 이 엣지가 정당하게 위치해 있고, 그래프 내에서 더 일찍 위치할 수 없음을 설명하는, 표현식의 집합을 말한다. 해당 알고리즘은 그 다음 가능한 *추후 배치(later placements)*를 찾는다. 이는 CFG 내에서 표현식을 전방으로 옮기는 것이나 또는 가장 빠른 배치(earliest replacement)에서 실행시간에 이후에 옮기는 것이 earliest replacement에 옮기는 것과 같은 효과를 냄을 말한다. 마지막으로, 해당 엣지를 따라 어떤 표현식이 삽입되어야 하는지를 규정하는 각각의 엣지에 대한 *삽입 집합(insertion set)*과 대응되는 블록으로부터 제거되어야 할 표현식을 포함한 노드에 대한 *제거 집합(deletion set)*을 계산한다.

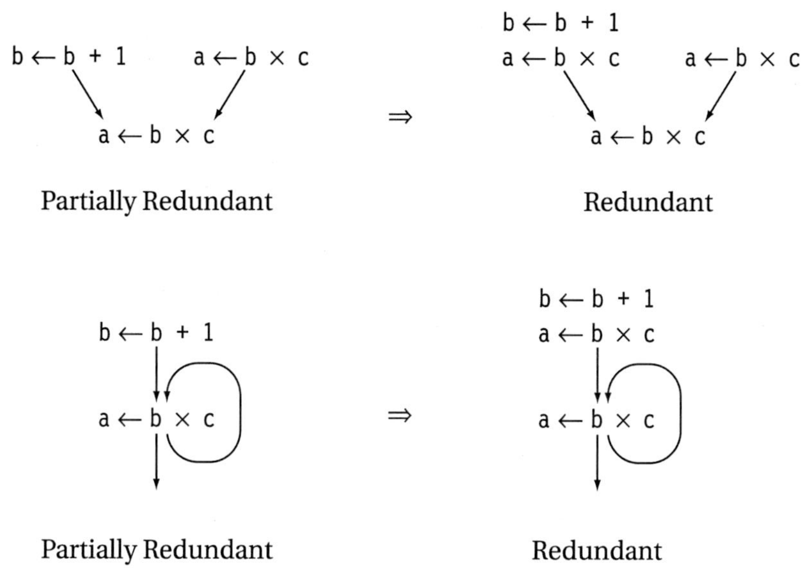

그림 10.7 부분 중복에서 중복으로의 전환

간단한 follow-on 작업이 삽입과 제거 집합을 설명하고 IR을 재구성 한다.

배경 자료 흐름 방정식을 푸는 첫 번째 단계는 각각의 블록에 대해 지역 속성을 계산하는 것이다. LCM은 세 가지 종류의 지역 정보를 사용한다.

1. DEEXPR(b)은 아래 방향으로 노출되는, 블록 b 내 표현식 e의 집합이다. 만약 $e \in$ DEEXPR(b)이면, 블록 b의 끝에서 e의 값을 구하는 것은 그의 원래 위치에서 값을 구하는 것과 같은 결과를 낳는다.

2. UEEXPR(b)은 블록 b 내에서, 윗 방향으로 노출되는 표현식 e의 집합이다. 만약 $e \in$ UEEXPR(b)라면 블록 b의 시작점에서 e의 값을 계산한 결과는 그의 원래 위치에서 계산한 값과 같다.

3. EXPRKILL(b)은 블록 b에서 죽는 표현식 e의 집합이다. 만약 $e \in$ EXPRKILL(b), b라면, b는 e의 하나 이상의 피연산자를 재정의 하는 과정을 가지고 있다. 그 결과, b의 시작점에서 e의 값을 계산 하는 것은 b의 끝에서 계산하는 것과 다른 값을 가질 수도 있다.

우리는 이 모든 집합을 다른 자료 흐름 문제에서 다루었었다.

LCM에 사용되는 방정식들은 코드의 형태에 대한 몇 가지 암묵적인 가정을 담고 있다. 가정하기를, 글자 그대로 동일한 표현식은 항상 같은 이름을 정의한다고 본다. 이러한 표현식은 무한한 이름 집합을 제공하는데 각각에 대한 이름은 글자 그대로 볼 때 각기 다른 표현식이다. (이는 5.6.1에 설명된 레지스터 이름 정하기 규칙 중 하나이다.). r_k의 모든 정의는 $r_i + r_j$로부터 나오고 다른 어떤 표현식도 r_k를 정의하지 않기 때문에, 최적화기는 $r_i + r_j$의 정의를 일일이 찾을 이유도 없고 결과를 이후에 재사용하기 위해서 임시 저장소에 복사본을 넣을 필요도 없다. 대신 최적화기는 r_k를 단순하게 사용할 수 있다.

LCM은 표현식을 이동할 뿐 할당문을 이동하지는 않는다. 글자 그대로 동일한 표현식이 같은 가상 레지스터를 정의한다는 것은 프로그램 변수가 레지스터 대 레지스터 복사 동작에 의해서 설정됨을 의미한다. 그림 10.8에 나와 있는 코드는 이 속성을 보여 준다. 이름 공간을 변수와 표현식으로 나눔으로써, 우리는 표현식에 대한 LCM의 영역을 한정시킬 수 있다. 그 예에서, 변수들은 r_2, r_4, and r_8이며 각각은 복사 동작에 의해 정의되었다. 다른 모든 이름들, r_1, r_3, r_5, r_6, r_7, r_{20}, 그리고 r_{21}는 표현식들을 나타낸다. 다음 표는 예제에 있는 블록들의 지역 정보를 보여 준다.

	B_1	B_2	B_3
DEEXPR	$\{r_1, r_3, r_5\}$	$\{r_7, r_{20}, r_{21}\}$	…
UEEXPR	$\{r_1, r_3\}$	$\{r_6, r_{20}, r_{21}\}$	…
EXPRKILL	$\{r_5, r_6, r_7\}$	$\{r_5, r_6, r_7\}$	…

이용가능한 표현식들 CCM의 첫 번째 단계는 가능한 표현식을 계산하는 것이다.

$$\text{AVAILIN}(n) = \bigcap_{m \in preds(n)} \text{AVAILOUT}(m), \quad n \neq n_0$$

$$\text{AVAILOUT}(m) = \text{DEEXPR}(m) \cup (\text{AVAILIN}(m) \cap \overline{\text{EXPRKILL}(m)})$$

위 방정식의 형태는 8.6절에 나왔던 것과는 약간 다르다. 이 형태에서, 방정식은 각각의 블록 엔트리에 대한 각기 다른 집합 AVAILIN을 계산하고 해당 블록의 출구인 AVAILOUT을 계산한다. 8.6에 나와있는 AVAIL 집합은 여기에 나온 AVAILIN 집합과 동일하다. AVAILOUT 집합은 블록의 블록 상속자의 AVAILIN 집합들에 대한 기여도를 나타낸다. 해답은 반드시 AVAILIN(n_0)를 ϕ으로 그리고 남은 AVAILIN과 AVAILOUT 집합은 해당 함수 내의 모든 표현식의 집합을 갖도록 초기화해야 한다.

그림 10.8에 나온 예를 보면, 이용 가능성에 대한 방정식은 다음과 같은 결과를 낳음을 알 수 있다.

```
B1: loadI  1        ⇒ r1
    i2i    r1       ⇒ r2
    loadAI r0,@m    ⇒ r3
    i2i    r3       ⇒ r4
    cmp_LT r2,r4    ⇒ r5
    cbr    r5       → B2,B3
B2: mult   r17,r18  ⇒ r20
    add    r19,r20  ⇒ r21
    i2i    r21      ⇒ r8
    addI   r2,1     ⇒ r6
    i2i    r6       ⇒ r2
    cmp_GT r2,r4    ⇒ r7
    cbr    r7       → B3,B2
B3: ...
```

A Simple Loop

$$\left\{ \begin{array}{c} r_1, r_3, r_5, r_6, \\ r_7, r_{20}, r_{21} \end{array} \right\}$$

Set of Expressions

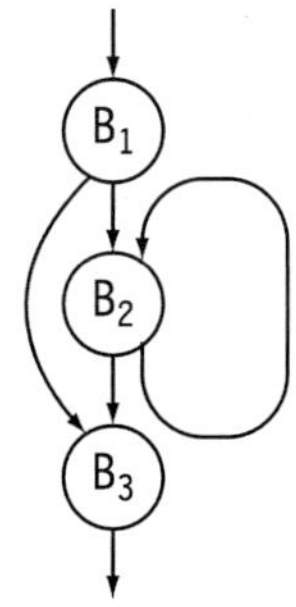

Its CFG

그림 10.8 LCM의 예제

	B_1	B_2	B_3
AVAILIN	$\emptyset$	$\{r_1,r_3\}$	$\{r_1,r_3\}$
AVAILOUT	$\{r_1,r_3,r_5\}$	$\{r_1,r_3,r_7,r_{20},r_{21}\}$	...

전역 중복 제거에서, 우리는 $x \in$ AVAILIN(b)가 의미하는 것을 다음과 같이 정의하였다. n_0에서 b로 가는 모든 경로를 따라서, x는 계산되어지고, 그의 어떠한 피연산자도 x가 계산되어지는 지점과 b 사이에서 절대로 재정의 되지 않는다. LCM을 이해하는 데 도움이 되는, 대체적인 관점에서 보면, $x \in$ AVAILIN(b)는 오직, 컴파일러가 x의 값을 b의 입구에 위치시킬 수 있고, n_0에서 b로 향하는 임의의 모든 제어 흐름에서, 가장 최근에 구해진 값을 통해 결과를 얻어낼 수 있을 때만 가능하다. 이러한 측면에서 볼때, AVAILIN 집합은 컴파일러에게 CFG에서 x의 모든 use를 무시한 채 x의 값을 이동시키는 것이 얼마나 어려운지를 말해준다.

기대가능한 표현식들 이용가능성은 LCM에게 CFG에서 값들을 전방 이동시키는 것에 관한 정보를 제공한다. LCM은 또한 값들을 CFG에서 후방으로 이동시키는 정보 또한 필요로 한다. 이 정보를 얻기 위해서, LCM은 *기대 가능한 표현식(anticipable expressions)*에 대한 정보를 계산한다. 다시 말해 이 표현식은 CFG에서 표현식의 현재 블록 이전에 구해진 값을 의미한다.

UEEXPR 집합은 이 개념을 지역적으로 사용한다. 만약 $e \in$ UEEXPR(b)라면 b는 e의 값을 최소한 하나 가지고 있으며 그 값은 b의 입구 이전에 정의된 피연산자를 사용한다. 따라서 $e \in$ UEEXPR(b)는 b의 입구에서 e의 값이 반드시 b에서 처음으로 계산된 e의 값과 같아야만 하고, 따라서 컴파일러는 그 첫 번째 값을 블록 b의 입구에 안전하게 이동시킬 수 있다는 것을 의미한다.

LCM을 구하기 위한 자료 흐름 방정식 집합의 두 번째는, 기대 가능성의 개념을 다중 블록의 범위까지 확장하는 것이다. 이는 후방향 자료 흐름 문제이다.

$$\text{ANTOUT}(n) = \bigcap_{m \in succ(n)} \text{ANTIN}(m), \quad n \neq n_f$$
$$\text{ANTIN}(m) = \text{UEEXPR}(m) \cup (\text{ANTOUT}(m) \cap \overline{\text{EXPRKILL}(m)})$$

LCM은 반드시 n_f에 대한 ANTOUT 집합을 ϕ으로 초기화시키고, 남아 있는 ANTIN과 ANTOUT 집합은 함수 내에서 모든 표현식의 집합을 가지도록 초기화시켜야 한다.

ANTIN과 ANTOUT은 컴파일러에게 ANTOUT(b)에 나오는 표현식의 후방 이동에 관한 정보를 제공한다. 만약 $x \in$ ANTOUT(b)라면, 컴파일러는 블록 b의 끝에 x의 계산 값을 위치시킬 수 있고, x를 떠나는 어떤 경로에 대해서도 다음 계산 값을 이전 값과 같이 유지할 수 있다.

다음의 예제에서 기대 가능한 방정식이 다음과 같은 결과를 만들어 냄을 알 수 있다:

	B_1	B_2	B_3
ANTIN	$\{r_1, r_3\}$	$\{r_{20}, r_{21}\}$	$\emptyset$
ANTOUT	$\emptyset$	$\emptyset$	$\emptyset$

가장 빠른 배치 CFG 내에서 전방 이동에 관한 정보를 인코딩 하는 이용 가능성 그리고 마찬가지 범위에서 후방 이동에 관한 정보를 인코딩 하는 기대 가능성를 가지고 컴파일러는 각각의 표현식에 대한 *가장 빠른 배치(earliest placement)*를 계산할 수 있다. 방정식을 간단하게 하기 위해서, 계산내용을 CFG의 노드보다는 엣지에 놓는 것이 더 간단하다. 이는 방정식이 블록을 선택할 필요 없이 배치를 계산할 수 있게 해 준다. 컴파일러는 어떠한 동작을, 엣지의 소스 끝에 위치시킬지, 목적지의 시작에 위치시킬지 아니면 중간 엣지 내의 새로운 블록 내에 위치시킬지에 대한 결정을 연기시키는 것이 가능하다. (9.3.5절의 임계 엣지에 대한 내용을 보라.)

CFG에서 엣지 $<i, j>$의 경우에 대해서, 표현식 e가 EARLIEST(i, j)에 속한다는 것은, 해당 계산이 EARLIEST(i, j)로 정당하게 옮겨질 수 있으며, CFG 내의 어떠한 이전 엣지로도 옮겨갈 수 없음을 의미한다. EARLIEST에 대한 방정식은 다음과 같은 조건을 가진다.

$$\text{EARLIEST}(i,j) = \text{ANTIN}(j) \cap \overline{\text{AVAILOUT}(i)} \cap (\text{EXPRKILL}(i) \cup \overline{\text{ANTOUT}(i)})$$

이러한 조건들에 대한 간단한 설명을 덧붙인다. 엣지 <i, j>에서 *e*가 정당하고, CFG에서 그 엣지 위치 앞으로 더 이상 *e*가 이동이 불가능하려면, 다음과 같은 세 가지 조건이 만족되어야 한다.

1. $e \in$ ANTIN(j)는 컴파일러가 e를 j의 꼭대기로 이동시킬 수 있다는 것을 증명한다.

2. $e \notin$ AVAILOUT(i)는 *e*에 대한 어떠한 이전의 계산도 i에서의 출구에서는 불가능함을 증명한다. 만약 $e \in \overline{\text{AVAILOUT}(i)}$라면, <i,j>에서 *e*의 계산은 중복된 것이다.

3. $e \in$ (EXPRKILL(i) $\cup$ AVAILOUT(i)는 *e*는 윗방향으로, i를 지나 더 이전의 엣지로는 절대 이동이 불가능함을 증명한다. 만약 $e \in$ EXPRKILL(i)라면 *e*는 블록 i의 꼭대기에서 다른 결과를 만들어 낼 수도 있고, 따라서 이는 i를 통해서는 이동이 불가능하다. 만약 $e \in \overline{\text{ANTOUT}(i)}$라면 e는 블록 i의 내부로 진입할 수 없다.

LCM은 표현식을 n_0보다 더 빠른 시점으로 이동할 수 없기 때문에, $i = n_0$인 경우 마지막 식 EXPRKILL(i) $\cup$ $\overline{\text{ANTOUT}(i)}$는 무시할 수 있다. 이러한 단순화는 EARLIEST를 계산하는 비용을 조금은 줄일 수 있다.

EARLIEST를 계산하는 것은 반복이 필요 없다. 이는 이전에 계산된 값에만 의존한다. Earliest는 LATER 집합을 계산하는 데 사용된다. LATER 계산은 반복 작업이므로, 각각의 엣지에 대해 EARLIEST를 먼저 계산하는 것이 효율적이다. 다른 방법으론, 컴파일러 제작자가 EARLIEST(i, j)의 정의에 있는 오른쪽 사이드 식을, 다음 방정식 집합으로 직접 전방 교체할 수 있다.

다음 예제에서, EARLIEST 계산이 다음과 같은 결과를 만들어 냄을 알 수 있다:

	⟨B1,B2⟩	⟨B1,B3⟩	⟨B2,B2⟩	⟨B2,B3⟩
EARLIEST	{r20,r21}	∅	∅	∅

추후 배치 LCM의 마지막 자료 흐름 문제는 같은 효과를 유지한 채로, CFG 내에서 전/후방으로 LCM이 가장 빠른 배치를 이동할 수 있는지를 결정하는 것이다.

$$\text{LATERIN}(j) = \bigcap_{i \in pred(j)} \text{LATER}(i,j), \quad j \neq n_0$$

$$\text{LATER}(i,j) = \text{EARLIEST}(i,j) \cup \text{LATERIN}(i) \cap \overline{\text{UEEXPR}(i)}, \quad i \in pred(j)$$

해법은 반드시 LATERIN(n_0)를 ∅으로 초기화 시켜야 한다.

표현식 e가 $e \in$ LATERIN(k)라는 것은, k에 도달 가능한 모든 경로가 $e \in$ EARLIEST(p, q)인 경우 엣지 <p, q>를 포함하고, q에서 k로 가는 경로가 e의 연산자를 재정의 하지 않고, e의 값 또한 포함하지 않는 경우(그러한 가장 빠른 배치가 기대될 수 있다.) 를 말한다. LATER 방정식에서 The EARLIEST가 있다는 것은 LATER(i, j)가 EARLIEST(i, j)를 포함하고 있다는 것을 의미한다. 만약 e가 i ($e \in$ LATERIN(i)로부터 전방으로 움직일 수 있었다면, 방정식의 나머지 부분은 e를 LATER(i, j)에 넣고, i로 향하는 입구에서의 배치는 UEEXPR(i) 내에서의 use를 기대하지 않는다.

방정식이 한 번 풀리고 나면, $e \in$ LATERIN(i)는 컴파일러가 손해를 보지 않고 e의 값을 i를 통해 전방으로 이동시킬 수 있음을 의미한다. 다시 말하면, 더 이른 계산 값이 기대할 수 있는 i에서 어떤 e의 값도 없다는 것이고, $e \in$ LATER(i, j)는 컴파일러가 e의 값을 i에서 전방 j로 이동시킬 수 있음을 의미한다.

다음 예제에서, 이러한 방정식은 다음과 같은 집합을 만들어 낸다:

	B_1	B_2	B_3
LATERIN	∅	∅	∅

	⟨B_1,B_2⟩	⟨B_1,B_3⟩	⟨B_2,B_2⟩	⟨B_2,B_3⟩
LATER	{r_{20},r_{21}}	∅	∅	∅

코드 재기록(Rewriting the Code) Lzay 코드 이동의 마지막 단계는, 자료 흐름 계산으로부터 유도된 정보들을 이용할 수 있도록 코드를 재기록 하는 것이다. 이 과정을 간단하게 하기 위해서, LCM은 추가적인 두 개의 집합을 더 계산한다. INSERT와 DELETE이다.

INSERT는 각각의 엣지에 대해서, LCM이 그 엣지에서 삽입할 수 있는 계산 값들을 규정한다.

$$\text{INSERT}(i,j) = \text{LATER}(i,j) \cap \text{LATERIN}(j)$$

만약 i가 하나의 상속자만을 가진다면, LCM은 i의 끝에 계산을 삽입할 수 있다. 만약 j가 하나의 선행자만을 가진다면, LCM은 j의 입구에 계산을 삽입할 수 있다. 만약 두 조건 모두가 아니라면, <i, j>는 임계 엣지 critical edge이고 컴파일러는, INSERT(i, j)에서 규정된 계산 값을 유지하기 위해 엣지의 중간에 블록을 삽입함으로써 <i, j>를 분리할 수 있다.

DELETE는 LCM이 블록에서 삭제해야만 하는 계산을 가지는 블록의 집합을 규정한다.

$$\text{DELETE}(i) = \text{UEEXPR}(i) \cap \overline{\text{LATERIN}(i)}, \quad i \neq n_0$$

물론 DELETE(n_0)는 어떤 블록도 그에 선행하지 않으므로 비어 있다. 만약 $e \in$ DELETE(i)라면, i에서 e의 첫 번째 계산은 모든 삽입이 만들어진 이후에 중복이 된다. 윗 방향 노출된 i 내의 e의 연속적인 어떠한 값–다시 말하면, i의 시작에서 계산 값에 이르기까지 어떤 피연산자도 정의되어 있지 않은 경우–도 역시 삭제될 수 있다. e의 모든 값은 같은 이름을 정의하기 때문에, 컴파일러는 삭제된 계산 값에 대한, 계속된 참조들을 재기록 할 필요가 없다. 이러한 참조들은 LCM이 같은 결과를 만들어 낸다고 증명한 e의 이른 결과 값에 단순하게 언급될 것이다.

우리의 예제에서 INSERT와 DELETE는 간단하다.

	⟨B1,B2⟩	⟨B1,B3⟩	⟨B2,B2⟩	⟨B2,B3⟩
INSERT	{r20,r21}	∅	∅	∅

	B1	B2	B3
DELETE	∅	{r20,r21}	∅

INSERT와 DELETE 집합을 해석하는 것은 그림 10.9에 나온 것처럼 코드를 재기록 하는 것이다. LCM은 B_2로부터 r_{20}과 r_{21}을 정의하는 표현식들을 삭제하고, 그들을 B_1으로부터 B_2까지 이르는 엣지 위에서 삽입한다.

B_1이 두 개의 상속자들을 가지고 있고 B_2가 두 개의 선행자들을 가지고 있기 때문에, <B_1, B_2>는 임계 엣지이다. 따라서, LCM은 그 엣지를 반드시 분리해야 하며, r_{20}의 삽입된 계산값을 유지하기 위해서 새로운 블록 B_{2a}를 만든다. 분리된 <B_1, B_2>는 코드에 여분의 jump를 추가한다. 코드 생성의 연속된 작업은 거의 대부분, B_{2a}에서 jump를 구현하는 것이 될 것이고, 그에 해당하는 어떠한 비용도 제거될 수 있을 것이다.

LCM이 B_2에서 r_8을 정의하는 복사 작업을 떠남을 주목하라. LCM은 표현식을 이동시키지만 할당문을 이동시키지는 않는다. (r_8은 변수이고 표현식이 아님을 기억하라.) 만약 복사가 필요하지 않다면, 레지스터 할당기는, 해당 사실을 발견하고 그를 융합해 버린다.

코드 이동

컴파일러는 컴파일 된 코드의 크기를 줄이기 위해서 코드 이동을 사용할 수 있다. 9.2.4절은 매우 바쁜 표현식에 관한 개념을 소개하였다. 컴파일러는 매우 바쁜 집합을 계산한 결과를 *코드 이동 (code hoisting)*에 적용할 수 있다.

```
B1:  loadI   1        ⇒ r1
     loadAI  r0,@m    ⇒ r2
     cmp_LT  r1,r2    ⇒ r3
     cbr     r3       → B2a,B3
B2a: mult    r17,r18  ⇒ r20
     add     r19,r20  ⇒ r21
     jump             → B2
B2:  i2i     r21      ⇒ r8
     addI    r1,1     ⇒ r4
     i2i     r4       ⇒ r1
     cmp_GT  r1,r2    ⇒ r5
     cbr     r5       → B3,B2
B3:  ...
```

The Transformed Code

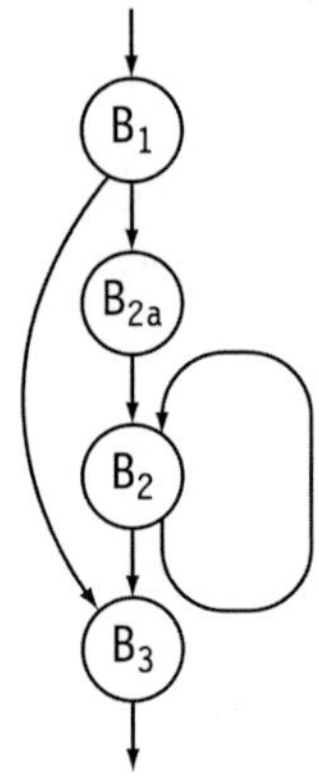

Its CFG

그림 10.9 Lazy 코드 이동 후의 예

해당 아이디어는 매우 간단하다. 어떠한 특정 블록 b에서, $e \in$ VERYBUSY(b)란, b를 떠나는 모든 경로를 따라 e가 계산되고, b의 끝에서 계산된 e의 값이, b를 떠나는 모든 경로를 따라서 계산된 다음의 e 값과 같은 경우를 말한다. (다시 말해서, e의 모든 피연산자는, b의 끝과 b를 떠나는 모든 경로 위의 다음 e의 계산 값 사이에서 재정의 되지 않는다는 것이다.). 이 코드의 크기를 줄이기 위해서, 컴파일러는 b의 끝에 e의 값을 삽입할 수 있고, b를 떠나는 각각의 경로 위에 등장하는 첫 번째 e를 참조 값으로 교체할 수 있다.

그러한 표현식을 직접 교체하기 위해서, 컴파일러는 그들을 위치시켜야만 한다. 컴파일러는 e를 삽입할 수 있으나, 그럴 경우 b로부터의 경로에서부터 e의 어떠한 계산 값까지 e-clear 함을 밝히는 다른 자료 흐름 문제를 풀어야만 한다. 이를 대체하기 위해, e가 정의되어진 첫 번째 블록을 찾기 위해, 해당 블록의 UEEXPR 집합을 살펴보면서, b를 떠나는 모든 각각의 경로를 순회할 수 있다. 앞서 말한 대부분의 방법들은 꽤나 복잡해 보인다.

더 간단하게는, $e \in$ VERYBUSY(b)인 모든 표현식에 대해서, 컴파일러가 각각의 블록 b를 방문하고, e 계산 값을 b의 끝에 삽입하는 것이 있다. 만약 컴파일러가 LCM의 논의에서 제시되었던, 이름 붙이기에 있어서 단일 규칙을 사용한다면, 각각의 계산 값은 그에 적절한 이름을 정의하게 될 것이다. 그렇게 되면, LCM의 연속적인 응용법이나 중복 제거는 새로 생긴 중복 표현식을 제거하게 될 것이다.

10.3.3 특성화

대부분의 컴파일러에서, IR 프로그램의 형태는 코드에 대한 세부적인 분석이 실행되기 이전인 전단부에서 결정된다. 필요에 의해서, 전단부는 실행되는 프로그램이 맞닥뜨릴 수 있는 어떠한 상황에서도 문제 없이 작동하는 일반적인 코드를 만들어 낸다. 그러나 분석을 하게 되면, 컴파일러는 코드가 반드시 동작할 수 있는 상황 범위를 충분히 줄일 수 있음을 깨닫게 된다. 이는 컴파일러가 코드가 실제로 실행될 수 있는 상황의 범위에 따라서 동작의 시퀀스를 특성화 할 수 있는 기회를 제공한다.

예를 들어, 상수 전달을 고려해 보자. 상수 전달은 인자에 의해 얻어지는 특정한 값들을 발견해 내려고 한다. 만약 x ← y × z와 같은 동작에서, y가 항상 4의 값을 가지고 z가 음수가 아니라면, 컴파일러는 해당 곱셈을 쉬프트 연산으로 바꿀 수 있다. 물론 이 연산이 때론 더 많은 비용을 요구할 수도 있다. 만약 z가 항상 17의 값을 가지고 있음을 알게 된다면, 컴파일러는 해당 동작을 즉시 68을 불러 들이는 것으로 바꿀 수도 있다. 이러한 동작들은 계층 구조를 이룬다. 곱셈은 일반적이다; 이는 y와 z의 어떠한 값에도 적용된다(비록 그들 중 몇 경우는 예외가 발생할 수도 있다.). 쉬프트 연산은 덜 일반적이다; 이는 y가 4의 값을 갖고 z가 음수가 아닐 때에만 정확한 값을 만들어 낸다. y나 z가 0이면 물론 x도 0이 된다. 즉시 불러오기를 하는 것이 가장 일반적이지 않다: 이는 오직 y × z의 값이 알려진 값일 경우에만 가능하다.

특성화의 다른 예들은 *핍홀 최적화*와 *꼬리-재귀 제거법*을 포함한다.핍홀 최적화는 작은 "window"를 코드 전체에서 밀면서 창 내에서 단순화할 것들을 찾는다. 이는 코드 생성 이후에 수행되는 몇몇 마지막 지역 최적화 기법을 수행하는 방법에서 기인하였다(11.4.1절을 보라).

꼬리-재귀 제거법은 함수 내에서 실행되는 마지막 동작이 자체-재귀 호출일때 사용된다. 이 기법은 활성화 기록을 재사용할 수 있게 하는 함수의 첫 번째 명령어 위치에 대한 점프로 호출을 대체하고, 그 대가로 전체 함수 링키지 컨벤션의 사용을 피한다. 이는 데이터 구조를 순회 또는 반복 계산을 위해 재귀 용법을 사용하는 프로그램에 사용된다. 다음에서 특성화의 자세한 예를 살펴본다. 바로 상수 전달의 SSA 기반 알고리즘이다.

상수 전달

SSA 형태를 사용하면서 우리는 9.2.4절에 나와 있는 방정식보다 훨씬 직관적인 방법으로 상수전달 공식을 재구성 할 수 있다. 이 알고리즘은 그림 10.10절에 나와 있는 Sparse 단순 상수 전달(Sparse Simple Constant Propagation, SSCP)이다.

SSCP는 초기화 과정과 전달 과정으로 구성된다. 초기화 과정은 전체 SSA 이름에 대해서 반복 수행된다. 각각의 SSA 이름 *n*에 대해서, 초기화 과정은 *n*과 *Value*(*n*)을 정의하는 동작을 간

```
Worklist ← ∅
for each SSA name n
  initialize Value(n) by rules
    specified in the text
  if Value(n) ≠ ⊤ then
    Worklist ← Worklist ∪ {n}

while (Worklist ≠ ∅)
  remove some n from Worklist
  for each operation o that uses n
    let m be the SSA name that o defines
    if Value(m) ≠ ⊥ then
      t ← result of modelling m using meet rule
      if t ≠ Value(m) then
        Value(m) ← t
        Worklist ← Worklist ∪ {m}
```

$$\begin{array}{ll} \top \wedge x = x & \forall x \\ c_i \wedge c_j = c_i & \text{if } c_i = c_j \\ c_i \wedge c_j = \bot & \text{if } c_i \neq c_j, \\ & c_i \neq T, c_j \neq T \\ \bot \wedge x = \bot & \forall x \end{array}$$

Meet Rule

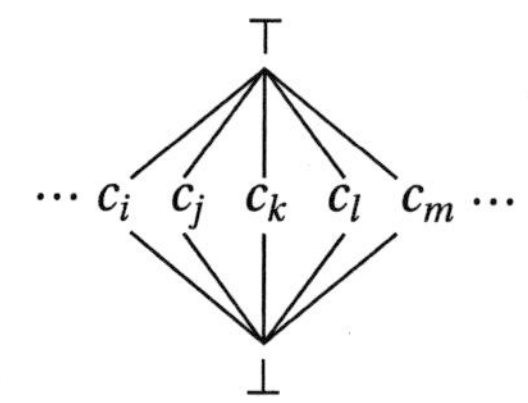

The Lattice

그림 10.10 Sparse 단순 상수 전달

단한 규칙에 따라서 검사한다. 만약 *n*이 ϕ-함수에 의해 정의된다면, SSCP는 *Value*(*n*)을 ⊤로 설정한다. 만약 *n*의 값이 알려진 상수 *c*라면, SSCP는 *Value*(*n*) 값을 *c*로 설정한다. 만약 *n* 값이 알수 없는 값—예를 들어 이 값이 외부 매체의 값을 읽어들임으로써 정의된 값이라면, SSCP는 *Value*(*n*)을 ⊥으로 정의한다. 마지막으로, ***n***의 값이 알려져 있지 않으면, SSCP는 *Value*(*n*)을 ⊤로 정의한다. 만약 *Value*(*n*)이 ⊤이 아니라면, 해당 알고리즘은 작업 목록에 *n*을 추가한다.

전달 과정은 수월하다. 이는 작업 목록에서 SSA 이름 *n*을 제거한다. 이 알고리즘은 *n*을 사용하는 각각의 동작 *o*를 검사한다. *o*는 어떠한 SSA 이름 *m*을 정의한다. 만약 *Value*(*m*)이 이미 ⊥값을 가졌다면 더 이상의 계산은 필요하지 않다. 그렇지 않은 경우, 전달 과정은 동작이 가지는 피연산자의 격자 값을 통틀어 동작을 해석하는 방법으로 *o*의 계산 값을 모델링 한다. 만약 결과 값이 *Value*(*m*)보다 낮은 값일 경우, 전달 과정은 그에 따라 *Value*(*m*) 값을 낮추고 작업 목록에 *m*을 추가시킨다. 이 알고리즘은 작업 목록이 비워지게 되면 종료된다.

격자 값을 통해 동작을 해석하는 것은 조심할 필요가 있다. ϕ-함수의 경우, ϕ-함수의 결과가 모든 ϕ-함수 인자, 설혹 하나 이상의 해당 인자의 값을 가지고 있다 하더라도, ⊤의 격자 값과 일치한다. 다른 동작의 경우, 컴파일러는 반드시 연산자-특성화 된 정보를 적용해야 한다. 만약 어떠한 피연산자라도 ⊤값을 가진다면, ⊤값은 리턴한다. 만약 어떠한 피연산자도 ⊤값을 갖고 있지 않다면 해당 모델은 적당한 값을 만들어 낼 수 있다. x ← y × z와 같은 연산에 대해서 *Value*(y) = *Value*(y) = 3이고 *Value*(z) = 17이라면, 해당 모델은 51을 만들어 내야 한다. 만약 *Value*(y) = ⊥이면, 해당 모델은 *Value*(z) = 0 그리고 ⊥일 때 어떠한 다른 격자 값에 대해서도 0을 만들어 내야 한다. SSCP는 IR에서 각각의 값-생성 연산에 대해서 비슷한 해석을 필요로 한다.

복잡도 SSCP의 전달 과정은 전통적인 고정-위치 기법이다. 종료와 복잡도의 인자는 그림 10.10에 나온 것처럼, 값을 표현하기 위해서 사용되는 격자를 따라 존재하는, 하강 체인들의 길이에 따라 결정된다. 어떠한 SSA 이름에라도 연관되는 *Value*는 세 개 중 하나의 초기 값을 가진다. ⊤, ⊥나 ⊥와는 다른 어떠한 상수 c_i 그리고 ⊥이다. 전달 과정은 그들의 값을 낮추는 것만 가능하다. 주어진 SSA 이름에서, 이는 최대한 두 번, ⊤에서부터 c_i로, c_i에서 ⊥으로 일어날 수 있다. SSCP는 SSA 이름의 값이 바뀌었을 경우만 그것을 작업 목록에 추가시킨다. 그래서 작업 목록에 나타나는 각각의 SSA 이름은 최대한 두 배이다. SSCP는 작업 목록에서 동작의 피연산자중 하나가 제거되면 동작의 값을 계산한다. 따라서, 계산의 총 횟수는 프로그램 내에서 동작 사용 횟수의 최대 두 배이다.

범위 SSCP는 9.2.4절에 나온 자료 흐름 골격에 의해서 찾아지는 모든 상수들을 발견할 수 있다. 왜냐하면 SSCP는 알려지지 않은 값을 ⊥보다는 ⊤로 초기화시키기 때문에, 이는 몇몇 값을 그래프 내의 회전 부분, 즉 CFG 내의 루프에 전달할 수 있다. ⊥보다는 ⊤로 시작되는 알고리즘은 때로 *낙관적(optimistic)* 알고리즘이라고 불린다. 이 용어에 숨어 있는 의미는 ⊤로 초기화 시키는 것이, 루프 영역으로 정보를 전달하는 알고리즘으로 하여금, 백 엣지를 따라 가는 값이 이러한 초기 전달을 보장할 것이라 낙관적으로 가정하도록 한다는 데에 있다. ⊥로 초기화시키는, *비관적(pessimistic)* 알고리즘이라고 불리는 것들은 이러한 가능성을 배제한다

이를 확인하기 위해서 그림 10.11에 나와 있는 SSA 조각을 살펴보자. 만약 알고리즘이 비관적으로 x_1과 x_2를 ⊥로 초기화 한다면, 17 값을 루프 안으로 전달하지 못할 것이다. 해당 알고리즘이 x_1에 대한 ϕ함수 값을 계산할 때, 이는 17 ∧ ⊥를 계산해서 ⊥를 만들어 낸다. x_1이 ⊥로 설정되면, i_{12}가 0과 같이 알려진 값을 가지고 있다 하더라도, x_2 역시 ⊥로 정해진다.

만약, 다른 식으로, 해당 알고리즘이 알려지지 않은 값을 낙관적 관점에서 ⊤로 초기화 한다면, x_0의 값을 루프 내로 전달할 수가 있다. x_1의 값을 계산할 때, 17 ∧ ⊥의 값을 계산하고 x_1에 17 값을 할당한다. x_1의 값이 바뀌었기 때문에 해당 알고리즘은 x_1을 작업 목록에 올린다. 그리고 x_2의 정의를 재계산 한다. 만약, 예를 들어, i_{12}의 값이 0이라면, 이는 x_2를 17로 할당하고 x_2를 작업 목록에 올린다. ϕ 함수를 이 알고리즘이 재계산할 때, 17 ∧ 17 값을 계산하고 x_1이 17임을 증명한다.

만약 i_{12}가 2일 경우를 생각해 보자. 그렇게 되면 SSCP가 $x_1 + i_{12}$를 계산할 때, x_2에 19의 값

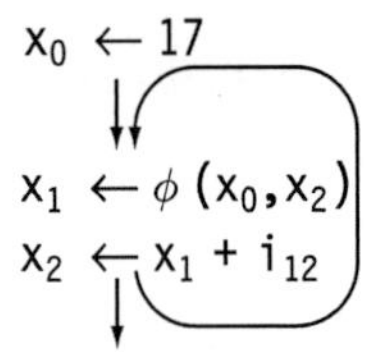

Time Step	Lattice Values					
	Pessimistic			Optimistic		
	x_0	x_1	x_2	x_0	x_1	x_2
0	17	$\bot$	$\bot$	17	$\top$	$\top$
1	17	$\bot$	$\bot$	17	17	$17 \wedge i_{12}$

그림 10.11 낙관적 상수의 예

을 할당하게 된다. 그러면 x_1은 $17 \wedge 19$값을 가지거나 $\bot$의 값을 가지게 된다. 이는 x_2에게 다시 값을 전달하고, 비관적 알고리즘에서 나왔던 마지막 결과와 같은 값을 만든다.

10.3.4 다른 변환을 가능케 하기

때때로, 최적화기가 다른 변환법을 가능케 하거나 해당 변환법에게 적용 기회를 줄 수 있도록 하는 작업 경로를 가지는 경우가 있다. 몇몇 경우, 변환법은 코드의 형태를 최적화에 더 적당한 방향으로 만들기도 한다. 다른 경우에, 변환은 다른 변환법이 코드에 안전하게 적용될 수 있게 하는 특정 조건을 코드 내 특정 부분에 만들기도 한다. 필요한 코드 형태를 직접 만들어 내기 위해서, 이러한 변환법은 최적화기가 입력 코드의 형태에 둔감하도록 최적화기의 민감성을 감소시킨다.

몇 가지 특별한 능력을 지닌 변환법은 이 책의 다른 부분에 소개되어 있다. 블록 복제(8.7.1절)은 분기를 삭제할 수 있도록, 그리고 컴파일러가 특정 블록의 CFG 선행자로부터, 상속받은 블록의 문맥 정보를 더 정확하게 유도할 수 있도록 하는 상황을 만들게 하기 위해서 개별 블록들을 복제한다. 예를 들어 12.4.2절은 어떻게 블록 복제가 명령어 스케줄링의 결과를 향상시킬 수 있는 지를 보여 준다. 인라인 교체(8.7.2절)는 함수 호출의 부담을 없애고 특성화의 더 넓은 기회를 제공하기 위해서 두 개의 함수를 합친다. 이 절은 세 개의 간단한 가능화 변환법을 소개한다 : 루프 언롤링, 루프 언스위칭 그리고 이름 재설정이다.

루프 언롤링

루프 언롤링은 가장 오래된 가능화 변환법 중 하나이다. 루프를 언롤하기 위해서, 컴파일러는 루프의 몸체를 복제하고 수행되어야 할 반복의 횟수를 조절하는 부분을 조정한다. 그림 10.12(a)에 있는 간단한 루프를 보자.

만약 컴파일러가 루프의 몸체를 그의 복사본 네 개로 바꾼다면, 다시 말해 루프를 4의 팩터로 언롤한다면, 컴파일러는 같은 유용한 일을 비교 및 분기의 과정을 1/4로 거치면서 수행할 수 있다. 만약 컴파일러가 n의 값을 알고 있고, 만약 그 값이 100이라 한다면, 언롤링 팩터는 n을 짝수로 나누고 그리고 나면 언롤 된 루프는 그림 10.12(b)에 나온 것처럼 간단한 형태를 가질 것이다.

루프의 경계가 알려지지 않은 상태라면, 언롤링은 mod(n,4) ≠ 0이 되는 n의 값을 만들어 내기 위해서 추가적인 논법을 필요로 한다. 그림 10.12(c)에 있는 형태의 루프는 이러한 경우들을 간단하게 다루는 방법을 소개한다. 그림 10.12(d)에 있는 버전의 루프는 약간의 코드를 더하여 같은 결과를 만들어 낸다. 더 복잡한 루프 몸체를 가지는 댓가로 그림 10.12(d)에 있는 루프는 중간 경우에 의해서 다루어지는 두 번의 반복을 향상시킬 수 있게 된다.

8.2.1절에 나온 라이브러리에 있는 dmxpy에서 발췌한 내용은 그림 10.12(d)에 있는 기법을 사용한다. 전체 코드는 하나, 둘, 넷, 여덟, 그리고 열여섯 번의 반복에 대한 경우를 포함한다. 각각의 경우에서, 언롤된 루프는 다른 루프를 포함하고 그로 인해 내부 루프에서의 일의 양은 외부 루프를 언롤 하는 것을 정당화 할 만큼으로 줄어든다.

루프 언롤링은 프로그램에 의해서 수행되는 동작의 횟수를 줄인다. 이는 또한 프로그램의 크

```
do i = 1 to n by 1
   a(i) = a(i) + b(i)
   end
```

(a) Original Loop

```
do i = 1 to 100 by 4
   a(i)   = a(i) + b(i)
   a(i+1) = a(i+1) + b(i+1)
   a(i+2) = a(i+2) + b(i+2)
   a(i+3) = a(i+3) + b(i+3)
   end
```

(b) Unrolled by 4, n = 100

```
i = 1
do while (i+3 ≤ n)
   a(i)   = a(i) + b(i)
   a(i+1) = a(i+1) + b(i+1)
   a(i+2) = a(i+2) + b(i+2)
   a(i+3) = a(i+3) + b(i+3)
   i = i + 4
   end
do while (i ≤ n)
   a(i) = a(i) + b(i)
   i = i + 1
   end
```

(c) Unrolled by 4, Arbitrary n

```
i = 1
if (mod(n,2) > 0) then
   a(i) = a(i) + b(i)
   i = i + 1
if (mod(n,4) > 1) then
   a(i)   = a(i) + b(i)
   a(i+1) - a(i+1) + b(i+1)
   i = i + 2
do j = i to n by 4
   a(j)   = a(j) + b(j)
   a(j+1) = a(j+1) + b(j+1)
   a(j+2) = a(j+2) + b(j+2)
   a(j+3) = a(j+3) + b(j+3)
   end
```

(d) Unrolled by 4, Arbitrary n

그림 10.12 간단한 루프의 언롤링

기도 증가시킨다. (만약 루프 몸체가 명령어 캐시에 비해 너무 크게 증가하게 되면, 이는 언롤로 인해 생기는 이득을 상쇄할 만큼의 많은 캐시 미스를 양산해 낼 수 있다.) 그러나, 루프를 언롤링 하는 것에 대한 가장 중요한 이점은 다른 최적화 기법에게 더 적합한 형태의 코드를 만들게 해 준다는 것이다.

언롤링은 다른 변환법에게 두 가지 중요한 효과를 가져다 준다. 이 기법은 루프 몸체 내의 동작 횟수를 증가시킨다. 짧은 루프와 긴 분기 대기 시간을 가지는 경우, 이는 더 좋은 스케줄 결과를 가져다 준다. 특히, 이는 스케줄러에게 그가 같은 시간에 수행 가능한 독립적인 동작들을 더 제공할 수 있다. 언롤링은 스케줄러에게 분기 대기 슬롯을 채울 만큼의 충분한 동작을 제공할 것이다. 이는 스케줄러로 하여금 연속되는 메모리 접근을 이동시킬 수 있는 기회를 제공한다. 다시 말하면 이는, 로컬리티를 증가시키고 한 번에 더 많은 데이터를 처리할 수 있는 메모리 동작의 사용 가능성을 열어준다.

마지막으로, 만약 루프가 이후 반복에 사용될 값을 하나의 반복을 통해 계산한다면–*루프에 의해 전달되는 데이터 의존성*–그리고, 만약 복사 동작이 이후 사용을 위해 값을 보존시키길 원한다면, 언롤링은 복사 동작을 제거할 수 있다. 복사본의 다중 사이클에 대해서, 가장 적게 공통으로 다양한 사이클 길이의 다중 사용을 통한 언롤링은 모든 복사본을 제거할 것이다.

루프 언스위칭(Loop Unswitching)

루프 언스위칭은 루프 독립적인 제어 흐름 동작들을 루프 바깥으로 끌어올린다. 만약 `if-then-else` 내 속성 생성이 루프 독립적이라면, 컴파일러는 해당 `if-then-else` 구문을 루프 바깥으로 끄집어내고, 새로 생긴 `if-then-else` 절반의 각각 내부에 존재하는 루프의 기성화된 복사본을 생성하는 방법을 통해 루프를 재구성할 수 있다. 그림 10.13은 짧은 루프에 대한 해당 변환법을 보여 준다.

언스위칭은 가능화 변환법이다. 이는 컴파일러로 하여금, 도달하기 힘든 방식으로 루프 몸체를 직접 맞춤 제작하도록 한다. 언스위칭 이후, 남아있는 루프는 적은 제어 흐름을 가지게 된다. 그들은 적은 분기를 실행하고 해당 분기를 보조하는 다른 동작들도 적게 실행한다. 이는 더 나은 스케줄링, 더 나은 레지스터 할당 그리고 빠른 실행을 가능케 한다. 만약 원래 루프가 `if-then-else` 내부에 루프 독립적인 코드를 가지고 있다면, LCM은 해당 코드를 루프 바깥으로 끄집어 낼 수 없다. 언스위칭 이후, LCM은 그러한 중복 사항을 쉽게 찾아내고 제거할 수 있게 된다.

언스위칭은 또한 간단하고 직접적인 프로그램 성능 향상 효과를 가질 수 있다. 해당 기법은 루프 독립적인 조건들을 관장하는 분기하는 논리를 루프 바깥으로 이동시킬 수 있다. 루프 바깥으로 제어 흐름을 이동시키는 것은 어려운 일이다. LCM처럼 자료 흐름을 바탕으로 한 기법은, 해당 분석법이 바탕을 두고 있는 CFG를 수정해야 하기 때문에, 그러한 생성물들을 옮기는 데에

```
                                  if (x > y) then
do i = 1 to n                        do i = 1 to n
   if (x > y)                           a(i) = b(i) * x
      then a(i) = b(i) * x        else
      else a(i) = b(i) * y           do i = 1 to n
                                        a(i) = b(i) * y
```

Original Loop　　　Unswitched Version

그림 10.13 간단한 루프의 언스위칭

어려움이 있다. 값 넘버링에 기반을 둔 기술들은 속성 조정적인 if-then-else 생성물들이 동일한 몇몇 위치를 인식할 수 있으나, 그러한 생성물들을 루프에서 제거하려고 하지는 않는다.

이름 재정의

이 장에서 소개된 대부분의 변환법은 프로그램 내의 동작들에 대한 재기록 또는 순서 변경을 포함하고 있다. 올바른 코드 형태를 가지는 것은 최적화의 기회를 제공해 준다. 비슷하게, 올바른 이름 집합을 갖는 것도 그러한 기회를 제공한다.

예를 들어, 지역 값 넘버링에서 우리는 다음과 같은 예를 볼 수 있다:

Original Code	SSA Form
$a \leftarrow x + y$	$a_0 \leftarrow x_0 + y_0$
$b \leftarrow x + y$	$b_0 \leftarrow x_0 + y_0$
$a \leftarrow 17$	$a_1 \leftarrow 17$
$c \leftarrow x + y$	$c_0 \leftarrow x_0 + y_0$

원래 코드에서, 지역 값 넘버링은 x+y에 대한 모든 세 번의 계산이 같은 값을 나타냄을 알 수 있다. 그러나 해당 넘버링은 그 자신이 인식하는 x+y의 복사본을 망가뜨리는, a에 대한 간섭 할당이 존재하기 때문에, x+y의 마지막 등장 부분을 대체할 수가 없다.

해당 코드를 SSA 형태로 바꾸면 오른쪽 부분에 나온 것과 같은 이름 공간이 만들어진다. SSA 이름 공간이 있는 관점에서 보면, $x_0 + y_0$는 마지막 동작에서 가능한 상태로 남아 있어서 지역 값 넘버링은 그 결과 값을 a_0에 대한 참조 값으로 교체할 수 있다. (대안으로, 지역 값 넘버링 알고리즘이 b를 x+y의 다른 복사본으로 인식할 수 있도록 해당 알고리즘을 수정하는 방법이 있다. 이름 재정의는 더 간단하고 더 일반적인 해법이다.)

일반적으로, 이름을 신중하게 사용하는 것은 더 많은 사실들을 가시적으로 만들고, 저장 공간의 재사용으로 인한 부작용을 피함으로써, 추가적인 최적화 기회를 제공할 수 있다. LCM과 같은 자료 흐름 기반의 최적화에서, 해당 분석법은 사전적인 동일성에 기반을 둔다. 중복 동작은 반드시 같은 동작을 가지고 있고 그들의 피연산자는 반드시 같은 이름을 가진다. LCM은 SSA이름들을 사용하지 않는다. 왜냐하면 그러한 이름들이 문법적 정체성을 저해하기 때문이다. 그러한 문법성 정체성을 재창조하는 것은 추가 비용을 필요로 하며, 결과적으로 SSA 기반의 LCM은 10.3.2절에 소개된 것보다 느리게 동작할 것이다. 아마도 value numbering으로부터 유도되었을 것이라 생각되는, 어떠한 값 동일성을 이름 공간으로 인코딩하는 기법은 LCM에게 더 많은 중복성을 노출할 수 있고 그들을 제거할 수 있게 한다.

명령어 스케줄링에서, 이름들은 동작들을 재배치하기 위한 스케줄러의 능력을 제한하는 종속성을 만든다. 만약 이름의 재사용이 값들의 실제 흐름을 반영한다면, 이러한 종속성은 정확성을 좌지우지 하는 결정적 부분이 된다. 만약 레지스터 할당기가 두 개의 구별되는 값을, 효율성을 위해서, 같은 레지스터 안에 놓아두었기 때문에 이름의 재사용이 발생하였다면, 이러한 종속성은 불필요하게 스케줄링을 제한할 수 있다. 어떠한 경우엔, 비효율적인 코드를 생산할 수도 있다.

이름 재정의는 미묘한 주제이다. SSA 생성은 프로그램 내의 모든 값을 특정한 규칙에 따라 이름을 재정의 한다. 그 결과 생긴 이름 공간은 많은 최적화 기법에 도움이 된다. 그러한 이름 설정 규칙은 lazy 코드 이동과 5장의 '이름 설정의 효과' 에 나타나 있다. '이름 설정의 효과' 는 많은 변환법의 구현을 다음과 같은 방법을 통해 단순화 한다. 이는 값으로 사용되는 이름과 그 값을 계산한 동작의 문서적 형태 사이에서 1대 1 매핑을 형성하는 것이다. 컴파일러 제작자는 제어 흐름 그래프 내에서 동작들을 이동하는 것(사실, CFG 자체를 고치는 것이다.)이 이득이 될 수 있음을 인식해야 한다. 같은 방법으로, 그들은 컴파일러가 프로그래머나 원시 언어를 특정 IR로 변환하는 것에 의해서 소개되는 이름 공간에 제한받을 이유가 없다는 것도 인식해야 한다. 작업에 걸맞는 이름 공간으로, 이름 재정의된 값들은 많은 최적화의 효율성을 높일 수 있다.

10.3.5 중복 제거

8장은 중복 제거를 최적화의 다른 범위에서 가장 중요한 예로 뽑았다. 이는 local value numbering, super local value numbering 그리고 우위자 기반의 value numbering 등을 설명하였다. 이는 모두 bottom-top에 기반을 두었고, 반드시 같아야만 하는 값들을 인식하기 위해서 해싱을 사용하는 세부 사항 기반의 접근법에 기반을 두었다. 그리고 전역 분석과 변형을 소개하는 방법으로써 전역 공통 하부 표현 제거를 수행하기 위한 가능한 표현식 사용을 보여 주었고, 전역 최적화가 전형적으로 분석과 변형 사이의 구분을 요구함을 알려주었다.

이 장 초반에, LCM은 코드 이동의 예로 보여졌다. 이는 자료 흐름 접근과 가능한 표현식을 합하여 코드 이동과 중복 제거의 골격을 형성하는 선구자적 역할로 확장되었다. 끌어올리기 제거는 코드 크기를 줄이기 위한 같은 동작들이지만, 이는 일반적으론 프로그램이 실행하는 동작들의 수를 줄이지는 못한다.

10.4 고급 주제

이번 절에서 다룰 대부분의 예제는 컴파일러가 실행 코드의 속도를 증가시키기 위해서 사용할 수 있는 특별한 효과들을 설명하기 위해 선택되었다. 때때로 두 개의 최적화 방법을 같이 사용하는 것은 그것들을 각각 적용했을 때에는 얻을 수 없는 결과를 만들어 낸다. 아래 절에서는 도달할 수 없는 코드 제거와 상수 전파를 합치는 예제가 이어진다. 10.4.2절에서는 좀 더 특수화 된 복잡한 예제가 이어진다: 선형 함수 테스트에 의한 변환에 따른 연산자 strength reduction, *OSR* 알고리즘은 SSA의 형태로 이루어져 있기 때문에 이전의 알고리즘보다 간단하다. 10.4.3 절에서는 컴파일러가 고려하게 되는 몇몇의 다른 목적 함수를 간단히 살펴볼 것이다. 마지막으로 10.4.4절에서는 최적화기에 의해 변환이 가능한 형태를 만들기 위해 응용프로그램에서는 특성화된 명령을 선택하는데, 이때 일어나는 여러 가지 이슈에 대해 논의해 볼 것이다.

10.4.1 최적화의 조합

때때로 두 개의 별개의 최적화 방법을 함께 사용하려하면 두 개의 최적화기를 따로 실행시키는 어떠한 조합도 제대로 된 결과를 만들지 못하는 것을 보게 된다. 예를 들어서 10.3.3절에서 설명된 간단한 상수 전달 알고리즘을 생각해 보자. 이 알고리즘은 값을 프로그램의 SSA 형태로 이루어진 각각의 연산자의 결과에 대입한다. 중지될 때 격자(lattice)는 ⊤, ⊥, 상수 등의 격자 값으로 이루어진 모든 정의에 테그를 붙이게 된다. 정의가 초기화 되지 않은 변수에 의지하고 있을 때만 ⊤값을 가질 수 있으며, 코드가 분석될 때 논리적 문제가 있음을 말해준다.

희박하고 간단한 상수 전달은 격자 값을 조건 분기에 의해 사용되는 피연산자에 대입한다. 만약 값이 ⊥이면, 분기 목적지는 도달할 수 있다는 것을 말한다. 만약 값이 ⊥, ⊤ 둘 다 아니라면 피연산자는 알고 있는 값이어야 하며, 컴파일러는 CFG를 간단하게 하면서 분기문을 두 개의 목적지 중에서 하나로 분기하도록 다시 작성한다. 이러한 행위는 CFG에서 엣지를 제거하기 때문에 제거되어진 분기 목적지의 블록으로 진입하게 되는 마지막 경계의 블록을 도달하지 못하는 곳으로 만들면서 제거할지도 모른다. 원칙에 의하면 상수 전파는 도달하지 못하는 블록의 효과를

SSA 그래프

몇몇의 알고리즘에서 SSA 형태를 그래프 형태로 보는 것은 논의나 구현을 간단하게 할 수 있다. Strength reduction은 SSA 형태의 코드를 그래프로 바꾼다.

SSA 형태에서 각각의 이름은 유일한 정의를 가지고 있으며, 따라서 각각의 이름은 값을 계산하는 코드에서 각각의 연산자를 기술한다. 이름을 이용하는 연산자는 따로 존재하는데, 따라서 use는 use에서 정의까지의 연결로 생각해 볼 수 있다. 게다가 이름과 이름을 정의하는 연산자를 연결시킨 간단한 검사 목록을 이용하면, 각각의 이용에서부터 대응되는 정의까지의 연결들을 만들 수 있다. 정의와 그 정의를 이용하는 연산자를 연결시키는 것은 보다 어려운 일이다. 그러나 이러한 연결은 SSA의 생성에서 새로운 이름을 붙이는 과정 중에 쉽게 이루어질 수 있다.

우리는 use에서 그에 대응되는 정의까지 실행하는 경계를 나타낸 SSA 그래프를 그렸다. 이것은 SSA 이름에 함축되어 있는 관계를 말해준다. 컴파일러는 양쪽 모두의 방향에서 엣지를 따라가 볼 필요가 있다. 기본적으로 strength reduction은 use에서 정의까지 움직인다. sparse 조건 상수 전달 알고리즘은 SSA 그래프에서, use에서 definition까지의 움직임으로 생각해 볼 수 있다. 컴파일러 작성자는 양쪽 방향으로의 움직임을 위해 필요한 자료 구조을 쉽게 추가할 수 있다.

무시할 수 있다. 희박하고 간단한 상수 전달은 이러한 정보의 이점을 이용하는 어떠한 메커니즘도 없다.

따라서 이러한 통찰을 사용하기 위해 희박하고 간단한 상수 전달 알고리즘을 확장할 수 있다. 이러한 알고리즘, sparse 조건 상수 전달(SCCP)로 불리는 알고리즘이 그림 10.14(a)에 나타나 있다. 그림 10.14(b)는 SCCP가 수행해야 하는 여러 연산자들을 제작하는 법칙을 나타낸 것이다.

도달하지 못하는 연산자를 포함하는 일을 피하기 위해서 SCCP는 희박하고 간단한 상수 알고리즘과 다르게 초기화나 전달을 조절한다. 첫 번째로 SCCP 도달 가능성을 나타내는 태그를 각각의 블록에 표시한다. 기본적으로 각각의 블록 태그는 도달하지 못하는 것으로 기록되어 있다. 두 번째로, SCCP는 각각의 SSA 이름의 격자 값을 $\top$로 정의한다. 이전의 알고리즘은 초기화 단계에서 알고 있는 상수 값을 대입하였지만,($x_i \leftarrow 17$을 예로 들면 $Value(x_i)$는 17로 초기화 된다.) SCCP는 대입되는 값이 도달 가능한 곳인지 증명되기까지 격자 값을 변경시키지 않는다. 세 번째로, 이 알고리즘은 두 개의 전달을 위해 작업 리스트를 필요로 한다: CFG에 있는 블록을 위해 하나가 필요하고, SSA 그래프의 엣지를 위해 하나가 필요하다. 기본적으로 CFG의 작업 리스트는 SSA 작업 리스트가 빌 때까지 오직 등록된 노드 n_0만을 가지고 있다. 두 개의 작업 리스트가 모두 빌 때까지 반복되는 전달이 계속된다. (클래식, 알버트 컴플렉스, 정수 연산)

CFG 작업 리스트에 있는 블록 *b*를 진행하기 위해서 SCCP는 우선 *b*에 진행 가능 표시를 해 둔다. 다음으로 *b* 안에 있는 모든 ϕ-함수의 효과를 모델링 한다. 이때 결과물로 나올 격자 값을 만들기 이전에 모든 적절한 변수의 격자 값을 읽는 데 주의를 한다. (블록 내의 모든 ϕ-함수는 동시에 실행됨을 기억하자.). 다음으로 SCCP는 블록의 선형 경로에 있는 *b*의 각각의 연산자의 실행을 모델링 한다. 그림 10.14(b)는 전형적인 모델링 규칙을 보여 준다. 이러한 평가는 연산자에 의해 정의된 SSA 이름들의 격자 값을 변화시킬 수도 있다.

SCCP가 이름을 위해 격자 값을 변화시킬 때에는 변화된 값을 사용 후의 유용성으로 정의하

```
SSAWorkList ← ∅
CFGWorkList ← {n0}
for each block b
  mark b as unreachable
  for each operation o in b
      Value(o) ← ⊤
while (CFGWorkList ≠ ∅ or
       SSAWorkList ≠ ∅)
  if CFGWorkList ≠ ∅ then
     remove some b from CFGWorkList
     mark b as reachable
     simultaneously model all the
        φ-functions in b
     model, in order, each
        operation o in b
  if SSAWorkList ≠ ∅ then
     remove some s = ⟨u,v⟩ from SSAWorkList
     let o be the operation that uses v
     if Value(o) ≠ ⊥ then
       t ← result of modelling o
       if t ≠ Value(o) then
         Value(o) ← t
         for each SSA edge e = ⟨o,x⟩
           if block(x) is reachable
             then add e to SSAWorkList
```

(a) The Algorithm

```
x ← c:                  (for constant c)
 Value(x) ← c

x ← φ(y,z):
 Value(x) ← Value(y) ∧ Value(z)

x ← y op z:
 if Value(y) ≠ ⊥ & Value(z) ≠ ⊥
   then Value(x) ← interpretation
          of Value(y) op Value(z)

cbr ri → l1,l2:
 if ri = ⊥ or ri = TRUE
   and block l1 is marked as unreachable
   then add block l1 to CFGWorkList
 if ri = ⊥ or ri = FALSE
   and block l2 is marked as unreachable
   then add block l2 to CFGWorkList

jump → l1:
 if block l1 is marked as unreachable
   then add block l1 to CFGWorkList
```

(b) Modelling Rules

그림 10.14 Sparse 조건 전달 함수

는 연산자에 연결되는 SSA 그래프의 경계를 검사해야 한다. 다음과 같은 엣지에서 $s = \langle u, v \rangle$, 만약 v를 포함하는 블록이 도달 가능한 곳이면, SCCP는 엣지 s를 SSA 작업 리스트에 추가한다. 도달하지 못하는 블록의 유용성은 SCCP가 블록이 도달 가능하다는 것을 발견할 때 계산된다.

b 안의 마지막 동작은 반드시 점프이거나 분기여야 한다. 만약 그것이 도달 불가능한 블록으로의 점프라면, SCCP는 해당 블록을 CFG 작업 리스트에 추가시킨다. 만약 그것이 분기라면, SCCP 는 제어링 조건 표현식의 격자를 점검한다. 이는 하나 또는 둘의 분기 목적으로 도달이 가능함을 의미한다. 만약 이것이 아직 도달 가능하다고 체크되지 않은 목적을 선택하게 되면 SCCP 는 그것을 CFG 작업 리스트에 추가한다.

전달 과정 후의 마지막 과정으로, 피연산자가 ⊥이 아닌 *Value* 태그인 연산자를 대체하는 과정이 필요하다. 이러한 연산자들 가운데 많은 것들이 특수화 될 수 있다. 또한 적절한 점프 명령어를 통해 결과를 알고 있는 분기문들을 다시 작성할 수 있는 연산자도 있다. (이러한 특성으로 인해 나중의 단계에서 코드를 줄이거나 제어 흐름(control flow)을 간단하게 할 수 있다.(10.3.1절). SCCP는 각각의 정의에 대한 마지막 격자 값을 알기 전에는 코드를 재작성하지 않는다. 왜냐하면 상수값을 가리키는 *Value* 태그는 나중에 ⊥가 될 수도 있기 때문이다.

계산과 재기록 동작에서의 미묘함

개별적인 동작을 모델링 할 때 몇가지 미묘한 문제들이 나타난다. 예를 들어, 만약 해당 알고리즘이 ⊤과 ⊥을 포함한 곱셈 연산을 맞닥뜨렸을 때, 알고리즘은 동작이 ⊤을 만들어 낼 것이라 결론 짓는다. 그러나 이렇게 하는 것은 시기 상조이다. 뒤이은 분석은 ⊤을 0으로 낮추어서, 곱셈이 0의 값을 만들어 내도록 할 수도 있다. 만약 SCCP가 $\top \times \bot \rightarrow \bot$ 규칙을 이용한다면, 비단조증가 행동의 잠재성을 일깨우게 될 것이다. 곱셈의 값은 ⊤, ⊥, 0의 시퀀스를 따라가게 될 것이다. 이는 알고리즘의 시간 경계가 좁은 격자를 통한 단조성 진행에 의존하기 때문에, 알고리즘의 실행 시간을 증가시킨다. 또한 중요한 것은, 이것이 다른 값들이 옳지 않은 결과 ⊥으로 도달하게 할 수 있다는 것이다.

이를 처리하기 위해서, SCCP는 ⊥를 포함한 곱셈들의 세 가지 규칙을 사용해야만 한다, 이는 다음과 같다: $\alpha \neq \top$ 그리고 $\alpha \neq 0$, 그리고 $0 \times \bot \rightarrow 0$인 동안 $\top \times \bot \rightarrow \top$, $\alpha \times \bot \rightarrow \bot$이다. 이같은 효과는 하나의 인자 값이 결과를 완벽하게 결정할 수 있게 하는 어떠한 동작에 대해서도 나타나게 된다. 다른 예제들은 단어 길이보다 긴 shift, 0을 가지는 논리적 AND 그리고 모든 것들을 포함하는 논리적 OR이다.

몇몇 재기록기들은 결과들을 예측하지 못했다. 예를 들어, 비응수 x에 대해서 $4 \times x$로 교체하면서, 교환적 동작을 비교환적 동작으로 교체하는 shift가 동반되는 경우가 그것이다. 만약 컴파일러가 연이어 교환법칙을 이용하여 표현식들을 정렬하려고 했다면, 이는 이른 시기에 기회를 닫아버리게 된다. 이런 종류의 상호 작용은 코드 질에 있어서 주목할 만한 효과를 가져온다. 컴파일러가 4 × x를 shift로 변경하려고 하는 경우, 컴파일러 제작자는 반드시 최적화가 적용되어질 순서를 고려해야 한다.

효율성

SCCP는 sparse 단순 상수 알고리즘이 찾아낼 수 없는 상수들을 찾는다. 이와 비슷하게, 그는 10.3.1절에 소개된 어떤 알고리즘의 조합으로도 찾아낼 수 없는 도달 불가능한 코드 또한 찾아낸다. 그것은 격자 값들의 전달을 포함한 도달 가능성 분석법의 힘을 이끌어 낸다. 이는 몇 가지 CFG 엣지들을 제거할 수 있다. 왜냐하면, 격자 값들은 어떠한 경로에서 분기가 받아들여지는지를 결정하기에 충분하기 때문이다. 이는 도달 불가능한 동작으로부터 발생하는 엣지들을 무시할 수 있다(그러한 정의들을 ⊤으로 초기화함으로써). 왜냐하면, 그러한 동작들은 만약 블록이 도달 가능하다고 표시되게 되면 계산될 것이기 때문이다. SCCP의 힘은 상수 전달과 도달 가능성이라는 두 가지 아이디어의 상호 작용으로부터 유도된다.

만약 도달 가능성이 격자 값을 결정하는 데 아무런 역할을 하지 않는다면, 도달 불가능한 코드 제거 이후에 따라 나오는 상수 전달(그리고 상수 값으로 된 분기들을 점프로 재기록 하는 것을 포함)에 의해서 같은 효과를 얻어낼 수 있을 것이다. 만약 상수 전달이 도달 가능성의 측면에서 아무런 역할을 하지 않는다면, 같은 효과가 다른 순서에 의해서－상수 전달 이후에 이어지는 도달 불가능한 코드 제거에 의해서도 이루어지게 된다. SCCP의 힘은 두 가지 최적화가 독립적인 것으로부터 명확히 기인하는 앞서 나왔던 조합들의 영역 외부에 있는 단순성을 찾아내는 데 있다.

10.4.2 강도 감소

Strength reduction은 반복되는 비싼("강한") 동작들의 연속을 비싸지 않은("약한") 동작들의 연속으로 교체하는 변환법이다. 전통적인 예제는 루프 인덱스에 바탕을 둔 상수의 동일한 덧셈이다. 이 특별한 경우는 루프에서 배열과 구조체의 주소 확장으로부터 발생한다. 그림 10.15의 왼쪽은 이어지는 간단한 루프에 의해 생성이 가능한 ILOC 코드를 보여 준다:

```
sum ← 0
for i ← 1 to 100
  sum ← sum + a(i)
```

해당 코드는 semipruned SSA 형태이다; 순수하게 지역적인 값들 (r_1, r_2, r_3) 그리고 r_4들은 첨

자도, ϕ 함수도 가지고 있지 않다. a(i)에 대한 참조가 네 가지 동작으로 어떻게 확장하는지를 주목하라−(i−1)×4+@a를 계산하는 subI, multI, addI 그리고, r_4를 정의하는 load이다.

각각의 반복 작업에서, 이러한 동작들의 연속은 루프 인덱스 변수 i의 함수로써 스크래치 해서, i의 주소를 계산한다. r_{i_1}, r_1, r_2, 그리고 r_3에 의해서 얻어지는 값들의 시퀀스를 고려해 보라.

$$
\begin{aligned}
r_{i_1}&: \{\, 1, 2, 3, \ldots, 100 \,\}\\
r_1&: \{\, 0, 1, 2, \ldots, 99 \,\}\\
r_2&: \{\, 0, 4, 8, \ldots, 396 \,\}\\
r_3&: \{\, @a, @a+4, @a+8, \ldots, @a+396 \,\}
\end{aligned}
$$

r_1, r_2, 그리고 r_3에 있는 값들은 load 동작에 대한 주소를 계산하기 위해 외롭게 존재한다. 만약 해당 프로그램이 r_3의 각각의 값을 앞선 것으로부터 계산한다면, 이는 r_1와 r_2를 정의한 동작을 제거할 수 있다. 물론 r_3은 그렇게 되면 초기화와 업데이트를 필요로 할 것이다. 이는 그것을 비지역적 이름으로 만들 수 있고, 그렇게 되면 그것은 l_1와 l_2 모두의 경우에 ϕ 함수를 요구하게 될 것이다.

그림 10.15의 오른쪽은 강도 감소, 선형 함수 테스트 교체, 그리고 죽은 코드 제거 이후의 코드를 보여 준다. 이는 r_3에서 직접적으로 r_{t_7}을 계산하고, load 동작 내에 있는 r_{t_7}를 사용한다.

```
     loadI  0         => rs0
     loadI  1         => ri0
     loadI  100       => r100
l1:  phi    ri0,ri2   => ri1
     phi    rs0,rs2   => rs1
     subI   ri1,1     => r1
     multI  r1,4      => r2
     addI   r2,@a     => r3
     load   r3        => r4
     add    rs1,r4    => rs2
     addI   ri1,1     => ri2
     cmp_LE ri2,r100  => r5
     cbr    r5        -> l1,l2
l2:  ...
```

Original Code

```
     loadI  0         => rs0
     loadI  @a        => rt6
     addI   rt6,396   => rlim
l1:  phi    rt6,rt8   => rt7
     phi    rs0,rs2   => rs1
     load   rt7       => r4
     add    rs1,r4    => rs2
     addI   rt7,4     => rt8
     cmp_LE rt8,rlim  => r5
     cbr    r5        -> l1,l2
l2:  ...
```

Strength-Reduced Code

그림 10.15 Strenght reduction의 예

원래 코드에서 r_1로 사용되어진 루프의 끝 테스트는 r_{t_8}을 사용하도록 수정되었다. 이는 r_1, r_2, r_3, r_{i_0}, r_{i_1}, 그리고 r_{i_2} 동작을 모두 죽은 것으로 만든다. 그들은 최종 코드 제작 과정에서 삭제되었다. 이제, 원래 코드의 루프가 8개의 동작을 포함하고 있는데에 비해서 ϕ 함수들을 제외하면 최종 코드는 단지 5개의 동작만을 포함한다. (SSA 형태로부터 실행 코드로 다시 변환하면, ϕ 함수는 레지스터 할당기가 보통 삭제해 버릴 수 있는 복사 동작으로 변한다.)

만약 multI 동작이 addI 동작보다 훨씬 비용이 많이 든다면 절약되는 비용은 더 클 것이다. 역사적으로 볼때, 곱셈의 높은 비용 요구는 강도 감소에 무게를 실어 주었다. 그러나 곱셈과 덧셈이 같은 비용을 가진다고 할지라도, 루프의 강도 감소된 형태는 이후의 코드 변형과 생성에 있어서 더 깔끔한 코드를 만들어 내기 때문에 선호될 것이다. 실제적으로, 만약 목표 기계가 자동증가 주소 지정 모드를 가지고 있다면, 루프 내의 addI은 메모리 동작으로 축약될 수 있을 것이다. 이러한 선택 사항은 원래 곱셈에 대해서는 지원되지 않는다.

이 장의 남은 부분에서는 *OSR*이라 불리는 강도 감소를 위한 단순한 알고리즘을 소개한다. 이 알고리즘은 루프의 끝 테스트를 r_{i_2}에서 r_{t_8}를 사용할 수 있도록 이동하게 만드는 *OSR*과 같이 동작하는 선형 함수 테스트 교체를 위한 기법에 이어 발생한다. *OSR*은 코드의 SSA 그래프 위에서 동작한다; 그림 10.16은 예제의 ILOC SSA 형태와 그의 SSA 형태 사이의 관계를 보여 준다.

배경 강도 감소는 루프 내에서 실행되는 곱셈과 같은 연산을 찾으려고 하는데, 이 연산의 피연산자들은 루프 내에서 변형되지 않고-*지역 상수(region constant)*라고 불리는, 반복 과정에 있어서 시스템적으로 변화되지 않는다-*유도변수(induction variable)*이라 부른다. 해당 알고리즘이 이러한 상황을 찾아내게 되면, 더 효율적인 방법으로 원래의 곱셈에서 사용되어진 값들과 같은 시퀀스를 계산하는 새로운 유도 변수를 만들어 낸다. 곱셈 동작의 피연산자 형태에 대한 제한은 이러한 새로운 유도 변수가 곱셈보다는 덧셈에 의해서 계산될 수 있음을 보장한다.

우리는 이러한 방법으로 강도가 감소될 수 있는 동작을 *후보 동작(candidate operation)*이라고 부른다. *OSR*의 개념을 간단히 하기 위해, 우리는 다음과 같은 형태 중 하나를 가지는 후보 동작만을 고려한다:

$$x \leftarrow c \times i \qquad x \leftarrow i \times c \qquad x \leftarrow i \pm c \qquad x \leftarrow c + i$$

c는 지역 상수이고 i는 유도 변수이다. 감소되는 후보 동작들을 찾아내는 열쇠는 지역 상수와 유도 변수들에 대한 효율적인 식별이다. 어떠한 동작이 후보가 되는 경우는 해당 동작이 이러한 형태 중 하나를 가지면서 피연산자의 제한을 지키는 경우이다.

지역 상수는 10과 같은 단어적인 상수일 수도 있으나, 루프 내에서 변형 되지 않는, 루프에 독립적인 값일 수도 있다. SSA 형태의 코드와 더불어 보면, 컴파일러는 인자의 sole 정의의 위치를 체크하여 해당 인자가 루프에 독립적인지 아닌지를 판단할 수 있다. 이러한 정의는 유도 변수를 정의하는 루프로 향하는 입구를 반드시 지배해야 한다. *OSR*은 상수 시간에 이 두 가지 조건을 다 검사할 수 있다. 강도 감소 이전에 lazy 코드 이동과 상수 전달을 수행하는 것은 지역 상수들만큼 더 많은 값들을 노출할 수도 있다.

직관적으로, 유도 변수는 루프 내에서 산술적 진행을 하기 위한 값이다. 이 알고리즘의 목적에서 볼 때, 우리는 더 특정하고 엄격한 정의를 사용할 수 있다: 유도 변수는 그래프 내에서 해당 값을 갱신하는 각각의 동작들에 강하게 연관되어진 요소(SCC)로서, 해당 동작들은 (1) 유도 변수 + 지역 상수 (2) 유도 변수−지역 상수 (3) ϕ-함수 (4) 다른 유도 변수로부터의 레지스터 대 레지스터 복사 등이다. 이러한 정의가 전형적인 정의에 비해서 훨씬 덜 일반적이지만, 이것이 *OSR* 알고리즘으로 하여금 후보 동작을 찾아내게 하는 데는 충분하다. 유도 변수를 식별하기 위해서, *OSR*은 SSA 그래프 내에서 SCC들을 찾고 그것들을 통틀어 SCC가 앞선 네 가지 타입 중 어떤 것인지를 판단하기 위해 알고리즘을 반복한다.

*OSR*이 SSA 그래프 내에서 유도 변수를 정의하고 CFG 내의 루프에 관계되는 지역 상수들을 정의하기 때문에 어떠한 값이 특정한 유도 변수를 가지는 루프에 상대적 상수적인지를 판단하는 것은 복잡하다. i가 유도 변수인 경우 x ← i × c 형태의 *o* 동작을 고려해보자. *o*가 강도 감소의 후보가 되기 위해선, i가 다양한 최외곽 루프 각각에 대해서 c는 반드시 지역 상수여야 한다. c가 이러한 속성을 가지고 있는지를 판단하기 위해서, *OSR*은 반드시 CFG 내의 루프로 회귀하는 SSA 그래프 내의 i와 SCC를 연관시켜야 한다.

*OSR*은 i를 정의하는 SCC 내의 가장 낮은 역방향 후위 숫자들과 더불어 SSA-그래프 노드를 찾는다. 이는 이 노드가 SCC의 헤더가 될 것이라고 간주하고 SCC의 각각의 노드의 헤더 필드에 그 사실을 기록한다. (유도 변수의 영역이 아닌 SSA 그래프 내의 어떤 노드도 *null*로 설정된 그들의 헤더 필드를 가지고 있다.) SSA 형태에서, 유도 변수의 헤더는 그 값이 변하는 최외곽 루프의 시작에 있는 함수이다. i가 유도 변수인 x ← i × c에서, 만약 c의 정의를 포함하는 CFG 블록이 i의 헤더를 포함하는 CFG 블록을 지배한다면 , c는 지역 상수이다. 이 조건은 i가 변하는 최외곽 루프에서 c의 값이 독립적이라는 것을 보장한다. 테스트를 수행하기 위해서, SSA 생성은 반드시 SSA로부터 그것이 만들어졌던 CFG에 이르는 각각의 맵을 생성하여야 한다.

헤더 필드는 어떠한 동작이 강도 감소될 수 있는지의 여부를 판단하는 데 결정적인 역할을 한다. *OSR*이 x ← y × z와 같은 동작을 만났을 때, 그는 y가 y의 정의에 대한 SSA 엣지에 이어 나오는지를 판단할 수 있고, 그의 헤더 필드를 확인할 수 있다. *null* 헤더 필드는 y가 유도 변수가 아님을 보여 준다. 만약 y와 z가 *null* 헤더 필드를 가지고 있다면 동작은 강도 감소될 수 없다.

만약 y나 z 하나가 non-*null* 헤더 필드를 가진다면, *OSR* 지역 내의 다른 피연산자가 지역 상수인지를 판단하기 위해서 해당 헤더 필드를 사용할 수 있다. y의 헤더 필드가 *null*이 아니라 가정하자. y가 변하는 최외곽 루프로 향하는 입구에 대한 CFG 블록을 찾기 위해서, *OSR*은 y의 헤더를 인덱싱 하여 SSA-대-CFG 맵을 참조한다.만약 z의 정의를 포함하는 CFG 블록이 y헤더의 CFG 블록을 지배한다면, z는 유도변수 y에 상대적인 지역 상수가 된다.

알고리즘 강도 감소를 수행하려면, *OSR*은 반드시 각각의 동작에 대해서 해당 피연산자들이 하나는 유도 변수이고 하나는 지역 상수임을 검증해야만 한다. 만약 동작들이 이러한 제한을 만족시킨다면, *OSR*은 요구되는 값을 계산하는 새로운 유도 변수를 만들고 동작의 레지스터 대 레지스터 복사를 이 새로운 변수로 치환함으로써 강도 감소를 수행할 수 있다.(이는 반드시 중복되는 유도 변수 생성을 피해야만 한다.)

앞선 논의에서 우리는 *OSR*이 SSA 그래프 내에서 SCC를 찾아냄으로써 유도 변수를 식별할 수 있다고 하였다. 해당 알고리즘은 값의 정의를 통해 지역 상수를 발견할 수도 있다. 만약 해당 정의가 즉시 동작으로부터 기인했다거나, 그의 CFG 블록이 유도 변수 헤더의 CFG 블록을 지배한다면, 해당 값은 지역 상수이다. 이러한 아이디어를 하나로 통합하는 것이 효율적인 알고리즘이다.

*OSR*은 전체 과정을 수행하기 위해서 Tarjan의 강력히 연결된 지역 탐색기를 사용한다. 그림 10.17에 나온 바와 같이, *OSR*은 SSA 그래프를 그의 인자로 취해서 강하게 연결된 지역 탐색

```
        loadI   0           ⇒ r_s0
        loadI   1           ⇒ r_i0
        loadI   100         ⇒ r_100
l1:     phi     r_i0,r_i2   ⇒ r_i1
        phi     r_s0,r_s2   ⇒ r_s1
        subI    r_i1,1      ⇒ r_1
        multI   r_1,4       ⇒ r_2
        addI    r_2,@a      ⇒ r_3
        load    r_3         ⇒ r_4
        add     r_4,r_s1    ⇒ r_s2
        addI    r_i1,1      ⇒ r_i2
        cmp_LE  r_i2,r_100  ⇒ r_5
        cbr     r_5         → l1,l2
l2:     ...
```

Example in ILOC SSA Form

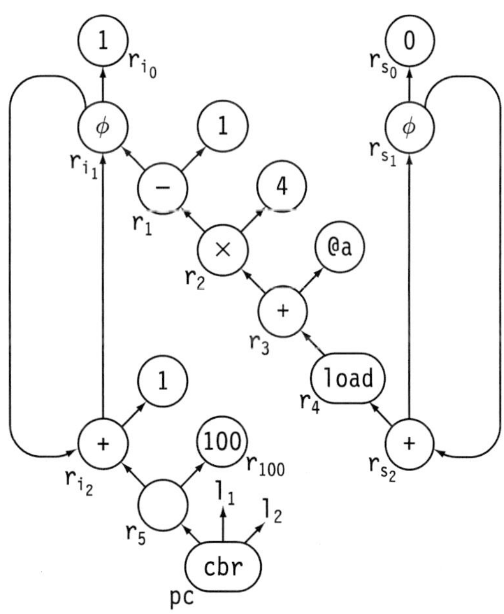

Corresponding SSA Graph

그림 10.16 ILOC의 SSA와 SSA 그래프의 관계

기를 *DFS*에 반복적으로 적용한다. (이 과정은 *DFS*가 *G* 내의 모든 노드를 방문하였을 때 종료된다.)

*DFS*는 SSA 그래프의 깊이 우선 탐색을 수행한다. 이는 그가 노드를 방문한 순서에 맞추어 각각의 노드에 번호를 부여한다. 해당 알고리즘은 각각의 노드를 스택에 푸쉬하고, 노드의 자식으로부터 도달할 수 있는 가장 낮은 깊이 우선 숫자로 각 노드를 라벨링 한다. 그가 자식들을 처리하고 돌아왔을 때, 만약 *n*으루부터 가장 낮은 노드가 *n*의 숫자를 가진다면, *n*은 SCC의 헤더이다. *DFS*는 그가 *n*에 도달할 때까지 계속 스택을 팝한다. 모든 방문된 노드들은 SCC의 구성원이다.

*DFS*는 *OSR*의 나머지를 간단하게 할 수 있는 순서로 되어 있는 스택으로부터 SCC들을 제거한다. SCC가 스택에서 뽑아내어져서 *Process*로 넘겨질때, *DFS*은 이미 SSA 그래프 내의 모든 노드를 방문한다. 만약 우리가 SSA 그래프를 그림 10.16의 SSA에 나온 것과 같이 그의 엣지들이 use에서 def로 향하도록 번역한다면, 후보 동작들은 그들의 피연산자가 *Process*로 넘어간 이후에 맞닥뜨리게 될 것이다. *Process*가 강도 감소를 위한 후보 동작을 맞닥뜨리게 되면, 그의 피연산자들은 이미 분류되어져 있을 것이다. 따라서 *Process*은 동작들을 점검할 수 있고, 후보자들을 식별할 수 있으며, 깊이 우선 탐색 도중에 그들을 재기록 할 수 있도록 *Replace*를 호출

```
OSR(G)
  nextNum ← 0
  while there is an unvisited n ∈ G
    DFS(n)

DFS(n)
  n.Num ← nextNum++
  n.Visited ← true
  n.Low ← n.Num
  push(n)
  for each operand o of n
    if o.Visited = false then
      DFS(o)
      n.Low ← min(n.Low,o.Low)
    if o.Num < n.Num and
        o is on the stack
      then n.Low ← min(n.Low,o.Num)
  if n.Low = n.Num then
    SCC ← ∅
    until x = n do
      x ← pop( )
      SCC ← SCC ∪ { x }
    Process(SCC)

Process(N)
  if N has only one member n
    then if n is a candidate operation
           then Replace(n,iv,rc)
           else n.Header ← null
    else ClassifyIV(N)

ClassifyIV(N)
  IsIV ← true
  for each node n ∈ N
    if n is not a valid update for
        an induction variable
      then IsIV ← false
  if IsIV then
    header ← n ∈ N with the
              lowest RPO number
    for each node n ∈ N
      n.Header ← header
  else
    for each node n ∈ N
      if n is a candidate operation
        then Replace(n,iv,rc)
        else n.Header ← null
```

그림 10.17 연산과 strength reduction 알고리즘

할 수 있을 것이다.

*DFS*는 각각의 SCC를 *Process*로 넘긴다. 만약 SCC가 단일 노드이며 다음의 후보 형태 중 하나를 가지는 *n*으로 구성되어 있다면 (x ← c × i, x ← i × c, x ← i ± c, 또는 x ← c + i), *Process*는 그의 유도 변수 *iv*와 지역 상수 *rc*를 따라서 *n*을 *Replace*로 넘길 것이다. *Replace*는 다음 이어지는 절에서 설명된 바와 같이 코드를 재기록 한다. *n*을 후보로 식별하는 것은 필수적으로 하나의 피연산자 *iv*를 유도 변수로 식별하고 다른 하나는 지역 상수 , *rc*로 식별한다. 만약 SCC가 다중 노드를 가지고 있다면, *Process*는 그것이 유도 변수인지 아닌지를 확인하기 위해서 SCC를 *ClassifyIV*로 넘긴다.

*ClassifyIV*는 유도 변수에 대한 유효 갱신의 집합에 반하여 체크하기 위해서 scc 내의 각각의 노드를 점검한다. 만약 모든 갱신이 유효하다면, scc는 유도 변수이고, *Process*는 가장 낮은 후위 후방 숫자와 더불어 scc 내의 노드를 포함할 수 있도록 각각의 노드의 헤더 필드를 설정한다. 만약 scc가 유도 변수가 아니라면 *ClassifyIV*는 후보 동작임을 테스트 해 보기 위해서 scc내의 각각의 노드를 재방문하거나 그것을 *Replace*로 넘기거나 그것이 유도 변수가 아님을 표시할 수 있도록 헤더를 설정한다.

코드 재기록 *OSR*의 남은 부분은 재기록 과정이다. *Process*와 *ClassifyIV*는 재기록을 수행하기 위해 *Replace*를 호출한다. 그림10.18은 *Replace*을 위한 코드와 그의 지지함수인 *Reduce* 그리고 *Apply*를 보여 준다.

Replace 세 개의 인자를 가진다, SSA-그래프 노드 *n*, 유도 변수 *iv*, 그리고 지역 상수 *rc*이다. 뒤의 두 개는 *n*의 피연산자이다. *Replace*는 *n*에 의한 동작들의 재기록을 위해서 *Reduce*를 호출한다. 그런 다음, 해당 알고리즘은 *n*을 *Replace*에 의해 생성된 복사 동작의 결과물로 교체한다. *n*의 헤더 필드를 설정하고 리턴한다.

*Reduce*와 *Apply*는 대부분의 작업을 수행한다. 그들은 중복된 동작 삽입을 방지하기 위해서 해시 테이블을 사용한다. *OSR*이 SSA 이름 기반에서 작업하기 때문에, 하나의 전역 해시 테이블로 충분하다. *DFS*에 대한 첫 번째 호출이 있기 이전에 *OSR* 내에서 해당 테이블이 세팅 될 수 있다. *Insert*는 해시 테이블에 엔트리를 추가한다; *Lookup*은 테이블을 탐색한다.

*Reduce*에 대한 계획은 간단하다. 이는 opcode와 그의 두 개의 피연산자를 받고 계산을 위한 새로운 유도 변수를 생성하거나, 아니면 opcode와 피연산자의 같은 조합에 대해 이전에 생성되어진 유도 변수들의 이름을 리턴한다. 해당 알고리즘은 중복 작업 방지를 위해 해시 테이블을 이용한다. 만약 원하는 유도 변수가 해시 테이블에 존재하지 않으면, 2단계 과정을 거쳐 유도 변수를 생성한다. 첫째, 알고리즘은 *iv*의 정의를 복사하기 위해서 *Clone*을 만들고, 동작 내의 유도 변수는 강도가 감소된다. 다음 알고리즘은 새로운 정의의 피연산자에 대해 다시 재귀적 용법

을 수행한다.

이러한 동작은 두 가지 영역으로 범위가 좁혀진다. 만약 피연산자가 scc 내에서 정의되었다면, 그것이 *iv*의 일부분이기 때문에 *Reduce*가 다시 해당 연산자에 적용될 것이다. 이는 원래의 유도 변수 *iv*의 SCC 근처에서 해당 수단을 복제함으로써 새로운 유도 변수를 형성한다. scc 외부에서 정의된 피연산자는 반드시 *iv*의 초기 값 이거나 *iv*가 증가된 값이어야 한다. 초기 값은 반드시 scc 외부로부터의 ϕ-함수 인자여야 한다; *Reduce*은 그러한 인자 각각에 대해서 *Apply*를 호출한다. 후보 동작이 곱셈이 아니라면, *Reduce*는 유도 변수 증가를 남겨 두고 종료될 수 있다. 곱셈인 경우 *Reduce*는 반드시 이전 증가의 생산물과 원래의 지역 상수 *rc*로서 새로운 증가분을 반드시 계산해야 한다. 이는 이 계산을 만들어 내기 위해서 *Apply*를 호출한다.

Apply 코드 내의 적당한 위치에 존재하는 opcode와 두 개의 피연산자를 받아서, 동작을 삽입한다. 해당 동작은 그러한 동작의 결과로 새로운 SSA 이름을 반환한다. 추가 설명을 위해 조금 자세한 내용이 필요하다. 만약 이러한 새로운 동작 스스로가 후보라면, *Apply*는 이를 다루기 위해서 *Reduce*를 호출한다. 그렇지 않으면, *Apply*는 새로운 이름을 얻고 , 동작을 삽입하고 결과를 반환한다. (만약 *o1*와 *o2*가 모두 상수라면, *Apply*는 동작을 계산할 수 있고, 즉시 load를 삽입할 수 있다.) 이는 우위자 정보를 이용하여 새로운 동작을 위한 적절한 블록을 위치시킨다. 직

```
Replace(n, iv, rc)
  result ← Reduce(n.op, iv, rc)
  replace n with a copy from result
  n.header ← iv.header

Reduce(op,iv,rc)
  result ← Lookup(op, iv, rc)
  if result is "not found" then
    result ← NewName()
    Insert(op, iv, rc,result)
    newDef ← Clone(iv, result)
    newDef.header ← iv.header
    for each operand o of newDef
       if o.header = iv.header
         then rewrite o with
              Reduce(op, o, rc)
       else if op is × or
              newDef.op is φ
         then replace o with
              Apply(op, o, rc)
  return result

Apply(op, o1, o2)
  result ← Lookup(op, o1, o2)
  if result is "not found" then
    if o1 is an induction variable
         and o2 is a region constant
      then result ← Reduce(op, o1, o2)
    else if o2 is an induction variable
         and o1 is a region constant
      then result ← Reduce(op, o2, o1)
    else
      result ← NewName()
      Insert(op, o1, o2,result)
      Find block b dominated by the
        definitions of o1 and o2
      Create "op o1, o2 ⇒ result"
        at the end of b and set its
        header to null
  return result
```

그림 10.18 재기록 과정을 위한 알고리즘

관점으로, 새로운 동작은 반드시 그의 피연산자를 정의하는 블록들에 의해서 지배되는 블록으로 들어가야 한다. 만약 하나의 피연산자가 상수라면, *Apply*는 다른 피연산자를 정의하는 블록 내의 상수를 복제할 수 있다. 그렇지 않으면 피연산자 모두는 헤더 블록을 지배하는 정의를 반드시 가져야 하고, 하나는 다른 하나를 반드시 지배해야 한다. *Apply*이 늦은 정의 이후에 즉시 동작을 삽입할 수 있다.

예재의 재고려 *OSR*이 그림 10.16에 나온 상황을 마주치면 어떻게 되는지를 고려해 보자. 이것이 로 라벨링 된 노드에서 시작하고 오른쪽 자식 이전에 왼쪽 자식을 방문한다고 가정하자. 이는 r_4, r_3, r_2, r_1, 과 r_{i_1}을 정의하는 동작들의 체인으로 회귀한다. r_{i_1}에서, r_{i_2}로 다시 돌아오고 그 이후 r_{i_0}로 돌아간다. 이는 단어적 상수 1을 가지는 두 개의 단일 노드 scc들을 찾는다. 둘 다 후보가 아니기 때문에 *Process*는 그들의 헤더를 *null*로 설정하여, 그들을 비-유도 변수로 체크한다.

첫 번째 사소하지 않은 *DFS*를 발견한 SCC는 r_{i_1} 그리고 r_{i_2}을 포함한다. 모든 동작들은 유도 변수에 대해서 유효 갱신들이고, 따라서, *ClassifyIV*는 그들의 헤더 필드가 SCC 내의 가장 낮은 깊이 우선 숫자를 가진 노드를, $-r_{i_1}$, 가리키게 하여 각각의 노드를 유도 변수로 체크한다.

*DFS*는 r_1에 대한 노드로 돌아온다. 그것의 왼쪽 자식은 유도 변수이고 오른쪽 자식은 지역 상수이므로 유도 변수 생성을 위해서 *Reduce*를 호출한다. 이 경우 r_1은 $r_{i_1}-1$이므로, 유도 변수는 예전 유도 변수의 초기 값보다 작거나 또는 0의 값을 가진다. 증가는 같다. 그림 10.19는 *Reduce*와 *Apply*는 라벨 "for r_1" 하에서 생성한 SCC를 보여 준다. 마지막으로 r_1의 정의는 $r_1 \leftarrow r_{t_1}$의 복사 동작으로 교체된다. 해당 복사 동작은 유도 변수로 체크된다.

다음 *DFS*는 r_2로 라벨링 된 노드로 이루어진 SCC를 발견한다. *Process*는 그것의 왼쪽 피연산자(복사본은 이제 r_1를 정의한다)가 유도 변수이고 오른쪽 피연산자가 지역 상수이기 때문에 그것이 후보임을 알게 된다. *Process*는 유도 변수 $r_1 \times 4$을 만들기 위해서 *Replace*를 호출한다. *Reduce*와 *Apply*는 r_1에 대한 유도 변수를 복제하고, 동작이 곱셈이기 때문에 증가를 조절하고 r_2에 복사본을 추가한다.

DFS 다음은 r_3에 대한 해당 노드를 *Process*로 넘긴다. 이는 그것의 초기 값으로 @a를 가지는 다른 유도 변수를 만들고 그 값을 r_3로 복사한다.

*Process*는 합을 계산하는 SCC에 이어 등장하는 `load`를 다룬다. 이는 동작 중 어느 것도 후보가 아님을 찾아낸다.

마지막으로 *OSR*은 `cbr`에 대한 방문하지 않은 노드 위에서 *DFS*를 호출한다. *DFS*은 비교 영역, 이전에 유도 변수로 체크 된 영역, 그리고 상수 100을 방문한다. 더 이상의 감소는 일어나지 않는다.

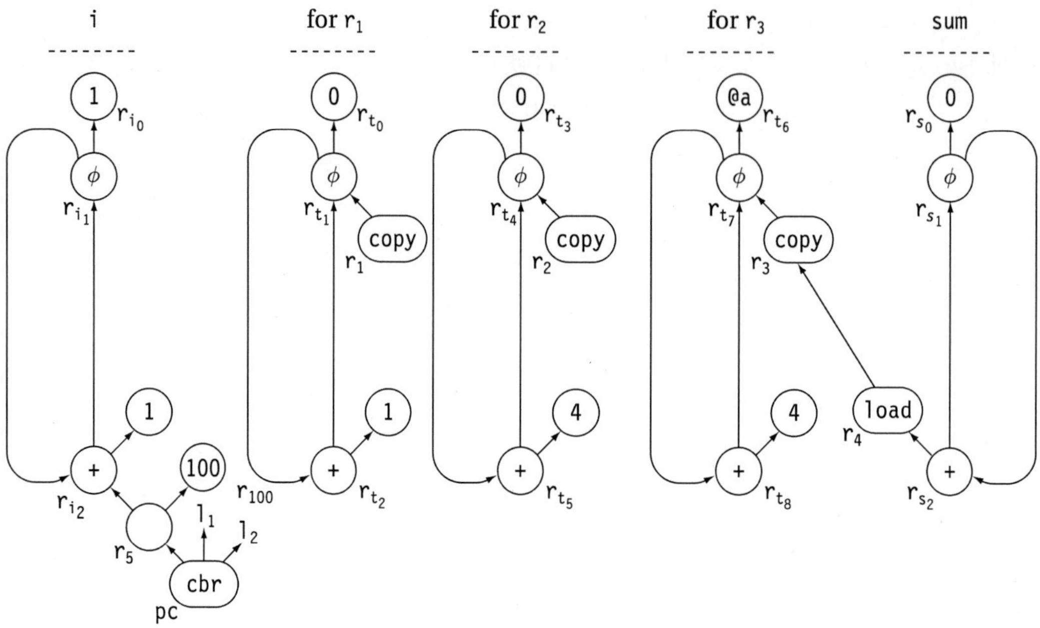

그림 10.19 예에서의 변환된 SSA 그래프

그림 10.19에 있는 SSA 이러한 과정에 의해 발생하는 모든 유도 변수를 보여 준다. "for r_1"와 "for r_2"로 라벨링 된 유도 변수들은 모두 죽은 것들이다. i로 라벨링 된 변수는 루프의 끝 테스트가 여전히 그것을 사용할 경우를 제외하고는 죽게 된다. 이러한 유도 변수를 제거하기 위해서, 컴파일러는 선형 함수 테스트를 적용할 수 있다. 여기서 컴파일러는 해당 테스트를 r_3에 대한 유도 변수 테스트로 전환한다.

선형 함수 테스트 교체

강도 감수는 때때로 루프의 끝 테스트를 제외한 모든 유도 변수의 사용을 제거할 수 있다. 그런 경우, 컴파일러는 루프 내에서 발견된 다른 유도 변수를 사용하기 위해서 루프의 끝 테스트를 재기록 할 수 있다. 만약 컴파일러가 이러한 마지막 사용을 제거할 수 있다면, 컴파일러는 원래의 유도 변수를 죽은 코드와 마찬가지로 제거할 수 있을 것이다. 이러한 변형을 선형 함수 테스트 교체(Linear-Function Test Replacement)라고 부른다.

LFTR을 수행하기 위해서, 컴파일러는 반드시 (1) 필요하지 않은 유도 변수들이 아니라면 의존 비교 부분을 위치시켜야 하고 (2) 비교 부분이 사용할 수 있도록 새로운 유도 변수를 위치시켜야 하고 (3) 재기록 테스트를 위한 정확한 지역 상수를 계산하고 (4) 코드를 재기록 해야 한다. LFTR과 *OSR*를 같이 동작하게 하는 것은 이 모든 작업을 더 빠르고 효율적으로 만든다.

LFTR이 목표로 하는 동작은 유도 변수의 값을 지역 상수의 값과 비교한다. *OSR*은 각각의 동작이 strength reduction의 후보자임을 판단하기 위해 프로그램 내에서 연산들을 검사한다. 이는 유도 변수들을 포함한 모든 비교 동작들의 내역을 쉽고 값싸게 생성할 수 있게 한다. *OSR*이 그의 작업을 끝내고 나면, LFTR은 반드시 이러한 비교들의 각각을 방문해야 한다. 만약 비교의 유도 변수 인자들의 강도가 *OSR*에 의해 감소된다면, LFTR는 반드시 새로운 유도 변수를 사용하기 위해 비교를 재설정 해야 할 것이다.

이 과정을 더 향상시키기 위해서, *Reduce*는 그가 만들어 내는 새로운 유도 변수들 각각을 이끌어 내는 데 사용되어진 수학적 관계들을 기록할 수 있다. 그는 특별한 LFTR 엣지를, 원래의 유도 변수들 내의 각각의 노드로부터 그에 해당하는 감소된 반대급부 노드로 삽입할 수 있고, 그것을 새로운 유도 변수 생성의 책임을 질 수 있도록 후보자의 opcode와 지역 상수로 라벨링 할 수 있다. 그림 10.20은 예에서 SSA에 삽입된 이러한 엣지들을 보여 준다. 해당 예제는 연속적인 감소에 관여되었다. 이는 적절한 라벨과 더불어 연속적인 체인을 생성한다. 원래의 유도 변수로부터 시작하여 우리는 다음과 같은 라벨들을 찾을 수 있다. −1, x4, and +@a.

LFTR이 교체되어져야 하는 비교를 찾을 때, 해당 작업은 그의 유도 변수 인자로부터 하나 또는 그 이상의 감소 체인으로부터 발생한 마지막 유도 변수까지, 엣지들을 따른다. 비교는 반드시 새로운 지역 상수를 포함하는 유도 변수를 사용해야만 한다.

LFTR 엣지들의 라벨은 새로운 지역 상수를 이끌어 내기 위해 반드시 적용되어져야 하는 원래의 지역 상수에 대한 변환 묘사를 순회한다. 예를 들어, 엣지들의 발자취는 r_{i_2}로부터 r_{t_8}로 유

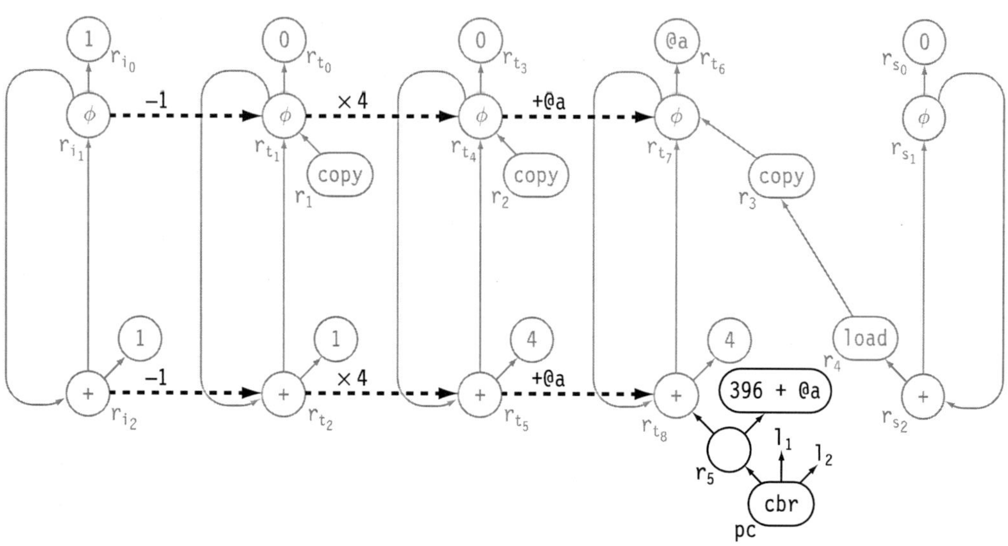

그림 10.20 LFTR 적용 후의 예제

도되어지고 변형된 테스트에 대해서 (100 − 1) × 4 + @a의 값을 계산한다. 그림 10.20 엣지들과 재기록 테스트를 보여 준다.

이 버전의 LFTR는 단순하고 효율적이며, 효과적이다. 이는 재설정 될지 모르는 비교들을 식별하기 위해, 그리고 수행되어진 감소들의 기록을 통과하기 위해서 *OSR*의 공동 작업에 의존하였다. 이러한 두 개의 데이터 구조를 이용하여, LFTR은 retarget할 비교를 찾을 수 있고, 그들을 retarget 할 만한 적당한 장소를 찾을 수 있으며, 비교의 상수 인자를 위해 필요한 변환법을 찾을 수 있다.

10.4.3 최적화의 다른 목적

더 작은 코드 생성

몇몇 응용 프로그램에서, 컴파일 된 코드의 크기는 중요하다. 만약 응용 프로그램이 그가 실행되기 이전에 상대적으로 느린 통신 연결 사이를 이동해야 한다면, 예측되는 실행 시간은 다운로드 시간에 실행 시간을 더한 것이 된다. 이는 사용자가 코드가 전송되기를 기다려야만 하기 때문에 코드 크기에 비중을 높인다. 비슷하게, 많은 임베디드 응용 프로그램에서, 코드는 ROM에 보관된다. 따라서, 더 큰 롬은 더 많은 비용을 소모하고, 코드 크기는 경제적인 문제로 부각된다. 컴파일러 제작자는 코드를 직접적으로 감소시킬 수 있는 변형법을 적용하여 이 문제를 공략하여야 한다.

- *코드 이동*은 (9.2.4절에 소개되었다.) 다중의 동일한 동작을 하나의 동일한 동작으로 교체하여 코드 크기를 줄인다. 삽입 지점에서 표현식이 매우 바쁜 기간이 길수록 이동은 어떠한 실행 경로도 증가시키지 않는다.
- *Sinking*은 동일한 코드 시퀀스를 시퀀스의 복사본 하나로 만족할 수 있는 CFG 지점으로 전방 이동시키는 것이다. 싱킹의 특별한 형태인 cross jumping에서, 컴파일러는 같은 라벨을 목표로 하는 모든 점프들을 검사한다. 만약 같은 동작이 라벨로의 각각의 점프가 선행된다면, 컴파일러는 해당 동작을 라벨로 이동시키고 하나의 복사본만 남겨놓는다. 이는 실행 경로를 증가시키지 않고도 중복을 제거한다.

- *함수 추상화* 반복되는 코드 시퀀스를 찾기 위해 패턴 매칭 기술을 사용하고 그들을 단일 공통 구현에 대한 호출로 교체하는 것. 만약 공통 코드 시퀀스가 호출에 의해 요구되는 것보다 오래 걸린다면 이는 공간을 절약한다. 모든 추상화된 코드 시퀀스가 추상화된 함수의 호출로 교체되고 되돌아감으로써 코드를 느리게 한다. 함수 추상화는 다른 함수들로부터 공통된 시퀀스를 찾기 위해 전체 프로그램을 통틀어 사용될 수 있다.

다른 방법으로, 컴파일러는 코드 크기를 증가시키는 변환법을 사용하지 않을 수 있다. 예를 들어, 루프 언롤링은 일반적으로 코드를 증가시킨다. 비슷하게, LCM은 새로운 동작들을 삽입함으로써 코드 크기를 키울 수 있다. 알고리즘을 신중하게 선택하고 중요한 코드 확장을 피함으로써, 컴파일러 제작자는 항상 간결한 코드를 생성하는 컴파일러를 제작할 수 있게 된다.

페이지 실수와 명령어 캐시 미스를 줄이기

어떠한 환경에선, page fault와 명령어 캐시 미스에 의한 오버헤드가 코드의 메모리 지역성을 저해하는 방향으로 나타난다. 컴파일러는 구별되지만 페이징과 명령어 흐름의 캐시 동작을 향상시키는 효과를 낼 수 있도록 몇 가지 기술을 사용할 수 있다.

- *Procedure Placement* 만약 A가 B를 자주 호출한다면, 컴파일러는 메모리 내에 A와 B가 비슷한 위치를 차지하도록 할 수 있다. 만약 그들이 같은 페이지에 맞는다면, 이는 프로그램의 작업 집합을 감소시킬 수 있다. 그들을 인접합 위치로 위치시키는 것은 또한 명령어 캐시의 충돌을 감소시킬 수 있다.

- *Block Placement* 만약 블록 b_i이 분기에서 종료되고, 컴파일러가 해당 분기가 일반적으로 블록 b_j로 이동되는 것을 알고 있다면, 컴파일러는 b_i와 b_j를 연속적인 메모리 구역에 위치시킬 수 있다. 이는 b_j를 분기의 fall-through 케이스로 만들 수 있다(그리고 대부분의 프로세서는 fall-through 케이스를 선호하고 지원한다.). 이는 또한 명령어 캐시에서 어떠한 하드웨어 프리페칭의 효과를 증가시키기도 한다.

- *Fluff 제거* 만약 컴파일러가 잘 실행되지 않는 코드 조각을 결정할 수 있다면, 다시 말해 그들이 거의 타게팅 되지 않는다면, 이는 아주 먼 거리로 이동시킬 수 있다. 이러한 드물게 실행되는 코드는 필요없이 캐시를 점거하고 유용한 동작들을 프로세서로 가져오는 밀도를 낮춘다. (예외 처리를 위해서, 이는 같은 페이지에서 코드를 유지할 것이지만 그것을 관심 대상 에선 제외시킨다.)

이러한 변환법을 효율적으로 사용하려면, 컴파일러는 코드를 통해 얼마나 자주 어떠한 경로가 선택되는지에 대한 정보를 정확히 알아야 한다. 일반적으로, 이러한 정보를 모으는 것은 실행 프로파일 데이터를 모으고 해당 데이터를 다시 코드로 연관시키는 컴파일 시스템보다 더 복잡한 구조를 요구한다. 사용자는 애플리케이션을 컴파일하고 그것을 "대표적"인 입력 위에서 동작시킨다. 이러한 실행으로부터 얻어진 프로파일 데이터는 두 번째 컴파일에서 코드를 최적화 하는 데 사용된다. 대안으로, 컴파일이 오래 될수록, CFG의 모델을 생성하고 논리적인 전이 가능성을 이용하여 실행 빈도를 측정할 수 있다.

10.4.4 최적화 시퀀스 선택

특정한 변환 집합을 선택하고 그들의 적용 순서를 결정하는 것은 최적화 컴파일러를 디자인 하는 데 가장 중요한 일이다. 어떠한 특정 문제에 있어서, 많은 다른 기법들이 존재한다. 그들 각각은 각기 다른 경우 집합을 갖는다. 그들 중 다수가 몇몇 문제들의 부분에 접근한다.

이를 확실하게 하기 위하여, 우리가 중복 제거를 위해 사용했던 방법을 상기하자. 이들은 세 개의 value numbering 기법(지역, 슈퍼 지역, 그리고 우위자 기반)을 포함하고, 두 개의 자료 흐름 기법을 포함한다(가능한 표현식에 기반을 둔 전역 공통 하부 표현식 제거와 lazy 코드 이동). 값-넘버링 기법들은 중복의 값 기반의 개념을 사용하여 중복을 찾고 제거한다. 그들은 단일 블록(지역), 확장된 기본 블록(슈퍼 지역), 그리고 전체 CFG에서 후방 엣지를 제외한 부분(우위자 기반)을 다루기 때문에 최적화의 범위가 각기 다르다. 그들은 또한 상수 전달과 대수적 식별을 몇 가지 필요없는 동작을 제거하기 위해 사용한다. 자료 흐름 기반의 기법들은 불필요한 중복의 어휘적 개념을 사용한다. 두 동작이 동일하다는 것은 같은 이름을 가지는 경우를 말한다. 전역 공통 하부 표현식 제거는 오직 불필요한 중복만 제거한다. 반면 lazy 코드 이동은 불필요한 중복과 부분적 불필요한 중복 제거 그리고 코드 이동을 수행한다.

최적화 컴파일러를 설계하는 데 있어서, 컴파일러 제작자는 반드시 어떻게 불필요한 중복을 제거할 것인지를 결정해야 한다. 이 다섯 가지 방법들 중 하나를 어떤 경우들이 중요한지에 대한 결정, 기법들을 구현하는 데에 필요한 상대적인 어려움, 그리고 어떻게 실행 시간 이득에 대비하여 컴파일 시간 비용을 산정할 것인가를 포함해 결정해야 한다. 이 문제를 더 복잡하게 하는데, 더 많은 기법들이 존재한다.

서로 상호 작용하면서 다른 효과를 가지는 최적화 기법들은 비슷하게 어렵다. 최적화는 상수 전달과 lazy 코드 이동이 지역 상수들 같이 더 많은 값들을 노출시킴으로써 강도 감소를 향상시키는 것처럼, 다른 최적화의 기회가 된다. 시스템적으로, 최적화는 중복 제거가 프로그램에서 더 넓은 영역을 통틀어 값들이 살아있게 함으로써, 레지스터 할당을 복잡하게 하는 것처럼 다른 최적화를 덜 효율적으로 하기도 한다. 두 개의 최적화 기법 효과가 중복될 수도 있다. sparse 조건부 상수 전달을 적용하는 컴파일러에서, 값 넘버링 기법의 상수 축약 능력은 덜 중요하다.

최적화의 집합을 선택한 이후, 컴파일러 제작자는 어떻게 그들의 순서를 조절할 것인지를 결정해야 한다. 몇몇 제한 사항은 명백하다. 예를 들어, 강도 감소 이전에 상수 전달과 코드 이동을 수행하는 것이 가치가 있다. 그렇지만 나머지는 명백하지 않다. 예를 들어, 루프 언스위칭을 강도 감소 이전에 해야 하는가 아닌가? 상수 전달 과정이 $y \geq 0$에 대해서 $x \leftarrow y \times 4$을 변환하는가 아니면 시프트 동작을 사용하는가? 해당 결정은 어떠한 경로가 상수 전달 이전에 시행되며, 어떠한 경로가 그를 따르는지에 달려 있다. 마지막으로, 몇몇 최적화는 여러 번 실행된다. 죽은 코드 제거는 강도 감소 이후 한 번 더 청소를 수행한다. 강도 감소 이후, 컴파일러는 모든 이름 재설정 곱셈을 시프트로 바꾸기 위해서 상수 전달을 다시 한 번 시도할 것이다. 대안으로, 같은 효과를 얻기 위해 지역 값 넘버링을 사용할 수도 있다. 모든 전역 효과들은 이미 잡혀진 상태일 것이기 때문이다.

만약 컴파일러 제작자가 최적화의 수준을 다르게 제공하고자 한다면, 이는 각기 그들만의 논리성과 경로의 집합을 가지고 수행되는 몇몇 컴파일 시퀀스를 제작해야 한다. 최적화의 높은 수준은 일반적으로 더 많은 변환법을 포함한다. 그들은 몇몇 최적화를 이전의 변환법에 의해 만들어진 기회를 활용할 수 있도록 다시 수행할 수도 있다. Muchnick[262]에서 소개된 최적화 순서를 살펴보자.

10.5 요약과 전망

최적화 컴파일러를 디자인하고 구현하는 것은 복잡한 작업이다. 이 장에서는 변환법을 생각해 보기 위한 개념적 뼈대를 소개하였다. 효과의 분류이다. 분류에서 각각의 영역은 몇 가지 예제에 의해 표현되었다, 몇몇은 이 장에 있기도 하고 나머지는 책 전체에 걸쳐 소개되었다.

컴파일러 제작자의 도전은 더 좋은 코드(사용자의 요구에 맞는 코드)를 제작할 수 있도록 다 같이 잘 작동되는 변환법의 집합을 선택하는 것이다. 컴파일러에서 구현되는 특정한 변환법들은 넓은 관점에서 볼 때, 좋은 코드를 생성할 수 있는 프로그램들의 종류이다.

기타

이 장에서 소개된 알고리즘들은 현대적인 반면, 많은 기본적인 아이디어들은 1960년대와 1970년대에서 기인하였다. 죽은 코드 제거, 코드 이동, 강도 감소, 그리고 중복 제거는 모두가 Allen 1969[12]에서 그리고 Cocke and Schwartz[86]에서 소개되었다. 1970년대의 많은 조사 논문은 현장에서의 상황을 조감할 수 있는 좋은 자료들이다[15, 28, 308]. Morgan[260]과 Muchnick[262]의 현대 서적은 모두 최적화 컴파일러의 디자인, 구조 그리고 구현에 관하여 논의하였다. Wolfe[335]와 Allen 그리고 Kennedy[19] 의존성 기반의 분석법과 변환법에 초점을 맞추었다.

*Dead*는 Kennedy[203, 206]에 의해 소개된 mark-sweep 스타일의 죽은 코드 제거를 구현하였다. 그것은 Schorr-Waite marking algorithm[299]을 연상시킨다. *Dead*은 특별히 Cytron etal[104, 7.1절]의 연구에서 차용하였다. *Clean*은 RobShillner[245]에 의해 1992년 개발되고 구현되었다.

LCM은 Morel과 Renvoise의 부분 중복 제거 [259]에 관련된 고전적인 알고리즘에서 발전하였다. 그 원본 논문은 [76, 121, 312, 124]을 포함한 다른 많은 논문들에 영감을 받았다. Knoop, Ruthing, 그리고 Steffen의 lazy 코드 이동[215] 코드 위치 연구에 기여하였다; 10.3.2절 rechsler와 Stadel[125]의 방정식을 사용하였다. Bodik, Gupta, 그리고 Soffa 모든 중복 코드를 찾아 제거하기 위해 복사본을 포함하여 이 모든 접근법을 규합하였다[41].

코드 이동은 Allen-Cocke 카달로그에서 코드 공간을 줄이는 기법의 하나로 소개되었다[15]. 매우 바쁜 표현식을 사용한 공식들은 Fischer and LeBlanc[140]를 포함한 몇몇 연구가 있었다. 싱킹과 크로스 점핑은 Wulf et al.[339]에서 소개되었다.

핍홀 최적화와 꼬리-재귀 제거는 1960년대에 연구되었다. 핍홀 최적화는 맨 처음 McKeeman [253]에 의해 설명되어졌다. 꼬리 재귀 제거는 더 오래 전에 folklore가 1963년에 대화중 칠판에 McCarthy에게 소개하였다. Steele의 논문[314]은 꼬리-재귀 제거의 고전적 레퍼런스이다.

Sparse 단순 상수 알고리즘, SSCP는 Reif와 Lewis의 공이다[285]. Wegman과 Zadeck 은 SSCP를 SSA 형태를 사용할 수 있도록 재 공식화 하였고, SCCP 10.4.1절에 소개된 내용을 발표하였다[328, 329]. 그들의 작업은 낙관적 그리고 비관적 알고리즘으로 분류되었다; Click은 집합 생성 전망을 통해 같은 주제를 다루었다[79].

루프 최적화는 광범위하게 연구되었다[27, 19]; Kennedy 루프의 끝에서 복사 동작을 회피하기 위해 언롤링을 사용했다[202]. Cytron, Lowreg, 그리고 Zadeck은 unswitching을 하기 위한 흥미로운 대안을 제시했다[105]. Wolf와 Lam은 unimodular 변환법이라 불리워진 루프 최적화의 집합을 집대성 했다 [334]. McKinley et al.는 성능 향상에 있어서의 메모리 최적화에 관한 실제적 관점을 제시하였다[89, 254].

SCCP와 같은 결합된 최적화는 때때로 원조의 단일 최적화로는 얻을 수 없는 성능을 가져왔다. value numbering은 중복 제거, 상수 전달, 그리고 대수 식별의 단순화를 결합하였다[50]. LCM은 중복 제거와 부분 중복 그리고 코드 이동을 결합하였다[215]. Click과 Cooper[81]는 Alpern의 partitioning 알고리즘[20]을 SCCP[329]와 결합하였다. 많은 연구자들이 레지스터 할당과 명령어 스케줄링을 결합하였다[158, 267, 268, 261, 45, 274, 298].

연산자 strength reduction는 매우 강도높이 연구되어 왔다. 연산자 강도 감소 알고리즘을 연구한 그룹 중 하나는 Allen, Cocke, 그리고 Kennedy 이다[204, 83, 85, 18, 250]. *OSR* 알고리즘도 이 그룹에 속해 있다[101]. 자료 흐름 접근의 범위에서 벗어나 성장한 알고리즘 그룹 중 LCM 알고리즘에 의해 발전된 그룹은 다음과 같은 자료를 남겼다[118, 192, 198, 120, 216, 209, 69]. 10.3.3절에 소개된 *OSR*은 단지 곱셈만을 감소시킬 뿐이다. Allen et al.은 다른 많은 연산자들에 대해 강도 감소 시퀀스를 보여 주었다[18]; *OSR*을 이 부분을 다룰 수 있도록 확장하는 것은 단순하다.

존재하는 코드 크기 감소 또는 더 작은 프로그램을 만드는 것은 이 분야에서 영구적인 주제이다. Fabri은 저장 공간 오버레이의 자동 생성을 통해 데이터 메모리 요구를 줄이는 알고리즘을 개발하였다[134]. Marks는 간결하고, 프로그램 특성화된 명령어 집합의 컴파일러 합성과 해당 명령어 집합의 해석기를 연구하였다[249]. Fraser, Myers, 그리고 Wendt suffix-trees에 기반을 둔 함수 축약 기법을 연구하였다[148]. 최근 연구는 네트워크를 이용하여 전송되는 코드 압축에 초점을 맞추고 있다[130, 145] 그리고 직접 작은 코드를 만드는 데에 있다−하드웨어의 지원이나 디코딩이 없이 연구되었다[233, 234] 또는 하드웨어나 디코더가 없이 연구되었다[99].

코드 위치 설정을 위한 현대적 알고리즘은 Pettis와 Hansen[273]에 의해 시작되었다. 이후의 연구는 분기 조정[59, 340] 그리고 코드 레이아웃[88, 73, 156]을 포함한다. 이러한 최적화들은 계층적 메모리 시스템에서 코드 메모리의 성능을 향상시킴으로써 성능 향상을 도모하였다. 그들은 또한 분기와 점프를 제거한다.

Chapter 11

명령어 선택
| Instruction Selection

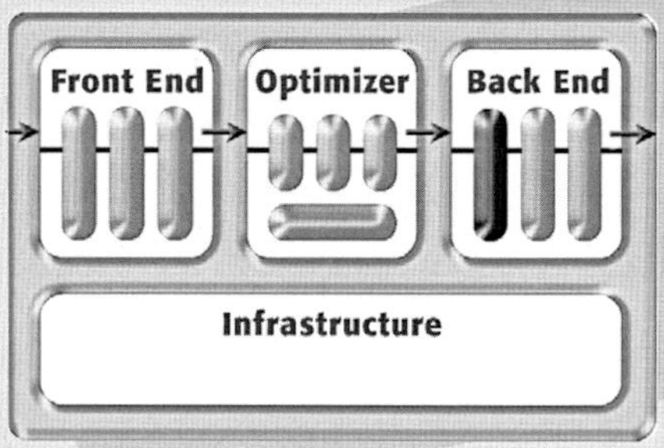

11.1 소개

코드 생성이 시작함에 따라, 프로그램은 IR 형태로 만들어진다. 코드 생성기는 IR 형태의 프로그램을 목표 기계에서 실행할 수 있는 코드로 바꾸어야 한다. (1) 컴파일러는 만들어진 프로그램 IR에 해당하는 명령어를 목표 기계의 IR 명령어들 집합에서 선택해야 하는데 이것을 *명령어 선택(instruction selection)*이라고 한다. (2) 컴파일러는 선택된 명령어들의 실행순서를 결정하는데 이것을 *명령어 스케줄링(instruction scheduling)*이라고 한다. (3) 컴파일러는 프로그램의 각 명령어들이 사용해야 할 레지스터들을 결정하는데, 이것을 *레지스터 할당(register allocation)*이라고 한다. 컴파일러는 위의 일련의 과정에서 명령어들을 새로 만들어 나아가야 한다. 대부분의 컴파일러는 위의 세 과정을 개별적으로 수행한다. *코드 생성(code generation)*이란 용어는 흔히 명령어 선택을 가리킨다. 이번 장에서는 명령어 선택을 수행하는 데 있어서, 가능성을 설명한다.

코드 생성기를 설계하는 데 있어서, 컴파일러를 만드는 사람들은 하위 레벨 코드를 고려해야 하고, 목표 기계의 명령어 집합 구조(ISA)와 하드웨어 자원을 고려하여 매핑해야 한다. IR의 일부분 혹은 전체가 하위 레벨로 상세히 기술되어 있다면, 명령어 선택은 그 세부 항목을 고려하고, 그것에 따라 명령어를 선택하게 된다. IR의 표현이 추상적인 상위 레벨로 표현되어 있다면, 명령어 선택은 그 IR에 해당하는 일부 또는 전체의 세부항목으로 표현되어 있는 명령어들의 집합을 선택함으로써 수행된다. (이와 같은 명령어들의 세부 항목을 기계적으로 생성하는 것은 컴파일 단계의 마지막에 수행되며, 템플릿 코드 형태로 되어 있는 하위 레벨의 명령어들을 선택함으로써 이루어진다.) 컴파일러는 전단에서 생성한 IR을 직접적으로 거의 최적화를 하지 않거나 최적화를 전혀 수행하지 않는다.

특정한 목표 기계에서 명령어 선택은 주어진 연산에 대한 많은 선택의 폭이 있는데, 이와 같은 선택의 폭은 명령어 선택의 복잡도를 발생시킨다. 명령어 스케줄링과 레지스터 할당의 쟁점에 대하여는 다음에 이어지는 두 개의 장에 걸쳐 설명하겠다. 각각의 IR 명령에 대하여 오직 한 가지 경우의 목표 기계 코드로 표현되어 있다면, 컴파일러는 쉽게 그 명령어를 동일한 기계어와 대응시킬 수 있다. 그러나, 대부분의 경우에서 목표 기계는 각각의 IR을 다양한 방법으로 표현할 것이다.

예를 들어, ILOC 명령어 집합을 사용하는 기계상에서, 범용 레지스터 r_i의 값을 다른 범용 레지스터 r_j로 복사하는 명령을 고려해 보자. ILOC 명령어 집합은 우리가 볼 수 있듯이, 코드를 생성하는 데 있어서 충분한 복잡도를 가지고 있다. $r_i \rightarrow r_j$를 나타내는 명백한 표현은 i2i $r_i \Rightarrow r_j$와 같은 명령어를 사용하는 것이다. 이와 같은 레지스터에서 레지스터로의 복사 명령어는 프로세서가 제공하는 가장 효율적인 연산 중 하나이다. 그러나, 여기에는 다른 표현 방법이 많이 있다. 다음의 명령어들을 살펴보자.

```
addI     ri,0 ⇒ rj        subI     ri,0 ⇒ rj
multI    ri,1 ⇒ rj        divI     ri,1 ⇒ rj
lshiftI  ri,0 ⇒ rj        rshiftI  ri,0 ⇒ rj
orI      ri,0 ⇒ rj        xorI     ri,0 ⇒ rj
```

여기에 더하여 andI 명령어와 피연산자를 1로 함으로써, 레지스터에서 레지스터로의 복사 명령을 수행할 수 있다. 프로세서가 항상 값이 0인 레지스터를 가지고 있다고 한다면, add, sub, lshift, shift, or, xor 명령어를 사용하여 또 다른 표현이 가능하다. 또한, 저장과 바로 뒤따라오는 불러오기 명령어를 사용하고, 세 번째 레지스터를 사용하여 2쌍의 xor 명령어를 배열하면, 더 많은 연속된 명령들로 표현 가능하다. 즉, 매우 다양한 경우가 존재한다.

프로그래머는 전부는 아니지만 이와 같은 연속적인 명령어들을 지워버릴 수 있을 것이다. i2i 명령어를 사용하는 것이 가장 간단하고 빠르고 명백하다. 그러나 자동화된 절차에서는 가능한 모든 경우를 고려해야 할 것이고, 적당한 선택을 해야 한다. 같은 연산을 수행하는, 즉 같은 의미를 갖고 있는 연산에 대하여 다양한 선택의 가능성은 명령어 선택의 복잡도를 올라가게 한다. ILOC에서 ISA는 특정한 연산에 대하여 적은 수의 그리고 간단한 하위 레벨의 명령들을 제공한다. 그럼에도 불구하고, 우리는 레지스터에서 레지스터로의 복사 명령을 다양한 방법으로 표현할 수 있다.

실제의 프로세서들은 매우 복잡하다. 프로세서들은 상위 레벨의 연산들과 다양한 주소 매김 방식을 포함하고 있으며, 코드 생성기는 그것들을 고려해야만 한다. 이와 같은 특성들은 숙련된 프로그래머나, 잘 구성된 컴파일러는 좀 더 효과적인 프로그램을 만들 수 있는 반면에, 선택의 수를 증가 시킨다. 명령어 선택기는 많은 표현 가능성이 커짐에 따라 더 많은 저장 공간을 만들어야 하는 문제에 직면하게 된다.

각각의 개별적인 명령어들은 그 자신만의 cost가 있다. 대부분의 기계에서 `i2i`, `add`, `lshift`와 같은 간단한 명령어들을 제공하고 있고, 그와 같은 명령어들을 1 사이클에 실행시킨다. 정수 곱하기와 나누기와 같은 몇몇의 연산들은 좀 더 긴 사이클을 소비할 것이다. 메모리 연산의 속도는 컴퓨터의 메모리 시스템의 현재 상태를 포함한 다양한 요소들에 의존한다.

몇몇의 경우, 연산의 실제 비용은 context에 의존할 것이다. 예를 들어, 프로세서가 몇 개의 연산 유닛을 가지고 있고 현재 사용하지 않고 있는 연산 개체를 사용하여 레지스터에서 레지스터로의 복사 명령을 수행한다면, 좀 더 나은 성능을 보일 것이다. 프로세서의 활동하지 않는 연산 개체에서의 연산은 효과적이고 자유롭다. 사용하지 않고 있는 연산 개체로 연산을 수행 시키는 것은 전체의 실제 연산 속도를 높일 수 있을 것이다. 코드 생성기가 특정한 명령을 사용하지 않는 연산 개체에 할당하는 문제는 선택의 문제이며, 그렇지 않은 경우는 스케줄링의 문제이다.

대부분의 경우, 컴파일러를 만드는 사람들은 후단에서 코드를 생성하고 빠르게 동작하길 원한다. 그러나 또 다른 요소를 고려할 경우가 있다. 예를 들어, 마지막으로 생성된 코드가 건전지 전력을 사용하는 장치에서 실행된다면, 컴파일러는 각각의 연산에 대한 전력 소모를 염두해 두어야 한다. (개개의 특정한 연산들은 실행되는 동안 그 고유의 전력을 소모한다.) 전력에 대하여 최적화하려는 시스템에서의 비용은 실행 속도를 고려하는 것과는 확연한 차이를 보일 것이다. 전력에 대한 비용은 하드웨어의 기본적인 특성에 깊게 의존하고 있으며, 전력에 특정한 코드를 위해 생성된 코드를 다른 코드로 바꾸어야 할 것이다. 이와 유사하게, 코드의 공간이 부족하다면, 컴파일러를 만드는 사람들은 다중으로 연속된 연산을 선택하기보다, 같은 효과를 갖고 있는 하나의 연산을 선택하게 할 것이다.

더 나아가 복잡한 문제는, 몇몇의 ISA는 특정한 연산에 대하여 추가적인 제약이 있다. 예를 들어, 정수 곱하기 연산은 특정한 레지스터를 연산자를 필요로 하는 경우가 있고, 부동 소수점 연산의 경우 짝수 레지스터를 연산자로 사용한다. 메모리 연산은 프로세서의 연산 개체 중 오직 하나에서만 실행된다. 부동 소수점 연산 개체가 $(r_i \times r_j) + r_k$ 연산을 하나의 연산으로 지원해 줄

수 있다면, 곱하기를 하고 더하기를 하는 연산보다 더 빠르게 실행시킬 수 있을 것이다. 또한, 다중 불러오기와 다중 저장하기 연산은 일련의 연속된 레지스터들을 필요로 한다. 메모리 시스템은 doubleword 또는 quadword에 대하여 singleword 불러오기 보다 더 좋은 대역폭과 대기 시간을 가지고 전송시킬 것이다. 이와 같은 제약들은 명령어 선택을 제한한다. 동시에 입력 프로그램의 모든 지점에서 최선의 명령어를 찾는 것의 중요성을 높이고 있다.

IR의 추상화 레벨과 목표 기계가 의미심장하게 다르거나, 기본적인 연산 모델들이 다르거나 할 때, 명령어 선택은 그 차이를 극복하는 중요한 역할을 할 수 있다. 넓은 명령어 선택의 폭은 목표 기계에 대한 IR 프로그램을 효과적으로 연산과 대응시킬 수 있는데, 이것은 종종 코드 생성의 효율을 결정 지을 수 있을 것이다. 예를 들어, ILOC과 비슷한 IR로 생성된 코드로 다음의 세 가지 시나리오를 고려해 보자.

1. *간단한 스칼라 머신* 코드 생성기는 각각의 IR 연산에 대하여 하나 또는 두 가지의 어셈블리 언어만 고려해야 하기 때문에, IR을 어셈블리 언어와 매핑하는 것은 직접적이다.

2. *CISC 프로세서* CISC의 명령어 집합을 효율적으로 사용하기 위해, 컴파일러는 하나의 목표 기계 연산에 대하여 몇 개의 IR 연산들의 집합을 필요로 할 것이다.

3. *스필 머신* 코드 생성기는 ILOC 형식의 레지스터로부터 레지스터로의 복사 연산을 암묵적 이름과 어떤 경우에는 파괴적 연산을 스택을 기준으로 하는 형식으로 바꾸어야만 한다. 1-주소 또는 스택, IR로 부터 3-주소 기계로 옮기는 것은 비슷한 문제들을 야기시킨다. 코드 생성기는 새로운 이름 공간을 만들어야만 한다. 3-주소 형태로 변환하는 것은 지역 값 번호 매기기와 같은 최적화들을 위하여 제안할 값을 새로 사용하는 기회를 마련할 것이다.

IR과 목표 ISA와의 추상적 격차가 커짐에 따라, 코드 생성기를 도울 수 있는 어떤 도구가 더욱 필요하게 된다.

명령어 선택이 코드의 가치를 결정하는 중요한 역할을 하는 반면에, 컴파일러를 제작자는 명령어 선택기가 명령어들을 검색하는 데 소비하는 막대한 공간을 고려해야만 한다. 나중에 살펴 보겠지만, 적당한 크기를 가지고 있는 명령어 집합조차도 수억의 상태를 가진 검색 공간을 생성할 수 있다. 명확하게, 컴파일러는 그와 같은 공간을 주의 깊게 또는 철저하게 검색할 여유가 없다. 일련의 코드들을 규칙에 의해 상태의 공간 안에서 선택하는 기술과 공간을 한정하거나 충분한 정보를 이용한, 미리 코드를 결정하는 기술들은 검색을 효과적으로 할 수 있게 해준다.

명령어 선택과 스케줄링과 할당의 상호작용

명령어 선택과 스케줄링과 할당의 상호 작용 뒷단에서 세 가지 중요한 과정들은 명령어 선택과 스케줄링 그리고 레지스터 할당이다. 이 세 과정은 코드 생성의 질을 결정하는 데 직접적인 영향을 주고 서로서로 영향을 준다.

명령어 선택은 명령어 스케줄링을 과정을 직접 바꾼다. 명령어 선택은 어떤 연산이 요구되는 시간과 어떤 연산 유닛이 실행 가능한가 스케줄러에 지시한다. 스케줄링 역시 명령어 선택에 영향을 주는 경우가 있다. 만약, 코드 생성기가 하나의 IR 연산에 대하여 두 개의 어셈블리 코드를 생성할 수 있고, 그 두 연산이 다른 자원를 사용한다면, 코드 생성기는 최선 선택에 의하여 스케줄링에 대한 정보를 필요로 하게 될 수 있다.

명령어 선택과 레지스터 할당은 몇몇의 방법으로 상호작용을 한다. 목표 기계가 일정한 레지스터 집합을 가지고 있다면, 명령어 선택기는 레지스터의 수를 무한으로 가정할 수 있고, load, store 연산에 필요한 레지스터들을 할당하는 데 레지스터 할당기에 의존한다. 반면에 만약 목표 기계가 레지스터 사용에 제한을 두는 규칙을 가지고 있다면, 명령어 선택기는 특정한 물리적 레지스터에 세심한 주의를 가져야만 한다. 이러한 특징은 명령어 선택을 복잡하게 할 수 있고, 레지스터 할당을 몇 개 또는 모두 미리 결정할 수 있게 한다. 이러한 경우 코드 생성기는 명령어를 선택하는 동안 지역 레지스터 할당을 위하여 레지스터 할당기와 서로 영향을 주고받는다.

명령어 선택과 스케줄링 그리고 레지스터 할당을 분리하여 관리하는 것(가능하다면)은 구현과 디버깅을 간편하게 할 수 있다. 그러나 이들 세 개의 과정은 서로에게 제한을 줄 수 있기 때문에, 컴파일러 제작자는 불필요한 제한을 추가하는 것을 피해야만 한다.

11.1.1 목표 변환 컴파일러 구성하기

체계적인 또는 규칙이 있는 코드 생성은 *목표 변환 컴파일러(retargetable compiler)*를 만드는 것을 가능하게 해준다. 목표 변환 컴파일러는 다양한 기계의 명령어 집합과 구조에 대한 정보를 컴파일러에 추가함으로써 여러 가지 기계을 지원하는 컴파일러이다.

목표 변환 컴파일러 개발의 목적은 컴파일러가 가지고 있는 구성 부분을 최대한 재활용하자는 데 있다. 이상적으로, 앞단과 최적화기는 최소한의 변경만 필요하고, 뒷단을 재사용함으로써 새로운 기계의 컴파일러를 만들 수 있다. 이러한 목표 변환 컴파일러의 특징은 컴파일러의 공통

부분을 구성하고 디버깅하고 유지하는 것을 잘 이용할 수 있다는 것이다.

많은 타깃을 지원해야 하는 컴파일러를 위한 근래의 접근방법은 명령어 선택기가 중요한 책임을 지도록 하고 있다. 컴파일러는 모든 타깃에 대하여 공통의 IR을 사용한다. 또한, 몇몇의 경우에는 모든 언어에 대하여도 공통의 IR을 사용한다. 사실 새로운 언어를 추가하는 것은 때때로 IR에 새로운 연산들을 추가하는 것을 의미한다. 그러나, 그 목적은 IR을 확장하는 것이지 IR을 재구성한다는 것이 아니다. 컴파일러는 대부분의 목표 기계에 대하여 그 공통의 IR을 최적화한다. 마지막으로 컴파일러는 컴파일러 제작자가 *타깃에 의존적인(target-dependent)* 부분을 분리하고 빼낸 뒷단을 사용한다.

(스케줄러와 레지스터 할당기는 목표 기계의 어셈블리 코드를 사용하면서 동작하기 때문에, 이 컴파일러의 두 과정은 목표 의존적인 정보를 필요로 한다. 이 정보는 연산의 지연, 레지스터 집합의 크기, 연산 유닛들의 숫자와 실행 가능 여부, 정렬 제한, 목표 기계의 함수 호출의 규약, 그리고 주파수와 또 다른 세부 사항들을 포함한다. 여전히 컴파일러는 모든 플랫폼에 대하여 기본적인 알고리즘과 구현을 공유하고 있다.)

목표 변환 컴파일러를 구성하는 데 가장 중요한 요소는 명령어 선택기들을 구성하는 것을 자동화하는 것이다. 그림 11.1은 시스템이 어떻게 동작하는지 보여주고 있다. 명령어 선택기는 패턴 매칭 엔진과 테이블들의 집합의 두 가지로 구성되어 있다. 명령어 선택기의 테이블들은 IR과 목표 기계의 ISA를 매칭시키는 데 필요한 정보를 포함하고 있다. 명령어 선택기는 컴파일러의 IR을 사용하여, 목표 기계의 어셈블리 코드를 생성한다. 이와 같은 시스템에서 컴파일러 제작자는 목표 기계의 서술을 새로이 만들고, 뒷단 생성기를 실행시킨다(때때로 뒷단 생성기를 코드-생성

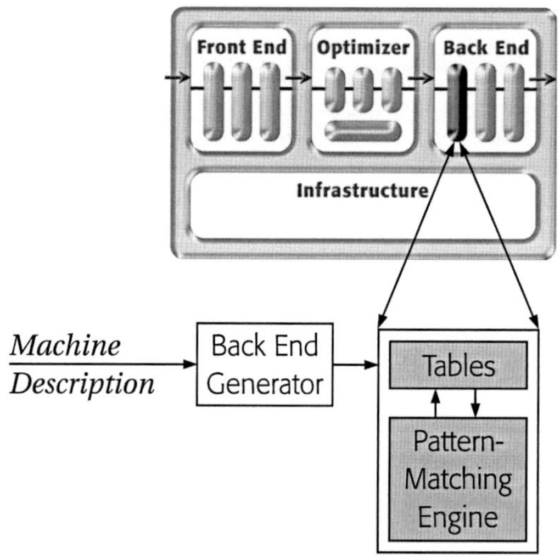

그림 11.1 목표 변환 가능한 backend

기 생성기라고 부른다). 뒷단 생성기는 패턴 매칭기가 필요로 하는 명령어 선택기의 테이블을 얻기 위하여 목표 기계의 서술을 사용한다. 파서 생성기와 같이, 뒷단 생성기는 컴파일러를 개발과는 개별적으로 동작한다. 그러므로, 우리는 컴파일 시간보다 더 오래 거리는 테이블들을 생성하는 알고리즘을 사용할 수 있다.

목표 변환 컴파일러의 목표는 명령어 선택기와 스케줄러, 레지스터 할당기에서 기계 의존적인 부분을 모두 분리시키는 것이지만, 현실적으로 대부분 항상 이와 같은 이상적인 컴파일러에 못 미친다. 몇몇의 기계 의존적인 부분이 컴파일러의 앞부분에 영향을 미치는 경우가 있다. 예를 들어, 활동 레코드(AR)에 어떻게 정렬 및 쌓아 나아가는가에 대한 제한은 목표 기계들마다 다를 수 있으며, AR에 저장된 값의 오프셋을 바꿔주어야 한다. 컴파일러는 예정된 실행, 지체된 분기 슬롯 그리고, 다중 메모리 연산과 같은 하드웨어에 대한 정보를 필요로 할 수 있다. 그러나, 목표 의존적인 세부 사항을 확장하는 것은 명령어 선택을 하는 데 있어서 영향을 줄 수 있고, 컴파일러의 다른 곳에서 만들어지는 변화의 수를 감소시킬 수 있으며, 또한 이것은 목표 변환을 위한 일을 간소화 시킨다.

이번 장에서는 명령어 선택기를 자동으로 구성하는 두 가지 방법을 소개한다. 다음 절에서는 이 문제를 자세히 소개하기 위하여 명령어 선택을 위한 간단한 트리 탐색 알고리즘을 소개한다. 그 다음 두 절은 연속된 IR들을 어셈블리 언어로 변경시키는 패턴 매칭 기법의 두 가지 방법을 소개한다. 이 두 가지 방법은 서술에 기반하여 설명한다. 컴파일러 제작자는 목표 기계의 ISA를 서술하거나, 또는 컴파일 타임에 사용될 수 있도록 명령어 선택기의 패턴 매칭 도구를 구성하는 방법을 사용한다. 이 두 가지 방법은 간단한 컴파일러에 성공적으로 사용되어 왔다.

첫 번째 방법은 bottom-up으로 새로 쓰는 시스템을 만들기 위하여 트리 패턴 매칭 이론을 사용한다. 이 경우 개념적으로 컴파일러는 트리 형태의 IR을 사용한다. 컴파일러 제작자는 트리 패턴들을 사용하여 목표 기계의 ISA를 서술한다. 이 트리 패턴은 하위 레벨의 AST(abstract syntax tree)와 비슷하다. 패턴 비교기는 IR 트리를 탐색하여 그에 해당하는 패턴을 찾고, 다음 단계에서 그에 따르는 코드를 생성하게 된다.

두 번째 방법은 잘 알려진 최적화 기법인 핍홀 최적화를 사용하고, 그것을 코드 생성에 적용한다. *핍홀 최적화기*는 개념적으로 선형 형태의 IR들을 가지고 동작한다. 이것은 핍홀을 위하여 몇 개의 한정된 명령어들만 핍홀 최적화기가 볼 수 있게 되고, 이것은 간단하고 빠른 패턴 매칭을 가능하게 해 준다. 이것은 또한 패턴 매칭기가 찾을 수 있는 셋을 한정시킨다. 핍홀 기반의 명령어 선택은 1980년 초부터 사용되어 왔다. IR과 관련하여 그것을 목표 기계의 어셈블리 코드로 새로 쓰는 규칙을 구성하는 것은 컴파일러 제작자가 IR 프로그램을 에셈블리 코드로 바꾸는 핍홀 최적화기를 만들 수 있게 한다. 패턴을 추가하는 것은 보통 코트의 질을 향상시킨다. 11.4절은 이것에 대하여 좀 더 깊이 있는 논의를 할 것이다.

11.2 간단한 트리 탐색 기법

지금까지의 논의를 확실히 하기 위해서, w ← x − 2 × y와 같은 할당 스테이트먼트의 코드 생성에서 발생하는 이슈들에 대해 고려해 보자. 왼쪽에 나와 있는 것처럼 해당 스테이트먼트는 AST로 나타내어질 수 있고, 또는 오른쪽처럼 테이블로 표현할 수도 있다. 위의 두 가지와 같은 IR 표현들로부터 명령어 선택 과정은 반드시 어셈블리 언어 프로그램을 만든다. 논의를 위한 목적으로, 명령어 선택 과정이 그림 11.2에 나와 있는 ILOC 부분집합에서의 동작들을 반드시 생성한다고 가정해 보자.

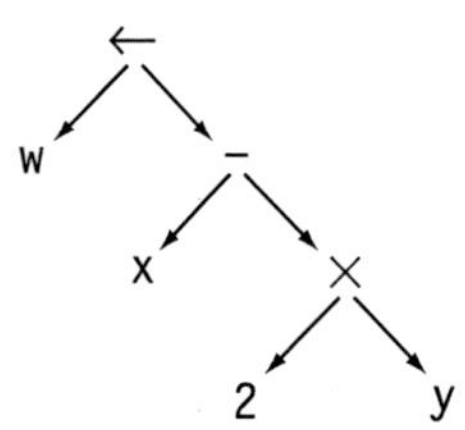

Op	Arg_1	Arg_2	Result
×	2	y	t_1
−	x	t_1	w

7장에서, 우리는 식을 위한 AST로부터 간단한 트리 탐색 과정이 코드를 생성할 수 있다는 것을 확인하였다. 그림 7.2에 나와 있는 코드는 변수와 숫자에 적용되는 +, −, ×, ÷와 같은 이진 연산자들을 다루었다. 그 코드는 식을 위한 훼손되지 않은 코드를 생성했고, 하위 레벨의 선형 IR 또는 간단한 RISC 기계의 어셈블리 코드를 생성하는데 사용되어질 수 있는 접근법을 묘사하려고 하였다.

간단한 트리 탐색 접근법은 특정 AST 노드 형태의 모든 개체들에 대해서 같은 코드를 생성한다. 이런 접근법이 정확한 코드를 생성하는 동안, 그것은 절대로 특정 환경과 문맥에 따라서 코

Arithmetic Operations				Memory Operations			
add	r_1, r_2	⇒	r_3	store	r_1	⇒	r_2
addI	r_1, c_2	⇒	r_3	storeAO	r_1	⇒	r_2, r_3
sub	r_1, r_2	⇒	r_3	storeAI	r_1	⇒	r_2, c_3
subI	r_1, c_2	⇒	r_3	loadI	c_1	⇒	r_3
rsubI	r_2, c_1	⇒	r_3	load	r_1	⇒	r_3
mult	r_1, r_2	⇒	r_3	loadAO	r_1, r_2	⇒	r_3
multI	r_1, c_2	⇒	r_3	loadAI	r_1, c_2	⇒	r_3

그림 11.2 ILOC 부분집합

코드 배치(Code Layout)

코드를 내보내기 이전에, 컴파일러는 메모리 내의 베이직 블록들을 배치할 수 있는 기회를 가진다. 만약 IR 내의 각각의 분기가, ILOC가 그러는 것처럼, 명확한 두 개의 분기 목표점을 가진다면, 컴파일러는 메모리 내에서 따라오게 되는 블록의 논리적 상속자들 중 하나를 선택할 수 있다. 하나의 명확한 분기 목표점이 있을 경우 (*fall-through branch*라고 불리우기도 한다) 블록들을 재배치 하는 것은 더 많은 작업을 필요로 한다.

두 개의 구조적으로 고려해야 할 사항들이 이러한 결정을 도와주어야 한다. 몇몇 프로세서들에서, 분기를 받아들이는 것은, 분기가 거짓이 되어 다음 동작을 실행하는 것보다 더 많은 시간을 필요로 한다. 캐시 메모리가 있는 기계의 경우, 같이 실행되는 블록은 같이 위치하게 된다. 이러한 두 가지 구조는 둘 다 배치를 위해서 같은 전략을 선호한다. 만약 블록 *a*가 분기에서 끝이 나고 *b*, *c*를 목표점으로 잡았을 경우, 컴파일러는 메모리 내에서 더 빈번하게 *a* 이후의 받아들여진 분기를 위치시켜야 할 것이다.

물론, 만약 블록이 컨트롤 흐름 그래프에서 다수의 조상을 가지고 있을 때, 그중 오직 하나만이 메모리 내에서 즉시 선행될 수 있을 것이다. 다른 것들은 그것에 도달하기 위해서 분기나 점프가 필요하게 된다.

드를 적응시키기 위한 기회를 이용하지 않는다. 만약 컴파일러가 명령어 선택 이후에 특정한 최적화를 수행한다고 하면, 이것이 문제가 되진 않을 것이다. 최종 코드는 바로 후에 일어나는 최적화 없이는 명백히 비효율적일 가능성이 높다.

예를 들어, 긴단힌 트리 walk 과징이 변수와 숫자를 나루는 과정을 살펴보자. 당면 과제와 관계가 있는 코드는 다음과 같다.

```
case IDENT:                              case NUM:
  t1 ← base(node);                         result ← NextRegister();
  t2 ← offset(node);                       emit (loadI, val(node),
  result ← NextRegister();                         none, result);
  emit (loadAO, t1, t2, result);           break;
  break;
```

변수에 있어서, 레지스터에 들어갈 기본 주소와 오프셋을 얻기 위해서 *base*와 *offset*이라는 두 가지 함수를 사용하고 있다. 그런 이후 유효한 주소를 만들고, 해당 주소에 위치한 메모리 내용을 회수하기 위해서 *base*와 *offset*의 결과 값을 더하는 loadAO 동작이 나타난다. AST는 변수의 저장 클래스들을 구분하지 못하기 때문에, *base*와 *offset*을 추측컨대, 그들이 진정으로 원하는 추가적인 정보를 얻기 위해서 심볼테이블을 참고할 것이다.

이러한 기법을 더 현실적인 경우로 확장해서, 다른 크기의 표현법을 가지는 변수, 값에 의한 호출 / 참조호출, 그리고 변수의 전체 생존시간 동안에 레지스터에 상주하는 변수들을 포함시킬 경우, 각각의 참조에서 각각의 경우를 확인하기 위한 명확한 코드 기록을 요구할 것이다. 이런 과정은 *IDENT* 경우에 대한 코드를 더 길게(그리고 더 느리게) 만들 것이다. 이것은 손으로 작성한 트리 탐색 기법의 매력적인 단순성의 많은 부분을 제거해 버린다.

숫자를 다루는 코드는 마찬가지로 명약관화하다. 이 코드는 모든 경우에 대해서 숫자는 반드시 레지스터로 저장되어야 하고, *val*이 심볼 테이블로부터 숫자의 값을 가져올 수 있다고 가정한다. 만약 숫자를 사용하는 동작(트리에서 그의 부모)이 목표 기계에서의 즉시 형태를 가지고 상수가 측치 필드에 맞는 값을 가질 때, 컴파일러는 즉치 형태가 적은 수의 레지스터를 사용하기 때문에 그를 사용해야만 할 것이다. 만약 숫자의 형태가 즉치 동작에 의해 지원되지 않는 경우라 한다면, 컴파일러는 메모리 내에 값을 저장하기 위해서 반드시 그것을 배열해야 할 것이고, 레지스터에 해당 값을 불러오기 위해서 적절한 메모리 참조를 만들어야 할 것이다. 이것은 레지스터에 상수를 보관해 놓는 것과 같은, 더욱 개선할 수 있는 기회를 제공할 것이다.

지금까지의 논의를 확실히 하기 위해서, 그림 11.3에 나와 있는 세 가지의 곱셈 동작을 살펴보자. 심볼 테이블에 대한 주석은 트리에서 단말 노드들의 아래에 나타나 있다. Identifier는 이름으로 이루어져 있고, 기본 주소를 위한 라벨이며 (또는 현재의 활성화 기록을 가리키는 ARP이다.) 기본 주소로부터의 오프셋이다. 각각의 트리 아래에 두 개의 코드가 있다－하나는 간단한 트리 탐색 감정기에 의해서 생성된 코드이고, 하나는 독자 입장에서 컴파일러가 생성하기 원하는 코드 이다. 첫 번째 경우, a × b에서, 이것의 비효율성은 트리 탐색 기법이 `loadAI` 동작을 생성하지 않는다는 사실에서 기인한다. *IDENT* 케이스에서의 좀 더 복잡한 코드가 이 문제를 해결할 수 있다.

두 번째 경우인 a × 2는 더 어렵다. 코드 생성기는 `multI` 동작을 통해서 이런 곱셈 동작을 구현이 가능하다. 이 사실을 인식하기 위해서 코드 생성기는 지역 문맥 외의 부분을 살펴보아야만 한다. 트리 순회 기법에서 이 작업을 수행하려면, ×의 경우는 하나의 하부 트리가 상수로 변할 수 있음을 인식해야 할 것이다. 다른 방법으로, *NUM* 노드를 다루는 코드는 해당 노드의 부모가 즉시 동작으로 구현 가능한지에 대해 판단할 수도 있다. 둘 중 어느 방법이든, 이는 간단한 트리 순회 패러다임을 위반하는 비지역적인 문맥을 요구한다.

세 번째 경우인 c × d는 또 다른 비지역 문제를 가지고 있다. ×의 두 하부 트리들은 변수 자신의 기본 주소로부터 4만큼 오프셋을 가지는 변수를 참조한다. 해당 참조들은 각기 다른 기본 주소를 가진다. 원래의 트리 순회 기법은 각각의 상수 `@G, 4, @H, 4`에 대해서 암묵적인 `loadI`

a × b	a × 2	c × d

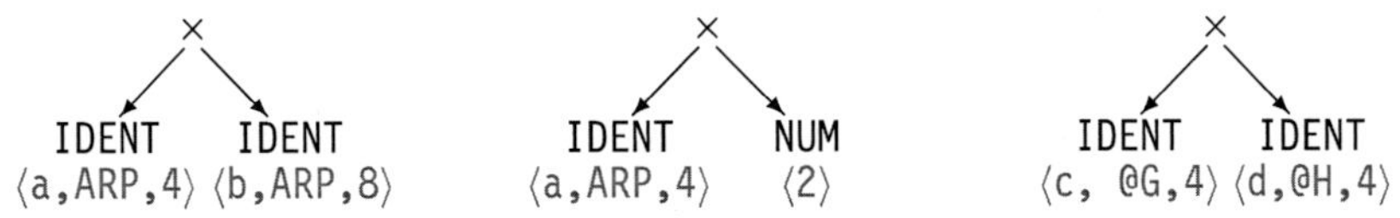

Generated Code

a × b	a × 2	c × d
loadI 4 ⇒ r_5 loadAO r_{arp},r_5 ⇒ r_6 loadI 8 ⇒ r_7 loadAO r_{arp},r_7 ⇒ r_8 mult r_6,r_8 ⇒ r_9	loadI 4 ⇒ r_5 loadAO r_{arp},r_5 ⇒ r_6 loadI 2 ⇒ r_7 mult r_6,r_7 ⇒ r_8	loadI @G ⇒ r_5 loadI 4 ⇒ r_6 loadAO r_5,r_6 ⇒ r_7 loadI @H ⇒ r_8 loadI 4 ⇒ r_9 loadAO r_8,r_9 ⇒ r_{10} mult r_7,r_{10} ⇒ r_{11}

Desired Code

a × b	a × 2	c × d
loadAI r_{arp},4 ⇒ r_5 loadAI r_{arp},8 ⇒ r_6 mult r_5,r_6 ⇒ r_7	loadAI r_{arp},4 ⇒ r_5 multI r_5,2 ⇒ r_6	loadI 4 ⇒ r_5 loadAI r_5,@G ⇒ r_6 loadAI r_5,@H ⇒ r_7 mult r_6,r_7 ⇒ r_8

그림 11.3 곱셈의 변형들

동작을 생성한다. loadAl을 사용할 수 있도록 수정된 버전은, 앞서 말한 바와 같이, @G와 @H를 위한 분리된 loadl들을 만들어 내든지 또는, 4를 위한 두 개의 loadI들을 만들어 낼 것이다. (물론, @G와 @H의 값의 길이는 고려되어야 할 것이다. 만약 그들이 너무 길다면, 컴파일러는 반드시 4s를 loadI 동작에 대한 즉시 피연산자로 사용할 것이다.)

이 세 번째 예제의 기본적인 문제는 최종 코드가 AST 내에 숨겨진 공통 하부 표현식을 포함하고 있다는 데 있다. 이 불필요한 중복을 발견하고 적절하게 처리하기 위해서는, 코드 생성기는 하부 트리의 오프셋 값과 기본 주소를 암묵적으로 체크하는 코드를 요구하여야 하고, 모든 경우에 대한 적절한 시퀀스를 생성하여야 할 것이다. 이러한 방법으로 하나의 경우만 처리하는 것은 매우 지저분한 일이 될 수 있다. 발생 가능한 모든 비슷한 경우들을 전부 다루는 것은 엄청난 양의 추가적인 코딩 작업을 필요로 할 수 있다.

이러한 경우의 불필요한 중복을 처리하는 더 나은 방법은 IR에서의 불필요한 중복 세부 사항을 노출시키고 최적화기로 하여금 그것들을 제거하도록 하는 것이다. w ← x − 2 × y와 같은 할당문에서 전단부는 그림 11.4에 나와 있는 저수준의 트리를 만들어 낼 것이다. 이러한 트리는 몇몇 새로운 종류의 노드를 가진다. Val 노드는 r_{arp} 내에서의 ARP와 같은 레지스터 내에 존재하는 알려진 값을 표현한다. Lab 노드는 전형적으로 코드나 데이터에 대해서 사용되어지는 어셈블리 수준의 라벨과 같은 위치 수정 가능한 심볼을 표현한다. ◆ 노드는 우회적 방법의 수준을 알려준다. 해당 노드의 자식은 주소이고, 그것은 그 주소에 저장되어져 있는 값을 생성한다. 이러한 새로운 노드 형태들은 컴파일러 제작자로 하여금 더 많은 매칭 규칙을 규정하도록 요구한다. 그러나, 그 대가로 c × d에 있는 4에 대한 중복 참조와 같은 추가적인 세부 사항들이 최적화 되어야 한다.

이러한 버전의 트리는 목적 ILOC 명령어 집합보다는 추상화의 저수준에서 세부 사항들을 노출한다. 이러한 트리의 노출을 살펴보면, 예를 들어, x는 참조에 의한 호출 인자이고(두 개의 ◆ 노드를 관찰하라.), y는 @G 라벨로부터 오프셋 12만큼의 위치에 저장되어져 있고 w는 ARP로부터 오프셋 4만큼 떨어진 곳에 저장된 지역 변수이다. 더 나아가, loadAI과 storeAI 동작에서 명시적인 더하기 작업은 트리에서 암묵적으로 나타난다.

AST에서 더 자세한 사항을 노출하는 것은 더 좋은 코드를 만들어 내는 데 도움이 된다. 코드 생성기가 고려해야만 하는 목적-기계 동작의 수가 증가하는 것 또한 더 나은 코드 생성에 도움이 된다. 그러나 모든 경우, 이러한 요인들은 코드 생성기가 주어진 하부 트리를 구현하기 위한 많은 다른 방법들을 발견하게끔 하는 상황을 만든다. 이런 간단한 트리 순회 기법은 각각의 AST 노드 형태에 대해서 하나의 선택 사항만을 가지고 있었다. 목표 기계의 명령어 집합의 사용을 효율적으로 하기 위해서, 코드 생성기는 실제적으로 사용될 수 있는 많은 가능성들을 고려해

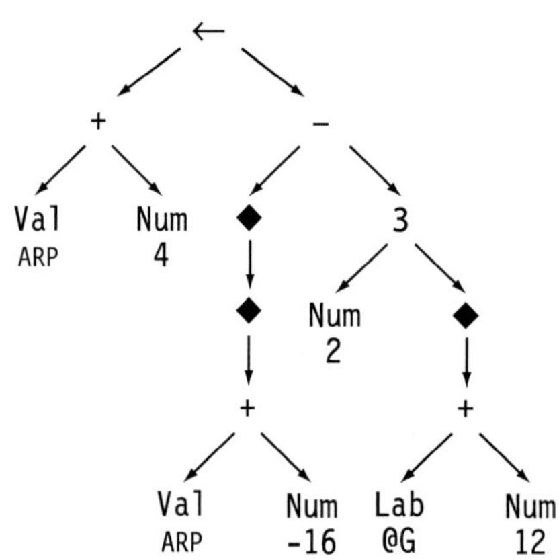

그림 11.4 w ← x − 2 × y의 하위레벨 AST

최적화된 코드 생성

각각의 경우 같은 코드 시퀀스를 생산하는 명령어들을 선택하기 위한 트리 순회 기법은 특정한 종류의 AST 노드를 맞닥뜨린다. 더 현실적인 기법들은 다양한 패턴들을 고려하고 그들 중 최소의 비용을 가지는 것을 선택한다. 이는 자연스럽게 다음과 같은 질문을 유도한다. 컴파일러가 최적화된 선택을 할 수 있는가?

만약 각각의 동작이 비용과 연관되고, 우리가 명령어 스케줄링과 레지스터 할당의 효과를 무시할 수 있다면, 최적화된 명령어 선택은 가능하다. 트리 패턴 매칭 코드 생성기는 11.3절에 나타나 있고, 이는 지역적으로 최적화된 시퀀스를 생성한다. 다시 말하면, 각각의 하부 트리는 최소 비용 시퀀스에 의해서 계산된다.

단일 비용 숫자에서 실행 시간 행동을 인지하는 것의 어려움은 그러한 주장의 중요성에 의문을 제기한다. 실행 순서의 효과, 제한된 하드웨어 자원, 그리고 메모리 계층 구조에서의 문맥 민감한 행동들 모두가 어떠한 특정 코드 시퀀스에서 실제 비용을 결정하는 문제를 복잡하게 한다.

실제적으로, 대부분은 현대적인 컴파일러들은 명령어 선택 중의 스케줄링과 할당을 무시하고, 다양한 재기록 규칙에 연관된 비용들이 거의 정확하다고 가정한다. 이러한 가정 하에서, 컴파일러는 지역적으로 최적화된 시퀀스를 찾는다. 이는 전체 하부 트리에 대한 측정된 비용을 최소화 한다. 그리고 나서 컴파일러는 명령어 선택에 의해서 생성된 코드를 통틀어 하나 또는 그 이상의 후위 경로들에서 나타나는 스케줄링이나 할당 등을 수행한다.

야만 한다.

이러한 증가된 복잡도는 실제적인 방법론이나 특정한 매칭 알고리즘보다는 다소 현실적인 상황, 다시 발해 주어진 기계가 IR 생성을 구현하기 위해 많은 다른 방법들을 공급할지도 모르는 경우에서 더 발생한다. 코드 생성기가 주어진 하부 트리에 대해 가능한 하나 이상의 매치들을 고려해야 하는 경우, 코드 생성기는 그들 중 하나를 골라야 하는 방법을 필요로 한다. 만약 컴파일러 제작자가 각각의 패턴에 대해서 비용을 고려한다면, 매칭 기법은 비용을 최소화 할 수 있는 방법을 선택해야 할 것이다. 만약 비용이 성능을 완벽하게 대변한다면, 이러한 비용 중심의 명령어 선택은 좋은 코드를 만들어 낼 수 있게 된다.

컴파일러 제작자는 실제 기계에서 코드 생성의 복잡도를 관리할 수 있도록 도와주는 도구를 필요로 한다. 암묵적으로 IR을 탐색하고 각각의 동작의 효용성을 실험하기 보다, 컴파일러 제작자는 규칙을 규정하고, 코드의 IR 형태와 더불어 그러한 규칙들을 잘 따르기를 요구하는 코드를 만들어 내야만 하는 도구를 규정하는 것이 낫다. 다음의 두 장은 현대의 기계에서 명령어 집합에 관해 발생할 수 있는 복잡도를 관리하는 두 가지 다른 방법을 알아볼 것이다. 다음 절은 트리 패턴 매칭 기법의 사용을 알아본다. 이러한 시스템들은 복잡도 자체를, 스캐너가 그들의 선택을 DFA의 전이 테이블에 섞어 넣는 것과 같은 방법으로, 매칭기를 만들어 내는 과정에 섞어 넣는다. 이어지는 절은 명령어 선택을 위한 핍홀 최적화의 사용을 시험해 본다. 핍홀 기반의 시스템은 선택의 복잡도 자체를, 적절한 명령어를 찾기 위한 패턴 매칭에 의해 수반되는 저수준의 단순화에 대한 단일 기법으로 간주한다. 매칭에 소요되는 비용을 낮게 유지하려면, 이러한 시스템들은 그들의 영역을 코드의 짧은 조각, 다시 말해 한 번에 둘 또는 셋의 동작으로 제한해야 할 것이다.

11.3 트리 패턴 매칭을 통한 명령어 선택

컴파일러 제작자는 트리-패턴-매칭 도구를 사용하여 명령어 선택의 복잡성을 해결할 수 있다. 코드 생성을 트리 패턴-매칭으로 변환하기 위하여, IR 형태의 프로그램과 목표 기계의 명령어 집합은 트리로 표현되어야만 한다. 트리 패턴-매칭, 우리가 이미 보아왔듯이, 컴파일러는 하위 레벨의 AST를 컴파일 된 코드의 세부 모델로써 사용할 수 있다. 이것은 타깃 프로세서에서 수행 가능한 연산들을 표현하기 위하여, 비슷한 트리를 사용할 수 있다. 예를 들어, ILOC의 더하기 연산은 다음과 같은 트리로 구성될 수 있을 것이다.

`add` $r_i, r_j \Rightarrow r_k$ `addI` $r_i, c_j \Rightarrow r_k$

AST의 하위트리를 포함한 연산 트리에 대하여 체계적인 매칭을 하면서, 컴파일러는 그 하위트리에 대한 모든 잠재적 수단들을 발견할 수 있다.

트리 패턴들을 사용하기 위해서는 트리 패턴을 표현하기 위한 좀 더 편리한 표현 방법이 필요하다. Prefix 표현 방식을 사용한다면, 위의 add 연산은 $+(r_i, r_j)$, addI 연산은 $+(r_i, c_j)$와 같이 표현할 수 있다. 연산 트리의 리프들은 피연산자의 저장 타입에 대한 정보를 포함하고 있다. 예를 들어, $+(r_i, c_j)$ 연산 트리에서 심볼 r은 피연산자로써 레지스터를 나타내고, 심볼 c는 상수 피연산자를 나타낸다. 아래의 식들은 유일하다는 것을 확실히 하기 위하여 추가되었는는데, 단지 attribute 문법의 규칙으로 다시 쓴 것이다. 그림 11.4 AST를 prefix 형태로 다시 쓴다면 다음과 같이 된다.

$$\leftarrow(+(\mathtt{Val}_1,\mathtt{Num}_1),\ -(\blacklozenge(\blacklozenge(+(\mathtt{Val}_2,\mathtt{Num}_2))),\ \times(\mathtt{Num}_3,\ \blacklozenge(+(\mathtt{Lab}_1,\mathtt{Num}_4))))).$$

트리로 그려진 이 트리는 좀 더 직관적으로 볼 수 있지만, 위와 같은 선형의 prefix 형태 역시 같은 정보를 가지고 있다.

주어진 AST와 연산 트리의 집합에서, 목표는 연산 트리와 함께 AST를 *tiling*하여 AST를 연산으로 매핑하는 데 있다. 타일링은 〈*ast-node, op-tree*〉 쌍의 집합체이며, *ast-node*는 AST의 노드를 뜻하고, *op-tree*는 연산 트리를 뜻한다. 타일링에서 〈*ast-node, op-tree*〉 쌍의 표현은 *op-tree*와 관련된 목표 기계의 연산이 *ast-node*로 표현할 수 있다는 것을 의미한다. 물론, *ast-node*를 위한 명령어 표현을 선택하는 것은 하위 트리의 표현의 구성에 의존한다. 각각의 *ast-node*의 하위트리에 대하여 타일링은 명확하게 정의될 것이며, 그것의 표현은 *op-tree*와 연결된다.

만약 AST가 모든 연산과 각각의 타일들이 그것의 이웃과 연결되어 있다면, 타일링은 AST를 implements한 것이다. 여기에서 만약 〈*ast-node, op-tree*〉 쌍에 대하여, *ast-node*가 타일링 안에서 또 다른 *op-tree*의 단말 노드에 의해 정의되고 연결될 수 있다면, 우리는 타일이 그것의 이웃과 연결되어 있다고 말한다. 단, *ast-node*는 root가 아니어야 한다. 두 트리의 *ast-node*가 중복 되는 경우, 그 두 트리는 그들의 공통적인 하위 노드에 연관된 값이 어디에 저장되어야 하는가를 고려해야만 한다. 만약 두 트리의 *ast-node*가 같고, 하위 노드가 레지스터에 저장된다고 하면 두 개의 *op-tree*는 선택에 있어서 경쟁을 하게 된다. 그러나, 하나의 노드는 메모리에 저장되고 또 하나는 레지스터에 저장된다면, 두 *op-tree*의 코드는 경쟁을 하지 않는다.

AST로 표현된 주어진 타일링을 사용하여 컴파일러는 bottom-up 방식으로 어셈블리 코드를 쉽게 생성할 수 있다. 즉, AST에서 좋은 타일링을 빠르게 찾는 것이 이 알고리즘에 의한 방법의 중요 포인트이다. 몇몇의 효과적인 기술은 하위 레벨의 AST에 해당하는 트리 패턴을 합치는 방법을 사용한다. 이와 같은 모든 시스템은 연산 트리의 비용를 고려하고 가장 작은 비용의 타일링을 선택하고 코드를 생성한다. 이들 시스템들은 매칭 방식(트리 매칭, 텍스트 매칭, bottom-up 새로 쓰기 시스템)과 비용 모델(정해진 cost를 사용하거나 매칭을 하는 동한 변하는 비용를 사용하는 모델)에 의하여 구분된다.

11.3.1 법칙의 재구성

컴파일러 제작자는 법칙을 재구성함으로써 AST로 표현된 연산 트리들과 서브트리 간의 관계를 인코드한다. 새로 쓰기 법칙의 집합은 AST의 모든 종류의 노드에 대하여 하나 혹은 그 이상의 규칙들을 포함한다. 새로 쓰기 법칙은 트리 문법으로 표현된 규칙, 코드 템플릿, 비용으로 구성되어 있다. 그림 11.5는 ILOC 연산과 연관된 하위 레벨 AST를 타일링하기 위한 새로 쓰기 법칙들의 집합을 보여주고 있다.

16번 규칙을 고려해 보자. 16번 규칙은 Reg에 위치한 값과 Num으로 표현된 즉시 값과의 합을 계산하는 트리를 나타내고 있다. 표에서 16번 규칙의 왼쪽, Reg → + (Reg_1, Num_2)은 그 트리의 패턴을 보여주고 있다. 표의 중간 열은 그 규칙의 비용이며, 16번 규칙의 비용은 1이다. 가장 오른쪽 열은 그 규칙을 ILOC 연산으로 구현한 것을 addI r_1, n_2 ⇒ r_{new}와 같이 표시하고 있다. 트리 패턴에서 피연산자는 Reg_1, Num_2이며, 이것들은 코드 템플릿의 r_1, n_2와 상응한다. 컴파일러는 코드 템플릿에 있는 r_{new} 필드의 이름을 다시 써야 하는데, 이것은 더하기 연산의 결과 값을 가지게 되는 레지스터의 이름이다. 이 레지스터의 이름은 이 서브트리에 연결된 최하위의 단말 노드가 될 것이다.

선형으로 쓰인 트리 패턴들은 트리 형태로 표현된 것보다 직관적이지 않다. 추후에 우리는 종종 패턴을 나타내기 위하여 다음과 같은 그림 형태로 표현할 것이다. 예를 들어, 아래에 표현된 것은 ~16번 규칙에 대한 그림 형태이고, 그것의 결과 값은 암묵적으로 Reg이며 + 노드를 가리킨다.

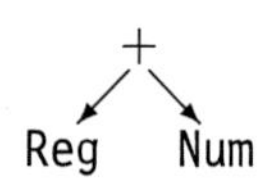

그림 11.5에서 보여주고 있는 트리 문법은 우리가 익숙한 특정 프로그래밍 언어의 문법과 비슷하다. 각각의 다시 쓰기 법칙 또는 production은 왼쪽 편에 nonterminal 심볼을 가지고 있다. 16번 규칙에서 nonterminal은 Reg이다. Reg는 서브트리들의 집합을 표현하는데, 이것은 6번부터 25번까지의 규칙을 사용하여 생성할 수 있다. 규칙의 오른쪽 편은 선형화된 트리의 패턴이다. 16번 규칙에서 + (Reg_1, Num_2)는 Reg와 Num 두 값의 더하기 연산을 의미한다. 문법에서의 nonterminal들은 추상화를 고려한다. Nonterminal 들은 규칙들은 연결하는 역할을 한다. 그것들은 또한 실행될 때 그 값이 어디에 저장되는지, 어떤 형태를 가지게 되는지에 대한 지식을 인코드한다. 예를 들어, Reg는 서브트리에 의하여 생성된 값이며 레지스터에 저장되어 있음을 나타내고 있으며, 반면에 Val은 이미 레지스터에 저장되어 있는 값을 나타낸다. Val은 ARP와 같은 전역 값이어야 한다. 그것은 분할된 서브트리를 계산한 결과 값을 가지고 있어야 한다.

Production과 연관된 비용은 템플릿 코드를 실행시키고 그때의 실제적으로 측정된 비용으로써 코드 생성기는 그 값을 알아야만 한다. 16번 규칙에서 비용은 1이고 이 사실은 하나의 연산으로 표현될 수 있으며, 실제 실행 시 1싸이클이 걸린다는 것을 보여준다. 코드 생성기는 규칙을 선택하기 위하여 비용 정보를 사용한다. 몇몇의 매칭 기술들은 비용을 숫자로써 제한하고 있다. 그리고 다른 기술들은 현재의 선택에 대하여 먼저 선택된 것들의 비용을 다양하게 결정하도록 할 수 있다.

트리 패턴들은 context를 한 가지 방법으로 선택할 수 있지만, 간단한 트리 탐색 코드 생성기는 선택할 수 없다. 10번부터 14번 규칙들은 각각 (◆과 +) 두 개의 연산자들과 매치된다. 이

	Production	Cost	Code Template
1	Goal → Assign	0	
2	Assign → ← (Reg$_1$,Reg$_2$)	1	store r_2 ⇒ r_1
3	Assign → ← (+ (Reg$_1$,Reg$_2$), Reg$_3$)	1	storeAO r_3 ⇒ r_1,r_2
4	Assign → ← (+ (Reg$_1$,Num$_2$), Reg$_3$)	1	storeAI r_3 ⇒ r_1,n_2
5	Assign → ← (+ (Num$_1$,Reg$_2$), Reg$_3$)	1	storeAI r_3 ⇒ r_2,n_1
6	Reg → Lab$_1$	1	loadI l_1 ⇒ r_{new}
7	Reg → Val$_1$	0	
8	Reg → Num$_1$	1	loadI n_1 ⇒ r_{new}
9	Reg → ◆ (Reg$_1$)	1	load r_1 ⇒ r_{new}
10	Reg → ◆ (+ (Reg$_1$,Reg$_2$))	1	loadAO r_1,r_2 ⇒ r_{new}
11	Reg → ◆ (+ (Reg$_1$,Num$_2$))	1	loadAI r_1,n_2 ⇒ r_{new}
12	Reg → ◆ (+ (Num$_1$,Reg$_2$))	1	loadAI r_2,n_1 ⇒ r_{new}
13	Reg → ◆ (+ (Reg$_1$,Lab$_2$))	1	loadAI r_1,l_2 ⇒ r_{new}
14	Reg → ◆ (+ (Lab$_1$,Reg$_2$))	1	loadAI r_2,l_1 ⇒ r_{new}
15	Reg → + (Reg$_1$,Reg$_2$)	1	add r_1,r_2 ⇒ r_{new}
16	Reg → + (Reg$_1$,Num$_2$)	1	addI r_1,n_2 ⇒ r_{new}
17	Reg → + (Num$_1$,Reg$_2$)	1	addI r_2,n_1 ⇒ r_{new}
18	Reg → + (Reg$_1$,Lab$_2$)	1	addI r_1,l_2 ⇒ r_{new}
19	Reg → + (Lab$_1$,Reg$_2$)	1	addI r_2,l_1 ⇒ r_{new}
20	Reg → − (Reg$_1$,Reg$_2$)	1	sub r_1,r_2 ⇒ r_{new}
21	Reg → − (Reg$_1$,Num$_2$)	1	subI r_1,n_2 ⇒ r_{new}
22	Reg → − (Num$_1$,Reg$_2$)	1	rsubI r_2,n_1 ⇒ r_{new}
23	Reg → × (Reg$_1$,Reg$_2$)	1	mult r_1,r_2 ⇒ r_{new}
24	Reg → × (Reg$_1$,Num$_2$)	1	multI r_1,n_2 ⇒ r_{new}
25	Reg → × (Num$_1$,Reg$_2$)	1	multI r_2,n_1 ⇒ r_{new}

그림 11.5 ILOC에서 하위 레벨 트리 Tiling을 위한 법칙의 재구성

와 같은 규칙들은 ILOC 연산자의 loadAO, loadAI 연산을 사용할 수 있는 상태를 표현한다. 트리 탐색 코드 생성기는 한 번에 하나의 연산자와 매치한다. 세 가지 규칙 중 하나와 매치되는 어떤 서브 트리는 다른 규칙들과의 조합들로 타일화 될 수 있다. 규칙 10번과 매치되는 서브 트리는 주소 값을 계산하기 위한 규칙 15와 값을 로드하기 위한 규칙 9와의 조합으로 타일화 할 수 있다. 이와 같은 유연성은 새로 쓰기 법칙의 집합을 모호하게 만든다. 이 모호성은 목표 기계에 대하여 특정 서브 트리를 구현하는 방법이 여러 가지 있다는 사실을 대변해 준다.

그림 11.5에서, Reg는 terminal 및 nonterminal 심볼 두 가지 경우로 나타난다. 이것은 예에서 간략하게 나타난다. 규칙들의 완성된 집합은 Reg를 특정한 레지스터 이름으로 새로 쓰는 Reg → r_0, Reg → r_1, ..., Reg r_k productions의 집합을 포함하게 될 것이다.

트리에 이와 같은 규칙을 적용시키기 위하여, 트리를 하나의 심볼로 축소시키는 새로 쓰기 단계의 일련의 순서를 찾아야 한다. 하나의 완성된 프로그램을 AST로 표현한다면, 그 심볼은 목표 심볼이 되어야만 한다. 중간 단계의 노드에 대하여 그 심볼은 전형적으로 서브트리 표현식의 최상위 노드로써 계산된 값을 표현한다. 또한 그 심볼의 값은 특정한 곳에 저장되어 있어야 하는데, 기본적으로 레지스터, 메모리에 저장되거나 또는 컴파일러가 알고 있는 상수 값으로써 존재하게 된다.

다음의 예를 고려해 보면, 그림 11.4의 y의 참조를 표현하고 있는 서브트리는 그림 11.6의 가장 왼쪽 패널에 그려져 있다. (y는 라벨 @G에서부터 오프셋 12만큼 더해진 값임을 상기하자.) 나머지 패널들은 각 서브트리의 reduction 단계를 보여주고 있다. 이 식에서 첫 번째 매치는 왼쪽 말단 (Lab) 노드이며 규칙 6번과 매치된다. 이것은 왼쪽 최하위 노드를 Reg로 새로 쓸 수 있도록 해 준다. 새로 쓰여진 트리는 규칙 11의 오른쪽 편, ◆(+ (Reg, Num)), 과 매치하고, 우리는 이 전체 서브트리를 Reg로 새로 쓸 수 있다. 결국, 새로 쓰기 순서 <6, 11>은 전체의 서브트리를 Reg로 축소한다.

이와 같은 일련의 과정을 정리하기 위하여, 이전의 그림과 같은 방법을 사용할 것이다. 점선으로 표시된 네모에서 왼쪽 위의 숫자는 트리와 매칭되는 특정한 트리의 규칙 번호를 나타내고,

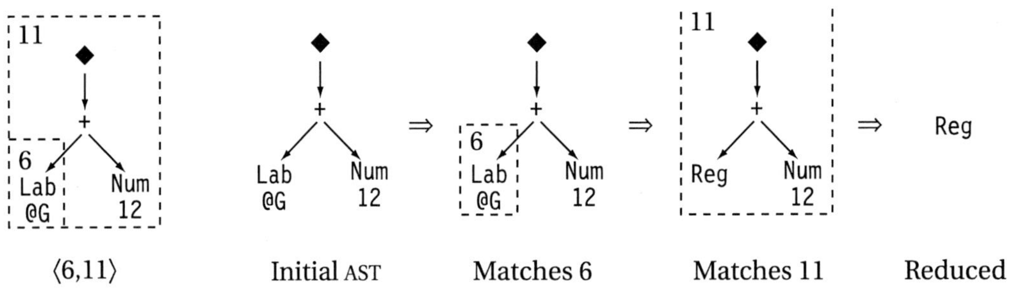

그림 11.6 간단한 법칙 재구성 과정

네모 안의 트리는 그 특정한 규칙의 오른편의 식을 나타낸다. 점선으로 표시된 네모의 아래에 표시된 규칙의 숫자는 그 숫자에 해당하는 규칙이 적용되었다는 것을 의미한다. 새로 쓰기 시퀀스는 네모로 표시된 하위 트리를 그에 해당하는 규칙의 왼쪽편의 식으로 대체한다.

연산 트리가 규칙과 연계되어 nonterminal이 어떻게 새로 쓰여지는지 확인해야 한다. 아래의 그림에서 규칙 6에 의하여 Lab는 Reg로 새로 쓰여진 것을 볼 수 있다. 규칙 11의 왼쪽 하위 트리는 Reg이다. 문법으로써 규칙으로 나타낸 패턴들은 nonterminal로 표시된 시퀀스를 포함하여 모든 연산트리를 포함하고 있음을 볼 수 있다.

이와 같은 평범한 하위 트리에 대하여 규칙들은 수많은 새로 쓰기 시퀀스를 생성하고, 규칙들의 모호성을 보여준다. 그림 11.7은 이와 같은 모호한 8개의 시퀀스를 보여준다. 여기에서 규칙 1과 규칙 7을 제외한 모든 규칙들은 1만큼의 가중치를 가지고 있다. 가중치가 1인 규칙을 사용하기 때문에, 규칙에 대한 가중치는 그것의 시퀀스의 길이에 상관없이 모두 동일하다. 시퀀스들은 가중치에 의하여 세 분류로 나뉘어진다. 첫 번째는 <6,11>과 <8,14>의 두 쌍으로 2만큼의 가중치를 가진다. 네 개의 시퀀스 <6, 8, 10>, <8, 6, 10>, <6, 16, 9>, <8, 19, 9>는 3만큼의 가중치를 가진다. 마지막으로 <6, 8, 15, 9>, <8, 6, 15 ,9>는 4만큼의 가중치를 가진다.

어셈블리 코드를 생성하기 위하여 선택기는 각각의 규칙에 해당하는 코드 템플릿을 사용한다. 규칙의 코드 템플릿은 어셈블리 코드 연산들로 이루어져 있는데, 이것은 하위 트리를 표현한

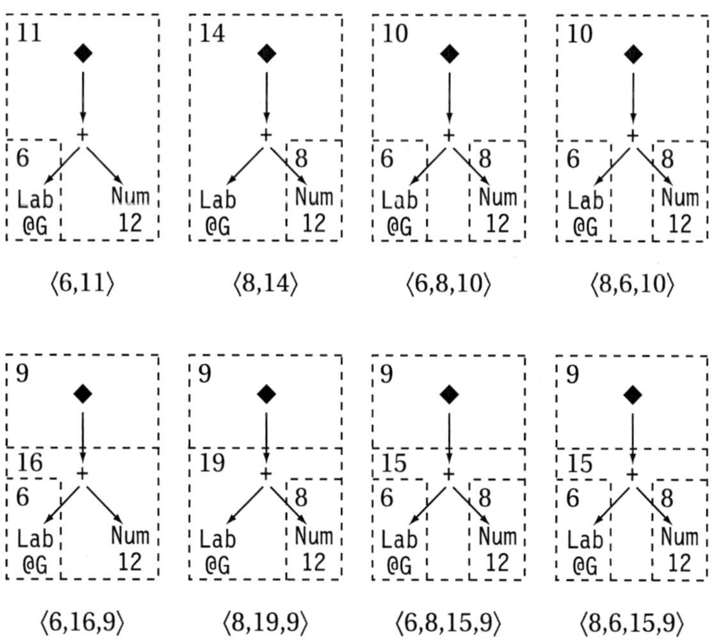

그림 11.7 잠재적인 매칭들

```
loadI   @G     ⇒ ri        loadI   12     ⇒ ri        loadI   @G     ⇒ ri
loadAI  ri,12  ⇒ rj        loadAI  ri,@G  ⇒ rj        loadI   12     ⇒ rj
                                                      loadAO  ri,rj  ⇒ rk
   ⟨6,11⟩                     ⟨8,14⟩                     ⟨6,8,10⟩

loadI   12     ⇒ ri        loadI @G       ⇒ ri        loadI 12       ⇒ ri
loadI   @G     ⇒ rj        addI   ri,12   ⇒ rj        addI   ri,@G   ⇒ rj
loadAO  ri,rj  ⇒ rk        load   rj      ⇒ rk        load   rj      ⇒ rk
   ⟨8,6,10⟩                   ⟨6,16,9⟩                   ⟨8,19,9⟩

        loadI @G       ⇒ ri           loadI 12       ⇒ ri
        loadI 12       ⇒ rj           loadI @G       ⇒ rj
        add    ri,rj   ⇒ rk           add    ri,rj   ⇒ rk
        load   rk      ⇒ rl           load   rk      ⇒ rl
           ⟨6,8,15,9⟩                    ⟨8,6,15,9⟩
```

그림 11.8 매칭들을 위한 코드 과정들

것이다. 예를 들어, 규칙 15는 $+(\text{Reg}_1, \text{Reg}_2)$로 표현된 트리 패턴을 코드 템플릿 add r_1, $r_2 \Rightarrow r_{new}$로 나타냄을 의미한다. 선택기는 r_1과 r_2를 하위 트리가 가지고 있는 실제의 레지스터 이름으로 바꾼다. 그리고, 선택기는 새로운 가상의 레지스터를 r_{new} 레지스터에 할당한다. AST를 위한 타일링은 어떤 규칙이 코드 생성기에 의하여 사용되어야 하는가 정의한다. 코드 생성기는 어셈블리 코드를 생성하기 위하여 bottom-up 방식으로 그와 관련된 템플릿을 사용한다. 코드 생성기는 필요에 따라 저장장소를 결정하기 위하여 이름을 붙이고 bottom-up 방식에 따라 연산들을 생성한다.

코드 생성기는 가장 적은 가중치를 가진 어셈블리 코드 시퀀스들로 이루어진 타일을 선택해야 한다. 그림 11.8은 각각의 잠재적 타일링에 해당하는 코드들을 포함한다. 임의의 레지스터 이름들은 적당한 다른 것들로 대체되어 왔다. ⟨6, 11⟩과 ⟨8, 14⟩는 둘 다 가장 적은 비용 즉, 2의 비용으로 만들어진다. 그들은 다른 방식으로 이어지지만, 동일한 코드 순서를 가진다. 왜냐하면 그들은 동일한 비용을 가지기 때문에, 선택기는 둘 사이 어떤 것을 골라도 되는 자유도를 가지기 때문이다. 다른 순서들은, 예상된 바와 같이 더 많은 비용을 가진다.

만약 loadAI이 오직 제한된 범위에서 아규먼트를 받아들인다면, 결국은 @G를 교체하는 주소가, 해당 동작 내의 즉시 영역에 비해 너무 넓어질 가능성이 있으므로 ⟨8, 14⟩ 동작은 실패할 가능성이 생긴다. 이러한 제한 종류를 해결하기 위해서, 컴파일러 제작자는 재기록되는 문법으로의 적절한 제한된 상수의 개념을 도입할 수 있다. 이는 12 bit 필드에서 $0 \le i < 4096$과 같이 주

어진 영역의 정수들만을 표현할 수 있는 새로운 터미널 심볼 형태를 필요로 할 수 있다. 이런 정수의 구분과 각각의 정수 개체들을 체크할 수 있는 코드를 포함하면, `@G`가 `loadAI`의 즉시 피연산자에 대한 가능 영역에서 떨어지지 않는다면, 해당 코드 생성기는 ⟨8, 14⟩의 계산을 피할 수 있게 된다.

비용 모델은 코드 생성기가 더 나은 연산을 선택할 수 있도록 유도한다. 예를 들어, `loadAO` 이후에 따라 동작하는 두 개의 `loadI` 동작을 사용하는 ⟨6, 8, 10⟩ 연산을 고려해 보자. 코드 생성기는 더 낮은 비용을 요구하는 동작을 선호하므로, `loadI` 동작 중 하나는 피하려고 할 것이고, 더 적은 동작을 처리하려고 시도할 것이다. 비슷하게, 비용 모델은 명확한 추가를 사용하는 4개의 연산은 피하고, 대신 주소화된 하드웨어 내에서의 불명확한 추가를 수행하려고 할 것이다.

11.3.2 타일링 찾기

이러한 아이디어를 코드 생성에 적용하기 위해서, 우리는 좋은 타일링을 생성할 수 있는 알고리즘이 필요하다. 다시 말해서, 효율적인 코드를 만들어 내는 타일링을 말한다. 연산자 트리를 인코딩하고 그들은 AST의 구조에 연결시키는 규칙 집합 내에서, 코드 생성기는 특정 AST에 맞는 효율적인 타일링을 발견해야만 한다. 몇몇 효율적 기법이 존재한다. 그들은 개념상으로는 비슷하지만 세부적으로는 매우 다르다.

해당 알고리즘을 단순화하기 위해서, 우리는 재기록 규칙의 몇 가지 형식에 대한 두 가지 가정을 해야만 한다. 먼저, 대부분 각각의 동작은 두 개의 피연산자를 가진다. 해당 알고리즘을 확장해서 일반적인 경우를 다루는 것은 직관적이지만, 세부적인 내용은 설명하기 복잡하다. 둘째, 규칙의 오른쪽 부분은 하나의 동작을 포함한다. 이는 매칭 알고리즘을 단순화 하고, 일반적인 부분에 있어서 손실을 제거한다. 간단하고, 기계적인 함수는 해당하는 제한이 없는 경우를 이러한 단순 케이스로 변환할 수 있다. $\alpha \rightarrow op_1(\beta,\ op_2(\gamma,\ \delta))$와 같은 동작은, α'이 이러한 두 가지 규칙에 의해서만 발생할 수 있는 새로운 심볼로 가정하고, $\alpha \rightarrow op_1(\beta,\alpha')$과 $\alpha' \rightarrow op_2(\gamma,\ \delta)$같이 재기록 될 수 있다. 이러한 내용이 소개하는 nonterminal들과 production의 숫자는 원래 분법에서 발생하는 연산자들의 횟수에 따라 제한된다.

위의 개념을 더욱 명확하게 하기 위해서, 11번째 규칙, Reg → ◆ (+Reg_1,Num_1))을 고려해 보자. 앞서 말한 변환법을 사용하면 위 식은 Reg → ◆ (R11P2), R11P2 → +(Reg_1,Num_1)와 같이 재기록 될 수 있다. R11P2에 대한 새로운 규칙이 `addI` 묘사한 규칙 16과 동일함을 주목하라. 해당 변환법은 이 문법에 또 다른 모호성을 추가시킨다. 그러나, 두 가지 규칙을 독립적으로 추적하고 매칭시키는 것은 패턴 매처로 하여금 각각의 비용을 생각하도록 만든다. 규칙 11을 대체하는 규칙 쌍은 하나의 비용을 가져야만 하고, 원래 규칙의 비용을 가져야만 한다. (각각의 규칙은 분할된 비용을 가지거나 그들 중 하나는 비용이 0일 것이다.). 이는 R11P2에 관한 규칙은 합계산을 `loadAI` 동작의 주소 생성으로 변환하는 반면, 규칙 16을 가지고 재기록 하는 것은, `addI` 동작을 생성함을 알 수 있다. 새로운 규칙은 가능한 경우, 문맥상에서 특성화 하는 방법으로 매치를 특별하게 한다.

타일링의 목적은, 컴파일러가 그것을 적용하기 위해 사용할 수 있는 패턴의 집합과 함께 AST 내의 각각의 노드에 라벨을 붙이는 것이다. 규칙의 개수가 오른쪽 패턴에 직접적으로 연관되어 있기 때문에 코드 생성기는 그것들은 패턴의 요약으로 사용할 수 있다. 컴파일러는 트리의 전방 순회 내의 각각의 노드에 대해서 규칙 숫자나 패턴의 연속을 계산할 수 있다. 그림 11.9는 AST 내의 노드 *n*에서 뿌리가 시작된 트리에 대해 타일링을 찾는 타일이라는 알고리즘을 소개한다. 이는 노드 *n*에서 뿌리가 시작된 트리에 타일하는 모든 규칙 숫자들을 포함하는 *Label*(*n*)의 집합으로 각각의 노드 *n*에 라벨을 붙인다. 이는 해당 알고리즘이 노드에 직접 라벨을 붙이기 이전에 노드의 자식들에게 라벨을 붙임을 보증하기 위해서 *Label* 집합을 전방 순회 알고리즘에 의해 계산한다.

이진 노드의 경우에 대해서 내부 루프를 고려해 보자. *Label(n)*을 계산하기 위해선, 노드 *n*에 의해서 규정되는 동작에 적용할 수 있는 각각의 규칙 *r*을 검사해 보아야 한다. 이는 AST와 트리 패턴들(또는 규칙의 오른쪽 부분) 모두를 순회할 수 있도록 함수 *left*와 *right*를 사용한다. 각각의 규칙은 하나의 연산자와 두 개 이하의 자식들로 이루어져 있음을 상기하자. 즉, 규칙 *r*이 *left(r)*, *right(r)*을 가지고 있음은 명백하다. 왜냐하면 *Tile*은 이미 *n*의 자식에 라벨을 붙여 놓았기 때문에, 이 알고리즘으로 *r*의 자식과 *n*의 자식을 서로 비교해 보는 단순한 멤버십 테스트를 할 수 있다. 만약 $left(r) \in Label(left(n))$이면, *Tile*은 이미 탐색이 된 상태이며 *n*의 왼쪽 하위 트리를 위해 *n*을 모호성이 없이 표현할 수 있는 문법 *r*을 사용하여 코드를 생성할 수 있다. 오른쪽 하위 트리의 *r*과 *n*에 대하여도 비슷하게 적용된다. 만약 왼쪽, 오른쪽의 하위 트리가 매치된다면 *r*은 *Label(n)*에 속하게 된다.

매칭 과정을 좀 더 빠르게 하기 위하여 모든 가능한 매치를 미리 계산하고 테이블에 저장할 수 있으며, 이진 노드에 해당하는 반목문과 unary 노드에 해당하는 반복문 안에 그 테이블을 참조하는 것으로 바꿀 수 있다. 테이블의 참조는 노드 *n*과 그것의 자식들의 라벨의 집합으로 인덱스되어 있다. 라벨의 집합은 한정되어 있다. 만약 R이 규칙의 숫자라고 한다면 $|Label(n)| \leq R$이고, 2^R보다 작은 수의 구분된 규칙의 집합이 존재할 수 있다. 다행으로, 문법 규칙의 구조는 이와 같은 많은 집합을 표현할 수 있다. 각각의 규칙이 하나의 연산자와 두 개의 자식을 가지고 있다면, 검색 테이블에서 연산자와 두 자식들의 라벨 집합을 사용하여 찾으면 된다. 테이블의 크기는 연산자 $|operation\ trees| \times |label\ sets|^2$가 되며 여전히 큰 용량을 차지한다. 200개의 연산자와 1,000개의 라벨 집합이 정의된 문법을 가지고 있는 기계에서 테이블의 크기는 200,000,000

의 엔트리를 갖는다. 다행히도, 이러한 목적을 위하여 만들어지는 테이블들은 거의 없으며 효과적으로 인코드 할 수 있다.(사실 이러한 테이블들을 만드는 것과, 효과적으로 인코드 하는 방법을 찾는 것은 코드 생성의 트리 패턴 매칭 도구를 개선하는 데 있어서 중요한 요소였다.)

낮은 비용 매치 찾기

그림 11.9에 나타나 있는 알고리즘에서는 패턴 집합에 있는 모든 매치되는 규칙을 찾는다. 실제로 우리는 코드 생성기가 가장 낮은 비용을 가진 패턴을 찾기를 원한다. 그 알고리즘은 모든 매치들의 집합을 탐색하여 가장 낮은 비용의 매치를 찾을 수 있지만, 좀 더 효과적인 방법이 있다.

Bottom-up 방법으로 AST를 탐색하면서, 코드 생성기는 각각의 하위 트리에 대한 가장 낮은 비용을 가진 매치를 찾아 낼 수 있다. Bottom-up 순서는 매치되는 규칙의 비용과 그것과 연결되어 있는 하위 트리의 비용을 합하는 방법으로 각각의 매치들의 비용을 계산할 수 있게 한다. 이론적으로 그 방법은 그림 11.9의 알고리즘과 같이 매치들을 찾고 가장 낮은 비용을 가진 패턴을 찾을 수 있다. 실제로 그 과정은 좀 더 복잡하다.

비용 함수는 기본적으로 목표 프로세서에 의존하며 문법으로부터 자동적으로 도출해 낼 수 없다. 대신에 비용 함수는 목표 기계의 특성을 분석해야만 하고, 어셈블리 프로그램으로 되어 있는 연산들 사이에 일어나는 상호작용을 반영해야 한다. 특히, 하나의 연산으로부터 다른 연산으로의 값의 흐름을 파악해야만 한다.

컴파일된 프로그램의 의미는 몇몇의 다른 형태를 가질 수도 있다. 이와 같은 다른 형태들은

```
Tile(n)
  Label(n) ← ∅
  if n is a binary node then
    Tile(left(n))
    Tile(right(n))
    for each rule r that matches n's operation
      if left(r) ∈ Label(left(n)) and right(r) ∈ Label(right(n))
        then Label(n) ← Label(n) ∪ {r}
  else if n is a unary node then
    Tile(left(n))
    for each rule r that matches n's operation
      if left(r) ∈ Label(left(n))
        then Label(n) ← Label(n) ∪ {r}
  else /* n is a leaf */
    Label(n) ← { all rules that match the operation in n}
```

그림 11.9 AST를 타일링하기 위한 Label 집합 계산

명령어 선택기에 의해 문제가 되는데, 연산의 형태는 그 의미에 해당하는 목표 기계의 연산의 집합으로 바뀌기 때문이다. 전형적인 기계에서, 값은 레지스터나 메모리에 할당되거나 또는 컴파일 타임에 충분히 작은 상수로써 즉치 연산으로 사용될 수 있다.

명령어 선택기가 특정한 하위 트리에 해당하는 패턴을 찾을 때, 각각의 하위 트리의 피연산자들의 계산된 비용을 알아야만 한다. 만약 피연산자들이 각각 다른 저장 클래스를 가지고 있다면(레지스터, 메모리 또는 즉치 상수) 코드 생성기는 피연산자가 저장될 이와 같은 저장 클래스들의 계산된 비용을 알고 있어야 한다. 따라서, 명령어 선택기는 이들 저장 클래스를 생성하는 가장 낮은 비용의 시퀀스를 좇아가야 한다. 명령어 선택기가 bottom-up 탐색으로 비용을 계산함에 따라 코드 생성기는 각각의 저장 클래스에 매치되는 가장 낮은 비용을 쉽게 결정할 수 있다. 이 과정을 더하는 일은 명령어 선택 과정에서 일부분을 차지하지만, 저장 클래스의 수에 비례하여 그 일의 양이 증가한다. 저장 클래스의 수는 전적으로 목표 기계에 의존하고 새로 쓰기 규칙의 수에 의존하지 않는다.

잘 만들어진 명령어 선택기는 트리를 타일링 하는 동안에 비용들을 취합할 수 있다. 각각의 매치에 대하여 코드 생성기가 가장 낮은 비용의 패턴을 보유한다면, 그것은 지역 최적화된 타일링을 생성할 것이다. 즉, 각각의 노드에 대하여 주어진 규칙의 집합과 비용 함수를 사용하였을 때, 더 낮은 비용의 다른 패턴이 존재하지 않는다. Bottom-up 비용 취합 방법은 최소의 비용 타일링을 찾는 다이내믹 프로그래밍의 솔루션을 수행한다.

만약 고정된 비용을 요구한다면, 비용 계산은 패턴 매칭기 구성에 넣을 수 있다. 이것은 비용 계산을 컴파일 시간에서 알고리즘을 구성하는 것을 옮기는 것을 의미하며, 대부분 항상 더 빠른 코드 생성기를 만들게 된다. 만약 변하는 비용을 사용하게 되고, 그 비용이 매치를 만들 때 계산이 된다면, 비용의 비교는 컴파일 시간에 결정되어야 한다. 이렇게 되면 코드 생성기를 더 느리게 만들 수 있으며, 비용 함수는 실제 실행시간을 좀 더 정확하게 반영할 수 있다.

11.3.3 도구들

이와 같은 코드 생성시에 트리 형태의 bottom-up 형식은 효과적은 명령어 선택을 가능하게 한다. 컴파일러 제작자가 이들을 기반 하여 코드 생성기를 구현하는 몇 가지 방법이 있다.

1. *Tile*과 비슷한 코드를 코드 매칭기에 제공할 수 있다. 이것은 매칭되는 규칙을 트리의 타일로써 명시적으로 체크한다. 엄격하게 구현된 것은 각각의 노드를 표현해야만 하는 규칙의 집합에 한계를 가질 수 있다. 이 방법은 크고 빈약한 테이블을 피하고, 간단한 코드 생성기를 만들어 낸다.

2. 문제는 한정적이기 때문에, 유한 오토마타처럼 인코드 할 수 있고, DFA의 낮은 비용의 패턴을 얻을 수 있다. 이와 같은 방법으로, 검색 테이블은 오토마타의 변환 함수와 암묵적으로 연관되어 있는 모든 요구되는 상태의 정보를 인코딩한다. 몇몇의 시스템들은 이 방법을 사용하여 구성되었으며, 종종 이것을 bottom-up rewrite system(BURS)이라고 불린다.

3. 문법 비슷한 형태의 규칙들은 파싱 기술을 쓸 수 있게 해준다. 파싱 알고리즘은 기계의 표현으로부터 만들어진 문법의 모호성을 해결하고, 적은 비용의 조각을 선택하도록 하기 위하여 확장되어야 한다. prefix string의 형태로 트리를 선형화함으로써, 이 문제는 스트링 매칭 문제로 바뀐다. 컴파일러는 스트링 패턴 매칭 알고리즘을 사용하여, 잠정적인 매치를 찾을 수 있다.

4. Prefix string의 형태로 트리를 선형화함으로써, 이 문제는 스트링 매칭 문제로 바뀐다. 컴파일러는 스트링 패턴 매칭 알고리즘을 사용하여, 잠정적인 매치를 찾을 수 있다.

마지막 세 가지의 방법으로 만들어진 도구들은 사용 가능 한다. 컴파일러 제작자는 목표 기계의 명령어 집합을 표현한 서술을 만들고, 코드 생성기는 그 서술로부터 실행 가능한 코드를 생산한다. 자동화된 도구들은 세부적으로 각기 다르다. 만들어진 명령어들의 비용은 방법에 따라 변한다. 어떤 것은 더 빠르고, 어떤 것은 더 느리다. 그렇다고 충분히 느린 것은 없는데, 이것은 결정된 컴파일러의 속도가 중요한 영향을 가지고 있기 때문이다. 이와 같은 접근 방법들은 비용 모델을 다르게 한다. 어떤 시스템에서는 컴파일러 제작자가 각각의 규칙에 대하여 고정된 비용을 적용시킬 수 없도록 한다. 그 결과 이 시스템은 테이블을 생성하는 동안 다이내믹 프로그래밍을 수행할 수 있다. 다른 시스템에서는 좀 더 일반적인, 패턴 매칭을 수행하는 동안 변하는 비용 모델을 적용시킬 수 있다. 이와 같은 시스템에서는 테이블을 생성하는 동안 다이내믹 프로그래밍을 수행하여야만 한다. 그러나 일반적으로 이 모든 방법들은 효과적이고 효율적인 코드 생성기를 만들어 낸다.

11.4 핍홀 최적화를 통한 명령어 선택

명령어 선택의 중심에 있는 매칭 동작을 수행하는 늦은 단계의 최적화를 위해 개발된 기술 중 다른 하나는 핍홀 최적화(peephole optimization)이다. 코드 생성기에서의 인코딩 복잡도를 피하기 위해서 이 접근법은 저수준 IR에서의 시스템적인 지역 최적화와 IR을 목표 기계의 동작에 매칭시키기 위한 간단한 기법을 결합한다. 이 절에서는 핍홀 최적화를 소개하고, 명령어 선택에서 그 최적화 기법이 어떻게 사용되는지를 알아보며, 핍홀 최적화기의 생성을 자동화 할 수 있도록 지금까지 개발되어 왔던 기법들을 살펴본다.

11.4.1 핍홀 최적화

핍홀 최적화의 배경에 있는 기본 아이디어는 간단하다: 컴파일러는 인접한 동작의 짧은 시퀀스를 살펴봄으로써 지역적 향상 부분을 효율적으로 발견할 수 있다는 것이다. 처음에 제안된 바와 같이, 핍홀 최적화기는 컴파일 과정의 마지막에서 수행된다. 이 최적화기는 어셈블리 코드를 사용하고 또한 생성한다. 이 최적화기는 슬라이딩 윈도우 또는 코드 전체를 이동해 가는 "핍홀"을 가진다. 각각의 단계에서, 이는 윈도우에서 동작들을 점검하고, 향상 가능한 특정 패턴들을 찾는다. 최적화기가 패턴을 인식하고 나면, 이를 더 나은 명령어 시퀀스로 재기록 할 수도 있다. 제한된 패턴 집합과 제한된 집중 영역의 조합은 빠른 처리를 가능케 할 것이다.

고전적인 예제 패턴은 같은 위치에서 로드 이후에 따라 나오는 저장이다. 해당 로드는 복사본으로 대체될 수도 있다.

storeAI r_1 ⇒ r_0,8 loadAI r_{arp},8 ⇒ r_{15}	⇒	storeAI r_1 ⇒ r_{arp},8 i2i r_1 ⇒ r_{15}

만약 핍홀 최적화기가 이러한 재기록이 store 동작을 죽도록 만드는 것을 인식한다면(다시 말해, load는 메모리 내에 저장된 값에 대해 홀로 사용된다는 뜻이다.), 이는 저장 또한 제거할 수 있다. 그러나 일반적으로, 죽은 저장들을 인식하기 위해서는 핍홀 최적화기의 범위 바깥에 있는 전역 분석을 필요로 한다. 다른 패턴들은 다음과 같은 단순한 대수적 계산들을 포함하는 핍홀 최적화에 의해서 향상되기가 쉽다.

addI r_2,0 ⇒ r_7 mult r_4,r_7 ⇒ r_{10}	⇒	mult r_4,r_2 ⇒ r_{10}

그리고 분기의 목적이 스스로인 경우 분기는

jumpI → l_{10} l_{10}: jumpI → l_{11}	⇒	jumpI → l_{11} l_{10}: jumpI → l_{11}

Quads에서의 트리 패턴매칭(Tree Pattern Matching on Quads)

*트리 패턴 매칭과 핍홀 최적화*를 묘사하기 위해 사용되는 개념은 그것들이 적용되어질 IR의 종류에 대해 명시적인 가정을 포함한다. BURS 이론은 트리에서의 재기록 동작을 다룬다. 이는 BURS 기반의 코드 생성기들이 트리 형태의 IR을 요구하는 효과를 만들어 낸다. 비슷하게, 핍홀 최적화기는 마지막 단계의 어셈블리에서 어셈블리 향상 경로에서 제안되었다. 명령어 윈도우를 움직이는 아이디어는 선형적이고, 핍홀 기반의 코드 생성기를 위해 저수준의 IR에서 제안되었다.

두 기법들은 대부분의 IR에 맞게 적용될 수 있다. 컴파일러는 트리에서 ILOC가 그랬던 것처럼 저수준의 선형 IR을 해석할 수 있다. 각각의 동작은 트리 노드가 된다. 에지들은 피연산자들의 재사용에 의해 수반되어진다. 비슷하게, 만약 컴파일러가 각각의 노드에 대해 이름을 할당한다면, 컴파일러는 후위 순회 트리 검색을 수행함으로써 트리들을 선형 형태로 해석할 수 있다. 현명한 개발자는 이 절에서 소개된 수단들을 실제 IR의 넓은 다양성의 범위에서 적용시킬 수 있다.

만약 이것이 l_{10}으로 향하는 마지막 분기를 제거한다면, l_{10}에서 시작되는 베이직 블록은 도달 불가능하게 되고 제거될 수 있게 된다. 불행히도, l_{10}에서 그러한 동작이 도달 불가능 하다는 것을 증명하는 것은 핍홀 최적화 기법 도중에 전형적으로 이루어지는 것보다 더욱 더 분석을 필요로 한다(10.3.1절을 보라).

이른 핍홀 최적화기는 제한된 손으로 작성된 패턴들의 집합에 사용된다. 그들은 패턴들을 매치하기 위한 포괄적인 탐색에 사용되시난, 삭은 패턴의 개수와 작은 윈도우 크기, 전형적으로 2개 또는 3개의 동작, 에 사용되기 때문에 빠르게 동작한다.

핍홀 최적화는 적은 패턴들을 매칭 시키는 것을 배제하고 발전해 왔다. 점점 더 복잡해지는 ISA들이 더 시스템적인 접근법을 이끈다. 현대적인 핍홀 최적화기는 동작을 3개의 구별되는 작업으로 나눈다. 확장, 단순화, 그리고 매칭이다. 최적화기는 이른 시스템들의 패턴 지향적인 최적화를 심볼적 해석과 단순화의 시스템적인 응용으로 대체한다.

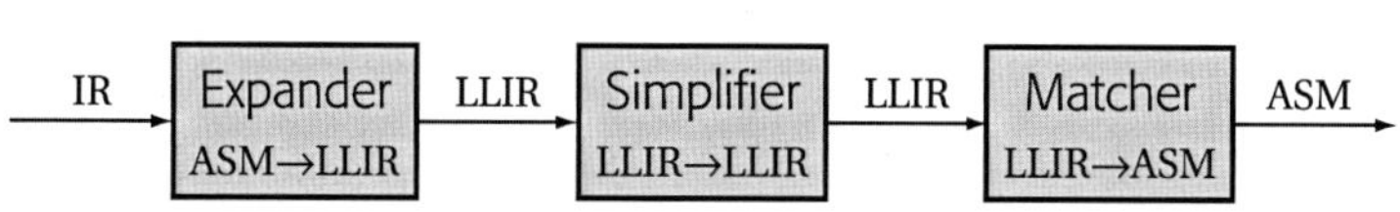

구조적으로, 이는 컴파일러처럼 보인다. 확장기는 입력 코드를 IR 형태로 인식하고 내부 표현식을 만든다. 단순화기는 그 IR에 몇몇 재기록 동작들을 수행한다. 매칭기는 그 IR을 일반적으로 어셈블리 코드(ASM)인, 목표 기계 코드로 변환한다. 만약 입력과 출력 언어가 같다면, 이 시스템은 핍홀 최적화기이다. 입출력이 서로 다른 언어인 경우, 같은 알고리즘들은 11.4.2절에서 우리가 확인할 바와 같이 명령어 선택을 수행할 수 있다.

확장기는 어셈블리 코드를 동작 하나하나에 대하여, 동작의 모든 직접적인 효과들을 표현할 수 있는 저수준의 IR(Local Level IR, LLIR) 동작들 시퀀스로 재기록 한다. 이러한 동작은 최소한, 그들 전부가 프로그램 동작에 영향을 미친다. 만약 동작 add r_i, $r_j \Rightarrow r_k$이 조건 코드를 설정한다면, 그의 LLIR 표현은 $r_i + r_j$를 r_k에 할당하고 조건 코드를 적절한 값으로 설정하는 동작을 반드시 포함해야 한다. 일반적으로, 확장기는 간단한 구조를 가진다. 동작들은 문맥에 상관없이 개별적으로 확장될 수 있다. 이러한 과정은 각각의 ASM 동작에 대한 템플릿을 사용하고 템플릿에서 적절한 레지스터 이름, 상수 그리고 라벨들을 교체한다.

단순화기는 LLIR의 작은 윈도우에서 동작들을 점검하고 시스템적으로 그것들을 향상시키려고 함으로써 LLIR 전체를 아우르는 경로를 만든다. 단순화의 기본 메커니즘은 전방향 교체, 대수적 단순화(예를 들어, $x+0 \Rightarrow x$), 상수 값 표현식 계산(예를 들어, $2+17 \Rightarrow 19$) 그리고 사용되어지지 않는 조건 코드들을 만드는 것과 같은 필요 없는 효과 제거 등을 포함한다. 따라서, 단순화기는 윈도우 내에서 LLIR 위에서 제한된 지역 최적화를 수행한다. 이러한 항목들의 모든 세부사항들은 LLIR(주소 연산, 분기 목적 그리고 등등)에서부터 지역 최적화의 단일 수준까지 노출되어 있다.

마지막 단계에서, 매칭기는 LLIR에서 모든 효과들을 확인할 수 있는 가장 좋은 패턴을 찾음으로써, 단순화된 LLIR을 패턴 라이브러리와 비교한다. 최종 코드 시퀀스는 LLIR 시퀀스에 의해 요구되는 것 외에 다른 효과를 만들어 낼 수도 있다. 예를 들어, 마지막 코드는 쓸모없기는 하지만 새로운, 조건 코드 값을 만들어 낼 수도 있다. 그러나 이는 반드시 정확도를 위해 요구되는 효과들을 보존해야만 한다. 최종 코드는 해당 값이 메모리, 레지스터 또는 조건 코드와 같은 명시적인 집합 위치에 저장됨에 관계없이 살아있는 값을 제거할 수 없다.

그림 11.10은 11.2절에 나온 예제에서 이러한 접근법이 어떻게 동작할 수 있는지를 보여 준다. 그림 11.4에 나온 것과 같이 저수준 AST의 4배로 왼쪽 상단에서 시작한다(w ← x − 2 × y를 AST가 계산할 때, w는 지역 AR에서 오프셋 4만큼 떨어진 위치에 저장되어 있고, x는 ARP로부터 오프셋 −16만큼 떨어진 포인터의 참조에 의한 호출 파라미터로써 저장되어지고, y는 라벨 @G로부터 오프셋 12만큼 떨어진 위치에 있음을 상기하자.). 확장기는 오른쪽 상단에 나온 LLIR을 만든다. 단순화기는 이 코드를 오른쪽 하단에 있는 LLIR 코드를 만들 수 있도록 감소시킨다. 이런 LLIR 조각들로부터, 매칭기는 왼쪽 하단에 나온 ILOC 코드를 만든다.

이러한 과정들을 이해하는 열쇠는 단순화기에 있다. 그림 11.11은 핍홀 최적화기가 예를 들어 저수준 IR을 처리하는 과정에서 가지고 있는 연속적인 시퀀스들을 보여준다. 이 최적화기가 3개의 동작 윈도우를 가지고 있다고 가정하자. 시퀀스 1은 첫 번째 3개의 동작들과 윈도우를 보여준다. 어떠한 단순화도 불가능하다. 최적화기는 r_{10}을 정의하면서 첫 번째 동작을 윈도우 바깥으로 밀어내고 r_{13}의 정의를 불러온다. 이 윈도우에서, 최적화기는 r_{12}를 r_{13}의 정의로 교체할 수 있다. 왜냐하면 이는 r_{12}를 죽은 것으로 만들 수 있고, 최적화기는 r_{12}의 정의를 버리고 시퀀스 3에 도달할 수 있도록 다른 동작을 끌어와서 윈도우의 바닥에 가져다 놓을 수 있기 때문이다. 다

Op	Arg1	Arg2	Result
×	2	y	t1
–	x	t1	w

Expand ⇒

```
r10     ← 2
r11     ← @G
r12     ← 12
r13     ← r11 + r12
r14     ← M(r13)
r15     ← r10 × r14
r16     ← -16
r17     ← rarp + r16
r18     ← M(r17)
r19     ← M(r18)
r20     ← r19 - r15
r21     ← 4
r22     ← rarp + r21
M(r22)  ← r20
```

⇓ *Simplify*

```
r10          ← 2
r11          ← @G
r14          ← M(r11 + r12)
r15          ← r10 × r14
r18          ← M(rarp + -16)
r19          ← M(r18)
r20          ← r19 - r15
M(rarp+ 4)   ← r20
```

Match ⇐

```
loadI   2          ⇒ r10
loadI   @G         ⇒ r11
loadAI  r11,12     ⇒ r14
mult    r10,r14    ⇒ r15
loadAI  rarp,-16   ⇒ r18
load    r18        ⇒ r19
sub     r19,r15    ⇒ r20
storeAI r20        ⇒ rarp,4
```

그림 11.10 예제에 적용된 확장, 간결화 그리고 매치

$r_{10} \leftarrow 2$
$r_{11} \leftarrow @G$
$r_{12} \leftarrow 12$

Sequence 1

$r_{11} \leftarrow @G$
$r_{12} \leftarrow 12$
$r_{13} \leftarrow r_{11} + r_{12}$

Sequence 2

$r_{11} \leftarrow @G$
$r_{13} \leftarrow r_{11} + 12$
$r_{14} \leftarrow M(r_{13})$

Sequence 3

$r_{11} \leftarrow @G$
$r_{14} \leftarrow M(r_{11} + 12)$
$r_{15} \leftarrow r_{10} \times r_{14}$

Sequence 4

$r_{14} \leftarrow M(r_{11} + 12)$
$r_{15} \leftarrow r_{10} \times r_{14}$
$r_{16} \leftarrow -16$

Sequence 5

$r_{15} \leftarrow r_{10} \times r_{14}$
$r_{16} \leftarrow -16$
$r_{17} \leftarrow r_{arp} + r_{16}$

Sequence 6

$r_{15} \leftarrow r_{10} \times r_{14}$
$r_{17} \leftarrow r_{arp} + -16$
$r_{18} \leftarrow M(r_{17})$

Sequence 7

$r_{15} \leftarrow r_{10} \times r_{14}$
$r_{18} \leftarrow M(r_{arp} + -16)$
$r_{19} \leftarrow M(r_{18})$

Sequence 8

$r_{18} \leftarrow M(r_{arp} + -16)$
$r_{19} \leftarrow M(r_{18})$
$r_{20} \leftarrow r_{19} - r_{15}$

Sequence 9

$r_{19} \leftarrow M(r_{18})$
$r_{20} \leftarrow r_{19} - r_{15}$
$r_{21} \leftarrow 4$

Sequence 10

$r_{20} \leftarrow r_{19} - r_{15}$
$r_{21} \leftarrow 4$
$r_{22} \leftarrow r_{arp} + r_{21}$

Sequence 11

$r_{20} \leftarrow r_{19} - r_{15}$
$r_{22} \leftarrow r_{arp} + 4$
$M(r_{22}) \leftarrow r_{20}$

Sequence 12

$r_{20} \leftarrow r_{19} - r_{15}$
$M(r_{arp}+4) \leftarrow r_{20}$

Sequence 13

그림 11.11 단순화기에 의해 생성된 시퀀스들

음에, 최적화기는 r_{13}을 r_{14}를 정의하는 메모리 참조에 섞어 넣고, 시퀀스 4를 만든다.

시퀀스 4에서는 어떠한 단순화도 불가능하기 때문에, 최적화기는 r_{11}에 대한 정의를 윈도우 밖으로 밀어낸다. 이는 시퀀스 5 또한 단순화 할 수 없기 때문에, r_{14}의 정의도 마찬가지로 밀어낸다. 최적화기는 r_{17}을 정의하는 더하기로 −16을 전방 교체함으로써 시퀀스 6을 단순화 시킬 수 있다. 그 동작은 시퀀스 7을 만들어 낸다. 최적화기는 이러한 과정을 반복하여, 가능한 경우 단순화를 진행시키고 그렇지 않으면 진행시키지 않는다. 이 과정이 시퀀스 13에 도달하면, 해당 시퀀스를 더 이상 단순화 할 수 없고 윈도우 안으로 끌어올 더 이상의 코드가 없기 때문에 단순화 자체가 종료된다.

그림 11.10으로 돌아와서, 원래 코드와 단순화된 코드를 비교해 보자. 단순화된 코드는 윈도우의 꼭대기에서 밀려난 동작들과 단순화가 종료된 순간 윈도우에 남아 있는 동작들로 이루어져 있다. 단순화 이후에, 계산은 14개 대신 여덟 개의 동작을 가진다. 이는 13개 대신 7개의 레지스터들을 사용한다(r_{arp}와 다른).

몇몇 디자인 주제들은 핍홀 최적화기가 코드를 향상시키는 능력에 영향을 미친다. 그 능력은 어떤 값이 죽은 상태에서 단순화에 있어서 결정적 역할을 하는 경우를 찾아내는 것을 말한다. 컨트롤 플로우 동작들을 다루는 것은 블록 경계에서 어떠한 일이 발생하는지를 판단한다. 핍홀 윈도우의 크기는 연관되는 동작들을 결합하는 최적화기의 능력을 제한한다. 예를 들어, 더 넓은 윈도우는 단순화기로 하여금 상수 2를 곱셈동작에 섞어 넣을 수 있도록 해주는 것이 가능하다. 다음 3개의 절에서는, 이러한 주제에 대해서 공부한다.

Dead Values

필요 없는 효과, 즉 죽은 값으로 나타내어지는 것들을 인식하는 능력은 이 과정에 있어서 매우 결정적이다. 어떤 값이 코드 *p*에서 죽었다는 것은 *p*로부터 그 값의 어떠한 use에 이르기까지 경로가 존재하지 않음을 뜻한다는 것을 기억하자. 불행히도, 일반적으로 어떠한 값이 죽었음을 판단하려면 해당 값이 만들어졌던 모든 이름 영역 전체에서 분석이 행해져야만 한다. 그렇다면 어떻게 단순화기는 그 스스로가 분석의 초점을 코드상에서 작은 윈도우로 제한시켰음에도 어떠한 값이 죽었음을 알 수 있는가?

확장 과정에서, 최적화기는 각각의 동작에서 죽은 값들의 리스트를 만들 수 있다. 두 가지 관찰이 이것을 가능하게 한다. 첫째, 확장기는 코드 전체에서 뒷 방향 경로를 따라 이 작업을 수행할 수 있다. 확장기가 CFG 상속자들을 처리하면서(그들의 조상 이전에), 각각의 블록을 순회할 때, 확장기는 죽은 변수들의 목록을 작성할 수 있다. 둘째, 대부분의 죽은 값들은 순수한 지역 값들이다. 다시 말해서, 그들은 완전히 단일 블록 내에서 정의되고 사용되는 것이다. 이러한 값들은 코드 형태의 문제, 컴파일러는 이러한 값들에 대한 분리된 이름들의 영역 또는 레지스터 숫자들을 사용할 수 있으므로, 구별될 수 있으며, 또는 최적화기가 탐지될 수 있는 값들에 대해 그를 처리할 수도 있다.

추적할 만한 가치가 있는 자주 죽는 값들의 고전적인 예는 조건 코드이다. ILOC의 가상 기계에 반대되는 실제 기계의 묘사에서, 조건 코드와 같은 세부 사항들이 등장한다. 어떤 컴퓨터들은 조건 코드를 설정하는 산술 연산들을 가지고 있다. 만약 블록이 0에 반하여 계산되는 값을 테스트함으로써 끝난다면, 해당 비교는 이미 계산된 조건 코드를 사용함으로써 때때로 피해질 수도 있다. 자연적으로, 확장기는 이러한 조건 코드 효과들을 포함한다. 그러나, 죽음 조건 코드가 발견되고 제거되지 않는다면 이러한 좋지 않은 조건 코드 할당들은 다른 상황에서는 결합될 수 있는 결합 동작들로부터 핍홀 최적화기의 동작을 방해한다.

예를 들어, $r_i \times r_j + r_k$와 같은 계산을 고려하자. 만약 ×와 +가 조건 코드를 설정한다면, 두 개의 동작 시퀀스는 다음과 같은 LLIR을 만들어 낼 것이다.

$$
\begin{array}{lll}
r_{t1} & \leftarrow & r_i \times r_j \\
cc & \leftarrow & f_x(r_x,\ r_g) \\
r_{t2} & \leftarrow & r_{t1} + r_k \\
cc & \leftarrow & f_+\ (r_{t1},\ r_k)
\end{array}
$$

덧셈이 곱셈에 이어져 나오기 때문에, 조건 코드에 저장된 첫 번째 값은 죽는다.

만약 단순화기가 곱셈을 위한 조건 코드 $cc \leftarrow f_x(r_i, r_j)$를 설정하는 동작을 제거한다면, 그는 목표 기계가 다음과 같은 명령어를 가지고 있다고 가정하여 남은 세 개의 동작들을 하나의 곱-합 동작으로 결합할 수 있다. 그러나 만약 그것이 $cc \leftarrow f_x(r_i, r_j)$를 제거하지 못한다면, 곱-동작을 사용으로부터 매치기를 보존할 것이다.

제어 흐름

제어 흐름 동작들의 존재는 단순화기를 복잡하게 한다. 그들을 다루는 가장 단순한 방법은 단순화기가 분기나 점프 또는 라벨링된 명령어들에 도달하면 단순화기의 윈도우를 비우는 것이다. 이는 단순화기를 그것들이 존재하지 않는 경로에서의 이동 효과로부터 지켜준다.

단순화기가 분기 주위의 문맥들을 확인하는 방법으로 더 나은 결과를 달성할 수 있다고는 하지만, 처리해야 할 몇몇 특별한 경우들이 존재한다. 만약 입력 언어가 분기를 단일 목적과 fall-through 경로로 인코딩한다면 단순화기는 죽은 라벨들을 추적하고 제거해야만 한다. 만약 단순화기가 라벨의 마지막 유즈를 제거하고 앞선 블록이 fall-through 출구를 가진다면, 단순화기는 라벨을 제거하고, 블록들을 결합하고, 오래된 경계를 넘어 단순화를 할 수 있다. 만약 입력 언어가 분기를 두 개의 목적으로 인코딩하거나 이전에 존재했던 블록이 점프로 끝난다면, 죽은 라벨은 완벽하게 제거될 수 있는 도달 불가능한 블록을 내포한다. 둘 중 하나의 경우, 단순화기는 각각의 라벨에 대한 use의 숫자를 추적하고 더 이상 참조될 수 없는 라벨들을 제거한다. (확장기는 단순화기가 남아 있는 참조들의 숫자를 추적하는 단순한 참조 카운팅 기법을 사용함을 허락하면서 라벨 참조들을 셀 수 있다.)

더 공격적인 접근법은 분기의 양 측면에서 동작들을 고려하는 것일 수 있다. 몇몇 단순화들은 분기의 목적에 존재하는 동작들과 함께, 분기의 전에 곧바로 존재하는 동작들의 효과들을 결합하면서 분기들 간에 가능할 수 있다. 그러나, 단순화기는 반드시 라벨된 동작들에 도달하는 모든 경로들을 고려해야만 한다.

함축된 동작들은 이러한 것과 같은 고려사항들을 요구한다. 실행 시간에 함축된 값은 동작들이 실제로 실행되는지를 결정한다. 사실상, 함축된 것들은 암묵적인 라벨들이나 분기들 없이 규정하기는 하지만, 간단한 CFG를 통하는 경로를 규정한다. 단순화기는 이러한 효과들을 인식해야만 하고, 라벨된 동작들에 대해, 그런 효과들이 사용하는 같은 주의해야 할 경향에 맞추어 그들을 처리해야 한다.

물리적 vs. 논리적 윈도우

지금까지 우리는 저수준 IR에서 인접한 동작들을 포함하는 윈도우에 논의의 초점을 맞추어 왔다. 이런 개념은 좋은 물리적 직관을 가지고 개념을 더 굳건하게 한다. 그러나, 저수준 IR에서 인접한 동작들은 같은 값 위에서 동작하지 않을 것이다. 사실, 목표 기계가 명령어 수준의 병렬화를 더욱 더 제공할수록, 컴파일러는 전단부와 최적화기는 반드시 목표 기계의 기능적 유닛들을 바쁘게 유지할 수 있도록 하는 더욱 독립적이고 포개어진 계산들을 가질 수 있도록 IR 프로그램을 생성해야 한다.

이러한 상황을 개선하기 위해, 핍홀 최적화기는 물리적 윈도우보다는 논리적 윈도우를 사용할 수 있다. 논리적 윈도우를 사용하는 경우, 최적화기는 코드 안에 있는 값들의 흐름에 의해 연결되는 동작들을 고려한다. 다시 말해, 최적화기는 값은 값을 정의하고 사용하는 공통 동작들을 고려한다는 뜻이다. 이는 관계된 동작들 사이 다른 동작이 존재하는 경우라 하더라도 관계된 동작들을 결합하고 단순화할 수 있는 기회를 만든다.

확장 도중, 최적화기는 각각의 정의들을 연결할 수 있다. 이는 같은 블록 내에서 해당 정의 값의 다음 use와 더불어 이루어진다. 최적화기가 동작 *i*를 만났을 경우, 최적화기는 해당 동작을 *i*의 논리적 *i*에 의해 정의되는 값을 사용하는 use들의 다음에 있는 블록에 존재한다. (큰 범위에서 보면 단순화가 전방 교체에 의존하고 있기 때문에 다음 물리적 동작을 고려해야 하는 작은 이유가 거기 있다. 그렇지 않을 경우 단순화는 *i*의 결과를 사용한다) 블록 사이에서 논리적 윈도우를 사용하는 것은, 요구되는 컴파일 시간과 단순화 이후에 남아 있는 동작들의 수를 줄임으로써 단순화기를 더 효율적으로 만든다. 우리의 예에서, 논리적 윈도우는 단순화가 상수 2를 곱셈에 섞어 넣도록 한다.

이 아이디어를 확장하여 몇 가지 복잡한 내용을 추가하자. 컴파일러는 논리적으로 인접한 동작들을 단순화시키려고 시도할 수 있지만, 그것들을 핍홀 윈도우 내에 같이 맞추기에는 같은 블록 내에 있든 아니면 다른 블록들에 존재하든 간에 너무 분리된 상황일 수 있다. 이는 어떠한 것이 도달 가능한 각각의 정의들을 사용하는지를 결정하는 전역 분석을 필요로 한다(다시 말하면, 9.2.4절에 있는 도달 정의들이다). 추가적으로, 단순화기는 단일 정의가 다중 use에 도달할 수도 있고 단일 use도 몇몇 분리된 정의들에 의해 계산된 값을 참조할 수도 있다는 것을 반드시 인식해야 한다. 따라서, 단순화기는 정의 동작을 하나의 use를 사용하는 동작과 쉽게 결합할 수가 없고 남아 있는 동작들을 잔류시킨 채 내버려 둔다. 단순화기는 반드시 단일 정의나 단일 use와 같은 단순한 상황에 대한 참작, 고려의 경우나 단일 정의에 더불어 다중 use들이 있는 경우를 제한해야만 하고, 또는 반드시 어떠한 결합이 안전하고 이득이 되는지를 결정하는 신중한 분석을 수행해야 한다. 이러한 복잡한 부분들은 지역 또는 초지역 문맥 안에서 논리적 윈도우를 적용할 수 있도록 기회를 제공한다. 확장된 베이직 블록의 범위 바깥에서 논리적 윈도우를 이동하는 것은 단순화기에게 중요한 복잡한 부분들을 추가한다.

11.4.2 핍홀 변환기

앞선 절에서 언급했던 것과 같은 더 시스템적인 핍홀 최적화기의 출현은 목표 기계의 어셈블리 언어에 대한 더 완벽한 패턴 집합에 대한 요구 때문에 이루어졌다. 3단계의 작업이 모든 동작을 LLIR로 변환시키고 모든 LLIR 시퀀스들을 단순화 시키려고 시도하기 때문에, 매칭기는 임의의 LLIR 시퀀스들을 목표 기계에 맞는 어셈블리 코드로 돌려 놓을 능력을 가져야 한다. 따라서 이러한 현대적 핍홀 시스템들은 이전의 부분적 시스템들이 가졌던 패턴 라이브러리보다 훨씬 많은 양의 그것을 가져야만 한다. 컴퓨터들이 16비트 명령어에서 32비트 명령어 시스템으로 이동하면서, 구분되는 어셈블리 동작들의 수의 폭발적 증가는 패턴들이 사람에 의해서 생성되는 것을 어렵게 했다. 이러한 폭발적 증가를 감당하기 위해서, 대부분은 현대적 핍홀 시스템들은 목표 기계들의 명령어 집합의 묘사로부터 매칭기를 자동적으로 생성하는 도구를 포함한다.

처리장치의 명령어 집합을 묘사할 목적으로 커다란 패턴 라이브러리들을 생성하는 도구의 출현은 명령어 선택을 위해 핍홀 최적화가 경쟁적인 기술이 될 수 있도록 만들었다. 하나의 마지막 twist가 그림을 더욱 단순화 시킨다. 만약 전단부가 직접적으로 핍홀 최적화기에서 사용되는 LLIR을 만든다고 하면, 컴파일러는 확장기를 더 이상 필요로 하지 않는다. 비슷하게, 단순화기가 불필요한 효과들을 다룰 필요도 없다. 외부의 조건 코드들을 설정하는 것과 같은 이러한 효과들은 그들이 유용한지 아닌지를 결정할 수 있는 충분한 문맥이 확장기에게 제공되지 않기 때문에 나타나는 현상이다. 이는 확장기가 죽은 값들의 목록을 계산하고 단순화기를 위해 그들을 계산에 포함시키도록 한다. 만약 전단부가 LLIR을 직접적으로 생성한다면, 컴파일러는 그러한 효과들이 필요하면 생성할 것이고 필요없다면 내뱉을 것이다.

이러한 기법은 컴파일러가 하나의 처리장치에서 다른 처리장치들을 지원할 수 있도록 하는 능력을 필요로 한다. 처리장치들을 바꾸기 위해서, 컴파일러 제작자는 (1) 패턴 생성기에게 적절한 기계 설명을 제공하여 새로운 명령어 선택기를 제작할 수 있도록 해야 하고 (2) 이른 단계에 의해 생성되는 LLIR 시퀀스들을 변화시켜 그들이 새로운 ISA에 걸맞도록 해야 하며 (3) 명령어

RISC, CISC 그리고 명령어 선택

구조 제창자들은 RISC가 더 간단한 컴파일러의 출현을 이끌 것이라고 주장했었다. IBM 801과 같은 초창기의 RISC 기계들은 현재의 CISC 기계들(DEC의 VAX-11)보다 훨씬 적은 어드레싱 모드를 가지고 있었다. 그들은 레지스터와 메모리간의 데이터 이동을 위한 분리된 load와 store 명령어를 포함한 레지스터 대 레지스터 동작들을 사용했다. 대조적으로, VAX-11은 레지스터와 메모리 피연산자들을 둘 다 수용하였고, 많은 동작들은 2주소 그리고 3주소 형식을 모두 지원받았다.

RISC 기계들은 간단하게 명령어 선택을 수행했다. 그들은 주어진 동작을 구현하는 데 매우 적은 방법들을 제공했다. 그들은 레지스터 사용에 있어서 매우 적은 제한을 두었다. 그러나 그들의 load-store 구조는 레지스터 할당의 중요성을 증가시켰다.

대조적으로, CISC 기계들은 단일 동작에 더 복잡한 기능들을 캡슐화한 동작들을 가진다. 이러한 동작들을 효율적으로 사용하기 위해서, 명령어 선택기는 더 넓은 코드 조각들을 아우르는 더 넓은 패턴들을 인식해야만 한다. 이는 시스템적인 명령어 선택의 중요성을 증가시킨다. 이 절에서 설명된 자동화된 기술들은 CISC 기계들에게 더 중요하지만, RISC 기계들에도 적용이 가능하다.

스케줄러와 레지스터 할당기를 새로운 ISA의 특성을 반영할 수 있도록 수정해야 한다. 이것이 엄청난 양의 작업을 포함한다고 하여도, LLIR 시퀀스들을 묘사하고, 양산하고, 향상시키는 인프라는 온전하게 남아 있을 것이다. 다른 방향에서 볼 때, 근본적으로 다른 기계들을 위한 LLIR 시퀀스들은 그들의 차이점을 확실히 인지해야 한다. 그러나 그러한 시퀀스들이 쓰여지는 기본 언어들은 같다. 이는 컴파일러 제작자가 많은 구조들을 통틀어 유용한 도구의 집합을 만드는 것을 가능케 하고, 목적 ISA에 맞는 적절한 저수준 IR의 생성과 핍홀 최적화기를 위한 적절한 패턴의 집합을 제공하는 기계에 잘 맞는 컴파일러를 생산할 수 있도록 한다.

이러한 기법의 또 다른 이점은 단순화기에 있다. 이러한 헐벗은(단순한) 핍홀 변환기는 여전히 단순화기를 포함한다. 윈도우가 제한된 상태에서 행해지는 코드의 시스템적인 단순화조차도 IR을 순회하고 그것을 어셈블리 언어로 재기록 하는 단순한 수제 코드의 경로를 뛰어넘는 중요한 이점을 제공한다. 전방 교체, 단순한 대수적 정체성의 응용, 그리고 상수 폴딩은 더 짧고 효율적인 LLIR 시퀀스들을 만들 수 있다. 이것들은 번갈아서 목표 기계를 위한 더 나은 코드를 이끌어 낼 것이다.

몇몇 중요한 컴파일러 시스템들은 이미 이러한 접근법을 사용했다. 가장 잘 알려진 것이 Gnu 컴파일러 시스템인 GCC이다. 이의 전단부는 레지스터 전이 언어(RTL)라 불리우는 저수준의 IR을 만든다. 최적화 과정은 RTL을 더 향상된 RTL을 만들도록 수정한다. 핍홀 기법을 이용하여 RTL을 사용하고 다양한 목적 컴퓨터들을 위한 어셈블리 코드를 만든다. 단순화기는 시스템적인 심볼적 해석을 이용하여 구현된다. 핍홀 최적화기에 있는 매칭 단계는 RTL 코드를 트리들과 같이 해석하고 목표 기계의 형태에 따라 만들어지는 단순한 트리 패턴 매칭기를 사용한다. 다른 시스템들, Davidson의 VPO와 같은 것들은, 기계 세부 사항을 문법으로 변환하고 매칭 단계를 수행할 수 있도록 선형으로 RTL을 처리하는 작은 조각를 생성한다.

11.5 고급 주제들

BURS 기반과 핍홀 기반의 명령어 선택기는 효율적인 컴파일 시간을 위하여 설계되어 왔다. 그러나, 위의 두 가지 기술은 컴파일러 제작자가 제공하는 패턴들의 지식에 한계가 있다. 가장 최적의 명령어 시퀀스를 찾기 위하여, 컴파일러 제작자는 검색을 사용하는 것을 고려해야 할 것이다. 이 아이디어는 간단하다. 명령어들의 조합들은 때때로 놀라운 효과를 가진다. 결과가 예기치 않기 때문에, 그것은 컴파일러 제작자가 좀처럼 예견할 수 없고, 그러므로 목표 기계를 위하여 생산된 특정한 표현을 포함하지 않는다.

명령어 선택을 향상시키기 위한 가능한 모든 검색을 사용하는 두 개의 다른 접근 방법은 학문적으로 연구되어 왔다. 첫 번째는 코드를 컴파일 하는 것처럼 패턴들을 발견하고 최적화하는 핍홀 기반의 시스템을 포함한다. 두 번째는 가능한 명령어들의 공간을 brute-force 탐색을 포함한다.

11.5.1 핍홀 패턴 배우기

핍홀 최적화기를 사용하거나 구현하는 것의 중요한 이슈는 목표 기계의 명령어 집합을 특정화 하는 데 걸리는 시간과 그 결과로 나타나는 최적화기 또는 명령어 선택기의 속도와 질과의 상충관계이다. 완벽한 패턴의 집합으로 단순화와 매칭의 비용은 효과적인 패턴 매칭 기술을 사용함으로써 최소화 할 수 있다. 물론, 누군가는 모든 패턴들을 생성해야만 한다. 반면에 단순화 또는 매칭을 하는 동안에 규칙을 해석하는 시스템들은 LLIR 연산마다 큰 오버헤드를 가진다. 이와 같은 시스템은 더 작은 규칙을 집합을 사용하여 동작할 수 있다. 이것은 시스템 만들기를 더 쉽게 해

주지만 그 결과로 나타나는 단순화기와 매칭기는 더 느리게 실행하게 한다.

빠른 패턴-매칭 핍홀 최적화기에 필요한 명시적 패턴 테이블을 만드는 효과적인 방법은 기호를 단순화 시킬 수 있는 기능을 갖춘 최적화기와 함께 짝지어주는 것이다. 이 같은 기법 안에서 기호 단순화기는 패턴을 단순화하는 모든 패턴들을 기록한다. 두 연산을 단순화 하는 시간에 기호 단순화기는 초기의 쌍과 단순화된 쌍을 기록한다. 심볼릭 단순화기는 단환화가 너무 일반적이지 않다는 것을 확실히 하기 위하여 기계 표현에 대하여 제안된 패턴을 체크하는 것이 필요할 것이다. 예를 들어 하나의 피연산자가 특정한 상수 값에 의존한다면 입력 패턴은 이 제약을 고려해야만 한다. 다음, 그 결과로 나타나는 패턴을 더 빠른 패턴-매칭 최적화기를 생성하기 위하여 검색 테이블에 기록할 수 있다.

애플리케이션의 테스트 집합에서 기호 단순화기를 실행시킴에 따라, 최적화기는 그것이 필요한 대부분의 패턴들을 찾을 수 있다. 그 다음, 컴파일러는 빠른 패턴-매칭 최적화기의 기초로써 그 테이블을 사용할 수 있다. 이것은 컴파일러 제작자에게 컴파일러를 사용하는 과정의 속도를 높이기 위하여 디자인 하는 동안 컴퓨터 시간을 확장하도록 해준다.

두 개의 최적화기의 상호 작용의 증가는 더 나아가 코드의 질적 향상을 꾀할 수 있다. 컴파일 시간에서 빠른 패턴 매칭기는 테이블에 매치 되는 패턴이 없는 몇 개의 LLIR 쌍을 만날 것이다. 이런 상황이 발생하였을 때, 패턴 매칭기는 검색을 위하여 심볼릭 단순화기를 실행시킬 수 있고, 미리 존재하지 않는 LLIR 쌍 패턴을 가져가기 위하여 검색의 결과를 가져간다.

이 접근 방법을 만들기 위하여 심볼릭 단순화기는 성공과 실패를 기록해야 한다. 이것은 심볼릭 해석의 오버헤드 없이 앞서 검색된 LLIR 쌍을 제거하도록 한다. 개선된 쌍이 찾아졌을 때, 심볼릭 단순화기는 그 새로운 패턴을 최적화기의 패턴 테이블에 추가해야 하고, 추후에 그 쌍은 좀 더 효과적인 메커니즘에 의하여 다루어질 것이다.

패턴을 생성하기 위한 이와 같은 방법은 몇 가지의 장점이 있다. 검색되지 않은 LLIR 쌍들에 대하여만 적용한다. 이것은 또 목표 기계의 연습 집합의 적용 범위 안의 비워진 곳을 보수한다. 패턴 직접적인 시스템의 속도의 대부분을 보존하는 동안에 이것은 좀 더 복잡한 시스템에서 완벽함을 제공한다.

그러나, 이와 같은 접근방법은 컴파일러 제작자가 언제 심볼릭 최적화기가 패턴 테이블을 갱신하여야 하는가와 이 갱신을 어떻게 조절해야 할지를 결정해야만 한다. 패턴 테이블을 새로 쓰기 위하여 임의의 컴파일을 허락하는 것은 현명하지 못한 방법으로 보인다. 동기화와 보안에 대한 이슈는 물론 발생하기 마련이다. 대신에 컴파일러 제작자는 기간적인 갱신을 선택할 것이다. 새로이 찾아진 패턴들을 찾아서 테이블에 저장하는 것은 유지하기 위한 행동으로서의 과정이다.

11.5.2 명령어 시퀀스 생성하기

지금까지 배운 접근 방법은 원래의 엇갈림을 가지고 있다. 그것은 하위 레벨 패턴들은 동일한 명령어의 시퀀스를 찾는 길잡이이어야 한다고 가정한다. 몇몇의 컴파일러들은 같은 기본적인 문제들을 해결하기 위하여 모든 방법을 동원한다. 하위 레벨 모델의 요구되는 명령어 시퀀스를 종합하려고 노력하는 대신 생성하고 테스트 하는 방법을 채택한다.

이 아이디어는 간단하다. 컴파일러 또는 컴파일러 제작자는 어셈블리 언어의 짧은 시퀀스를 확인한다. 그 다음 컴파일러는 모든 어셈블리 시퀀스들을 비용 1로써 생성하고, 원래의 인자들을 생성된 시퀀스로 치환한다. 컴파일러는 목표 시퀀스와 같은 영향을 가지고 있는지 결정하기 위하여 각각의 시퀀스를 테스트 한다. 모든 주어진 비용에서의 시퀀스가 없어졌을 때, 컴파일러는 시퀀스들의 비용을 증가시키고 계속 이 과정을 진행한다. 이 과정은 (1) 동일한 시퀀스를 찾고, (2) 원래의 목표 시퀀스의 비용에 근접하거나 또는 (3) 외부에서 주어진 한계의 비용 또는 컴파일 시간을 근접할 때까지 계속된다.

이 방법은 본질적으로 부하가 크지만, 동일한 시퀀스를 테스트 하는 메커니즘은 각각의 후보 시퀀스들을 테스트하기 위한 시간적인 측면에서 강한 효과를 가지고 있다. 기계의 특징들로 만들어진 하위 레벨의 모델을 사용한 앞의 접근 방법은 명백하게 미묘하게 잘못 매치되는 것을 판별하는 것이 필요하지만 더 빠른 테스트는 자주 발생하는 잘못된 매치를 찾을 수 있다. 컴파일러가 간단하게 후보 시퀀스를 생성하고 실행할 수 있다면, 컴파일러는 목표 시퀀스로부터 얻어지는 결과들을 비교할 수 있을 것이다. 이런 간단한 접근방법은 몇 개의 잘 선택된 입력에 대하여 실행할 수 없는 후보 시퀀스의 대부분을 낮은 비용의 테스트로써 제거해야 한다.

이 접근 방법은 명백하게 부하가 너무 크기 때문에 일반적으로 사용하거나 커다란 코드의 조각을 사용할 수 없다. 그러나 어떤 환경에서는 고려할 만하다. 프로그래머 또는 컴파일러가 작으면서 코드의 성능에 중요한 영향을 미치는 부분을 확인할 수 있다면, 눈에 띄는 코드 시퀀스의 이득들은 전부를 검색하는 비용을 정당화 할 것이다. 예를 들어, 몇몇의 임베디드 애플리케이션은 성능에 중요한 영향을 미치는 부분은 단일 반복문으로 구성되어 있다. 작은 코드를 위하여 성능이나 공간을 향상시킬 목적으로 전부를 검색하는 방법을 사용하는 것은 가치가 있는 일일 것이다.

비슷하게 전부를 검색하는 것은, 목표 가변의 컴파일러의 과정의 부분으로써 새로운 아키텍처에 적용되어 왔다. 이러한 애플리케이션은 컴파일러가 생성한 IR 시퀀스를 위하여 특별히 효과적으로 구현된 것을 찾기 위하여 전부를 검색하는 방법을 사용한다. 컴파일러가 포팅 되었을 때 비용문제에 부딪히게 되기 때문에, 컴파일러 제작자는 새로운 컴파일러가 사용할 많은 컴파일 과정에서 사용되는 비용을 줄이기 위한 탐색의 사용을 정당화 할 수 있다.

11.6 요약과 전망

명령어 선택의 핵심은 패턴 매칭 문제이다. 문제가 얼마나 어렵냐는 컴파일러가 사용하는 IR의 추상화 정도, 대상 머신의 복잡도. 그리고 컴파일러가 원하는 코드의 품질에 달려있다. 어떤 경우에선 단순한 트리 탐색 접근이 적절한 결과를 만들어 낼 것이다. 하지만 좀 더 어려운 경우에선 트리 패턴 매칭이나 핍홀 최적화와 같은 체계적인 접근이 더 나은 결과를 만들어 낼 수도 있다. 같은 결과를 얻을 수 있는 트리 탐색 코드 생성기를 직접 손으로 만드는 것은 더 많은 작업을 필요로 한다. 이 두 접근이 그들의 세부 사항 대부분에서 다른 반면, 그들은 같은 비전을 갖고 있다. 어떤 IR 프로그램이든 패턴 매칭을 사용하여 무수히 이어지는 코드에서 일련의 훌륭한 코드를 찾는 것이 가능하다는 것이다.

트리 패턴 매칭기는 각 결정 시점에서 비용이 적게 드는 선택을 취함으로써 저비용 타일링을 찾아낸다. 그 결과로 얻어지는 코드는 IR로 명시된 계산을 구현한다. 핍홀 변형기는 IR프로그램을 체계적으로 단순화 시키고 그리고 남는 것을 대상 머신에 해당하는 패턴의 집합에 매칭시킨다. 하지만 핍홀 변형기는 명시적 비용 모델이 없기에 그들의 최적성에 대해선 더이상 논의를 할 수 없다. 핍홀 변형기는 IR 프로그램을 글자 그대로 구현하지 않고 IR과 같은 효과를 갖는 계산을 위한 코드를 만들어 낸다. 두 접근의 이러한 미묘한 차이 때문에 그들의 좋고 나쁨을 직접적으로 비교할 수 없다. 실제로 두 접근 방식 모두로부터 아주 훌륭한 결과를 얻을 수 있었다.

이 기술들에 의한 실재적 이득이 실제 컴파일러에서 설명되었다. LCC와 GCC 모두 많은 플랫폼에서 동작한다. 전자는 트리 패턴 매칭을 사용하고 후자는 핍홀 변환기를 사용한다. 두 시스템 모두에서 사용되는 자동화된 툴은 이들을 이해하기 쉽고 재대상화하기 쉬우며 전적으로 사회에서 널리 받아들여지고 있다.

마찬가지로 중요한 것이 있는데 자동 패턴 매칭의 두 집단 모두가 컴파일의 다른 문제에도 적용될 수 있음을 독자는 인식해야 한다. 핍홀 최적화는 컴파일러가 만들어 낸 최종 코드를 향상하기 위한 기술로 탄생한 것이다. 비슷한 방식으로 컴파일러는 트리 패턴 매칭을 이용하여 AST의 계산들을 인식하고 다시 작성할 수 있다. BURS 기술은 값 숫자 매김으로 인식되는 대수적 동일성을 포함한 간단한 패턴을 인식하고 향상시키는 데 매우 효과적인 방법을 제공할 수 있다.

기타

대부분의 초기 컴파일러들은 손으로 만들어졌고 명령어 선택을 위해 임시변통의 방법을 사용해 왔다[25]. 명령어 집합이 충분히 작거나 컴파일러 팀이 크다면 이는 별 문제가 되지 않았다. 예를 들어 BLISS-11컴파일러는 제한된 레퍼토리 동작만으로 PDP-11에 대해 아주 훌륭한 코드를 만들어냈다[339]. 초기 컴퓨터와 소형 컴퓨터의 작은 명령어 집합은 연구자나 컴파일러 작성자가 현재 머신에서 나타나는 몇몇 문제들을 무시하도록 하였다.

예를 들어 Sethi와 Ullman[301] 그리고 후에 Aho와 Johnson[5]는 표현 트리를 위한 최적의 코드를 만드는 문제를 고려하였다. Aho, Johnson 그리고 Ullman은 그들의 생각을 표현 DAGS에까지 확장하였다[6]. 이 작업에 바탕을 둔 컴파일러는 컨트롤 구조를 위해선 임시변통의 방법을 사용하였고 표현 트리의 경우는 영리한 알고리즘을 사용하였다.

1970년대 후반에 아키텍처의 두 트렌드가 명령어 선택 문제를 컴파일러 연구의 맨 앞에 오도록 하였다. 16에서 32 비트 아키텍처로의 이동은 컴파일러가 고려해야 할 동작과 주소 모드의 수가 폭발적으로 증가하도록 하였다. 컴파일러가 훨씬 더 큰 가능성들을 탐색하기 위해선 더 형식적으로 강력한 접근 방법이 필요했다. 이는 C 컴파일러와 재대상화 가능한 컴파일러에 대한 자연적 요구를 야기시켰다[196]. 명령어 선택기를 쉽게 재대상화할 수 있는 능력이 컴파일러를 새 아키텍처에 이식할 때 얼마나 쉽게 할 수 있느냐를 결정하는 핵심적인 요소가 되었다. 이 두 트랜드는 1970년대에 시작한 명령어 선택 연구에 돌충을 일으켜 1990년대 까지 계속 이어졌다[155, 122, 67,161, 66, 276, 277].

scanning과 파싱의 자동화 성공은 명시 기반 명령 선택을 매력적인 생각으로 만들어주었다. Glanville과 Graham은 명령어 선택의 패턴 매칭을 테이블 기반 파싱에 매핑시켰다[155, 160, 162].

트리 패턴 매칭 코드 생성기는 테이블 기반 코드 생성[162, 40, 230, 10, 175]과 트리 패턴 매칭[182, 71]의 초기 작업에서 자라났다. Pelegri Llopart는 bottop-up 재작성 시스템(BURS)[271] 이론의 이와 같은 많은 개념들을 공식화 하였다. 그 뒤의 저자들은 이 작업을 계속하여 다양한 구현과 변형 그리고 테이블 생성 알고리즘[147, 146, 277]들을 만들어 내었다. Twig 시스템은 트리 패턴 매칭과 동적 프로그래밍을 결합시켰다.

최초의 핍홀 최적화는 McKeenman의 시스템에서 나타났다[253]. Bagwell[28], Wulf et al.[339], 그리고 Lanb[227]은 초기의 핍홀 시스템에 대해 설명하고 있다. 확장, 단순화 그리고 매칭의 순환은 Davidson의 책[170, 110]의 11.4.1부분에 설명되어있다. Kessler는 대상 아키텍처에 대한 낮은 수준의 기술로부터 핍홀 최적기를 바로 유도해 내는 작업을 하였다. Fraser와

Wendt는 핍홀 최적화를 코드 생성을 하는 데 적용하였다[149 150]. 11.5.1절에 소개된 머신 학습 접근은 Davidson과 Fraser에 의해 설명되어 있다[108].

Massalin은 11.5.2절에 묘사된 지속적인 접근을 제안하였다[251]. 이것은 Granlund와 Kenner[165]에 의해 GCC에서 제한적으로 작용되었다.

Chapter 12

명령어 스캐줄링
| Instruction Scheduling

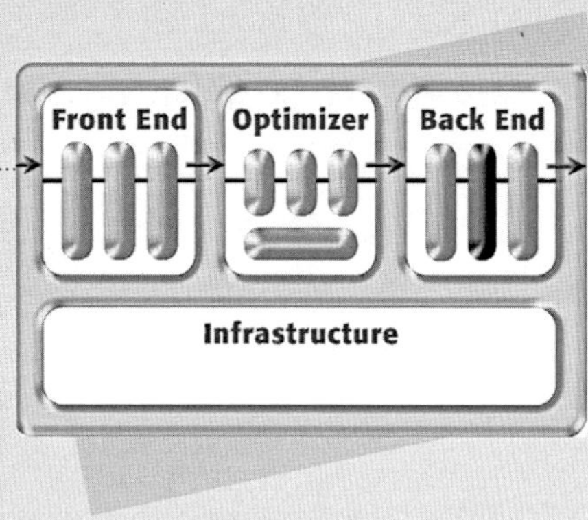

12.1 소개

실행하도록 표현된 명령어들의 순서는 그것들을 실행하는 데 걸리는 시긴에 매우 중요한 영향을 미칠 수 있다. 명령어들은 서로 다른 실행 시간을 가질 것이다. 메모리 시스템은 피연산자를 레지스터나 연산 유닛으로 전달하는 데 1사이클 이상이 걸릴 것이다. 또한, 그 연산 유닛 자체에서 연산된 결과 값을 전달하는 데 역시 1사이클 또는 그 이상이 걸릴 것이다. 만약 연산이 아직 준비되지 않은 값을 참조하려고 한다면, 프로세서는 그 값이 준비되기까지 그 연산을 실행시키지 않을 것이며 이것을 *stalls*이라고 한다. 이와 반대로 어떤 프로세서는 컴파일러가 미리 지연을 예상하고 연산들의 순서를 바꾸었다고 가정한다. 연산이 지연되는 동안 추가할 연산이 없다면, 컴파일러는 한 개, 또는 그 이상의 nop 연산을 넣어야 한다. 첫 번째의 경우, 너무 일찍 결과를 참조하는 것은 성능을 크게 낮추게 된다. 두 번째의 경우, 지연이 절대 일어나지 않는다고 가정하기 때문에 만약 이와 같은 지연이 발생한다면, 잘못된 값을 생산해 낼 것이다. 컴파일러는 첫 번째의 문제를 해결하기 위하여 연산의 순서를 바꾸도록 노력해야 하며, 두 번째의 문제는 피해야만 한다.

대부분의 프로세서는 한 개 이상의 연산들의 실행에 대하여 초기화 할 수 있다. 실행하도록 표현된 연산들의 순서는 연산들이 시작되거나 *이슈(issue)*가 되는 연산의 수를 1사이클 안에 결정할 수 있다. 정수 연산 유닛과 하나의 부동 소수점 연산 유닛을 가지고 있는 프로세서와, 100개의 정수 연산과 100개의 부동 소수점 연산으로 이루어진 반복문 코드를 고려해 보자. 컴파일러가 처음 75개의 연산은 정수 연산으로 명령어들을 배열한다면, 부동 소수점 연산 유닛은 프로세서가 부동 소수점 연산을 하기 전까지 일을 하지 않는 상태로 놓여 있게 될 것이다. 모든 연산이 독립적이라면 (실제적이지 않은 가정), 가장 좋은 명령어의 배열은 두 개의 연산 유닛에 맞도록 분류하는 것이다.

비공식적으로 명령어 스케줄링은 컴파일러가 컴파일 된 코드의 실제 실행시간을 줄이기 위하여 재배열하는 과정이다. 개념적으로, 명령어 스케줄러는 다음과 같이 표현된다.

명령어 스케줄러는 부분적으로 배열된 명령어들의 리스트를 입력으로 받고, 출력으로는 그 연산들로 다시 구성된 명령어들의 리스트를 만든다. 명령어 스케줄러는 명령어 집합이 고정되어 있다고 가정하며, 명령어 할당기가 스필(spill) 코드를 추가하는 것처럼, 새로운 연산을 추가하지 않는다. 또한 명령어 스케줄러는 이름 공간이 고정되어 있다고 가정하며, 레지스터 충돌을 없애기 위하여 특정한 값의 이름을 새로 지정함에도 불구하고 레지스터에 저장되는 값의 이름은 바꾸지 않는다. 명령어 스케줄러는 연산들의 시퀀스를 바꾼 결과를 나타낸다.

명령어 스케줄러의 주요한 목적은 입력으로 받은 코드의 의미를 보존하고 내부 락이나 지연으로 인하여 발생하는 낭비되는 사이클을 제거하고, 변수의 살아 있는 시간을 증가시키기 위한 추가적인 레지스터 스필을 피함으로써 실행시간을 최소화하는 것이다. 물론 명령어 스케줄러는 효율적으로 동작하여야 한다.

프로세서가 여러 개의 연산을 한 사이클에 실행할 수 있다면, 이슈를 하기 위한 명령어가 몇 개인지를 결정하는 메커니즘을 가지고 있어야만 한다. VLIW(Very Long Instruction Word) 기계는 각각의 사이클마다 한 연산 유닛에 하나의 고정된 형태로 묶여진 연산을 실행한다. VLIW 명령어는 각각의 슬롯에 실행 가능한 연산 또는 nop 연산을 포함하고 있다. 압축된 VLIW 기계는 많은 nop 연산을 피하기 위하여, 길이 가변의 명령어를 사용한다. 길이 가변의 명령어는 그 명령어를 가지고 오고 디코드 하는 동안에 길이를 알 수 있는 정보를 포함하고 있다.

슈퍼스칼라 프로세서는 연속된 명령들에서 *k*번째의 명령어까지 살펴보고(*k*는 작은 수이며 고정되어 있다.), 몇 개의 명령어를 이슈시킬지를 결정한다. (전형적으로 *k*는 연산 유닛의 수 또는 비트의 확장된 정도와 같다.) 프로세서는 가능하다면 명령어들을 순차적으로 검사하고 그것을 이슈한다. 리소스 제한이나 피연산자 유효성 때문에 실행시킬 수 없는 연산을 프로세서가 이슈시키려 한다면, 프로세서는 이슈를 멈추고 다음 사이클을 기다린다. 순서 상관없는 슈퍼스칼라 프로세서는 큰 영역의 연속된 명령어들을 본다. 이것은 지나간 연산을 관찰하여 현재의 사이클에서 이슈되지 않은 연산을 찾아내어 최대한 많은 연산을 이슈시킨다.

메커니즘들의 다른 점은 연산과 명령어들의 구분을 흐릿하게 한다. VLIW 기계와 압축된 VLIW 기계는 하나의 명령어가 여러 개의 연산을 포함하고 있다. 슈퍼스칼라 기계에서는 보통 하나의 명령어가 하나의 연산을 가리키고, 이 기계가 한 사이클 안에 몇 개의 명령어를 이슈 하는지를 표현한다. 이 책을 통해서, 연산이라는 용어를 하나의 연산 부호와 그것의 피연산자들로 표현하였고, 컴파일러는 그 연산을 한 사이클에 실행시킬 것이라고 기대한다. 스케줄링에 대한 논의는 같은 용어를 사용한다. 스케줄러는 연산들을 재배열한다. 과거와 비교해 볼 때, 엄밀하게 말하여 *연산 스케줄링(operation scheduling)*이라고 함에도 불구하고, 여전히 *명령어 스케줄링(instruction scheduling)*이라고 부르고 있다. VLIW 또는 압축된 VLIW 아키텍처에서 스케줄러는 연산들을 주어진 사이클 안에 실행시킬 수 있는 명령어로 압축한다. 슈퍼스칼라 아키텍처에서 순차적이거나 비순차적이거나, 스케줄러는 프로세서가 한 사이클에 가능한 많은 수의 연산을 이슈할 수 있도록 재배열 한다.

이번 장에서 스케줄링에 대하여 설명하고, 컴파일러가 스케줄링을 수행하기 위한 도구와 기법을 소개한다. 그 다음에 이어지는 절에서는 스케줄링을 논의하는 데 필요한 배경 지식을 제공하고, 알고리즘과 그것의 영향을 이해하도록 한다.

12.2 명령어 스케줄링 문제

1.5절에서 주어진 명령어 스케줄링의 예를 보자. 그림 12.1은 그 예를 다시 보여준다. "Start"로 표시된 열은 연산이 시작되고 나서부터 계산된 사이클을 나타낸다. 하나의 연산 유닛을 가지고 있고, 메모리 연산 시 3 사이클이 걸리고, `mult` 연산은 2 사이클 그리고 다른 연산들은 1 사이클이 걸리는 프로세서를 가정하였다. 이와 같은 가정하에서 왼쪽에 나타나 있는 원래의 코드는 총 12 사이클이 걸린다.

오른쪽에 나타나 있는 스케줄링 된 코드는 실행시간의 관점에서 더 나은 성능을 보여준다.

Start	Original Code	Start	Scheduled Code
1	`loadAI` r_{arp}, @w ⇒ r_1	1	`loadAI` r_{arp}, @w ⇒ r_1
4	`add` r_1, r_1 ⇒ r_1	2	`loadAI` r_{arp}, @x ⇒ r_2
5	`loadAI` r_{arp}, @x ⇒ r_2	3	`loadAI` r_{arp}, @y ⇒ r_3
8	`mult` r_1, r_2 ⇒ r_1	4	`add` r_1, r_1 ⇒ r_1
9	`loadAI` r_{arp}, @y ⇒ r_2	5	`mult` r_1, r_2 ⇒ r_1
12	`mult` r_1, r_2 ⇒ r_1	6	`loadAI` r_{arp}, @z ⇒ r_2
13	`loadAI` r_{arp}, @z ⇒ r_2	7	`mult` r_1, r_3 ⇒ r_1
16	`mult` r_1, r_2 ⇒ r_1	9	`mult` r_1, r_2 ⇒ r_1
18	`storeAI` r_1 ⇒ r_{arp},0	11	`storeAI` r_1 ⇒ r_{arp},0

그림 12.1 소개절에서의 스케줄링 예제

오른쪽의 코드는 연산들 중 결과 값을 참조하는 긴 지연을 갖는 연산을 구분시킨 결과이다. 이 구분은 연산의 결과에 독립적인 연산들이 동시에 실행할 수 있도록 해준다. 이 코드는 처음에 세 개의 연산을 실행하고, 그것들의 결과는 예상대로 4, 5, 6 사이클에서 사용 가능하다. 이 스케줄에서 세 번째의 load 연산을 동시에 실행시키기 위하여 여분의 레지스터 r_3가 추가로 필요한데, 프로세서가 첫 번째 산술식의 피연산자를 기다리는 동안 일을 할 수 있도록 해준다. 효과적인 연산들 간의 겹침은 메모리 연산의 지연을 숨긴다. 같은 방법으로, `mult` 연산에도 적용시켜서 연산의 지연을 숨긴다. 연산들의 재배열은 실행 시간을 13 사이클로 줄이고, 이것은 35 퍼센트의 성능 향상을 보인다.

모든 블록들이 이와 같은 방식으로 성능을 향상시키는 것은 아니다. x^8를 계산하는 다음 블록의 예를 고려해 보자.

Start		
1	`loadAI`	r_{arp},@x ⇒ r_1
4	`mult`	r_1,r_1 ⇒ r_1
6	`mult`	r_1,r_1 ⇒ r_1
8	`mult`	r_1,r_1 ⇒ r_1
10	`storeAI`	r_1 ⇒ r_{arp},@x

세 개의 `mult` 연산은 긴 잠복기를 가지고 있다. 불행히도 각각의 연산들은 그 이전에 계산된 결과 값을 사용한다. 때문에 스케줄러는 이 코드에 대하여 성능을 향상시킬 수 있는 어떤 일도 할 수 없다. 왜냐하면, `mult` 연산들을 실행하는 동안 실행시킬 수 있는 독립적인 연산이 없기 때문

이다. 병렬로 실행할 수 있는 독립적인 연산이 없기 때문에, 이 블록에 대하여 ILP(Instruction level parallelism)가 없다고 말한다. 충분히 ILP가 주어진다면, 스케줄러는 메모리 지연과 연산 유닛의 지연을 숨길 수 있다.

우리가 다룬 모든 예제들에서 목표 기계는 1 사이클에 하나의 연산을 실행시켰다. 이와 같은 기계에서 연산들과 명령어들은 각각의 명령어들은 하나의 연산을 가지고 있었기 때문에 일치한다. 대부분의 모든 현대 컴퓨터는 여러 개의 연산 유닛을 가지고 있고, 1 사이클에 몇 개의 연산을 이슈할 수 있는 능력을 가지고 있다. 여기에서 단일 이슈 기계를 위한 리스트 스케줄링 알고리즘을 소개할 것이고, 여러 개의 연산이 압축되어 있는 명령어를 다루기 위하여 알고리즘을 어떻게 확장해야 하는지 알아볼 것이다. 특정한 연산 유닛에 이슈되는 하나의 연산 부호를 가리키기 위하여 *연산*이라는 용어를 계속 사용할 것이며, 1 사이클에 실행 될 수 있는 연산들의 묶음을 가리키기 위하여 *명령어*라는 용어를 사용할 것이다. 이와 같은 관점에서 스케줄링 과정을 *연산 스케줄링*으로 부르는 것이 더 정확한 표현이 될 것이다. 그러나, 과거의 관점에서 *명령어 스케줄링* 용어를 계속 사용하겠다.

좀 더 정확하게 스케줄링을 정의하기 위하여, 블록의 *의존성 그래프* 또는 *우선순위 그래프* $\mathcal{D} = (N, E)$를 정의하여야만 한다. 각각의 노드 $n \in N$은 입력 코드의 한 조각인 연산을 의미한다. 엣지 $e = \langle n_1, n_2 \in E$는 n_2가 n_1의 결과를 피연산자로 사용하는 경우를 의미한다. 엣지에 더하여 각각의 노드는 *타입(type)*과 *지연(delay)*의 두 가지 특성을 가지고 있다. 노드 n에 대하여 n은 $type(n)$의 타입을 가지고 있는 연산 유닛에서 실행되어야만 하고, 실행을 완료하는 데 $delay(n)$ 만큼의 사이클이 필요하다. 그림 12.1의 예는 그림 12.2의 의존성 그래프로 표현된다.

예제의 의존성 그래프 $\mathcal{D}$에서 상위 노드가 없는 a, c, e, g와 같은 노드들을 단말 노드라고

```
a:  loadAI   r0, 0   → r1
b:  add      r1, r1  ⇒ r1
c:  loadAI   r0, 8   ⇒ r2
d:  mult     r1, r2  ⇒ r1
e:  loadAI   r0, 16  ⇒ r2
f:  mult     r1, r2  ⇒ r1
g:  loadAI   r0, 24  ⇒ r2
h:  mult     r1, r2  ⇒ r1
i:  storeAI  r1      ⇒ r0,0
```

Example Code

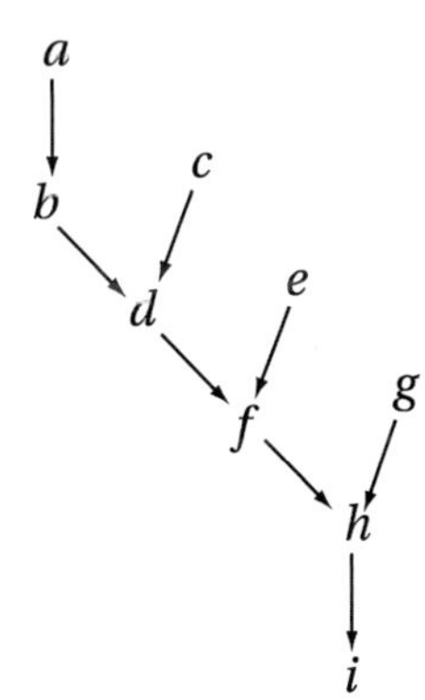

Its Dependence Graph

그림 12.2 예제의 의존성 그래프

부른다. 단말은 다른 연산들과 의존성이 없기 때문에 가능한 빨리 스케줄링 될 수 있다. 의존성 그래프 $\mathcal{D}$에서 하위 노드가 없는 i와 같은 노드들을 루트, 최상위 노드라고 부른다. 의존성 그래프에서 많은 root를 가질 수 있으며, 그것의 상위 노드의 연산이 끝날 때까지 연산을 할 수 없기 때문에, 가장 큰 제약을 가지고 있는 노드이다. 이 용어를 사용하여 $\mathcal{D}$를 위에서부터 아래 방향으로 그린다. 그러나, 단말 노드를 그림의 최상위에 위치시키는 것은 그래프 $\mathcal{D}$를 그리는 동안 위치시키는 것과 스케줄 된 코드를 최종적으로 위치시키는 것과의 사이에 대체적으로 부합되는 그림을 생성한다. Leaf는 스케줄 안에서 일찍 실행시킬 수 있기 때문에, 트리의 가장 위에 위치한다. 최상위 노드는 그것의 상위 노드가 모두 실행된 후부터 실행되어야 하기 때문에, 트리의 가장 아래에 위치한다.

주어진 의존성 그래프 $\mathcal{D}$에서 스케줄 S는 각각의 노드 $n \in N$에 실제로 실행 시 걸리는 사이클인 양의 정수로 매칭된다. 첫 번째로 실행되는 연산은 1 사이클에서부터 시작됨을 가정한다. 이 방법은 명확하고 간단하게 명령어를 정의 할 수 있게 하는데, 명령어는 $\{n | S(n) = i\}$의 집합으로 표현할 수 있다. 스케줄은 다음의 세 가지 제약 조건과 맞물려야 한다.

1. 각각의 노드 $n \in N$에 대하여 $S(n) \geq 1$이다. 이 제약 조건은 프로그램을 실행하기 전에 연산이 실행되는 것을 막는다. 이 제약 조건을 어긴 스케줄은 잘 형성되지 않은 것이다. 스케줄은 적어도 하나의 노드 n'에 대하여 $S(n') = 1$이어야 한다.

2. $<n_1, n_2> \in E$이면, $S(n_1) + delay(n_1) \leq S(n_2)$이다. 이 제약 조건은 정확성을 지키게 한다. 연산은 그 연산의 피연산자가 준비가 되기 전까지 이슈될 수 없다. 이 제약 조건을 어긴 스케줄은 데이터의 흐름을 바꾸고, 잘못된 결과를 도출해 낸다. 컴파일러는 세 가지 제약 조건을 모두 지킨 스케줄러를 만들어야 한다.

3. 명령어가 연산을 포함하고 있지 않다면, 목표 기계는 한 사이클에 이 명령어를 실행 시킬 수 있다. 이 제약 조건을 어긴 스케줄은 그와 같은 명령어에 대하여 실행시킬 수 없다.(VLIW 기계에서 스케줄러는 사용되지 않는 명령어의 슬롯에 대하여 nop 연산으로 채워야만 한다.)

컴파일러는 위의 모든 세 가지 제약조건을 갖춘 스케줄을 생성해야 한다.

정확하고 편리한 잘 형성된 스케줄이 있다고 가정하고, 스케줄의 길이는 처음 실행되는 연산의 시작을 1 사이클로 가정하고, 스케줄의 길이는 마지막 연산이 끝날 때까지의 사이클의 수이다. 이것은 다음과 같이 계산된다.

$$L(S) = \max_{n \in N}(S(n) + \ delay(n)).$$

지연(*delay*)은 모든 연산의 잠복기를 반영함을 가정하고, 스케줄 S는 $L(S)$ 시간에 실행이 끝나야 한다. 위의 식은 시간적으로 최적화된 스케줄의 식에서부터 유도되었다. 스케줄 S_i에 대하여, 같은 연산의 집합을 가지고 있는 또 다른 스케줄 S_j와 $L(S_i) \leq L(S_j)$를 만족한다면, 스케줄 S_i는 time-optimal이라고 한다.

의존성 그래프는 스케줄의 중요한 특징을 가지고 있다. 그래프를 통하여 경로를 따라 계산된 전체 delay는 그 블록에 대하여 추가적인 사항을 나타낸다. 위의 예에서 합쳐진 지연정보를 표현한 새로운 그래프 $\mathcal{D}$를 다시 그리면 다음과 같다.

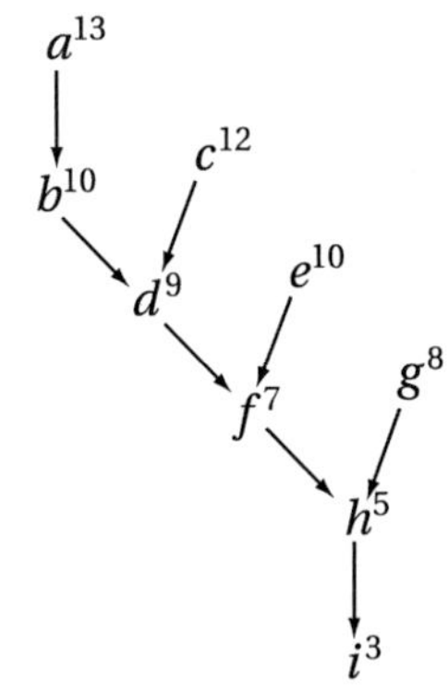

한 노드에서부터 연산이 끝날 때까지 경로의 길이는 각 노드의 오른쪽 위의 숫자로 표현되어 있다. *abdfhi*로 이어지는 경로는 명확하게 가장 길다. 이것은 *임계 경로(critical Path)*이며 이 예제의 전체 실행 시간을 결정한다.

그렇다면 어떻게 컴파일러는 이 연산을 스케줄링 할 수 있는가? 연산은 피연산자가 사용 가능 할 때만 명령어로써 스케줄 될 수 있다. 그래프에서 노드 a, c, e, g는 상위 노드가 없기 때문에, 스케줄링의 처음 시작되는 노드가 될 수 있다. a가 임계 경로에 놓여 있다는 사실은 노드 a가 명령어로써 처음으로 스케줄링 되었다는 것을 의미한다. a가 스케줄링 된 이후, 남아 있는 의존성 그래프 D에서 가장 긴 지연 경로는 *cdefhi*이며, 이것은 노드 c가 두 번째 명령어로 스케줄링 되었다는 것을 의미한다. 노드 ac가 스케줄링이 되고 나서, b와 e는 가장 긴 경로로써 같은 값을 가지고 있다. 그러나 노드 b는 노드 a의 결과 값을 필요로 하고, 4 사이클이 되기 전까지 실행 불가능 할 것이다. 이것은 노드 b를 c 다음에 배열하게 한다. 이와 같은 방식으로 스케줄링을 계속하면 *acebdgfhi*으로 결과가 나오게 되며, 이것은 그림 12.1의 왼쪽과 같다.

그러나 컴파일러는 이 제안된 규칙으로 명령어들을 간단히 재배열 할 수 없다. 노드 c와 e에서 r_2를 정의한 것과 d는 c가 저장한 r_2값을 사용한다는 것을 상기해 보자. 만약 c의 결과 값과 충돌을 피하기 위하여 e의 결과 값의 이름을 새로 만들어 바꾸지 않는다면, 스케줄러는 d를 c의 앞으로 옮길 수 없다. 이 제약 조건은 $\mathcal{D}$에서 의존 모델이 엣지로 표현된 데이터의 흐름에서 발생한 것이 아니다. 대신에 이것은 의존성 모델 *D*에서 간섭을 피하기 위한 필요에서 발생한 것이다. 이와 같은 제약 조건을 종종 *비의존성(antidependence)*라고 부른다.

스케줄러는 적어도 두 가지의 다른 방법으로 올바른 코드를 생성할 수 있다. 스케줄러는 입력 코드로부터 비의존성을 발견할 수 있고, 그것을 스케줄 마지막 단계에서 다루든가 또는 새로운 이름을 부여할 수 있다. 예에서 $e \rightarrow c$, $e \rightarrow d$, $g \rightarrow e$, $g \rightarrow f$. 4개의 비의존성을 찾을 수 있다. 이 연산들은 모두 r_2를 재정의 한다. (r_1에 기반하여 이 제약 조건이 존재하지만 r_1의 비의존성은 값의 흐름에 기반 하여 복제된다.)

발견된 비의존성은 컴파일러가 생산할 수 있는 스케줄의 집합으로 바뀌어진다. 예를 들어, *e*를 *c* 또는 *d*의 앞으로 옮길 수 없다. 이것은 *acbdefghi*와 같이 스케줄을 할 수밖에 없도록 강제하며 총 18 사이클이 걸린다. 이 코드는 스케줄 되지 않은 코드(*abcdefghi*)보다 10퍼센트의 성능 향상이 있지만, 그림 12.1의 오른쪽에 나와 있는 것처럼, 이름을 새로 바꾸는 방법으로 35퍼센트의 성능 향상과는 비교가 안 된다.

다른 방법으로써, 입력 코드를 스케줄링 하기 전에 비의존성을 제거하기 위하여 시스테메틱한 방법으로 이름을 새로 바꿀 수 있다. 이러한 접근 방법은 비의존성에 의한 제약 조건에서 스케줄러가 자유로워질 수 있지만, 스케줄 된 코드가 스틸 코드를 요구하게 된다면, 문제가 될 여지가 있다. 변수의 이름 바꾸기는 살아 있는 변수의 수를 변화시키지 않는다. 단지 이름만 바꿀 뿐이며, 스케줄러에게 비의존성이 나타난 코드의 겹치는 부분으로부터 자유로워질 수 있게 해준다. 그러나, 겹치는 부분이 많아지는 것은 레지스터의 사용을 증가시키고, 레지스터 할당기가 spill 코드를 더 많이 사용하도록 한다. 이것은 긴 잠복기의 연산을 더하게 되며, 또 다른 스케줄링을 요구하는 것이다.

가장 간단한 이름 바꾸기 방법은 변수가 생성될 때마다 새로운 이름을 지정해 주는 것이다. 이 방법을 사용하여 위의 예제를 다음의 코드와 같이 바꿀 수 있다. 아래의 코드는 원래의 코드와 비교하여 정의된 같은 패턴을 가지고 사용한다. 그러나, 의존성 관계는 코드상에서 모호성이 없이 표현되고 있다. 여기에서는 비의존성이 존재하지 않으며, 이름과 관련된 제약 조건도 발생하지 않는다.

```
a: loadAI  r0, 0   => r1
b: add     r1, r1  => r2
c: loadAI  r0, 8   => r3
d: mult    r2, r3  => r4
e: loadAI  r0, 16  => r5
f: mult    r4, r5  => r1
g: loadAI  r0, 24  => r6
h: mult    r5, r6  => r7
i: storeAI r7      => r0,0
```

그러나 의존 관계들은 코드 안에서 모호성이 없도록 표현된다. 코드는 비의존성을 포함하지 않기 때문에 이름에 대한 제약은 발생하지 않는다.

12.2.1 스케줄의 질을 측정하는 다른 방법

스케줄은 시간이 아닌 다른 척도로 측정될 수 있다. 같은 입력 코드를 가진 스케줄 S_i, S_j에 대하여 사용하고자 하는 레지스터의 요구가 다를 수 있다. 이것은 살아 있는 변수의 최대 수가 S_j가 S_i보다 작을 수 있다는 것이다. 일이 없는 연산 유닛에 대하여 스케줄러가 nop 연산을 넣어주기를 프로세서가 원한다면, S_i는 S_j보다 더 적은 수의 연산을 수행할 것이고, 결과적으로 더 적은 명령어를 패치(fetch)할 것이다. 이것은 스케줄의 길이에 의존하지 않는다. 예를 들어, nop 연산이 일정하지 않은 사이클을 가지고 있는 프로세서에서, nop 연산들이 여러 개 묶여 있는 경우, 더 적은 연산과 더 적은 명령어를 생산한다. 결과적으로 S_j는 S_i보다 목표 기계에서 실행하기 위해 사용하는 파워를 더 적게 소모한다. 왜냐하면, S_j는 연산 유닛을 사용하지 않고, 더 적은 명령어를 패치하며, 프로세서의 명령어 디코더에서 더 적은 비트의 변환이 발생하기 때문이다.

12.2.2 무엇이 스케줄링을 어렵게 만드는가?

스케줄링의 기본적인 방법은 연산들을 그것이 실행될 때 걸리는 사이클을 기초로 그룹으로 묶는 것이다. 각각의 연산에 대하여, 스케줄러는 명령어와 사이클을 선택하여야 한다. 각각의 명령어 또는 사이클에 대하여, 스케줄러는 연산의 집합을 선택하여야 한다. 이 두 가지 관점의 규형을 맞추기 위하여 스케줄러는 피연산자가 사용 가능할 때, 비로소 연산이 가능하다는 것을 확신해야만 한다. 주어진 사이클에서 한 개 이상의 연산이 이 기준을 만날 것이고 스케줄러는 선택을 하여야만 한다. 변수들은 그것이 마지막까지 사용될 때까지 살아 있기 때문에, 스케줄러의 결정은 그 레지스터가 사용되는 시점을 정의되는 지점과 가까이 만드는 방법으로 레지스터의 생존시간을 줄이는 것이다. 너무 많은 변수가 동시에 살아 있다면, 많은 레지스터를 사용해야 하기 때문에 스케줄을 수행할 수 없다. 시간 최적화 된 스케줄을 찾아내는 동안에 이와 같은 모든 이슈의 균형을 맞추는 것은 스케줄링을 더 복잡하게 만든다.

지역 명령어 스케줄링은 모든 간단한 아키텍처에서 NP-complete 문제이다. 컴파일러는 스케줄링 문제를 풀기 위하여 탐욕적이고 경험적인 방법을 사용한다. 실제로 컴파일러에서 사용하는 대부분의 스케줄링 알고리즘은 경험적 기법의 하나인 *리스트 스케줄링(list scheduling)*을 기반으로 한다. 다음에 이어지는 절에서 리스트 스케줄링을 자세히 다룬다. 계속하여 이어지는 절에서는 이 패러다임이 어떻게 확장하는지 보여줄 것이다.

명령어 스케줄링은 레지스터 할당과 어떻게 연관되어 있을까?

특정한 이름의 사용은 연산들을 재배치하는 스케줄러의 능력의 한계를 가지게 되는 비의존성을 나타낼 수 있다. 스케줄러는 비의존성을 이름을 새로 쓰는 방법으로 피할 수 있지만, 이름 새로 쓰기는 컴파일러가 스케줄링 이후에 레지스터 할당을 하기 수행하기 위한 필요성을 야기시킨다. 이것은 단지 명령어 스케줄링과 레지스터 할당 사이의 복잡성을 예제로 든 것이다.

스케줄러의 중요한 함수는 연산들을 재배치 하는 것이다. 대부분의 연산들이 하나 혹은 두 개의 피연산자를 사용하여 새로운 값을 생산하고, 그것과 연관된 순서를 바꾸는 것은 어떤 변수의 생존시간을 바꿀 수 있다. 만약 연산 *a*가 r_1을 정의하고, *b*가 r_2를 정의하였다면, 연산 *b*를 *a*의 앞으로 옮기는 것은 몇몇의 효과를 가질 수 있다. 이것은 r_1의 생존시간을 줄이는 동안에, r_2의 생존시간을 1 사이클만큼 줄어들게 한다. 만약 *a*의 피연산자 중 하나가 마지막에 사용된다면, *b*를 *a*의 앞으로 옮기는 것은 그 피연산자의 생존시간을 길어지게 한다. 대칭적으로, *b*의 피연산자가 마지막에 사용된다면, 그 피연산자의 생존시간을 짧아지게 한다.

*b*를 *a*의 앞으로 옮기는 것의 효과는 *a*와 *b*뿐만 아니라, 주변의 코드에 의존한다. 피연산자들이 마지막에 사용되는 것이 없다면, *a*와 *b*의 순서 바꾸기는 레지스터의 요구에 의한 효과가 없을 것이다. (각각의 연산은 레지스터를 정의한다. 레지스터를 서로 바꾸는 것은 특정한 레지스터의 생존시간을 변화시키지만 레지스터를 더 요구하지는 않는다.)

비슷한 방법으로, 레지스터 할당은 명령어 스케줄링 문제를 바꿀 수 있다. 레지스터 할당기의 중요한 함수들은 참조의 이름을 정하는 것이고, 레지스터의 집합의 수보다 더 많은 레지스터를 사용할 때 메모리 연산을 추가하는 것이다. 이 두 가지 함수는 스케줄러가 빠른 코드를 만드는 능력에 영향을 미친다. 레지스터 할당기가 가상의 이름 공간을 목표 기계의 실제 레지스터 이름으로 바꿀 때, 할당기는 스케줄러에게 비의존성의 정보를 줄 수 있다. 비슷하게 레지스터 할당기가 스필 코드를 추가할 때, 할당기는 자체적으로 스케줄이 된 연산을 추가한다.

우리가 수학적으로 알고 있듯이, 이와 같은 문제의 해답은 명령어 스케줄러가 레지스터 할당기의 앞에 오는 경우나 그 반대의 경우에는 찾아낼 수 없다. 그러나 이 문제들은 개별적으로 다루기에 충분하다. 사실 대부분의 모든 컴파일러는 이 문제들을 구분하여 다루고 있다.

12.3 리스트 스케줄링

리스트 스케줄링은 기본 블록의 연산들을 스케줄링을 하기 위한 탐욕적이고 경험적인 접근 방법이다. 리스트 스케줄링은 이치에 맞는 스케줄을 찾고 컴퓨터 구조의 변화에 쉽게 적용시킬 수 있기 때문에 1970년대 이래로 가장 지배적인 패러다임이었다. 그러나 리스트 스케줄링은 특정한 알고리즘을 표현한다기 보다는 접근 방법을 표현한다. 그것을 어떻게 구현할 것인가와 어떻게 스케줄링을 위한 명령어들의 우선순위를 매기는가의 폭넓게 다양한 방법이 존재한다. 이번 절에서는 리스트 스케줄링의 기본적인 프레임워크뿐만 아니라 다양한 아이디어를 탐구한다.

고전적인 리스트 스케줄링은 하나의 기본 블록에서 동작한다. 일련의 코드의 시퀀스들을 고려하는 제한은 우리가 복잡한 스케줄링을 할 수 있는 상황을 무시할 수 있게 해준다. 예를 들어, 스케줄러가 다양한 블록들을 고려할 때, 피연산자는 하나 이상의 앞서 선언된 것에 의존할 수 있다. 이것은 피연산자가 사용 가능할 때, 불확정성을 만들 수 있다. 유효 범위 안에서의 몇몇의 블록들을 가지고 스케줄러는 명령어를 한 블록에서 다른 블록으로 옮길 것이다. 이와 같은 블록을 교차로 옮기는 것은 스케줄러가 명령어를 복제하도록 강제할 수 있다. 즉, 명령어를 하나의 후계 블록에 옮기는 것은 각각의 모든 후계 블록으로의 복사가 필요하다. 비슷하게, 명령어를 옮기는 것은 원래의 경로에서는 실행되지 않을 명령어를 실행시킬 수 있다. 명령어를 전임 블록에 옮기는 것은 경로에 있는 그 블록의 후계 블록은 그 명령어를 실행시킬 것이다. 하나의 블록으로 고려 사항을 제한하는 것은 이와 같은 복잡성을 피한다.

하나의 블록에 리스트 스케줄링을 적용하기 위하여 스케줄러는 다음의 네 단계의 계획을 따른다.

1. *비의존성(antidependence)을 피하기 위한 새로 이름 정하기* 스케줄러에서 제한점들의 집합을 줄이기 위하여 컴파일러는 값의 이름을 새로 정한다. 각각의 정의는 유일한 이름을 부여 받는다. 이 단계는 엄격히 필요하지는 않다. 그러나, 이것은 스케줄러가 비의존성을 제거하여 몇 개의 스케줄을 찾도록 해준다. 이것은 또한 스케줄러를 구현하는 것을 간소화 한다.

2. *의존 그래프 $\mathcal{D}$ 구성하기* 의존 그래프를 구성하기 위하여 스케줄러는 블록을 아래에서 위로 탐색한다. 각각의 연산에 대하여 스케줄러는 새롭게 만들어진 값을 표현하기 위하여 노드를 구성한다. 이것은 노드와 그 값을 사용하는 각각의 노드 사이에 엣지를 연결한다. 각각의 엣지는 현재 연산에서부터의 잠복기를 주석으로 표현되어 있다. (스케줄러

가 새로 이름 정하기를 수행하기 않는다면, $\mathcal{D}$ 는 비의존성을 잘 표현해야만 한다.)

3. *각각의 연산에 우선순위 부여* 스케줄러는 각각의 단계에서 사용 가능한 연산들의 집합을 선택하는 것처럼 스케줄링을 하기 위하여 이 우선순위를 사용한다. 많은 우선순위 기법은 리스트 스케줄러에서 사용되어 왔다. 스케줄러는 각각의 노드에 대하여 몇몇의 다른 비용을 계산할 것이다. 우선순위 기법을 사용하여 최초의 정열을 하고, 다른 것들은 같은 등급의 노드 사이에서 동위의 것들을 제거하기 위하여 사용한다. 가장 많이 쓰이는 우선순위 기법은 $\mathcal{D}$ 의 최상위 노드로부터 가장 긴 지연-가중의 길이를 사용한다는 것이다. 다른 우선순위 기법에 대하여는 나중에 논의할 것이다.

4. *반복적인 연산의 선택과 스케줄* 리스트 스케줄링 알고리즘의 중심이 되는 데이터 구조는 현재의 사이클에서 합법적으로 실행되는 연산들의 리스트이며 *준비된 리스트(ready list)*라고 불린다. 준비된 리스트의 모든 연산들은 그것의 피연산자가 사용 가능하다는 특성을 가지고 있다. 이 알고리즘은 블록의 첫 번째 사이클에서 시작하고 그 사이클 안에서 이슈하기 위한 가능한 많은 연산들을 선택한다. 그 다음 사이클 카운터를 진행시키고, 먼저 이슈된 연산들과 실행된 연산들을 반영하기 위하여 준비된 리스트를 업데이트한다. 스케줄러는 모든 연산이 스케줄 될 때까지 이 과정을 반복한다.

이름 새로 정하기와 $\mathcal{D}$ 를 구성하는 것은 바로 된다. 전형적으로 우선순위 계산은 $\mathcal{D}$ 의 탐색을 포함한다. 알고리즘의 중심부와 그것을 이해하는 요소는 마지막 단계에 있다. 그림 12.3은 이 단계를 위한 기본적인 프레임워크를 보여준다. 단, 목표 기계는 하나의 연산 유닛을 가지고 있음을 가정한다.

그 알고리즘은 코드의 실행의 가상의 시뮬레이션을 수행한다. 이것은 $\mathcal{D}$ 의 엣지에 부과된 시간적인 제약조건들에 집중하기 위하여 값과 연산들의 세부 사항들을 무시한다. 시간을 추적하기 위하여 이 알고리즘은 시뮬레이션 클락을 *Cycle* 변수로 유지한다. 스케줄 된 코드의 첫 번째 연산에 대하여 *Cycle*은 1로 초기화 되고, 코드의 모든 연산이 실행하기 위하여 시간을 소모할 때까지 증가된다.

그 알고리즘은 연산들을 추적하기 위하여 두 개의 리스트를 사용한다. 첫 번째 리스트, *Ready*는 현재의 사이클에서 실행할 수 있는 연산들을 갖고 있다. 연산이 *Ready* 안에 있다면, 그것의 모든 피연산자들은 계산되어있다. *Ready*는 $\mathcal{D}$ 의 모든 단말 노드들을 포함하는데, 그 단말 노드들은 다른 연산들과 의존성이 없기 때문이다. 두 번째 리스트인 *Active*는 앞선 사이클에서 이슈가 되었지만, 아직 완료되지 않은 연산들을 갖고 있다. 각각의 시간적인 단계에서 스케줄러는 완료된 연산들을 찾기 위하여 *Active*를 검사한다. 각각의 연산이 끝남에 따라, 스케줄러는 모든 피연산자들이 사용 가능한지 결정하기 위하여 $\mathcal{D}$ 안에 포함된 연산의 후계들인 s를 검사한다. 사용 가능한 피연산자들이 있다면 *s*를 *Ready*에 추가한다.

각각의 시간적인 단계에서 알고리즘은 간단한 정리를 수행한다. 알고리즘에서 앞선 사이클에서 완료된 연산들에 대하여 정리를 하고, 그 다음 현재 사이클을 위한 연산을 스케줄링 한다. 이 알고리즘 구현의 세부 사항은 이 구조를 약간 모호하게 하는데, 첫 번째 시간 단계에서 *Active* 리스트는 항상 비어 있기 때문이다. 위의 알고리즘에서 while문은 첫 번째 시간 단계의 중간에서 시작한다. 이것은 *Ready*에서 연산을 선택하고 그것을 스케줄 한다. 그 다음 두 번째 시간 단계를 시작하기 위하여 *Cycle*을 증가시킨다. 이 알고리즘은 새로운 사이클의 시작을 위하여 *Active*와 *Ready*를 갱신하고, 반목문의 맨 처음으로 돌아간다. 그리고, 선택, 증가, 갱신의 과정을 반복한다.

시뮬레이션 클록이 모든 연산이 완전히 끝났음을 가리킬 때 그 과정은 끝이 난다. 마지막에서의 *Cycle*은 그 블록의 시뮬레이션 실행 시간을 의미한다. 모든 연산이 지연으로 표현된 시간 안에 실행이 되고 $\mathcal{D}$ 의 단말 노드의 모든 피연산자가 첫 번째 사이클에서 사용 가능하다면, 시뮬레이션 된 실행 시간은 실제 실행 시간과 같아야만 한다. 간단한 postpass는 연산들을 재정렬할 수 있고 빈 사이클에 nop연산들을 넣을 수 있다.

여기에서 중요한 질문은 이 방법으로 만들어진 스케줄은 얼마나 좋은가? 이다. 그 대답은 넓은 측면에서 볼 때 이 알고리즘은 각각의 반복에서 *Ready* 리스트에서 제거하기 위한 연산들을 어떻게 선택하는가에 의존한다. 이런 제한적인 경우 알고리즘은 최적의 스케줄을 생성해야만 한

```
Cycle ← 1
Ready ← leaves of 𝒟
Active ← ∅

while (Ready ∪ Active ≠ ∅)
   if Ready ≠ ∅ then
      remove an op from Ready
      S(op) ← Cycle
      add op to Active

   Cycle + +

   for each op ∈ Active
      if S(op) + delay(op) < Cycle then
        remove op from Active
        for each successor s of op in 𝒟
           if s is ready
             then add s to Ready
```

그림 12.3 리스트 스케줄링 알고리즘

다. 단지 하나의 연산이 첫 번째 사이클에서 실행될 수 있다. ($\mathcal{D}$ 에 적어도 하나의 단말 노드가 있어야만 하고, 여기에서의 제약은 정확히 하나의 노드만 존재한다.) 각각의 이어지는 사이클에서 알고리즘은 *Ready* 리스트가 하나의 연산을 포함하고 있고 알고리즘이 그것을 스케줄을 하거나, 또는 *Ready* 리스트가 비어 있고 알고리즘이 이슈하기 위하여 스케줄 할 연산이 없는 경우에는 선택의 여지가 없다. 이와 같은 어려운 점은 알고리즘 수행 과정에서 다수의 연산이 어떤 한 지점에서 수행 가능할 때 일어난다.

이어지는 예로, $\mathcal{D}$ 가 네 개의 단말 노드 a, c, e, g를 가지고 있다고 하자. 오직 한 개의 연산 유닛을 가지고 있고, 스케줄러는 첫 번째 사이클에 실행하기 위하여 네 개의 불러오기 연산들 중 하나를 선택하여야만 한다. 이것은 우선순위 연산의 역할이다. 우선순위는 스케줄러가 노드를 정렬하기 위하여 하나 또는 그 이상의 등급이 $\mathcal{D}$ 의 각각의 노드에 주어져 있다. 앞서 제안된 요소인 $\mathcal{D}$ 의 최상위로부터의 가장 긴 가중된 지연의 길이는 항상 현재의 사이클에서 최장 경로의 노드를 선택하는 것과 같다. (앞서 선택된 것을 바꾸는 것은 현재의 최장 경로를 좋게 바꿀 것이다.) 예상 가능한 스케줄링 우선순위의 폭을 제한하기 위하여, 이 기법은 가장 긴 경로의 균형 있는 탐색을 제공해야 한다.

12.3.1 효율성 고려

Ready 리스트로부터 연산을 고르기 위하여 *Ready*를 선형적으로 자세히 살펴보는 것이 필요하다. 이 방법은 *Ready*를 만들고 유지하는 데 그 복잡도를 $\mathbf{O}(n^2)$에 가깝게 한다. 우선순위 큐를 가지고 *Ready* 리스트를 재배치하는 것은 구현에 있어서 약간의 어려움이 증가하지만 복잡도를 $\mathbf{O}(n \log_2 n)$으로 줄일 수 있다.

비슷한 접근 방법으로 *Active* 리스트를 다루는데 그 비용을 줄일 수 있다. 스케줄러가 *Active* 리스트에 연산을 추가할 때, 스케줄러는 연산이 완료되는 사이클과 같은 우선순위를 가진 연산을 할당한다. 가작 낮은 우선순위를 찾은 우선순위 큐는 현재 사이클에서 완료된 모든 연산을 앞에 저장할 것이고 이것은 간단한 리스트를 구현하는데, 작은 정도의 비용 증가가 있을 것이다.

더 나아가 Active의 구현에 있어서 성능 향상이 가능하다. 스케줄러는 한 동작이 끝날 수 있는 각 사이클 마다 하나씩의 구분된 리스트들의 집합을 유지할 수 있다. 리스트의 수는 모든 연산의 잠복기를 감안하도록 요구되며 그 잠복기는 $MaxLatency = \max_{n \notin D} delay(n)$이다. 컴파일러가 연산 n을 *Cycle*로 스케줄 하였을 때, 컴파일러는 n을 *WorkList*[*Cycle*+ $delay(n)$ *mod* *MaxLatency*]에 추가한다. *Ready* 큐를 갱신하였을 때, 후계들의 모든 연산들은 (수식)에서 찾아진다. 이 기법에 의하여 *WorkList*에 추가하는 것은 작은 추가 공간과 약간의 시간을 필요로 한다. 대신에, 이 기법은 *Active* 리스트를 탐색하는 2차의 비용을 피하고 더 작은 *WorkList*의 탐색을 통하여 바꾸어 놓는다. *WorkList*들의 연산의 수는 *Active*의 수와 동일하다. 그래서 공간의 오버헤드는 다수의 *WorkList*를 가지게 되는 비용에 해당한다. 추가적인 시간은 *WorkList* 계산을 포함하는 *WorkList*를 계산하는 수식에서 기인한다.

주의

설명한 바에 따라, 지역 리스트 스케줄러는 모든 피연산자들의 단말 노드들은 블록에 대하여 사용 가능하다고 가정한다. 스케줄러는 블록의 경계지점에서 발생하는 영향을 고려해야만 한다. 프로세서가 피연산자가 사용 가능하지 않을 때 지연이 걸리도록 하는 내부 락을 가지고 있다면, 스케줄러는 각각의 프로세서 블록이 모든 연산을 끝내기 위한 시점에서 충분한 여분의 시간을 가지고 있다고 확신해야만 한다. 좀 더 문맥상의 지식을 가지고 스케줄러는 후계 블록의 여분의 시간을 숨기는 방법으로 단말 노드에 우선순위를 매길 수 있을 것이다.

다수의 연산을 포함하는 명령어를 다루도록 알고리즘을 확장시키기 위하여 그 알고리즘의 *while* 반복문을 각각의 연산 유닛을 위하여 연산을 선택하도록 확장해야만 한다. 주어진 연산을 몇몇의 다른 연산 유닛에서 실행 할 수 있다면, 컴파일러 제작자는 이들 연산 유닛의 역량을 감안하여 연산의 선택을 한쪽으로 치우치게 할 필요가 있을 것이다. 예를 들어, 오직 하나의 연산 유닛만이 메모리 연산을 실행시킬 수 있다면, 스케줄러는 불러오기와 저장하기 연산에 대하여 우선적으로 그 연산 유닛에 스케줄을 해야만 한다. 레지스터 집합이 분할되어 있다면 같은 효과가 발생한다. (13.6.2절) 스케줄러는 피연산자가 정해져 있는 연산 유닛에 그에 맞는 연산을 배치하는 것이 필요할 것이다.

마지막 관점으로써 메모리 연산은 종종 불확실성을 가지고 있고 변수들은 메모리 체계 때문에 값을 읽거나 쓰는 데 지연되기도 한다. 다중 계층의 캐쉬 메모리를 가지고 있는 기계에서 불러오기 연산은 0 사이클에서 100 또는 1000 사이클 범위의 실제 지연을 가질 것이다. 스케줄러가 가장 나쁜 경우의 지연을 가정한다면, 긴 시간 동안 프로세서는 할 일이 없게 되는 위험성을 가지게 될 것이다. 스케줄러가 가장 좋은 경우의 지연을 가정한다면, 프로세서의 캐쉬 미스에 따른 지연이 일어날 것이다. 실제로 컴파일러는 불러오기 연산의 지연을 감당할 수 있는 명령어 레벨의 병렬성의 정도에 기반 하여 각각의 고유한 지연을 계산하는 방법으로 좋은 결과를 얻을 수 있다. 이 방법은 하드웨어가 그 코드를 실행시키는 것을 고려하는 것보다는 불러오기 코드 주위의 다른 코드들을 고려하여 스케줄 하는 것이다. 명령어 레벨의 병렬성이 없다면 프로세서는 로드 연산이 끝날 때까지 지연될 것이다.

12.3.2 다른 우선순위 기법

지역 명령어 스케줄링의 복잡도는 컴파일러가 경험적인 기법을 사용하도록 강요한다. 사실 리스트 스케줄링은 최적에 가까운 스케줄을 한다. 그러나 이와 같은 공격적인 기법의 행동 양식은 튼튼하지 못하다. 입력의 작은 변화는 결과 값에 있어서 큰 변화를 가져올 것이다.

이와 같은 불안정성을 해결하는 알고리즘에 의한 방법은 주의 깊게 동급을 제거하는 것이다. 두 개 또는 그 이상의 항목들이 같은 등급을 가지고 있을 때, 다른 우선순위 등급을 기반으로 하여 그들 중 하나를 선택하여야 한다. (반대로, max 함수의 구현들은 결정적인 행동양식을 보인다. 그것들은 최대 등급의 처음 값을 가지던가 또는 가장 마지막 값을 가지게 된다. 이것은 리스트에서 앞의 노드 또는 더 나중의 노드 쪽으로 치우치도록 한다.) 좋은 리스트 스케줄러는 동급을 제거하기 위하여 몇몇의 다른 우선순위 등급 매김 방법을 사용한다. 제안되어 온 많은 우선순위 기법은 다음과 같다.

- 노드의 등급은 그 노드를 포함한 가장 긴 경로의 전체 길이이다. 이 방법은 각각의 단계에서 원래 코드의 임계 경로를 선택하고 중간 단계의 결정은 무시한다. 이 방법은 $\mathcal{D}$ 의 깊이 우선 탐색으로 향하는 경향이 있다.

- 노드의 등급은 $\mathcal{D}$ 안에서 그 노드가 가지고 있는 후계 노드들의 수이다. 이 방법은 스케줄러가 그래프를 통하여 많은 경로를 추적하도록 하며, 이것은 넓이 우선 탐색에 가깝다. 이 방법은 *Ready* 큐에 더 많은 연산을 가지려는 경향이 있다.
- 노드의 등급은 $\mathcal{D}$ 안에서 그 자손의 전체 수이다. 이 방법은 앞서 소개한 방법을 확장한 것이다. 다른 노드들에 대하여 임계 값을 계산한 노드에 대하여 스케줄 된다.

- 노드의 등급은 긴 지연을 가지고 있다면 더 높아진다. 이 방법은 더 많은 연산들이 그것들의 지연을 감당하기 위하여 남아 있을 때, 블록 안에서 긴 지연을 가진 노드들을 더 일찍 스케줄링을 하려는 경향이 있다.

- 노드의 등급은 마지막으로 사용되는 값을 가지고 있다면 더 높아진다. 이 방법은 마지막으로 사용되는 변수를 정의되는 쪽으로 옮김으로써 레지스터의 요구를 줄이는 경향이 있다.

불운하게도, 이들 우선순위 기법들 중 어떤 하나도 전체 스케줄의 질적 측면에서 서로에게 지배적이지 않다. 어떤 예에서는 좋고 다른 예에서는 다른 기법에 비하여 좋지 않은 결과를 낸다. 즉, 어떤 우선순위 기법을 사용하고 적용시킬 것인가는 생각할 여지가 있다.

12.3.3 전방, 후방 리스트 스케줄링

리스트 스케줄링의 다른 형식은 의존성 그래프를 최상위 노드에서부터 최하위 단말 노드로 스케줄을 하는 것이다. 첫 번째 스케줄 된 연산은 블록의 가장 마지막 사이클에서 실행하고 가장 마지막에 스케줄 된 연산은 가장 처음의 사이클에서 실행한다. 이와 같은 형식을 *후방 리스트 스케줄링(backward list scheduling)*이라고 하며 원래의 방식을 *전방 리스트 스케줄링(forward list scheduling)*이라고 한다.

컴파일러 집단의 표준은 각 블록에 대하여 몇 가지의 리스트 스케줄링을 적용시키고 가장 짧은 스케줄을 얻는다. 전형적으로 컴파일러는 전방과 후방의 리스트 스케줄링을 병행한다. 컴파일러는 각각의 방향에 따라 하나 이상의 우선순위 기법을 적용시킬 것이다. 경험에 의한 많은 기술들처럼 이것은 중요한 요소들을 도출해 낸다.

첫째로 리스트 스케줄링은 컴파일러의 실행 시간의 작은 부분을 차지한다. 컴파일러는 더 좋은 코드를 만들기 위하여 몇 가지의 기법을 시도할 여유가 있다. 스케줄러는 새로 이름 정하기, $\mathcal{D}$ 구성하기, 계산된 우선순위 매기기 등 대부분의 준비된 작업들을 다시 사용할 수 있다. 즉, 다수의 기법을 사용하는 비용은 스케줄러의 반복되는 부분을 되풀이 하는 정도에 따른다.

둘째로 전방 리스트 스케줄링이나 후방 리스트 스케줄링이 항상 좋은 것은 아니다. 전방과 후방 리스트 스케줄링의 다른 점은 연산들의 순서에 있다. 스케줄이 결정적으로 연산들의 작은 집합의 배열에 의존한다면 두 가지 방향은 확연하게 다른 결과를 보여줄 것이다. 임계 연산들이 단말 노드에 나타난다면, 전방 스케줄링은 그 연산들을 함께 고려할 것이며, 반면에 후방 스케줄링은 나머지 블록들을 통하여 그 연산으로 도달하기 위한 일을 해야만 한다. 대칭적으로 임계 연산이 최상위 근처에 있게 된다면 후방 스케줄링은 그것들을 함께 고려할 것이며 반면에 전방 스케줄링은 다른 블록의 끝에서 시작된 결정에 의하여 쓰여진 순서대로 그 연산들을 본다.

이 요소들을 좀 더 구체화하기 위하여 그림 12.4의 예를 고려해 보자. 그림 12.4는 SPEC 벤치마크 프로그램 go의 기본 블록의 의존성 그래프를 보여주고 있다. 컴파일러는 메모리 연산이 그 다음 블록을 실행하기 전임을 확실히 하기 위하여 store 연산으로부터 블록의 마지막 지점으로 의존성을 추가한다. (이 가정을 어기는 것은 바로 이어지는 불러오기 연산으로부터 잘못된 값을 생산하게 된다.) 의존성 그래프에서 노드의 위에 쓰여진 수들은 노드에서부터 그 지점까지의 지연을 보여주는 것이며, 아래에 쓰여진 수는 비슷한 연산들을 구분하기 위한 것이다. 이 예에서 의존성 그래프의 아래의 테이블에 나타나 있다.

이 예제에서 전방과 후방 리스트 스케줄링의 다른 점을 표현하고 있다. 컴파일러는 두 개의 정수 연산 유닛과 한 개의 메모리 연산 유닛을 가지고 있는 ILOC 기계를 목표로 하고 있다. 5개의 store 연산은 블록에서 가장 많은 시간을 소모한다. 실행 시간을 최소화 하는 스케줄은

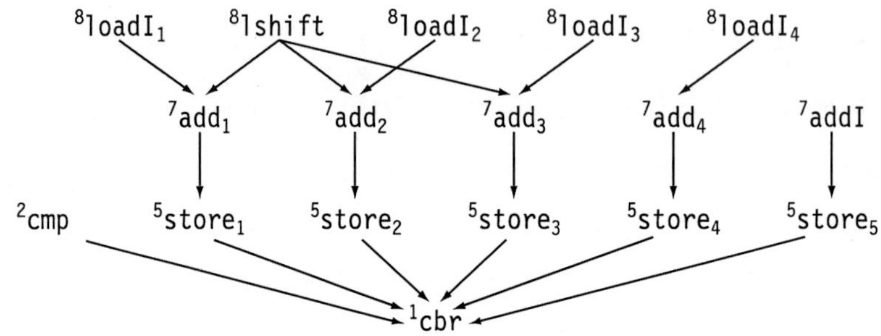

Opcode	loadI	lshift	add	addI	cmp	store
Latency	1	1	2	1	1	4

그림 12.4 go에서 기본 블록의 의존성 그래프

store 연산부터 시작해야만 한다.

전방 리스트 스케줄링에서 우선순위를 위하여 상위 노드들의 지연을 사용하여 비교 연산을 제외하고 우선순위의 순서로 연산들을 실행한다. 이 리스트 스케줄러는 5개의 load 연산을 8의 등급으로 스케줄링하고 그 다음 add 연산을 등급 7로서 스케줄링 한다. 스케줄러는 등급 5의 연산을 시작으로 스케줄을 하고 store의 옆에 떨어져 있는 cmp 연산으로 이동해 가는데, 이것은 cmp 노드가 단말 노드이기 때문이다. 임의로 왼쪽에서 오른쪽 방향으로 동급의 노드들을 제거해 나간다면, 이 과정은 그림 12.5의 왼쪽처럼 스케줄 될 것이다. 메모리 연산은 5 사이클부터 시작되고, 분기연산은 13 사이클에서 이슈가 되는 스케줄을 생성한다.

같은 우선 순위를 사용하고 후방 리스트 스케줄링을 사용하면, 컴파일러는 우선 분기를 블록의 가장 마지막 슬롯에 위치시킨다. cmp 연산은 *delay*(cmp) =1 사이클에 의해 우선적으로 스케줄 된다. 다음 연산은 store_1 연산이다(왼쪽에서 오른쪽 방향의 동급 제거). 이 스케줄러는 *delay*(store) = 4 사이클 앞서 메모리 연산 유닛의 이슈 슬롯에 할당한다. 스케줄러는 연속적으로 메모리 연산 유닛에 store 연산을 순차적으로 채워 나간다. 이것은 정수 연산들이 준비가 됨에 따라 그 연산들을 채우기 시작한다. 우선 store_1의 2 사이클 앞에 add_1 연산을 채운다. 알고리즘이 끝났을 때, 스케줄러는 그림 12.5의 오른쪽처럼 스케줄을 생성한다.

후방 스케줄러에서 생성된 스케줄은 전방 스케줄러에서 생성된 스케줄 보다 1 사이클 적게 걸린다. 후방 스케줄러는 addI 연산을 블록에 더 일찍 위치시키고, store_5 연산을 4사이클에서 위치시킨다. 이것은 전방 스케줄러보다 메모리 연산이 1 사이클 빠르다. 전방 또는 후방의 다른 순서를 고려함으로써, 같은 우선순위 기법을 사용하고 같은 동급 제거 방법을 사용함에도 다른 결과를 이끌어낸다.

	Integer	Integer	Memory
1	loadI$_1$	lshift	—
2	loadI$_2$	loadI$_3$	—
3	loadI$_4$	add$_1$	—
4	add$_2$	add$_3$	—
5	add$_4$	addI	store$_1$
6	cmp	—	store$_2$
7	—	—	store$_3$
8	—	—	store$_4$
9	—	—	store$_5$
10	—	—	—
11	—	—	—
12	—	—	—
13	cbr	—	—

	Integer	Integer	Memory
1	loadI$_4$	—	—
2	addI	lshift	—
3	add$_4$	loadI$_3$	—
4	add$_3$	loadI$_2$	store$_5$
5	add$_2$	loadI$_1$	store$_4$
6	add$_1$	—	store$_3$
7	—	—	store$_2$
8	—	—	store$_1$
9	—	—	—
10	—	—	—
11	cmp	—	—
12	cbr	—	—

그림 12.5 go에서 기본 블록의 스케줄링

왜 이런 현상이 발생하는 것일까? 전방 스케줄러는 모든 등급 8의 연산을 등급 7연산보다 앞서 위치시켜야만 한다. addI 연산이 단말 노드임에도 그 연산의 낮은 등급은 전방 스케줄러가 다르게 다루도록 한다. 스케줄러가 등급 8의 연산들에 대하여 스케줄을 시작할 때까지 등급 7의 연산은 사용 가능하다. 반대로 후방 스케줄러는 전방 스케줄러로는 고려할 수 없는 결과로 addI 연산을 세 개의 등급 8의 연산들보다 먼저 위치시킨다.

리스트 스케줄링 알고리즘은 그 문제를 푸는 데, 탐욕적이고 경험적인 방법으로 이치에 맞는 해결책을 사용한다. 그러나 등급을 정하는 함수는 이 문제의 지식을 완벽하게 부호화 하지 않는다. 완벽한 지식을 부호화하는 등급을 구성하기 위하여 컴파일러는 모든 가능한 스케줄을 고려할 필요가 있을 것이다. 등급을 매기는 과정은 NP-complete 문제이다. 즉, 최적의 등급 함수는 P − NP이 성립하지 않는다면 존재하지 않는 함수이다.

12.3.4 왜 리스트 스케줄링을 사용하는가?

리스트 스케줄링은 오랜 기간 동안 명령어 스케줄링을 위한 지배적인 알고리즘이었다. 전방 또는 후방 형태의 기술은 각각의 연산에 대하여 특정한 이슈 슬롯에 특정한 명령어를 할당하기 위하여 탐욕적이고 경험적인 접근 방법을 사용한다. 사실 이 방법은 하나의 블록에 대하여 훌륭한 결과를 도출해 낸다.

비순차적 실행이 무엇인가?(What about Out-of-Order Execution?)

몇몇의 프로세서는 비순차적으로 명령어를 실행을(ooo). 지원하는 하드웨어를 갖는다. 우리는 이와 같은 프로세서를 *동적으로 스케줄(dynamically scheduled) 하는* 기계라고 한다. 이와 같은 특징은 새로운 것이 아니다. IBM 360/91이 그 예이다. 비순차적 실행을 지원하기 위하여, 동적으로 스케줄 된 프로세서는 정적으로 스케줄 된 프로세서에서 실행할 수 있는 연산들을 위한 명령어들을 예측한다. 이것을 하기 위하여, 동적으로 스케줄 된 프로세서는 실행 시간에 의존성 그래프의 부분을 구성하고 유지한다. 이것은 각각의 명령어가 합법적으로 실행할 수 있고 이슈될 수 있는 기회를 찾기 위하여 의존성 그래프의 일부분을 사용한다.

언제 비순차적 프로세서가 정적 스케줄링을 향상시킬 수 있을까? 실행 환경이 스케줄러에 의하여 만들어진 가정들보다 더 좋다면, 비순차적 프로세서는 스케줄러가 정한 연산의 위치보다 더 먼저 이슈할 수 있을 것이다. 피연산자가 가장 나쁜 경우의 시간에 사용 가능하다면, 위의 경우는 블록의 경계에서 발생할 수 있다. 비순차적 프로세서는 실제 실행 시간의 주소 값을 알 수 있기 때문에, 스케줄러가 할 수 없는 불러오기-저장하기 연산에서 발생하는 의존성의 모호성을 제거할 수 있다.

비순차적 실행은 명령어 스케줄링의 필요성을 없애지는 않는다. 예측 윈도우는 한정적이기 때문에 잘못된 스케줄은 성능 향상에 문제가 될 수 있다. 예를 들어, 50개의 명령어의 예측 윈도우는 프로세서가 100개의 부동 소수점 명령어의 사이사이에 정수 명령어가 끼어 있는 명령어의 스트링을 실행하도록 할 수 없을 것이다. 그러나 더 작은 길이의 스트링, 30개의 명령어를 가진 스트링에 대하여는 가능할 것이다. 비순차적 실행은 컴파일러가 최적은 아니지만 성능 좋은 스케줄을 할 수 있도록 도와준다.

연관된 프로세서의 특징은 동적 레지스터 새로 이름 정하기이다. 이 기법은 프로세서가 ISA가 컴파일러에 허락한 레지스터의 이름보다 더 많은 물리 레지스터를 사용하도록 해준다. 이 프로세서는 비의존성을 제거할 수 있다. 프로세서는 비의존성으로 연결된 두 참조를 구현하기 위하여 컴파일러가 보지 못하는 추가적인 물리적 레지스터를 사용하여 예측 윈도우에서 발생하는 비의존성을 없앨 수 있다.

리스트 스케줄링은 효과적이다. 이 스케줄링은 한 번 *Ready* 큐에서 하나의 연산을 제거한다. 각각의 $\mathcal{D}$ 의 노드로 들어가는 엣지에 대하여 *Ready* 큐에 더하여진 각각의 연산을 조사한다. 연산이 m개의 피연산자를 가지고 있다면 스케줄러는 m번 방문할 것이다. 각각의 방문은 m

개의 피연산자를 보기 때문에, *Ready* 큐에 할당하는 것을 포함한 전체 복잡도는 $\mathbf{O}(m^2)$이다. 그러나, 대부분의 연산에서 m은 하나 또는 둘이므로 이차식의 복잡도는 크게 영향을 미치지 않는다.

리스트 스케줄링은 하나의 블록보다 큰 영역을 스케줄링하는 알고리즘의 기초 형태이다. 그러므로, 리스트 스케줄링의 강점과 약점을 이해하는 것은 중요한 일이다. 지역 리스트 스케줄링을 향상시키는 어떠한 방법은 광역 리스트 스케줄링의 성능을 향상시키는 잠재력을 가지고 있다.

12.4 고급 주제들

1990년대 아키텍처의 발전은 명령어 스케줄링의 중요성을 부각시켰다. 기능적 유닛, 증가된 파이프라이닝 그리고 커져 가는 메모리 대기 시간이 결합된 광범위한 프로세서 사용은 프로세서의 성능이 실행순서에 의해 어느 때보다 더 의존적이 되도록 만들었다. 이는 더욱 공격적인 스케줄링 개발의 촉매가 되었다. 첫 번째 하부-절은 지역적 스케줄링에 관한 3가지 접근법을 묘사하였다. 두 번째 하부-절은 스케줄링 향상을 위한 코드의 재형성 과정을 살펴본다.

12.4.1 지역적 스케줄링

값 넘버링과 동시에, 단일 베이직 블록들로부터 더 넓은 범위로의 이동은 컴파일러가 생성하는 코드의 질을 향상시킬 수 있다. 명령어 스케줄링의 경우, 블록보다는 넓고 전체 프로시저보다는 작은 많은 다른 영역들이 제안되어져 왔다. 이 절은 목록 스케줄링으로부터 유도 가능한 세 가지 접근법을 간략히 살펴본다.

확장된 베이직 블록 스케줄링

목록 스케줄링 알고리즘을 확장된 베이직 블록(EBB)를 아울러 사용하는 것은 스케줄러로 하여금 그가 단일 블록에서 확인할 수 있는 것보다 더 긴 동작의 시퀀스를 고려하도록 한다. EBB를 관통하는 경로들은 코드의 직선 조각을 형성한다. 이 조각은 스케줄러가 해당 조각들이 단일 블록들인 것처럼 대우할 수 있다. 그러나, 이러한 경로들은 첫 번째와 마지막 동작 사이에 임시적인 출구를 가지고 있고, 몇몇 경로는 공통된 접두사를 공유한다. EBB 스케줄러가 블록 경계를 가로질러 동작을 이동시키려 할 때, 스케줄러는 반드시 해당 블록 간 전이를 포함하여 다른 경로들의 행동 결과가 옳음을 보장해야 한다.

그림 12.6에 나온 다음과 같은 간단한 코드를 고려해 보자. 이는 하나의 큰 EBB, $\{B_1, B_2, B_3, B_4\}$, 그리고 두 개의 사소한 EBBs, $\{B_5\}$ and $\{B_6\}$를 가지고 있다. 넓은 EBB는 두 개의 경로 $\{B_1, B_2, B_4\}$ 그리고 $\{B_1, B_3\}$를 가진다. 그들은 B_1을 공통 접두사의 하나로서 공유한다. 컴파일러가 B_1에 대한 하나의 스케줄만을 생성할 수 있기 때문에, 이는 반드시 양쪽 경로를 모두 만족시켜야만 한다.

B_1에 의해 나타나는 충돌은 두 가지 방법으로 자신을 보여줄 수 있다. 스케줄러는 c의 예에서와 같이, B_1으로부터 연산을 B_1의 끝에 있는 분기를 지나 B_2로 이동시킬 것이다. 이 경우, c는 B_1의 입구로부터 B_2의 입구에 이르기까지의 경로에 더 이상 존재할 수 없게 되고, 따라서 스케줄러는 $\{B_1, B_3\}$의 정확성을 유지하기 위해서 c의 복사본을 B_3에 삽입해야만 할 것이다. 대안으로, 스케줄러는 f의 예처럼 B_2로부터 B_1의 위로 연산을 옮길 수 있다. 이는 B_1의 입구로부터 B_3의 입구에 이르기까지, 그 이전에는 실행되지 않던 경로에 f를 놓는다.

f를 B_1으로 이동시키는 것은 두 가지 문제를 야기한다. 이는 $\{B_1, B_3\}$의 경로를 길게 함과 동시에 그 경로의 실행 시간을 증가시킬 가능성 또한 존재한다. 이는 경로상의 정확성을 바꿀 가능성이 있다. 후자의 문제를 피하기 위해서, 컴파일러는 반드시 값들의 이름을 변경시켜야 한다. 이를 통해 컴파일러는 원래 코드상에 존재하는 비의존성을 유지시킬 수 있다. 이러한 이름 재설정은, 차례로, 컴파일러로 하여금 컨트롤 흐름 그래프의 몇몇 엣지들을 따라 복사 연산들을 삽입하도록 강요한다. (이 문제는 SSA 형태를 실행 코드로 변환하는 데에 나타나는 문제들과 비슷하다.

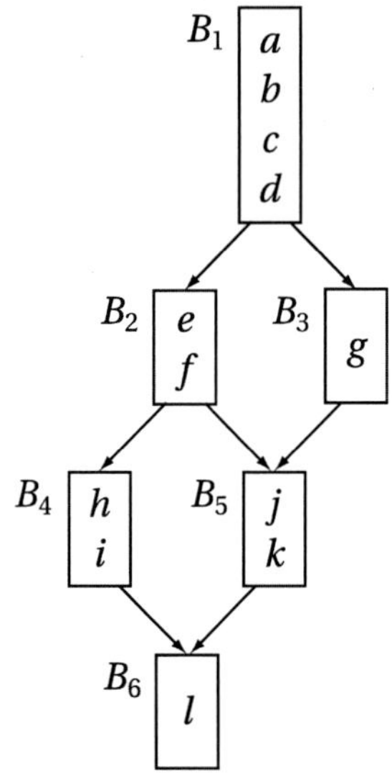

그림 12.6 EBB 스케줄링의 예

이는 9.3절에서 논의되었다.)

컴파일러는 이러한 블록 간 충돌들을 관리하기 위한 몇 가지 대안을 가지고 있다. 하향 이동으로 인해 발생하는 문제를 다루기 위해서, 컴파일러는 해당 경로로부터의 출구를 따라서 존재하는 블록들에 보상 코드를 삽입할 수 있다. 컴파일러가 블록 B_i로부터 B_i의 상속자들 중 하나로 연산을 이동시키는 경우, 컴파일러는 반드시 B_i의 모든 다른 즉시 상속자들에 명령어의 복사본을 제작하는 것을 고려해야 한다. 만약 이동된 명령어로부터 정의된 값이 상속자에서 살아서 나가야 한다면, 해당 명령어는 필요한 명령어이다. 상향 이동으로 인한 문제를 다루기 위해서, 스케줄러는 어떠한 연산이, 해당 연산의 원래 블록으로부터 선행자 블록으로 이동하는 것을 막아야 한다. 이는 해당 선행자 블록을 떠나는 다른 경로들의 길이 증가를 피하게 해준다.

(세 번째 선택이 존재한다. 컴파일러는 주변의 문맥에 바탕한 블록 복제를 행할 수 있다. 8.7.1을 확인해 보라. 예제에서, B_5는 두 가지 구현 B_5'과 B_5''를 제공하기 위해서 복제될 수 있다. 이 두가지 구현은 B_2에서 B_5'에 연결된 엣지와 B_3에서 B_5''로 연결된 엣지이다. 이는 새로운 블록들을 포함한 더 긴 EBB를 만들 것이다. 이런 종류의 변환은 현재 논의 외에 있는 것이다.)

EBB를 통과하는 경로를 스케줄 하기 위해서, 컴파일러는 필요하다면 영역을 넘나드는 이름 재정의를 실행해야 한다. 다음으로, 컴파일러는 경로로부터의 어떤 출구도 무시하는 전체 경로에 대한 단일 의존 그래프를 작성해야 한다. 이는 준비된 연산들 가운데에서 선택을 하기 위한, 그리고 동일한 부분을 피하기 위한, 우선 행렬을 계산한다. 마지막으로, 컴파일러는 단일 블록에 적용한 것과 같은 반복적인 스케줄 기법을 적용한다. 어떠한 스케줄의 특정 사이클, 특정 명령어에 연산을 할당할 때마다, 컴파일러는 반드시 해당 선택에 따라 요구되는 보상 코드를 삽입해야 한다.

컴파일러는 일반적으로 각각의 블록을 한 번씩 스케줄 한다. 따라서, 우리의 예제에서, 컴파일러는 $\{B_1, B_2, B_4\}$의 경로가 가장 긴 경로이기 때문에 가장 처음으로 스케줄 할 것이다. 다음 경로인 $\{B_1, B_3\}$의 경우, B_1이 이미 고정된 스케줄을 가지고 있기 때문에, 컴파일러는 B_1을 접두사처럼 활용하여 B_3를 스케줄 할 수 있다. 마지막으로, B_5, B_6를 스케줄 한다(어떤 순서라도 무관하다). 만약 컴파일러가 EBB를 통과하는 하나의 경로가 다른 것들보다 더 자주 실행된다고 믿을 만큼의 이유를 가지고 있다면, 컴파일러는 해당 경로가 스케줄링에 있어서 손상되지 않도록 남겨놓을 수 있게 해당 경로에 대한 참조를 제공하고 가장 처음으로 그 경로를 스케줄링 한다.

트레이스 스케줄링

트레이스 스케줄링(trace scheduling)은 스케줄링을 위한 부분을 선택하기 위해 프로그램의 실제 실행 시간의 행동양식의 정보를 사용한다. 이것은 어떤 블록들을 자주 사용하는지 알아내기 위하여 프로그램을 실행하여 얻어진 프로파일 정보를 사용한다. 이러한 정보로부터 스케줄러는 제어 흐름 그래프를 통하여 트레이스 또는 경로를 구성하고 가장 자주 실행되는 경로를 표시한다.

전체 경로에 리스트 스케줄링 알고리즘을 적용한 스케줄러에 의한 주어진 트레이스와 같은 방법으로 EBB 스케줄링은 EBB를 통하여 경로에 그것을 적용한다. 임의의 트레이스는 추가적인 컴파일 과정이 필요하게 되는데, 트레이스가 중간의 들어가는 지점뿐만 아니라 나가는 지점을 가지고 있을 수 있기 때문이다. 스케줄러가 CFG상의 한 블록의 연산을 그 블록의 상위 블록에 옮기게 되면, 트레이스의 경로상에 없는 블록이지만, 그 블록으로 들어가게 되는 모든 상위 블록에 대하여 그 연산을 복사해 줄 필요가 있다.

전체의 절차를 스케줄 하기 위하여 트레이스 스케줄러는 트레이스를 구성하고 그것을 스케줄 한다. 그 다음 스케줄러는 고려 사항에 따라 트레이스상에 존재하는 블록들을 제거하고, 그 다음으로 자주 실행되는 트레이스를 선택한다. 그리고 이 트레이스는 먼저 스케줄된 코드에 의하여 부여된 제약들을 고려한 요구 사항에 따라 스케줄 된다. 이 과정을 모든 블록이 스케줄 될 때까지 계속되면서 트레이스를 선택하고, 스케줄 하고, 고려할 점에 따라 제거한다.

EBB 스케줄링은 나빠지는 경우를 생각할 수 있다. EBB를 통한 각각의 경로들은 단지 프로파일 데이터의 정적 근사치인 트레이스일 뿐이다.

루프 스케줄링하기

반복문들은 대부분 계산적으로 집중적인 일을 하는 중요한 역할을 하고, 학문적으로 컴파일 과정에서 중요하게 다루어져 왔다. EBB 스케줄링은 반복문의 본체 반복문이 하나의 블록만 가지고 있다면, 확장된 기본 블록이 필요 없다. 반복문이 반복문의 아래쪽으로 break 형태의 점프를 제외한 내부 제어 흐름을 가지고 있다면, EBB는 그것의 모든 블록들을 포함할 수 없다. 부분을 다룰 수 있지만 반복문의 아래에서 시작 지점까지의 (둘러 싸여진) 지연을 다룰 수 없다. 트레이스 스케줄링은 이와 같은 둘러 싸여진 문제들을 역점을 두어 다룰 수 있지만 트레이스상에 한 번 이상 나타난 블록들을 다중으로 복사하는 일을 한다. 이들 단점들은 가장 안쪽의 반복문을 위해 스케줄을 훌륭하게 만들어 직접적으로 다루도록 몇몇의 기술을 가지고 왔다.

특성화된 반복문 스케줄링 기술은 기존의 스케줄러가 반복문에 대하여 간단하고 효과적인 코드를 생성할 수 없을 때 당연히 사용되어야 한다. 스케줄링 후에 반복문의 본체에 지연, 내부락 또는 nop 연산이 없다면 특성화된 반복문 스케줄러는 성능 향상에 효과가 없을 것이다. 비슷하게 반복문의 본체가 블록의 끝의 결과들이 실행 시간에 잘게 조각나 충분히 길다면, 특성화된 반복문 스케줄러는 도와주지 못할 것이다.

여전히 다수의 작은 계산적으로 집중적인 반복문들은 반복문 스케줄링을 함으로써 이득이 있다. 전형적으로 이와 같은 반복문들은 하드웨어에 많을 일을 시키도록 하는 임계 경로와 관련하여 매우 적은 연산들을 가지고 있다. 반복문들을 스케줄링 하기 위한 요소는 다중으로 반복문의 반복을 동시에 실행시키는 것이다. 예를 들어 세 개의 반복을 실행하면서 주어진 사이클은 연산들을 처음에는 i^{th} 반복을, 중간에 $i-1^{st}$, 마지막으로 $i-2^{nd}$의 반복에서 연산들을 이슈할 것이다. 이와 같은 스케줄을 생성하기 위하여 스케줄러는 *커널(kernel)*이라고 불리는 고정된 길이의 반복문 본체를 만들고 스케줄을 하기 위하여 나머지 연산을 사용한다. 이것은 커널에 걸쳐 한 반복의 실행을 접는다. 이와 같은 반복문들을 종종 *파이프라인 된 반복문(pipelined loops)*라고 부른다.

파이프라인 된 반복문을 정확하게 실행하기 위하여 코드는 파이프라인으로 채워진 *선처리 구문(prologue)*을 실행하여야만 한다. 커널이 원래의 반복문의 세 개의 반복 연산을 실행한다면 각각의 커널 반복은 원래 반복문의 대략적으로 삼분의 일만큼만 동작한다. 실행을 시작하기 위하여 선처리 구문은 마지막 세 번째 반복 1, 두 번째 반복 2, 첫 번째 반복 3을 위한 준비를 충분히 수행하여야만 한다. 커널의 반복이 끝난 후 *후처리 구문(epilogue)*은 마지막 반복을 완료시키기 위한 파이프라인을 비우는 일이 필요하다. 선처리 및 후처리 구역의 분리는 코드의 사이즈를 증가시킨다. 이와 같은 증가는 반복문과 커널이 동시에 실행되는 반복의 수이지만, 이것은 선처리 구문과 후처리 구분이 반복문을 위하여 요구되는 코드를 두 배로 늘리는 일은 일반적인 일이다.

한 예는 이와 같은 생각을 더 확실하게 해 줄 것이다. C 코드로 작성된 다음의 반복문을 고려해 보자.

```
for (i=1; i < 200; i++)
    z[i] = x[i] * y[i];
```

그림 12.7은 컴파일러가 이 반복문을 최적화 후 컴파일 한 코드를 보여주고 있다. 여기에서 연산자 strength reduction과 선형 함수 테스트 재배치가 적용되었다(10.3.3절을 보라). 이 그림의 코드는 하나의 연산 유닛을 가진 기계를 위하여 스케줄 되었다. 스케줄러는 불러오기와 저장하기 연산은 3 사이클, 곱하기 연산은 2 사이클, 다른 모든 연산은 1 사이클이 걸리는 것으로 가정한다. 첫 번째 열은 사이클을 보여주고 있으며, 반복문의 첫 번째 연산을 1로 표준화 하였다 (라벨 L_1).

반복문의 앞에서 실행되는 코드는 각각의 배열을 초기화 하고 반복문의 마지막인 6번째 사이클의 테스트 연산에서 사용하는 $r_{@x}$와 r_{ub} 범위의 상위 경계를 계산한다. 반복문 본체는 x와 y를 불러오고, 곱하기를 수행하고 그 결과를 z에 저장한다. 스케줄러는 긴 지연을 가진 연산들로 가려진 다른 연산들로 채워 왔다. 불러오기 지연 동안 스케줄은 $r_{@x}$와 $r_{@y}$를 갱신한다. 스케줄은 곱하기 연산에 가려진 비교 연산을 수행한다. 스케줄러는 저장하기 연산 다음에 $r_{@z}$를 갱신하는 연산과 분기로 슬롯을 채운다. 이것은 하나의 연산 유닛을 가진 기계를 위한 꽉 조여진 스케줄을 생성한다.

이 코드를 위에서 가정한 연산들의 지연과 두 개의 연산 유닛을 가진 슈퍼스칼라 프로세서에서 실행한다면 어떤 일이 일어날지 고려해 보자. 불러오기와 저장하기는 연산 유닛 0에서 실행해야만 하고, 연산 유닛들은 연산의 피연산자들이 준비될 때까지 지연되고, 프로세서는 지연된 연산 유닛에 연산들을 이슈할 수 없다고 가정하자. 그림 12.8은 반복문의 첫 번째 반복의 실행을 보여준다. 3 사이클에서 실행되는 `mult` 연산은 r_x와 r_y가 사용 가능 하지 않기 때문에 지연된다. `mult` 연산은 r_y를 기다리면서 4 사이클까지 지연되고, 5 사이클에서 실행을 시작하고, 6 사이클의 끝에서 r_z를 생성한다. 이것은 `storeAO` 연산을 7 사이클까지 지연되도록 강제한다. $r_{@z}$가 $r_{@x}$와 $r_{@y}$로부터 구별되는 주소값을 가지고 있다고 하드웨어가 알 수 있다고 가정하면, 프로세서는 첫 번째 `loadAO`를 두 번째 반복에서 7 사이클에 이슈할 수 있다. 그렇지 않다면 프로세서는 저장하기 연산이 완료될 때까지 지연될 것이다.

두 개의 연산 유닛으로 옮기는 것은 실행 시간의 향상을 가져온다. 이것은 반복문 앞의 코드를 반인 2 사이클로 줄인다. 이것은 또한 반복문 본체의 실행 시간을 삼분의 일인 6사이클로 줄

Cycle	Functional Unit 0					Comments
–4		`loadI`	`@x`	⇒	$r_{@x}$	Set up the loop
–3		`loadI`	`@y`	⇒	$r_{@y}$	with initial loads
–2		`loadI`	`@z`	⇒	$r_{@z}$	
–1		`addI`	$r_{@x}$, 792	⇒	r_{ub}	
1	L_1:	`loadAO`	r_{arp}, $r_{@x}$	⇒	r_x	Get `x[i] & y[i]`
2		`loadAO`	r_{arp}, $r_{@y}$	⇒	r_y	
3		`addI`	$r_{@x}$, 4	⇒	$r_{@x}$	Bump the pointers
4		`addI`	$r_{@y}$, 4	⇒	$r_{@y}$	in shadow of loads
5		`mult`	r_x, r_y	⇒	r_z	The real work
6		`cmp_LT`	$r_{@x}$, r_{ub}	⇒	r_{cc}	Shadow of `mult`
7		`storeAO`	r_z	⇒	r_{arp}, $r_{@z}$	Save the result
8		`addI`	$r_{@z}$, 4	⇒	$r_{@z}$	Bump `z's` pointer
9		`cbr`	r_{cc}	→	L_1, L_2	Loop-closing branch
	L_2:	...				

그림 12.7 하나의 기능 유닛을 위한 루프 스케줄의 예

Cycle	Functional Unit 0	Functional Unit 1
−2	`loadI   @x         ⇒ r@x`	`loadI @y        ⇒ r@y`
−1	`loadI   @z         ⇒ r@z`	`addI  r@x,792  ⇒ rub`
1	`L1: loadAO  rarp,r@x ⇒ rx`	no operation issued
2	`loadAO  rarp,r@y ⇒ ry`	`addI  r@x, 4   ⇒ r@x`
3	`addI    r@y, 4   ⇒ r@y`	`mult  rx,ry    ⇒ rz`
4	`cmp_LT  r@x,rub  ⇒ rcc`	stall on `ry`
5	`storeAO rz       ⇒ rarp,r@z`	`addI  r@z, 4   ⇒ r@z`
6	stall on `rz`	`cbr   rcc      → L1,L2`
7	...start of next iteration ...	

그림 12.8 두 개의 유닛을 가진 슈퍼스칼라 프로세서에서의 실행

인다. 임계 경로는 우리가 기대할 수 있을 만큼 빠르게 실행 한다. 곱하기 연산은 r_y가 사용 가능하기 전에 이슈되고 가능한 한 빨리 실행된다. 저장하기 연산은 r_z가 사용 가능해지자마자 실행을 시작한다. 몇 개의 이슈 슬롯은 낭비된다 (유닛 0의 6 사이클과 유닛 1의 1과 4 사이클).

선형 코드를 재배열 하는 것은 실행 스케줄을 바꿀 수 있다. 예를 들어, $r_{@x}$의 갱신을 $r_{@y}$로부터 불러오는 연산 앞으로 옮기는 것은 프로세서가 $r_{@x}$와 $r_{@y}$를 이들 레지스터로부터 불러오는 사이클과 같은 사이클에 갱신하는 연산의 이슈를 허락한다. 이것은 몇 개의 연산들을 스케줄에서 더 일찍 이슈하도록 해주지만 임계 경로의 속도 향상은 이루어지지 않는다. 이것의 결과는 6 사이클의 반복문으로 같다.

코드를 파이프라인화 하는 것은 각각의 반복이 필요로 하는 시간을 줄일 수 있다. 그림 12.9는 컴파일러가 파이프라인 하고 난 후의 같은 반복문을 보여 준다. 여기에서 스케줄러는 반복문을 반으로 접고 커널은 두 개의 반복문들을 동시에 실행된다. 앞서와 같이 반복문의 선처리 구문(사이클 −4에서 −1)은 반복 1 중 앞의 반을 가지고 준비 코드를 실행한다. 커널은 반복문 i 중 뒤의 반과 반복문 $i+1$의 앞의 반을 실행한다. 커널의 실행이 끝났을 때, 후처리 구문(사이클+1에서+3)은 마지막 반복문 중 뒤의 반을 수행한다.

파이프라인 된 반복문에서 값의 흐름을 이해하기 위하여 그림 12.10에서 보여주는 실행을 구려해 보자. 이것은 반복문의 4개의 반복이 실행되었다면 실행될 연산들의 순서를 보여준다. 화살표들은 두 개의 불러오기 연산, 곱하기 연산, 저장하기 연산의 경로인 반복문의 임계 경로에 따라 값의 흐름을 보여준다.

- 첫 번째 반복문 소스는 파이프라인 된 반복문의 선처리 구문에서 시작하고 첫 번째 커널의 반복에서 끝난다. 이 흐름들은 얇은 회색 선으로 표시되었다.

Cycle	Functional Unit 0	Functional Unit 1
–4	loadI @x ⇒ $r_{@x}$	loadI @y ⇒ $r_{@y}$
–3	loadAO r_{arp}, $r_{@x}$ ⇒ $r_{x'}$	addI $r_{@x}$, 4 ⇒ $r_{@x}$
–2	loadAO r_{arp}, $r_{@y}$ ⇒ r_y	addI $r_{@y}$, 4 ⇒ $r_{@y}$
–1	loadI @z ⇒ $r_{@z}$	addI $r_{@x}$, 788 ⇒ r_{ub}
1	L_1: loadAO r_{arp}, $r_{@x}$ ⇒ r_x	addI $r_{@x}$, 4 ⇒ $r_{@x}$
2	loadAO r_{arp}, $r_{@y}$ ⇒ r_y	mult $r_{x'}$, r_y ⇒ r_z
3	cmp_LT $r_{@x}$, r_{ub} ⇒ r_{cc}	addI $r_{@y}$, 4 ⇒ $r_{@y}$
4	storeAO r_z ⇒ r_{arp}, $r_{@z}$	i2i r_x ⇒ $r_{x'}$
5	cbr r_{cc} → L_1, L_2	addI $r_{@z}$, 4 ⇒ $r_{@z}$
+1	L_2: mult $r_{x'}$, r_y ⇒ r_z	no operation issued
+2	storeAO r_z ⇒ r_{arp}, $r_{@z}$	no operation issued
+3	stall on r_y	no operation issued

그림 12.9 파이프 라인 스케줄링 적용 후의 예

- 두 번째 반복문 소스는 파이프라인 된 반복문의 첫 번째 커널의 반복에서 시작하고 두 번째 커널의 반복에서 끝난다. 이 흐름들은 굵은 선으로 표시되었다.
- 세 번째 반복문 소스는 파이프라인 된 반복문의 두 번째 커널의 반복에서 시작하고 세 번째 커널의 반복에서 끝난다. 이 흐름들은 표준 선으로 표시되었다.
- 마지막 반복문 소스는 파이프라인 된 반복문의 세 번째(마지막) 커널의 반복에서 시작한다. 반복문의 후처리 코드는 마지막 반복을 곱하기 연산과 저장하기 연산을 수행하면서 끝낸다. 이 흐름들은 점선으로 표시되었다.

마지막 저장하기 연산은 곱하기 연산의 결과를 기다리면서 지연된다. 후처리 구문은 또한 일을 하지 않는 이슈 슬롯들을 포함하고 있다. 스케줄러가 좀 더 반복문의 전후 관계를 가지고 있다면, 스케줄러는 후처리 구문에 따라오는 기본 블록의 연산들을 위로 올리는 방법으로 후처리 구문의 스케줄링을 향상시킬 수 있을 것이다. 이상적으로 스케줄러는 곱하기 연산과 저장하기 연산 사이에 일을 하지 않는 이슈 슬롯을 채워야만 하고, 또 다른 연산들의 집합을 추가해야 한다.

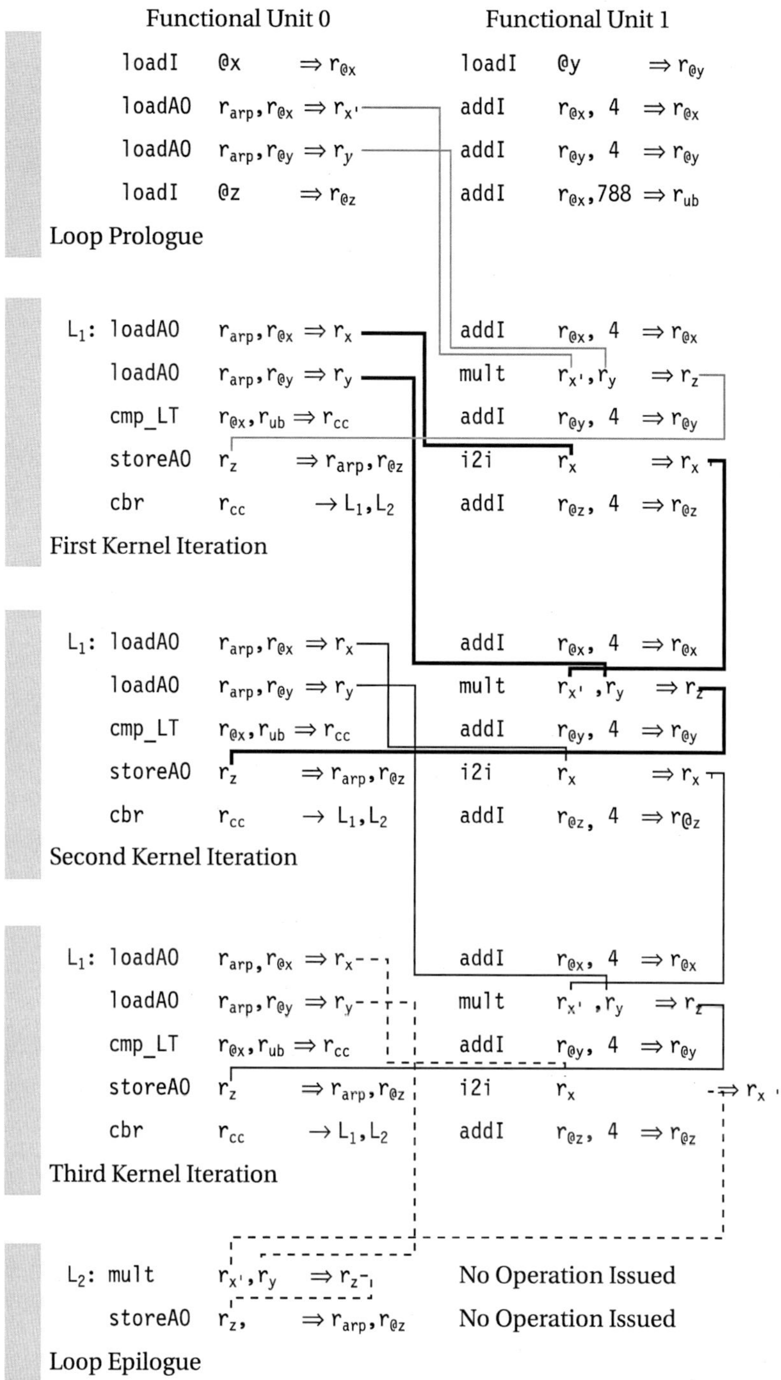

그림 12.10 파이프라인 루프에서의 값의 흐름

복수

필수적으로, 파이프 라인 스케줄러는 매 반복마다 사이클의 수를 줄이기 위해서 루프를 반으로 축약한다. 커널은 해당 루프를 원래 루프에 비해 덜 실행한다. 프롤로그와 에필로그 모두 한 반복의 반마다 실행된다. 파이프라인 된 루프는 반복 i에서의 곱셈과 저장을 $i+1$에서의 불러오기 연산에 중첩함으로써 매 반복마다 2 사이클을 덜 사용한다. 일반적으로, 파이프 라인 된 루프를 생산하는 알고리즘은 이 장의 범위 바깥에 있는 분석 기법을 요구한다. 호기심이 왕성한 독자라면, 더 진보된 최적화 기법에 관련된 책을 통해 도움을 얻는 것이 좋다.

12.4.2 문맥 복제

그림 12.6의 예에서 EBB (B_1, B_2, B_3, B_4)를 통한 두 길 모두 B_1을 포함하고 있다. 컴파일러는 (B_1, B_2, B_4)나 (B_1, B_3) 둘 중 하나의 길을 선택해야 한다. 그 효과는 다른 길을 반으로 나누는 것이다. 만약 컴파일러는 (B_1, B_2, B_4)를 먼저 스케줄링 하면 B_3는 먼저 스케줄링 된 B_1에 대하여 스케줄링 되어야 한다. 예제의 다른 두 EBB들은 하나의 블럭들−(B_5) 와 (B_6)−로 구성되어 있다. 따라서 블록의 반이 독자적으로 스케줄링 되고 EBB 스케줄링에서 얻는 이득은 주로 (B_1, B_2, B_4) 경로를 통해서이다. 다른 모든 경로는 지역적으로 스케줄링 된 코드를 만나게 된다.

만약 컴파일러가 올바른 선택을 하였고 B_1, B_2, B_4가 가장 많이 실행된 경로라면 (B_1, B_3)를 나누는 것이 적절하다. 대신에 만약 (B_1, B_3, B_5, B_6)와 같은 다른 경로가 더 자주 실행된다면, EBB 스케줄링의 이득은 버려지게 되는 것이다. 트레이스 스케줄링이 이 경로를 찾아 스케줄링 할 것이다. 하지만 트레이스 스케줄링도 첫 번째 스케줄링 된 경로에 치우친 결과를 나타낼 것이다.

스케줄링 될 수 있는 다중 블록의 수를 증가시키기 위해서 컴파일러는 기본 블록을 다른 문맥에 포함되도록 복제할 수 있다. 복제는 스케줄러가 코드를 향상시킬 기회가 더 많은 문맥을 만들어냄으로써 성능을 향상시킨다. 이는 또한 컴파일러가 잘못된 경로를 선택했을 경우 성능을 떨어뜨리기도 한다. 복제를 통해 컴파일러는 다중 predecessor를 가신 블럭들을 더 큰 EBB를 생성하기 위해 다중 선지자를 가진 블록을 복사한다.

그림 12.11은 그림 12.6의 예에 복제를 한 결과를 보여주고 있다. B_5는 B_2 경로와 B_3 경로를 위해 B_5 블록이 별개의 블록으로 복제되었다. 비슷하게 B_6은 두 번 복제되어 이 블록으로 이어지는 경로를 위한 블록을 만들어 냈다.

복제 후 전체 그래프는 하나의 EBB를 형성하게 된다. 만약 컴파일러가 (B_1, B_2, B_4)를 가장 많이 선택되는 경로로 선택한다면 (B_1, B_2, B_4, B_6)를 먼저 스케줄링 할 것이다. 컴파일러는 스케줄링된 (B_1, B_2)을 문맥으로 사용하여 (B_5, B_6')를 스케줄링 할 수 있다. 또한 스케줄링 된 (B_1, B_2)를 문맥으로 사용하여 (B_3, B_5', B_6'')를 스케줄링 할 수 있다.

실행 성능 측정

명령어 스케줄링의 주된 목표는 생성된 코드의 실행 시간을 향상시키는 것이다. 성능에 대한 논의에서는 많은 다른 측정법들이 있다. 가장 보편적인 것에는 다음의 둘이 있다.

초당 명령어 수 컴퓨터를 광고하고 다른 컴퓨터 시스템의 성능과 비교하는 데 사용되는 측정법은 1초안에 실행된 명령어 수이다. 이는 1초당 이슈된 명령어 수나 1초당 소모된 명령어 수를 세아림으로써 측정될 수 있다.

고정된 작업을 완료하는 데 드는 시간 이 측정법은 동작이 잘 알려진 하나 이상의 프로그램을 사용하며 이 고정된 작업들을 완료하는 데 필요한 시간을 비교한다. *benchmarking*이라 불리는 이 측정법은 특정 작업에 대한 전체 시스템의 하드웨어와 소프트웨어 성능에 모두에 대한 정보를 제공한다.

하나의 측정법만으로는 컴파일러의 backend가 생성해 낸 코드의 품질을 평가할 수 있는 충분한 정보를 얻을 수 없다. 예를 들어 만약 초당 명령어 수를 세아린다면 작업과 관계없는 추가적인 명령어를 더 만들어 내는 것으로 좋은 평가를 받지 않을까? 간단한 시간 측정은 주어진 프로그램에 대해서 무엇을 얻을 수 있는 지에 대한 정보를 제공해 주지 않는다. 따라서 어떤 컴파일러가 다른 컴파일러에 비해 더 나은지는 이야기해 줄 수 있지만 생성된 코드와 대상 머신에 최적화된 코드 간의 차이를 보여주지는 못한다.

많은 컴파일러 작성자는 실제로 사용된 실행 명령어의 퍼센티지와 stall과 interlock에 소모된 사이클의 퍼센티지를 측정하고자 한다. 전자는 예측 실행에 대한 면을 반영하고 있는 반면 후자는 스케줄 품질에 대한 면을 직접적으로 측정해 준다.

이 결과를 간단한 B_3를 B_1에 대해 스케줄링 하고 B_5와 B_6를 전의 문맥없이 스케줄링한 간단한 EBB 스케줄러와 비교해 보라. B_5와 B_6는 다중 선구자와 일치하지 않는 문맥을 갖고 있으므로 EBB 스케줄러가 지역적 스케줄링보다 더 잘 할 수는 없다. B_5와 B_6의 추가적인 복사본을 만드는 것은 j와 k 문장에 대한 두번째 복사와 l문장에 대한 두 번의 추가적인 복사가 소요된다. 실제로 컴파일러는 B_4와 B_6, B_5와 B_6', 그리고 B_5' 와 B_6'' 의 짝을 합치지 못한다. 이는 각 짝의 첫번째 블록의 end-of-block jump를 없앤다.

물론 컴파일러 작성자는 지나친 코드 증가와 루프가 풀리는 것을 피하기 위해 복제하는 방식에 제한을 둬야 한다. 전형적인 구현에서는 가장 내부의 루프에서만 블록을 복제할 것이고 루

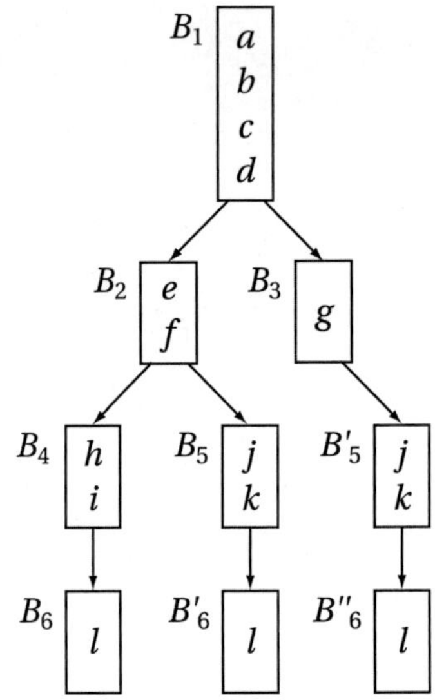

그림 12.11 스케줄링 문맥 증가를 위한 복제

프-닫음 엣지나 back 엣지에 도달하면 복제를 멈출 것이다. 이는 오직 루프의 다중 입구 블록이 처음에 오는 상황을 만들어 낸다. 모든 다른 경로들은 오직 하나의 입구 블록을 가진다.

Tail-recursive 프로그램에서 발생하는 두 번째 이슈 또한 생각해 주어야 한다. 7.8.2절 언급한 마지막 동작이 재귀적 자기 호출이면 tail recursive가 된다는 사실을 떠올려 보라. 컴파일러가 tail 호출을 발견하면 이를 프로시저 입력으로의 jump로 바꿀 수 있다. 스케줄링의 관점에서 볼 때, 복제는 이러한 상황을 증가시킬 수 있다.

그림 12.12의 왼쪽은 tail 호출이 반복으로 변환된 tail-recursive 루틴의 추상화된 컨트롤 흐름 그래프를 보여주고 있다. B_1 블록은 프로시저 입구나 B_2에서의 경로를 통해 진입할 수 있다. 이는 스케줄러에게 무엇이 B_1를 앞서는지에 대해 최악의 경우를 상정하도록 한다. 오른쪽에 보

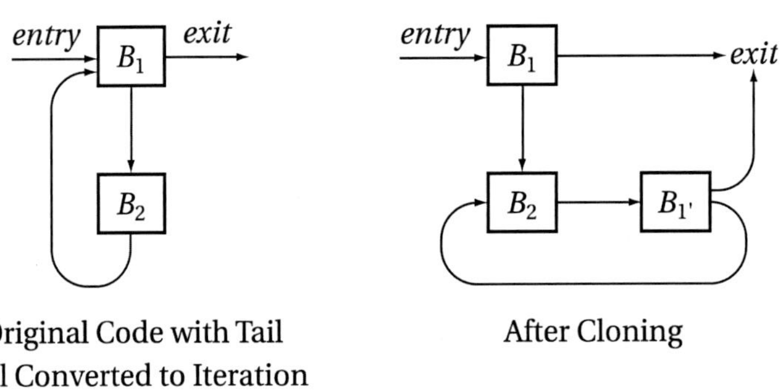

그림 12.12 Tail 호출의 복제

여진 바와 같이 B_1를 복제함으로써 컴파일러는 컨트롤 흐름이 B_1' 를 오직 하나의 엣지를 따라 들어가도록 할 수 있다. 이는 EBB 스케줄러나 루프 스케줄러를 이용하여 영역별 스케줄링 결과를 향상시킬 수 있다. 상황을 더 단순화하기 위하여 B_2의 끝에 B_1' 를 합쳐 단일 블록의 루프 바디를 만들 수 있다. 그 결과로 만들어지는 루프는 지역별 스케줄러와 루프 스케줄 중 적절한 것을 사용하여 스케줄할 수 있다.

현대의 프로시저에서 합당한 성능을 얻기 위해서는 컴파일러는 동작을을 주의깊게 스케줄해야

12.5 요약과 전망

한다. 대부분의 현대 컴파일러들은 리스트 스케줄링의 한 형태를 사용한다. 이 알고리즘은 적용하기도 쉽고 우선순위 변경, tie breaking 규칙, 그리고 스케줄링 방향에 의해 파라미터화 된다. 리스트 스케줄링은 많은 종류의 코드상에서 훌륭한 결과를 만들어 준다는 면에서 강하다고 이야기 할 수 있다. 실제로 리스트 스케줄링은 최적의 시간을 가지는 스케줄을 종종 찾는다.

실재 문제들에 대한 반응 차원에서 넓은 영역에서 동작하는 변형된 리스트 스케줄링이 개발되었다. 확장된 기본 블럭과 루프를 스케줄하는 기술은 컴파일러가 고려해야 할 파이프라인의 수의 증가와 그들 개별의 지연을 처리해 주기 위해 만들어진 것이다. 머신이 더 복잡해짐에 따라 스케줄러는 머신을 계속해서 바쁘게 사용하기 위한 명령어 차원의 병렬성을 충분히 찾아내기 위해 더 많은 스케줄링 문맥이 필요하게 되었다. 소프트웨어 파이프라이닝은 사이클당 이슈되는 동작의 수를 증가시키고 루프의 전체 반복 수를 줄이는 방법을 제공한다. 트레이스 스케줄링은 컴파일러가 많은 연산 유닛을 바쁘게 사용하기 위한 VLIW 구조를 위해 개발되었다.

스케줄링 문제는 건설에서부터 산업 생산, 배달 용역부터 우주선 수익 하중 계산 등 여러 분야에

기타

서 발생하고 있다. 많은 특화된 변형 문제를 포함한 스케줄링에 대한 많은 연구가 있어 왔다. 명령어 스케줄링은 1960년대부터 별개의 문제로 연구되어 왔다.

간단한 상황에 대해서는 최적의 스케줄을 보장하는 알고리즘들이 존재한다. 예를 들어 하나

의 연산 유닛과 동일한 연산 지연을 갖는 머신의 경우 Sethi-Ulman의 라벨링 알고리즘은 표현식 트리에 대해 최적의 스케줄을 만들어 낸다[301]. 이는 표현 DAG를 위한 훌륭한 코드를 만드는 데도 적용될 수 있다. Fischer와 Proebsting은 적은 메모리 지연을 위한 최적의 혹은 거의 최적의 결과를 만들어 내는 라벨링 알고리즘을 만들었다[278]. 불행히도 이는 지연이 증가하거나 연산 유닛이 증가하면 문제를 일으킨다.

명령어 스케줄링에 대한 많은 연구들이 이 장에서 설명된 변형된 리스트 스케줄링 알고리즘을 다루고 있다. Landskov et al.은 종종 리스트 스케줄링의 최종의 작업을 했다고 언급된다[229], 하지만 알고리즘은 최조한 Heller 1961[178]에게까지 거슬러 올라간다. 리스트 스케줄링을 만든 다른 논문들에는 Bernstein과 Rodeh[37], Gibbons과 Muchnick[154], 그리고 Hennessy과 Gross[179], Krishnamurthy et al 이 포함되며, 파이프라인 프로세서 논문에 대한 높은 수준의 개관을 개관을 제공한다[224, 311]. Kerns, Lo, 그리고 Eggers는 리스트 스케줄링을 메모리 지연이 불확정적인 상황에도 적용될 수 있도록 균형 잡힌 스케줄링을 개발하였다[210, 240]

많은 저자들이 영역별 스케줄링 알고리즘을 이야기해 왔다. 최초의 자동화된 영역별 기술은 Fisher의 트레이스 스케줄링이다[141, 142]. 이는 몇몇 상업용 시스템[128, 242]과 수많은 연구 시스템[310]에 사용되었다. Hwu 등은 대안으로 superblock 스케줄링을 제안하였다[190]. 루프 내부에서 겹치는 부분을 피하기 위해 그림 12.11에서 보인 바와 같이 블록을 복제한다. Click은 글로벌 값 그래프를 기반으로 한 글로벌 스케줄링 알고리즘을 제안하였다. 몇몇 저자들은 특정한 하드웨어 특성을 사용하는 기술을 제안하였다. 스케줄링을 향상시키기 위해 흉내를 사용하는 다른 접근으로는 Ebciobreveglu과 Nakatani[127] 그리고 Gupta와 Soffa[167]가 있다.

소프트웨어 파이프라이닝은 광범위하게 연구되어왔다. Rau와 Glaeser은 새로운 1981년에 새로운 개념을 도입하였다 [283]. Lam은 루프 내부의 컨트롤 흐름을 다루기 위한 계층적 방법을 포함한 소프트웨어 파이프라이닝을 위한 알고리즘을 제안하였다[226]. Aiken과 Nicolau는 같은 미팅에서 *perfect pipelining*[11]이라 불리는 비슷한 접근 방법을 제안하였다.

그림 12.4에서의 전방 스케줄링과 후방 스케줄링의 비교는 Philip Schielke에 의해 주목받게 되었다 [298]. 이는 SPEC 벤치마크 프로그램 go에서 얻은 것이다. 또한 이는 많은 컴파일러 작성자들이 그들의 컴파일러 back end에 전방과 후방 스케줄링 모두를 포함하도록 한 효과를 포착해 내었다.

Chapter 13

레지스터 할당

| Register Allocation

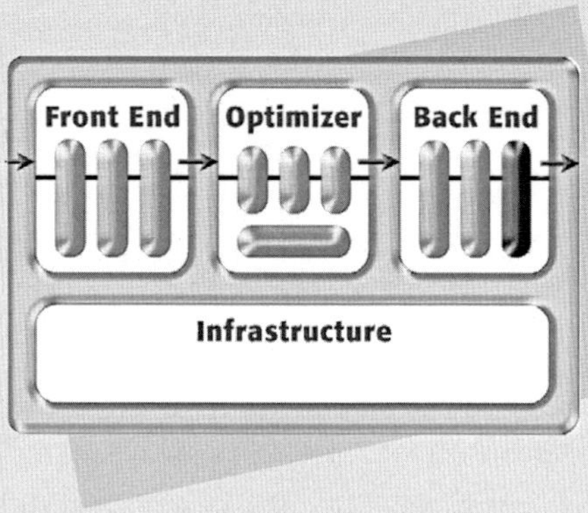

13.1 소개

레지스터들은 메모리 계층상에서 가장 빠른 위치에 있다. 대부분의 연산들이 직접 접근할 수 있는 유일한 메모리 위치인 경우도 종종 있다. 기능 유닛에 대한 레지스터의 인접성 때문에 레지스터의 효율적인 사용이 실행 성능을 좌우하는 중요한 요소가 된다. 컴파일 시에 목표 기계의 레지스터의 효율적인 사용에 대한 책임은 레지스터 할당기에 있다.

레지스터 할당기는 프로그램의 각 위치에서 어떤 값들이 레지스터에 존재해야 하는지, 어떤 레지스터가 이들 각각의 값을 유지해야 하는지를 결정한다. 만약, 할당기가 한 값을 그것의 전체 생존 시간 동안 한 레지스터에서 유지할 수 없으면, 그 값은 일부 혹은 전체의 생존 시간 동안 메모리에 저장되어야 한다. 프로그램 코드에는 목표 기계의 레지스터들로 유지할 수 있는 것보다 많은 값들을 포함하고 있기 때문에 할당기는 해당 값을 메모리에 저장해야 할 수도 있다. 마찬가지로, 할당기는 해당 값이 하나의 레지스터에 안전하게 저장될 수 있는지를 증명할 수 없기 때문에 그 값은 여럿의 use 사이에서 메모리에 저장되어야 할지 모른다.

개념적으로 레지스터 할당기는 임의의 개수의 레지스터를 사용하는 프로그램을 입력으로 사용하고 목표 기계의 레지스터를 할당한 프로그램을 출력한다.

전형적으로 레지스터 할당기의 목적은 목표 기계에 의해 제공되는 레지스터들을 효율적으로 사용하는 데 있다. 이를 통해 *스필(spilling)*을 수행하는 데 소요되는 로드와 저장 연산의 수를 최소화하는 것이 이에 포함된다. 그러나, 다른 목적들도 가능하다. 예를 들어, 데이터 메모리는 스필된 값을 저장해야 하고 코드 메모리는 스필 연산을 저장해야 하기 때문에 제한된 메모리가 사용되는 환경에서 사용자는 할당자가 메모리를 최소한으로 참조하길 바랄지도 모른다.

잘못된 레지스터 할당자의 선택은 레지스터에서 유지할 수 있는 값을 스필시키기도 한다. 이런 잘못된 스필 코드의 비용은 메모리 지연을 발생시킨다. 1990년대 증가된 메모리와 프로세서의 속도 차이는 컴파일된 코드의 성능에 있어 레지스터 할당기의 중요성을 증가시켰다.

다음 절에서는 레지스터 할당기가 동작하는 환경을 결정 짓는 몇 가지 배경 지식을 다룰 것이다. 그 다음 절들은 지역과 광역 범위에서 레지스터 할당 및 지정(allocation and assignment) 알고리즘들을 다룰 것이다.

13.2 배경

레지스터 할당자는 완벽하게 컴파일된 코드를 입력으로 사용한다–그 코드는 스캔되고, 파싱되고, 점검되고, 분석되고, 최적화되고, 목표 기계 코드로 재 작성되고, 스케줄링된 것이다. 할당기는 해당 값들을 레지스터와 메모리 사이에서 이동시키는 연산들을 추가하여 그 코드를 목표 기계의 레지스터들에 맞춰야 한다. 컴파일러의 앞 단에서 수행된 많은 결정은 목표 기계의 명령어 집합의 속성과 마찬가지로 할당기의 작업에 영향을 준다. 이 절은 할당기의 역할을 결정 짓는 기준이 되는 몇 가지 요인에 대해 살펴볼 것이다.

13.2.1 메모리와 레지스터

컴파일러 개발자의 메모리 모델(5.6.2절)에 대한 선택은 할당자가 가진 세부적인 문제들을 결정

짓는다. 레지스터 간 사용 모델에서 컴파일러 앞 단은 메모리 참조의 모호성에 대한 그들의 정보를 모든 명확한 값들을 가상 레지스터에 놓음으로써 프로그램 IR에 직접 기록한다. IR 상에서 메모리에 저장되는 값들은 모호한 것으로 가정되고 할당자는 그들을 메모리에 할당한다. (7.2절 참조)

메모리 간 사용 모델에서 할당자는 코드 형태와 관련된 정보를 가지지 않는다. 모든 값들은 메모리에 존재하는 것으로 IR 상에 표현되며, 해당 값들이 사용되거나 정의될 때만 레지스터에 옮겨 놓고 사용한다. 해당 할당자는 어떤 값들이 안전하게 레지스터에 저장될 수 있는지 결정해야 한다. 그리고, 과연 레지스터에 저장하는 것이 유용한지도 판단해야 한다. 이 모델에서 할당자가 입력으로 받은 코드는 일반적으로 적은 레지스터를 사용하고,동일한 레지스터 간 사용 모델의 코드보다 더 많은 메모리 연산을 수행한다. 좋은 성능을 얻기 위해 할당자는 가능한 많은 메모리 기반 값들을 레지스터에 할당할 필요가 있다.

그래서 메모리 모델을 선택하는 것은 기본적으로 할당자의 작업을 결정한다. 두 경우 모두 할당자의 목적은 레지스터와 메모리 간 값의 이동을 위한 로드와 저장의 수 를 줄이는 데 있다. 메모리 간 사용 모델에서 할당(allocation)은 적절한 코드를 생성하기 위해 필요한 단계이다. 이를 통해 최종 코드가 목표 기계의 레지스터를 적절히 사용한다는 것을 확신할 수 있다. 할당자는 레지스터에 대한 수요가 공급을 초과하는 영역에서 몇몇 레지스터 기반의 값을 메모리로 옮기기 위해 로드와 저장 연산을 추가한다. 할당자는 추가된 로드와 저장 연산의 비용을 최소화하기 위해 노력한다.

반대로 메모리 간 사용 모델에서 컴파일러 할당자의 역할은 프로그램의 성능을 높이는 최적화에 있다. 할당자는 몇몇 메모리 기반 값들을 레지스터에서 유지하도록 결정함으로써 프로그램 상에서 불필요한 로드와 저장을 만들어 낸다. 할당자는 최종 코드의 성능을 높이기 위해 가능한 많은 로드와 지장을 제거하려고 노력한다.

컴파일러의 분석이 부족할 경우, 한 레지스터에 하나의 변수를 할당하지 않을 수 있다. 이런 경우는 하나의 코드가 다양한 경로를 거친 다양한 환경에서 사용될 때 발생할 수 있다. 컴파일러가 무엇을 알아야 하는지에 대한 이런 제약들 때문에 레지스터 간 사용 모델이 선호된다. 레지스터 간 사용 모델은 컴파일러의 다른 부분을 위해 모호성과 고유성에 대한 정보를 기록하는 방법론을 제공한다. 이런 정보는 복잡한 구조의 변환을 이해하는 것으로부터 얻을 수도, 파싱 단계의 소스 코드로부터 얻을 수도 있다.

13.2.2 할당과 지정

현대 컴파일러에서 레지스터 할당자는 예전에는 개별적으로 처리되던 레지스터 할당과 레지스터 분배라는 두 가지 서로 다른 문제를 동시에 해결한다. 이들 문제들은 서로 관련이 있지만 또 개별적이다.

1. *할당(Albcafion)* 레지스터 할당은 목표 기계에서 제공하는 레지스터들에 제한되지 않은 이름들을 매핑한다. 레지스터 간 사용 모델에서, 레지스터 할당은 가상 레지스터들을 물리적인 레지스터를 표현하는 이름들의 집합과 레지스터 값에 맞지 않고 스필된 값들에 매핑한다. 메모리 간 사용 모델에서 레지스터 할당은 물리적인 레지스터를 나타내는 이름들에 메모리 위치를 매핑한다. 할당은 목표 기계의 레지스터들이 각 명령어에서 맞도록 한다.

2. *지정(Assignment)* 레지스터 지정은 할당된 이름들을 목표 기계의 실제 레지스터에 대응시킨다. 레지스터 지정은 할당이 이미 끝난 것으로 가정하기 때문에 해당 코드는 목표 기계에서 제공하는 실제 레지스터 집합에 잘 부합한다. 그래서, *k*개의 물리적인 레지스터를 가진 목표 기계를 위해 생성된 코드의 각 명령어에서는 *k*개의 레지스터만 사용할 수 있다. 지점은 해당 실행 코드가 필요로 하는 실제 레지스터 이름을 할당한다.

실제 사용 가능한 알고리즘을 사용한 레지스터 할당은 거의 NP-complete 문제이다. 하나의 데이터 타입을 사용하는 하나의 기본 블록에 대한 최적의 할당은 값들을 메모리에 저장하는 시간의 polynomial 시간에 처리 가능하다. 하지만, 해당 문제에 대한 추가적인 복잡성들이 이를 NP-complete 문제로 만든다. 예를 들어, 실제 메모리 모델을 사용하거나 몇몇의 값들이 메모리에 저장될 필요가 없다는 사실은 이 문제를 NP-complete 문제로 만든다. 제어 흐름과 다중 블록을 포함하여 할당의 범위를 확대하는 것 역시 이 문제를 NP-complete 문제로 만든다. 실제로 이와 같은 몇몇의 문제들은 실제 컴파일 환경에서 자주 발생한다.

대부분의 경우 레지스터 지정은 polynomial 시간에 해결이 가능하다. 하나의 기본 블록에 대한 실행 가능한 레지스터 할당에 대해 레지스터 지정은 interval-그래프 컬러링을 이용하여 선형 시간에 수행 가능하다. 전체 과정과 관련된 문제들은 polynomial 시간에 처리 가능하다. 다시 말해, 각 명령어에서 사용 가능한 물리적 레지스터 개수 이상의 레지스터 사용을 요구하지 않는다면 컴파일러는 polynomial 시간에 레지스터 지정을 수행할 수 있다.

할당과 지정 사이의 차이는 모두 어렵고 중요하다. 레지스터 할당기의 성능을 높이기 위해 컴파일러 개발자는 반드시 할당과 지정의 단점을 잘 이해하고 있어야 하고, 해당 알고리즘의 적절한 부분을 수정해야 한다.

13.2.3 레지스터의 분류

대부분의 프로세서에서 물리적인 레지스터들은 상호 교환 가능한 리소스들의 단일한 집합으로 구성되지 않는다. 대부분의 프로세서들은 다른 종류의 값들을 위한 다른 종류의 레지스터들을 가지고 있다.

예를 들어, 현재 대부분의 컴퓨터들은 *general-purpose 레지스터*들과 *floating-point 레지스터*들을 가지고 있다. 전자는 정수 값과 메모리 주소를 저장하는 데 사용되고 후자는 실수값을 저장하는데 사용된다. 이런 구분은 새로운 것이 아니다. 예를 들어 초기의 IBM 360 머신은 16개의 general-purpose 레지스터들과 4개의 floating-point 레지스터를 가졌다. 요즘의 프로세서들은 더 많은 분류를 사용할 것이다. 예를 들어, IBM/Motorola PowerPC는 조건 검사 구문을 위해 사용되는 특별한 레지스터들을 가졌고, Intel IA-64는 predicate 레지스터와 branch-target 레지스터들을 위한 추가적인 레지스터들을 가졌다. 해당 컴파일러들은 각 값들을 적절한 종류의 레지스터에 저장해야 한다.

만약 두 레지스터 종류 간의 값 교환이 제한되어 있으면 컴파일러는 그들에 대해 개별적으로 레지스터 할당을 수행할 수 있다. 이를 통해 보다 작고 독립적인 구간을 위한 데이터 구조의 크기와 컴파일 시간을 줄일 수 있다. 하지만, 두 레지스터 종류 사이의 교환이 가능하면, 두 종류 모두 하나의 레지스터 할당 문제로 모델링되어야 한다. Double-precision의 floating-point 숫자들을 두 개의 single-precision 레지스터들에 저장하는 이에 대한 좋은 예이다. Double-precision과 single-precision의 값들의 종류는 동일한 하드웨어 레지스터의 조합으로 표현이 가능하다. 컴파일러는 두 종류 모두에 대한 고려 없이 하나에 대해서만 레지스터를 할 수 없기 때문에 컴파일러는 joint 할당 문제를 해결해야 한다.

비록 서로 다른 레지스터 종류들이 물리적으로, 논리적으로 나뉘어져 있어도 그들은 다양한 종류의 레지스터들을 참조하는 연산을 통해서 서로 관계를 갖고 동작한다. 예를 들어, 대부분의 아키텍처에서 하나의 floating-point 레지스터를 스필 시키는 데는 주소 계산 연산과 몇몇의 메모리 연산들이 필요하다. 이들 연산들은 gcneral-purpose 레지스터들을 사용하기 때문에 레시스터 할당 문제를 이들 종류의 레지스터 문제로 바꾼다. 때문에 컴파일러는 다양한 종류의 레지스터에 대해 독립적인 레지스터 할당 결정을 내릴 수 있지만, 이들 결정은 다른 종류의 레지스터 할당에 영향을 줄 수 있다. Predicate 레지스터나 condition-code 레지스터를 스필 시키는 것도 같은 결과를 발생시킨다. 때문에 general-purpose 레지스터는 다른 종류의 레지스터들이 할당된 후에 할당되어야 한다.

13.3 지역 레지스터 할당과 지정

레지스터 할당에 대한 소개 차원에서 하나의 기본 블록에 대한 레지스터 할당 고정에서 발생할 수 있는 문제들을 생각해 보자. 최적화 과정에서 이처럼 하나의 기본 블록 단위로 처리되는 방법들은 *지역(local)*이라는 용어를 사용하여 표현되므로 이들 알고리즘은 지역 레지스터 기법이다. 그 할당자는 레지스터 간 메모리 모델을 사용하는 하나의 기본 블록을 입력으로 받는다.

문제를 단순화하기 위해 기본 블록에서 시작해서 끝나는 프로그램을 생각해 보자. 이 프로그램은 이전에 실행되는 기본 블록들로부터 어떠한 값들도 전달받지 않으며, 이후에 실행되는 기본 블록들을 위해 어떠한 값들도 남겨두지 않는다. 우리 입력 프로그램은 일반 목적 레지스터의 한 종류만을 사용한다. 우리 목표 기계는 *k*개의 일반 목적 레지스터들을 제공한다.

이런 형태의 코드는 상당한 시간 동안 한 레지스터에 저장될 수 있는 값들에 대한 정보를 얻는다. 한 레지스터에 저장될 수 있는 조건을 만족하는 어떠한 값들도 한 레지스터에 저장될 수 있다. 해당 코드는 이 정보를 해석하는 데 필요한 만큼 많은 레지스터를 사용하기 때문에 목표 기계가 가진 것보다 많은 레지스터를 필요로 하게 될지도 모른다. 이런 이유로 우리는 이렇게 임의로 할당된 레지스터들을 *가상 레지스터(virtual register)*라 한다. 하나의 기본 블록이 사용하는 가상 레지스터의 수는 *MaxVR*이다.

기본 블록은 *N*개의 3 주소 연산인 o_1, o_2, …, o_N으로 이루어져 있다. 각 연산인 o_i는 op_i vr_{i_1}, $vr_{i_2} \Rightarrow vr_{i_3}$의 형태를 가지고 있다. vr이라는 표현은 물리적인 레지스터보다는 가상 레지스터를 나타내는 데 사용된다. 좀 더 추상적으로 살폈을 때 지역 레지스터 할당의 목적은 하나의 가상 레지스터에 대한 각 참조가 하나의 특정 물리 레지스터로 대체되는 기본 블록을 만드는 것이다. 만약 *MaxVR*이 *k*보다 크다면, 레지스터 할당자는 해당 코드를 *k*개의 물리 레지스터 집합에 맞게 하기 위해 load와 store를 추가해야 한다. 다시 말해 해당 기본 블록의 어떤 위치에서도 레지스터의 개수 *k*보다 많은 값들을 레지스터에 저장할 수 없다.

우리는 이 문제에 대해 두 가지 접근법을 살펴볼 것이다. 먼저, 해당 기본 블록의 한 값에 대한 참조의 개수를 세고, 이 빈도수를 사용하여 어떤 값들을 레지스터를 통해 유지할 것인지 결정한다. 이는 해당 결정을 위해 외부적으로 얻어진 정보인 참조 빈도수에 의존하기 때문에 우리는 이것을 하향(top-down) 방식이라고 한다. 다음으로 해당 블록 전체를 각 연산별로 확인하면서 스필이 필요한지 여부를 결정한다. 이 방식은 해당 결정을 위해 많은 low-level 사실들을 사용하기 때문에 우리는 이것을 상향(bottom-up) 방식이라 한다.

13.3.1 하향 지역 레지스터 할당

하향 지역 할당자는 가장 많이 사용되는 값이 레지스터를 사용해야 한다는 하나의 기본 원칙을 토대로 동작한다. 이 방식을 구현하기 위해 지역 할당자는 해당 블록에서 각 가상 레지스터이 발생하는 횟수를 세고 이 빈도수를 사용하여 가상 레지스터들을 물리 레지스터들에 할당한다.

만약 가상 레지스터의 수가 물리 레지스터보다 많다면 해당 할당자는 메모리에 저장되어 있는 여러 값들의 연산에 물리 레지스터들을 사용해야 한다. 해당 할당자는 두 개의 피연산자를 가리키고 읽어들이며 해당 연산을 수행하고 결과를 저장하는 데 필요한 레지스터들을 반드시 가지고 있어야 한다. 필요한 레지스터의 정확한 숫자는 해당 목표 기계에 의해 결정된다. 전형적인 RISC 머신의 경우, 2개에서 4개 사이의 레지스터들이 반드시 필요하다. 우리는 앞으로 이와 관련된 물리적인 레지스터가 충분히 지원된다고 가정할 것이다. 하향 지역 할당을 수행하기 위해 컴파일러는 다음과 같은 간단한 알고리즘을 적용할 수 있다.

1. *가상 머신에 대한 우선순위를 계산한다.* 하나의 기본 블록 내의 연산들에 걸친 순차적인 과정에서 지역 할당자는 각 가상 레지스터가 발견되는 횟수를 계산할 수 있다. 한 가상 레지스터의 발생 빈도수는 그것의 우선 순위가 된다.

2. *가상 레지스터들을 우선순위로 정렬한다.* 만약 블록들이 상당히 작다면 각 값들이 작은 범위 내에 분포하기 때문에 지역 할당자는 0과 블록 길이의 몇 배의 값 사이에서 bucket sort를 사용할 수 있다.

3. *우선 순위 순서로 물리 레지스터들을 할당한다.* 우선 순위가 높은 k개의 가상 레지스터들이 물리 레지스터에 할당된다.

4. *코드를 다시 쓴다.* 코드에 대한 두 번째 처리 과정에서 지역 할당자는 코드를 재작성할 수 있다. 물리 레지스터가 할당된 가상 레지스터들에 대한 참조들은 물리 레지스터 이름을 사용하여 재작성된다. 물리 레지스터가 할당되지 않은 가상 레지스터들은 load와 store 연산을 적절히 추가하여 예약된 임시 레지스터에 대한 참조로 대체된다.

이런 접근 방식의 기본은 자주 사용되는 가상 레지스터들에 물리 레지스터를 할당한다는 것이다. 이른 접근 방식의 가장 큰 단점은 전체 기본 블록에 대해 하나의 물리 레지스터를 하나의 가상 레지스터를 위해 사용한다는 데 있다. 때문에 하나의 값이 해당 기본 블록의 앞부분에서 자주 사용되고 뒷부분에서 사용되지 않는데도, 블록 전체에서 해당 값을 위해 하나의 물리적인 레지스터가 사용되기 때문에 해당 블록의 뒷부분에서 해당 물리 레지스터가 더 이상 사용되지 않는다. 다음 절에서는 이 문제를 해결할 수 있는 기법을 설명할 것이다. 그 기법은 상향이라는 할당에 대한 완전히 다른 접근법을 사용한다.

13.3.2 상향 지역 레지스터 할당

상향 지역 할당자의 기본은 각 연산이 실행될 때 발생하는 변환에 집중하는 것이다. 이것은 사용되지 않는 모든 레지스터들을 사용하여 시작된다. 이 할당자는 각 연산이 실행되기 전에 피연사들이 반드시 레지스터에 저장되어 있어야 한다는 가정으로부터 시작한다. 연산의 결과를 위해서도 하나의 레지스터를 할당해야 한다. 그림 13.1은 할당자가 사용하는 세가지 처리 구문을 통해 할당자의 기본적인 구조를 보여준다.

상향 할당자는 해당 블록 내에서 연산들을 반복적으로 분석하면서 할당을 위해 필요한 결정들을 수행한다. 하지만, 거기에는 몇가지 미묘한 차이가 있다.

```
/* code for the allocator */
for each operation, i, in order from 1
   to N where i has the form
        op vr_i1 vr_i2 ⇒ vr_i3
   r_x ← ensure(vr_i1, class(vr_i1))
   r_y ← ensure(vr_i2, class(vr_i2))
   if vr_i1 is not needed after i
     then free(r_x,class(r_x))
   if vr_i2 is not needed after i
     then free(r_y,class(r_y))
   r_z ←allocate(vr_i3, class(vr_i3))
   rewrite i as op_i r_x,r_y ⇒ r_z
   if vr_i1 is needed after i
     then class.Next[r_x] ← dist(vr_i1)
   if vr_i2 is needed after i
     then class.Next[r_y] ← dist(vr_i2)
   class.Next[r_z] ← dist(vr_i3)

free(i,class)
   if (class.Free[i] ≠ true) then
     push(i,class)
     class.Name[i] ← −1
     class.Next[i] ← ∞
     class.Free[i] ← true

ensure(vr,class)
  if (vr is already in class)
    then result ← vr's physical register
  else
    result ← allocate(vr,class)
    emit code to move vr into result
  return result

allocate(vr,class)
  if (class.StackTop ≥ 0)
    then i ← pop(class)
  else
    i ← j that maximizes class.Next[j]
    store contents of j
  class.Name[i] ← vr
  class.Next[i] ← −1
  class.Free[i] ← false
  return i
```

그림 13.1 상향 지역 레지스터 할당

vr_{i_1}과 vr_{i_2}를 순서대로 고려함으로써 할당자는 add r_y, $r_y \Rightarrow r_z$와 같은 반복되는 피연산자를 가진 연산을 위해 두 개의 물리 레지스터를 사용하는 것을 피할 수 있다. 마찬가지로 r_z를 할당하기 전에 r_x와 r_y를 해제함으로써 해당 연산이 실제로 하나의 레지스터를 해제시킬 때 연산의 결과를 유지하기 위해 하나의 레지스터를 스필 시키는 것을 피할 수 있다. 대부분의 복잡한 처리들은 *Ensure*, *Allocate*와 *Free*를 통해 수행된다.

Ensure 처리 구문은 개념적으로 단순하다. 그것은 원하는 값을 저장할 *vr*이라는 가상 레지스터와 적절한 레지스터 종류를 나타내는 *class*라는 두 개의 인자를 가진다. 만약 *vr*에 이미 물리 레지스터가 할당되었다면, *Ensure*의 일은 끝난 것이다. 그렇지 않으면 그것은 *vr*을 위해 하나의 물리 레지스터를 할당하고 *vr*의 값을 물리 레지스터로 옮기는 코드를 추가한다. 어느 경우라도 물리 레지스터은 반환된다.

*Allocate*와 *Free*는 할당 문제를 자세히 다룬다. 그들을 이해하기 위해 우리는 그림 13.2의 왼쪽 C 코드에 보이는 것과 같은 레지스터 종류를 위한 완전한 표현히 필요하다. 각 레지스터 종류들은 `Size` 만큼의 물리 레지스터들을 가지고 각각은 가상 레지스터의 이름(Name)으로 표현되며, 다음 사용되는 곳(Next)까지의 거리를 가리키는 정수와 물리 레지스터가 현재 사용 중인지 여부를 가리키는 (Free)와 같은 정보를 가진다. 그림 13.2의 오른쪽 코드는 레지스터 종류를 위한 구조를 정의되지 않은 이름을 의미하는 −1과 표현 가능한 최대 거리를 나타내는 무한대 값을 사용하여 초기화한다. *Allocate*와 *Free*를 효율적으로 만들기 위해 해당 레지스터 종류는 또한 사용되지 않는 레지스터들의 리스트 `Stack`를 필요로 한다. 이들 리스트는 *push*와 *pop*을 통해 관리된다.

이 정도로도 *Allocate*와 *Free* 모두 명확히 설명된다. 각 클래스 종류는 사용되지 않는 물리 레지스터를 위한 스택 공간을 가지고 있으며, *Allocate*는 이 리스트에 남아 있는 레지스터 하나를 반환한다. 만약, 남아 있는 물리 레지스티가 존재하지 않으면 *Allocate*는 가장 나중에 사용될 *class*에 저장되어 있는 값을 선택하여 메모리에 저장하고, 해당 물리 레지스터를 *vr*을 위해 재

```
struct Class {
  int Size;
  int Name[Size];
  int Next[Size];
  int Free[Size];
  int Stack[Size];
  int StackTop;
}
```

```
initialize(class,size)
  class.Size ← size

>class.StackTop ← −1
  for i ← 0 to size−1
     class.Name[i] ← −1
     class.Next[i] ← ∞
     class.Free[i] ← true
     push(i,class)
```

그림 13.2 C에서 레지스터 종류의 표현

할당한다. Allocate는 이 레지스터가 현재의 연산에서 다른 피연산자들을 위해 선택되지 않도록 *Next* 필드를 −1로 설정한다. 현재 연산이 끝난 후에 할당자의 루프문에서 *Next* 필드를 적절한 값으로 재설정할 것이다. *Free*는 해당 레지스터를 스택에 저장하고 *class* 구조체의 해당 레지스터를 위한 필드들을 초기화 한다.

함수 *dist(vr)*은 *vr*에 대한 다음 참조에 대한 블록 내에서의 색인을 반환한다. 컴파일러는 해당 블록을 역방향으로 처리하면서 블록 내의 각 참조에 *dist*를 위한 적절한 값을 사용하여 주석을 추가할 수 있다.

이 상향 기법의 궁극적인 결과는 분명하다. 먼저, 이 기법은 물리 레지스터들이 사용되지 않는 것으로 간주하고 이들을 free list에 추가한다. 첫 번째 몇몇의 연산 동안 이 기법은 free list로부터 물리 레지스터를 반환하여 사용한다. 할당자가 다른 레지스터를 필요로 하고 free list가 비어 있음을 발견하게 되면, 그것은 한 레지스터의 값을 메모리로 옮긴다. 할당자는 그 값을 다음 사용이 가장 나중에 발생하는 것으로 결정한다. 하나의 값을 스필 시키는 데 드는 비용이 모든 레지스터에 대해 동일하다면 가장 긴 시간 동안 사용되는 레지스터를 선택한다. 몇몇 측면에서 그것은 스필의 비용으로 얻어지는 이득을 최대화한다.

실제로 이 알고리즘은 훌륭한 지역 할당을 수행한다. 사실 여러 연구자들이 이것이 최적의 할당을 수행한다는 것에 대한 논쟁을 벌이고 있다. 하지만, 실제 알고리즘은 매우 복잡하다. 상향 할당을 위해 레지스터의 몇몇 값들은 스필 되거나 몇몇은 스필 되지 않는다. 예를 들어, 만약 레지스터가 하나의 알려진 정수 값을 가진다면 할당자는 메모리에 복사하지 않고도 이 값을 재생성할 수 있기 때문에 저장이 불필요하다. 이처럼 저장될 필요가 없는 값들은 *clean*이라고 불리며, 반면에 저장이 필요한 값들은 *dirty*라고 불린다.

최적의 지역 할당을 선택하기 위해 할당자는 clean 값들을 스필 하는 것과 dirty 값들을 스필 하는 것 사이의 비용의 차이를 알아야 한다. 예를 들어 x_1과 x_2가 이미 레지스터에 저장되어 있는 두 개의 레지스터를 가진 머신에서의 할당을 생각해 보자. x_1은 clean이고 x_2는 dirty라고 가정하자. 만약 해당 블록의 나머지 부분을 위한 참조 문자열이 x_3 x_1 x_2라면 할당자는 반드시 x_1이나 x_2 중의 하나를 스필 시켜야 한다. X_2의 다음 사용이 가장 뒤에 발생하기 때문에 상향 지역 알고리즘은 왼쪽에 보이는 메모리 연산들이 필요한 그것을 스필 할 것이다.

Spill Dirty Value	Spill Clean Value
`store` x_2	
`load` x_3	`load` x_3 (overwriting x_1)
`load` x_2	`load` x_1

대신, 만약 할당자가 x_1을 스필 한다면 왼쪽보다 메모리 연산이 하나 적은 오른쪽 메모리 연산들

만이 필요하다. 이 시나리오는 할당자가 dirty 값들 대신 clean 값들을 우선적으로 스필 시켜야 함을 제안한다. 대답은 그리 쉽지 않다는 것이다.

동일한 초기 조건을 가진 다른 참조 문자열인 x_3 x_1 x_3 x_1 x_2를 고려해 보자. 일관되게 clean 값을 스필 하는 것은 왼쪽에서 보이듯이 4개의 메모리 연산을 필요로 한다.

Spill Clean Value	Spill Dirty Value
load x_3	
load x_1	store x_2
load x_3	load x_3
load x_1	load x_2

반대로 일관되게 dirty 값을 스필 하면 오른쪽에서 보이듯이 한 개 적은 메모리 연산이 필요하다. Clean 값들과 dirty 값들에 대해 고려하는 것은 이 지역 할당 문제를 NP-hard로 만든다. 실제 상향 지역 할당자들은 여전히 하향 할당자에 의해 생성되는 것보다 더 좋은 결과를 생성한다.

상향 지역 할당자는 하향 지역 할당자와는 개별적인 값들을 처리하는 방식이 다르다. 하향 할당자는 한 블록 전체에서 하나의 가상 레지스터에 하나의 물리 레지스터를 지정한다. 상향 할당자는 하나의 가상 레지스터에 대한 두 개의 연속적인 참조 구간에서의 하나의 가상 레지스터에 하나의 물리 레지스터를 할당한다. 그것은 추가적인 레지스터가 필요한지 여부를 나타내는 *Allocate*의 실행 결과를 사용한다. 그래서 상향 알고리즘은 그것의 생존 시간 동안 다른 위치에서 다른 물리 레지스터를 통해 하나의 가상 레지스터 값이 유지되게 한다. 비슷한 방법을 하향 할당자에도 적용할 수 있다.

13.4 기본 블록보다 큰 경우

우리는 하나의 블록들을 위해 좋은 할당자를 만드는 방법을 살펴보았다. 하향 방식으로 동작하는 발생 빈도를 사용하는 할당자와 상향 방식으로 동작하는 상향 지역 할당자를 살펴보았다. 우리는 상향 지역 할당자로부터 배운 교훈을 빈도 수를 사용하는 할당자를 개선하는 데 사용할 수 있다. 그러나, 지역 할당자는 여러 블록에 걸친 값들의 재사용을 관리할 수 없다. 실제로 이들은 빈번히 발생한다. 그래서 다음 단계는 기본 블록들보다 상위로 할당의 범위를 확장하는 것이다.

불행하게도 하나의 기본 블록에서 여러 기본 블록으로 확장하는 것은 상당히 복잡하다. 예를 들어 우리의 지역 할당자는 값들이 여러 블록 사이을 이동하지 않는다고 가정하고 있다. 좀 더 확장된 범위에서의 할당으로 이동하는 주된 이유는 블록들 사이의 값들의 흐름을 설명하고 이들 흐름을 효율적으로 관리하는 할당을 수행하기 위한 것이다. 할당자는 이전 블록들에서 계산된 값들을 정확히 처리해야 하며 다음 블록 들에서 사용된 값들을 보존해야 한다. 이를 위해 할당자는 지역 할당자가 사용하는 것보다 더욱 고급스러운 방식으로 "값들(values)"을 관리해야 한다.

13.4.1 Liveness와 생존 범위

지역적인 혹은 전역적인 할당자들은 여러 블록에 거친 그들의 use들을 조정함으로써 값들을 레지스터들에 할당하려고 노력한다. 이들 할당자들은 각 값에 대한 def와 use들의 실제 흐름을 반영하는 새로운 이름 공간을 사용한다. 변수나 값들을 레지스터들에 할당하기보다 그들은 생존 범위들을 할당한다. 하나의 생존 범위는 그 값들이 함께 전달되기 때문에 서로에게 연결되어 있는 정의와 사용의 집합으로 구성된다. 다시 말해 하나의 생존 범위는 정의와 사용의 집합들을 포함한다. 하나의 use와 연결되어 있는 모든 def가 그 use와 동일한 생존 범위에 존재하고, 하나의 def와 연결되어 있는 모든 use이 그 def와 동일한 생존 범위에 존재한다는 점에서 이 집합은 자기 자신을 포함하는 형태를 가진다.

*생존 범위*라는 용어는 9.2.1 절의 live 변수 문제의 논의에서 설명된 것처럼 *liveness*의 표현을 암묵적으로 사용한다. 만약 변수 v가 함수 시작에서부터 p까지의 경로를 따라 정의되어 있고 p로부터, v가 사용되기까지 v가 재정의되지 않았다면, 변수 v는 p 지점에서 live 하다는 점을 상기하자. 뒤따르는 실행들에서 v가 사용될 수 있기 때문에 v가 live인 어떤 지점에서도 그 값은 보존되어야 한다. v는 소스 프로그램의 변수이거나 컴파일러가 생성한 임시적인 이름일 수 있다.

생존 범위의 집합은 변수들이나 값들의 집합과는 구분된다. 해당 코드에서 사용되는 모든 변수들은 비록 그들이 원래 원시 코드에 존재하지 않는다 해도 몇몇의 생존 범위의 부분이다. 그래서, 주소 연산에 의해 생성되는 중간 결과들은 프로그래머가 부여한 이름을 가진 변수들, 배열 원소들, 분기 목표로 사용되기 위해 사용되는 주소와 마찬가지로 생존 범위를 가진다. 프로그래머가 명명한 하나의 변수는 나눠진 여러 개의 생존 범위를 가질 수 있다. 생존 범위를 사용하는 레지스터 할당기 이들 각각의 생존 범위를 다른 레지스터에 할당할 수 있다. 때문에 실행 중인 프로그램에서 원시 코드에 명시된 변수는 서로 다른 두 위치에서 서로 다른 레지스터를 사용할 수 있다.

이런 개념들을 보다 명확히 하기 위해 하나의 기본 블록의 생존 범위들을 찾는 문제를 생각해 보자. 그림 13.3은 그림 1.3 중 기본 블록 부분을 보여준다. 우리는 r_{arp}를 정의하기 위한 초기 동작들을 추가했다. 오른쪽의 테이블은 해당 블록 내의 각 생존 범위들을 보여준다. 연속적으로 나열된 코드에서 우리는 생존 범위를 구간으로 표현할 수 있다. 변수를 정의해서 생존 범위를 시작하는 각 연산을 살펴보자. r_{arp}를 살펴보자. 그것은 연산 1에서 정의된다. r_{arp}에 대한 모든 다른 참조들은 use이다. 그래서 해당 블록은 오직 하나의 값만을 r_{arp}를 위해 사용한다. 범위 [1, 11]은 생존 범위를 나타낸다.

반대로 r_w는 여러 개의 생존 범위를 가진다. 연산 2는 그 변수를 정의한다. 연산 7은 연산 2에서 정의된 값을 사용한다. 연산 7, 8, 9, 10은 r_w를 위해 각각 새로운 값을 정의한다. 각각의 경우 뒤따라는 연산은 그 값을 사용한다. 그래서 r_w라고 명명된 레지스터는 [2, 7], [7, 8], [8, 9], [9, 10]과 [10, 11]의 서로 다른 다섯 개의 생존 범위에서 사용된다. 레지스터 할당기는 이렇게 나눠진 생존 범위들을 동일한 물리 레지스터에 유지할 필요가 없다. 대신 그것은 각 생존 범위를 할당과 지정을 위한 독립적인 값으로 처리할 수 있다.

하나의 기본 블록보다 큰 영역에서의 생존 범위들을 찾기 위해 컴파일러는 생존하고 있는 변수들 분석을 수행하여 모든 블록의 끝부분에서 생존되는 값들의 집합을 찾아야 한다. 각 블록 *b*에서 이들 집합은 LIVEOUT(*b*)로 블록 *b*의 시작 부분에서 생존인 변수들의 집합은 LIVEIN(*b*)로 표현 가능하다. LIVEIN(b)는 UEVAR(b)∪LIVEOUT(*b*)∩VARKILL(*b*))이다.

위 코드의 어느 지점에서도 생존되지 않은 값들은 레지스터를 필요로 하지 않는다. 마찬가지로 *p* 지점에서 레지스터들을 필요로 하는 값들은 모두 *p* 지점에서 생존인 값들이거나 이들 값들의 부분 집합이다. 지역 레지스터 할당자를 실제 컴파일러에서 구현할 때는 LIVEOUT 집합을 사용하여 하나의 값이 블록에서 마지막으로 사용된 이후에 언제 메모리에 저장되어야 하는지를 결정한다. 전역 할당자는 할당 과정을 관리하고 생존 범위들을 발견하기 위해 이와 유사한 정보를 사용한다.

```
 1  loadI    ...       => r_arp
 2  loadAI   r_arp, 0  => r_w
 3  loadI    2         => r_2
 4  loadAI   r_arp, @x => r_x
 5  loadAI   r_arp, @y => r_y
 6  loadAI   r_arp, @z => r_z
 7  mult     r_w, r_2  => r_w
 8  mult     r_w, r_x  => r_w
 9  mult     r_w, r_y  => r_w
10  mult     r_w, r_z  => r_w
11  storeAI  r_w       => r_arp, 0
```

Defines Register	Interval
r_{arp}	[1,11]
r_w	[2,7]
r_w	[7,8]
r_w	[8,9]
r_w	[9,10]
r_w	[10,11]
r_2	[3,7]
r_x	[4,8]
r_y	[5,9]
r_z	[6,10]

그림 13.3 기본 블록에서의 생존 범위

13.4.2 블록 경계에서의 복잡성

지역 레지스터 할당자를 사용하는 컴파일러는 블록들의 시작과 끝에서의 값들의 상태에 대한 정보를 가진 지역 할당자를 제공하기 위해 필요한 선행 처리로서 각 블록에 대해 LIVEIN과 LIVEOUT 집합을 계산한다. 이들 집합을 통해 하나의 블록에서 다른 블록으로 제어 흐름이 발생할 때 각 블록에 적절한 레지스터를 할당하는 작업을 단순화할 수 있다. 예를 들어, LIVEOUT(b)의 한 값은 b에서 마지막으로 정의된 이후에 해당 값이 다음 블록의 적절한 위치에서 정확히 로드될 수 있게 하기 위해 메모리에 저장되어야 한다. 반대로 만약 해당 값이 LIVEOUT(b)에 없다면 b 내에서 스필 되지 않는다면 저장될 필요가 없다.

여러 블록들을 고려함으로써 발생하게 된 여러 결과들은 할당과 지정을 모두 복잡하게 한다. 그림 13.4는 전역 할당이 복잡하다는 것을 설명한다. 블록 B_1에서 B_3로의 경로를 따라 발생하는 변환을 생각해 보자.

B_1은 r_7에 저장된 변수 x의 값을 가지고 있다. B_3는 r_2의 값을 필요로 한다. 지역 할당자가 B_1을 처리할 때, 지역 할당자는 다른 블록에 의해 생성된 정보들에 대해 전혀 알지 못하기 때문에 지역 할당자는 메모리 내의 x의 위치(r_{arp}의 ARP로 부터 @x 위치에 있는)에 x를 저장해야 한다. 마찬가지로 지역 할당자가 B_3를 처리할 때, 지역할당자는 B_1의 동작에 대한 어떤 정보도 없기 때문에 그것은 메모리로부터 x를 로드해야 한다. 물론, 만약 지역 할당자가 B_1의 할당 결과를 알고 있다면 그것은 x를 r_7에 지정하고 로드를 수행하지 않을 수 있다. 이런 정보가 없을 때는 반드시 로드를 수행해야 한다. B_2와 B_4의 x에 대한 참조는 문제를 더욱 어렵게 만든다. 여러 블록에 걸친 x의 지정을 조정하기 위한 어떠한 시도도 B_4가 B_1의 후속자(successor)이기 때문에 반드시 고려해야 하고, x에 대한 B_4에서의 처리의 어떠한 변화도 B_4의 다른 선행자인 B_2에 영향을 주게 된다.

비슷한 결과가 할당 과정에서 발생한다. B_2에서 x가 참조되지 않는다는 것이 무엇인가? 우리가 전역적으로 레지스터 지정을 관리한다고 해도 지역 할당자는 필요할 때 x가 항상 r_7에 저장되어 있음을 보장하기 위해 B_4에서 x가 로드되는 것을 피하기 위해 반드시 B_2의 끝에 x의 로드

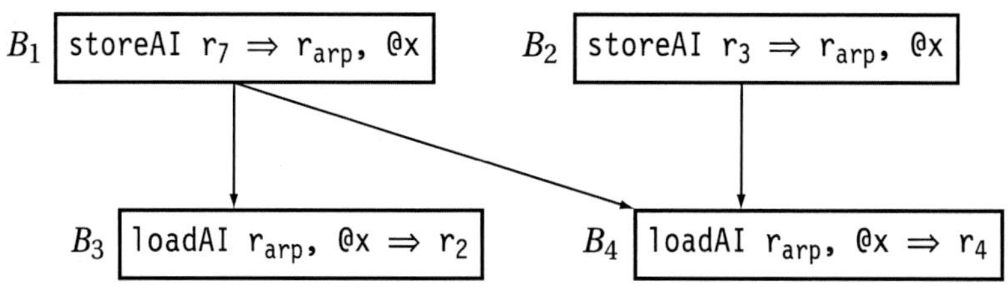

그림 13.4 여러 개 블록에서의 문제점

를 추가해야 한다. 물론, 만약 B_2가 다른 후속자들을 가지고 있다면 그들은 x를 참조하지 않고 r_7의 다른 값을 필요로 할지 모른다.

블록 경계에서의 이런 결과는 복잡해질 수 있다. 이런 결과들은 그들이 지역 할당자의 범위 밖에서 전적으로 발생하기 때문에 지역 할당자에서 다루어질 수 없는 것이다. 만약 지역 할당자가 그 차이들을 잘 정리할 수 있는 몇몇 특별한 명령어들을 추가하고자 한다면, 지역 할당자는 잘못된 블록에 그들을 추가할 수도 있다. 예를 들어 루프 시작 부분이 아닌 몸체를 구성하는 블록이 이에 속한다. 지역 모델들은 모든 명령어들이 동일한 빈도로 실행된다고 가정한다. 이 모델들을 보다 큰 영역을 다루기 위해 확장하는 것은 그 가정들을 무효화시킨다. 좋은 할당과 나쁜 할당의 차이는 코드 내에서 빈번히 사용되는 블록의 소수 명령어들에 의해 결정된다.

두 번째 문제는 지역 할당 방식을 여러 블록에 걸쳐서 적용하려다 발생하는 보다 미묘하고 의심스러운 문제다. 블록 B_1에 상향 지역 알고리즘을 사용하는 것을 생각해 보자. 하나의 블록을 사용하여 "가장 먼" 다음 참조의 개념은 제거된다. 지역 알고리즘은 각 다음 참조에 대한 개별적인 거리를 가지고 있다. 여러 후속자 블록들을 사용하여 할당자는 B_1으로부터의 모든 경로를 따라 발생하는 참조들을 고려해야 한다. B_1의 값 y에 대한 마지막 참조를 위한 다음 참조는 B_3나 B_4의 y에 대한 첫 번째 참조이다. 이들 두 참조들은 B_1의 마지막과 비교해서 동일한 위치에 있을 것 같지 않다. 반면에 B_3는 B_4가 y에 대한 참조를 포함하는 것과 달리 이를 포함하지 않을지도 모른다. 두 블록들이 y를 사용하고 입력 코드에서 그 참조들이 동일하다 하더라도 한 블록에서의 지역적인 스필은 예측할 수 없는 방법으로 이들을 구분 짓는다. 상향 지역 방법에 내재된 기본적인 속성들이 가치 있는 것이 될수록 알고리즘의 결과들은 더더욱 증명하거나 이해하기 힘들어진다.

이런 문제들을 통해 지역 할당에서 여러 개의 지역이나 전역으로 범위가 넓어지면 다른 접근법이 필요해진다는 것을 알 수 있다. 사실 성공적인 전역 할당 알고리즘은 지역 할당 알고리즘과 아주 약간의 유사성만을 가진다.

13.5 전역 레지스터 할당과 지정

레지스터 할당자의 목표는 명령어가 추가될때 요구되는 실행 시간을 최소화하는 것이다. 할당자는 이 문제에 대해 최적을 해답을 보장할 수 없다. 실행 시간의 측면에서 동일한 기본 블록에 대한 두 가지 다른 할당 방식의 차이는 할당자가 코드에 추가한 로드와 저장 및 복사 연산자의 수와 그들의 위치에 의해 결정된다. 서로 다른 블록들의 실행 횟수는 서로 다르기 때문에 스필의 위치는 스필 코드를 실행하기 위해 사용되는 시간을 결정하는 중요한 요인이 된다. 블록이 실행되는 빈도는 실행 때마다 다를 수 있기 때문에 최선의 할당이라는 용어는 어떤 면에서 의미가 없어 보인다.

전역 할당은 두 가지 기본적인 방식에서 지역 할당과 다르다.

1. 생존 범위의 구조는 지역 할당자보다 더 복잡하다. 하나의 기본 블록에서 생존 범위는 연산들이 단순하게 나열된 구간이다. 생존 범위를 찾는 것은 전역 할당자에서 더 복잡하다. 전역 생존 범위는 두 관계의 모임을 취함으로써 찾아지는 정의와 사용의 모음이다. 생존 범위의 각 사용에서 그것은 그 사용에 다다르는 모든 정의를 포함한다. 생존 범위 내의 모든 정의에 대해 그것은 정의와 연결되는 모든 사용을 포함한다.

2. 하나의 변수에 대한 서로 다른 두 참조의 실행 횟수는 다를 수 있다. 만약 임의의 연산이 하나의 기본 블록에서 실행된다면 예외가 발생하지 않는 한 기본 블록 내의 모든 연산들이 실행될 것이고, 스필의 비용은 동일해진다. 좀 더 큰 범위에서 각 참조들은 서로 다른 블록에 위치할 수 있기 때문에 스필의 비용은 참조가 어디에 위치해 있는지에 의해 결정된다. 전역 할당자는 스필을 수행할 때 스필이 가능한 각 생존 범위에서의 스필의 비용을 고려해야 한다.

모든 전역 할당자는 이들 문제들을 처리해야 한다. 이 점이 전역 할당자를 지역 할당자보다 더 복잡하게 만드는 요인이 된다.

복잡한 생존 범위의 문제들을 다루기 위해 전역 할당자는 명시적으로 각 생존 범위에 서로 다른 이름을 부여하는 이름 공간을 만든다. 그 후에 전역 할당자는 생존 범위를 물리 레지스터나 메모리 위치에 매핑한다. 이렇게 하기 위해 전역 할당자는 먼저 생존 범위들을 구성하고, 해당 생존 범위들이 새로운 이름을 사용할 수 있도록 코드상의 모든 가상 레지스터 참조들의 이름을 수정한다. 실행 빈도 문제를 다루기 위해 전역 할당자는 평가된 발생 빈도를 사용하여 각 참조와 각 기본 블록을 구분할 수 있다. 그 평가들은 정적인 분석이나 프로그램의 실제 실행 도중에 얻어진 분석 데이터로 부터 얻어진다. 평가된 실행 빈도는 할당과 스필에 대한 결정을 관리하기 위해 할당자에서 사용된다.

마지막으로 전역 할당자는 할당과 지정에 대한 결정들을 내려야 한다. 그들은 어떤 생존 범위가 레지스터들을 사용할지를 결정해야 한다. 그들은 두 생존 범위들이 하나의 레지스터를 고유할 수 있는지 여부를 결정한다. 그들은 하나의 물리 레지스터를 할당된 각 생존 범위에 지정한다.

그래프 컬러링

많은 전역 레지스터 할당자들은 할당 문제를 표현하기 위해 *그래프 컬러링(graph coloroing)*을 사용한다. 임의의 그래프 *G*에서 한 번의 컬러링은 서로 인접하는 노드들 간에 동일한 색을 가지지 않도록 *G*의 각 노드에 하나의 색을 지정한다. *k*개의 색을 사용하는 컬러링은 *k*-컬러링이라 불리고 *k*는 그래프의 *chromatic number*라고 불린다. 다음 그래프들을 고려해 보자.

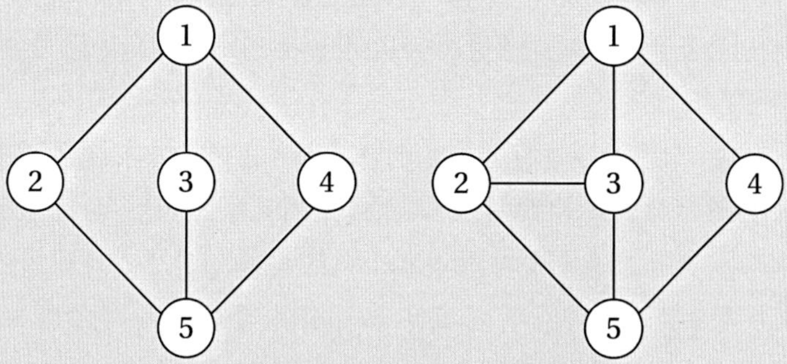

왼쪽 그래프는 두 가지 색을 사용하여 표현할 수 있다. 예를 들어 노드 1과 5에 *파랑색*을, 노드 2, 3 과 4에 *붉은색*을 지정하는 것이 가장 바람직하다. 노드 2와 3 사이에 하나의 간선을 추가함으로써 오른쪽 그림은 두 가지 색으로는 표현되지 못하고 세 가지 색을 사용하여 표현할 수 있는 그래프가 된다. (노드 1과 5에 *파랑색*을 노드 2와 4에 *붉은색*을 노드 3에 *흰색*을 지정하라.)

주어진 그래프에서 그것의 chromatic number를 찾는 문제는 NP-complete이다. 마찬가지로, 한 그래프가 임의의 *k*개의 색으로 표현이 가능한지 여부를 결정 짓는 문제도 NP-complete이다. 리소스를 할당하기 위해 그래프 컬러링을 사용하는 알고리즘들은 사용 가능한 리소스에 딱맞는 컬러링을 수행하기 위해 근사값을 사용하는 방법을 사용한다.

많은 전역 할당자는 그래프 컬러링 방법을 사용한다. 그들은 생존 범위 사이의 충돌을 모델링 하는 그래프를 만들고 그래프를 위한 적절한 컬러링을 수행한다. 컬러링은 레지스터 지정을 표현하기 위해 사용된다. 그것은 할당자가 두 값들을 공유할 수 없음을 알려준다. 다른 컬러링 할당자는 할당이나 스필을 다른 방식으로 처리한다. 우리는 할당과 관련된 결정을 내리기 위해 상위 정보를 사용하는 하향 할당자와 이들 결정을 위해 낮은 수준의 정보를 사용하는 상향 할당자를 살펴볼 것이다. 하지만, 이들 두 접근법을 살펴보기 전에 우리는 그 할당자들이 공통으로 가지고 있는 생존 범위를 발견하고, 스필 비용을 평가하며 간섭 그래프를 그리는 것과 같은 작은 문제들을 살펴볼 것이다.

13.5.1 전역 생존 범위 분석

생존 범위들을 구성하기 위해 컴파일러는 서로 다른 정의와 사용들 사이에 존재하는 관계들을 찾아내야 한다. 전역 할당자들은 하나의 사용에 이르는 모든 정의와 하나의 정의에 이르는 모든 사용들을 함께 하나의 이름으로 묶을 수 있는 이름 공간을 만들어야 한다. 때문에 컴파일러는 각 정의에 대해 다른 이름을 지정하고 공통된 하나의 사용에 이르는 정의들을 하나의 이름으로 합치는 접근법을 사용한다.

SSA 형태의 코드는 생존 범위를 구성하기 위한 시작점을 제공한다. 각 이름이 한 번씩 정의되고 각 사용이 하나의 정의만을 참조하는 SSA 형태를 기억하자. 이들 두 가지 법칙을 만족하기 위해 추가된 ϕ-함수는 제어 흐름에서 다른 경로의 서로 다른 정의가 하나의 참조로 연결된다는 사실을 기록한다. ϕ-함수로 연결되는 두 개 혹은 그 이상의 정의들은 ϕ-함수가 모든 값들을 나타내는 이름을 생성하기 때문에 동일한 생존 범위에 속한다. ϕ-함수의 결과를 참조하는 어떠한 연산도 이들 값 중의 하나를 사용한다. 이들 값들은 제어 흐름이 어떻게 ϕ-함수와 연결되는지에 의해 결정된다. 모든 정의들은 동일한 사용에 의해 참조될 수 있기 때문에 그들은 동일한 레지스터를 사용해야 한다. 그래서 ϕ-함수는 SSA 형태의 코드에서 생존 범위를 구성하기 위해 중요한 역할을 수행한다.

SSA 형태로부터 생존 범위를 구성하기 위해 할당자는 disjoint-set union-find 알고리즘을 사용하고 해당 코드에 대한 하나의 처리 경로를 만든다. 할당자는 각 SSA 이름이나 정의를 집합 형태로 관리한다. 그것은 프로그램에서 각 ϕ-함수들을 실험하고 각 ϕ-함수 인자들과 ϕ-함수 결과 집합으로 연관된 집합들을 합친다. 모든 ϕ-함수들이 처리된 후에 결과 집합은 코드 내에서의 생존 범위를 나타낸다. 이 점에서 할당자는 생존 범위의 이름들을 사용하기 위해 코드를 재작성하거나 SSA 이름들과 생존 범위 이름들을 매핑시킬 수 있다.

그림 13.5의 왼쪽 그림은 원시 코드 변수인 a, b, c, d를 포함한 SSA 형태처럼 보이는 코드의 일부분을 보여준다. 생존 범위를 찾기 위해 할당자는 각 SSA 이름을 그것의 이름을 포함하고 있는 집합에 지정한다. 할당자는 ϕ-함수 $\{d_0\} \cup \{d_1\} \cup \{d_2\}$에서 사용되는 이름으로 연관된 집합들을 하나로 합친다. 이 과정에서 네 개의 생존 범위들의 최종 집합이 얻어진다. LR_a는 $\{a_0\}$를, LR_b는 $\{b_0\}$를, LR_c는 $\{c_0\}$를 LR_d는 $\{d_0, d_1, d_2\}$를 포함한다. 오른쪽 그림은 이들 생존 범위의 용어로 다시 작성된 이름들을 사용한 코드를 보여준다.

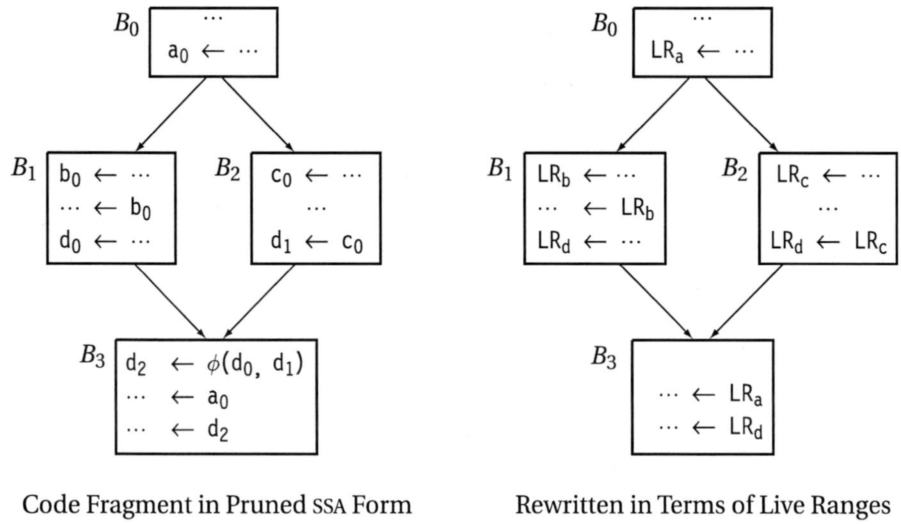

그림 13.5 생존 범위 분석

9.3.5절에서 우리는 이런 재작성 과정에서 SSA 형태로의 변환으로 인해 발생하는 복잡성을 소개했다. 만약 할당자가 단순이 SSA 형태를 구성하고 이를 생존 범위를 찾는 데 사용한다면 재작성 과정은 단순히 SSA 이름을 생존 범위의 이름으로 대체하는 것으로 충분하다. 다시 말해 만약 할당자가 변형된 SSA 형태를 사용한다면 재작성 과정은 9.3.5 절에 기술된 복잡한 문제들을 야기할 수 있다. 대부분의 컴파일러는 명령어 선택 및 명령어 스케줄링 후에 할당을 수행할 것이기 때문에 할당자가 사용하는 코드는 SSA 형태로 표현되지 않는다. 이것은 할당자가 해당 코드를 위해 SSA 형태를 사용해야 하며 재작성 과정이 명확해야 한다는 것은 의미한다.

13.5.2 전역 스필 비용 평가

적절한 스필 결정을 내리기 위해 전역 할당자는 각 값을 스필 하는 데 소요되는 비용에 대한 평가를 필요로 한다. 스필의 비용은 주소 연산, 메모리 연산, 그리고 평가된 실행 빈도에 의해 결정된다.

컴파일러 개발자는 스필된 값이 메모리의 어느 부분에 저장되어야 하는지를 선택할 수 있다. 전형적으로 스필된 값들은 주소 연산의 비용을 최소화하기 위해 현재의 활동 저장 레코드(AR), 특별히 그림 6.9에 보이는 레지스터 저장 영역, 에 보존된다. 스필 된 값을 AR에 저장함으로써 할당자가 스필을 위해 r_{arp} 값을 사용하는 `loadAI`나 `storeAI`와 같은 연산을 추가하도록 한다. 이들 연산들은 보통 스필 된 값의 주소를 계산하기 위해 더 많은 레지스터를 필요로 하지 않는다.

일반적으로 메모리 연산의 비용은 줄일 수 없다. 만약 목표 기계가 많은 임베디드 프로세서들과 마찬가지로 캐쉬를 사용하지 않는 지역 메모리를 사용한다면, 컴파일러는 스필을 위해 메모리를 사용해야 한다. 전형적으로 컴파일러는 그 값을 저장하고 다음 연산에서 값을 사용할 때 메모리로부터 로드해야 한다. 메모리 지연이 증가할수록 load와 store에 드는 비용도 증가한다. 문제를 더 어렵게 만드는 것은 할당자들이 레지스터를 필요로 하는 경우에 스필을 위한 연산들을 추가한다는 것이다. 이와 같이 레지스터 요구가 높은 코드에서 발생하는 수많은 스필 연산들은 스케줄러가 이들 연산들을 메모리 지연을 숨길 수 있을 만큼 멀리 분리시켜 놓도록 한다. 컴파일러 개발자는 스필 위치가 캐쉬에 존재하기를 희망해야 한다. (역설적이게도 이들 위치들은 그들의 교환을 피할수 있을 만큼 충분히 사용될 때에만 캐쉬에 위치하게 된다.)

음수의 스필 비용

하나의 로드와 저장을 포함하고 다른 사용들을 포함하지 않는 생존 범위는 로드와 저장이 동일한 주소를 참조하면 음수의 스필 비용을 가지게 된다. (예를 들어 그 사용들이 최적화되어 없어지고 새로운 값을 정의하는 것이 아닌 함수 호출의 결과로부터 저장이 발생한다면 이런 생존 범위는 코드를 개선하기 위한 변환으로부터 얻어질 수 있다.) 때때로 생존 범위를 스필 하는 것은 스필 연산보다 높은 비용을 가진 복사 연산을 제거하게 될지도 모른다. 이런 생존 범위는 물론 음의 비용을 가진다. 음의 비용을 가진 모든 생존 범위는 레지스터에 대한 요구를 감소시키고 코드로부터 명령어들을 제거하기 위해 스필 되어야 한다.

무한대의 스필 비용

몇몇 생존 범위들은 그들을 스필 시킬 수 없을 만큼 짧다. 하나의 def 바로 뒤에 나오는 use를 고려해 보자. 정의와 사용을 스필 시키는 것은 두 개의 짧은 생존 범위를 만들어 낸다. 첫 번째는 저장이 뒤따르는 정의, 두 번째는 사용이 뒤따르는 로드를 포함한다. 이들 생존 범위들 중 어떤 것도 원래 생존 범위보다 적은 레지스터들을 사용할 수는 없기 때문에 스필은 이득이 없다. 할당자는 이들 생존 범위에 무한대의 값을 지정한다. 일반적으로 하나의 생존 범위는 그것의 정의들과 사용들 사이에 어떠한 생존 범위도 존재하지 않는다면 무한대의 비용을 가져야 한다. 이 조건은 정의들과 사용들 사이에서 변하지 않은 레지스터의 유효성을 규정한다.

실행 빈도의 고려

제어 흐름 그래프 상의 기본 블록들의 서로 다른 실행 빈도를 설명하기 위해서 컴파일러는 각 블록에 평가된 실행 횟수를 기록해야 한다. 대부분의 컴파일러는 실행 비용을 평가하기 위해 간단한 귀납법을 사용한다. 공통으로 사용되는 방법은 각 루프가 10번씩 실행된다고 가정하는 것이다. 그래서 할당자는 루프 내의 각 로드가 10번씩 실행된다고 계산하고 두 개의 중첩된 루프 내의 로드는 100번씩 실행된다고 가정한다. 예측 불가능한 `if-then-else`는 절반 만큼만 실행된 것으로 간주하다. 실제로 이들 평가들은 루프 내부보다 바깥쪽에 스필이 많이 발생하도록 한다.

하나의 참조를 스필 하는 데 드는 비용을 평가하기 위해 할당자는 메모리 연산의 비용과 주소 연산의 비용을 더한 값에 해당 참조의 실행 빈도를 곱한다. 각 생존 범위에 대해 할당자는 개별 참조의 비용을 더한다. 이 과정은 코드 내의 모든 블록에 적용된다. 할당자는 모든 생존 범위들을 위해 이 비용들을 미리 계산하거나 적어도 하나의 값을 스필 시켜야 할 때까지 기다릴 수 있다.

13.5.3 추론과 간섭 그래프

전역 레지스터 할당자가 모델링 해야 할 기본적인 결과는 목표 기계의 레지스터 집합을 차지하기 위한 값들 간의 경쟁이다. 두 개의 서로 다른 LR_i와 LR_j라는 생존 범위들을 고려해 보자. 프로그램 내에 LR_i와 LR_j가 모두 필요로 하는 하나의 연산이 존재한다면, 이들 생존 범위들은 동일한 레지스터를 사용할 수 없다. (일반적으로, 하나의 물리 레지스터는 한 번에 하나의 값만을 저장할 수 있다.) 우리는 이때 LR_i와 LR_j가 서로 *간섭(interfere)*한다고 말한다. 공식적으로 LR_i와 LR_j는 하나가 다른 하나가 정의될 때 사용되고 있으며, 그들이 서로 다른 값을 가지고 있다면 서로 간섭한다고 말한다.

이런 할당 문제를 모델링하기 위해 컴파일러는 *간섭 그래프(interfere graph)* $I = (NE)$를 구성할 수 있다. 이때 N의 노드들은 개별적인 생존 범위를 E의 간선들을 생존 범위 사이의 간섭을 나타낸다. 때문에 무방향성 간선 $(n_i, n_j) \in I$가 존재하는 것과 서로 상응하는 생존 범위들인 LR_i와 LR_j 사이에 간섭이 발생하는 것은 필요충분조건을 가진다. 그림 13.6은 그림 13.5 의 코드로부터 얻어낸 간섭 그래프를 보여준다. LR_a는 다른 생존 범위들과 간섭을 일으킨다. 하지만 나머지 생존 범위들은 서로 간섭을 발생하지 않는다.

컴파일러가 그래프 I를 k보다 많지 않은 수의 색을 사용하여 표현할 수 있다면, 컴파일러는 물리 레지스터들에 색들을 연관시킴으로써 할당을 수행할 수 있다. 예를 들어 LR_a는 LR_b, LR_c, LR_d와 서로 간섭을 일으키기 때문에 이들과 동일한 색을 가질 수 없다. 때문에 간선 그래프는 두 가지 색으로 표현이 가능하고 코드들은 두 개의 물리 레지스터만을 사용하여 재작성될 수 있다.

컴파일러의 다른 단계에서 B_1의 마지막 부분에 있는 두 연산들의 순서를 재정렬하는 경우를 생각해 보자. 재정렬은 LR_d가 정의될 때에도 LR_b가 유지되게 한다. 할당자는 간선의 집합 E에 간선 (LR_b, LR_d) 를 추가해야 하며, 이로 인해 그래프는 더 이상 두 가지 색으로 표현이 되지 않는

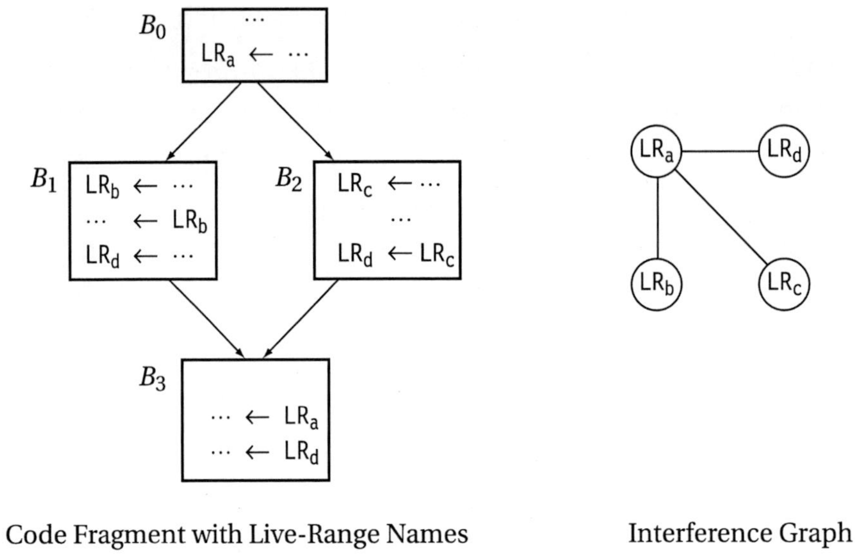

그림 13.6 생존 범위와 간섭

다. (이 그래프는 열거를 통해 증명할 수 있을 만큼 작다.) 이 그래프는 처리하기 위해 할당자는 세 개의 레지스터를 사용하거나 혹은 목표 기계가 두 개의 레지스터만을 가질 때는 B_1에서 LR_d가 정의되기 전에 LR_b나 LR_a를 스필 시킬 수 있다. 물론, 할당자는 두 연산들을 재정렬하여 LR_b와 LR_d 사이의 간섭을 제거할 수도 있다. 일반적으로 레지스터 할당자는 연산들을 재정렬하는 대신 정렬과 관련된 문제를 명령어 스케줄러에서 수행할 수 있도록 남겨둔다. (12장을 참고하라.)

간섭 그래프 작성

할당자가 한 번 전역 생존 범위들을 구성하고 코드 내의 각 블록에 LIVEOUT set을 구하고 나면 각 블록들을 한 번씩 거치는 것만으로 간섭 그래프를 구성할 수 있다. 그림 13.7는 기본 알고리즘을 보여준다. 블록들을 아래에서 위로 분석하면서 할당자는 현재 연산에서 필요한 값들의 집합을 계산한다. LIVENOW는 블록의 마지막 연산에서의 LIVEOUT의 집합과 동일하기 때문에 할당자는 LIVENOW를 LIVEOUT으로 초기화 한다. 블록의 역방향으로 순회하면서 간선들을 적절히 E에 추가하고 LIVENOW를 수정하다.

알고리즘은 앞에서 주어진 하나의 생존 범위가 다른 생존 범위들이 정의될 때 유지될 필요가 있다면 LR_i와 LR_j가 간섭한다는 앞서서의 정의를 구현한다. 이 정의를 이용하여 컴파일러는 각 연산에서 연산의 결과 LR_c와 해당 연산이 끝난 후에도 유지되어야 하는 각 생존 범위들 간의 값을 간섭 그래프에 추가함으로써 간섭 그래프를 구성한다.

```
for each LR i
    create a node n_i ∈ N
for each basic block b
    LIVENOW ← LIVEOUT (b)
    for o_n, o_{n-1}, o_{n-2}, ... o_1 in b
        with form op_i LR_a, LR_b ⇒ LR_c
        for each LR_i in LIVENOW
            add (LR_c, LR_i ) to E
        remove LR_c from LIVENOW
        add LR_a & LR_b to LIVENOW
```

그림 13.7 간섭 그래프의 작성

복사 연산들은 특별한 처리가 필요하다. 연산 i2i $LR_i \Rightarrow LR_j$는 이들 값들이 동일한 레지스터를 사용할 수 있기 때문에 LR_i와 LR_j 사이에 간섭을 발생하지 않는다. 이 연산은 간선 (LR_i, LR_j)로 표현되지 않는다. 만약 몇 개의 후속 연산들이 이들 생존 범위 간에 간섭이 발생하도록 한다면 그 연산은 간선을 사용하여 표현된다. 동일한 인자들이 ϕ-함수들에 적용된다. 이 방법으로 복사 연산들과 ϕ-함수를 다룸으로써, 할당자는 LR_i와 LR_j에 동일한 레지스터를 지정할 수 있다. 이 결과로 구성된 간섭 그래프는 생존 범위들을 합하고 불필요한 복사 연산을 제거하는 성능 좋은 Coalescing 단계를 위한 기본 단계로 사용될 수 있다. (13.5.6절을 참고하라.)

할당자의 뒷부분에서 효율을 높이기 위해서 컴파일러는 E를 표현하기 위해 차수가 낮은 bit matrix와 인접 리스트들의 집합을 구성해야 한다. 인접 리스트를 통해 이웃 노드들을 효율적으로 순회할 수 있고 bit matrix를 통해 상수 시간에 간섭 여부를 테스트할 수 있다. 할당자가 두 연산을 모두 수행하는 것은 분명 가치 있는 일이나 이로 인해 하나의 표현을 사용할 때보다 더 많은 공간을 사용하게 된다. 컴파일러 개발자는 E의 크기와 전체 할당 시간을 줄이기 위해 상호 전환 불가능한 레지스터 종류들을 서로 다른 할당 문제로 다룰 수 있다.

할당과 구현

그래프 컬러링 기반의 전역 할당자는 만들기 위해 컴파일러 개발자는 두 가지 추가적인 수단을 사용한다. 첫째, 할당자는 k개의 색을 이용하여 그래프를 표현하기 위한 효율적인 방법을 필요로 한다. 불행하게도, 특정 그래프가 k개의 색으로 표현 가능한지 여부를 결정하는 문제는 NP-complete이다. 그래서 레지스터 할당자들은 k개의 색으로 그래프를 표현하는 것을 보장하지 않은 빠른 근사를 사용한다. 둘째, 할당자는 특정 생존 범위를 표현하기 위한 색이 더 이상 남아 있지 않은 경우를 다룰 수 있는 전략이 필요하다. 대부분의 이런 할당자들은 이 문제를 코드를 재

작성함으로써 해결한다. 할당자는 수정을 위해 하나 혹은 그 이상의 생존 범위들을 선택한다. 할당자는 선택된 생존 범위를 스필하거나 나눈다. 스필은 선택된 생존 범위들을 작은 생존 범위들의 집합으로 바꾼다. 분리는 각 생존 범위를 보다 작지만 중요한 조각으로 나눈다. 어떤 경우든간에 변환된 코드는 비록 다른 형태의 간섭 그래프를 가지더라도 동일한 연산을 수행한다. 만약 이 변환이 효율적인 것이라면 새로운 간섭 그래프는 *k*개의 색으로 표현이 가능하다. 만약 그들이 *k*개의 색으로 표현이 불가능하다면 할당자는 더 많은 생존 범위들을 스필 시켜야 한다.

13.5.4 하향 컬러링

하나의 하향 그래프 컬러링 전역 레지스터 할당자는 개별 생존 범위들에 색을 지정하기 위해 낮은 수준의 정보를 사용하고 색을 지정하는 순서를 선택하기 위해 높은 수준의 정보를 사용한다. 특정 생존 범위인 LR_i에 색을 지정하기 위해 할당자는 LR_i의 이웃들에 지정되어 있는 색을 미리 알아야 한다. 만약 이웃들이 모든 색을 사용하고 있지 않다면 할당자는 LR_i에 사용되지 않은 색을 지정할 수 있다. 만약 모든 색이 이미 사용 중이라면 LR_i에 지정할 색이 존재하지 않으므로 할당자는 다른 처리를 수행해야 한다.

하향 할당자는 몇몇 순서 결정 함수에 의해 결정된 생존 범위의 순서에 따라 색을 지정하려고 한다. 우선 순위 기반의 하향 할당자는 각 노드에 레지스터에 생존 범위를 저장함으로써 발생하는 실시간 저장들을 평가하여 매겨진 순위를 지정한다. 이들 평가들은 13.5.2절에 설명된 스필 비용과 비슷하다. 하향 전역 할당자는 이들 순위에 의해 구분되는 대부분의 중요한 값들을 위해 레지스터를 사용한다.

할당자는 생존 범위들이 순서대로 정렬되어 있을 것이라 생각하고 그들 각각에 하나의 색을 지정하려고 시도한다. 만약 생존 범위를 위해 남아 있는 색이 없다면 할당자는 색이 지정되지 않은 생존 범위를 처리하기 위해 스필과 분리를 사용한다. 이 과정을 개선하기 위해 할당자는 제한된 것과 제한되지 않은 두 개의 집합으로 생존 범위들을 *나눌 수 있다*. 만약 *k*개 이상의 이웃을 가진다면, 다시 말해 degree가 *k* 이상이면, 그 생존 범위는 제한된 것이다. ("LR_i의 degree"를 LR_i° 로 표현하여 LR_i° 가 *k* 이상이면 LR_i는 제한된 것이라는 필요충분조건이 만족한다.) 제한된 생존 범위들에 가장 먼저 색을 지정한다. 모든 제한된 생존 범위들이 처리된 뒤에 제한되지 않은 생존 범위들에 색이 지정된다. 제한되지 않은 생존 범위들은 *k*개보다 적은 수의 이웃들을 가지기 때문에 할당자는 항상 그 생존 범위에 색을 지정할 수 있다. 이웃이 없는 생존 범위는 *k*개의 색 중 어느 것도 사용할 수 있다.

제한된 생존 범위들을 먼저 처리함으로써 할당자는 몇몇 잠재된 스필들을 피한다. 우선순위를 사용하는 경우에도 할당자는 모든 사용 가능한 색을 제한되지 않고 높은 우선순위를 가진 LR_i

의 이웃 생존 범위들에 지정하도록 한다. 이것은 비록 제한된 이웃 생존 범위들이 LR_i를 위해 하나의 색을 남겨놓더라도 LR_i에 색을 지정하지 않을 수 있다.

스필 다루기

하향 할당자가 색이 지정되지 않은 생존 범위를 만나게 되면 할당자는 문제를 변형하기 위해 몇몇 생존 범위 집합을 스필 하거나 분리한다. 이전에 색이 정해진 모든 생존 범위들은 색이 지정되지 않은 생존 범위에 비해 보다 높은 순위를 가지기 때문에 할당자는 이전에 색이 할당된 것보다는 색이 지정되지 않은 생존 범위를 스필 시킨다. 할당자는 이전에 색이 지정된 생존 범위의 색을 새롭게 지정하는 것도 고려할 수 있지만, 이를 위해서는 모든 개관성과 뒤로 되돌아가는 비용을 피하기 위한 특별한 처리가 필요하다.

LR_i를 스필 하기 위해 할당자는 LR_i의 모든 정의 뒤에 저장 연산, LR_i의 모든 use 앞에 로드 연산을 추가한다. 만약 메모리 연산이 레지스터들을 필요로 한다면 할당자는 그들을 처리하기 위해 충분한 레지스터들을 예약할 수 있다. (예를 들어 하나의 레지스터는 그것이 사용되기 전 로드되었을 때 스필 된 값을 저장할 필요가 있다.) 이 목적을 위해 필요한 레지스터의 수는 목표 기계 구조에 의해 결정된다. 이들 레지스터들을 예약하는 것은 스필 과정을 단순하게 만든다.

레지스터들을 예약하는 대신 스필 코드를 위해 각 정의와 use에서 사용되지 않은 색을 찾을 수도 있다. 이 방법은 할당자가 이전에 색이 지정되었던 생존 범위들까지 소급적으로 스필 시키게 한다.[1] 물론, 스필을 위해 레지스터를 예약해 두는 이 같은 방법은 효율적으로 k를 낮춤으로써 역설적으로 그 자신이 스필의 원인이 되게 한다.

생존 범위 쪼개기

스필은 색을 지정하는 문제를 변화시킨다. 색이 지정되지 않은 생존 범위는 너무 작아서 이들을 스필 시키는 것이 오히려 역효과를 낼 정도로 작은 생존 범위들로 나눠진다. 그 문제를 변화 시키기 위해 관련된 하나의 방법은 색이 지정되지 않은 생존 범위를 선택하고 그것을 하나의 참조보다 큰 조각으로 나누는 것이다. 만약 이들 새로운 생존 범위들이 개별적으로 이전 생존 범위보다 작은 생존 범위들과 서로 간섭을 일으킨다면, 할당자는 그들을 위해 색을 지정할지도 모른다. 예를 들어, 새 생존 범위들이 제한되지 않은 상태라면 그들에게는 반드시 색이 지정된다. *생*

[1] 할당자는 각 스필에서 간섭을 재계산하고 스필된 곳에서의 이웃 노드를 다시 계산할 수 있다. 만약 이러한 행위가 각 스필에서 사용할 수 있는 컬러를 발견하지 못하면, 할당자는 스필되야 하는 곳에서 가장 우선 순위가 낮은 노드를 스필한다. 이미 컬러링된 생존 범위에 있는 것들을 반복적으로 스필하는 것은 하향, 우선 순위를 기반으로 하는 할당과 구현에 있어서 가장 중요한 부분이다.

*존 범위 쪼개기(live-range splitting)*라 불리는 이 과정은 전체 생존 범위를 스필 하는 데 필요한 것보다 적은 수의 로드와 저정을 필요로 하는 할당이 가능하게 한다.

Chow에 의해 만들어진 첫 하향, 우선순위 기반의 색 지정 할당자는 단일 블록 생존 범위 내의 색이 지정되지 않은 생존 범위들을 나누고 각 생존 범위의 참조를 계산하였다. 마지막으로 이를 통해 합쳐진 생존 범위들이 제한되지 않은 상태를 유지할 때는 인접 블록의 생존 범위들을 합쳤다. 할당자는 나눠진 생존 범위들이 차지할 수 있는 블록의 최대 수를 정한다. 할당자는 나눠진 각각의 생존 범위의 시작 점에 하나의 로드와 끝 지점에 하나의 저장을 추가했다. 그 할당자는 색이 정해지지 않은 채 나눠진 생존 범위들을 스필 시켰다.

13.5.5 상향 컬러링

상향 그래프 컬러링 레지스터 할당자는 하향 전역 할당자와 많은 면에서 동일한 방법들을 사용한다. 이들 할당자는 생존 범위들을 발견하고 간섭 그래프를 만들며 생존 범위에 색을 지정하려 시도한다. 또 필요하면 스필 코드를 생성한다. 하향과 상향의 주된 차이는 색을 지정하기 위해 생존 범위 간의 순서를 정하는 데 사용되는 방법에 있다. 하향 할당자가 색을 지정하는 순서를 선택하기 위해 높은 수준의 정보를 사용하는 반면 상향 할당자는 간섭 그래프에 대한 자세하고 구조적인 정보를 사용하여 순서를 정한다. 이런 할당자는 생존 범위들을 처리하기 위해 순서를 정하고 그 순서대로 색을 지정한다.

생존 범위들의 순서를 정하기 위해 상향 그래프 컬러링 할당자는 제한되지 않은 생존 범위들은 색을 지정하기 쉽다는 사실을 이용한다. 이 사실은 색 지정을 위한 순서를 정하는 데 중요한 기준으로 작용한다. 그림 13.8은 이런 순서를 계산하는 간단한 알고리즘을 보여준다. 할당자는 그 그래프로부터 반복적으로 노드를 제거하여 스택에 쌓는다. 할당자는 다음에 제거할 노드를 선택하기 위해 두 가지 다른 방법을 사용한다. 첫 번째 단계에서 제거된 제한되지 않았던 노드를 하나 취한다. 이들 노드들은 제한되지 않았기 때문에 그들이 제거되는 순서는 중요하지 않다. 제한되지 않은 노드를 제거하는 것은 그 노드의 이웃의 차수를 낮춘다. 남아 있는 모든 노드가 제한된 것일 때 실행되는 두 번째 단계에서 몇 가지 외적인 기준을 사용하는 노드 하나를 선택한다. 반복이 종료되었을 때 그래프는 비어 있고 스택은 제거된 순서로 모든 노드들을 포함한다.

그래프에 색을 지정하기 위해 할당자는 스택에 표현된 순서로 간섭 그래프를 생성한다. 할당자는 스택으로부터 노드 n을 반복적으로 뽑아 내어 그래프 I에 n와 그것의 간선들을 다시 추가하고 n에 지정될 색을 찾는다. 알고리즘을 수도 코드로 표현하면 다음과 같다.

```
while (stack ≠ ∅)
    node ← pop(stack)
    insert node and its edges into I
    color node
```

노드 n에 색을 지정하기 위해 할당자는 n의 이웃 노드들의 색을 기록해야 하고 n에 사용되지 않는 색을 지정해야 한다.[2] 만약 n에 지정될 색이 남아 있지 않으면 n을 색이 정해지지 않은 채로 남겨 둔다.

스택이 텅 비면 그래프 I는 다시 만들어진다. 만약 모든 노드가 각각의 색을 가지고 있으면 할당자는 코드를 재작성하고 생존 범위의 이름들을 물리 레지스터로 바꾼다. 만약 어떤 노드가 색이 지정되지 않은채로 남겨져 있으면 할당자는 해당 생존 범위를 스필 시키거나 작은 조각들로 나눈다. 이런 점에서 고전적인 상향 할당자는 스필과 쪼개기를 반영하기 위해 코드를 재작성하고 생존 범위를 찾고 간섭 그래프를 만들고 색을 지정하는 것까지의 전체 과정을 다시 수행한다. 전체 프로세서는 그래프 I 안의 모든 노드가 색을 지정받을 때까지 반복된다. 물론, 상향 할당자는 하향 할당자에서 설명된 것처럼 스필을 위해 레지스터들을 예약할수도 있다. 이 전략은 한번의 수행 후에 알고리즘을 종료할 수 있게 해준다.

동작 이론

상향 할당자는 제거되었던 노드를 다시 그래프에 추가한다. 만약 LR_i를 표현하는 노드가 제한되지 않았기 때문에 그래프 I로부터 제거되었다면, 그 노드는 그래프 I에 다시 추가된다. 때문에 할당자는 LR_i를 추가할 때 그것이 LR_i에 지정할 수 있는 하나의 색을 가져야 한다. 색을 지정받을 수 없을지 모르는 노드들은 그림 13.8의 else 절에서 스필 되어 그래프 I로부터 제거된 노드들이다. 이들 노드들은 k개 이상의 이웃을 가지고 있는 그래프에 추가된다. 그들을 위해 한 가지 색이 남아 있을지도 모른다. 할당자가 노드를 그래프 I에 추가했을 때 n° >가 k보다 크다고 가정한다. 그것의 이웃들은 그들이 최대 k개의 색만을 사용할 수 있기 때문에 모든 다른 색을 가질 수 없다. 만약 그들이 정확히 k개의 색을 사용할 수 있다면 할당자는 노드 n에 색을 지정할 수 없다. 대신에 만약 그들이 k보다 적은 수의 색을 사용한다면 할당자는 노드 n에 하나의 색을 지정할 수 있다.

이런 제거 과정은 노드들에 색을 지정하는 순서를 결정한다. 이 순서는 색을 지정할 수 있는지 없는지를 결정하기 때문에 매우 중요하다. 그들이 제한되지 않았기 때문에 그래프로부터 제

[2] 특정한 색깔을 선택하기 위하여, 어떠한 일관된 문서를 사용하든 round-robin 방식을 사용하든, 우리의 경험을 비추어 불 때 큰 차이는 없다.

```
initialize stack to empty
while (N ≠ ∅)
   if ∃ n ∈ N with n° < k
     then node ← n
     else node ← n picked from N
   remove node and its edges from I
   push node onto stack
```

그림 13.8 상향 순서의 계산

거된 노드에게 그 순서는 남아 있는 노드들에게 만큼 중요하지 않다. 그 순서는 이미 스택에 있는 노드들에게는 중요할지 모른다. 즉, 현재 노드는 앞선 노드들이 제거되기 전까지 제한된 것이었을지도 모른다. 그림 13.8의 *else* 절에 의해 제거된 모든 노드들에게 그 순서는 중요하다. 이 절은 모든 남아 있는 노드들이 제한된 것일 때만 실행한다. 그래서 남아 있는 노드들은 하나 이상의 긴밀한 연결을 포함한 서브 그래프 I를 구성한다.

그 노드를 선택하기 위해 사용된 그 방법론은 종종 *스필 방법*론이라 불린다. Chaitin에 의해 만들어진 초기 상향 그래프 컬러링 할당자는 간단한 스필 방법을 사용하였다. 그 할당자는 비용(cost)이 계산된 스필의 비용이고, degree가 현재 그래프에서의 차수를 나타낼 때 최소의 $\frac{cost}{degree}$ 비율을 가진 노드를 선택했다. 이 방법은 비교적 적은 비용으로 스필 되면서도 많은 다른 노드들의 차수를 낮출 수 있는 노드를 선택했다. 많은 다른 스필 방법들이 시도되어 왔다. 이웃에 미치는 영향을 강조하기 위해 $\frac{cost}{degree}$이 사용되기도 하고, 실행 시간을 줄이기 위해 직접적인 비용을 적용하거나 코드 크기를 줄이기 위해 스필 연산의 횟수를 최소화하기도 했다. 처음 두 가지, $\frac{cost}{degree}$ 그리고 $\frac{cost}{degree}$는 비용과 이웃에의 영향에서 균형을 이루려 시도했고, 뒤의 두 가지, 비용과 스필 연산들 줄이는 방법, 는 특정 영역을 최적화하기 위한 목적으로 사용되었다. 실제 색을 지정하는 과정은 그래프 I를 구성하는 것보다는 상대적으로 빠르기 때문에 할당자는 다른 스필 방법을 사용하는 여러 색 지정 방식을 시도하여 최적의 결과를 얻을 수 있다.

13.5.6 Degree를 줄이기 위한 생존 범위의 coalescing

컴파일러 개발자는 두 개의 생존 범위들이 복사 연산에 의해 연결되어 있을 때 coalesce되거나 합쳐질 수 있는지 결정하기 위해 간섭 그래프를 사용하는 효율적인 coalescing 단계를 사용할 수 있다. 연산 `i2i` $LR_i \Rightarrow LR_j$를 고려하자. 만약 LR_i와 LR_j가 서로 간섭을 일으키지 않으면 복사 연산은 제거되고 LR_j에 대한 참조는 LR_i를 사용하여 재작성 될 수 있다. 이들 생존 범위들을 합치는 것은 여러 가지 이득이 있다. 이를 통해 복사 연산을 제거하여 코드를 줄이거나 빠르게 만들 수 있다. 또한 LR_i와 LR_j 모드와 간섭을 일으키던 임의의 LR_i의 차수를 낮춘다. 이를 통해 생존 범위들이 축소되고 그래프 *I*와 *I*와 관련된 많은 데이터 구조들을 작게 만든다. (그의 이론에서 Brigg는 생존 범위의 1/3을 제거하는 coalescing을 예로 들었다.) 이 결과들이 할당에 영향을 주기 때문에 컴파일러는 전역 할당기의 색 지정 단계 이전에 coalescing을 수행해야 한다.

그림 13.9는 하나의 예를 보여준다. 원래 코드는 왼쪽에 보여지고 LR_a, LR_b의 연관된 값들이 유지되는 영역은 오른쪽 선으로 표현된다. 비록 LR_a가 LR_b와 LR를 포함하더라도 복사 연산에 있어서의 source와 destination은 서로 간섭을 일으키지 않기 때문에 LR_a는 LR_b나 LR_c와 간섭을 일으키지 않는다. LR_b는 LR_c가 정의될 때 그 값을 유지해야 하므로, 그들은 서로 간섭한다. 두 복사 연산 모두 coalescing 될 수 있다.

오른쪽 그림은 LR_a와 LR_b가 coalesce 되어 생성된 LR_b를 보여준다. LR_c는 LR_b로 부터의 복사에 의해 정의되기 때문에 그들은 서로 간섭하지 않는다. LR_b를 만들기 위해 LR_a와 LR_b를 합치면 LR_c의 차수가 낮아진다. 일반적으로 두 생존 범위들을 coalescing하는 것은 그들의 이웃의 차수를 증가시키지 않는다. 그것은 그들의 차수를 낮추거나 변화시키지 않지만 증가시킬 수는 없다.

Coalescing을 수행하기 위해 할당자는 각 블록을 순회하고 블록 내의 각 복사 연산을 시험한다. `i2i` $LR_i \Rightarrow LR_j$를 고려하자. 만약 LR_i와 LR_j가 서로 간섭하지 않으면 할당자는 그들을 합하고 복사를 제거하여 그래프 *I*에 반영한다. 그 할당자는 LR_j의 노드로부터의 모든 간선을 LR_j의 노드로 옮김으로써 보수적으로 갱신할 수 있다. 결과적으로 LR_i를 LR_{ij}를 의미한다. 이 갱신은 정확한 것이 아니지만 할당자가 coalescing을 계속하도록 한다. 실제로 할당자는 그래프 *I*에 의해 허용되는 모든 생존 범위를 coalesce하고 코드를 재작성 하고 그래프 *I*를 재구성 하기를 반복한다. 이런 과정은 일반적으로 두 번 반복된 뒤에 끝난다.

그 예는 보수적으로 *I*를 갱신하는 방식이 가진 부정확성을 설명한다. 이 갱신은 LRa_b와 LR_c

```
add LRt, LRu  => LRa      ┬ a
...                       │
i2i LRa       => LRb      │  ┬ b
i2i LRa       => LRc      ┴  │  ┬ c
...                          │  │
add LRb,LRw   => LRx         ┴  │
add LRc,LRy   => LRz            ┴
```

Before Coalescing

```
add LRt,LRu   => LRab     ┬ ab
...                       │
i2i LRab      => LRc      │  ┬ c
...                       │  │
add LRab,LRw  => LRx      ┴  │
add LRc,LRy   => LRz         ┴
```

After Coalescing LR_a and LR_b

그림 13.9 생존 범위의 coalescing

사이에 실제로 간섭이 존재하지 않을 때도 간섭되고 있다고 표현하게 할 수 있다. 변환된 코드로부터 그래프 정보를 재구성함으로써 LRa_b와 LR_c 사이에 간섭이 없어 coalesce 될 수 있도록 하는 정확한 간섭 그래프를 만들 수 있다.

두 생존 범위들을 coalescing 하는 것은 다른 생존 범위들의 뒤따르는 coalescing을 방해할 수 있기 때문에 coalescing의 순서는 중요하다. 컴파일러는 가장 빈번히 실행되는 복사 연산들을 먼저 coalesce 해야 한다. 실제 할당자는 복사 연산이 발견된 블록의 중첩 정도에 따라 복사 연산들을 coalesce 한다. 이를 구현하기 위해 할당자는 가장 중첩 정도가 큰 것부터 작은 것으로 나열된 기본 블록들을 고려할 수 있다.

13.5.7 복습과 비교

하향과 상향 컬러링 할당자 모두 그림 13.10에 보이는 것과 동일한 기본 구조를 가지고 있다. 그들은 생존 범위들을 찾고 간섭 그래프를 그리고, 생존 범위들을 coalesce 하며, coalesce 된 상태의 코드에서 스필의 비용을 계산하고 색 지정을 시도한다. 생성자-coalesce 과정은 더 이상 기회가 없을 때까지 반복된다. 색 지정이 끝난 후에 두 가지 상황 중 하나가 발생한다. 모든 생존 범위들에 색이 지정되면 코드는 물리 레지스터 이름을 사용하여 제작성되고 할당은 끝난다. 만약 몇몇 생존 범위들에 색이 지정되지 않은 채로 남겨져 있으면 스필 코드가 추가된다.

만약 할당자가 스필을 위해 레지스터들을 예약하면 할당자는 그 레지스터들을 스필 코드에서 사용하고, 물리 레지스터 이름을 이용하여 색이 지정된 레지스터를 재작성한 다음 과정을 끝낸다. 그렇지 않으면 할당자는 스필 시 사용할 새로운 가상 레지스터 이름을 생성하고 스필을 수행하기 위해 필요한 로드와 저장을 추가한다. 이것은 색 지정 문제를 약간 수정하여 전체 할당 과정은 변환된 코드에서 반복된다. 각 생존 범위에 색이 지정되면 할당자는 각 색들에 실제 레지

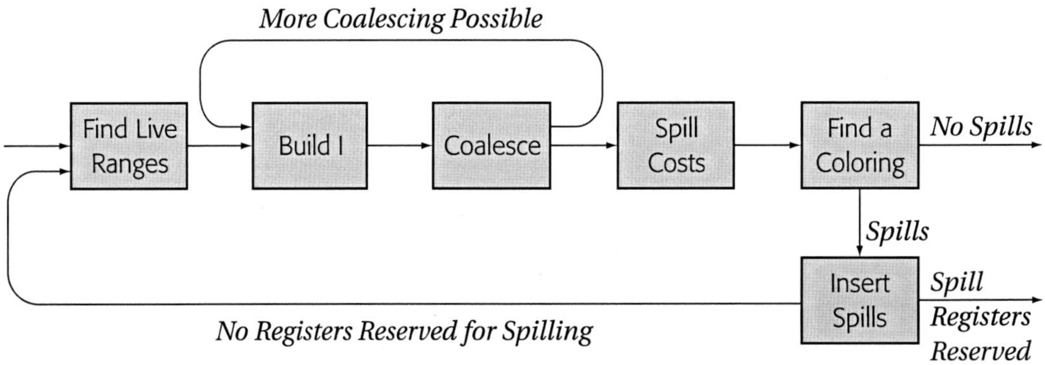

그림 13.10 컬러링 할당자의 구조

스터를 지정하고 최종 형태로 코드를 재작성한다.

물론, 하향 할당자는 상향 할당자에서 사용되는 스필과 반복 방법을 수정할 수 있다. 이것은 스필을 위해 레지스터를 예약할 필요가 없게 한다. 마찬가지로 상향 할당자는 스필을 위해 여러 레지스터들을 예약할 수 있고, 전체 할당 과정이 반복될 필요가 없게 한다. 스필과 반복은 추가적인 컴파일 시간과 잠재적으로 더 적은 스필 코드를 사용하는 할당을 교환한다. 레지스터를 예약함으로써 잠재적으로 더 많은 스필을 포함하지만 더 적은 컴파일 시간을 요구하는 할당을 수행한다.

하향 할당자는 모든 제한된 노드들을 순서대로 나열하기 위해 그것의 우선순위를 사용한다. 그 순서가 그들이 각각 하나의 색을 지정받는다는 사실을 바꿀 수는 없기 때문에 할당자는 제한되지 않은 노드들에 임의로 색을 지정한다. 상향 할당자는 그래프의 대부분의 색이 지정된 제한되지 않은 노드의 순서를 정한다. 하향 할당자가 제한되지 않은 것으로 분류한 모든 노드는 원래 그래프 *I*와 *I*로 부터 간선과 정점을 제거함으로써 파생되는 각 그래프에서 제한되지 않기 때문에, 상향 할당자에 의해 색이 지정된다. 계속적으로 간선과 정점을 제거하는 방식을 사용하는 상향 할당자는 하향 할당자가 제한된 것으로 간주했던 몇몇 노드를 제한되지 않은 것으로 분류한다. 이들 노드들은 하향 할당자에서 색이 지정될지도 모른다. 알고리즘들을 구현하고 실행하지 않고는 이들 노드에 대한 할당자의 성능을 비교할 만한 명확한 방법이 없다.

정말 색을 지정하기 어려운 노드들은 상향 할당자에 의해 그래프로부터 스필 된 것들이다. 스필 방법은 모든 남아 있는 노드들이 제한된 것일 때 사용된다. 이들 노드들은 강하게 연결된 *I*의 서브 그래프를 구성한다. 하향 할당자에서 이들 노드들은 그들의 순위에 의해 결정된 순서로 색이 지정된다. 상향 할당자에서 동일한 순위 방식을 사용하지만, 각 선택에 의해 얼마나 많은 다른 노드들의 차수가 낮아지는지에 대한 정보가 사용된다. 때문에 하향 할당자는 낮은 우선순위의 제한된 노드들을 스필 시키는 반면 상향 할당자는 모든 제한되지 않은 노드들이 제거된 후에도 제한된 상태도 남아 있는 노드들을 스필 시킨다.

13.5.8 간섭 그래프에서 기계의 특이한 속성 표현

레지스터 할당은 목표 기계의 특이한 속성들과 그것의 함수 호출 규약을 사용한다. 실제로 발생하는 몇 가지 제약은 색 지정 과정에서 처리될 수 있다.

여러 개의 레지스터를 사용하는 값들

각 double-precison 부동 소수점 값을 위한 인접한 레지스터 쌍을 필요로 하는 목표 기계와 두 개의 single precision 생존 범위 LR_a과 LR_b 그리고 하나의 double-precision 생존 범위 LR_c를 가진 하나의 프로그램을 생각해 보자.

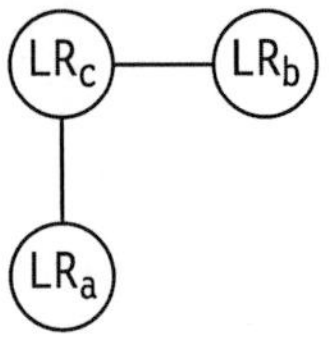

13.5.3절에 설명되는 기법들은 간섭 (LR_a, LR_c)와 (LR_b, LR_c)를 이용하여 왼쪽 그래프를 생성한다. 하나의 정렬된 쌍인 (r_0, r_1)을 포함한 세 레지스터 r_0, r_1, r_2는 이 그래프를 만족해야 한다. LR_a, LR_b는 r_2를 공유할 수 있고 (r_0, r_1) 쌍을 LR_c를 위해 남겨 둔다. 불행하게도, 이 그래프는 실제 할당 과정에서의 제약을 적절히 표현하지 못한다.

*k*가 3일 때, 상향 컬러링 할당자는 어떤 노드의 차수도 *k*보다 크거나 같지 않기 때문에 임의의 순서로 색을 지정할 수 있다. 만약 할당자가 LR_c를 고려한다면, (r_0, r_1)이 LR_c를 위해 비워져 있기 때문에 할당은 성공할 것이다. 만약 LR_a나 LR_b 둘 중에 하나라도 먼저 색이 지정된다면, 할당자는 r_0나 r_1을 사용하게 될 것이고 LR_c에 할당할 적절한 레지스터 쌍이 남아 있지 않은 상태를 발생시킬지 모른다.

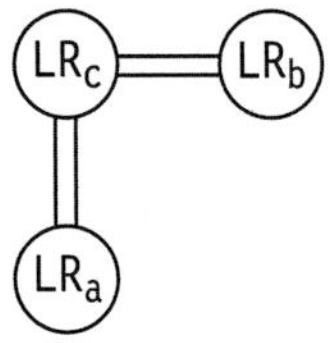

적절한 순서를 사용하기 위해 할당자는 두 개의 레지스터를 필요로 하는 하나의 값에 대한 두 간선들을 추가할 수 있다. 결과적으로 왼쪽 그래프가 만들어진다. *k*가 3일 때, 상향 할당자는 LR_c의 차수가 4이므로 LR_a나 LR_b 중 하나를 제거해야 한다. 이로 인해 LR_c를 위해 두 개의 레지스터를 할당할 수 있다

두 배로 늘어난 간선들은 사용하면 그들이 실제 필요로 하는 자원과 LR_c와 간섭을 일으키는 노드의 차수가 동일하기 때문에, 정확한 할당을 수행하게 된다. 그것은 LR_c를 위해 사용 가능한 인접 쌍을 허용하지 않는다. 잘못된 할당은 LR_c에 레지스터 쌍을 할당하지 못할 수 있다. 예를 들어 LR_a, LR_c, LR_b 순으로 색을 지정하면, 할당자는 LR_a에 r_1를 할당한다. 컴파일러 개발자는 (그림 13.8의 then 절에서 보여지는 것처럼) 제한되지 않은 노드들 가운데서 단일 레지스터 값들을 먼저 선택함으로써 LR_c를 위해 색 지정 순서를 조정해야 할지도 모른다. 컴파일러가 취할 수 있는 다른 접근은 할당자가 색을 지정하려 할 때 적절한 레지스터 쌍이 남아 있지 않으면 LR_c의 이웃 간에서 제한적으로 다시 색을 지정할 수 있다.

특징 레지스터의 배치

레지스터 할당자는 생존 범위들의 특정 위치를 위한 요구조건들을 적용해야 한다. 이들 제한들은 여러 가지 원인들에 의해 발생한다. 몇몇 연산들은 특정 레지스터에 저장된 피연산들을 필요로 할지 모른다. 예를 들어, Intel x86 머신에서의 짧은 부호 없는 곱셈은 연산의 결과를 항상 AX 레지스터에 저장한다. 연결 규약은 레지스터로 옮겨진 값을 결정한다. 이것은 ARP, 실제 파라미터의 일부 혹은 전부와 출력 결과를 포함할 수 있다.

예를 들어, 생존 범위 LR_x가 호출하는 쪽에서 실제 파라미터로 전달되면 연결 규약에 의해 그 값은 레지스터 r_3를 통해 호출되는 쪽으로 전달된다. 때문에 할당자는 LR_x를 r_3에 지정한다. 컴파일러 개발자는 하나의 노드를 각 물리 레지스터를 위해 N에 추가하고, 값의 위치를 제한하기 위해 간선들을 사용함으로써 이런 제약 요소들을 간섭 그래프에 기록할 수 있다. 예를 들어 LR_x를 r_3에 저장하기 위해 할당자는 LR_x로부터 모든 다른 물리 레지스터로의 간선을 추가할 수 있다.

물론, 물리 레지스터들에 간선을 추가함으로써 몇몇 제한된 값들을 스필 하도록 간섭 그래프를 제한할 수 있다. 만약 LR_x와 LR_y가 서로 다른 함수 호출에서 인자로 전달되고 모두 r_3를 사용하면, 할당자는 LR_x와 LR_y가 서로 간섭을 일으키지 않을 때만 그 제한을 만족할 수 있다. 개별 호출에서 r_3에 그들 각각을 저장하는 할당과 지정을 수행하기 위해 할당자는 한두 개의 값을 스필해야 한다.

이 문제에 대한 다른 접근은 코드를 수정하여 제한하는 것이다. 컴파일러는 LR_x를 함수 인자로 인식하는 지점에서 LR_x로부터 r_3로의 복사를 추가한다. 컴파일러는 LR_y가 함수 인자로 인식되는 지점에서도 동일한 일을 한다. 컴파일러는 함수 호출 부분에서 r_3로 미리 색이 지정될 수 있는 작은 생존 범위를 생성한다. (어떤 값들이 지정되기 전에 할당자는 이들 제한된 생존 범위들에 미리 결정된 레지스터들을 지정한다.) 그런 다음 할당자는 보존적인 coalescing에 의존하거나 복사 연산을 제거하기 위한 색 지정을 수행한다. 만약 복사 연산이 제거될 수 없으면 할당자는 전체 생존 범위를 스필 하지 않을 수 있을지도 모른다.

13.6 고급 주제

레지스터 할당 도중 잘못된 시도로 인한 비용이 높아질 수 있기 때문에 레지스터 할당 알고리즘은 매우 중요하다. 기본 그래프 컬러링 할당 기법의 많은 변형들이 소개되었다. 13.6.1 절은 이런 접근법들을 설명한다. 이 절에서 설명된 전역 할당자들은 많은 프로그램과 아키텍처에서 잘 동작한다. 13.6.2 절은 레지스터 할당 도중 발생하는 보다 어려운 문제들을 다룬다.

13.6.1 그래프 컬러링 할당의 변형

그래프 컬러링 레지스터 할당의 두 가지 기본 방식의 많은 변형들이 소개되었다. 이 절은 여러 개선안들을 소개한다. 몇몇은 할당의 비용을 다룬다. 다른 것은 할당의 질을 다룬다.

부정확한 간섭 그래프

Chow의 하향 우선순위 기반 할당자는 부정확한 간섭 그래프를 사용하였다. 생존 범위 LR_i와 LR_j가 동일한 기본 블록에서 모두 생존 상태에 있으면 서로 간섭을 일으킨다. 이를 통해 보다 빨리 간섭 그래프를 구성할 수 있지만, 그래프의 부정확성은 몇몇 노드들의 차수를 과대 평가하고 할당자가 coalescing을 위해 간섭 그래프를 사용할 수 없게 한다. (부정확한 그래프에서 유용한 복사 연산에 의해 연결된 두 생존 범위들은 그들이 동일한 블록에서 값을 유지해야 하므로 서로 간섭을 일으킨다.) 할당자는 물론 오직 한 블록에서만 살아 있는 값에 지역 할당을 수행하는 선행 처리를 포함한다.

더 작은 그래프로 재생성

만약 간섭 그래프가 서로 연결되어 있지 않은 부분들로 나눠진다면 이들 나눠진 부분들에는 독립적으로 색이 지정될 수 있다. Bit matrix의 크기는 $\mathbf{O}(N^2)$이므로, 그것을 독립된 부분들로 나누면 공간과 시간을 절약하게 된다. 그래프를 나누는 한 가지 방법은 부동소수점 레지스터와 정수 레지스터들과 같이 서로 겹치지 않는 레지스터 종류를 개별적인 것으로 간주하는 것이다. 큰 함수들을 위한 보다 복잡한 절차는 제거되면 전체 간섭 그래프를 여러 독립적인 부분들로 나누게 되는 연결된 부분 그래프들인 clique 분리자를 발견하는 것이다. 충분히 큰 그래프에 대해 bit matrix 대신 해쉬 테이블을 사용하는 것은 속도와 공간을 절약하는 효과가 있다.

보수적인 coalescing

할당자가 두 생존 범위인 LR_i와 LR_j를 coalesce 하여 만들어진 새 생존 범위 LR_{ij}는 LR_i나 LR_j보다 더 제한되어 있을지도 모른다. 만약 LR_i와 LR_j가 서로 다른 이웃들을 가지고 있다면 LR_{ij}°는 LR_i°와 LR_j°의 최대값을 가진다. 만약 LR_{ij}가 k보다 작다면 LR_{ij}를 만드는 것은 분명 유용하다. 하지만, 만약 LR_i°가 k보다 작고 LR_j°가 k보다 작은데도 LR_{ij}°가 k보다 크다면, LR_i와 LR_j를 coalescing 하는 것은 스필 없이 그래프 I에 색을 지정하는 것을 어렵게 만든다. 이 문제를 피하기 위해 몇몇 컴파일러 개발자는 보수적인 coalescing이라는 coalescing의 제한된 형태를 사용해 왔다. 이 방법에 따라 할당자는 LR_{ij}°가 k보다 작을 때만 LR_i와 LR_j를 합친다. 이를 통해 LR_i와 LR_j를 coalescing 하는 것이 색을 지정하기 힘든 형태의 간섭 그래프를 만들지 않도록 한다.

할당자가 보수적인 coalescing을 사용한다면 다른 이득이 있다. 할당자가 모든 남아 있는 생존 범위들이 제한된 상태가 되었을 때, 기본 알고리즘은 스필 할 대상을 찾는다. 다른 방법은 이

지점에서 coalescing을 다시 수행하는 것이다. 합쳐진 생존 범위의 차수 때문에 coalesce 되지 않은 생존 범위은 축소된 그래프에서 잘 coalesce될지도 모른다. 그래서 이런 *반복적인 coalescing*은 추가적인 복사 연산을 제거하고 노드들의 차수를 줄일 수 있다. 이 방법은 하나 이상의 제한되지 않은 노드들을 생성하고 색 지정을 수행할지 모른다. 만약 제한되지 않은 노드들이 만들어지지 않으면 전과 같은 스필 과정이 수행된다.

*Biased 컬러링*은 색 지정을 어렵게 하는 그래프를 만드는 복사 연산들을 coalescing하기 위한 또 다른 접근법이다. 이 접근법을 사용하여 할당자는 복사 연산에 의해 연결된 생존 범위들에 동일한 색을 지정하고자 한다. LR_i를 위한 색을 선택하기 위해 할당자는 우선 복사 연산에 의해 LR_j에 연결되어 있는 생존 범위들에 지정된 색을 검토한다. 조심스런 구현을 통해 매우 작거나 추가적인 비용이 필요 없는 색 선택 과정을 수행한다.

생존 범위 일부분의 스필

설명된 대로 전역 할당을 위한 두 방법 모두 전체 생존 범위들을 스필 한다. 이 접근은 하나의 작은 영역에서 레지스터가 많이 요구되고, 대부분의 생존 범위에서 적은 레지스터가 요구될 때 불필요한 스필을 발생시킬 수 있다. 보다 더 개선된 스필 기술은 생존 범위를 스필 하는 것이 더 나은 영역을 찾는다. 다시 말해 레지스터가 정말 필요한 영역에 스필 통해 하나의 레지스터를 제공한다. 하향 할당자에서 설명된 쪼개기 방법은 개별적으로 스필 된 생존 범위의 각 블록을 처리함으로써 이 결과를 얻었다. 상향 할당자에서는 간섭이 발생한 영역을 스필함으로써만 비슷한 결과를 얻을 수 있다. *간섭 영역 스필(interferce region spilling)이라는 기술*은 레지스터 사용은 많은 지역에서의 생존 범위를 찾고 그 지역에서만 제한된 스필을 수행한다. 할당자는 간섭 영역을 위한 여러 스필 전략의 비용을 평가하고, 이들의 비용을 일반적으로 모든 곳에서 스필을 수행하는 접근의 비용과 비교할 수 있다. 그 변형들이 평가된 비용에 기반하여 경쟁하도록 함으로써 할당자는 전체 할당을 개선할 수 있다.

생존 범위 쪼개기

하나의 생존 범위를 여러 조각으로 나눔으로써 색 지정 기반 레지스터 할당의 결과를 개선할 수 있다. 원칙적으로 쪼개기는 두 가지 결과를 야기한다. 만약 나눠진 생존 범위들이 나뉘기 전보다 더 적은 차수를 가진다면 그들에게 색을 지정하는 것은 쉽다. 이는 나뉘기 전의 생존 범위가 비록 제한되어 있지 않았어도 적용된다. 만약 몇몇 나눠진 생존 범위들이 높은 차수를 가지고 있어서 스필 된다면 쪼개기는 낮은 차수를 가진 다른 생존 범위들이 스필 되는 것을 막을 수 있다. 마지막으로, 쪼개기는 생존 범위가 나눠진 지점에서 스필을 수행한다. Split 지점을 잘 조정함으로써 스필 코드의 위치를 조정할 수 있다. 예를 들어, 루프 안쪽보다는 바깥쪽에 스필 코드를 위치하게 할 수 있다.

Splitting을 수행하기 위한 많은 방법들이 시도되어졌다. 13.5.4절은 이를 수행하는 것이 할당자가 색을 지정하는 데 지장을 주지 않는다면, 하나의 생존 범위를 여러 블록으로 나누고 그들을 다시 합치는 방법을 설명한다. Splitting 지점을 선택하기 위해 제어 흐름 그래프의 속성들을 사용하는 여러 접근법이 시도되어 왔다. Briggs는 이들 접근법들이 서로 모순된 것임을 보였다. 하지만, 두 가지 방법은 가능성을 보였다. *Zero-cost splitting*이라고 불리는 방법은 생존 범위들을 나누고 할당과 스케줄링 모두를 개선하기 위해 명령어 스케줄링 단계에서 nops를 이용한다. *Passive splitting*이라 불리는 기법은 split의 위치를 결정하기 위해 DAG을 사용하고, 그들의 평가된 비용을 기반으로 splitting을 수행할지 스필을 수행할지를 결정한다.

재구성

몇 가지 값들은 스필 하는 것보다 재계산 하는 것이 더 적은 비용을 사용한다. 예를 들어, 작은 정수 값은 로드를 통해 메모리로부터 값을 복구하는 대신 로드 즉치값으로 다시 표현되어야 한다. 할당자는 이러한 값들을 구분할 수 있고 그들을 스필 하는 대신 재구성할 수 있다.

재구성을 위해 상향 그래프 컬러링 할당자를 수정하는 것은 몇가지 작은 변화를 동반한다. 할당자는 재구성 가능한 SSA의 이름들을 인식하고 지정해야 한다. 예를 들어, 그들의 인자가 항상 유효한 연산들이 그 대상이 된다. 할당자는 이런 재구성 표식들을 10장에서 설명된 상수 전파 알고리즘 중 하나를 사용하는 코드에 적용할 수 있다. 생존 범위들을 구성하기 위해 할당자는 오직 개별적인 재구성 표식들을 가지고 있는 SSA 이름들을 합쳐야 한다.

컴파일러 개발자는 재구성 표식들이 정확한 스필-비용 평가값을 가지기 때문에 이들을 정확하게 다루는 스필-비용 평가를 수행해야 한다. 스필 코드 추가 단계는 물론 그 표식들을 시험하고 재구성 가능한 값들을 위해 적당하게 쉬운 스필들을 수행해야 한다. 마지막으로 할당자는 서로 다른 재구성 표식들을 사용하여 성급하게 생존 범위들을 합치는 것을 막기 위해 보수적인 coalescing을 수행해야 하다.

13.6.2 레지스터 할당에서 더욱 어려운 문제들

이 절에서는 레지스터 할당의 몇 가지 문제들을 해결하는 선택 알고리즘을 설명한다. 많은 어려운 문제들이 남아 있지만 여러 중요한 부분에서 개선될 수 있는 여지가 남아 있다.

전체 프로그램에서의 할당

이 절에서 설명되는 모든 알고리즘들은 단일 함수 범위에서 수행되는 레지스터 할당을 다룬다. 물론 모든 프로그램들은 여러 함수들로 구성되어 있다. 만약 전역 할당이 보다 넓은 범위를 다루기 때문에 지역 할당보다 더 좋은 결과를 만들어 낸다면, 컴파일러 개발자들은 전체 프로그램에 걸친 할당을 고려해야 하지 않을까? 전체 프로그램 최적화는 함수 경계와 상관없이 스필들을 이동시킴으로써 결과적으로 함수 호출 방식을 조정하고 저장과 복구를 제거한다.

하지만, 단일 함수에서 전체 프로그램으로 범위가 넓어질 때 할당 문제는 명확하게 변한다. 모든 전체 함수 할당 방식은 다음 문제들을 다루어야 한다.

전체 프로그램 할당을 수행하기 위해 할당자는 전체 프로그램의 코드에 접근해야 한다. 실제 이는 링크를 수행할 때 전체 프로그램 할당을 수행해야 한다는 것을 의미한다. (만약 전체 프로그램의 분석 및 변형이 링크를 수행하기 이전에 적용될 수 있다면, 이런 기술들의 구현을 어렵게 하는 많은 문제들을 링크를 수행할 때 효율적으로 피할 수 있다.)

컴파일러는 전체 프로그램 할당을 위해 프로그램의 모든 부분에서 상대적인 실행 빈도를 정확히 평가할 필요가 있다. 하나의 함수에서 하나의 루프가 10번씩 수행되는 것과 같은 정적인 평가는 실제 프로그램 실행의 적절한 근사임이 증명되었다. 전체 프로그램에 걸쳐 이들 단순한 평가자들은 실제 프로그램의 실행을 적절히 근사하지 못할지도 모른다.

전체 프로그램 할당자는 함수 인자 연결 메커니즘을 사용해야 한다. 레퍼런스에 의해 함수 인자를 전달함으로써 서로 다른 함수들의 독립된 생존 범위들을 하나의 함수간 생존 범위로 합칠 수 있다. 이것은 너무 많은 제약들을 이들 함수간 생존 범위들에 적용함으로써 할당을 복잡하게 할 수 있다.

레지스터들의 분리

새로운 하드웨어 특성들로 인해 새로운 문제들이 발생할 수 있다. 예를 들어, 나눠진 레지스터 집합들을 가진 머신들에서 발생하는 불규칙적인 비용들을 고려하자. 기능 유닛의 숫자가 증가할수록 피연산자와 결과를 유지하기 위해 필요한 레지스터의 수도 증가한다. 레지스터와 기능 유닛들 사이의 값들을 이동시키기 위해 필요한 하드웨어 로직에서 제약들이 발생한다. 하드웨어 비용들을 적절한 수준으로 유지하기 위해 몇몇 설계자들은 레지스터 집합을 보다 작은 레지스터 파일들과 이 레지스터 집합들 주변에 모여 있는 기능 유닛으로 나눴다. 일반성을 유지하기 위해 프로세서는 값들을 클러스터들 사이에서 이동시키기 위해 몇 가지 제한된 방법을 사용한다. 그림 13.11은 이런 프로세서의 추상적인 모습을 보여준다. 이들 집합들은 서로 다른 이름 외에도 개별적인 함수 유닛과 레지스터의 집합을 가진다고 가정하자.

연결된 레지스터 집합을 가진 기계들은 레지스터 할당에 있어 새로운 문제들을 야기한다. LR_i를 어느 레지스터 집합에 저장할지를 결정할 때, 할당자는 각 클러스터에서 레지스터들의 유효성, 클러스터 간 이동 방식의 비용과 지역적 유효성, LR_i에 대한 참조 연산을 실행하는 특정 함수 유닛들을 고려해야 한다. 예를 들어, 프로세서는 각 클러스터가 각 사이클당 off-cluster 레지스터 참조를 수행하도록 할 수도 있다. 이런 제약들로 인해 할당자는 클러스터들에 제때에 연산자들을 위치해야 한다. (분명하게, 이 문제는 명령어 스케줄러와 레지스터 할당자에서 모두 고려되어야 한다.) 몇몇 구조에서는 한 사이클에 각 레지스터 안팎으로의 값 이동 횟수를 제한함으로써 클러스터 사이의 값 이동을 위해 레지스터 간 복사 연산을 수행할 수 있게 한다. 이런 시스템에서는 한 값의 클러스터 간 사용은 추가적인 명령어를 필요로 한다. 만약 자주 실행되는 경로에서 이런 명령어가 추가된다면 전체 실행 시간을 늘릴 수 있다.

애매한 값들

애매한 값이 자주 사용되는 코드에서 이런 값들을 레지스터에 유지할 수 있는지 여부에 의해 확연한 성능 차이가 발생한다. 애매한 값의 할당을 개선하기 위해 여러 시스템들은 비록 원래 값이 배열의 요소나 포인터 기반의 구조체에 위치하더라도 명확한 값을 스칼라 지역 변수에 저장하기 위해 코드를 재작성하는 변형을 지원한다. *스칼라 대체(scalar replacement)*는 배열 요소 값의 재사용을 확인하고 재사용된 값을 저장하기 위해 스칼라 임시 변수들을 소개하기 위해 부분 배열 분석을 사용한다. *레지스터 promotion*은 루프 중첩 전체에 걸쳐 포인터 값을 레지스터에 저장하는 시점을 결정하고 임시 변수에 새롭게 전달된 값을 유지하는 코드를 재작성하기 위해 포인터 값들의 자료 흐름 분석을 사용한다. 이들 두 변환은 분석의 결과를 코드 형태에 기록하고 이 값들이 레지스터에 저장될 수 있도록 레지스터 할당자를 수정한다. 이들 변환은 레지스터에 대한 요구를 증가시킨다. 사실 너무 많은 값들이 레지스터를 사용하게 하는 것은 변환시에 피해

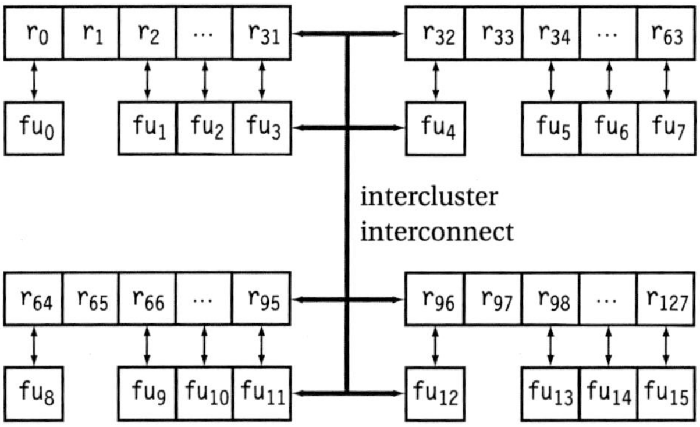

그림 13.11 클러스터된 레지스터 set들

야 할 메모리 연산의 비용을 초과하는 비용을 가진 스필 코드를 발생시킬 수 있다. 이상적으로, 이들 기법들은 레지스터 사용에 대한 실제적인 평가가 얼마나 많은 값들이 레지스터를 사용할지를 결정하는 데 적용되는 하나의 할당자에서 사용되어야 한다.

13.7 요약과 전망

레지스터 할당은 현대 컴파일러에서 중요한 부분을 차지하기 때문에 많은 관심을 받아 왔다. 지역 할당과 전역 할당 그리고 영역 할당을 위한 강력한 방법들이 존재한다. 이와 관련된 대부분의 문제들이 NP-hard이기 때문에 해결책들은 할당과 관련된 아주 작은 결정에도 민감하게 반응한다.

레지스터 할당 기법의 발전은 해당 문제에 큰 영향을 미치는 페러다임들의 사용으로부터 왔다. 그래프 컬러링 할당자가 유명해진 것은 레지스터 할당이 그래프 컬러링과 동일하기 때문이 아니라, 컬러링이 전역 할당 문제의 중요한 측면들을 다루기 때문이다. 사실 컬러링 할당자와 관련된 대부분의 발전은 컬러링 페러다임이 어느 면에서 생존 범위 쪼개기 위한 개선된 비용 모델과 같은 실제 문제들을 제대로 반영하지 못한다는 불만으로부터 시작되었다.

기타

레지스터 할당은 초기 컴파일러에도 하나의 문제로서 대두된다. Backus는 초기 FORTRAN 컴파일러 개발 과정에서 Best가 우리가 "상향 지역(botton-up local)" 이라고 부르는 알고리즘 사용했음을 1950년대 중반에 발표한다[25, 26]. Best의 알고리즘은 여러 해에 걸쳐 수많은 분야에서 재발견 및 재사용되어 왔다[33, 173, 109, 237]. 그것의 가장 잘 알려진 구현은 아마 Belady의 offline page-replacement 알고리즘일 것이다[33]. Clean 값과 dirty 값들의 조합으로 발생한 그 복잡성은 Horwitz[186]와 Kennedy[202]에 의해 설명된다. 13.3.2절에서 설명된 clean 값과 dirty 값으로 인해 발생하는 예제들이 보여주는 문제는 Ken Kennedy에 의해 제안되었다.

그 저술에서 설명된 첫 번째 그래프 컬러링 전역 할당자는 PL.8 컴파일러 [70, 68, 69]를 위해 Chatin과 그의 IBM 동료들에 의해 만들어진 상향 할당자이다. 그것은 그래프 컬러링과

Lavrov에 의해 제안된 저장 공간 할당 문제[232]를 연결지었다. Alpha 컴파일러 프로젝트에서 데이터를 메모리에 저장하기[132, 133] 위해 이들 생각들이 사용되었다. Schwartz는 Ershov와 Cocke [300]에 의한 초기 알고리즘들을 설명한다. 이들 알고리즘들은 사용되는 색의 수를 줄이고 스필을 무시하는 데 중점을 둔다.

하향 그래프 컬러링은 Chow에 의해 시작된다 [76, 77, 78]. 그의 구현은 메모리 간 모델에서 동작하였고 부정확한 간섭 그래프를 사용하였으며 13.5.4절에 설명된 생존 범위 쪼개기를 수행하였다. 그 부정확한 간섭 그래프는 coalescing을 지원할 수 없었기 때문에 컴파일러는 복사 연산들을 coalesce 하기 위해 개별적인 최적화 경로를 수행하였다[76]. 이런 할당 방식은 MIPS로부터 Silicon Graphics 그리고 GNU compiler gcc에 걸친 여러 컴파일러에서 사용되었다. Larus와 Hilfinger는 정확한 간섭 그래프를 사용하고 레지스터 간 모델에서 동작하는 SPUR LISP를 위한 하향 우선순위 기반 할당자를 개발하였다[231].

13.5.5절에서 상향 할당자는 Briggs에 의해 수정된 Chaitin의 방법을 따른다 [48, 49, 53]. Chaitins의 기여는 coalescing과 스필을 처리하기 위한 간섭의 기본적인 정의와 간섭 그래프를 구성하는 알고리즘을 포함한다. Briggs는 제한된 생존 범위들을 바로 스필 하는 대신 스택에 저장함으로써 Chaitin의 방법을 수정하였다. 이로써 Briggs의 할당자는 적은 색을 사용하는 많은 이웃을 가진 한 노드에 색을 지정할 수 있었다. 상향 할당자의 다른 명백한 개선안들은 보다 낮은 스필 방식, clean 스필 그리고 best-of-three spilling[36], interference-region 스필[35], 단순한 값들을 재구성하기 위한 방법[52], 반복된 coalescing[153], 최적의 coalescing[270], 부분적인 생존 범위들을 스필하는 방법들 [35], 그리고 zero-cost splitting과 같은 live-range splitting 방법[225], 그리고 수동적인 splitting[100]을 포함한다. 큰 크기의 정확한 간섭 그래프를 splitting 하기 위해 Gupta, Soffa 그리고 Steele는 clique 분리자를 사용하였다[168]. Harvey는 레지스터 종료에 따라 그래프를 splitting 하기를 제안하였다[94]. Chatin, Nickerson 그리고 Briggs는 모두 지정에 있어서의 특정 제약을 표현하기 위해 간섭 그래프에 간선들을 추가하는 것을 논의했다[70, 266, 51].

레지스터 할당을 개선하기 위해 코드를 재작성하는 최적하는 메모리 사용을 줄인다는 측면에서 효과적인 것으로 보여져 왔다. Carr의 스칼라 대체 변환[60, 65]는 스칼라 값으로 다시 쓰여질 수 있는 배열 기반의 참조를 찾기 위해 자료 종족 분석을 사용한다. 레지스터 promotion[244, 296, 241]은 동일한 방법으로 포인터 기반 참조를 재작성하기 위해 포인터 값들의 자료 흐름 분석을 사용한다.

이 장은 지역과 전역 할당에 주목한다. 여러 개발자들은 하나의 블록과 하나의 전체 함수 사이에 놓인 영역에 걸친 할당을 다루어 왔다. Koblenz와 Callahan은 Tera 컴퓨터[63]를 위한 그들의 컴파일러에서의 계층적인 색 지정 할당자를 설명했다. Knove와 Meltzer은 Compass 컴파일러에서 비슷한 속성들을 지닌 할당자를 개발했다. 이를 통해 제어 트리를 구성하고 그 트리에서 두 경로에 걸친 할당을 수행했다[214]. Probesting과 Fischer는 확률적인 접근법을 사용하였다[279]. Lueh, Adl-Tabatabai 그리고 Gross에 의해 융합 기반 기술이 고안되었다[247].

APPENDIX A

ILOC

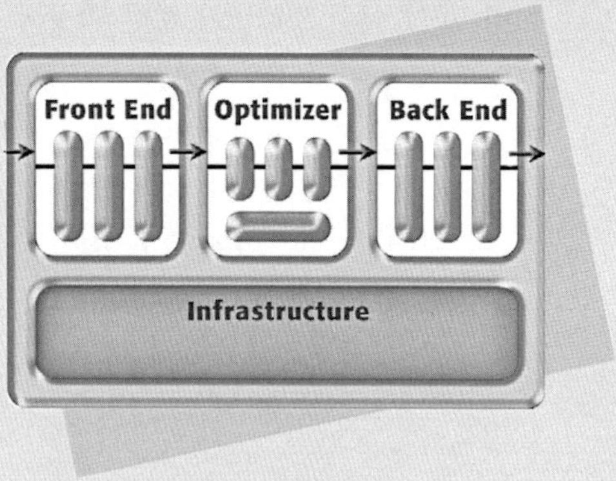

A.1 소개

ILOC은 간단한 추상화 RISC 기계를 위한 선형어셈블리 코드이다. 이 책에서 사용된 ILOC는 Rice 대학의 MSCP(Massively Scalar Compiler Project)에서 사용되었던 IR(intermediate representation)의 단순화 버전이다. 예를 들어, 이 책의 ILOC은 숫자들의 서로 다른 자료형들을 구분하지 않는다. 단순화를 위해서 모든 숫자는 정수형들이라고 가정한다. (예에서 일부는 데이터 아이템을 64비트라고 가정하지만, 다른 것들은 32비트로 가정하기도 한다. 이러한 차이는 문제가 생길 경우 해당 예제에서 명확히 밝혀져야 한다.)

ILOC 추상화 기계는 제한되지 않은 레지스터의 수를 갖는다. 그것은 3-주소, 레지스터에서 레지스터로의 연산, load와 store 연산, 비교 연산, 그리고 분기 연산을 갖는다. 그것은 적은 수의 간단한 주소 지정 방식을 지원하는데 직접, 주소+오프셋, 주소+즉치,그리고 즉치 방식이다. 원시 연산자들은 해당 연산이 이슈될 때 해당 사이클의 제일 처음에서 읽혀진다. 결과 연산자들은 해당 연산이 완결되는 사이클의 제일 끝에 정의된다.

그것의 명령어 집합과 다른 기계의 자세한 사항들은 명시되지 않은 상태로 놔둔다. 예들의 대부분은 간단한 기계, 즉 ILOC 명령들을 나타난 순서에 따라 실행하는 단일 기능 유닛을 가지고 있다고 가정한다. 다른 모델들이 사용될 때, 우리는 그러한 부분들을 명시적으로 다룬다.

하나의 ILOC 프로그램은 명령어들의 순차적인 나열로 되어 있다. 각 명령어는 하나의 라벨에 의해 먼저 나오게 될 수도 있다. 라벨은 단지 텍스트로된 문자열이다. 그것은 :에 의해 해당 명령어로부터 구분된다. 관습에 의해, 우리는 $[a-z]\ ([a-z] \mid [0-9] \mid -)^*$ 형태의 라벨들만 사용한다. 만약 어떤 명령어가 하나 이상의 라벨을 필요로 하면, 우리는 그 명령어 전에 오직 nop을 포함한 명령어 하나를 추가하고 nop에 추가적인 라벨을 단다. ILOC 프로그램을 정의하기 위해 좀 더 공식적으로 다음과 같이 한다.

IlocProgram	→	*InstructionList*
InstructionList	→	*Instruction*
	|	`label` : *Instruction*
	|	*Instruction InstructionList*

각 명령어는 하나 이상의 연산들을 포함한다. 단일 연산 명령어는 명령어 자신을 나타내는 한 줄로 쓰여지고, 다중 연산 명령어는 여러 줄로 채울 수 있다. 연산들을 단일 명령어로 뭉치기 위해 우리는 연산들을 대괄호로 묶어서 각 연산을 세미콜론을 이용해 구분한다. 좀 더 공식적으로 다음과 같이 한다.

Instruction	→	*Operation*
	|	[*OperationList*]
OperationList	→	*Operation*
	|	*Operation* ; *OperationList*

하나의 ILOC 연산은 단일 사이클에 단일 기능 유닛으로 이슈될 기계 수준 명령어로 대응된다. 그것은 하나의 opcode, 쉼표로 구분된 원시 피연산자들의 시퀀스, 그리고 쉼표로 구분된 목적 피연산자들의 시퀀스를 갖는다. 소스들은 "~로"라고 발음되는 ⇒ 심볼에 의해 타깃들로부터 구분된다.

Operation	→	*NormalOp*
	|	*ControlFlowOp*
NormalOp	→	*Opcode OperandList* ⇒ *OperandList*
OperandList	→	*Operand*
	|	*Operand* , *OperandList*

$$Operand \rightarrow \texttt{register} \mid \texttt{num} \mid \texttt{label}$$

말단이 아닌 *opcode*는 cbr, jump, 또는 jumpI를 제외한 어떤 ILOC 연산도 될 수 있다. 불행히도 실제 어셈블리 언어에서처럼 하나의 opcode와 그것의 피연산자들 형태 사이의 관계는 덜 조직적이다. 각 opcode를 위한 피연산자들의 형태를 명시하는 가장 쉬운 방법은 표에서 계산한 형태이다. 이 부록에서 나중에 보일 표들은 이 책에서 사용된 각 ILOC opcode를 위한 피연산자들의 수와 피연산자들의 원형들을 보인다.

*피연산자*들은 레지스터(register), 숫자(num), 라벨(label)의 세가지 형태가 된다. 각 피연산자의 형태는 opcode와 해당 연산에 있는 피연산자의 위치에 의해 결정된다. 예에서 우리는 숫자와 (r_{10})와 심볼로 된 (r_i) 이름들을 레지스터를 위해 사용한다. 숫자들은 간단한 정수들, 필요하면 부호가 있는 정수들이다. 우리는 항상 그것의 형태를 명확히 하기 위해 l과 함께 라벨을 시작한다. 이것은 규칙이라기보다는 관습 같은 것이다. ILOC 시뮬레이터들과 툴들은 위에서 설명된 형태의 어떤 문자열도 잠재적인 라벨로써 다뤄야만 한다.

대부분의 연산들은 단일 타깃 피연산자를 갖는다. store 연산들의 일부는 분기들을 취급할 때 다중 타깃 피연산자들을 갖는다. 예를 들어 storeAI는 단일 소스 피연산자와 두 개의 타깃 피연산자들을 갖는다. 소스는 반드시 레지스터야 하고 타깃들은 레지스터나 즉치 상수여야만 한다. 그러므로 다음과 같은 ILOC 연산은 r_j의 내용에 4를 더해서 주소를 계산하고, r_i에서 찾은 값을 주소에 명시된 메모리 위치에 저장한다.

$$\texttt{storeAI}\ r_i \Rightarrow r_j,\ 4$$

다르게 표현하면 다음과 같다.

$$\text{MEMORY}(r_j + 4) \leftarrow \text{CONTENTS}(r_i)$$

제어 흐름 연산들은 살짝 다른 구문을 갖는다. 제어 흐름 연산들은 그것들의 타깃들을 정의하지 않기 때문에, 우리는 그것들을 ⇒ 대신에 한 줄로 된 화살표인 →와 함께 쓴다.

$$\begin{array}{llll} ControlFlowOp & \rightarrow & \texttt{cbr}\quad \texttt{register} & \rightarrow \texttt{label},\ \texttt{label} \\ & \mid & \texttt{jumpI} & \rightarrow \texttt{label} \\ & \mid & \texttt{jump} & \rightarrow \texttt{register} \end{array}$$

첫 번째 연산 cbr은 조건부 분기를 구현한다. 다른 두 개는 점프들로 불리는 무조건적인 분기들이다.

A.2 이름 부여 법칙

텍스트에 있는 ILOC 코드는 이름 짓기 규정들의 간단한 집합을 사용한다.

1. 변수들을 위한 메모리 오프셋들은 변수 이름 앞에 @ 문자를 붙여서 상징적으로 표현한다.
2. 사용자는 무제한의 레지스터 공급을 가정할 수 있다. 이것들은 간단한 정소와 함께 r과 같이 이름이 지어지거나, r_1와 같이 상징적인 이름과 함께 이름이 지어진다.
3. 레지스터 r_0는 현재 동작 레코드로의 포인터로써 예약된다. 우리는 종종 r_0 대신에 r_{arp}을 사용한다. 그러므로 다음과 같은 연산은 변수 x의 내용을 r_1로 부른다.

   `loadAI` r_0, @x $\Rightarrow r_1$

   r_0의 사용은 x가 현재 동작 레코드에 저장된다는 사실을 알린다. 물론 이것은 `loadAI` r_{arp}, @x $\Rightarrow r_1$과 같다.

ILOC 주석은 //로 시작하여 줄의 끝까지 해당된다. 우리는 이것들이 스캐너에 의해 제거된다고 가정한다. 그러므로 그것들은 명령어 어디에도 나타날 수 있고 문법에서 언급되지 않는다.

A.3 연산들

이 책의 예제들은 ILOC 연산들의 제한된 집합을 사용한다. 이 부록의 마지막에 있는 표는 7장에서 몇몇 분기 구조들을 논의하기 위해 사용되었던 대안적인 분기 구문을 제외한 이 책에서 사용되는 모든 ILOC 연산들을 보여준다.

A.3.1 산술 연산

산술 연산을 지원하기 위해 ILOC은 3주소의 기본적인 집합과 레지스터에서 레지스터로의 연산들을 제공한다.

Opcode	Sources	Targets	Meaning
add	r_1, r_2	r_3	$r_1 + r_2 \Rightarrow r_3$
sub	r_1, r_2	r_3	$r_1 - r_2 \Rightarrow r_3$
mult	r_1, r_2	r_3	$r_1 \times r_2 \Rightarrow r_3$
div	r_1, r_2	r_3	$r_1 \div r_2 \Rightarrow r_3$

이것들은 소스 피연산자들이 레지스터에 있다고 가정한다. 그것들은 결과를 레지스터에 쓴다. 어떤 레지스터라도 소스나 목적지 피연산자로 사용할 수 있다.

그것은 종종 즉시 피연산자를 명확히 하는 데 유용하다. 그러므로 각각의 산술 연산은 하나나 두 개의 즉시 형에서 비교환적인 연산들을 위해 지원될 수 있다.

Opcode	Sources	Targets	Meaning
addI	r_1, c_1	r_2	$r_1 + c_1 \Rightarrow r_2$
subI	r_1, c_1	r_2	$r_1 - c_1 \Rightarrow r_2$
rsubI	r_1, c_1	r_2	$c_1 - r_1 \Rightarrow r_2$
multI	r_1, c_1	r_2	$r_1 \times c_1 \Rightarrow r_2$
divI	r_1, c_1	r_2	$r_1 \div c_1 \Rightarrow r_2$
rdivI	r_1, c_1	r_2	$c_1 \div r_1 \Rightarrow r_2$

이러한 형태들은 어떤 최적화의 결과들을 표현하고, 예를 더욱 간결하게 쓰고, 레지스터 요구를 줄이기 위한 명확한 방법들을 기록하기 위해 유용하다.

실제 ILOC를 사용하는 컴파일러에서 우리는 하나 이상의 데이터 형식을 소개해야만 했었다는 것을 상기하라. 이것은 타입이 정해진 opcode들이나 여러 가지 모양이 있는 opcode들로 이끌었을 것이다. 우리가 선호했던 것은 정수 덧셈, 부동 소수점 덧셈 등과 같이 타입이 정해진 opcode들의 모임이었을 것이다. ILOC가 생겼던 MSCP 컴파일러는 문자 데이터를 제외한 정수, 단일 정밀도 부동 소수점, 배정밀도 부동 소수점, 복소수와 포인터 데이터를 위해 구분되는 산술 연산들을 가지고 있었다.

A.3.2 시프트

ILOC는 레지스터 형태와 즉시 형태 모두에서 왼쪽과 오른쪽으로의 산술 시프트 연산들의 집합을 지원한다.

Opcode	Sources	Targets	Meaning
`lshift`	r_1, r_2	r_3	$r_1 \ll r_2 \Rightarrow r_3$
`lshiftI`	r_1, c_2	r_3	$r_1 \ll c_2 \Rightarrow r_3$
`rshift`	r_1, r_2	r_3	$r_1 \gg r_2 \Rightarrow r_3$
`rshiftI`	r_1, c_2	r_3	$r_1 \gg c_2 \Rightarrow r_3$

A.3.3 메모리 연산

메모리와 레지스터들 사이에서 값들을 옮기기 위해 ILOC는 load와 store연산들의 완전한 집합을 지원한다. `load`와 `cload` 연산들은 메모리로부터 레지스터들로 데이터 아이템들을 옮긴다.

Opcode	Sources	Targets	Meaning
`load`	r_1	r_2	MEMORY $(r_1) \Rightarrow r_2$
`loadAI`	r_1, c_1	r_2	MEMORY $(r_1 + c_1) \Rightarrow r_2$
`loadAO`	r_1, r_2	r_3	MEMORY $(r_1 + r_2) \Rightarrow r_3$
`cload`	r_1	r_2	character `load`
`cloadAI`	r_1, r_2	r_3	character `loadAI`
`cloadAO`	r_1, r_2	r_3	character `loadAO`

이러한 연산들은 지원하는 주소 지정 모드에 따라 달라진다. `load`와 `cload` 형태들은 전체 주소가 단일 레지스터 피연산자에 있다고 가정한다. `loadAI`와 `cloadAI` 형태는 레지스터의 내용에 즉치 값을 더한다. 우리는 이것을 *주소-즉치* 연산들이라고 부른다. `loadAO`와 `cloadAO` 형태는 load를 수행하기 전에 완성된 주소를 계산하기 위해서 두 개의 레지스터가 가지고 있는 값을 더한다. 우리는 이것을 *주소-오프셋* 연산이라고 부른다.

load의 마지막 형태로 ILOC은 간단한 즉시 값을 부르는 연산을 지원한다. 그것은 명령어 스트림으로부터 하나의 정수를 취해 레지스터에 넣는다.

Opcode	Sources	Targets	Meaning
loadI	c_1	r_2	$c_1 \Rightarrow r_2$

하나의 완벽한, ILOC와 같은 IR은 그것이 지원하는 각각의 구분되는 값의 종류를 위해 즉시 적재(load immediate)를 가져야만 한다.

store 연산들은 load 연산들과 맞춘다. ILOC는 숫자로 되어 있는 store와 문자로 되어 있는 store 모두를 간단한 레지스터 형태, 주소-즉시 형태, 주소-오프셋 형태에서 지원한다.

Opcode	Sources	Targets	Meaning
store	r_1	r_2	$r_1 \Rightarrow$ MEMORY (r_2)
storeAI	r_1	r_2, c_1	$r_1 \Rightarrow$ MEMORY ($r_2 + c_1$)
storeAO	r_1	r_2, r_3	$r_1 \Rightarrow$ MEMORY ($r_2 + r_3$)
cstore	r_1	r_2	character store
cstoreAI	r_1	r_2, r_3	character storeAI
cstoreAO	r_1	r_2, r_3	character storeAO

즉시 저장(store immediate) 연산은 없다.

A.3.4 레지스터에서 레지스터로의 복사 연산

두 레지스터 사이에서 메모리로 가는 것 없이 값을 이동시키기 위해 ILOC는 레지스터에서 레지스터로 복사하는 연산들의 집합을 포함한다.

Opcode	Sources	Targets	Meaning
i2i	r_1	r_2	$r_1 \Rightarrow r_2$, for numbers
c2c	r_1	r_2	$r_1 \Rightarrow r_2$, for characters
c2i	r_1	r_2	converts character to integer
i2c	r_1	r_2	converts integer to character

첫 번째 두 연산 i2i와 c2c는 하나의 레지스터에서 다른 레지스터로 변환 없이 값을 복사한다. 전자는 정수 값들을 사용하기 위함이고, 후자는 문자를 사용하기 위함이다. 마지막의 두 연산들은 문자들과 정수들 사이에서 문자를 ASCII 문자 집합에 있는 문자의 원래 위치로 바꾸고, 정수를 해당하는 ASCII 문자로 바꾸는 변환을 수행한다.

A.4 예제

이 논의를 좀 더 확실히 하기 위해 1장에 있는 예제를 그림 A.1에 다시 나타내서 알아보자. 예제의 각 줄의 오른쪽 끝에 주석을 달았다. 우리의 ILOC 기반 시스템들에서 주석은 사람들에 의해 자동적으로 생성된다. 이 책의 예들이 주로 사람이 읽게 만들어져서 우리는 ILOC에 주석다는 것을 계속한다.

하지만 컴파일러는 주석을 읽지 못한다는 것을 기억하라. 그러므로 다음에 있는 주석은 사람이 읽는 것을 도와줄 뿐, 컴파일러가 점프할 목적지를 결정하는 데는 아무런 도움이 되지 못한다.

```
jump → r_12 // back to top of loop
```

예제는 w, x, y와 z 모두가 ARP로부터 고정된 오프셋들로 지역 활동 레코드에서 저장된다고 가정한다. 첫 번째 명령어는 loadAI 연산이거나 *주소 즉시 적재(load address-immediate)*이다. opcode 테이블로부터 우리는 그것이 r_{arp}의 내용과 즉시 상수 @w를 결합하는 것과 그 주소가 가리키는 메모리에서 찾은 값을 검색하는 것을 볼 수 있다. 그 값은 w이다. 그것은 r_w에 검색된 값을 넣는다. 다음 명령어는 loadI 연산이나 *즉시 적재(load immediate)*이다. 그것은 2라는 값을 r_2로 옮긴다. (실제로, 그것은 명령어 스트림으로부터 레지스터로 상수를 읽는다.) 세 번째에서 다섯 번째의 명령어들은 x를 r_x로, y를 r_y, z를 r_z로 적재한다.

여섯 번째 명령어는 r_w와 r_2의 내용을 곱하고 그 결과를 r_x에 다시 저장한다. 일곱 번째 명령어는 r_x를 이 양에 곱한다. 여덟 번째 명령어는 r_y를 그것에 곱하고 아홉 번째 명령어는 그것

```
1.  loadAI  r_arp, @w ⇒ r_w          // w is at offset 0 from r_arp
2.  loadAI  2         ⇒ r_2          // constant 2 into r_2
3.  loadAI  r_arp, @x ⇒ r_x          // x is at offset 8
4.  loadAI  r_arp, @y ⇒ r_y          // y is at offset 12
5.  loadAI  r_arp, @z ⇒ r_z          // z is at offset 16
6.  mult    r_w, r_2  ⇒ r_w          // r_w ← w × 2
7.  mult    r_w, r_x  ⇒ r_w          // r_w ← (w × 2) × x
8.  mult    r_w, r_y  ⇒ r_w          // r_w ← (w × 2 × x) × y
9.  mult    r_w, r_z  ⇒ r_w          // r_w ← (w × 2 × x × y) × z
10. storeAI r_w       ⇒ r_arp, @w    // write r_w back to 'w'
```

그림 A.1 소개를 위한 예제

에 r_z를 곱한다. 여섯 번째에서 아홉 번째까지의 각 명령어에서 값은 r_w에 쌓인다.

마지막 명령어는 r_w의 값을 메모리로 저장한다. 그것은 storeAI나 *주소-즉치 저장(store address-immediate)*을 사용하여 r_w의 내용을 r_{arp}에서 오프셋 @w만큼 떨어진 메모리 장소에 쓴다. 1장에서 집어냈듯이 이 순서는 표현식 $w \leftarrow w \times 2 \times x \times y \times z$를 계산한다.

A.5 제어 흐름 연산

일반적으로 ILOC 비교 연산자들은 두 개의 값을 취하고 하나의 불리언 값을 반환한다. 만약 명시된 관계가 그것의 피연산자들 사이를 유지한다면, 그 비교는 타깃 레지스터의 값을 참값으로 설정하고, 그렇지 않으면 타깃 레지스터는 거짓을 받는다.

Opcode	Sources	Targets	Meaning	
cmp_LT	r_1, r_2	r_3	true ⇒ r_3	if $r_1 < r_2$
			false ⇒ r_3	otherwise
cmp_LE	r_1, r_2	r_3	true ⇒ r_3	if $r_1 \le r_2$
			false ⇒ r_3	otherwise
cmp_EQ	r_1, r_2	r_3	true ⇒ r_3	if $r_1 = r_2$
			false ⇒ r_3	otherwise
cmp_GE	r_1, r_2	r_3	true ⇒ r_3	if $r_1 \ge r_2$
			false ⇒ r_3	otherwise
cmp_GT	r_1, r_2	r_3	true ⇒ r_3	if $r_1 > r_2$
			false ⇒ r_3	otherwise
cmp_NE	r_1, r_2	r_3	true ⇒ r_3	if $r_1 \ne r_2$
			false ⇒ r_3	otherwise

비교의 결과는 조건부 분기 연산을 사용하여 제어 흐름을 바꾸는 데 사용될 수 있다.

Opcode	Sources	Targets	Meaning
cbr	r_1	l_1, l_2	$l_1 \rightarrow$ PC if $r_1 =$ true
			$l_2 \rightarrow$ PC if $r_1 =$ false

조건부 분기 연산은 인수로써 하나의 불리언을 갖고 두 개의 목적지 라벨 가운데 하나로 제어를 넘긴다. 첫 번째 라벨은 불리언이 참일 경우 선택되고, 두 번째는 거짓일 때 선택된다. 두 분기 목적지들은 해당 명령어에 의해 "정의"되지 않기 때문에, 우리는 구문을 살짝 바꾼다. 우리는 분기들을 쓸 때 화살표 ⇒를 쓰는 것보다 단일 화살표인 →와 함께 쓴다.

조건부 분기에서 두 개의 라벨을 사용하는 것은 두 가지 장점이 있다. 먼저 코드가 어찌되었든 더 간결해진다. 어떤 경우에는 오직 하나의 라벨을 가지고 있는 조건부 분기가 부수적인 점프를 필요로 할 수도 있다. 두 개의 라벨을 갖는 분기는 하나의 단일 연산에 있는 같은 조합을 인코드한다. 두 번째로, 코드가 다루기 더 쉽다. 단일 라벨 분기는 코드의 배치에 의존한다. 그것은 묵시적으로 분기를 포함하는 블록과 불발로 끝난 경로의 블록을 연결한다. 단일 라벨 분기들을 가지고 컴파일러는 반드시 이러한 관계들을 유지해야만 한다.

두 개의 라벨을 갖는 조건부 분기는 이 묵시적인 연결을 명시적으로 만들고 어떤 가능한 위치의 의존성이라도 제거한다. 이것은 컴파일러가 실행 시간을 최소화하기 위해 하고 싶은 순서로 자유롭게 분기들과 블록들을 배치할 수 있도록 한다. 마지막으로 컴파일러는 제어 흐름 그래프의 구성을 단순화 한다.

A.5.1 비교와 조건문

7장에서 우리는 비교가 조건 코드 레지스터에 쓰여진 값을 반환할 때 어떤 일이 일어나는지 다뤘다. 조건 코드는 더 복잡한 조건부 분기 명령어를 갖고서 번역될 수 있는 값이다. 이 메커니즘을 이야기하기 위해, 우리는 비교와 조건부 분기 연산들의 대안적인 집합을 사용한다.

Opcode	Sources	Targets	Meaning	
comp	r_1, r_2	cc_1	sets cc_1	
cbr_LT	cc_1	l_1, l_2	$l_1 \rightarrow$ PC	if cc_1 = LT
			$l_2 \rightarrow$ PC	otherwise
cbr_LE	cc_1	l_1, l_2	$l_1 \rightarrow$ PC	if cc_1 = LE
			$l_2 \rightarrow$ PC	otherwise
cbr_EQ	cc_1	l_1, l_2	$l_1 \rightarrow$ PC	if cc_1 = EQ
			$l_2 \rightarrow$ PC	otherwise
cbr_GE	cc_1	l_1, l_2	$l_1 \rightarrow$ PC	if cc_1 = GE
			$l_2 \rightarrow$ PC	otherwise
cbr_GT	cc_1	l_1, l_2	$l_1 \rightarrow$ PC	if cc_1 = GT
			$l_2 \rightarrow$ PC	otherwise
cbr_NE	cc_1	l_1, l_2	$l_1 \rightarrow$ PC	if cc_1 = NE
			$l_2 \rightarrow$ PC	otherwise

여기서 비교 연산자 comp는 두 개의 값을 취하고 조건 코드를 적당히 설정한다. 우리는 항상 comp의 목적지를 cc_i라고 써서 조건 코드 레지스터로 명시한다. 해당하는 조건부 분기는 6개의 변형을 갖는데, 하나의 변형은 각각의 비교 결과이다.

A.5.2 점프

ILOC는 점프 연산의 두 가지 형태를 포함한다. 모든 예제에서 대부분 사용되는 형태는 문자로 된 라벨로 제어를 넘기는 즉시 점프이다. 두 번째는 레지스터로의 점프 연산인데, 이 연산은 하나의 단일 레지스터 피연산자를 취한다. 그것은 레지스터의 내용을 런타임 주소로 번역하고 그 주소로 제어를 넘긴다.

Opcode	Sources	Targets	Meaning
jumpI	none	l_1	$l_1 \rightarrow$ PC
jump	none	r_1	$r_1 \rightarrow$ PC

레지스터로의 점프 형태는 모호한 제어 흐름 전달이다. 일단 그것이 만들어지면, 컴파일러는 해당 점프를 위해 목적 라벨들의 정확한 집합을 추론하지 못할 수도 있다. 이러한 이유때문에 컴파일러는 가능하면 레지스터로 점프하는 것을 피해야 한다.

가끔 레지스터로의 점프를 피하기 위해 필요한 돌려 표현하기는 너무 복잡해서 위의 문제에도 불구하고 레지스터로의 점프가 더 끌린다. 예를 들어 FORTRAN은 라벨 변수로 점프하는 구조를 포함한다. 즉시 분기를 가지고 그것을 구현하는 것은 case문–가능한 라벨들의 집합에 반하여 라벨 변수의 런타임 값을 맞추기 위한 코드와 함께하는 즉시 분기들의 연속–과 비슷한 논리를 필요로 했었을 것이다. 이와 같은 상황에서 컴파일러는 아마도 레지스터로의 점프를 사용해야만 했을 것이다.

레지스터로의 점프로부터 정보의 손실을 줄이기 위해 ILOC은 컴파일러가 레지스터로의 점프를 위해서 가능한 라벨들의 집합을 기록하도록 하는 의사 연산(pseudo-operation)을 포함한다. tbl 연산은 레지스터와 즉시 라벨의 두 개의 인수를 갖는다.

Opcode	Sources	Targets	Meaning
tbl	r_1, l_2	—	r_1 might hold l_2

tbl 연산은 오직 jump 다음에만 나타날 수 있다. 컴파일러는 하나 이상의 tbl의 집합을 레지스

터를 위해 가능한 모든 라벨 이름 부여로 이해한다. 그러므로 다음 시퀀스는 점프 목적지들을 L01, L03, L05 또는 L08 가운데 하나로 주장한다.

```
jump       → ri
tbl ri, L01
tbl ri, L03
tbl ri, L05
tbl ri, L08
```

A.6 SSA의 표현

컴파일러가 컴파일러의 IR 버전으로부터 어떤 프로그램의 SSA 형태를 구성할 때, 컴파일러는 ϕ-함수들을 표현할 방법을 필요로 한다. ILOC에서 ϕ-함수를 적성하기 위한 자연스러운 방법은 ILOC 연산으로 하는 것이다.

$$\text{phi } r_i, r_j, r_k \Rightarrow r_m$$

그러므로 우리는 가끔 ϕ-함수 $r_m \leftarrow (r_i, r_j, r_k)$를 위해 다음과 같이 작성한다. SSA 형태의 본질 때문에 phi 연산은 소스들의 임의의 숫자를 취할지도 모른다. 그것은 항상 단일 목적지를 정의한다.

ILOC Opcode Summary

Opcode	Sources	Targets	Meaning
nop	None	None	Used as a placeholder
add	r_1, r_2	r_3	$r_1 + r_2 \Rightarrow r_3$
addI	r_1, c_1	r_2	$r_1 + c_1 \Rightarrow r_2$
sub	r_1, r_2	r_3	$r_1 - r_2 \Rightarrow r_3$
subI	r_1, c_1	r_2	$r_1 - c_1 \Rightarrow r_2$
mult	r_1, r_2	r_3	$r_1 \times r_2 \Rightarrow r_3$
multI	r_1, c_1	r_2	$r_1 \times c_1 \Rightarrow r_2$
div	r_1, r_2	r_3	$r_1 \div r_2 \Rightarrow r_3$
divI	r_1, c_1	r_2	$r_1 \div c_1 \Rightarrow r_2$

`lshift`	r_1, r_2	r_3	$r_1 \ll r_2 \Rightarrow r_3$
`lshiftI`	r_1, c_2	r_3	$r_1 \ll c_2 \Rightarrow r_3$
`rshift`	r_1, r_2	r_3	$r_1 \gg r_2 \Rightarrow r_3$
`rshiftI`	r_1, c_2	r_3	$r_1 \gg c_2 \Rightarrow r_3$
`and`	r_1, r_2	r_3	$r_1 \wedge r_2 \Rightarrow r_3$
`andI`	r_1, c_2	r_3	$r_1 \wedge c_2 \Rightarrow r_3$
`or`	r_1, r_2	r_3	$r_1 \vee r_2 \Rightarrow r_3$
`orI`	r_1, c_2	r_3	$r_1 \vee c_2 \Rightarrow r_3$
`xor`	r_1, r_2	r_3	$r_1\ xor\ r_2 \Rightarrow r_3$
`xorI`	r_1, c_2	r_3	$r_1\ xor\ c_2 \Rightarrow r_3$
`loadI`	c_1	r_2	$c_1 \Rightarrow r_2$
`load`	r_1	r_2	MEMORY $(r_1) \Rightarrow r_2$
`loadAI`	r_1, c_1	r_2	MEMORY $(r_1 + c_1) \Rightarrow r_2$
`loadAO`	r_1, r_2	r_3	MEMORY $(r_1 + r_2) \Rightarrow r_3$
`cload`	r_1	r_2	character `load`
`cloadAI`	r_1, r_2	r_3	character `loadAI`
`cloadAO`	r_1, r_2	r_3	character `loadAO`
`store`	r_1	r_2	$r_1 \Rightarrow$ MEMORY (r_2)
`storeAI`	r_1	r_2, c_1	$r_1 \Rightarrow$ MEMORY $(r_2 + c_1)$
`storeAO`	r_1	r_2, r_3	$r_1 \Rightarrow$ MEMORY $(r_2 + r_3)$
`cstore`	r_1	r_2	character `store`
`cstoreAI`	r_1	r_2, r_3	character `storeAI`
`cstoreAO`	r_1	r_2, r_3	character `storeAO`
`i2i`	r_1	r_2	$r_1 \Rightarrow r_2$
`c2c`	r_1	r_2	$r_1 \Rightarrow r_2$
`c2i`	r_1	r_2	converts character to integer
`i2c`	r_1	r_2	converts integer to character

ILOC Alternate Branch Syntax

Opcode	Sources	Targets	Meaning
`comp`	r_1, r_2	cc_1	Sets cc_1
`cbr_LT`	cc_1	l_1, l_2	$cc_1 = LT \Rightarrow l_1 \rightarrow PC$ (otherwise $l_2 \rightarrow PC$)
`cbr_LE`	cc_1	l_1, l_2	$cc_1 = LE \Rightarrow l_1 \rightarrow PC$
`cbr_EQ`	cc_1	l_1, l_2	$cc_1 = EQ \Rightarrow l_1 \rightarrow PC$
`cbr_GE`	cc_1	l_1, l_2	$cc_1 = GE \Rightarrow l_1 \rightarrow PC$
`cbr_GT`	cc_1	l_1, l_2	$cc_1 = GT \Rightarrow l_1 \rightarrow PC$
`cbr_NE`	cc_1	l_1, l_2	$cc_1 = NE \Rightarrow l_1 \rightarrow PC$

ILOC Control-Flow Operations

Opcode	Sources	Targets	Meaning
cbr	r_1	l_1, l_2	r_1 = true $\Rightarrow l_1 \rightarrow$ PC
			r_1 = false $\Rightarrow l_2 \rightarrow$ PC
jumpI	none	l_1	$l_1 \rightarrow$ PC
jump	none	r_1	$r_1 \rightarrow$ PC
cmp_LT	r_1, r_2	r_3	$r_1 < r_2 \Rightarrow$ true $\rightarrow r_3$
			(otherwise, false $\rightarrow r_3$)
cmp_LE	r_1, r_2	r_3	$r_1 \leq r_2 \Rightarrow$ true $\rightarrow r_3$
cmp_EQ	r_1, r_2	r_3	$r_1 = r_2 \Rightarrow$ true $\rightarrow r_3$
cmp_NE	r_1, r_2	r_3	$r_1 \neq r_2 \Rightarrow$ true $\rightarrow r_3$
cmp_GE	r_1, r_2	r_3	$r_1 \geq r_2 \Rightarrow$ true $\rightarrow r_3$
cmp_GT	r_1, r_2	r_3	$r_1 > r_2 \Rightarrow$ true $\rightarrow r_3$
tbl	r_1, l_2	—	r_1 might hold l_2

APPENDIX B

데이터 구조

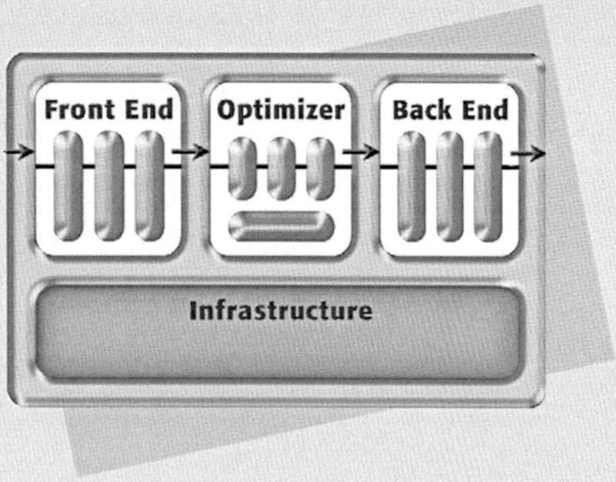

B.1 소개

컴파일러 설계에는 다양한 측면에 대한 세심한 주의가 필요하다. 이 부록에서는 컴파일러 설계 및 구현에서 수반되는 몇 가지 알고리즘적인 문제에 대해 살펴볼 것이다. 대부분의 세부적인 사항들은 독자를 혼란스럽게 할 수 있으므로 본문에서 생략되었다. 이들 중 살펴볼 필요가 있는 내용들을 모아 본 부록에서 다루도록 하겠다.

본 부록은 컴파일러의 기반 구조에 초점을 맞추었다. 컴파일러의 기반 구조를 설계하고 구현하는 것에는 여러 가지 공학적인 문제들이 발생하며, 이 문제들을 어떻게 해결하는지에 따라 컴파일러의 성능과 확장 및 관리의 용이성이 결정된다. 예를 들어, 컴파일러는 원시 코드의 크기를 읽기 전에는 알 수 없으므로 전위부(front end)는 큰 입력 파일을 수용할 수 있도록 데이터 구조를 확장 가능하게 설계해야 한다. 또한 컴파일러는 전위부 이후에 컴파일 단계들에서 필요한 내부 데이터 구조의 대략적인 크기를 추론할 수 있어야 한다. 가령 10,000개의 명칭들을 갖는 IR이 생성하였을 경우, 다음 단계에서 1024개의 명칭들을 수용할 수 있는 심볼 테이블을 이용해서는 안 된다. 따라서 IR을 포함하는 모든 파일은 주요 데이터 구조들의 대략적인 크기에 대한 정보를 포함해야 한다.

전위부 이후 컴파일 단계에서는 입력 IR이 컴파일러에 의해 생성되었음을 가정할 수 있다. 따라서 나머지 단계에서는 오류 검출을 철저히 해야 하는 반면 오류에 대한 설명과 오류 정정에 대해서는 전위부 단계에서만큼 많은 공을 들일 필요는 없다. 이에 대한 일반적인 컴파일러 전략은, IR을 철저히 검사하는 검증 단계는 컴파일러 디버깅 용도로 추가하고 그 외에는 느슨한 오류 검출 및 보고를 사용하는 것이다. 컴파일러 작성자는 컴파일 단계들 사이에 생성되는 코드를 봐야 될 필요가 있다. 따라서 IR의 외부 출력 형태를 보다 가동성 있도록 하는 노력은 큰 의미가 있다.

B.2 집합의 표현

컴파일 과정에서 여러 가지 문제들은 관련된 집합들을 이용하여 나타낼 수 있다. LR(1) 항목들의 canonical 컬렉션의 생성 (3장 참고), 자료 흐름 분석 (8장, 9장 참고), 리스트 스케줄링에서의 준비 큐와 같은 worklist (12장 참고)등에서 이와 같은 점을 살펴볼 수 있다. 각각의 경우에 대해 컴파일러 작성자는 적절한 집합 표현을 선택해야 한다. 많은 경우에 있어 효율적인 알고리즘은 신중한 집합 표현의 선택에 좌우된다. (예를 들어 우위 계산에서 *doms* 데이터 구조는 모든 우위자의 집합들과 즉시 우위자들을 하나의 함축된 배열에 표현한다.)

컴파일러의 설계와 다른 시스템 소프트웨어의 기본적인 설계의 차이는 컴파일 과정의 많은 문제들은 오프라인에서 해결이 가능하다는 것이다. 예를 들어 3.2절에 설명되어 있는 레지스터 할당을 위한 상향 지역 알고리즘은 FORTRAN 컴파일러를 위해 1950년대 중반에 제안되었다. 이것은 오프라인 페이지 교체를 위한 Belady의 MIN 알고리즘으로 더 잘 알려져 있고 온라인 페이지 교체 알고리즘의 효율성을 평가하기 위한 표준으로 오랫동안 이용되어 왔다. 운영체제에서 이 알고리즘은 오프라인 알고리즘이기 때문에 단지 학문적인 관심사일 뿐이다. 반면 컴파일러는 어떤 결정을 내리기 전에 전체 블록들을 살펴볼 수 있으므로 이 오프라인 알고리즘은 컴파일러에게 적합하다.

컴파일의 오프라인 특성은 컴파일러 작성자가 매우 다양한 집합 표현들을 사용할 수 있도록 한다. 집합에 대한 많은 표현들이 탐구되어 왔다. 특히 오프라인 연산은 집합 S의 요소들을 고정된 크기의 모집합 U로 제한할 수 있다($S \subseteq U$). 이에 따라 모집합 U의 크기를 동적으로 알아내야 하는 온라인의 경우에 비하여 보다 효율적인 집합 표현들을 사용할 수 있다.

공통적인 집합 연산들로 *member*, *insert*, *delete*, *clear*, *select*, *cardinality*, *forall*, *copy*, *compare*, *union*, *intersect*, *difference*, *complement* 등이 있다. 일반적인 응용에서는 이들 연산 중 일부분만을 사용한다. 각각의 집합 연산의 비용은 선택한 집합 표현에 의해 결정된다. 특정 응용에 대한 효율적인 집합 표현을 선택하기 위해서는 어떤 종류의 연산들이 자주 사용되는지를 고려해야 한다. 또한 해당하는 집합 표현을 위해 필요한 메모리 공간과 모집단 U에 대한 S의 밀집도를 고려해야 한다.

이 절의 나머지 부분은 컴파일러에서 사용되는 세 가지 효율적인 집합 표현(순차적 링크드 리스트, 비트 벡터, 스파스 집합)들에 대해 살펴볼 것이다.

B.2.1 순차 리스트를 이용한 집합 표현

각각의 집합의 크기가 작은 경우에는 종종 단순한 링크드 리스트 표현을 사용하는 것이 적합하다. 이 경우 집합 S에 대해 집합 표현은 링크드 리스트와 리스트의 첫 번째 요소에 대한 포인터로 구성된다. 리스트에서 각각의 노드들은 S의 요소 하나와 리스트의 다음 요소에 대한 포인터에 대한 표현을 포함한다. 리스트의 마지막 노드는 리스트의 끝을 나타내는 표준 값을 포인터로 갖는다. 링크드 리스트 표현을 사용하여 구현하는 경우 집합 요소들에 대한 순서를 매길 수 있다. 예를 들어 집합 $S = \{i, j, k\}$, $i < j < k$의 순차 링크드 리스트는 다음과 같다.

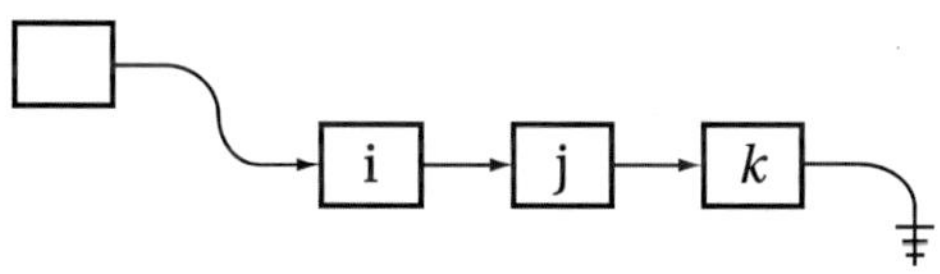

각 요소들은 오름순으로 정렬되어 있고 집합 S의 크기는 모집합 U의 크기가 아닌 요소들의 수에 비례한다. 물론 포인터들을 사용함으로써 추가적인 공간을 더 필요로 한다. 리스트 표현은 모집단 U와 집합 S의 크기에 무관하므로 매우 유연하다. 따라서 컴파일러가 그래프 컬러링 레지스터 할당기의 생존 범위 찾기 부분과 같이 모집합 U, 혹은 집합 S를 생성할 때 사용할 수 있다.

그림 B.1에서 표는 링크드 리스트 표현을 사용하는 경우 공통 집합 연산에 대한 복잡도를 나타낸다. 대부분의 순차적인 링크드 리스트 경우 복잡도는 $\mathbf{O}(|S|)$이며, 이것은 링크드 리스트를 따라 연산을 수행해야 하기 때문이다. 가비지 컬렉터를 사용하는 시스템이나 arena 기반의 시스템에서와 같이, 메모리 해제 시에 특정 노드의 해제를 위해 전체 리스트를 검색하지 않아도 되는 경우, *clear*의 복잡도는 상수이다.

간섭 그래프 (13장 참고)의 생성과 같이, 모집합을 알 수 없거나 집합의 크기가 몹시 커질 수

Operation	Ordered Linked List	Bit Vector	Sparse Set
member	$\mathbf{O}(\lvert S\rvert)$	$\mathbf{O}(1)$	$\mathbf{O}(1)$
insert	$\mathbf{O}(\lvert S\rvert)$	$\mathbf{O}(1)$	$\mathbf{O}(1)$
delete	$\mathbf{O}(\lvert S\rvert)$	$\mathbf{O}(1)$	$\mathbf{O}(1)$
clear	$\mathbf{O}(1)$	$\mathbf{O}(\lvert U\rvert)$	$\mathbf{O}(1)$
select	$\mathbf{O}(1)$	$\mathbf{O}(\lvert U\rvert)$	$\mathbf{O}(1)$
cardinality	$\mathbf{O}(\lvert S\rvert)$	$\mathbf{O}(\lvert U\rvert)$	$\mathbf{O}(1)$
forall	$\mathbf{O}(\lvert S\rvert)$	$\mathbf{O}(\lvert U\rvert)$	$\mathbf{O}(\lvert S\rvert)$
copy	$\mathbf{O}(\lvert S\rvert)$	$\mathbf{O}(\lvert U\rvert)$	$\mathbf{O}(\lvert S\rvert)$
compare	$\mathbf{O}(\lvert S\rvert)$	$\mathbf{O}(\lvert U\rvert)$	$\mathbf{O}(\lvert S\rvert)$
union	$\mathbf{O}(\lvert S\rvert)$	$\mathbf{O}(\lvert U\rvert)$	$\mathbf{O}(\lvert S\rvert)$
intersect	$\mathbf{O}(\lvert S\rvert)$	$\mathbf{O}(\lvert U\rvert)$	$\mathbf{O}(\lvert S\rvert)$
difference	$\mathbf{O}(\lvert S\rvert)$	$\mathbf{O}(\lvert U\rvert)$	$\mathbf{O}(\lvert S\rvert)$
complement	—	$\mathbf{O}(\lvert U\rvert)$	$\mathbf{O}(\lvert U\rvert)$

그림 B.1 집합 연산의 복잡도

있는 이 표현의 개량이 필요하다. 각각의 노드들의 고정된 수(1보다 큰)의 요소들을 갖게 함으로써 공간과 시간의 낭비를 크게 줄일 수 있다. n개의 요소의 집합을 구성하는 데 한 집합에 한 요소를 갖는 경우 n번의 할당과 $n+1$개의 포인터를 필요 하는 반면, k개의 요소를 갖게 하는 경우 $\lceil \frac{n}{k} \rceil$번의 할당과 $\lceil \frac{n}{k} \rceil+1$개의 포인터를 필요로 한다. 이 방법은 리스트 표현을 쉽게 확장할 수 있게 하며 공간의 낭비를 크게 줄인다. 요소의 삽입과 삭제가 기존의 방법에 비하여 더 많은 데이터를 이용시키지만 복잡도는 여전히 $\mathbf{O}(\lvert S\rvert)$이다.[1]

우위 계산(9.3.2절 참고)에서 사용되는 *doms* 배열은 리스트 집합 표현에 대한 매우 특수한 경우의 예제이다. 이 경우 컴파일러는 모집합의 크기와 집합들의 수를 알고 있다. 또한 순차적 집합들을 이용하여 $e \in S_1$이고 $e \in S_2$ 경우에 S_1의 요소 e의 다음 요소 역시 S_2에 포함되는 특성을 갖고 있어 e 이후의 요소들은 공유할 수 있다. 이에 따라 n개의 요소를 갖는 단일 배열은 n개의 성긴 집합들을 순차 리스트로서 표현할 수 있고 이러한 집합들에 대한 교집합 연산을 매우 빠르게 수행할 수 있다.

[1] 리스트의 뒤보다 앞에 추가 공간을 유지하는 것은 단일 링크 리스트에서 *insert*와 *delete*를 간단히 한다.

B.2.2 비트 벡터를 이용한 집합 표현

컴파일러 작성자는 종종 *비트 벡터(bit vector)*를 이용하여 집합을 표현하기도 하며, 특히 자료 흐름 분석 (8.6절, 9.2절 참고)에서 유용하게 사용한다. 모집합 U가 유한한 경우 집합 $S \subseteq U$는 길이가 $|U|$인 비트 벡터로 표현할 수 있으며 이것을 S에 대한 *특성 벡터(characteristic vector)* 라고 부른다. $i \in U$, $0 \le i < |U|$; $i \in S$의 조건을 가질 때 특성 벡터의 i번째 요소의 값은 1이며 나머지 경우는 0이다. 예를 들어 $S \subseteq U$이고 $S = \{i, j, k\}$, $i < j < k$인 경우의 특성 벡터는 다음과 같이 표현할 수 있다.

0		i–1	i	i+1		j–1	j	j+1		k–1	k	k+1		|U|–1
0	···	0	1	0	···	0	1	0	···	0	1	0	···	0

비트 벡터 표현은 항상 U의 모든 요소들을 표현할 수 있는 충분한 공간을 확보한다. 따라서 이 표현은 U가 알려져 있는 경우, 즉 오프라인에서만 응용할 수 있다.

그림 B.1의 표에서 볼 수 있듯이, 비트 벡터 표현의 많은 연산들의 복잡도는 $\mathbf{O}(|U|)$이지만 U의 크기가 작은 경우 효율적인 표현 방식이다. 하나의 단어가 여러 요소들을 포함할 수 있을 경우 상수 곱의 공간 효율 개선이 가능하다. 가령, 단어의 크기가 32 비트인 경우 32개 이하의 요소를 갖는 모집합들은 모두 하나의 단어 안에 표현할 수 있기 때문이다.

비트 벡터의 간결한 표현 방식은 연산 속도를 향상시킨다. 하나의 단어로 표현 가능한 집합들은 대부분의 집합 연산을 하나의 머신 명령어로 처리할 수 있기 때문이다. 가령, 합집합(*union*) 연산은 논리 연산 or로, 교집합(*intersection*)은 논리 연산 and로 처리할 수 있다. 여러 단어로 표현되는 집합들에 대해서도 대부분의 집합 연산에 사용되는 머신 명령어의 수는 머신의 단어 크기에 비례하여 감소한다.

B.2.3 성긴 집합의 표현

고정된 모집합 U와 집합 $S \subseteq U$는 $|S|$가 $|U|$에 비하여 현저히 작은 경우 S를 성긴 집합이라고 한다. 컴파일 과정에서 사용되는 몇몇 집합들은 성긴 집합이다. 예를 들어, 레지스터 할당에서 사용되는 LIVEOUT 집합들은 일반적으로 성긴 집합이다. 컴파일러 작성자는 종종 이러한 집합을 표현하기 위해 비트 벡터를 사용한다. 하지만 집합이 매우 성긴 경우에는 보다 효율적인 표현, 특히 대부분의 연산들을 $\mathbf{O}(1)$혹은 $\mathbf{O}(|S|)$의 복잡도로 처리할 수 있는 표현을 사용할 수 있다. $|S|$가 $|U|$에 비하여 워드 크기가 배 이상의 차이로 작은 경우, 비트 벡터 표현의 효율은 감소하기 때문이다.

이러한 특성을 이용하는 성긴 집합 표현 중의 하나는 길이 $|U|$를 갖는 벡터 두 개와 집합을 표현하는 하나의 스칼라를 이용하는 것이다. 두 개의 벡터는 집합에 대한 성긴 표현을 하는 *sparse*와 집합에 대한 밀집된 표현을 하는 *dense*이며, 스칼라는 *next*로써 *dense* 벡터 안에 다음의 새로운 요소들이 삽입될 수 있는 위치를 저장한다. 물론 *next*는 집합들의 cardinacity를 유지하고 있다.

성긴 집합이 생성되었을 때 집합에 대한 초기화는 필요 없다. 집합 요소에 대한 접근 시 마다 집합 요소가 유효한지를 검사한다. *clear* 연산은 단순히 *next* 값을 영으로 초기화할 뿐이다. S에 새로운 요소($i \in j$)를 추가하는 과정은 (1) *next*가 가리키는 *dense* 벡터 안의 위치에 i를 저장하고 (2) *sparse* 벡터의 i번째 요소에 *next* 값을 저장한다. 마지막으로 (3) 다음에 또 *dense*에 새로운 요소가 추가될 수 있도록 *next* 값을 증가시킨다.

비어 있는 성긴 집합에 $i < j < k$의 값을 갖는 j, i, k를 순차적으로 삽입하는 경우 이 표현 방법은 다음과 같은 모습을 가질 것이다.

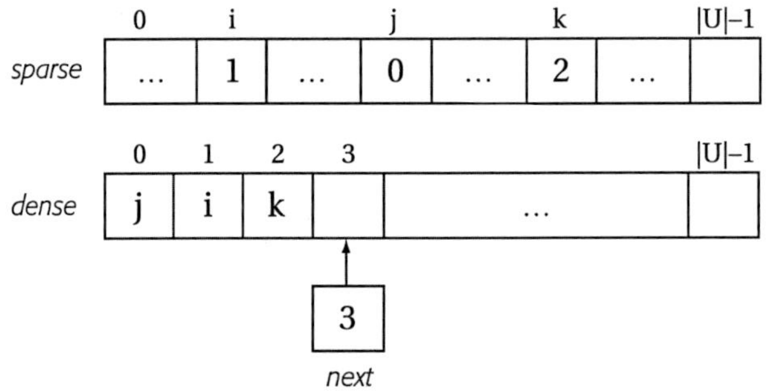

성긴 집합 표현을 위해서는 모집합 U의 모든 요소를 표현할 수 있는 충분한 공간이 필요함을 상기하기 바란다. 따라서 이 표현은 컴파일러가 U의 크기를 알고 있는 오프라인 상황에서만 사용할 수 있다.

성긴 집합에서 i 유효한 요소인 경우, *sparse*와 *dense*의 해당하는 요소들은 서로를 가리켜야 한다. 따라서 요소의 유효성은 다음과 같은 조건으로 검사할 수 있다.

$$0 \le sparse[i] < next \quad \text{and} \quad dense[sparse[i]] = i$$

그림 B.1의 표에서는 집합연산들의 복잡도를 보여 주고 있다. 이때 *sparse*와 *dense* 표현 모두 서로 다른 장단점을 나타내고 있다.

그림 B.1의 표에서 볼 수 있듯이 이 표현을 사용할 경우 각각의 요소들에 대한 접근은 *sparse*벡터를 통해 복잡도 **O**(1)를 가지며, 집합을 검색해야 하는 연산들은 *dense* 벡터를 통해

복잡도 **O**(|S|)으로 수행할 수 있다.

비트 벡터와 성긴 집합 표현 중 하나를 선택할 경우 필요한 공간과 시간 복잡도를 모두 고려해야 한다. 성긴 집합 표현은 길이 |U|를 갖는 두 개의 벡터와 하나의 스칼라를 사용하는 반면, 비트 벡터 표현은 길이 |U|를 갖는 하나의 벡터를 사용한다. 그림 B.1에서 나타나듯이, 성긴 집합 표현은 시간 복잡도 측면에서 비트 벡터보다 효율적이다. 하지만 비트 벡터의 경우 연산에 대한 효율적인 구현이 가능하므로 집합 S가 성기지 않은 경우에 애용된다. 따라서 두 집합 표현 중 하나를 선택할 경우 표현하고자 하는 집합의 성긴 정도와 사용하는 연산들의 상대적인 사용 빈도수를 고려하는 것이 중요하다.

B.3 IR의 구현

컴파일러 작성자는 적절한 IR의 형태를 선택한 후에 이것을 어떻게 구현할 것인지 결정해야 한다. 언뜻 생각하기에는 선택의 결과가 뚜렷해 보인다. DAG가 포인터와 힙에 할당된 데이터 구조를 이용하여 노드와 엣지를 쉽게 표현할 수 있으며, quadruple은 자연스럽게 $4 \times k$ 배열로 표현할 수 있다. 집합의 표현에서와 마찬가지로, 최적의 선택을 위해서는 컴파일러가 데이터 구조를 어떻게 이용할 것인지에 대한 심도 깊은 이해가 필요하다.

B.3.1 그래픽한 IR 표현

5장에서 논의하였듯이 컴파일러는 다양한 그래픽한 IR들을 사용한다. 그래프의 구현을 컴파일러의 필요에 맞추어 사용함으로써 시간과 공간의 효율을 향상시킬 수 있다. 이 절에서는 그래프와 트리 구현에서 발생하는 몇 가지 문제들을 살펴볼 것이다.

트리의 표현

대부분의 언어에서 트리는 자연스럽게 포인터들로 연결된 노드들의 집합으로 표현된다. 일반적으로 컴파일러가 트리를 생성할 때 노드들을 필요에 따라 할당하여 구현한다. 트리는 여러 가지 크기의 노드들을 포함할 수 있으며, 가령 노드는 다양한 수의 자식들과 몇 가지 데이터 항목을 가질 수 있다. 대안적으로 트리를 생성할 때 가장 큰 노드의 크기에 맞추어 한 가지 형태의 노드로 구현할 수도 있다.

다른 방법으로 트리를 노드 구조체의 배열로 표현할 수 있다. 이 경우 포인터는 정수형 인덱스로 대체되고, 포인터에 기반 한 참조는 일반적인 배열과 구조체의 참조로 대신할 수 있다. 이러한 구현은 하나의 크기로 모든 노드들을 표현하는 데 초점을 맞추었지만, 한편으로 포인터에 기반한 구현과 유사하다.

각각의 구현 기법의 장단점은 다음과 같다.

- 포인터 기법은 임의의 크기의 AST를 다룰 수 있다. 반면, 배열 기법은 초기 할당 크기보다 AST의 크기가 커지는 경우 배열을 확장하는 코드를 필요로 한다.

- 포인터 기법은 각 노드들을 위한 할당이 필요하다. 반면, 배열 기법은 노드가 추가될 때 (배열을 확장시켜야 하지 않는 한) 단순히 카운터 값을 증가시킨다. Arena 기반의 할당(6장의 Arena 기본 할당 참고)과 같은 기법을 사용할 경우, 할당과 재사용에 필요한 비용을 감소시킬 수 있다.

- 포인터 기법에서 참조의 집약성(locality)은 런타임에서 할당기의 동작에 의해 결정된다. 반면, 배열 기법은 연속적인 메모리를 사용한다. 두 기법의 효율은 개별적인 시스템의 특성에 따라 다르다.

- 포인터가 집중된 코드에 대한 정적인 분석이 상대적으로 용이하지 않아 포인터 기법은 최적화가 어렵다. 반면, 배열 기법은 밀집된 선형 대수 코드를 위해 개발된 많은 최적화 기법이 적용될 수 있다. 컴파일러가 컴파일 될 때 이러한 최적화 기법은 포인터 기법보다 배열 기법에 대해 보다 빠른 코드를 생성할 것이다.

- 포인터 기법은 배열 기법에 비하여 디버깅이 어려울 수 있다. 프로그래머는 배열의 인덱스를 메모리의 주소에 비하여 직관적으로 여기기 때문이다.

- 포인터를 이용한 시스템은 AST가 외부 매체에 기록되어야 할 경우 포인터를 변환 방법이 필요하다. 이를 위해 포인터를 따라 노드들을 검색하는 과정이 필요할 것이다. 반면 배열을 이용한 시스템은 배열의 시작 위치로부터의 오프셋을 사용하기 때문에 이러한 변환이 필요 없다. 많은 시스템이 이를 블록 I/O 연산을 통해 처리할 수 있다.

이외에 많은 트레이드 오프가 있으며 각각은 활용되는 상황을 고려하여 평가되어야 한다.

트리의 이진 트리로의 사상

AST을 그대로 구현할 경우 각 노드들이 다양한 수의 자식들을 가질 수 있도록 해야 한다. 예를

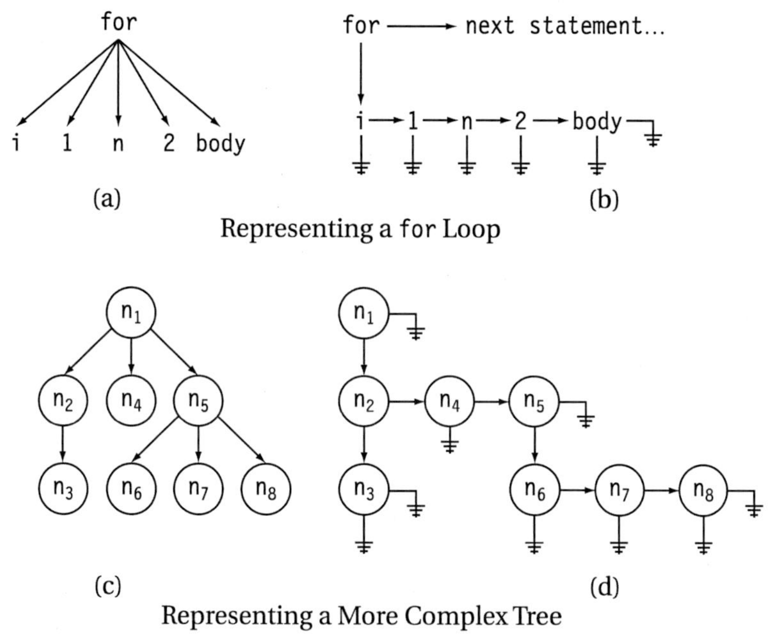

그림 B.2 일반적인 트리의 바이너리로의 매핑

들어 일반적으로 다음의 루프 헤더는 그림 B.2(a)와 같이 AST의 노드들이 다섯 개의 자식을 갖는다. 여기서 라벨 body는 for 루프의 몸체에 해당하는 서브트리를 표현한다.

```
for i = 1 to n by 2
```

어떤 경우는 이와 같이 자식의 수가 고정되어 있지 않을 수 있다. 프로시저 호출을 표현하는 AST의 경우 매개변수의 수에 따라 노드들을 할당하거나 매개변수의 리스트를 저장하는 하나의 자식을 가질 수 있다. 전자의 방법은 AST를 검색하는 모든 모드들을 복잡하게 만든다. 가변 크기를 갖는 노드들은 자식의 수를 나타내는 값을 포함해야 하며, 검색 코드는 이 값을 읽어 이에 따라 동작을 달리해야 하기 때문이다. 후자의 방법은 AST의 구현에서 이렇게 엄격히 구현해야 하는 코드를 분리시키고 분리된 부분에서는 리스트를 사용하여 쉽게 구현할 수 있도록 한다.

트리의 구현을 단순화하기 위해 컴파일러 작성자는 이러한 분리 기법을 한 단계 더 확장하여 사용할 수 있다. 임의의 트리를 이진 트리로 사상시켜 각각의 노드가 두 개의 자식만을 갖도록 하는 것이다. 노드의 좌측 자식 포인터가 원래 트리의 제일 좌측에 위치한 자식을 가리키게 하고, 우측 자식 포인터는 노드의 형제들을 가리키도록 한다. 그림 B.2(b)는 다섯 개의 자식을 갖는 노드를 이진 트리로 사상시킨 예이다. 모든 노드가 두 개의 자식을 가지므로 리프(leaf) 노드는 null 포인터를 갖는다. 또한 노드 for는 형제 포인터를 가지며 (a)에서는 이 형제 노드들을 부모 노드에서 가리키고 있었다. (c)와 (d)는 이진 트리로의 사상에 대한 좀 더 복잡한 예제를 보여준다.

위의 예제에서 볼 수 있듯이 이진 트리는 추가적인 null 포인터의 사용을 요구한다. 반면 이진 트리는 몇 가지 측면에서 구현을 단순화한다. 메모리 할당을 arena 기반의 할당기나 특화된 할당기를 사용하여 단순하게 수행할 수 있으며, 컴파일러 제작자는 구조체 배열을 이용하여 트리를 표현할 수 있다. 또한 이진 트리를 위한 코드의 구현은 여러 다른 차원을 갖는 트리의 구현에 비하여 다소 단순하다.

임의의 그래프 표현

컴파일러는 트리 외에도 임의의 그래프를 표현할 수 있어야 한다. 제어 흐름 그래프와 데이터 우선순위(data-precedence) 그래프가 임의의 그래프를 사용하는 예이다. 단순한 구현은 엣지에 대한 포인터를 갖는 힙에 할당된 노드를 사용하는 것이다. 그림 B.3의 좌측은 간단한 cfg를 나타낸다. 노드는 당연히 세 개가 필요하지만, 몇 개의 인커밍(incoming) 엣지와 아웃고잉(outgoing) 엣지가 필요한지에 대한 선택의 어려움이 있다. 노드들은 아웃고잉 엣지들을 리스트로 관리할 수 있을 것이며, 이 경우 그림의 오른쪽과 같이 구현될 것이다.

오른쪽 그림에서 직사각형은 노드를 표현하며 타원은 엣지를 표현한다. 이 표현 방법은 엣지의 방향을 따라 그래프를 쉽게 검색할 수 있도록 한다. 반면, 무작위의 노드 접근은 제공되지 않는데, 이를 위하여 노드의 번호로 참조할 수 있는 노드 포인터의 배열을 추가할 수 있다. 이를 통해 전위 자료 흐름 문제를 해결하는 데 적합한 그래프를 구현할 수 있다. 또한 노드의 모든 상속자들을 빠르게 검색할 수 있도록 한다.

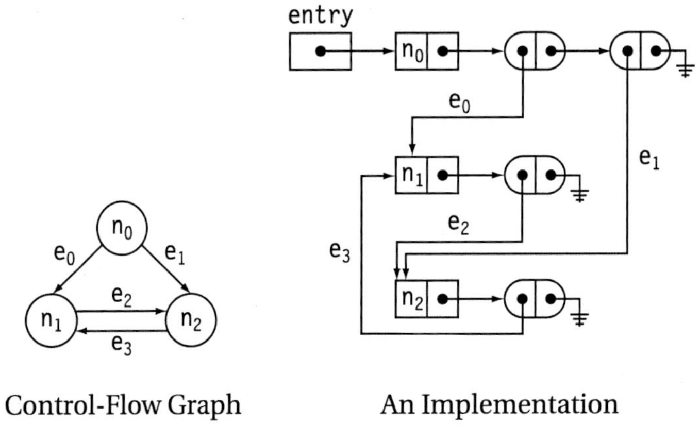

그림 B.3 자료 흐름 그래프의 예

불행히도 컴파일러는 종종 엣지의 방향 반대로 cfg를 검색해야 할 필요가 있다. 후위 자료 흐름(backward data-flow)과 같이 알고리즘이 조상을 빠르게 검색할 필요가 있는 경우이다. 그래프 구조를 후위 검색에 맞도록 개선하기 위해 각각의 노드에 추가적인 포인터를 포함시키고 노드의 조상을 표현하는 추가적인 엣지 구조를 생성해야 한다. 이러한 접근 방법은 동작에 문제는 없으나 데이터 구조와 구현 및 디버깅이 복잡해진다.

이에 대안으로 트리의 경우와 같이 테이블을 이용하여 구현을 단순화할 수 있다. 노드에 대한 테이블과 엣지에 대한 테이블을 사용하는 것이다. 노드에 대한 테이블은 상속자에 대해 첫 번째 엣지와 조상에 대한 첫 번째 엣지를 위한 항목을 갖는다. 엣지에 대한 테이블은 두 개의 항목을 가지는데, 각각 엣지의 소스(source)와 싱크(sink)를 나타내며 항목과 소스의 다음 상속자와 싱크의 다음 조상를 나타낸다. 다음의 테이블은 이 방법을 사용하여 cfg를 표현한 예이다.

Nodes

Successor	Predecessor
e_0	—
e_2	e_0
e_3	e_1

Edges

Name	Source	Sink	Next Successor	Next Predecessor
e_0	n_0	n_1	e_1	e_3
e_1	n_0	n_2	—	e_2
e_2	n_1	n_2	—	—
e_3	n_2	n_1	—	—

이러한 표현 기법은 상속자와 조상 및 개별적인 노드와 엣지를 해당하는 (이름들이 작은 정수로 표현된다고 가정할 때) 이름을 통해 빠른 접근을 할 수 있도록 한다.

테이블을 이용한 표현 기법은 그래프를 검색하고 상속자와 조상을 찾는 데 적합하다. 하지만 이 외의 연산을 더 중점적으로 수행하는 경우 보다 적합한 표현 방식을 사용할 수 있을 것이나. 예를 들어 그래프 컬러링 레지스터 할당기에서는 간섭 그래프에서 엣지의 존재 유무의 확인과 노드의 이웃들에 대한 반복적인 연산이 주를 이룬다. 이를 위해 대부분 전자를 위해 비트 행렬을 이용하고 후자를 위해 인접성 벡터를 이용하여 구현한다 (15.5.3절 참고). "엣지(i, j)가 그래프에 있는가"라는 질문에 대답하기 위하여 bit matrix를 사용한다. 간섭 그래프는 비방향성이기 때문에 lower-diagonal 행렬이면 충분하고, 이러한 방법은 완전한 bit matrix 사용보다 공간을 반으로 줄인다.

간섭 그래프는 크지만 성긴 구조를 가지므로 인접성 벡터에서의 공간 효율이 문제가 된다. 따라서 그래프를 각각의 인접성 벡터의 크기를 계산하는 단계와 해당 크기에 따라 벡터를 생성하는 단계로 나누어 구현하기도 한다. 혹은 B.2.1절에서 설명한 집합에 대한 리스트 표현 방법을 변형시켜 사용하기도 한다. 인접성 벡터에 대한 비순차적인 리스트를 사용하고 각각의 리스트 노드에 복수의 엣지를 부여하는 것이다.

B.3.2 선형 IR 형태

ILOC와 같은 선형 IR 형태의 이점은 구조체의 배열을 이용하여 단순하고 명료하게 구현할 수 있다는 점이다. 예를 들어 ILOC 프로그램은 FORTRAN 스타일의 배열에 사상된다. 이에 따라 n개의 ILOC 연산은 ($n \times 4$)개의 요소를 갖는 정수형 배열에 사상되며, 연산자(opcode)에 따라 각각의 피연산자(operand)를 어떻게 해석할지를 결정한다. 물론 모든 설계상의 결정은 장단점을 갖고 있으며, 선형 IR을 사용하고자 하는 컴파일러 제작자는 이를 고려해서 적절한 표현 방식을 사용해야 한다.

FORTRAN-스타일의 배열

단일 정수형 배열을 사용해 선형 IR을 저장함으로써 각각의 연산자와 피연산자를 빠르게 접근할 수 있으며, 할당과 접근에 대한 부하를 줄일 수 있다. 밀집된 선형 대수 프로그램의 성능을 높이는 표준 분석과 변환을 배열에 대한 접근을 최적화 할 수 있기 때문이다. 연속적인 선형 IR에 대한 작업은 메모리를 연속적으로 접근하므로 메모리 접근의 집약성을 높일 수 있다. 또한 IR을 외부 매체에 저장할 경우 효율적인 블록 I/O 연산을 사용할 수 있다.

하지만 배열을 이용한 구현에 따른 단점도 있다. 컴파일러가 코드를 중간에 삽입하려면 새로운 코드를 위해 공간을 생성해야 한다. 삽입 및 삭제와 같이 모든 종류의 코드 이동은 이와 같은 문제가 발생한다. 가장 단순하고 비효율적인 구현은 배열에 어느 정도 빈 공간을 마련하고 코드를 배열 안에서 움직일 수 있도록 구현하는 것이다.

다른 방법은 우회(detour) 연산자를 사용하여 IR에서 코드 조각의 어느 부분이든 가리킬 수 있도록 하는 것이다. 따라서 코드의 삽입은 삽입할 코드 조각과 덮어쓰는 연산을 위치 코드를 배열의 끝 부분에 같이 저장한 후 첫 이후에 이 연산을 가리키는 우회 연산자를 삽입함으로써 구현할 수 있다. 각각의 컴파일 단계가 끝나거나 우회 연산자를 일정 기준 이상 사용하였을 경우 종종 배열의 선형화를 한다.

배열을 사용한 구현에서 발생하는 또 다른 문제들은 가변적인 피연산자를 갖는 ϕ-함수처럼 자주 사용되지 않는 연산들에 의해 발생한다. 가령 프로시저 호출이 하나의 복합 연산으로 표현되는 경우, 각각의 매개변수와 반환 값에 대한 정보 등 여러 가지를 피연산자로 가질 수 있을 것이다. 이 경우 $n \times 4$ 배열의 고정된 틀을 사용할 수 없으며, 피연산자들을 리스트로 저장하여 포인터로 가리켜서 해결해야 할 것이다.

구조체의 리스트

배열을 이용한 구현의 대안은 구조체의 리스트를 사용하는 것이다. 이 방법은 각각의 연산을 독립적인 구조체를 사용해 표현하고, 다음 연산의 구조체를 포인터로 연결하는 것이다. 구조체는 개별적으로 할당할 수 있으므로 가변적인 크기로 프로그램의 표현을 쉽게 확장할 수 있다. 포인터를 사용하여 연산들을 연결하므로 연산의 삽입 및 삭제는 포인터 대입으로 간단히 수행할 수 있다. 호출 연산과 같이 가변적인 길이를 갖는 연산의 경우, 이를 표현할 수 있는 충분한 크기 및 구조의 구조체를 사용할 수 있다. 또한 `loadI`나 `jump`와 같이 짧은 연산은 작은 구조체를 사용하여 공간을 절약할 수 있다.

물론 구조체를 각각 할당하는 것은 배열에 비하여 할당의 부하를 증가시키며 포인터의 사용으로 더 많은 공간을 필요로 한다. 또한 IR의 조작에 포인터 기반의 참조가 매우 많이 필요하므로 단순 배열의 경우에 비하여 코드의 성능이 좋지 않다. 마지막으로, 컴파일러 제작자가 IR을 외부 매체로 저장할 때 IR을 검색하며 변환하여 저장해야 하므로, 빠른 블록 I/O를 사용하기 어렵다.

하지만 이러한 단점들은 약간의 확장을 통해 해소될 수 있다. 구조체의 리스트를 arena나 배열 안에 구현하는 것이다. Arena 기반의 할당기는 할당의 부하를 대폭 감소시킬 수 있으며, 단순 배열을 사용하는 것과 비슷한 메모리의 집약성을 제공한다.

배열 안에 리스트를 구현하는 것 역시 비슷한 장점을 가지며, 포인터들을 정수형 인덱스로 바꿀 수 있는 추가적인 장점이 있다.[2] 경험에 비추어 볼 때 이 방식은 디버깅을 용이하게 하고 IR을 외부 매체에 저장할 때 블록 I/O를 사용할 수 있게 한다.

B.4 해시 테이블의 구현

해시 테이블의 구현에서 역점을 두어야 할 부분은 고른 분산을 갖도록 해시 함수를 작성하는 것과 효율적인 방법으로 충돌을 해결하는 것이다. 좋은 해시 함수를 찾는 것은 어렵지만 오랫동안 사용되어 온 좋은 해시 함수들을 소개하도록 하겠다.

이 절은 다음과 같이 구성되어 있다. B.4.1절은 두 가지 해시 함수를 소개하며, B.4.2절은 *오픈 해싱(open hashing)*을, B.4.3절은 *오픈 어드레싱(open addressing)*과 *리해싱(rehashing)*을, B.4.4절은 해시 테이블을 위한 저장공간 관리를, B.4.5절은 어휘적 스코핑과 연동하는 메커니즘을 소개한다. 마지막 절은 컴파일러 개발 환경에서 발생하는 해시 테이블의 빈번한 정의 변경

[2] 첫 패스 이후의 어떠한 패스에서도 컴파일러는 IR이 얼마나 큰지를 정확히 표현하여야 한다. 이것을 이용하여 IR과 추후에 사용된 공간을 모두 고려하여 사용공간을 할당한다. 추후에 공간을 할당하는 것은 매우 모습은 비용을 지불하여야 한다.

심볼 테이블의 구성

심볼 테이블을 설계할 때 컴파일러 제작자는 먼저 테이블의 구성과 검색 알고리즘을 결정해야 한다. 이에 대해 다음과 같은 선택을 할 수 있다.

선형 리스트 선형 리스트는 임의의 크기로 확장할 수 있으며, 검색 알고리즘은 매우 가볍고 단순하다. 하지만 심볼의 수가 n일 때 검색 알고리즘은 매번 평균적으로 $\mathbf{O}(n)$번의 연산이 필요하다. 구현과 확장의 용이함에 비하여 이 점은 몹시 큰 단점이다. 이 방법이 적합한 경우는 객체 지향 언어에서처럼 프로시저가 매우 적은 수의 심볼들을 사용할 때이다.

이진 탐색 선형 리스트의 용이한 확장성을 유지하며 검색 속도를 향상시키기 위해 균형 이진 트리(balanced binary tree)를 사용할 수 있다. 이상적으로 균형 이진 트리는 검색에 $\mathbf{O}(\log_2 n)$번의 연산이 필요하므로, 선형 리스트에 비하여 검색 속도가 매우 향상된다. (순차 테이블을 이용한 이진 검색으로도 비슷한 결과를 얻을 수 있지만, 이 기법은 삽입과 확장을 어렵게 한다.)

해시 테이블 해시 테이블은 접근 비용을 최소화할 수 있다. 또한 심볼의 이름을 이용하여 바로 테이블의 인덱스를 계산하도록 구현할 수 있다. 인덱스가 고른 분산을 갖는다면 평균적인 접근 비용은 $\mathbf{O}(1)$가 되지만, 최악의 경우에는 선형 검색과 같은 비용이 필요하다. 컴파일러 제작자는 최악의 경우가 발생하지 않도록 조치를 취할 수 있지만, 완벽히 해결할 수는 없다. 끝으로 테이블의 확장을 용이하게 하는 여러 구현 방법이 존재한다.

다중 집합 구별 해시 테이블에서 최악의 경우를 피하기 위해 컴파일러 제작사는 오프라인 기법으로 다중 집합 구별(multiset discrimination)을 사용할 수 있다. 이 기법은 각각의 식별자에 대한 인덱스를 지역적으로 생성한다. 이를 통해 해싱(hashing)에 존재하는 고질적인 문제를 해결할 수 있다.(5장 참고)

여러 가지 구성 중 해시 테이블을 가장 일반적으로 사용한다. 해시 테이블은 컴파일 시점에서 선형 리스트나 이진 트리에 비하여 더 나은 특성을 보이며 구현 기법이 광범위하게 연구되어 왔다.

에 관한 문제를 살펴볼 것이다.

B.4.1 해시 함수의 선택

좋은 해시 함수를 선택하는 것은 매우 중요하다. 인덱스에 대한 분산이 나쁜 해시 함수는 항목 삽입와 검색에 소요되는 비용을 증가시킨다. 따라서 이 절에서 좋은 해시 함수들을 소개하도록 하겠다.

곱셈 해시 함수

곱셈 해시 함수(multiplicative hash function)는 몹시 단순하다. 다음과 같은 수식으로 표현되며 프로그래머가 상수 C를 선택하게 되어 있다.

$$h(key) = \lfloor TableSize \cdot ((C \cdot key) \bmod 1) \rfloor$$

*Key*는 테이블의 키로 사용되는 정수 값이고 *TableSize*는 당연히 해시 테이블의 현재 크기이다. Knuth는 다음과 같은 상수 *C*를 제안하였다.

$$0.6180339887 \approx \frac{\sqrt{5}-1}{2} \text{ for } C.$$

함수의 결과는 mod 함수를 C · key 적용하고, 테이블의 크기를 곱함으로써 얻어진다.

보편적인 해시 함수

*보편적인 해시 함수(Universal hash function)*의 구현을 위해 프로그래머는 몇 가지 상수 값으로 설정할 수 있는 함수들의 그룹을 설계하며 실행 시점에서 상수 값들은 무작위로 선택된다 (즉, 매 실행 시마다 다른 상수 값이 사용된다.) 매 실행 마다 다른 분산의 해시 함수를 사용하게 된다. 이를 이용하여 해싱에서 발생하는 특수한 경우에 발생하는 고질적인 문제를 피할 수 있다. 곱셈 해시 함수를 보편적인 해시 함수로 구현하는 경우 컴파일러 제작자는 컴파일 시점마다 상수 *C*를 무작위로 선택하여 사용할 수 있다.

나쁜 해시 함수의 폐해

해시 함수의 선택은 삽입과 검색의 비용에 중대한 영향을 준다. 작은 부주의가 큰 결과의 차이를 보이는 좋은 예이다.

몇 년 전 문자열을 위한 해시 함수를 다음과 같이 구현한 학생이 있었다. 키 값을 4 byte 단위로 나누고 서로 XOR 연산을 취하여 그 결과를 테이블의 크기로 나눈 나머지를 인덱스로 사용한 것이다. 이 함수는 상당히 빠르고 효율적으로 구현되었으며, 몇몇 테이블의 크기에 대해서 적절한 분산을 나타내었다.

하지만 이 학생이 FORTRAN 프로그램을 변환하는 시스템에 이 함수를 적용하였을 때, 몇 가지 독립적인 요소가 결합하여 알고리즘적인 결함이 나타났다. 첫 번째, FORTRAN 언어가 문자열을 4 바이트 단위로 맞추도록 공백을 추가하는 점. 두 번째, 학생이 테이블의 크기의 초기 값으로 2048을 선택한 것, 마지막으로 FORTRAN 프로그래머가 i, j, k, x, y, z와 같은 하나 혹은 두 글자로 된 변수를 매우 많이 사용한 것이 문제였다.

모든 짧은 변수명들은 4 바이트만으로 표현되므로 XOR 연산이 적용되지 않았으며 이 결과를 2048로 나눈 나머지는 결국 하위 11bit만을 취한 것과 같은 효과를 나타냈다. 따라서 모든 짧은 변수명들은 같은 인덱스를 사용하게 되어 선형 검색과 같은 검색 효율을 가지게 된 것이다. 이 문제는 테이블 크기를 2047로 변경함으로써 대부분의 부정적인 효과를 상쇄시킬 수 있었다.

B.4.2 오픈 해싱

*오픈 해싱(open hashing)*은 *버킷 해싱(bucket hashing)*으로 불리기도 하며, 해시 함수 h가 충돌을 발생시킨다고 가정한다. 이 방식은 입력 키 값을 고정된 수의 집합(혹은 *버킷*)들로 분할하도록 한다. 각각의 버킷은 레코드들의 선형 리스트를 포함하며 항목마다 레코드를 부여한다. 함수 *LookUp*(n)은 $h(n)$이 계산한 인덱스에 해당하는 버킷의 선형 리스트에서 해당하는 n을 검색한다. $h(n)$은 빠르게 수행될 것이고, 리스트의 검색 시간은 리스트의 크기에 비례할 것이다. 테이블의 크기가 S이고 N개의 항목이 있을 경우 *LookUp*의 복잡도는 대략 $O(\frac{N}{S})$이 된다. 해시 함수 h가 모든 항목들에 대해 고른 분산을 보이고 각각의 버킷이 수용하는 항목의 수가 작은 경우 복잡도는 **O**(1)에 가까울 것이다.

그림 B.4는 오픈 해싱을 사용한 해시 테이블의 예를 보여준다. 충돌이 발생하도록 $h(\text{a})$ =

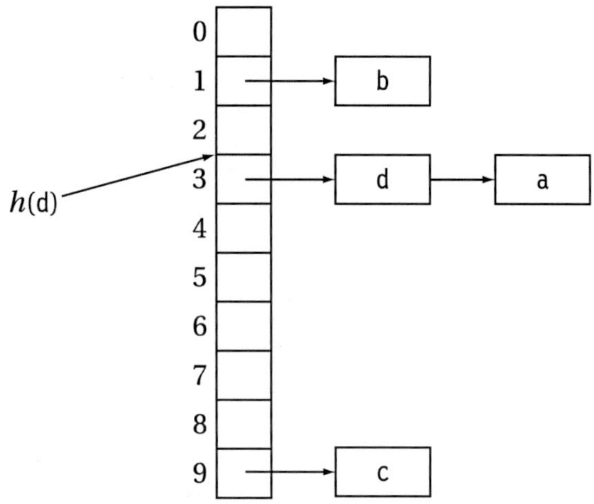

그림 B.4 오픈 해싱 테이블

h(d) = 3이 되는 경우를 가정하였다. 따라서 a와 d가 테이블의 같은 슬롯에 할당되고, 리스트 구조체가 서로를 연결한다. 효율을 위해 삽입 연산은 항목을 리스트의 앞 부분에 삽입한다.

오픈 해싱의 이점은 다음과 같다. 삽입하는 항목을 링크드 리스트의 새로운 노드로 생성하므로 공간의 제약 없어 임의의 많은 항목들을 수용할 수 있다. 또한 하나의 버킷이 과도하게 많은 항목들이 포함하더라도 다른 버킷을 접근하는 비용에는 영향을 주지 않는다. 버킷의 집합을 보통 포인터의 배열로 표현하기 때문에, 버킷의 수 S가 늘어나더라도 부하는 크지 않다. S를 2의 배수로 선택함으로써 해시 함수 구현에서 필요한 나머지(mod) 연산의 비용을 줄일 수 있다.

반면 오픈 해싱의 주요한 단점들은 위에서 언급한 이점들과 직접적인 상관 관계가 있다.

1. 오픈 해싱은 메모리 할당을 집약적으로 사용할 수 있다. 항목을 삽입할 때마다 새로운 레코드를 할당하기 때문이며, 메모리 할당의 비용이 큰 시스템에서는 큰 문제가 될 수 있다. 이 문제는 Arena 기반 할당(6장 참고)과 같은 좀 더 가벼운 메커니즘을 사용하여 완화시킬 수 있다.

2. 버킷이 과도하게 많은 항목을 수용하는 경우 *LookUp* 함수는 선형 검색 수준으로 성능이 열화된다. 절절한 해시 함수를 사용하는 경우 이러한 문제는 S에 비하여 N이 매우 큰 경우 발생한다. 구현 시 이러한 문제를 감지하고 버킷의 배열을 확장시키도록 해야 한다. 일반적으로 이를 위해 버킷의 새로운 배열을 할당하고 이전의 테이블의 내용을 복사하는 과정이 필요하다.

훌륭하게 구현된 오픈 해시 테이블은 공간을 효율적으로 사용하며 빠른 접근 속도를 제공한다.

버킷 안에서 선형 검색에 따른 성능 저하를 해결하기 위해 컴파일러는 동적으로 리스트의 순서를 변경할 수 있다. Rivest 등 [291, 309]은 두 가지의 효과적인 방법을 사용하였다. 리스트의 검색 시점마다 참조되는 항목을 리스트에서 한 단계 위쪽으로 이동시키거나 맨 위쪽으로 이동시키는 방법이다. 물론 버킷들을 재구성하는 좀 더 복잡한 방법을 사용할 수도 있을 것이다.

B.4.3 오픈 어드레싱

*리해싱(rehassing)*이라고도 하는 *오픈 어드레싱(open addressing)*은 충돌이 발생하였을 경우 인덱스를 다시 계산하여 충돌을 피한다. 이 기법에서 *LookUp*(n)은 $h(n)$을 계산하여 해당하는 슬롯을 검사하고 다른 항목이 저장되어 있으면 두 번째 해시 함수 $g(n)$을 이용하여 인덱스를 다시 계산한다. 이 과정은 해당하는 항목 n, 혹은 슬롯이 비어 있을 때까지 인덱스를 $(h(n) + g(n)$ mod S, $(h(n) + 2 \times g(n)$ mod S, $(h(n) + 3g(n)$ mod S순으로 반복적으로 계산한다.

그림 B.5는 그림 B.4와 같은 데이터 항목을 오픈 어드레싱을 사용하여 구현한 해시 테이블의 예이다. 이전과 같이 h(a) = h(d) = 3이고 b, c에 대해서는 h(b) = 1 and h(c) = 9이다. 그림에서 볼 수 있듯이 d가 삽입될 때 a와 충돌이 발생한다. 이 경우 두 번째 해시 함수 g(d)가 2를 반환하여 인덱스 5를 사용하여 d를 삽입한다. 결과적으로 오픈 어드레싱은 오픈 해싱과 유사하게 항목들의 사슬을 형성하게 된다. 다만, 오픈 어드레싱은 테이블 안에 사슬을 형성한다. 또한 하나의 테이블 위치가 다수의 사슬의 시작점이 될 수 있다.

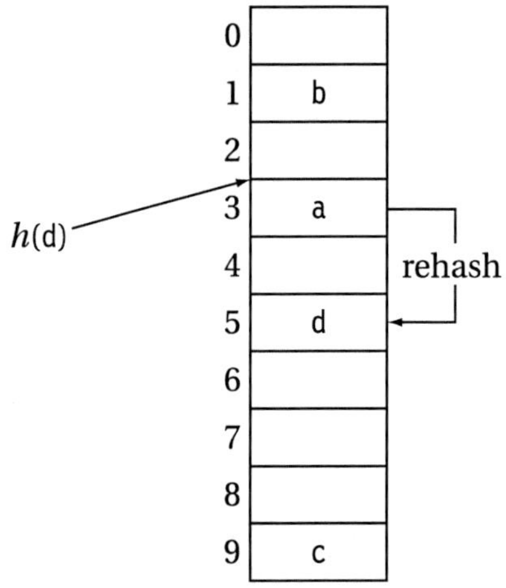

그림 B.5 오픈 어드레싱 테이블

오픈 어드레싱은 공간과 속도 사이의 상충 관계를 갖는다. 모든 키가 테이블에 저장되기 때문에 S는 N보다 충분히 커야 한다. 충돌의 발생이 빈번하지 않는 경우 h와 g는 좋은 분산 특성을 가지므로, 위에서 언급한 사슬이 매우 짧고 접근에 필요한 부하가 적다. 따라서 오픈 해싱에서와 같이 포인터를 이용하여 사슬(링크드 리스트)을 형성할 필요가 없으므로 N개의 포인터를 위한 공간을 절약할 수 있다. 또한 절약한 공간을 이용하여 테이블을 더 크게 만들 수 있으며 큰 테이블은 충돌의 확률을 낮추므로 성능을 향상시킨다. 즉, 오픈 어드레싱의 가장 큰 장점은 짧은 리해시 사슬을 통해 접근 비용을 낮추는 것이다.

오픈 어드레싱은 다음 두 가지의 단점이 있다. 이들은 모두 N이 S만큼 커짐으로써 테이블이 가득 차면서 발생하는 문제들이다.

1. 리해시 사슬이 테이블 전반에 걸쳐 형성되어 있으므로 n과 m의 충돌은 연속적으로 다른 항목 p에도 영향을 줄 수 있다. $h(n) = h(m)$, $(h(m) + g(m) \bmod S = h(p)$와 같은 경우이며, 이 문제가 큰 영향을 주지 않을 경우 오픈 어드레싱이 효율적으로 동작하지만 N이 S만큼 커짐에 따라 효율이 크게 떨어질 수 있다.

2. S가 적어도 N보다 커야 하므로, N값이 크게 증가할 경우 테이블을 반드시 확장해야 한다. (혹은 특정한 사슬이 매우 길어질 때 S를 확장하도록 구현할 수도 있다.) 오픈 해싱의 경우 효율을 위해 확장을 하는 반면 오픈 어드레싱은 이 경우 확장을 하지 않으면 동작하지 않는다.

일부 구현에서는 상수 함수를 g로 사용하기도 한다. 이 방식은 구현을 단순화시키고 두 번째 인덱스를 구하는 비용을 감소시킨다. 하지만 각각의 h의 값에 대해 하나의 리해시 사슬을 생성하므로, 두 번째 인덱스 값이 이미 사용되고 있는 테이블의 슬롯을 가리킬 경우 사슬들이 병합되는 현상을 낳는다. 이러한 두 가지 문제로 두 번째 해시 함수를 신중하게 선택해야 한다. 좀 더 합리적으로 상수값이 다른 두 개의 곱셈 해시 함수를 사용하고 가능한 경우 각 상수를 무작위로 선택하는 방법이 있다.

오픈 어드레싱에서 테이블 크기 S는 중요한 역할을 한다. *LookUp* 연산은 검색 과정에서 슬롯이 이미 검색을 거친 것인지 확인해야 한다. 그렇지 않으면 같은 과정을 무한하게 반복하기 때문이다. 이를 효율적으로 구현하기 위해 검색 과정에서 $h(n)$의 값을 다시 만나게 되도록 해야 한다. S의 값이 소수라면 $0 < g(n) < S$인 모든 해시 함수는 $p_1, p_2, ..., p_S$와 같은 인덱스를 산출할 때 $p_1 = PS = h(n)$이며 $p_i \neq h(n)$, $\forall i$인 속성을 $1 < i < S$의 조건에 대해서 갖게 된다. 이에 따라 *LookUp* 연산은 $h(n)$을 다시 만나기 전까지 검색을 반복하면 된다. 테이블의 확장이 필요할 수 있기 때문에 적절한 크기의 소수 테이블을 함께 구현할 필요가 있다. 프로그램 크기와 컴파일

러가 사용 가능한 메모리의 현실적 한계로 인해 몇 가지 소수에 대한 테이블로도 충분할 것이다.

B.4.4 심볼 레코드의 저장

지금까지는 해시 테이블에 항목들에 관계된 정보(레코드)를 위한 공간을 어떻게 할당할지에 대해서는 논의하지 않았다. 오픈 해싱을 사용할 경우 노드 안에 레코드를 직접 포함시켜 할당할 수도 있으며, 오픈 어드레싱의 경우 인덱스 테이블 안에 레코드를 구현할 수도 있을 것이다. 하지만 이러한 방법에는 단점이 있다. 단점을 보안하기 위한 방법으로 레코드를 저장하기 위한 스택을 독립적으로 할당할 수 있다.

그림 B.6은 스택을 이용한 구현을 묘사한다. 오픈 해싱에서는 리스트를 스택 안에 구현할 수 있으며 이에 따라 각각의 레코드 할당에 필요한 비용을 감소시킬 수 있다. 오픈 어드레싱에서는 리해시 사슬은 기존의 방식대로 사용하되 레코드를 스택에 할당하여 사용할 수 있다.

실제 레코드를 스택에 저장함으로써 외부 I/O 연산에 적합한 집약된 테이블을 형성할 수 있다. 이 방법은 메모리 할당의 부하가 큰 경우 많은 레코드들에 대한 할당의 부하를 감소시킨다. 또한 가비지 컬렉터를 사용하는 경우 표시되고 컬렉터에 의해 관리되어야 하는 객체의 수를 줄인다. 집약적인 레코드 테이블은 컴파일러가 저장 공간의 위치를 대입하는 것과 같이 심볼에 대한 반복적인 연산을 효율적으로 수행할 수 있도록 한다.

마지막으로 이 방법은 인덱스의 집합을 확장하는 작업을 매우 단순화시킨다. 컴파일러는 이전의 인덱스 집합을 무시하고 큰 집합을 위한 공간을 할당하여 새로운 테이블에 레코드들을 다

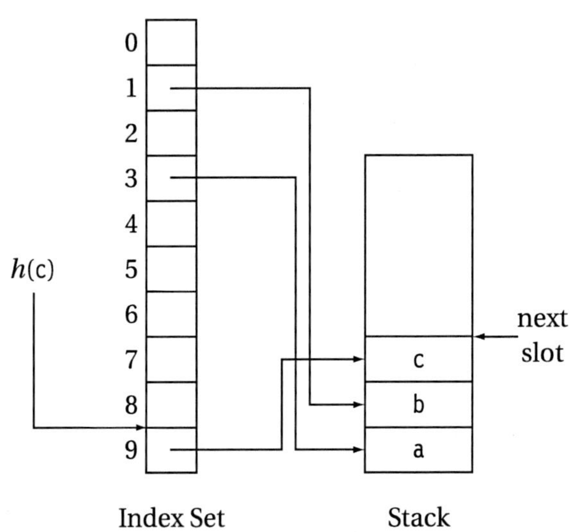

그림 B.6 레코드를 위한 스택 할당

시 삽입하는 과정을 스택의 아래에서 위로 순차적으로 수행할 수 있다. 이에 따라 임시 저장 공간을 따로 할당할 필요가 없어진다. 또한 일반적으로 오픈 해싱에서 포인터를 따라 리스트를 검색하는 것에 비하여 집약된 테이블을 이용하는 것이 보다 효율적이다. 오픈 어드레싱에서 사슬이 길이를 짧게 유지하기 위해 인덱스 집합을 확장할 때와 달리 이 방법 테이블을 재구성할 때 빈 슬롯에 대한 처리가 필요 없기 때문이다.

컴파일러가 모든 스택을 하나의 객체로 할당할 필요는 없다. 대신에 스택을 (적당한 수) *k*개의 레코드를 갖는 노드의 사슬로 구현할 수 있다. 이에 따라 하나의 노드가 가득 찼을 때 새로운 노드를 할당하여 사슬에 끝에 추가하는 과정을 반복할 수 있다. 이로써 컴파일러 제작자는 할당 비용과 공간 낭비 간의 상충관계를 보다 세밀하게 조절할 수 있도록 한다.

B.4.5 내포된 어휘 스코프의 추가

5.7.3절에서 내포된 어휘 스코프를 다루기 위한 심볼 테이블 생성에 대한 문제들을 다루며, 각 단계 마다 심볼 테이블들의 묶음을 생성하는 단순한 구현에 대해 기술하였다. 이 구현은 개념적으로 명료하지만 *InitializeScope*, *FinalizeScope* 함수에 비하여 *LookUp* 함수에서 스코핑에 대한 부하를 크게 한다. 컴파일러는 다른 함수에 비하여 *LookUp* 함수를 가장 많이 사용하므로 보다 효율적인 구현이 필요하다.

그림 5.17의 코드를 다시 살펴보면 이 코드는 다음과 같은 과정을 수행한다.

```
↑ ⟨w,0⟩ ⟨x,0⟩ ⟨example,0⟩ ↑ ⟨a,1⟩ ⟨b,1⟩ ⟨c,1⟩
↑ ⟨b,2⟩ ⟨z,2⟩ ↓ ↑ ⟨a,2⟩ ⟨x,2⟩ ↑ ⟨c,3⟩, ⟨x,3⟩ ↓ ↓ ↓ ↓
```

↑기호는 *InitializeScope*의 호출을, ↓기호는 *FinalizeScope*의 호출을 <name, *n*>은 수준 *n*에 name을 추가하는 *Insert* 함수의 호출을 의미한다.

오픈 해싱과 어휘 스코프

오픈 해싱을 사용할 때 단순히 각각의 이름에 대한 레코드마다 해당 어휘 수준의 정보를 포함시키는 경우를 생각해 보자. 이 경우 *Insert* 함수는 이름과 어휘 수준을 같이 비교하여 항목의 중복 여부를 확인할 수 있고, *LookUp* 함수는 검색 중 먼저 발견한 해당 이름의 항목을 반환할 것이다. 또한 *InitializeScope* 함수는 단순히 현재의 어휘 수준에 대한 카운터 값을 초기화할 것이다. 이와 달리 *FinalizeScope* 함수는 단순히 카운터 값만 감소시켜 구현할 수 없으며, 스코프에 해당하는 모든 이름에 대한 레코드를 제거해야 한다.

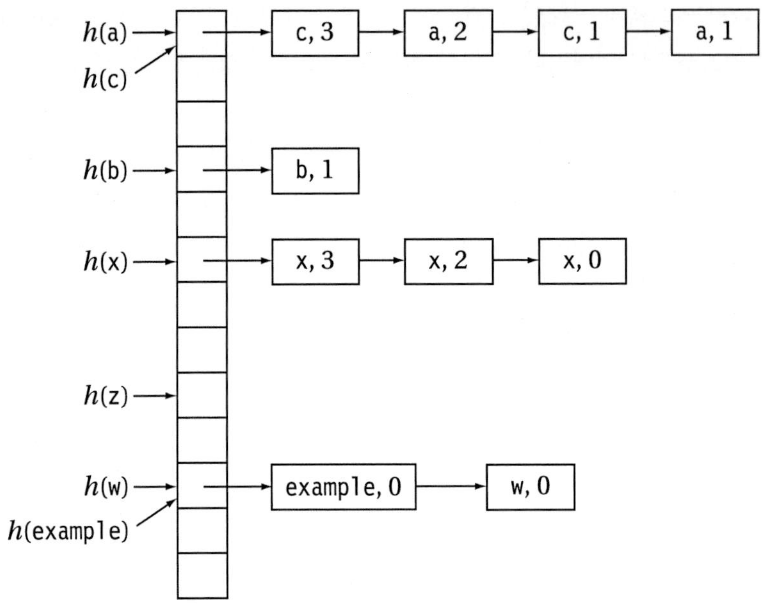

그림 B.7 오픈 해시 테이블에서의 어휘 스코프

그림 B.4와 같이 오픈 해싱을 사슬의 노드들을 개별적으로 할당하도록 구현한 경우 *FinalizeScope*는 스코프의 모든 레코드를 검색하여 사슬에서 제거해야 한다. 또한 컴파일러가 해당 레코드들을 더 이상 사용하지 않는 경우 레코드를 해제시켜야 하고 그렇지 않은 경우에는 레코드들 간에 사슬을 형성하여 보존해야 한다. 그림 B.7은 그림 5.10의 대입 연산들에 대해 이 방법을 적용한 테이블을 보여준다.

레코드를 스택에 할당하는 경우 *FinalizeScope* 함수는 단순히 스택의 위에서부터 아래로 이동하며 해당하는 스코프가 끝날 때까지 작업을 반복할 수 있다. 각각의 레코드에 대한 인덱스 집합 요소를 사슬에 연결된 다음 레코드를 가리키도록 갱신한다. 레코드들을 더 이상 사용하지 않는 경우 포인터를 다음의 비어 있는 슬롯을 가리키도록 초기화하고, 그렇지 않은 경우 스택에 레코드를 보존해야 한다. 그림 B.8은 그림 5.17의 대입 연산들에 대해 이 방법을 적용한 테이블을 보여준다.

성능 개선을 위해 동적으로 사슬을 재정렬하는 기능을 추가할 수 있다. *FinalizeScope*는 사슬의 순서보다는 스택에 저장된 순서를 이용하므로 재정렬에 영향을 받지 않는다. 정렬된 사슬을 이용할 경우 컴파일러는 삭제된 레코드를 제거하기 위해 사슬을 검색해야 하며 빠른 삭제가 필요할 경우 사슬을 이중 구조로 연결할 필요가 있다.

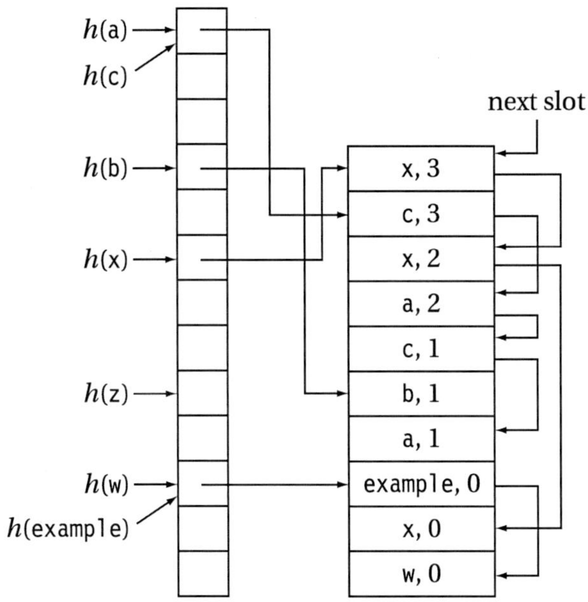

그림 B.8 스택 할당된 오픈 해싱 테이블에서의 어휘 스코프

오픈 어드레싱과 어휘 스코프

오픈 어드레싱에서는 문제가 좀더 복잡하다. 테이블의 슬롯은 매우 중요한 자원이므로 테이블이 가득 찼을 경우 다음 삽입을 위해서 테이블을 반드시 확장해야 한다. 또한 삭제된 레코드가 리해시 사슬 중간에 존재하는지 여부를 알아내는 것이 단순하지 않고 슬롯을 초기화 할 경우 해당 슬롯을 포함한 사슬을 끊어놓을 수 있음으로 항목의 삭제는 리해싱을 어렵게 만든다. 이러한 문제는 하나의 이름에 대한 여러 정의들을 테이블에 개별적인 레코드로 저장할 때 발생한다. 따라서 컴파일러는 테이블에 이름별로 레코드를 연결하여 사슬을 형성시키도록 해야 한다. 그림 B.9은 그림 C.18의 대입 연산들에 대해 이 방법을 적용한 테이블을 보여준다.

반면 이 방법은 *Insert*와 *FinalizeScope* 함수를 복잡하게 만든다. *Insert* 함수는 새로운 레코드를 스택의 윗부분에 저장한다. 이때 인덱스 집합에서 동일한 이름에 대한 오래된 레코드가 존재할 경우 새로운 레코드로 대체하고 오래된 레코드를 여기에 연결한다. *FinalizeScope*는 오픈 해싱에서와 같이 스택의 상위 항목들에 대해 반복적인 작업을 한다. 이름에 대한 오래된 정의를 갖은 레코드를 제거하기 위해서는 단순히 인덱스 집합을 다시 연결한다. 하지만 이름에 대한 마지막 정의의 제거는 삭제된 레코드임을 나타내도록 고안된 특수한 레코드에 대한 레퍼런스를 삽입해야 한다. *LookUp* 함수는 사슬에서 해당 항목이 삭제된 것인지 구별할 수 있어야 한다. *Insert*는 삭제된 항목을 새로 삽입할 항목으로 교체할 수 있어야 한다.

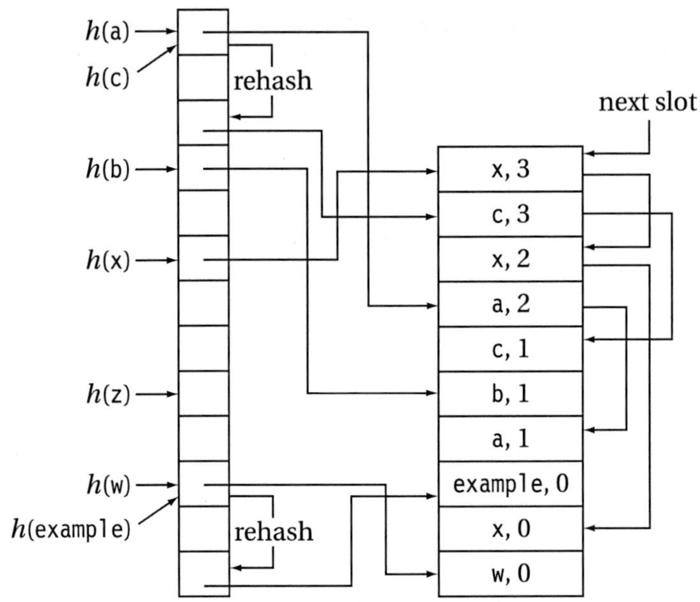

그림 B.9 오픈 어드레싱 테이블에서의 어휘 스코프

이 방법의 핵심은 충돌과 이름별로 독립적인 사슬을 생성하는 것에 있다. 충돌은 인덱스 집합으로 해결하고, 이름의 사슬은 스택으로 해결한다. 또한 이 방법은 하나의 이름을 여러 번 검사하지 않기 때문에 *LookUp* 함수의 부하를 다소 줄일 수 있다.

오픈 해싱에서 x에 대한 7개의 정의와 y에 대한 수준 0인 하나의 정의를 포함하는 버킷을 생각해 보자. *LookUp*은 y를 찾기 전에 x에 대한 7개의 레코드를 검사하게 될 것이다. 반면 오픈 어드레싱에서는 *LookUp* 함수가 x에 대한 하나의 레코드를 검사한 후 y에 대한 레코드를 찾을 것이다.

B.5 유연한 심볼 테이블의 설계

대부분의 컴파일러는 심볼 테이블을 소스 코드와 IR 및 생성된 코드에 존재하는 다양한 이름들에 대한 정보를 저장하는 주요 저장 공간으로 사용한다. 컴파일러 개발 과정에서는 심볼 테이블의 항목들의 수가 꾸준히 증가하는 것처럼 보인다. 컴파일 과정의 다음 단계를 위해서 혹은 단계 간에 정보 교환을 위해서 계속 항목들이 추가되기 때문이다. 또한 더 이상 필요하지 않은 항목은

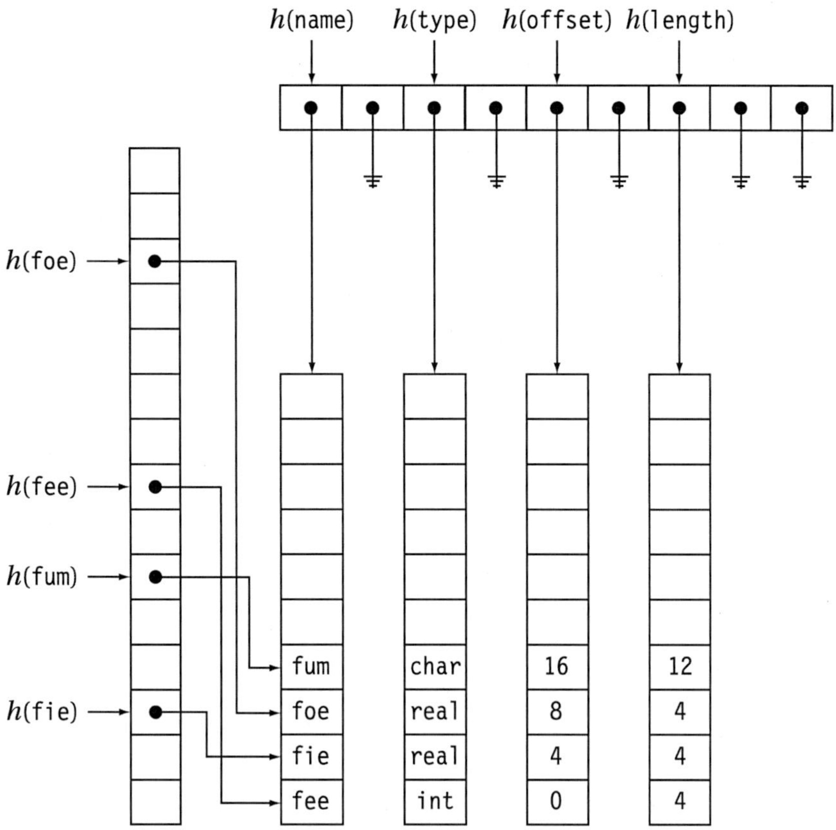

그림 B.10 2차원 해시를 이용한 심볼 테이블

삭제할 수도 있다. 필드의 추가와 삭제가 일어나면 심볼 테이블의 크기 및 각 항목의 오프셋이 변할 수 있으므로 컴파일러의 모든 부분들을 다시 컴파일 해야 한다.

이러한 문제를 해결하기 위해 좀 더 복잡하지만 보다 유연한 심볼 테이블을 위한 구조인 *이차원 해시 테이블*을 구현할 수 있다. 이 구현 방식은 심볼 테이블 정의 및 이에 따른 구현을 컴파일러의 다른 부분에 영향을 주지 않고 변경할 수 있도록 한다.

그림 B.10에 나타난 이차원 테이블은 두 가지 해시 인덱스 테이블을 사용한다. 첫 번째는 그림의 왼쪽에 위치한 테이블로 그림 B.6의 성긴 인덱스 테이블에 대응된다. 이 테이블은 심볼 이름에 대한 해싱을 위해 사용된다. 두 번째는 그림의 위쪽에 위치한 테이블로 심볼 테이블의 항목 이름에 대한 해싱을 위해 사용된다. 그림에서 볼 수 있듯이 프로그래머는 각각의 항목을 각각의 항목을 텍스트상에서의 이름 및 심볼의 이름을 이용하여 참조할 수 있다. 인덱스를 얻기 위해 심볼의 이름을 해싱하고 데이터에서 원하는 벡터를 선택하기 위해 심볼 테이블의 항목 이름에 대한 해싱을 하기 때문이다. 이는 마치 그림 B.6과 같이 각각의 항목들에 대한 해시 테이블을 사용하는 것과 같이 동작한다.

이 구현 방법은 복잡해 보이지만 특별히 구현 비용이 많이 들지는 않는다. 테이블 접근은 단지 두 번의 해시 연산이 필요할 뿐이다. 사용되지 않는 필드에 대해서는 공간을 할당하지 않으면 되므로 사용되지 않는 필드에 의한 공간 낭비를 피할 수 있다. 또한 각각의 개발자들이 심볼 테이블의 항목들을 다른 프로그래머와 상관없이 자유롭게 추가 및 삭제를 할 수 있도록 한다.

끝으로 각각의 심볼 테이블을 추상화하여 다룰 수 있어야 한다. 이에 따라 심볼 테이블을 관리하는 함수들은 항상 테이블 인스턴스를 매개변수로 받아 처리해야 한다. 이러한 추상화 구현은 superlocal 및 우위자 기반 알고리즘(8장 참고)과 같은 다양한 부분에서 함수들을 재활용할 수 있게 한다.

기타

집합, 맵, 테이블, 그래프를 조작하는 알고리즘들은 컴파일러가 주로 사용하는 대표적인 알고리즘이다. 이러한 알고리즘의 구현 방식은 컴파일러의 공간 효율과 수행 속도 등에 직접적인 영향을 준다. 알고리즘 및 데이터 구조에 관한 교과서들은 이러한 내용에 대해 자세히 다루고 있다 [220, 4, 185, 103, 39].

우리의 연구용 컴파일러들은 본 부록에서 기술한 대부분의 데이터 구조들을 사용하고 있으며 데이터 구조가 커짐에 따라 성능에 문제가 발생하는 것을 알게 되었다.

- 5장에서 언급한 추상 구문 트리는 비정상적으로 팽창할 수 있다. 트리를 이진 트리로 사상시키는 기법을 사용하여 구현을 단순화하며 이에 따른 부하는 크지 않은 것으로 보인다 [220].
- 5상속자와 조상의 리스트를 갖는 그래프의 테이블 표현은 여러 번에 걸쳐 개량되었다. 이 방법은 상속자와 조상들을 반복적으로 다루는 CFGS에서 매우 유용하다. 우리는 1980년에 PFC 시스템에서 처음으로 이 데이터 구조를 사용하였다.
- 5자료 흐름 분석에서 사용되는 집합은 수백 메가바이트를 차지할 만큼 거대해질 수 있다. 이 정도의 크기에서는 할당과 해제가 큰 문제가 되기 때문에 우리는 Hanson의 arena 기반의 할당기[171]를 사용하였다.
- 5간섭 그래프는 크기와 성긴 특성을 주의 깊게 고려할 필요가 있다. 우리는 공간을 효율적으로 사용하며 그래프 생성 비용을 낮추기 위해 노드마다 복수의 집합 요소를 갖도록 순

차 리스트를 개량해 사용하였다[94].

- 5심볼 테이블은 컴파일러가 정보를 저장하고 접근하는 데 중심적인 역할을 한다. 심볼 테이블의 구성에 관한 많은 연구들이 있었다. 재구성 리스트[291, 309]와 균형 검색 트리[103, 39] 및 해싱[220, vol. 3] 등은 심볼 테이블을 효율적으로 만드는 데 중요한 역할을 한다. Knuth[220, vol. 3]과 Cormen[103]는 곱셈 해시 함수에 대해 자세히 다루었다.

BIBLIOGRAPHY

참고문헌

[1] Philip S. Abrams. *An APL machine*. PhD thesis, Stanford University, Stanford, CA, February 1970. (Technical Report SLAC-R-114, Stanford Linear Accelerator Center, Stanford University, February 1970.)

[2] Alfred V. Aho, Mahadevan Ganapathi, and Steven W. K. Tjiang. Code generation using tree matching and dynamic programming. *ACM Transactions on Programming Languages and Systems*, 11(4):491–516, October 1989.

[3] Alfred V. Aho, John E. Hopcroft, and Jeffrey D. Ullman. On finding lowest common ancestors in trees. In *Conference Record of the Fifth Annual ACM Symposium on Theory of Computing* (STOC), pages 253–265, May 1973.

[4] Alfred V. Aho, John E. Hopcroft, and Jeffrey D. Ullman. *The Design and Analysis of Computer Algorithms*. Addison-Wesley, Reading, MA, 1974.

[5] Alfred V. Aho and Stephen C. Johnson. Optimal code generation for expression trees. *Journal of the ACM*, 23(3):488–501, July 1976.

[6] Alfred V. Aho, Stephen C. Johnson, and Jeffrey D. Ullman. Code generation for expressions with common subexpressions. In *Conference Record of the Third ACM Symposium on Principles of Programming Languages*, pages 19–31, Atlanta, GA, January 1976.

[7] Alfred V. Aho, Steven C. Johnson, and Jeffrey D. Ullman. Deterministic parsing of ambiguous grammars. In *Conference Record of the ACM Symposium on Principles of Programming Languages*, pages 1–21, Boston, MA, October 1973.

[8] Alfred V. Aho, Ravi Sethi, and Jeffrey D. Ullman. *Compilers: Principles, Techniques, and Tools*. Addison-Wesley, Reading, MA, 1986.

[9] Alfred V. Aho and Jeffrey D. Ullman. *The Theory of Parsing, Translation, and Compiling*. Prentice-Hall, Englewood Cliffs, NJ, 1973.

[10] Philippe Aigrain, Susan L. Graham, Robert R. Henry, Marshall Kirk McKusick, and Eduardo Pelegri-Llopart. Experience with a Graham-Glanville style code generator. *SIGPLAN Notices*, 19(6):13–24, June 1984. *Proceedings of the ACM SIGPLAN '84 Symposium on Compiler Construction*.

[11] Alexander Aiken and Alexandru Nicolau. Optimal loop parallelization. *SIGPLAN Notices*, 23(7):308–317, July 1988. *Proceedings of the ACM SIGPLAN '88 Conference on Programming Language Design and Implementation*.

[12] Frances E. Allen. Program optimization. In *Annual Review in Automatic Programming*, volume 5, pages 239–307. Pergamon Press, Oxford, England, 1969.

[13] Frances E. Allen. Control flow analysis. *SIGPLAN Notices*, 5(7):1–19, July 1970. *Proceedings of a Symposium on Compiler Optimization.*

[14] Frances E. Allen. The history of language processor technology in IBM. *IBM Journal of Research and Development*, 25(5):535–548, September 1981.

[15] Frances E. Allen and John Cocke. A catalogue of optimizing transformations. In R. Rustin, editor, *Design and Optimization of Compilers*, pages 1–30. Prentice-Hall, Englewood Cliffs, NJ, June 1972.

[16] Frances E. Allen and John Cocke. Graph-theoretic constructs for program flow analysis. Technical Report RC 3923 (17789), IBM Thomas J. Watson Research Center, Yorktown Heights, NY, July 1972.

[17] Frances E. Allen and John Cocke. A program data flow analysis procedure. *Communications of the ACM*, 19(3):137–147, March 1976.

[18] Frances E. Allen, John Cocke, and Ken Kennedy. Reduction of operator strength. In Steven S.Muchnick and Neil D. Jones, editors, *Program Flow Analysis: Theory and Applications*, pages 79–101. Prentice-Hall, Englewood Cliffs, NJ, 1981.

[19] John R. Allen and Ken Kennedy. *Optimizing Compilers for Modern Architectures*. Morgan Kaufmann, San Francisco, CA, October 2001.

[20] Bowen Alpern and Fred B. Schneider. Verifying temporal properties without temporal logic. *ACM Transactions on Programming Languages and Systems*, 11(1):147–167, January 1989.

[21] Bowen Alpern, Mark N. Wegman, and F. Kenneth Zadeck. Detecting equality of variables in programs. In *Conference Record of the Fifteenth Annual ACM Symposium on Principles of Programming Languages*, pages 1–11, San Diego, CA, January 1988.

[22] Stephen Alstrup, Dov Harel, Peter W. Lauridsen, and Mikkel Thorup. Dominators in linear time. *SIAM Journal on Computing*, 28(6):2117–2132, June 1999.

[23] Marc A. Auslander and Martin E. Hopkins. An overview of the PL.8 compiler. *SIGPLAN Notices*, 17(6):22–31, June 1982. *Proceedings of the ACM SIGPLAN '82 Symposium on Compiler Construction.*

[24] Andrew Ayers, Robert Gottlieb, and Richard Schooler. Aggressive inlining. *SIGPLAN Notices*, 32(5):134–145, May 1997. *Proceedings of the ACM SIGPLAN '97 Conference on Programming Language Design and Implementation.*

[25] John W. Backus. The history of Fortran I, II, and III. In Richard L. Wexelblat, editor, *History of Programming Languages*, pages 25–45. Academic Press, New York, NY, 1981.

[26] John W. Backus, R. J. Beeber, S. Best, R. Goldberg, L. M. Haibt, H. L. Herrick, R. A. Nelson, D. Sayre, P. B. Sheridan, H. Stern, I. Ziller, R. A. Hughes, and R. Nutt. The FORTRAN automatic coding system. In *Proceedings of the Western Joint Computer Conference*, pages 188–198, Institute of Radio Engineers, New York, NY, February 1957.

[27] David F. Bacon, Susan L. Graham, and Oliver J. Sharp. Compiler transformations for high-performance computing. *ACM Computing Surveys*, 26(4):345–420, 1994.

[28] John T. Bagwell, Jr. Local optimizations. *SIGPLAN Notices*, 5(7):52–66, July 1970. *Proceedings of a Symposium on Compiler Optimization.*

[29] John Banning. An efficient way to find side effects of procedure calls and aliases of variables. In *Conference Record of the Sixth Annual ACM Symposium on Principles of Programming Languages*, pages 29–41, San Antonio, TX, January 1979.

[30] William A. Barrett and John D. Couch. *Compiler Construction: Theory and Practice.* Science Research Associates, Inc., Chicago, IL, 1979.

[31] Jeffrey M. Barth. An interprocedural data flow analysis algorithm. In *Conference Record of the Fourth ACM Symposium on Principles of Programming Languages*, pages 119–131, Los Angeles, CA, January 1977.

[32] Alan M. Bauer and Harry J. Saal. Does *APL* really need run-time checking? *Software—Practice and Experience*, 4(2):129–138, 1974.

[33] Laszlo A. Belady. A study of replacement algorithms for a virtual storage computer. *IBM Systems Journal*, 5(2):78–101, 1966.

[34] C. Gordon Bell and Allen Newell. *Computer Structures: Readings and Examples.* McGraw-Hill Book Company, New York, NY, 1971.

[35] Peter Bergner, Peter Dahl, David Engebretsen, and Matthew T. O'Keefe. Spill code minimization via interference region spilling. *SIGPLAN Notices*, 32(5):287–295, May 1997. *Proceedings of the ACM SIGPLAN '97 Conference on Programming Language Design and Implementation.*

[36] David Bernstein, Dina Q. Goldin, Martin Charles Golumbic, Hugo Krawczyk, Yishay Mansour, Itai Nahshon, and Ron Y. Pinter. Spill code minimization techniques for optimizing compilers. *SIGPLAN Notices*, 24(7):258–263, July 1989. *Proceedings of the ACM SIGPLAN '89 Conference on Programming Language Design and Implementation.*

[37] David Bernstein and Michael Rodeh. Global instruction scheduling for superscalar machines. *SIGPLAN Notices*, 26(6):241–255, June 1991. *Proceedings of the ACM SIGPLAN '91 Conference on Programming Language Design and Implementation.*

[38] Robert L. Bernstein. Producing good code for the case statement. *Software—Practice and Experience*, 15(10):1021–1024, October 1985.

[39] Andrew Binstock and John Rex. *Practical Algorithms for Programmers.* Addison-Wesley, Reading, MA, 1995.

[40] Peter L. Bird. An implementation of a code generator specification language for table driven code generators. *SIGPLAN Notices*, 17(6):44–55, June 1982. *Proceedings of the ACM SIGPLAN '82 Symposium on Compiler Construction.*

[41] Rastislav Bodík, Rajiv Gupta, and Mary Lou Soffa. Complete removal of redundant expressions. *SIGPLAN Notices*, 33(5):1–14, May 1998. *Proceedings of the ACM SIGPLAN '98 Conference on Programming Language Design and Implementation.*

[42] Hans-Juergen Boehm. Space efficient conservative garbage collection. *SIGPLAN Notices*, 28(6):197–206, June 1993. *Proceedings of the ACM SIGPLAN '93 Conference on Programming Language Design and Implementation.*

[43] Hans-Juergen Boehm and Alan Demers. Implementing Russell. *SIGPLAN Notices*, 21(7):186–195, July 1986. *Proceedings of the ACM SIGPLAN '86 Symposium on Compiler Construction.*

[44] Hans-Juergen Boehm and Mark Weiser. Garbage collection in an uncooperative environment. *Software—Practice and Experience*, 18(9):807–820, September 1988.

[45] David G. Bradlee, Susan J. Eggers, and Robert R. Henry. Integrating register allocation and instruction scheduling for RISCS. *SIGPLAN Notices*, 26(4):122–131, April 1991. *Proceedings of the Fourth International Conference on Architectural Support for Programming Languages and Systems.*

[46] Preston Briggs. *Register Allocation via Graph Coloring.* PhD thesis, Rice University, Department of Computer Science, Houston, TX, April 1992. (Technical Report TR92–183, Computer Science Department, Rice University, 1992.)

[47] Preston Briggs, Keith D. Cooper, Timothy J. Harvey, and L. Taylor Simpson. Practical improvements to the construction and destruction of static single assignment form. *Software—Practice and Experience*, 28(8):859–881, July 1998.

[48] Preston Briggs, Keith D. Cooper, Ken Kennedy, and Linda Torczon. Coloring heuristics for register allocation. *SIGPLAN Notices*, 24(7):275–284, July 1989. *Proceedings of the ACM SIGPLAN '89 Conference on Programming Language Design and Implementation.*

[49] Preston Briggs, Keith D. Cooper, Ken Kennedy, and Linda Torczon. Digital computer

register allocation and code spilling using interference graph coloring. United States Patent 5,249,295, March 1993.

[50] Preston Briggs, Keith D. Cooper, and L. Taylor Simpson. Value numbering. *Software—Practice and Experience*, 27(6):701–724, June 1997.

[51] Preston Briggs, Keith D. Cooper, and Linda Torczon. Coloring register pairs. *ACM Letters on Programming Languages and Systems*, 1(1):3–13, March 1992.

[52] Preston Briggs, Keith D. Cooper, and Linda Torczon. Rematerialization. *SIGPLAN Notices*, 27(7):311–321, July 1992. *Proceedings of the ACM SIGPLAN '92 Conference on Programming Language Design and Implementation.*

[53] Preston Briggs, Keith D. Cooper, and Linda Torczon. Improvements to graph coloring register allocation. *ACM Transactions on Programming Languages and Systems*, 16(3):428–455, May 1994.

[54] Preston Briggs and Linda Torczon. An efficient representation for sparse sets. *ACM Letters on Programming Languages and Systems*, 2(1–4):59–69, March–December 1993.

[55] Adam L. Buchsbaum, Haim Kaplan, Anne Rogers, and Jeffery R. Westbrook. Linear-time pointer-machine algorithms for least common ancestors, *MST* verification, and dominators. In *Proceedings of the Thirtieth Annual ACM Symposium on Theory of Computing*, pages 279–288, Dallas, TX, 1998.

[56] Michael Burke. An interval-based approach to exhaustive and incremental interprocedural data-flow analysis. *ACM Transactions on Programming Languages and Systems*, 12(3):341–395, July 1990.

[57] Michael Burke and Linda Torczon. Interprocedural optimization: Eliminating unnecessary recompilation. *ACM Transactions on Programming Languages and Systems*, 15(3):367–399, July 1993.

[58] Jiazhen Cai and Robert Paige. Using multiset discrimination to solve language processing problems without hashing. *Theoretical Computer Science*, 145(1–2):189–228, 1995.

[59] Brad Calder and Dirk Grunwald. Reducing branch costs via branch alignment. *SIGPLAN Notices*, 29(11): 242–251, November 1994. *Proceedings of the Sixth International Conference on Architectural Support for Programming Languages and Operating Systems.*

[60] David Callahan, Alan Carle, Mary W. Hall, and Ken Kennedy. Constructing the procedure call multigraph. *IEEE Transactions on Software Engineering*, 16(4):483–487, April 1990.

[61] David Callahan, Steve Carr, and Ken Kennedy. Improving register allocation for subscripted variables. *SIGPLAN Notices*, 25(6):53–65, June 1990. *Proceedings of the ACM SIGPLAN '90 Conference on Programming Language Design and Implementation.*

[62] David Callahan, Keith D. Cooper, Ken Kennedy, and Linda Torczon. Interprocedural constant propagation. *SIGPLAN Notices*, 21(7):152–161, July 1986. *Proceedings of the ACM SIGPLAN '86 Symposium on Compiler Construction.*

[63] David Callahan and Brian Koblenz. Register allocation via hierarchical graph coloring. *SIGPLAN Notices*, 26(6):192–203, June 1991. *Proceedings of the ACM SIGPLAN '91 Conference on Programming Language Design and Implementation.*

[64] Luca Cardelli. Type systems. In Allen B. Tucker, Jr., editor, *The Computer Science and Engineering Handbook*, chapter 103, pages 2208–2236. CRC Press, Boca Raton, FL, December 1996.

[65] Steve Carr and Ken Kennedy. Scalar replacement in the presence of conditional control flow. *Software—Practice and Experience*, 24(1):51–77, 1994.

[66] Roderic G. G. Cattell. Automatic derivation of code generators from machine descrip-

tions. *ACM Transactions on Programming Languages and Systems*, 2(2):173–190, April 1980.

[67] Roderic G. G. Cattell, Joseph M. Newcomer, and Bruce W. Leverett. Code generation in a machine-independent compiler. *SIGPLAN Notices*, 14(8):65–75, August 1979. *Proceedings of the ACM SIGPLAN '79 Symposium on Compiler Construction.*

[68] Gregory J. Chaitin. Register allocation and spilling via graph coloring. *SIGPLAN Notices*, 17(6):98–105, June 1982. *Proceedings of the ACM SIGPLAN '82 Symposium on Compiler Construction.*

[69] Gregory J. Chaitin. Register allocation and spilling via graph coloring. United States Patent 4,571,678, February 1986.

[70] Gregory J. Chaitin, Marc A. Auslander, Ashok K. Chandra, John Cocke, Martin E. Hopkins, and Peter W. Markstein. Register allocation via coloring. *Computer Languages*, 6(1):47–57, January 1981.

[71] David R. Chase. An improvement to bottom-up tree pattern matching. In *Conference Record of the Fourteenth Annual ACM Symposium on Principles of Programming Languages*, pages 168–177, Munich, Germany, January 1987.

[72] David R. Chase, Mark Wegman, and F. Kenneth Zadeck. Analysis of pointers and structures. *SIGPLAN Notices*, 25(6):296–310, June 1990. *Proceedings of the ACM SIGPLAN '90 Conference on Programming Language Design and Implementation.*

[73] J. Bradley Chen and Bradley D. D. Leupen. Improving instruction locality with just-in-time code layout. In *Proceedings of the First USENIX Windows NT Workshop*, pages 25–32, Seattle, WA, August 1997.

[74] C. J. Cheney. A nonrecursive list compacting algorithm. *Communications of the ACM*, 13(11):677–678, November 1970.

[75] Jong-Deok Choi, Michael Burke, and Paul R.Carini. Efficient flow-sensitive interprocedural computation of pointer-induced aliases and side effects. In *Conference Record of the Twentieth Annual ACM Symposium on Principles of Programming Languages*, pages 232–245, Charleston, SC, January 1993.

[76] Frederick C. Chow. *A Portable Machine-Independent Global Optimizer —Design and Measurements*. PhD thesis, Department of Electrical Engineering, Stanford University, Stanford, CA, December 1983. (Technical Report CSL-TR-83-254, Computer Systems Laboratory, Stanford University, December 1983.)

[77] Frederick C. Chow and John L. Hennessy. Register allocation by priority-based coloring. *SIGPLAN Notices*, 19(6):222–232, June 1984. *Proceedings of the ACM SIGPLAN '84 Symposium on Compiler Construction.*

[78] Frederick C. Chow and John L. Hennessy. The priority-based coloring approach to register allocation. ACM *Transactions on Programming Languages and Systems*, 12(4):501–536, October 1990.

[79] Cliff Click. *Combining Analyses, Combining Optimizations*. PhD thesis, Rice University, Department of Computer Science, Houston, TX, February 1995. (Technical Report TR95-252, Computer Science Department, Rice University, 1995.)

[80] Cliff Click. Global code motion/global value numbering. *SIGPLAN Notices*, 30(6):246–257, June 1995. *Proceedings of the ACM SIGPLAN '95 Conference on Programming Language Design and Implementation.*

[81] Cliff Click and Keith D. Cooper. Combining analyses, combining optimizations. *ACM Transactions on Programming Languages and Systems*, 17(2):181–196, 1995.

[82] John Cocke. Global common subexpression elimination. *SIGPLAN Notices*, 5(7):20–24, July 1970. *Proceedings of a Symposium on Compiler Construction.*

[83] John Cocke and Ken Kennedy. An algorithm for reduction of operator strength. *Communications of the ACM*, 20(11):850–856, November 1977.

[84] John Cocke and Peter W. Markstein. Measurement of program improvement algorithms. In Simon H. Lavington, editor, *Information Processing 80*, North Holland, Amsterdam, Netherlands, pages 221–228, 1980, *Proceedings of IFIP Congress 80.*

[85] John Cocke and Peter W. Markstein. Strength reduction for division and modulo with application to accessing a multilevel store. *IBM Journal of Research and Development*, 24(6):692–694, 1980.

[86] John Cocke and Jacob T. Schwartz. Programming languages and their compilers: Preliminary notes. Technical report, Courant Institute of Mathematical Sciences, New York University, New York, NY, 1970.

[87] Jacques Cohen. Garbage collection of linked structures. *ACM Computing Surveys*, 13(3):341–367, September 1981.

[88] Robert Cohn and P. Geoffrey Lowney. Hot cold optimization of large Windows/*NT* applications. In *Proceedings of the Twenty-Ninth Annual International Symposium on Microarchitecture*, pages 80–89, Paris, France, December 1996.

[89] Stephanie Coleman and Kathryn S. McKinley. Tile size selection using cache organization and data layout. *SIGPLAN Notices*, 30(6):279–290, June 1995. *Proceedings of the ACM SIGPLAN '95 Conference on Programming Language Design and Implementation.*

[90] George E. Collins. A method for overlapping and erasure of lists. *Communications of the ACM*, 3(12):655–657, December 1960.

[91] Melvin E. Conway. Design of a separable transition diagram compiler. *Communications of the ACM*, 6(7):396–408, July 1963.

[92] Richard W. Conway and Thomas R. Wilcox. Design and implementation of a diagnostic compiler for PL/I. *Communications of the ACM*, 16(3):169–179, March 1973.

[93] Keith D. Cooper, Mary W. Hall, and Linda Torczon. An experiment with inline substitution. *Software—Practice and Experience*, 21(6):581–601, June 1991.

[94] Keith D. Cooper, Timothy J. Harvey, and Linda Torczon. How to build an interference graph. *Software—Practice and Experience*, 28(4):425–444, April 1998.

[95] Keith D. Cooper, Timothy J. Harvey, and Todd Waterman. Building a control-flow graph from scheduled assembly code. Technical Report 02-399, Department of Computer Science, Rice University, Houston, TX, June 2002.

[96] Keith D. Cooper and Ken Kennedy. Interprocedural side-effect analysis in linear time. *SIGPLAN Notices*, 23(7):57–66, July 1988. *Proceedings of the ACM SIGPLAN '88 Conference on Programming Language Design and Implementation.*

[97] Keith D. Cooper and Ken Kennedy. Fast interprocedural alias analysis. In *Conference Record of the Sixteenth Annual ACM Symposium on Principles of Programming Languages*, pages 49–59, Austin, TX, January 1989.

[98] Keith D. Cooper and Philip J. Schielke. Non-local instruction scheduling with limited code growth. In *Proceedings of the 1998 ACM SIGPLAN Workshop on Languages, Compilers, and Tools for Embedded Systems* (LCTES). *Lecture Notes in Computer Science 1474*, F. Mueller and A. Bestavros, editors, pages 193–207, Springer-Verlag, Heidelberg, Germany, 1998.

[99] Keith D. Cooper, Philip J. Schielke, and Devika Subramanian. Optimizing for reduced code space using genetic algorithms. *SIGPLAN Notices*, 34(7):1–9, July 1999. *Proceedings of the ACM SIGPLAN 1999 Workshop on Languages, Compilers, and Tools for Embedded Systems* (LCTES), May 1999.

[100] Keith D. Cooper and L. Taylor Simpson. Live range splitting in a graph coloring register

allocator. In *Proceedings of the Seventh International Compiler Construction Conference, CC '98. Lecture Notes in Computer Science 1383*, pages 174–187, Springer-Verlag, Heidelberg, Germany, 1998.

[101] Keith D. Cooper, L. Taylor Simpson, and Christopher A. Vick. Operator strength reduction. *ACM Transactions on Programming Languages and Systems*, 23(5):603–625, September 2001.

[102] Keith D. Cooper and Todd Waterman. Understanding energy consumption on the C62x. In *Proceedings of the 2002 Workshop on Compilers and Operating Systems for Low Power*, pages 4–1 – 4–8, Charlottesville, VA, September 2002.

[103] Thomas H. Cormen, Charles E. Leiserson, and Ronald L. Rivest. *Introduction to Algorithms*. MIT Press, Cambridge, MA, 1992.

[104] Ron Cytron, Jeanne Ferrante, Barry K. Rosen, Mark N. Wegman, and F. Kenneth Zadeck. Efficiently computing static single assignment form and the control dependence graph. *ACM Transactions on Programming Languages and Systems*, 13(4):451–490, October 1991.

[105] Ron Cytron, Andy Lowry, and F. Kenneth Zadeck. Code motion of control structures in high-level languages. In *Conference Record of the Thirteenth Annual ACM Symposium on Principles of Programming Languages*, pages 70–85, St. Petersburg Beach, FL, January 1986.

[106] Manuvir Das. Unification-based pointer analysis with directional assignments. *SIGPLAN Notices*, 35(5):35–46, May 2000. In *Proceedings of the ACM SIGPLAN '00 Conference on Programming Language Design and Implementation*.

[107] Jack W. Davidson and Christopher W. Fraser. The design and application of a retargetable peephole optimizer. *ACM Transactions on Programming Languages and Systems*, 2(2):191–202, April 1980.

[108] Jack W. Davidson and Christopher W. Fraser. Automatic generation of peephole optimizations. *SIGPLAN Notices*, 19(6):111–116, June 1984. *Proceedings of the ACM SIGPLAN '84 Symposium on Compiler Construction*.

[109] Jack W. Davidson and Christopher W. Fraser. Register allocation and exhaustive peephole optimization. *Software—Practice and Experience*, 14(9):857–865, September 1984.

[110] Jack W. Davidson and Christopher W. Fraser. Automatic inference and fast interpretation of peephole optimization rules. *Software—Practice and Experience*, 17(11):801–812, November 1987.

[111] Jack W. Davidson and Ann M. Holler. A study of a C function inliner. *Software—Practice and Experience*, 18(8):775–790, August 1988.

[112] Alan J. Demers, Mark Weiser, Barry Hayes, Hans Boehm, Daniel Bobrow, and Scott Shenker. Combining generational and conservative garbage collection: Framework and implementations. In *Conference Record of the Seventeenth Annual ACM Symposium on Principles of Programming Languages*, pages 261–269, San Francisco, CA, January 1990.

[113] Frank DeRemer. Simple LR(k) grammars. *Communications of the* ACM, 14(7):453–460, July 1971.

[114] Frank DeRemer and Thomas J. Pennello. Efficient computation of LALR(1) look-ahead sets. *SIGPLAN Notices*, 14(8):176–187, August 1979. *Proceedings of the ACM SIGPLAN '79 Symposium on Compiler Construction*.

[115] Alain Deutsch. Interprocedural May-Alias analysis for pointers: Beyond k-limiting. *SIGPLAN Notices*, 29(6):230–241, June 1994. *Proceedings of the ACM SIGPLAN '94 Conference on Programming Language Design and Implementation*.

[116] L. Peter Deutsch. *An Interactive Program Verifier*. PhD thesis, Computer Science Department, University of California, Berkeley, Berkeley, CA, 1973. (Technical Report CSL-73-1, Xerox Palo Alto Research, May 1973.)

[117] L. Peter Deutsch and Daniel G Bobrow. An efficient, incremental, automatic, garbage collector. *Communications of the ACM*, 19(9):522–526, September 1976.

[118] Dhananjay M. Dhamdhere. On algorithms for operator strength reduction. *Communications of the ACM*, 22(5):311–312, May 1979.

[119] Dhananjay M. Dhamdhere. A fast algorithm for code movement optimisation. *SIGPLAN Notices*, 23(10):172–180, 1988.

[120] Dhananjay M. Dhamdhere. A new algorithm for composite hoisting and strength reduction. *International Journal of Computer Mathematics*, 27(1):1–14, 1989.

[121] Dhananjay M. Dhamdhere. Practical adaptation of the global optimization algorithm of Morel and Renvoise. *ACM Transactions on Programming Languages and Systems*, 13(2):291–294, April 1991.

[122] Michael K. Donegan, Robert E. Noonan, and Stefan Feyock. A code generator generator language. *SIGPLAN Notices*, 14(8):58–64, August 1979. *Proceedings of the ACM SIGPLAN '79 Symposium on Compiler Construction.*

[123] Jack J. Dongarra, James R. Bunch, Cleve B. Moler, and G. W. Stewart. *LINPACK User's Guide*. *SIAM*, Philadelphia, PA, 1979.

[124] Karl-Heinz Drechsler and Manfred P. Stadel. A solution to a problem with Morel and Renvoise's "Global optimization by suppression of partial redundancies." *ACM Transactions on Programming Languages and Systems*, 10(4):635–640, October 1988.

[125] Karl-Heinz Drechsler and Manfred P. Stadel. A variation of Knoop, Rüthing, and Steffen's "Lazy code motion." *SIGPLAN Notices*, 28(5):29–38, May 1993.

[126] Jay Earley. An efficient context-free parsing algorithm. *Communications of the ACM*, 13(2):94–102, February 1970.

[127] Kemal Ebcioğlu and Toshio Nakatani. A new compilation technique for parallelizing loops with unpredictable branches on a VLIW architecture. *Selected Papers of the Second Workshop on Languages and Compilers for Parallel Computing*, Pitman Publishing, London, UK, pages 213–229, 1990.

[128] John R. Ellis. *Bulldog: A Compiler for* VLIW *Architectures*. The MIT Press, Cambridge, MA, 1986.

[129] Maryam Emami, Rakesh Ghiya, and Laurie J. Hendren. Context-sensitive interprocedural points-to analysis in the presence of function pointers. *SIGPLAN Notices*, 29(6):242–256, June 1994. *Proceedings of the ACM SIGPLAN '94 Conference on Programming Language Design and Implementation.*

[130] Jens Ernst, William S. Evans, Christopher W. Fraser, Steven Lucco, and Todd A. Proebsting. Code compression. *SIGPLAN Notices*, 32(5):358–365, May 1997. In *Proceedings of the ACM SIGPLAN '97 Conference on Programming Language Design and Implementation.*

[131] Andrei P. Ershov. On programming of arithmetic expressions. *Communications of the ACM*, 1(8):3–6, August 1958. (The figures appear in volume 1, number 9, page 16.)

[132] Andrei P. Ershov. Reduction of the problem of memory allocation in programming to the problem of coloring the vertices of graphs. *Soviet Mathematics*, 3:163–165, 1962. Originally published in *Doklady Akademii Nauk S.S.S.R.*, 142(4), 1962.

[133] Andrei P. Ershov. Alpha—An automatic programming system of high efficiency. *Journal of the ACM*, 13(1):17–24, January 1966.

[134] Janet Fabri. Automatic storage optimization. *SIGPLAN Notices*, 14(8):83–91, August

1979. *Proceedings of the ACM SIGPLAN '79 Symposium on Compiler Construction.*

[135] Rodney Farrow. Linguist-86: Yet another translator writing system based on attribute grammars. *SIGPLAN Notices*, 17(6):160–171, June 1982. *Proceedings of the ACM SIGPLAN '82 Symposium on Compiler Construction.*

[136] Rodney Farrow. Automatic generation of fixed-point-finding evaluators for circular, but well-defined, attribute grammars. *SIGPLAN Notices*, 21(7):85–98, July 1986. *Proceedings of the ACM SIGPLAN '86 Symposium on Compiler Construction.*

[137] Robert R. Fenichel and Jerome C. Yochelson. A *LISP* garbage-collector for virtual-memory computer systems. *Communications of the ACM*, 12(11):611–612, November 1969.

[138] Jeanne Ferrante, Karl J. Ottenstein, and Joe D. Warren. The program dependence graph and its use in optimization. *ACM Transactions on Programming Languages and Systems*, 9(3):319–349, July 1987.

[139] Charles N. Fischer and Richard J. LeBlanc, Jr. The implementation of run-time diagnostics in Pascal. *IEEE Transactions on Software Engineering*, SE-6(4):313–319, 1980.

[140] Charles N. Fischer and Richard J. LeBlanc, Jr. *Crafting a Compiler with C.* Benjamin/Cummings, Redwood City, CA, 1991.

[141] Joseph A. Fisher. Trace scheduling: A technique for global microcode compaction. *IEEE Transactions on Computers*, C-30(7):478–490, July 1981.

[142] Joseph A. Fisher, John R. Ellis, John C. Ruttenberg, and Alexandru Nicolau. Parallel processing: A smart compiler and a dumb machine. *SIGPLAN Notices*, 19(6):37–47, June 1984. *Proceedings of the ACM SIGPLAN '84 Symposium on Compiler Construction.*

[143] Robert W. Floyd. An algorithm for coding efficient arithmetic expressions. *Communications of the ACM*, 4(1):42–51, January 1961.

[144] J. M. Foster. A syntax improving program. *Computer Journal*, 11(1): 31–34, May 1968.

[145] Christopher W. Fraser. Automatic inference of models for statistical code compression. *SIGPLAN Notices*, 34(5):242–246, May 1999. In *Proceedings of the ACM SIGPLAN '99 Conference on Programming Language Design and Implementation.*

[146] Christopher W. Fraser, David R. Hanson, and Todd A. Proebsting. Engineering a simple, efficient code generator generator. *ACM Letters on Programming Languages and Systems*, 1(3):213–226, September 1992.

[147] Christopher W. Fraser and Robert R. Henry. Hard-coding bottom-up code generation tables to save time and space. *Software—Practice and Experience*, 21(1):1–12, January 1991.

[148] Christopher W. Fraser, Eugene W. Myers, and Alan L. Wendt. Analyzing and compressing assembly code. *SIGPLAN Notices*, 19(6):117–121, June 1984. *Proceedings of the ACM SIGPLAN '84 Symposium on Compiler Construction.*

[149] Christopher W. Fraser and Alan L. Wendt. Integrating code generation and optimization. *SIGPLAN Notices*, 21(7):242–248, July 1986. *Proceedings of the ACM SIGPLAN '86 Symposium on Compiler Construction.*

[150] Christopher W. Fraser and Alan L. Wendt. Automatic generation of fast optimizing code generators. *SIGPLAN Notices*, 23(7):79–84, July 1988. *Proceedings of the ACM SIGPLAN '88 Conference on Programming Language Design and Implementation.*

[151] Mahadevan Ganapathi and Charles N. Fischer. Description-driven code generation using attribute grammars. In *Conference Record of the Ninth Annual ACM Symposium on Principles of Programming Languages*, pages 108–119, Albuquerque, NM, January 1982.

[152] Harald Ganzinger, Robert Giegerich, Ulrich Möncke, and Reinhard Wilhelm. A truly

generative semantics-directed compiler generator. *SIGPLAN Notices*, 17(6):172–184, June 1982. *Proceedings of the ACM SIGPLAN '82 Symposium on Compiler Construction.*

[153] Lal George and Andrew W. Appel. Iterated register coalescing. In *Conference Record of the Twenty-Third ACM Symposium on Principles of Programming Languages*, pages 208–218, St. Petersburg Beach, FL, January 1996.

[154] Phillip B. Gibbons and Steven S. Muchnick. Efficient instruction scheduling for a pipelined architecture. *SIGPLAN Notices*, 21(7):11–16, July 1986. *Proceedings of the ACM SIGPLAN '86 Symposium on Compiler Construction.*

[155] R. Steven Glanville and Susan L. Graham. A new method for compiler code generation. In *Conference Record of the Fifth Annual ACM Symposium on Principles of Programming Languages*, pages 231–240, Tucson, AZ, January 1978.

[156] Nikolas Gloy and Michael D. Smith. Procedure placement using temporal-ordering information. *ACM Transactions on Programming Languages and Systems*, 21(5):997–1027, September 1999.

[157] Adele Goldberg and David Robson. *Smalltalk-80: The Language and Its Implementation.* Addison-Wesley, Reading, MA, 1983.

[158] James R. Goodman and Wei-Chung Hsu. Code scheduling and register allocation in large basic blocks. *Proceedings of the Second International Conference on Supercomputing*, pages 442–452, July 1988.

[159] Eiichi Goto. Monocopy and associative operations in extended Lisp. Technical Report 74-03, University of Tokyo, Tokyo, Japan, May 1974.

[160] Susan L. Graham. Table-driven code generation. *IEEE Computer*, 13(8):25–34, August 1980.

[161] Susan L. Graham, Michael A. Harrison, and Walter L. Ruzzo. An improved context-free recognizer. *ACM Transactions on Programming Languages and Systems*, 2(3):415–462, July 1980.

[162] Susan L. Graham, Robert R. Henry, and Robert A. Schulman. An experiment in table driven code generation. *SIGPLAN Notices*, 17(6):32–43, June 1982. *Proceedings of the ACM SIGPLAN '82 Symposium on Compiler Construction.*

[163] Susan L. Graham and Mark Wegman. A fast and usually linear algorithm for global flow analysis. In *Conference Record of the Second ACM Symposium on Principles of Programming Languages*, pages 22–34, Palo Alto, CA, January 1975.

[164] Susan L. Graham and Mark Wegman. A fast and usually linear algorithm for global flow analysis. *Journal of the ACM*, 23(1):172–202, 1976.

[165] Torbjörn Granlund and Richard Kenner. Eliminating branches using a superoptimizer and the GNU C compiler. *SIGPLAN Notices*, 27(7):341–352, July 1992. *Proceedings of the ACM SIGPLAN '92 Conference on Programming Language Design and Implementation.*

[166] David Gries. *Compiler Construction for Digital Computers.* John Wiley and Sons, New York, NY, 1971.

[167] Rajiv Gupta and Mary Lou Soffa. Region scheduling: An approach for detecting and redistributing parallelism. *IEEE Transactions on Software Engineering*, 16(4):421–431, April 1990.

[168] Rajiv Gupta, Mary Lou Soffa, and Tim Steele. Register allocation via clique separators. *SIGPLAN Notices*, 24(7):264–274, July 1989. *Proceedings of the ACM SIGPLAN '89 Conference on Programming Language Design and Implementation.*

[169] Max Hailperin. Cost-optimal code motion. *ACM Transactions on Programming Languages and Systems*, 20(6):1297–1322, November 1998.

[170] Mary W. Hall and Ken Kennedy. Efficient call graph analysis. *ACM Letters on Programming Languages and Systems*, 1(3):227–242, September 1992.

[171] David R. Hanson. Fast allocation and deallocation of memory based on object lifetimes. *Software—Practice and Experience*, 20(1):5–12, January 1990.

[172] Dov Harel. A linear time algorithm for finding dominators in flow graphs and related problems. In *Proceedings of the Seventeenth Annual ACM Symposium on Theory of Computing* STOC, pages 185–194, May 1985.

[173] William H. Harrison. A class of register allocation algorithms. Technical Report RC-5342, IBM Thomas J. Watson Research Center, Yorktown Heights, NY, 1975.

[174] William H. Harrison. A new strategy for code generation—The general purpose optimizing compiler. *IEEE Transactions on Software Engineering*, SE-5(4):367–373, July 1979.

[175] Philip J. Hatcher and Thomas W. Christopher. High-quality code generation via bottom-up tree pattern matching. In *Conference Record of the Thirteenth Annual ACM Symposium on Principles of Programming Languages*, pages 119–130, St. Petersburg Beach, FL, January 1986.

[176] Matthew S. Hecht and Jeffrey D. Ullman. Characterizations of reducible flow graphs. *Journal of the ACM*, 21(3):367–375, July 1974.

[177] Matthew S. Hecht and Jeffrey D. Ullman. A simple algorithm for global data flow analysis problems. *SIAM Journal on Computing*, 4(4):519–532, 1975.

[178] J. Heller. Sequencing aspects of multiprogramming. *Journal of the ACM*, 8(3):426–439, July 1961.

[179] John L. Hennessy and Thomas Gross. Postpass code optimization of pipeline constraints. *ACM Transactions on Programming Languages and Systems*, 5(3):422–448, July 1983.

[180] Michael Hind, Michael Burke, Paul Carini, and Jong-Deok Choi. Interprocedural pointer alias analysis. *ACM Transactions on Programming Languages and Systems*, 21(4):848–894, July 1999.

[181] Michael Hind and Anthony Pioli. Which pointer analysis should I use? *ACM SIGSOFT Software Engineering Notes*, 25(5):113–123, September 2000. In *Proceedings of the International Symposium on Software Testing and Analysis*.

[182] Christoph M. Hoffmann and Michael J. O'Donnell. Pattern matching in trees. *Journal of the ACM*, 29(1):68–95, January 1982.

[183] John E. Hopcroft. An $n \log n$ algorithm for minimizing states in a finite automaton. In Zvi Kohavi and Azaria Paz, editors, *Theory of Machines and Computations: Proceedings*, pages 189–196, Academic Press, New York, NY, 1971.

[184] John E. Hopcroft and Jeffrey D. Ullman. *Introduction to Automata Theory, Languages, and Computation*. Addison-Wesley, Reading, MA, 1979.

[185] Ellis Horowitz and Sartaj Sahni. *Fundamentals of Computer Algorithms*. Computer Science Press, Inc., Potomac, MD, 1978.

[186] Lawrence P. Horwitz, Richard M. Karp, Raymond E. Miller, and Shmuel Winograd. Index register allocation. *Journal of the ACM*, 13(1):43–61, January 1966.

[187] Susan Horwitz, Phil Pfeiffer, and Thomas Reps. Dependence analysis for pointer variables. *SIGPLAN Notices*, 24(7):28–40, July 1989. *Proceedings of the ACM SIGPLAN '89 Conference on Programming Language Design and Implementation*.

[188] Susan Horwitz and Tim Teitelbaum. Generating editing environments based on relations and attributes. *ACM Transactions on Programming Languages and Systems*, 8(4):577–608, October 1986.

[189] Brett L. Huber. Path-selection heuristics for dominator-path scheduling. Master's thesis, Computer Science Department, Michigan Technological University, Houghton, MI,

October 1995.

[190] Wen-Mei W. Hwu, Scott A. Mahlke, William Y. Chen, Pohua P. Chang, Nancy J. Warter, Roger A. Bringmann, Roland G. Ouellette, Richard E. Hank, Tokuzo Kiyohara, Grant E. Haab, John G. Holm, and Daniel M. Lavery. The superblock: An effective technique for VLIW and superscalar compilation. *Journal of Supercomputing—Special Issue on Instruction Level Parallelism*, 7(1–2): 229–248, Kluwer Academic Publishers, Hingham, MA, May 1993.

[191] Edgar T. Irons. A syntax directed compiler for Algol 60. *Communications of the ACM*, 4(1):51–55, January 1961.

[192] J. R. Issaac and Dhananjay M. Dhamdhere. A composite algorithm for strength reduction and code movement optimization. *International Journal of Computer and Information Sciences*, 9(3):243–273, June 1980.

[193] Mehdi Jazayeri and Kenneth G. Walter. Alternating semantic evaluator. In *Proceedings of the 1975 Annual Conference of the ACM*, pages 230–234, 1975.

[194] Mark Scott Johnson and Terrence C. Miller. Effectiveness of a machine-level, global optimizer. *SIGPLAN Notices*, 21(7):99–108, July 1986. *Proceedings of the ACM SIGPLAN '86 Symposium on Compiler Construction*.

[195] Stephen C. Johnson. Yacc—Yet another compiler-compiler. Technical Report 32 (Computing Science), AT&T Bell Laboratories, Murray Hill, NJ, 1975.

[196] Stephen C. Johnson. A tour through the portable C compiler. In *Unix Programmer's Manual, 7th Edition*, volume 2b. AT&T Bell Laboratories, Murray Hill, NJ, January 1979.

[197] Walter L. Johnson, James H. Porter, Stephanie I. Ackley, and Douglas T. Ross. Automatic generation of efficient lexical processors using finite state techniques. *Communications of the ACM*, 11(12):805–813, December 1968.

[198] S. M. Joshi and Dhananjay M. Dhamdhere. A composite hoisting-strength reduction transformation for global program optimization. *International Journal of Computer Mathematics*, 11(1):21–44 (part I); 11(2): 111–126 (part II), 1982.

[199] John B. Kam and Jeffrey D. Ullman. Global data flow analysis and iterative algorithms. *Journal of the ACM*, 23(1):158–171, January 1976.

[200] John B. Kam and Jeffrey D. Ullman. Monotone data flow analysis frameworks. *Acta Informatica*, 7:305–317, 1977.

[201] Tadao Kasami. An efficient recognition and syntax analysis algorithm for context-free languages. Scientific Report AFRCL-65-758, Air Force Cambridge Research Laboratory, Bedford, MA, 1965.

[202] Ken Kennedy. *Global Flow Analysis and Register Allocation for Simple Code Structures*. PhD thesis, Courant Institute, New York University, October 1971.

[203] Ken Kennedy. Global dead computation elimination. SETL Newsletter 111, Courant Institute of Mathematical Sciences, New York University, New York, NY, August 1973.

[204] Ken Kennedy. Reduction in strength using hashed temporaries. SETL Newsletter 102, Courant Institute of Mathematical Sciences, New York University, New York, NY, March 1973.

[205] Ken Kennedy. Node listings applied to data flow analysis. In *Conference Record of the Second ACM Symposium on Principles of Programming Languages*, pages 10–21, Palo Alto, CA, January 1975.

[206] Ken Kennedy. Use-definition chains with applications. *Computer Languages*, 3(3):163–179, 1978.

[207] Ken Kennedy. A survey of data flow analysis techniques. In Neil D. Jones and Steven S. Muchnick, editors, *Program Flow Analysis: Theory and Applications*. Prentice-Hall,

Englewood Cliffs, NJ, 1981.

[208] Ken Kennedy and Linda Zucconi. Applications of graph grammar for program control flow analysis. In *Conference Record of the Fourth ACM Symposium on Principles of Programming Languages*, pages 72–85, Los Angeles, CA, January 1977.

[209] Robert Kennedy, Fred C. Chow, Peter Dahl, Shin-Ming Liu, Raymond Lo, and Mark Streich. Strength reduction via SSAPRE. In *Proceedings of the Seventh International Conference on Compiler Construction. Lecture Notes in Computer Science 1383*, pages 144–158, Springer-Verlag, Heidelberg, Germany, March 1998.

[210] Daniel R. Kerns and Susan J. Eggers. Balanced scheduling: Instruction scheduling when memory latency is uncertain. *SIGPLAN Notices*, 28(6):278–289, June 1993. *Proceedings of the ACM SIGPLAN '93 Conference on Programming Language Design and Implementation.*

[211] Robert R. Kessler. Peep—An architectural description driven peephole optimizer. *SIGPLAN Notices*, 19(6):106–110, June 1984. *Proceedings of the ACM SIGPLAN '84 Symposium on Compiler Construction.*

[212] Gary A. Kildall. A unified approach to global program optimization. In *Conference Record of the ACM Symposium on Principles of Programming Languages*, pages 194–206, Boston, MA, October 1973.

[213] Stephen C. Kleene. Representation of events in nerve nets and finite automata. In Claude E. Shannon and John McCarthy, editors, *Automata Studies. Annals of Mathematics Studies*, 34:3–41. Princeton University Press, Princeton, NJ, 1956.

[214] Kath Knobe and Andrew Meltzer. Control tree based register allocation. Technical report, COMPASS, 1990.

[215] Jens Knoop, Oliver Rüthing, and Bernhard Steffen. Lazy code motion. *SIGPLAN Notices*, 27(7):224–234, July 1992. *Proceedings of the ACM SIGPLAN '92 Conference on Programming Language Design and Implementation.*

[216] Jens Knoop, Oliver Rüthing, and Bernhard Steffen. Lazy strength reduction. *International Journal of Programming Languages*, 1(1):71–91, March 1993.

[217] Donald E. Knuth. On the translation of languages from left to right. *Information and Control*, 8(6):607–639, December 1965.

[218] Donald E. Knuth. Semantics of context-free languages. *Mathematical Systems Theory*, 2(2):127–145, 1968.

[219] Donald E. Knuth. Semantics of context-free languages: Correction. *Mathematical Systems Theory*, 5(1):95–96, 1971.

[220] Donald E. Knuth. *The Art of Computer Programming*. Addison-Wesley, Reading, MA, 1973.

[221] Donald E. Knuth. A history of writing compilers. *Computers and Automation*, 11(12): 8–18, December 1962. Reprinted in *Compiler Techniques*, Bary W. Pollack, editor, pages 38–56, Auerbach, Princeton, NJ, 1972.

[222] Dexter C. Kozen. *Automata and Computability*. Springer-Verlag, New York, NY, 1997.

[223] Glenn Krasner, editor. *Smalltalk-80: Bits of History, Words of Advice*. Addison-Wesley, Reading, MA, August 1983.

[224] Sanjay M. Krishnamurthy. A brief survey of papers on scheduling for pipelined processors. *SIGPLAN Notices*, 25(7):97–106, July 1990.

[225] Steven M. Kurlander and Charles N. Fischer. Zero-cost range splitting. *SIGPLAN Notices*, 29(6):257–265, June 1994. *Proceedings of the ACM SIGPLAN '94 Conference on Programming Language Design and Implementation.*

[226] Monica Lam. Software pipelining: An effective scheduling technique for VLIW

machines. *SIGPLAN Notices*, 23(7):318–328, July 1988. *Proceedings of the ACM SIGPLAN '88 Conference on Programming Language Design and Implementation.*

[227] David Alex Lamb. Construction of a peephole optimizer. *Software—Practice and Experience*, 11(6):639–647, June 1981.

[228] William Landi and Barbara G. Ryder. Pointer-induced aliasing: A problem taxonomy. In *Conference Record of the Eighteenth Annual ACM Symposium on Principles of Programming Languages*, pages 93–103, Orlando, FL, January 1991.

[229] David Landskov, Scott Davidson, Bruce Shriver, and Patrick W. Mallett. Local microcode compaction techniques. *ACM Computing Surveys*, 12(3):261–294, September 1980.

[230] Rudolf Landwehr, Hans-Stephan Jansohn, and Gerhard Goos. Experience with an automatic code generator generator. *SIGPLAN Notices*, 17(6):56–66, June 1982. *Proceedings of the ACM SIGPLAN '82 Symposium on Compiler Construction.*

[231] James R. Larus and Paul N. Hilfinger. Register allocation in the SPUR Lisp compiler. *SIGPLAN Notices*, 21(7):255–263, July 1986. *Proceedings of the ACM SIGPLAN '86 Symposium on Compiler Construction.*

[232] S. S. Lavrov. Store economy in closed operator schemes. *Journal of Computational Mathematics and Mathematical Physics*, 1(4):687–701, 1961. English translation in *U.S.S.R. Computational Mathematics and Mathematical Physics* 3:810-828, 1962.

[233] Charles Lefurgy, Peter Bird, I-Cheng Chen, and Trevor Mudge. Improving code density using compression techniques. In *Proceedings of the Thirtieth International Symposium on Microarchitecture*, pages 194–203, IEEE Computer Society Press , Los Alamitos, CA, December 1997.

[234] Charles Lefurgy, Eva Piccininni, and Trevor Mudge. Reducing code size with run-time decompression. In *Proceedings of the Sixth International Symposium on High-Performance Computer Architecture*, pages 218–227, IEEE Computer Society Press, Los Alamitos, CA, January 2000.

[235] Thomas Lengauer and Robert Endre Tarjan. A fast algorithm for finding dominators in a flowgraph. *ACM Transactions on Programming Languages and Systems*, 1(1):121–141, July 1979.

[236] Philip M. Lewis and Richard E. Stearns. Syntax-directed transduction. *Journal of the ACM*, 15(3):465–488, July 1968.

[237] Vincenzo Liberatore, Martin Farach-Colton, and Ulrich Kremer. Evaluation of algorithms for local register allocation. In *Eighth International Conference on Compiler Construction (CC 99)*, LNCS. *Lecture Notes in Computer Science 1575*, pages 137–152, Springer-Verlag, Heidelberg, Germany, 1999.

[238] Henry Lieberman and Carl Hewitt. A real-time garbage collector based on the lifetimes of objects. *Communications of the ACM*, 26(6):419–429, June 1983.

[239] Barbara Liskov, Russell R. Atkinson, Toby Bloom, J. Eliot B. Moss, Craig Schaflert, Robert Scheifler, and Alan Snyder CLU *Reference Manual. Lecture Notes in Computer Science 114*, Springer-Verlag, Heidelberg, Germany 1981.

[240] Jack L. Lo and Susan J. Eggers. Improving balanced scheduling with compiler optimizations that increase instruction-level parallelism. *SIGPLAN Notices*, 30(6):151–162, June 1995. *Proceedings of the ACM SIGPLAN '95 Conference on Programming Language Design and Implementation.*

[241] Raymond Lo, Fred Chow, Robert Kennedy, Shin-Ming Liu, and Peng Tu. Register promotion by sparse partial redundancy elimination of loads and stores. *SIGPLAN Notices*, 33(5):26–37, May 1998. *Proceedings of the ACM SIGPLAN '98 Conference on Programming Language Design and Implementation.*

[242] P. Geoffrey Lowney, Stefan M. Freudenberger, T. J. Karzes, W. D. Lichtenstein, Robert P. Nix, John S. O'Donnell, and John. C. Ruttenberg. The Multiflow trace scheduling compiler. *The Journal of Supercomputing—Special Issue*, 7(1–2):51–142, March 1993.

[243] Edward S. Lowry and C. W. Medlock. Object code optimization. *Communications of the ACM*, 12(1):13–22, January 1969.

[244] John Lu and Keith D. Cooper. Register promotion in C programs. *SIGPLAN Notices*, 32(5):308–319, May 1997. *Proceedings of the ACM SIGPLAN '97 Conference on Programming Language Design and Implementation.*

[245] John Lu and Rob Shillner. Clean: Removing useless control flow. Unpublished. Department of Computer Science, Rice University, Houston, TX, June 1994.

[246] Peter Lucas. Die strukturanalyse von formelübersetzern. *Elektronische Rechenanlagen*, 3:159–167, 1961.

[247] Guei-Yuan Lueh, Thomas Gross, and Ali-Reza Adl-Tabatabai. Global register allocation based on graph fusion. In *Proceedings of the Ninth International Workshop on Languages and Compilers for Parallel Computing (LCPC '96). Lecture Notes in Computer Science 1239*, pages 246–265, Springer-Verlag, Heidelberg, Germany, 1997.

[248] Bohdan S. Majewski, Nicholas C. Wormald, George Havas, and Zbigniew J. Czech. A family of perfect hashing methods. *The Computer Journal*, 39(6):547–554, 1996.

[249] Brian L. Marks. Compilation to compact code. *IBM Journal of Research and Development*, 24(6):684–691, November 1980.

[250] Peter W. Markstein, Victoria Markstein, and F. Kenneth Zadeck. Reassociation and strength reduction. Unpublished book chapter, July 1994.

[251] Henry Massalin. Superoptimizer—A look at the smallest program. *SIGPLAN Notices*, 22(10):122–126, October 1987. *Proceedings of the Second International Conference on Architectural Support for Programming Languages and Operating Systems.*

[252] John McCarthy. Lisp—Notes on its past and future. In *Proceedings of the 1980 ACM Conference on LISP and Functional Programming*, pages v–viii, Stanford University, Stanford, CA, 1980.

[253] William M. McKeeman. Peephole optimization. *Communications of the ACM*, 8(7):443–444, July 1965.

[254] Kathryn S. McKinley, Steve Carr, and Chau-Wen Tseng. Improving data locality with loop transformations. *ACM Transactions on Programming Languages and Systems (TOPLAS)*, 18(4):424–453, July 1996.

[255] Kathryn S. McKinley and Olivier Temam. A quantitative analysis of loop nest locality. In *Proceedings of the Seventh International Conference on Architectural Support for Programming Languages and Operating Systems (ASPLOS-7)*, pages 94–104, Cambridge, MA, September 1996.

[256] Robert McNaughton and H. Yamada. Regular expressions and state graphs for automata. *IRE Transactions on Electronic Computers*, EC-9(1):39–47, March 1960.

[257] Terrence C. Miller. *Tentative Compilation: A design for an APL compiler*. PhD thesis, Yale University, New Haven, CT, May 1978. See also paper of same title in *Proceedings of the International Conference on APL: Part 1*, pages 88–95, New York, NY, 1979.

[258] Robin Milner, Mads Tofte, Robert Harper, and David MacQueen. *The Definition of Standard ML—Revised. MIT* Press, Cambridge, MA, 1997.

[259] Etienne Morel and Claude Renvoise. Global optimization by suppression of partial redundancies. *Communications of the ACM*, 22(2):96–103, February 1979.

[260] Robert Morgan. *Building an Optimizing Compiler*. Digital Press (an imprint of Butterworth–Heineman), Boston, MA, February 1998.

[261] Rajeev Motwani, Krishna V. Palem, Vivek Sarkar, and Salem Reyen. Combining register allocation and instruction scheduling. Technical Report 698, Courant Institute of Mathematical Sciences, New York University, New York, NY, July 1995.

[262] Steven S. Muchnick. *Advanced Compiler Design & Implementation*. Morgan Kaufmann, San Francisco, CA, August 1997.

[263] Frank Mueller and David B. Whalley. Avoiding unconditional jumps by code replication. *SIGPLAN Notices*, 27(7):322–330, July 1992. *Proceedings of the ACM SIGPLAN '92 Conference on Programming Language Design and Implementation.*

[264] Thomas P. Murtagh. An improved storage management scheme for block structured languages. *ACM Transactions on Programming Languages and Systems*, 13(3):372–398, July 1991.

[265] Peter Naur (editor), J. W. Backus, F. L. Bauer, J. Green, C. Katz, J. McCarthy, A. J. Perlis, H. Rutishauser, K. Samelson, B. Vauquois, J. H. Wegstein, A. van Wijngaarden, and M. Woodger. Revised report on the algorithmic language Algol 60. *Communications of the ACM*, 6(1):1–17, January 1963.

[266] Brian R. Nickerson. Graph coloring register allocation for processors with multiregister operands. *SIGPLAN Notices*, 25(6):40–52, June 1990. *Proceedings of the ACM SIGPLAN '90 Conference on Programming Language Design and Implementation.*

[267] Cindy Norris and Lori L. Pollock. A scheduler-sensitive global register allocator. In *Proceedings of Supercomputing '93*, pages 804–813, Portland, OR, November 1993.

[268] Cindy Norris and Lori L. Pollock. An experimental study of several cooperative register allocation and instruction scheduling strategies. In *Proceedings of the Twenty-Eighth Annual International Symposium on Microarchitecture*, pages 169–179, IEEE Computer Society Press, Los Alamitos, CA, December 1995.

[269] Kristen Nygaard and Ole-Johan Dahl. The development of the *simula* languages. In *Proceedings of the First ACM SIGPLAN Conference on the History of Programming Languages*, pages 245–272, ACM Press, New York, NY, January 1978.

[270] Jinpyo Park and Soo-Mook Moon. Optimistic register coalescing. In *Proceedings of the 1998 International Conference on Parallel Architecture and Compilation Techniques* (PACT), pages 196–204, October 1998.

[271] Eduardo Pelegrí-Llopart and Susan L. Graham. Optimal code generation for expression trees: An application of BURS theory. In *Conference Record of the Fifteenth Annual ACM Symposium on Principles of Programming Languages*, pages 294–308, San Diego, CA, January 1988.

[272] Thomas J. Pennello. Very fast LR parsing. *SIGPLAN Notices*, 21(7):145–151, July 1986. *Proceedings of the ACM SIGPLAN '86 Symposium on Compiler Construction.*

[273] Karl Pettis and Robert C. Hansen. Profile guided code positioning. *SIGPLAN Notices*, 25(6):16–27, June 1990. *Proceedings of the ACM SIGPLAN '90 Conference on Programming Language Design and Implementation.*

[274] Shlomit S. Pinter. Register allocation with instruction scheduling: A new approach. *SIGPLAN Notices*, 28(6):248–257, June 1993. *Proceedings of the ACM SIGPLAN '93 Conference on Programming Language Design and Implementation.*

[275] Gordon D. Plotkin. Call-by-name, call-by-value, and the λ-calculus. *Theoretical Computer Science*, 1(2):125–159, December 1975.

[276] Todd A. Proebsting. Simple and efficient BURS table generation. *SIGPLAN Notices*, 27(7):331–340, July 1992. *Proceedings of the ACM SIGPLAN '92 Conference on Programming Language Design and Implementation.*

[277] Todd A. Proebsting. Optimizing an ANSI C interpreter with superoperators. In *Con-*

ference Record of the Twenty-Second ACM Symposium on Principles of Programming Languages, pages 322–332, San Francisco, CA, January 1995.

[278] Todd A. Proebsting and Charles N. Fischer. Linear-time, optimal code scheduling for delayed-load architectures. *SIGPLAN Notices*, 26(6): 256–267, June 1991. *Proceedings of the ACM SIGPLAN '91 Conference on Programming Language Design and Implementation.*

[279] Todd A. Proebsting and Charles N. Fischer. Probabilistic register allocation. *SIGPLAN Notices*, 27(7):300–310, July 1992. *Proceedings of the ACM SIGPLAN '92 Conference on Programming Language Design and Implementation.*

[280] Reese T. Prosser. Applications of boolean matrices to the analysis of flow diagrams. In *Proceedings of the Eastern Joint Computer Conference*, pages 133–138, Institute of Radio Engineers, New York, NY, December 1959.

[281] Paul W. Purdom, Jr. and Edward F. Moore. Immediate predominators in a directed graph[H]. *Communications of the ACM*, 15(8):777–778, August 1972.

[282] Brian Randell and L. J. Russell. *Algol 60 Programs Implementation; The Translation and Use of Algol 60 Programs on a Computer*. Academic Press, London, England, 1964.

[283] Bob R. Rau and C. D. Glaeser. Some scheduling techniques and an easily schedulable horizontal architecture for high performance scientific computing. In *Proceedings of the Fourteenth Annual Microprogramming Workshop on Microprogramming*, pages 183–198, December 1981.

[284] John H. Reif. Symbolic programming analysis in almost linear time. In *Conference Record of the Fifth Annual ACM Symposium on Principles of Programming Languages*, pages 76–83, Tucson, AZ, January 1978.

[285] John H. Reif and Harry R. Lewis. Symbolic evaluation and the global value graph. In *Conference Record of the Fourth ACM Symposium on Principles of Programming Languages*, pages 104–118, Los Angeles, CA, January 1977.

[286] Thomas Reps. Optimal-time incremental semantic analysis for syntax-directed editors. In *Conference Record of the Ninth Annual ACM Symposium on Principles of Programming Languages*, pages 169–176, Albuquerque, NM, January 1982.

[287] Thomas Reps and Bowen Alpern. Interactive proof checking. In *Conference Record of the Eleventh Annual ACM Symposium on Principles of Programming Languages*, pages 36–45, Salt Lake City, UT, January 1984.

[288] Thomas Reps and Tim Teitelbaum. *The Synthesizer Generator: A System for Constructing Language-Based Editors*. Springer-Verlag, New York, NY, 1988.

[289] Martin Richards. The portability of the BCPL compiler. *Software—Practice and Experience*, 1(2):135–146, April–June 1971.

[290] Steve Richardson and Mahadevan Ganapathi. Interprocedural analysis versus procedure integration. *Information Processing Letters*, 32(3): 137–142, August 1989.

[291] Ronald Rivest. On self-organizing sequential search heuristics. *Communications of the ACM*, 19(2):63–67, February 1976.

[292] Anne Rogers and Kai Li. Software support for speculative loads. *SIGPLAN Notices*, 27(9):38–50, September 1992. *Proceedings of the Fifth International Conference on Architectural Support for Programming Languages and Operating Systems.*

[293] Barry K. Rosen, Mark N. Wegman, and F. Kenneth Zadeck. Global value numbers and redundant computations. In *Conference Record of the Fifteenth Annual ACM Symposium on Principles of Programming Languages*, pages 12–27, San Diego, CA, January 1988.

[294] Daniel J. Rosenkrantz and Richard Edwin Stearns. Properties of deterministic top-down grammars. *Information and Control*, 17(3):226–256, October 1970.

[295] Barbara G. Ryder. Constructing the call graph of a program. *IEEE Transactions on Software Engineering*, SE-5(3):216–226, May 1979.

[296] A. V. S. Sastry and Roy D. C. Ju. A new algorithm for scalar register promotion based on SSA form. *SIGPLAN Notices*, 33(5):15–25, May 1998. *Proceedings of the ACM SIGPLAN '98 Conference on Programming Language Design and Implementation.*

[297] Randolph G. Scarborough and Harwood G. Kolsky. Improved optimization of FORTRAN object programs. *IBM Journal of Research and Development*, 24(6):660–676, November 1980.

[298] Philip J. Schielke. *Stochastic Instruction Scheduling*. PhD thesis, Rice University, Department of Computer Science, Houston, TX, May 2000. (Technical Report TR00-370, Computer Science Department, Rice University, 2000.)

[299] Herb Schorr and William M. Waite. An efficient machine-independent procedure for garbage collection in various list structures. *Communications of the ACM*, 10(8):501–506, August 1967.

[300] Jacob T. Schwartz. On programming: An interim report on the SETL project. Installment II: The SETL language and examples of its use. Technical report, Courant Institute of Mathematical Sciences, New York University, New York, NY, October 1973.

[301] Ravi Sethi and Jeffrey D. Ullman. The generation of optimal code for arithmetic expressions. *Journal of the ACM*, 17(4):715–728, October 1970.

[302] Marc Shapiro and Susan Horwitz. Fast and accurate flow-insensitive points-to analysis. In *Conference Record of the Twenty-Fourth ACM Symposium on Principles of Programming Languages*, pages 1–14, Paris, France, January 1997.

[303] Robert M. Shapiro and Harry Saint. The representation of algorithms. Technical Report CA-7002-1432, Massachusetts Computer Associates, February 1970.

[304] Peter B. Sheridan. The arithmetic translator-compiler of the IBM FORTRAN automatic coding system. *Communications of the ACM*, 2(2):9–21, February 1959.

[305] Olin Shivers. Control flow analysis in Scheme. *SIGPLAN Notices*, 23(7):164–174, July 1988. *Proceedings of the ACM SIGPLAN '88 Conference on Programming Language Design and Implementation.*

[306] L. Taylor Simpson. *Value-Driven Redundancy Elimination*. PhD thesis, Rice University, Department of Computer Science, Houston, TX, 1996.(Technical Report TR 96–308, Computer Science Department, Rice University, 1996.)

[307] Michael Sipser. *Introduction to the Theory of Computation*. PWS Publishing Co., Boston, MA, December 1996.

[308] Richard L. Sites and Daniel R. Perkins. Universal P-code definition, version 0.2. Technical Report 78-CS-C29, Department of Applied Physics and Information Sciences, University of California at San Diego, San Deigo, CA, January 1979.

[309] Daniel Dominic Sleator and Robert Endre Tarjan. Amortized efficiency of list update and paging rules. *Communications of the ACM*, 28(2): 202–208, February 1985.

[310] Michael D. Smith, Mark Horowitz, and Monica S. Lam. Efficient superscalar performance through boosting. *SIGPLAN Notices*, 27(9): 248–259, September 1992. *Proceedings of the Fifth International Conference on Architectural Support for Programming Languages and Operating Systems.*

[311] Mark Smotherman, Sanjay M. Krishnamurthy, P. S. Aravind, and David Hunnicutt. Efficient DAG construction and heuristic calculation for instruction scheduling. In *Proceedings of the Twenty-Fourth Annual Workshop on Microarchitecture* (MICRO-24), pages 93–102, Albuquerque, NM, August 1991.

[312] Arthur Sorkin. Some comments on "A solution to a problem with Morel and Renvoise's 'Global optimization by suppression of partial redundancies.'" *ACM Transactions on Programming Languages and Systems*, 11(4):666–668, October 1989.

[313] Thomas C. Spillman. Exposing side-effects in a PL/1 optimizing compiler. In *Information Processing 71*, pages 376–381. North-Holland, Amsterdam, Netherlands, 1972. *Proceedings of IFIP Congress 71.*

[314] Guy Lewis Steele, Jr. Rabbit: A compiler for Scheme. Technical Report AI-TR-474, MIT Artificial Intelligence Laboratory, Massachusetts Institute of Technology, Cambridge, MA, May 1978.

[315] Philip H. Sweany and Steven J. Beaty. Post-compaction register assignment in a retargetable compiler. In *Proceedings of the Twenty-Third Annual Workshop and Symposium on Microprogramming and Microarchitecture* (MICRO-23), pages 107–116, Orlando, FL, November 1990.

[316] Philip H. Sweany and Steven J. Beaty. Dominator-path scheduling—A global scheduling method. *ACM SIGMICRO Newsletter*, 23(1–2): 260–263, December 1992. *Proceedings of the Twenty-Fifth Annual International Symposium on Microarchitecture.*

[317] Robert Endre Tarjan. Testing flow graph reducibility. *Journal of Computer and System Sciences*, 9(3):355–365, December 1974.

[318] Robert Endre Tarjan. Fast algorithms for solving path problems. *Journal of the ACM*, 28(3):594–614, July 1981.

[319] Robert Endre Tarjan. A unified approach to path problems. *Journal of the ACM*, 28(3):577–593, July 1981.

[320] Robert Endre Tarjan and John H. Reif. Symbolic program analysis in almost-linear time. *SIAM Journal on Computing*, 11(1):81–93, February 1982.

[321] Ken Thompson. Programming Techniques: Regular expression search algorithm. *Communications of the ACM*, 11(6):419–422, 1968.

[322] Steven W. K. Tjiang. TWIG reference manual. Technical Report CSTR 120, Computing Sciences, AT&T Bell Laboratories, Murray Hill, NJ, January 1986.

[323] Jeffrey D. Ullman. Fast algorithms for the elimination of common subexpressions. *Acta Informatica*, 2(3):191–213, 1973.

[324] David Ungar. Generation scavenging: A non-disruptive high performance storage reclamation algorithm. *ACM SIGSOFT Software Engineering Notes*, 9(3): 157–167, May 1984. *Proceedings of the First ACM SIGSOFT/SIGPLAN Software Engineering Symposium on Practical Software Development Environments.*

[325] Victor Vyssotsky and Peter Wegner. A graph theoretical FORTRAN source language analyzer. Manuscript, AT&T Bell Laboratories, Murray Hill, NJ, 1963.

[326] William Waite and Gerhard Goos. *Compiler Construction.* Springer-Verlag, New York, NY, 1984.

[327] Scott Kipling Warren. *The Coroutine Model of Attribute Grammar Evaluation.* PhD thesis, Department of Mathematical Sciences, Rice University, Houston, TX, April 1976.

[328] Mark N. Wegman and F. Kenneth Zadeck. Constant propagation with conditional branches. In *Conference Record of the Twelfth Annual ACM Symposium on Principles of Programming Languages*, pages 291–299, New Orleans, LA, January 1985.

[329] Mark N. Wegman and F. Kenneth Zadeck. Constant propagation with conditional branches. *ACM Transactions on Programming Languages and Systems*, 13(2):181–210, April 1991.

[330] William E. Weihl. Interprocedural data flow analysis in the presence of pointers, procedure variables, and label variables. In *Conference Record of the Seventh Annual ACM Symposium on Principles of Programming Languages*, pages 83–94, Las Vegas, NV, January 1980.

[331] Clark Wiedmann. Steps toward an *APL* compiler. *ACM SIGAPL APL Quote Quad*, 9(4):321–

328, June 1979. *Proceedings of the International Conference on APL.*

[332] Paul R. Wilson. Uniprocessor garbage collection techniques. In *Proceedings of the International Workshop on Memory Management. Lecture Notes in Computer Science 637*, pages 1–42, Springer-Verlag, Heidelberg, Germany, 1992.

[333] Robert P. Wilson and Monica S. Lam. Efficient context-sensitive pointer analysis for C programs. *SIGPLAN Notices*, 30(6):1–12, June 1995. *Proceedings of the ACM SIGPLAN '95 Conference on Programming Language Design and Implementation.*

[334] Michael E. Wolf and Monica S. Lam. A data locality optimizing algorithm. *SIGPLAN Notices*, 26(6):30–44, June 1991. *Proceedings of the ACM SIGPLAN '91 Conference on Programming Language Design and Implementation.*

[335] Michael Wolfe. *High Performance Compilers for Parallel Computing.* Addison-Wesley, Redwood City, CA, 1996.

[336] D. Wood. The theory of left-factored languages, part 1. *The Computer Journal*, 12(4):349–356, November 1969.

[337] D. Wood. The theory of left-factored languages, part 2. *The Computer Journal*, 13(1):55–62, February 1970.

[338] D. Wood. A further note on top-down deterministic languages. *The Computer Journal*, 14(4):396–403, November 1971.

[339] William Wulf, Richard K. Johnsson, Charles B. Weinstock, Steven O. Hobbs, and Charles M. Geschke. *The Design of an Optimizing Compiler.* Programming Languages Series. American Elsevier Publishing Company, Inc., New York, NY, 1975.

[340] Cliff Young, David S. Johnson, David R. Karger, and Michael D. Smith. Near-optimal intraprocedural branch alignment. *SIGPLAN Notices*, 32(5):183–193, May 1997. *Proceedings of the ACM SIGPLAN '97 Conference on Programming Language Design and Implementation.*

[341] Daniel H. Younger. Recognition and parsing of context-free languages in time n^3. *Information and Control*, 10(2):189–208, 1967.

[342] F. Kenneth Zadeck. Incremental data flow analysis in a structured program editor. *SIGPLAN Notices*, 19(6):132–143, June 1984. *Proceedings of the ACM SIGPLAN '84 Symposium on Compiler Construction.*

INDEX

찾아보기

역자 약력

김선욱 교수

1984.3-1988.2	고려대학교 공과대학 전자전산공학과(학사)
1988.9-1990.3	(미)오하이오 주립대학교 전기공학과(석사)
1996.1-2001.5	(미) 퍼듀대학교 전기 및 컴퓨터 공학과(박사)
1990.6-1995.12	국방과학연구소 선임연구원
2001.6-2002.8	(미)인텔 Staff Software Engineer
2002.9-2004.8	고려대학교 전자공학과 조교수
2004.9-현재	고려대학교 전기전자전파공학부 부교수

정가 34,000원

컴파일러 개론

2008년 1월 1일 초판 인쇄
2008년 1월 10일 초판 발행
저 자 : Keith D. Cooper · Linda Torczon
역 자 : 김 선 욱
발행자 : 우 명 찬 · 송 준
발행처 : 홍 릉 과 학 출 판 사
주 소 : 서울시 강북구 수유5동 455-60
142-885
등 록 : 1976년 10월 21일 제5-66호
전 화 : 999-2274~5, 903-7037, 996-8341
팩 스 : 905-6729
e-mail: hongpub@hongpub.co.kr
http://www.hongpub.co.kr

역자와의 협의하에 인지생략